영뇌로
읽고, 듣고, 말하는

게리오웬의

영뇌영어

Vol. 2

BEis-Os
I-Os
 S-Os 

Garryowen's Native Brain English

For All Learners' and Teachers' English

Garryowen J. Rhee 저

☺.. 매일매일 감주로 이해하거나 듣거나 말하여 free 감주를 간직하는 것이 영어공부다.

차세대 영어를 선도하는 영뇌영어, 영뇌란?

(한국사람으로서) 원어민 두뇌로 영어를 하는 것으로서 원어민 두뇌 그 자체[NB]를 말하며, 그래서, 원어민들처럼 이해하는 것만 촛점이 가 있는 것이 아니라, 영뇌로 듣고, 영뇌로 말하고, 영뇌로 쓴다. In concrete, 영뇌는 (영순대로 무한글 이해로서) BEis 또는 IS 영뇌다. 다시말하면 이런 것들을 바탕으로 해서 감각적 주파수로 이해하거나 듣거나 말하는 것이 영뇌다.
영뇌영어는 원어민이 하는 것과 똑 같으며, 영뇌를 쉽게 작동시키려면 읽거나 듣거나 공부하면서 생활 속에서의 뜻으로 free 영뇌를 간직하되, 특히 free (vocal) 감주를 많이 간직하라. 그러면 저절로 BEis/IS로 엮어지고 결국에는 영어도 우리말처럼 감주 일상적인 말이 된다. free 영뇌는 구속받지 않는 자유로운 영뇌로 문장내 뿐만이 아니라 문장간 free 영뇌도 가지되, 특히 아필(我必) free 감주는 반드시 가진다.

tip)이 책은 문법책이 아니다. 영뇌, 즉 원어민 두뇌로 바꾸어 주는 영뇌서적이다. 그래서 영뇌영어는 소리부터 가르친다.
↳특히 천재두뇌로 바꾸어 주고, 원애 언어습득과 똑 같은 방법으로 영어를 익힌다.
↳영어 본래모습 + 언어소통 병행 학습서

NB English History
Berkeley English Language Research Institute Established in 1999
Changed into G English Research Institute in 2004
Changed into NB English in 2013
NB English ~ Now

Garryowen J. Rhee, an M.A. or MBA from Yonsei University
Garryowen J. Rhee의 영뇌 저서들
Nuance English, 1999
영어하산 리딩, 2004
영어하산 리스닝스피킹, 2004
BAM영뇌, 2010
영뇌영어 vol 1, vol 2, 2013 개정1판 2013, 개정2판 2018, 개정3판 2019, 개정4판 2023
기본영뇌 vol 1, vol 2, 2015 개정1판 2018, 개정2판 2019, 개정3판 2023

New Domains
www.nbenglish.co.kr or www.genglish.com

Garryowen의 영뇌영어 vol. 2 : 해설[듣고 말하기] ⇒ 유튜브 〉 영뇌영어 〉 동영상

First published Jan. 2013
Second Edition, 2013 Third Edition, 2018 Fourth Edition, 2019 Fifth Edition, 2023
Printed in South Korea

There is an old Arab proverb that everything you write or speak should pass through three gates:

Is this kind?
Is this necessary?
Is this true?

Change Your Brain,

BEis native brain,

and finally

IS native brain!

단, BAM영뇌와 F영뇌도 이들 속에 뇌화되어 작동되고 있어, 영뇌영어는 원어민이 하는 것과 똑 같다. 뿐만이 아니라, 영뇌영어는 이론적 체계, 학문적 체계, 실용성 모두를 갖추고 있다.

.. urging extreme caution to the readers and teachers :

이 책은 interactive 학습법으로 design 되어 있기 때문에 독자들은 반드시 free 감주를 간직해야 하고 vocal 감주 F3+E2 말하기를 실천해야 한다. 그리고 선생들은 일방적으로 강의만 하는 것이 아니라, 감주 BEis/IS 영뇌가 되도록 가르치고, 영어로 주거니 받거니 말을 많이 해야 한다.

추천 teaching 순서 : F영뇌→BAM 영뇌→영뇌세포만들기→twenty four 영뇌

.. 이 책은 모든 영어의 종합 기본서이다.

영뇌 상급자는 현장영어 또는 각종 시험영어를 하면서 이 책으로 공부하든지, 영뇌 초중급자는 이 책으로 공부하면서 현장영어 또는 각종 시험영어를 하는 게 좋다. 항상 병행하라. 가르칠 때도 같다. 이제 영어의 기본틀이 바뀌어야 한다.

= 특히 듣기, 말하기, 읽기, 쓰기, 문법의 기본틀이 이 책 속에 다 들어있다 =

언제나 영어본래의 모습대로 공부하는

영뇌영어Table

To the readers

영어를 공부하는 사람이 영뇌로 하지 않고, 왜 한뇌로 공부하는 가? 영어를 가르치는 사람이 왜 영뇌로 가르치지 않고, 한뇌로 가르치는 가? 참 이상하다. 한국식 영어 배움이나 가르침은 이 질문에 답할 길이 전혀 없다. 글자는 영어이지만 배움이나 가르침은 모두 한뇌이기 때문이다. 정말로 한심하다. 아직도 그 모양 그 꼴이니 정말로 서글프다.

한글은 이해의 부산물이지 이해의 근본은 아니다. 이해의 근본은 영뇌이다. 즉 영어를 읽거나 들을 때 이해의 근본은 영뇌이지 한글이 아니다. 좀더 구체적으로 말하면 **BEis영뇌, I영뇌, S영뇌이다. 단어는 BAM영뇌이고, 소리는 F영뇌이다.** 다시말하면 이런 것들을 바탕으로 해서 감각적 주파수로 이해하거나 듣거나 말하는 것이 영뇌이다.

그래서, 우리는 이런 것들을 가르치고, 배워야 원어민들이 배우는 것과 같이 똑 같은 과정을 밟게 된다. 한글이 전혀없는 갓난 애기 상태, 즉 진공상태로 미국에 건너가면 영뇌로 영어를 그대로 배울 수 있다. 하지만 한글이 들어 있는 만공상태인 우리들에게 과연 진공상태의 애기들처럼 배울 수 있을까?

결론은 간단하다. 가능하다.

왜냐하면 **BEis, IS, BAM, F영뇌**가 있기 때문이다. 이것들을 우리의 머리 속에 깔면 된다. 예컨데, 하나의 컴퓨터에 두 개의 Os, 즉 마이크로 소프트의 Windows와 애플의 Mac Os를 깔면 우리는 두 개의 Os를 즐길 수 있다. 이런 것과 같다. 실제로 애플 컴퓨터에서는 Windows를 하나 더 깔아 놓고 두 개의 Os를 즐긴다.

여러분들의 한뇌에 영뇌가 지배하도록 만드는 과정이 영어 공부이지, 읽고 해석하고 —하는 것은 영어공부가 아니다. 여전히 한뇌 지배로 영어를 하기 때문이다. **영어 공부의 최대의 적은 해석이다.** 해석 버릇이 지배하면 한글이 전혀 없는 상태에서 순서대로 바로 바로 이해할 수 없다. 뿐만아니라 소리도 들을 수 없고, 영어 생활을 할 수도 없다.

사실 따지고보면 작금의 학교나 학원에서 가르치는 것은 영어 공부의 최대의 적만 키우는 꼴이다. 매일 매일 학원이나 학교에 가서 해석 버릇만 키우고 돌아 온다. 엄밀히 말하면 나쁜 짓만 하고 돌아 온다. 어릴 때는 원어민과 잘 되었는데 학년이 올라 갈수록 영어가 안되는 이유도 바로 여기에 있다. 마찬가지로 미국에서는 영어가 잘 되었는데 한국학교에 전학하면 영어가 안되는 이유도 여기에 있다.

읽고 해석해 주는 교실영어는 따지고 보면 통역에 지나지 않는다. 영뇌를 만드는 과정이 아니다. 그래서, **해석이나 통역도 이해의 근본이 아니다. 이해의 부산물이지 이해하는 근본 방법이 아니다.** 즉, 이미 IS로 이해한 것을 한번 한글로 표현했을 뿐이다. 우리는 지금까지 부산물에 너무 얽매여 공부해 왔다. 이해의 근본은 영뇌이다. **tip)소리의 정체가 vocal 감주로 밝혀졌기 때문에 미국에 살지 않더라도 원어민과 똑 같은 말투를 구사할 수 있다.**

언어는 습관이지, 공부하는 것이 아니다. 그래서 매일 매일 영뇌로 보거나 듣거나 말해서 여러 분들의 두뇌를 영뇌세포로 습관화 시키는 것이지, 매일 매일 해석하여 공부하는 것은 아니다. 즉, 해음/상음, 해자/상자 세포로 습관화시키는 것이 바로 공부다. **"Change your brain, BEis-Os, I-Os and S-Os!"**

다시말해, 미국에서 생활하는 이상으로 영어 생활을 하면서 해음/상음, 해자/상자로 된 **free 감주**로 습관화시켜라. 그러면 한글이 전혀 없는 상태에서 습관적으로 영어가 튀어 나오고, 습관적으로 영어가 들려 오고, 습관적으로 영어가 읽혀진다.

그래서, 언어를 생활의 산물이라 한다. 생활 속에서 습득되는 것이지 사전을 뒤적거리고, 공부하면서 얻어지는 것이 아니기 때문이다. 사실 따지고 보면 우리말도 우리가 알고 있는 그 많은 단어들도 일일이 사전을 뒤적거려 공부한 적도 없고, 배운 적도 없다. 그냥 생활 속에서 습득된 것이 거의 대부분이다.

하지만 걱정하지 말라. IS 영뇌와 Free 영뇌가 있기 때문이다. IS 영뇌와 Free 영뇌는 생활 속에서의 뜻으로 작동한다. 즉 실제 생활 속에서 얻어지는 뜻과 같다.

'We had lunch.' 했을 때 we, had, lunch를 그냥 한글로 해석해서 얻은 것과 실제 생활 속에서 we, had, lunch를 습득하거나 생활 속에서의 뜻으로 IS가 작동하는 것은 엄청난 차이가 있다. 실제상황 속에서 we이고, 실제 행위로서 had이고, 실제로 먹은 것으로서 lunch이거나 이런 생활 속에서의 뜻으로 IS가 작동하기 때문이다.

이렇게 실제로 몸에 배이게 하는 영어와 교실에서 그냥 앉아서 해석으로 받아 먹는 영어는 엄청난 차이가 있다. 그래서 매일 매일 현장 방송을 듣거나 영자신문을 읽어 생활 속에서의 뜻으로 IS를 작동시키면 생활 속에서의 언어가 된다.

따라서, **언어는 생활의 산물이자, 습관의 행위물이다.**

그래서, 영어는 실제생활 속에서 체득하는 것이 가장 좋지만, 비영어권 사람들은 원어민과 함께 실제로 사는 것이 어렵기 때문에, 늘 영자신문이나 외국방송과 함께 IS 영뇌를 생활화 해야 한다. 이런 것들을 습관화 시켜라. Ipad나 스마트 폰으로 얼마든지 가능하다.

외국인들이 쓰던 것을 영뇌로 나도 따라 쓰다보면 그것이 몸에 배이고 습관화 된다. 영뇌로 영어가 몸에 많이 쌓이고 쌓이면 grammar를 공부하지 않더라도 저절로 말의 조합력이 생기고, 말문이 터진다. **이것이 바로 free 영뇌이다.** 우리가 우리 말을 배울 때 문법으로 말의 조합력을 배운 것은 아니다. 몸에 배인 우리말이 머리 속에 많이 쌓여서 저절로 생긴 것이다.

하지만 한뇌로 습득한 영어는 원어민과 같은 말의 조합력이 생길 수가 없다. 영뇌로 반드시 습득한 영어가 쌓여야 가능해진다. 우리가 우리 말을 습득할 때 한뇌로 습득하지 영뇌로 습득하는가? 그렇다면 영어는 영뇌로 습득해야지, 한뇌로 공부하면 되겠는가?

그래서, **게리오웬의 영뇌영어 목차 table**은 Vol 1, 2로 나누어 먼저 BEis-Os, I-Os, S-Os로 영뇌세포로 만들고, 다음 구체적으로 연결설명어 영뇌, 비연결설명어 영뇌, 등맥설명어 영뇌, sign설명어 영뇌와 free 영뇌를 통해서 영뇌세포를 만들면서, 영뇌청취[일명 vocal 주파수 청취], 영뇌말하기[일명 vocal 주파수 말하기]를 통해서 영뇌세포를 만들고 있다. 그리고, **삽입 목차**로서 BAM 영뇌, F영뇌 세포도 다루고 있고, Routine English, 영뇌 reading skills와 영뇌 summarizing skills, 영뇌 math reading, 영어통역, 한글통역도 함께 다루고 있다.

<u>영뇌, 특히 free 영뇌를 모르고 맨날 공부 해봤자, 영어생활을 할 수 없다.</u> 영어를 유치원에서 대학까지 나와도 영어생활이 안되는 것은 영뇌, 특히 free 영뇌로 언어를 습득하지 않았기 때문이다. 특히, MIT, 스탠포드, 예일, 하바드에 들어 간 학생들 가운데 생각보다 많은 학생들이 중도에서 그만둔다고 한다. 한뇌로 암기식, 답만 찍는 SAT 공부만 했기 때문이다.

'있을 것' 이라고만 생각 했던 Higgs 입자 존재도 거대강입자 가속기(LHC)로 확인되었듯이, **원어민 두뇌 시스템도 이제 BEis-Os, I-Os, S-Os**로 Garryowen J. Rhee에 의해서 그 모습이 확실히 드러났다. 영어발전의 하나의 큰 획을 긋고 있다. 휴대폰이 사라지고 스마트폰 시대로 가듯이 앞으로 영어는 한뇌영어에서 영뇌영어로 바뀔 것이다.

자, 우리도 이제 영뇌, 특히 free 영뇌로 영어를 습득할 기회가 생겼으니, 그리고, 영뇌, 특히 free 영뇌로 습득할 수 있는 구체적이고 체계적인 학습 tool이 나왔으니, 한뇌로 영어 공부하는 것에 이제 period를 찍자! 연상법이니, 이미지이니 시원이니 — 뭐니 뭐니 하면서 비체계적이고, 일부현상으로 전체가 되는 양, 장사영어에 열을 올리는, 그런 학습법에도 full stop를 찍을 때도 됐다.

One day in Summer, 2012

Garryowen J. Rhee

영뇌서적 활용 및 영뇌영어 참고사항

1.. 뉘앙스 잉글리쉬 /영어하산 리딩 /영어하산 리스닝 스피킹 /BAM 영뇌는 영뇌를 만드는 과정이고, 게리오웬의 영뇌 영어 Vol 1, Vol 2는 영뇌영어 완결편으로서 바로 영뇌를 작동시키고, 잘 안될 때 시동을 거는 것이다. 특히 게리오웬의 영뇌영어 vol 1, vol 2는 영뇌용어를 완전히 하나로 정리했다.

2.. **가정법**은 의미원성립과 의미과성립의 극히 일부분에 불과하다. 패턴으로 외우는 것이 아니다. 그래서, 원동사 영뇌, 과동사 영뇌, 과조동사 영뇌로 바로 취급하고 있다. **화법, 즉 직접화법, 간접화법**도 단어의 뜻대로 그냥 표현하기만 하면 된다. 시제일치, 장소일치, 인칭일치 하면서 외우면 오히려 표현의 자유, 이해의 자유를 구속시킨다. 그래서, 현동사 영뇌로 바로 다루고 있다.

따라서 **가정법**은 원동사 영뇌와 과동사 영뇌, 조동사 영뇌 속에 있고, **화법**은 현동사 영뇌에 들어 있다. 그리고, **수동태와 완료형**은 일반과분사 영뇌 속에 들어 있다. 과분사의 BNW는 event이기 때문이다.

3.. 구문법과 구식 영어에서는 기능과 전환, 패턴암기[가정법인 경우]로 뜻을 가져오지만, 영뇌 영어에서는 원어민들처럼 **단어에서 바로 뜻을 가져 온다.** 과분사도, 현분사도, 과동사도, 원동사도 그 형태 그대로 각각 독립된 하나의 단어로 취급하고 있다. 뜻대로 조합하면 그것이 바로 영어이다.

4.. 영뇌만 형성되면 말하기, 듣기, 토익, 토플, SAT, 수능, 내신, 공시, GRE, GMAT, LSAT, IELTS, OPic, — 등은 쉽게 해결된다. **그야말로 영뇌영어는 모든 영어의 종합 기본서이다.**

Unit Ⅲ

↗ **한뇌영어의 자연도태는 빨라지고 있고, 영어의 패러다임도 빠르게 바뀌고 있다.**
비록 여러분들은 한뇌이지만 원어민과 똑같은 두뇌작동으로 영어를 할 수 있다.

원어민들처럼 쉽게 읽으려면 확실히 생활 속에서의 뜻으로 free 영뇌로 간직하되, free (vocal) 감주를 많이 간직하라. 간직시 我必 free (vocal) 감주는 반드시 간직한다. 머리 속에 free 감주가 많으면 저절로 BEis로 IS로 엮어진다. ↳애들이 언어를 습득하는 과정과 같다.

영어는 free 영뇌의 조합에 불과하다. 읽기의 비밀이 바로 여기에 있다.

tip) 한글도 free 한뇌로 이해되거나 저장되어 있음 ※free 감주=free 영뇌의 말값

↗ ∵ 말[소리]자체/글자자체=뜻 + 생활 속에서의 뜻

주의] 영뇌리딩=감주로 이해한다. ↗ **영어자체로 충분히 이해되는 것=감주, IS, BEis, free 영뇌, 의음/의자, 선인영뇌각인**

그러면 해석뇌가 발동하지 않고, Ekbe 문맥 토씨없이 저절로 영어자체로 충분히 이해가 된다.

잘 안되면 free 영뇌로 해서 감각적 주파수로 이해한다. ↳영어자체 느낌과 한글을 입혀서 이해하는 느낌은 다르다.

일반적으로 free 영뇌는 의율이 되는 대로 부분부분으로 하여 이해하는 것이다.

tip)영뇌=한글구조의 문맥 토씨없이 이해하는 것 — 예컨데 : You have a car할 때 you를 '당신' 이라는 실체로 이해하는 것이지 '당신은' 하고 '은' 을 붙여서 이해하지 않는다. a car도 '를/를 말이다' 를 붙이지 않고 그 실체로 바로 이해한다. 다른 단어들도 마찬가지이다. 즉 영어자체로서 바로 이해가 되어야 한다. 그래서 have도 '가지고 있다' 로 이해하는 것이 아니라, '가지고 있는 상황', 즉 소유 그 자체로 이해한다. 이런 것들이 감주로 자동설가 또는 설가로 읽혀 지는 것이다. 그래서 영어도 한글처럼 쭉 읽어내려 갈 수 있다.

그래서 단어 하나를 외우더라도 암기식으로 외우는 것이 아니라 생활 속에서의 뜻[소리]으로 free 영뇌로 간직해야 한다.

↗Monday를 그냥 월요일로 외우는 것과 실제 생활 속에서 월요일로 느껴지는[보이는] 것은 다르다.

IS 영뇌/Free 영뇌 : 생활 속에서의 뜻[소리]이므로 미국에서 살면서 얻어지는 뜻[소리]과 같다.
그래서, 미국에 가지 않더라도 영어 정복이 가능하다.

※미국에서 살지 않더라도 (생활 속에서의 뜻으로) 원어민과 똑같이 얻어지게 하는 뜻=IS + BNW[BAM]
미국에 살지 않더라도 (생활 속에서의 소리로) 원어민 말투를 내게[듣게] 하는 것=vocal 감주

IS 세상[세계] : 한글[해석]로 먼저 가지 않고, 생활 속에서의 뜻으로 IS 세상[세계]으로 먼저 간다.
생활 속에서의 뜻으로 IS 세상[세계]이 분명히 존재한다. 우리는 그곳으로 가면 된다.
그것이 바로 이해이자 영뇌다. 생활 속에서의 뜻으로 모든 단어는 자기 거주지가 있다.
※선인영뇌 각인=먼저 말에 먼저 영뇌로 각인되는 것
+ 한글[해석]로 먼저 가지않고 바로 IS 세상[세계]으로 가는 것

↗ Australian gold medal → Australian goldmedal

↗ **감주전개**=감주 /감주+단주 /단주+감주 /감주+감주 — 등등

free 영뇌의군=감각적 주파수로 간직한다 : Stay at the hotel that has the new source.

— 그냥 영뇌의군으로 간직하는 것과 다르다. =Stayatthe hotel thathasthe newsource.

: 감주는 뒷말과 말하는 것이고 (강약) 감주 : ↓(약=약약) + 단주 비약음 〃 : 가장 많음

이런 느낌 때문에 바로 이해작용 발생+저절로 기억 Stayatthe hotel : high definition camera

주의]단순히 연음으로 느끼면 바로 IS가 발생하지 않음 =highdefinition camera

소감주 **빅감주**

비연결설명어 영뇌[Non-LEW NB]

tip)모든 문법단어들도 (BAM으로 생활 속에서의 뜻으로 해음/상음, 해자/상자로 만들어) 我必 free 감주로 간직하라.
특히 감주로 간직하면 저절로 기억되기 때문에 암기부담이 없다.
그리고 twenty four 영뇌를 알아야 free 영뇌도 가능하다.
주의]단어의 뜻을 한글로만 보유하는 것은 별로 의미가 없다. 생활 속에서의 뜻이 반영된 IS로 보유해야 한다.
특히 BNW를 모르면 IS가 정확하게 작동하지 않는다.

..감각적 주파수로 이해하면 읽기도 청취도 말하기도 쉽게 정복이 된다.
그래서 감주 리딩을 습관화 시켜라. 영어읽기와 한글읽기는 서로 다르기 때문이다.

⇨ 다른 free 영뇌와 조합이 되면 감각적으로 감각적 주파수[리듬]가 달라진다.
one lethal factor ···› onelethal factor : 여기에서는 one이 뒷말과 말하게 된다. ↗ 음수조절 감주
↗ ∵ **Best 감주**
하지만 여기에 ″at least„ free 영뇌가 붙으면 atleastone lethalfactor로 원어민들은 말한다.
여기에 또 ″but there' s„ free 영뇌가 붙으면 Butthere' satleast onelethalfactor로 말하니 이런 리듬으로 두뇌가 적응되어 있어야 영어를 쉽게 읽을 수 있고, 듣기도 말하기도 가능해진다.
Butthere' satleast=버ㅌ데어젓리-스트 : IS로 이해가 실리니 한 단어처럼 말할 수 있고 그렇게 말해야 영어 빠르기가 나온다.
↳데어젓=약한 주파수 리-스트=강한 주파수 : 표현에 따라 약강/강약 주파수로 말해야 리듬이 생긴다.

more) considerate=컨씨더러트 ···› Be considerate=비컨씨더러트 : con이 앞쪽으로 붙었다=분리 감주=**고난도 감주**
It' s a connected world=이ㅌ서 ···› It' sa connectedworld=강약/비약음 감주

☜.. 영뇌 상급자는 major 감주 또는 아필 감주로 이해한다. 나머지는 흡수식 이해다.

1. 원동사 영뇌[RTV NB]

twenty four 영뇌

해야할 일-- 원래 언어는 생활 속에서 뜻이 얻어진 것이다. 원어민들처럼 **원동사 말**을 배우려면 여러분들의 두뇌를 생활 속에서의 뜻으로 원동사 영뇌를 습관화시켜라. 특히 BEis, IS **영뇌로 습관화시키되,** (생활 속에서의 뜻이 용해된) free **감주**로 습관화시킨다. ← twenty four 영뇌

☜.. **생활 속에서의 뜻=외국인과 생활하면서 느껴지는 뜻이자 실제로 적용된 뜻(≠사전의 원형적인 뜻)**

생활 속에서의 단어, 즉 생활 속에서의 표현 : T군로 무장하기

cf)사전의 단어/단어장 단어=죽은 단어

❖ **원동사 영뇌란 :**

IS 두뇌로 조동사 /부정전치사 to /주어 /definition 동사를 본동사의미, 의미원성립으로 그냥 서술적으로 설명해 나가는 뇌, 요컨데 비연결설명어
또는 명령동사 /제목동사[동사상황 설명] /의미원성립으로 먼저 표현하는 뇌
: 기본어 또는 전설 (단, 도치 의미원성립은 도치 하생각으로 전설)

↗연결의미 보유 ↗연결의미 미보유 ↗그냥 좌에서 우로 의미가 흘러가는 것
tip)연결설명어=연결의미 vs 비연결설명어=비연결의미, 즉 서술적 의미/제한적 의미
↘제한적 연결의미/비제한적 연결의미 **원동사**=to원동사/조동원동사/지각[사역]원동사 : 실제의미
명령원동사 : 실제의미
의미원성립원동사 : 비실제의미

※영어는 단어에도 연결의미가 있다.
연결의미 뜻 관계를 알아야 어순정복이 쉽게 된다.

↗근본적인 버그단어
▭ **원동사의 BNW**=자체의미
▭ **원동사**=자체의미 /본동사의미 /의미원성립
이때 본동사의미=현재/과거/미래 속에서의 본동사의미
/일반적 본동사의미 /설명 본동사의미

∵ 원동사의 본동사의미=본동사의 본동사의미
(본동사=현동사/과동사/조동사)

tip) to부정사, 관계현분사의 본동사의미도
본동사의 본동사의미에 불과하다.
∴ 둘다=현과미 속에서의 본동사의미/일설 본동사의미

▭ **한국 사람들의 가장 큰 취약점 :**
영어 읽는 법을 모르고 있음 ⇒ 감각적 주파수
+ free 영뇌, 특히 free 감주에 약하다.
+ 한뇌로 이해, 즉 있는 그 위치에서
바로 (무한글) 의미를 못 느낌
+ 말[소리]자체/글자자체가 뜻이자 A상황인데 자꾸
해석하거나 이미지를 연상해서 이해하려고 함
특히 해음/해자 영뇌에 약함

+ 단어의 BNW를 느끼지 못함, 즉, 단어의 본래의미로
이해하지 않고, 뜻하는 의미로 이해하고 있다.
특히 BAM을 잘 몰라, 단어의 여러가지 뜻을 대등
하게 독립적으로 외우고 있음

그래서, 외국인들처럼 단어의 뉘앙스에 맞게 표현하는
※무한글로 이해하니까 IS로 이해할 수 밖에 없다.

표현의 자유를 누리지 못함
뿐만아니라, 어려운 표현은 숙어로 취급하고 있다.
+ 가정법 뜻을 가정법 패턴으로 외워서 해결하고 있음
즉, 원어민들처럼 의미원성립으로 바로 해결하지 못함

+ 시[시제]에는 현재/과거/미래만 있는 줄로 알고 있음
즉 원시(原時)와 event시, 동명시도 있다는 것을
잘 모르고 있음.

❖ 원시=태시(胎時)— 단어가 태어날 때의 時, 즉
자체의미의 時
event시=과분사 時 동명시=동사사실 時

+ 문자값으로만 이해하거나 기억하지 청구 소리값으로 더
뇌화 되어 있지 않음
+ 문법적 예문으로만 취급하고, 말로 활용하는 것에 약함
문법공부, 말공부가 따로 있는 게 아님

+ 원어민들처럼 설가뇌가 발달되어 있지 않음
+ 단문보다 story뇌에 약함
+ 영어주파수, 즉 vocal 감주에 약함
+ 감각적 주파수로 이해하는 데 약하다.
+ 생활 속에서의 뜻[소리]에 약함
↳ **외국에 나가는 가장 큰 이유** : 이것을 얻기 위한 것
∴ 가르칠 때는 본인도 영어로 주거니 받거니
말을 많이 해야 한다.

▭ **시[시제]**
=원시 /현재 /과거 /미래 /event시 /진행시 /동명시
▭ **원시(root tense)**=원동사의 BNW 시제로서 가장 기본이 되는 기시(基時) — 원시가 현동사, 과동사, 과분사,
— 등으로 바뀜[적용 됨] ∴ 원동사=Root Verb
↘ Merriam-Webster 사전에서는 단어가 태어난 연도를
표기하고 있음

☞.. 영어이해 흐름대로 이해하거나 무한글로 이해하는 원천 기술은 기/설과 IS다.

1) 원동사 영뇌[RTV NB]

IS 두뇌로 조동사 /부정전치사 to /주어 /definition 동사를 본동사의미, 의미원성립으로 그냥 서술적으로 설명해 나가는 뇌

요컨데, 비연결설명어

또는 명령동사 /제목동사[상황설명] /의미원성립으로 먼저 표현하는 뇌 : 기본어 또는 전설

주어=조동사[지각/사역 동사], 즉 조지사 뒷주어 /의미원성립 주어 /명령주어

① 조동사를 설명해 나가는 뇌

IIIII .. All must /die /eventually. (or All must /die eventually.)

영뇌=기-->설-->설′ : BEis-Os

or I + I + I : I-Os or S + S + S : S-Os

↗항상 vocal로 F3로 말하여 간직

| Free 감주 간직하기

↘ **free 영뇌의 소리값 → 생활 속에서의 (뜻의) 소리값**

≠사전의 원형적 소리인식

How to Read[Speak]

=Allmust dieeventually. : 먼저 감각적 주파수로 이해한다. 즉 뒷말과 말하면 저절로 이해가 실린다.

시동= vocal 감각적 주파수로

(BEis 또는 IS 영뇌가 될 때까지) F3+E2 강하게 말하기 *여기서 원동사=미래 속에서의 본동사 의미

말은 배 힘에 의해 목으로 음을 만들면서 성대가 울리게 [진동이 되게] 말한다.

그러면 입천정에서 공명이 되고 단 음이 쉽게 만들어진다. 음치들은 입앞쪽에서 그냥 말한다.

↗ **아필 free 영뇌의 소리값 → 아필 생활 속에서의 (뜻의) 소리값**

☞.. **我必 Free 감주 간직하기**=Must die eventually. or Die eventually.

시동=모든 것은 해야 한다. 죽는 것인데 종국에 가서는 [종국적으로] 말이다 ⇒ ☞.. **Ekbe값을 IS값으로 바꾸어주면 IS, BEis 영뇌가 된다.**

tip)일련의 BEis/IS 영뇌 (현상들)는 합치로 그냥 (가볍게) 그렇게 일어나는 것이지 인식작용이 떨어져 분리되어 일어나는 것은 아니다 : 천재들의 두뇌

말=DIe=DAi=slide 주파수 i=ai: 알파벳 음가 **die**=기력을 다하는 것으로서 죽는 것

[d: down 다하는 것 e: energy + no 's' 원형 자체의미 -- **이것이 본동사 의미로 적용됨**]

영어자체로 (무한글 이해) 느낌이 오는 것

시동 목적=영어자체로 (무한글 이해) 느낌을 갖기 위한 것

시동종류=원애시동 /vocal음 /Free 영뇌 /F3+E2 /일상적인 생활 /Ekbe값 /†SIUM 말하기 /무한글 /BNW or 비한글 BNW /BAM /BEis영뇌 /G토씨 /connotation /영뇌기본자세 /패턴 /associate — 특히 영맥 파악[이해]=BEis 영뇌, 영어이해=감주

tip)머리가 좋다는 것=의양두뇌 인지를 잘하는 것

plus] 조동사와 원동사 관계 : 생각[마음]주의 기/설영뇌 or 개략주의 기/설영뇌

모든 것은 인간의 머리로 부터 결정되어 나오니 생각[마음]부터 먼저 뇌를 작동시킨다.

그래서 조동사를 원동사보다 먼저 작동시키는 것이다. 조동사의 BNW는 생각의미이다. 또는 조동사는 개략적인 단어이다. 개략적인 것을 먼저 표현하고 원동사로 구체적으로 설명해 나가는 뇌로 작동시켜도 좋다.

그리고 조동사를 원동사로 설명해 나가니 조동사가 오히려 본동사가 되고 원동사는 본동사가 되지 못한다

eventually=부사주의 기/설영뇌에 의해 문두 전설뇌로 작동시켜도 좋다 : Eventually all must die.

-- 시간[시기] /장소 /빈도 부사는 표현자의 뜻관계 의도에 따라 위치가 자유롭게 작동한다.

영뇌 상급자의 BEST 이해법

천재들은 모든 것에 대해 의양두뇌 인지로 두뇌세포가 (나보다) 먼저 인지한다. 우리가 공부하는 것도 의양두뇌 인지를 위한 것이다. ↗ 특히 major 감주 또는 아필 감주로 이해한다.

☞.. (뇌화된 D두뇌 하에서 의음 또는 의재[의양두뇌 인지]로) free 영뇌, 즉 free 감주로 감을 잡는다 : **천재들의 두뇌**

↘Double 두뇌로 집중된 머리=명상머리 tip)free 영뇌는 생활 속에서의 뜻이지 사전 속에서의 뜻이 아니다.

즉 사전의 원형적인 뜻이 아니라 실제로 적용된 뜻이다. 사전의 뜻은 free 영뇌의 뜻을 원형적으로 적어 놓았을 뿐이다.

free 영뇌는 보이는 대로 들리는 대로 생활 속에서의 뜻으로 IS가 작동하는 영뇌이다. ☞ more : 기본영뇌 vol 2 p11

② 부정전치사 to [원동사 to]를 설명해 나가는 뇌

A.. She decided /to have /a medical exam.

영뇌=기-->설-->설′ : BEis-Os

or I + I + I : I-Os or S + S + S : S-Os

How to Read[Speak]= Shedecidedto havea medicalexam.

〉Shedecided tohavea medicalexam.

: 먼저 감각적 주파수로 이해한다. 그러면 저절로 이해된다. 이때 이해는 소리본체에서 느껴진다.

시동= vocal 감각적 주파수로 (자동 설가가 될 때까지) F3+E2 강하게 말하기

→ 이때 원동사=과거 속에서의 미래 본동사의미 /미래 속에서의 본동사 의미

.. 我必 Free 감주 간직하기=Decided to have an exam. | Free 감주 간직하기

시동=그녀는 결정했어요, 대동[to하는 것, 즉] 받는 것인데 의료검진을 말이다. / -- , 즉 받기로

have=가지는 것으로서 받는 것 [h: hand 손아귀에 넣는 것 + no 's' 원형 자체의미]

tip] to **본토말=투/터/더/어/합성감주**

↘합성감주일때 소리가 안나는 것이 아니라 합성감주로 소리나는 것

(역순이해인) X시동은 걸지마라.

이것은 Ekbe 시동에 의해 저절로 걸리니까.

B.. She is /to arrive /at 7 a.m..

영뇌=기-->설-->설′ : BEis-Os

↗분리 고난도 감주, 즉 이 문장에서 Key 감주

다섯 단어를 한 단어처럼 말하는 감주

↗쉬-이즈어/이저라이브애ㅌ[애트]

How to Read[Speak]=Sheistoa rriveat 7a.m.. or Sheis toarriveat 7a.m.. or Sheistoa/rriveat 7a.m..

: 먼저 감각적 주파수로 이해한다.

↘일종의 분리 감주

: anotherafew monthsa/go

시동= vocal 감각적 주파수로 (자동 설가가 될 때까지) F3+E2 강하게 말하기

→ 여기서 원동사=미래 속에서의 본동사 의미 ↘그러면 영어말투가 형성되고 영어말투에 익숙해진다.

.. 我必 Free 감주 간직하기=She to arrive 7 a.m.. | Free 감주 간직하기

시동=그 여자는 인데, (대동/즉/to하는 것인데 즉) 도착하는 것인데, 시간은 7시 오전이지요.

비한글 BNW 시동과 무한글 시동

↘ 영어는 항상 어느 부분을 보더라도 free 영뇌, 특히 free 감주로 이해되면 된다.

↘그러면 감주 패턴이 눈에 보인다.

to로 연결해서 자신은 빠지면서 바로 본동사의미 '도착하는 것'으로 두뇌를 작동시켜도 좋다.
이렇게 to를 Ekbe 해석 한글 대신 그냥 '연결[기본어일 경우 안내]'만 느끼고 IS 영뇌를 작동시키는 것을 비한글 BNW 시동이라 한다. to할 때 그 '연결 또는 안내'까지도 무한글 이해로 스쳐가게 하는 것이 무한글 시동이다.

말=arRIve=arRAive=cramp 주파수 **arrive**=어떤 곳에 (굴러) 이르는 것으로서 도착하는 것

[a: at + rr: 이르는 것 or roll and roll + no 's' 원형 자체의미]

□ **to 부정사=to 원동사=to 본동사의미**

to 부정사는 문장 속에서 현동사, 과동사, 조동사를 또다시 표현하지 않고, 이런 본동사의미를 표현하기 위해서 태어 난 것이다. to 부정사가 별 것 아니다.

to + 원동사의 시동

□ 대동[즉] 본동사 의미를 느끼는 것 /to에서 '연결'['안내']만 느끼고 바로 본동사 의미를 느끼는 것

/†to를 영어 그대로 느끼고 바로 본동사 의미를 느끼는 것 /to하되 (즉) 본동사 의미로 하는 것

∵ **to=연결 또는 안내 의미 원동사=본동사의미**

: I would like to go to see a movie. 나는 하겠어요, ok를 대동 가는 것에 즉 보러 가는 것에 (영화를) 말이다.

tip) 부정전치사의 대동=代動 / 對動 (vs 대동조동사할 때 대=대신 대(代) : 원동사를 대신하는 것)

↘ 연결영뇌일 때는 이을 '대(代)', 안내영뇌일 때는 안내 '대(對)' cf]동명사 to=대상 '대(對)'

big tip)부정전치사 to=연결/안내 동사가 본동사의미인 것으로서 대동(代動/對動)

vs 일반전치사 to=방향대상이 동사사실의미와 EM인 것으로서 대동(對動)

대동/즉[to] 할때 연결 또는 안내 동사상황이 보이면 된다 : S영뇌

③ 주어를 설명해 나가는 뇌

조동사[지각/사역동사] 뒷 주어, 즉 조지사 뒷 주어 /의미원성립 주어 /명령 주어를 설명해 나가는 뇌

A.. Can /you have /my laundry done /by this evening?

영뇌=기→ 설→ 설′→ 설″ : BEis–Os or I + I + I + I : I–Os or S + S + S + S : S–Os

How to Read[Speak]=Canyou havemy laundrydone bythis evening?
: 먼저 감각적 주파수로 이해한다.

기/설로 끊어 놓은 것은 영뇌로 뜻 관계를 단지 알리기 위함이니
이해하거나 말을 할때는 감각적 주파수로 하면 된다. ∵ **그렇게 해도 여전히 IS 설가뇌 유지**
시동= vocal 감각적 주파수로 (자동 설가가 될 때까지) F3+E2 강하게 말하기 ↳ absolutely more) ☞ 기본영뇌 vol 1 p211

→ 여기서 **원동사=미래 속에서의 본동사의미** (캐ㄴ유↗=up–slide F : 중간 tail F)

☺.. **我必 Free 감주 간직하기**=Can you by this evening[=Canyou bythis evening]? | Free 감주 간직하기

시동=가능한가, 네가 갖는 것인데[하는 것인데] 내 세탁물 완성을, 쯤에[근시] 오늘 저녁쯤에 [하는 것을] 말이다?

⇒ **이런 Ekbe값을 무한글 이해/뜻으로 바꾸어 주면 IS 영뇌 또는 BEis 영뇌가 된다.** 이것을 바탕으로 해서 감주로 이해한다.

말=HAve=slide 주파수 *감각적 주파수 ☞ 영뇌영어 vol 1 p24
have=갖는 것으로서 하는 것, 즉 소유로서 하는 것 vs do=실행으로서 하는 것
vs be=있는 것으로서 하는 것 by=옆 시간으로서 쯤에/근시(近時) -- 쯤에 [b〉p : 옆]
: Be careful. **시동**=있게 하라, 주의하는 마음을 말이다 --〉하라, 주의하라 : **동동사**

B.. What did /you come /for?

영뇌=기→ 설→ 설′ : BEis–Os

How to Read[Speak]= Whatdidyou comefor? : 먼저 감각적 주파수로 이해한다.
시동= vocal 감각적 주파수로 (자동 설가가 영뇌가 될 때까지) F3+E2 강하게 말하기 ↗ You came for?
→**원동사=과거 속에서의 (동시점 발생) 본동사 의미** | Free 감주+我必 Free 감주 간직하기
(워ㅌ디드유/쥬=slide F: 비합성/합성 감주 컴포–[포오]=stair F : 약음장음과 내성음 /컴퍼=slide F)
↳ wh–의문문 마지막 단어는 자기 주파수 대로 소리낸다.

→ IS값으로 묻는 말로 개략적으로 먼저 묻고, 다시 주어를 원동사 본동사의미로 구체적으로 물어보는 뇌 : BEis–Os

시동=무엇이었지, 네가 오게 된 이유말이야?

↗gerund : U.S withdrawal abandoning allies. : 일종의 free 영뇌
↗ The country (is) coming together. 국가란 가는 데 함께 가는 것이다.

come=(관심 쪽으로) 가깝게 움직이는 것으로서 가까이 가는 것/오는 것
[c 〉 ⮑ 〉 ↳ : 가깝게 접근하는 모양 + o: 움직이는 것 or m: move + no 's' 원형 자체의미]
vs go=멀어지게 움직이는 것으로서 (떠나) 가는 것 (vs leave=남겨 두고 떠나는 것)
[g 〉g 〉 g↗ 〉 ↗ : 멀어지는 모양 o: 움직이는 것 + no 's' 원형 자체의미]

그래서, 대전 쯤가서 'I'm coming to Seoul' 로 말하나 'I'm going to Seoul' 로 말하나 전달결과는 같다할지라도 **접근하는 뉘앙스가 다르다.** 전자는 '가까이 가고 있다' 는 말이고, 후자는 '(이곳을 떠나) 가고 있다' 는 말이다. *go E–BAM=가는 것으로서 진행하는 것/시작하는 것 -- 등

add] bring vs take도 come vs go와 같은 개념 -- bring=(관심 쪽으로) 데리고/가져 가다[오다]
: Bring your friend to the party. Let's bring FIFA forward together.

big tip) 1. IS 영뇌가 형성된 사람들에게는 글자 또는 소리에 의해서 (무한글로) 바로 이해가 되지 내가 먼저 이해하는 것은 아니다. 2. 일반적으로 청취는 의음(依音)이고, 읽기는 의자(依字)이다. 영뇌 상급자는 의음/의자 감주 두뇌로 이해한다.
↳ 의음=소리에 의해 (무한글로) 이해되는 것 의자=글자에 의해 (무한글로) 이해되는 것
↳ 의음/의자에는 무부 의음/의자도 있다.
※무부(無不)=모르거나 알듯 모를듯 하는 것
↳ 감각적 주파수로 이해하면 저절로 의음/의자로 이해가 된다.
↳ 의음/의자는 의양두뇌 인지로서 일종의 두뇌세포 선인지이자 선인영뇌 각인이다.

☞.. **Ekbe 시동[영어본래의미] 또는 감주로 이해되어야 영어승차감이 나온다.**

come : **원동사**=자체의미/본동사의미/의미원성립 **현동사**=현재의미 **과분사**=event

came : **과동사**=실제과거/의미과성립 ↗현과미 속에서의 본동사의미

ex]goes=가다 went=갔다/갔으면 해요 gone=간 것 go=가는 것[간 것/갈 것]/가면해요

for=해당사항으로서 해당이유 ↘event ↘자체의미

did=과거 대동의미로서 이었지 [d: 대동의미 id 얻>었: 과음가 or d: did 실제과거 suffix]

do=현재 대동의미로서 하지/이지 [d: 대동의미] : What do you want? 시동=무엇이지 네가 원하는 게 말이야?

□ **과동사의 과거상황과 원동사의 과거상황은 서로 접근하는 뉘앙스도 다르고, IS도 달라진다.**

전자=실제과거로서 과거형 과거상황 후자=과거 속에서의 본동사의미로서 원형 과거상황

He saw her lock the door. saw=과동사 과거상황 -- 보았다

lock=원동사 과거상황 -- 과거 그때 잠그는 것 : **과거 속에서의 (동시점 발생) 본동사 의미**

C.. Do /you like to /pay /a charge card?=가→ 설→ 설′→ 설″ : BEis-Os

How to Read[Speak]=Doyou liketo paya chargecard?

: 먼저 감각적 주파수로 이해한다. 영뇌 상급자에게는 감각적 주파수는 주로 I영뇌로 작동한다.

시동= vocal 감각적 주파수로 (자동 설가가 될 때까지) F3+E2 강하게 말하기

→ 여기서 원동사=현재 속에서의 본동사의미

liketo=LIketo=slide F paya=PAya=slide F : 감주로 말하면 to/a도 쉽게 의미를 느낄 수 있다.

(두유↗ 라이ㅋ터 페이어 차-[차아]춰카-[카아]드↗ =up-slide, 즉 중간 tail F /slide /slide /retro-root F /line 점형 + tail F)

↘yes-no 의문문 마지막 단어는 tail F로 소리낸다.

☞.. **我必 Free 감주 간직하기**=Do you pay a charge card?

시동=그런가, 당신은 좋은 가, 지불하는 것인데 요금지불 카드로 해서 말이다?

/그런가, 당신은 Ok하는 가, 지불을 요금지불 카드로 하는 것에 말이다? | Free 감주 간직하기

말=DO=post점형주파수 o: u=감정음가 like=LIke=slide 주파수

like=좋은 모습에 기뻐하는 것으로서 좋아 하는 것

/좋은 가로서 ok하는 것[의견개진] /좋다고 하는 것으로서 ok[want]하는 것

[l: 쭉 잘 빠진 모습 + k: 기뻐하는 것 + no 's' 원형 자체의미]

vs fond=adj. 마음에 들어하는 것으로서 좋아하는 것 [f: friend처럼 마음에 들어하는 것]

↗'정말로' =개략적 강조 대동사 associate → really 표현가능

do=보통 대동의미으로서 그런 가[하지/이지/있지/하다/있다] //강조 대동의미로서 (정말로) 하다 : vol 1 p59

Did you love me? What did you want? I did not like. // I (really) did/do love you.

charge card=요금지불 카드, 즉 credit card에 해당

Plus] 전치사는 동사를 설명해 나갈 수 있으므로 동사와 영뇌의군을 설정하여 두뇌를 작동시켜도 좋다.

D.. We heard /him lock /the door. =가→ 설→ 설′ : BEis-Os (관습적 E)

How to Read[Speak]=Weheardhim lockthe door. : 먼저 감각적 주파수로 이해한다.

시동= vocal 감각적 주파수로 (자동 설가가 될 때까지) F3+E2 강하게 말하기

→ 여기서 원동사=과거 속에서의 (동시점 발생) 본동사의미

→ IS값으로 지각동사 뒷 주어를 원동사 본동사 의미로 설명해 나가는 뇌 : BEis-Os

☞.. **我必 Free 감주 간직하기**=Door heard to lock. | Free 감주 간직하기

시동=우리는 들었어요, 그가 (그때) 잠그는 것인데 문을 말이다. ※잠그는 것=(heard와 같은) 현재형 과거상황

☞.. 선생들은 일방적으로 강의만 하지말고, 영어로 (특히 5W1H로) 주거니 받거니 말을 많이하라.

⇒ 이런 Ekbe값을 무한글 이해/무한글 뜻으로 바꾸어 주면 IS 영뇌 또는 BEis 영뇌가 된다.

이때 주의할 것은 비록 Ekbe이더라도 한글이나 한글구조 느낌을 가지면서 IS 또는 BEis를 작동시키는 것이 아니다. 그러니까 IS 또는 BEis 작동시 영어자체로 바로 해작용이 발생해야지 한글이나 한글 구조 형태의 이해 느낌을 가지면 안된다. 즉 영어구조대로 그냥 있는 그 위치에서 무한글로 완전히 영어 그 자체에서 (보자마자) 저절로 또는 바로 이해가 되어버리거나 해가 우러 나오든지 앞방으로 A상황이 보이면 된다. 이것이 바로 IS 영뇌이고, 이런 것들이 무한글 이해로 설가뇌로 작동하면 BEis 영뇌가 된다. 이렇게 이해되는 것을 우리는 감주로 이해하는 것이다.

말= LOck=라ㅋ/라크=post점형 /slide 주파수
lock=key로 닫는 것으로서 잠그는 것 [c: close + k : key + no 's' 원형 자체의미]

□ 바로 지각작용/사역작용을 일으켜야 하기 때문에 원동사로 바로 작동시키는 뇌로 굳어졌다 : **관습적 StE**

- He saw at least one bus and close to a dozen motorcycles plunge into the Mahakam River. Several cars were mangled, he said.

close to=가까이 되는 데 대자 어떤 숫자까지 가까이 되는 것 : 부사의 전치사 설주
close=adv.   to=방향대상으로서 대자 -- 까지
close to a dozen /motorcycles 영뇌의군
=설-->기 : 가까이 되는 데 대자 12대 까지 가까이 되는 모터 사이클
: at least 24 /children   *at least/close to=부사의군

tip)아필 감주로 scan하는 것
— 아필 감주로 빨리 각인 시키는 것

↗ ☞.. **major 감주=** -- parents might ---- have more.

E.. My parents might /let me have /more.

major 감주로 skim한다.
즉 major 감주로 중요한 것만 각인시킨다.

영뇌=가→ 설→ 설′ : BEis-Os

How to Read[Speak]=Myparents might letme havemore. : 먼저 감각적 주파수로 이해한다.
시동= vocal 감각적 주파수로 (BEis/IS 영뇌가 될 때까지) F3+E2 강하게 말하기
→ 여기서 **원동사 let/have=미래 속에서의 본동사의미**
(마이**페**어런스=small slide F + slide F : t폐쇄)

→ IS값으로 사역동사 뒷 주어를 원동사 본동사 의미로 설명해 나가는 뇌 : BEis-Os

☞.. **我必 Free 감주 간직하기**=My parents might let me.

시동=내 부모님들은 허락할 것같다. 하도록 하는 것인데 내가 먹도록 더 많이 말이다. | Free 감주 간직하기

말=HAve=slide 주파수   a: 애=강한 감정음가
have=갖는 것으로서 먹는 것/마시는 것: I had lunch. I had coffee.

Plus 1] **관습적 사역동사=망명가시다 : make/bid/have/let** cf]optional 관습적 사역동사=help

get는 사역동사, 즉 사역의미가 될 때도 있으나, 관습적 사역동사가 아니다. 그래서 to를 쓰는 것 : 비관습적 사역동사
: Please get her to come here. **시동**=제발 그렇게 하도록 하라. -- 오도록 --. ※그렇게=**단어** associate
↳**즉 원동사** associate

Plus 2] **동사=자동사/타동사, 상동사/동동사, 사역동사/비사역동사**

-- 영어는 일형태 다의어 뇌이기 때문에 하나의 동사가 동사에 따라 이렇게 각각 두 가지 뇌로 작동할 수 있다.

a.. He had his purse stolen. : **비사역 의미** (had=가졌다로서 당했다)
시동=그는 당했다. 지갑도난을 말이다.
: stolen=**일반과분사 영뇌 -- 비연결설명어 :** 목적보어로서 동사와 앞명사 관계함
vs stolen=**관계과분사 영뇌**[=which was] -- **연결설명어 :** 앞명사만 관계함
: 그는 가졌다. 지갑인데 도둑 맞은 지갑을 말이다 -- 결국 찾은 것이다.

☞.. 시동으로 (영어) 글자/말 자체에서 뜻이 보이거나 상황이 (머리 속에서) 보이면 된다 : IS 영뇌

b.. I had the roof fixed. tip)사역동사/지각동사 뒤 to 부정사를 쓸 경우 원동사를 쓰는 것이다.
□ 사역의미인 경우 문맥에 따라 과분사 또는 현분사도 올 수 있다.

시동=나는 하게 했다. 지붕을 고치도록 말이다 -- 과분사를 주체 입장에서 해석
/지붕이 고쳐지도록 말이다 -- 과분사를 피사체 입장에서 해석
fixed=일반과분사 영뇌 -- 비연결설명어 : 목적보어로서 동사와 목적어 둘다 관계함

□ 비사역의미인 경우

시동=나는 갖게 되었다. 지붕인데 고쳐 진 지붕으로 말이다.
fixed=관계과분사 영뇌 -- 연결설명어[=which was] : 지붕만 관계함

c.. You are so lucky to have him to cling to.
□ 비사역의미
-- him만 to로 연결시켜 설명해 나가는 뇌 : have 동사와 관계없음
시동=너는 정말로 운이 좋아요, 있으니, 그 놈, 즉 붙들고 늘어질 그 놈이 있으니 말이다.
마지막 to=방향 대상으로서 그 놈 ※are= 동질[동질연결]로서 '는'

비사역 원동사 영뇌

비사역으로서 원동사 영뇌를 작동시키는 경우
: 발전 English(로서 관습적 E)

He had his wife die last year.
아내를 죽게 했다가 아니다. 습관적 사역동사에서 발전된 발전 English이다.
시동=그는 당했어요, 자기 wife가 죽은 것/사(死)한 것을 지난해에 말이다.
→ **die=과거 속에서의 발생 본동사 의미**

F.. He rest /in peace!

영뇌=기→ 설 : BEis-Os

How to Read[Speak]=Herestin peace! or Herest inpeace!
: 먼저 감각적 주파수로 이해한다. 감주로 이해하면, 먼저 저절로 말[소리]자체 또는 소리본체로 이해된다. 이게 바로 감주 의음/의자이다.
시동= vocal 감각적 주파수로 (자동 설가가 영뇌가 될 때까지) F3+E2 강하게 말하기
→ 여기서 **원동사=의미원성립으로서 기원/소원 의미**

→ IS값으로 의미원성립 주어를 원동사으로 설명해 나가는 뇌 : BEis-Os

☞.. **我必 Free 감주 간직하기**=Rest in peace!

시동=그대여 푹 쉬는 것이 이루어지기를[잠드소서]! 속에서/내자 평온 속에서! | **Free 감주 간직하기**

말=REst=slide 주파수 e: 에=철자음가 주의]명령/의미원성립 원동사=s동사 가능
rest=멈추고 푹 쉬는 것으로서 휴식하는 것/잠드는 것 [r: relax st: stop + no 's' 원형 자체의미]
이것을 의미원성립으로 적용시키면 '-- 지기를/잠드소서'
[r: relax st: stop + no 's' + under 원형 의미원성립]

: God love /you all! Everyone stay /with me!

영뇌=기→ 설 : BEis-Os

시동= vocal 감각적 주파수로 (자동 설가가 영뇌가 될 때까지) F3+E2 강하게 말하기
| **Free 감주+我必 Free 감주 간직하기**

시동=신이여 사랑하옵소서, 여러분 모두를 말이다! /머물면 좋겠어요, 동자 우리와 함께 말이다! : **바람**

☞.. **영어는 단어의 뜻만 정확히 알면된다.**

G.. If /it /rain tomorrow, //we'll /stay at home.

영뇌=전설→ 설′→ 설″ ⇨ 기→ 설 : BEis-Os

How to Read[Speak]= Ifit raintomorrow, we'll stayathome. [or we'llstay athome]

: 먼저 감각적 주파수로 이해한다. 감주는 남들보다 머리를 빨리 쓰는 것이다.

시동= vocal 감각적 주파수로 (BEis/IS 영뇌가 될 때까지) F3+E2 강하게 말하기

→ 여기서 **원동사=의미원성립으로서 가정의미**

(위ㄹ 스**테**이애(ㄹ)호ㅁ[호움]=post 점형 F + cramp F + post 점형 F + post 점형 F or slide F

주의]애로 초성과 중성을 강하게 내면 저절로 약한 단타 (ㄹ)가 생겨 ho 음가에 첨가=**약한 단타음 첨가**

home=HOme : 빠르게 리듬을 주면 ou는 단모음화가 되어 slide 주파수가 post 점형 주파수로 바뀐다 : **변형 주파수**)

→ IS값으로 의미원성립 주어를 원동사로 설명해 나가는 뇌 : BEis-Os

☞.. **我必 Free 감주 간직하기**=If it rain, we'll stay.

시동=만약에/약자(若者) 날씨가 비가 오는 것이 이루어지면 내일 말이야, 그렇다면 우리는 할 것이다. 머무는 것인데 집에 말이다. ※ if=가정/가상/조건 종맥과 그 실체 그렇다면=**문맥** associate | **Free 감주 간직하기**

말=RAin=slide 주파수

rain=주룩 주룩 떨어져 담기는 것으로서 비가 오는 것, 이것을 의미원성립으로 적용시키면 '-- 이루어지면'

[r: drops in: 내로 들어가는 것으로 (지구에) 담기는 것 + no 's' 원형 자체의미 ⇒ + under 의미원성립]

H.. People urged /that the restrictions be /lifted.

영뇌=기→ 설→ 설′ : BEis-Os

↱ **음수조절 감주** ↰

How to Read[Speak]=Peopleurged thatthe restrictions belifted. : 먼저 감주로 이해한다.

대개 부분 감주[free 감주]로 저절로 엮어지는 것이지 내가 엮는 것은 아니다.

시동= vocal 감각적 주파수로 (자동 설가가 될 때까지) F3+E2 강하게 말하기

→ **여기서 원동사=의미원성립 -- 바람의미**

(리스트**리**ㅋ션/리스트**리**ㅋ션스=small slide F + cramp F : 복수 sign은 비폐쇄 또는 폐쇄 ∵ n=치경음이자 비음이기 때문)

→ 의미원성립 주어 원동사 설가뇌 : BEis-Os

☞.. **我必 Free 감주 간직하기**=Restrictions be lifted!

시동=국민들은 촉구했어요, 즉 규제들이 이루어지면 하고 철폐되는 것으로 말이다. [-- 되면 하고, 철폐되면 하고 말이다]. /즉 규제들에게 생기면 하고, 철폐되는 일이 생기면 하고 말이다. | **Free 감주 간직하기**

말=be=dot 점형 주파수 or Be=비이=내성음 slide 주파수 이=내성음

be=보이는 것이 있는 것으로서 있다 /is 동질/동질연결로서 이다

이것을 의미원성립 시키면 ⇛ '이루어지면 하고 /되면 하고 /생기면 하고'

[b: 보이는 것(e=eye) e〉i: is, 즉 보이는 것이 있는 것으로서 '있다'

or e〉i: is 이다로서 동질/동질 연결 + no 's' 원형 자체의미 ⇒ + under 의미원성립]

plus

의미과성립= -- that the restrictions were ---.

= --- , 즉 규제들이 이루어 졌으면하고 철폐되는 것으로 말이다.

/ --- , 되었으면 하고, 철폐되었으면 하고 말이다.

/ ---, 생겼으면 하고, 철폐되는 일이 생겼으면 하고 말이다.

extreme caution] 두뇌세포는 글자 또는 소리에 의해서 영뇌각인, 특히 **감주 세포가 되는 게 더 중요하다.**

즉 글자 또는 소리에 의해서 감주 세포가 되어야지 해석머리로 돌아가서 이해하려고 하면 안된다.

I.. You give /blood, I and I you'll /save a life.

영뇌=기→ 설 ⇨ 등전설 ⇨ 기→ 설 : BEis-Os ↗ **콤머붙임 고난도 감주, 즉 이 문장에서 Key 감주**

How to Read[Speak]=Yougive bloodand you'll savea life. : 먼저 감각적 주파수로 이해한다.

시동= vocal 감각적 주파수로 (자동 설가가 될 때까지) F3+E2 강하게 말하기

→ 여기서 **원동사=현재/미래 속에서의 명령 본동사 의미**

(애ㄴ/애ㄴㄷ 유얼 세이브어/세이버 라이프=post 점형/slide F + slide F + slide F + slide F

And=d 폐쇄 또는 비폐쇄 ∵ n=치경음+비음 you'll=어화 세이브어/세이버=약음 비합성/합성 감주 : a=앞으로 또는 뒤로 붙임)

→ IS로 명령주어 원동사 설가뇌 : BEis-Os

.. 我必 Free 감주 간직하기=Give blood, and you'll save. | **Free 감주 간직하기**

시동=여러분들은 주세요, 피를 말이다. 그러면 여러분들은 하게 될 것이다. 구하는 것인데 한 생명을 말이다.

말=GIve=slide 주파수

give=g로서 주는 것[g: 주는 것 + no 's' 원형 자체의미]

④ definition 동사를 설명해 나가는 뇌

IIIII .. pout verb

/push (the lips or the lower lip) forward esp. /to show displeasure I or I to attract sexual interest

영뇌=기→ 설→ 설' ⇨ 등설 ⇨ 설' : BEis-Os

or I + I + I + I + I : I-Os or S + S + S + S + S : S-Os

How to Read[Speak]= pout, pushforward esp. toshow displeasureor toattract sexualinterest ↗ 뒷말과 말하는 느낌이 머리[마음] 속으로/눈으로 보이면 저절로 이해된다.

: 먼저 감각적 주파수로 이해한다 ⇨ 이때 감주=마음의 소리 or 실제소리

시동= vocal 감각적 주파수로 (자동 설가가 될 때까지) F3+E2 강하게 말하기

→ **원동사 push=일반적[일반적 설명] 본동사의미 단, show/attract=일반적 설명 본동사의미**

(투어트래ㅋ트=small slide F + small slide F + cramp F : tt중 앞 t폐쇄)

.. 我必 Free 감주 간직하기= 'pout', push forward to attract sexual interest.

시동=pout란 내미는 것인데 앞으로 내미는 것이다. 특히 보여주기 위해서 불쾌감을 보여주기 위해서 그렇게 하거나 끌어보려고, 성적 관심을 끌어보려고 그렇게 하는 것이다. | **Free 감주 간직하기**

※ 그렇게 하거나/그렇게 하는 것이다 =**문맥** associate

부정전치사 영뇌로 작동시켜도 좋다 : to push -- (optional 관습적 E)

to로 definition 동사에 연결시켜 설명해 나가면서 정의를 말해도 좋다.

말=POut=slide 주파수 o: 아=감정음가

pout=관심을 끌기위해 입을 내미는 것으로서 삐죽 내미는 것

[p: push ou: mouth t: attract + no 's' 원형 자체의미]

⑤ 명령동사로 먼저 표현하는 뇌, 즉 기본어로 먼저 표현하는 뇌

IIIII .. Bung /me /a cigarette. [=Bung me cigarette. : infml E]

영뇌=기→ 설→ 설' or 기→ 설/설 : BEis-Os

or I + I + I : I-Os or S + S + S : S-Os (설'=연설목적어 /설=독설목적어)

How to Read[Speak]=Bung mea cigarette. : 먼저 감각적 주파수로 이해한다.
시동= vocal 감각적 주파수로 (자동 설가가 될 때까지) F3+E2 강하게 말하기
→ 여기서 **원동사=현재 속에서의 명령 본동사의미** 주의]원동사=본동사는 아니지만 명령/의미원성립으로서 s동사 가능
(미어 시거레트=small slide F + 뒤가 높은 double slide F)
바로 본동사 의미를 실현시키기 위해 명령도 지각동사처럼 바로 원동사로 표현한다.

我必 Free 감주 간직하기=Bung a cigarette. | Free 감주 간직하기

시동=툭던져, 나에게 담배 한 까치를 말이다 : "You bung me a cigarette!" ⇒ 명령주어를 설명해 나가는 뇌
말= BUng=post점형주파수 u:Λ=아/어의 중간 감정음가
bung=방던져 주는 것으로서 툭 던지는 것 [bun: 방 던지는 것 + g: give + no 's' 원형 자체의미]

: Look at /David report.=기→ 설 : BEis-Os

시동=살펴보자/살펴봐라 : 전자=Let's look at David report. [=Let us look ---. : formal E]
↳ 원동사 명령이 반드시 상대방에게만 하는 것은 아니다. 나를 포함해서 우리 모두에게도 가능하다.

명령표현 : ① non-to형 명령 — to가 없거나 to부정사 부분이 명령이 아닌 경우
: Live well. Let us remember this.[=Let's] Click to enter.[=Click in order to enter.]
② you형 명령: You live well! You be involved!
③ to형 명령: Click to enter. [=Click enter. : infml E] See your mother to give my regards.
Be sure to tell. Free to compete for India. (free=adv.) -- to 부정사 부분도 명령이 되는 경우
⇒ 클릭해서 대동 들어가라 /만나서-- 대동 전해줘라 /하되 확실히 대동 말해줘라 /자유롭게 대동 겨루라.
→ 클릭해서 /만나서 /하되=**서술형 명령의미** ※let's=contraction of let us let=[l: allow t: take]
↳ 기본영뇌 vol 2 p25

⑥ 제목동사/상황설명으로 먼저 표현하는 뇌 ⇒ 기본어 또는 전설

A.. 1. Surrender. =기 2. Become /stronger. =기→ 설 : BEis-Os

B.. Make, Create, Innovate. =기/기/기

"What are you doing?" "Run, run, run, //I'm /running." cf] Date Maker : Enjoys travel.
↳ =전설 ⇨ 기→ 설

→여기서 원동사=일반적[일반적 설명] 본동사의미
: 원형이 명령만 되는 것은 아님 ☞ p395 > C..> cf]
→to 부정사 영뇌 가능 : To surrender. To become --.
To make, To create, To innovate. To run, to run, to run,

시동=첫째, surrender하는 것 둘째, 되는 것인데 더 강하게 되는 것 /제조하고, 신제품을 만들고, 혁신한다. /뛰는 것, 뛰는 것, 뛰는 것인데 '나는 뛰고 있어요'. cf] 즐기는 데 여행을 즐긴다.
-- **현동사 영뇌**=설명현재[≠설명원형] /일반적 현재

⑦ 의미원성립으로 먼저 표현하는 뇌 ⇒ 전설 또는 기본어

A.. Find /she /a four-leaf clover, //she'll /have /good luck. [=a four-leaved clover]
영뇌=전설→ 설′→ 설″ ⇨ 기→ 설→ 설′ : BEis-Os
or I + I + I + I + I + I : I-Os or S + S + S + S + S + S : S-Os

How to Read[Speak] ↗영뇌초중급자=감주를 확실히 느끼기 위해 처음에는 장감주 또는 단주로 훈련시키는 게 좋다.
=Findshea fourleaf·clover, she'll havegood·luck. : 먼저 감각적 주파수로 이해한다.
시동= vocal 감각적 주파수로 (자동 설가가 될 때까지) F3+E2 강하게 말하기
→ 여기서 **원동사=의미원성립으로서 가상의미** (쉬어/쉬여=slide F 쉬을/쉬얼=slide F)

→ IS로 의미원성립으로 먼저 표현하고, 주어로 설명해 나가면서 주절전체를 설명 해주는뇌 : BEis-Os

我必 Free 감주 간직하기=Find a four-leaf clover, will have good luck.

시동=찾는 것이 이루어지면 그 여자에게 네잎 클로버가 말이다. 그러면 그 여자는 할 것이다. 갖을 것인데 행운을 말이다. ※그러면=**문맥 associate** | Free 감주 간직하기

도치 의미원성립 의미원성립 동사에는 상상의미가 들어 있으므로 접속사 대용표현이 가능하다

: 도치 의미원성립=**관습적** E /formal E

가상동사에는 원동사와 과동사, 과조동사 밖에 없다.

tip) Don't bad guys win! : Brussels Terror Attacks -- **의미원성립 소망/실제의미 도치강조**

시동=되면[하면/이루어지면] 안돼요! 나쁜 녀석들이 이기는 것은 말이다! IM=하지 않았으면 해요!

↳bnw-BAM ↳ 대동사의 의미원성립 ↳im-BAM

vs 대동사의 실제의미=하지 못한다

말=FInd=slide 주파수 i: ai=알파벳음가

find=파서 들어가서 끄집어 내는 것으로서 찾는 것/찾아내는 것, 이것을 의미원성립 시키면 '찾는 것이 이루어 지면' [f: (갈고리로) 끄집어 내는 모양 in: 들어가는 것 d: dig + no 's' 원형 자체의미 ⇒ + under 의미원성립]

B.. Long live /the king!

영뇌=기→ 설 : BEis-Os or I + I : I-Os or S + S : S-Os

↗ 단주+감주+단주

How to Read[Speak]= Long livethe king! : 먼저 감각적 주파수로 이해한다.

시동= vocal 감각적 주파수로 (자동 설가가 될 때까지) F3+E2 강하게 말하기

→ 여기서 **원동사=의미원성립으로서 기원, 소원, 바람 의미**

즉, 앞으로 이루어지면 하고 기원/소원/바라는 것

→ IS 영뇌로 부사의 설명을 받아서 의미원성립을 시키고, 주체로 설명해 나가는 뇌 : BEis-Os

.. 我必 Free 감주 간직하기=Long live! | Free 감주 간직하기

시동=오래오래 사는 것이 이루어 지기를[사시기를] /오래오래 살아주면 해요, 대왕이여! ⇒ bnw-BAM

뜻하는 의미[IM]=살았으면/살아주셨으면 해요 ⇒ im-BAM : One in four U.S. women over 40 take anti-depressants.

↳먹고싶어 해요 /먹었으면 해요

의미원성립으로 주어를 설명해 나가는 뇌로 작동시키면

⇒ The king long live! 도 가능 하지만 문두가 더 강조

□ the=강조의 the로서 대(大) long=adv. **말**=LIve=slide 주파수

live=서서 걷거나 움직이는 것으로 사는 것,

이것을 의미원성립으로 적용시키면 ➡ '사는 것이 이루어지기를' [l: 서 있는 모양/서서 걷는 모양 v: 활동모습 + no 's' 원형 자체의미 ⇒ + under 의미원성립]

.. 상음/상자의 두 가지 이해 방향 :

= ① 소리[말]/글자 —〉 A상황 : 소리[말]/글자에서 앞방으로 A상황이 보이는 것

② 소리[말]/글자 〈— A상황 : 소리[말]/글자가 A상황을 표현하는 것으로 이해하는 것, 말하기와 같고, 들으면서 이해하거나 말을 배울 때도 많이 활용됨

"Hey, at least it swims like a duck."

(Two ducks lead a line of four ducklings across a pond. One of the four ducklings has the head of a man with glasses.)

주의]free 영뇌[특히 free 감주]로 이해하는 기술이 있어야 저절로[스스로] 말의 조합력이 생긴다.

하루에 몇 문장씩 외운다고 해서 말의 조합력이 생기는 것은 아니다. ※TF를 알아야 free 영뇌도 가능

↳이것은 해석뇌이지, 원애 언어습득 방법도 아니고 일반적 언어습득 방법도 아니다. ↳twenty four 영뇌

↳D두뇌+의음[의자]+free 감주+자연조합+무부스텝+두뇌세포 선인지+부지언인

※신동머리/천재머리=D두뇌인지/의양두뇌인지/무부스텝인지/두뇌세포선인지

live 실전	원동사 영뇌 —— 비온 뒤에 땅이 굳어진다! **After the storm comes the calm!**

L- 1 .. DANGER! Highway 10 westbound is closed for the next 13 miles because of rock slides. Detour here for Route 20 through Pine Bluff, Whisper Falls, and Albion. Highway 10 can be re-entered at Exit 5, west of Albion. Motorists should expect delays.

↗현장영어 뿐만이 아니라 각종 시험영어도 같다.

-- 먼저 (생활 속에서의 뜻이 용해된) 감각적 주파수로 이해한다. 잘 안되면 부분부분 감주로 이해하고 전체로 이해한다.

should=사발생 권고	through=통과와 그 대상으로서 까지/통자
be /expect=원동사 영뇌	motorists=motorist + s: 일반복수
be 본동사의미=동질연결로서 '즉'	delays=delay + s: several 복수
expect 본동사의미=현재/미래 속에서의 본동사의미	for=해당거리와 그 대상으로서 구간/해자

시동=이곳은 위험 지역입니다! 고속도로 10번, 서쪽 방향 고속도로 10번은 되어 있는데 폐쇄 되어 있습니다. 그 거리 [구간]는/해자 앞으로 13마일이고, 원인은 즉 바위[돌] 낙하 때문입니다. (그래서) 우회하되[돌아가되] 이곳에서 하세요, 그 거리 [구간]는/해자 노선 20번에서 까지[통자] Pine Bluff, Whisper Falls, 그리고 Albion 지역까지 입니다. 고속도로 10번으로 가능한데 즉 재진입이 가능한데 직자[곳에서] 출구 5번에서, 서쪽 즉 Albion의 서쪽 방향으로 가는 출구 5번에서 가능해요. (뿐만아니라) 운전자로 하여금 일어나는[발생하는] 게 좋을 것 같아요. 예상하는 것인데 여러 가지 지체 현상들을[도] 말이다. ☞.. **문장뼈대**=기본어(Highway 10) + s동사(is) + 연결설명어(for/because)

| Free 감주+我必 Free 감주 간직하기 motorists=여러 운전자가 아니라 이곳을 지나는 운전자 : **일반복수**

❖ 이곳은 — 지역입니다 /(그래서) /(뿐만이 아니라)=**문맥** associate 말이다=Ekbe **문맥**

L- 2 .. Saudi Prince to Tell Bush of Arab Ire. --- Newspaper Headline

- - 먼저 감각적 주파수로 이해한다.

그러면 저절로 이해되고, 저절로 선인영뇌각인이 되어, 영어도 한글처럼 쭉 읽어내려 갈 수 있다.

특히 영뇌 상급자는 free 감주로 감을 잡는다. 감주시동= vocal 감주로 (자동 설가가 될 때까지) F3+E2 강하게 말하기

tell 원동사 영뇌 -- 미래 속에서의 본동사 의미 ☞.. **문장뼈대**=기본어(Saudi Prince)+연결설명어(to/of) : s동사없음

시동=사우디 왕자는 대동[즉] 말할 것이다. 부시 대통령에게 즉 아랍인들의 분노를 말이다.

/— 말할 것이다. —— 즉 아랍인들의 분노와 관련해서 말이다.

❖ 대통령/말이다=**단어** associate/Ekbe **문맥** | Free 감주+我必 Free 감주 간직하기

L- 3 .. Susan has got a cold, so she has no intention to go to school, but if she go to school today, she might give her cold to the other students.

- - 먼저 감각적 주파수로 이해한다. ☞.. **앞부분 뼈대**=기본어(Susan)+s동사(has)+등맥설(so)+기본어(she)+s동사(has) +연결설명어(to)

❖ 앞 go 원동사 =to를 (현재/미래 속에서의) 본동사의미로 설명해 나가는 것	❖ give 원동사 =조동사를 (미래 속에서의) 본동사 의미로 설명해 나가는 것
vs 뒷 go 원동사 영뇌 =she를 의미원성립으로 설명해 나가는 것	❖ 일반전치사 to=방향대상으로서 대자 vs 부정전치사 to=본동사의미 연결로서 대동(代動)

시동=수잔은 가지고 있어요, 걸린 것인데 감기(가 걸린 것을)를 말이다. 그래서, 그 여자는 전혀 없어요, 마음이, 대동 갈 마음이, 대자 학교로 갈 마음이 전혀 없어요. 하지만 약자[만약에] 그녀에게 가는 게 이루어지면 대자 학교로 오늘 말이다. 그렇다면 그 여자는 아마도 할 것같다. 옮기는 것인데 자기감기를 대자 다른 학생들에게 말이다.

| Free 감주+我必 Free 감주 간직하기 그렇다면=**문맥** associate

☞.. **뒷부분 뼈대**=등맥설(but)) + 전설 연결설명어(if) + 기본어(she) + s동사(might) + 연결설명어(to)

↗즉 원형적 의미 ↗즉 전달의미/생활 속에서의 뜻

.. 비영어권 사람은 표현되지 않았을 때의 의미에 익숙해져 있고, 원어민은 표현되었을 때의 의미에져 익숙해 있다.

표현되지 않았을 때의 의미
표현되었을 때의 의미

2) 자체의미

↗(영어에 대한 기초지식[basics]을 알았다면)

□ **원동사=자체의미, 본동사의미, 의미원성립** — 중자/말자=생활 속에서의 뜻으로 我必 Free 감주로 간직하라.

□ **원동사 BNW=자체의미**

: 자체의미에서 본동사의미, 의미원성립으로 확장, 즉 일단 표현되면 본동사의미 아니면 의미원성립이 된다. 이렇게 단어의 뜻을 확실히 알면 말의 자유가 생긴다. **※no 's' 원형=단수 현재동사가 아닌 것으로서의 원형**

원형적 의미

□ **자체의미**=만들어 놓은 의미가 담겨져 있는 단어 그 자체를 말하며, 이것이 바로 원동사이다. 다시말해, 동사가 갖고 있는 원래의미 또는 최초에 단어를 만들었을 때의 의미, 즉 최초에 언어를 만들었을 때의 단어의 뜻이 바로 원동사이다. 그래서, 동사는 원동사로 언어를 만들었고, 사전에 원동사로 표현하여 다시 뜻을 밝히고 있다.
여러가지 실제 의미(현재 /과거 /미래 /event시 /진행시 /동명시)에 적용이 되도록 **원동사로 그렇게 만들어 놓았다. 그래서, 사전상의 표기로만 존재한다.**

자체의미는 그냥 뜻으로 존재하는 것이지 (실제) 표현으로 존재하는 것이 아니다. 원동사가 일단 표현되면 자체의미가 적용되었기 때문에 **본동사 의미** 아니면 **의미원성립**이 된다. 실제 적용이 원형으로 나타나면 원동사가 되며, 실제형태로 나타나면 현동사, 과동사, 과분사, 현분사, 동명사, 대동조동사가 된다.
단, **과분사와 일반현분사, 동명사**는 자체의미가 실제로 적용되도 순수한 본동사의미가 되지 못한다. 본동사의미에 **event와 진행의미, 동사사실의미**가 첨가되기 때문이다. 그래서 단순한 동사서술의미도 되지 못하며, HB 동사와 현동사, 과동사, 원동사를 이들 단어 앞에 써도 서로 충돌이 일어나지 않는다.
: have smoked, is smoking, stop smoking, stopped smoking, will stop smoking

원동사의 본동사 의미=실제의미로서 단순한 동사서술의미 ☞p113 tip 1)단순동사=원동사/현동사/과동사
tip 2)조동사=생각의미로서 미래/가능/의무 vs 원동사=실제의미로서 미래/가능/의무

A.. 자체의미 만들기 : • 원동사 이용 : **go definition=move or to move**

go라는 자체의미[원래의미]를 만들기 위해, 즉 go라는 말을 만들기 위해 move라는 원동사의 본동사 의미, 즉 실제의미를 이용하여 자체의미를 만든 것
이때 **원동사 move=일반적[일반적 대표]/일반적 설명 본동사 의미**

• BAM 이용 : go=g로서 가는 것 [g: **가는 것 + no 's' 원형 자체의미**] **vs 원동사 go=자체의미**

-- 자체의미 원동사는 단어를 만들었을 때의 의미인데 후세인들이 이것을 모를 것 같아 사전에서 다시 go처럼 원동사로 표기하고 실제적용이 되는 다른 원동사로 표현하여 뜻풀이를 하고 있다.
(go=실제 미적용 표현 move /to move=실제 적용표현 그래서, 원동사 BNW≠to부정사의 원동사 BNW)

B.. 적용의미 만들기 — 본동사 의미 또는 하생각 의미로 적용

1. 본동사 의미 적용 :

① • **We hear him sing.** • **We heard him sing.** • **He will sing.**

-- 현재/과거/미래 속에서의 본동사 의미

다 같이 노래하는 것이지만 현재 속에서, 과거 속에서, 미래 속에서 노래하는 것이다.

vs • We have heard before. • We are hearing a French lecture. • I enjoy drinking.

-- event 또는 진행의미, 동사사실 의미 vs have/are/enjoy=현동사의 본동사의미

② **강의제목/상황설명 : ||||.. First, move. Second, live. Third, enjoy. ||||.. Make, Create, Innovate**

-- 설명 본동사의미, 즉 일반적 설명 본동사의미 or 일반적 본동사의미

시동=첫째, 움직이는 것 둘째, 사는 것 셋째, 즐기는 것 /제조하고[만들고], 창조하고, 혁신하는 것

③ **This is the law to forbid the import.**

□ **일반적[일반적 설명] 본동사의미** -- 금지법의 일반성 또는 일반적 설명 시동=법인데 즉 금지하는 법

④ **To move is the best way for health.** □ **일반적[일반적 설명] 본동사의미**

-- 지금 움직이고, 앞으로 움직이고 하는 그때 그때 해당하는 그런 의미는 아니다. 일반적으로 움직이는 동작이나 행위의 일반성을 나타내는 말이다. 어떤 시기에 일어나는 한정된 상황에 대한 설명이 아니라 일반적으로 일어나는 것에 대해서 일반적으로 설명하는 식으로 말하면 일반적 설명이 된다. 시동=움직이는 것/움직인다는 것

[mo/o : **움직이는 것** + no 's' **원형 일반적[일반적 설명] 본동사의미]**

cf] a.. Moving is the best way for health.

동명사=일반적 동사사실로서 일반적 사실 시동=움직이는 것을 하는 것/움직이고 움직이고 하는 사실

b.. Money moves.

현동사=현재 일반적 현상으로서 현재 일반적 사실 시동=움직이는 것이다/돌아 다니는 것이다.

c.. He is always moving money in the morning.

현분사=일반적 진행으로서 일반적 진행사실 시동=언제나 옮기고 있다.

동사의 일반성과 비시제의미

동명사, 현동사, 현분사의 일반성도 원동사의 일반성처럼 일종의 비시제 의미이다. 어느 한 시제에 국한되어 적용되는 의미는 아니다. 지금 움직이지 않아도 사실로서 moving으로, 돈이 현재 움직이지 않아도 moves로, 현재 돈을 옮기고 있지 않아도 moving으로 표현할 수 있다. 이게 바로 일반성이자 비시제의미이다.

plus-1]원동사의 일반적 의미나 일반적 설명은 부정전치사to /조동사를 설명해 나갈 때 많이 일어난다.

: "**To carry** your identification card is your duty."

"All Korean residents **must carry** identification cards."

시동=즉 갖고 다니는 것, 자기 신분증을 갖고 다니는 것은 너의 임무이다.

/모든 한국 주민들은 해야 한다. 갖고 다니는 것인데 신분증을 말이다.

plus-2] • The Atlanta opening ceremony to last three and a half hours begins today.

일반적 설명 본동사의미 cf]현재/과거/미래 상황 설명 본동사의미

vs **Their offer** to rebuild the town was not taken seriously.

미래 속에서의 본동사 의미 ※town=집단도시/소도시/읍

vs

He **regrets.**

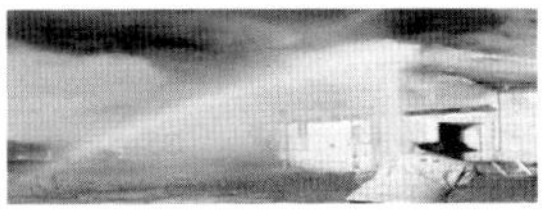

The fireman **fights** the blaze very bravely.

--그림이나 사진 속의 현재 상황 설명 cf]TOEIC Photos문제: 주로 "be+현분사"로 설명

이것을 to원동사로 표현하면 현재상황 설명 본동사의미이가 된다.

: He to regret. The fireman to fight the blaze very bravely.

plus-3] regret=다시 몹시 슬퍼하는 것으로서 뉘우치는[후회하는] 것/유감으로 여기는 것[re: again g: grief]

vs I am deeply sorry (about that). deeply sorry=몹시 안된[미안한] 것으로서 유감으로 생각하는 것

2. 하생각 의미 적용 ☞ p25

tip]단순한 동사서술의미가 아닌 것=event/진행의미/동사사실의미/생각의미/대동의미

big tip) 원동사/to부정사/관계현분사와 본동사 관계 : 원동사/to부정사/관계현분사는 모두 현재/과거/미래 속에서의 본동사의미와 일반적 또는 설명 본동사의미를 갖고 있다. 이들 동사의 본동사의미는 본동사의 본동사의미이기 때문이다. 따라서 일반적으로 원동사/to부정사/관계현분사로 본동사가 갖고 있는 모든 의미를 연출할 수 있다. ☜.. **본동사=현동사/과동사/조동사**

☞.. 이해는 (언어에 대한 basics를 알았디면) 최종적으로 단어의 최종적인 뜻인 감주로 이해한다.

3) 본동사의미

요컨데 (실제의미로서) 본동사 의미를 대변하는 의미 (본동사=현동사/과동사/조동사)

원동사의 본동사 의미는 (특히 본동사의 본동사 의미이기 때문에)

□ 원형(base form)으로서 자체의미가 그때 그때 적용되는[일어나는] 실제의미
□ 원형으로서 자체의미가 일반적 사실[일반성]에 적용되어 일어나는 일반적 실제의미
□ 원형으로서 자체의미가 어떤 것을 실제로 설명하는 것에 적용되어 일어나는 설명 실제의미

➾ 전자는 현재, 과거, 미래 의미를 현동사, 과동사, will를 써지 않고, 원형을 써서 나타내는 것이고, 중자는 원형으로서 현동사의 일반적 현재를 대신하는 것과 같고, 말자는 원형으로서 현동사의 설명현재를 대신하는 것과 같다.

이런 본동사 의미가 느껴져야 영어승차감을 탈 수 있다.

↗ 본동사대용 본동사의미(단, 명령 원동사=본동사 대용은 아니지만 그때 그때 일어나는 실제의미)

요컨데, 원동사의 본동사 의미=본동사의 본동사의미로서 현과미 속에서의 본동사의미 + 일설 본동사의미

일설 본동사의미=일반적 본동사의미 + 설명 본동사의미 → 일반적 설명 본동사의미 + 현재[과거/미래] 상황 설명 본동사의미

→ 자체의미가 실제로 이렇게 적용되어 나타나는 것 → 이런 본동사 의미들을 알아야 IS 영뇌가 쉽게 작동

→ 원동사는 자체의미 또는 본동사의 본동사의미를 보유하고 있기 때문에 어떠한 시제 속에도 들어갈 수 있다.

A.. 현재/과거/미래 속에서의 본동사의미 → 모든 동사는 자기시제를 갖고있다. 그 시제상황 속으로 들어가면 쉽게 IS가 작동한다.

a.. I see him move. b.. We saw him move. c.. We will move.

⇒ 다 같이 움직이는 것이지만 현재 속에서, 과거 속에서, 미래 속에서 움직이는 것이다.

시동=나에게 보여요. 그가 움직이는 것이 말이다. /우리는 보았어요, 그가 (그때) 움직이는 것을 말이다.

/우리는 할 것이다. (앞으로) 움직이는 것을 말이다. [mo/o : **움직이는 것** no 's' **원형 본동사 의미**]

tip)to가 현과미 속에 들어가거나 일설이 되는 것은 아니다. 동사가 아니기 때문이다. 원동사에서 이런 것들이 느껴져야 IS가 분명히 보인다.

부정사가 별 것아니다

이렇게 문장 속에서 또다시 현동사, 과동사, will을 쓸 수 없으니, 원동사를 써서 그것을 대신하는 의미로 나타낼 수 있다. 이게 바로 부정사이다. 즉 문장 속에서 원동사로서 본동사 의미를 나타내는 것이 부정사이다. 이때 to를 써지 않으면 원형부정사가 되고, to를 쓰면 to부정사가 된다.

• I see him moves. (X) --> I see him move. • We saw him moved. (X) --> We saw him move.

• Get something will drink. (X) --> Get something to drink.

전자=실제의미 입장에서 바라본 의미
후자=설명(하는) 입장에서 〃

d.. Go to see your mom. [=Go see your mom. : infml E] Syrian people have to die.

go/see=현재 또는 미래 속에서의 명령 본동사의미 (to형 명령 : Click to start.) die=현재 속에서의 본동사의미/현재상황에 대한 설명 〃

시동=가서 대동[즉] 만나 보아라 : to형 명령 /가라, 대동[즉] 만나보러 너의 엄마를 말이다. 시동=하고 있는데 대동 죽어가고 있다.

e.. I am glad to meet you. 현재 속에서의 본동사의미 시동=대동[즉] 만나게 되어

f.. I was shattered to hear that news. 과거 속에서의 (동시점) 본동사의미 시동=대동[즉] (과거 그때) 듣고서

g.. Get something to drink. Costs from cyberattacks may be 300 million dollars.

get/be=현재 속에서의 명령/동질연결 본동사의미 drink=(직후) 미래 속에서의 본동사 의미 : 앞으로 마시는 것 may be=아마도 즉 — 될 것같다.

시동=가져와라, 무언가 대동[즉] 마실 것을 말이다. caution]미래의미=to가 아니라 원동사에서 찾아야 한다. 동사가 아니기 때문이다.

h.. Malaysia to Unveil New Economic Measures. [=unveils 래발생현재≒will unveil]

↗일종의 Associate

(앞으로 일어날 것으로서) 미래 속에서의 본동사의미 시동=대동 발표한다 : **현동사 대용** /대동 발표 할 것이다 : will **대용**

vs 현재 속에서의 발생 본동사의미 : Obama to appoint Ron Klain as Ebola czar.[=appoints/taps]

— 상황이 현재 지명한 것을 두고 표현한 것이라면 앞으로 지명하는 것이 아니라, '대동 지명했다'가 된다.

↳ 발생현재/설명현재 대용

i.. I want to see a movie. 미래 속에서의 본동사 의미=보는 것 시동=원해요, 대동[즉] 보는 것인데 movie를 말이다.

j.. He decided to buy a new car. 시동=결정했어요, 대동[즉] 사는 것인데/사기로 신차를 말이다.

(단순과거일 경우 결정한 과거 시점이후 앞으로 사는 것으로서) 과거 속에서의 미래 본동사 의미

-- 이것이 과거에만 국한하는 지(would 대용), 현재에도 유효한 지는(will 대용) 상황에 따라 판단하면 된다.

후자일 경우 **미래 속에서의 본동사 의미**로 작동시켜도 좋다. 각각 IS 영뇌 작동이 다르니 주의하라.

tip) decided가 발생현재[decides]와 같을 경우 : 언제나 "미래 속에서의 본동사 의미"

k.. I tried my best only to fail. (to=결과연결)

과거 속에서의 (발생) 본동사의미 시동=해봤다, 최선을 다해 해봤으나 오로지 대동 실패만 하게 되었다.

l.. What did you come for? 과거/현재 속에서의 (발생) 본동사의미 시동=무엇이었지, 네가 오게 된[온] 이유가 말이야?

Why not say so? '의문사+원동사'의 과거 속에서의 (발생) 본동사의미 : 전제 관습적 E ※did=현재범위 과거도 가능

시동=왜 말을 그렇게 하지 않았니? (=Why didn't you say so?)

m.. We will be having dinner then.

미래 속에서의 본동사 의미 시동=앞으로 하고 있을 것이다. 먹고 있을 것인데 dinner를 그때 말이다.

n.. The plane may have flown[sent] 4~5 hours[pings]. : 실종된 말레이지아 비행기에 대한 기자회견

현재 속에서의 본동사의미 시동=아마도 (가지고) 있을지도 모른다, 날아 간 것[보낸 것]인데 -- .

*may=현재 추측 have=소유로서 '가지다/있다'

vs might have =아마도 (가지고) 있는 것같다 : 정생각 -- 현재 속에서의 본동사의미

/아마도 가졌을[있었을]지도 모른다 : 과생각 -- 과거 속에서의 본동사의미

B.. 일설[일반적/설명] 본동사의미 — 모든 일반적 본동사 의미도 일반적 설명 본동사의미로 표현[이해] 가능

a.. I like to watch TV. 일반적[일반적 설명] 본동사 의미 시동=좋아해요, 대동[즉] 보는 것인데 TV보는 것을 말이다.

b.. To see is to believe. 일반적[일반적 설명] 본동사 의미 : definition 동사 설명도 같은 의미 시동=대동[즉] 보는 것이 즉 믿는 것이다.

c.. This is to 'jump'. 일반적 설명 본동사 의미 시동=이런 것[이렇게 하는 것]은 인데 대동[즉] jump(하는 것이)라 한다.

vs Rebels claim to shoot down. : 현재 속에서의 선발생 본동사 의미 or 과거상황에 대한 설명 본동사의미

-- warplane이 추락한 후 하루 지난 것을 CNN이 보도한 것 claim=발생현재 /(과거상황에 대한) 설명현재

시동=반군은 주장했는데 대동[즉] 쏘아 추락시킨 것이라고 했다.[=to have shot down 대동[즉] 가졌다고 -- 한 것을 말이다]

↳ 이때 have도 발생/설명 본동사 의미

d.. This is the law to forbid the import. 일반적[일반적 설명] 본동사 의미 시동=법인데 대동 금지하는 법

vs This is the law forbidding the import. [=the law which forbids --.]

관계 현분사의 본동사 의미로서 현존설명, 즉 현존 본동사 의미 시동=법인데 금지를 담고 있는 법

e.. "I know Marie Curie. She is the only person to win two Nobel prizes."

is=과거상황에 대한 설명현재 win=과거상황에 대한 설명 본동사 의미 시동=대동[즉] 수상한 사람으로서 ☞ 영뇌영어 vol 1 p287/288

f.. "To err is human, to forgive is divine." [a word by Alexander Pope]

일반적[일반적 설명] 본동사 의미 시동=대동[즉] 잘못을 저지르는 것/즉[대동] 용서하는 것

g.. "To teach a fish how to swim." 일반적 설명 본동사 의미 [s동사 대용=You teach : 설명현재 → 일반적 설명]

시동=대동[즉] 가르치는 것과 같다. 고기에게 법을, 대동[즉] 수영하는 법을 말이다 -- 공자 앞에서 문자 쓴다는 말이다.

vs Obama to visit Korea next month. 미래상황에 대한 설명 본동사의미 or 미래 속에서의 본동사의미 시동=대동 방문한다.

h.. "Study Quicker, Score higher" 제목동사로 (일반적) 설명 본동사 의미 시동=공부는 더 빠르게, 점수는 더 높게 : 명령과 구별요

자체의미가 적용된	본동사의미 — 서당개 삼년에 풍월한다! The sparrow near a school sings the primer!

▭ **자체의미가 적용된 본동사의미 :**

원동사/현동사/과동사[즉 단순동사]의 본동사의미 -- 원형/현재형/과거형으로서 본동사의미=비연결설명어

관계현분사 본동사의미 -- ing형으로서 본동사의미=연결설명어 ↳원형 본동사의미=본동사 대용으로서 본동사의미

to부정사 본동사의미 -- to원형으로서 본동사의미=연결설명어

대동조동사 본동사의미 -- 현과형으로서 〃 =비연결설명어 : 단순한 동사서술의미가 아닌 본동사의미

단, event, 진행의미, 동사사실의미=단순한 동사서술의미도 아니고 + 본동사의미도 아니다.

tip) (본동사가 아닌 것으로서) 본동사 의미를 나타내는 법=to부정사/원동사/관계현분사

이해는 (언어에 대한 basics를 알았디면) 최종적으로 단어의 최종적인 뜻인 감주로 이해한다.

4) 의미원성립

의미원성립이로 느껴져야 영어승차감을 탈 수 있다.

원형 형태를 빌어서 (원형으로) 한번 성립시켜 보는 의미로서 실제의미가 아니다.

즉 기원/요구/제의/주장/촉구/부탁/찬성/바람/목적달성/때(p56) /가정[가상/조건]/소망[소원]/희망/양보/걱정/결과/발생/pretense(p64)/동질비교(p69) -- 등등 하에서 원형으로 그런 성립적 생각을 하는 것이 의미원성립이자 하생각이다. 동사 자체의미를 나타내는 것이 원동사이고, 본동사를 써지 않아도 본동사 의미를 나타내는 것이 원동사다. 즉, 현동사/과동사/조동사를 써지 않더라도 이런 본동사 의미를 나타내는 단어가 있더라 그것이 바로 원동사이다. 이런 본동사 의미는 실제의미이지만 자체의미와 의미원성립은 실제의미가 아니다.

> ▭ **실제의미가 아닌 것은 원동사/과동사[과조동사] 밖에 없다.**
>
> 그래서 go=가는 것[간 것/갈 것] //가면 해요 → 실제의미로서 현과미 속에서의 본동사 의미와 하생각
>
> went=갔다//갔으면 해요 → 실제의미로서 실제과거와 하생각 could=할 수 있었다/할 수 있을 것 같다/할 수 있었으면 해요 → 실제의미로서 과생각/정생각과 성립적인 생각으로서 하생각
>
> tip)하생각은 단순동사의 하생각이기 때문에 (접속의미가 들어있는) 하생각 단순 동사서술의미이다.
> 그래서 접속사 대용도 가능하고, 하생각 뒤에 event/진행의미/동사사실의미가 와도 충돌이 일어나지 않는다.
> ∴ 의미원성립/의미과성립 + pp/현분사/동명사 표현가능 (단순동사=현동사/과동사/원동사 — 단순한 동사서술의미)

1.. Move he! or He move!

▭ move=의미원성립 -- **기원 하에서[기원 쪽으로] 원형으로 한번 성립시켜 보는 것**

시동=움직이는 것이 이루어 지기를/움직여 주시기를! (그 사람에게 말이다)

[mo: 움직이는 것 no 's' 원형 + under 기원 의미원성립]

⇒ **여기서** under=기원 하(下)에서, 즉 기원 쪽으로 의미원성립시키는 것

: Long live the king! -- **도치강조** Thanks be to God!

감사하고 감사함이 이루어지소서/이루어지면 해요. 대자 하나님께 말이다.

vs May he move!

시동=기원합니다/비옵나이다. 그가 움직이기를 말이다. move=현재 또는 미래 속에서의 본동사의미

▭ may=**마음으로 비는 것으로서 기원의미**

[m: mind y: 서서 비는 모습] : May the king live long! -- **기원문** : 의문문이 아님

plus] • I wish[hope] it rain. **소망/소원[희망] 의미원성립**

내 소망/소원[희망]은 날씨가 오는 게 이루어지면[비가 오면] 좋겠다는 것이다.

• I wish he have read. 내 소망[소원]은 그가 가지면 좋겠다는 것이다. 즉 읽은 것을 말이다 : pp

• I wish he be reading. 내 소망[소원]은 그가 하고 있으면 좋겠다는 것이다. 즉 읽고 있는 것을 말이다 : **현분사**

• I wish he be reading. 내 소망[소원]은 그가 이면 좋겠다는 것이다. 독서하는 것으로 말이다 : **동명사**

2.. People demanded you move.

▭ move=의미원성립 -- **요구 하에서[요구 쪽으로] 원형으로 한번 성립시켜 보는 것**

시동=움직이는 것이 이루어 지면하고[움직이면 하고/움직여 주면 좋을 텐데하고/움직이는 것이 이루어져야 한다고/움직이여야 한다고] 말이다. [mo: 움직이는 것 no 's' 원형 + under 요구 의미원성립]

: It is vital that children remain in the school grounds until their parents arrive.

시동=그것은 정말로 꼭 필요한 것이에요. 즉 애들이 남아 있으면 좋겠다는 것이 말이다 : bnw-BAM

-- **필요 의미원성립** 뜻하는 의미=즉 애들이 남아 있어 주었으면 하는 것 말이다 : im-BAM

vs **본동사의미** : It is vital for children to remain ------. **시동**=즉 애들이 남아 있는 것은 말이다.

tip)간절히 바람으로서 해야한다 : **의미원성립**
사발생으로서 해야한다 : should 임무로서 해야한다 : must

3.. Linda suggested that Bill buy a new pair of blue jeans.

▭ buy=의미원성립 -- **제의 하에서[제의 쪽으로] 원형으로 한번 성립시켜 보는 것**

시동=사는 것이 이루어지면 좋을 텐데 하고 /사면 좋을 텐데 하고 /사는 것이 이루어져야 한다고 /사야 한다고

⇨ commend[recommend]/insist/demand/suggest/ask/vital + that + **의미원성립**

vs Linda suggested that Bill should buy a new pair of blue jeans. : BrE

시동=하여금 일어나는 게 좋을 것 같다고[일어나야 한다고], 사는 게말이다. --- .

should=사발생 buy=본동사 의미 -- **직설법 표현**

↘vs **의미원성립, 즉 하생각이 더 애절함이 느껴진다.**

why don't you

"Why don't you buy a new pair of blue jeans?"

why don't=이유로서 제안의미[의견개진] /그냥 이유를 묻는 말

전자=왜 하지 않지, 사는 것인데 새 옷 한벌, 즉 blue jeans 새 옷 한벌을 말이야? **뜻하는 의미**=하지 그래

후자=이유가 뭐야, 즉 하지 않는 이유가 뭐야 /왜 하지 않는 거야 --- ?

4.. They insisted that we <u>not</u> stay behind. ▭ stay=의미원성립 -- **주장 하에서[주장 쪽으로] 간절히 원형으로 한번 성립시켜 보는 것**

시동=우리가 (앞으로) 안 머물면/안 머무는 것이 이루어지면 좋겠다고 뒤에서 말이다, **뜻하는 의미**=안 머물었으면 --- .

▭ **원동사를 부정하는 법 :**

not 사용 [단, 명령원동사 부정=대동조동사로 부정 : modern E] (not=adv.)

ⅡⅡ.. Why not say that? Let's not go to the party, ok? Did you not come? **cf]** Don't be sad.

↳[=Didn't you --? : **부정 묻는 말=축약형 사용**]

jump bail, to not come back for trial after bail has been paid

or to not come back for trial after being released on bail 보석중 행방을 감추는 것

즉 않는 데 돌아오지 않는 것[=not to come : to **부정**]: They jumped bail and fled to Spain.

cf] 조동사/be동사 부정 -- not 사용

↗하지만 not 위치는 언제나 원동사 앞이다.

They <u>didn't</u> jump bail. -- **엄밀히 말하면 조동사 부정이지 원동사 부정이 아니다.**

하지 않았다. jump bail하는 것을 말이다. This is not a car. ↗cf] <u>Do</u> bung me a cigarette.

He <u>will not</u> come here. <u>Don't</u> bung me a cigarette. [=Do not] <u>Don't</u> let him go out.

vs Ask not what your country can do for you. : **old E ⇨ Modern StE** : Do not ask -- .

cf] H동사 부정 -- not 또는 대동조동사로 부정 ∵ 특수동사(BrE) 또는 일반동사(AmE)

He has not a car.=He does not have a car.

cf] 조동사 부정과 대상 부정 -- I did not/didn't say. 하지 않았는데 즉 말을 말이다/말을 하지 않았다.

vs I said <u>not</u>. 말했는데 (그것이) 아니다고 말이다 : I think/hope not.

cf] I said 'no'. 말했는데 no라고 말했다/말했는데 거부했다. (그것이=상황/문맥 associate)

tip)**일반적으로 원동사/조동사/특수동사(HB동사) 부정** --> not **일반동사 부정** --> don't[do not]

5.. "I asked that it be done yesterday."

▭ be=의미원성립 -- **부탁 하에서[부탁 쪽으로] 원형으로 한번 성립시켜 보는 것**

시동=부탁했어요, 즉 그것이 이루어지면 좋겠다고 완성되는 것인데 어제말이다.

: I ask(ed) that he be shown mercy.

시동=부탁했어요, 즉 (그에게) 이루지면 하고, 보여지는 일이 이루어지면 하고, 자비가 말이다.

결국 자비가 베풀어 졌으면 하고 부탁하는 말이다.

6.. Everyone in favor of this proposal please raise their/his hand.

□ raise=의미원성립 -- 찬성 하에서[찬성 쪽으로] 원형으로 한번 성립시켜 보는 것

시동=한다면 즉 찬성한다면 --- 제발 들어 주면 해요[좋겠어요], (각각) 자기 손을 말이다 : bnw-BAM

뜻하는 의미=들어 주었으면 해요 : im-BAM (their=infml E his=StE/Formal)

↳ 어떤 뜻으로 시동을 거느냐에 따라 IS영뇌도 달라진다 ⇒ bnw-BAM 시동=Best ∵ 원어민과 같은 느낌

□ he=그 남자(male gender) /그 사람 (neuter) ∴ his=둘다 의미 가능, 만약 모든 사람이 여자들이면 her도 가능 ☞ p287

plus]Thailand favoring the new constitution.

찬성하고 있다[있었다] : 전자=현재시점 일반현분사 후자=발생현재 일반현분사 ⇒ 모두 is 전제

: The restrictions be lifted. □ be=의미원성립 -- 바람 하에서[바람 쪽으로] 원형으로 한번 성립시켜 보는 것

시동=(앞으로) 되면[이루어지면] 좋겠어요. 철폐되는 것이 말이다.

vs The restrictions should be lifted.

시동=규제에게 일어나야 해요[규제로 하여금 일어나게 해야 해요], 즉 철폐되는 것이 말이다.

□ be=본동사 의미 -- 그래서 should를 쓰면 직설의미가 된다.

의미원성립이 rather formal English이고,

미국 사람들은 의미원성립을 더 즐기고, 영국 사람들은 modal verb(법조동사)와 본동사 의미를 더 즐긴다.

7.. Suffice it (to say) that he died in solitude a short time after he retired to his native village.

□ suffice=의미원성립 -- 바람 하에서[바람 쪽으로] 원형으로 한번 성립시켜 보는 것

시동=충분한 것으로 생각해주면 해요, 그것만으로 (대동 말하자면) 즉 그가 죽은 것만으로 말이다 : bnw-BAM

뜻하는 의미=충분히 생각해 주었으면 해요 : 마치 의미과성립처럼 이해하는 것은 뜻하는 의미이다. **주의하라.**

↳im-BAM

to say를 말하지 않고 it의 구체적 내용으로 바로 that으로 표현해도 좋다.

다음은 it의 구체적인 내용을 comma로 표현 것

: a.. What is it, barbecue? 시동=무엇이지 그것말이야, 바베큐인가?

b.. Don' t do it, child abuse [sexual abuse]. 시동=하지말라, 그것인데, 아동학대[성학대]를 말이다.

c.. He has been resetting it, the time. 시동=그것, 즉 시간을 말이다.

8.. If they insist on that attitude, then so be it.

□ be=의미원성립 -- 고집 하에서[고집 쪽으로] 원형으로 한번 성립시켜 보는 것

시동=고집한다면[고집을 계속한다면] --그렇다면 그렇게 이루어지면 좋겠어요, 그것이 말이다 : bnw-BAM

on=작동으로서 수행/계속 insist=현동사로서 래발생현재 뜻하는 의미=되었으면 해요 : im-BAM

9.. I'm putting your dinner in the oven in order that it keep warm.

□ keep=의미원성립 -- 목적달성 하에서[목적 달성쪽으로] 원형으로 한번 성립시켜 보는 것

시동=되도록, 달성되도록, 즉 그것이 유지 달성되도록[이 계속해서 이루어지도록] 따뜻하게 말이다.

[k〉키:상태 그대로 지키는 것 + no 's' 원형 + under 목적달성 의미원성립]

[=may keep keep=(may를 쓰면) 그냥 본동사 의미 may=허락으로서 되도록 : 유지 쪽으로 허락하는 것]

-- 의미원성립 하생각으로 표현하나 조동사로 써서 설명 본동사의미로 표현하나 전달 결과는 같다할지라도 접근하는 뉘앙스도 다르고, IS도 달라진다.

: He wrote it in his diary in order that he remember.

시동=하려고, 달성하려고, 즉 자기 기억을 달성하려고[달성시켜 볼려고] (말이다.)

[=might remember ➾ remember=**그냥 본동사의 의미 -- 직설의미**]

in=들어가는 것으로서 하는 것

order=목적을 달성시키는 것[o: objective d: 달성](purpose + achieving)

10.. If she move it, ----- .

□ move=**의미원성립 -- 가정[가상/조건] 하에서[쪽으로] 원형으로 한번 성립시켜 보는 것**

시동=(혹시 한다면/이렇게 한다면 즉) 움직이는 것이 이루어진다면[움직이면] ----- .

[mo: 움직이는 것 no 's' 원형 + under 가정[조건] 의미원성립]

⇒ **여기서** under=가정[가상/조건] 하(下), 즉 가정[/가상/조건] 쪽으로 의미원성립시키는 것

가정법 패턴을 외울 필요가 없다. 그냥 의미원성립으로 단어의 뜻으로 알고 있으면 가정법도 끝이다.

: I will not let thee go, except [=unless] thou bless me. (Old Testament)

시동=하지 않으면, 당신 네들이 축복하는 것이 이루어지지 않으면 나를 말이다.

(thou=다우 -- old-fashioned + literary of you vs thou=싸우 -- US infml a thousand dollars)

plus] 옛날로 올라갈 수록 의미원성립 표현이 많다. 현대에 가까와 질 수록 현동사 영뇌가 점차 늘어나게 된다. 모든 뜻은 원동사에서 출발하고, 전달하는 뜻의 차이가 거의 없기 때문이다.

11.. Though she move, ----- .

□ move=**의미원성립 -- 양보 하에서[양보 쪽으로] 원형으로 한번 성립시켜 보는 것**

시동=(할지라도) 움직이는 것이 이루어 진다할 지라도

[mo: 움직이는 것 no 's' 원형 + under 양보 의미원성립]

: a.. Whatever she move,--. 시동=(무엇이든지 간에) -- 옮기는 것이 이루어 진다해도

b.. Always immediately report such behaviour to the nearest person, whether it be a school teacher or a policeman or anyone else.

시동=어느 사람이든, 즉 그 사람이 학교 선생이든, 경찰이든, 그밖에 어느 누구이든 간에 말이다.

c.. Murder, though it have no tongue, will speak.

시동=비록 그것이 가진다고 해도 무 tongue을 말이다,

그래도 (하는 경향이 있다. 말해지는 경향이 있다) ⇒ 결국 살인 사건은 알려지기 마련이다는 말

□ will=**주체성발생으로서 경향/성향** 그래도=**문맥** associate

d.. Whoever he be, he shall not go unpunished.

시동=도대체 그 사람이 누구라고 생각이 되든[누구이든], 그로 하여금 발생하지는 않을 것 같다.

가는 것인데 처벌을 안 받는 쪽으로 가는 것이 말이다 ⇒ 결국 처벌을 받는다는 말

e.. **Be it ever so humble, there is no place like home.**

시동=이다고 생각이 된다할지라도, 즉 그것이 정말로 그렇게 humble하다고 생각이 된다할지라도

: **도치 의미원성립 -- 접속사 대용이지 도치강조는 아니다.**

[=However humble it may be   be=**본동사의미** -- ∵ **조동사 뒤 원동사**   may=허락으로서 해도]

f.. **Whatever the situation be, do your best.**

시동=무엇이든 그 상황이 무엇이든 간에

[=Whatever the situation is, ----- .   is=**현동사 본동사의미**]

tip) **의미원성립**=양보 하에서 한번 성립시켜 보는 것

본동사의미=그냥 실제의미로서 양보

☞ 본동사 의미 뇌로 작동시키려면 조동사를 쓰면 된다.

vs a.. Come what may, we' ll stand by you!

시동=앞으로 닥친다고 해도 즉, 무언가 그렇게 되도, 우리는 할 것이다.

come=**도치강조** --- 하생각을 전제로 하지 않는다.

what=**의대접속사**

b.. Be that as it may, you are still required to attend.

시동=되도, 그렇게 즉 그것이 되도 (**뜻하는 의미**=그렇다하더라도)

여러분들에게는 여전히 요구되고 있어요, 즉 참석 하도록 말이다.

as=**동급/동질로서 양보**   may=**허락[인정]로서 되는 것**

c.. Go where you will, you cannot succeed without perseverance.

시동=간다해도 어디를 네가 앞으로 말이다, 그래도 --- . *그래도=**문맥** associate

vs **정순강조** : Wherever you may go 그 어디를

d.. Try as you may, you' ll be unable to persuade her.

시동=노력를 해봐도 즉 네가 그렇게 해봐도 vs **정순강조** : However you may try 제아무리

plus]소리는 발음기호에서 나오는 것이 아니라 소리본체에서 나온다. ☞ vol 1 p111

그래서 소리본체로 듣지 않으면 현장의 소리는 듣기가 어렵다.

: succeed=석씨-드=trapezoid F : u=아와 어의 중간 감정음가   business=비즈니스/비즈너스/비즈네스=slide F :

u=이: 강한 감정음가 마치 the를 '디' 로 강하게 소리내는 것과 같다. i=모음폐쇄 e=알파벳음가(이) 또는 약한 감정음가(어)

만약 '에' 로 소리나면 철자음가가 된다.

12.. **I eat lest I die.   He eats lest he die.**

▭ die=**의미원성립 -- 걱정 하에서[걱정 쪽으로] 원형으로 한번 성립시켜 보는 것**

시동=할 것 같아서, 즉 내가[그가] 죽을 것 같은 생각이 들어서[내가/그가 죽을 것 같아서] 말이다.

[d: down 기력을 다하는 것 + no 's' 원형 + under 걱정 의미원성립]

lest 

lest (LITERARY)=가장 적게 하는 것, 즉 가능성을 없애는 것으로서 걱정(fear) 또는 방지(prevent) 걱정/방지로서 할까봐[하지 않았나] /하지 않도록 (하기위해서 하는 것) [l: least likely]

vs I eat lest I should die.

시동=할까봐, 나로 하여금 일어 날까봐, 죽는 게 말이다. die=본동사의미

vs They were afraid to complain about the noise lest they annoyed the neighbours.

□ annoyed=**의미과성립 -- 걱정 하에서[쪽으로] 일어난 것처럼 한번 성립시켜 보는 것**

시동=아주 걱정했는데 즉 불평할 까봐 관련해서 시끄러움과 관련해서 불평할까봐 아주 걱정했어요. 즉 하지 않았나, 자기네들이 성가시게 하지 않았나 즉 자기 이웃들에게 성가시게 하지 않았나 하고 말이다.

: a.. I' ll place the book back on the shelf, lest it get lost.

시동=할까봐, 즉 그것이 될까봐, 잃어 버리는 것으로 말이다.

b.. She turned away from the window lest anyone see her.

시동=할 것 같아, 누군가가 볼 것 같은 생각이 들어서/볼 것같아.

c.. She was put in a cell with no clothes and shoes lest she injure herself.

시동=할 까봐[할 것 같아], 즉 -- 해칠 것 같은 생각이 들어서[해칠 까봐].

= lest she should injure herself.

시동=하지 않도록 -- 하여금 일어나지 않도록 (해치는 것인데 자기 자신을 말이다.)

injure=**본동사 의미** -- 걱정 하에서 성립시켜 보는 성립적인 생각을 전제로 하지 않고, 그냥 실제의미로서 본동사 의미로 말하는 것이다.

= so that she might not injure herself.

시동=그렇게 하도록 즉 --- 하지 않도록, 해치지 않도록 자기 자신을 말이다.

should=**사발생** might=**허락/허가로서 하도록 하는 것**

13.. She put your dinner in the oven so that it keep warm.

□ keep=**의미원성립 -- 결과 하에서[결과 쪽으로] 원형으로 한번 성립시켜 보는 것**

□ so that=result or purpose /**성립**

시동= 그래서, 그 결과로 그것은 유지 될 것 같다. 따뜻하게 말이다.

□ keep=**의미원성립 -- 목적[성립] 하에서[목적/성립 쪽으로] 원형으로 한번 성립시켜 보는 것**

시동= 그렇게 되도록 즉 그것이 유지되도록

[k〉키:상태 그대로 지키는 것+ no 's' 원형 + under 결과/목적/성립 의미원성립]

[= should keep keep=**본동사의미** should=**사발생**]

시동=그래서, 그 결과, 그것으로 하여금 일어날 것같다. 유지되는 것인데 따뜻하게 말이다.

쉬어가기] A gunman, possibly with a political ax to grind. Unleashed a vicious rifle attack on Republican members of Congress. : (과거 속에서의) 발생 본동사의미 /과동사 free 영뇌

시동=한 총기살인자는 아마도 가지고 있었던 같다. 정치적 도끼 즉 잘 갈은 도끼를 말이다. 그리고 분노를 폭발시켰어요. 악랄한[악질적인] 소총 공격을 가하면서 공화당 의원들에게 말이다. *잘/그리고/분노=**상황/문맥/단어** associate

14.. Woe betide anyone who wakes the baby!

▭ betide=의미원성립 -- 발생 하에서[발생 쪽으로] 원형으로 한번 성립시켜 보는 것

시동=걱정거리가 생길 것 같다[아주 골치 아픈 일이 생길 것 같다],

(어느 누구에게도, 즉 누구냐 하면은 깨우는 사람이면 누구든지 그 아기를 말이다.)

betide

※ betide verb [I or T] LITERARY

어떤 것이 있을 것으로서 발생하는 것 [be>to be : 있을 것 t: a thing ∴ to happen (to)]

※ woe betide somebody

used to say that someone will be in trouble if they do something – often humorous

한국식	구문법의 오류와 표현의 자유 —— 눈 감고 아웅한다! The cat that ate the canary!

▭ 기원[소원]/요구/제의/주장/부탁/찬성/바람/목적달성 의미원성립

가정[조건]/소망/양보/걱정/결과/목적/성립/발생 의미원성립

원어민들이 이 모두를 subjuctive 속에 넣었다고 해서 **한국식 구문법**에서는 이 모두를 가정법으로 취급하고 있다. 하지만 가정 의미원성립 외에는 가정 뉘앙스를 찾아 볼 수 없다. 원어민들은 subjunctive를 하생각 또는 성립적인 생각으로 이 모두를 취급하고 있고 한국사람들은 오역하여 가정법을 알고 있다는 데 문제가 있다. 우리도 이제 하생각 또는 성립적인 생각으로 이해해야 한다.

그러면 마음대로 원어민들처럼 subjuctive를 표현할 수 있다.

plus

A.. 의미원성립은 특히 하생각으로 한번 성립시켜 보는 것이므로 상상의미가 들어있다. 예컨데 '— 이루어진 다면/이루어 진다해도' 이라는 의미 속에는 상상의미가 들어 있다.
그래서 **도치 의미원성립**이 되면 접속사 대용이 된다.

Move she it, ——.
Be it ever so humble, there is no place like home.
—— formal /관습적 English

Formal English/관습적 English가 되는 것은 원래 의미대로 쓰기 때문이고, 나중에 가서 if/though [가상단어/양보단어]와 함께 쓰기 시작했다. [=If/Though she move it, ——.]

B.. If she move it, —. vs If she moves it, —.
전자=(만약에) '원형으로 이루어 지면' 하는 가상 의미원성립이고,
후자=(만약에) '실제로 되면' 하는 조건 래발생현재이다.
그래서 전자는 순수한 가정을 바탕으로 하고 있고, 후자는 현실적인 의미를 바탕으로 하고 있다.

이런 뉘앙스 차이를 활용하여 IS영뇌를 정확하게 작동시켜라. 구문법에서는 이런 뉘앙스 차이를 몰라 무조건 같게 취급하는 데 잘못된 생각이다.
전자 시동=만약에 옮기는 것이 이루어 지면 : **원동사 영뇌**
후자 시동=만약 실제로 옮기게 되면 : **현동사 영뇌** (실제로=단어 associate, 즉 현동사 associate)
tip)아득한 옛날로 올라갈 수록 의미원성립이 많고, 오늘날은 현동사 영뇌가 많다.

조건 래발생현재 :
: If the temperature falls below zero, water freezes.
If you select your reverse gear, the car goes backwards. (instruction)
If he's got no money, he doesn't go out. (general truth)
❈ 's got=있다면 즉 가진 것이 있다면 (무돈/무전(無錢)으로 말이다. 그렇다면)
⇨ has=소유로서 있다면
got=움직여 취한 것으로서 획득소유, 획득소유 event로서 가진 것

또한,
▭ 전자의 move
= if의미가 가미되지 않아도 '— 하는 것이 이루지면' 이라는 가상 접속의미가 들어 있으나,

▭ 후자의 moves =if의미가 첨가되지 않으면 접속의미가 없는 단순한 동사서술의미로 '움직인다' 는 뜻이 되어 접속사 대용으로 쓸 수가 없다.
⇨ Move she it, ——. : ok vs Moves she it, ——. : not ok

C.. If she move it, you will/would /can/could/ or Contact /You win — — etc.
⇒ 현동사로 표현하지 않더라도 if-의미원성립으로 (원형으로) 한번 성립시켜 보아도 여전히

미래의미를 담고 있기 때문에 주절에 조동사의 현생각뿐만아니라, 정생각, 명령법, 심지어 현동사를 써도 의율이 된다.

▭ **would/could=정생각 : 할 것같다/가능한 것 같다**

D.. People demanded you move.   tip) I wish he move. 소망 의미원성립

vs People demanded you should move. vs People demanded you moved.

▭ 전자=요구 의미원성립 -- **현재/미래/과거 속에서의 의미원성립**

시동=요구했어요, 네가 (지금/앞으로/과거에) 움직이면 좋을 것 같다고[좋을 텐데하고] 말이다/움직이는 것이 이루어지면하고 말이다.

만약 move=현동사이면 래발생현재 : 네가 (앞으로) 움직이라고 말이다.

: North Korea demanded[is demanding] South Korea stops propaganda broadcasts.

▭ 중자=본동사 의미로서 실제의미 -- **현재/미래/과거 속에서의 본동사의미**

시동=요구했어요, 너로 하여금 (지금/앞으로/과거에) 일어나야 한다고 움직이는 것이 말이다.

▭ 말자=요구 의미과성립 -- **현재/미래/과거 속에서의 의미과성립**

시동=요구했어요, 네가 (지금/앞으로/과거에) 움직였으면 하고 말이다/움직이는 것이 이루어 졌으면 하고 —

일반적으로 요구/제의/주장 의미원성립은 현재/과거/미래 속에서 가능하나,
if-의미원성립은 현재/미래 속에서만 가능하다. 전자는 if의미 없이 원형으로 한번 성립시켜 보는 의미이고, 후자는 if의미로 한번 성립켜보는 의미이기 때문이다. 하지만 의미과성립은 if의미가 있어도 언제나 현재/과거/미래 속에서도 가능하다. 일어난 것처럼 한번 성립시켜 보기 때문이다.
그래서 if로서 만약 과거 속에서 성립적인 생각을 하려면 의미과성립으로 표현하면 된다.

: • Jane suggested that you bought. — 제의 의미과성립

시동=(현재/앞으로/과거에) 구매했으면 하고 말이다/사는 게 이루어졌으면 하고 말이다.

vs Jane suggested that you buy.

시동=(현재/앞으로/과거에) 네가 사면 하고[사면 좋겠는데 하고/사는 게 이루어 지면하고] 말이다.

• If he moved/had moved last month, ——— . cf] if he move last month : **not ok**

시동=만약에 그때 움직였더라면/그때 가졌더라면 움직인 사실을 말이다. 그랬더라면 —— .

▭ **moved/had=과거 속에서의 의미과성립   pp 'moved'=event, 즉 능동 event**

if-의미원성립을 시제와 관련해서 말하면
'만약에'로 한번 성립시켜 보는 것이기 때문에 현재/미래를 원형으로 당긴 하생각이고,
그래서 현재/미래 속에서만 가능하다. 따라서 현재 또는 미래 상황으로 두뇌가 작동하고,
구문법에서는 if-의미원성립을 가정법 현재라 한다.

하지만 **if-의미과성립**은 '만약에'로 일어난 것처럼 한번 성립시켜 보는 것이기 때문에
현재/미래/과거를 과거형으로 당긴 하생각이다. 그래서 현재/미래/과거 속에서도 가능하다.
구문법에서는 if-의미과성립을 가정법 과거 또는 가정법 과거완료, 가정법 미래라 한다.

tip)원동사/과분사/현분사/동명사도 현재/과거/미래 속에서 가능하다.

이들 속에 본동사의미가 들어있거나 자체의미, event, 진행의미, 동사사실의미가 되기 때문이다.

vs Jane suggested that you should buy. ❖ should=사발생 직설권고 buy=본동사 의미로서 실제의미[직설의미]
 시동=즉 너로 하여금 일어나야 한다고[일어나는 게 좋겠다고], 구매하는 것이 말이다.

E.. She said that he had suggested that you apologize. : **의미원성립**
 vs He insisted that Tom should go there alone. : **사발생 직설표현 + 본동사 의미**
 시동=그 여자가 말한 바에 의하면, 그 사람은 가지고 있다는 것, 제안한 사실을 가지고 있다는 것이다.
 즉 네가 (현재/앞으로/과거에) 사과하면 좋을 텐데[사과하는 게 이루어지면] 하고 말이다.
 또는 — 가지고 있었다는 것인데 제안한 사실을 가지고 있었다는 것이다. —— .
 뜻하는 의미=사과 했으면 하고 말이다 ❖ 가지고 있다는 것=(said와 같은) 현재형 과거상황
 : 마치 의미과성립처럼 이해하는 것은 뜻하는 의미이다. bnw-BAM이 아니니 **주의하라.**
 / —— . 즉, 탐으로 하여금 일어나야 한다고 가는 것인데 거기에 홀로 말이다.

subjunctive의	정확한 번역 —— 호미로 막을 것을 가래로 막는다! **A stitch in time saves nine!**

subjunctive의 정확한 번역은 하생각, 즉 성립적인 생각이다. 가정법이 아니다.
그래서, 무드에는 하생각 무드, 명령무드, 직설무드가 있지, 가정무드, 명령무드, 직설무드가 있다고 말하면 안된다.
가정무드는 하생각 무드의 극히 일부다.
하생각 무드에는 기원/요구/주장/제의/소망/희망/가상/조건/양보/결과/걱정/발생 하생각 무드 — 등등이 있으며, 얼마든지 더 생길 수 있다. ☞ **subjunctive의 정역 p68**
구문법의 습관적 속박의 한계에서 벗어나라. 우리는 습관적 속박의 ugly 속에서 살고 있다.
가정은 의미원성립과 의미과성립의 극히 일부분에 지나지 않은 것을 하나의 큰 장으로 우리의 머리를 지배한다는 데 영어를 어렵게 만드는 것이다.

↗ 하상법 下想法
❖ the imperative mood=명령무드 — 하라 ❖ the subjunctive mood=하생각 무드 — 하는 게 이루어지면 해요
❖ the indicative mood=직설무드=서술무드+의문무드 ❖ mood=동사가 취하는 태도로서 법
❖ the declarative mood=서술무드 — 하다 ❖ the interrogative mood=의문무드 — 하느냐?

IIIII.. **모든 동사의 뿌리는 원동사[root verb]이다.**

- **원동사**=본동사 의미 ⇐ 본동사=현동사/과동사/조동사(주로 will /can /must /may)
 ∴ 현과미 속에서의 원동사/일설 원동사 (본동사 의미=실제의미≠하생각 현과미=시제의미 일설=비시제의미)

현동사=원동사 + s ∴ 현과미 속에서의 현동사/일설 현동사
과동사=원동사 + ed ∴ 현과미 속에서의 과동사/일설 과동사
현분사=원동사 + ing ∴ 현과미 속에서의 현분사/일설 현분사
과분사=원동사 + ed ∴ 현과미 속에서의 과분사/일설 과분사
to부정사=to + 원동사 ∴ 현과미 속에서의 to부정사/일설 to부정사
동명사=원동사 + ing ∴ 현과미 속에서의 동명사/일설 동명사

☞.. **그래서 모든 동사의 여러가지 세부적인 의미도 결국 이 범위를 벗어나지 못한다.**

☞.. (free) 4감주, 즉 들은 감주, 말한 감주, 읽은 감주, 쓴 감주가 많아야 영어가 저절로 된다.

2. 과동사 영뇌[PTV NB]

해야할 일-- 원래 언어는 생활 속에서 뜻이 얻어진 것이다. 원어민들처럼 **과동사 말**을 배우려면 여러분들의 두뇌를 생활 속에서의 뜻으로 과동사 영뇌를 습관화시켜라. 특히 BEis, IS **영뇌로 습관화 시키되**, (생활 속에서의 뜻이 용해된) free **감주**로 습관화시킨다.

☞.. **생활 속에서의 뜻=외국인과 생활하면서 느껴지는 뜻이자 실제로 적용된 뜻(≠사전의 원형적인 뜻)**

❖ 과동사 영뇌란 :

IS 두뇌로 주어를 실제과거 또는 의미과성립으로 그냥 서술적으로 설명해 나가는 뇌
요컨데, 비연결설명어
또는 의미과성립으로 먼저 표현하는 뇌 : 기본어 또는 전설
/free 영뇌[infml E]로 먼저 표현하는 뇌 : 기본어
(단, 도치 의미과성립은 도치 하생각으로 전설)

---

vs 한뇌=맨 나중에 이해[말]하는 뇌 : 근본적인 버그단어

▭ **과동사 BNW**=실제과거
▭ **과동사**=실제과거 or 의미과성립

▭ **실제과거**=단순과거 /일반적 과거 /인정과거 /성립과거 /동시점 과거 /선과거 /기간과거 — etc..

tip-1]과거하면 먼 과거만 생각한다. 말하는 직전도 과거이다. 아무튼 말하는 시점 이전상황은 모두 과거이다. **그래서 현재범위에서 과동사 표현도 가능하다.**

tip-2]과동사=본동사 의미가 들어 있기 때문에 현과미 속에 들어 갈 수 있고, 특히 본동사 의미가 들어 있기 때문에 현과미 속에서의 과거 또는 일설 과거가 된다.

예컨데, 성립과거는 현과미 속에 들어갈 수 있고, 발생현재 대신에 현재 속에서 과동사로 표현할 수 있고, 의미과성립으로 현과미 속에 들어 갈 수 있다. ↳현재범위 과거
(⇐ 과동사=원동사 + ed=본동사의미+과거의미) ↳현재 또는 현재 가까이에 일어난 것

▭ **한국 사람들의 가장 큰 취약점 :**

영어 읽는 법을 모르고 있음 ⇒ 감각적 주파수
+ free 영뇌, 특히 free 감주에 약하다.
+ 한뇌로 이해, 즉 있는 그 위치에서 바로 무한글 의미를 느끼지 못함
+ 말[소리]자체/글자자체가 뜻이자 A상황인데 자꾸 해석하거나 이미지를 연상해서 이해하려고 함
특히 해음/해자 영뇌에 약함
+ 단어의 BNW를 못 느낌, 즉 단어의 본래의미로 이해하지 못하고, 뜻하는 의미로 이해하고 있음

특히 BAM을 잘 몰라, 단어의 여러가지 뜻을 대등하게 독립적으로 외우고 있음
뿐만아니라, 외국인들처럼 단어의 뉘앙스에 맞게 표현하는 표현의 자유를 누리지 못함

+ 의미과성립을 모르고 가정법 패턴으로 외워서 뜻을 암기하고 있음
+ 전달 표현을 화법 전환식으로 공부하고 있음, 즉 단어의 뜻대로 표현하는 머리가 형성되어 있지 않다.

+ 인정과거, 성립과거, 동시점 과거에도 너무 약하다.
+ 문자값으로만 이해하거나 기억하지 청구 소리값으로 더 뇌화 되어 있지 않음

+ 문법적 예문으로만 취급하고, 말로 활용하는 것에 약함
문법공부, 말공부가 따로 있는 게 아니다.

+ 명사처럼 하나의 독립된 단어로서 기억하지 못하고 원형에서 뜻을 자꾸 가져옴 [사전식 공부버릇의 약점]
우리도 국어 사전의 원형적인 뜻으로 보유하고 있지 않듯이 과동사 그대로 하나의 단어로 취급하라.

+ 설가뇌가 발달되어 있지 않음
특히 영어는 감각적 주파수로 문맥이 보여야 함
+ 단문보다 story뇌에 약함 + 특히 infml E에 약함
+ 영어주파수, 즉 vocal 감주에 약함
+ 감각적 주파수로 이해하는 데 약하다.
+ 생활 속에서의 뜻[소리]에 약함

☞.. 영어에 대한 모든 지식은 언어로 나타나야 한다. 그게 바로 "감주"다.

1) 과동사 영뇌[PTV NB]

IS 두뇌로 주어를 실제과거 또는 의미과성립으로 그냥 서술적으로 설명해 나가는 뇌
요컨데, 비연결설명어
또는 의미과성립으로 먼저 표현하는 뇌 : 기본어 또는 전설 /free 영뇌[infml E]로 먼저 표현하는 뇌 : 기본어

주어=명사, 대명사, 동명사, to부정사

① 명사 주어를 설명해 나가는 뇌

IIIII .. Pasteur /died /in 1895. (or Pasteur died /in 1895.)

영어[영소문] 이해흐름을 유지하는게 Top Priority

영뇌=기-->설-->설′ : BEis-Os
or I + I + I : I-Os or S + S + S : S-Os

How to Read[Speak]=Pasteur diedin 1895. : best 리듬 (∵ Pasteur diedin=음수조절 감주)
: BEis/IS, 즉 설가뇌와 자동설가뇌로 되어 있는 것을 감각적 주파수로 이해한다.
즉 한 단어처럼 뒷말과 말하면 저절로 이해가 발생한다.
주의] Pasteurdied in1895. : 이런 감주로 이해하거나 말할 수 있으나 best 리듬이 아니다.
시동= vocal 감각적 주파수로 **↗그러면 영어말투가 형성되고 영어말투에 익숙해진다.**
(BEis/IS 영뇌가 될 때까지) F3+E2 강하게 말하기
여기서 과동사=실제과거로서 단순과거 -- 과거 속에서의 과거
(패스테-르=slide F + retro-root F : 애=강한 감정음가 diedin=단감주 감주 in1895=in • 18 • 95=장감주 감주)

→ IS로 (주동주의 기/설 영뇌로) 명사 주어를 실제과거로 설명해 나가는 뇌 : **BEis-Os**
반면에 한뇌는 맨뒤에 인식: Pasteur 1895 in died. 즉 감주 그 자체로 free 영뇌로 작동되어야 함

☞.. **我必 Free 감주 간직하기**=Died in 1895. or Died 1895. 주의) free 감주 간직시 감주 이해감도 같이 유지,
시동=파스테르는 죽었어요, 시기는 1895년 이었지요. /내시(內時)에 1895년 내시에 말이다. | **Free 감주 간직하기**
tip)단어하나를 간직해도 free 영뇌로 간직하라. 즉 의미 전달 값으로 간직하라 : "Died." 죽었어요/죽었으면 해요
↳**의미전달 최소단위=단어하나** ⇒ **이때 의미=(생활 속에서의 뜻인) IS값**

in=내시기로서 시기/해/연도/달/계절
말=DIed=DAid=slide 주파수 i=ai: **알파벳 음가**
--바로 말로 뇌를 작동시켜라. 발음으로 하나의 과정을 통해 간직하지 말라.
발음이 따로 있고, 말이 따로 있는 것은 아니다. 일반적으로 말은 소리에 해가 들어 갔거나 상황이 보이는 음이다. **즉, 해음/상음이 바로 말이다.**

died=기력을 다한 것으로서 죽은 것
[d: down 기력을 다하는 것 + ed: 과음가(얻>었) or d: did 실제과거로서 단순과거 e=어化]
cf] Pasteur had died in 1895.
[d: down + ed: 었던 것>했던 것으로서 event 음가 or d: done으로서 event]

☞.. 5W1H Short Talk Drill → Teacher : Who died?
Student : Pasteur. or He was Pasteur.
Teacher : When did he die? Student : In 1895. /1895. or It was 1895. /He died in 1895.
— 묻는 말을 쉽게 말하는 법 : 말[대화]이 끊어지지 않게 짧게 말하거나 상대방 말을 (재)활용해서 조금 길게 말한다.

과동사/현동사 또는 is가 문중에 들어가면 | 원동사 또는 as가 된다 — 부전자전이구먼! **Like father, like son!**

Plus]과동사/현동사가 문중에 들어가면 원동사로 변한다. 마치 is가 문중에 들어가면 as로 변하는 것과 같다. 원동사에게도 본동사 의미로 실제의미가 있고, as에게도 is동질이 있기 때문이다. ☞ **p347**

▭ We saw Pasteur die in 1895. ▭ I am glad to meet you.
<-- Pasteur died in 1895. <-- I meet you.

▭ 2015 in Review:

Kim Jong-un anoints his 8-year-old son, Kim Jong -deux as a six-star general.
<-- He is a six-star general.

add] a.. Volatility as opportunity. 변동성이 즉/곧/동자 기회다[=is]

b.. Treat is malfunctioning traffic lights as 4-way stops. 만지다가 작동이 되지 않고 있다. 교통 신호등, 즉/동자 사거리 정지 구역 (에 있는) 신호등이 말이다.[=of/at]

이렇게 되기 때문에 태초에 언어를 만들때 원동사나 as라는 단어를 만들 필요성이 있었다.

❖ anoints=(in a ceremony) oil을 발라 주는 것으로서 공식적으로 임명한다는 것
[a: at n: 누비는 것 oi: oil s: singular 현동사로서 래발생현재]
— 이렇게 현동사 그대로 하나의 단어로 취급하여 그 뜻 그대로 간직하라.

❖ anoint=어떤 곳에 oil을 누벼대는 것으로서 비벼 바르는 것
/(in a ceremony) oil을 발라 주는 것으로서 공식적으로 임명하는 것
[a: at n: 누비는 것 oi: oil no 's' 원형 자체의미]
— 원동사 그대로 하나의 단어로 취급하여 그 뜻 그대로 간직하는 것에는 익숙해져 있다. 주의할 것은 anoint에서 anoints 로 가져가는 과정으로서 뜻을 간직하지 마라.
: Anoint sunburned places with cold cream.

② 대명사 주어를 설명해 나가는 뇌

1.. She /got /spending money /from her parents.

영뇌=기→ 설→ 설′→ 설″ : BEis-Os
or I + I + I + I : I-Os or S + S + S + S : S-Os

How to Read[Speak]=Shegot spendingmoney fromher parents. : 먼저 감주로 이해한다.
대개 부분 감주[free 감주]로 저절로 엮어지는 것이지 내가 엮는 것은 아니다.
시동= vocal 감각적 주파수로 (자동 설가가 될 때까지) F3+E2 강하게 말하기
여기서 과동사=실제과거로서 단순과거
(쉬-가ㅌ/가ㅌ=line 점형 F + post 점형 F/slide F 프[퍼]롬허=cramp F)

→ IS로 (주동주의 기/설 영뇌로) 대명사 주어를 실제과거로 설명해 나가는 뇌 : BEis-Os

☺.. **我必 Free 감주 간직하기**=Got spending money from her. | Free 감주 간직하기

시동= -- 받았어요, 용돈을, 기처(基處) 부모님으로부터 말이다. /용돈인데 주신 곳은 부모님이에요.

말=GOt=가ㅌ/가트=post점형 /slide 주파수 o=a: **감정 음가**
got=움직여 취한 것으로서 받은 것 [g>go: move t: took ot: '앗(과음가)' 으로서 실제과거]
from=출처로서 기처 -- 부터 /발신처 /출처 /출소 /주신 곳 /기점 /기일 -- 등등[f: flow]
spending money=쓸 돈으로서 용돈 vs pocket money [BrE]=pocket에 넣어 다니는 돈으로서 용돈
vs allowance [AmE]=어떤 곳에 쓰도록 허락된 돈으로서 용돈/수당

2.. It was /going /to rain lbutl then //the sun /came out. [=Going to rain : infml E]

영뇌=기→ 설→ 설′ ⇨ 등전설 ⇨ 전설 ⇨ 기→ 설 : BEis-Os

How to Read[Speak]=Itwas goingto rain butthenthe sun cameout. (여기서 rain=단주 또는 장감주 가능)

: 먼저 감각적 주파수로 이해한다. 특히 감주로 말하면 전제없이 쉽게 full로 말할 수 있다.

시동= vocal 감각적 주파수로 (BEis/IS 영뇌가 될 때까지) F3+E2 강하게 말하기

여기서 과동사=실제과거로서 단순과거 -- '무언가 하고 있었다' 로서 과거 발생존재

(고우잉투 레인=slide F + slide F 고너레인=double slide F : o지배음가로서 단모음화와 gt폐쇄와 어화)

→ IS로 개략적인 요지가 되게 주어를 설명해나가는 뇌 : BEis-Os

시동=날씨가 (하고) 있었어요, 하려고 대동 비가 오려고 말이다. 하지만 그때 태양이 오고 말았는 데 나오고말았지요.

/ --, 가려고 즉[to쪽으로 /대동] 비가 오는 쪽으로 가려고 말이다. (going=앞으로 진행) | Free 감주 간직하기

我必 Free 감주 간직하기

=It was going to rain but it didn't.

말=WAs=slide 주파수 a=어: **약한 감정음가**

was=과발생존재로서 무언가 하고 있었다는 것

[w>v 발생 + as: '어즈>었' 으로서 과음가 + s>~: 존재모습 +s: 과거 singular s]

※**있다**=위치/존재/상태/발생 의미도 되고

'무언가 하고 있다는 것' 으로서 발생존재도 된다.

vs The concert was last night. -- '있었다' 로서 그냥 발생 : **과발생**

3.. We were /notified /by our son //that the wedding was canceled.

영뇌=기→ 설→ 설′ ⇨ 전설 : BEis-Os

How to Read[Speak] ↗**고난도 감주** : 아들에 의해 즉 그것이라고 말이다=**free 감주 순서대로 이해감 유지**

=Wewere notified byour sonthatthe weddingwas canceled.

: 먼저 감각적 주파수로 이해한다. 그러면 저절로 의음/의자가 된다.

시동= vocal 감각적 주파수로

(의음/의자가 될 때까지) F3+E2 강하게 말하기

여기서 과동사=실제과거로서 단순과거 -- 과거발생 | Free 감주 간직하기

(위-워어=line 점형 F + little slide F 노우러파이드=앞이 높은 double slide F : t단타=빠른 리듬에 의한 자연적 현상)

→ 우리에게 있었다고 먼저 개략적으로 알리고 그것이 통지 받은 일이라고 다시 구체적으로 설명해 나가는 뇌

⇨ 이렇게 무언가 있었다고, 즉 생겼다고 먼저 알리는 것은 **주동주의 기/설 영뇌 또는 개략주의 기/설 영뇌**이다.

我必 Free 감주 간직하기=We notified by our son the wedding canceled.

시동=우리에게 있었어요, 통지를 받은 것인데 행자(行者) 아들에 의해서 말이다. 즉 그 내용은 --- .

↳ **영어는 항상 어느 부분을 보더라도 free 영뇌, 특히 free 감주로 이해되면 된다.**

↳ **그러면 감주 패턴이 눈에 보인다.**

말=WEre=워어=slide 주파수 뒷 e=어: **약한 감정음가**

were=과발생로서 있은 것

[w > v : 발생 ere: '어>었' 으로서 과음가 ➡ 뒷e=우리말 받침 역할 + no singular s 복수]

were/was=과동사로서 본동사 (의미)

4.. That /the man betrayed me /was very wrong.

영뇌=기→ 설/설 : BEis-Os

How to Read[Speak]=Thatthe man betrayedme wasvery wrong. : 먼저 감각적 주파수로 이해한다.

(비츄레이드미/비쳐레이드미=post/dot 점형 F + cramp F + dot 점형 F : '레' 로 빠르게 올라갔다가 떨어져야 한다)

여기서 과동사=실제과거로서 단순과거 -- 과동질[과동질연결] 의미 | Free 감주 간직하기

👆.. **我必 Free 감주 간직하기**=That the man betrayed was wrong.

시동=즉 그것, 그 남자가 배반했다는 것인데 나를 배반했는 것은 이었지요, 대단히 잘못된 것이었지요.

□ IS로 that, 즉 대명사로 먼저 언급하고, 그 언급내용을 다시 구체적으로 관계문장으로 설명해 나가면서 또다시 s동사로 설명해 나가는 뇌 : BEis-Os

여기서 that=대명사 : 관계문장의 선행사도 되고, s동사의 주어가 되는 뇌

: Not that you would but you could. -- **대명사로서 관계문장의 선행사**

또는 대명접속사 : 대명사로서 관계문장의 선행사가 되고 자기문장을 앞에서 s동사에 접속시켜 주는 접속사 ⇒ 종속접속사=주기능으로서 주어

※ was=과동질[과동질 연결]로서 이었다는 것

③ 동명사 주어를 설명해 나가는 뇌 ↗ 👆.. **major 감주**= -- building --- bridge -- slow work.

IIIII .. The building /of the bridge /was slow work.

영뇌=기→ 설/설 : BEis-Os

or I + I + I : I-Os or S + S + S : S-Os

↗**주의]** was slowwork=**한뇌리딩**

How to Read[Speak]=Thebuilding ofthe bridge wasslow work.

: 먼저 감각적 주파수로 이해한다. 단주도 근접감주로서 감주에 속한다 : bridge/work

시동= vocal 감각적 주파수로 ∵ 단주도 뒷말과 말하기 때문이다.

(자동 설가가 될 때까지) F3+E2 강하게 말하기

여기서 과동사=실제과거로 단순과거 -- 과동질[과동질연결]

(어브더=small slide F 브리지=cramp F 워어크/워얼크=slide F : 어/얼=내성음과 같은 극저음 cf]walk=워-크=retro-root F)

→ IS로 동명사를 of로 먼저 보충하고, 다시 s동사로 알리는 뇌 : BEis-Os | Free 감주 간직하기

시동=그 짓는 공사, 즉 다리를 짓는 공사는 이었지요, 느린 작업이었지요. [=of bridge : infml E]

※ was=과동질[과동질 연결]로서 이었다는 것

[w: 연결 모습 as: '어즈>었' 으로서 과음가 + s: same/is]

vs were=과동질/과동질 연결

[w: 연결 모습 ere: '어>었' 으로서 과음가 + e: equal]

👆.. **我必 Free 감주 간직하기**

=The building of the bridge was slow.

or Building of bridge was slow.

or Building the bridge was slow.

④ to부정사 주어를 설명해 나가는 뇌

IIIII .. To keep /the affair secret /was /his plan. (secret=adj. ~ rendezvous)

영뇌=기→ 설/설→ 설′ : BEis-Os or I + I + I + I : I-Os or S + S + S + S : S-Os

How to Read[Speak]=Tokeepthe affairsecret washis plan.

〈 Tokeepthea ffairsecret washis plan. : 먼저 감각적 주파수로 이해한다.

시동= vocal 감각적 주파수로 (자동 설가가 될 때까지) F3+E2 강하게 말하기

여기서 과동사=실제과거로 단순과거 -- 과동질(연결)

(투키-프디=trapezoid F 어패어씨-크레[리]트=cramp F + retro-root F

or **고난도 감주** : 투키-프디어 패어씨-크레[리]트=trapezoid F + little slide F slide F + retro-root F)

→ IS로 부정사를 목적어로 먼저 보충해 나가면서, 다시 동질로 설명해 나가는 뇌 : BEis-Os

👆.. **我必 Free 감주**=To keep the affair secret was no doubt. | Free 감주 간직하기

시동=(to한다는 것) 즉 유지한다는 것, 그 일을 비밀로 유지한다는 것은 이었지요, 자기가 할 계획이었지요.

plus] to **부정사**에서 to주어 가능[전치사 주기능]. 즉 to를 원동사로 설명해 나가는 뇌이기 때문이다.

: To /keep the affair secret /was his plan.=**기→ 설/설** : BEis-Os

was=과동질[과동질 연결]로서 이었다는 것 **동질**=전후가 같은 질로서 같다는 의미
-- **현동질/과동질/미동질** : '이다' / '이었다' / '일 것이다'

⑤ 의미과성립으로 먼저 말하는 뇌 : 전설 또는 기본어 → [=If the government were to] (↗주어를 설명해 나가는 뇌)

A.. Were /the government /to cut Value Added Tax, //prices would /fall.

영뇌=전설→ 설′→ 설″ ⇨ 기→ 설 : BEis-Os
or I + I + I + I + I : I-Os or S + S + S + S + S : S-Os

> **How to Read[Speak]**=Werethe government tocut ValueAdded·Tax, priceswould fall.
> : 먼저 감각적 주파수로 이해한다.
> **시동=** vocal 감각적 주파수로 (자동 설가가 될 때까지) F3+E2 강하게 말하기
> **여기서 과동사=(현재/과거/미래 속에서의) 가정[조건] 의미과성립**
> (밸루애디드/밸루애리드=double F : d단타 cf]t단타=ㄹ/d/dd로 단타 : water(워러)/city(시디)/nightly news(나이뜰리) ⇒ 사람에 따라 단타시키도 하고 철자음가대로 내기도 한다 밸루-애디드/밸루-애리드=stair F + slide F : slide 주파수가 stair 주파수보다 리듬이 빠르다)

→ IS로 먼저 의미과성립으로 말하고, 주절로 결론을 내는 뇌 : BEis-Os | Free 감주 간직하기

.. 我必 Free 감주 간직하기=Were government to cut, prices would fall.

시동=(현재에) 했다면[(과거에) 했더라면/(앞으로) 했을 경우] 정부가 대동 깎아주는 것인데 부가세를 말이다.
그랬다면[그랬더라면/그렇다면] 가격은 될 것 같은데 떨어지는 것이 말이다 ⇒ **would=정생각 가능성**
/(현재에) 했다면[(과거에) 했더라면] 정부가 대동 깎아주는 것인데 부가세를 말이다. 그랬다면[그랬더라면]
가격은 (현재/과거에) 되었을 텐데 떨어지는것이 말이다 ⇒ **would=(현재/과거 속에서의) 의미과성립 : 반대사실 의미과성립**
↳**하고 (반대사실 유감 쪽으로) 한번 성립시켜 보는 것**

※were=가정[조건] 의미과성립으로서 '했다면/했더라면/했을 경우' : be동사를 '이다/ 있다' 로만 고정시키지 말라.

의미과성립도 의미원성립처럼 **접속사 대용 표현**이 가능하다. 하생각으로 일어난 것처럼 한번 성립시켜 보는 의미 속에 상상의미가 들어 있기 때문이다. 처음에는 접속사 **if/though**를 써지 않고 이렇게 많이 표현했는데 나중에 가서 이들 단어와 함께 쓰게 되었다. 그래서, 이제는 안쓰면 **formal E /관습적 E**가 된다.
※were=가정[조건] 의미과성립으로서 '했다면/했더라면/했을 경우'
[w>v: 발생 + ere: 어>었으로서 과음가 + under 가정/조건 의미과성립]

: Pasteur died in 1895.

실제과거 뇌를 의미과성립 뇌로 작동시키면
⇨ Died Pasteur in 1895, he could have ---- .
Had Pasteur died in 1895, he could have ---- .
: **과거 속에서의 의미과성립** ∵ 분명한 과거 표현 'in 1895' 이 있기 때문이다.
주의할 것은 과분사는 event이지, 의미과성립이 아니다.
시동=과거에[그때] 죽었더라면 /과거에[그때] 가졌더라면 죽은 사실을 가졌더라면 ---- .

B.. "Lived /right now." **=기→ 설** 시동=살았으면 해요, 당장 지금 말이에요.

⑥ free 영뇌[infml E]로 먼저 말하는 뇌 : 기본어 tip] free 영뇌로 완전문장 공포에서 벗어나라.
(↗ infml E도 일종의 free 영뇌이다.) (↳free 영뇌=infml E + StE, 즉 모두 포함)

a.. Was /45kg and now 60 kg. b.. Died /in 1895.
c.. Had /been trapped /by Gadhafi troops /in Tripoli. [=usually, trapped]
영뇌 a=기→ 설 영뇌 b=기→ 설 영뇌 c=기→ 설→ 설′/설′ : BEis-Os
.. 我必 Free 감주 간직하기=Trapped inTripoli by Gadhafi.

↗분리 감주

How to Read[Speak]= Wasforty fivekg andnow 60kg. Diedin 1895.

Hadbeen trappedby Gadhafitroops inTripoli. Killingeight, woundedfour.

: 먼저 감각적 주파수로 이해한다.

시동= vocal 감각적 주파수로 (자동 설가가 될 때까지) F3+E2 강하게 말하기

여기서 과동사=실제 과거로 단순 과거

was/died/had=주어전제 infml E ⇒ SpE, 알림, 광고,-- 등에서 많이 표현함

시동=과거에는 이었지요, 45kg이었지요, 그리고 지금은 60 kg입니다. /죽었는데 그 시기는 1895년이었지요. /가졌어요. 된 것, 덫에 걸려 들게 된 것인데, 행자(行者) 가다피 군사들에 의해서, 내자[내소] 트리폴리 [내소]에서 말이다.

주어전제 infml : Dempsey said the United States had "positive indications" ↳ 결국 덫에 걸려 들었다는 것이다.

the Iraqi government was prepared to do that but had not yet acted.

: • **Fired and came back, changed the world.**

➾ fired(과분사)=(주동) 전제 infml E ⇒ Steve Jobs was came/changed(과동사)=(주어) 전제 infml E ⇒ Steve Jobs

• **Killing 8, wounded 4.** ➾ killing=(콤머/분리) 관계현분사[=killed] wounded=(사건 주어) 전제 infml E

↳(본동사 의미으로서) 나열 비제한적 연결의미 주의]일반 현분사가 아니다.

Plus] 특수동사[HB동사]인 경우 먼저 묻는 뇌로 바로 작동

Was this a gas station nearby? Why were you here? Who was I?

Had you anything else? Had she a car?

단, have 동사= 특수동사(BrE) /일반동사(AmE) -- 묻는 말로 do 조동사 사용

↳ Did you have anything else? Did she have a car?

Do you have anything else? Does she have a car?

---

live 실전 과동사 영뇌 —— 금상첨화! **Icing on the cake!**

L- 1 .. William Doyle, a former Tiger Force sergeant now living in Willow Springs, Missouri, said he killed so many civilians in 1967 that he lost count.

-- 먼저 감각적 주파수로 이해한다. 그러면 저절로 선인영뇌각인이 된다. 영뇌 상급자는 free 감주로 감을 잡는다.

living=(제한적) 관계현분사 영뇌 : 진행의미/본동사의미로 살고 있는 사람인데 [=who is now living/who now lives]	said/killed/lost =과동사 영뇌로서 실제과거, 특히 killed/lost= 과동사의 선과거[infml E] (=had killed)

시동=William Doyle은 전 타이거 포스 하사관[또는 병장]으로 지금 살고있는 사람인데, 내자[내소] Willow Springs, Missouri [내소]에서 살고있는 사람인데, 말을 했어요, 자기가 죽였기 때문에, 정말로 많은 민간인들을 내자[내시], 1967년 [내시]에 죽였기 때문에 그래서 그는 잃어 버렸다고 셈 자체를 잃어 버렸다고 했어요.

❖ 때문에=so -- that 구문의 문맥 associate

L- 2 .. The party was awful, and then we all wished we had never gone to it.

-- 먼저 감각적 주파수로 이해한다. 그러면 저절로 의음/의자가 된다.

was/wished =과동사 영뇌로서 실제과거(로서 단순과거)	had=과동사 영뇌로서 (소망/바람) 의미과성립 gone=일반과분사 영뇌로서 사실 event

시동=그 파티는 이었어요, 즉 엉망이었어요. 그래서 그때 우리 모두의 소망은 정말로 갖지 안했더라면 했다. 간 사실을 대자 그 파티에 말이다[그 파티는 엉망이었어요 : '는'=과동질] | Free 감주+我必 Free 감주 간직하기

.. 문장 뼈대=기본어(The party)+s동사(was)+등맥설(and)+기본어(we all)+s동사(wished)+연결설명어(we had)

그래서 영뇌영어는 영어의 **2) 실제과거** 시작과 끝을 잘 말해주고 있다.

표현되었을 때의 의미

□ **과동사**=실제과거 or 의미과성립 — (영어에 대한 기초지식을 알았다면) 생활 속에서의 뜻으로 모두 我必 Free 감주로 간직하라.

□ **과동사의 BNW**=실제 과거

전자=실제로 일어난 것으로서 실제의미

후자=실제로 일어나지는 않았으나 과거형태를 빌어서 일어난 것처럼 (한번) 성립시켜 보는 의미

tip)1. 실제과거 중 단순과거와 동시점 과거는 원동사/to부정사/관계현분사의 본동사의미에서는 과거 속에서의 (발생 또는 동시점 발생) 본동사의미로 나타난다.

2. 실제과거=모두 설명과거로 이해해도 좋다.

□ **실제과거**

=단순과거, 일반적 과거, 동시점 과거, 선과거, 인정과거, 성립과거, 덩어리기간 과거, 반복과거(p170), 발생존재 과거 — etc.

동시점 과거와 선과거는 지배시제, 즉 s동사 시제와의 관계에서 나타나는 현상이다. 즉, 동사 두개에서 일어나는 현상이다. 단, 성립과거는 실제로 이루어진 경우와 앞으로 실제로 이루어지는 경우 두 가지가 있다.

후자일 경우=보통 before/until/whether과 함께 표현하고 한글에는 없는 표현이니 한국 사람들에게는 아주 취약하다.

영어에서는 앞으로 이루어지는 경우에도 과거형을 취한다. 이렇게 실제과거로서 의미가 하나 더 있다.

tip)현과미 속에서의 과거, 일설 과거로 이해하면 쉽게 IS 영뇌를 작동시킬 수 있다.

A.. He moved the stone.

[move+ed: **과음가** or (e: **조율음**) d: did **단순 과거**] -- **단순히 일어난 과거사실** 시동=옮겼다/움직였다.

현재범위 과거/현재범위 미래 과거라고 해서 하루 이전 상황만 떠올리면 안된다. 말하는 시점 이전상황, 즉 지나간 것은 모두 과거이다. 그래서,현재 범위에서 일어나는 과거도 사람에 따라 과동사로 표현하기도 하고 현동사로 표현하기도 한다. 이때 현동사는 발생현재가 된다. 미래도 마찬가지이다. 특히 IS영뇌 작동시 유의하라.

- "I said! Back to work!" : **현재범위 과거** = "I say! Back to work!" : **발생현재**
- "MyTV will quit now. Try again later." : **현재범위 미래[직후미래]로서 지금과 의율** [=quits : **래발생 현재**]
  시동=MyTV는 곧 할 것이다. 즉 종료되는 데 지금 말이다. *MyTV=app **명칭**

B.. He often moved back and forward. [move+ed: **과음가** or d: did **일반적 과거**] 시동=종종 움직이곤 했다.

이 학교에 '다녔다' 를 영어로 표현하면 '다녔다' 가 과거 일반적 의미이기 때문에 'I went to[attended] this school' 로 표현하면 된다. 이 때는 단순 과거로 '갔다/참석했다' 가 아니다.

[went >w: W **가는/다니는 모습** ent: **과음가(엔트>었다)** or t>d: did**로서 일반적 과거**

attend+ed: **과음가** or (e: **조율음**) d: did**로서 일반적 과거**]

C.. She said that he moved. [move + ed: **과음가** or d: did **동시점과거/선과거-- 과거 속에서의 과거**]

시동=그 여자는 말했는 데 즉 그가 움직인다고/옮긴다고 말이다 : **동시점 과거** (움직인다고/옮긴다고=현재형 과거상황)

tip) **현재형 과거상황 시동** : A rainstorm came along and obliterated children's drawings on the sidewalk. 와서 쭉 지나가면서 지워버렸다 cf]**발생현재=과거형 현재상황 시동**

시동=그 여자는 말했는 데 즉 그가 (이미) 움직이었다고/옮겼다고 말이다 : **선과거(infml E)**

⇨ StE=had moved : 시동=가졌다고 옮긴 사실을 가졌다고 --- .

전환식 이해의 종지부 : 영뇌화법 시제 일치식으로

직접화법을 간접화법으로 전환하는 전환식 공부를 하지 말라. 그냥 단어의 뜻대로 상황에 맞게 표현하라.

.. 시동으로 (영어) 글자/말 자체에서 뜻이 보이거나 상황이 (머리 속에서) 보이면 된다 : IS 영뇌

선과거일 경우 had moved로도 표현할 수 있으나 각각 접근하는 뉘앙스와 문체도 다르고, IS도 달라진다. ▭ **선과거**=같은 과거범주로 취급하여 표현하는 선과거 뉘앙스

▭ **과거완료**= had의미+과분사 의미, 즉 had를 과분사[기의미성립 event]로 설명해 나가는 의미

동시점 과거는 현재에 유효해도 표현할 수 있는 과거이다.

즉 현재에 선생을 하고 있어도 "When I met him, he said that he was a teacher." 로 말할 수 있다. 이때 was를 단순 과거사실[선과거]로 오해하면 안된다. 말한 그때[그 당시에] 선생이라고 알리기 위해서 단지 과거형태를 취했을 뿐이다. 한뇌[한글]와 다르다.

시동=말했는데 즉 자기가 그때 이라고 선생이라고 말이다.

or 말했는데 즉 자기가 이라고 선생이라고 말이다. ❈ '이라고' =**현재형 과거상황**

이렇게 동시점 과거로 표현했는 데 만약 (이미) 지난 과거사실로 오해할 것같으면 현동사 뇌를 작동시키면 된다.

: " ---- , he said that he is a teacher." ❈ is=**일반적 현재사실**

만약 상황이 지금 은퇴한 경우임에도 불구하고 was로 표현했다면 선과거 뇌[단순과거사실 뇌]로 작동시켜야 한다.

시동=말했는데 즉 자기가 과거에 했다고[이었다고] 선생을 했다고[선생 이었다고] 말이다.

그런데 (이미) 지난 사실로 표현했는데 현재에 유효한 동시점 과거 사실로 알아 들을 것같으면 기의미 성립 event 또는 분명한 반복과거 뇌, 전달동사 설명현재와 단순과거 뇌를 작동시키면 된다.

: " ----, he said that he had been a teacher."

or "----, he said that he used to be a teacher." or "-- , he says that he was a teacher."

시동=말했는 데 즉 그가 (그때) 가졌다고, 했던 것[이었던 것], 선생을 했던 것[이었던 것]을 말이다.

/ -- 즉 그는 하곤했다고, 즉 선생 노릇을 하곤 했다고 말이다. /그 사람 말은 즉 자기가 -- 이었다고 해요.

❈ to be=to+be= "(본동사의미) 연결+동질연결" 로서 '즉'

▭ 하지만 말에서는 서로 말을 한 배경상황을 알고 있기 때문에 이런 오해들은 생길 수 없다.

언어는 뜻이지, 수학공식이 아니다.

시제일치, 인칭일치, 대명사 일치하면서 직접화법를 간접화법으로 고치는 수학적 배움은 이제 그만 해도 좋다. 이것은 입시 위주의 교육에서 나타난 부산물이다. 그냥 단어의 뜻대로, 상황대로 전달하면 된다

: **구문법의 식민지에서 벗어나라!!** ☞ **p125, 126**

had=가진 것으로 그때 가졌다고 [h: have + ad: **과음가**(엇〉었) or d: did **동시점 과거**]

been=(이미) 이었던 것/했던 것

[be: **동질사실** + en: event 음가 (언 것〉(이)었던 것〉했던 것) or en: done **기의미성립 능동** event]

-- been에서 said 이전 상황이 느껴져야 한다. had가 기의미성립 event를 소유했기 때문이다.

used=사용[이용]하곤 하곤 했던 것으로서 하곤 했던 것 [use+(e)d: **과음가** or did **반복과거**]

D.. Mr Rice asked Mike where he lived.

▭ 선과거 뇌로 시동[**infml E**]= -- 물어 봤는데 Mike에게 어디에 살았는지를[어디인지 그가 살았던 곳이] 말이다.
[=had lived : **formal E /standard WrE**]

▭ 동시점 과거 뇌로 시동
= -- 물었는데 Mike에게 (그때) 어디에 사는 지를 [(그때) 어디인지 그가 사는 곳이] 말이다.
현재에 살고 있어도 과동사 영뇌로 작동시켜도 좋다. 동시점 과거 뇌이기 때문이다. ※사는 지[곳]=**현재형 과거상황**

이미 highway 휴게소에서 식사는 해결하고, 집에 도착했을 경우 배고픈 것이 현재상황이 아니므로 "When she said that she was hungry, I bought it for her." 라고 단순 과거 사실로 표현해주면 된다. 이때 was는 동시점 과거로서 단순과거 사실이다. 즉 현재에 유효한 과거가 아니다. 그냥 과거 그때[그 당시] 상황임을 알리는 것이다. 시동=언제냐 하면은 때에 그 여자가 말했을 때 즉 자기가 그때 배고프다고 말했을 때에 나는 사 주었어요. -- . ※ was=가 그때 -- 이다고

동시점 과거 뇌는 현재에 유효할 수도 있고, 유효하지 않을 수도 있지만, 인정과거나 성립과거 뇌는 언제나 현재에 유효한 과거이다.

동시점은 동사가 두개 이상 일때 s동사와의 관계에서 발생하는 데, 동시점 과거 뇌는 일반적으로 절과 부정사에서 많이 나타난다.

attention] 원동사의 선발생과 동시점 발생 :

a.. Said to kill son but to spare father. (**상황:** 아들은 이미 죽은 상황이고, 아버지는 살아 있는 상황)
시동=알려졌는 데 그때 죽인 것으로 -- 하지만 봐준 것으로 --- . ⇒ **[시차 infml E] vol 1, p286**
: kill=과거 속에서의 선발생 본동사의미-- pp이전상황으로 선과거 표현과 같다.
*said=[주동] **전제 infml E** son/father=[지정사] **전제 infml E**

b.. We saw him lock the door. 시동=그때 잠그는 것을 ---- .
: lock=과거 속에서의 동시점 발생 본동사의미 ⇒ **vol 1, p286**

IIIII.. 동시점 과거가 발생하는 이유 ➡ He가 실제로 한 말 : "She is a teacher."
들은 말을 간접전달을 할 경우 : He said that she was a teacher.

들은 말을 전달하니 시간 경과가 있었다. 그래서 is를 was로 표현해야 하고, 전달동사도 said로 표현되니 서로 동시점이 되기도 하고, 실제말 현재사실은 시간이 경과하면 과거 그때 현재사실로 되니까 서로 동시점이 되기도 한다. 그래서, 그 여자가 지금 선생을 하고 있어도 간접전달시 was로 표현하는 것이다. 비록 지금 선생을 하고 있어도 이렇게 시간경과 대로 was로 표현이 가능한 것은 절대적 일반적 사실이 아니기 때문에, 즉 보통 일반적 사실이기 때문이다. 이런 동시점 과거를 특히 **일반적 현재 동시점 과거**라 한다. 보통 일반적 현재가 동시점 과거가 된 것이다. **주의]**시간경과 때문이지 said했기 때문에 was가 된 것은 아니다.

IIIII.. 동시점 과거 종류

① He said he lived here. : **동시점 현재 동시점 과거** ⇒ 그때 살고 있다고 ---- . : 현재유효시 ' lives ' 가능

② He said he left in two days(' time). : **래발생 현재 동시점 과거** ⇒ 그때 떠난다고,---- .
현재에도 유효시 래발생 현재 또는 주체래발생 가능 : -- leaves/will leave ---- .

③ He said he was leaving ahead. : **앞으로 진행 동시점 과거** ⇒ 그때 있다고 즉 떠나기로 되어 있다고 앞으로 말이다. 현재유효시 " is leaving/will be leaving " 도 가능

④ He said he had better leave. He said he left. : **의미과성립 동시점 과거**
⇒ 그때 했으면 더 좋겠다고 떠나는 것으로 말이다/그때 떠났으면 하고 말이다.

⑤ He said he watched her! : **동일치 현재 동시점 과거** ⇒ 그때 유심히 봤다고 그 여자를 말이다!

⑥ He said he was a teacher : **일반적 현재 동시점 과거** ⇒ 그때 선생이라고 : 보통 일반적 현재를 동시점 과거로 말한 것이면 언제나 'is' 가능

E.. My history teacher said Columbus discovered America in 1492.

[discover+ed: **과음가** or (e **조율음**) +did **역사적 선과거-- 과거 속에서의 과거**]

역사적 사실로 관용적으로 굳어진 과거는 과동사 영뇌 그대로 작동시킨다. 언어는 생활의 산물이다. 늘 그렇게 쓰는 것으로 습성이 되었기 때문에 기의미성립인 과분사 event로 표현하지 않아도 전달상 오해는 절대로 없다. 이런 과거를 특히 **역사적 과거, 즉 역사적 선과거**라하며, **관습적** StE이다.

F.. She came after he moved. [move+(e)d: **과음가** or did **infml 선과거**]

엄밀히 따져 보면 후과거와 선과거가 되는 데, 모두 과동사로 표현하는 것은 시차를 생각하지 않고, 모두 과거(범주)에 일어난 것으로 단순과거 사실로 표현하기 때문이다. 대화에서는 일일이 따지지 않고 그냥 이렇게 많이 표현한다. 그래서, 선과거는 **시차** infml E가 된다. **tip) 동시점, 선과거, 선발생은 동사가 두개 이상일 때 s동사와의 관계에서 발생하는 개념이다.**

vs She came after he had moved. : Formal E -- 무언가 딱딱한 느낌을 준다.

[had=h: have + ad: **과음가(얻〉었)** or d: did **단순과거**

moved=move + (e)d: event **음가 (었던 것〉했던 것)** or done (**기의미 성립**) **능동** event]

시동=후에, 그가 가진 후인데[한 후인데] 옮긴 것을 말이다.

⇨ **일일이 엄밀하게 논리적으로 따지는 표현은** Written English[Formal English]**이다.**

※ move=어깨에 지고 운반하는 것으로서 옮기는 것 /이동으로서 움직이는 것

[m: 어깨에 메고 운반하는 여러 사람들의 다리 모습

or o: o↘ o↗로서 이동 + no 's' 원형 자체의미]

언어를 만들 당시, 옛날에는 큰 물건을 나를 때 여러 사람들이 어깨에 얹어서 옮겼다.

G.. "You were rich to have a chauffeur."

상황 : 지금도 여전히 부자인 사람이다.

그런데 어느 날 갑자기 운전기사를 데리고 나오니 친구가 한 말

이런 상황에 과동사를 썼다면 과거에 부자였던 단순한 과거사실이 아니다. 부자인 것으로 인정하는 것이다. **이런 과거를 특히 인정과거라 한다.** 무언가 인정을 할 때 과동사 영뇌를 즐겨라. **이럴 경우 우리말도 같다.**

인정과거도 동시점 과거처럼 현재에 유효해도 현재로 표현하지 않고 표현할 수 있는 과거이다.

were=과동질 인정으로서 이었지[w〉v: **(체크) 인정** ere: **과음가** e: equal **동질 -- 인정과거**]

시동=너 이었지, 부자이었지, 고용하고 있으니 운전기사를 말이다. ※ have=가지고 있는 것으로서 고용하고 있는 것

↳**여기서는 현재 속에서의 과거**

H.. ① "At last he loved her!" "At last he had a car!"

과거형이다고 해서 반드시 단순 과거 사실로 오해해서는 안된다.

사랑을 성립시킨 것, 소유를 성립시킨 의미로 과거형을 취했을 뿐이다. 이런 과거를 **성립과거**라 한다.

[love+(e)d: **과음가** or did **성립 과거**] 시동=(드디어) 사랑하게 되었어!/갖게 되었어!-- **여기서는 현재 속에서의 과거**

그래서, 갑자기 엉뚱한 짓을 하는 것을 보고 "You were crazy!"라고 말할 수 있다.

시동=되었구먼! 미친 것으로 말이다 -- 이럴 때는 과거에 미친 사실이 있었다는 의미는 아니다.

또한 승진발령이 이제 막 발표되었을 때,

"He was a captain." 이라고 과동사 뇌를 작동시킬 수 있다. 시동=(이제) 되었어, 선장[함장]으로 말이다.

이렇게 성립과거도 인정과거처럼 단순과거 사실이 아니기 때문에 현재에 유효한 과거로 뇌가 작동한다. 즉 단순한 성립으로 끝나는 것이 아니다. 성립한 것이 여전히 현재에도 살아 있다. **이럴 경우 우리말도 같다.**

② 과동사의 성립개념을 알면 다음과 같이 표현된 기사를 보더라도 쉽게 감을 잡을 수 있을 것이다.

Talks On North Korea Await Bank Transfer

By David Lague

Beijing: -------------- .

North Korean negotiators refused to discuss nuclear weapons until the frozen funds were transferred to an account controlled by North Korea in China. ---------------- .

여기서 성립과거 뇌는 과거형태를 이용해서 미래 어느 시점에 <u>실제로</u> 성립시켜 보는 것이다. 일어난 것처럼 한번 성립시켜 보는 의미과성립하고는 다르다. 의미과성립은 실제과거가 아니다.

성립과거를 모르는 사람들은 송금이 된 것으로 **단순과거로 이해하여** refused와 의율이 안되어 틀린 표현으로 생각할 것이다. until -- were에서 were=성립 과거로서 실제로 되는 것/이루어 지는 것, 즉, until의 미래의미 영향을 받아 미래의미 성립, 즉 미래 어느 시점에 가서 실제로 이루어 지는 것이다.

시동=거부시켰는데 (대동) 논의 자체를 거부시켰는데, 까지/도자 -- 가 (실제로) 이루어 질때/일어 날때[이루어 졌을 때/일어 났을 때]까지, 즉 송금되는 일이 (실제로) --- 까지는 말이다.

⇛ 여기서 (영어에서의) 과거라는 개념은 <u>성립시키기 위한 것</u>이다. '지난 것' 만 나타내는 우리말과 다르다.

이렇게 성립과거는 실제로 이루어진 경우와 앞으로 실제로 이루어지는 경우 두 가지가 있다.

후자의 경우 우리말에는 없는 현상이다. <u>역시 현재에 유효하므로 현동사(are)로 표현해도 좋다</u>. 즉 앞으로 송금이 실제로 성립될 때까지를 의미하므로 현동사의 래발생 현재로 표현해도 좋다. 하지만 접근하는 뉘앙스와 문체, IS가 다르다. 래발생현재는 미래성립보다 미래발생에 중점을 둔 표현이다.

※ are=**현동사의 래발생 현재 : 일반적으로 미래의미 시간/조건 접속사**[until /before /when /if]**와 함께 작동**

-- <u>접속사에 이미 미래의미가 있기 때문에</u> 미래조동사 will을 써지 않고, 대신 미래의미가 있는 현동사 뇌로 작동시킨다. tip)**성립과거도 하생각처럼 현과미 속에 들어 갈 수 있다.**

↳여기서는 미래 속에서의 과거

refused 시제에 신경쓰지 말라. 각각 따로 자기 의미대로 쓰면 된다.

한국 사람들은 시제일치로 화법 전환식 공부를 했기 때문에 전환식 일치 개념으로 접근하려는 경향이 강하다: **60여년 간 식민 통치한 구문법 통치에서 벗어나라!**

만약, refuse로 발생현재 뇌로 표현하면, <u>성립과거 외에</u> **래발생 현재** event **소유**로도 표현 가능

: North Korean negotiators <u>refuse</u> ---- until the frozen funds <u>have</u> <u>been transferred</u> --- .

시동=거부시켰는데 까지-- 가질 때까지 이루어진 것, 즉 송금이 이루진 것을 가질때 까지 ---- .

[or refuse --- until -- were ---- . : **발생현재+성립과거**]

: 중국 대통령 후진따오가 미국을 방문하니 타이완이 가만히 있을 수 없다.

The island launched 19 air-to-air missiles before U.S. and Chinese leaders <u>were</u> to meet.

before=이 때 before도 미래 시기를 의미하므로 이때 성립과거는 현재 속에서의 성립이 아니라, 미래 속에서의 성립이다. 즉 앞으로 '(실제로) 미팅이 있기 전' 이라는 의미이다.

시동= -- 발사했는데 -- 전에 미중 두 지도자들에게 (실제로) 이루어지기 전에 회담하는 게[만나는 게] 말이다. **이럴 때도 기자에 따라 현동사 영뇌[are]로 작동시키는 사람도 있을 것이다.**

: James Comey answered the questions for nearly 7 hours, agreeing to appear only if a transcript <u>was</u> released. : **미래 속에서의 성립과거로서 코미의 결연한 태도를 보여주고 있다.**

시동= 그리고 합의했는데 대동 출두하기로 합의했다. 오로지 약자[若者] 필기록[속기록]이 실제로 이루어진다면 즉 발표되는 것이 실제로 이루어진다면 말이다.

아무튼 성립과거=성립되는 의미로 시동

▭ **성립과거**=실제로 성립이 이루어진 경우와 실제로 성립이 이루어지려고 했던 경우, 앞으로 실제로 성립이 이루어지는 경우(주로 until/before/whether와 함께)로서 실제의미

전자=**현재/과거 성립과거** 중자=**과거 성립과거** : There was a spectacular opening celebration, but it wasn' t held until December first. ※until=될 때까지

: 하려고 했다 ⇦ 성립시키려고 했다 ⇨ 12월 1일에 비로소 개최되었다는 말

말자=**미래 성립과거** : A week ahead could decide whether that was the bottom.

시동=일주일, 앞으로 일주일이 할 수 있을 것 같은데 즉 결정할 수 있을 것 같은데 어떤 것인지 즉 그것이 이루어지는지 바닥으로 말이다. (that=the stock market)

⇨ **과거라고 해서 반드시 '었다' 로 해석할 필요는 없다. 영어에서의 과거는 '성립' 도 되기 때문이다.**

: Love was when I loved you. -- from 'Titanic' **시동**=사랑은 오로지 존재 할뿐이다[성립한다]. 언제냐 하면 내가 사랑[나의 사랑]이 이루어 질[성립할] 때인데 당신에게 말이다 ⇒ **오로지/할 뿐**=associate

be동사와 meet의	BAM --세살 버릇 여든까지 간다! **What' s learned in the cradle is carried to the grave!**

▭ be동사를 '이다/있다' 의미로 두뇌를 고정시키지 말라.

'이지 /이루어지는 것 /이루어 졌을 경우' 즉, 문맥에 따라 인정과거와 성립과거, 의미과성립 의미도 된다.

▭ meet with를 뭉쳐서 회담하는 것/회의하는 것으로서 알고 있으면 with를 왜 썼는 가를 알 수가 없고, with 의미를 느낄 수 없다. 뿐만아니라, 단순히 '만나다' 일 경우 왜 with를 안쓰는 가도 알 수가 없다.

meet 자체에 만나는 것 외 회담[회의]하는 의미가 있다. 그래서 만나든 회담[회의]을 하든 누구와 함께 하는 지 밝히기 위해 with를 쓴다. ☞ vol 1 p302

: The bank of Japan, which meets this week, has already cut its interest rates to 0.3 percent.

❖ meet BAM=눈을 마주 하는 것으로서 만나는 것 /눈을 마주하여 이야기하는 것으로서 만나 회담하는 것 [회의 /forum하는 것 /상담하는 것] /만나서 오손도손 얘기 하는 것 -- etc.. *etc.=etcetera; and so on; and everything

[m: **마주하는 것/만나는 것** ee: eye+eye t: talks]

회의뿐만이 아니라 얼마든지 다른 뜻도 나올 수 있다. 이렇게 마음대로 적용하고 어떻게 표현되더라도 쉽게 그 뜻을 감지할 수 있는 게 **BAM[밤] 영뇌**이다.

❖ **meet with**=만나 함께하는 것[만나는데 -- 동자 -- 와] /만나 회담하는 데 동자 -- 함께 하는 것

: John Kerry met with Israeli Prime Minister.

만나 함께했다[만났다. 동자 -- 과 말이다] /만나서 회담을 했는데 동자 -- 함께 말이다.)

vs John Kerry met him with Palestinian leaders. (만났다. 그를 동자 -- 함께 말이다.)

I.. I slept for 10 hours.

잤는데 시간이 10시간이나 된다는 것은 과거에 10시간 계속 잤다는 의미이다.

이런 과거를 특히 **덩어리 기간[덩어리 계속] 과거**라 한다. 그래서 과분사 뿐만아니라 과동사도 for/since와 의율이 된다. 여기서는 과거 속에서의 과거이다. tip) **현과미 속에서의 과거/일설 과거로 이해하면 IS가 쉽게 작동한다.**

▭ **slept=infml E/AmE vs have[had] slept=Standard Written E/BrE**

덩어리 기간[덩어리 계속] 과거는 그냥 덩어리 기간[덩어리 계속]으로 AmE이자 infml E이다.

하지만 영국사람들은 이런 두뇌 작동을 싫어 한다. 전부터 어느 때까지 계속한 과분사의 **기간계속 뇌**를 작동시킨다.

: I have[had] slept for 10 hours last night.

미국사람들은 현실적 실용에 중점을 두고 있고, 영국사람들은 정확하게 쓰는 데 더 촛점을 두고 있다.

시동=나에게 있었다. 잔 것인데 구시(區時) 10시간 동안 (잔 것인데) 지난밤에 말이다. ❖ **과분사=기간계속** event

※ slept=sleep한 것으로서 잠을 잔 것 [sl: sleep ept: 과음가(에프트>엎다>었다) or t>d: did 덩어리기간과거
or ept: event음가(엎던 것>었던 것>했던 것) or t>d: done 기간계속 event]

※ sleep=눈을 감고, 쭉 뻗거나 오그려서 누워 편히 쉬는 것으로서 잠자는 것
[s: 오그려 누워 있는 모습 l: 쭉 뻗어 누워 있는 모습 ee: eyes p: peace no 's' 원형 자체의미]

↗과거 속에서의 과거

J.. He was having dinner then. was=[w: v 발생 + ~ 존재 as: 과음가(어즈/었) 과거 발생존재]

was는 보니까, 보는 바로 그때 무언가 하고 있었다는 것으로서 발생존재[행위존재] 과거이다. 그리하여 상세히 들여다 보니 먹고 있었다는 것이다. 이런 과거를, 특히 발생존재[행위존재] 과거라 한다. 현분사의 동일치 또는 지속 진행의미에서 많이 발생한다. 시동=그는 (하고) 있었는 데 먹고 있었어요, 저녁을 그때 말이다.

현재까지 나온 실제과거를 정리하면 다음과 같다.
실제과거=단순 과거 /현재범위 과거 /일반적 과거 /동시점 과거 /반복과거 /역사적 선과거 /선과거[infml E] /인정과거 /성립과거 /덩어리기간 과거[infml E] /발생존재[행위존재] 과거 -- etc. 하지만 원어민 표현을 접하다 보면 어떤 의미가 또 추가될 지 모른다. 하지만 걱정하지 말라. BAM **영뇌 원리**로 해결하면 된다.
⇒ IS영뇌를 정확하게 작동시키려면 적어도 이 정도는 세밀하게 알아야 한다. **cf]반복과거 : p43/170**

Plus-1. 과거상황 표현방법

✠ 과동사 /†**원동사** /현동사 /과분사[기의미성립/과거의미성립] /†관계현분사 /조동사 /동명사로 표현

원동사에는 본동사 의미가 있기 때문에 문장 속에서 과거상황을 나타내고자 할 때는 과동사 대신 원동사로 표현하면 된다.

: a.. Said to kill son but to spare father. kill/spare=**과거상황** : 죽인 것/봐준 것 -- 과거 속에서의 발생 본동사의미
or **미래상황** : 죽일 것/봐줄 것 -- 미래 속에서의 본동사의미

b.. We saw him lock the door. lock=그때 잠그는 것 -- 과거 속에서의 발생 본동사의미

c.. We tried our best only to fail. fail=실패만 하게 되었다 -- 과거 속에서의 발생 본동사의미

Plus-2. 타동사의 발전 English

↗함께동사일 경우 사람들이 많이 쓰는 표현이 StE이고 덜 쓰는 것이 infml E이다.

✠ **타동사에게도 전치사 사용이 가능하다.** 의율만 되면 된다. 전치사 의미만큼 뜻의 차이가 있을 뿐이다.

특히 타동사만 쓰나 타동사와 전치사 또는 전치사부사를 함께 쓰나 뜻이 거의 같은 표현을 **함께동사**라 한다.

• (A) Korean lawmaker visited to an island. 〈 • (A) Korean lawmaker visited an island.

vs • US killed on Osama bin Laden. 〈 • US killed Osama bin Laden.

visited to=방문했는데 곳으로, (어떤 섬이라는 곳으로 말이다)/대처 (어떤 섬을 말이다) **to=방향 대상**

killed on=죽이는 일을 수행했다 **on=작동으로서 수행 -- 전치사 부사**

Plus-3. 목적어 종류

✠ **목적어 종류=대상물[직물/간물] /결과물 /내용물 /수단물**

목적어를 한뇌, 즉 한글구조로 '을/를' 로만 생각하면 안된다. 그냥 기/설, 즉 설가뇌로 처리하라.

타동사 뇌=동작 또는 행위가 목적어에 직/간접적으로 미치는 것 vs **자동사 뇌**=주체에게 그냥 일어나는 것

a.. He gave Vera a generous discount.**=간물(에게) /직물** He married her.**=직물** -- 그 여자와 말이다.
North Korea is funding its threats.
=간물(에) -- 자금을 대고 있는데 자기네들이 여러가지로 위협하는 일에 말이다.

b.. Mike planted the garden.**=간물 or 명사부사** -- 정원에 He eagled the 8th hole.**=간물 or 명사부사** -- 에서

c.. You burnt a hole in my skirt. **=결과물** -- 태워서 구멍을 냈구먼 /구멍이 생겼구먼.

d.. Clinton said that it's dangerous. **=내용물** -- 하다고 말이다.

e.. He lives a lie. He points a shotgun. He hit his fingers. **=수단물** --거짓말로 /사격총으로 /자기 손가락으로

이해는 (언어에 대한 basics를

3) 의미과성립

알았디면) 최종적으로 단어의 최종적인 뜻인 감주로 이해한다.

의미과성립이로 느껴져야 영어승차감을 탈 수 있다.

실제로 일어나지는 않았으나 과거 형태를 빌어서 일어난 것처럼 한번 성립시켜 보는 의미이다.
즉, 가정[가상/조건]/소망[소원]/바람/희망/때/양보/걱정/발생/pretense/동질비교/권고/원함 -- 등등 하에서 이런 성립적인 생각을 하는 것이 의미과성립이자 하생각이다.
의미과성립과 의미원성립은 어떤 것 하(下)에 두고 성립적인 생각을 하는 것으로서 하생각이자 성립적인 생각이다.
하생각이니 저절로 전제가 따르고, 의미과성립 전제가 의미원성립 전제보다 더 강하다.
즉, '했을 경우' 가 '하면' 보다 더 강하기 때문이다. 그래서 가상 의미과성립일 경우 시동을 걸때 전제 associate로 '만에 하나 /설령 있다해도 /그럴리는 없지만' --- 이런 표현이 보통 따라 다니는 것이다.

tip)하생각은 단순동사의 하생각이기 때문에 (접속의미가 들어있는) 단순한 동사서술의미이다.
따라서 의미과성립도 접속사 대용으로 쓸 수 있으며, 뒤에 pp나 현분사, 동명사를 표현해도 좋다. 예컨데 pp뿐만이 아니라 현분사, 동명사를 써서 얼마든지 가정의미를 만들 수 있다.

↗즉 가정[가상/조건] 쪽으로 의미과성립시키는 것

① 가정[가상/조건] 의미과성립 — 가정[가상/조건] 하에서 일어난 것처럼 한번 성립시켜 보는 것

A.. **Moved we tomorrow, we would ----.** (would=정생각)

— 미래 속에서의 의미과성립

미래 속에서 가정[가상/조건] 하에서 마치 일어 난 것처럼 한번 성립시켜 보는 것이다.
즉, 미래 그때 옮기는 것이 이루어 졌을 경우 그 결과가 어떻게 되는 지 말해 나가는 두뇌이다.
※ moved=미래 속에서 가정[가상/조건] 하에서 의미과성립 시킨 것으로서 옮기는 것이 이루어 졌을 경우
[move: **옮기는 것** (e)d: **과음가** or did + under **가정(가상/조건) 의미과성립**]
여기서 under=가정[가상/조건] 하(下)에서의 의미과성립

시동=옮기는 것이 이루어 졌을 경우/옮겼을 경우가 일어난다면, 우리가 내일 말이다. 그러면 우리는 그때 하겠다.

: a.. **Rained it tomorrow, we' d stay at home.**
b.. **Would you mind if I used your phone?**
c.. **Many believed that if the Assad family fell, they were doomed.**
시동=몰락했을 경우, -- 되어버린다고, 운명의 날로 되어버린다고 말이다.
▭ were=**성립과거로서 실제의미 : 의미과성립이 아님 -- 주절에 조동사가 오지 않아도 된다.**

tip)미래 속에서의 의미과성립(가능성) :
The South Koreans say the officials stayed by the phone all day, just in case it rang.
시동=그냥 대비해서[내자] 경우를 대비해서, 전화가 울렸을 경우를 대비해서 말이다.
*The South Koreans : s=비묶음 복수로서 group ⇨ 남한 측
만약 says로 표현하면 묶음복수로서 group : 단수취급 ☞ more p264

과동사와 미래부사 의율 의미과성립 의미이기 때문에 의미과성립은 현재뿐만이 아니라, 미래, 과거 속에서도 두뇌를 작동시킬 수 있다. 그래서, 과동사가 tomorrow와 의율이 되는 것이다.

B.. **Moved we right now, you could ----.**

— 현재 속에서의 의미과성립 : 현재 속에서 가정[가상/조건] 하에서 일어난 것처럼 한번 성립시켜 보는 것
※moved=현재 속에서 가정[가상/조건] 하에서 의미과성립 시킨 것으로서 (현재) 옮기는 것이 이루어 졌다면/졌을 경우
[move: **옮기는 것** (e)d: **과음가** or did + under **가정(가상/조건) 의미과성립**] *현재=단어 associate
↳의미과성립 associate

시동=옮기는 것이 이루어 졌다면[졌을 경우 /옮겼다면 /옮겼을 경우가 일어난다면], 우리가 바로 지금 말이다.
그러면 (그때) 너는 할 수 있을 것같아요[그랬다면 너는 (현재) 가능했을 텐데].
▭ 그러면/그랬다면=**문맥** associate could=**정생각/의미과성립** -- 전자=가능성 후자=반대사실 의미과성립

: a.. **Were you happy today, you'd make others happy.**

b.. **TV화면서 무중력으로 떠다니는 것을 보면서 말하는 상황 :**

"Just, think, Joesy. If we were weightless, we wouldn't have to wear shoes or wipe feet.

시동=만약에/약자(若者) 우리도 현재에 이었다면 --- 없을 것 같다. 즉 할 필요가 없을 것 같다 [없었을 텐데, 즉 할 필요가 없었을 텐데] 신고 다니는 것도 --- 닦는 것도 말이다. 즉 신발을 신는 것도, 발을 씻는 것도 싫은 모양이다.

*would=**정생각/(현재 속에서의) 의미과성립** have=**갖는 것으로서 하는 것**

C.. Moved you yesterday, you could have eaten. — 과거 속에서의 의미과성립

: 과거 속에서 가정[가상/조건] 하에서 일어난 것처럼 한번 성립시켜 보는 것
의미과성립이니 현재, 미래 속에서만 하라는 법은 없다. 과거 속에 들어가서도 의미과성립 뇌를 작동시킬 수 있다.

had+과분사 표현도 have 동사를 과거 속으로 가져 가서 의미과성립 시킨 것이다.
과분사는 event로서 여전히 자기의미 그대로 보존하고 있을 뿐이다. 결국 과동사 하나만 표현하나 과분사와 함께 표현하나 같은 이치이다. 즉, 같은 두뇌 작동이다.

※ moved=과거 속에서 가정[가상/조건] 하에서 의미과성립 시킨 것으로서 (그때) 움직였더라면/움직이는 것이 이루어 졌더라면 [move: **움직이는 것** (e)d: **과음가** or did + under **가정(가상/조건) 의미과성립**]

시동=움직였더라면 네가, 즉 어제 말이다. 그랬더라면 너는 그때 가능했을 것이다[했을 텐데].
즉 먹은 일로 말이다[즉, 가지는 것인데 먹은 사실로 말이다].
/할 수 있었을 것이다[할 수 있었을 텐데]. 즉 가질 수 있었을 것이다[가질 수 있었을 텐데] --- .
▭ could=**과생각/의미과성립 -- 전자=직설의미 -- 가능성 후자=과거 속에서의 하생각 -- 과거사실 반대**
▭ have=과분사 소유로서 즉/가지는 것

: a.. **Survivor of London Tower Fire : if we stayed inside, we would be dead. [=had stayed, would have been]**
시동=만약에/약자(若者) 우리가 머물러 있었더라면 안에 말이다, 그랬다면 우리는 했을 것을 것이다. 즉 죽었을 것이다.
If I wanted that, I would have gone there. [했을 텐데, 즉 죽었을 텐데.]
시동=(만약에) 과거에 원했더라면, 그때 했을 것이다. 즉 가졌을 것인데 간 사실을 거기에 말이다.
[했을 텐데, 즉 가졌을 텐데.] *wanted=(희박한 가능성 또는 반대사실) 의미과성립
would=(가능성) 과생각/(반대사실) 의미과성립

b.. **If he missed the bus, he won't be here on time.** ↗open condition
시동=(실제로) 놓쳤다면 /(하생각으로) 놓쳤더라면 *missed=실제과거/(희박한 가능성) 의미과성립

c.. **If they posted the parcel yesterday, it won't get there before Friday.**
시동=(실제로) 부쳤다면 /(하생각으로 그럴 가능성은 희박하지만 그래도) 부쳤더라면

d.. **Perhaps Mike took a taxi. --- Well, if he took a taxi, he ought to be here by now.**
시동=(실제로) 잡아 탔다면 /(하생각으로) 탔더라면

e.. **If John told you that last night, he was lying.**
시동=(실제로) 말을 했다면/(하생각으로) 했더라면 -- 하고 있었던 셈이 되는데 거짓말을 하고 있었던 셈이 된다.

f.. **If he did it, he was a fool.** 시동=(실제로) 했다면/(하생각으로) 했더라면 -- 된 사람이나 다름없다. 바보로 말이다.

g.. **If it was Susan, then why not say so?** ↳**성립과거**
시동= (만약에/약자(若者) 그 사람이) (실제로) 이었다면/(하생각으로) 이었더라면, 즉 수잔이었다면/이었더라면, 그때 왜 말을 하지 않았겠나? 그렇게 말이다. ***say=과거 속에서의 (동시점 발생) 본동사의미** ⇐ clue=then

open[real] condition 하생각이 들어가지 않는 실제과거[직설과거]

즉, 의미과성립이 아닌 open[real] condition — if가 있다고 해서 무조건 하생각이 되는 것은 아니다. 실제의 경우도 있을 수 있다. 이럴 때는 when과 뜻이 같게 된다.

a.. They sat on the grass if it was fine. [=when]

시동=그들은 앉아 있곤 했다. ----. 경우에 날씨가 실제로 있었을 경우에, 좋은 날씨가 있었을 경우에는 말이다 ⇨ was=실제과거 실제로=단어 associate → 과동사 associate

-- 만약 하생각으로서 경우가 되려면 '가능했던 같다' 로 되어야 한다. 즉 만약에 날씨가 좋았을 경우에는 앉아 있는 것이 가능했던 것같다로 한번 성립시켜 보는 것은 가능하다 ⇨ could sit

sat=반복과거[s: sit at: 과음가(었) or t>d: did 반복과거] : I used to have $20.
if=만약으로서 경우에/실제로서 경우에 vs when=시기로서 경우에
vs in case=발생으로서 경우 : 할 경우에/발생할 경우에/생기면 경우가 생기면
⇨ in=들어가는 것으로서 하는 것, 하는 것으로서 발생

b.. If it was raining , we usually stayed indoors. [=When] ⇨ was=실제과거

시동=경우에, 날씨가 실제로 하고 있었을 경우, 즉 비가오고 있었을 경우에는 우리는 보통 머물곤 했다.

*stayed=반복과거[stay + ed: 과음가 or (e: 조율음) d: did 반복과거]

tip) 현동사 real condition: You don't seem to care if I'm tired. ⇨ am=실제현재

시동=하지 않는 것 같다, 몸 돌보기를 말이다. 경우에도 내가 실제로 피로해 있는 경우에도 말이다.

vs real or 조건 condition : If you select your reverse gear, the car goes backwards.
If he' s got no money, he doesn' t go out. tip)if=가정[조건/real] condition

D.. Had you moved ---, you could have eaten.

-- 과거 속에서의 의미과성립 : 과거 속에서 가정[가상/조건] 하에서 일어난 것처럼 한번 성립시켜 보는 것

▭ had=과거 속에서의 의미과성립 moved= (기의미 성립) event could=과생각/의미과성립

그래서, 하생각무드가 되는 것은 어디까지나 had이지 moved가 아니다. 하생각의미는 had에서 찾아야 한다. moved는 능동 event로서 직설의미이다.

따라서, moved는 접속사 대용으로 쓸 수 없다. 즉 had와 함께 이동할 수도 없다.

⇨ Had moved you ---, you ---. : incorrect ⇨ Had you moved ---. : correct

시동=과거에 (그때) 가졌더라면 움직인 사실을 말이다.

그랬더라면 그때 가능했을 것이다[했을 텐데]. 즉 먹은 일로 말이다. [=If you had moved ---.]

❖ had=과거 속에서 가정[가상/조건] 하에서 의미과성립 시킨 것으로서 그때 가졌더라면/했더라면
[h: have ad: 과음가(엇)었) or d: did + under 가정[가상/조건] 의미과성립]

❖ moved=기의미성립 능동 event로서 움직인 사실
[move: 움직이는 것 (e)d: event 음가 or done 기의미성립 능동 event]

주절이 완료형일 때 과거완료의 had는 **일반적으로** 과거 속에서의 의미과성립 뇌로 작동한다. 그리고, 과거라는 개념은 지금 이전 개념이므로 먼 과거, 특히 하루 이전만 생각해서는 안된다. 따라서, 과거 속에서의 의미과성립은 **바로 지금 이전[말하는 시점 이전] 속에서의 의미과성립**도 가능하다.

: If you'd just set your mind to it, I'm sure you could do it.
시동=만약에/약자(若者) 네가 (조금 전에) 가졌더라면 방금 정한 것인데 너의 마음을 대자 그 쪽으로 말이다.
그랬다면 나는 확신이 선다. 네가 할 수 있을 것 같다고 그것을 말이다.
▭ 'd=had -- just 때문에 조금 전 속에서의 의미과성립 could=정생각 if=가정/가상/조건 종맥과 그 실체

: If he had worked hard in his youth, he would have been rich.
▭ had=과거 속에서의 (가정/가상/조건) 의미과성립 ▭ worked = (기의미성립) event would=과생각/의미과성립
시동=(만약에) 가졌더라면 일한 사실, 열심히 일한 사실을 가졌더라면 ---,
(그때) 했을 것 같다. 즉 되었을 것 같은 데 부자로 말이다. /그때 되었을 텐데, 즉 부자가 되었을 텐데.

과거완료 had가 반드시 과거 속에서의 의미과성립만 되는 것은 아니다.

tip] If he had worked hard, he could be rich.
-- **had가 과동사이기 때문이다.** 과동사는 현재/미래/과거 속에서 의미과성립으로 쓰인다.

a.. 과거 속에서의 의미과성립인 경우 -- 과거완료의 had를 의미과성립 시킨 것과 같다.
: 그때 가졌더라면 일을 열심히 한 사실을 말이다. 그랬더라면 지금 가능할 것같다[가능했을 텐데], 즉 부자로 말이다.
(could=정생각/의미과성립 : 가능성/현재사실 반대)

b.. 과현/현재 속에서의 의미과성립인 경우 -- 현재완료의 have/has를 의미과성립 시킨 것과 같다.
: 지금까지/현재에 가졌더라면 --, 그랬다면 지금 --. ⇒ 과거부터 현재까지 또는 지금 현재를 의미과성립 시킨 것
(could=정생각/의미과성립)

c.. 미래 속에서의 의미과성립인 경우
-- 미래 대용 현재완료의 래발생 현재를 의미과성립 시킨 것과 같다. (could=정생각)
: (앞으로) 가졌을 경우, 일을 열심히 한 사실을 말이다. 그렇다면 (앞으로) 가능할 것 같다.
즉 부자로 되는 게 말이다. ⇒ 그래서, hard 뒤에 from next month를 표현할 수 있다.
tip) 의미원성립과 의미과성립은 하생각이기 때문에, 원동사는 자체의미가 되기 때문에, event와 진행의미, 동사사실의미는 단순한 동사서술의미가 아니기 때문에 현재, 과거, 미래 속에 들어 갈 수 있다. ※그때/지금까지[현재에]/앞으로=의미과성립 associate

plus] 단순동사의 하생각은 단순한 동사서술의미이기 때문에 pp뿐만이 아니라 현분사, 동명사 표현도 가능하다.
서로 충돌이 일어나지 않기 때문이다. (단, 조동사의 하생각은 생각의미의 하생각이기 때문에 단순한 동사서술의미가 아니다.)

- If he were reading, he could be successful. 만약에/약자 그가 하고 있었더라면, 즉 읽고 있는 것을 하고 있었더라면 그는 가능했을 텐데[했을 것이다], 즉 성공이 말이다[=could have been successful] : **현분사**
- If he were reading, he could be successful. (could=의미과성립/과생각)
  만약에/약자 그가 이었더라면, 즉 독서하는 것이었더라면 그는 가능했을 텐데[했을 것이다], 즉 성공이 말이다 : **동명사**

↗즉 소망[소원] 쪽으로 의미과성립시키는 것
② 소망[소원] 의미과성립 — 소망[소원] 하에서 일어난 것처럼 한번 성립시켜 보는 것

A.. People wish we moved.
— 현재 속에서의 의미과성립
시동=(사람들 소망/소원은 우리가 지금) 옮겼으면/옮기는 것이 이루어 졌으면 해요.
※moved=현재 속에서 소망[소원] 하에서 의미과성립 시킨 것으로서 (현재에) 옮겼으면/옮기는 것이 이루어 졌으면 해요 [move: **옮기는 것** (e)d: **과음가** or did + under **소망/소원 의미과성립**]
※wish=빌고 비는 것으로서 소망/소원하는 것
[w: v+v **빌고 비는 것** + no **'d' 현재**] ⇒ no **'d' 현재**=did/done의 d가 없는 것으로서 현재

기원 의미원성립처럼 **wish**가 없어도 소망[소원] 하에서 의미과성립이 가능하다.
그래서 딸이 병상에서 살고 싶어 아버지에게 'Lived.' 라고 말한다. 이 때는 '(현재에) 살았으면 해요' 라는 현재 속에서의 의미과성립으로서 소망의미이다.[= I wish I lived.] cf] Lived, I will not go. 살았을 경우 : **하생각 접속사 대용**
tip)1. lived NB=실제과거 /의미과성립 /event 2. "Live." 의미과성립이 의미원성립보다 더 애절하다 : '살면해요'

: a.. **Romney: I wish Obama had succeeded.**

-- had로 현재 속에서 의미과성립시키면 결국 현재완료 상황을 의미과성립시킨 것이나 같다.

'Republican president nominee acceptance speech' 에서 롬니는 오바마를 실패한 정부로 맹비난 하고 있다.

시동=(내 소망은 오바마 대통령이) 가졌으면 해요, (현재까지/지금까지 성공한 사실을 말이다)

↳ 현재까지/지금까지=succeeded associate

↳지금까지 사실을 나타내는 사실 event

↳과분사 associate

b.. **Sam lives in Boston, but he wishes he lived in New York.**

-- 여기서는 had나 lived는 현재 속에서의 의미과성립으로서 같은 의미과성립이다.

시동=지금 살았으면 해요 ⇛ 이면 의미=He is/feels sorry that he doesn't live in New York. : **소망[소원] 유감**

↳(참) 애석해요/안타깝다/안되었어요

plus

A Quick Note

vs 과조동사의 (소망/소원) 의미과성립 :

1.. I can't speak Chinese, but I wish I could speak Chinese. -- **현재 속에서의 의미과성립**

시동=지금 할 수 있었으면 해요: bnw-BAM ⇛ **뜻하는 의미**=지금 할 수 있으면 해요: im-BAM

↳ **어떤 뜻으로 시동을 거느냐에 따라 IS영뇌도 달라진다** ⇛ bnw-BAM 시동=Best ∵ **원어민과 같은 느낌**

이면 뜻=I am/feel sorry that I cannot speak Chinese.

2.. I wish it would rain. -- **미래 속에서의 의미과성립**

시동=날씨가 앞으로 일어 났으면 해요, 비가 오는 게 말이다.

뜻하는 의미=일어나면 해요 ▭ **원동사**=본동사의미로서 실재의미

3.. I wish she would come back. -- **현재/미래 속에서의 의미과성립**

시동=현재/앞으로 해주었으면 해요. 이면 뜻 = It is improbable for her to come back.

cf] I wish to stay with you. ▭ wish=formal E/want **강조** ▭ want=**일반적** E

시동=나는 소망해요[내 소원은], to하는 것, 즉 머무는 것인데 함께 너와 함께 말이다.

/나는 정말로 하고싶어요 [정말로 원해요], --- .

B.. **Joe lived in US, but he wishes he had lived in Canada.**

— 과거 속에서의 의미과성립

: 과거 속에서 소망[소원] 하에서 일어난 것처럼 한번 성립시켜 보는 것

시동=하지만 그이의 소망[소원]은 과거에 가졌더라면 살아 본 것을 가졌더라면 하는 것이다. 내소, 캐나다 내소에서 말이다. 이면의 뜻=He is/feels sorry that he didn't live in Canada.

vs John Wayne lives in the city, but he wishes he lived in the suburbs.

-- **현재 속에서의 의미과성립**

: a.. **The student cafeteria was closed, and Cindy didn't have a snack.**

▭ **과거소망 뇌로 작동시키면** (Making a wish then)

⇨ She wished she <u>had</u> had a snack. -- 과거 속에서의 의미과성립

시동=그 여자는 과거에 소망했대요,

즉 자기가 그때 가졌더라면 먹은 것을, 스낵을 먹은 것을 가졌더라면 하고 말이다.

▭ **현재소망 뇌로 작동시키면** (Making a wish now)

⇨ She wishes she <u>had</u> had a snack. -- 과거 속에서의 의미과성립

시동=그 여자의 현재 소망은 즉 자기가 그때 가졌더라면, 먹은 것을 스낵을 먹은 것을 가졌더라면 해요.

plus] He just wished Emily were with him.

□ 직전과거 소망 뇌로 작동시키면

— 현재/미래 속에서의 의미과성립

시동=바로 조금전에[방금] 소망했어요, 현재/앞으로 있었으면 하고 말이다.

b.. I didn't cash a check yesterday, but I wish/wished I had cashed a check.

— (현재 또는 과거 소망 하에서) **과거 속에서의 의미과성립**

시동=나의 (현재) 소망은 내가 그때 가졌더라면 현금화 시킨 것, 수표를 현금화 시킨 것을 가졌더라면 했다.

/나는 과거에 소망했었지요. 내가 --- 그때 가졌더라면 하고 말이다.

※ snack=a smaller than usual meal or a small amount of food, ranging from a chicken leg or a hot dog to a bar of chocolate or a candy bar

간식 또는 간식용 음식, 간식용 과자 ※ student cafeteria=학생식당

C.. I wish it rained tomorrow.

— **미래 속에서의 의미과성립** : 미래 속에서 소망[소원] 하에서 일어난 것처럼 한번 성립시켜 보는 것

시동=내 소망[소원]은 날씨가 앞으로 비가 왔으면 해요, 내일 말이다.

tip) I wish it rain tomorrow. **소망[소원] 의미원성립**

: 내 소망[소원]은 날씨가 앞으로 비가 오면 해요, 내일 말이다.

D.. "Does Mr. Grant enjoy selling used cars?"

"Not really. He wishes he sold insurance."

— **현재 또는 미래 속에서의 의미과성립**

: 현재 또는 미래 속에서 소망[소원] 하에서 일어난 것처럼 한번 성립시켜 보는 것

시동=그의 소망[소원]은 현재/앞으로 팔았으면 해요, 보험을 말이다. ※ 현재/앞으로=**단어** associate

↳**의미과성립** associate

③ **요구/제안/주장 의미과성립** : 요구/제안/주장 하에서 일어난 것처럼 한번 성립시켜 보는 것

↳**즉, 요구/제안/주장 쪽으로 의미과성립시키는 것**

A.. People demanded we moved.

— **현재/미래/과거 속에서의 의미과성립**

의미과성립이 현재 속인지, 미래 속인지, 과거 속인지는 그때 그때 상황에 따라 판단하면 된다.

※ moved=현재/미래 /과거 속에서 요구 하에서 의미과성립 시킨 것으로서 (현재 /앞으로 /과거 그때) 옮겼으면/옮기는 것이 이루어 졌으면/졌더라면 해요

[move: **옮기는 것** (e)d: **과음가** or did + under **요구 의미과성립**]

시동=(사람들은 요구했어요, 우리가)

(현재/앞으로 /과거 그때) 옮겼으면[옮기는 것이 이루어 졌으면/졌더라면] 하고[좋을 텐데하고] 말이다.

: a.. Jane suggested that I bought.

-- **현재/미래/과거 속에서의 제안 의미과성립** 시동=제안했는데 현재/앞으로/그때 구매했으면 하고 말이다.

: 현재 또는 미래, 과거 속에서 제안 하에서 일어난 것처럼 한번 성립시켜 보는 것

↗말하는 시점 이전 상황 → 영어에서 과거라는 의미

from p45 → tip)과동사=event 소유 표현 가능 — 현재 event 소유/과거 event 소유

He went there. '그가 갔다'는 것은 현재에 간 사실을 가지고 있거나 과거에 간 사실이 있었던 것이나 다름없다.

→ **He has gone there. or He had gone there.** : formal한 느낌을 주어 일반적으로 SpE에서는 단순과거를 더 선호한다. 그렇지만 <u>분명한 메시지를 전달하거나 시차를 분명히 하고자 할 경우</u> event 소유로 표현해야 한다 : **We hope that you have enjoyed.** 갖기를 즐겨 본 것을 갖기를 **He said that he had moved.**

*pp=현재/과거/미래 이전이 가능함

b.. I insisted that he apologized.

-- 현재/미래/과거 속에서의 주장 의미과성립

: 현재 또는 미래, 과거 속에서 주장 하에서 일어난 것처럼 한번 성립시켜 보는 것

시동=주장했는데 현재/앞으로/그때 사과했으면 하고 말이다.

tip)과거 속에서의 의미과성립으로 확실히 밝히려면 과거완료형으로 표현하면 된다[=had apologized]

vs I demanded that he apologize. -- 현재/미래/과거 속에서의 요구 의미원성립

시동=(현재/ 앞으로/그때) 사과하면 좋을 텐데 하고 말이다.

be동사의 의미과성립

caution] be동사의 의미과성립은 인칭에 관계없이 were이다.

만약 was로 쓰면 infml **의미과성립**이 된다.

▭ Tiger's mom: "He did not demand that he was God."

-- 현재/미래/과거 속에서의 요구 의미과성립, 즉 요구 하에서 의미과성립 시킨 것

시동=아들은 하지 않았다, 요구하지 않았다.

즉, 자기가 현재/앞으로/그때 되었으면하고, 신이 되었으면 하고 말이다.

[즉 , 자기가 현재/앞으로/그때 이었으면, 신이었으면 하고 말이다.]

-- Tiger의 부정[adultery]에 대해 사람은 누구든지 실수할 수 있다는 엄마의 대변이다.

④ **희망 의미과성립** : 희망 하에서 일어난 것처럼 한번 성립시켜 보는 것

A.. I hope you didn't keep you waiting. ↳즉, 희망 쪽으로 의미과성립시키는 것

— 미래 속에서의 희망 의미과성립

: 회사 일을 그만 두고 끌어 안으면서(hugging) 하는 말

시동=나의 바램은 네가 (앞으로는) 하지 않았으면 해요, 계속해서 네가 기다리는 것을 말이다.

: I hope you took me there.

시동=나는 희망해요, 네가 (앞으로) 데리고 갔으면 하고 말이다.

vs 영화가 끝났을 때 한 말 (at the end of film)

We hope you enjoyed. — 과거 속에서의 희망 의미과성립

시동=우리의 바램은 여러분들이 그때 즐겼으면[즐겼더라면] 해요.

vs I hope it rains.

시동=나는 바래요, 날씨가 비가 오기를 말이다. rains=현동사의 래발생현재 : 실제의미

vs I wish it were rainy. -- 현재/미래 속에서의 소망[소원] 의미과성립

시동=내 소망[소원]은 날씨가 지금/앞으로 했으면 해요. 비가 오는 것으로 말이다.

↗즉, 때 쪽으로 의미과성립시키는 것

⑤ **때 의미과성립** : 때 하에서 일어난 것처럼 한번 성립시켜 보는 것

A.. It's time you went to bed. — 현재 속에서의 때 의미과성립 ※it=situation 'it' 로서 시간을 지칭 's=동질/동질연결로서 '되어'

시동=(시간이 되어, 즉) 때가 되어 네가 갔으면 해요. 대자 잠자리로 말이다.

※ went=현재 속에서 때 하에서 의미과성립 시킨 것으로서 갔으면 해요

[w: 가는 것 - 떠나가는 모습 ent: 과음가(엔트>언트>었다) or t>d: did + under **때 의미과성립**]

vs It's time you go to bed. cf]It's time for you to go to bed. : 직설법

— 현재 속에서의 때 의미원성립, 즉 때 하에서 의미원성립 시킨 것

(시간이 되어, 즉) 때가 되어 네가 가면/가는 게 이루어 지면 해요.

: a.. It's time you were leaving. -- 현재 속에서의 의미과성립

시동=시간이 되어 즉 때가 되어 네가 되었으면[이었으면/했으면] 해요, 떠날 것[떠나는 것]으로 말이다.

▭ leaving=앞으로 진행시키는 것으로서 앞으로 진행

※ were=현재 속에서 때 하에서 의미과성립으로서 되었으면/했으면 해요

[w>v: 발생/행위(v: 활동모습>행위) ere: 과음가 + under **때 의미과성립**]

b.. It's time you left. -- 현재 속에서의 의미과성립

시동=(시간이 되어, 즉) 때가 되어 너가 떠났으면 해요.

※ left=현재 속에서 때 하에서 의미과성립 시킨 것으로서 떠났으면 해요

[l>ll: 시령에 남겨 두고 가는 것으로서 떠나는 것 -- 각목모양

eft: 과음가(에프트>에ㅍ트>었다) or t>d: did + under **때 의미과성립**]

c.. It's [high/about] time we went. -- 현재 속에서의 의미과성립

시동=(시간이) 정말로/대략 때가 되어 우리가 갔으면 해요. ＊'s=이 high=강조로서 정말로

▭ 직설표현=It's time /for us to go.=기-->설

⇒ it=situation 'it' 로서 now/time 지칭 **go=현재/미래 속에서의 본동사의미로서 실제의미**

Plus] The Great Britain that I grew up in needs your austerity.

-- (관계절에서의) 현재/미래 속에서의 바람 의미과성립, 즉 바람 하에서 의미과성립 시킨 것

시동=대영제국, 이 나라는 내가 성장시켜 키워 냈으면 하는 나라인데/냈으면 하는 데 (지금) 필요로 하고 있다. --- .

↗즉, 바람 쪽으로 의미과성립시키는 것

⑥ 바람 의미과성립 : 바람 하에서 일어난 것처럼 한번 성립시켜 보는 것

A.. If only he didn't smoke! : 뒷문장 초점 [=If he only didn't smoke! : 동사초점]

— 현재/미래 속에서의 if only 바람 **의미과성립** (strong wish)

시동=(만약에 단지/오로지) --- (현재/미래에) 하지 않았으면 해요. ▭ only=**초점부사**

▭ if only (만약에 오로지/단지) /would that (했으면 좋겠는데 즉) /oh, that (아, 그렇게 되었으면 좋겠는데)

⇒ 모두 뒤에 하생각 동사가 올 경우 뜻하는 의미 = I wish /We wish

vs (Leviticus 25 : 52) : **If only a few years are left, they will calculate that.**

: 현동사로서 하생각이 아니다. 실제의미이다.

: a.. Would that I were young again! — 현재/미래 속에서의 would that 의미과성립

현재/미래 속에서 would that 하에서 의미과성립시킨 것 -- 이때 would도 의미과성립이다. 현재/미래 속에서 바람 하에서 일어난 것처럼 한번 성립시켜 보는 의미이다.

시동=(되었으면 좋겠는데, 즉 내가) (지금/앞으로) 되었으면 젊음이 또다시 되었으면 좋겠는데!

b.. Oh! that money grew on trees. — 현재/미래 속에서의 oh! that 의미과성립

현재/미래 속에서 oh! that 하에서 의미과성립시킨 것 -- oh! that도 현재/미래 속에서의 바람 하생각이다. 동사만 하생각이 되는 것이 아니다. ↘상황에 따라 과거 속에서도 가능 : 아! 그랬더라면

¦ 시동=(아! 그렇게 되었으면 좋겠는데 돈이) (지금/앞으로) 자랐으면 하고, 상소에서 나무 상소에서 말이다.
¦ **현동사 영뇌]** I'd offer to help, only I'm really busy just now.
¦ 시동=단지-- 정말로 바쁘다면 ▭ only=conjunction to help=도와 달라고

c.. **If only you hadn't said. [=If you only hadn't said.] — 과거 속에서의** if only 바람 **의미과성립**
즉 과거 속에서 if only 바람 하에서 의미과성립시킨 것
시동=(만약에/약자 오로지) 네가 하지 않았더라면 좋았는데 말을 (그렇게) 말이다. *그렇게=**문맥/상황/단어** associate

¦ : If he would only learn to eat quietly! **: 과조동사의 바람 의미과성립**
¦ 미래 속에서 바람 하에서 의미과성립 시킨 것
¦ -- if가 있다고 해서 반드시 가정[가상/조건] 하생각이 되는 것은 아니다. ***조동사=현조동사/과조동사**
¦ 시동=(만약에 그가 (앞으로) 했으면 해요, 즉 단지 배웠으면 해요, 먹는 법, 즉 조용히 먹는 법을 말이다.

tip)**If he only learned[learnt : BrE] to eat quietly! : 과동사의** if only 바람 **의미과성립**
과거 속에서 if only 바람 하에서 의미과성립 시킨 것
시동=(만약에/약자) 그가 단지 배웠더라면 (좋겠는데) 먹는 것인데 조용히 말이다!

vs **If he only learned to eat quietly, he could be polite. : 과동사의** 가정[가상/조건] **의미과성립**
과거 속에서 가정[가상/조건] 하에서 의미과성립 시킨 것 (could=현재 속에서의 의미과성립)
시동=(만약에/약자) 그가 단지 (과거에) 배웠더라면 -- 지금 가능했을 텐데 즉 예의바른 것이 말이다.

d.. **I would rather die than surrender. — 현재 속에서의 바람 의미과성립**
현재 속에서 바람 하에서 의미과성립 시킨 것 -- would는 주체성발생으로서 want 뜻이 있으므로 의미과성립 시키면 바람 의미과성립이 된다. 시동=했으면 해요, 차라리 죽기를, 보다 굴복하는 것보다 말이다.
would=의미과성립 or 정과거 정과거일 경우=하고 싶은데, 차라리 하고 싶어요 : **하생각이 아닌 실제의미**

vs 직설표현 : I would like to die. -- (의향/원함) 정생각 정과거
시동=나는 하겠어요/하고 싶어요, ok를 죽는 것에 하는데 말이다.
▭ like=좋다는 것으로서 ok/want

vs I should like to die. -- **사발생 정과거**
시동=나로 하여금 일어나게 하겠어요, ok를 죽는 것에 말이다.
결국 죽음을 발생시키겠다는 말이다.
두 표현이 전달결과는 같을 지언정 접근하는 뉘앙스와 IS가 다름에 유의하라.

e.. **You had better[best] go at once. :** 관습적 E -- 바로 원동사 영뇌
— 현재 속에서의 바람 **의미과성립**
: 현재 속에서 바람 하에서 의미과성립시킨 것
시동= 했으면[되었으면] 더 좋을 것같다/최고로 좋을 것 같다. 가는 것인데 즉 당장에 말이다. *once=한번에로서 당장에

¦ had=의미과성립 or 정과거
¦ 정과거일 경우=하면 더 좋을 것[제일 좋을 것/최고일 것] 같아요 : **하생각이 아닌 실제의미**
¦ **직설 표현**=may as well //do well to : 하는 게, 즉 잘하는[좋은] 지도 모른다 //하는 게 잘하는 짓이다.
¦ had=갖는 것으로서 '했으면' 이고, would=하고 싶은 것으로서 '했으면' 이다.

vs If he had better go at once, he could be there by now.
: 과거 속에서의 가정[가상/조건] **의미과성립, 즉 의미과성립** 가정[가상/조건]
시동=만약에 그가 했더라면 즉 더 잘 했더라면 가는 것인데 즉 당장에 말이다. 그랬다면, 그는 가능할 텐데 -- .

Plus] Those who committed crime should be punished.
— 실제과거 or (현재/미래 속에서의) **의미과성립**

▭ 실제 과거 시동=사람들, 누구냐 하면은 저지른 사람, 죄를 저지른 사람들에게는[로 하여금] 일어나야 한다.
즉 처벌 받는 일이 말이다 : **실제로 저지른 경우**
▭ 의미과성립 시동=그 사람들, (누구냐 하면) 즉 이 사람들에게 (현재/앞으로) 저지르는 것이 일어 났을 경우 [났다면] 죄를 말이다. 그러면 이들로 하여금 일어나게 해야 [일어나야] 한다. 즉 처벌 받는 일이 말이다.

should=사발생으로서 정생각 -- 정과거
committed=c: crime+carry out 죄를 수행하는 것으로서 저지르는 것 ed: 과음가 or (te: 조율음)
d: did로서 **실제과거** or + under로서 가정/가상/조건 **의미과성립**

if/wish/hope/demand/time라는 단어를 써지 않아도 관계절에서도 의미과성립을 얼마든지 만들 수 있고, 특히 if를 써지 않아도 'Lived' 처럼 의미과성립을 만들 수도 있다. 과동사 자체에 이런 의미가 있기 때문이다.

그래서, AFN의 Deal or No Deal 프로그램 host는 'Had you said, ---.' 라는 표현을 자주 쓴다.
[h: have + ad: 과음가 or d: did + under로서 **과거 속에서의 가정(가상/조건) 의미과성립**]
시동=그때 가졌더라면 말한 사실을 그때 가졌더라면 ---- .

※ have=손으로 쥐는 것으로서 가지는 것 [h: hand no 's' **원형 자체의미**]
※ commit=m으로서 맡기는 것 /맡아 하는 것으로서 수행하는 것
[m: **맡기는 것** or **맡아 하는 것** no 's' **원형 자체의미**]
/c로서 수행하는 것 [c: carry out **수행하는 것** no 's' **원형 자체의미**]
/죄를 수행하는 것으로서 저지르는 것 [c : crime + carry out no 's' **원형 자체의미**]

⇐ carry=지게를 지고 (목적지로) 가까이 가는 것으로서 운반하는 것 [c: come y: **지게**]
/운반하는[나르는] 것으로서 수행하는 것 : Carry a tune.
carry out=수행 해나가는 것[해내는 것]으로서 수행하는 것
out=외작동(外作動)으로서 해나가는 것[해내는 것]

⑦ **양보 의미과성립** : 양보 하에서[양보 쪽으로] 의미과성립 시킨 것
A .. But [=Although] he were dead, yet shall he live. (New Testament)
— 과거 속에서의 의미과성립
: 과거 속에서 양보 하에서[양보 쪽으로] 의미과성립 시킨 것
시동=하지만[정말로 비록] 그가 되었다고 할지라도 즉 죽었다고 할지라도 하지만 여전히 틀림없이 발생할 것이다. 그에게 살아 있다는 게 말이다 ⇒ **즉, 영원히 죽지 않는 다는 뜻**
예수가 죽었어도 사실은 죽은 게 아니다.
▭ be동사의 **의미과성립=formal E/StE에서는 인칭에 관계없이 were 사용**
하지만 infml E로 was 가능 ▭ but=(반대) **양보 종속접속사**

vs I'm sorry if I upset you. — **현재/과거 속에서의 가정[조건] 의미과성립**

시동= (만약에 현재 또는 과거에) 속을 뒤집었다면/복장을 터지게 했다면

⑧ 걱정 의미과성립 :

걱정 하에서[걱정하는 쪽으로] 일어 난 것처럼 한번 성립시켜 보는 것

A.. **They were afraid lest they annoyed the neighbours.**

— **과거 속에서의 의미과성립** : 과거 속에서 lest, 즉 걱정 하에서 의미과성립시킨 것

시동= -- 몹시 걱정했는데 하지 않았나, -- (과거에) 성가시게 하지 않았나 하고 말이다.

*afraid=두려운 것으로서 몹시 걱정하는 것

B.. **They were afraid to complain about the noise lest they annoyed the neighbours.**

— **과거 속에서의 의미과성립**

시동=아주 걱정했는데 즉 불평할 까봐 관련해서 시끄러움과 관련해서 불평할까봐 아주 걱정했어요.

즉 하지 않았나, 자기네들이 성가시게 하지 않았나 즉 자기 이웃들에게 성가시게 하지 않았나 하고 말이다.

⑨ 발생 의미과성립 :

발생 하에서[발생하는 쪽으로] 일어 난 것처럼 한번 성립시켜 보는 것

A.. **Just suppose that crocodile were to escape!**

— **현재 속에서의 의미과성립** : 현재 속에서 발생 하에서[발생하는 쪽으로] 의미과성립시킨 것

시동= 그냥 상상해 보아라 .

즉 -- 에게 (현재에) 일어 났다고[일어 났을 경우를] 도망가는 게 말이야!

주의] 가정법 패턴식으로 were to를 불가능한 가정으로 외우지 말라.
그냥 의미과성립으로서 were의미, to의미로 이해하라.
의미과성립의 이면의 뜻이 불가능한 것일 수도 있고, 희박한 가능성일 수도 있다.

B.. **Suppose the story were[was] true.**

— **현재 속에서의 의미과성립**

시동=(상상해보아라) (현재에) 되었다고[되었을 경우를], 사실로 말이다. ▭ was= infml **의미과성립**

C.. **Suppose [Imagine] you and I were to find ourselves on a desert island.**

— **현재 속에서의 의미과성립** 시동=되었다고, 발견하는 것이 되었다고

▭ desert island 사막섬으로서 무인도 ▭ on=상소로서 상지(上地)

D.. **If the gift was mailed to my old address but was not returned, I will inform you to confirm it.**

— **과거 속에서의 의미과성립**

: if-하생각을 반드시 가정[가상/조건] 하에서 성립적인 생각을 하지 않아도 좋다. 문맥에 따라 그냥 발생 하에서 의미과성립을 시켜도 좋다.

시동=(만약에) 되었더라면, 즉 우편으로 부쳐져서 대자 나의 옛 주소로 보내졌더라면 그리고 하지만 않았더라면, 반송되지 않았더라면 -- 할 수 있을 것 같은 데 알리는 것이 말이다.

*will=**발생능력** vs can=**수행능력** 그리고=**문맥** associate

의미과성립/의미원성립과 Formal E

의미과성립과 의미원성립 원래 단어의미 대로 표현하면 **Formal English /관습적 English**가 된다. 나중에 가서 사람들은 하생각에 if/though를 붙이기 시작했다. 그래서, 공문서 같은 데는 if를 붙이지 않은 표현이 더 많다.

if 의미=가정[가상/조건/real] condition /부정확인 /인정양보 — 등등

a.. **Moved we tomorrow /now /yesterday, ---. [=If we moved tomorrow /now /yesterday, ---.]**

b.. **Moved we yesterday, ---. =Had you moved yesterday, ---.**
[=If you moved yesterday, ---. If you had moved yesterday, ---.]

c.. **Be it ever so humble, there is no place like home. [=Though it be ever so humble, --.]**

가정법 패턴 머리 속에서 삭제하기

pattern이 아무 소용없다.

가정법 현재, 가정법 미래, 가정법 과거, 가정법 과거완료 하면서 패턴을 외울 필요가 없다.
패턴이 뜻을 결정하는 것이 아니라, 단어가 뜻을 결정하는 것이다. 그냥 의미원성립과 의미과성립만 알면 된다.
: 60년 구문법 식민통치에서 벗어나라!

▭ **원동사**=자체의미/본동사의미/의미원성립 **과동사**=실제과거/의미과성립 **과조동사**=정생각/과생각/의미과성립

tip) `-ed」 고난도 감주 :

- Talked about, talked about. ⇨ Talked' bout, talked' bout. 토-컷바웃 토-컷바웃 — `토-크트바웃 토-크트바웃」이라고 하지않고 전자로 말할 때 듣기가 어렵다.
- —, and admitted sometimes she lost one in her eye.

⇨ andadmitted sometimes shelost oneinher eye. : 가끔 contact lens 하나를 빼내지 못하고 잃어버렸다고 인정한 말

애더미덧 : 애로 초성과 중성을 강하게 말하면 저절로 n받침은 탈리[폐쇄]

— `애더미티드」라고 하지않고 전자로 말할 때 듣기가 어렵다. 소리본체에서 소리가 나오기 때문에 `ed」의 소리가 `엇」이 가능하다. 그래서 `었/었던 것」으로 ed에서 바로 한글 BNW로 과동사/과분사 의미를 느낄 수 있다.

☞.. 이해는 (언어에 대한 basics를 알았디면) 최종적으로 단어의 최종적인 뜻인 감주로 이해한다.

의미과성립 전제와 | 그 종류 —— 첫술에 배부르랴! **Rome wasn' t built in a day!**

의미과성립은 실제로 일어나지는 않았으나 과거형태를 빌어서 마치 일어난 것처럼 한번 성립시켜 보기 때문에 '했을 경우/했다면/했더라면' 으로 성립이 된다. 그래서 **하생각 강도가 의미원성립보다 더 강하고, 그 전제도 아주 강하다.** 따라서 **뜻하는 의미로 '하면' 으로 성립시키면** 하생각 전제도 함께 표현해야 의미과성립의 강한 성립인 생각 뉘앙스를 살릴 수 있다. 뿐만이 아니라, 직설의미와 혼란도 방지시킬 수 있다.

주의] 가정법미래, 가정법 과거, 가정법 과거완료로 구문법에서 말하고 있는
'강한 불확실성, 강한 의심, 불가능한 일, 강한 욕구, 희박한 가능성, 반대사실 가정'
하면서 외울 필요가 없다. **tip)** 일반적으로 비-if 하생각은 하생각 전제가 없다. if때문에 발생한다.

① 의미과성립 전제가 강한 의심/강한 불확실인 경우
(deep doubt /greater uncertainty but possible in case)

IIIII.. **If she should find a four-leaf clover, she' ll have good luck.**
: 현재/미래 속에서의 의미과성립

시동=만약에 그 여자로 하여금 현재 또는 앞으로 <u>발생했을 경우</u> (찾는 것인데 네 잎클로버를 말이다. 그랬을 경우 ----.
↳bnw-BAM

↙의미과성립 전제[즉, 강한 하생각 전제]

뜻하는 의미=<u>**찾을리야 없겠지만 [찾는다는 게 아주 불확실한데 /그럴리는 없겠지만 /만에 하나]**</u> 그래도 만약에 그 여자로 하여금 <u>**일어난다면**</u> 찾는게 말이다. 그러면 ---.
↳im-BAM

숨은 뜻=a.. I think she is too difficult to find a four-leaf clover. ※ deep/great=adv.
b.. I think it is deep doubtful[great uncertain] for her to find a four-leaf clover.

▭ If she find, --- . : 의미원성립
= (혹시) 찾아 낸다면/찾아 내는 게 이루어지면 -- 하생각 강도가 약해 직설법 현재와 뜻이 거의 같다.
≒ If she finds, ----.

≠ If she found /should find, --- . : 의미과성립 -- 하생각 강도가 강함
= (가능성은 희박하지만 현재/앞으로) 찾았을 경우/찾아 내는 게 일어 났을 경우

② 의미과성립 전제가 불가능한 일인 경우

IIIII .. If the sun were to collide with the earth, I will plant an apple tree on the moon.

: 미래 속에서의 의미과성립

시동=(절대로 충돌할리야 없지만/충돌하는 게 불가능한데, 그래도 앞으로) 만약에 했을 경우 충돌하는 게 말이다. ▭ were=발생 의미과성립으로서 했을 경우

숨은 뜻=It is impossible for the sun and the earth to collide with each other.

tip)were to가 반드시 미래 속에서의 의미과성립만 되는 것은 아니다 ☞ 40

구문법에서는 불가능한 가정을 특히 순수가정이라 한다. 의미과성립으로서 강한 전제이기 때문이다.
"Nonsense! If you were the Queen of Sheba, I'd be King Solomon."
: 미래 속에서의 의미과성립
시동=(그렇게 될리는 없겠지만) 만약에/약자 당신이 앞으로 되었을 경우에는 -- 나도 되겠다: bnw-BAM
뜻하는 의미= 그렇게 될리는 없겠지만 -- 된다면: im-BAM would=정생각
※Nonsense! = What nonsense! (헛소리 하지마! = 뭐 헛소리 하지마 what=adv.)

: a.. If he were to die tomorrow, then you would inherit everything.

시동=(그럴리야 없겠지만 그래도) 만약/약자 그에게 일어 났을 경우(가 생기면) 죽는 게 내일말이야. 그렇다면 너는 할 것 같다. --- . ▭ were=발생 의미과성립

b.. If I were to be young again, I would be an artist.

시동=(그럴리야 없겠지만 그래도) 만약/약자 나에게 일어 났을 경우, 즉 젊음[젊어진다는 것]이 또다시 말이야. 그렇다면 나는 될 수 있을 것 같다. --- . ▭ to be=연결설명+동질연결로서 즉

tip)미래 속에서의 의미과성립인 경우=주절의 과조동사 : 정생각

were가 미래 속에서의 의미과성립으로서 반드시 불가능한 것만 전제하는 것은 아니다.
희박한 가능성도 전제할 수도 있다.
IIIII .. If he were to resign, she would scream. [=If he resigned 사직했을 경우가 생기면]
시동=만약에/약자 (그럴 가능성은 희박하지만 그래도) 그에게 일어 났을 경우 to 하는 게, 즉 사직하는 게 말이다. 그렇다면 ---.
뜻하는 의미=만약에 그럴 가능성은 희박하지만 그래도 -- 일어 난다면 ---- .

: a.. If she were to succeed, he would be glad. [=If she succeeded 성공했을 경우가 생기면]

b.. If you were to give the money to me, then I would say no more about it. [=If you gave]

— be동사 의미과성립이나 일반동사 의미과성립이나 다 같이 의미과성립이니 전달결과가 같다.

▭ **의미과성립 전제=강한 하생각 전제 [강한 전제 associate]**

=의미과성립일 경우 반드시 하생각 전제를 함께 넣어 해석하지 않아도 좋다. 의미과성립 속에 포함되어 있기 때문이다. 뜻하는 의미로 '하면'으로 해석시 보통 함께 해석하여 의미과성립 (전제) 뉘앙스를 살린다.

③ 의미과성립 전제가 강한 욕구[욕망/의지/의향]인 경우

(little desirous or common but willing to get in case)

IIIII .. **If she would get pearls, she should dive deep into the sea.**

: 현재/미래 속에서의 의미과성립

시동=만약에 그 여자에게 하고자 하는 마음이 (현재) 생겼다면 -- 하여금 일어나야 할 것같다/하여금 일어났을 텐데

: should=**정생각/의미과성립** -- 전자=가능성 후자=현재사실 반대, 즉 반대사실 의미과성립

/(앞으로) 생겼을 경우에는 -- 하여금 일어나야 할 것같다 : should=**정생각**

뜻하는 의미=필히 -- (현재/앞으로) 하고자 한다면/하겠다면

(얻는 것인데 진주를 말이다. 그렇다면 그 여자로 하여금 일어나야 할 것같다.

dive해서 깊숙히 들어가는 것인데/내대자 바다 속으로 말이다.)

cf] I would like coffee. 시동=나는 하겠어요, ok를 coffee에게 말이다/하고 싶어요. 커피를 말이다.

▭ would=**정과거로서 정생각** like=**좋다는 것으로서** ok/want

④ 의미과성립 전제가 희박한 가능성인 경우

(Improbable/Not very likely but Possible in Case)

IIIII .. **If someone tried to blackmail me, I would tell the police.**

: 현재/미래 속에서의 희박한 가능성 의미과성립

시동=(그럴리야 없겠지만[그럴 가능성은 도저히 없겠지만] 그래도) 현재에[앞으로] 시도했을 경우에는 (갈취하는 것을 나에게 말이다. 그랬을 경우에는 나는 하겠어요.)

▭ would=**정생각** tell=**말해 주는 것으로서 알리는 것** cf] call=**오라고 부르는 것**: Call the police.

: a.. **"If a burglar came into my room at night, I'd scream."**

의미과성립으로서 희박한 가능성 가정이지 반대사실 가정이 아니다.

구문법의 한계] 과동사일 경우 거의 모두 반대사실 가정으로 취급하고 있다.
이것이 바로 구문법의 한계이자, 한국사람들의 취약점이다.
tip)if절이 가능성 의미과성립일 경우 주절의 과조동사는 정생각 아니면 과생각이 되고,
if절이 반대사실 의미과성립일 경우 주절의 과조동사도 반대사실 의미과성립이 된다.
참고)일반적으로 if-의미과성립=가능성/반대사실 가정 vs if-의미원성립=가능성 가정

b.. **"Do you love me, dad?" "Of course I do, Susan."**
"Would you still love me if I did something bad?"
"Well of course … I … would … …
"I mean something really really." "Susan, what did you do?!" -- 딸과 아빠의 대화이다.

⇨ **"Would you still love me if I did something bad?"**

: 현재/과거 속에서의 희박한 가능성 의미과성립 (양보)

-- 여기서도 희박한 가능성 가정이지 반대사실 가정이 아니다.

시동=하시겠어요, -- (즉, 그럴리는 없겠지만) 만약에/약자 내가 (현재에/과거에) 했을 경우에도 [했다고 가정할 경우에도] 즉 어떤 나쁜 짓을 했을 경우에도[했다고 가정할 경우에도] 말이야?

'했을 경우/했다면/했더라면' 으로 **의미과성립을 시키면bnw-BAM]** 이 말 속에 강한 하생각 전제가 포함되어 있으므로 하생각 전제를 반드시 해석할 필요가 없다. 하지만 뜻하는 의미로 '하면' 으로 성립시키면[im-BAM] **강한 하생각 전제**를 해석 해줘야 의미과성립 (전제) 뉘앙스를 살릴 수 있다. 일반적으로 '했을 경우/했다면/했더라면' 이 '하면' 보다 **하생각 전제가 강하다.**

예컨데, 친구가 골프경기 약속을 하는 과정에서 처음에는 '비가 오면 어떻게 할래?' 라고 묻다가 나중에는 '비가 왔을 경우 어떻게 할래?' 로 말이 바뀐다. **전자**는 래발생 현재로 직설이거나 의미원성립으로서 하생각 전제가 약하고, **후자는 의미과성립으로서 하생각 전제가 더 강하기 때문이다.**

하생각 전제가 강할 수록 희박한 가능성이든 불가능한 것이든 반대사실이든 전달하고자 하는 메시지는 더 강하다.

tip)의미원성립도 약한 전제로서 약한 전제가 '하면' 속에 포함되어 있으므로 반드시 하생각 전제를 해석할 필요는 없다.

※ **하생각 전제**는 하생각 단어 속에 숨어 있는 뜻으로 일종의 **단어** associate이다.

vs If you could see me now, you'd laugh your head off.

: 현재 속에서의 반대사실 의미과성립

시동=만약에 네가 가능했다면 보는 것인데 나를 지금 말이다. 그랬다면 너는 했을 텐데. 즉 우스워서 너의 머리가 떨어져 나갔을 텐데. would=(반대사실) 의미과성립

뜻하는 의미=만약에 사정이 허락하지 않아 안되지만 그래도 네가 할 수만 있다면 ---

⑤ **의미과성립 전제가 반대사실인 경우** -- 이것은 의미과성립의 사실 문제이지가능성 문제는 아니다. 그래서, 하생각 전제와 숨은 뜻은 반대사실, 즉 반대사실 유감이 된다. **cf]소망[소원] 유감**

A.. If I had a traffic map, I could lend it to you. -- 현재 속에서의 의미과성립

시동=만약에/약자 내가 현재 가졌더라면, -- 할 수 있었을 텐데/있었는데 //할 수 있을 것같다

↳bnw-BAM ▭ **could=(반대사실) 의미과성립 //정생각**

-- 숨은 뜻은 현재 가지고 있지 않아서 그렇게 할 수 없다는 것이다.

※ **숨은 뜻**=I haven't a traffic map, so I cannot lend it to you.

뜻하는 의미=만약에 내가 없어서 (현재) 갖게 되면 -- 할 수 있는데 --- .

↳im-BAM

: a.. You don't know the number, but If I knew it, I would phone him.

시동=현재에 알고 있었다면 -- 할 수 있었을 텐데

뜻하는 의미=모르니 현재에 알고 있다면 -- 할 수 있는데

tip) Long live the king! 오래오래 살아주면 해요 : **기원 의미원성립** **뜻하는 의미**=오래오래 살았으면 해요

(would=주체성발생으로서 발생능력 vs could=감당해 낼 수 있는 능력으로서 수행능력)

b.. If I had money, I could buy a new car.

시동=만약에 현재에 가졌더라면, -- 할 수 있었을 텐데 ▭ **could=의미과성립 -- 현재 속에서의 하생각**

※ **숨은 뜻**=I have no money, so I cannot buy a new car.

B.. If it <u>had</u> rained, we would have stayed at home. -- 과거 속에서의 의미과성립

시동=만약에/약자 날씨가 과거 그때 가졌더라면 비가 온 사실을 말이다.

그랬더라면, 우리는 (그때) 했을 텐데, 즉 머물기를 구처 집에서 말이다.

-- 숨은 뜻은 과거에 비가 온 사실이 없어서 머물지 않았다는 얘기이다.

※ 숨은 뜻 = It didn't rain, so we didn't stay at home. ▭ would=(과거 속에서 반대사실) 의미과성립

: IIIII .. If I had had money, I could have bought a new car.

--과거 속에서의 의미과성립

시동=만약에 과거에 가졌더라면 소유인데 돈을 말이다. 그랬더라면, --가능했을 텐데, 즉 구매가 말이다. [즉 가지는 것이 가능했을 텐데, 구매한 사실로 말이다.]

뒷 had=event could=의미과성립 : 여기서 가정의미 단어= if/had/could (if=가정 condition)

※ 숨은 뜻 = I had no money, so I could not buy a new car.

C.. He orders me about as if I were/was [am] his wife. But I am not.

-- 현재 속에서의 의미과성립

시동=(명령한다 --- 이리 저리 명령한다.)

마치 혹시, 내가 (현재에) 된 것처럼[인 것처럼] 자기 wife로 말이야

-- 동급취급 반대사실 의미과성립

were=formal **의미과성립** was= informal **의미과성립**

am=현동사의 실제의미 as=동급으로서 마치 if= '만약에' 로서 혹시

: He behaves as if he owned the place.
But he doesn't own it or probably doesn't own it
or we don't know whether he owns it or not.

D.. He talks as if he <u>had</u> loved her. But he did not. : pretense 하생각도 하생각 전제가 있다.

-- 과거 속에서의 의미과성립 -- 과거 속에서 pretense 하에서 한번 성립시켜 본 것

시동=마치 혹시 (과거에) 가졌던 것처럼 사랑한 사실을 가졌던 것처럼[했던 것처럼 사랑 했던 것처럼] -- .

vs **He talks as if he <u>love</u> her. -- 현재 속에서의 의미원성립**

-- 현재 속에서 pretense 하에서 한번 성립시켜 보는 것 : 마치 혹시 사랑하는 것처럼/사랑하고 있는 것처럼

E.. He talks about Rome as though he had been there himself. But he was not.

-- 과거 속에서의 의미과성립 시동=마치 그래도 (과거에) 한 적이 있었던 것처럼, 즉 있어 본적이 있었던 것처럼

F.. He looks/looked as though he hadn't had a decent meal for a month. But he had.

-- 과거 속에서의 의미과성립 -- 과거 속에서 pretense 쪽으로 한번 성립시켜 본 것

시동=(보여요/보였다) 마치 그래도 (과거에) 갖지 못했던 것처럼 먹은 것인데 제대로 된 식사를 구시 한 달동안 말이다.

▭ as if= **'동급 혹시' 로서** pretense if=만약으로서 혹시

▭ as though= **'동급 그래도' 로서** pretense though=반대양보로서 그래도/그렇지만

순수 이론적 하생각과	그 전제 — 독안에 든 쥐! A rat in a trap!

비-if 하생각처럼 순수 이론적 하생각도 **하생각 전제[전제 associate]가 없다**. 그냥 하생각을 하는 것이다.

IIIII .. **If you had 9 and you were to subtract 7, you would move seven spaces down.**

-- 현재 속에서의 의미과성립

시동= (만약에 현재에) 취해서, 9를 취해서 했다면 빼는 것, 7을 빼는 것으로 했다면, 해야 할 것같다 즉 옮겨야 할 것같다. 7곱 선간을 아래로 말이다 /-- 돼야 할 것같다. 옮기는 것인데 -- .

'혹시라도. 만에 하나 --,' 이런 **하생각 전제없이** 그냥 의미과성립 시킨 것이다.
그래서, 그냥 의미과성립대로 해석해서 이해하면 된다. 특히 뜻하는 의미로 이해하더라도 하생각 전제없이 해석하면 된다. ▭ would = **정생각** (non-past)

vs **If you have 9 and you be to subtract 7, you will move seven spaces down.**

-- 현재 속에서의 의미원성립

시동= (만약에) 취해서 9를 취해서, 한다면[이루지게 한다면] 빼는 것인데 7를 말이다. 그러면 해야 할 것이다. 즉 옮겨야 할 것이다/옮기는 것인데, ---. ⇒ **여기서 '한다면'** =하생각으로서 한다면

순수이론적 의미원성립에도 하생각 전제 associate가 없다. 그냥 의미원성립을 시키는 것이다.
그래서 단순 논리적 가정 (simple theoretical assumption)이라 한다.
▭ have=가지는 것으로서 취하는 것 be=발생으로서 하는 것/이루어 지게 하는 것
▭ seven spaces=일곱 선간(線間) /일곱칸 will=주체성발생으로서 해야할 것이다.

vs **If you have 9 and you are to, ------.**

-- 현동사로서 래발생 현재

시동=그냥 취해서 -- 한다면 빼는 것을 한다면 ---- .

: 그냥 논리적 조건 -- 직설법 현재 ⇒ 여기서 '한다면' =실제의미로서 한다면

어느 표현으로 말을 해야 할지는 **표현자의 몫[speaker's desire]**이다.

addition-1

A.. **If we moved right now, you can ---- .**

[moved=move + (e)d: **과음가** or did + under]

시동=(만약) 움직이는 것이 이루어 졌을 경우/움직였을 경우 우리가 바로 지금말이다, 그러면 너는 할 수 있어요. 뜻하는 의미=혹시라도 (지금) 움직이면 ⇒ **여기서 '이면'** =하생각으로서 지금 발생하는 것

B.. **If he missed the bus yesterday, he won't [would not] be here on time.**

[missed=miss + ed: **과음가** or (e: **조율음**) d: did + under]

시동=(만약) 그때 놓쳤더라면 어제 말이다,

그랬다면 -- (현재 또는 앞으로) 하지 못할 것이다[하지 못할 것같다] /(현재) 하지 못했을 텐데]. --- .

▭ be=**있는 것으로서 도착하는 것** would=**정과거/(현재 속에서의) 의미과성립**

의미과성립은 현재 속이든 과거 속이든 의율만 되면 얼마든지 주절에 현조동사가 와도 좋다. 반드시 과조동사만 오는 것이 아니다. 서로 의율이 되는 가 안되는 가 그것만 따지면 된다.

그래서, 의미과성립도 의미원성립처럼 주절 표현이 의율에 따라 자유롭다. 패턴 암기로 표현의 자유를 구속시키지 말라. 그냥 단어의 뜻 대로 쓰라. **가정법을 패턴식으로 외우는 사람은 한국인과 일본인 밖에 없다.**

따라서 다음 표현도 가능하다.

IIIII .. **If he had missed the bus yesterday, he won't [would not] be here on time.**

시동=(만약) 그때 가졌더라면 놓친 사실을 말이다 ---.

그랬다면 하지 못할 것이다[하지 못할 것같다 /(현재에는) 하지 못했을 텐데] ---.

C.. If we moved right now, you could go. [move + (e)d: **과음가** or did + under]

시동=(만약에) 움직였을 경우, 바로 지금말이다,

그러면 <u>**그때**</u> 가능할 것 같다/그랬다면 <u>**그때**</u> 가능했을 텐데, (가는 게 말이다).

→ **과조동사의 정생각과 의미과성립은 형태는 과거형이기 때문에 '그때' 라는** associate **의미, 즉 동시점 의미가 포함되어 있다.**

could=정생각/의미과성립 [ould(었): **과음가** or d: did + decide or under]

-- 정생각은 생각을 정하기 위해 과거형태를 취했을 뿐이다. 오히려 현재 또는 미래, 과거 상황에 대한 <u>현재생각</u>이다. 그래서 일반적으로 정생각은 **'것 같다'** 는 의미이다.

: -- 할 것같다 /-- 가능 할 것같다 /-- 가능 한 것 같다

D.. If we moved yesterday, you could have eaten.

[move+(e)d: **과음가** or did + under]

시동=(만약에) 움직였더라면 어제말이다. 그랬다면 그때 가능했을 것이다. 즉 먹은 일이 말이다.

[그때 가능했을 것 같다. 즉 가지는 것이 가능했을 것 같은데 먹은 사실로 말이다].

// -- 가능했을 텐데 [즉 가지는 것이 가능했을 텐데] ---.

could=과생각/의미과성립

[c>k: **가능** ould(었): **과음가** or d: did or + under]

E.. 다음은 캄보디아 킬링 필드 가담자가 한 말이다.

"He didn't know what I was doing. I never told anybody. If I told them, they would have told me to stop."

▭ **told=과거 속에서의 의미과성립** [t: tell old>od(었): **과음가** or d: did + under] ▭ **would=과생각/의미과성립**

시동="만약에 내가 말을 (그때) 했더라면, 그들에게 말이다. 그랬다면 그들은 그때 했을 것이다[했을 텐데], 즉 말을 나에게 stop하라고 말이다." / --- 그때 했을 것 같다[했을 텐데], 즉 가졌을 것 같 은데[가졌을 텐데] 말한 사실, 나에게 stop하라고 말한 사실을 말이다.

vs If I had told them, ---.

▭ **had=과거 속에서의 의미과성립** [h: have ad: **과음가** or d: did + under]

시동=(그때) 가졌더라면 말한 사실을 그들에게 말이다. 그랬다면 --- . : **전달 결과는 같다.**

told=기의미성립 능동 event [told: tell + old>od(었던 것): event **음가** or d: done]

tell=전해 주는 말로서 말해 주는 것/말하는 것 [t: talk, talk**로서 전해주는 말** + no 's' **원형 자체의미**]

구문법의 Blunder — 궁하면 통한다! Necessity is the mother of invention!

가정법 과거완료로 if절에 반드시 과거완료로 표현해야 한다고, 패턴으로 암기시키는 것은 잘못된 가르침이다. 과동사만으로도 충분히 과거 속에서의 의미과성립 뇌를 작동시킬 수 있다. 마치 과동사가 미래 속에서 의미과성립 뇌가 작동하는 것과 같다. 그래서, 과거완료도 사실 따지고 보면 had가 의미과성립된 것이지 과분사는 어디까지나 event이다. 구문법 용어로 말하면 had가 가정법이고, 과분사는 직설법이다. 한국 사람들은 엎쳐서 이해하니 마치 두 단어 모두가 가정 무드인양 오해를 하고 있다.

여러분들은 다음과 같은 표현을 많이 보았을 것이다. 알고보면 이것도 과거 속에서의 의미과성립에 과조동사의 과생각 또는 의미과성립으로 서로 동시점 상황으로 만들어 준 것에 불과하다.

IIIII .. **If he had missed the bus, he could not have bought this.**

□ had=과거 속에서의 의미과성립 [h: have ad: 과음가 or d: did + under]

□ missed=event, 즉 기의미성립 능동 event could=과생각/의미과성립

시동=만약 과거에[그때] 가졌더라면 즉 놓친 사실을 가졌더라면 --- ,
그랬다면 -- 할 수 없었을 것 같다[할 수 없었을 텐데], 즉 가질 수 없었을 것 같다[가질 수 없었을 텐데].
구매한 사실로 말이다. / -- (그때) 가능하지 않았을 것 같다[않았을 텐데]. 즉 구매한 사실로 말이다.

addition-2

A.. If you knew me better, you wouldn't have said that.

— 과거 속에서의 의미과성립

시동= -- (과거 그때) 알았더라면/알고 있었다면/알았다면 (더 잘 말이다). (그랬더라면/그랬다면 그때 하지 않았을 텐데[하지 않았을 것 같다], 즉 말을 그렇게 하지는 않았을 텐데[하지 않았을 것 같다]).

※ knew=과거 속에서의 의미과성립으로서 그때 알았더라면/알고 있었다면/알았다면
[k: ok로서 알고 있다는 것 ew(v): 일어나 버린 것으로서 과거 + under **의미과성립**]
숨은 뜻= You didn't know me better, so you said that.
would=의미과성립 -- 과거사실 반대 /과생각 -- 가능성

과거 속에서의 의미과성립인 told 표현과 같다.

"He didn't know what I was doing. I never told anybody. If I told them, they would have told me to stop."

-- 현재 속에서의 의미과성립과 혼란을 없애려면 과거 속에서의 의미과성립일 경우 과분사로 설명해 나가거나 in the past로 두뇌를 작동시키면 된다.

⇨ If you had known me better, you wouldn't have said that.
or If you knew me better in the past, you wouldn't have said that.

B.. If I was as clever as you think, I should have been rich then.

— 과거 속에서의 의미과성립

시동=만약에 내가 했다면, 같은 정도로 똑똑했다면 즉 너 생각만큼 똑똑했다면,
나로 하여금 발생했어야 했다[했을 텐데]. 즉 되었어야 하는 데[되었을 텐데] 부자로 그때 이미 말이다.
-- 그럴 가능성이 희박하거나 과거사실과 반대를 나타낸다. ▭ should=(사발생) 과생각/의미과성립

vs If I am as clever as you think, I should have been rich then[by now].

— 현동사로서 직설의미

시동=만약에 내가 이다면, 같은 정도로 똑똑한 사람이다면, 즉 너 생각만큼 똑똑한 사람이다면,
나로 하여금 발생했어야 했다[했을 텐데]. 즉 되었어야 하는 데[되었을 텐데] 부자로 그때 이미[쯤에는 지금쯤에는] 말이다. ＊ should=과생각 /(과거/현재 속에서의) 의미과성립

구문법 삭제하기

if절 과거, 주절 과조동사, if절 과거완료, 주절 과조동사+ 현재완료, 뚱딴지 같은 소리 하지말라.
여러분들의 머리 속에 **가정법 현재, 가정법 과거, 가정법 미래, 가정법 과거완료**라는 용어를 삭제하라.
오로지 원어민들처럼 의미원성립과 의미과성립 용어만 머리 속에 간직하라. 가정의미를 만들 수 있는 동사는 **원동사와 과동사[과조동사] 밖에 없다.** 특히 가정법은 의미원성립과 의미과성립의 극히 일부에 지나지 않는다.

addition-3

subjunctive 정의

이 말을 가정법으로 가정의미로 국한 시킨 것은 오역이다. **하생각 또는 성립적인 생각으로 번역**해야 정역이 된다. 그 무엇을 연관시켜 하[under下]에 두고 성립적인 생각을 하는 것이 하생각이다. 예컨데 소망과 관련해서 소망 하에서 성립적인 생각을 하는 게 subjunctive이다. 자기 소망이 건강이라면 그 소망으로 건강이 이루어지면 하고, 건강이 이루어 졌으면 하고 성립적인 생각을 하는 게 subjunctive이다. [sub: under j: join(연관) t: think]

그래서 원어민들이 알고 있는 subjunctive에는 가정뿐만이 아니라, 요구, 주장, 제안, 바람, 소망, 기원, 권고, 원함, 양보, 걱정, 발생, pretense, 동질비교 -- 등등의 성립적인 생각도 포함된다. 따라서, 의미원성립과 의미과성립이 subjunctive에 딱 해당하는 의미이다.

↗ **subjunctive의 사전상의 정의=** the verb form that is used to express suggestions, wishes, uncertainty, possibility, — etc.

☞ **subjunctive : 하생각[성립적인 생각]=의미원성립 /의미과성립**

가정법은 subjunctive의 극히 일부에 지나지 않는다.
앞으로는 subjunctive하면 가상의미만 생각할 것이 아니라, 위와 같이 정역을 하여 다양하게 생각해야 한다. 그래야 영어의 본 뜻을 쉽게 파악할 수 있고 표현의 자유도 생긴다.

▭ **subjunctive mood [하생각 무드]**

⇨ demanded that + 원동사/과동사, wish that + 원동사/과동사,
if + 원동사/과동사, time + 원동사/과동사, as if[though] were + 원동사/과동사,
though + 원동사/과동사, had better[rather], would rather, 기원, -- etc..

한국식 구문법대로 이 모두를 오역한 가정법 속에 넣어 가정무드로 이해하면 도저히 가정의미를 캐취할 수 없다. 정역인 하생각 무드로서 요구/소망 /가정 /때 /동질비교 /양보 /권고 /원함 /기원 -- 따위로 이해해야 감을 잡을 수 있다. 더욱 분명한 것은 가정법은 의미원성립과 의미과성립의 극히 일부분으로서 두 단어의 공부에 지나지 않은 것을 그렇게 많은 시간을 쏟고도 한국사람들, 특히 영어 선생들조차도 잘 모르고 앵무새처럼 패턴으로 외우고 있다는 사실이다.

tip] 의미원성립과 의미과성립은 하생각이기 때문에, 원동사는 자체의미가 되기 때문에, event와 진행의미, 동사사실의미는 단순한 동사서술의미가 아니기 때문에 현재, 과거, 미래 속에 들어 갈 수 있다.

☞.. as it were가 subjunctive가 되는 이유

이면 뜻으로 이해하면 subjunctive가 되지 않는다. 또한 왜 were라고 썼는지도 이해되지 않는다. 의미과성립으로 이해하면 쉽게 subjunctive 감을 잡을 수 있을 것이다.

IIIII .. Sam is, as it were, a grown-up baby[modern boy]. ∵ 원어민과 같은 느낌

-- 동질 비교 하에서 의미과성립 시킨 것 ↗ bnw-BAM 시동=Best ↗ 어떤 번역으로 시동을 거느냐에 따라 IS영뇌도 달라짐

▭ **완전번역[bnw-BAM]**=(샘은 인데) 즉/동자 그 사람이 (현재) 되었다고 가정할 경우 (-- 와 같다).

▭ **이면번역[im-BAM]**=말하자면(in other words) ▭ **were=현재 속에서의 의미과성립**

vs **직설표현**= ---, one might say, ---. : **삽입표현**

시동=어떤 이는 할지 모르겠으나, 즉 말하지 모르겠으나, 이면[준번역]=말할 것 같으면

⇨ **동질 비교 하에서 의미원성립 시키면 :**

Sam is, as it be, ---- . 즉/동자 그 사람이 (현재) 이다고 가정할 경우 **이면**=말하자면

주의]특히 뜻하는 의미로 이해하면 종속접속사 영뇌를 느낄 수 없다.

IIIII .. If he still refuses, we could always apply a little pressure, as it were.

시동= --- 즉/동자 그럴 경우가 발생했을 경우에는 말이다. 이면=말하자면 그렇다는 것이다.

▭ **were=현재/미래 속에서의 의미과성립** could=정생각

addition-4

의미과성립에는 과동사의 의미과성립과 과조동사의 의미과성립, 두 가지가 있으며, 둘다 똑 같다.

I 과동사의 의미과성립 -- 현재/과거/미래 속에서

실제로 일어나지는 않았으나 과거형태를 빌어서 일어난 것처럼 (한번) 성립시켜 보는 것
영어에서의 과동사는 꼭 일어난 것만 말하는 것이 아니다. 성립시키는 의미도 있다. 한뇌와 다르다.

A.. If I had had your advantages, I'd be better off now.

[h: have ad 었: 과음가 or d: did + under]

▭ **had=과거 속에서 의미과성립** -- (과거에) 가졌더라면

▭ **pp had=event** -- 가졌던 것으로서 받았던 것 [h: have ad 었던 것: event 음가 or d: done]

▭ **would=정생각 /(현재 속에서의) 의미과성립** -- 그래서 구문법으로 말하면 가정법 과거완료 + 가정접 과거

시동=만약에 내가 (그때) 가졌더라면, 즉 받은 것, 당신의 편의[혜택]를 받은 것을 가졌더라면,
나는 할 것 같은데[할 수 있었는데], 즉 더 잘 되어 보낼 것 같은데[보낼 수 있었는데] 지금쯤은 말이다.

cf] He lives off fishing, farming. **시동**=살아가면서 세월을 보내고 있다/살아가고 있다.

off=(세월이) 떨어져 나가는 것으로서 (세월을) 보내는 것

: children from well-off families 잘 나가는[유복하게 살아가는] [≠badly-off]

▭ advantage=something that may help one to be successful 편의/혜택

▭ better off=더 잘 되어 보내는 것으로서 더 유복하게/더 부자로 살아가는 것

▭ 숨은 뜻=I didn't have your advantages, so I am not better off now.
As I didn't have your advantages, I am not better off now.

B.. If I had followed your advice then, I should be happier now. 시동=만약 내가 가졌더라면, 따른 사실[것] 너의 충고를 따른 사실[것]을 그때 가졌더라면, 나로 하여금 틀림없이 발생할 것같은 데[발생했을 텐데], 즉 더 행복한 생활이 지금쯤은 말이다. ※**should=정생각/(현재 속에서의) 의미과성립** 생활=문맥/상황 associate

tip) had가 희박한 가능성 의미과성립이면 should=정생각 반대사실 의미과성립이면 should=반대사실 의미과성립

☞.. 이해는 (언어에 대한 basics를 알았디면) 최종적으로 단어의 최종적인 뜻인 감주로 이해한다.
↘그러면 영어말투가 형성되고 영어말투에 익숙해진다.

2 **과조동사의 의미과성립**

-- 현재/미래/과거 속에서

실제로 일어 나지는 않았으나 과거형태를 빌어서 일어난 것처럼 (한번) 성립시켜 보는 의미

A.. **If you <u>should</u> die, what shall/should I do?** -- **미래 속에서의 의미과성립**

시동=만약에 너로 하여금 앞으로 일어났다면/났을 경우 (죽는 것이 말이야), 그렇게 되었다면, ------ ?

뜻하는 의미 =그럴리는 없겠지만 만약에 너로 하여금 일어나게 되면, (죽는 것이 말이다.
그러면 무엇을 일어나게 할 까요[일어나게 해야 하나요], 나로 하여금 취할 조치에 말이다?)

▭ shall=**사발생으로서 현생각** should=**사발생 정생각 (뒷것)**

: **If he should die tomorrow, then you would inherit everything.** [=If he died tomorrow 죽었을 경우]

시동=만약에 그로 하여금 발생했을 경우 --- 내일말이다. 그랬다면 -- 할 것 같다. 물려받는 것인데 --- .

vs If you die, whal shall/should I do? ↗하생각 하에서 말하는 것

▭ **의미원성립일 경우** -- 시동=만약에 <u>(혹시)</u> 죽게 되면/죽는 게 이루어지면(doubtful) -- **약한 전제**

▭ **래발생현재일 경우** -- 시동=전제없이 실제의미로 미래에 가서 그냥 만약에 죽게 되면

약한 전제의 의미원성립도 의미원성립에 포함되어 있으므로 **약한 하생각 전제**를 반드시 넣어 해석할 필요가 없다. 그리고, 약한 전제이기 때문에 직설의미와 뜻이 거의 같다.

B.. **If I <u>could</u> buy the car, I could fly to you.** -- **현재/미래 속에서 의미과성립**

시동=만약에 현재 가능했다면 -- 할 수 있을 것같다/할 수 있었는데

: **주절 could=정생각/(현재 속에서의 반대사실) 의미과성립**

/앞으로 가능했을 경우에는 -- 할 수 있을 것같다 : **주절 could=정생각**

C.. **If I <u>could</u> have bought the car, I could have flown to you.** -- **과거 속에서의 의미과성립**

시동=그때 할 수 있었다면 즉 가질 수 있었다면, 구매한 사실을 가질 수 있었다면, 그때 할수 있었을 텐데, 즉 가질 수 있었을 텐데, 날아간 사실을 가질수 있었을 텐데. **뒷 could=(과거 속에서의 반대사실) 의미과성립**

vs 의미과성립과 (정생각) 정과거는 다르다.

정과거는 과거형태를 빌어서 그냥 생각을 정하는 non-past **의미**이며, 실제의미로서 직설의미이다.

||||| .. **"<u>Should</u> you be interested in our offer, contact us."**

▭ should=**정과거 : 정생각으로 공손한 뜻**

: shall [**현조동사 생각의미**]에 생각을 가다듬는 의미[한번 더 생각하는 의미]가 들어가면 should로 바뀐다.

시동=일어나신다면 여러분들로 하여금 즉 관심을 갖는 것이 일어나신다면 우리의 제의에 말이다[내자 우리의 제의와 관련해서 말이다]. 그러면 --- .

＊in=내관으로서 관련해서 /내관 대상으로서 내자 -- (관련해서)

↳ ☞ vol 1 307

vs 하생각이 높을 수록 실현 가능성은 적고, 하생각 전제 뉘앙스는 더 강하다.

||||| .. **If he <u>misses [miss /missed]</u> the bus tomorrow, he wouldn't be here on time.**

▭ **현동사 시동**=(그냥 실제로) 놓치게 되면 /놓치는 게 내일 그때 현실적으로 이루어 지면

-- 직설은 하생각이 아니다 : 실제로 내일 발생할 경우를 의미함

▭ **의미원성립 시동**=(혹시) 놓치는 일이 이루지면/놓치게 되면 : 하생각으로서 내일 발생할 경우를 의미함

▭ **의미과성립 시동**=(혹시라도/그럴리는 없겠지만) 놓쳤을 경우 : 하생각으로서 내일 발생했을 경우를 의미함

※ if-의미원성립=보통 가능성 의미원성립
if-의미과성립=희박한 가능성/불가능/반대사실 의미과성립   cf]if-직설=실제경우

※ **하생각 (전제) 강도 : 의미과성립 〉 의미원성립**   ※ **실현 가능성 : 의미원성립 〉 의미과성립**

▭ misses=미끄려져 빠져나가 듯이 놓치는 것
[m: 미끄러지는 것 ss: 쏙 빠져 나가는 모습 s: singular 현재]

▭ miss=의미원성립 [miss + no 's' 원형 + under] (no 's' 원형=singular s가 없는 것)

▭ missed=의미과성립 [miss + (e)d: 과음가 or did + under]

addition-5

A.. If he were[was] here, he could help me.

시동=(지금) 있었다면 -- 할 수 있었는데[할 수 있을 것 같다] : could=의미과성립/정생각
뜻하는 의미=그럴리는 없겠지만 그래도 있다면 -- 할 수 있는데[할 수 있을 것같다]

B.. If I were[was] better qualified, I'd apply for the job. ↗would=의미과성립/정생각

시동=(지금) 되었다면 더 적합한 자격요건이 되었다면 -- (지금) 했을 텐데[할 수 있을 것 같다]
뜻하는 의미=혹시라도 (지금) 된다면 -- (지금) 할 텐데[할 수 있을 것 같다]

be동사의 의미과성립은 원래 인칭에 관계없이 were이다. 관습으로 굳어진 StE이다. 그래서 formal English가 된다. 하지만 초기에는 were만 의미과성립으로 쓰다가, 나중에 사람들이 실용성으로 was로 의미과성립을 시키게 되었다. ※ were=formal 의미과성립 ※ was=infml 의미과성립

따라서, **관습적 표현이거나 불가능한 경우, 접속사 대용으로 의미과성립**을 시킬 경우에는 was로 표현하지 않고, 원래 대로 표현해야 한다.

▭ **관습적 표현 :** **a.. If I were in your position, I'd accept his offer.**

b.. If it were not[weren't] for your help, we would still be homeless.

시동=만약에 그런 것이 없었다면, 즉 너의 도움이 없었다면
-- 되었을 텐데, 여전히 즉 집없는 거지 신세가 되었을 텐데
※ it=referring forward referent=for 이하

▭ **불가능한 경우 :**

a.. If I were the Queen of Sheba, you'd be king Solomon.

b.. If I were Jane, I'd walk out on him.

시동=만약에 내가 이었다면 -- 해버렸을 텐데[해버리겠다], 즉 걸어나가 버렸을 텐데[걸어 나가 버리는 것인데] 그 사람 곁을 말이다. ※ on=작동으로서 수행 -- 걸어 나가는 것을 수행하는 것으로서 버리는 것
※ 곁=문맥/상황/단어 associate 'd=would=의미과성립/정생각

tip)불가능한 것이든 희박한 가능성이든 의미과성립은 실현 가능성이 적은 것을 앞세워 더 강한 메시지를 전달한다.

▭ **접속사 대용 : 도치 의미과성립**

a.. Were it not for the fact that you helped me, I would still be homeless.

시동=있었지, 그런게 있었지 않았다면,
즉 그런 사실, 즉 네가 돕기를 나에게 한 사실이 있었지 않았다면 ----.

주의] Weren't it for ----. : incorrect

were만 앞으로 표현[in full]해야 한다. 의미과성립 의미는 과동사에게만 있기 때문이다.

b.. Were I better qualified, I'd apply for the job.

☺.. 이해는 (언어에 대한 basics를 알았디면) 최종적으로 단어의 최종적인 뜻인 감주로 이해한다.

addition-6 동사 가운데 가상[가정] 의미가 되는 단어는 원동사와 과동사, 과조동사 밖에 없다.
in short, 의미원성립, 의미과성립 밖에 없다.

현동사와 과분사에는 그런 의미가 전혀 없다. 현동사는 현재형으로서 그냥 직설하는 의미이고, 과분사는 event를 나타내는 의미이기 때문에 성립적인 생각을 할 수 없다. 우리는 한뇌로 had/have+pp를 뭉쳐서 하나의 동사로 취급하기때문에 마치 pp가 가정무드가 되는 것처럼 착각하게 된다.
단어 하나 하나의 뜻으로 이해하면 have **동사가 의미과성립 또는 의미원성립이 되는 것이다.**

IIIII .. **If it had been raining since Last July, -----.**
구문법 패턴식으로 암기한 사람들은 이런 표현을 만들 수 도 없고, 본 적도 없을 것을 것이다.
시동=만약에 날씨가 지금까지/현재에 가졌더라면, 있었던 것인데 쭉 비가 오고 있었던 것을 가졌더라면 이래로 지난 7월 이래로 말이다. 그랬더라면 ----- .
— 과현/현재 속에서의 의미과성립

: 과거 완료형이라고 해서 반드시 과거 속에서의 의미과성립이 되는 것은 아니다.
현재 완료의 have동사를 의미과성립시키면 과거 완료형이 된다.

IIIII .. **vs If it had been raining last year, -----. : 과거 속에서의 의미과성립**
시동=만약에 날씨가 그때 가졌더라면 있었던 것인데 쭉 비가 오고 있었던 것을 지난해에 말이다. 그랬더라면 ---- .

IIIII .. **vs If it have been raining until tomorrow, -----. : 미래 속에서의 의미원성립**
시동=만약 날씨가 가지게 되면, 오고 있는 것, 쭉 비가 오고 있는 것을 까지/도자 내일까지 말이다. 그러면 -- .
❖ been=있어 오고 있는 것으로서 오고 있는 것 -- **계속** event

IIIII .. **vs If it had been raining until tomorrow, -----. : 미래 속에서의 의미과성립**
시동=만약 날씨가 가졌을 경우, 오고 있는 것, 쭉 비가 오고 있는 것을 까지/도자 내일까지 가졌을 경우 --- .

addition-7

과분사와 과동사는 분명한 차이가 있다.
▭ pp=event [일어 났거나 일어나는 사실/사건/일] vs 과동사=단순한 동사서술의미 [실제과거/의미과성립]

그래서, **과분사**는 '-- 한 것/한 사실/한적이 있는 것/-- 를 해오고 있는 것/ 해왔던 것 -- 등' 으로 나타나고, **과동사**는 '했다 /했다면(했으면) /했더라면/했을 경우 -- 등' 으로 나타난다.

주의] 구문법에서는 have동사와 pp를 묶어 계속, 경험, 결과, 완료로 생각하고 있다.
단어 하나 하나의 뜻으로 have에서 소유로, pp에서 계속, 경험, 결과, 완료, 사실, 소재 event를 느껴라.
❖ **완료형 과분사=능동** event tip) event=능동 event /피동 event /자동 event
⇒ **피동** event=**상태** event /**동작** event /**피동동작**

addition-8

성립과거와 의미과성립은 다르다. 전자는 실제의미이고, 후자는 실제의미가 아니다.
즉 전자는 실제로 현재에 성립 되었거나 앞으로 실제로 성립시키는 의미이고, 후자는 실제의미를 마치 일어난 것처럼 한번 성립시켜 보는 의미로서 하생각이다.

☺.. 이해는 (언어에 대한 basics를 알았디면) 최종적으로 단어의 최종적인 뜻인 감주로 이해한다.

addition-9 하생각과 영뇌화법 :

간접전달시 : 의미과성립=그대로 의미원성립=그대로 or 래발생현재 or 의미과성립으로 전달
그려면 거짓말이 되지 않는다.

tip) if-의미과성립=현재/과거/미래 속에서도 가능 vs if-의미원성립=현재/미래 속에서만 가능

A.. He가 실제로 한 말 : "If I had a permit, I could get a job."

-- had=현재 속에서의 의미과성립

시동=(현재) 가졌다면 -- (현재에) 가능했을 텐데 (구하는 것인데 일자리를 말이다.)

들은 것을 직접전달 : "If I had a permit, I could get a job,"
he said /says /has[had] said /is[was] saying /would say.

시동=(라고) 말했어요/말을 해요 /가지고 있는데[가지고 있었는데] 말한 사실을 가지고 있다[있었다]
/하고 있는데[하고 있었는데] 말을 하고 있다[있었다] /한 것같은 데 말한 것 같다.

들은 것을 간접전달
: He said /has[had] said /was saying /would say that if he had a permit, he could get a job.

-- 일종의 동시점 하생각 시동=말했는데 그때 가졌다면 -- 그때 가능했을 텐데 하고 말이다.

or He says /is saying that if he had a permit, he could get a job.

-- had=(전달동사를 시간경과 대로 표현하지 않아) 여전히 현재 속에서의 의미과성립 : 실제말과 일치

B.. He가 실제로 한 말 : "If she had loved Tom, she wouldn't have left him."

-- had=과거 속에서의 의미과성립 (loved=event)

시동= (전에) 가졌더라면 (사랑한 사실을) -- 그랬다면 (전에) 하지 않았을 텐데 ---- .

들은 것을 직접전달 : "If she had loved Tom," he said /says /has[had] said /is[was] saying /would say,
"she wouldn't have left him."

들은 것을 간접전달 : He said /says /has[had] said /is[was] saying /would say that if she had loved Tom,
she wouldn't have left him.

-- 동시점 과거 속에서의 의미과성립 또는 (says/is의 경우) 과거 속에서의 의미과성립

시동= 말했는데 그때 가졌더라면 (사랑한 사실을) -- 그랬더라면 그때 하지 않았을 텐데하고 말이다.
/말에 의하면 가졌더라면 --- 그랬더라면 하지 않았을 텐데.

vs He가 나에게 실제로 한 말 : "If she come to my house, I will give it to her."

-- come=미래 속에서의 의미원성립 시동=(앞으로 혹시) 오는 것이 이루어 지면 --- .

들은 것을 직접전달 : He said /says /has[had] said /is[was] saying /would say to me,
"If she come to my house, I will give it to her."

들은 것을 간접전달 : He told[said to] /has[had] told /was telling /would tell me
that if she came to his house, he would give it to her.

-- 동시점 과거 속에서의 미래 의미과성립 : Subjunctive tense changes.

시동=말했는데 그때 앞으로 오는 것이 이루어 졌을[왔을] 경우에는 (그때는 하겠다고 말이다.)

or He tells /is telling me that if she come[came] to his house, he will give it to her.
-- 미래 속에서의 의미원성립 또는 미래 속에서의 의미과성립 : 하생각 강도만 다를뿐 전달결과는 같다.

or He told[said to] /has[had] told /was telling /would tell me that if she come to his house, he will give it to her. -- 전달동사를 시간경과 대로 과거로 표현하더라도 미래 속에서의 의미원성립이 여전히 현재에 유효하면 그대로 표현해도 좋다.

cf]비록 said 해도 현재에 유효할 경우 is/will 그대로 전달한다.
He said that he is hungry. : 현재에도 여전히 배가 고픈 경우 He said that he will come here.

or He told/tells[said/says to] /has[had] told /was telling /would tell me that if she comes to his house, he will give it to her. -- 래발생현재로 전달해도 거짓이 되지않는다.

tip) 간접전달시 : 래발생현재=그대로 or 의미원성립 or 의미과성립으로 전달

He가 실제로 한 말 : "If she catches the plane, she will be home by five."

-- catches=**래발생 현재** -- **실제의미로서 직설의미** 시동=그냥 잡아 탄다면/실제로 잡아 탄다면

들은 것을 직접전달 : **He said /says /has[had] said /is[was] saying /would say, "If she catches the plane, she will be home by five."**

들은 것을 간접전달 : **He said /says /has[had] said /is[was] saying /would say that if she caught/catch/catches the plane, she would/will be home by five.**
-- caught=동시점 과거 속에서의 미래 의미과성립 또는 (says/is의 경우) 미래 속에서의 의미과성립
(catch=미래 속에서의 의미원성립 catches=래발생현재)
시동=말했는 데 (그때) 앞으로 잡는 것이 이루어 졌을 경우 -- (그때) 할 것 같다고 말이다.

Plus] 기원문도 일종의 의미원성립 :

Mr. Rice가 **실제로** God에게 **한 말 : "God bless America!"**

-- bless=**현재/미래 속에서의 기원 의미원성립** 시동=(현재/앞으로) 축복이 있으시기를

들은 것을 직접전달 : **Mr. Rice said/prayed to God, "God bless America!"**
-- 기원에 맞게 전달동사를 선택하면 되고 전달동사를 상황에 맞게 다양하게 표현 가능
: prays /has[had] prayed /is[was] praying /would pray /says /has[had] said to -- etc.

들은 것을 간접전달 : **Mr. Rice said/prayed to God that God bless/blessed America.**
-- (현재/미래/과거 속에서의) 의미원성립 또는 의미과성립으로 전달 가능 그래도 거짓전달이 되지 않는다.
tip) if 없는 의미원성립은 현재/미래/과거 속에서도 가능하다 ☞ p46
시동=(현재/앞으로/과거 그때) 축복이 내려지면 좋을 텐데 하고 말이다.
(현재/앞으로/과거 그때) 축복이 내려졌으면[축복이 있었으면] 좋을 텐데 하고 말이다.
물론 여기서도 전달동사 다양하게 선택가능 : expressed the wish/has said to -- etc.

or Mr. Rice prayed /prays /has[had] prayed /is[was] praying /would pray to God that God might[may] bless America. — 기원 조동사를 써서 직설법으로 전달가능 : 특히 동시점 과거가 현재에 유효할 경우 may로 전달해도 좋다.
동시점 과거 might=그때 해주시기를[해달라고] (축복하는 것인데 미국을 말이다.) may=(현재 또는 앞으로) 해주시기를 --- .
might=마음으로 비는 것으로서 그때 해주시기를[해달라고] [m: mind h: 서서 비는 모습 ight>it>었: 과음가 or t>d: did 과생각]
may=마음으로 비는 것으로서 기원합니다/비옵니다 [m: mind y: 비는 모습] : **May you long live!**

☞.. 이해는 (언어에 대한 basics를 알았디면) 최종적으로 단어의 최종적인 뜻인 감주로 이해한다.

addition-10 문맥/상황 associate ⇒ 'if + 하생각/직설' 의미

— 종사[종속접속사]가 아닌 종맥

A.. **A step farther, and you would have fallen off the cliff.**

시동=한 발자국만 더 옮겼더라면, 그랬더라면 너는 했을 것이다[했을 텐데]. 즉 가졌을 것이다[가졌을 텐데]. 떨어진 사실을 그 절벽에서 말이다 : would=과생각/의미과성립

associate로 달리표현=If you took /had taken a step farther : 과거 속에서의 의미과성립

B.. **With luck, we'll be there in time.**

시동=있다면/동자 운이 있다면, 우리는 할 것이다. 도착하는 것인데 거기에 제때에 말이다.

associate로 달리표현=If we're /we be lucky

C.. **Without your help, we couldn't have done it.**

시동=없었더라면/무자 너의 도움이 없었더라면 -- 할 수 없었을 것이다[할 수 없었을 텐데]

associate로 달리표현=If you hadn't helped

시동=만약에/약자 너가 하지 못했다면, 즉 도와 주지 못했다면

associate로 달리표현=If it had not been for your help

시동=만약에/약자 그것이 없었다면, 된 사실, 즉 너의 도움이 된 사실이 없었다면

▭ it=referring forward ▭ referent=for 이하 ▭ for=해당사항으로서 즉

D.. **In different circumstances, I would have said yes.**

시동=속에 있었더라면. 즉//내자 다른 환경 속에 있었더라면, 나는 했을 것이다[했을 텐데]. 즉 가졌을 것이다[가졌을 텐데]. 말한 사실, yes라고 말한 사실을 말이다 /즉 말을 yes라고 말이다. ▭ have=과분사 안내로서 즉

associate로 달리표현=If circumstances had been different

시동=만약에/약자 환경이 가졌더라면 이었던 점, 즉 달랐던 점을 가졌더라면

E.. **A true friend would not say such a thing.**

시동=진실한 친구라면 하지 않을 것 같다[하지 않았을 텐데]. 말하는 것인데 그런 것을 말이다.

associate로 달리표현=If he were a true friend, he would not say such a thing.

시동=만약에/약자 그가 현재 이었다면, 즉 진실한 친구이었다면 ---. (would=정생각/의미과성립)

F.. **Together everyone achieves more.**

시동=함께 모이면, 모두가 함께 모이면 얻는 것도 더 많아 진다.

associate로 달리표현=If everyone gets together, they achieve more.

시동=만약/약자 모두가 하면 함께 하면 -- ⇒ 조건종맥과 그 실체로서 만약/약자

G.. **Given time, they'll probably agree.** cf] He was given a gift.

시동=주어지면, 시간이 주어지면 그들은 할 것 같다. 아마도 동의할 것 같다.

⇒ 관계과분사 영뇌의 실질 연결대상=they associate로 달리표현=If we give them time

vs Time given, they'll probably agree. ⇒ 관계과분사 영뇌의 실질 연결대상=time

H.. **To hear him talk, you'd think he was President.**

시동=대동 들을 수 있다면, 그가 말하는 것을 들을 수 있다면, 너도 하게 될 것 같다. 즉 생각하게 될것 같다. 그 사람이 였다는 것, 즉 대통령였다는 것으로 말이다. associate로 달리표현=If you can hear him talk

I.. **A man who had common sense would not do that.**

시동=사람, 즉 가진 사람이라면 상식을 가진 사람이라면 하지못할 것 같다. [짓]하는 것인데 그런 짓[것]을 말이다.

/ -- 가진 사람이었더라면 -- 하지 못했을 텐데 --- .

associate로 달리표현=A man, if he had common sense, would not do that. /A man with common sense would not do that.

↗But (it were not) for ↗과생각과 의미과성립을 완료형으로 표현 ⇒ 보다 더 구체적이고 분명한 메시지

J.. **But for my father's pension, we would starve.** : 반대부정 종맥과 그 실체

시동=하지만 없다면, 즉 나의 아버지의 연금이 없다면, 우리는 할 것같다. 굶어 죽을 것 같다.

/-- 없었다면, --- 연금이 없었다면 -- 했을 것이다[텐데], 즉 굶어 죽었을 것이다[텐데].

// 하지만/반부자(反不者), 즉[반부해자(反不該者)] 나의 아버지의 연금이 없다면/없었다면,

-- would=**정생각/과생각/의미과성립** ※ but=**반대사실로서 부정/제외** (conj. except that)

associate로 달리표현=**If we didn't have my father's pension /If it were not for my father's pension** 후자 시동=만약에/약자 그것이 오늘날 없었다면 즉 나의 아버지 연금이 없었다면

⇒ 오늘날=의미과성립의 단어 associate : 현재 속에서의 의미과성립

K.. **The car broke down. But for that we would have been in time.**

시동=하지만 없었더라면, 즉[반부해자] 그런 것이 없었더라면 우리는 했을 것을 것이다 [했을 텐데]. 즉 가졌을 것이다 [가졌을 텐데]. 도착한 사실을 제때에 말이다. ※ been=**있었던 것으로서 도착한 것**

associate로 달리표현=**If it hadn't been for that** /Without that

시동=만약에/약자 그것이 (그때) 없었더라면, 된 사실 즉 그렇게 된 사실이 없었더라면

cf] **He would have won easily, but he fell and broke his leg.** : 종속접속사/등위접속사

시동= 했을 것이다[했을 텐데]. 즉 승리를 쉽게 했을 것이다[했을 텐데]. ※ would=**과생각/(과거 속에서의) 의미과성립**

▭ 종맥 뇌로 작동시키면 : 하지만 않았더라면/반부자(反不者), 그가 넘어져 부르뜨리지 않았더라면

associate로 달리표현= --- , if he hadn't fallen and broken his leg.

▭ 등맥 뇌로 작동시키면 : 하지만 넘어져서 부르뜨렸지 뭐람

Plus] 콤머문맥 associate가 종속 접속사를 대신하는 표현

- You can see, ----. [=As you can see] **시동=**할 수 있듯이, 즉 볼 수 있듯이 cf] You see, =보시다시피
- You know, -----. [=As you know] **시동=**아시다시피
- Love me, love my dog. [=If you love me]

  시동=사랑하면, 나를 사랑하면, 사랑한다, 내 개에게도 말이다 ⇒ 아내가 귀여우면 처가집 말뚝보고 절한다는 말

"We've been standing here talking about how to pitch to the batter for way too long, haven't we?"

(A catcher and pitcher hold a conference on the mound, while the rest of the field is submerged in water.)

※ a catcher and pitcher

=**infml E** --두 사람 /한 사람: 여기서는 두 사람 표현이다.

⇒ a catcher and a pitcher=**formal E** --두 사람

⇒ **감주리딩**=Step backand see.

Big tip) 결국 영어는 감주영뇌, 즉 감주다. ↗ Step back and see. ↘빼컨 : **중앙감주**

- 소감주+단주, 소감주+소감주, 단주+소감주, 단주+단주, 단주+소감주+단주, — 등 : **근접감주**는 다양하다.
- 감주 크기 : 보통 2단어 〉3단어 〉4단어로 형성되나 **2단어 감주**가 가장 많다.

  ↘ Be one with innovation. ⇒ **감주리딩**=Beonewith innovation.

3. 현동사 영뇌[PRV NB]

해야할 일-- 원래 언어는 생활 속에서 뜻이 얻어진 것이다. 원어민들처럼 **현동사 말**을 배우려면 여러분들의 두뇌를 생활 속에서의 뜻으로 현동사 영뇌를 습관화시켜라. 특히 BEis, IS **영뇌로 습관화 시키되**, (생활 속에서의 뜻이 용해된) free **감주**로 습관화시킨다.

.. 생활 속에서의 뜻=외국인과 생활하면서 느껴지는 뜻이자 실제로 적용된 뜻(≠사전의 원형적인 뜻)

현동사 영뇌란 :
IS 두뇌로 주어를 현재범위에서의 설명으로 그냥 서술적으로 설명해 나가는 뇌
요컨데, 비연결설명어
또는 free 영뇌[infm E]로 먼저 말하는 뇌 : 기본어

---

vs 한뇌
=맨 나중에 말하는 뇌 : 근본적인 버그단어

□ **현동사 BNW**=현재범위/현재중심
∵ 모든 동사=현재중심으로 말하기 때문이다.

□ **현동사를 쉽게 표현하거나 이해하는 법 :**
우리말 '해요 /한다 /하고 있어요 /하도다 /(현재범위에서) 했어요' 에 해당하는 말이 현동사이다.

tip]현동사=본동사 의미가 들어 있기 때문에 현과미 속에 들어 갈 수 있고, 특히 본동사 의미가 들어 있기 때문에 현과미 속에서의 현재 또는 일설 현재가 된다.

예컨데, 발생현재로 현과 속에 들어갈 수 있고, 래발생현재로 미래 속에서 들어갈 수 있고, 설명현재로 현과미 속에 들어 갈 수 있다.
(⇐ 현동사=원동사 + singular 's'=본동사의미+현재의미)

□ **한국 사람들의 가장 큰 취약점 :**
영어 읽는 법을 모르고 있음 ⇒ 감각적 주파수
+ free 영뇌, 특히 free 감주에 약하다.
+ 한뇌로 이해, 즉 있는 그 위치에서 바로 무한글 의미를 느끼지 못함

+ 말[소리]자체/글자자체가 뜻이자 A상황인데 자꾸 해석하거나 이미지를 그려서 이해하려고 함 특히, 해음/해자 영뇌에 약함
+ 단어의 BNW를 느끼지 못함, 즉 단어의 본래의미로 이해하지 못하고, 뜻하는 의미로 이해하고 있다. 특히 어려운 표현은 숙어로 취급하고 있다.
+ 명사처럼 하나의 독립된 단어로서 기억하지 못하고 원형에서 뜻을 자꾸 가져옴. 원어민들처럼 IS영뇌를 쉽게 작동시키려면 그냥 하나의 단어로 취급하여 그 뜻 그대로 간직하고 있어야 한다.

+ 문자값으로만 이해하거나 기억하지 청구(聽口) 소리값으로 더 뇌화 되어 있지 않음
+ 문법적 예문으로만 취급하고, 말로 활용하는 것에 약함. 문법공부, 말공부가 따로 있는 게 아니다.

+ 전달 표현을 화법 전환식으로 공부하고 있음, 즉 단어의 뜻대로 표현하는 머리가 형성되어 있지 않다.
+ 타동사에 전치사를 표현하는 것에 약하다.
+ 설가뇌가 발달되어 있지 않음
특히 **영어는 감각적 주파수로 문맥이 보여야 함**

+ 단문보다 story뇌에 약하다.
+ 특히 infml E에 약하다
+ '하고 있어요' / '했어요' 에 약하다.
+ 영어주파수, 즉 vocal 감주에 약하다.
+ 감각적 주파수로 이해하는 데 약하다.
+ 생활 속에서의 뜻[소리]에 약함

※우리말 '하고 있어요'
=동일치 의미 /진행 의미 /일반적 의미 /(현재) 설명의미 /지속 의미
➧ '하고 있어요' 가 반드시 진행만 의미하는 것은 아니다. 주의하라.

우리말 '했어요'
=현재 범위에서 '했어요' /실제과거로서 '했어요'
➧ '했어요' 가 반드시 과거상황만 뜻하는 것은 아니다.

☞.. 영어에 대한 지식만 소유하지 말라. 언어를 소유하라. 그게 바로 "감주"다.

1) 현동사 영뇌[PRV NB]

IS 두뇌로 주어를 현재범위에서의 설명으로 그냥 서술적으로 설명해 나가는 뇌
요컨데, 비연결설명어
또는 free 영뇌[infml E]로 먼저 말하는 뇌 : 기본어

> **주어**=명사 /대명사 /동명사 /to부정사
> **현재범위에서의 설명으로 표현되는 현재**
> =동일치 현재, 발생현재, 래발생 현재, 일반적 현재, 설명현재, 소유현재, (상/동) 지속현재, 동질현재, — 등등

① 명사 주어를 설명해 나가는 뇌

IIIII.. Boiled potatoes /peel /easily. (or Boiled potatoes peel /easily.)

영뇌=기-->설-->설′ : BEis-Os

or I + I + I : I-Os or S + S + S : S-Os

How to Read[Speak]=Boiledpotatoes peeleasily.

: BEis/IS, 즉 설가뇌와 자동설가뇌로 되어 있는 것을 감각적 주파수로 이해한다.

시동= vocal 감각적 주파수로 ↗**그러면 영어말투가 형성되고 영어말투에 익숙해진다.**

(BEis/IS 영뇌가 될 때까지) F3+E2 강하게 말하기

⇒ 여기서 현동사=일반적 현재/일반적 설명현재 | Free 감주 간직하기

: 삶은 감자의 일반적 현상 -- 그래서, 현재 벗겨지는 현상이 발생하지 않아도 peel 표현 가능

Ekbe 시동목적=(순서대로 무한글 이해 느낌인)
영어자체로 느낌을 갖거나
감주로 이해느낌을 갖기 위한 것

(퍼**테**이토우즈=cramp F + small slide F : 복수 sign s음가=(단수동사 s와 같이) 유성음 매치는 z로, 무성음 매치는 s로 낸다.

모음 유성음매치: churches=**쳐**-취즈 noses=**노**우지즈 dishes=**디**쉬즈 : sh음을 기준으로 하는 것이 아니라 마지막 e음을 기준으로 함)

☞.. **我必 Free 감주 간직하기**=Peel easily.

시동=삶은 감자는 벗겨지는 데 쉽게 벗겨진다.

↗주의]영뇌 상급자가 되면 IS로부터 해석이 나오지 해석으로부터 IS가 나오지 않는다.

small tip)통역[해석]은 감주로 먼저 이해가 된 후 일어나는 부산물이다. 이해의 근본방법이 아니다.

시동 종류=원애시동 /vocal음 /Free 영뇌 /F3+E2 /일상적인 생활 /Ekbe /†SIUM 말하기 /무한글 /BNW or 비한글 BNW /BAM /BEis 영뇌[=IS 설가뇌] /G토씨 /connotation /영뇌 기본자세 /패턴 /associate

영뇌시동

말=PEEl=spiral 점형 주파수 ee=e-: **알파벳 음가**

peel=펄럭 떨어져 나가는 것으로서 벗겨지는 일반적 현상

[p: **펄럭이듯이 떨어져 나가는 모습** + no 'd' **일반적 현재/일반적 설명**]

no 'd' 현재=did/done의 d가 없는 것으로서 현재

potatoes=potato + e: 조율음 s: 일반적 복수/대표복수 -- 여기서는 여러 개의 감자가 아니다.

potato=배와 같은 주렁주렁 달린 뿌리 열매로서 감자 [p: pear t: root t: root]

: **a.. Nine people are /reported /wounded.**

영뇌=기→ 설→ 설′ : BEis-Os **시동**=(에게/이) 있다. 보도 된 것인데 부상을 당한 것으로 말이다.

b.. The two Indians are /cross-legged /on the floor.

영뇌=기→ 설→ 설′ : BEis-Os **시동**=있는 데 다리를 꼬고서, 상소, 마루 상소에서 말이다.

tip) (역순) 해석뇌 발동의 근본원인은 바로 IS 영뇌가 작동하지 않거나 영어 본래의미를 모르기 때문이다.

↘영어 본래의미=단어 본래의미: BNW와 BAM(bnw/im-BAM)(+설가뇌 의미(Ekbe))

☞.. 시동으로 (영어) 글자/말 자체에서 뜻이 보이거나 상황이 (머리 속에서) 보이면 된다 : IS 영뇌

② 대명사 주어를 설명해 나가는 뇌

IIIII.. We /get /a lump sum.

영뇌=기-->설-->설′ : BEis-Os or I + I + I : I-Os or S + S + S : S-Os

How to Read[Speak]= Wegeta lumpsum.

: BEis/IS, 즉 설가뇌와 자동설가뇌로 이해되는 것을 감각적 주파수로 이해한다.

시동= vocal 감각적 주파수로 (BEis/IS 영뇌가 될 때까지) F3+E2 강하게 말하기

→ 현동사=일반적 현재[일반적 설명현재]/발생현재

(위-게터/위-게러=line 점형 F + slide F : 비단타와 단타 러ㅁ써ㅁ/러ㅁ프써ㅁ=post점형 F + post점형 F /slide F + post점형 F=check mark F

: 자음과 자음 사이 p폐쇄와 비폐쇄와 s된소리화 Wegeta lumpsum=We·geta lump·sum=감주+감주]

↳장단감주 ↳장감주

☞.. **我必 Free 감주 간직하기**=Get lump sum.

시동=우리는 받아요, 한목에 말이다. /우리는 (방금) 받았어요, 한목에 말이다. | Free 감주 간직하기

이때 '받았어요' =현재 범위에서의 발생현재 ※ lump sum 일시불/한목 ※ lump payment 일괄지불

말=GEt=게ㅌ/게ㅌ=post점형/slide 주파수 ㅌ=극저음 e=e: **철자음가**

get=움직여 취하는 것으로서 받는 일반적 현재/일반적 설명현재/발생현재 -- 받는다/받았어요

[g>go: move + t: take + no 'd' **일반적 현재/일반적 설명현재/발생현재**]

: a.. **This is /clogged with /traffic.** [=This clogged ---. : infml E]

영뇌=기→ 설→ 설′ : BEis-Os | Free 감주+我必 Free 감주 간직하기

시동=이곳은 있는데 꽉 막혀 있다. 교통으로 말이다. ※ with=동존으로서 상존, 상존으로서 '있다' : **동존상존**

b.. **She is /pressing /his suit.** | Free 감주+我必 Free 감주 간직하기

영뇌=기→ 설→ 설′ : BEis-Os 시동=있는 데 눌러 다림질 하고 있다. 자기 양복을 말이다.

진행형 be동사의 IS영뇌 쉽게 작동시키는 법

is=발생[행위] 존재로서 있다 --- 보니까 무언가 하고 있더라는 것이다. 이런 것을 보고 is를 던지는 것이다. 여기서 is할 때 '있다' 라고 **해석 한글**로 이해하지 않고, 바로 발생[행위] 존재 느낌만 있어도 이해가 된다. 이것이 바로 **비한글** BNW **시동**이다.

③ 동명사 주어를 설명해 나가는 뇌 ↗ ☞.. **major 감주=** Slow cooking --- tough meat tender. [!]

IIIII.. Slow cooking /makes /tough meat /tender. [!]

영뇌=기→ 설→ 설′→ 설″ : BEis-Os

or I + I + I + I : I-Os or S + S + S + S : S-Os

How to Read[Speak]=Slowcooking makestough meattender.

: BEis/IS로 되어 있는 것을 감각적 주파수로 이해한다.

시동= vocal 감각적 주파수로

(자동 설가가 될 때까지) F3+E2 강하게 말하기

→ 여기서 현동사=일반적 현재[일반적 설명현재] /발생 현재 /동일치 현재[!]

☞.. **我必 Free 감주 간직하기**=Cooking makes meat tender. | Free 감주 간직하기

시동=요리하면 생기는 일반적 현상 또는 그런 현상에 대한 설명 -- 만들어 진다.

/방금 발생한 것을 보고 말했을 경우 -- 만들어 졌어요.

/발생하는 것을 보면서 바로 일치시켜 말할 경우 -- 만들어져요!

즉 천천히 cooking하면 만들어져요, 질긴 고기도 부드럽게 말이다.

/천천히 cooking하니까 만들어 졌어요, 질긴 고기가 --- . /천천히 cooking하니까 만들어져요! --- !

= 원어민처럼 말할 수 있는 원천기술이 감주다 =

말=MAkes=MEiks=slide 주파수 a=ei: **알파벳음가** 크스=무성음 매치
makes=만드는 것으로서 일반적 현재[일반적 설명현재] /발생현재 /동일치현재
-- makes를 하나의 독립된 단어로 취급하여 바로 이대로 뜻을 간직하라. 원형에서 가져오는 버릇을 삭제하라. 그러면 바로 바로 써 먹을 수 있다.
[m: 만드는 것 + (s: singular 현재) + no 'd' **일반적 현재[일반적 설명현재] /발생현재 /동일치현재**]

④ to 부정사 주어를 설명해 나가는 뇌

IIIII.. To give up /the job /is stupid. (or To /give up the job /is stupid. : 부정 전치사 주어)

영뇌=기→ 설/설 (or 기→ 설/설 / 기→ 설→ 설') : BEis-Os
or I + I + I : I-Os or S + S + S : S-Os

How to Read[Speak]=Togive·upthe jobis·stupid.
: BEis/IS로 이해되는 것을 감각적 주파수로 이해한다. **more)** `up the **free 감주**=손드는데 그것에 손드는 것
시동= vocal 감각적 주파수로 (자동 설가가 될 때까지) `job is **free 감주**=job에게 그렇게 하는 것은 인데
F3+E2 강하게 말하기 → **여기서 현동사=현재 동질[동질연결]**

我必 Free 감주 간직하기=To give up is stupid. | Free 감주 간직하기
시동=대동 주어 버리고 손을 드는 것은 [일어나면] the job에게 말이다. 그러면 그런 것은 어리석은 짓이에요.
/대동 주어 버리고 손을 들면 the job에게 손을 들면 되는 데 어리석은 짓이 됩니다.
비한글 BNW 시동=is할 때 바로 동질 또는 동질연결로 느낀다. 굳이 '그런 것은' / '되는 데' 로 이해할 필요가 없다.

말=Is=slide 주파수 i=i: 철자 음가 s=z: **유성음가**
is= '이다/equal' 로서 동질/동질연결 [i: **이다** or i>e: equal + no 'd' **현재동질 / 현재동질연결**]

※ give up=(다) 주어버리고 손드는[일어서는] 것[주는 것을 똑바로/완전히 하는 것]으로서 포기하는 것/버리는 것/단념하는 것/항복하는 것/양보하는 것-- 등등 [g: 주는 것 up: 손들고 일어서는 것/똑바로(로서 완전히)]
vs give in=주고 들어가는 것[숨는 것]으로서 포기[굴복]하는 것
Sony Pictures : "We have not caved. We have not given in. And we have not back down."

⑤ free 영뇌[infml E]로 먼저 말하는 뇌 : 기본어 (infml E도 일종의 Free 영뇌)

Date Maker : Lonesome female, 40, seeking middle-aged man. Enjoy(s) travel, cooking. Enjoy(s) /travel, /cooking.
영뇌=기→ 설/설 : BEis-Os or I + I + I : I-Os or S + S + S : S-Os

How to Read[Speak]=Enjoy(s)travel, cooking. : 먼저 감각적 주파수로 이해한다.
→ **현동사=일반적 현재[일반적 설명현재]**
-- **일반적인 자기 취미 또는 그러한 것에 대한 설명** : 원동사 영뇌가 아니다.

我必 Free 감주 간직하기=Female seeking middle-aged man.
시동=즐겨요, 여행과 요리를 즐겨요. [date maker/female=(관사) 전제 infml seeking=(be동사) 전제 infml] | **Free 감주 간직하기**
※ Enjoy(s) =**(주어) 전제** infml E -- I **또는** He : 데이트 구애자 자신 입장 [I] 또는 표현자 입장에서 그 사람 [He] 전제로 두뇌를 작동시킨다. 특히 **현동사** free **영뇌와 명령 원동사**는 구별되어 야 한다 : Yes! Begin with small stuffs. This is life! 시작하는 거야[시작하라], 가지고서[하면서] 작은 것을 가지고[하면서] 말이다.
with=동존소유/동존처리 stuff=채워 넣는 물건으로서 재료, 원료, 물건 -- 등등 [t: thing f: fill]

tip) 일반적으로 short하게 말하면 free **영뇌**[infml E]가 되고, full로 말하면 StE[formal E/WrE]가 된다.
그래서, 대개 각종 시험영어, 특히 IELTS, TOEFL의 말하기와 쓰기는 full로 표현한다.

a.. Vaseline: The original, 100% Pure, Heals Dryness. ⇒ StE: It heals Dryness. Vaseline=약품명
b.. Catches fire! ⇒ StE: Her dress catches fire! c.. Barks loudly! ⇒ StE: The dog barks loudly!
d.. Widows most wives. ⇒ StE: The war widows most wives.
e.. Taste horribe? (동주) 전제 infml E ⇒ StE: Does the tobacco taste horrible?
f.. Am a flower addict, too. ⇒ StE: I am -- . Is all. ⇒ StE: That's all. : 다 말하고 이렇게 말하면 된다.
시동=인데 이상이다. (all=전부로서 '이상' 이다는 말)
: Is your paper. Is fantastic. Is not there. 시동=인데 너의 신문입니다/인데 정말로 좋은 것이다/없어요, 거기에는 말이다. ※ fantastic=생활 infml E 원래 뜻=adj. 환상적인 것

caution] free 영뇌는 일반적으로 SpE(뉴스, 드라마, 쇼, 대화), 리플, 알림, 광고,— 등에서 많이 표현한다.

enjoy=기쁨을 누리는 것으로서 일반적으로 즐기는 것 또는 그러한 것에 대한 설명
[en>in: 하는 것으로서 누리는 것 joy: 기쁨 no 'd' 일반적 현재/일반적 설명현재]
catches=동일치로서 붙잡는 것으로서 붙어 버렸어요
[catch: 붙잡는 것 + e: 조율음 + singular 's' 동일치 현재]
vs He catches a cold. : 발생현재[과거/현재 상황에 대한 설명현재]
➾ 붙잡거나 붙잡고 있는 것으로서 걸렸어요/걸려 있어요
catch=붙잡는 것[붙잡고 있는 것]을 취하는 것으로서 붙잡는 것[붙잡고 있는 것]
[ca: cap 모자 같은 채로 붙잡거나 붙잡고 있는 것 t: take + no 's' 원형 자체의미]

Plus] 특수동사 물음영뇌 — 먼저 묻는 뇌로 작동시킨다.

a.. Is this a gas station nearby? Why are you here? Who am I?
시동=인가, 이곳이 주유소, 근처 주유소 인가?
/이유가 뭐지 너가 여기에 있는 이유말이야[다]? /누구이지 내가 말이다?

b.. This is the bus to the mall, isn't it? I'm late, aren't I. (전자=확인태그 후자=인정태그)
시동=이 차는 이지요, 버스 , 대처 몰로 가는 버스이지요, 안 그런가, 그 버스가 말이야?
/나는 늦었지요, 안그렇다고 말할 수 없지[아니다고 말할 수 없지요 /아니다고 우겨댈 수 없지요], 내가 말이야.

단, have동사=특수동사(BrE) or 일반동사(AmE) -- 일반동사 일때=묻는 말로 do 조동사를 사용
Have you anything else? Has she a car? vs Do you have anything else? Does she have a car?
시동=가지고 있는 가, 너는 어떤 것도 그밖에 말이다? /가지고 있는 가, 그 여자가 자동차를 말이다?
vs 그런가, 즉 너는 가지고 있는 가, 어떤 것도 그밖에 말이다? /그런가, 즉 그 여자가 가지고 있는 가, 자동차를 말이야? *aren't I.=생활 infml E ain't I.=slang am I not?=formal E : tag 표현

live 실전 현동사 영뇌 —— 종로에서 뺨맞고 한강 가서 눈 흘긴다! **Go home and kick the dog!**

L- 1 .. New President John F. Kennedy and outgoing President Dwight D. Eisenhower greet poet Robert Frost on Inauguration Day, January 20, as Vice President Lyndon B. Johnson looks on.
: Newspaper Photo Caption -- 먼저 감각적 주파수로 이해한다. 어느 부분을 보더라도 감주로 이해되어야 한다.
greet/looks=현동사 영뇌로서 (현재상황에 대한) 설명현재 --> 설명 일반현분사 영뇌 가능: are greeting/is looking
outgoing=일반현분사 영뇌로서 앞으로 진행[실시]의미 as=등위접속사 영뇌로서 동시에/아울러 → 등맥

시동=새 대통령 John F 케네디와 떠나는 대통령 Dwight D 아이젠 하우어 대통령은 영접하고 있어요, 시인 Robert Frost를 상자[상일에] 취임일 [상일]에, 즉 1월 20일 [상일]에 말이다. 아울러 부통령 Lyndon B 존슨은 쳐다고 보고 있어요, 그들 위를 말이다. ※ 그들=on associate → 전치사 associate | Free 감주+我必 Free 감주 간직하기

L- 2 .. They said 'Pollock' is rated R for profanity and abuse. — **먼저 감주로 쭉 보아 나간다.**

is=현동사 영뇌로서 설명현재　for=해당이유와 그 대상　| Free 감주+我必 Free 감주 간직하기

: The landlord complained because his tenant keeps fifteen cats.

시동=그들은[사람들은] 말했어요, Pollock이란 영화는 되어 있다고, 등급 R로 되어 있다고 말이다. 그 이유는/해자 불경스런 점과 학대성[가학성] 때문이다. ❖ 영화='Pollock' associate　rated=일반과분사 영뇌로서 설명 피동의미

tag questions과 | 종류 — 누워서 떡먹기! **It's a piece of cake!**

▭ tag questions ═ a. confirmation tag　b. agreement tag　c. aggressive tag　d. echo tag
e. **명령** tag ☞ 조동사 영뇌편 〉p154

※ confirmation tag[확인태그]　/agreement tag[인정/동감/동의 태그 : 추가 ☞ p404]

═ 앞이 positive이면 negative tag로, 앞이 negative이면 positive tag로, 즉 반대방향으로 확인하거나 인정하거나 동감/동의를 구하면 된다.　**cf]** ok tag : 일종의 confirmation tag　: "I teach you, ok?, friend, friend, ---."　시동=가르쳐 주마, ok? friend, friend이라고 말해봐.

※ aggressive tag[공격적 태그]

= 협박하거나 공격적 감정을 나타내야 하기 때문에 같은 방향으로 태그 표현을 한다. 즉 앞이 positive이면 positive tag로, 앞이 negative이면 negative tag로 겁을 주면 된다.

: So he won't pay the bill, won't he?

시동=그래, 그 놈이 하지 않겠다고, 지불을 그 계산서 지불을 정말로 하지 않겠단말이지,그 놈이 말이야?

↗ ∵ 묻는 말=일반적으로 축약형 : Don't you come?　vs　Do you not come? : 강조/공식적 표현

※ tag표현=일반적으로 부정일 경우 **축약형**[contracted form]을 써야 하며, 대명사는 인칭대명사로 표현한다. 대명사를 대신하는 말은 인칭대명사이기 때문이다 ··· it/they/he/she=삼인칭대명사　I/you=일인칭/이인칭대명사

: This is cheap, isn't it?　cf] That's not so easy as it looks.

시동=그건 아닌데, 그렇게 쉬운 것이 아니야, 즉 그것이 보이는 것처럼 말이다.

amn't라는 단어가 없기 때문에 **생활** infml E로 일인칭일 때도 aren't를 **많이 쓴다**. 만약「---, ain't I.」로 표현하면 slang이 된다. 축약형으로 써지 않고「---, am I not?」로 표현하면 formal E가 된다.
※ ain't=am not/is not/are not/has not/have not　tip)**비축약**=emphatic **또는** formal E　**축약**=general E

※ **확인할 때는 어떤 내용을 확인할 것인 지 잘 살펴 보아야 한다.**

IIIII .. I think he has (got) much savvy, hasn't he?　: confirmation tag

⇒ 나의 생각을 확인하는 것이 아니라, 그 사람이 가지고 있는 실질적인 이해력 또는 지식을 확인하는 것이다.

시동=내 생각엔 --가지고 있는 것같다/(가지고 있는 것 같다. 획득한 것인데), -- , 안 그런가, 그가 말이야?

※ agreement tag는 full stop을 **찍어야 그 뉘앙스를 살릴 수 있다. 그래서 원서는** period로 **찍고 있다.**

A : You're tired, aren't you.　B : Tired? What makes you think I'm tired? ↘동감으로 말하니 tone이 내려감

시동=너는 피로하지[넌 피로한 것 맞지], 안 그렇다고 (말) 할 수 없지, 당신은 말이야. ＊맞지=**문맥/상황** associate

tip)tone에 따라 의미가 달라지는 경우 : vol 1 p116

※ echo tag[반응 태그]는 aggressive tag처럼 같은 방향으로 반응을 보이는 태그이다.　Worker A : He hasn't resigned.　Worker B : Hasn't he?

시동=그는 안했어요, 사직을 아직도 말이다 : 안했단 말이지 그 사람이 아직도?
/그는 아직도 가지고 있지 않다. 사직한 사실을 말이다 : 아직도 가지고 있지 않단 말이지, 그 사람이 말이야?

이해는 (언어에 대한 basics를 알았다면) 최종적으로 단어의 최종적인 뜻인 감주로 이해한다.

2) 현동사 영뇌의 종류

□ **현동사 영뇌** — (영어에 대한 기초지식을 알았다면) 생활 속에서의 뜻으로 모두 我必 Free 감주로 간직하라.

a.. 현재범위에서 동일치로 말하는 것 : **동일치 현재** ↗ 전자의 경우=과동사 영뇌, 중자의 경우=현재 진행형도 가능
b.. 현재범위에서 발생했거나 현재에 발생하고 있거나 발생하는 것을 말하는 것 : **발생현재**
c.. 앞으로 발생할 것을 현재중심에서 말하는 것 (이때 will 영뇌도 가능함) : **래발생 현재**
d.. 일반적으로 발생하는 것을 현재중심에서 말하는 것 : **일반적 현재**
e.. 현재중심 또는 현재범위에서 모든 상황에 대해 설명해 주는 식으로 말하는 것 : **설명현재**
f.. 현재중심에서 상태[동질/존재/발생존재/행위존재] 현재, 동질발생[동질변화] 현재로 말하는 것
g.. 현재중심에서 소유현재, (상/동) 지속현재 — 등으로 말하는 것

표현되어쓸 때의 의미 / 이런 의미들이 느껴져야 영어승자감을 탈[유지할/이으로 이해할] 수 있다.

그래서, 현동사의 BNW=현재범위/현재중심 ∵ 모든 동사=현재중심, 즉 말하는 시점중심으로 말하기 때문이다.

tip)**현동사와 원동사[to부정사/관계현분사] 관계**=발생현재는 현재 속에서의 발생 본동사의미로, 래발생현재는 미래 속에서의 본동사의미로, 일반적 현재는 일반적 본동사의미로, 설명현재는 설명 본동사의미로 나타난다.
현동사 판단=단수동사 's' 가 있거나 did, done의 'd' 가 없으면 현동사이다. 단, send의 d는 do의 d이다.

① **동일치 현재 —** 현재범위에서 현재상황과 동일치시켜 말하거나 과거상황을 현재범위로 당겨서 동일치시켜 말하는 것
□ 전자=현재 동일치 : 순간 동일치[완전 동일치]와 진행 동일치 □ 후자=역사적 동일치
tip)동일치 현재도 동일치 상황에 대한 설명으로 **동일치 설명현재** 가능

동일치 현재 효과와 비효과 순간 동일치와 역사적 동일치는 긴박감, 박진감, 생생한 효과, 강조효과가 발생하지만, 진행 동일치는 그냥 그 시점 진행일치 느낌만 발생한다. 그래서 순간 동일치는 중계방송시 많이 활용된다.

A.. The specter vanishes! Someone watches me! He is on the rock! At last he reads!
시동=사라져요! [사라지고 있어요!] /주시해요! [주시하고 있어요!] /있어요! /읽었어요!
순간 동일치 -- 순간적으로 일어나고 있는 상황과 (동사) 말을 일치 시키는 것, 즉 **순간적인 상황에 말을 일치시키는 것** [vanish 사라지는 것 + e: 조율음 + singular 's' **순간동일치 현재**]
[watch 주시하는 것 + e: 조율음 + singular 's' **순간동일치 현재**]

B.. Caesar crosses the Rubicon! Daddy comes here! 시동=건너요! [건너가고 있어요!] /오고 있어요!
과거상황 현재 동일치 -- 과거 상황을 현재 범위로 당겨 일치시키는 것, 마치 현재에 일어나고 있는 것과 같다.
이런 현재를 특히 **역사적 동일치 현재**라 한다. ＊Daddy= '죽은 아빠' 를 두고 한 말
[cross 건너가는 것 + e: 조율음 + singular 's' **역사적 동일치 현재**]

주의]우리말 '하고 있어요'=동일치 의미 /진행 의미 /일반적 의미 /(현재) 설명의미 /지속의미
➾ '하고 있어요' 가 반드시 진행만 의미하는 것은 아니다.

C.. He is reading. 시동=그는 (하고) 있다. 즉 reading하고 있다. /있는 데, reading하고 있다.
발생[행위] 존재로서 진행 동일치
-- 이 때 '있다' 는 보니까 바로 '무언가 하고 있다' 는 것으로서 발생[행위] 존재로서 (현재범위에 있는) 진행 동일치상황이다. 즉, 딱 보니까 무언가 하고 있는 데 상세히 들여다 보니 reading하고 있더라는 것이다. 그래서, 현분사는 be동사의 구체적인 내용으로 동일치 진행이 되고, 이런 현분사를 **동일치 진행[즉 시점진행]**이라 한다.
따라서, **동일치 진행의미는 be동사에서 먼저 개략적으로 느껴져야 하고, S영뇌**로 이해시 He is할 때 개략적으로 그 사람이 '있는 상황' 부터 먼저 보여야 한다. be동사의 진행 동일치는 표현자가 순간상황과 순간일치를 시키는 것이 아니라, 먼저 보이는

개략적인 진행 상황과 동일치시키는 것이다. 그래서 느낌표도 붙이지 않고 일반현동사의 순간일치처럼 긴박감이 없다.
[i: 있다 + s: singular 's' **진행 동일치현재**]

□ **be동사**=상동사/동동사/동질동사 ⇒ 일반현분사와 의율=동동사/동질동사 □ **우리말 '가/는/은'** =주격조사 /동질의미[동질연결의미]

□ **동일치현재**=순간 동일치현재 /진행 동일치현재 /역사적 동일치현재 **tip)현재도 현과미 속에서의 현재, 일설현재로 이해하면 IS 영뇌 쉽게 작동**

② 발생현재 :

현재범위에서 발생했거나 현재에 발생하고 있거나 현재에 발생하는 것을 말한다.
하지만 발생했기 때문에 과동사로, 발생하고 있기 때문에 현재진행형으로 표현해도 좋다. 이때 과동사 표현을 **현재범위 과거**라 한다. **tip)과거상황 표현 방법**=과동사 /원동사 /⁺현동사 /과분사 /관계현분사 /조동사 /동명사

A.. **Unionists use force.** [=using : **발생현재 진행의미** free **영뇌** ☞p305]
[use 사용하는 것 + no 'd' **발생현재**]
현재범위에서 이미 동이 발생한 것을 보고 동사를 던지는 것, 즉 무력을 사용한 것을 보고 말을 하니 말하는 시점을 기준으로 하면 과거로 표현해야 하나, **현재로 표현하는 것은 현재범위에서 발생한 것이라고 알리기 위해서이다.**
즉 그런게 현재에 있었다고 알리기 위함이다. 현장감과 박진감이 넘친다. 그래서, 신문 Headline은 이럴 경우 보통 현동사 영뇌를 작동시킨다. ↳신문기자는 발생현재를 선호하지만 앵커는 (저녁 뉴스 시작시) 일반현분사 영뇌를 더 선호한다.

use=현재 범위에서 발생한 것에 중점 used=이미 발생한 것에 중점
using=현재 범위에서 진행되었음을 알리는데 중점 ⇒ **표현에 따라 각각 IS 영뇌가 달라진다.**

이런 경우 발생현재는 대개 **'--했어요/했다'** (**과거형 현재상황**)로 번역하는 경우가 많은 데 **동동사일 때** 많이 발생한다.
시동=노조원들은 사용했어요[사용하도다], 무력을 말이다.

vs **현재완료 뇌 작동** --- have used
=이미 일어난 상황[기의미성립 event]을 현재에 분명히 보유[소유]하고 있음을 알리기 위한 표현,
그래서 그가 현재 죽은 것을 두고 'He dies.' 'He died.' 'He has died.' 로 두뇌를 작동시킬 수 있다.
전자=현재발생에 중점 중자=발생한 것에 중점 말자=발생한 것에 대한 현재소유에 중점 : event 소유
↳(단순한 동사서술의미) **보다 더 구체적이고 분명한 메시지**

발생 현재는 발생이 방금이 아니더라도 좋다. **현재 범위가 방금 또는 하루로 꼭 정해진 것은 아니다.**
이틀 전에 죽었어도 조문하러 가는 도중에 스마트 폰으로 'He dies.' 로 날려 보낼 수 있다.
이것은 현재에 죽었다고 알리기 위해서 died 대신 dies로 뇌를 작동시킨 것이다.

B.. **We[They] accept your offer.** C.. **He wants this.** [accept/wants + no 'd' **발생현재**/singular 's' **발생현재**]
현재범위에서 마음이 발생한 것을 보고 표현한 것, 즉 엄밀히 말하면 마음이 먼저 결정된 후 동사를 던지는 것이다.
그래서 현동사 형태이자만 현재범위의 것으로 '-- 했어요/했다' 로 해석한다.
하지만 **상동사일 경우** 번역은 대개, '-해요/한다' 이다. 여기서는 **신문 headline처럼 생동감은 없다.** 특히 이럴 경우 대화시 현재범위의 것으로 accepted, wanted로 표현해도 좋다. 그래서, 똑 같은 상황을 두고 접근하는 방법에 따라, 현동사 영뇌로 작동시키는 사람이 있는 가 하면, 과동사 영뇌로 작동시키는 사람이 있다.

시동=우리는 받아 들인다[그들은 받아 들이었다] /원해요[원했어요]. --- .

D.. **As she <u>exits</u> the race, Elizabeth Warren <u>faces</u> an endorsement dilemma.**
-- 박진감없는 그냥 발생현재로서 **전자=동동사 후자=상동사**
시동=동자 그 여자가 <u>빠져나왔기</u> 때문에 -- , 즉 Elizabeth Warren는 <u>직면하고 있다</u>.

E.. ❶ **He drives a bus.** -- 지금 운전하고 있는 모습을 보고 표현했다면 현재에 발생하고 있는 것으로서 **발생현재**다.
시동=그는 운전하고 있어요. 버스를 말이다.[=He is driving a bus.]
만약 직업이 버스기사라면 지금 집에 있어도 이런 표현은 가능하다 : **일반적 현재**
시동=그는 운전하는 사람이에요. 버스를 말이다.

❷ She tosses a salad. [=She is tossing a salad.] -- 지금 샐러드를 만들고 있는 모습을 보고 표현했다면 역시 현재에 발생하고 있는 것을 말하는 **발생현재**이다. 물론 설명현재로 이해해도 좋다.

시동=그여자는 섞고 있어요.

표현의 자유

지금 막 잔이 손에서 빠져나가 깨어졌다. 이런 상황을 보고 **바로 즉시** 발생현재 또는 동일치 현재로 표현할 수 있다. 전자는 시차를 약간 느끼고, 후자는 시차를 zero로 느낀다.

"The glass is broken!"

[i ﹥ ⊢· : 동질변화/동질발생 + s: singular 's' **발생현재/동일치현재**]

시동=잔이 되었어요! 즉 깨어졌어요! ➾ is=동질변화로서 동동사

/잔에게 생겼어요! 깨어진 일이 말이다! ➾ is= 동질발생으로서 동동사

⇒ **또한 시차대로 표현하면 was도 가능** : 현재범위 과거로서 **성립과거**

be동사의 세 가지 IS영뇌 be동사가 반드시 **상동사**만 되는 것이 아님에 유의하라. 특히 과분사/현분사로 설명해 나갈 때 유의하라. be동사는 동동사, 상동사, 동질동사로 IS가 작동한다. 대부분의 한국사람들은 상동사로만 알고 있다는 데 문제가 있다.

③ 래발생 현재 — 미래 속에 들어 갈 수 있는 현재

A.. After that, the 20/20 continues.

[continue 계속하는 것 + singular 's' 래발생현재] 시동= -- 계속된다.

B.. We get a lump sum next month.

[get 받는 것 + no 'd' 래발생현재] 시동= -- 받는 데 한목으로 다음 달에 말이다.

앞으로 발생할 것을 현재중심으로 말하는 것이 현동사의 **래발생 현재**이다.

이럴 때는 '한다' 로서 미래의미를 나타낸다. 이때 will를 쓸 수 있으나 이럴 때는 '할 것이다' 로 된다. 그래서 **래발생 현재가 주체래발생** will보다 더 강조가 된다. 래발생 현재도 미래상황에 대한 설명현재로 두뇌 작동이 가능하다. 설명현재는 시간과 상관없이 설명해 주는 식으로 말하기 때문이다. 즉 시간 경과이든 미경과이든 상관없다.

continues/get=현재범위에서 앞으로 발생하는 것에 중점을 둔 것

will continue/get= 그냥 앞으로 발생하는 것에 중점을 둔 것(What will happen)

□ **우리말 '한다'** =현재의미/미래의미

□ **미래상황 표현방법**=[†]현동사 /조동사, 특히 will /원동사 /현분사 /과분사[미래 속에서의 기의미성립/미래의미성립] /동명사

미래와 한글표현 **일반 동사**= '한다' 로서 미래

vs be **동사**= '있다' 로서 미래 : '또 있다' 할 때 '있다' 가 바로 미래의미이다.

vs will= '할 것이다' 로서 미래 --- 등등

C.. The concert is today.

'있다' 로 래발생 현재, 즉 래발생으로서 동동사 의미 : **동동사 뇌** 시동= 그 연주회는 있는데 오늘 있다.

cf] '있었다' (발생과거)로서 동동사 의미: The concert was last night.

D.. Trump : "I do, always will." 시동= 나는 하는데 늘 앞으로도 할 것이다[하겠다].

tip) "Former FBI Director James Comey testifies before the Senate." : **Tense Process[Flow]**

a. 아직 상원에 출석하지 않았다면 : **래발생 현재**=증언한다

b. 출석해서 증언을 하고 있는 중이면 : **설명 현재**=증언을 하고 있어요

c. 증언이 끝났다면 : **발생 현재**=증언을 했어요

☞.. 동사를 tense식[12시제] 접근은 가장 비효율적이고 비현실적인 학문적 접근이니
그냥 단어의 뜻대로 처리하라. 원동사/과동사/현동사/과분사/현분사/to부정사/동명사/조동사 영뇌로 처리하면 된다.

④ 일반적 현재 — 같은 말이더라도 비일반적 의미와 구별하라.

tip)일반적 현재도 일반적 상황에 대한 설명현재 가능, 이런 설명현재를 특히 일반적 설명현재라 한다.

A.. He drives a bus. B.. Ants creep. (전자=보통 일반적 현재 후자=절대적 일반적 현재)
[drive 운전하는 것 + singular 's' **일반적 현재**] [creep 기어다니는 것 + no 'd' **일반적 현재**]

시동=운전하는 사람이에요/기어다니는 동물이에요 : general statement
-- 물론 상황에 따라 이들 표현도 **비일반적 의미**로 동일치 현재[운전해요!/기어요!], 발생현재[운전했어요/기었어요//운전하고 있어요/기고 있어요], 래발생현재[(앞으로) 운전한다/긴다], 설명현재[운전하고 있어요/기고 있어요] 뇌로도 작동시킬 수 있다.

C.. 'Children learn by example. Buckle up!' [learn 배우는 것 + no 'd' **일반적 현재**]
시동=배워요, 해서 본본기로 해서 말이다/행체(行體) 본본기로 해서 말이다. ※ **by=행위실체/원인행위/행위수단**

일반적 현재는 현재중심으로 일반적으로 일어나는 **현재 일반적 사실**이다.
현재 일반적 사실이기 때문에 지금 운전하지 않고, 침대에 잠을 자도 'He drives a bus.' 라고 표현할 수 있다.
현재 쉬어도 잠시 쉴 뿐이지, 현재 직업으로서 운전하는 사실은 변함은 없다.
물론 이럴 때는 be 동사 일반적 의미와 현분사의 일반적 진행으로 표현해도 된다: 'He is driving a bus.'
하지만 일반성 정도는 현동사가 더 강하다. 현분사는 진행의미로서 일반성을 나타내기 때문이다.
⇒ 여기서 'is' =일반적 현재로서 '하고 있는 것' **시동**=(일반적으로) 하고 있는 데, **driving**하고 있다.

일반적 현재는 현재뿐만이 아니라, 과거, 미래에도 적용이 가능하다. 과거에도 해왔고, 앞으로도 하는 것이다.
그래서, **비시제의미**라 한다. 그 효과가 시제의 제한이 없기 때문이다. 일반적 현재도 일반적 설명현재로 표현이 가능하다. 설명도 시간과 상관없기 때문이다.

＊비시제의미의 비제한성 : a. 삼시제에 두루 적용이 가능하다. b. 시간 경과와 상관없다. c. 현재 동작 발생과 상관없다.

일반적 현재와 영뇌화법

비시제 의미는 일반적 속성 그대로 유지해야 하니, 시간이 지나 said **해도** 그대로 표현해야 정확한 전달이 된다. 즉 거짓말이 되지 않는다 ⇒ He said that he drives a bus.
↳**단, 절대적 일반사실이 아니기 때문에** drove **가능 : 이때는 동시점 과거로서 현재에 유효**

일반적 현재는 직업, 성격[속성], 습관, 본보기, 진리, 루울, 금언, 안내 — 등등에서 많이 나타난다.
tip)모두 일반적 설명현재로도 작동이 가능하다. 일반적 설명도 어느 한 시제에 국한된 설명이 아니다.

: a.. He flies a plane. He sells insurance and cars. → 직업
Dogs bark. People walk. A snake glides. Birds fly. Fish swim.
→ 동물 /사람 /생물의 일반적 성격[속성] ⇒ 또는 그런 것들에 대해 설명 형식으로 말해도 좋다.

b.. I read a lot, and I collect stamps from all over the world. → 일반적 취미생활

c.. A lotta people always say you're wrong. → 일반적 행위 **시동**=늘 말한다 ※ lotta=infml **표기**

d.. You go right and turn left at the corner.
We leave London at 10 : 00 next Tuesday and arrive in Paris at 13 : 00. → 일반적 지침 안내

e.. Asian Games marathon rules do not allow any substitutes. → 일반적 적용 루울/제도

f.. You pour this liquid into the test-tube, mix it, heat it slowly and then, ------- .
→ 일반적 실험과정 /제조과정 ⇒ 또는 그런 것들에 대해 설명 stlye로 말해도 좋다.

g.. Imams, militants and police are killed every week. → 일반적 발생 : 생기는 데 살해 되는 일이 --- .

D.. A dinosaur is big. [i: '이다' 로서 동질 + s: singular 's' **일반적 현재**]
시동=공룡은 인데 큰 동물이다 : **일반적 동질로서 공룡의 일반적 특성**
↳**또는 그런 것에 대한 설명도 가능**

a[an] 영뇌의 일반성 a dinosaur=하나 하나로서 전체에 해당하는 것으로서 일반적 대표의미
: 여기서는 어떤 공룡한 한 마리가 크다고 말하는 것은 아니다.

E.. Rhode island is the smallest of the U.S. states.
[i: '이다/있다' 또는 ―· 로서 동질/존재 + s: singular 's' **일반적 현재**]
시동=인데 가장 작은 것이다. /(되어) 있다. 가장 작은 것으로서 되어 있다 : **일반적 동질 또는 일반적 존재**

F.. The fear of losing money has lost more money. -- 계속되는 랠리에 (겁을 내어) 사지 못하는 투자가에게 한 말
[ha: have + s: singular 's' **일반적[일반적 설명] 소유현재** lost : **일반적[일반적 설명] (능동)** event]
시동=그런 두려움, 즉 잃을 까하는 돈을 잃을 까하는 두려움은 가지게 된다. 잃어버리는 일인데 더 많은 돈을 말이다.
cf]The applicant has talked the interviewer to <u>sleep</u>. : **설명현재+(현재상황에 대한) 설명** event
그 지원자는 하다가 이야기(하는 것을) 하다가 그 면접담당자와 얘기하다가 대동 <u>잠들어 버렸다</u> : **발생본동사의미**
or 그 지원자는 하다가, 즉 이야기를 해오다가 ---- : **계속** event

↗ **현과미 속에 들어 갈 수 있고, 일반적 설명도 가능한 현재**

⑤ 설명 현재 — (현재중심 또는 현재범위로 해서) 현재/과거/미래 상황과 일반적 상황을 설명해 주는 식으로 말하는 것
+ 기타 일반적으로 설명하는 방식으로 말하는 것 tip)모든 현재를 설명현재로 대체 가능, 설명은 시간과 관계없기 때문이다.

A.. • She tosses a salad. : **눈에 보이는 현재상황에 대한 설명** -- 톡톡 튀기면서 섞고 있어요
• Brazil questions former president Lulu. : **뉴스로 질문하는 현재상황에 대한 설명**
• She rides a tiger. : **그림 또는 사진 현재상황에 대한 설명**
이럴 때 모두 우리말은 대개 '하고 있어요' '하고 있는 모습' 이다 ⇒ **'현동사+현분사' 영뇌 가능**
토익 사진 묘사는 대개 현동사와 현분사로 많이 표현한다. 이때 진행형의 현동사도 설명현재이다.

그래서 현분사도 설명진행이 되는 것이다.
⇒ B-e.. • She <u>is</u> riding a tiger. • She <u>is</u> tossing a salad.
하지만 그림 또는 사진 상황은 엄밀히 말하면 지난 상황이므로 rides는 과거상황 설명으로도 볼 수 있다.
• Someone watches me! : **동일치 현재상황에 대한 설명** -- 이럴 때는 동일치 현재도 가능

B.. • He takes on me. : **과거상황에 대한 설명** -- 그가 했는데[걸었는데] 먼저 했어요[걸었어요]. (takes=취한 것으로 한 것/걸은 것 on=작동/실시로서 먼저) (어제) 먼저 싸움을 걸었을 때 이렇게 설명하면 된다. 이럴 때는 발생현재 느낌으로 말해도 좋다.

C.. • She leaves tomorrow. : **미래상황에 대한 설명** -- 이럴 때는 래발생현재도 가능 → tip)**일반적 설명=일반적 사실에 대한** 〃 **+ 그냥** 〃

D.. • The earth moves around. : **일반적 상황에 대한 설명 : 일종의 일반적 설명** -- 이럴 때는 일반적 현재도 가능

E.. • Success involves more than money. : **일반적 설명** -- 마치 강의하듯이 설명 : 관련이 있는데 이상 차자 돈 이상으로 -- .
• One day Patrick goes to town. He talks a fortuneteller. "Please help me," says he. ------.
: **일반적 설명** -- 실제로 과거에 일어난 일도 애들에게 일반적으로 설명해 주는 식으로 말할 수 있다.
우리말도 같은 현상이다. 이럴 때 우리말은 대개 '해요' '한다' 이다.

tip) **어떤 현재로 시동을 거느냐에 따라 접근하는 뉘앙스도 다르고, IS영뇌도 달라진다.**

설명현재와 과부사 의율 설명시 과부사와 의율 가능, 즉 이렇게 타고 있는 모습은 어제 일이라고 설명할 수 있다.
: She rides a tiger yesterday. (yesterday=**의율** infml E)
하지만 WrE **추구자**는 이런 표현을 싫어 한다. 과동사에 과부사로 일치시키는 것이 좋은 문장[글]이라고 생각하기 때문이다.
⇒ She rode a tiger yesterday. tip]모든 동사=시제의미 아니면 비시제의미 : 과분사, 현분사, 동명사, to 부정사, — etc.
주의] IELTS Task 1 Graphic Writing시 Tense 선택 Skill ☞ 기본영뇌 vol 2 p131

설명 현재와 영뇌화법 설명현재는 시제의 제한을 받지 않는 일종의 비시제의미이다. 그냥 설명하기 때문이다..그래서, 어떤 사람이 말한 것이 시간이 상당히 경과했어도, 현재범위에서 설명해 주는 식으로 전달동사 뇌를 작동시킬 수 있다.

IIIII .. He <u>says</u> that Columbus discovered America. 시동=그 사람 말에 의하면/그 사람 왈 ---- .
-- 또는 현재범위에서 발생한 것으로 알릴 경우 **발생현재**로 말해도 좋다. 하지만 시간 경과 그대로 표현하려면 과동사 뇌로 작동시켜야 한다. 이렇게 단어의 뜻대로 전달하는 것이 **영뇌화법**이다. cf]**전환식 화법=구문법**

IIIII .. He <u>said</u> that Columbus discovered America. 시동=그 사람이 말한 것에 의하면 -- . (discovered=**역사적 선과거**)

add] People <u>say</u> location <u>is</u> everything. 시동=사람들은 말해요/이다고 : **일반적 설명현재** -- 장사위치 중요성

설명현재와 발생현재

Yao Ming이 삼일 전에 그만둔다고 말했어도 만약 아직도 그만 두지 않았을 때는 설명현재 뿐만이 아니라 발생현재 뇌로 작동시켜도 좋다. 여전히 현재에 유효하기 때문이다. 즉 그만 둔다고 말만 한 경우이다. 그래서, 'Yao Ming says good-bye.' 로 각종 방송사는 현동사 영뇌로 전송한다.
하지만 이미 떠났거나 시간 경과 그대로 표현하려면 과동사 영뇌로 작동시켜야 한다.

⇒ 'Yao Ming said good-bye.'
설명현재는 설명에 더 중점을 두고 있고, 발생현재는 현재발생을 알리는 데 더 중점을 두고 있고, 과동사 영뇌는 과거사실에 더 중점을 두고 있다.

⑥ 상태/동질/존재/발생존재[행위존재] 현재
//동질변화[동질발생] 현재 — 현재중심에서 상태[동질/존재/발생존재/행위존재] 현재, 동질변화[동질발생/동지속] 현재로 말하는 것 tip)이런 현재들도 모두 설명현재 가능

A.. It is cold. [i: '있다/이다' + s: singular 's' **상태/동질 현재**]
시동=날씨가 있다, 추운 것으로 말이다. /날씨가 인데 춥다.

B.. He is a student. [i: '있다/이다' + s: singular 's' **존재/동질 현재**] ➾ **존재/동질로서 일반적 현재, 즉 일반적 존재/동질** 시동=그는 있다. 학생으로 있다. /인데 학생이다.
그 사람을 상세히 들여다 보면 그 사람이라는 실체가 있는 데 학생[학생이라는 신분]으로 있다는 것이다.
이것은 결국 인데 학생이다는 의미가 된다 : E-BAM

결국 be동사의 최상위 BNW는 있다[=동질동사/상동사/동동사 의미 모두 포함]이다.
'있다' 에서 이다[동질] /있다[존재] /되다[동질변화] /하다[행위] -- 등으로 확장되는 것이다 : E-BAM

C.. There is God. [i: '있다' + s: singular 's' **존재 현재**] ➾ **존재로서 일반적 현재** 시동=있는 데 신이 있다.

D.. UN chief[boss] : Time is of the essence. [i: '이다' + s: singular 's' **동질 현재**]
시동=유엔 수장[우두머리] 말은 시간이 즉 정말로 중요하다는 것이다. boss=우두머리로서 사무총장/사장/부장--등

of=동격으로서 즉 — 동질과 의율
IIIII .. Time is of the essence. vs Time is the essence.
IIIII .. Read about the story. vs Read the story.
-- of/about 전치사 의미만큼 차이가 있지 전달 결과는 거의 같다.
그래서, 사람에 따라 talk about하는 사람이 있는 가 하면, 그냥 talk만 쓰는 사람도 있다.
: Betty White talks love and romance. or Betty White talks about love and romance.
↳변관, -- 변관[邊關]에 대해서

E.. They are enjoying drinking.
[ar: 외적음가 e: 있다 + no 'd' **발생[행위]존재로서 진행동일치 또는 동지속 현재**]
시동=(하고) 있어요, 즐기고 있는 데 술마시는 것을 하는 것을 말이다.
-- 외적음가 발생[행위] 존재로서 진행동일치 현재 또는 동지속 현재
∴ **현분사의 동일치 진행 또는 지속 진행과 의율**

F.. At last he is a doctor. [i 〉—· + s: singular 's' **동질변화/동질발생 현재, 즉 일종의 발생현재**]
시동=되었다. 의사로 말이다. vs was=시차대로 표현하면 과동사 영뇌로서 성립과거 -- 현재에 유효한 과거

⑦ **소유 현재** — 현재중심으로 소유현재 tip)소유현재도 현재 소유에 대한 설명현재 가능

A.. I have mailed the letter. B.. Call 13 13 14 if you have changed your address.

[h: hand + no 'd' **소유 현재**]

시동=가지고 있어요, 부친 것인데 -- 을 말이다 /만약에 네가 있다면 변경한 일이 있다면 --- .

▭ **이때 '하고 있어요' 라는 우리말은 진행의미가 아니다. 소유 지속의미이다.** ▭ **소유로서 '있다면'**

⑧ **(상/동) 지속 현재** — 현재중심으로 (상/동) 지속 현재 tip)지속현재도 현재지속 상황에 대한 설명현재 가능

A.. That bridge lasts a long time.

[l 〉— : 쭉 지속되는 모양 or s〉z: 지속 + no 'd' **상지속 현재**] 시동=지속된다. --- .

▭ a long time=**명사부사** [=for a long time] B.. Water increases for an hour.[=an hour]

extreme caution

어떤 단어가 상지속 의미로 쓰였을 경우 동지속이 아니므로 현분사의 진행의미로 작동시킬 수 없다. 즉 진행형으로 표현할 수 없다.

Plus-1 1. **단수 현동사**

=현동사의 대표동사이며 3인칭 단수주체[the third singular person]와 의율이 된다. 그래서 singular 's' 이면 단수 현동사가 되고, no 's' 원형이면 원동사가 된다.

2. 일반적으로 동사에 no 'd' 이면 현동사가 된다. 대부분 과동사와 과분사에는 d/t가 들어 있다.

그래서 **no 'd' 현재**라 한다. 단, 'send'=d: do로서 현동사 'sends'=ds: does 또는 singular 's'로서 현동사

sent=ent〉었/었던 것: 과음가/event 음가 or t〉d: did or done으로서 과동사, 과분사

— 'ent' 하면 실제과거 아니면 의미과성립, event이다.

3. 고어나 성경에서는 th가 d/t 과음가를 대신한다.

- But the Lord said unto Samuel, Look not on his countenance or on the height of his stature; because I have refused him; for the Lord seeth not as man seeth; for man looketh on the outward appearance, but the Lord looketh on the heart. • The Lord hath not chosen these.

☞.. **이해는 (언어에 대한 basics를 알았디면) 최종적으로 단어의 최종적인 뜻인 감주로 이해한다.**

Plus-2 **전달표현, 즉 영뇌화법과 현동사, 과동사, 과분사, 조동사 영뇌**

— 동사이든 대명사이든 시간부사이든 상황에 맞게 단어의 뜻대로 전달하는 것이 영뇌화법이다. 특히 화법 전환식으로 전달동사 시제에 전달내용 동사시제를 연관시키지 말라. 그러면 표현의 자유, 이해의 자유가 구속받는다. 구화법은 전달동사 일치식 또는 직간접 전환식 이해를 늘 갖고 있다.

A.. 'She says it is urgent.'

비서가 kidnapped된 여자에게 전화를 받고, Senator에게 보고하는 상황이다.

상당히 시간이 지났음에도 불구하고 이렇게 says라고 표현했다면 **설명현재 또는 발생현재** 뇌로 작동시킨 것이다. 이때 is는 동질 또는 상태 현재이다. 시동=그 여자 말에 의하면, 상황이 이다고, 긴박하다고 해요.

시간이 경과했으니 과동사 뇌로 작동시켜 보고해도 좋다.

A-E.. She said it was urgent. 이때 was=동시점 과거 뇌, 즉 said한 그 당시 상황이라는 뜻이다.

시동=말했는데 -- (그때) 긴급한 것이라고 말이다.

하지만 **지금 현재** 긴급한 상황이라고 분명히 알리고 싶으면 비록 일반적 사실이 아니더라도 'is' 그대로 현동사 뇌로 보고 할 수도 있다. A-E.. She said it is urgent.

그래서, 휴게소에서 어떤 한 여자가 현재 배가 고프다고 말한 것을 다른 사람에게 전달할 때도 "She said she is hungry."라고 표현 하는 것이다.
여전히 현재 범위에서 배 고픈 상태가 현재 그대로 유효하기 때문이다.

구문법 식민통치에서 탈피하기!

일반적 사실, 진리 — 등일 때만 시제일치 예외라고 하는 것은 잘못된 가르침이다.
그러니 **시제일치, 인칭일치, 장소일치, 지정일치, 날짜일치** ---- 이런 것을 생각하여 전환식으로 무조건 외우면 실제 생활 영어를 자유롭게 구사할 수 없다. 그냥 상황에 맞게 뜻대로 현동사 영뇌, 과동사 영뇌, 원동사 영뇌, 과분사 영뇌, 조동사 영뇌로 작동시키면 된다. ☞ **P125, 126**
특히 의미원성립, 의미과성립을 전달할 때도 이들 단어 뜻대로 전달하면 된다. ☞ **과동사 영뇌 P73**
그래서, 과거는 과거완료, 현재는 과거로 고치는 식으로 외우지 말라.
이런 식의 개념[이해]을 머리 속에서 삭제하라.

그런데 이미 식사는 해결하고, 집에 도착했을 경우에는 배고픈 것이 현재상황이 아니므로
B.. "When she said that she was hungry, I bought it for her." 라고 was라고 동시점 과거로 표현해 주면 된다.
시동=언제냐 하면 그 여자가 말했을 때. 즉 자기 그때 이다고, 배고프다고 말했을 때, 나는 사 주었어요, ---- .

동시점 과거 뇌는 이렇게 활용하는 것이다. 여기서는 동시점 과거가 현재에 유효한 것은 아니다. 하나의 과거사실로 되어 버렸다. 하지만, 인정과거나 성립과거는 언제나 현재에 유효한 것이다.

물론 과동사 뇌와 과분사 뇌를 작동시켜도 좋다.
B-E.. "When she said that she had been hungry, I bought it for her."
시동=언제냐 하면 그 여자가 말했을 때, 즉 자기가 가졌다고, 된 사실, 배고프게 된 사실을 가졌다고 말했을 때, --- .
▭ 이때 bought도 had bought로 표현해도 좋다. '사 주었다' 는 말은 결국 event 소유나 같은 말이다.
시동=가졌는데 사 준 사실을 가졌다/가지고 있었는데 사 준 사실을 가지고 있었다.

하지만 완료형 영뇌는 무언가 딱딱한 느낌을 준다. 대화는 가급적 simple하게 말하는 게 좋다.
B-E-e.. "When she says [said] that she was hungry, I bought it for her." ▭ says=**설명현재/발생현재**

상황에 맞게 단어의 뜻대로 표현한 예 :

1.. The goverment **announced** that it **will** build a new town.
▭ 동시점 과거미래 뇌로 **would** 가능 : 이때는 현재에 유효한 동시점 과거 미래 — ↗**출제자 의도 파악 중요** would도 맞으나 will이 best answer
↘**토익문제 주의**]현재에 유효하면 will 그대로 표현하는 것이 일반적이며 기자도 더 선호한다.

2.. Tom Casey **said** in a statement it was unfortunate that North Korea **has** not yet met its commitments.
▭ 현동사 영뇌 대신 동시점 과거 뇌로 **had**가능, 하지만 과거 사실로 오해할 것 같아 **has**로 표현 한 것임
시동=말했는데 아직도 가지고 있지 않다고 --- . : George Davila **told** CNN the time for change **has** come.

3.. I **heard** someone **is** whispering.
▭ 현동사 영뇌 대신에 동시점 과거 뇌로 **was** 가능. 하지만 서로 접근하는 뉘앙스도 다르고, IS도 다르다.
⇨ is=여전히 현재 상황임을 알리기 위한 것 was=과거 그때 그 당시 (현재) 상황임을 알리기 위한 것

4.. I just **realized** that I **wasted**.
▭ wasted=**선과거** infml E [**즉, 시차** infml E] -- 같은 과거 범주로 단순 과거 사실로 취급
▭ 선과거 의미를 살려 WrE로 과동사와 과분사 영뇌로 작동 가능 : I just **realized** that I **had wasted**.
⇨ **이때 had=동시점 과거 wasted=그 이전상황, 즉 event로서 realized 이전상황**

5.. I asked who your leader is. ▭ asked와 같은 동시점 과거 뇌 was 가능

6.. He told me he must /had to warn me of the consequences.
▭ must=현조동사/과조동사 (과조동사이면 동시점 과거) had=동시점 과거 --> has 가능 (아직도 유효하다면)

7.. He says merger talks with it end.
▭ says=설명현재 또는 발생현재 end=발생현재/래발생 현재 시동=그 사람 말은 -- 끝났다는/끝난다는 것이다.

8.. The officials said the flames have spread. ▭ 현동사 have=현재사실에 더 중점을 둔 표현
※ 동시점으로 전달 가능=had
하지만 상황을 모르면 과동사는 단순한 과거사실로 오해할 가능성이 있기 때문에 지금도 번지고 있다면 have로 쓰는 게 좋다. 그래서, 이럴 경우 기자는 have를 더 선호한다.
시동=관리들은 말했어요, 불꽃이 가지고 있다고 번지고[번져 가고] 있는 것을 말이다. *spread=계속 event

주의] 진행형 /완료형 /수동태도 **두 단어를 엎쳐서 이해하지 말고**
그냥 단어 하나 하나의 뜻으로 현동사 /과동사 /일반현분사 /일반과분사 영뇌로 바로 이해하라.
그래야 영어를 쉽게 이해 할 수 있고, 원어민과 같은 느낌으로 이해할 수 있다. 뿐만이 아니라 표현된 단어들의 각각의 **IS영뇌**를 원어민들처럼 작동시킬 수 있다.
특히 현재는 과거로, 과거는 과거완료로 **시제일치하면서 화법 전환식으로 절대로 공부하지 말라.**

tip) 한뇌로 두 단어를 엎쳐서 이해하거나 숙어를 뜻하는 의미로 이해하거나
관계대명사/관계부사를 빼먹고 거꾸로 이해하면 원어민과 같은 느낌으로 이해할 수 없다.

9.. IAEA has said it hopes to have screening results from the first sample.
▭ 지배시제는 s동사 has이다. 그래서 hopes로 뇌를 작동시킨 것이다.
과분사 event 시제와 관련시켜 동시점 과거 상황으로 뇌를 작동시킬 수도 있다[=hoped].
시동=IAEA는 가지고 있어요, 발표한 사실, 즉 자기네들은 (현재) 바란다고, 가지기를, 조사한 결과, 기처 첫 번째 샘플에서 나온 조사 결과를 가지기를 바란다고 발표한 사실을 말이다. vs hoped=(그때) 바랬다고

10.. United States secretary of state Colin Powell has said that there are problems with Iraq's nuclear weapons declaration.
시동=가지고 있는데 말한 사실을 가지고 있는 데 현재에 있다고 말이다.
▭ were로 동시점 과거 뇌를 작동시켜 전달할 수 있으나, 상황을 모를 경우 단순 과거 사실로 독자들이 취급할 수 있어, 여기서는 기자가 현동사 뇌로 작동시킨 것 같다.

11.. Democrats have said Bush was gambling his prestige on the outcome of the race.
▭ 이 말은 부시 퇴임시 나온 말이다.
영어는 **일형태 다의어**이기 때문에 항상 말한 상황을 깔고서 이해해야 해당의미를 쉽게 가져 올 수 있다[**상황** helper].
여기서, was는 단순 과거 사실로 전달하고 있다. is와 확실히 전달상 차이가 있다.
시동=가지고 있는데, 말한 사실을 가지고 있는데, (과거에) 하고 있었다고, 즉 도박을 하고 있었다고 말이다.
/-- 에게 있어요, 말한 사실이 있어요. **전달동사**=현재 event 소유, 즉 말한 사실를 현재 보유[소유]로 표현
-- 이때 '있다' =소유로서 '있다' **피전달문동사**=단순과거 사실로서 과거 진행 ※prestige 신망/위신

12.. He says that his father is ill. ▭ 현동사 표현으로 보아 현재에 그렇다는 뜻으로 이해하면 된다.
하지만 시간이 지난 후 말하는 것이니까, 현재에 아파도 said로 표현하여 동시점으로 was로 표현하는 사람도 있을 것이다. 현재에 유효한 과거이다. 동시점 과거는 말한 그때 그렇다고 알리기 위해 쓰이는 시제이다.
그렇지만 이것도 상황을 모르는 사람에게는 단순과거로 오해를 일으킬 수도 있다. 그래서 아예 is로 선택한 것이다.

13.. He says that a snake **glides**. (says=**설명현재/발생현재** -- 어느 것이 더 좋은지는 그때 상황에 따라 판단하라)

14.. He **said** that a snake **glides**[=He **saying**, a snake **glides**.] (said=**단순과거** vs saying=**콤머 관계현분사** -- 말했는데)

▭ glides=**일반적 현재 -- 기어 다니는 동물로서 일반적 사실** a=**하나 하나 모두를 지정하는 것으로서 '뱀이란'**

절대적 일반적 사실, 보통 일반적 사실과 영뇌화법

뱀이 절대로 서서 다닐 수 없다. 이런 일반적 현재를 **절대적 일반적 사실**이라고 한다.
절대적 일반적 사실은 동시점 과거 뇌로 작동시킬 수 없다.

하지만 **보통 일반적 사실**은 동시점 과거 뇌로 작동시킬 수 있다.
보통 일반적 사실은 세월이 지나면 변하기 때문이다.

a.. He **said** that he **is** a teacher.

직업이 선생이기 때문에 (현재) 일반적 사실이다.
그런데, 앞으로 그만 둘 수도 있고, 중간에 다른 직업으로 바꿀 수도 있다.
그래서 이것은 **보통 일반적 사실**이다. 그래서, 사람에 따라 지금 선생을 해도
만날 그 당시에 그렇게 말한 사실로 알리고 싶으면 **동시점 과거 뇌**로 작동시킨다.

a-e.. He **said** that he **was** a teacher. 시동=말했는 데 자기가 그때 이다고 선생이다고 말했다.

그러나, 이것도 상황을 모르는 사람들에게는 단순 과거 사실로 오해를 일으킬 수 있다. 단순과거 사실이 되면 was는 선과거가 된다. 시동=말했는 데 --- 했다고, 선생을 했다고 말했다.
역으로 단순과거 사실로 전달했는데 오히려 동시점 과거로 이해하는 사람도 있을 것이다.
이럴 경우는 'had been or used to or <u>says</u> -- was' 로 전달하면 된다.

구문법 식민통치에서 벗어나기! **시제일치와 시제일치 예외라는 말을 머리 속에서 삭제하라.**

현동사/과동사 뜻대로 쓰라. 주절 동사이든 종속절 동사이든 그냥 자기 뜻대로 상황에 맞게 표현하면 된다.
그래서, 시간이 경과한 후에 전달해도 전달동사도 say[said] /has[had] said /is[was] saying /would say로 다양하게 표현할 수 있으며 비록 전달동사를 단순과거로 표현하더라도, 피전달동사도 **동시점 과거 또는 선과거, event 소유, 현재에 유효한 의미, 일반적 의미** -- 등 다양하게 말할 수 있다. 특히 실제말 "She went." 도 Tom says she <u>went</u>. 처럼 **단순과거** 의미로 간단히 처리할 수 있다. [=passed away/died]

묘출 화법으로 말하기

- I must go and see Lynn, Marsha thought. ▭ must=과조동사/현조동사 ▭ I 대신에 she 가능 ➜ 간접화법 ∵ 이때 I=Marsha
- And Samuel said unto Saul, I will not return with thee.

Then he said, I have sinned. -- Bible에서는 거의 대부분이 묘출표현이다.

❖ **묘출화법**=내용은 직접화법 식으로 형식은 간접화법 식으로 표현하는 화법
묘출표현도 상황에 맞게 그냥 뜻대로 쓰지, 묘출화법 표현 기법을 알고 원어민들이 쓰는 것은 아니다.
말한 그대로 따옴표를 찍지 않고 얼마든지 전달할 수 있다. 그래도 의미가 통한다.

그리고, 간접 전달내용을 앞에 쓸 때는 that을 써지 않는다. 대신 comma만 찍어 주면 된다.
: She must go and see Lynn, Marsha thought. ⇨ she 대신 I로 전달하면, <u>있는 그대로 묘사</u>하니까 묘출화법이 된다.
vs Marsha thought (that) she must go and see Lynn. : **일반적 표현 방식**

plus]묘출표현: Issue is why <u>did</u> Romney lose. -- **묻는 표현 그대로 표현**
시동=문제는 왜 했느냐이다. 즉 왜 롬니가 졌느냐이다[=why Romney lost]

☞.. 이해는 (언어에 대한 basics를 알았디면) 최종적으로 단어의 최종적인 뜻인 감주로 이해한다.

영뇌전달 **즉 영뇌화법** — 그냥 단어의 뜻대로 상황에 맞게 전달하는 것이 영뇌화법이다.

시제일치, 장소일치, 날짜일치, 인칭일치 식으로해서 직접화법을 간접화법으로 바꾸는 식으로 이해를 하면 표현을 이해하거나 바로 표현하는 데 구속을 받게 된다. 왜냐하면, 간접화법을 늘 직접화법에 빗대어 이해하거나 판단하려고 하는 습성이 생기기 때문이다. 이런 전환식 가르침은 영국 사람들이 지어낸 대표적인 불필요한 영어학습 방법이다.

보통 각종 참고서에서는 시간과 장소 변화를 전제로 하여 직접전달을 간접전달로 바꿀 때, 서로 뜻을 일치시키기 위해 시제와 장소, 날짜, 인칭 — 등을 변화시킨다. 실제예문에서 보았듯이 정말로 부질없는 짓이다. 왜냐하면 실제말을 간접전달할 것인가, 직접전달할 것인가 그것이 문제이지 화법은 직접전달을 간접전달로 바꾸는 것이 아니기 때문이다.

하지만 뜻대로, 상황그대로 말하면 이런 구문법식 전환식 일치의식은 필요없다. 즉 말한 사실이 과거이면 said로, 현재 또는 과거에 말한 사실을 보유한 것이면 has[had] said로, 비록 말한 것이 과거라 할지라도 설명현재 또는 발생현재로 전달하고 싶으면 say[says]로, 일반적으로 말하는 경우이면 일반적 현재 그대로, 일반적 진행 또는 설명진행이면 is saying으로, 과거진행이면 was saying으로, 과거에 말한 것 같을 경우에는 would say로 말하면 된다.

that이하는 that이하 상황이 현재에 유효하거나 일반적 현재이면 현동사로, 말한 시점 이전상황이면 단순과거 또는 선과거, 과거 event 소유로, 그 이전상황이 현재에 유효할 경우 현재 event 소유로, 과거 그때 현재상황이면 동시점 과거로, 과거미래 상황이면 과거미래로, 과거 그때 현재미래이면 동시점 과거미래로, 현재에 유효한 미래이면 현재미래 will 그대로, 정과거이면 would로 표현하면 된다. 이렇게 전달표현은 원어민들처럼 그냥 단어의 뜻대로 상황에 맞게 전달하면 된다.

① 단어 뜻대로 직접전달

: At the station Tom said /says /has[had] said /is [was] saying /would say, "I'll be here/there again."

⇨ I referent=Tom here referent=the station
there referent=나타나 있지 않음 will=현재미래

② 단어 뜻대로 간접전달 ☞ 기본영뇌 vol 2 p140

: At the station Tom said /says /has[had] said /is [was] saying /would say that he would[will] be here/there again.

⇨ he referent=Tom or 제삼자 가능
뒷 would=과거미래 /동시점 과거미래 /정생각 정과거
vs would say=한 것 같은 데 말한 것 같다 : 과생각

He would[will] be here/there again, Tom said /says /has[had] said /is[was] saying /would say at the station. ⇨ He referent=Tom or 제삼자 가능

③ 단어 뜻대로 묘출전달 : I would[will] be here/there again, Tom said /says /has[had] said /is[was] saying /would say at the station.

⇨ I referent=Tom ☞ 단어의 뜻대로 p186

tip)실제말을 직접전달로 할 것인가, 간접전달로 할 것인가, 묘출전달로 할 것인가는 표현자의 몫이다(speaker's desire).

Plus-3 **현동사와 for 관계**

— for=해당사항으로서 해당기간, 해당 기간으로서
덩어리 기간(infml E) /전부터 어느 때까지의 기간(Standard WrE), 즉 기간계속 기간
후자일 때 과분사와 의율이 된다. 과분사에는 기간계속 event가 있기 때문이다.
그래서, 우리말 '동안' 이라는 말에는 덩어리 기간 또는 기간계속 기간, 두 가지 의미가 포함되어 있다.

1.. He is living with her in Seoul for 5 years. : **의율** infml E

□ is=덩어리 동지속 현재 living=덩어리 계속[지속] 진행 for=덩어리 기간 tip)for=해당시간과 그 대상으로서 구시/그 시간 //해자 ---
: Scheduled for 10 o'clock.

시동=그는 있어요, 살고 있어요, --- 구시 5년 동안 말이다.

진행형의 덩어리 지속은 AmE이자 infml E이다. 기간계속 개념으로 표현하면 BrE 또는 WrE가 된다.
그래서, 영국 사람들이 쓴 책이나 TOEFL, TOEIC에서는 이런 표현을 틀렸다고 한다. WrE는 좋은 글, 정확한 글 입장에서 판단하기 때문이다. **특히, be동사의 동지속과 be동사의 진행 동일치는 다르다.**
그래서 전자 뜻일 때는 for와 의율이 되며, 여기에 for를 쓰면 **덩어리 동지속**이 된다.
□ for=해당구간으로서 '구간/해자 -- 까지' --> Danger! Highway 10 westbound is closed for the next 13 miles because of rock slides. Detour here for Route 20 through Pine Bluff, Whisper Falls and Albion.

□ WrE /TOEFL /TOEIC --> He has been living with her in Seoul for 5 years.

※ has=소유지속 been=기간계속 living=기간계속 진행 for=기간계속 기간

⇒ 기간계속은 그 전부터 해오고 있거나 해왔던 상황

시동 1=그는 가지고 있어요, 해오고 있는 것, 즉 쭉 살아 오고 있는 것을 그 여자와 함께 내소, 서울 내소에서 구시 5년동안 말이다 : **기간계속 진행의 계속** **뜻하는 의미**=지금까지 살고 있어요

시동 2=그는 가지고 있어요, 해왔던 것, 즉 쭉 살아 왔던 것을 그 여자와 함께 내소, 서울 내소에서 구시 5년 동안 말이다 : **기간계속 진행의 완료** **뜻하는 의미**=지금까지 살았어요

□ **Simple Statement [간단체]**

--> Living with her in Seoul for 5 years.

이럴 때 living은 덩어리 기간 계속 진행으로 판단해도 좋고[infml E], 그냥 기간계속 진행으로 판단해도 좋다[WrE]. 'is/am/are' 또는 'has been'이 전제되었기 때문이다.

우리말 '살고 있다'의 세 가지 영뇌

우리말 '**살고 있다**'는 말은 세 가지 뉘앙스가 숨어 있다. 계속[지속] 진행 뉘앙스, 기간 계속 진행 뉘앙스, 일반적 현재 뉘앙스이다. 그래서, 현재진행형, 현재완료 진행형, 현동사 영뇌를 작동시키면 된다.

IIIII .. I am living in New York. I have been living in New York. I live in New York.

-- 가장 일반적인 표현이 현동사 영뇌이고, '몇 년 동안 살고 있다'면 기간계속 진행 영뇌[WrE]로 많이 작동시킨다.

cf] He is living in Busan, but he lives in Seoul.

-- 일반성이 진행형보다 현동사가 더 강하기 때문에 지금 살고 있는 곳은 부산이고, 현재 거주지는 서울이다는 의미도 된다. lives **시동**=살아요/살고 있어요.

IIIII .. We were living with her for 5 years. : **의율** infml E

과동사=덩어리 동지속 과거 living=**덩어리 계속 진행** for=**덩어리 기간**

시동=있었다, 살고 있었다. -- .

⇦ They slept for 5 hours. : **infml E[AmE]** 하지만 영국에서는 완료형을 더 많이 사용

slept=**덩어리 과거** -- '잤다'는 의미는 덩어리로서 일정기간 '잤다'는 의미이다.

WrE --> They have[had] slept for 5 hours. slept=**기간계속** event

2.. **We are living with her for 5 years.** : **의율 infml E**

□ **현동사**=덩어리 래발생 현재로서 '있다', 즉 '있다'로서 덩어리 미래 ⇦ '또 있다' 할 때 '있다'와 같다.

□ **현분사**=덩어리 앞으로 진행의미 : -- 하기로 되어 있다 /하기로 예정되어 있다

시동=있는 데 살기로 되어 있다. -- .

⇦ We will live with her for 3 months. : **infml E[AmE]** ⇒ will live=덩어리 기간 미래: 앞으로 살 것이다

⇒ **WrE** : We will have been living with her for 5 years. 앞으로 가질 것이다. 있게 된 것, 즉 쭉 살게 된 것을 -- 구시 5년 동안 살게 된 것을 말이다 /앞으로 가질 것이다. 쭉 살아가는 것을 -- 말이다 : very formal, 즉 너무 딱딱한 느낌을 주니 오히려 infml E를 더 많이 사용한다. (been=**기간계속** event living=event **진행**)

↳ **기간 계속을 그냥 '쭉'으로 느껴도 좋다**

be동사 '있다'의 세 가지 IS영뇌 작동

□ **덩어리 동지속 또는 그냥 동지속으로서 '있다'** ⇦ 무언가 하고 있다로서 '있다'

□ **래발생 현재로서 '있다'** ⇦ 또 있다로서 '있다'

□ **시점 진행 동일치로서 '있다'** ⇦ 보니까 무언가 하고 있다로서 '있다'

→ 그래서 S영뇌 작동시 상황이 달리 보여야 하고, I영뇌 작동시 이해가 다르게 스쳐가야 한다.

3.. Somone watches me for one minute! : **의율** infml E ▭ **덩어리 동일치 현재 시동**=주시해요/주시하고 있어요.

WrE : Somone has been watching me for one minute! ➾ 하지만 infml E를 더 많이 사용

시동=하고 있어요! (즉 해오고 있는 데) 쭉 주시해오고 있어요! have=소유로서 하는 것 : **동일치 현재**

4.. a.. We bake the cake for 40 minutes. ▭ **덩어리 설명현재** : **의율** infml E 〉 WrE : We have baked --- .

시동=구워요 /가져요, 굽는 것인데 : pp=일반적 설명 event [b: burn 눈 듯이 익히는 것 or k: 굽는 것 no 'd' 설명현재]

b.. U.S. marks five years since terror attacks.

▭ **덩어리 설명현재 시동**=기념하고 있어요, 5년을 --- . [=for five years]

c.. Your neighbor has 10 meowing cats, 5 rock bands with 4 musicians each, and 7 dogs living with him. After you complain for a year, he gets 5 of the cats and 10 of the musicians to move out.

▭ complain=**덩어리 설명현재 시동**=하고나서, 불평을 하고나서 구시 1년동안 말이다. 그런 후에 ---.

5.. a.. He runs marathon everyday for a year. : **의율** infml E 〉 WrE : He has run --- .

▭ **덩어리 일반적 현재** -- 매일 일년 동안 그렇게 한다는 말 **시동**=달려요 /가져요, 달리는 것인데 --- .

b.. We go for weeks without talking and seeing. He plays games for 3 hours a day.[=3 hours]

▭ **덩어리 일반적 생활** -- 지내는 데 여러 주 동안 그렇게 일반적으로 지낸다는 말 /구시 3시간 동안 날마다[3시간씩 날마다]

c.. How long does it take by plane?

▭ **덩어리 일반적 현재 -- 일반적으로 걸리는 덩어리 시간** ※ how long=for와 같이 덩어리 기간 또는 기간계속 기간

6.. a.. He stays in Australia for up to 12 months. : **의율** infml E

▭ **덩어리 상지속[덩어리 상태현재]**--머물고 있어요, -- 구시 정말로 까지 12달 까지 말이다. up=강조로서 정말로

b.. The food is cold for 10 hours. 시동=있어요, 차게 구시(區時) 10시간 동안 말이다.

〉 WrE : has stayed/has been 시동=가지고 있어요, 머물어 오고 있는 것/있어 오고 있는 것인데 찬 상태로 구시 --- .

↖**기간계속의 계속**↗

7.. Unionists use force for 3 hours.

: **의율** infml E 〈 WrE : have used 가졌어요,사용한 것을 말이다 ※ have=발생현재

▭ **덩어리 발생현재** -- 사용했어요. 구시 3시간 동안 말이다. ※**구시**=구간 시간으로서 구시

⇦ They slept for 5 hours. ※ 덩어리 기간 과거와 의율이 되는 원리와 같다.

8.. We live with her for 3 months. : **의율** infml E 〉 WrE : will have been living

▭ **덩어리 래발생현재** -- 살게 된다.

⇦ 덩어리 기간 미래와 의율이 되는 원리와 같다 : We will live with her for 3 months.

vs We has lived with her for 5 years.

-- 가지고 있어요. 살아 온 것[(전부터 하여 지금까지) 산 것/살아 왔던 것]을 동체 -- 함께 구시 -- 동안 말이다.

cf] since=**덩어리 기간**[infml] /**기간계속 기간** ⇨ 이래로 쭉/이래로 계속해서

: We met [infml] /have met [WrE] since 2010.

vs We have met from 2010. from=**시작시점** ⇨ 시작[시점]이 -- 이다/부터

vs It has been/is 10 years since we met. (여기서는 오히려 has been=US is=UK / infml E)

Since then tensions surfaced between them. (infml) : -- 수면 위로 떠 올라 있었다/올랐다.

tip] infml E이든 WrE이든 더 많이 사용하는 게 **Standard English가 된다.**

WrE가 반드시 StE가 되는 것은 아니다. infml E도 StE가 될 수 있다. 관습적 English가 되기 때문이다.

Plus-4 발생현재와 과거상황에 대한 설명현재는 엄밀히 따지면 과거상황이므로 기준시점 이전상황인 before 또는 yesterday와 의율이 가능

IIIII.. House approves a day before/yesterday. : infml/SpE **표현**

시동=하원은 승인했어요, 예정일자보다 하루전에/어제 말이다. before 기준시점=deadline (day)

⇨ House has approved a day before. : Standard Written English plus] a week before (예정) 일주전

과분사는 기준시점 이전상황이므로 before와 함께 쓰면, WrE가 된다. vs last week (지난 주)

vs House approved a day before. -- 예정 하루전으로서 예정일자, 즉 기준시점이 오늘이 될 수도 있다. 유의하라.

※ 우리말 '하루 전'=기준시점 이전으로서 '예정 하루전' / 오늘 이전으로서 그냥 '하루 전'

후자의 경우 분명한 오늘 이전이니 ago를 쓴다 ⇨ 과동사와 의율

: House approved a day ago. tip]과동사에 무조건 ago만 쓴다고 외우지 말라.

↗ 이해는 (언어에 대한 basics를 알았디면) 최종적으로 단어의 최종적인 뜻인 감주로 이해한다.

Plus-5 타동사의 발전 English

언어는 나날이 발전한다. 하나만 표현하면 단조롭고 지루하기 때문이다. 그래서 타동사에게도 전치사를 붙이기 시작했다. 이럴 때 **전치사 뉘앙스 만큼** 차이가 나나 결국 전달하는 결과가 같은 경우가 있다. 이런 타동사 의군을 우리는 **함께동사**라 한다. **주의]** 1. 그 차이만큼 IS가 달리 작동해야 한다. 2. 함께동사라도 많이 쓰면=StE 덜 쓰면= infml E가 된다.

IIIII.. **Life is life, and fight for it.** 시동=그래서, 싸워라. 즉/해대/해자 그것과 말이다. for=해당대상으로서 즉/해대(該對)/해자

≒ Life is life, and fight it. vs Fight for the heavyweight title.

↳ 타동사 직대 전제 시동=위해서/즉[해대/해자]-- 을 (얻기) 위해서

↳for=해당목적과 그 대상

□ **타동사**=동사의 대상을 바로 취하는 것

□ **타동사+전치사로서 함께동사** =동사의 대상은 전치사, 전치사의 대상은 바로 뒷말로 하여 동사의 대상과 전치사의 대상이 결국 같은 경우, 즉 동사의 목적어와 전치사의 목적어가 같은 경우

↳특히 이런 전치사를 함께동사 전치사라 함

1.. **Hiddink takes over at Russian Club.** ↗ at=구역일치, 즉 바로 대상으로서 즉/직체/직자 주의]함께동사가 아니면 구자/구소가 된다.

시동=취해서 넘겨 받았는데[인수했는데] 즉/직체/직자 -- 을 말이다. ※ takes=발생현재 over=전치사 부사 ↳인수대상이 아닌 인수장소를 뜻함

≒Hiddink takes over Russian Club. **시동**=취해서 넘겨 받았는데[인수했는데] -- 을 말이다.

: Looking at me. **시동**=살펴보고 있다. 즉 나를 말이다. -- **타동사** vs 쳐다보고 있다 -- **자동사**

≒Looking me. **시동**=살펴보고 있다. 즉 나를 말이다

: a.. I look around at you. tip) around=**전치사 부사** : The meeting wrapped up a week's work. [=capped]

b.. Look to the story. **시동**=살펴보자, 대자 --- 쪽으로 : a look at Eropean Markets ※ look=**명사**

2.. **Korean lawmaker visited to an island.** 시동=방문했는데 대처(對處)/대자 (어떤 섬을 말이다)

≒ Korean lawmaker visited an island. **시동**=방문했는 데 어떤 섬을 말이다. ※ Korean lawmaker=**(관사전제)** infml E

3.. **Abby, thank you for giving me this opportunity to let people know about that issue.**

시동=이런 기회, 즉 하게하는 기회인데 사람들로 하여금 알게 하는 기회, 관련해서 그 문제와 관련해서 말이다.

≒Abby, thank you for giving me this opportunity to let people know that issue.

시동=이런 기회, 즉 하게하는 기회인데 사람들로 하여금 알게 하는 기회, 그 문제를 말이다.

: a.. I know about it. ≒ I know it ※ about=**변관으로서 관련내용/변관 대상으로서 변자**

b.. Read about the story. ≒ Read the story. **시동**=읽어라. 변관/변자, 그 이야기에 관한 것을 말이다.

c.. We're talking about quantity, not quality. ≒ We're talking quantity, not quality. ↳≒ – , 그 이야기를 말이다.

d.. Forget about it. ≒ Forget it. Think about it. ≒ Think it.

자타 동사 쉽게 시동걸기

자동사, 타동사 개념만 잘 알고 있으면 쉽게 시동을 걸 수 있고, 원어민 표현을 쉽게 이해할 수 있다. 동사를 1형식 동사(완전 자동사), 2형식 동사(불완전 자동사), 3형식/4형식 동사(완전 타동사), 5형식 동사(불완전 타동사)로 외울 필요가 없다. 원어민들도 그렇게 알고 있지않다. 그냥 자동사/타동사 개념만 잘 알고 의율에 맞에 free 영뇌로 표현하기 때문이다.

전자=주체에게 그냥 일어나는 것으로서 영향을 미치지 않는 동사, 그래서 목적[대상]어가 없는 동사

후자=동작 또는 행위가 직/간접적으로 목적어에 영향을 미치는 동사로, 목적어가 직접[간접] 대상, 내용, 결과, 수단, 동반 -- 등이 되는 동사

전자 : Rain showers develops around early evening. 발달한다

후자 : Regular exercises develop back muscles. 발달시킨다

4.. Leaving from the main gate.

시동=떠나고 있다. 기처/기자 정문으로부터 말이다. ※ **from=출처장소로서 기처/그 대상으로서 기자**

≒Leaving the main gate.

시동=떠나고 있어요, 정문을 말이다. ※ Leaving=(**주동 전제**) infml E : He is/They are --- etc.

5.. I will kill for the man.

시동=할 것이다. 죽이는 것인데, 즉/해대/해자 그 남자를 말이다. ※ **for=해당대상으로서 즉/해대/해자**

≒I will kill the man. **시동**=할 것이다. 죽이는 것인데, 그 남자를 말이다.

: a.. Volunteers prepare for food. ≒ Volunteers prepare food.

cf] N.K. readies for Brazil. **시동**=준비하고 있는 데 즉 브라질과의 대전을 말이다.

※ prepare=**미리 준비하는 것** [pre: before] vs ready=**할려고 준비하는 것**[d: do y: 준비자세]

b.. We're not seeking revenge, but for justice.

시동=모색하고 있지 않는데 복수는 모색하고 있지 않아요, 하지만 즉/해대 정의는 모색하고 있어요.

-- 하나는 바로 대상으로, 다른 하나는 전치사 대상으로 말하고 있다.

c.. Wait for dinner for him. ≒ Wait dinner for him.

시동=기다려라. 해대 정찬을, 해자 그 사람을 위해서 말이다.

⇒ 사람일 때는 for로 비사람일 때는 optional이다 : We waited for the sun. Wait your turn.

d.. Give for taxes. 내라. 해대/해자 세금을 말이다 ≒ Give taxes.

6.. Count of three. **동격목적=타동사 목적어와 전치사 목적어가 같다는 것↘**

시동=세어라, 즉 셋을 말이다. ≒ Count three. **시동**=세어라, 셋을 말이다. ※ **of=동격대상으로서 즉**

: a.. Thinking of you. ≒Thinking you.

b.. He thought of Skip everyday. ≒ He thought Skip everyday. ※ Skip=name of a dog

c.. US knew in '98 of plan to fly plane into towers. ※ plane=(**지정사 전제**) infml E

≒ US knew plan to fly plane into towers in '98.

d.. Buddhist monk: I need of nothing. ≒ Buddhist monk: I need nothing.

cf] **be 동사의 발전 English : 동질과 동격끼리 의율**

||||| .. UN chief : Time is of the essence.

시동=유엔 사무총장[수장] 말은 시간이 즉 정말로 중요하다는 것이다.

≒ Time is the essence. **시동**=시간이 정말로 중요해요: It's of course.[=Of course]

cf] **of=동격 대상으로서 즉 -- 에게**

||||| .. LPGA says English will be required of its players.

시동=앞으로 될 것이다. 필수요건으로 즉 LPGA 선수들에게 말이다.

7.. Listen to me. **시동**=귀기울이세요, 즉/대자 나에게[내 말에] 말이다. ※ **to=방향대상으로서 즉/대자**

≒ Listen me. **시동**=귀기울이세요 나에게/내 말에 말이다.

※ 내 말의 '말' =**대명사** associate**로서 단어** associate

8.. In spite of recent corporate scandals, and job cuts, workers still believe in CEO's.

시동=여전히 믿음을 주고 있다. CEO들에게 말이다. ※ in=내로 집어 넣는 것으로서 주는 것

≒ ----- , workers still believe CEO's. **시동**=여전히 믿고 있다. CEO들을 말이다.

: People believe in our service.

시동=믿음을 주고 있다. ※ in=**불어 넣는 것으로서 주는 것** : "Obama you can believe in." : **미 대선** motto

≒People believe our service. **시동**= 믿고 있다. ※ you can believe in=**관계문장 영뇌**

9.. Eating into our savings. 시동=갉아 먹어 들어가고 있다 ≒ Eating our savings. 시동=갉아 먹고 있다.

10.. I can hear in your voice. 시동=할 수 있어요, 들려 들어오는 것인데 너의 목소리가 말이다.

11.. Open to the page you want. ≒I can hear your voice. 시동=가능해요, 듣는 것인데 너의 목소리를 말이다.

시동=열어라, 즉/대자 그 페이지를, 즉 여러분들이 원하는 그 페이지를 말이다. ※ you want=**관계문장**

≒ Open the page you want. **시동**=열어라, 그 페이지, 즉 ---- . ※ **즉=문맥** associate

: Oil turned to gold. **시동**=변했는데 즉/대자 금으로 변했다. -- **금값으로 번역하면 '값'** =associate

≒ Oil turned gold. **시동**=변화하고 말았다, 금(값)으로 말이다.

12.. Israeli PM called for special cabinet meeting. 하자고 /해자[해대]

시동=목소리를 냈다[요구했다], 하자고[해자/해대] 특별 내각 회의를 하자고 말이다. ※ for=해당목적과 그 대상으로서

≒ Israeli PM called special cabinet meeting.

⇒ call=목소리를 내는 것으로서 요구하는 것

plus] People hailed democracy.

⇒ hail=불러대는 것으로서 강하게 요구하는 것

plus] People called **for** him to leave. ※ for=해당대상으로서 즉/해자

Trump calls bank executives **for their thoughts** on recession warning.

cf] UN secretary general Ban Ki Moon called on all members.

시동=목소리를 냈다[요구했다]. (하라고 모든 회원국들에게 하라고 말이다).

※ call=목소리를 내는 것으로서 요구하는 것[부르는 것] /가서 부르는 것[불러 방문하는 것]으로서 호방문하는 것

※ on=상작동으로서 하라는 것 /상작동으로서 실시 /상표면으로서 상소 /상소에 있는 것으로 방문하는 것

: Pope called on churches to renew. [=Catholic churches ⇐ 주체 helper cf]Christian churches]

목소리를 냈다[요구했다]. 하라고 -- 대동/즉 새롭게 하라고 말이다.

Pope called on churches. 목소리를 냈다[요구했다]. 하라고 교회들에게 하라고 [상자 교회에게] 말이다.

cf]I hear on me. 들렸는데 상자/상소 나에게 말이다.[=I hear. 들렸어요] ↘또는 (상소에) 미치는 대상으로서 상자

Give up on Pyungyang. 주고 손드는 것/주되 완전히 주는 것[즉 포기하는 것]을 실시하라.

I called (in) on him yesterday. 불러서[불러 들어가서] 방문했다.

vs I called at her house. 불러 방문했다. (at=구처에 있는 것으로서 방문하는 것).

cf]He called a meeting/witness. : 부르는 것으로서 소집[소환]하는 것

cf] 타동사 + 전치사부사 : 전치사 부사 함께동사 ⇒ **함께동사 전부**

IIIII .. US killed on Osama bin Laden. [=killed] Capitalize on it. [=Capitalize]

시동=미국은 죽이는 일을 수행했다. --에게 말이다. /자본화 시켜라. 그것을 말이다. ※ on=상작동으로서 수행/실시

cf] 뜻의 차이가 있는 것 : 함께동사가 아닌 것

IIIII .. Early season beachgoers enjoy at Bethany Beach.

시동=즐기는 데 구처 Bethany Beach에서 즐기고 있다.

vs Early season beachgoers enjoy Bethany Beach. **시동**=즐기는 데 -- 를 즐기고 있다.

vs Vote for me. 시동=투표하되 찬성표를 나에게 말이다 : **함께동사 전치사** cf]I will vote yes/no.

=Vote me. 시동=투표하라. 나에게 말이다 : 나에게 투표하는 것으로서 찬성표이다.

cf] Crimea has voted to become a part of Russia. ※ voted=가결/표결/의결한 것 -- **사실** event

tip)사전에서 동사가 이런 전치사 또는 전부와 함께 보통 쓰인다는 말은 그 뜻을 무시하고 동사의미만 이해해서는 안된다. 관사나 복수처럼 그 뜻도 따져봐야 한다.

overdose=to take too much of a drug or medicine -- usually +on

: She overdosed on tranquilizers and fell into a coma. (on=**상작동으로서 계속** -- 과용했는데 계속 그렇게 했다는 것)

Plus-6 기능과 기/설 영뇌

기/설 영뇌는 단어들의 뜻 관계로서 단어들의 기능과 다르다. 기능은 구문법식 이해 방식이다.

□ **7대 기본품사 기능 — 명동형부접대전, 즉 명사 /동사 /형용사 /부사 /접속사 /대명사 /전치사의 기능**

※ **품사기능**=주기능 /보조기능 /접속기능 /서술기능 **기타** : 수식기능

※ **주기능**=주어/목적어/보어 : 명사[대명사] /동명사[to부정사] /형용사 /종속접속사(명사절) /전치사(즉, 일종의 명사구)

※ **보조기능**=보조어 : 부사 /종속접속사(부사절) /전치사 (부사구) ※ **접속기능**=접속어: 종속/등위 접속사

※ **서술기능**=서술어: 동사 ※ **수식기능**=수식어: 형용사 /전치사(형용사구)

1. 주기능 /서술기능 /보조기능 /접속기능

||||| .. a.. My head aches. -- 주어/서술어 b.. Frank is clever[an architect]. -- 주어/서술어/보어

c.. My sister enjoyed the play. -- 주어/서술어/목적어

d.. The firm gave Sam a watch. -- 주어/서술어/목적어

e.. They made Sam redundant[chairman]. -- 주어/서술어/목적어/보어

||||| .. f.. I ache all over. --부사=보조어로서 보조기능

g.. Time is <u>of</u> the essence. She learnt <u>for</u> three weeks. -- **전치사**=보어로서 주기능 /보조어로서 보조기능

An elephant <u>with</u> two tusks and a trunk. -- **전치사**=수식어로서 수식기능 **시동**=갖추고 있는 동물인데

h.. I was watching when the beeper bleeped. -- **종속접속사**=접속어로서 접속기능+보조어로서 보조기능(부사절)

He said that she is rich. -- **종속접속사**=목적어로서 주기능+접속어로서 접속기능(명사절)

영어를 가장 잘 하는 사람

우리도 우리말을 익힐때 그냥 뜻으로 익히지 오형식으로 익히지 않는다.
↗ 문장 오형식은 기능적 학문적 접근이고, 기/설은 그냥 생활 속에서의 뜻으로 뜻 관계이다.

가장 기본적인 주기능과 서술기능만 가지는 문장을 문장오형식(five simple sentence patterns)이라 한다. 문장 오형식을 바탕으로 문장이 자꾸 재생산 되는[reproduced] 것으로 이해하는 것이 구문법이다. 즉, 조동사, 과분사, 현분사, to 부정사, 동명사, 전치사, 형용사, 부사, 접속사를 사용하여 문장을 재생산 한다. 하지만 영뇌 영어에서는 그럴 필요가 없다. **원어민과 똑 같은 두뇌 작동으로 이해하기 때문이다.** 즉 관계대명사 영뇌, 전치사 영뇌, 원동사 영뇌, 과동사 영뇌 --- 등을 <u>단어의 최종적인 뜻인 감각적 주파수</u>로 이해하면 된다.

그래서, 영어를 감각적 주파수로 이해하거나 듣거나 말하는 사람이 영어를 가장 잘 하는 사람이다. 최고의 실력자이다. 잡다한 문법이 아니다. tip)형용사=주로 질/상태, 부사=양태/방법/시간/장소/이유 — 등등

||||| .. **문장 오형식과 기/설 영뇌 :**

1) subject + verb : My head /aches. =B --> E

2) subject + verb + complement :

Frank /is /clever[an architect]. =B --> E --> E′ or Frank is /clever[an architect]. =B --> E

3) subject + verb + direct object : ↘똑똑한 질로서 똑똑한 것

My sister /enjoyed /the play. =B --> E --> E′ or My sister enjoyed /the play. =B --> E

4) subject + verb + indirect object + direct object :

The firm /gave /Sam /a watch. =B --> E --> E′ --> E″

or The firm gave /Sam /a watch. =B --> E --> E′ (Sam≠a watch ∴ 그래서 B -->E/E 독설뇌 가능)

5) subject + verb + object + complement :

They /made /Sam /redundant[chairman]. = B --> E --> E′ --> E″ ↗ 불필요한 상태로서 불필요한 것

or They made /Sam /redundant[chairman]. = B --> E --> E′ (Sam=redundant or chairman)

※bleep=to send out bleeps 보내는 데 삐삐 신호를 보내는 것 beeper/pager (AmE) , bleeper(BrE) 삐삐

play=놀이/경기/연극/희곡 redundant=adj. 불필요한 것/해고되는 것 chairman=(그룹/학생회의) 회장

2.. 자타동사 IS영뇌 쉽게 작동시키기 :

IIIII **동사=자동사/타동사**

전자=영향을 미치지 않는 동사, 그래서, 목적어[대상어]가 없는 동사

후자=대상[직/간접 대상], 내용, 결과, 수단, 동반 -- 등으로 목적어에 영향을 미치는 동사

대부분의 동사는 자동사와 타동사 의미, 모두 다 되는 경우가 많은 데 전자는 영향을 미치지 않게 자동의미로 시동을 걸고, 후자는 영향을 미치게 타동의미로 시동을 걸면 된다. 즉 **자동사 일때**는 영향을 미치지 않게 "-- 되다/지다/스스로 하다"로 자동으로 이루어지는 의미로 시동을 걸면 되고, **타동사 일때**는 직물로, 간물로, 내용물로, 결과물로, 수단물로, 동반물로 영향을 미치게 시동을 걸면 된다.

↗우리말 '되다/지다' =자동의미/피동의미

ex]자동사 : Oil crushed. 기름값이 (자기 스스로) 꾹 눌려져 부셔졌다. 즉 폭삭 내려 앉았다는 말이다.

Dow sells off more than 700 points. 다우는 (주식이) 팔려나가면서 떨어졌는데 이상 차자 -- 이상 말이다.

↳ 동사 associate, 즉 단어 associate

IIIII **자동사=완전자동사/불완전자동사**

전자=영향을 미치지 않는 동사로서 보어를 필요로 하지 않는 동사 -- **1형식 동사**

후자=영향을 미치지 않는 동사로서 보어를 필요로 하는 동사 -- **2형식 동사**

tip) 원어민들도 형식동사로 알고 있지 않다. 그냥 자동사와 타동사 개념만 잘 알고 기/설로 뜻 관계만 잘 알면 된다.

IIIII **타동사=완전타동사/불완전타동사**

전자=영향을 미치는 동사로서 보어를 필요로 하지 않는 동사 -- **3형식/4형식 동사**

후자=영향을 미치는 동사로서 보어를 필요로 하는 동사 -- **5형식 동사**

↗그리하여 단어의 최종적인 뜻인 감주로 이해함

IIIII **목적어 종류=대상물[직물/간물], 내용물, 결과물, 수단물, 동반물** ⇒ 목적어도 기/설, 즉 뜻 관계로 저절로 결정됨

-- 영뇌에서는 목적어를 한뇌, 즉 한글구조로 '을/를' 로만 생각하면 안 된다. **그냥 기/설로 간단히 처리하라.**

a.. He gave Vera a generous discount. **간물** (에게) /**직물** He married her. **직물** -- 그 여자와 말이다.
North Korea is funding its threats. I got me some intelligence. **간물** -- 획득했는 데 내가 어떤 정보를 --
간물 (에) -- 자금을 대고 있는데 자기네들이 여러가지로 위협하는 일에 말이다.

b.. Mike planted the garden. 정원에 -- **간물 /명사부사** He eagled the 8th hole. **간물 /명사부사** 8번 홀에서

c.. You burnt a hole in my skirt. **결과물** -- 태워서 구멍을 냈구먼 /구멍이 생겼구먼

d.. Clinton said that it' s dangerous. **내용물** -- 하다고 말이다.

e.. He lives a lie. He points a shotgun. He hit his fingers. **수단물** -- 거짓말로 /사격총으로 /자기 손가락으로

f.. He is walking his dog. **동반물** -- 데리고 걷고 있는데 자기 개를 말이다/걷고 있는데 자기 개를 데리고 말이다.

cf]Hidden Object(숨겨진 목적어), 즉 단어 associate : Inspiring lifestyle today.

무언가 힘을 불어 넣는 것, 라이프 스타일에 오늘 말이다. *lifestyle=간물

오형식 중독에서 벗어나기

IIIII **기/설 영뇌** : 반드시 동사를 기능으로 문장 오형식처럼 표현하지 않아도 된다.

특히 1형식 동사, 2형식 동사 -- 하면서 외울 필요도 없다. 그냥 기/설 관계, 즉 뜻 관계로 이해하거나 표현하면 된다. 보조어도 마찬가지이다. 문장오형식도 영국사람들이 지어낸 대표적인 비효율적인 학습도구이다.

a.. My muscles ache from shoveling snow. b.. Frank is. or Frank is here.

c.. My sister enjoyed. or My sister enjoyed a great deal. or My sister enjoyed the play.

d.. The firm gave. or The firm gave a lot.
or The firm gave Sam. **시동**=주었는데 샘에게 말이다[간물] /넘겼는데 샘을 말이다[직물]
or The firm gave a watch. or The firm gave Sam a watch.

e.. They made. or They made bigger. or They made Sam. **시동**=만들었어요[즉, 낳았어요], 샘을 말이다.
or They made Sam redundant[chairman].

addition] a stentence of four forms ⇒ ❖ **statement (평서문)** : The shops close at 7 tonight.

❖ **question (의문문)** : Do the shops close at 7 tonight? ❖ **command (명령문)** : Shut the door!

❖ **exclamation (감탄문)** : What a slow train this is!

🙞.. **어순대로 이해하는 법 : 감주, IS, BEis, Ekbe,**
↘두뇌 움직임을 같게 하는 법 **Free 영뇌, 단어 본래의미[=원어민이 알고 있는 의미]**

4. 일반과분사 영뇌[GPP NB]

해야할 일-- 원래 언어는 생활 속에서 뜻이 얻어진 것이다. 원어민들처럼 **일반과분사 말**을 배우려면 여러분들의 두뇌를 생활 속에서의 뜻으로 일반과분사 영뇌를 습관화시켜라. 특히 BEis, IS **영뇌로 습관화시키되**, (생활 속에서의 뜻이 용해된) free **감주**로 습관화시킨다.

🙞.. **생활 속에서의 뜻=외국인과 생활하면서 느껴지는 뜻이자 실제로 적용된 뜻(≠사전의 원형적인 뜻)**

❖ **일반과분사 영뇌란 :**

IS 두뇌로 HB동사/명사(대명사)를 event 또는 그 확장의미로 그냥 서술적으로 설명해 나가는 뇌 또는 명사/대명사를 먼저 말해 놓고 바로 event 또는 그 확장의미로 그냥 서술적으로 설명해 나가는 뇌[free 영뇌/infml E] 요컨데, 비연결설명어

또는 event 또는 그 확장의미로 먼저 말하는 뇌[free 영뇌/infml E] 요컨데, 기본어

---

vs 한뇌

=HB동사보다 먼저 작동 : 근본적인 버그단어

※HB동사=have/be동사 : 일반과분사와 일반현분사는 본동사가 아니다. HB동사를 설명해 나가기 때문이다.

□ **과분사 BNW**=event

∴ **일반과분사 BNW**=그냥 능동/피동/자동 event
(**관계과분사 BNW**=피동/자동 event로서 제한적/비제한적 연결의미)

□ **과분사**=event로서 능동의미 /피동의미 /자동의미,
즉 능동 event 또는 피동/자동 event와 EM

□ **일반과분사**=능동/피동/자동 의미,
즉 능동 event 또는 피동/자동 event와 EM
— **비연결설명어**
(피동 event ···› 피동동작
자동 event ···› 자동동작으로 확장)

피동/자동 event로서 확장 event

vs 관계 과분사
=피동의미와 자동의미,
즉 피동/자동 event와 EM — **연결설명어**

tip)일반과분사도

event이기 때문에 또는 본동사 의미가 들어있기 때문에 현재/과거/미래 속에 들어 갈 수 있고, 특히 본동사 의미가 들어 있기 때문에 현과미 속에서의 event 또는 일설 event가 된다 ⇒ **과분사=원동사 + ed=본동사의미 + event**

□ **한국 사람들의 가장 큰 취약점 :**

영어 읽는 법을 모르고 있음 ⇒ 감각적 주파수
+ free 영뇌, 특히 free 감주에 약하다.
+ 한뇌로 이해, 즉 있는 그 위치에서 바로 무한글 의미를 못 느낌

+ 말[소리]자체/글자자체가 뜻이자 A상황인데 자꾸 해석하거나 이미지를 그려서 이해하려고 함 특히 해음/해자 영뇌에 약함
+ 단어의 BNW를 못 느낌, 즉 단어의 본래의미로 이해하지 못하고, 뜻하는 의미로 이해하고 있음 특히 어려운 표현은 숙어로 취급하고 있음
+ 시[시제]에는 현재/과거/미래만 있는 줄로 알고 있음 즉, event시와 원시, 동명시는 잘 모름

+ 완료형/수동태로 엎쳐서 이해함 단어 하나 하나 의미를 분명히 느끼지 못하고 있음
+ 문법적 예문으로만 취급하고, 말로 활용하는 것에 약함 문법공부, 말공부가 따로 있는 게 아니다.
+ 자동 event에 약함
+ 명사처럼 하나의 단어로서 뜻을 기억하지 못함 즉, 원형으로만 많이 기억하고 있음

+ 문자값으로만 이해하거나 기억하지 청구(聽口) 소리값으로 더 뇌화 되어 있지 않음
+ 독설이든 연설이든 전설이든 앞말을 설명해 나가는 두뇌가 발달되어 있지 않음
+ 단문보다 story뇌에 약함 + 특히 infml E에 약함
+ 영어주파수, 즉 vocal 감주에 약함
+ 감각적 주파수로 이해하는 데 약하다.
+ 생활 속에서의 뜻[소리]에 약함

tip)관계과분사=관계를 짓는 과분사 일반과분사=그냥 과분사

☞.. 감주로 자꾸 말하면 뒷말과 말하는게 굳어진다. 한뇌로 거꾸로 이해하는 버릇때문에 "감주습관"이 필요하다.

1) 일반과분사 영뇌[GPP NB]

IS 두뇌로 HB동사/명사(대명사)를 event 또는 그 확장의미로 그냥 서술적으로 설명해 나가는 뇌
또는 명사(대명사)를 먼저 말해 놓고 바로 event 또는 그 확장의미로 그냥 서술적으로 설명해 나가는 뇌[free 영뇌/infml E] 요컨데, 비연결설명어
또는 event 또는 그 확장의미로 먼저 말하는 뇌[free 영뇌/infml E] 요컨데, 기본어

① have 동사를 능동 event로 설명해 나가는 뇌

영어는 영어 이해흐름대로 이해돼야 진짜 영어다.

A.. I have /mailed /the letter. (or I have /mailed the letter.) [=posted : BrE]

영뇌=기→ 설→ 설′ : BEis-Os

or I + I + I : I-Os or S + S + S : S-Os

How to Read[Speak]=Ihave mailedthe letter. 〉 Ihave mailed theletter.
: BEis/IS로 되어 있는 것을 감각적 주파수로 이해한다.
구슬이 서말이라도 꿰어야 보배다.
small tip)통역[해석]은 감주로 먼저 이해가 된 후 일어나는 부산물이다. 이해의 근본방법이 아니다.
시동= vocal 감각적 주파수로 ↗**그러면 영어말투가 형성되고 영어말투에 익숙해진다.**
(자동 설가가 될 때까지) F3+E2 강하게 말하기 ※mailedthe letter=단감주+단주 ⇒ p505

→ 주동으로 개략적으로 말하고, event로 구체적으로 설명해 나가는 뇌 : BEis-Os

☞.. **我必 Free 감주 간직하기**=Have mailed the letter. or Mailed the letter. 과동사 영뇌:
↳ 과분사 영뇌: 부친 것이 있어요 : 과거 속에서의 event

시동=나는 가지고 있어요[나에게 있어요],
(우편으로) 부친 것인데 그 서신을 말이다. | Free 감주 간직하기 ↗나는 부쳤는데 그 서신을 부쳤다.
↳부친 event, 즉 가지고 있는데 부친 event를 가지고 있다는 것 → **여전히 한글모습으로 이해**

현동사 have=소유현재 -- s동사 **주의]have 의미를 빼먹으면 영뇌가 아니다 : Ekbe=완전한 직독직해**
mailed=능동 event로서 사실 event [mail + ed 었던 것〉 했던 것으로서 event 음가 or (e: 조율음) d: done]
말=MAiled=slide 주파수 **a**=e: 알파벳음가 ei중 e : **i**는 뒷 **i 음가** 때문에 폐쇄 시동을 걸수 없는 경우가 많다. 명심하라.
↗현장 영어에서는 BAM과 associate를 모르면

시동 종류=원애시동 /vocal음 /Free 영뇌 /F3+E2 /일상적인 생활 /Ekbe /†SIUM 말하기
/무한글 /BNW or 비한글 BNW /BAM /BEis영뇌 /G토씨 /connotation /영뇌기본자세 /패턴 /associate
↘**Ekbe 시동은 처음에는 이해수단이 되지만, 나중에는 영어자체 (무한글) 이해느낌으로부터 Ekbe가 나온다.**

B.. She had /been /a vegetarian /for ten years.

영뇌=기→ 설→ 설′→ 설″ : BEis-Os

How to Read[Speak]=Shehad beena vegetarian forten years. : 먼저 감각적 주파수로 이해한다.
시동= vocal 감각적 주파수로 (자동 설가가 될 때까지) F3+E2 강하게 말하기

(쉬**해**드=cramp F or 쉬-해드=line 점형 F + slide F 비-너=retro-root F : 합성 감주 vs 비합성 감주 : 포-[포오]테ㄴ=line 점형 F[내성음 slide F] + post 점형 F /퍼-**테**ㄴ=up-slide F : '퍼-'로 앞으로 밀어주면서 올라간다. 베짙**테**어리언=뒤가 높은, 즉 후음고음 double slide/dragon F)

시동=그 여자는 가지고 있었어요[에게 있었어요], 해왔던 것인데 채식주의자로 구시(區時), 10년 동안 말이다.
/-- 있어 왔던 것 [생활해 왔던 것] 인데 [=Had been ---- . : infml E] | Free 감주 간직하기
↳ 있어왔던 event, 즉 가지고 있었는데 있어왔던 event를 가지고 있었다는 것

☞.. **我必 Free 감주 간직하기**=Been a vegetarian for ten years. tip) 여기서 'been' =동동사
↳있어 왔던 것 [해왔던 것/생활해 왔던 것]이 있어요[있었어요] : 여기서는 과과 속에서의 event

more) 'been a' **free 감주**=있어왔던 것인데 어떤 한 사람으로 있어왔던 것 ↳이전과거부터 (그때) 과거까지

☞.. 단어 본래의미를 알면 어순이 동일해지고 그 원천기술은 기/설과 BAM이다.

과동사 had=실제과거로서 단순과거
been=능동 event로서 (기간) 계속 event : 있어(be=있는 것) 왔던 것으로서 해왔던 것/생활해 왔던 것
[be + en(언 > 었던 것 > 했던 것 > 해왔던 것): event 음가 or en: done] ⋯▸ en : '언' 하면 소리에서 '일어난 것, 즉 event' 가 느껴짐 말=BEEn=비-ㄴ[비인]/비ㄴ=line점형/post점형 주파수 인=장음 내성음 e/e: 알파벳음가

C.. You will /have /read /at least one of his English books.
영뇌=기→ 설→ 설′→ 설″ : BEis-Os

How to Read[Speak]=Youwill havereadat leastoneofhis Englishbooks. (↗고난도 감주)
: 먼저 감각적 주파수로 이해한다. 그러면 저절로 의음/의자가 된다.
시동= vocal 감각적 주파수로 (의음/의자가 될 때까지) F3+E2 강하게 말하기
(해브레드애ㅌ[애트]=slide F + check mark F[=slide F + dot 점형 F /little slide F])

☞.. 我必 Free 감주 간직하기=Will have read at least one English book.

시동=너는 할 것이다. 갖는 것인데 읽은 것을 갖는 것인데 즉 적어도 한 권 정도를 그 사람의 영어책 중에서 말이다. /할 것이다. 즉 가질 것이다. 읽은 것을 --- . /앞으로 가질 것이다[있을 것이다]. 읽은 것인데 즉 적어도 한권 쯤은 ---. *of=동격크기로서 정도/쯤은 -- 중에서 | Free 감주 간직하기

□ 미래 완료의미일 경우 미래 어느 시점에 읽은 사실을 소유 ⇒ read=미래 속에서의 (기의미성립) event
[≠will read 시동=할 것이다. 읽는 것을 말이다 /앞으로 읽을 것이다.]
□ 현조동사 will=주체래발생 -- s동사 원동사 have=미래 속에서의 본동사 의미

비한글 BNW로 시동=그냥, will에서 주체래발생을, have에서 미래 속에서의 본동사 의미를, read에서 사실 event를 느낀다. 즉 그것들만 느껴도 의미가 스쳐가는 게 비한글 BNW 시동이다.

read=능동 event로서 사실 event [r: run 읽어가는 흐름 + ead>ed 었던 것>했던 것: event 음가 or d: done]
말=REAd=slide 주파수 ea=ea >e: e지배음가=철자음가 cf] ead>ed '얻>었' 으로서 과음가 : 과동사

D.. He has /been training /700 horses /for ten years.
영뇌=기→ 설→ 설′→ 설″ : BEis-Os

How to Read[Speak]=Hehas beentraining 700 horsesfor tenyears. : 먼저 감각적 주파수로 이해한다.
(한 단어처럼) 뒷말과 말하는 느낌 때문에 저절로 이해가 발생한다.
시동= vocal 감각적 주파수로 (자동 설가가 될 때까지) F3+E2 강하게 말하기
(트[츄]레이닝세븐 헌드레드=cramp F + slide F + slide F : seven을 앞으로 붙이는 것도 감각적 주파수[리듬]이다)

시동=그는 가지고 있어요[그에게 있어요], 해왔던 것인데 쭉 훈련을 시켜 왔던 것인데 말 7백마리를 구시 10년 동안 말이다. | Free 감주 간직하기 능동동질 ↙과현 속에서의 event ↘과현 속에서의 쭉 진행의미

☞.. 我必 Free 감주 간직하기=Has been training 700 horses for ten years.
or Been training 700 horses for ten years.
↘해왔던 것[있어왔던 것], 즉 쭉 훈련을 시켜 왔던 것이 있어요.

현동사 has=소유현재
과분사=능동 event로서 (기간) 계속 event
[be+ en: event 음가 or en: done] 현분사=쭉 진행, 즉 event 진행, 즉 과분사의 기간계속 event가 진행의미에 가미되어 event 진행으로 바뀐 것

E.. He had /been repairing /the engine /since dawn.
영뇌=기→ 설→ 설′→ 설″ : BEis-Os

How to Read[Speak]=Hehad beenrepairingthe enginesincedawn. : 먼저 감각적 주파수로 이해한다.
시동= vocal 감각적 주파수로 (자동 설가가 될 때까지) F3+E2 강하게 말하기
(리페어리잉디=cramp F 리페어리잉더=cramp F : 어화=감주시 모음과 관계없는 the의 infml 소리 리페어린디[더]=cramp F : g폐쇄와 빠른 리듬
∵ 소리는 소리본체에서 나오기 때문이다. 발음기호가 아니다. 리페어린디[더]=cramp F + little slide F : 보통 리듬)

.. 我必 Free 감주 간직하기=Been repairing since dawn. or Repairing since dawn.

시동=그는 가지고 있었어요[그에게 있었어요], 해왔던 것인데 쭉 수리를 해 왔던 것인데 ↘후자로 많이 표현한다.
능동동질 엔진을 이래로 새벽 이래로 말이다. | Free 감주 간직하기

과동사 had=실제과거로서 단순과거
과분사=능동 event로서 (기간) 계속 event [be+ en: event 음가 or en: done] 현분사=쭉[event] 진행
↘여기서는 과과 속에서의 event 과과=이전과거부터 (그때) 과거까지 ↘과과 속에서의 쭉 진행

F.. By the end of the year //he will /have /been training /horses /for ten years.

영뇌=전설 ⇨ 기→ 설→ 설′ → 설″→ 설‴ : BEis-Os

How to Read[Speak]= Bythe endofthe year hewill havebeen training horsesfor tenyears.
: 먼저 감각적 주파수로 이해한다.
말에 의미가 실리는 것이지 의미를 먼저 생각하고 말을 하지 않는다. 그래서 말부터 먼저 하라.
시동= vocal 감각적 주파수로 (자동 설가가 될 때까지) F3+E2 강하게 말하기
(바이디=slide F 애ㄴ더브더=slide F : 합성 감주 애ㄴ어브더=slide F : d폐쇄와 비합성 감주 ➡ the의 디/더 소리는 철자기준=standard 소리)

.. 我必 Free 감주 간직하기=By end of year he will have trained for ten years.

시동=(쯤에는/근시/근자 말, 즉 금년 연말쯤에는) 그는 할 것같아요, 갖는 것인데, 해왔던 것, 즉 쭉 훈련을 시켜 왔던 것을 말에게 구시 10년 동안 말이다. | Free 감주 간직하기 능동동질 ↘여기서는 과미 속에서의 event/쭉 진행
-- 전부터 해왔던 것을 미래까지 통틀어서 계산

현조동사=주체래발생
원동사 have=본동사 의미로서 미래상황, 즉 미래 속에서의 본동사의미 ∵ will=주체래발생 tip)will과 have=같은 미래 상황
과분사=능동 event로서 (기간) 계속 event [be+ en: event 음가 or en: done] 현분사=쭉 진행, 즉 event 진행
tip)동사가 네개이더라도 각각 자기시제 상황이 있다.

② be동사를 피동[자동] event 또는 그 확장의미[EM]로 설명해 나가는 뇌

A.. The house is /destroyed /in the ethnic clashes.

영뇌=기→ 설→ 설′ : BEis-Os
or I + I + I : I-Os or S + S + S : S-Os | Free 감주 간직하기

How to Read[Speak]=Thehouseis destroyedinthe ethnicclashes.
: 먼저 감각적 주파수로 이해한다. 이때 이해는 소리본체에서 느껴진다.
시동= vocal 감각적 주파수로 (자동 설가가 될 때까지) F3+E2 강하게 말하기
(인디=small slide F 이쓰니끄클래쉬즈=slide F(극저음 된소리화) + cramp F 이쓰닉클래쉬즈=slide F + cramp F)

→ 주동으로 개략적으로 먼저 말하고 event로 구체적으로 설명해 나가는 뇌 : BEis-Os

.. 我必 Free 감주 간직하기=House destroyed in clashes.

시동=그 집은 (되어) 있는데 파괴되어 있다. 속에서 민족 간의 충돌 속에서 말이다 : **피동동질/능동동질**
/그 집에게 있었는데[생겼는데] 파괴된 것이 있었다[생겼어요], 속에서 민족 간의 충돌 속에서 말이다 -- **동작 event**
/되었어요[이었어요], 즉 파괴되었어요 -- **피동동작**
↖확장 event

주의]be동사 의미를 빼먹거나 부분역순 이해는 영뇌가 아니다 : Ekbe=완전한 직독직해
→ 여전히 한글모습[한글구조]으로 이해
↘그 집은 파괴되어 있는데 민족 간의 충돌 속에서 말이다.

현동사 is=피동동질/능동동질
destroyed=피동 event로부터[로서] 상태[동작] event /피동동작
[destroy+ed(인 것)된 것): 피동 event 음가 or (e: 조율음) d: done]
↘여기서는 현재 속에서의 event[피동동작]

☞.. 암기도 역순해석으로 암기하는 것과 영순의미가 느껴지면서 암기되는 것은 다르다.

destroy=공격을 해서 갈기 갈기 찢어 손상을 입히는 것으로서 파괴하는 것
[d: damage s: strike t: tear + no 's' 원형 자체의미]
말=DEstROyed=slide+cramp 주파수 y=i: **알파벳음가, 즉 wai 중 i지배음가**

be동사 종류 **원동사 /현동사 /과동사 /과분사 /현분사 :**
be /are, am, is /were, was /been /being
: 과분사는 이 모두 설명해 나가는 뇌로 작동한다 ∵ event
하지만 현분사는 being을 설명해 나갈 수 없다. 하지만 다른 현분사는 가능하다 ∵ **진행의미**
: a.. Most merchandise is left unsold. 둘다 현재 속에서의 event [=Most of the merchandise]
b.. 72 are reported killed. 현재/과거 속에서의 event ↳s동사도 현재 속 상황, 그래서 세 동사 모두 같은 시제상황
cf] He is watching drinking. **시동**=그는 있는 데, 보고 있는 데 마시면서 말이다.

B.. You have /been -- /approved?
(비-너프루-브드=retro-root/trapezoid F)
말하면 듣기가 어렵다.
영뇌=기→ 설→ 설' : BEis-Os
↗**고난도 감주** — 글자는 떨어져 있어도 말은 이렇게
How to Read[Speak]=Youhave beena/pproved? : 먼저 감각적 주파수로 이해한다.
영뇌 상급자는 감주로 이해하고 주로 I영뇌로 이해한다.
시동= vocal 감각적 주파수로 (자동 설가가 될 때까지) F3+E2 강하게 말하기
→ 주동으로 말하면서 소유대상을 been으로 개략적으로 설명해 나가면서 다시 과분사로 구체적으로 설명해 나가는 뇌 : BEis-Os
☞.. **我必 Free 감주 간직하기**=Been— approved? (있었던 것, 즉 승인 받았던 것이 있지?)
시동=너 가지고 있지, 했던 것, 즉 승인 받았던 것 을 말이야? / ---, 있었던 것, 승인받은 사실이 있었던 것을 -- ?
: **능동동질** / -- , 되었던 것, 즉 승인 되었던 것을 말이야? : **피동동질**
/ -- , 이었던 것, 즉 승인 받았던 것을 말이야? : **피동동질** | Free 감주 간직하기

현동사=소유현재 **과분사** been=능동/피동 (기의미 성립) event로서 동질[사실] event
과분사 approved=피동 event[approve +ed(인 것>된 것): (피동) event 음가 or (e: 조율음) d: done]
approve=어떤 것에 긍정적인 증명을 하는 것으로서 승인하는 것
[a: at + p: positive + prove + no 's' 원형 자체의미]
말=appROved=dot 점형 + trapezoid 주파수 a=어: **약한 감정음가** o=u-: **강한 감정음가**
↳been/approved=둘다 과거 속에서의 event

C.. Radiation steam may /have /to be /released.
영뇌=기→ 설→ 설'→ 설" : BEis-Os ↘ ☞.. **major 감주=** Radiation steam may --- released.
How to Read[Speak]=Radiation steammayhave tobe released.
: 먼저 감각적 주파수로 이해한다. 감주는 남들보다 머리를 빨리 쓰는 것이다.
시동= vocal 감각적 주파수로 (자동 설가가 될 때까지) F3+E2 강하게 말하기
주의) have to=일반적으로 의무/필요성/강한 추측일 때 후음 무성음 매치=역행동화 : hæftə=해프터=slide F)
현조동사=추측 **원동사**=현재 또는 미래 속에서의 본동사 의미 ↳드물게 역행동화를 시키지 않는 사람도 있다.
have=가지는 것으로서 생기는 것 ☞.. **我必 Free 감주 간직하기**=Radiation steam likely to be released.
시동=방사선 증기에게 아마도 생길[될] 것 같다. 즉 방출 되는 일이 말이다.
/방사선 증기가 아마도 가질 것 같다. 즉[대동] 되는 것인데 방출되는 일이 말이다. | Free 감주 간직하기
↳**피동동질** ↳**미래 속에서의 event**

비한글 BNW로 시동
=과분사에서 event만 느껴도 의미가 스쳐가면 **비한글 BNW로 시동**이 걸린 것이다.
event에는 크게 나누어 능동/피동/자동 event가 있다. 특히 피동 event는 피동의미로 느껴도 좋다.

to be= '연결+동질' 로서 즉 /대동 즉
과분사 released=피동 event [release + ed: (피동) event 음가 or (e: 조율음) d: done]
release= set된 것을 놓아 주는 것으로서 풀어주는 것 /방출하는 것
[r: make run + s: set + no 's' 원형 자체의미] **말**=RELEAsed=trapezoid 주파수
ed=t: **무성음가** -- 무성음 s음가 영향을 받아 무성음이 된 것

D.. Shoplifters will /be /prosecuted.
영뇌=기→ 설→ 설′ : BEis-Os

How to Read[Speak]=Shoplifters willbe prosecuted. : 먼저 감각적 주파수로 이해한다.
시동= vocal 감각적 주파수로 (자동 설가가 될 때까지) F3+E2 강하게 말하기 ↘단주+감주+단주

(샤ㅍ리프터즈=post 접형 F + slide F : 즈=s복수 유성음 매치 샤ㅍ리프터스=post 접형 F + slide F : 스=소리본체 infml 소리
프라서큐-티드=cramp F + retro-root F : e의 약한 감정음가 또는 어화 프라시큐-티드=cramp F + retro-root F : e=알파벳 음가)

我必 Free 감주 간직하기=Shoplifters to be prosecuted.

시동=가게 들치기들에게 앞으로 있을 것 같은데 기소되는일이 말이다. /앞으로 생기는데 기소되는 일이 생긴다 : **동작 event**
/ -- 들은 앞으로 될 것 같은데 기소 될 것 같다. : **피동행위** ↗확장 event ↘기소되는 event
↘피동동질 ⟿ **동격동질** : 앞으로 일 것인데 기소 될 것이다. | Free 감주 간직하기

will=뒤에 do동사일 경우 : 할 것이다. be동사일 경우 : 있을 것이다/될 것이다.
현조동사=주체래발생 ⇒ 해석한글 대신 '주체래발생' 으로 스쳐가는 것=**비한글 BNW 시동**
원동사=본동사 의미로서 미래상황 **과분사 prosecuted**=피동 event로부터[로서] 동작 event/피동행위
[prosecute + ed: (피동) event 음가 or (e: 조율음) d: done] ↘미래 속에서의 event[피동행위]
prosecute=검찰 또는 경찰이 수사/조사해서 보내는 것으로서 기소/고소하는 것
[p: prosecutors or police s: 수사/조사 no 's' 원형 자체의미]
말=pROseCUted=cramp+retro-root 주파수

E.. A man is /being /questioned /in relation to the attempted murder and robbery.
영뇌=기→ 설→ 설′→ 설″ : BEis-Os

How to Read[Speak]=Amanis beingquestioned inrelation tothea/ttempted murderand robbery.
: 먼저 감각적 주파수로 이해한다. ↘분리 감주
시동= vocal 감각적 주파수로 (자동 설가가 될 때까지) F3+E2 강하게 말하기

我必 Free 감주 간직하기=Man being questioned in relation to it.

시동=어떤 한 남자가 있는 데 하고 있다. 심문 받는 것인데 해서[내자] 관련해서, 즉[대자] 살인과 강도 기도 사건과 관련해서 말이다. /있다. 하고 있는 데 심문을 받고 있다. -- . /있다. 받고[되고] 있는 데 심문을 받고 있다. -- .
/인데, 하고 있는 데 심문을 받고 있다. | Free 감주 간직하기

현동사=동일치 현재[즉, 진행동일치] 또는 동지속 현재 **현분사**=진행의미로서 능동동질/피동동질
과분사 questioned=피동 event로서 동작 event /피동행위
[question + ed: (피동) event 음가 or (e: 조율음) d: done으로서 피동 event]
question=물어 보는 것[캐묻는 것]으로서 심문하는 것
[question or que: 캐묻는 것 no 's' 원형 자체의미] **말**=QUEstioned=slide 주파수
being=진행의미로서 하고 있는 것/되고[받고] 있는 것 -- 뒷말에 따라 하고 있는 것/되고/받고 있는 것으로 이해하면 된다 : The baby is being carried by Mom.
시동=그 애는 있다. 되고 있는 데 옮겨지는 일이 되고 있다. 의해서 엄마에 의해서 말이다.
/그 애는 있다. 되고 있는 데 옮겨지고 있다. -- . ＊**영어에서 피동의미 두 단어**
↘**피동동질** =be동사가 피동 event와 쓰일때/hit(부딪히다)

☞.. 시동으로 (영어) 글자/말 자체에서 뜻이 보이거나 상황이 (머리 속에서) 보이면 된다 : IS 영뇌

F.. Drawers are /opened /by pulling out land lclosed /by pushing in.

영뇌=기→ 설→ 설′ ⇨ 등설 ⇨ 설→ 설′ : BEis-Os

How to Read[Speak]=Drawersare openedby pullingout and closedby pushingin.
: 먼저 감각적 주파수로 이해한다 ⇒ 이때 감주=마음의 소리 or 실제소리

시동= vocal 감각적 주파수로 (자동 설가가 될 때까지) F3+E2 강하게 말하기

(드로-어즈어=trapzoid F : 비합성감주 드로-어저=trapzoid F : 합성감주 드로-어즈아=trapzoid F + dot 점형 F)

→ 주동으로 먼저 개략적으로 말하고, 과분사로 구체적으로 설명해 나가는 뇌 : BEis-Os

☞.. 我必 Free 감주 간직하기=Drawers opened, closed by pulling and pushing.

시동=서랍이란 하는 데 열리는 일을 하고, 함으로써 잡아 당겨냄으로써, 그리고 닫히는 일도 하는 데 함으로써 밀어 넣으므로써 말이다. / -- 하는 데[되는데] 열렸다, -- 닫혔다 한다-- : **능동동질/피동동질** / 인데 열리기도 하고 닫히기도 하는 것이다. -- . / -- 이란 생기는 데 열리는 일이 생기고 --- 그리고, 닫히는 일이 생긴다. ---- .
↘일반적으로 또는 일반적 설명으로 열리고 닫히는 event

현동사=기능 일반적 현재[기능 일반적 설명현재] ↗즉 일설 event/일설 피동동작

과분사 opened/closed=일반적[일반적 설명] 피동 event 또는 일반적[일반적 설명] 피동동작으로서 열리고 닫히는 것 [open/close+ ed: 피동 event 음가 or (e: 조율음) d: done 피동 event]

말=Opened=slide 주파수 CLOsed=ER 주파수

vs open=바깥이 보이게 하는 것으로서 여는 것 [o: outside e: eye + no 's' 원형 자체의미]

vs close=보이지 않게 막는 것으로서 닫는 것 [c/l: 앞을 막는 실체/모습 + se: see + no 's' 원형 자체의미]

※ are=발생으로서 하는 것[생기는 것/일어나는 것] : 동동사 (⇐ be동사=상동사/동동사/동질동사)

: Be careful. 시동=있게 하라. 주의하는 마음을 말이다. /생기게 하라,주의하는 마음을 말이다. /하라, 주의하라 ⇒ be= '있게 하는 것' 로서 하는 것 vs do= '짓' [행위/실행]으로서 하는 것

tip)have=가지는 것으로서 하는 것 : It's become a daily ritual. 그렇게 하는 것은 되었는데 일상적으로 하는 의례적인 일이 되었다.
실행 event↙

G.. Hey , pal, ///if you are /done, /pumpin', //move /it!
↘Have a shower.
가져라/하라

영뇌=대전설 ⇨ 소전절→ 설′→ 설″ ⇨ 기→ 설 : BEis-Os

How to Read[Speak] =Hey pal, ifyouare donepumpin', moveit!
: 먼저 감주로 이해한다. ↘고난도 감주=콤머가 있어도 붙여 말하니까.

시동= vocal 감각적 주파수로 (자동 설가가 될 때까지) F3+E2 강하게 말하기 | Free 감주 간직하기

(이프유어=slide F pumpin=g폐쇄 소리로 infml 표기 : ing=잉/인 : 전자=standard 소리 후자=infml 소리)

☞.. 我必 Free 감주 간직하기=Hey pal[dude], if done, move it! *dude=이 사람아

시동= -- 친구, -- 생겼으면, 다 끝낸 일이 생겼으면, pumping[주유하는 것]하는 것말이야, 그렇다면 옮기세요, 그 차를 말이야. /-- 되었으면[했으면] 다 되었으면[다 했으면] ※ 그렇다면=문맥 associate
↘자동동질

현동사=발생현재 ↗현재 속에서의 event[자동동작] ※ '되다' =자동의미/피동의미

과분사=자동 event로서 자동 동작 -- 어떤 것의 영향을 받아 자동으로[스스로] 생긴 것

[do + one〉on 언 〉된 것/한 것: (자동) event 음가으로서 자동 event : 음조율을 위해 앞 'o' 탈락]

H.. A: Hey! A left-over steak!

B: Wait! That's /spoken /for. A: Too bad!

영뇌=기→ 설 → 설′ : BEis-Os

How to Read[Speak]=That's spokenfor. : 먼저 감각적 주파수로 이해한다.

☞.. 我必 Free 감주 간직하기=Spoken for. | Free 감주 간직하기

시동= -- 인데, 점찍어 둔[놓은] 것, 누군가를 위해서 점찍어 둔[놓은] 것이다. /점이 찍혀 있는 것, 누군가를[누군가에게] -- .

현동사=동질현재 *누군가=for associate *spoke + en 언 〉 한 것/된 것: **(자동/피동)** event 음가
과분사=자동/피동 event, 즉 말해둔 것으로서 점 찍어 둔[놓은] 것 /점이 찍혀 있는 것
leftover=남겨 따로 걸쳐[위에] 놓은 것으로서 남겨 놓은 것 : 남겨 놓은[둔] steak야! -- **자동 상태, 일종의 자동** event

③ 명사(대명사)를 event 또는 그 확장의미[EM]로 그냥 설명해 나가는 뇌

— 주로 목적어(즉 일반과분사 주어) /묻는 말 HB동사 주어를 그냥 설명해 나가는 뇌로서 관계과분사 영뇌가 아니다. 명사/대명사 뿐만이 아니라, s동사와도 관계하기 때문이다.

A.. Children want /their father /buried /next to their birth mother.

영뇌=기→ 설→ 설′ → 설″ : BEis–Os

or I + I + I + I : I–Os or S + S + S + S : S–Os

How to Read[Speak]=Children·wanttheir fatherburied nexttotheir birthmother.
: 먼저 감각적 주파수로 이해한다. 뒷말과 말하면 이해가 발생하는 것은 IS 설가뇌와 IS 설주뇌 때문이다.
시동= vocal 감각적 주파수로 **(자동 설가가 될 때까지) F3+E2 강하게 말하기**
(네ㅋ스터데어=double slide F : 앞 t폐쇄와 비합성 감주 네ㅋ스어데어=double slide F : tt폐쇄와 비합성 감주
네ㅋ서데어=double slide F : tt폐쇄와 합성 감주) | **Free 감주 간직하기**

.. 我必 Free 감주 간직하기=Children want father buried next to mother.

시동=애들은 원해요, 자기 아버지가 묻히는 것인데[묻히기를] 옆에 대자 자기 본 엄마 옆에 말이다.
/자기 아버지에게 묻히는 일이 생기기를 -- ↳**미래 속에서의 event[피동행위] -- 미래 의미성립**

Attention] American Ryder Cup finalized Tuesday next week. 최종전이 이루어지는 일이 생긴다/치루어 진다.
-- **미래 의미성립, 즉 미래 속에서의 event[피동행위]**

현동사=현재 범위에서의 상동사 발생현재 -- 원해요/원했어요
과분사=피동 event로서 동작 event/피동동작 [bury + ed: 피동 event 음가 or (e: 조율음) d: done]
말=BUried=slide 주파수 u=e: 감정음가 (i=일종의 조율음)
bury=지게에 지고 가 구덩이를 파서 버리는 것으로서 묻는 것/매장하는 것 -- 태초에 장례는 이러했다.
[b: 버리는 것 u: 웅덩이 같은 구덩이 y: 지게(모양) + no 's' 원형 자체의미]

: a.. He knows /we want /him gone. =기→ 설→ 설′ : BEis–Os

시동=그는 알고 있어요, 우리가 원하고 있다는 것인데 그에게 떠나 버리는 일이 생기기를 말이다 -- **자동** event
/ --- 우리가 원하고 있다는 것인데 그가 떠나 버리기를 말이다 -- **자동행위**

B.. Where have /you /been? **=기→ 설→ 설′** : BEis–Os

How to Read[Speak]=Where haveyou been? : 먼저 감각적 주파수로 이해한다.
시동= vocal 감각적 주파수로 **(자동 설가가 될 때까지) F3+E2 강하게 말하기** | **Free 감주 간직하기**
(비-ㄴ=line 점형 F 비인=내성음 slide F: wh-question은 단어 자기주파수 대로 내면 된다. 의도적으로 falling tone을 취하지 않는다.)

.. 我必 Free 감주 간직하기=Where been? (어디에 지금까지 있었던 것이냐?)
↳**현과/과현 속에서의** event

시동=어디에 있었지, 즉 너희들이 (지금까지) 있었던 곳 말이야?
-- 미리 달리기 finish line을 돌파하고 의자에 앉아 뒤늦게 들어오는 친구들에게 하는 말로 '어디에서 지금까지 있다가 이제 오느냐?' 하고 빈정대는 말이다. *have=어떤 곳을 소유하는 것으로서 소재 been=소재 event 지금까지=been associate
↳**과분사** associate

have=소유소재로서 있었지[발생현재] **과분사=능동 event로서 소재 event** -- 있었던 곳
[be + en: 능동 event 음가 or en: done]

: a.. Has /NetFix /bottomed? cf] Did NetFix bottom?

영뇌=기→ 설→ 설′ : BEis-Os

시동=가지고 있지, NetFix가 바닥을 친 것 말이다?

/있는 가, -- 친 것이 말이다? cf] 했지-- 바닥을 쳤지?

요컨데, done -->한 것 : 능동 event
-->된 것 : 피동 event
-->영향을 받아 한 것 : 자동 event

tip)능동 event 음가=-ed : 었던 것>했던 것
/-one[en] : 언>었던 것>했던 것
피동 event 음가=-ed : 인 것>된 것 /-en : 언>된 것: bitten
자동 event 음가 =-ed: 인 것>한 것 /-one : 언>한 것
과음가 : 언>었 ※-one[en]=done[gone]/been

b.. Have /you eaten /at that restaurant?

영뇌=기→ 설→ 설′ : BEis-Os

시동=가진 적이 있지, 네가 지금까지 먹어 본 것인데 구처 그 식당 (구처)에서 말이야?

HB동사=조동사 do를 거치지 않고 바로 묻거나 부정할 수 있는 동사, 그래서 특수동사라 한다.

하지만 H동사는 특수 동사뿐만이 아니라 일반 동사도 된다.

: Had you it? You had not a car. [BrE]

vs 조동사 do를 거치는 경우 일반동사로 취급

: Did you have it? You did not have a car [AmE]

tip)be 동사의 피동동질 의미
→동작동질 : 되는 것
상태동질 : 되어있는 것
cf]그외 피동의미 동사
: hit(부딪히다)

수동태일때 be동사도 피동의미가 될 수 있다.

c.. Hi, Eve! How have /you /been? (Answer: "I have been ok.")

영뇌=기→ 설→ 설′ : BEis-Os

↗여기서는 현과/과현 속에서의 event

시동=어떻게 하고 있지, 네가 (지금까지) 지내오고 있는 [지내 온] 생활이 말이다? : **계속** event

뜻하는 의미=어떻게 즉 네가 지금까지 있어 왔지[지내 왔지]? /어떻지, 즉 네가 지금까지 지내 왔던 것이 말이야?

묻는 말 do=대동의미로서 하지/이지/그렇지-- 등등
묻는 말 have=가지고 있지로서 하고 있지/pp 안내로서 즉
묻는 말 is=이지/하지/있지--- 등등 *생활=**문맥/상황** associate

big tip) 능동 event에는 기의미 성립 event, 미래의미 성립 event(p117), 일반적 의미성립 event(p87/117), 설명 event가 있고, **기의미 성립** event에는 완료, 경험, 계속, 결과, 사실 event가 있고, **설명** event에는 일반적 설명 event(p87/117), 현재상황 설명 event(p87), 미래상황 설명 event(p117), 과거상황 설명 event가 있다. 기의미 성립 event도 현과미 속에 들어 갈 수 있다 : I have now finished my homework. -- **현재 속에서의 기의미 성립** event

more)**미래 속에서의 기의미 성립** event → **미래완료** p119

C.. Were /four people /killed?

영뇌=기→ 설→ 설′ : BEis-Os

영어도 시조리듬처럼 리듬을 맞추기 위해 보통 두 단어를 한 단어처럼 뒷말과 말한다.
↗여기서는 3/4조 리듬, 즉 음수조절 감주 ⇒ 단어기준 2/2조 리듬

How to Read[Speak]= Werefour peoplekilled?
: 먼저 감각적 주파수로 이해한다.
시동= vocal 감각적 주파수로 (자동 설가가 될 때까지) F3+E2 강하게 말하기

.. **我必 Free 감주 간직하기**=Four people killed? | Free 감주 간직하기

시동=있었지, 네 명의 사람에게 살해된 일이 말이야? /되었지[이었지], 네 명이 살해되었지?

※ 과분사=피동 event /피동동작 : 과거 속에서의 event[피동동작] ↘피동/능동 동질 → 명사와 과분사와 동질

↗s동사 없이 설명해 나감

④ 명사(대명사)를 바로 event 또는 그 확장의미로 그냥 설명해 나가는 뇌 [free 영뇌/infml E]

-- 일반적으로 s동사를 쓰면 문장이 된다 : s동사=sentence 동사로 문장에서 기본이 되는 동사

IIIII .. Global news /delivered /daily.

영뇌=기→ 설→ 설′ : BEis-Os

or I + I + I : I-Os or S + S + S : S-Os

tip)주어가 피사체 --> pp=피동 event[피동의미]
능동체 --> pp=능동 event[능동의미]
자동체 --> pp=자동 event[자동의미]

How to Read[Speak]=Globalnews delivereddaily. : 먼저 감각적 주파수로 이해한다.
시동= vocal 감각적 주파수로 (자동 설가가 될 때까지) F3+E2 강하게 말하기

.. 我必 Free 감주 간직하기=Delivered daily.

시동=Global news는 delivered되는 일이 매일 발생해요 /Global news가 배달되는데 매일 배달됩니다.

↗요컨데 일설 event/피동동작

과분사=피동 event로서 일반적[일반적 설명] 피동 event /일반적[일반적 설명] 피동동작
[deliver + ed: (피동) event 음가 or (e: 조율음) d: done] ※ delivered=[동사] **전제** infml E

말=DELIvered=ER 주파수

deliver=배달하는 것/전하는 것
[d/v⟩: v⟩d 배달하는 것 d: 전하는 것 -- 구개음화 + no 's' 원형 자체의미]

: a.. Delete done. b.. Debt agreement reached. c.. Nothing left, Everything gone -- India Flood
d.. They were taken from their homes, some pulled from their beds, in the middle of the night.

시동=아무 것도 남아 있는 것이 없고[아무 것도 남겨진 것이 없고], 모든 것은 가버리고 텅빈 것이 되었다[가버렸다].
/그들은 되었는 데 잡혀가게 되었고[그들에게 생겼는데 잡혀 가는 일이 생겼고] 기처 자기 집으로부터 잡혀 가게 되었고[잡혀 가는 일이 생겼고], 일부는 끌려갔다 기처 자기 침대로부터 중에 즉 밤중에 말이다.

↗했던 것=능동 event

left=자동/피동 event [l: leave + eft 에프트⟩엎트⟩었던 것⟩한 것/된 것: event 음가 or t⟩d: done]
*eft=에프트⟩엎트⟩었다 : 과음가 or t⟩d: did gone=자동 event /자동동작 [g: go + one: event 음가 or done]

, some pulled=(접속사+be동사) **전제** infml E ⇒ StE: , and some were pulled --- .
done /reached /left /gone /pulled=(be 동사) **전제** infml E [= is/was done/reached/left/gone] : **일반과분사 영뇌**
vs events played cuts made : **관계과분사 영뇌** [=which are/were played/made]
시동=경기인데 참가한[참가가 이루어진/play 된] 경기수 /컷수인데 통과된 컷 통과수: golf

tip] HB동사 없이 과분사 단독으로 표현되었다고 해서 반드시 피동의미[피동 event/피동동작] 또는 자동의미[자동 event/자동동작]만 되는 것은 아니다.
: Never seen before. **시동**=결코 본적이 없는 데 전에 말이다 -- **능동의미[능동** event]
⇒ seen=(주동전제) infml E 이때 전제동사=have 동사

⑤ event 또는 그 확장의미로 먼저 말하는 뇌 : 기본어 [free 영뇌/infml E]

A.. Been /there, /done /that : Japan's bailout journey **: 능동 event**

영뇌=기→ 설 + 기→ 설 : BEis-Os or I + I + I + I : I-Os or S + S + S + S : S-Os

How to Read[Speak]=Beenthere, donethat : 먼저 감각적 주파수로 이해한다.
-- **과분사=능동** event로서 소재 event /**경험** event | Free 감주 간직하기

.. 我必 Free 감주 간직하기=Been, done. (있었던 적이 있었고, 그리고 해결한 적이 있었다)

시동=(옛날에 그런게) 있었던 곳은 거기였고 (일본이었고), 그리고 해결한 적이 있는데 그것이었다.
↘둘다 과거 속에서 event

: 일본의 구제 금융지원 행적/행로

미국의 금융위기에 구제 금융지원 어려움을 보고 잘 처리한 일본의 예를 두고 한 표현이다. 일본은 과거 10년간 어려움이 있었는데 잘 처리했다. tip) "Been." 있었던 것[있어왔던 것]이 있어요 : Been there. I have been there.

B.. Reported killed. **: 둘다 피동 event** ↘하나의 단어도 충분히 의사전달이 된다 : **여기서는 과거/과현 속에서** event

시동=보도 된 것이 있는데 살해 된 것으로 말이다. tip) **"Just Divorced!"** -- **방금 속에서의** event
[=He is[has been] reported killed.] ↘**일종의 과거 속에서** event

pp의 BNW IS영뇌

pp를 보았을 때 단순한 동사서술이 아니라 event가 머리를 스쳐가야 글자에 의해 pp 이해가 확실히 스쳐가게 되고, 또는 pp 상황을 확실히 볼 수도 있다. 만약 단순한 동사서술의미로 스쳐가면 과동사처럼 이해가 스쳐가거나 상황이 눈에 보이는 것이 되니, IS영뇌 작동시 유의하라.

: **Been inside?** 시동=있어 본 적이 있느냐? ※ been=(동주) **전제** infml E (StE : Have you been inside?)

-- **다 지은 경기장을 구경한 시민에게 묻는 상황**(London Olympic)

tip] free 영뇌는 SpE(뉴스, 드라마, 쇼, 대화), 리플, 알림, 광고,-- 등에서 많이 표현한다.

vs Had been trapped by Gadhafi troops in Tripoli. [=usually, trapped]

※ Had=(주어) **전제** infml E 즉 과동사를 능동 event로 설명해 나가고, 다시 피동 event로 설명해 나가는 뇌로 작동시킨다. 하지만 이럴 때 과분사 영뇌로 많이 표현한다. 때에 따라 have/has been이 전제 될 수 있다.

시동=가지고 있었다. 했던 것, 즉 함정에 빠진 것인데, 행자(行者) 가다피 병력에 의해서, 내소,-- 내소에서 말이다.

event와 단순한 동사서술의미

◇과분사도 과동사도 단독 표현이 가능하나 그 뉘앙스가 다르다.

다한/끝난 event, 살해된 event

↗즉 본 적이 있는 event,

↗ **동사 event**

: "Seen." "Done." "Finished." "Killed."

시동=본 적이 있다 /다한 일이다[끝난 것[일]이다] /살해된 것이다 -- event [**능동/자동/피동** event]

vs "Saw." "Did." "Finished." "Killed."=보았다/했다/끝냈다/죽였다 -- **단순한 동사서술의미**

그래서, 과분사는 단순한 동사서술이 아니라 event 이기 때문에 원동사처럼 현재, 과거, 미래 속에서 두뇌를 작동시킬 수 있다. 현재완료, 과거완료, 미래완료로 쓰이는 이유가 바로 여기에 있다.

Plus] 앞에서 설명해 주는[말해주는] event는 한뇌와 같다.

: <u>used</u> cars /<u>broken</u> windows -- **기의미 성립 피동** event : 사용된 차/부셔진 창문

단, 상태 event인 경우 : 사용되어져 있는 차/부셔져 있는 창문

vs have **동사 뒤 pp= (현재 속이든, 과거 속이든, 미래 속이든 일반적으로) 기의미 성립 능동** event**가 많다.**

: have used/broken --가지고 있는 데 사용한 것/부순 것을 가지고 있다

tip) **기의미성립≠그냥 의미성립** (현재/과거/미래/일반적 의미성립--보통 동질발생인 be동사와 함께 발생) ☞ p129

live 실전	일반과분사 영뇌 ── 백짓장도 맞들면 낫다! **Many hands make light work!**

L- 1 .. Thursday, January 2, 2003 By Gina Kolata and Kenneth Chang (The New York Times)
Clonaid, <u>the</u> company that says it has produced <u>the</u> first human clone, has made astonishing claims in the past that were not substantiated. — **먼저 감각적 주파수로 이해한다. 그러면 저절로 의음/의자가 된다.**

that=(제한적/비제한적) 관계대명사 영뇌 says=설명현재 has=소유현재
produced/made=일반과분사 영뇌로서 기의미성립 event substantiated=일반과분사 영뇌로서 피동 event
앞 the=외부적 the로서 referring forward → referent=that ~ human clone 뒷 the=내부적 the로서 (바로 뒷말) 강조
astonishing=일반형용사 영뇌로서 분사형용사, 즉 동사형용사 | Free 감주+我必 Free 감주 간직하기

시동=Clonaid란 그런 회사, 즉 말하는 회사, 자기네가 가지고 있다고 만든 것을, 즉 그야말로 최초의 인간복제를 만든 것을 가지고 있다고 말하는 회사인데, 지금 가지고 있어요, 한 사실, 놀라운 주장들을 한 사실을 가지고 있어요.

☜.. **문장 뼈대**=기본어(Clonaid, the company) + 연결설명어(that) + s동사(has) + 연결설명어(that)

하지만 내자 과거에도 그러한 것들은 **없었던 것들**, 즉 실질적으로 뒷받침이 된 사실이 없었던 것들이었다.
[그러한 것들에는 **없었는 데** 실질적으로 뒷받침이 된 일[사실]이 없었다.]
전자=제한적 연결영뇌로 시동 **후자**=비제한적 연결영뇌로 시동 ※ 지금=**현동사** has associate 하지만=**문맥** associate

L- 2 .. **Mad cow disease confirmed in U.S. by NYT, Friday, December 26, 2003**
A British veterinary laboratory has confirmed that the United States has its first case of mad cow disease, the U.S. Department of Agriculture announced.
Britain, since the early 1990's, has had more mad cow cases than any other country. ------------.
-- 먼저 감각적 주파수로 쭉 보아 나간다. ※ foot-and-mouth disease 구제역 by=행위의 실체로서 행자/보도처

앞 confirmed=일반과분사 영뇌 → 피동 event [=infml E : was/is confirmed] cases=발병사례로서 발병건수
뒷 confirmed /had=일반과분사 영뇌 → 능동 event had=가진 것으로서 생긴 것 than=차등비교 대상으로서 차자(差者)

시동=광우병이 확인 되었어요, 내자[내에서] 미국[내]에서 말이다. 행자[보도처]는 NYT이며, 금요일, 12월 26일, 2003년 이었다. 한 영국의 수의 실험 연구실이 가지고 있다고, 확인 한 사실을 가지고 있다고, 즉 미국이 가지고 있다는 것을, 첫 사례 즉 광우병 첫 사례를 가지고 있다는 것을 확인한 사실을 가지고 있다고, 미 농무성은 발표했어요. 영국은, 계자[이래로] 1990년대 초기 이래로, 가지고 있어요, 생긴 것인데 더 많은 광우병 발병 사례가 생긴 것을 차자 그 어떠한 다른 나라보다 말이다.

L- 3 .. I never met my father. He was killed in a car wreck on a rainy road three months before I was born driving from Chicago to Arkansas to see my mother. : **Bill Clinton' s words**
-- 먼저 감각적 주파수로 이해한다. 영뇌 상급자는 어느 부분을 보더라도 감주로 이해되어야 한다.
↘ 감주 영뇌가 되면 major 감주/아필 감주도 쉽게 작동
event 부사, 즉 경험/사례 부사 (ever/never) + 과동사 =have 동사 + pp[event]
killed=일반과분사 영뇌로서 피동 event[피동의미] : never met=have/had never met cf]never ever met : 강조
↳ 결코 정말로 만난 적이 없다
뒷 was=과동질 연결로서 '가' born=일반과분사 영뇌로서 자동 event[자동의미]
↳ never=event 부사/그냥 부사

시동=나는 결코 만난 적이 없었다. 내 아버지를 말이다. 그에게 있었는 데 죽음이 있었어요 [그는 되었는데 죽게 되었어요], 속에서[내자] 자동차 대박살 사고 속에서, 상자[상소], 빗길 도로 [상소]에서 생긴 사고 속에서, 3개월 전 내가 태어나기 3개월 전, 운전해 가다가 출발지[기자] 시카고에서 목적지[대자] 아칸사로, 대동[즉] 보려고 내 엄마를 보려고, 운전해 가다가 말이다.

L- 4 .. Dear Abby is written by Abigail Van Buren, also known as Jeanne Phillips, and was founded by her mother, Pauline Phillips. **-- 먼저 감각적 주파수로 이해한다. 잘 안되면 부분부분 감주로 이해하고 전체로 이해한다.**

written/founded=일반과분사 영뇌 -- 비연결설명어 known=(비제한적) 관계과분사 영뇌 -- 연결설명어
시동=Dear Abby 칼럼은 있는데 쓰여 지고 있는데, 쓰는 자[행자]는 Abigail Van Buren이고, 또한 이 사람은 알려져 있는 데 즉[동자] Jeanne Phillips로 알려져 있고, 그리고 되었는 데 즉 설립되었는데 설립한 자[행자]는 그녀의 어머니 Pauline Phillips였다. | Free 감주+我必 Free 감주 간직하기
※ 칼럼=**단어**[Dear Abby] associate 이 사람은=(연결 설명어로서) **연결** associate

L- 5 .. The kitchen is a mess this morning. I wish I had washed the dishes last night.
-- 먼저 감각적 주파수로 이해한다. ※감주=일종의 낱개영뇌에 의해 형성되는 영뇌의군 소리값

had=(과거 속에서의 소망/바람) 의미과성립 washed=(일반과분사 영뇌로서) 기의미 성립 event
시동=부엌이 되어 있어요, 엉망으로 오늘 아침에 말이다. 그래서 내 소망은 내가 가졌더라면 해요, 씻은 것인데 그릇을 지난 밤에 말이다. | Free 감주+我必 Free 감주 간직하기

.. 뒷문장 뼈대=기본어(I) + s동사(wish) + 연결설명어(I had)

2) 과분사 영뇌와 과동사 영뇌의 차이 즉, event와 단순한 동사서술의미의 차이

우리가 유리잔을 바닥에 떨어뜨려 깨면 두 가지 입장에서 두 가지 사실[능동사실/피동사실]이 존재한다.

□ 주체 입장에서는
깼다와 깬 사실이 존재하고

□ 피사체 입장에서는
깨어진 일이 생긴 것과 깨어져[흩여져] 있는 사실, 깨어졌다가 존재한다.

이때, 깼다 --> broke **깬 사실** --> broken
깨어진 일이 생긴 것과 깨어져 있는 사실, 깨어졌다 --> broken

여기서 깬 사실과 깨어진 일이 생긴 것, 깨어져 있는 사실은 event이다.
이게 바로 **과분사의** BNW이다. 이렇게 event는 단순한 동사서술의미가 아니다.

tip)조동사+원동사 have동사+과거분사
be동사+현재분사/과거분사
모두 앞부분=기본어 → s동사
뒷부분=설명어

그리고, 깬 사실은 **능동** event이고,
깨어진 일이 생긴 것은 **피동** event로서 동작 event이고,
깨어져 있는 사실은 **피동** event로서 상태 event이다.

'깼다' '깨어졌다' 는 것은 **단순한 동사서술의미이다. 즉 능동동작과 피동동작이다.**
'깨어졌다' 는 것은 깨어진 일이 생긴 것의 **확장의미이다. 즉, 피동 event의 동작 event의 확장의미가 된다.**
태초에 언어를 만들때 생긴 일부터 먼저 인식된 것이다. 나중에 가서 생각해보니 '깨어졌다' 를 발견하게 된 것이다.

event는 소유할 수 있으나 단순한 동사서술의미는 동사 그 자체의 움직임 흐름이므로 소유할 수 없다. 즉 소유의 대상이 될 수 없다. 모든 단어의 의율은 BNW를 기준으로 하여 판단해야 한다.
그래서, has broken, has been broken 표현은 있으나 has broke는 없다.

시동=가지고 있어요, broken한 것을 말이다.
/가지고 있어요, 있었던 것인데 broken되어 있었던 것을 말이다.

그리고 또한, event는 동질로 연결되나 **단순한 동사서술의미**는 동질로 연결될 수 없다.
연결설명어 to를 거치지 않으면, 단순한 동사서술 의미 끼리는 서로 충돌이 일어나기 때문이다.
그래서, is broken, is to break는 있으나 is broke, is break는 없다.
단, All I did was (to) press this button. ∵ 강조 be부정사=optional **관습적** E ☞ **영뇌영어 vol 1 p278**

tip)조동사도 단순한 동사서술의미가 아니다. 즉 생각의미와 대동의미는 생각서술, 대동서술이기 때문이다.
그래서 조동사는 단순동사가 되지 못하고 뒤에 원동사를 써도 서로 충돌이 일어나지 않는다.
➾ 단순동사≠본동사
∵ 단순동사=원동사/현동사/과동사 ↘ 단순한 동사서술의미
본동사=현동사/과동사/조동사 → s동사 ↘ 본동사의미
↗ 단, 원동사=본동사는 아니지만 명령/의미원성립 원동사는 s동사가능
문장전체 기본동사로서 문장동사↙

뿐만이 아니라, 과분사는 event이기 때문에 현재, 과거, 미래 속에서 두뇌를 작동시킬 수 있으나, 과동사, 현동사의 단순한 동사서술 의미는 그렇게 할 수 없다. 그렇게 하려면 원동사 영뇌로 바꾸어 작동시켜야 한다. 원동사는 자체의미를 보유하고 있기 때문이다. 부정사 영뇌도 일종의 원동사 영뇌다. to가 있느냐 없느냐의 차이일 뿐이다. 그리고, 'is broken' 은 확장의미를 포함해서 세 가지 뜻이 된다.

시동=있는 데 깨어져 있다[깨어져 있는 것이 말이다] -- **피동 event로서 상태 event**
/생겼는데 깨어지는 일이 생겼다 -- **피동 event로서 동작 event** ⇨ 되었는데 깨어졌다 -- **피동동작[EM]**

요컨데, 과분사는 크게 보면 능동 event 아니면 피동 event이다.
have 동사는 능동 event를 소유하는 것이고, be 동사는 **피동** event를 동질[상태/발생]로 연결시키는 것이다. 피동 event에는 동작과 상태 event 두 가지가 있다. 그래서 수동태는 동작 수동태와 상태 수동태 두 가지가 있다.

pp의 정확한 뜻을 모르면 IS영뇌를 정확하게 작동시킬 수 없다.
거의 대부분의 한국 사람들은 모두 뭉쳐서 한글구조로 이해하고 있기 때문에 have 동사의미, be 동사의미[특히, be/been/being 의미], pp의미를 제대로 느끼지 못하고 있는 게 현실이다.

따라서, 편지를 부치고 나서
→ 그냥 단순한 동사서술 뇌로 작동시키면, 'I posted the letter.' 로 되고,
→ 동사 소유 뇌, 즉 event 소유 뇌로 작동시키면, 'I have posted the letter.' 로 되고,
→ event 동질[상태/발생] 연결 뇌를 작동시키면 'The letter is posted.' 로 되고,
→ event 뇌만 작동시키면 'The letter posted.' 로 된다 [infml E : **일종의 free 영뇌**]
→ 그리고 능동+피동 event 소유개념 뇌로 작동시키면 'The letter has been posted.' 로 된다.

시동=부쳤다 -- **단순한 동사서술의미**
/가지고 있는데 부친 사실을 가지고 있다 --**사실** event

/(현재) 생겼는데 부쳐진 일이 생겼다 -- **동작** event /있는데 부쳐져 있다 -- **상태** event
/되었는 데 부쳐졌다 /는 부쳐졌다 (는=동질연결 의미) -- **피동동작[단순한 동사서술의미]**
/그 편지에게 부쳐진 일이 생겼다[부쳐져 있다/부쳐졌다] -- **동작/상태 event와 피동동작**
/가지고 있어요, 있었던 것, 부쳐진 사실이 있었던 것을 말이다.

tip]**단순한 동사서술의미가 아닌 것**=event/진행의미/동사사실의미/생각[대동]의미 ⇒ 이들 동사는 단순동사가 아니다.
-- 서로 충돌이 일어나지 않는다 : Has been reading. Liking watching TV. (현분사+동명사) Reading thinking. (현분사+현분사)
Been broken.(능동+피동) event

그래서 편지를 뜯어 보고, '편지를 읽었다' 고 표현하면 단순한 동사서술 개념이 되고, '편지를 읽은 사실을 가졌다/읽은 사실이 있었다' 고 표현하면 동사 소유개념, 즉 event 소유 개념이 된다.
전자=I read the letter. 후자=I have read the letter. **(발생현재+event)**

따라서 완료형 표현은 어떤 일이 있었다고 표현하기 위한 것이고, 과거형 표현은 그냥 했다고 표현하는 것이기 때문에 동사 소유개념이 단순한 동사서술의미보다 **메시지가 훨씬 더 구체적이고[분명하고] 강하다.**

↗만약 '깼다' 를 "I'm broken." 으로 표현한다면 자동 event가 된다.

cf] 1. event=능동 event /피동 event /자동 event
자동 event=일종의 **발전** English로서 과분사로 취급 하는 사람
또는 자동형용사[분사형용사]로 형용사로 취급하는 사람, 두 부류가 있다.

↗ 원동사와 과동사의 하생각도 포함 ∴ is/has+하생각 : not ok 하생각+event/진행의미/동사사실의미 : ok

2. **동사의미 종류**=단순한 동사서술의미 /event /진행의미 /동사사실의미 /생각[대동] 의미
⇒ 단순동사 /과분사 /현분사 /동명사 /조동사 cf]부정사=일종의 원동사

3) event와 그 확장의미[EM]

event로 느껴져야 영어순자감을 탈 수 있다.

IIIII **event 개념**

=(동사 event로서) 일어 났거나 일어나 있는 사실/일/사건/상황/현상 또는 앞으로 일어나는 일

❈ **과분사의 BNW**=event : 일어났거나 일어나지는 것 또는 영향을 받아 (자동으로) 일어나는 것

❈ **과분사**=능동 event /피동 event /자동event[능동과분사/피동과분사/자동과분사]

— (영어에 대한 기초지식을 알았다면) 생활 속에서의 뜻으로 모두 我必 free 감주로 간직하라.

[d: done 한 것-- **능동** event

d: done 되어져 있는 것/된 것이 생긴 것 -- **피동** event (**상태** event /**동작** event)

d: done 영향을 받아 스스로 생긴 것으로서 다한 것 -- **자동** event ∵ done=d: do + one: 능동/피동/자동 event 음가]

➾ have동사에 능동 event를 쓰면 완료형이 되고, be동사에 피동 event를 쓰면 수동태가 되고, be동사에 자동 event를 쓰면 자동태가 된다.

tip)과분사=현과미 속에서의 event 또는 일설 event — 이렇게 이해하면 IS가 쉽게 작동한다.

1 능동 event :

↗즉 부순 event -- 자기행위에 중점

▭ have broken ⇛ have+pp=가지고 있는데 능동 event를 가지고 있다 : **소유** event cf]**실행** event

=가지고 있는데 부순 것을 가지고 있다/있는데 부순 것이 있다. ❈**우리말 '있다'** ='소유/'상태/'존재/행위존재/'발생존재 --

▭ had broken =가지고 있었는 데 부순 것을 가지고 있었다/있었는 데 부순 것이 있었다.

▭ will have broken =할 것이다. 갖는 것인데 부순 것을 갖는 것을 말이다. /할 것이다. 즉 가질 것이다. 부순 것을 말이다.

/앞으로 갖을 것이다. 부순 것을 말이다. /앞으로 있을 것이다. 부순 것이 말이다.

-- 미래 어느 시점에 부순 사실을 소유하거나 부순 사실이 있을 것이라는 말이다.

원동사=자체의미 또는 본동사의미, 하생각이기 때문에 현과미 속에서 두뇌를 작동시킬 수 있고
(단, if-의미원성립=현미 속에서만 가능), **과동사**=하생각과 성립과거일 경우 현과미 속에서 두뇌를 작동시킬 수 있다.

cf] have=소유로서 '가지다/'있다/'갖게되다/하다' (vs be 동사=존재로서 '있다')

There may have been a breach in protocol. [=of protocol]

시동=아마도 있을는지도 모른다. 있었던 것이, 즉 위반한 것, 속의 것, 안전규약 속의

것을 위반한 것이 있었던 것이 말이다 : I have a car. (가지고 있다/'있다) **실행** event↘

Within hours, police had apprehended the thief. Compare your pumpkin to those we have displayed.

시동=경찰은 갖게 되었다. 체포한 것[붙잡은 것]인데 그 도둑을 말이다/우리가 하고 있는 것, 즉 펼쳐놓고 있는 것

vs Trump: "Clintons are the sordid past."[=have] Clintons=클린턴 가족(에게 있는데)

They were not any threats."[=had] (그들에게는 없었다/있지 않았다. 어떠한 위협도 말이다.)

more)완료형 '있다' =소유로서 '있다' vs 수동태 '있다' =존재[상태] 또는 발생존재로서 '있다'

↗즉 부서진 event　　　　동작동질/상태동질/동격동질↘

2 피동 event ⇛ be동사+pp=(되어) 있는데 피동 event가 있다/인데 피동이다 tip)be동사=피동 event와 쓰이면 피동동질/능동동질

▭ is broken=(상태현재로서) (되어) 있는 데 부서져 있다[부서져 있는 것이 말이다] -- **상태** event → **상태동질**

➾ **동격동질** : 인데 부서져 있다는 것이다/은[는] 부서져 있다

/(발생현재로서) 생겼는데[있었는데] 부서진 일이 생겼다[있었다] -- **동작** event[=happens broken]

➾ **동격동질** : 인데 부서진 일이 생겼다는[있었다는] 것이다

↘100 people happen rescued.
= 100 people are rescued.

/(발생현재로서) 되었는데 부서졌다 -- **피동동작 → 동작동질**

➾ **동격동질** : 인데 부서졌다는 것이다//은[는] 부서졌다

▭ was broken=있었는데 부서져 있었다[부서져 있었던 것이 말이다] -- **상태** event

/ (과거에/그때) 생겼는데[있었는데] 부서진 일이 생겼다[있었다] -- **동작** event

/ (과거에/그때) 졌는데[되었는데] 부서졌다 -- **피동동작**

➾ **동질연결** : 이었는데 부서졌다는 것이다//이었는데 (즉) 부서졌다

☜.. Ekbe 시동[영어본래의미] 또는 감주로 이해되어야 영어승차감이 나온다.

▭ will be broken=앞으로 있을 것이다. 즉 부서져 있을 것이다[있는 것이 말이다] -- **상태** event, : 미래 어느 시점에서의 상태
/ 앞으로 생길[있을] 것이다. 즉 부서지는 일이 생길[있을] 것이다 -- **동작** event
: 미래 어느 시점에서의 발생 --- 폭탄 타이머(ticking bomb)를 설치 놓고 이렇게 표현하면 된다.
/ 앞으로 될 것이다[일 것이다]. 즉 부서질 것이다 -- **피동동작[동질연결]**

▭ broken window **상태** event -- 부서져 있는 창문
동작 event -- 부서진 것이 생긴 창문 --> **피동동작**[EM] -- 부서진 창문

plus] 능동 event + 피동 event : The ringleader[mastermind] has been killed.
시동= -- 는 가지고 있다[에게 -- 있다]. 있었던 것인데 살해 된 것을[이] 말이다.

3 **자동 event** ⇒ be동사+pp=인데 자동 event이다/인데 자동이다 : I'm broken. 내가 했는데 부수었어요. (↗자동동질) (↗부순 event -- 양향을 받아 자동발생)

▭ "Good job, 88 out of 100!," I was **prompted** to lament, "Oh, just below the average of 91."
prompted=자동 event -- (무언가에 의해 영향을 받아) 스스로 급한 것이 생긴 것으로서 곧바로[급하게]
시동=하지만 -- 되었는데 곧바로 대동 슬퍼하는 쪽으로 가게 되었다.
100점 만점에 88점 나온 것은 잘 한 것이나 평균이 91점이나 되니까. *하지만=문맥 associate
: Where are markets **headed**? **시동**=어디이지, 시장이 향하고 있는 곳이 말이야?

① **능동 event** : have+pp=가지고 있는데 event를 가지고 있다/있는데 event가 있다 (pp=동사 event) (↗과과 속에서의 event)

A.. He has been a teacher for 10 years. : (과현) **계속** event cf]had been -- for =(과과) **계속** event
시동=가지고 있어요, 있었던/있어 왔던[해왔던 것/생활해 왔던 것]인데 선생생활로 구시[동안], 10년 동안 말이다.

구문법에서 말하는 경험, 계속, 완료, 결과도 알고 보면 다 (기의미 성립) event이다. 그래서 have 동사 뒤 과분사는 능동 event로서 동질, 사실, 완료, 경험, 계속, 결과, 소재, 발생, 처지, 반복, 일반적 설명/일반적 event -- 등등이 있다. 구문법 대로 네 가지만 있는 게 아니다. event는 수없이 많다. 특히 피동 event에도 동작, 생산, 상태 event -- 등이 있다.

cf] have **동사 뒤** pp=(능동으로서) 보통 기의미 성립 event이나 일반적[일반적 설명] event/미래의미성립[현미계속] event도 있음
: A lotta people have been treated. : (능동과 피동으로서) **일반적 설명 또는 계속** event ↘H.. G.. D..
시동=많은 사람들은 갖고 있는데, 있는 것[되는 것], 즉 치료되고 있는 것[치료되어 오고 있는 것]을 말이다.
↳ 이미 치료를 받았다면 **기의미성립** event 가능 : 있었던[되었던] 것인데 치료된 것이 --

B.. "Hey! You sunk my battleship!" 시동=침몰 시킨 적이 있지/침몰 시킨 일이 있지! ❈ sunk=(have동사) **전제 infml E**

C.. I have been lucky. 시동=가지고 있어요, 있었던 것인데 운이 있었던 것을 말이다 -- **사실** event
/ -- . 지금까지 있어 왔던 것인데 운이 있어 왔던 것을 말이다 -- **계속** event
: 그래서 지금까지 운이 좋았다는 말이다 ❈지금까지=been associate → **과분사** associate

일반적으로 완료형 과분사를 특히 기의미성립 (능동) event라 한다.
이미 의미가 성립된 상황[time-up situation 이전상황]을 말하기 때문이다.
인터넷에서 가입 동의서를 다 읽은 후 동의여부를 체크하기전에 반드시 다음과 같이 물어오는 메시지가 있다.
"I have read this and accept this." 읽었으니까 갖게 되는 것이고, 갖게 되는 것은 읽은 사실이다. **즉 과거 속에서의 event이다.**
시동= -- 가지고 있다, 읽은 사실인데 이것을 말이다. 그리고 받아 들인다, ---- .
영뇌 소유자는 동사 상황을 event 소유개념으로 표현할 수 있는 능력을 가지나 대부분의 한국 사람들은 pp의미를 정확히 모르기 때문에 가입 동의서로 단순한 동사서술 개념으로 메시지 강도가 덜한 과동사로만 표현할 것이다.

일상적인 의미의 event

일반적으로 쓰이는 event 의미, 즉 **명사** event[≠동사 event : pp]
=눈에 꽂히듯이 크게 보이는 일[것]로서 어떤 사건/경기/행사[e: eye v: **꽂히는 모습** e: eye t: thing]

a.. Polish president : biggest tragedy event ❈ biggest=(the) **전제 infml E**

b.. The 800 meters is not his best event. a main event 주경기 c.. an annual event 연중 행사 social event /fund-raising events cf] occasion=특별히 일어나는 일로서 행사[oc: occur c: case s: specially] : mourning ~

D.. Zuckerberg: This system has kept Facebook ahead for 12 years. : (현미) 계속 event

시동=이 시스템은 갖게 된다. 지켜주는 것인데 페이스북을 앞으로 구시 12년 동안 말이다. ↗과과 속에서의 event

tip)계속 event=①과거 어느 시점부터 과거 어느 시점까지 계속 event : 과과 계속 event

②과거 어느 시점부터 지금까지 계속 event : 과현 계속 event → 과현 속에서의 event

③지금부터 미래 어느 시점까지 계속 event : 현미 계속 event -- 일종의 미래의미 성립 event

↳현미 속에서의 event

E.. "I am not a gay. I have not been a gay." ↳즉, 현미 계속으로 지켜주는 event

시동=나는 없어요, 지금까지 있어온 사실, 게이로 있어 온 사실이 말이다 -- 계속 event *지금까지=been associate

/ ----, 살아온 사실, 즉 게이로 살아온 사실이 말이다. ▭ been=있어 온 것으로서 살아 온 것/생활해 온 것

F.. We had used to work together for almost 10 years.

시동=가지고 있었다. 늘 한 것인데 대동 일을 늘 함께 한 것으로 말이다.

▭ used=use: 사용/이용하는 것으로서 하는 것 d: done 반복 event *늘=used associate → 과분사 associate

G.. We hope you have enjoyed the new experience. -- 제품광고 문귀

시동=우리는 바랍니다. 여러분들이 갖기를 즐겨 본 것을 갖기를 새로운 경험으로 말이다.

-- 미래 속에서의 기의미성립 event : 미래완료 의미와 같다 have=래발생 현재

또는 미래의미성립 event 가능 : 갖기를 즐겨 보는 것[즐기는 것]을 갖기를 → 둘다 미래 속에서의 event

vs We hope you enjoy the new experience. I hope you are enjoying your life.

시동= 즐겨보기[즐기기]를 /하기를 즐기는 것인데 ⇐ enjoy/are=래발생현재 현분사=앞으로 진행

: a.. I hope I haven't caused you too much trouble.

시동=(앞으로) 없기를 야기시킨[시키는] 일이 없기를 당신을 너무나 많이 골치 아프게 말이다.

b.. Suicide bomber believed to have exploded. : to explode보다 더 구체적이고 더 강력한 메시지

시동=믿고 있었다. 가질 수 있다고, 폭발한[폭발하는] 것[사건]을 가질 수 있다고 말이다. *Suicide bomber=(관사) 전제 infml E

c.. We have got an interview tomorrow. -- 미래의미성립 event (미래상황 설명 event도 가능)

"I'm feeling so much better, and obviously I should have gotten some rest sooner." : Hillary Clinton

시동=가지고 있어요, 받는 것인데 인터뷰를 내일 말이다. /그래서 분명히 나로 하여금 일어나는게

좋을 것 같다. 즉 갖는 것인데 좀 휴식을 조만간에 말이다.

↗일반적 투자성향 또는 그런 것에 대한 설명

H.. The fear of losing money has lost more money. : 일반적[일반적 설명] event]

시동=그런 두려움, 즉 잃을 까하는 돈을 잃을 까하는 두려움은 가지게 된다. 잃어버리는 일인데 더 많은 돈을 말이다.

vs 가지고 있는데, 잃어버린 적이 있는 것을 말이다 : 기의미 성립 event로서 경험 event

실행 event

tip) I couldn't have identified him from where I was. : 과거상황에 대한 설명 event

시동=나는 할 수 없었다. 즉 신원 확인(하는 것을), 즉 그 사람 신원 확인을 기처 내가 있었던 곳으로부터 말이다.

I.. The ass had travelled some distance, when he came across a dog. 뜻하는 의미= ↗우연히 마주치는 것

시동=그 당나귀는 하다가, 즉 쭉 가다가 좀 거리를 가다가 (언제냐 하면) 그때 그는 마주치게 되었는데 가로지르는 상황,

어떤 개 한마리 옆을 가로 지르는 상황을 마주치게 되었다. ※come=어떤 상황이 오는 것으로서 마주치는 것

❖ 표현자의 몫[speaker's desire] — (이미) 예측한 사실을 두고 현재 또는 과거 event 소유 또는 과거

: Pundits have/had predicted[predicted] the UK elections would be a close one. ↳☞ 기본영뇌 vol 2 〉영뇌화법 p143

close=neck and neck (서로 서로 가까운 것으로서) 막상 막하인 것

돌연변이 English	got — 백짓장도 맞들면 낫다! Many hands make light work!

IIIII.. 'I gotta run.' -- 과동사는 과거상황이 되어야 하는 데 오히려 현재 또는 미래 상황이 되었다.

정생각 정과거로서 일종의 발전 English이자 infml E이다. 그래서, 우리는 gotta를 일종의 조동사로 취급한다.

시동=해야 겠어, 달리는 것을 말이다. =I have to run. ❖ get=움직여 취하는 것으로서 하는 것 [g: go〉move t: take] cf]got=가ㅌ : post 점형 F /가ㄹ : 받침단타 /가ㅌ : slide F vs got a/got to=가러 : 합성강주

have=래발생현재 ⇒ 시동=나는 해야 겠어, 대동 달리는 것을 말이다. tip) I get to[getta] run. : get=래발생현재 ↘ 해야겠어
/소유현재 ⇒ 시동=나는 가지고 있어요, 대동 달려야 한다는 것을 말이다.
/소유 필요성 ⇒ 시동=나는 가질 필요성이 있어요, 대동 달리는 것[달릴 것]을 ---.

vs I've got to run. -- have 동사 뒤 과분사는 보통 **기의미성립**이나 미래의미 성립이 되는 경우
시동=가지고 있어요, 해야 겠다는 것인데 대동 달리는 것으로 말이다. ※run=달리는 것/달아나는 것

J.. **He kept to his bed for a week, by which time he had recovered.**
시동=계속해서 대자 자기 bed에 붙어 있었는데 구시 일주일 동안 붙어 있었는데, 쯤 가서, 그 기간쯤 가서는 그는 갖게 되었어요, 회복 된 것을 말이다. ※to=방향부착으로서 대자 -- 붙여 있는 것 had=일주일 쯤 지난 시점

과거완료는 앞선과거라고 무조건 고정시키지 말라

과거 완료라해서 무조건 앞선 과거로 두뇌가 작동하면 안된다. 그냥 두 단어의 뜻대로 생각하라.
여기서 'time' position는 period이다 ⇐ 'time' position=period or point (of time) **기간 또는 시점**
vs After I had tied one end of the rope to his bed,
I threw the other end out of the window.
⋯→ 여기에서는 had=threw 이전상황 tied=기의미 성립으로서 had 이전 상황
구문법에서는 과거완료를 대과거라 한다. 과거에 기의미성립 event를 보유했기 때문이다.
시동=후에 -- 가진 후, 묶은 것을 가진 후에 -- 던졌다. --.

일반적[일반적 설명] event

"Bomb cyclone" is a low pressure system that has undergone bombogenesis.
In the meteorological sense, bombogenesis simply means a storm that drops 24 millibars within 24 hours.
일종의 저기압 조직체계로서 이것은 가지고 있는데
발생하는 것, 밤보제네시스 현상이 발생하는 것을 가지고 있는 것이다[가지고 있다] : that=**제한적/비제한적 연결영뇌** /**과거 속에서의** event

K.. 고 정주영 회장이 잘 쓰는 용어가 '해봤어' 이다. 이럴 때 딱 들어 맞는 표현이 event이다.
"Have you done/tried?" → 결국 이 말은 해본 일이 있느냐는 말이다.
시동=가져봤어, 해본 것을 말이야? ▭ done=**실행으로서 해본 것** vs tried=**시도로서 해본 것**
vs "Did you try?" **시동**=해봤어, 시도를 말이다?

event 소유와	같은 것 -- 백문이 불여일견! **One picture is worth a thousand words!**

ⅡⅢ.. S&P 500 had the biggest gain.
시동=가졌는데 가장 크게 상승한 것을 말이다.

이것을 일반과분사 뇌로 작동시키면 :
ⅡⅢ.. S&P 500 had gained (the) biggest.
시동=가졌어요, 상승한 것인데 (정말로) 가장 크게 말이다.

모두 동사소유 개념 표현이다. 영뇌는 이렇게 동사소유 개념 뇌로 발달 되어 있다.
그래서, 웃고나서 **"I have a funny laugh."** 라고 표현한다. 웃었으니까 재미나는 웃음을 가진 것[셈]이 된다.
시동=나는 그냥 가져봤어요, 재미나는 웃음을 말이다.
즉 재미있게[신나게] 한번 웃어 봤다는 것이다. ※ have=발생현재로서 소유발생

☜.. 이해는 (언어에 대한 basics를 알았다면) 최종적으로 단어의 최종적인 뜻인 감주로 이해한다.

event와	현재완료, 과거완료, 미래완료 — 사촌이 땅을 사면 배가 아프다! Turning green with envy!

과분사는 BNW가 event이기 때문에 원동사처럼 현재/과거/미래 속에서도 두뇌가 작동한다.
그래서 현재완료, 과거완료, 미래완료가 만들어 진다. event는 단순한 동사서술의미가 아니다.

: IIIII .. have trained (horses)

시동=(지금) 갖고 있는데 훈련 시킨 것을 말이다 -- **현재 속에서의 기의미성립 event 소유**

Obama: Time has come for Syrian president Assad to step down.

시동=때는 가지고 있어요, 왔다는 것, 즉 시리아 대통령 Assad가 대동 하야할 때가 왔다는 것을 말이다. 결국 뜻하는 의미는 그럴 때가 왔다는 것이다.

IIIII .. had trained (horses)

시동=(그때) 갖고 있었는데 훈련 시킨 것을 말이다 -- **과거 속에서의 기의미성립 event 소유**

: They hadn' t trained hard, however they won.

시동=갖지 못했다. 훈련을 열심히 시킨 것을 말이다. 하지만 --- .

↗ 앞으로 가질 것이다. 훈련시키는 것을 말이다.
vs 미래의미 성립 event인 경우

IIIII .. will have trained (horses)

시동=(그 때쯤에는) 할 것이다. 갖는 것인데 훈련 시킨 것을 말이다 -- **미래 속에서의 기의미 성립 event 소유**

/앞으로 가질 것이다. 훈련시킨 것[훈련시켜 놓은 것]을 말이다. ※주체래발생+미래 속에서의 본동사 의미

미래 속에서의 기의미성립과 미래의미 성립은 일종의 미래 속에서의 event이다.

cf] 현재완료, 과거완료, 미래완료 할때 이때 완료는 어느 시점에 완료 된 것을 의미하므로 **완료형의 pp는 보통 기의미 성립, 즉 기의미 성립** event이다. 하지만 일반적[일반적 설명/미래의미 성립/현미 계속] event도 있는데 이 때에는 완료(라는 의미)가 아니다. 그래서 구문법에서 말하는 현재[과거/미래] 완료는 기의미 성립만 의미하는 것이다. 따라서 'have+pp' 를 무조건 완료형이라고 말하면 틀린 말이다.

"I will have finished the work when you come home next week."

시동=앞으로 가지는 데 끝낸 것을 가진다. 언제나 하면 네가 올때 말이다.

"He will have trained horses 10 times by the end of this year."

시동=앞으로 가질 것이다. 훈련시킨 것을 10번 씩이나 쯤[근시 近時/근자 近者]에는 말이다.

···› 이렇게 기의미 성립 소유이니 미래완료를 구문법에서는 '-- 한 셈이 된다' 고 해석한다.

vs "He will train horses 10 times until the end of this year."

시동=앞으로 훈련시킬 것이다. 열번을 말이다 ···› will=(주체래발생으로서) **단순미래**

vs "We have got an interview tomorrow." : **미래 의미성립** event

시동=가지고 있다. 받는 것인데 내일 말이다 : **미래 의미성립[≠미래완료 -- 기의미성립]**

vs "Almost all Koreans have eaten rice everyday." 시동=갖는다. 먹는 것[일]인데 밥을 매일 말이다.

: 일반적[일반적 설명] 능동 event cf]일반적[일반적 설명] 피동 event ↘즉, 일반적 식사경향 event 또는 그런 것에 대한 설명 event

일반적으로 원동사의 본동사 의미와 바람 의미원성립, 의미과성립, 과분사, 현분사, 동명사는 현재/미래/과거 속에서도 가능하다. 본동사의 본동사의미, if없는 하생각, 일어난 것처럼 성립시켜보는 하생각, event, 진행의미, 동사사실의미이기 때문이다.

※미래 속에서의 기의미 또는 미래의미 성립 event ⇨ 둘다 미래 속에서의 event

시제 종류 의미성립 입장에서 event에는 기의미성립, 현재[과거/미래] 의미성립, 일반적 의미성립, 일반적 설명 의미성립 event가 있다. 이들 event가 바로 event 시제이다. 특히 기의미성립 event는 이미 의미가 성립한 것으로 time-up situation이자 have 동사 이전 상황이다. 현재[과거/미래] 의미성립 event는 그 시점에 의미가 성립하는 의미이다.
그래서 시[시제]에는 원시 /현재 /과거 /미래 /event시 /진행시 /동명시가 있게 된다.

□ **원시**=기시(基時)로서 원동사의 BNW 시제이다. 모든 시제에 적용시키기 위한 **기본시제**이다.

ever+과동사=event 과동사에 ever를 붙이면 event가 된다. ever가 경험[사례]의 때로서 event이기 때문이다.

IIIII .. ever saw=have seen ☞ ever 개념 p361/381

전자=있는 적이 있는데 본 적이 있다. 후자=가지고 있어요, 본 적이 있는 것[본 것]을 말이다.

※ have seen의 뜻 : **시동**=가지고 있어요, 본 것[본 적이 있는 것]을 말이다 -- **사실/경험** event

/ ---- , 보아왔던 것[계속 보아 왔던 것]을 말이다 -- **계속** event

/ ---, 방금 본 것을 말이다 -- **완료** event

→ **상황에 따라 어느 event인지 판단하면 된다** ☞ **처지** event p40/41 : Had been trapped (been=된 것)

현분사의	동일치/계속 진행과 쭉 진행 --아내가 귀여우면 처가집 말뚝보고 절한다! **Love me, love my dog!**

현분사의 동일치/계속[지속] 진행과 현분사의 쭉 진행은 다르다.

후자=been 의미가 첨가된 쭉 진행, 즉 기간계속 event가 첨가된 쭉 진행으로서 event 진행,
즉 event 진행으로서 쭉 해오고 있는 것/쭉 해왔던 것

전자=be 동사의 진행 동일치/동지속이 첨가된 동일치/계속[지속] 진행으로서
(그냥 어느 시점 또는 그냥 일정기간에) 하고 있는 것 cf]기간계속=전부터 어느 시점까지 계속

▭ has been training (horses) ⇨ training=**쭉 진행**

시동=(현재) 가지고 있어요, 있어 왔던[해왔던 것]인데 쭉 훈련시켜 왔던 것을 말이다.

/ ---- , 해오고 있는 것인데 쭉 훈련시켜 오고 있는 것을 말이다.

→ vs is training (horses) **시동**=(무언가 하고) 있는 데 훈련시키고 있다.

⇨ training=**동일치 진행 또는 계속[지속] 진행**

▭ will have been training ⇨ training=**쭉 진행**

시동=앞으로 (그때쯤에는) 갖게 될 것이다. 해왔던 것, 쭉 훈련 시켜 왔던 것을 말이다.

→ vs will be training **시동**=앞으로 (그때에는 하고) 있을 것이다. 즉 훈련시키고 있을 것이다.

⇨ training=**동일치 진행 또는 계속[지속] 진행**

② 피동 event와 그 확장의미[즉 피동 event로서 EM] : (↗ **즉 확장** event)

A.. Many charity shops in Britain are staffed by/with volunteers.

▭ **동작** event=생기고 있는 데 직원들로 채워지는 일이 생기고 있다 -- **일반적 동작** event

▭ **상태** event=있는 데 직원들로 채워져 있다.

▭ **피동동작[피동행위]**=있는 데, 직원들로 (일반적으로) 채워지고 있어요.

-- 일반적 피동동작[피동행위] tip)과분사=event와 EM 동명사=동사사실의미와 EM/IM

＊행위는 동작의 구체적 개념이다. 넓은 의미에서는 모두 동작에 속한다.

➾ **동질연결** : 인데/에게 채워지고 있어요. tip) '에게' 로서 **동질연결** -- '에게' **동질**

B.. Initially, concerns of all members were not being heard.

▭ **동작** event=처음부터 여러가지 걱정들이 --- 되고 있지 않았어요, 즉 귀 기울어지는 것이 말이다.

▭ **피동동작[피동행위]**= -- 우려들은 -- 되고 있지 않고 있었어요, 즉 귀 기울어지지 않고 있었어요.

➾ **동질연결** : -- 은 이었는데 안되고 있었어요, 즉 귀 기울어지는 것이 말이다.

C.. The baby is being carried by Mom.

▭ **동작** event=그 애에게 있는 데 되고 있어요, 옮겨지는 일이 행자 엄마에 의해서 말이다.

▭ **피동동작[피동행위]**=그 애는 있는 데 되고 있어요, 즉 옮겨지고 있어요. ----.

➾ **동질연결** : -- 은 인데 되고 있었어요, 즉 옮겨지는 일이 말이다[옮겨지고 있어요].

D.. Because they are so hidden, we don't know even what has been demolished.

▭ **상태** event= -- 은 있기 때문에, 그렇게 숨겨져 있기 때문에 ※ are=**상태현재**

▭ **동작** event= -- 에게 생겼기 때문에 그렇게 숨겨져 있는 일이 생겼기 때문에 ※ are=**발생현재**

▭ **피동동작[피동행위]**= -- 되었기 때문에 그렇게 숨겨졌기 때문에 ※ are=**발생현재**

시동=왜냐하면 --- 때문에, 우리는 몰라요, 조차도[정말로] 무엇이 되어 있는지 즉 파괴되어 있는지 (조차도) 말이다. ※ has=**소유상태로서 되어 있는 것** been=**동질** event**로서 즉**

고정관념 바꾸기 be동사를 '이다/있다'로만 알고 있으면 안된다.
문맥에 따라 발생으로서 '되다/생기다/발생하다 -- 등등'이 가능하다.

tip)전환식/한뇌식 공부의 맹점 : Prince Harry was joined by his fiance'e, Meghan Markle.

→ 했는데 (즉) 함께 참가하게 되었는데 함께한 자/행자는 그이의 약혼녀, -- 이었다.

: 이것을 '-- 에 의해서'로 해석하면 문맥이 맞지 않는다. Christmas Day church service (교회 예배식)에 그냥 같이 참가한 것이기 때문이다. ※by=행위의 실체로서 함께한 자/행자

E.. 18 killed. Made in Korea.

▭ **동작** event=18명에게 살해 된 일이 발생했다. **피동동작[피동행위]**=18명은 살해 되었다.

▭ **상태** event=18명은 살해 되어 있다. ▭ **생산** event=제조된 것인데 내소 한국 내소에서 제조된 것

※ killed=(HB동사) **전제** infml E --> StE=are[were] killed /have[had] been killed

F.. We want him buried next to his wife tomorrow. -- (피동 event로부터) 미래 의미성립

▭ **동작** event=묻히는 일이 생기기를 **피동동작[피동행위]**=묻히기를 **상태** event=묻혀 있기를

미래 의미성립은 미래 수동태에서 많이 나타난다. cf]미래완료 pp=미래 속에서의 기의미성립
: He will be buried.
시동=앞으로 생길 것이다. 묻혀 지는 일이 말이다. / 앞으로 될 것이다. 즉 묻혀 질 것이다.

G.. He has twice been convicted of arson or robbery.

▭ been=**사실/경험/발생으로서 능동** event convicted=**피동** event

시동=가지고 있어요, 두 번이나 있었던 것, 유죄판결받은 사실이 있었던 것을 즉 -- 관련해서 /두 번이나 받았던 것, 유죄판결을 받았던 것을 -- . / -- , 두 번이나, 즉 유죄판결을 받았던 것 ※ **우리말 '받다'=능동의미/피동의미**

been=**동질** event**로서 '즉'**

H.. The public is/are being enlisted to help.

▭ **피동동작**=있다. 즉 하고 있는데 협력 요청을 받고 있다. 대동 누군가를 돕기 위해서 말이다. ※**누군가**=help associate

I.. Hosni Mubarak who was ousted and tried on various charges can go free. ↳**원동사** associate

▭ **동작** event=누구냐 하면 (이 사람은) 있었던 사람, 즉 축출되어 재판 받은 일이 있었던 사람인데 --- .

tip)일설 event : "Overworked, Underpaid!" 일은 많이하고 월급은 적게 받고!

→ 미 public school 선생들의 시위 slogan : **전자=능동** event **후자=피동** event

"First come, first served" ↳일반적인 근무 환경 또는 그런 것에 대한 설명 : 오우버워어컷[워어크트] 언더페이드

"Begun well, almost done" ↳**계속** event**인 경우** : 지금까지 일은 많이 해왔고 월급은 적게 받아왔다!

↗즉 확장 event

③ 자동 event와 그 확장의미[즉 자동 event로서 EM] :

무언가 영향을 받아 자동으로 발생했거나 발생하는 것이다. 영향을 받아 생기는 일이니 스스로 발생한다. pp가 자동의미가 되는 근거가 바로 여기에 있다. 영향을 받아 생기는 일이니 자동 event는 타동사 뿐만이 아니라 자동사에게도 나타난다. 따라서, 자동 event와 그 확장의미는 능동태를 수동태로 전환시키는 **전환개념**으로 이해할 수 없다.

그런데, 이럴 경우 자동과분사로 동사로 보는 사람이 있는가 하면, 자동형용사로 형용사, 즉 동사형용사로 보는 사람도 있다.

tip)1. 영향을 받지 않고 스스로 발생시키는 자동현분사도 있다 ☞ p335 ↳ ≠질/상태 형용사

2. 타동사의 자동의미는 피동의미로 뜻이 같은 경우도 있고, 그렇지 않은 경우도 있다. 주의하라. ↳ **I.. vs G..**

A.. It's that bum you said was taken up two parking spaces. (밑줄=보어)

→ taken에 영향이 기분이 나쁜 것인지, 무슨 사연인지 모르나 아무튼 영향을 받아 스스로 일이 생긴 것이다.

□ **자동** event=바로 저 불량배, 즉 네가 말한 녀석인데, 그 녀석에게 일어 났어요, 차지 해버린 일이 일어났어요 --- .
□ **자동 동작[행위]**=바로 저 불량배, 즉 네가 말한 녀석인데 해버렸어요, 차지 해버렸는 데 두곳의 파킹 구역을 말이다.

↖그 녀석에게 있었는데 차지하게 되는 일이 있었다는 것 ↘**영향을 받아 생기는 일**

you said=관계문장　up=완전히 끝내는 것으로서 해버리는 것
was=발생으로서 생긴 것/일어난 것/해버린 것 ⇨ was=동질연결 발생으로서 '그 녀석에게 일어났어요'

B.. Hey , pal, if you are done, pumpin' , move it!
□ **자동** event=-- 친구, -- 에게 생겼으면, 다 끝낸 일이 생겼으면, pumping[주유하는 것]하는 것말이야, 그렇다면 옮기세요, 그 차를 말이야! ⇨ **그렇다면=문맥** associate
→**자동 동작[자동 행위]**= -- 에게 되었으면 다 되었으면 ---- : **자동동질**
⇨ **are=현재범위에서의 발생현재**　※ **우리말 '되다'=†자동의미/피동의미**

C.. We' re taken more actions, more steps on nuclear program.
□ **자동** event=우리에게 있다, 취한 것인데 더 많은 조치들이 ---- /했는데 취했어요 --- : **자동동질**
□ **자동 동작[자동 행위]**=우리는 취했어요 --. ⇨ ' re=는　tip)pp=**능동의미/피동의미 외에도 영향을 받아 생기는 자동의미도 있다.**

D.. A white house source said he was woken from his sleep for the signing.
→Mr. Obama**를 두고 한 말이다.** □ **자동** event=있었다고, 깨어나 있었다고---.
□ **자동동작**=했다고, 깨어났다고, 기처 잠으로부터, 해자 그 사인 때문에[을 위해서] 말이다 .

E.. "See! You were supposed to have three heads!"
→ **지금 마술을 하는 상황 -- 마술의 영향을 받아 자동발생**
□ **자동 행위[동작]**=봐라! 너 되었지, 상상이 되었지[상상이 일어났지], 대동 가진 것으로 세 개의 머리를 가진 것으로 말이다 : We are supposed to open next month.

→ 현재 공사 진척에 양향을 받아 자동으로 생각이 발생 한 것이다. **시동**=있는데 생각하고 있다.
'-- 할 예정이다' 는 말은 이 표현이 뜻하는 의미이다. 단어의 뜻을 뜻하는 의미로 가지고 있으면 마술사 말을 이해하지 못할 것이다. 한국 사람이 영어가 안되는 이유 중의 하나이다.

F.. Getting dressed.　Get started.　Are you bet? ＊are=발생현재
□ **자동** event=하기, 옷 입는 것을 하기　□ **자동 행위**=하기, 즉 옷 입기　□ **자동** event=하라, 출발하는 것을 말이다.
□ **자동 행위**=하라, 출발하라. /했는가, 당신은 걸었는가? : The most watched channel, CNN. : 가장 많이 보는

↗자동동질/능동동질
G.. Obama being briefed on Libya.　(being=(be동사) **전제** infml E --> StE=is being)
□ **자동 행위**=하고 있는 데 브리핑을 하고 있다. 상관해서 리비아와 상관해서 말이다 : **대통령 기자회견**
vs **피동동작[피동행위]**=하고 있는 데 브리핑을 받고 있다 .
: A third of the world' s food is lost and wanted.
: 없어지기도 하고, 필요하기도 한다 -- **음식물 낭비 금언**
→ 단어의 뜻은 상황 또는 문맥에 따라 판단 -- lost=**피동의미**　wanted=**자동의미**

H.. Infested with vermin.
□ **자동 행위**=들끓고 있는 데 vermin으로 말이다/동자 -- 으로 말이다 : 들끓게 되는 일이 생기는 것으로서 들끓는 것
※ with=**동존으로서 있는 것/동존대상으로서 동자 --으로**　Infested=(주동) **전제** infml E --> StE=It is infested　※it=그곳
plus) Sam is always surprised just to see a snake. : **일/설 자동** event
=샘은 늘 놀란다. 그냥 대동 보이기만[눈에 들어오기만/보기만] 하면 뱀이[을] 말이다.

I.. A : Hey! A left-over steak! B : Wait! That's spoken for. A : Too bad!

▭ **자동 event //피동 event[피동동작/피동상태]** = 점찍어 둔 것[놓은 것], 누군가를 위해서 점찍어둔 것[놓은 것]이다.
/점이 찍혀 있는 것인데 누군가를 위해서[누군가에게] 점이 찍혀 있는 것이다 : **상태** event
/점 찍혔다[점 찍혀 있다]. 누군가를 위해서[누군가에게] 말이다. ＊**누군가=for associate**

> **spoken**=자동 event : 말해둔 것[놓은 것]으로서 점찍어 둔 것[놓은 것] : **She is spoken.**
> **spoken for=adj. infml (of a thing) being kept aside for someone**
> -- 사전에 이렇게 표시 되어 있으면 자동과분사로 보지않고 자동형용사로 본 것이다.
> **leftover=left-over** 남겨 따로 걸쳐[위에] 놓은 것으로서 남겨 놓은 것 **adj. remaining; unused**
> ↳ 일종의 자동 event 즉 자동과분사 | tip)well-spoken words=a. 주체=사람 : 자동의미(잘 말하는 말)
> b. 사물 입장 : 피동의미(잘 말해지는 말)

vs 'The people of Britain have finally spoken. : London Mayor가 의회 진출한 것을 두고 한 표현
: **능동** event 시동= 국민, 즉 영국국민들은 가지게 되었다. 최종적으로 점찍어 둔[놓은] 것을 말이다.
↳우리말 '점찍어 둔[놓은] 것' =**자동의미/능동의미**

영어에서 | 피동이라는 개념 -- 쥐구멍에도 볕들 날이 있다! Every dog has his day!

피동이라는 개념은 반드시 '되다, 맞다, 당하다, -- 등' 으로 직접 입히는 것[직접 영향을 받는 것], 즉 직접피동만 뜻하는 것은 아니다. 영향을 받아 생기는 일도 피동이다. 이때 피동은 영향을 받아 스스로 발생한다.
그래서 **자동 event와 그 확장의미**는 자동과분사로 표현하고 타동사 뿐만이 아니라 자동사에게도 나타난다.
자동사/타동사와 다른 점은 영향을 받아 생기는 일로서 스스로 발생한다는 데 있다 : **자동과분사=자동의미**

- I am not oppressed. **자동행위**=나는 하지않는데 즉 억압하지 않는다 -- 자기 발생에 중점
  ↳(나에게) "없는데 억압하게 되는 일이 없다"로서 억압하지 않는 것
  피동행위=나는 받지 않는데 즉 억압받지 않는다 -- 영향을 받는데 중점
- I don't oppress. **타동행위**=나는 하지않는데 억압하지 않는다 -- 남에게 영향을 주는데 중점
  vs I don't oppress. **타동행위**=하지않는데 억압하지 않는다 -- 남에게 영향을 주는데 중점
- Trump is misunderstood. 잘못 이해했다/오해했다 -- 자기 발생에 중점
  vs Trump misunderstood. 잘못 이해했다/오해했다 -- 자기 행위에 중점

① 영향을 받아 스스로 일어나는 것은 자동사에게도 일어난다.

a.. She is gone. ▭ **자동** event= -- 에게 생겼는데 가버린 일이 생겼다**[동작]** /-- 는 가버리고 없다**[상태]**
▭ **자동 동작**= -- 는 가버렸다
-- 무슨 일인지 모르나 어떤 것에 영향을 받아 **gone한 일**이 생긴 것이다.
이럴 때에는 능동 event 뇌로 표현도 전달결과는 같으나 그 뉘앙스가 다르다.
⇒ 'She has gone.' **시동**=가지고 있다. 가버린 것을 말이다.
⇒ 만약 과동사 뇌로 표현하면 'She went.' 로 되어 '갔다' 가 된다.

b.. She is just returned from town.
▭ **자동** event= -- 에게 생겼는데 방금 돌아 온 일이 생겼다**[동작]**.
/ -- 있어요, 방금 돌아와 있어요**[상태]**. ▭ **자동 동작**= -- 했어요, 방금 돌아왔어요
vs She just returned --. **시동**=방금 돌아 왔어요.
vs She has just returned --. **시동**=가지고 있어요, 방금 돌아온 사실을 말이다.

c.. We want him gone in three days. Get started.
▭ **자동** event=원하는 데 그에게 가버리는 일이 생기기를 지나서 3일 지나서 말이다.
▭ **자동 동작**=가버리기를 지나서 3일지나서 말이다. ▭ **자동** event=하라. 출발하는 것을 말이다.

d.. I am come to sacrifice to the Lord. ▭ **자동** event= -- 생겼는데 왔던 일이 생겼다.
▭ **자동 동작**=나는 왔어요, 대동 재물을 바치기 위해서[제사를 지내기 위해서] 대자 주께 말이다.

② **영향을 받아 스스로 일어나는 것은 타동사에게도 일어난다.**

-- 태 전환개념으로 이해되지 않는 표현들이다. 그래서 수동태를 전환식으로 공부하면 안된다. 즉 피동의미 과분사를 전환값으로 이해하면 안된다. 그냥 be동사를 자동과분사로 설명해 나가는 뇌로 이해하면 된다.

a.. I' m finished. -- 자기 발생에 중점 cf]I finished. 나는 끝냈어요 -- 자기 행위에 중점

▭ **자동** event=나에게 생겼어요, 끝난 일이 말이다.

▭ **자동 동작**=나는 끝났어요 ⇒ ' m=는 ※ **우리말 '끝났어' =자동의미/능동의미**

이때 '끝났어' 라는 의미는 자기가 일을 다했기 때문에 일어나는 결과이다.
영향을 받아 스스로 일어나는 결과로 크게 보면 피동개념에 속한다. 자동 event를, 특히 일부 문법학자들은 분사형용사, 자동[동사]형용사라 하며 사전에서는 형용사로 분류하고 있다.
그런데 형용사만으로는 과분사 느낌을 충분히 느끼기에는 부족하다. **자동 과분사로 바로 이해하라.**

b.. I' m done. ▭ **자동** event=나에게 생겼어요, 다한 일이 말이다.

▭ **자동 행위**=나는 다 했어요/다 됐어요. cf]He is done. : 모든 게 '끝장이다' 는 의미로 '끝났어' 도 됨

c.. I' m surprised.

▭ **자동** event=나에게 생겼어요/있어요, 놀란 일이 말이다. ▭ **자동 행위/동작**=나는 놀랐어요.

: I' m disappointed. ↖나에게 있는데 놀라게 되는 일이 있다는 것↗

▭ **자동 과분사로 동사로 보는 사람** -- 여전히 과분사로 동사의 일종으로 본다.
: I am much surprised. **시동**=많이 놀란 일이 생겼다/놀랐다.
▭ **자동 형용사로 형용사로 보는 사람** -- 결국 형용사로 본다.
: I am very surprised. **시동**=매우 놀랐다.

자동 과분사[현분사]/자동 형용사와 much, very

일반적으로 정도부사 much는 동사를, 강조부사 very는 원급형용사를 설명해 준다 → **StE/WrE**

: surprised/interested/excited/disappointed //surprising/disappointing -- etc.

=**자동 과분사[현분사] or 자동 형용사** -- 여기에 much를 쓰면 infml E[SpE]가 되고, very를 쓰면 StE가 된다.

a.. He is much interested in the project. : Webster Dictionary

시동=많은 관심이 있다 → infml E[SpE] -- 동사로 생각하여 much를 썼다.

vs He is very interested in the project. **vs 피동 과분사** → 관심을 받고 있다

시동=매우 관심이 있다 → StE/WrE -- 형용사로 생각하여 very를 썼다.

b.. They were much/very excited at the game.

시동=많이 흥분한 것 /매우 흥분한 것 ※ **at=바로 대상으로서 즉 -- 보고서**

vs They were much excited by the game.

※ **excited=피동 event /피동동작으로서 피동 과분사 -- 동사만 되니 much만 가능** → **StE**

시동= -- 에게 생겼다. 많이 흥분을 받은 것이 말이다. / -- 받았는 데 많은 흥분을 말이다.

↱ **자동 과분사=자동 event or 자동형용사[=동사형용사≠질/상태 형용사]**

▭ **자동 과분사**= 자동사의 자동 과분사 [gone] /타동사의 자동 과분사 [finished]

vs **피동 과분사**= 타동사의 피동 과분사 [killed]

☞.. 이해는 (언어에 대한 basics를 알았디면) 최종적으로 단어의 최종적인 뜻인 감주로 이해한다.

피동 event | 두 가지 해석 방법 — 누워서 떡 먹기다! **It's a piece of cake!**

피동 event는 피사체 입장에서 보면 피동이지만, 주체 입장에서 보면 능동이다.
그래서, 문맥에 따라 주체 입장에서 이해해도 좋다. 즉 시동을 걸어도 좋다.

a.. A president forgotten but not gone.
▭ **피사체 입장**=잊혀지지만 가버리지 않는다.
▭ **주체 입장**=잊는 것이지만 떠나지 않는다 **(피사체=a president 주체=we)**
주의]주체입장 뜻은 자동의미와 다르다. 분명한 피동의미의 **뜻하는 의미**이다.

b.. The stone is moved by him.
▭ **피사체 입장**=(-에게) 생겼는데 옮겨진 일이 생겼다 /졌는데 옮겨졌다.
▭ **주체 입장**=그 돌은 인데 옮긴 것인데 옮긴 사람은 그 사람이에요.

c.. This product is made by China.
▭ **피사체 입장**=(인데) 만들어 졌는 데 만든 곳이 China이다 : He had his purse stolen.
시동=그는 가졌다. 지갑이 도난 된 것을 말이다 /그는 당했다. 지갑 도난을 말이다.
▭ **주체 입장**=(인데) 만든 것인데 만든 곳이 China이다.
: Have my hair cut. **시동=**하라, 내 머리를 깎도록 말이다.

d.. They have us surrounded. **시동=**그들은 가졌어요, 우리들을 포위한 것으로 말이다.
▭ **주체입장=적(they=enemy) 입장** ↗The judge orders him jailed.
↗**미래 속에서의 event[피동행위]**

e.. I had the roof fixed. /지붕에게 고쳐지는 일이 생기도록 -- .
▭ **피사체 입장**=하게 했다. 지붕이 고쳐지도록 말이다. or 나는 갖게 되었다. 지붕이 고쳐진 것으로 말이다.
▭ **주체 입장**=나는 하게 했다. 지붕을 고치도록 말이다 /지붕에게 고치는 일이 생기도록 말이다.

f.. Mr. Sharon was both vilified and admired. ▭ **주체 입장/피사체 입장**=샤론(수상)에게는 있었다.
두가지 점, 즉 사람들이 헐뜯는 것과 사람들로부터 칭송받는 것말이다.

g.. It is to be hoped that in her new job her talents will be better utilized than before.
▭ **주체 입장**=그것은 즉 바라는 바[희망사항]이다 //대동 즉 바라는 바[희망사항]이다.
(**주체**=we is=동질연결로서 '은' to be=「'연결설명+ '동질연결'」로서 '즉' //대동 즉)

과분사와 영뇌화법[전달표현] 그냥 상황에 맞게 단어의 뜻대로 말하는 것이 영뇌화법이다.

a.. Tom Casey said in a statement it was unfortunate that North Korea has not yet met its commitments. 시동=말했는데 -- 없다는 것은 아직도 충족시킨 사실이 없다는 것은 불행이다고 말이다 : **동시점 과거로** had **가능** (also, was=**동시점 과거**)

b.. They have said that the house is[was] destroyed.
They had said that the house has[had] been destroyed.
They said that the house was[is] /has been[had been] destroyed.

→ is/has는 여전히 현재 범위에서 유효할 경우 표현 가능
그래서, 휴게소에서 어떤 한 여자가 현재 배가 고프다고 말한 것을 다른 사람에게 전달할 때
"She said she is hungry."라고 표현 하는 것이다.
여전히 현재범위에서 고픈 상태가 현재 그대로 유효하기 때문이다 : **상태현재**

이렇게 **상황에 맞게 뜻대로 쓰면된다.** 말한 사실이면 과거이면 said로, 현재에 말한 사실을 보유한 것이면 has said로, 그리고 that이하 상황이 현재상황이면 (즉 현재에 유효하면) 현동사로, 과거상황이면 과동사 (즉 동시점 과거/선과거 /단순과거)로, event 상황이면 event로 표현하면 된다. 시제일치, 인칭일치, 지정일치, 장소일치 따위를 생각하면 오히려 표현하는 데 구속을 받는다. ☞ **기본영뇌 vol 2 〉영뇌화법 p140**

plus] a.. United States secretary of state Colin Powell has <u>said</u> that there <u>are</u> problems with Iraq' s nuclear weapons declaration. 시동=가지고 있다. 말한 사실을 가지고 있는 데 -- 현재에 있다고 말이다.

b.. Democrats have <u>said</u> Bush <u>was</u> gambling his prestige on the outcome of the race.
시동=가지고 있다. 말한 사실을 가지고 있는 데 하고 있었다고 말이다. ※ prestige **신망/위신**

수동태/완료형과 과분사 관계

먼저 말에 먼저 무한글 이해가 스쳐가지 않으면 영뇌가 아니다. 수동태와 완료형이 별것 아니다. be동사에 피동 event를 쓰면 수동태가 되고, 자동 event를 쓰면 자동태가 되고, have동사에 능동 event를 쓰면 완료형이 된다.

수동태=be동사로 먼저 개략적으로 말하고, 피동 과분사로 구체적으로 설명해 나가는 뇌 → 이때 be동사=피동동질/능동동질/동격동질

자동태=be 동사로 먼저 개략적으로 말하고, 자동 과분사로 구체적으로 설명해 나가는 뇌

완료형=have동사로 먼저 개략적으로 말하고, 능동 과분사로 구체적으로 설명해 나가는 뇌=소유+event, 즉 event 소유

주의]능동태를 수동태로 고치는 식으로 수동태를 이해하지 말라. 그냥 단어의 뜻대로 이해하라.
특히 태전환 개념으로 이해가 안되는 과분사도 너무나 많다.

: The mountain is covered in/by/with dense forest. ※ in=내속 대상으로서 내자 -- 으로[속으로]
시동=있는 데 덮여 있는 데 내자[행자/동자] 밀림으로[의해서/으로] 덮여 있다. ※ with=동존대상으로서 동자(同者) -- 으로

by와 과분사 관계

by가 반드시 피동 과분사와 의율이 되는 것은 아니다.

a.. Disease runs rampantly and death <u>occurs</u> almost routinely by accident or violence.
3 students died by suicide this semester. He **enhanced** the pride of the nation by winning the men's marathon. 시동=행자 사고 또는 폭력에 의해서 말이다 /행자 자살로 해서 /행동 승리함으로써 -- 에서 말이다.

b.. Music by David What' s the plan by Romney-Ryan? ↳원인행위 대상이 동사인 것으로서 행동
The foiled terror plot <u>was</u> by the Somalia-based militant group, Al-Shabaab.
시동=만든 자[연주자]가 -- 이다. /무엇이지, 그 플랜, 즉 행자 롬니와 라이언이 제시한[만든] 플랜 말이다?
/있었다. 행자 -- 의해서 말이다. tip) 20† --: Use and refer to the current year. 활용해서 언급하라. 대자 현재연도로 해서 말이다. IELTS Writing 문제를 풀때 시험보는 해당년도로 해서 글을 쓰면 된다 → **to=방향수단**

Headline : ---------
-------- ------- By Amanpour **시동**=행자[쓴 기자/제공자]는 -- 이다.

cf]issued by : ---- **시동**=발행되었는 데 발행한 곳/발행 행자 -- 여권 발행처를 말하는 것

"Birdie", used by[to] children, dubbed ' a little bird'.
시동=(사용되는 데) 행자 -- 의해서 (사용된다) [(사용되는 데) 대자 -- 에게 (사용된다)]

: Kennedy was shot and killed by Oswald. 행자[살해자]는 -- 였다 *dubbed=일명

c.. We offer by e-mail. Go by train. I know him by name. We pay by the monthly fee. No one by the name.
시동=행자 e-mail편으로 /행자 열차편으로 /(알고[인지하고] 있는데) 해서[행자] 이름으로 해서 /해서 월세로 해서
/(아무도 없는데) 해서[판자] 그런 이름으로 해서

by=[b: behaviour y: **지게**] 지게를 지는 행위로서

원인행위와 그 실체 -- 행동(行動)[행자(行者)] -- 함으로써[의해서] cf]to=대자/대동 for=해자/해동

/행위실체 -- 행위 실체로서 행자(行者), 행자로서 쓴 자/살해자/만든 자 -- 등등 tip)**행자/행동의 '행'=앞말에 대한 행위이다.**

/행(위) 수단과 그 대상 -- 해서[행자] ~ 해서[편으로] **cf]상수단과 그 대상** : on foot 해서 도보[발]로 해서/상자 도보[발]로

/판단대상과 그 대상 -- 해서[판자(判者)] ~ 으로 해서 **내수단과 그 대상** : in ink 해서 잉크로 해서/내자 잉크로

/판단행위 대상이 동사인 것으로서 -- 행동/해서 : Summarize by selecting and reporting the main features. (알릴 내용으로 해서)

plus] by=(지게) 옆에 앉아 있는 것으로서 옆인 것/옆대상으로서 측자(側者) cf] by=근자/측자/차자 ☞ vol 1 p309/43
[b: 옆에 앉아 있는 모습 y: 지게] : They have a house by the lake.

↗합성감주일때 소리가 안나는 것이 아니라 합성감주로 소리나는 것

tip)have 본토말=해브/어브/어/합성감주 has 본토말=해즈/어즈/합성감주

기간계속의 완료와 기간계속의 계속

↗과현 속에서의 event

IIIII .. He has been a teacher for 10 years. : been=기간계속 event[즉 과현 계속 event]

□ **기간계속의 완료** : 지금 끝나 있어도 전부터 계속된 사실을 말하는 경우

시동=가지고 있어요, 있었던/있어 왔던[해왔던 것]인데 선생생활로 구시[해자] 10년 동안 말이다.

□ **기간계속의 계속** : 지금도 하고 있어도 전부터 계속된 사실을 끊어서 말하는 경우

시동=가지고 있어요, (전부터) 있어 오고 있는 것/해오고 있는 것인데 선생생활로 구시[해자] 10년 동안 말이다.

기간계속 진행의 완료와 기간계속 진행의 계속

IIIII .. He has been training 700 horses for 10 years. : been=기간계속 event[즉 과현 계속 event]

□ **기간계속 진행의 완료** : 지금 끝나 있어도 전부터 계속 진행된 사실을 말할 경우 ↗과현 속에서의 event[쭉 진행의미]

시동=가지고 있어요, 있어 왔던[해왔던 것]인데, 즉 쭉 훈련시켜 왔던 것인데 ----- 구시 10년 동안 말이다.

□ **기간계속 진행의 계속** : 지금도 하고 있어도 전부터 계속 진행된 사실을 끊어서 말하는 경우

시동=가지고 있어요, 있어 오고 있는 것[해오고 있는 것]인데, 즉 쭉 훈련시켜 오고 있는 것인데,

말 7백마리를 구시 10년 동안 말이다. 능동동질↙ ↳과현 속에서의 event[쭉 진행의미]

↳능동의미로서 현분사와 동질

이렇게 완료형과 완료 진행형은 하는 행위가 현재 끝나 있어도, 하고 있어도 끊어서 일정기간 계속 되었음을 말할 수 있다. **단, been이 현미 계속 event일 경우에는 앞으로 10년 동안 계속되거나 쭉 계속되는 의미가 된다.**

과분사와 분명한 과부사 의율

infml E로

현재완료에서도 과분사와 의율이 되기 때문에 분명한 과부사(의군)를 작동시킬 수 있다.

a.. We have /seen /in 2007. =기→ 설→ 설′ -- CNN broadcasting, 2011

시동=우리는 가지고 있어요, 본 적이 있는 것[본 것]인 데, 내시(內時) 2007년 내시에 말이다.

b.. "I haven't /lost /a bag /in the last year. I haven't had any luggage issues."

=기→ 설→ 설′/설′

시동=없다. 잃어버린 적이 어떤 하나의 bag도, 내시 바로 지난해 내시에서도 말이다. 그래서 나는 없어요,

지금까지 가진 적이 어떠한 짐 문제를 가진 적이 없어요. ※in the last year=last year : the=**강조로서 바로**

> in 2007 /in the last year
> =과분사를 설명해 나가는 뇌이기 때문에 의율이 된다. 기의미 성립 경험[사실] event이다.

그래서, 다음 표현에서도 in the last year를 쓰고 있다.

c.. Billions of dollars of Nigeria's immense oil riches have been funneled to places like this in the last year alone, yet they have not brought the country peace.

시동=수십억 달러 치의 -- 막대한 부는 가지고 있어요. 있었던 것인데 깔대기처럼 빨려 들어온 자금들이 있었던 것을 가지고 있어요. 대자 여러 곳, 즉 동모[동자] 이와 같은 곳으로 내시 지난 한해 내시에서만 말이다. 그럼에도 불구하고, -- 없어요. 가져 온 사실인데 이 나라 평화를 가져 온 사실은 말이다.

*like=**꼴이 같은 것과 그 대상으로서 동모/동자 -- 와 같은 것** immense **막대한 것**

> 단, 현재 완료는 현재와 이전 event, 두 시제가 걸쳐 있기 때문에 Standard Written English에서는 분명한 한 시제 단어와 함께 쓰는 것은 좋은 글이라고 판단하지 않는다. 그래서 Standard WrE 애호가들은 이런 표현은 틀렸다고 생각한다. 특히 지배시제를 have로 생각하기 때문에 더욱 더 그렇게 생각한다. 하지만 일반 대화에서는 아무런 문제가 없다. 의율이 되기 때문이다. CNN 방송 앵커들도 써지 않은 가?

막연한 과거부사의 관습적 English와 분명한 과거부사의 infml E

A Quick Note

IIIII .. I have just/now finished my homework.

" The bell has just rung – stop writing now."

↗지금까지 딴 것인데

We have seen him before. I've seen it already. He has now won 3 gold medals.

: 관습적 English -- 막연한 time은 과거의미가 되도 현재완료 과분사와 함께 쓴다.

▭ just=시간이 지금 막 스쳐갔거나 스쳐가는 것으로서 막(BNW)/방금 [s: 스쳐간 것/스쳐가는 것 t: time]

※막=직전 또는 직후 -- '막' 의 범위가 막연하다 vs 방금=직전(a moment ago)

: 막연한 time=just, before, already, now, -- etc. ☞ p371, 372

vs We have seen him yesterday/last year. : infml E

-- 분명한 과거[즉 분명한 time]로서 의율은 되지만 아직 덜 굳어진 English이다.

하지만 너도 나도 많이 써 세월이 지나 관습적으로 굳어지면 이것도 Standard WrE가 된다.

하지만 과거완료는 과동사, 과분사 모두 과거상황이니 분명한 과거부사와 함께 쓰이며, **Standard WrE**가 된다.

IIIII .. We had seen him last month.

순서대로 단어 하나 하나 모두 다 느껴라 : IM으로 '하자마자' 표현들

IIIII .. Hardly[Scarcely/Barely] had the game begun when[before] it started raining.

시동 (도치강조) =거의 갖지 못했다. -- 먼저 시작한 것을 거의 갖지 못했다. 때에[전에] 시작할 때에[시작하기 전에] --- .

결국 뜻하는 의미=**거의 같은 시기로서 동시상황** : 이렇게 정도로 같은 것이지 빈도로 같은 것은 아니다.

: 하자마자 -- (그때) 했다 (As soon as/The moment[minute] the game began, it --- .)

barely=겨우/간신히 할 정도로서 almost not hardly=아주 어려울 정도로서 almost not

scarcely=듬성듬성 할 정도로서 almost not 먼저=**기의미성립의 단어** associate, **즉 과분사** associate

IIIII .. No sooner had the game begun than it started raining.

시동 (도치강조)=더 빨리 갖지 못했다. -- 먼저 시작한 것을 더 빨리 갖지 못했다. 보다 시작한 것보다 말이다.

결국 뜻하는 의미=**더 빠르지 않는 것으로서 동시상황**

: 하자마자 -- (그때) 했다 (As soon as/The moment[minute] the game began, it --- .)

→ The game had hardly /scarcely /barely begun when it started raining.

→ The game had no sooner begun than it started raining. **: 보통어순**

IIIII .. I had not gone far when[before] I met her.

시동 =갖지 못했다. 간 것인데 멀리 간 것을 갖지 못했다. 때에[전에] -- 만났을 때[만나기 전에] 말이다.

결국 뜻하는 의미=**더 가지 않는 것으로서 동시상황**

: 하자마자 -- (그때) 했다 (As soon as/The moment[minute] I went, I --- .) *the moment[minute] (that)

현동사도 의미에 따라 동사소유[event 소유] 개념 표현 가능

과동사 뿐만이 아니라, 현동사도 소유의미가 있을 시 동사소유 관계로 표현이 가능하다. ☞ **기본영뇌 vol 2 p143**

IIIII .. The six-party talks have included North Korea, South Korea, China, Russia, Japan, and the United States.

=The six-party talks include North Korea, South Korea, China, Russia, Japan, and the United States. *United States에서 United의 세 가지 소리=유나이티드/유나이리드 : t단타 /유나잇엇=cramp F

terms 정리와	실례 — 재주는 곰이 넘고, 돈은 떼놈이 번다! **One man sows and another man reaps!**

Roundup ▭ 성립과거, 의미과성립, 의미원성립,
기의미성립, 현재의미성립, 과거의미성립, 미래의미성립, 일반적[일반적 설명] 의미성립이 있는데 각각 다르다. event이면 의미성립이 된다.

성립과거는 실제과거이고, 의미과성립과 의미원성립은 성립적인 생각[하생각]으로서 실제의미가 아니며, 기의미성립, 현재의미성립, 과거의미성립, 미래의미성립, 일반적[일반적 설명] 의미성립은 과분사 의미로서 event 또는 피동동작이다. 기의미성립은 이미 의미가 성립한 것이고, 현재, 미래, 과거 의미성립은 그 시기에 의미가 성립하는 것을 말하며, 일반적[일반적 설명] 의미성립은 일반적 또는 일반적 설명으로 성립하는 의미이다. 대개 기의미 성립은 have동사에서, 현재/미래/과거 의미성립은 be동사에서, 일반적[일반적 설명] 의미성립은 HB동사에서 많이 나타난다. have동사에는 소유의미가 있고, be동사는 동질[즉 동질발생/동질행위 — 등] 의미를 가지고 있기 때문이다.

a.. We have buried him next to our birth mother.

시동=가지고 있는데 묻은 것을 가지고 있다

-- **(능동 event로서) 기의미성립** -- 어느 기준시점[have]보다 이전 것으로서 기의미 사실 event

보통 have 동사 뒤 pp=기의미 성립으로서 사실 /계속 /경험 /발생 /완료 /상태 /결과 /소재 event -- 등등

b.. He is just buried next to our birth mother.

시동=그는 방금 묻혔어요/그에게 생겼어요, 방금 묻힌 일이 생겼어요

-- **(피동 event로부터) 현재 의미성립 (즉 피동동작/동작 event)**

c.. He was buried last Monday.

Stones hit the window and it was broken into several pieces.

시동=그는 묻혔어요/그에게 생겼는 데 묻힌 일이 지난 월요일에 말이다 /되었는데 부셔졌다. 내대자 -- .

-- **(피동 event로부터) 과거 의미성립 (즉 피동동작/동작 event/피동동작)**

d.. Marinated ribs. Broiled haddock. Fried shrimps.

vs He is buried in rest. The summer house is painted green.

The heating system in my house is broken for two days. vs paid content[TV]

시동=절여진[절여놓은] 갈비 vs 절인 갈비 구워진 대구[구워놓은] vs 구운 대구 튀겨진[튀겨 놓은] 새우 vs 튀긴 새우 -- **(피동/자동 event로서) 기의미 성립**

└, **기의미성립은 보통 능동 event에서 많이 나타난다.**

vs 그는 있어요, 묻혀 있는데 속에 평온 속에 말이다 /있는 데 페인트칠이 되어 있다 /있는 데 부서져 있다[망가진 채로 되어 있다] -- **상태 event로서 s동사와 같은 시점의 상태 의미성립**

vs 유료 콘텐트[TV] -- 일반적으로 지불되는 것으로서 유료 **(일반적 피동 event)**

e.. We want him buried next to our birth mother. He will be buried next month.

시동=그가 묻히기를[그에게 묻히는 일이 생기기를]

/ 앞으로 될 것이다. 즉 묻힐 것이다[앞으로 생길 것이다. 묻히는 일이 생길 것이다].

-- **(피동 event로부터) 미래 의미성립 (즉 피동행위 /동작 event)**

f.. "First we'll scrape, then glaze, then sand, then prime, then finish – and we hope to get it all done today."

시동=그 모두가 끝나기를 /끝내지기를 -- **(자동/피동 event로부터) 미래 의미성립 (즉 자동행위/피동행위)**

g.. We have got an interview tomorrow. 시동=가지고 있어요, 받는 것인데 인터뷰를 내일 말이다.

-- (능동 event로서) 미래 의미성립 : have 동사 뒤 pp는 일반적으로 기의미 성립인데 오히려 미래 의미성립이 되는 경우이다.

tip)모든 동사는 현과미 속에서의 의미 또는 일설의미가 된다 ⇒ 원동사/현동사/과동사/현분사/과분사/동명사/to부정사(to부정사의 동사는 원동사다)

미래 속에서의 기의미 성립 event[미래의미성립 event] :

We hope you have enjoyed the new experience.

-- 갖기를, 즐겨 본 것[즐기는 것]을 갖기를 바란다는 말이다.

: 그냥 래발생 현재 enjoy를 쓰는 것보다 더 구체적이고 더 강력한 메시지이다. 즉 단순한 동사 서술의미보다 event 소유 메시지가 훨씬 더 구체적이고 더 강하다. 즉 미래에 단순히 '즐기를 바란다' 보다 event 소유가 더 구체적이고 더 분명한 메시지이다 ☞ p117

h.. Every year in this country more than 50,000 children are bitten by dogs.

Drawers are opened by pulling out and closed by pushing in.

This is the Lotte Department Store operated by Lotte Group.(=which is operated)

시동=에게 생기는 데 물리는 일이 생긴다/되는데 물린다

/인데 열리고 -- 닫히고 하는 것이다 /운영되는 회사인데 의해서 -- 의해서 말이다

: (일반적[일반적 설명] 피동 event로부터) 일반적[일반적 설명] 의미성립[동작 event /피동동작] ☞ p116 [treated])

cf](일반적[일반적 설명] 능동 event으로부터) 일반적[일반적 설명] 의미성립 ☞ p87 /116 [been] /119

Note] scrape=to take off something by rubbing 문질러 긁어 내는 것

glaze=to cover something with a glassy substance (유약 등으로) 광택이 나게 하는 것

ex] Glaze pottery.

sand=to polish something with sand or sandpaper 모래 또는 사포(砂布)로 문질러 닦아내는 것

prime=to cover something with a first spreading of esp. paint, as a base for the main painting 밑칠/초벌칠을 하는 것

Train of Thought

Work out the link between the first two words and then find a similar link to finish the sentence.

1. Clock is to tick as dog is to :
   a. roar b. grunt c. growl d. buzz
2. Man is to chap as child is to :
   a. friend b. pal c. kid d. guy
3. Blunt is to sharpen as loose is to :
   a. tighten b. widen c. lengthen d. deepen
4. Football is to pitch as running is to :
   a. course b. court c. field d. track
5. Students are to lodgings (also digs) as prisoners are to:
   a. barracks b. inns c. hutches d. cells
6. Cows are to cattle as hens are to :
   a. poultry b. crops c. dairy d. vermin
7. Worthless is to priceless as wild is to :
   a. rare b. tame c. savage d. dangerous
8. Cow is to calf as cat is to :
   a. puppy b. kitten c. cub d. colt compare] filly
9. Goats are to herd as wolves are to :
   a. flock b. troop c. swarm d. pack

Train of Thought

1. c 2. c 3. a 4. d 5. d 6. a 7. b 8. b 9. d

5. 일반현분사 영뇌[GPRP NB]

해야할 일-- 원래 언어는 생활 속에서 뜻이 얻어진 것이다. 원어민들처럼 **일반현분사 말**을 배우려면 여러분들의 두뇌를 생활 속에서의 뜻으로 일반현분사 영뇌를 습관화시켜라. 특히 BEis, IS **영뇌로 습관화시키되**, (생활 속에서의 뜻이 용해된) free **감주**로 습관화 시킨다.

☞.. 생활 속에서의 뜻=외국인과 생활하면서 느껴지는 뜻이자 실제로 적용된 뜻(≠사전의 원형적인 뜻)

※ 일반현분사 영뇌란 :

IS 두뇌로 be동사 /명사(대명사)를 진행의미로 그냥 서술적으로 설명해 나가는 뇌
또는 명사(대명사)를 진행의미로 바로 그냥 서술적으로 설명해 나가는 뇌[free 영뇌/infml E]
요컨데, 비연결설명어

또는 진행의미로 먼저 말하는 뇌[free 영뇌/infml E] 요컨데, 기본어

---

vs 한뇌=be동사보다 먼저 작동 : 근본적인 버그단어

▭ **현분사 BNW**=진행의미/본동사의미
▭ **일반현분사 BNW**=그냥 진행의미
　vs 관계현분사 BNW=진행의미/본동사의미로서
　　제한적/비제한적 연결의미

tip)일반현분사
=진행의미이기 때문에 또는 본동사 의미가 들어 있기 때문에 현과미 속에 들어 갈 수 있고, 특히 본동사 의미가 들어 있기 때문에 현과미 속에서의 진행의미 또는 일설 진행의미가 된다.
(⇐ 일반현분사=원동사 + ing
　vs 관계현분사=원동사 + ing 또는 원동사 + iN ※in=입작동)
　∴ 현분사=현과미 속에서의 진행의미 또는 일설 진행의미
　　/현과미 속에서의 본동사의미 또는 일설 본동사의미

✠영어에서 '진행의미'란?
= ① 진행 중인 것 : 하고 있다/하고 있었다
　② 진행시키는 의미 : 하기로 되어 있다/하겠다 /하려고 한다/하는 것이다 ☞ p143/144 — 등
　그래서, 진행형의 현분사를 만나면 반드시 '하고 있다'로 의미가 스쳐가면 안된다.

▭ **현분사의 본동사의미**=ing형으로서 본동사의미
　vs 원동사의 본동사의미=원형으로서 본동사의미
　vs 현동사/과동사/조동사의 본동사의미
　　=현재/과거형으로서 본동사의미

그래서, 문장 속에서 현재/과거/미래 의미로서 본동사 의미를 표현하고 싶으면 원동사나 현분사를 선택하면 된다. to부정사도 일종의 원동사 표현이다.

▭ **한국 사람들의 가장 큰 취약점 :**
영어 읽는 법을 모르고 있음 ⇒ 감각적 주파수
+ free 영뇌, 특히 free 감주에 약하다.
+ 한뇌로 이해, 즉 있는 그 위치에서 바로 무한글 의미를 못 느낌

+ 말[소리]자체/글자자체가 뜻이자 A상황인데 자꾸 해석하거나 이미지를 연상해서 이해하려고 함 특히 해음/해자 영뇌에 약함

+ 단어의 BNW를 못 느낌. 즉 단어의 본래의미로 이해하지 못하고, 뜻하는 의미로 이해하고 있다. 특히 어려운 표현은 숙어로 취급하고 있다. 뿐만이아니라, BAM을 잘 몰라, 단어의 여러가지 뜻을 대등하게 독립적으로 외우고 있음

+ 진행형으로 얽혀서 이해한다. 단어 하나 하나 의미를 분명히 느끼지 못하고 있다.
+ 진행 미래와 단순 미래를 확실히 구분하지 못한다.
+ 명사처럼 하나의 단어로서 뜻을 간직하지 못함 즉 원형으로 뜻을 기억하여 가져 오고 있음

+ 문법적 예문으로만 취급하고, 말로 활용하는 것에 약함. 문법공부, 말공부가 따로 있는 게 아님
+ 문자값으로만 이해하거나 기억하지 청구(聽口) 소리 값으로 더 뇌화 되어 있지 않음

+ 설가뇌가 발달되어 있지 않음
+ 단문보다 story뇌에 약함 + 특히 infml E에 약함
+ 영어주파수, 즉 vocal 감주에 약함
+ 감각적 주파수로 이해하는 데 약하다.
+ 생활 속에서의 뜻[소리]에 약함

tip) 관계현분사=관계를 짓는 현분사　일반현분사=그냥 현분사

☞.. Basics[TF영뇌] 공부, Listening, Reading할때마다 vocal로 F3로 말하여 (의음/의자) Free 감주[Free 영뇌] 간직요

1) 일반현분사 영뇌[GPRP NB]

IS 두뇌로 be동사 /명사(대명사)를 진행의미로 그냥 서술적으로 설명해 나가는 뇌
또는 명사(대명사)를 진행의미로 바로 그냥 서술적으로 설명해 나가는 뇌 **[free 영뇌/infml E]**
요컨데, 비연결설명어
또는 진행의미로 먼저 말하는 뇌 **[free 영뇌/infml E]** 요컨데, 기본어

> **이때 be동사**=원동사(be) /현동사(am/is/are) /과동사(was/were) /과분사(been), 단, 현분사 being은 안됨
> **진행의미**= 동일치 진행 /계속[지속] 진행 /일반적 진행 /설명진행 /앞으로 진행 /쭉 진행 /덩어리 진행[infml E]
> ⇒ **현과미 속에서의 진행의미 또는 일설 진행의미**

① **be동사를 설명해 나가는 뇌** → He fixing -- . : free 영뇌/infml E

A.. "He is /fixing /Tom's car. It has a flat tire." (or He is /fixing Tom's car.)

영뇌=기→ 설→ 설′ : BEis-Os or I + I + I : I-Os or S + S + S : S-Os

How to Read[Speak]="Heis·fixing Tom'scar. Ithasa flattire."
: BEis/IS, 즉 설가뇌와 자동설가뇌로 되어 있는 것을 감각적 주파수로 이해한다.
그러면 저절로 선인영뇌각인과 선강후약이 유지되고, 특히 영맥이 감주로 보인다.
주의] 특히 영맥 파악은 BEis로 하고, 영어 이해는 감주로 한다.

현분사가 단독으로 쓰일 경우
⇒ 진행의미 또는 본동사의미
후자=
고쳐요/고쳤어요/고칠 것이에요

시동= vocal 감주로 (BEis/IS 영뇌가 될 때까지) F3+E2 강하게 말하기
(이ㄷ해즈어=post 점형 F + slide F : 비합성 감주 이ㄷ해저=post 점형 F + slide F : 합성 감주)
⇒ 먼저 개략적으로 be동사로 진행 동일치 현재 /동지속 현재로 말하고,
진행의미로 다시 구체적으로 말하는 뇌 : BEis-Os

☞..**단주가 소감주/빅감주/왕감주로 되기 때문에 major 감주로 skim된다.**

☞.. **我必 Free 감주 간직하기**= "Fixing Tom's car. It is a flat tire."

시동=그는 있더라. 즉 고치고 있더라. /그는 있는데 고치고 있다. 탐의 차를 말이다.

↳현재 속에서의 진행의미 ↘ ☞.. **major 감주**= "-- fixing ---. -- flat tire."

tip)Best 감주=콤머, period, 접속사 무시

□ 이때 '있더라/있다'
=보니까 무언가 하고 '있더라/있다' 로서 **진행 동일치현재** 또는
무언가 하고 '있더라/있다' 로서 **동지속 현재**, 그래서, 현동사와 현분사 의율=동과 동끼리 의율
-- 먼저 말에 먼저 이해가 스쳐가지 않으면 영뇌가 아니다.
※ **우리말 '있다'** =존재 /상태 /위치 /발생 /행위 /발생존재[행위존재]
⇒ 발생존재[행위존재]로서 **진행 동일치 또는 동지속**

대화에서 많이 등장
/뉴스와

※현분사가 단독일 경우
: 일반현분사 ⇒ s동사 전제
관계현분사 ⇒ 연결대상 전제

fixing=동일치 또는 계속 진행으로서 고치고 있는 것 [fix + ing: 진행음가로서 동일치/계속 진행]
말=FIksing=slide 주파수 x=eks: 알파벳 음가로 e가 i때문에 없어진 것
fix=패서 다듬어 정확하게 고정시키는 것으로서 고치는 것
[f: 패서 다듬는 것 x: 정확하게 고정된 모양 + no 's' 원형 자체의미]

☞.. Topic [topic sentence/main idea] Talk Drill :

⇒ Teacher : What are the advantages and the disadvantages of small cars?

Student : First, about the advantages, you can drive any place. Also, small cars use less gas.
Second, about the disadvantages, the small cars are not strong for an accident.
Moreover, small cars cannot go very fast. For all this I like small cars.

B.. They were /playing /at 10 o' clock /yesterday.

영뇌=기→ 설→ 설′ → 설″ : BEis-Os

How to Read[Speak]=Theywere playingat 10o' clock yesterday.

: 먼저 감각적 주파수로 이해한다.

시동= vocal 감각적 주파수로 자동 설가가 될 때까지) F3+E2 강하게 말하기

.. 我必 Free 감주 간직하기=Playing 10 o' clock yesterday.

시동=그들은 있었는 데, 놀고/연주하고/경기를 하고 있었다. 그 때가 10시 어제였지요. | **Free 감주 간직하기**

[=at ten hundred hours/at 1000 hours/at 10 o' clock in the morning] *morning=am/AM 아침/오전

과동사=보니까 과거 그때에 무언가 하고 '있었다' 는 것으로서 **진행 동일치과거** ⇨ clue=at 10 o' clock

playing=과거 동일치진행[시점진행]으로서 연주하고/놀고/경기를 하고 있었던 것

[play + ing: 진행음가로서 동일치[시점] 진행 ⇨ clue=at 10 o' clock] ↳과거 속에서의 진행의미

말=PLAying=ER 주파수

play=이리 저리 (선을 따라) 행위를 하는 것으로서 노는 것 /연주하는 것 /경기를 하는 것

[p: perform l: line + no 's' 원형 자체의미]

C.. "Don' t phone me between 6 and 7. We will be /having /dinner /then."

영뇌=기→ 설→ 설′ → 설″ : BEis-Os ↘ **.. major 감주=** "Don' t phone --- 6 and 7.

-- having dinner -- ."

How to Read[Speak]=Wewillbe havingdinnerthen. : 먼저 감주로 이해한다. 단어의 뜻이 IS로 체화되어 있어야 감주도 가능하다.

시동= vocal 감각적 주파수로 (BEis/IS 영뇌가 될 때까지) F3+E2 강하게 말하기

(위ㄹ비=slide F : 같은 뒷소리 폐쇄=wi cf] gas station=걔스테이션=post 접형 F + cramp F : 같은 앞소리 폐쇄=앞 s)

.. 我必 Free 감주 간직하기= "Don' t phone between 6 and 7.

Having dinner then[or Dinner then]."

시동=우리는 앞으로 (하고) 있을 것이다. 즉 갖고 [먹고] 있을 것이다. 저녁식사를 그 때쯤에는 말이다.

↳미래 속에서의 진행의미

현조동사=주체래발생로서 미래의미 | **Free 감주 간직하기**

원동사=(미래 속에서의 본동사 의미로서) **진행 동일치미래** ⇨ clue=then

having=미래 동일치진행[시점진행]으로서 갖고 있을 것

[have + ing: 진행음가로서 동일치[시점] 진행 ⇨ clue=then]

말=HAving=slide 주파수 have=가지는 것으로서 하는 것 /먹는 것 /마시는 것

be 동사와 현분사, 과분사 영뇌

□ be **동사**=원동사 /현동사 /과동사 /현분사 /과분사

즉, be /are [am /is] /were [was] /being /been

단, being을 현분사로 설명해 나가는 뇌로 작동시킬 수 없다. 하지만, 과분사는 가능하다.

언어의 효율성 때문이다. 다음에서 being은 redundant[군더더기]이다. ☞ **기본영뇌** vol 1 p82

⇒ He is being repairing. : **not ok** --> He is repairing. : **ok**

vs It is being repaired. : **ok**

···› **과분사**=event이기 때문에 being을 설명해 나가는 것이 가능하다.

시동=그것은 있다. 되고 있는데 수리되고 있다[수리되는 것이 말이다].

···› been=현분사/과분사로 설명해 나가는 뇌로 작동시킬 수 있다.

☞.. 단어 본래의미를 알면 어순이 동일해지고 그 원천기술은 기/설과 BAM이다.

: He has been repairing. It has been repaired.

시동=그는 가지고 있어요, 해왔던 쭉 수리를 해왔던 것을 말이다.

/그것은 가지고 있어요, 되었던 것, 즉 수리가 되었던 것을 말이다.

결국 현재에 수리가 되어 있다는 말이다.

D.. I'm not /sleeping /well yet.

영뇌=기→ 설→ 설′ : BEis-Os ↘ ☞.. **major 감주=** --- not sleeping well -- .

How to Read[Speak]= I'mnot sleeping wellyet.

: 먼저 감각적 주파수로 이해한다. 그러면 저절로 의음/의자, 해음/해자, 상음/상자가 된다.

시동= vocal 감각적 주파수로 ↗**그러면 영어말투가 형성되고 영어말투에 익숙해진다.**

(의음/의자, 해음/해자, 상음/상자가 될 때까지) F3+E2 강하게 말하기

→ 먼저 be동사로 개략적으로 일반적 사실을 말하고, 다시 진행의미로 구체적으로 말해 나가는 뇌 : BEis-Os

☞.. **我必 Free 감주 간직하기**= Not sleeping well yet. | Free 감주 간직하기

시동=나는 (일반적으로) 하고 있지 않다, 즉 잠을 잘 자고 있지 않는데 아직도 말이다.

: 일반적 불면증 현상과 그런 것에 대한 설명 ↳일설 진행의미

: People are doing wrong. -- 일반적인 설명 시동=사람들은 하고 있는 데 짓을 잘못하고 있다.

현동사=일반적 현재 또는 일반적 설명현재

현분사=일반적[일반적 설명] 진행으로서 잠을 자고 하는 것

[sleep + ing 진행음가로서 일반적 진행/일반적 설명진행] **말**=SLEEping=trapezoid 주파수

sleep=편안하게 눈을 감고 누워 있는 것으로서 잠자는 것

[s/l: 오그리거나 쭉 뻗어 누워 있는 모습 ee: eye + eye p: peace + no 's' 원형 자체의미]

vs I don't sleep well yet. **시동**=나는 하지 못해요, 잠을 잘 자지 못하는데 아직도 그래요.

-- 일반적 현재 사실 〉 일반적 진행 : 일반성 강도

E.. Situation : Is it raining? No, but the ground is wet. -- 완료상황

It has /been /raining.

영뇌=기→ 설→ 설′ : BEis-Os

How to Read[Speak]=Ithas beenraining. or Ithasbeen raining. : 먼저 감각적 주파수로 이해한다.

시동= vocal 감각적 주파수로 (자동 설가가 될 때까지) F3+E2 강하게 말하기

(이ㅌ해ㅈ 비-ㄴ=post 점형/slide F + line 점형 F : 애=강한 감정음가

이ㅌ어ㅈ 비-ㄴ=slide F + line 점형 F : h폐쇄와 어=약한 감정음가 또는 어화 has=HAs=해ㅈ/어ㅈ=slide F/little slide F)

→ 먼저 주동으로 말하고, 소유대상을 기간계속 event로 개략적으로 말하면서 다시 쭉 진행으로 구체적으로 말해 나가는 뇌 : BEis-Os ↗과현 속에서의 event/쭉 진행의미

시동=날씨는 가지고 있어요, 있었던 것인데, 쭉 비가 오고 있었던 것을 말이다.

/ -- (있어) 왔던 것인데, 쭉 비가 (있어) 왔던 것을 말이다. | Free 감주 간직하기

: **기간 계속 진행의 완료**

☞.. **我必 Free 감주 간직하기** ↗있어 왔던 것, 즉 쭉 비가 왔던 것이 있어요.

=Has been raining. or Been raining.

↳현재에도 유효한지 안한지는 상황으로 판단

현동사=현재범위에서의 소유현재

❖ it= referring back으로서 날씨를 지칭 -- 이런 it을 situation 'it' 이라 함

과분사=기간 계속 event -- 있었던 것으로서 (있어) 왔던 것

현분사=쭉 진행, 즉 비가 쭉 진행 되었던 것으로서 비가 쭉 내려 왔던 것 [rain + ing 진행음가로서 쭉 진행]
말=RAining=slide 주파수
rain=뚝뚝 떨어져 담기는 것으로서 비가 오는 것
[r: drop in: (지구에) 들어오는 것으로서 담기는 것 + no 's' 원형 자체의미]

F.. Situation : It is raining now. It began raining three hours ago and it is still raining.--계속상황
How long has it been raining?
It has /been /raining /for three hours.
영뇌=가→ 설→ 설′→ 설″ : BEis-Os

How to Read[Speak]= Ithas beenraining forthree hours. or Ithasbeen rainingfor threehours.
: 먼저 감각적 주파수로 이해한다.
시동= vocal 감각적 주파수로 (자동 설가가 될 때까지) F3+E2 강하게 말하기 | Free 감주 간직하기

시동=날씨는 가지고 있어요, 있어 오고 있는[해오고 있는] 것, 즉 쭉 비가 내려오고 있는 것을, 해자[구시] 세 시간 동안 말이다 ⇒ 현재 비가 오고 있어도 그간 계속해서 오고 있는 것을 끊어서 말하는 것 ↳과현 속에서의 event/쭉 진행의미
: 기간 계속 진행의 계속

.. 我必 Free 감주 간직하기=Has been raining for three hours.
or Been raining for three hours.
or Raining for three hours.
— 말자로 많이 표현한다.
중자=있어오고 있는데 즉 쭉 비가 내려오고 있어요. 구시 -- .

현동사=현재범위에서의 (현재시점) 소유현재
과분사=기간 계속 event
현분사=쭉 진행, 즉 비가 지금까지 쭉 진행 되어 오고 있는 것으로서 비가 쭉 내려오고 있는 것 [rain + ing 진행음가로서 쭉 진행]

② 명사(대명사)를 그냥 설명해 나가는 뇌
--Be동사 묻는 말 주어 /목적어(즉 일반현분사 주어)를 설명해 나가는 뇌
이때는 관계현분사 영뇌가 아니다. 명사/대명사 뿐만이 아니라, **s동사**와도 관계하기 때문이다.

A.. Is /Tom riding /a bus /now?
영뇌=가→ 설→ 설′→ 설″ : BEis-Os

How to Read[Speak]=IsTom ridinga busnow?
: 먼저 감각적 주파수로 이해한다. 그러면 저절로 순서대로 IS가 실린다.
시동= vocal 감각적 주파수로 (자동 설가가 될 때까지) F3+E2 강하게 말하기
(라이딩어=slide F 라이딘어=slide F : g폐쇄=infml 소리 ∴ infml 표기=ridin')

→동일치 현재, 즉 진행 동일치 현재로 먼저 묻고, 주체를 진행의미로 구체적으로 물어 나가는 뇌 : BEis-Os
.. 我必 Free 감주 간직하기=Tom riding bus now?
시동=(하고) 있는 가, -- 타고 가고 있는 가, 버스를 지금 말이야? | Free 감주 간직하기

현동사=동일치 현재로서 진행 동일치 ⇒ clue=now
현분사=현재 동일치 진행으로서 타고 가는 것 [ride + ing 진행음가로서 동일치 진행 ⇒ clue=now]
말=RIding=slide 주파수 i=ai: 알파벳 음가
ride=r로서 타고 가거나 타고 있는 것
[r> : 태워 있거나 태워 가는 말의 모습 + no 's' 원형 자체의미]

B.. "Are /you resetting /your watch /to L.A. time?"

영뇌=기→ 설→ 설′ → 설″ : BEis-Os

How to Read[Speak]=Areyou resettingyour watchto L.A.time?"

: 먼저 감각적 주파수로 이해한다.

시동= vocal 감각적 주파수로 (자동 설가가 될 때까지) F3+E2 강하게 말하기 | Free 감주 간직하기

⇒ 말은 배 힘에 의해 목으로 음을 만들면서 성대가 울리게 말한다. 음치들은 대개 입 앞쪽에서 그냥 만들어진다.

시동=(하고) 있는 가, 당신은 맞추고 있는 가, 너의 시계를 대자 LA time에 맞게 말이다?

.. 我必 Free 감주 간직하기

="You resetting the watch to L.A. time?"

현동사=진행 동일치 또는 동지속 현재

현분사=동일치/계속[지속] 진행으로서 맞추고 있는 것

[reset + ing 진행음가로서 동일치/계속[지속] 진행] **말**=reSEtting=cramp 주파수

reset=다시 set시키는 것으로서 맞추는 것

[re: again/back s〉z : 설치 〉 조립/정함 + no 's' 원형 자체의미]

C.. We saw /him[people] /singing.

영뇌=기→ 설→ 설′ : BEis-Os ↗약강약 감주

How to Read[Speak]=Wesawhim singing. Wesaw peoplesinging.

: 먼저 감각적 주파수로 이해한다.

시동= vocal 감각적 주파수로 (자동 설가가 될 때까지) F3+E2 강하게 말하기

(쇼-힘=retro-root F : 음수에 따라 감주가 달라진다. people은 비약음 감주가 더 자연스럽다.) | Free 감주 간직하기

시동=우리는 보았어요, 그가[사람들이] 노래를 부르고 있는 것을 말이다 : **과거 속에서의 진행의미**

.. 我必 Free 감주 간직하기=We saw singing.

(singing=동명사/현분사 -- 노래하는 것을 하는 것/노래하면서)

Staying informed with Accor Hotels. **전자**

머무는 것을 하기, 견문을 넓히면서[정보를 얻으면서]

동자 Accor 호텔에서 말이다 : **광고문구**

attention]**동명사 BNW를 모르면 안된다.**

과동사=실제과거로서 단순과거

현분사=과거 동일치/지속 진행으로서 그때

또는 과거에 노래를 하고 있는 것

[sing + ing 진행음가로서 동일치/지속 진행]

말=SInging=slide 주파수

sing=소리를 높낮이로 부르는 것으로서 노래하는 것

[s : sound + ∼ : 높낮이로 흘러가는 모습 + no 's' 원형 자체의미]

③ free 영뇌[infml E]로 ↗s동사 없이 설명해 나감

명사(대명사)를 바로 그냥 설명해 나가는 뇌

→ 일반적으로 s동사를 쓰면 문장이 된다 : s동사=sentence 동사로 문장에서 기본이 되는 동사

A.. "Tom riding a bus now?" B.. "You resetting your watch to L.A. time?"

C.. "A lotta people complaining to Washington." D.. Skirt lifting in wind.

▭ riding /resetting /complaining /lifting=(be동사) **전제 infml E**

▭ skirt=**단수 단독표현 : (지정사) 전제 infml E**

→ **StE**=Her skirt /The skirt /That skirt /This skirt /The woman's -- etc.

"Tom riding /a bus /now?"=**기→ 설→ 설′ : BEis-Os**

How to Read[Speak] ="Tomridinga busnow?" : 먼저 감각적 주파수로 이해한다.

시동= vocal 감각적 주파수로 (자동 설가가 될 때까지) F3+E2 강하게 말하기

④ **free 영뇌[infml E]로 먼저 말하는 뇌** — 먼저 기본어로 작동하는 뇌

A.. Date Maker:

Attractive, active but lonesome male, 70, seeking young-hearted female friend. No smokers.

☞.. **我必 Free 감주 간직하기**
=Must be young-hearted.

B.. "Fixing Tom's car. It has a flat tire"

C.. "Resetting your watch to L.A. time?"

D.. "Always complaining to me."

▭ seeking/Fixing/Resetting/complaining=(주동/동주) **전제** infml E

⇒ StE=He is seeking[I am seeking] -- . vs (s동사) **전제** infml E ☞ **영뇌영어 vol 1 p196**

/He is fixing /Are you resetting /He is always complaining -----.

"Always complaining /to me." =기→ 설 : BEis-Os → 부사의 설명을 받아 기본어로 두뇌가 작동했다.

tip) '~ing 동사'로 be동사[s동사] 전제없이 단독으로 쓰일 때는 동명사 free 영뇌도 가능 : **청취시 유의**

"Resetting your watch to L.A. time?" or "You resetting your watch to L.A. time?"

동명사 free 영뇌=동사사실 의미의 EM/IM : 맞추는 것을 했는가/맞추었는가?

← You denied resetting your watch to L.A. time.

caution] free 영뇌는 SpE(뉴스, 드라마, 쇼, 대화), 리플, 알림, 광고, Headline, — 등에서 많이 표현한다.

live 실전 | 일반현분사 영뇌 —— 공자 앞에서 문자 쓴다! **To teach a fish how to swim!**

L- 1 .. After ruling, gays seek wider rights

Revelers hail U.S. justices' overturning of sex ban, but some states are chafing

by Dean E. Murphy

-- 영뇌 상급자는 먼저 감각적 주파수로 이해한다. 그러면 저절로 의음/의자가 된다.

| Free 감주+我必 Free 감주 간직하기

ruling/overturning=동명사 영뇌로서 하는 사실을 한 것 seek/hail=설명현재 또는 발생현재
are=동지속 현재 chafing=일반현분사 영뇌로서 지속[계속]진행 revelers=좋아서 이리뛰고, 저리뛰고 하는 사람들
[r: running about e/e: merry and merry v: vault er: riser s: several] after=전자 대상이 동사인 것으로 전동

시동=후에[전동] 판결을 내린 후[판결하는 것을 한 후/판결이 나온 후]에, 게이들은 모색하고 있어요/모색했어요, 권리확장을 말이다. 좋아서 어쩔 줄을 모르는 사람들은 불러대고 있어요/불러댔다. 미재판관들[미대법관들]의 번복판결이라고 즉 섹스 금지와 관련해서 말이다. 하지만 일부 주들에게는 되고 있는데 (그러한 것은) 눈에 가시가 되고 있다.

→ vocal 감주로 자동 설가가 될 때까지 F3+E2 강하게 말하기 ❖ (그러한 것은)=문맥 associate

L- 2 .. If I had been training 100 horses, I would be rich by now.

-- 먼저 감각적 주파수로 이해한다. 어느 부분을 보더라도 감주로 이해되어야 한다. 그러면 감주 패턴이 눈에 보인다.

잘 안되면 vocal 감각적 주파수로 (BEis/IS가 될 때까지) 강하게 F3+E2로 말한다.

영뇌 상급자는 free 감주로 감을 잡는다. | Free 감주+我必 Free 감주 간직하기

had=과거부터 현재까지의 가정, 즉 과현 속에서의 의미과성립 <-- 현재완료의 have를 의미과성립 시킨 것
been=기간계속 (능동) event training=(일반현분사 영뇌로서) event 진행, 즉 쭉 진행

시동=만약에/약자 내가 지금까지 가졌더라면 해온 것인데 쭉 훈련시켜 온 것인데 말 100마리를 말이다. 그랬다면 나는 될텐데, 즉 되어 있을 텐데, 부자로 쯤은[근시/근자] 지금 쯤은 말이다. ❖ 지금까지=의미과성립 associate

☞.. **문장 뼈대**=전설 연결설명어(If) + 기본어(I) + s동사(would)

☜.. 이해는 (언어에 대한 basics를 알았다면) 최종적으로 단어의 최종적인 뜻인 감주로 이해한다.

2) 일반현분사 영뇌와 관계현분사 영뇌

IIIII **현분사 BNW**=진행의미/본동사의미 — (영어에 대한 기초지식[basics]을 알았다면) 我必 free 감주로 간직하라.

일반현분사 영뇌=진행의미로서 비연결설명어

vs **관계현분사 영뇌**=진행의미/본동사의미로서 연결설명어

즉 일반 현분사는 진행 의미로서
그냥 자신만 말하면서 서술적으로 설명해 나가는 **비연결설명어이고,**
관계 현분사는 진행 의미 또는 본동사 의미로서
사람/비사람에 연결시켜 제한적/비제한적으로 설명해 나가는 **연결설명어이다.**

현분사의 ing=①"하는 것(in) + 하는 중(going)„
즉 하는데 하고있는 중으로서 진행의미
→ **진행음가**

②하는 것(in)으로서 본동사 의미 → **본동사음가**
※in=입작동으로서 하는 것 go=실시로서 하는 것

∴ **현분사=원동사 + ing -- 자체의미가 ing 또는 in으로 적용된 진행의미 또는 본동사의미**

tip)ing ⇒ 잉=formal 소리/인=infml 소리(iN)

IIIII .. The children are taking medical attention.

시동=있다. 받고 있는 데 특별 치료를 말이다.

vs a.. The children taking medical attention <u>are</u> most Africans.

시동=그 애들, 받고 있는 애들인데, 즉 특별치료를 받고 있는 애들은 대부분 아프리카인입니다.

[=who are taking] ❖ are='은'

b.. Children needing medical attention were taken to the hospital.

시동=애들, 필요로 하는[필요 했던] 애들인데, 즉 (의학) 특별치료를 필요로 하는[필요했던] 애들은 되었습니다. 즉 보내졌는데 대자 병원으로 말이다.[=who need /needed]

c.. The new machines will work twice as fast, thus greatly <u>reducing</u> costs.

-- 미래 속에서의 본동사 의미[=and thus they <u>will</u> greatly reduce]

시동= ---- , 그래서/그렇게 크게 줄여 줄 것이다. 여러가지 비용을 말이다.

big tip) **현분사** BNW=**'진행의미' 하나로 국한 할 경우 :**

이때 진행=진행 중[속]으로서 '진행'/실시로서 '진행' -- 두 가지 뜻

그래서 **일반현분사**의 동일치진행/계속진행/일반적 진행=진행 중으로서 진행

쭉 진행=진행 속에 있어 왔던 것으로서 진행 앞으로 진행=실시로서 진행

관계현분사의 진행의미=진행 중으로서 진행 본동사의미=실시로서 진행

"POOR MOM, SLAVING AWAY ALL DAY IN HER KITCHEN AT THE SHOP."

☞.. 이해는 (언어에 대한 basics를 알았디면) 최종적으로 단어의 최종적인 뜻인 감주로 이해한다.

3) 진행의미

표현되어쓸 때의 뜻

현분사의 BNW는 두 개이지만, **일반 현분사의 BNW**는 진행의미로 하나이다.

진행의미에는 **동일치 진행 /계속[지속] 진행 /덩어리 진행**[infml E] **/일반적[설명] 진행 /앞으로 진행 /쭉 진행**이 있는 데, 특히 be동사가 진행 동일치가 되면 **동일치 진행**이 되고, 동지속이 되면 **계속[지속] 진행**이 되고, 여기에 for가 쓰이면 덩어리 동지속이 되어 **덩어리 진행**이 되고, 일반적/설명 의미가 되면 **일반적/설명 진행**이 되고, 래발생현재가 되면 **앞으로 진행**이 되고, 기간계속[계속 event]이 되면 **쭉 진행**이 된다. **이런 의미들이 느껴져야 영어승차감을 탈[유지할/으로 이해할] 수 있다.**
— (영어에 대한 기초지식[basics]을 알았다면) 생활 속에서의 뜻으로 모두 我必 free 감주로 간직하라.

이렇게 be동사 의미에 따라 현분사의 진행의미도 달라진다. 마치 will 뒤에 원동사를 쓰면 will 의미의 영향을 받아, 미래 속에서의 본동사 의미로 되는 것과 같다. 하지만 be동사를 동질 (연결) 의미로 의율을 시켜도 좋다.
⇒ **현과미 속에서의 진행의미, 일설 진행의미로 이해하면 쉽게 IS 영뇌를 작동시킬 수 있다.** tip)**진행형 be동사=동동사/동질동사**

① 동일치 진행 [특히 시점진행이라 함]

be동사가 진행 동일치가 되면 현분사는 더 구체적으로 진행 동일치, 즉 동일치 진행이 되는 경우이다.
현동사로 순간 동일치 시키거나 역사적 동일치를 시키면 박진감, 긴박감, 생동감, -- 등이 발생하나 진행 동일치는 그런 게 발생하지 않는다. (현재범위에서) 어느 시점 진행상황과 동일치 시키기 때문이다. ☞ p83

A.. She is driving to work just now.

현동사=진행 동일치 현재 -- 이때 '있다' 는 보니까 그 시점에 무언가 하고 '있다' 로서 진행 동일치 현재이다.
그리고, 상세히 들여다 보니 그 시점에 운전하고 있더라는 것이다. S영뇌 작동시 '있는 상황' 부터 먼저 눈에 들어 와야 한다 ⇒ **현분사=현재 동일치 진행**

↳현재 속에서의 진행의미

시동=있다, 차를 몰고 가고 있다. 대동 일하러 바로 지금말이다. [drive + ing 진행음가로서 동일치 진행]

B.. I was working for free in the city then.

과동사=진행 동일치 과거 -- 과거 그 시점에 '(하고) 있었다' 로서 진행 동일치 과거이다.
그래서, S영뇌 작동시 '(하고) 있었던 상황' 부터 먼저 눈에 들어 와야 한다.
⇒ **현분사=과거 동일치 진행** -- 먼저 말에 먼저 이해가 스쳐가지 않으면 영뇌가 아니다.

↳과거 속에서의 진행의미

시동=(하고) 있었다, 일하고 있었다. 즉 공짜로 내소에서 그 도시 내소에서 그때 말이다.
[work + ing 진행음가로서 동일치 진행] cf]**현재범위 진행의미 과거** ☞p305

C.. We will be having dinner then.

현조동사=주체래발생로서 미래
⇒ **원동사=진행 동일치 미래**--미래 어느 시점에 '(하고) 있을 것이다' 로서 진행 동일치 미래 ↗미래 속에서의 진행의미
그래서, S영뇌 작동시 '(하고) 있을 상황' 부터 먼저 눈에 들어 와야 한다 ⇒ **현분사=미래 동일치 진행**
more)**be동사의 동개념** : 'I have been clear.' 나는 지금까지 가지고 있어요. 했던 것인데 분명히 했던 것을 말이다.
즉 지금까지 분명히 해왔다는 의미이다.

시동=앞으로 (하고) 있을 것인데 즉 먹고 있을 것이다. -- 그때 말이다. [have+ing 진행음가로서 동일치 진행]

✠ be동사의 진행동일치나 동지속은 발생[행위] 존재가 동일치 되거나 동지속이 되는 것이다. 원어민들은 설가뇌이기 때문에 상태, 존재, 또는 발생[행위] 존재부터 먼저 보이는 것이다. 그래서, be동사를 먼저 표현하고 현분사를 나중에 표현하며, 서양에서 과학이 먼저 발달한다. 우리도 이렇게 먼저 보는 머리가 되어야 한다 : **개구(槪具)주의 기/설 영뇌**

② 계속[지속] 진행 /덩어리 진행[즉 덩어리 지속진행] *일반적으로 시점진행과 계속진행을 특히 '현재진행'이라 함

A.. North Korea is getting very close to dangerous line.
Guan Tianlang is swiftly winning over golf fans, despite being penalized for slow play.
The population is rising very fast. My English is getting better.

↗여기서는 현재 속에서의 진행의미

→ 현동사=(동지속 현재로서) 동지속 뇌 ∴ getting /winning /rising /getting=계속[지속] 진행

시동=있는 데, 즉 하고 있는 데 매우 가까와 지고 있다. /있는 데 빠르게 얻고 있다. 홀을 지나 가면서 골프 팬을 말이다. /있는 데 증가하고 있다. / 있는 데 되어가고 있다. 더 좋게 말이다.

※ to=방향대상으로 대자(對者) -- 에 (말이다) 홀을=문맥/상황/단어 associate cf] Come <u>over</u>. =오되 건너오라.

B.. He is living in New York.[=in living]

→ 현동사=(동지속 현재로서) 동지속 뇌 ∴ living=계속[지속] 진행

시동=(하고) 있다, 즉 살고 있는데 내소, 뉴욕 내소에서 말이다.

⇒ 여기에 for를 쓰면 덩어리 time이 되어 infml E가 되지만, 완료형에 for를 쓰면 기간계속 time이 되어 Standard WrE가 된다. *for=[†]덩어리 기간[infml E] /기간계속 기간[WrE]

big tip) is가 been, 즉 event가 되면 있었던 것, 있어왔던 것, — 등이 되고,
live가 lived, 즉 event가 되면 살았던 것, 살아왔던 것, — 등이 된다 : He has been/lived for 10 years.

a.. He <u>was</u> coughing for 30 minutes yesterday.

과동사=실제과거로서 덩어리 동지속 ⋯▸ 여기서 for도 덩어리 기간

⇨ 같은 표현: They <u>slept</u> for 5 hours. ⋯▸ 여기서 for도 덩어리 기간
slept=infml E /AmE ⋯▸ BrE /TOEIC /TOEFL /WrE=had slept /have slept

현분사=덩어리 진행, 즉 덩어리 계속[지속] 진행

시동=(하고) 있었다, 기침하고 있었는데, 구시 30분 동안 ---- .

↳여기서는 과거 속에서의 진행의미

vs had been coughing for=WrE /BrE /TOEIC /TOEFL

과분사/for=전부터 지금까지로서 기간계속 기간 ∴ coughing=기간계속 진행

b.. He <u>is</u> watching for 10 seconds.

현동사=덩어리 동지속

tip) '있다'=(상태/존재 外) 동일치 진행/지속[계속] 진행 /일반적[설명] 진행/앞으로 진행 -- 등 : 현동사 자체에도 이런 의미가 있음

⇨ 같은 표현: Someone <u>watches</u> me for 10 seconds.
현동사의 덩어리 기간이다. 즉 덩어리 설명현재 또는 발생현재

현분사=덩어리 진행, 즉 덩어리 계속[지속] 진행 ⋯ clue=for

시동=(하고) 있는 데, 상세히 들여다 보고 있다. ---- .

tip) 지속현재=동지속 현재 또는 상지속 현재

동일치 진행은 시점진행으로 for를 쓸 수 없으며, 계속[지속] 진행형에 for를 쓰면 덩어리 진행이 되어 infml E이가 된다. 그래서, 영국 사람이 쓴 책이나 TOEIC, TOEFL에서는 후자의 경우 틀린 영어로 간주하고 있고, 미국 사람이 쓴 책에서는 이런 표현을 자주 본다.

*be 동사가 발생[행위] 존재로서 진행동일치 또는 동지속일 때는 현분사는 동일치 진행 또는 계속[지속] 진행이 된다.

③ **일반적 진행[일반적 설명 진행]**

be동사가 일반적 의미가 되면 현분사도 일반적 진행이 되는 경우이다. 어느 한 시점으로 국한하지 않는다. 지금 시점에 실제로 하고 있지 않아도 좋다. **모든 일반적 진행도 일반적 설명진행 뇌로 작동이 가능하다. 설명진행**에는 현재/과거/미래 상황 설명진행과 일반적 상황 설명진행이 있다. 그래서 **설명진행은 동일치 진행뿐만이 아니라 모든 진행 대체가 가능하다.** 어떤 상황 또는 일반적 상황을 설명해 주는 식으로 말하기 때문이다.

A.. **상황 : 병원에서 가서 진찰을 받으면서 하는 말**

"I' m coughing and sneezing."

현동사=일반적 현재 -- 이때 '있다[하고 있다]' 는 '일반적으로 있다[하고 있다]' 이다.

⇒ **현분사=일반적 진행**

시동=있어요, 기침과 재채기를 하고 있어요 /하고 있어요, 기침과 재채기를 하고 있어요.

-- **일반적 병현상** [cough/sneeze + ing 진행음가로서 일반적 진행]

am=일반적 발생으로서 '있다/하고 있다'

※ **우리말 '하고 있어요'**

=동일치 의미 /진행 의미 /일반적 의미 /설명의미 /지속 의미 -- 등등

'하고 있어요' 가 반드시 진행만 의미하는 것은 아니다. 주의하라.

의사 앞에서 실제로 기침을 하고 있지 않아도 이렇게 표현해도 좋다. 자기 병에 대한 일반적 현상이기 때문이다. 이런 병 현상은 지금 안 한다고 해서 끝난 것은 아니다. 잠시 쉴뿐이다. 여전히 현재 속에서 진행 중인 일반적인 상황이다. 일반적 설명현재와 일반적 설명진행 뇌로도 작동이 가능하다.

현재 일반적 진행과 영뇌화법

이럴 때는 'I said' 해도 뜻의 변화를 주면 안되므로 그대로 표현한다. 즉 현재 일반적 의미가 그대로 반영되어야 하므로 그대로 전달하면 된다. 이럴 때에는 일반적 상황에 대한 **설명**느낌으로 두뇌를 작동시켜도 좋다.

⇨ I said to the doctor I' m coughing and sneezing.

동시점 과거와 영뇌화법

하지만 제삼자에게 과거 그때 말한 사실로 **동시점 과거 뇌로도 전달할 수 있다.** 이때는 현재에 유효한 과거이다. 이렇게 보통 일반적인 사실은 절대적인 일반적인 사실과 달리 동시점 과거 뇌로 일반적인 사실 의미를 전달할 수도 있다. 즉 현재에도 여전히 기침과 재채기 현상이 있어도 동시점 과거로 과동사 뇌를 작동시킬 수 있다 ⇨ I told the doctor I was coughing and sneezing.

시동=말했는데 -- 그때 하고 있다고, 기침과 재채기를 하고 있다고 말이다.

→ 시간이 지나면 병은 나을 수 있기 때문에 보통 일반적인 사실이 된다.

그러나 단순 과거 사실로 오해할 것 같으면 위와 같이 'am' 으로 전달하면 된다.

덩어리 time + 일반성, 즉 덩어리 일반성

• He is coughing for thirty minutes everyday.

▭ **is=덩어리 일반적 현재, 즉 덩어리 동지속 일반** coughing=**덩어리 진행 일반** for=**덩어리 기간**

: 매일 30분씩 기침하는 일반적인 현상

cf] Imams, militants, and police are killed every week.

현동사=일반적 현재 **과분사=일반적** event 시동= -- 에게 생기고 있는 데 살해 되는 일이 ---.

B.. She is constantly finding fault with others.
He is always complaining of his salary.
▭ **현동사**= '하고 있다' 로서 성격[습성] 현상, 즉 **일반적 현재** ⇨ **현분사=일반적 진행**

constantly/always=**일반성 정도를 말해주는 부사말**
그래서, **보통** 이들 단어와 함께 일반적 진행의미를 만든다.
→ Constantly finding fault with others. Always complaining of his salary.
시동=끊임없이 찾아내고 있다. 흠이 있는 것을, 다른 사람에게 (있는 것을) 말이다.

있는데, 하고 있는데 즉 고치고 있어요

C.. He is fixing cars. 만약 is가 일반적 현재이면 현분사는 고치고 있는 일반적 직업이 된다. [=is in fixing]
시동=있는데 (요즈음) 고치고 있어요, 차를 말이다 /하고 있어요, 고치고 있어요, ---. ※ 요즈음=fixing associate
vs He fixes cars. 시동=고쳐줘요[고치는 사람이에요] 차를 말이다. ↳**일반적 진행** associate
-- 일반성은 일반적 현분사보다 일반적 현재가 더 강하다.

일반적으로 하고 있었던 것으로서 일반적 과거

D.. I was always coughing in the past. ▭ **과동사= 일반적 과거** ⇨ **현분사=과거 일반적 진행**
시동=(하고) 있었지요, 늘 기침을 하고 있었지요 -- **과거 일반적 진행 병현상**

E.. I think I will be always coughing in the future.
▭ **현조동사=주체성발생으로서 추측** **원동사=일반적 미래 (본동사의미)** ⇨ **현분사=미래 일반적 진행**
시동=(내 생각엔) 할 것같다, 즉 하고 있을 것같다, 즉 늘 기침을 하고 있을 것같다.
/-- 앞으로 하고 있을 것 같은 데 늘 기침을 하고 있을 것 같다 -- **미래 일반적 진행 병현상**

F.. He is saying Romney lost. ▭ **현동사=일반적 현재** ⇨ **현분사=일반적 진행**
시동=늘 하고 있어요, 즉 늘 말하고 있어요/하고 다니는 데 말하고 다녀요**(습성)** ※ 늘[다니는 것]=is/saying associate

G.. From birth, he was smiling, always happy. ▭ **과동사=일반적 과거** ⇨ **현분사=과거 일반적 진행**
시동=기자 태어날 때부터 그는 하고 있었어요, 즉 늘 웃고 있었고, 늘 행복했지요 : **사고로 죽은 아들에 대해서 말하는 것**
＊ from=출처 대상으로서 기자 (基者)

현분사 영뇌를 동명사 영뇌로 바꾸기

in 입작동과 내방향 입작동 into 사용

IIIII.. a.. Ablyazov, 50, who was <u>in</u> hiding[who had been <u>in</u> hiding], was arrested near the Riviera resort.
시동= -- (누구냐 하면 이 사람은) 있었는데 하고 있었는데 즉 숨어 있었는 데, -- . more] Trump : I am in fighting for you.
/가지고 있었는 데(had been), 하고 있었던 것(in), 즉 쭉 숨어 있었던 것을 가지고 있었는 데, ↳있는데 즉 하고 있는데 싸우고 있다.
/있는데 내동 싸우고 있다.
cf] He/She is <u>in</u> drag. 시동=있는 데, 즉 하고 있는 데/내자 변장[여장/남장]하고 있다.
in=입작동과 그 대상이 동사

b.. Obama : I am really <u>into electing</u> Hillary Clinton. 시동=나는 정말로 하겠다. 선출하는 것인데
↘ =am really electing
-- 을 말이다. [정말로 내대동 선출하겠다. -- .]
↳**into=내방향 입작동 대상이 동사인 것**

c.. The ISIS leader has been in hiding for the last five years.
시동=가지고 있다. 해왔던 것, 즉 내동 쭉 숨어왔던 것을 해자 최근 5년 동안 말이다. **[=been hiding]**

plus] arrest=주변을 도망가지 못하게 붙드는 것으로서 체포하는 것
[a: (손으로) 붙잡는 모습 r: round r: run] vs apprehend=도망가지 못하게 붙잡되 확실히 붙잡는 것으로서 체포하는 것/확실히 붙잡는 것으로서 바로 파악[이해]하는 것 [a: (손으로) 붙잡는 모습 r: run h: 몸과 팔로서 싸서 붙잡는 모습] ∴ formal E

④ 앞으로 진행 :

(특히 be동사가 래발생 현재가 되면) 현분사는 앞으로 진행시키거나 진행되는 것으로서 결정된 미래, 그래서, 해당 우리말은 **'하고 있을 것이다, 하기로 되어 있다, 하기로 예정되어 있다[할 예정이다], 하기로 했다, 하겠다[할 의향이 있다], 하려한다, 하면된다, -- 등'** 으로 다양하게 나타난다.

vs will=주체래발생 : 앞으로 그냥 일어나는 것으로서 '앞으로 할 것이다'

caution] 원동사는 자체의미가 있기 때문에 현재/미래/과거 속에 들어 갈 수 있고, 진행의미와 event, 동사사실 의미는 단순한 동사서술 의미가 아니기 때문에 현재/미래/과거 속에 들어 갈 수 있다. 그래서 '앞으로 진행' 도 과거 속에 들어가서 미래의미를 나타낼 수 있다.

: The Federal Reserve was changing ahead. **시동**=이었는데 변경시키겠다는 것이었다. 앞으로 말이다 : **과거 속에서의 앞으로 진행의미**

He was leaving yesterday. [=He was to leave yesterday. or He was going to leave yesterday.] ☞ 기본영뇌 vol 2 〉 p157/237

시동=그에게 있었다. 떠나겠는 것인데 어제 말이다. 즉 어제 떠나기로 되어 있었다는 말 : **was=有과거 going=앞으로 진행** : 하려고

You could be riding the hyperloop (train) by 2018. **시동**=여러분들은 가능할 것 같다. 즉 타겠는 것이 -- 근시(近時) 2018년 쯤에는 말이다.

A.. He is fixing the car tomorrow. [≠will fix]

↗**현재 속에서의 앞으로 진행의미**

▭ **현동사=래발생현재[유(有) 미래] 또는 유(有) 현재 --〉 현분사=앞으로 진행** 시동=있는데 고치기로 되어 있다.

[fix + ing 진행음가로서 앞으로 진행, 즉 in+g〉go: 앞으로 들어가는 것으로서 앞으로 진행]

is= '있다' 로서 래발생 현재[유(有) 미래] 또는 유(有) 현재 ⋯→ 전자=우리말 '또 있다' 할 때 '있다' 와 같다. 무언가 앞으로 '있다' 는 뜻으로서 '있다' 이다. 그래서, 우리말 '있다' 도 반드시 현재만 뜻하는 것은 아니다.

B.. Steve Jobs is resigning. 시동=있다. 사임하기로 결정[예정]되어 있다.[resign+ing 진행음가로서 앞으로 진행]

C.. Alex is getting married this spring.

시동=있는 데 하기로 되어 있다/할 예정으로 있다, 결혼(하는 것인 데)을 --. ※ **married=자동 과분사 /자동형용사**

나가면서 하는 말 : "I' m walking."

현동사=(직후) 래발생현재 --〉 현분사=바로 진행시킨다는 말 : 즉 직후진행로서 의향

시동=하겠어요(직후래발생), 즉 걸어 나가겠어요(직후진행).

따라서, 남들은 다 가고 자기만 남겠다고 하고 싶으면 'I' m staying here.' 로 표현하면 된다.

의향이 없다면 "I' m not staying here."

나와 앞으로 놀 의향이 있다면 "I realize she is playing with me." : 앞으로 진행로서 의향

vs I will get your glasses upstairs for you. 시동=하겠다. [갖다 주는 것을 말이다] : **주체래발생 의향[앞으로 실시]**

add] 직후진행으로서 임박미래 : It is going to rain.

시동=날씨가 가려고 해요, 대동 비가 오는 쪽으로 말이다/하려고 해요, 즉 비가 오려고 말이다.

의향 종류

▭ **현분사 의향=진행의향 -- 앞으로 또는 직후 진행으로서 의향**

▭ **will 의향=주체래발생으로서 의향, 즉 의지표명으로서 의향** [w 〉 v + v: 발생 + will 의지 i: 주체 l: 래(來)]

↘ 주체가 갖고 있는 생각이나 마음이 앞으로 일어나는 것

▭ **let 의향=하여금 되게[하게] 하겠다는 것으로서 사허(使許) 의향** -- 어느 누구에게 동사 행위를 일어나게 하는 것

: • Let me walk. 시동=되게[하게] 하겠어요, 나에게 걸어 가는 것을 말이다. ∗**let=취하도록 허락하는 것으로서 사허**

뜻하는 의미=하겠어요, 내가 걸어 나겠어요/걸어 나가는 것을 말이다. ↳[l: allow t: take]

• Let the warming trend begin. : **일기예보** 보도 하겠어요, 워밍추세 시작을 말이다.

/하겠어요, 워밍추세 시작을 알리는 것을 말이다.

∗보도=**문맥/상황/단어** associate 알리는 것=**문맥/상황** associate

미래 진행과 앞으로 진행은 다르다

전자=동일치[동지속] 진행으로서 미래 어느 시점에 하고 있을 상황 **후자**=앞으로 진행으로서 앞으로 실시하는 것

즉 전자=단순한 주체래발생이 가미된 단순한 미래진행 **후자**=앞으로 진행시키거나 진행되는 것으로서 결정된 미래

: He will be having dinner then. vs He is having dinner tomorrow.

시동=앞으로 하고 있을 것이다, 즉 먹고[갖고] 있을 것 것이다. vs 있는 데 먹기로[갖기로] 되어 있다.

tip) '진행' 이라는 말=진행 중[속]으로서 '진행' 과 실시로서 '진행' 두 가지 뜻 ⇒ 앞으로 진행/관계현분사의 본동사의미=후자 쪽

caution] 뜻하는 의미보다 BNW로 단어의 뜻을 가지고 있어야 어떻게 표현되도 이해할 수 있고, 감정을 살릴 수 있다. 미셸 오바마가 keynote speech로 하는 말: Let me tell you 'why'? **시동**=하게 하느냐, 나로 하여금 말을 여러분들에게 하게 하느냐, '왜' 라고 말이다?
만약 '하겠어요, -- 그 이유를 말이다' 로 뜻을 가져가면 why라고 묻듯이 강하게 말할 수 없다.

D.. "Giddyap, Billy, I' m riding you all the way to the White House." "Yes, ma' am."
시동=하겠어요, 즉 타고 가겠어요/할거야, 즉 타고 갈거야 //나는 타고 가겠어요/나는 타고 갈거야
: **래발생 현재**=하겠어요/할거야 ⇒ 래발생현재 대신에 동질연결 가능= '는' **현분사**=현재 속에서의 앞으로 진행으로서 의향
→ 백악관 진출하려고, Hillary가 남편 Bill Clinton등에 타고서 한 말이다.

※giddyap=giddap, giddup, giddyup 우리말 '이랴, 이랴' 에 해당하는 말 -- 소를 몰때 빨리 가라고 하는 말
세울 때는 'Weoh, weoh.' 이다. 우리말과 영어가 같다. ※ weoh=(infml) to stop

▭ 비행기 좌석에 앉아 있는 손님에게 스튜어디스가 묻는 말 :
"L. A. is 16 hours behind Seoul. Are you resetting your watch to L.A. time?"

- **의향인 경우 :** ↗현재 속에서의 앞으로 진행의미
  하시겠습니까? -- 맞추시겠습니까? **현동사=직후 래발생 현재** **현분사=직후진행으로서 의향**
- **동작상태 지속인 경우 :** ↗현재 속에서의 동상 진행의미
  해놓고(동) 있습니까(상)? -- 맞춰 놓고(동) 있습니까(상)? (=Is your watch reset ---?)
  현동사=동상 지속현재 **현분사=동상 지속진행**

tip) 현분사 자체에 여러가지 진행의미가 있어 be동사 의미에 따라 그 진행의미가 결정되기도 하고 동질연결일 경우에는 be동사 의미와 상관없다.

▭ 시계를 맞추고 있는 손님에게 스튜어디스가 묻는 말이면 ↗현재 속에서의 진행의미
"Are you resetting your watch to L.A. time?" 하고 있습니까? --- 맞추고 있습니까?
현동사=동일치 현재로서 진행 동일치 현재 **현분사=보다 더 구체적인 진행 동일치로서 동일치 진행**

E.. He is living with Sam for six months next year.
시동=있는데/그는 살기로 되어 있다[살 예정으로 되어 있다].
※ is= **'있다' / '는'** 으로서 (덩어리) 래발생/동질현재 -- : **동질연결=동개념도 상개념도 아님** : equal
※ living=덩어리 기간 앞으로 진행 -- 살기로 되어 있는 데, 구시 6개월 동안 살기로 되어 있다는 것
⇦ We will live with her for 3 months. **미래시제**에 for를 쓰는 것과 같다.
※ live=미래 속에서의 본동사 의미, 즉 덩어리 기간미래 -- 그래서 for 와 의율
: 앞으로 사는 데, 구시 3개월 동안 사는 것 (will=**주체래발생**)

F.. You are subtracting −2b from 7b. are= '하면 되는 것/은' 으로서 래발생[동질] 현재
↗**현재 속에서의 앞으로 진행의미**
시동=하면 되는 데 즉 빼면 된다/여러분들은 빼면 된다 : 7b-(−2b)
cf] ( )=parentheses(AmE), (round) brackets(BrE) [ ]=square brackets 〈 〉=angle brackets { }=braces

Caution] be going to= '-- 할 예정이다' 로 **무조건 숙어로 외우지 말라.** 이때 going은 **앞으로 진행**이다. 앞으로 진행으로서 그냥 의미를 가져오면 된다. : • We are going to open tomorrow. ↗go=가는 것으로서 진행, 진행시키는 것으로서 하는 것
우리는 하기로 되어 있는데[할 예정인데/하려고 하는데] 대동 open하는 것을 내일 말이다.

- I' m going to buy a computer. 나는 가고 있는데[진행시킬 것인데] 대동 구매하는 쪽으로 말이다. (**우리말 '가다'** =실제로 가는 것/진행으로서 가는 것)
- Somebody reading this is going to be sitting in my birthday show audience. 시동=누군가가 읽는 다면 이것을 읽는 다면[사람이면] 그런 사람은 가서 대동 할 수 있을 것이다. 즉 앉아 있는 것을 내소 -- 청중 석 내소에서 말이다. (그런 사람은=**동질연결** 석=**명사** associate**로서 단어** associate)

⑤ **쭉 진행[event 진행]**

- He had /been /coughing /for 30 minutes /yesterday.

영뇌=기-->설-->설′-->설″/설″ or 기-->설-->설′-->설″-->설‴

▭ **과동사=과소유** ▭ **과분사=기간계속** event -- 해왔던 것

▭ **현분사=(기간) 계속 event가 첨가 되어 쭉 진행[event 진행]** -- 쭉 기침을 해왔던 것 -- 그래서 for와 의율

tip]기간계속을 '쭉' 으로 느끼고, 쭉 진행을 '해왔던 것' 으로 느껴도 좋다.

시동=그는 갖고 있었어요, 해왔던 것 쭉 기침을 해왔던 것을 구시 30분 동안 어제에 말이다.

↳**과과 속에서의 쭉 진행의미**

vs He has lived in Seoul for 10 years.

lived는 **쭉** 살아 왔거나 **쭉** 살아 오고 있는 것이 아니다. **쭉 진행, 즉 event진행**이 아니다.

그냥 기간계속 event로서 '기간 계속' 만 뜻한다.

→ **기간계속의 완료인 경우**

=살아 온 것/살아 왔던 것 -- 현재에 살지 않아도 지금까지 살아 왔던 것을 끊어서 말함

→ **기간계속의 계속인 경우**

=살아 오고 있는 것 -- 현재에 살고 있어도 지금까지 살아 오고 있는 것을 끊어서 말함

시동=그는 가지고 있어요, 살아 온 것[살아 왔던 것]인데 /살아오고 있는 것인데

내소(內所), 서울 내소에서 구시, 10년 동안 말이다.

terms 정리와	기간계속 event, event 진행, 덩어리 진행

▭ 기간계속 event ≠ 기간계속 진행, 즉 쭉 진행/event 진행 ≠ 덩어리 진행

▭ 기간계속 진행[즉 쭉 진행/event 진행]=been의 현분사

vs 기간계속=have동사의 과분사 vs 덩어리 진행=덩어리 동지속 과동사[현동사/원동사]의 현분사

: He will be arriving here for 5 minutes. ☞ p93

tip) free 고난도 감주 : The 67-year-old patient had been wearing disposable lenses for 35 years.

⇒ **free 감주 :** had been wearing —> been wearing

∴ Thesixty sevenyear oldpatient beenwearing disposablelenses forthirty 5years.

↳비영어권 사람들은 had를 빼먹고 말할 때 듣기가 어렵다.

plus 진행의미에는 동일치 진행 /계속[지속] 진행 /일반적 진행 /설명진행 /앞으로 진행 /덩어리 진행[infml E]이 있는데 be동사의 동질 (연결) 의미로 서로 의율을 시킬 수 있다. **동질 (연결)은 (상개념이 아니라) 진행 행위와 equal 개념이기 때문이다.**

IIIII.. He is reading.

그는 (인데) 읽고 있다(는 것이다) : **동일치/계속 진행**

그는 (인데) 독서하는 사람이다 : **일반적[일반적 설명] 진행**

그는 (인데) 읽기로 예정되어 있다(는 것이다) : **앞으로 진행**

: I am staying. 나는 (인데) 머물겠다(는 것이다).

Next time we're shopping at Wal-Mart. 다음번에 우리는 쇼핑하는 거야. 구처 — 에서 말이다.

IIIII.. The wet land is raining until now/so far.

축축한 땅은 비가 왔다는 것이다. 도자 지금까지 말이다.

: **동명사** (비가 오는 것을 한 것으로서 비가 왔다는 것)

진행형 be동사=동질동사/동동사

IIIII.. He was reading for 2 minutes.

그는 읽고 있었는 데 구시 2분간이었다 : **덩어리 (계속) 진행**

＊여기서 was=과동질로서 '는'

"Class, who can tell me what I have preserved in this jar? No, it's not a pig or a baby cow...it's the last student who got caught cheating on one of my tests!"

be동사 (최상위) BNW

▭ **be동사 (최상위) BNW=있다**

모든 것은 '있다' 로 거의 다 통하고, '있다' 에서 출발한다.

a.. He is a student. ↳ ∵ **있다=동질/상/동 의미 다 되기 때문**

시동=그는 있다. 학생이라는 실체로 있다. 확장[EM] 시동=**동질연결 의미**: 인데 학생이다/그는 학생이다.

↳"이다" 동질 ↳"는" 동질

b.. He is reading a novel.

↗"는" 동질

시동=그는 있다. 읽고 있다. 확장[EM] 시동=**동질연결 의미**: 그는 읽고 있다.

이 때 **'있다'** =발생[행위] 존재의 진행동일치로서 '있다' . 즉 '보니까 그때 무언가 하고 있다' 로서 '있다' .

또는 발생[행위] 존재의 동지속으로서 '있다' . 즉 '무언가 하고 있다' 로서 '있다' .

⇒ **발생[행위] 존재 '있다'** =동개념, 현분사도 진행의미로서 동개념이니 서로 의율이 되는 것이다.

c.. I am happy. 시동=있다, 행복한 질[상태]로 있다/행복한 것으로 있다.

형용사는 대개 질/상태를 의미하고, 부사는 방법, 이유, -- 등을 뜻한다.

우리가 보통 알고 있는 '이다' 또는 '는/은/가' 는 이렇게 '있다' 로 다 통한다.

확장[EM] 시동=**동질연결**: 인데 즉 행복하다/나는 행복하다.

※ **be동사 BNW=있다[발생 /존재[유(有)존재] /상태 /위치 /행위 /발생존재[행위존재]]**

[b: 발생 e: existence/equal **있다/이다** ⇒ **동동사/상동사/동질동사(로서 안내의미)**]

-->**동질 /동질연결 /동질알림 [EM], 즉 동질 종류** : 이다[즉 /는 /이 /가] //은 바로(vol 1 p153)

//바로(vol 1 p228) //과(vol 1 p232) //으로(vol 1 p284) //에게 있다(vol 2 p122)

//는 즉(vol 2 p320) //그런 것(vol 2 p296/297) //그것들은(vol 2 p365) //인데: You will be asked.

-- 여러분들은 할 것인데 질문을 받을 것이다.

-->**동질변화** [EM] : 되다(이다로서 되다)

-->**일반적 의미** [EM] : 하고 있다 /이다 *EM=Extended Meaning

caution]확장의미[EM]≠뜻하는 의미[IM]

: 전자는 단어의 본래의미이고, 후자는 본래의미가 뜻하는 뜻하는 의미(indicating meaning)이다.

즉 전자는 bnw-BAM이고, 후자는 im-BAM이다.

상지속/자동지각과 현분사

동사자체가 **상지속/자동지각**을 뜻한다면 그 의미 그대로 현분사로 표현할 수 없다.

현분사는 동진행이기 때문이다. 즉 현분사는 동개념 동동사이다. 상지속/자동지각도 우리말로는 '하고 있다' 로 나타나니, 마치 현분사의 진행의미가 되는 것인 양 오해하여 현분사로 표현하는 사람들이 있는 데 이것은 틀린 영어이다.

영어에서 동사는 같은 형태로서 동/상 개념 모두를 가지는 경우가 많다. **영어는 일형태 다의어 뇌이기 때문이다.**

[verb=v: **동, 즉 움직이는 모양** b : be **상**]

a.. He has a close friend. : ok -- **소유상태 지속**=가지고 있다

vs He is having a close friend : not ok

⇒ 소유 상태의미 그대로(해서) 진행형으로 표현할 수 없다는 것이다.

하지만 have 동사가 동동사 의미일 때는 현분사 뇌로 작동시킬 수 있다.

He is having dinner. He is having a car. tip) **우리말 '가지고 있다' =상동사/동동사**

시동=그는 (무언가 하고) 있다. 갖고[즉 먹고] 있다. 저녁을 말이다. /있다, 가질려고[즉 사려고] 하고 있다.

⇒ **이 때 '있다' / '갖고 있다' =행위 존재 + 행위 진행으로서 동개념**

⇒ **'가질려고 하고 있다' =앞으로 진행으로서 동개념** ※사려고=뜻하는 의미

b.. He is a father. : 상동사

vs He is not being a father. : is/being=동동사

시동=있지 않다, 즉 하고 있지 않다. 아버지 구실을 말이다.

▭ 동동사 : The concert was last night. 있었다. ⇒ 발생했다라는 의미

The concert is there. 있어요. ⇒ 진행되고 있어요라는 의미

The concert is tonight. 있다. ⇒ 앞으로 있을 것이다는 의미

1.. Europe is not being helpful. 시동=있지 않다, 되고 있지 않다, 도움이 말이다.

2.. I' m being your way.

시동=있다, 즉 되어가고 있다. 너의 식으로 말이다. ▭ being=동질변화로서 동개념

3.. I was just being neighborly. He is being sarcastic.

시동=있었다. 그냥 하고 있었어요, 가까이에서 말이다. /그는 있는데 하고 있어요, 즉 비꼬고 있었다.

▭ being=발생[행위] 진행으로서 하고 있는 것 vs doing=실행진행으로서 하고 있는 것

4.. I was being sweet.

시동=있었다, 되어가고 있었는데 아주 잘 되어 가고 있었다. ▭ sweet=(생활 infml E) very good

c.. She wants a bigger house. 원하고 있어요-- 마음의 상[state]표시

vs "You wait – by next year she' ll be wanting a bigger house!"

할 것같다, 즉 원하고 있을 것 같다. -- want의 동작화

d.. You resemble your father. 닮았다 -- 닮은 state

vs You are resembling your father. 시동=있다, 닮아가고 있다 -- 닮음의 movement化

e.. I think it is easy. 생각엔 --인 것 같다 -- 생각 state

vs I am thinking about it. 시동=있는데, 생각하고 있다 -- 생각의 movement化

f.. I see a bird!

(나에게) 보여요/보이고 있어요 -- 자동지각 반응 -- 눈에 저절로 들어오는 것

vs I am seeing a bird. : 수동지각 시동=있다, 보고 있다 -- 보는 행위

g.. I feel fine now. 느낌이 와요 -- 지각의 자동반응

vs I am feeling jet-lagged. : 수동지각 시동=있다, 느끼고 있다 -- 지각의 움직임

h.. He looks familiar. 인 것같다, 전에 본 것[익숙한 것]같다 -- 추측 state

vs The future is looking fine. 시동=있다. (앞으로) 보이고 있다. 좋게 말이다 -- 전망의 movement화(化)

i.. I love you. 사랑해요-- 사랑의 감정 state

vs He is loving her. 시동=있어요, 사랑하고 있어요 --- 사랑행위

--- kiss, embrace -- 등등 사랑표시도 가능함 ※ 우리말 '사랑하고 있어요' =사랑감정/사랑행위

j.. I know it. 알고 있어요 -- 정보 보유('to have information about something')

vs I am knowing it. 시동=있는데, 알고 있어요[인지/이해하고 있어요],

-- 이해/인지 지각화 ('to realize, find out about, or understand something')

The rent isn' t any higher. : 상동사 시동=임대[집세]는 하지않은데 조금도 더 비싸지 않다.

In the listening test you will be asked to demonstrate how well you understand spoken English. : 동동사 시동=내자 리스닝 테스트에서 여러분들은 앞으로 해야하는데 질문을 받아 대동 입증해야 해요. 얼마나 잘 여러분들이 이해하는지 스포큰 잉글리쉬에 대해서 말이다. (in=내소대상으로서 내자 will=주체래발생으로서 앞으로)

※ **우리말 '알고 있어요'** =정보보유/인지[이해]

그래서, 나는 '알았다' 할 때 I know로 표현해도 좋다. 이때는 발생현재 이해[인지] 동개념으로 표현한 것이다. [=I got/get it. or I see/understand.] -- 중국인들은 'I know.'를 더 많이 쓴다.

▭ get/got=움직여 (이해, 인지 따위를) 취하거나 취한 것으로서 아는 것

▭ see=(이해/정보--따위를) 본 것으로서 아는 것 ▭ understand=그냥 이해로서 아는 것

▭ know=정보/이해[인지]를 갖게 되는 것으로서 아는 것/알아차리는 것

: I knew right away that he was a detective.

동진행과 동상진행

a.. He is sliding.

▭ **동진행**=있는데 미끄러지고 있다

▭ **동상진행**=있는데 미끄려져(동) 있다(상)

: 미려끄려져 주저 앉아 있는 모습을 보고 한 말 [=He is slid/He is being slid.]

b.. Are you resetting your watch?

▭ **동진행**=있는 가, 맞추고 있는 가? ↗**진행표현으로서 더 강한 메시지** ↗**보통 메시지**

▭ **동상진행**=있는 가, 맞춰놓고(동) 있는 가?(상) : **가만히 앉아 있는 손님에게 하는 말** [=Is your watch reset?]

↘감주리딩=Isyour watchreset?

big tip) 예컨데 일반 현분사 〃coughing〃 free 영뇌에게 가능한 의미 :

1. 현재/과거/미래 속에서의 진행의미 2. 현재/과거 속에서의 앞으로 진행의미 3. 과현/과과/과미 속에서의 쭉 진행의미
4. 일설 진행의미 5. 기타 : 현재 속에서의 동상 진행의미 ↘p104

완전한 원어민이 되려면 감주영뇌가 되어야 한다.

- than four years ⇨ 감주리딩 : thanfour years 한뇌리딩 : than fouryears
- connect the world ⇨ 감주리딩 : connectthe world 한뇌리딩 : connect theworld
- a rich man ⇨ 감주리딩 : arich man 한뇌리딩 : a richman

감주리딩=IS 설가뇌 또는 IS 설주뇌로 뒷말과 말하는 것 vs 한뇌리딩=해석한 한글중심으로 말하는 것
— 감주로 이해하거나 듣거나 말해야 진짜 영어를 느낄 수 있다. 한글중심의 의식이 들어가면 안된다.

tip)has already been ⇨ 감주리딩 : hasalreadybeen — 약강약 감주
어떠 종류의 감주인지는 반드시 현장의 소리로 확인하라.

↗ BNW=단어의 고유한 뉘앙스를 알려주는 것이고
BAM=단어의 뜻이 어떻게 만들어지는 가를 알려주는 것이다.

terms 정리와 Key BNWs —— 군계일학! **Stands out in the crowd!**

Roundup

조동사 BNW — 생각의미 **원동사 BNW** — 자체의미
과동사 BNW — 실제과거 **과분사 BNW** — event

현동사 BNW — 현재범위/현재중심
현분사 BNW — 진행의미/본동사의미
Be 동사 BNW — '있다'

☜.. **감주 습관이 형성되면 (청취뿐만이 아니라) 모든 독해도 언어로 다가온다 : 소리값 〉 문자값**

⇒ 원어민=소리값 지배 속에서 모든 게 이루어지고, 비영어권 사람=글자값 지배 속에서 모든 게 이루어진다. 우리도 원어민처럼 바꾸어야 영어를 정복할 수 있다.

6. 조동사 영뇌[MV NB]

해야할 일-- 원래 언어는 생활 속에서 뜻이 얻어진 것이다. 원어민들처럼 **조동사 말**을 배우려면 여러분들의 두뇌를 생활 속에서의 뜻으로 조동사 영뇌를 습관화시켜라. 특히 BEis, IS **영뇌로 습관화 시키되**, (생활 속에서의 뜻이 용해된) free **감주**로 습관화시킨다.

☜.. **생활 속에서의 뜻=외국인과 생활하면서 느껴지는 뜻이자 실제로 적용된 뜻(≠사전의 원형적인 뜻)**

※ **조동사 영뇌란 :**

IS 두뇌로 명사(대명사) /동명사 /to부정사 (주어)를 생각의미로 그냥 서술적으로 설명해 나가는 뇌
요컨데, 비연결설명어
또는 묻는 말[정생각/의미과성립]로 먼저 말하는 뇌 : 기본어 또는 전설
/free 영뇌[infml E]로 먼저 말하는 뇌 : 기본어
(단, 도치 정생각/의미과성립은 도치 정생각/하생각으로 전설)

---

vs 한뇌

=맨뒤에 말하는 뇌 : 근본적인 버그단어

▭ **조동사 BNW**=생각의미

[단, 대동조동사=(보통/강조) 대동의미]

⇒ 영어는 설가뇌이기 때문에 이런 개략적인 의미를 먼저 표현하거나 이런 것이 먼저 보인다.

▭ **조동사**=현조동사/과조동사

현조동사=현생각

과조동사=정생각 /과생각 /의미과성립

cf]과동사=실제과거/의미과성립

tip) 영뇌(NB)에서는 조동사는 본동사이다.
조동사[즉 기본어]를 원동사로 (보충) 설명해 나가기 때문이다. 그래서 본동사=현동사/과동사/조동사 (⇒ s동사), 따라서 to부정사는 to 본동사의미로서 이들 동사의 의미를 대변한다[대용으로 쓰인다]. ☞ vol 1 p290

▭ **한국 사람들의 가장 큰 취약점 :**

영어 읽는 법을 모르고 있음 ⇒ 감각적 주파수
+ free 영뇌, 특히 free 감주에 약하다.
+ 한뇌로 이해, 즉 있는 그 위치에서 바로 무한글 의미를 못 느낌

+ 말[소리]자체/글자자체가 뜻이자 A상황인데 자꾸 해석하거나 이미지를 그려서 이해하려고 함 특히 해음/해자 영뇌에 약함
+ 단어의 BNW를 느끼지 못함. 즉 단어의 본래의미로 이해하지 못하고, 뜻하는 의미로 이해하고 있다.

특히 어려운 표현은 숙어로 취급하고 있다.
뿐만이 아니라, BAM을 잘 몰라, 단어의 여러가지 뜻을 대등하게 독립적으로 외우고 있다. 단어의 뜻은 BNW를 바탕으로 종속적으로 되어 있다.

+ will/shall의미를 정확하게 구분하지 못함
+ 과조동사의 정확한 의미를 모르고 있음
+ 실제 단어로서 뜻을 기억하지 못하고, 사전 단어로서 사전 뜻풀이만 기억하고 있음

예컨데 can/will의 뜻으로 '할 수 있다, 할 것이다'로 사전의 원형적인 뜻풀이만 기억하지 '할 수 있는 가/할 것인가'는 빼 먹는다.
우리도 한글을 기억시 국어 사전의 원형적인 뜻으로 기억하고 있지 않다. 실제단어로서 뜻을 간직하고 있다.

+ 문법적 예문으로만 취급하고, 말로 활용하는 것에 약함 문법공부, 말공부가 따로 있는 게 아님
+ 문자값으로만 이해하거나 기억하지 청구(聽口) 소리값으로 더 뇌화 되어 있지 않음

+ 설가뇌, 즉 기/설 두뇌가 발달되어 있지 않음
+ 단문보다 story뇌에 약함 간단한 회화말만 간직하려 하지, 영자신문이나 책을 읽을려고 하지않음

+ 특히 infml E에 약함
+ 영어주파수, 즉 vocal 감주에 약함
+ 감각적 주파수로 이해하는 데 약하다.
+ 생활 속에서의 뜻[소리]에 약함

☺.. 언어를 소유하려면 감주로 주거니 받거니 말을 많이 하라.

1) 조동사 영뇌[MV NB]

IS 두뇌로 명사(대명사) /동명사 /to부정사 (주어)를 생각의미로 그냥 서술적으로 설명해 나가는 뇌 요컨데, 비연결설명어
또는 묻는 말[정생각 /의미과성립]로 먼저 말하는 뇌 : 기본어 또는 전설
또는 free 영뇌[infml E]로 먼저 말하는 뇌 : 기본어

> **조동사의 BNW는 생각의미이다.**
> 그래서 표현자가 생각이나 생각적인 태도를 취할 수 있다. 따라서 단순동사 서술의미에 생각의미를 부여하고 싶으면 조동사를 쓰면 된다. 그래서, 조동사를 modal verb라 한다.
> [modal=m: mind or mood a: attitude of the speaker]
>
> **생각의미**=현생각, 과생각, 정생각, 성립적인 생각[의미과성립]

① 명사를 설명해 나가는 뇌 ↗ **단어 본래의미를 알면 어순이 동일해지고 그 원천기술은 기/설과 BAM이다.**

IIIII .. "All Korean residents must /carry /identification cards." [=Must carry -- . : infml E]

영뇌=기→ 설→ 설' : BEis-Os
or I + I + I : I-Os or S + S + S : S-Os

How to Read[Speak] 그러면 시조리듬처럼 쉽게 리듬을 잡을 수 있다.
↗감주는 뒷말과 말하므로 보통 두 단어를 한 단어처럼 말한다 : 2 • 2조 리듬
=AllKorean residentsmust carryidentification cards.
: 먼저 감각적 주파수로 이해한다. 그러면 저절로 의음/의자가 된다.
시동= vocal 감각적 주파수로 ↗**그러면 영어말투가 형성되고 영어말투에 익숙해진다.**
(의음/의자가 될 때까지) F3+E2 강하게 말하기
tip)소리=마음의 소리/귀에 익은 소리/실제소리
— 이런 소리들에 의해서 이해되는 것이 의음이다.

→ 먼저 개략적으로 생각을 밝히고, 다시 원동사로 구체적으로 설명해 나가는 뇌 : BEis-Os
생각을 먼저 말하는 것은 생각[마음]주의 기/설 영뇌이다.

☺.. **我必 Free 감주 간직하기**= All must carry identity[ID] cards. ↗ **항상 vocal로 F3로 말하여 간직**
시동=모든 한국인들은 반드시 해야 해요, 갖고 다니는 것인데 신분증을 말이다. | Free 감주 간직하기
↳ 영어는 항상 어느 부분을 보더라도 free 영뇌, 특히 free 감주로 이해되어야 한다.

현조동사=의무로서 현생각 — **먼저 말에 먼저 이해가 스쳐가지 않으면 영뇌가 아니다.**
원동사=일반적 본동사의미[일반적 설명 본동사의미]
must=확실한 의무로서 반드시 해야하는 것 [m: misson s: sure + no 'd' 현재]
소리=MUs(t)=slide 주파수 u=아/어 중간 감정음가

↘ ☺.. **major 감주=** " --- residents -- carry identification cards."
↳원동사=본동사 대용, 즉 조동사 대용의미가 들어 있기 때문에 이것만으로도 이해 가능

시동 종류=원애시동 /vocal음 /Free 영뇌 /F3+E2 /일상적인 생활 /Ekbe /†SIUM 말하기 /무한글 /BNW or 비한글 BNW /BAM /BEis 영뇌[=IS 설가뇌] /G토씨 /connotation /영뇌 기본자세 /패턴 /associate
— 마지막 경지인 감주 IS 영뇌로 가기 위한 시동의 종류, 특히 영맥 파악[이해]=BEis 영뇌, 영어이해=감주
↳특히 기본어/연결설명어/s동사

☞.. 시동으로 (영어) 글자/말 자체에서 뜻이 보이거나 상황이 (머리 속에서) 보이면 된다 : IS 영뇌

일반적인 표현	복수 — 사촌이 땅을 사면 배가 아프다! **Turning green with envy!**

신분증이 복수표현이라고 해서 각각 여러 개를 갖고 다니라는 뜻은 아니다. 여러 사람들에게 모두 해당시키는 **복수 일반적 표현**이다. 그래서, 이때 복수 sign 's' 는 한 장씩 한 장씩 모두에게 해당시키는 전체 대표의미, 즉 일반적 의미가 머리를 스쳐가야 한다. [card + s: not 'single' or several **전체로서 일반복수**]

만약에 복수로 표현하여 여러 장으로 의사전달에 혼란이 있을 것 같으면, 부정관사 뇌를 작동 시킨다.

···› All Korean residents must carry an identification card.

an 시동=각각 한장의 ID카드 [각각 한장인데 ID 카드로 말이다] /일종의 ID카드라는 신분증

＊a/an=어떤 하나 하나로서 각각 (each) /어떤 하나로서 일종의(a kind)

⇦ a.. "You' re both getting a movie ticket."

시동=하려고 하는 군요(래발생현재), 둘다 사려고 하는 군요. --- .

a 시동=각각 한장의 영화티켓/각각 한장인데 즉 영화표를 말이다.

-- 두 명이 각각 어떤 하나의 ticket를 산다는 것이지, 두 명의 묶으로 티켓 한 장을 산다는 의미는 아니다. 그리고 이 표현도 어떤 하나의 종류로서 시동을 걸어도 좋다 ···› 일종의 영화 티켓이라는 표

b.. Avoid people who already <u>have</u> a cold. [=catch/contract]

a 시동=각각, 감기가 각각 /일종의 감기라는 병 ＊have=가지고 있는 것으로서 걸려 있는 것

☞ **Extra Study**

／<u>Turning green with envy</u>, come here!

▭ Turning green with envy! ···› turning=(콤머) **관계현분사** free **영뇌**

-- **(비제한적) 연결의미=조건 : 연결의미로서 본동사 의미/진행의미** tip) **관계현분사**=연결설명어이므로 연결의미가 있음

시동=변화면/변화고 있으면, 그린으로 변화면/변화고 있으면 가지게 된다. 부러움[시기]을 말이다.

뜻 하는 의미=사촌이 땅을 사면 배가 아프다.

② 대명사를 설명해 나가는 뇌

IIIII.. "Everybody should /have /a medical exam /at least once /every two years."

영뇌=기→ 설→ 설′→ 설″→ 설‴ : BEis-Os

or I + I + I + I + I : I-Os or S + S + S + S + S : S-Os

How to Read[Speak]=Everybodyshould havea medicalexam atleast onceevery twoyears.

: 먼저 감각적 주파수로 이해한다. 감주는 남들보다 머리를 빨리 쓰는 것이다.

시동= vocal **감각적 주파수로 (자동 설가가 될 때까지)** F3+E2 **강하게 말하기** | Free **감주 간직하기**

☞.. **我必 Free 감주 간직하기**= Everybody should have every two years.

시동=모든 사람들로 하여금 일어나야 한다/일어나게 해야 한다. 받는 것인데 건강검진을 (즉) 적어도 한 번씩 매 2년마다 말이다. → 이때 at 시동=무한글로 느끼든지 또는 비한글 BNW, 즉 규모크기 또는 바로대상을 느끼면 된다.

과조동사=사(使)발생으로서 정생각

원동사=일반적 본동사의미[일반적 설명 본동사의미]

should=사발생 정생각으로서 하여금 일어나야 하는 것 /하여금 일어나게 해야 하는 것

[s: sure h: happen l: let + ould(었): 과음가 or d: did + decide 정생각]

소리=SHOUld=retro-root 주파수 ou=u지배음가

: Boehner Bill =B(o)Ehner BIll : e 지배음가 -- **미국의 Debt Ceiling을 발의했던 최초법안**

: a.. I did /love you. I do /love you. cf] I really did love you. I really do love you.

영뇌=기→ 설 : BEis-Os

⇒ 대명사를 'do' 조동사로 설명해 나가는 뇌 ※ do=긍정문에서는 개략적[은근한] 강조

시동=나는 (정말로) 했어요, 사랑을 당신에게 말이다. / -- (정말로) 해요, ---- .

↳여기서 '정말로' = 개략적[은근한] 강조의 뜻하는 의미

b.. That /she is guilty /may be your thought.

영뇌=기→ 설/설 : BEis-Os

⇒ 대명사를 관계문장으로 설명해 나가면서 조동사로 설명해 나가는 뇌

시동=그것, 즉 그 여자가 유죄라는 것은 아마도 일지도 모른다. 너의 생각일지도 모른다.

Plus]동명사/부정사 주어를 설명해 나가는 뇌로도 작동시킬 수 있다.

— 주어이면 모두 가능

a.. The building of the bridge can be finished by next year.

b.. To build the bridge can be finished by next year.

③ 묻는 말로 먼저 말하는 뇌 ↗ ☜.. **major 감주=** -- -- phone -- tomorrow?

ⅡⅢ.. Will /you phone /me /tomorrow?

영뇌=기→ 설→ 설′→ 설″ : BEis-Os

or I + I + I + I : I-Os or S + S + S + S : S-Os

How to Read[Speak]=Willyou phoneme tomorrow? : 먼저 감주로 이해한다.

대개 부분 감주[free 감주]로 저절로 엮어지는 것이지 내가 엮는 것은 아니다.

시동= vocal 감각적 주파수로 (자동 설가가 될 때까지) F3+E2 강하게 말하기

(터마로우↗=cramp F + tail F : 단어 본래 주파수는 cramp이지만 yes-no question에서는 tail 주파수가 추가된다.

단, wh-question에서는 자기주파수 대로 소리내면 된다. you=유-↗=중간 tail F) | Free 감주 간직하기

⇒ 먼저 개략적으로 주체래발생으로 묻고, 다시 주원으로 구체적으로 물어 가는 뇌 : BEis-Os

시동=할 것인가, 네가 전화하는 것인데 나에게 내일 말이야?

☜.. **我必 Free 감주 간직하기**

현조동사=주체래발생으로서 현생각 =Will you phone tomorrow?

-- 표현자가 상대방에게 '할 것인가' 로 생각적인 태도를 취하는 것으로서 생각의미

원동사=미래 속에서의 본동사의미

will=주체래발생 현생각으로서 '(앞으로) 할 것인가' 라고 묻는 의미

※ **그래서 will의 뜻**=(앞으로) 할 것이다 /할 것인가 [w>v: 발생 i: 주체 ll: 래(來)]

소리=WIll=post/spiral점형 주파수 i=이: **철자음가**

: a.. When will /you take /this woman /to be your lawful wedded wife?

영뇌=기→ 설→ 설′→ 설″ : BEis-Os

⇒ 부사의 설명을 받아 주체래발생으로 먼저 묻고, 다시 주원으로 구체적으로 물어 가는 뇌 : BEis-Os

| Free 감주+我必 Free 감주 간직하기

시동=언제 할 것인가, 네가 삼는 것인데, 이 여자를 즉 너의 법적으로 식을 올린 아내로 말이다?

: What time will you arrive?

시동= 몇시가 될 것 같은 가, 네가 도착하는 게 말이다? ※ what time=**명사부사**

b.. What did /you say? =기→ 설 : BEis-Os

→ (의문) 대명사를 대동 과조동사로 설명해 나가면서 개략적으로 먼저 묻고, 다시 주원으로 구체적으로 물어 나가는 뇌

..**我必 Free 감주 간직하기**= What did?

시동=무엇이었지, 네가 말한 게 말이야? [d: 짓(구개음화)/deed로서 하는 것 i: 이지 id 얻>었: 과음가]

↳대동의미 대상을 묻는 것으로서 '이었지' vs 'was 묻는 말' 과 다르다 : What was it?

※ did=**보통 대동의미**로서 했지[이었지] /**강조 대동의미**로서 정말로 했다 //**본동사**로서 했다

④ **정생각으로 먼저 말하는 뇌 : (very) formal E** ↗ .. **major 감주**= Should -- interested -- offer, contact -- .

IIIII.. Should /you be interested /in our offer, //contact /us.

영뇌=전설→ 설′→ 설″ ⇨ 기→ 설 : BEis-Os

or I + I + I + I + I : I-Os or S + S + S + S + S : S-Os

How to Read[Speak]=Shouldyou beinterested inour offer, contactus.

: 먼저 감각적 주파수로 이해한다.

시동= vocal 감각적 주파수로 (자동 설가가 될 때까지) F3+E2 강하게 말하기

(슈드유[슈-드유]=check mark F[retro-root형 check mark F] 셔드유=check mark F : ou중 u지배음가 인아우어=cramp F)

→ 먼저 정생각으로 공손하게 말하고 뒷말로 설명해 나가면서, S동사로 다시 본론을 말해 나가는 뇌 : BEis-Os

.. **我必 Free 감주 간직하기**=Should you be interested, contact.

시동=발생하시면, 여러분들로 하여금 있는 것, 관심이 있는 것이 발생하신다면, 분야, 우리의 제의 분야에 말이다. 그렇다면 ----. ※ in=내범위 지정으로서 분야 그렇다면=문맥 associate | Free 감주 간직하기

(역순이해인) X시동은 걸지마라. 이것은 Ekbe 시동에 의해 저절로 걸리니까.

과조동사=사발생 정생각로서 공손한 뜻 **원동사**=본동사의미로서 미래 또는 현재 의미

should=사발생 정생각으로서 (하여금) 발생하신다면

[h: happen l: let + ould: 과음가 or d: did + decide 정생각]

소리=SHOuld=slide/retro-root 주파수 ou=u 지배음가

도치 정생각/하생각

정생각과 하생각은 생각을 정하거나 성립적인 생각으로서 생각의미 또는 상상의미를 갖고 있으므로 접속사 대용으로 먼저 표현하는 것이 가능하다.

--- **도치 정생각/하생각**

↗전설 또는 기본어 가능

⑤ **의미과성립으로 먼저 말하는 뇌 : 도치 하생각으로서 먼저 표현할 경우 (very) formal E**

A.. Would /she get /many more pearls, //she should /dive deep into /the sea.

영뇌=전설→ 설′→ 설″ ⇨ 기→ 설→ 설′ : BEis-Os

or I + I + I + I + I + I : I-Os or S + S + S + S + S + S : S-Os

How to Read[Speak]=Wouldshe getmany morepearls, sheshould divedeep intothe sea.

: 먼저 감각적 주파수로 이해한다.

시동= vocal 감각적 주파수로 (자동 설가가 될 때까지) F3+E2 강하게 말하기

→ 먼저 성립적인 생각으로 강한 욕구를 밝히고, 주조로 설명해 나가는 뇌 : BEis-Os | Free 감주 간직하기

.. **我必 Free 감주 간직하기**=Would you get, (you) should dive.

시동=하고 싶은 마음이 생겼다면 (획득하는 것인데 ----.) ＊should=정생각

뜻하는 의미=그래도 (지금 상황을 만족하지 않고 훨씬 더) 원하는 것을 이루고 싶다면---. 그렇다면 ---. (그 여자로 하여금 일어나게 해야 한다/일어나야 한다. dive 해서 깊숙히 들어가는 것을/내대자 바다 속으로 해서 말이다.) dive=뛰어 드는 것/잠수하는 것[d: 뛰는 것 i: in/into v: 꽂히는 모습]

would=주체성발생 의미과성립으로서 강한 욕구 : **하생각 접속사** -- [=If she would]

[w: v + v 즉 바람 +바람 ould: 과음가 or d: did + under]

소리=WOuld=slide/retro-root 주파수 ou=u: 지배음가

: Could /I buy /the car, //I could /fly to /you.

영뇌=전설→ 설′→ 설″ ⇨ 기→ 설→ 설′ : BEis-Os

→ 먼저 성립적인 생각으로 강한 바람을 밝히고, 설명해 나가면서 주조로 설명해 나가는 뇌 : BEis-Os

시동=(지금/현재) 가능했다면 ---, 그랬다면 나는 가능할 것같다[할 수 있을 것같다]

/가능 했을텐데[할 수 있었을텐데] --- . ⇒ **뒷 could=(가능성) 정생각 /(반대사실) 의미과성립**

뜻하는 의미=(그럴 가능성은 없지만/지금 형편이 안되어 할 수 없지만 그래도 지금) 할 수만 있다면

-- 가능할 것같다/가능할 텐데

B.. "Could /right now." =**기→ 설** 시동=할 수 있었으면 해요[좋을텐데], 당장 지금말이에요.

.. 我必 Free 감주 간직하기= "Could". (할 수 있었으면 해요[좋을텐데])

↳ **단주로서 일종의 free 영뇌로 단어 하나라도 충분히 의사전달이 된다.**

⑥ free 영뇌[infml E]로 먼저 말하는 뇌 : 기본어

IIIII .. Help Wanted:

Part-time cook. Must be 20 or older with experience. Apply in person. Phil's Diner

→ **Must /be 20 or older /with experience.**

영뇌=기→ 설→ 설′ or 기→ 설/설 : BEis-Os or I + I + I : I-Os or S + S + S : S-Os

How to Read[Speak]= Mustbe 20or olderwith experience. : 먼저 감각적 주파수로 이해한다.

시동= vocal 감각적 주파수로 (자동 설가가 될 때까지) F3+E2 강하게 말하기

→ 먼저 조동사로 생각을 밝히고, 다시 원동사로 설명해 나가는 뇌 : BEis-Os

.. 我必 Free 감주 간직하기= Must be 20 or older. Apply in person.

시동=반드시 돼야 한다. 스무살 이상은 되어야 하고, 그리고 또한 갖추고 있어야 하는 데 경험도 말이다.

: Could be. 시동=가능성이 있는 것 같다. must=(주어) **전제** infml E | Free 감주 간직하기

현조동사=확실한 필요성으로서 현생각

must=확실한 필요성으로서 반드시 해야하는 것 [m>n+n: necessity s: sure + no 'd' 현재]

소리=MUs(t)=slide 주파수 u=아/어 중간 감정음가

원동사=일반적 요건로서 일반적 본동사 의미

in=들어가는 것으로서 하는 것 person=U의미로서 몸소 [≠사람]

apply=present [제시/제출]하는 것으로서 신청하는 것 vs ask=물어보는 것

시동=신청하되 해서, 몸소해서, 하라. [신청하되 내자 몸소로 하라.]

caution] free 영뇌는 일반적으로 SpE (뉴스, 드라마, 쇼, 대화), 리플, 알림, 광고, Headline, — 등에서 많이 표현한다.

tip) 일반적으로 short하게 말하면 free 영뇌[infml E]가 되고, full로 말하면 StE[formal E/WrE]가 된다.
그래서, 대개 각종 시험영어, 특히 IELTS, TOEFL의 말하기와 쓰기는 full로 표현한다.

addition

명령 태그 — 묻는 말로 먼저 작동시킨다.

IIIII .. Bung /me /a cigarette, //will you? [won't you? /would you? /could you? /can't you?]

영뇌=기→ 설→ 설′ ⇨ 전설 or 기→ 설/설 ⇨ 전설 : BEis-Os

시동=툭 던져라, 나에게 담배 한까치를 말이야, 할것이지? [안 할 것인가? /하시겠오? /가능하겠오? /할 수 없는 가?]

↗사전의 뜻만으로 부족+BAM(Associate)+(특히 설가뇌) 뜻관계 뜻+finally, 감주

.. 영어는 단어의 뜻만 정확히 알면된다.

⇒ **직접명령 태그** : 본인이 확인 하고 싶은 뜻 대로 조동사를 사용해서 tag를 만들면 된다.
confirmation[agreement /aggressive /echo] tag와 다르다 ☞ **현동사 영뇌 참조**

: **a..** Stop fiddling with that TV, will you? [won't you? /can't you?, /---? etc.]

b.. Don't tell anyone I told you, will you? **c..** Go off for the weekend, why don't you?

bung=to throw, esp. roughly 던지되, 특히 툭 던지는 것 [b: 방/벙 던지는 것]
fiddle=할 일없이 손가락으로 짓을 하는 것[만지작 거리는 것] [f: fingers id: idle/idly d: do]
(to move things aimlessly in one's fingers) : Put down that pen and stop fiddling!
fiddle with=손가락으로 만지작 거리는데 동자 -- 에게 말이다 with=동존방향 대상으로서 동자 -- 에게

⇒ **간접명령 태그**

: **a..** Let's take a taxi, shall we? Let's not go to the party, OK? /all right?

→ let's=제안/실시 명령이니 shall we? /OK? /all right? 으로 확인 tag로 말해야 뜻이 통한다.
시동=합시다/해보자. --- 그렇게 (발생) 해야지요/그렇게 (발생) 하는 게 맞지요,
우리가[우리로 하여금] 말이다? 시동=하지 맙시다. --- ?

b.. Please let us have more time, will you?

→ let+목적어=부탁이나 의향 명령이니 will you? /OK? /all right?으로 확인 tag로 말해야 뜻이 통한다.
시동= (제발 하도록) 해주세요,---, 하시겠어요, 당신이 말이다? /(부디) 하겠어요,---, ok?
= Please allow us to have more time, will you? /OK? /all right?

vs John isn't /here /today, //is he? **=기→ 설 /설 ⇨ 전설 or 기→ 설→ 설′ ⇨ 전설**

시동=존은 오지 않았지요, 여기에 오늘 말이다, 그렇지, 그 사람이 말이야? : confirmation tag
대답 방법: to agree ⇨ No, he isn't. to disagree ⇨ Yes, he is. He's downstairs. ※downstairs=adv.
-- 확인내용에 촛점를 맞춰 agree 또는 disagree 해야 한다.
확인내용이 부정이니 이때 no= '그래' yes= '아니' 라는 뜻이 된다.

live 실전	조동사 영뇌 ── 우는 아이 젖준다! **The squeaky wheel gets the grease!**

L- 1 ..

Presidential Address
Bush: End of 'Painful Era'
In televised speech, president says Hussein will "face the justice he denied to millions."
- Dana Milbank

video Address to Nation

televised=일반과분사 영뇌로서 자동 과분사
or 일반형용사 영뇌로서 자동 형용사
says=설명현재/발생현재
will=주체래발생 Hussein ~ justice=종속문장
face=미래 속에서의 본동사의미
he denied=관계문장 영뇌

-- 어느 부분을 보더라도 (생활 속에서의 뜻이 용해된) 감각적 주파수로 이해되어야 한다.
시동=내재[내에서] 텔레비전 방송 연설 [내]에서 대통령은 말하고 있는 데[말했는 데] 후세인은 앞으로 직면할 것이다고 그런 정의, 즉 자기가 부인한, 대자 수백만 국민에게 부인한 그런 정의에 말이다.
→ **vocal 감주로 F3+E2 강하게 말하기** ※ 국민=단어 associate president=(단수단독) infml E

L- 2 .. The army wouldn't have him because he was overage.

-- 먼저 감각적 주파수로 이해한다. 그러면 저절로 의음/의자가 된다. ※ have=원인이유와 그 실체
would=주체성발생 과생각 -- 과추측 have=갖는 것으로서 수용하는 것 was=과동질 연결로서 '는'
overage=adj. too old for some purpose **opposite]** underage | Free 감주+我必 Free 감주 간직하기
시동=군은 하지 않았던 것 같다. 수용하는 것인데 그를 말이다. 왜냐하면[原由者] 그는 나이가 너무 들었기 때문이다.

.. **L-1 문장 뼈대**=전설 연결설명어(In)+기본어(president)+s동사(says)+연결설명어(Hussein will/he denied)

☜.. 이해는 (언어에 대한 basics를 알았디면) 최종적으로 단어의 최종적인 뜻인 감주로 이해한다.

비연결설명어 영뇌

2) can 영뇌[can NB]

명사(대명사)를 능력/가능성 현생각으로 그냥 서술적으로 설명해 나가거나 묻는 말로 먼저 말하는 뇌 또는 free 영뇌[infml E]로 먼저 말하는 뇌

□ can BNW=능력/가능성 (최상위 BNW=능력: 능력이 있으니까 가능성이 있다)

□ can=능력/가능성으로서 현생각

— (영어에 대한 기초지식[basics]을 알았다면) 생활 속에서의 뜻으로 我必 free 감주로 간직하라.

소리=캐ㄴ/컨=post/dot 점형 F : 애=강한 감정음가 어=약한 감정음가

① 능력 현생각으로 설명해 나가는 뇌

IIIII .. **I can not read Arabic writing.** [c : capable 능력 no 'd' : 현생각]

시동=나는 할 수 없어요/능력이 안돼요 : 'Can' is more usual than 'be able to' or 'be capable of'.

우리말 '만나다'는 단순동사 서술의미이고, '만날 수 있다'는 생각의미이다.
마찬가지로 영어에서도 단순동사 서술의미를 생각의미로 표현하려면 조동사를 쓰면 된다.
: meets → can meet : Travelling is dangerous. → Travelling can be dangerous.
Most people agree with me. → Most people would agree with me.

② 가능성 현생각으로 설명해 나가는 뇌

A.. **He can't be the author of this rumor.** [c : 카>가 : 가능성 no 'd' : 현생각]

시동=그럴 가능성이 없다[가능성이 전혀 없다]. (즉 장본인, 이 루머의 장본인으로 말이다.)
↳그럴=can't의 단어 associate tip)모든 동사=자기 시제의미를 갖고 있다.
↳can't와 be=같은 시점상황

B.. **He can't have been the author of this rumor.**

시동=가능성이 전혀 없다, ↱been=can't와 have 이전상황 : 자기시제 의미가 보이면 IS가 쉽게 작동
(즉, 였을 가능성이 전혀 없다 /즉, 이었을 가능성이 전혀 없다. 장본인, 이 루머의 장본인으로 말이다.)

tip) can't와 have=같은 시점 상황 -- 가능성이 전혀 없는데 그때 가졌을 가능성이 없다는 것

have=소유하는 것이 pp로서, 즉
can=가능성으로서 부정어와 함께 쓰면 문맥에 따라 강한 추측/보통 추측 ↳기본영뇌 vol 2 p260
vs must=확실한 추측으로서 강한 추측

C.. **I cannot help changing my view. [=cannot help but change]**

시동=가능성이 전혀 없는데 피할[막을] 가능성은 전혀 없다. 바꾸는 것을 하는 것인데 내 견해를 말이다.
: 'Stop biting your nails.' 'I can't help it.'

help=p로서 피하는 것/막는 것 [p: 피하는 것 (avoid) or prevent + no 's' 원형]
cannot help 뜻하는 의미=하지 않을 수 없다

↱contracted form
tip)비축약형 : cannot(BrE), can not(AmE) ⇒ 강조(empatic) 또는 formal E 축약형 : can't ⇒ general E
↳전자=do not/does not/was not/have not -- etc. 후자=don't/doesn't/wasn't/haven't -- etc.

D.. **I cannot but change my view.**

시동=무엇을 할[그럴] 가능성은 전혀 없어요, (하지만) 제외시키고 바꾸는 것을 제외시키고는 말이다.
이면의 뜻=바꾸지 않을 수 없다는 것이다. □ but=preposition 제외 전치사

□ 무엇을 할/그럴=cannot associate tip) can=일반동사 : 통[병]조림하다//그만두게 하다 : You can can. Can the talk[job].

E.. **I cannot help but change my view.**

시동=가능성이 전혀 없는데 피할[막을] 가능성이 전혀 없다, 제외시키고, 바꾸는 것을 제외시키고는 말이다.

▭ but=preposition **제외 전치사**

: 제외 전치사가 can/do와 함께 쓰이면 부정 전치사 to처럼 원동사로 설명해 나가는 뇌 : **관습적 E**

▭ help를 붙이나 안 붙이나 전달 결과는 같다.

모두 '바꾸지 않을 수 없다' 는 뜻이지만 접근하는 뉘앙스와 문체가 다름에 유의하라.

help의 또다른 BAM

help=무언가 쉽게 하도록 해주는 것으로서 도와 주는 것/거드는 것 [h: **하는 것** e: easy/easily l: let]

a.. 'Help yourself to some cake.'

시동=쉽게 하라. 너 자신이 대자 케이크를 좀 먹는데 말이다. **뜻하는 의미**=마음 편히 먹어라.

※ to=방향행위 대상으로서 대자 -- 를 하는데 some=호소적인 뜻으로서 좀

b.. 'Here, let me help you on with your coat.'

시동=자, 하겠어요, 내가 도와 주겠어요, 네가 입는 데 가지고서 -- 를 가지고서 말이다.

※ **on=위에 두는 것으로서 입는 것**

c.. 'Obviously he had been helping himself to the money.'

시동=분명히 그는 가지고 있었던 것 같다. 해 왔던 것, 즉 쭉 쉽게 해 왔던 것을, 자기 자신이 대자 그 돈을 훔치는 데 말이다. ※**to=방향행위 대상** : 이때 행위는 문맥 또는 상황에 따라 결정하면 된다.

그래서 영영사전에서는 to **의미를** 'to steal something' 이라고 풀이함

tip) helping noun 쉽게 먹도록 한 접시씩 또는 한 사람 몫으로 주는 음식이나 음료(의 양)

[help + p: a plate/person] : He had two helpings of carrots.

Can I give you a second helping? There will be enough for six helpings.

F.. **You cannot study too hard.**

시동=여러분들은 그럴 가능성은 없다. 공부를 너무 (지나치게) 열심히 하지 않나 하는 가능성말이다.

단어 본래의미[원래의미]와 뜻하는 의미는 다르다.

이것을 '아무리 해도 지나치지 않는다[지나치는 법이 없다]' 고 외우는 것은 어디까지나 이 말이 **뜻하는 의미이지 단어의 본래[원래] 의미는 아니다.** 즉 단어의 BNW를 바탕으로 이해한 것은 아니다. 이렇게 숙어 식으로 이해하면 cannot와 too의 고유한 뜻이 도망가 버린다. 더군다나, 아무리 해도 지나치지 않는다는 말은 별도로 다른 표현이 있다. IS영뇌 작동시 유의하라.

→ It is not excessive that you study too hard.

G.. 공항 X-Ray Vision[**나타난 것**]을 **보고 어느 뚱뚱한 여자가 하는 말**

"I need to lose 20 L.S.D. before I can fly." -- **가능성 발생** : 가능성이 발생하기 전에 어떤 조치를 취한다는 말

시동=하기전, 내가 할 수 있기 전에 즉 비행할 수 있기[비행기를 탈 수 있기] 전에 말이다.

▭ **우리말 '할 수 있다'** =능력/가능성 의미 모두 가능 ※ L.S.D.=pounds

H.. **If you <u>can't</u> keep quiet you <u>can</u> get out!**

시동=만약에 할 수 없다면 --- 할 수 밖에! (없다)

--- 전자=가능성 무(無) 후자=가능성으로서 불가피성 ※ 후자 '없다' =**문맥** associate

I.. **We cannot be complacent. : 가능성 불허**

시동=우리는 할 수 없다. 즉 만족해 하는 것을 말이다[즉 자기 만족을 말이다].

③ **묻는 말로 먼저 말하는 뇌**

A.. **Can you read Arabic writing?** 시동=할 수 있는 가/능력이 되는 가/가능한 가?

B.. **Mom, can I set fire to it?**

시동=가능한 가? (내가 붙이는 것인데 불을 대자(對者) 그것에 말이다) 뜻하는 의미=가능성으로서 허락[허가]

vs 원래 허락[허가]는 may or allow라는 단어가 따로 있다.
그래서, '해도 좋은 가' 라고 번역하면 **이면 번역[준번역]**이 되고, 가능성 그대로 번역하면 **완전번역**이 된다.

↳ **어떤 번역으로 시동을 거느냐에 따라 IS영뇌도 달라진다.**
bnw-BAM 시동=Best ∵ **원어민과 같은 느낌**

to 시동 Ekbe **시동**= '대자 (對者) -- 에게' 로 느낀다.
하지만 **방향대상**으로서 그냥 '안내' 만 하고 빠질 수도 있다. 이렇게 우리말로 전혀 느끼지 않고, 영어 자체에서 바로 이해가 우러나오면 **'무한글 시동'**이 되고, '방향대상' 만 느껴 이해가 스쳐가면 **비한글 BNW 시동**이 된다.

④ **free 영뇌[infml E]로 먼저 말하는 뇌**

A.. **Can read Arabic writing?** -- 평서문을 이용한 묻는 표현 B.. **Can't be the author of this rumor.**

C.. **Can't have seen me.** D.. **Can nothing. Your love is too high.**

시동=일리가 없다 /가능성이 전혀 없다. 즉 보았을 리가[가능성이] 나를 말이다/할 수 있는게, 아무것도 없어요.

▭ 마지막 Can=(**주어+원동사**) **전제** infml E

조동사 종류 ⇒ 생각 조동사/비생각 조동사
즉 일반조동사와 대동조동사 ☞ **영뇌영어 vol 1 p59**

▭ **생각 조동사[modal verb : m=mind or mood] — 일반조동사**

=can/could, will/would, shall/should, may/might, must, ought to, -- etc.

▭ **비생각 조동사[do] — 대동조동사** : 보통 대동의미 (의문문/부정문) 또는 강조 대동의미 (긍정문/never부정문)

보통의미 : Did he like you? Don't come here. ↳ 이때 강조=개략적[은근한] 강조

Did he not like you? : **Formal E** **시동**=그랬지, 좋아하지 않았지?

Didn't he --? : **일반적 E** **시동**=하지 않았지, 그가 좋아하기를 너를 말이야?

I did not like you. 여기서 '정말로' =개략적 강조 대동사의 associate ∴ really 가능 ☞ **기본영뇌 vol 2 p18**

강조의미 : I did love you. I do love you. (정말로) 했어요/해요, 사랑하는 것인데 당신을 말이다.[=really did/do]

I never did love her. 결코 (정말로) 하지 않았다. [=never loved : **보통표현** -- 결코 사랑하지 않았다.] [=never really did]

You do have to dress like that. [=really do] Do come here. [=really do]

시동=정말로 해야 한다. ---- .

or 정말로 할 필요성이 있다. ---- .

⇒ do에서 강조를, have에서 강한 수행 또는 필요성을 느낀다.

※ **묻는 말이 될 수 있는 단어**=조동사 /be동사 /have동사(optional) /의문사

"WHAT HAPPENED TO MY SWING?!
WHAT HAPPENED TO MY FORM?!
WHAT HAPPENED TO MY BALL?!
WHERE DID IT GO?!"

3) could 영뇌[could NB]

명사(대명사)를 능력/가능성 과생각[정생각/의미과성립]으로 그냥 서술적으로 설명해 나가거나 묻는 말[정생각/의미과성립]로 먼저 말하는 뇌
또는 free 영뇌[infml E]로 먼저 말하는 뇌 뜻으로 我必 free 감주로 간직하라.

▭ **could**=능력/가능성으로서 과생각 /정생각 /의미과성립 — (영어에 대한 기초지식[basics]을 알았다면) 생활 속에서의

소리=쿠ㄷ/커ㄷ=slide/small slide F : 우=u지배음가/철자음가 어=o지배음가/약한 감정음가/어화 l=폐쇄

① **과생각으로 설명해 나가는 뇌** : 이 때 과거형은 실제과거이다. 형태대로 과거의미가 나타나는 두뇌이다.

▭ **능력 과생각**

IIIII .. **She could play the piano at the age of 5.**

[c : capable **능력** ould: **과음가** or d: did **과생각**] -- **과거능력** *ould=었

시동=(그 여자에게) 능력이 있었다 /(그 여자는) 할 수 있었다. ***play=과거 속에서의 본동사 의미**

▭ **가능성 과생각**

A.. **She said she could meet me at 12 noon.**

[c : 가능성 ould: **과음가** or d: did **과생각**] -- **(동시점 과거로서) 과거가능성**

시동=(말했는 데) 그때 가능한 것 같다[할 수 있다]고 (만나는 것인데 ---- .)

B.. **We could have met her.**

시동=(과거에) 가능했던 것 같다. (가지는 것인데 만난 사실을 가지는 것이 말이다.)

※ have=**과거 속에서의 본동사의미** met=**능동** event

그래서, 앞뒤로 우리는 이렇게 표현할 수도 있다.

We were free, and we could have met her, but we stayed at home.

→ 우리는 과거에 free 해서 -- 할 수 있었지만, 즉 가질 수 있었지만, 만난 사실[만남]을 가질 수 있었지만 ----- 머물었다. 결국 집에 머물었다는 얘기이다.

vs We could meet her.

☞ **could=정생각인 경우** : 가능한 것같아요, 만나는 것이 말이다 /할 수 있을 것 같다. 만나는 것을 말이다.

*meet=**(현재 이후) 미래 속에서의 본동사 의미 : 현재미래**

☞ **could=과생각인 경우** -- 형태대로 과거이다.

: (과거에) 가능했던 것 같아요. 만나는 것이 말이다. 즉 과거에 만나는 것이 가능했다는 의미이다.

*meet=**과거 속에서의 본동사 의미**

그래서 다음과 같이 말하는 것이다.

We were free, and we could meet her, but we stayed at home.

C.. **You were very lucky when you fell off the ladder. You could have hurt yourself.**

시동=(그때/과거에) 가능했던 것 같다/가능성이 있었던 것같다. 즉 가지는 것인데 다친 사실을 가지는 것이 말이다.

※ have=**과거 속에서의 본동사의미**

이 말의 이면의 뜻은 만약 운이 좋았지 않았다면 다쳤을 가능성이 있었다는 얘기이다.

: **과거 가능성** [Something was possible but didn't happen.]

D.. He passed me on the street without speaking. He can' t[couldn' t] have seen me.

— 기의미 성립에 대한 가능성

☺ can' t=현생각 : -- 가능성이 (전혀) 없을는지도 모른다. 즉 보았을 가능성이 말이다.
/가능성이 (전혀) 없다. 즉 보았을 가능성이 (전혀) 없다.
/일리가 없다. 즉 보았을 리가 없다. 나를 말이다. ＊have=event 소유로서 '즉'

☺ couldn' t=과생각인 경우 : -- 가능성이 (전혀) 없었던 것 같다[같았다]. 즉 보았을 가능성이 말이다.
/였을 리가 없다. 즉 보았을 리가, 나를 말이다.

☺ couldn' t=정생각인 경우 : -- 가능성이 (전혀) 없는 것 같다.
즉 보았을 가능성이 말이다 : **과거상황에 대한 현재생각**

현생각 뇌로 작동시키나 **정생각 뇌**로 작동시키나, **과생각 뇌**로 작동시키나 그 뉘앙스만 다를 뿐 전달 결과는 같다. 모두 기의미 성립에 대한 가능성이다. 그래서, 원어민들은 can' t/couldn' t로 병기하는 것이다. 이럴 때 단어의 선택은 **표현자의 마음**[speaker' s desire]이다.

② 정생각으로 설명해 나가는 뇌

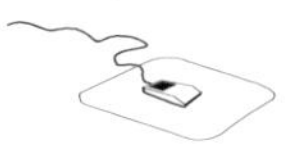

능력/가능성으로 생각을 정하는 것으로서 정생각이다. 과거 형태대로 과거의미로 가지 않는다. 이 때 과거형은 생각을 정하기 위해서 취한 것이지, 실제 과거는 아니다(non-past).
영어에서의 과거형은 실제과거뿐만이 아니라, 의미를 성립시켜 보거나 정하는 뉘앙스도 갖고 있다.
그래서, 과거형이라고 해서 항상 실제과거로만 생각하면 안된다.

우리말도 '할 것이다' 와 '할 것 같다' 는 말이 있다. 후자가 바로 정생각이다. 이럴 때 영어는 과거형을 취하여 만든다.
일반적으로 정생각은 '것 같다' 는 의미이다 : -- 하는 것같다 /할 수 있을 것같다[가능한 것 같다 vs 가능하다] / -- 등등
그래서, 정생각은 정과거로서 오히려 현재 또는 미래, 과거에 대한 현재 생각이다.

A.. **You could play the piano.** 시동=할 수 있을 것 같다 /능력이 있는 것 같다 /가능성이 있는 것 같다.
[c: capable/가능성 ould: 과음가 or d: did + decide 정과거]

B.. **You could stay with Mary.** 시동=할 수 있을 것 같다/가능성이 있는 것같다.

C.. **If I had a traffic map, I could lend it to you.**
시동=(지금 가졌더라면) -- 할 수 있을 것같다 : **(가능성) 정생각**
/할 수 있었을 텐데 : **(반대사실) 의미과성립** ∴ **가정의미 단어=had와 if, could**
뜻하는 의미=(지금) 가지고 있으면 ---- 할 수 있을 것같다/할 수 있을 텐데

소감주와	**빅감주, 왕감주 — 소리는 감주로 들려야 한다. 읽기/말도 같다. [≠그냥 소리/읽기/말]**

① I' m Julia Chatterly. A rich man. Decided to buy. You can choose. Don' t miss the train.
소감주 빅감주

Put the sauce in this dish. The sink is full of water. I' m your instructor.

The vine grew up the tree. Please take a seat. — 소감주와 단주로 된 빅감주, 왕감주 ↗표현되었을 때의 소리
왕감주 빅감주 빅감주
tip)단주=문장 속에서 다른 단어와 관계하는 단어주파수
vs 사전소리=표현되지 않았을 때의 소리 ↘근접감주로서 장장감주

② 245=two hundred forty five It' s very bright color. Put on your coat.
— 소감주와 소감주로 된 빅감주

③ Quest ˇmeans ˇbusiness. They ˇran ˇhome. cf] L ˇa ˇn d ˇo ver, Landover : spell을 말할 때 단주말 가능

— 단주, 단주, 단주로 된 빅감주 — 보통 강조할때 이렇게 말한다.

tip) 소감주=밀접감주로서 단/장 감주 ❖ thirty=THIRty=retro-root F three=thREE=root F

☞.. Ekbe 시동[영어본래의미] 또는 감주로 이해되어야 영어승차감이 나온다.

add] If I had been rich, I could have bought the house.

▭ had=과거 속에서의 가상 의미과성립 ↗ 과거사실 반대

▭ been=event ▭ could=(가능성) 과생각/(반대사실) 의미과성립

시동=만약에 (그때) 가졌더라면 였던 것, 부자였던 것을 말이야,

그랬더라면 (그때) 가능했을 것이다. 즉 구입한 사실이 있었던 것으로 말이다.

[--- 가능성이 있었을 것이다. 즉 구입했을 가능성이 말이다]

//(그때) 가능했을 텐데. 즉 구입한 사실이 있었던 것으로 말이다.

[--- 가능성이 있었을 텐데. 즉 구입했을 가능성이 말이다]

D.. **We could have met her.**

☞ **could=정생각인 경우 :** 시동=가능한 것같다. (가지는 것, 즉 만난 사실을 가지는 것으로 말이다.)

└→ **have=현재 또는 미래 속에서의 본동사 의미**

☞ **could=과생각인 경우 :** 시동=(과거에) 가능했던 것 같다. (가지는 것, 즉 만난 사실을 가지는 것으로 말이다.)

└→ **have=과거 이후 속에서의 본동사 의미**

③ 의미과성립으로 설명해 나가는 뇌

능력/가능성의 성립적인 생각으로 능력/가능성을 한번 성립시켜 보려고 과거형을 취한 것이지, 실제과거는 아니다. 즉, 과거형태를 빌어서 '현재/앞으로 할 수 있었으면' 또는 '그때 할 수 있었더라면' 하고 실제로 일어 나지는 않았으나, 현재/미래/과거 속에서 (한번) 성립시켜 보는 의미이다. 그래서, 과조동사의 의미과성립도 과동사의 의미과성립처럼 **현재/미래/과거 속에서 가상, 소망, 바람, -- 등** 하(下)에서 성립적인 생각을 할 수 있다.

A.. **If I could buy the car, I could fly to you. -- 현재/미래 속에서의 가정[가상/조건] 의미과성립**

— 현재/미래 속에서 가정[가상/조건] 하에서 일어난 것처럼 한번 시켜 보는 것

[c: capable/가능성 ould: 과음가 or d: did + under 의미과성립]

시동=현재 할 수 있었다면[가능했다면] --- 할 수 있을 것같다[가능할 것같다]//할 수 있었을 텐데[가능했을 텐데]

/앞으로 가능했을 경우에는 --- 할 수 있을 것같다[가능할 것같다]

뒷 could=(가능성) 정생각/(반대사실) 의미과성립 └→ tip)미래 속에서의 의미과성립에서는 정생각만 가능

≒ If I bought : (현재/앞으로) 샀을 경우에는 -- **현재/미래 속에서의 의미과성립**

앞 could=**희박한 가능성 또는 반대사실 의미과성립**

뜻하는 의미=(그럴 가능성은 없지만 그래도/지금 형편이 안되어 할 수 없지만 그래도)

지금/앞으로 할 수만 있다면 --- 할 수 있을 것같다//할 수 있을 텐데

: **If you could eat, he's eating.**

시동=(현재) 가능했다면/(현재) 할 수만 있으면 --- 그 사람도 (인데) 먹겠다는 것이다 : **현분사=앞으로 진행**

여기서 '있다면/있으면' =하생각으로서 현재/앞으로 발생하는 경우를 전제한다.

그래서, '있었다면' 의 이면의 뜻이 된다. ※**우리말 '하면' =if-래발생현재 /if-의미원성립 /if-의미과성립의 뜻하는 의미**

B.. **Man A : If you could have three wishes granted, what would they be?**

Man B : Just three wishes, huh? I guess I'd have to think about it a while. [= for a while]

-- 현재/미래 속에서의 의미과성립

시동=만약에 너에게 (현재/앞으로) 가능했을 경우 가지는 것인데 세 가지 소원 부여를 말이다.

그렇다면 무엇이 될 것같은가, 그 소원들이 말이야? : **여기서 would=문맥상 정생각만 가능**

뜻하는 의미=만약에 너에게 혹시라도 (현재/앞으로) 가능한다면 가지는 것이 가능한다면, 즉 세 가지 소원 부여를 가지는 것이 가능한다면 무엇이 될 것같은가, 그 소원들이 말이야? ※ 혹시라도=**하생각 전제**

C.. If you could see me now, you'd laugh your head off. -- 현재 속에서의 의미과성립

시동=만약 네가 (현재에) 할 수만 있었다면 보는 것인데 나를 지금말이다.

그랬다면 했을 것같은데[했을텐데] : **여기서 would=문맥상 (반대사실) 의미과성립만 가능**

뜻하는 의미=만약에 (현재에) 혹시라도 할 수만 있다면

-- 그렇다면 할텐데, 우스워서 너의 머리가 떨어져 나갈 텐데

D.. If I could drive a car, I would[could] teach you. -- 현재/미래 속에서의 의미과성립

시동=만약에 지금 가능했다면/앞으로 가능했을 경우에는

-- (그때는) 할 것같다[할 수 있을 것같다] //했을텐데[가능했을 텐데]

뜻하는 의미=(지금/앞으로) 그래도 할 수 있다면 -- 할 것같다[할 수 있을 것같다] //할텐데[가능할 할텐데]

E.. If I could have bought the car, I could have flown to you. -- 과거 속에서의 의미과성립

시동=그때 할 수 있었다면 즉 가질 수 있었다면, 구매한 사실을 가질 수 있었다면, ----,

그때 할 수 있었을 것이다[할 수 있었을 텐데] : **뒷 could=과생각/의미과성립**

F.. I wish I could buy the car. -- 현재/미래 속에서의 소망[소원] 의미과성립

— 현재/미래 속에서 소망[소원] 하에서 일어난 것처럼 한번 시켜 보는 것

시동=(내 소망/소원은) (지금 또는 앞으로) 가능했으면 해요. (사는 것인데 그 차를 말이다.)

구문법에서는 이런 표현을 subjunctive를 오역하여 가정의미로 생각하는 데 그냥 단어의 뜻으로 생각하면 소망[소원] 의미이다. 가정의미는 '만약에 -- 한다면' 하는 표현이다.

subjunctive**의 정역은 하생각 또는 성립적인 생각이다.** 가정은 하생각의 극히 일부임에 명심하라.

G.. I can't speak Chinese, but I wish I could speak Chinese. -- 현재/미래 속에서의 의미과성립

시동=지금/앞으로 할 수 있었으면 해요. 뜻하는 의미=지금/앞으로 할 수 있으면 해요.

H.. We wish we could be rich. -- 현재/미래 속에서의 의미과성립

시동=(우리의 소망/소원은) (현재 또는 앞으로) 가능 했으면 해요, 즉 되는 것인데 부자로 말이다.

I.. I wish I could have slept more. -- 과거 속에서의 의미과성립

시동=나의 소망은 그때 할 수 있었다면[있었더라면] 해요, 즉 가질 수 있었다면[있었더라면] 해요, 잠 잔 사실을 더 많이 말이다 -- 결국 가질 수 없었다는 의미과성립으로서 **소망유감**이다.

걸친시제와 | 한 시제 -- 시제의미에는 걸친 시제와 한 시제가 있다. cf]비시제의미=시제의 제한성이 없다.

한 문장에서 동사가 한 개이든 두 개이든 세 개이든 네 개이든 모든 동사는 자기 시제의미를 갖고 있다. 그 시제의미를 알아야 IS가 쉽게 작동한다. 일반적으로 **능동** event**와 쭉 진행**에서 걸친 시제가 발생하고 그 외는 한 시제가 발생한다.

□ **과현 속에서의** event= **과현 계속** event □ **현미 속에서의** event= **현미 계속** event □ **과미 속에서의** event= **과미 계속** event

cf]**과과 속에서의** event= 과거 이전[대과거/선과거]부터 과거 까지로 여전히 과거 속이니 걸친 시제가 아니라 일종의 한 시제이다.

□ **과현 속에서의 쭉 진행= 과현 쭉 진행** □ **현미 속에서의 쭉 진행= 현미 쭉 진행** □ **과미 속에서의 쭉 진행= 과미 쭉 진행**

이렇게 pp와 ing는 걸친 시제의미가 있으므로

걸친 시제의미로 표현하고 싶으면 완료형과 완료 진행형으로 표현하면 된다.

tip)영어는 걸친 시제이든 한 시제이든 동사사실의미/자동의미처럼 모든 동사상황에 맞는 해당 단어들이 있다. 그 단어를 찾아라. 찾는 게 바로 해당단어 의미이다. 언어를 처음 만들 당시 이렇게 만들어 놓았기 때문이다.

④ **묻는 말[정생각/의미과성립]로 먼저 말하는 뇌**

A.. **Could you buy this car?**

시동=가능하겠오/가능한 것 같아요, (사는 것인데 이 차를 말이다?) **-- 묻는 말 정생각**

B.. **Could you buy the car, contact us.**

시동=가능성이 있으시면/가능하신다면

-- 정생각 (공손)으로서 접속사 대용 : 도치 정생각 -- Formal E

C.. **Could I buy the car, I could fly to you.**

시동=현재 할 수만 있었다면 -- 그랬다면 할 수 있을 것같다[할 수 있었을 텐데]

/앞으로 가능했을 경우에는 -- 가능할 것같다

-- 의미과성립으로서 접속사 대용 : 도치 의미과성립 -- Formal E

formal E는 정중한 맛도 있고, 딱딱한 느낌도 준다.
우리말도 '머리말' 이라 하지 않고 '권두언' 이라고 하면 **formal K**이 된다.

Plus

a.. Could I leave here early today?

시동=가능한 것 같아요?

could에 허락의미가 있다는 것은 이 말의 이면의 뜻이 허락이지 단어 본래의 뜻으로 허락은 아니다. 허락 단어는 별도로 있음에 유의하라 [≒May I --?]

b.. Could you change 30 dollars, please?

시동=가능 할 것 같소/가능하시 겠오?

can대신에 could를 쓰면 정생각으로서 더 공손한 뜻이 된다. 생각의미가 한 번 더 들어가기 때문이다.

⑤ **free 영뇌[infml E]로 먼저 말하는 뇌**

A.. **Could buy this car?** 시동=가능할 것 같은 가 ? ▭ Could=(주어) **전제 infml E**

B.. **Could buy the car.** 시동=가능한 것 같다/가능했을 텐데 ▭ Could=(주어) **전제 infml E**

C.. **Couldn't have seen me.** 시동=였을 리가 없다[가능성이 전혀 없었던 것같다] -- **과생각**

/가능성이 없는 것 같다 -- **정생각** 가능성이 없었을 텐데 -- **의미과성립**

▭ Couldn't=(주어) **전제 infml E**

tip) **(과거 상황에 대한) 설명 현생각** -- 현동사의 설명현재와 같다 : 과조동사로 대체 가능

Matt Kuchar : However, I lose two shots in those four holes to Jordan. I think I lose, yeah, two shots to Jordan. And so, <u>I can only control</u> what I do, how I play. Jordan is a great champion.

-- 매큐 차가 the Open 경기가 끝난 후 기자회견에서 한 말[=I could]

시동=그래서 나는 할 수 있었어요[가능했어요], 오로지 컨트롤만은 할 수 있었어요[가능했어요].

tip)from p120/121 //p218 //p298~300

BAM으로	**이해하면 쉽게 해결된다.**

① Event와 확장의미 ② BNW와 확장의미 ③ 확장의미와 뜻하는 의미
④ BNW와 뜻하는 의미는 BAM으로 이해하라.
즉 Event로서 확장의미, BNW로서 확장의미, 확장의미로서 뜻하는 의미, BNW로서 뜻하는 의미로 이해하면 된다. 다시 말하면 단어의 뜻을 "— 하는 것으로서 blah blah" 로 이해한다.

☜.. 이해는 최종적으로 단어의 최종적인 뜻인 감주로 이해한다.

4) will 영뇌[will NB]

주어(주로 명사/대명사)를 주체발생 현생각으로 그냥 서술적으로 설명해 나가거나 묻는 말로 먼저 말하는 뇌 또는 free 영뇌[infml E]로 먼저 말하는 뇌

(영어에 대한 기초지식을 알았다면)

▭ will BNW=주체발생 —— 주체에게 일어 나는 것 ↗我必 free 감주로 간직하라.

▭ will=주체발생으로서 현생각 ❖ will BAM=주체발생으로서 주체래발생/주체성발생

소리=위ㄹ/워ㄹ=post 점형/dot 점형 F i=이 : 철자음가 어 : 약한 감정음가/어화

주체발생은 크게 나누면 주체래발생과 주체성발생이 있다. 전자=주체가 앞으로 일어나는 것에 중점을 둔 두뇌(something will happen), 후자=주체가 갖고 있는 성질[성격]이나 생각[마음]이 일어나는 것에 중점을 둔 두뇌

주체래발생과 주체성발생으로 느껴져야 영어승자감을 탈 수 있다.

① 주체래발생 현생각으로 설명해 나가는 뇌

주체래발생 현생각이기 때문에 주체에게 앞으로 일어나는 것에 대해서 표현자가 현재 생각이나 생각적인 태도를 취할 수 있다. 즉 앞으로 일어날 것에 대해 생각이 들어 갈 수 있다. 그래서, 현생각으로 미래[앞으로] 발생의미로 표현하고 싶으면 어느 인칭에 상관없이 무조건 will를 쓰면 된다.

⇒ **주체래발생 미래**=단순미래 또는 미래완료, 미래진행형, 화법 속에서의 단순미래로 많이 표현된다.

A.. He will come here on the 24th.

-- 주체래발생로서 단순미래 [w>v: 발생 i: 주체 ll: 來 + no 'd' 현생각]

시동=앞으로 할 것이다. (오는 것인데 여기에 말이다).

--여기서 '할 것이다' 라는 말은 그 사람이 24일 날 올 것에 대한 표현자의 생각적인 태도이다.

또다른 Ekbe=<u>앞으로</u> 올 것이다 : will=앞으로 발생으로서 '앞으로' (come=미래 속에서의 본동사의미)

/직후발생으로서 '곧[바로]' : Now, we will begin.

vs a-1.. He is coming here on the 24th.

-- 현분사의 앞으로 진행 시동=그는 되어 있어요, 오기로 되어 있어요[인데 올 예정이다].

❖ 우리말 '있어요/있다'

=현재의미/미래의미 -- 또 '있어요' / 또 '있다' 할 때 '있어요/있다' 는 것은 미래의미이다.

a-2.. He is going to come here on the 24th. -- 현분사의 앞으로 진행

시동=되어 있어요, 하기로 되어 있어요[있는데 하기로 예정되어 있다]. 즉 오기로 --- .

/그는 인데 가겠다는 것이다. 대동 오는 쪽으로 --- . ❖ 우리말 '간다'=실제로 가는 것/진행시키는 것

만약 앞으로 진행이 임박진행이 되면 '하려고/가려고 해요' 가 된다 : It is going to rain.

시동=날씨가 해요, 하려고 해요, 즉 비오는 것을 말이다. / -- , 가려고 해요, 대동 비가 오는 쪽으로 --- .

a-3.. He comes here on the 24th. -- 현동사의 래발생 현재

시동=와요/온다 ❖ 우리말 '해요/한다'=**현재의미/미래의미**

tip) will=**일반동사 의미** : 유언으로 남기다/하려고 의지를 갖다

: You can will your property to your children. To will is easy, to do is difficult.

tip) Ok. Maybe I will take two of these.

1)**주체성발생일 경우** : --. 아마도 내가 해야겠어요, 선택해야 겠는데 두 개 즉 이것들중 두개를 말이다

: 현재 마음을 결정한 것 -- 앞으로 결정하는 것이 아니다. 즉 앞으로 일과 상관없다.

2)**주체래발생일 경우** : --. 아마도 내가 앞으로 해야겠어요, 선택해야 겠는데 두 개 즉 이것들중

두개를 말이다 -- 앞으로 결정하는 것

B.. I will have met you by next month.

시동=앞으로 갖게 될 것이다. (만난 사실을 쯤에는 다음달 쯤에는 말이다.)

/할 것이다. 즉 가질 것이다. 만난 사실을 ----. /앞으로 하게 될 것이다. 가지는 것인데 만난 사실을 말이다.

: **주체래발생로서 미래완료** tip) I will **감주**=아월/아월/아을 : `아이` 의 단모음화

— 미래완료도 주체래발생 will를 have로, have를 과분사로 설명해 나가는 것에 불과하다.

C.. The train will be arriving at eight o' clock [for 5 minutes].

시동=앞으로 있을 것이다. 즉 도착하고 있을 것이다. 타임은 8시이다[구시 5분 동안이다].

/할 것이다. 즉 도착하고 있을 것이다. --- .

/할 것이다. 즉 하고 있을 것인데, 도착하고 있을 것이다.

: **주체래발생로서 미래 진행형**

vs **a.. The train is arriving ---.** 시동=있다, 도착하기로 되어 있다 : **앞으로 진행**

b.. The train arrives ---. 시동=도착한다 : **래발생 현재**

c.. The train will arrive ---. 시동=(앞으로) 할 것이다. 도착하는 것을 말이다 : **주체래발생**

d.. The train would arrive ---. 시동=할 것 같다. 도착을 말이다 : **정생각 미래**

D.. He said that the train would arrive at eight o' clock.

: **전달표현에서의 주체래발생**

시동=그 사람은 말했어요,

-- (그때) 할 것 같다고 도착하는 것인데 시간은 8시이다고 말이다.

동시점 과거미래가 현재에도 유효하면 will도 가능함 :

He said that the train will arrive at eight o' clock.

시동=그 사람은 말했어요, -- 앞으로 할 것이다고 도착하는 것인데 시간은 8시이다고 말이다.

/앞으로(will) 도착할 것이다고 ---- .

② 주체성발생 현생각으로 설명해 나가는 뇌 ↗앞으로 발생[미래발생]과 상관없다.

주체성발생은 주체가 갖고 있는 성질[성격]이나 생각[마음]이 일어나는 것으로서 추측, 성향, 습성, 고집, 의지, 의향 -- 등이다. 이런 주체성발생 현생각 대해서 표현자는 현재 생각이나 생각적인 태도를 취할 수 있다.

A.. I suppose this will be the Tower of London.

If you' re paying by credit card I' ll need your full name.

[w>~ + v: **추측/생각(하는 모습)+발생** i: **주체** + no **'d' 현생각**]

시동=일 것같다. (즉 타워 런던 타워로 말이다). /내 생각에는 (현재) 필요할 것 같다.

탑모양이 눈에 들어오니 표현자는 주체(this) 성발생 추측에 대해 생각적인 태도를 취할 수 있다.

: **주체성발생 추측** -- 주체에게 추측이 들어 있는 데 그것이 발생하는 것

하지만, 공사중이면 주체래발생으로도 가져 갈 수 있다 : '앞으로 될 것이다'

▭ vs -- would --- . 인 것같다 -- **정생각 추측**

B.. A drowning man will catch at a straw.

▭ 주체가 갖고 있는 성향/경향이 발생하는 것 시동=하려 한다/하려는 경향[성향]이 있다.

[w: **v+v 발생+발생** i: **주체** + no **'d' 현생각**]

⇒ 주체가 자꾸 발생시키려는 것으로서의 경향/성향이다 : **Truth[Murder] will out. Accidents will happen.**

vs a.. **A drowning man is apt to catch at a straw.**

b.. **A drowning man tends to catch at a straw.**

apt=하기 쉬운 것으로서 경향이 있는 것 [a: easy/easily t>d: do]

tend=기우는 것으로서 경향이 있는 것 [t : tilt]

▭ 요컨데 will은 하려는 경향이고, apt은 하기 쉬운 경향이고, tend는 어느 쪽으로 기우는 경향이다.
그래서, 상기 tend은 잡는 쪽으로 기우는 경향이 된다.

※ **at=바로 대상으로서 즉/직자**

→ **(타동사) 발전 English=함께동사 :** catch at≒catch ⇦ He killed on the woman. [≒killed]

C.. **She will sit in the garden for hours.**

▭ 주체가 갖고 있는 습관이 발생하는 것 시동=하곤한다. (앉아 있는 것인데 내소에서 정원 내소에서 -- .)

[w : v+v **발생+발생** i : **주체** + no 'd' **현생각**]

→ 발생, 또 발생하는 것으로서의 습관적인 행위이다 : **현재** often **습관**

vs **I used to smoke 10 cigarettes a day.**

[use + ed: **과읍가** or d : did -- always **반복과거**] 시동=늘 하곤 했다/이용하곤 했다

→ used는 이용[사용]하고, 이용[사용]하고 해서 생기는 반복적인 습관적 행위이다 : **과거** always **습관**

D.. **I will be happy if you <u>will</u> help me.**

▭ 주체가 갖고 있는 의지가 발생하는 것 시동=(만약에 현재) 기꺼이[굳이] 한다면[=are willing to]

[w : v+v **발생+발생** i : **주체** no 'd' : **현생각**] → 자꾸 발생시키고자 하는 것으로서 현재 의지/고집이다.

미래의미 if/when/until과 의율이 되는 조동사와 현동사

a.. You can do it if you <u>will</u>. 시동=할 의지가 있다면

→ 의지는 주체래발생이 아니라, 주체성발생이기 때문에 if와 의율이 된다.

b.. I will stay at home if it <u>rains</u> tomorrow. : 일종의 관습적 E

→ **현동사=래발생 현재** --- if 미래의미 영향을 받아 래발생 현재가 되었다.
마치 will 영향을 받아 원동사가 미래 속에서의 본동사 의미가 되는 것과 같다.

주체래발생은 미래의미가 내포되어 있는 if와 함께 쓸 수 없다.
마치 'It will will rain.' 이 되는 꼴과 같기 때문이다.
따라서, will 미래의미에는 원동사 영뇌를, if/when/until 미래의미 종속접속사에는 현동사 영뇌를 작동시키면 된다. ※ **미래상황 표현방법**=현동사 /조동사, 특히 will / †원동사 /현분사 /과분사 /동명사

: US president to <u>visit</u> Seoul next month.

↳ 현동사(래발생현재) 또는 조동사(will) 대용

cf] **The flower will live without water for 2 hours.**

▭ 주체가 갖고 있는 능력이 앞으로 발생하는 것 : **주체래발생 능력**

시동=할 수 있을 것이다[같다] ※ will live=**덩어리 지속미래** [**생활** infml E] for=**덩어리 기간**[**생활** infml E]

[w : v+v **발생+발생** i : **주체** ll: **래(來)** + no 'd' **현생각**] → 주체에게 발생할[일어 날] 수 있는 능력으로서 <u>발생능력</u>

vs can=수행/감당해 낼 수 있는 것으로서 <u>수행능력</u> : 할 수 있다 [c : capability+**수행**(c>s) or c : capability+**감당**]

E.. **We cannot always do as we will.** 시동=바라는 대로[욕구대로/의지대로]

-- **바람발생**[w: wish+v **발생** or v **바람**+v **발생** i: **주체** + no 'd' **현생각**]

F.. The window won't shut.

시동=하지 않으려 한다 -- ok 거부 발생 [w>v: 발생 i: 주체 o: ok n't : not + no 'd' 현생각]

cf] I will get your glasses upstairs for you.

시동=하겠다 [갖다 주는 것을 말이다] --의향 발생 [w>v: 발생 i: 주체 ll: 래(來) + no 'd' 현생각]

→ 주체가 갖고 있는 마음을 앞으로 발생시키겠다는 것으로서 의향[intention] : 주체래발생 의향

vs I'm getting -- . 진행시키겠다는 것으로서 의향 -- 진행의향

vs Let me get --- . 사허로서 의향 -- 사허의향

↗단순동사로서 보통 표현

G.. The four statements will not be printed in your test book.[=are not printed]

시동=-- 지문은 하지않는데/되지않는데 즉 인쇄되지 않는다 : 주체성발생 성격설명 -- 더 강한 표현

tip) I will 아윌/아우어 : 단모음화 I'll 아으/을[얼]
You'll 유얼 We'll 위ㄹ/일

③ 묻는 말로 먼저 말하는 뇌

A.. Won't you come in and sit down?

시동=하지 않겠습니까? -- 공손발생 [w>v+v↓: 발생을 낮추는 것으로서 공손 i: 주체 + no 'd' 현생각]

→ 주체가 (갖고 있는) 공손을 발생시키는 것 -- 주체성발생

보다 더 정중히 하려면 정생각 Wouldn't를 쓰면 되고, 그냥 물어 보려면 생각의미가 없는 서술동사로 표현하면 된다 : Don't you --- ? 시동=하지 않겠나 -- ?

B.. Will you come tomorrow? 시동=할 것인가, 오는 것인데 내일 말이다? --- 주체래발생

C.. Will he sit by the window for hours?

시동=하곤 하는 가, 앉아 있는 것인데 --- 동안 여러 시간 동안 말이야? --- 주체성발생

④ free 영뇌[infml E]로 먼저 말하는 뇌

A.. Won't come in and sit down? ↗워운(트) vs want 워ㄴ(트)/와ㄴ(트)

시동=하지 않겠습니까? --- 평서문 형태를 이용한 의문문 ▭ Won't=(주어) 전제 infml E

B.. Will sit by the window for hours. 시동=하곤 한다. ▭ Will=(주어) 전제 infml E

will의 뜻 = '할 것이다/할 것인가' '앞으로 -- 할 것이다/앞으로 -- 할 것인가'
'하곤 한다/하곤 하는 가' '하는 경향이 있다/하는 경향이 있는가' ---- 등등

우리는 will 자체에 평서문 뜻이외도 묻는 뜻이 있다는 것도 함께 기억 해둬야 한다. 특히 will은 미래 발생의미로 그냥 '앞으로' 라는 뜻도 기억해둬라. 마치 must/have to를 '반드시' 로 기억하는 것과 같다.
보자마자 글자에 의해서 바로 그런 의미가 우러나와야 하기 때문이다. 그러면 IS 영뇌를 바로 작동시킬 수 있다.

: We'll have to see what you are like. He will arrive.

시동=우리는 앞으로 반드시 대동 볼 것이다. 뭐가 네가 되는지 말이다[무엇으로 네가 동모되는지 말이다].
/그는 앞으로 도착할 것이다. *are= '가' like=같은 것으로 되는 것으로서 '되는 것' /꼴이 같은 것으로서 '동모'

주요 조동사	BNW -- 놓친 고기가 더 크다! The fish that got away!
 Roundup	will BNW=주체발생 [w : 발생 i>I : 주체] shall BNW=사발생 [h/l : happen+let 하여금 일어나게 하거나 일어나는 것] can BNW=능력/가능성[c : capability + 가능성(카>가)] may BNW=추측/허락/기원[m : mind/아마도 a : allow y: 서서 비는 모습] must BNW=의무/확실한 추측[m : mission /mind s: sure]

👁.. 이해는 최종적으로 단어의 최종적인 뜻인 감주로 이해한다.

5) would 영뇌[would NB]

주어[주로 명사/대명사]를 주체발생 과생각[정생각/의미과성립]으로 그냥 서술적으로 설명해 나가거나 묻는 말[정생각/의미과성립]로 먼저 말하는 뇌

또는 free 영뇌[infml E]로 먼저 말하는 뇌 　　　　我必 free 영뇌 감주로 간직하라.

▭ would=주체발생로서 과생각 /정생각 /의미과성립 — (영어에 대한 기초지식을 알았다면) *주체발생=주체래발생 /주체성발생

소리=우드/워드/어드=slide/small slide/little slide F : u/o 지배음가 /철자음가 /약한감정음가[어화] /폐쇄

ıııı .. **주체발생 과생각** [w>we+v 주체발생 ould: 과음가 or d : did 과생각]

-- 주체발생 과생각에는 주체래발생 과생각과 주체성발생 과생각이 있다.

전자=그 때 할거라고 : **동시점 과생각** 　**후자**=한 [했던] 것 같다 : **단순 과생각**

ıııı .. **주체발생 정생각** [w>we+v 주체발생 ould: 과음가 or d : did + decide 정과거]

-- 주체발생을 정하기 위해 과거형을 취한 것이지 실제과거는 아니다.

오히려 현재 또는 그 이후 상황이다 : 할 것 같다/(주로 be동사 앞) 될[일] 것 같다

ıııı .. **주체발생 의미과성립** [w>we+v 주체발생 ould: 과음가 or d: did + under 의미과성립]

-- 주체발생을 현재/미래/과거 속에서 한번 성립시켜 보기 위해서 과거형태를 취한 것이지 실제과거는 아니다.

: 하고자 하는 마음이 생겼다면[생겼더라면] /했을 경우[했더라면]

① 주체발생 과생각으로 설명해 나가는 뇌 — 이 때 과거형은 실제과거이다. 형태대로 과거의미가 나타난다.

▭ 주체래발생 과생각으로 설명해 나가는 뇌

ıııı .. **She knew[said] she would be late.**

시동=(그 때) 할 거라는 것을[할 것이라고] : **동시점 과생각, 즉 동시점 과거미래**

[w: we주체 + v발생 l: 來 ould: 과음가 or d: did 과생각]

▭ 주체성발생 과생각으로 설명해 나가는 뇌

A.. They would meet here.

[w: we주체 + w: ~ 추측 + v 발생 ould: 과음가 or d: did 과생각] -- 과거 추측

⇒ 주체가 갖고 있는 '생각/추측' 을 발생 시킨 것

시동= 했던 것[한 것] 같다. (만나기로 말이다/만나는 것인데 여기에서 -- .) /한 것같다. 즉 만난 것 같다.

-- 과거 추측 이후 만나는 것/발생에 대한 과거 추측 : What would you find, Sam?

↳무엇을 한 것같은 가, 즉 네가 찾아낸 것 같은 가?

meet =과거 범위에서의 미래 본동사의미 -- 과거에 국한된 미래

또는 과거에서부터 현재이후 까지의 미래 본동사 의미 -- 현재에 유효한 미래

또는 과거 속에서의 (발생) 본동사 의미 : "We grew up speaking Spanglish. My grandmother would be like 'Nino, throw me the remote control'," he said. This is who we are as a people.

: 한 것 같은데, 즉 했던 것[있었던] 같다. -- 이것이 바로 누구냐 하면 우리의 존재가 즉 한 민족이라는 것이다.

만약 정생각 뇌로 작동시킬 경우 :

-- **현재이후 만나는 것** : 할 것 같다. (만나는 것을 말이다) /할 것 같은 데 만날 것 같다.

meet=미래 속에서의 본동사의미

B.. They would have met here. -- 과거추측

시동=했던 것 같다. 즉 가진 것같다. 만난 사실을 이곳에서 말이다.

/있었던 것 같다. 즉 만난 사실이 있었던 것 같다.

-- 이럴 경우 대화에서는 완료형보다 would meet로 많이 표현한다.

▭ **정생각인 경우** =할 것 같다. 즉 가질 것 같은 데 만난 사실을 가질 것 같다 -- **미래에 대한 현재추측**

/있는 것 같다. 즉 만난 사실이 이곳에서 말이다 -- **과거에 대한 현재추측**

[=They appear to have met here.]

C.. She wouldn't lend me a penny yesterday. 시동=하려고 하지 않았다. (빌려주는 것인데---.)

[w: v **발생**+we **주체**+want ould: **과음가** or d: did to do **과생각** n't : not]

▭ 주체가 갖고 있는 원치 않은 마음을 발생시킨 것으로서 **과거 거절**

D.. He did not, but he wouldn't. 시동=(하지만, 과거에) 하려고도 하지 않았다.

[w: v **발생**+we **주체**+ v>b: bid **시도** ould: **과음가** or d: did to do **과생각** n't : not]

▭ 주체에게 마음이 없었던 것을 나타낸 것으로서 **과거 불시도**

▭ **만약 정생각인 경우**=(하지만) 앞으로도 할 것 같지 않다.

E.. We tried to warn her, but she wouldn't listen. 시동=(하지만) 하려고 하지 않았다.

[w: v **발생**+we **주체**+v: **붙어 있는 것으로서 고집** ould: **과음가** or d: did to do **과생각** n't: not]

▭ 주체가 갖고 있는 불고집을 발생 시킨 것으로서 **과거 불고집**

F.. He would continue his journey, whatever happened.

시동=하려고 했다. --- , 그 무엇이든지 그때 발생한다해도 말이다.

[w: v **발생**+we **주체**+v: **붙어 있는 것으로서 고집** ould: **과음가** or d: did to do **과생각**]

▭ 주체가 갖고 있는 고집을 발생시킨 것으로서 **과거고집** ※ 발생한다해도=현재형 과거상황

G.. My car would barely start this morning.

시동=하게 되었다/할 수 있었다. (겨우 시동을 오늘 아침에 말이다.)

[w: v **성능발생**+we **주체** ould: **과음가** or d: did **과생각**]

▭ 주체가 갖고 있는 성능 발생으로서 **과거 성능 발생** would=**주체성발생 능력** vs could=**감당/수행 능력**

vs My car barely started this morning.

시동=(겨우) 시동이 걸렸다 -- **(생각의미가 없는 단순한) 동사서술의미**

H.. On Saturdays he would get up early and go fishing. [=often got up -- went]

시동=(종종/이따금) 하곤 했다, 일어나서 가는 것을 말이다.

[w: v **발생**+v **발생**+we **주체** ould: **과음가** or d: did often **반복과거로서 과생각**]

▭ 종종/이따금=would associate, **즉 단어** associate

▭ 주체가 발생시키고, 발생시키고 한 것으로서 주체가 갖고 있는 습관적 행위를 나타낸 것

-- 주로 often **발생으로서** often **과거 습관**에 쓰임 tip)would/will/used to=모두 반복습관

cf]I would like to play the saxophone. 하곤했어요, 즉 좋아하곤 했어요 /하고싶어요[하겠어요]

---

tip)영어는 영어 본래모습대로 공부해야지, 한글모습으로 공부하면 영뇌가 아니다.

영어 본래모습	vs	**한글모습**
1) 소리 : 주파수, 즉 단어주파수와 감주 — 영어말투		사전발음기호, 즉 악센트 음가소리 — Konglish 말투
— 고저 리듬과 빠르기 형성		— 2음절 이하 단어 고저리듬 없음
— 온음으로 음이 한꺼번에 움직임		— 평음과 산탄음 경향
— 감주리딩		— 한뇌리딩(해석한 한글중심 말하기)
2) 단어암기 : BAM으로 정리 : 직렬식 암기		사전의 여러가지 뜻 병렬식 암기
— 고유한 뉘앙스 바탕으로 여러가지 뜻 암기		+ 버그단어 한글구조에 맞는 뜻으로 암기
+ 버그단어 영어 본래의미로 암기		
3) 이해흐름 : 영어구조 대로 설가뇌 의미로 이해		한글구조로 역순해석으로 이해
— Ekbe 시동		— 부분 역순이해 포함

vs will=종종 하곤한다: often **현재 습관 -- 주체성발생 습관**

vs On Saturdays he used to get up early and go fishing.

: always **과거 습관** [=always/usually got up -- and went]

시동=(상일/상자 토요일 마다) 하곤 했다/늘 하곤했다 -- **사용/이용 습관**

[use: **사용/이용하는 것** ed: **과음가** or d: did always/usually **반복과거**]

▭ 사용[이용]하고, 사용[이용]하고 했던 것으로서 하곤 했던 것 -- **반복적인 행위**

=had used to get up early ---.

시동=가지고 있었다. 늘 한 것인데 대동 해서 일어 나기를 일찍 한 것으로 말이다.

▭ had=**과동사** used=**과분사의 반복 사실** event**로서 늘 한 것**

반복과거 과동사는 원래 표현에 따라 반복적인 뜻이 들어 있다. 그래서 습관도 반복과거 속에서 찾아야 한다.

※ Customers' deposits increased about 300 million won for four months.

⇒ 상세히 들여다 보면 고객 예탁금이 한꺼번에 증가한 것이 아니라 4개월에 걸쳐 꾸준히 반복해서 증가한 것

I.. A: She came to yesterday's party.

B: Did she? I would have expected her to take part in the party.

시동=했던 바다. (즉 기대했던 바다. 그 여자가 대동 하는 것, 즉 참석하는 것인데 내자 그 파티에 말이다.)

/했던 바다. 즉 가졌던 바다. 기대한 사실을 말이다.

[w: v **발생**+we**주체**+w **추측/생각** ould: **과음가** or d: did **과생각**]

▭ 주체가 갖고 있는 추측[생각]을 발생 시킨 것 -- **과거 추측[생각]**

*part=일부분이 되는 것으로서 참석 in=내소 대상으로 내자 -- 에

tip]1. **내지정 대상 종류** : 내소 /내시 /입작동[입상태] /내범위 /내소속 /내관 /간시 /내속 /내대상 — 등 ☞ vol 1 p316

(**입작동**=실행, 내수단, 변화, 입크기, -- 등 **입크기**=입상태 크기/입작동 크기)

vs **상지정 대상 종류** : 상소 /상일 /상작동 /상관 /상바탕 — 등

2. 아무리 종류가 많아도 이런 것들이 뇌화[체화]되면 원어민 들처럼 내자/상자로 하나로 다 통한다. 즉 저절로 해당의미가 작동한다. 걱정말라.

J.. Who would've guessed?!

시동=(과거에) 했겠는 가?! 즉, 생각을 말이다 [즉 생각 해본 적이 말이다]?!

▭ 이제 최고가 되었을 때 이렇게 표현하면 된다 -- **과거 생각[추측]**

K.. (At last she actually got a job.)

I wouldn't have thought that it was possible to do that.

시동=하지 못했던것 같았다[같다]. 즉 생각[해 본 일]을 말이다. (즉 그것이 하리라고, 가능하리라고 --- .)

※ 이때 '하리라고' =**현재형 과거상황**

L.. She would have come if she had heard the news.

would=**과생각/의미과성립** had=**의미과성립**

시동=했을 것이다. (즉 와 있었을 것이다/왔을 것이다 --- 그때 가졌더라면[있었더라면] 즉 들은 사실을[이] --)

/-- (즉 가졌을 것이다. 와 있었던 것을 말이다) -- **과거 추측** *have=event 소유로서 '즉'

//했을 텐데, 즉 와 있었을 텐데 -- **반대사실 의미과성립**

② **정생각으로 설명해 나가는 뇌**

— 주체발생의 정생각이다. 즉 주체래발생과 주체성발생의 정생각이다.

A.. If you would wait a moment, I'll see if Mr.Jones is free.

시동=해주신다면 [w: v+we **주체** v: **체크표시로서 허락/수락** ould: **과음가** or d: did + decide]

▭ 주체가 갖고 있는 수락 여부가 발생하는 것으로서 부탁 -- **정생각 부탁/허락** [polite request]

vs a.. If you will wait a moment, I'll see if Mr.Jones is free.

시동=기꺼이 해준다면 [w〉v+we **주체** v: **허락/수락** no 'd' **현생각**]

▭ 주체가 갖고 있는 수락 여부가 발생하는 것으로서 부탁 -- **현생각 부탁[허락]**

☞ **현생각 부탁 〈 정생각 부탁 : 더 공손한 부탁**

b.. If you would get pearls, you should dive deep into the sea.

would=**의미과성립** should=**정생각/의미과성립**

시동=(만약에) 하고자 하는 마음이 생겼다면, ----

너로 하여금 일어나야 한다//일어났어야 하는 데

B.. I would like to go to see a movie tonight.

시동=하고 싶어요, ok를 대동 가는 것에 즉 보러 가는 것에 말이다.

[w: v+we+want ould: **과음가** or d: did + decide]

like BAM like= '좋다' 는 것으로서 ok [승인/인정]/want -- **우리말 '그래도 좋다' 할때 '좋다' 가 ok이다** : I would like coffee. 시동=나는 하겠어요, ok를 coffee에 말이다 / -- 하고 싶어요, ok를 coffee에 말이다 /나는 하고 (would의 의향) 싶어요 (like의 원함), coffee로 말이다. ※ would=하겠어요[의향]/하고 싶다[원함]

→ 원하는 것으로서 해요 : **I'd really prefer a larger room.**

C.. I would be very grateful, if you <u>would</u> make the arrangements for me.

시동=할 것 같다 : **정생각 추측** --- 해주신다면 : **정생각 허락**

[w: v **발생**+we **주체** w: **추측** or v: **허락** ould: **과음가** or d: did + decide]

만약 의미과성립으로 표현했다면 :

앞 would=정생각/의미과성립

시동=하고자 하는 마음이 생겼다면 -- 할 것같다/했을 텐데

뜻하는 의미=<u>그럴리는 없겠지만 그래도</u> 해주신다면 -- 할 것같다/할텐데

-- 뜻하는 의미에서는 **강한 하생각 전제**가 들어간다.

D.. I'd say they could do something.

시동=내 추측으로 말할 것같으면 (-- 할 수 있을 것 같다.) ※ 'd (would)/could=**정생각**

would를 반드시 '할 것같다/일 것같다' 로 시동을 걸지 않아도 된다.

그냥 '추측' 으로 걸어도 좋다. 정생각 추측이니까.

수학적이며 학문적 접근인 기능적 문법=구문법	**vs 신문법=뜻 문법**

전자는 문장오형식, 시제일치로 직접화법을 간접화법으로 고치기, 가정법 현재/미래/과거/과거완료 패턴식 외우기, 능동태를 수동태로 고치기, 부사절을 분사구문으로 만들기, 관대/관부/종사의 명사절/형용사절/부사절, to부정사의 명사적 용법/형용적 용법/부사적 용법 —— 등등은 뜻 문법이 아니다. 알아도 그만 몰라도 그만, 몰라도 된다.

E.. **'Will it be expensive?' 'I would think so.'**

시동=그런가, 그것이 즉 바싸다고 생각하는 가? 나도 그런 것같다. 생각엔 그런 것같다. -- **정생각 추측**

F.. **'The guy on the phone had an Australian accent. That would be Tom, I expect.'**

시동=그 사람은 인 것 같다, 즉 탐인 것 같은 데, 나는 그러기[그렇기를] 바란다[기대한다] -- **정생각 추측**

▭ 그러기를/그렇기를=expect의 **문맥** associate be=동질연결로서 '즉'

▭ would 뒤에 일반동사가 오면 '한/할 것같다' 가 되고, be 동사가 오면 '인/일/된/될 것같다' 가 된다.

G.. **I would rather die than surrender.**

시동=하고 싶다, 차라리 죽는 것을 말이다/하는 게 차라리 낫겠다 -- **정생각 원함 : 직설의미**

vs **(바람) 의미과성립**=했으면 해요, 차라리 죽기를, 보다 굴복하는 것보다 말이다.

---

had/gotta의 정생각 -- 엎어지면 코 닿을 텐데! **Within a stone's throw!**

형태는 과거이나 현재 또는 미래에 대한 현재 생각의미이다. 즉 정생각 정과거이지 실제과거는 아니다. 생각을 정하기 위해 과거형태를 빌렸을 뿐이다. 그래서, 정생각 조동사로 취급하여 뒤에 원동사를 쓰는 것이다. **일종의 발전 English로서 관습적 또는 infml E이다.**

a.. You had better go at once.

시동=하면/되면 더 좋을 것같다 -- **바람[권고] 정생각**

[또는 했으면/되었으면 더 좋을 것같다 -- **바람 하생각**] * had better[rather] + **원동사=관습적** E

b.. We gotta go.

시동=해야 겠어 (가는 것을 말이다) -- **수행[실행] 정생각**=infml E *gotta=infml 표기 ← got to

vs 1.. We have gotta go. -- **미래의미성립** event

보통 have뒤 pp는 **기의미성립**인데 오히려 **미래의미성립**이 되는 경우

시동=우리는 가지고 있어요, 해야 겠다는 것인데 가는 것을 말이다. *got=pt/pp of get

/우리는 해야겠다(래발생현재). 움직여 취하는 것인데 가는 것을 말이다.

2.. I've got an interview tomorrow and I'm dreading it. -- **미래의미성립** event

시동=가지고 있어요, 받는 것인데 인터뷰를 --- . 그래서 나는 겁내고/두려워하고 있어요.

vs We have had to do that. -- (과거 속에서의) **기의미성립** event

시동=가지고 있어요, 했던 것, (대동/즉) 해야만 했던 것을 말이다.

*have=소유로서 '가지고 있다/있다' 또는 동개념 가지다로서 '하다'

시동

=내가 해놓았지, 연습 볼을 완전히 티에 똑바로 설치를 해자 너를 위해 해놓았지, 이제 팍하고 날려 보내는 거야 !

* got=실제과거 이제=**문맥** associate

for=해당목적 대상으로서 '해자 -- 위해'

all=adv. 모두로서 완전히

got=움직여 취해 놓은 것으로서 해놓은 것

☞.. 이해는 (언어에 대한 basics를 알았디면) 최종적으로 단어의 최종적인 뜻인 감주로 이해한다.

③ 의미과성립으로 설명해 나가는 뇌 ↘그러면 영어말투가 형성되고 영어말투에 익숙해진다.

주체발생의 성립적인 생각이다. 즉 주체래발생과 주체성발생의 성립적인 생각이다. 그런 것들을 실제로 일어나지는 않았으나 과거형태를 빌어서 일어난 것처럼 가정[가상/조건]/바람/소망[소원] — 등등 하에서 현재/미래/과거 속에서 한번 성립시켜 보는 의미이다.

A.. If she would get many more pearls, she should dive deep into the sea.

— 현재/미래 속에서의 바람 의미과성립

: (주체성발생을) 현재/미래 속에서 바람 하에서 일어난 것처럼 한번 성립시켜 보는 것

[w: v+we+want ould: 과음가 or d: did + under] should=정생각/의미과성립

시동= (만약에) 그 여자에게 하고 싶은 마음이 (현재) 들었다면 ----,
그 여자로 하여금 일어나야 한다/일어났어야 하는데 ---.

//(만약에) 그 여자에게 하고자 하는 마음이 (앞으로) 생겼을 경우에는 ---, 그 여자로 하여금 일어나야 한다.

뜻하는 의미=굳이 원하는 것을 이루고 싶다면/하고자 한다면 ---, 그렇다면 ---.

vs If she would get many more pearls yesterday, she should have dived.

— 과거 속에서의 바람 의미과성립

: (주체성발생을) 과거 속에서 바람 하에서 일어난 것처럼 한번 성립시켜 보는 것 should=의미과성립

시동=(만약에) 그 여자에게 하고 싶은 마음이 (그때) 들었다면[들었더라면] ---,
그 여자로 하여금 일어났어야 했다[했는데]. 즉 dive한 사실이 말이다.

B.. a.. If Mary would tell me what she wants for her dinner, I'd cook it for her.

— 현재/미래 속에서의 실시 의미과성립[=told me or were to tell me] or 정생각

: (주체래발생을) 현재/미래 속에서 실시 하에서 일어난 것처럼 한번 성립시켜 보는 것

시동=(현재) 했을 경우에는[했더라면] --, 해주겠어요[해주었을 텐데], ---. 뒷 would=정생각/의미과성립
(앞으로) 했을 경우에는 --, 해주겠어요, ---.

: 만약에 메리가 했을 경우[했더라면] 말을 나에게 무엇을 자기가 원하는 지 해자 저녁용으로 말을 했을 경우에는[했더라면] 나는 해주겠어요[해주었을 텐데]. 요리, 즉 그 저녁 요리를, 해자 그 여자를 말이다.

정생각 시동=(그냥) 해주신다면 --, 해주겠어요, ---.

b.. "You can handle the financial crisis. You cannot handle, I think, the damage to the European integration process," he told CNBC. "It would be the first time since 1951 that a treaty-based integration process would have been reversed. It would be a disaster."

— 현재/미래 속에서의 의미과성립

시동=그것은 될 것 같은 데 즉 그야말로 최초의 사례가 될 것 같은 데 이래로 1951년 이래로 말이다.
즉 협약을 바탕으로 한 통합 처리 시스템이 (현재/앞으로) 했을 경우, 즉 되었을 경우
즉 뒤집어 졌을 경우에는 말이다. 그것은 아마도 될 것같은데 재앙이 될 것 같다.

영어가 어려운 이유	**즉 영어를 중도에서 포기하는 이유**

1)보통사람 두뇌=자기이해/자기의식 발달
: 어순이 다른 second language 이해는 단일두뇌로 정복불가 → D두뇌로 정복
→ 의양두뇌 두뇌세포 선인지로 해결(의음/의자/무부스텝청취/원애청취/의음감주 — 등)

2)이해어순이 다르다 → 기/설, 즉 설가뇌 의미[Ekbe]와 (무한글 이해인) IS, 특히 감주로 해결

3)소리가 다르다 → vocal 주파수, 즉 감주와 단주로 해결

4)일형태 다의어 → BAM과 Associate, 기/설 관계, 즉 뜻관계 뜻으로 해결 cf]우리말은 일형태 일의어로 액면 그대로 뜻인 경우가 많다.

5)일형태 다소리 → 삼음가[알파벳음가/철자음가/감정음가)로 해결
cf]우리말은 일형태 일소리로 한 단어 소리는 일정하다.

＊여기서 앞 would=문맥상 정생각만 가능 마지막 would=정생각
여기서 it=that이하를 가리키는 것이 아니라, the damage to the European integration process를 가리킴, 즉 referring forward[선 it]가 아니라 referring back이다.

C.. If only you would drive more slowly.
-- 현재 속에서의 if only 바람 의미과성립 — 현재 속에서 if only 바람 하에서 일어난 것처럼 한번 성립시켜 보는 것
시동=(만약에 단지) 해주었으면 해요, (운전하는 것인데 좀더 천천히 말이다).
뜻하는 의미=(만약에) 꼭 해주기만 하면 좋을 텐데 ----.

D.. I wish she would come back. -- 현재/미래 속에서의 소망[소원] 의미과성립
: 현재/미래 속에서 소망[소원] 하에서 일어난 것처럼 한번 성립시켜 보는 것
시동=(내 소망/소원은 지금/앞으로) 해주었으면 해요.
뜻하는 의미=(내 소망/소원은 지금/앞으로) 해주시면 좋겠어요. ↗즉 현재/과거 속에서 would that 하에서 ″

vs Would that we had seen her before she died! -- 현재/과거 속에서의 would that 의미과성립
→ would that=했으면 좋겠는데[했더라면 좋았는데] 즉 : **의미과성립 had=의미과성립**
시동=했으면 좋겠는데 즉 우리는 (지금) 가졌으면 해요, 본 사실인데 그 여자를 전에[후자] 죽기 전에 말이다.
-- **would/had=현재 속에서의 의미과성립** ∴ **would의 뜻하는 의미=We wish**
/했더라면 좋았는데 즉 우리가 가졌더라면 좋았는데 본 사실를 그 여자를 전에[후자] 죽기 전에 말이다.
-- **would/had=과거 속에서의 의미과성립** ∴ **would의 뜻하는 의미=We wished**

그래서, 원서에서는 would 의미로 we wish 또는 we wished로 밝히고 있다.
단, would=정생각과 과생각도 가능 : 전자=현재 바램 후자=과거 바램
▭ **과거의 종류=실제과거 /정과거 /의미과성립** -- 중자와 말자는 실제과거가 아니다.

④ 묻는 말[정생각/의미과성립]로 먼저 말하는 뇌

A.. a.. Would they meet here?
시동=한 것 같은 가/했던 것 같은 가, (만나기로 말이다/즉 만난 것같은가?) -- **과추측으로 묻는 말**
→ **만약 정생각으로 묻는 말이면** '할 것 같은 가, (만나기로 말이다?)'

b.. Would you leave your coat in the rack of the hall?
시동=하시겠오 /해주시겠오[해줄 마음이 있오]? -- **정생각 부탁으로 묻는 말**

c.. Would you like a chocolate?
시동=하시겠오? (ok를/받아 들이는 것인데 쵸콜렛에 말이야?)
-- **정생각 수락/허락 여부를 제의(an offer)하는 말** ※ like='좋다' 는 것으로서 ok /받아 들이는 것(approve)

B.. Would you leave your coat in the rack of the hall, it would be good.
시동=해주신다면 --- 할 것같다, 즉 좋을 것 같다 -- **도치 정생각** [=If you would]

C.. Would she get many more pearls, she should dive deep into the sea. [=If she would]
시동=하고자 하는 마음이 (현재) 생겼다면 /(앞으로) 생겼을 경우, 즉 그 여자가 하고자 하는 것에 말이다 : **도치 하생각**

⑤ free 영뇌[infml E]로 먼저 말하는 뇌[말]

A.. Would meet here?
시동=한 것 같은 가 -- **과생각** /할 것 같은 가? -- **정생각**
: You[She] would -- ? -- 평서문을 이용한 의문문

B.. Would meet here. 시동=한 것 같다 -- **과생각** /할 것 같다 -- **정생각**

C.. Would get up early and go fishing. 시동=(종종/이따금) 하곤 했다 -- **과생각** ※ 모든 would=(주어) **전제 infml E**

6) shall 영뇌[shall NB]

명사(대명사)를 사발생 현생각으로 그냥 서술적으로 설명해 나가거나 묻는 말로 먼저 말하는 뇌 또는 free 영뇌[infml E]로 먼저 말하는 뇌

▭ shall BNW=사발생 —— 하여금 일어나게 하거나 일어나는 것 /하여금 하게 하는 것
▭ shall=사발생으로서 현생각 : 보통 사발생/강한 사발생 — **我必 free 감주로 간직하라.**
vs will BNW=주체발생 —— 주체에게 일어 나는 것 : 주체래발생/주체성발생
▭ shall BAM=사발생으로서 하여금 일어나는 것
소리=섀ㄹ/셔ㄹ=post 점형/dot 점형 F : a=얘 : 강한 감정음가 여 : 약한 감정음가

사발생으로 느껴져야 영어승차감을 탈 수 있다.

① 사발생 현생각으로 설명해 나가는 뇌

A.. I shall go.

[hl: happen+let **하여금 일어나게 하거나 일어나는 것 l: 래來** no 'd' **현생각**]

시동=나로 하여금 일어나게 할 것이다/나로 하여금 일어 날 것이다. 가는 게 말이다.

결국 자신에게 그런 일이 일어난다는 말이다.
그래서, 주체가 일인칭일 경우 **shall**를 쓰나, **will**을 쓰나 전달 결과는 거의 같지만 그 뉘앙스까지 같은 것은 아니다.

vs a.. I will go. 시동=할 것이다. 가는 것을 말이다.

사발생 미래가 주체래발생 미래보다 더 강하다.
그래서, 앞에 **don't worry**를 표현하면 절로 **will**대신에 **shall**를 쓰게 될 것이다.
ıııı.. **'Don't worry. I shall go.'**
[s: sure hl: happen+let **일어나게 하는 것 l: 래來** no 'd' **현생각**]
→ 나로 하여금 확실히 일어나도록 하겠다는 것이다.
sure 의미가 첨가되고 안되고 하는 것은 그 때 그때 상황에 따라 결정하면 된다.
-- **강한 사발생** or **보통 사발생**

shall의 이런 뉘앙스 때문에 영영사전에서는 뜻하는 의미로 **certainly will**로 뜻풀이를 하고 있다. 따라서, **shall**과 비슷한 뉘앙스로 **will**를 쓰려면 **certainly 또는 have**를 함께 쓰면 된다.

⇨ **'Certainly I will go.' or 'I will have to go.'**
시동=확실히 나는 할 것이다. 가는 것을 말이다.
/나는 앞으로 해야 할 것이다. 대동 가는 것을 말이다 : **조동사 대용**(must)
↳ You will pay your own electricity and water. 앞으로 내야 한다

b.. I shall have to go.

시동=나로 하여금 일어 나도록 해야 겠어, 대동 가는 것을 말이다 -- **사발생 현생각**
→ 이 말은 결국 확실히 가야 겠다는 것이다. ※ **have**=동개념 : 가져야 하는 것으로서 해야 하는 것

c.. I should go. 시동=나로 하여금 일어 나게 해야 겠어, 가는 것을 말이다. -- **사발생 정생각**

d.. I'm going. 시동=하겠다, 즉 가겠다. [or 나는 가겠다. --- **'는'=동질연결**]

▭ 'm=am=래발생 현재로서 하겠다는 것 **현분사**=앞으로 진행으로서 **진행의향**

e.. You have to go.

▭ have=① **래발생현재**로서 가져야 하는 것, 가져야 하는 것으로서 해야하는 것 → 시동=해야해요, 대동 가는 것을 --.

② **소유현재**로서 가지고 있는 것 → 시동=너는 가지고 있어요, 대동 가야 하는 것을 말이다.

* **전자**=현동사에서 의무/필요성을 느낌 * **후자**=to 부정사의 원동사에서 의무/필요성을 느낌 : **조동사 must 대용**
이렇게 각각 느껴져야 사이에 다른 말도 끼워 넣을 수 있다.

: **Qatar had until Wednesday to inform FIFA.** → 시동=해야만 했다/가지고 있었다.

tip)영영사전에 "have to=must"로 되어 있는 것은 뜻하는 의미이지 단어 본래의미는 아니다.

⇒ have=가지는 것으로서 의무/필요성/강한 추측

f.. You don't have to change your car.

시동=없는데 해야 할 필요성이 없다. 대동 바꾸는 데, 당신 차를 바꾸는 데 말이다.

cf] 1. **have도 to부정사도 의무/필요성이 아닌 경우**

: • **You don't have to be impotent to use Viagra.**
시동=여러분들은 없다. 즉 되는 일이 불능이 되는 일이, 대동 사용하면 비아그라를 사용하면 말이다.

• **You don't have to dress like that.** -- 앙상맞게 내의를 입는 것을 두고 한 말
don't=**금지**: 하면 안된다. 즉 갖으면 안되는 데 대동 쭉 입는 것을 동모[동자] 그 처럼 말이다.
↳동모대상으로서 동자

2. **의무/필요성 또는 그냥 래발생 현재**

: **Stocks have further to correct.**
시동=주식은 가져야 한다/가질 필요가 있다 //(앞으로) 가진다. (좀더 대동 조정을 말이다.)

B.. I shall go to Europe this winter.

시동=(나로) 하여금 일어나게 하겠다[하게 하겠다]. (가는 것을/가는 것인데 대처[대자] 유럽으로 가는 것을 말이다).

[hl: happen + let **하여금 일어나게 하거나 일어나는 것** or have+let **하여금 하게 하는 것**
l: **래來** no 'd' **현생각**] 뜻하는 의미=틀림없이 하겠다 ↳소유로서 하는 것

C.. We shall leave at noon tomorrow daytime.

시동=(우리로) 하여금 하게 할 것이다[일어나게 할 것이다/일어날 것이다] : **사발생 의향**
뜻하는 의미=우리는 틀림없이 하겠다 cf] will=**주체래발생 의향**

'**Let me tell you.**' 시동= '하게 하겠다. 나로 하여금 말을 너에게 하는 것을 말이다'
: let=**사허로서 의향, 즉 사허(使許) 의향** → 뜻하는 의미=하겠다. 내가 말을 너에게 말이다.

D.. If you do that one more time, I shall be very cross.

시동=(나로) 하여금 하게 할 것이다. (즉 아주 기분 언짢게 말이다.)
/(나로) 하여금 일어 날 것이다. (즉 아주 기분이 언짢은 것이 말이다.)

※ cross=adj. 얼굴이 가로 지게 주름잡히는 것으로서 언짢은 것 [**뜻하는 의미**=angry or annoyed]
[cro: cross o: 얼굴 ss: 주름잡히는 모양]

E.. I shall never forget you. 시동=(나로) 하여금 하게 할 것이다. (결코 잊지 않는 것인데 너를 말이다.)

F.. I'm afraid I shall not/shan't be able to come to your party.

시동=(정말로 미안한데 나로) 하여금 하게 할 수 없어서 말이다. ※ afraid=두려워서 벌벌 기는 것으로서 정말로 미안한 것

G.. We shall[=intend to] let you know as soon as there's any news.

시동=우리로 하여금 하게 할 것이다. 여러분들이 알도록 (하는 것을) 말이다.

☞ 이때 사전에서 shall의 뜻으로 intend to [의향]로 나와 있는 데 이것은 뜻하는 의미이지 단어 본래[원래] 의미는 아니다.

※ will=주체래발생 의향 shall=사발생 의향

intend=(속) 마음을 취해 놓고 있는 것으로서 '할 마음을 가지고 있는 것' [in: intention t: take]

H.. I shall have completed my report by Friday.

시동=나로 하여금 하게 할 것이다. 즉 완성시켜 놓는 것인데 내 리포트를 근시[쯤에는] 금요일 쯤에는 말이다.

/-- 즉 가지게 하는 것인데 완성 시킨 것을 가지게 하는 것인데 -- . 뜻하는 의미=나는 틀림없이 하겠다

I.. Thou shalt not kill.

시동=그대로[너로] 하여금 일어나게 해서는 안된다 -- **출애굽기 Exodus 20:13**

*Thou shalt (*old use*) =You shall thou, thy, thee, thine (archaic pronouns)=**you, your, you, yours**

attention] Bible (성경책) 에서는 명령문을 써지 않고 사발생을 많이 쓴다. 사발생이 더 강한 전달이기 때문이다. 뿐만 아니라, 강조하기 위해 도치 영뇌를 많이 작동시키고 있다.

J.. You shall die!

시동=(너로) 하여금 확실히 일어나게 할 것이다. (죽는게 말이다.)

즉, '확실히 만들어 주마' 라는 뜻이다. 우리말 '너 죽었어!' 에 딱 맞는 표현이다.

그래서 '너 죽어 볼래?' 라는 표현도 'You shall die?' 라고 하면 된다.

▭ 뜻하는 의미=**I certainly will let you die. or I certainly will kill you.**

vs a.. You must die! 시동=반드시 해야해! **b.. You will die.** 시동=할 것이다.

K.. "Don't worry about it. He shall not trouble you again."

시동= (그로) 하여금 결코 하지 못하게 할 것이다. (괴롭히는 것인데 너를 또다시는 말이다.)

▭ 뜻하는 의미=**I certainly will let him not trouble you again.**

▭ 뜻하는 의미=**I promise I certainly will let him not ---- .**

▭ 뜻하는 의미=**You shan't be troubled again.**

시동=(너로 하여금/너에게) 절대로 일어나지 못하도록 하겠다. (즉 괴롭힘을 받는 것인데 또다시는 말이다.)

L.. All life on earth shall die some day.

시동=일어나도록[하도록] 되어 있다. 死인데 언제가는 말이다. 뜻하는 의미= '확실히 할 것이다'

vs -- will die --- . 시동=할 것이다.

M.. Never the train shall meet.

시동=결코 열차로 하여금 일어나게 할 수 없다.

/결코 열차에게 일어 나도록 일으킬 수 없다. (서로 충돌시키는 일을 말이다.)

/결코 열차로 하여금 일어 날 수 없다. (서로 충돌하는 일이 말이다.)

→ 즉, 열차는 결코 서로 충돌하지 않는다는 뜻이다.

[s: sure hl: happen+let l: **래來** no 'd' **현생각 -- 강한 사발생**]

O.. Ask, and it shall be given you.

시동=(구하라, 그러면 그것이) 일어 나도록 되어 있다. (즉 주어지는 것인데 너에게 말이다.)

즉 주어지는 것이 확실히 일어 날 것이다는 의미이다.

P.. Oh, east is east and west is west, and never the twins shall meet.

시동=(그래서) 결코 (그 둘은) 일어 나도록 되어 있지 않다. 만나는[충돌하는] 일로 말이다.

[s: sure hl: happen+let l: **래來** no 'd' **현생각 -- 강한 사발생**]

뜻하는 의미= 결코 (그 둘에게는) 일어나지 않는다.

vs never -- will 시동=결코 -- 하지 못할 것이다.

이렇게 shall은 강한 사발생 의미를 가지고 있기 때문에
인칭에 상관없이 강조(emphasize)하거나
공문서(official documents), 법(law), 명령(order), 약속(promise) -- 등에서 shall **두뇌**가 많이 작동된다.

a.. The truth shall make you free.

시동=(진실만이) 틀림없이 하도록 할 것이다. (만드는 것인데 여러분들을 자유롭게 말이다.)
진실만 오로지 통한다는 말이다. [s: sure hl: have+let l: **래來** no 'd' **현생각**]

b.. Freedom of speech shall not be violated.

시동=(자유, 즉 언론의 자유에게) 확실히 일어 나도록 되었어는 안된다
/확실히 일어 나도록 해서는[놔 두서는] 안된다.
/(-- 하여금) 확실히 일어나면 안된다. 즉 위반되는 일로 말이다.

c.. All payments shall be made in cash.

시동=(확실히) 하도록 돼야 할 것이다 **뜻하는 의미**=해야 할 것이다
/되도록[하여금] 일어나야 할 것이다. 즉 지불되겠끔, 내자 현금으로 해서 말이다.
[s: sure hl: have+let or happen+let l: **래來** no 'd' **현생각**]
⇒ **앞으로 이렇게 돼야 한다는 말이다.**

※ made=만들어지는 것으로서 되는 것 ※지불=**문맥/상황/단어** associate
※ in=내수단 대상으로서 내자 -- 로 해서

d.. I said you could go, and so you shall.

시동=그래서, 그렇게 너는 하도록 해야 할 것이다/너로 하여금 일어나야 할 것이다 -- **강한 사발생 현생각**
뜻하는 의미= -- 너는 (틀림없이) 해야 할 것이다.
vs -- and so you should. 시동=그래서, 그렇게 너로 하여금 일어나도록 해야 해요 -- **강한 사발생 정생각**
vs -- and so you must. 시동=반드시/필히 해야 해요 -- **의무/필연성/필요성 현생각**

e.. No fine shall exceed $1,500.

시동=어떠한 벌금도 하도록 되어서는 안된다/일어나게 해서는 안된다. 초과하는 것인데 1,500불을 말이다.

f.. Article 1.

The Emperor shall be the symbol of the state. [s: sure hl: happen+let l: **래來** no 'd' **현생각**]
시동=황제에게는 확실히 일어나도록 되어야 한다. 즉 심벌, 국가의 심벌로 말이다.

약음단어를	**감주로 말할 때 알아듣기 힘든 단어[소리본체]와 low skim 감주, stress 감주**

① **of=**어ㅂ/어 **or=**오어/어 **at=**애ㅌ/엇 **for=**포/퍼 **to=**투/터/더/어 **do=**듀/더 **as=**애ㅈ/어ㅈ
and=애ㄴㄷ/애ㄴ/언 **that=**대ㅌ/덧 **the=**더/어/디 **an=**애ㄴ/언 **a=에이/어**
won't=워운/우운 **I'll=**아을/얼/아으

② **low skim 감주** — 무슨 종류의 감주이든 쭉 말해가면서 낮게 스쳐가는 감주
in our party : in our/of the=소감주로서 low skim 감주 **any season of the year**
빅감주

③ **stress 감주** — 쭉 말해가면서 강세를 두는 감주, 주로 강약/비약음 감주에서 많이 발생
and you can see a lot of wild life — 앞 두 감주를 low skim으로 말하면서 뒷 두 감주에 stress를 둘 수 있다. 청취시 stress 감주만 잘 파악되면 나머지는 쉽게 들을 수 있다.
※d/d=탈리/폐쇄/묵음

중앙감주 **빅감주**
tip)**They visit the region. : best 감주**
소감주 **빅감주** 말과 이해느낌이 좋은 감주 tip)중앙감주로 느껴도 좋다.

② **묻는 말로 먼저 말하는 뇌**

A.. "I' m going to a party tonight. What shall I wear?"

시동=무엇으로 일어나게 할까요, 내가 입고 가는데 말이다?

/무엇을 일어나게 할까요, 내가 입는 것에 말이다? **뜻하는 의미**= "무엇으로 할까요?"

B.. Shall he carry this luggage for you?

시동=하게 할 까요, 그로 하여금 옮기게 말이다?

/일어나게 할 까요, 그로 하여금 옮기는 것을[옮기게] 말이다?

→ shall에 사발생 의미가 있기 때문에 뜻하는 의미로 다음과 같이 달리 말해도 좋다.

뜻하는 의미 = Do you want him to carry -- ? = Will you let him carry -- ?

= Do you want me to let him carry -- ? = Shall I have[make] him carry -- ?

vs a.. Will he carry--? 시동=할 것인가[할 수 있을 것인가 : 발생능력]?

b.. Can he carry--? 시동=가능한 가[할 수 있는 가 : 수행능력]?

C.. So we'll see you at the weekend, shall we (= is that right)?

시동=(그래서, 우리는) 할 것이다. --, 그렇게 하게 할까요, 우리들로 하여금 말이다?

뜻하는 의미=그렇게 할 까요 (우리들이 말이다)? ※ 그렇게=shall, **즉 조동사** associate

사전에 is that right?과 뜻이 같다고 하는 것은 뜻하는 의미로 같다는 것이다.
shall의 사발생 뉘앙스와 일치한다. 시동= '인가, 그렇게 하는 게 괜찮은 가?'

D.. "I' m hot. Shall I open the window?"

시동=하게 할 까요, 나로 하여금 열게끔[여는 것을/열도록] 말이다? **뜻하는 의미**= '할까요'

원어민들은 사발생으로 알고 있기 때문에 뜻하는 의미로 사전에서는 Do you want로 풀이하고 있다. [=Do you want me to open -- ?]

vs "I don' t know. Will I open -- ?" 시동=할 것인지[할 수 있을 것인지], 내가 여는 것인데 -- 말이다?

강조로 먼저 말하는 뇌 :

IIIII .. **As ye sow, so shall ye reap.** 시동=(그렇게) 일어 날 것이다. 너로 하여금 거두는 게 말이다.

③ **free 영뇌[infml E]로 먼저 말하는 뇌**

A.. Shall die some day. 시동=일어 나도록 되어 있다. **뜻하는 의미**=확실히 일어날 것이다.

B.. 'Don' t worry. Shall go.' 시동=틀림없이 일어 나도록 하겠다. **뜻하는 의미**=틀림없이 일어날 것이다.

※ 모든 Shall=(주어) **전제** infml E

☞.. 이해는 최종적으로 단어의 최종적인 뜻인 감주로 이해한다.

7) should 영뇌[should NB]

명사(대명사)를 사발생 과생각[정생각/의미과성립]으로 그냥 서술적으로 설명해 나가거나
묻는 말[정생각/의미과성립]로 먼저 말하는 뇌

또는 free 영뇌[infml E]로 먼저 말하는 뇌 ↗(영어에 대한 기초지식[basics]을 알았다면) 모두 我必 free 감주로 간직한다.

▭ should=사발생으로서 과생각/정생각/의미과성립 **소리=슈**드/셔드=slide/small slide F : 유=u지배음가와 알파벳 음가 여=o지배음가와 약한 감정음가

① **사발생 과생각으로 설명해 나가는 뇌** — 시제 형태대로 실제 과거 뜻이 나온다.

A.. I said that I should soon get well.

시동=(나는 말했는데, 즉 나로) 하여금 (그때) 일어 날거라고 말했다. (곧 되는 것인데 좋아 지는 것으로 말이다.)

[hl: happen+let ould: **과음가** or d: did **과생각**] ＊거라고=**현재형 과거상황**

vs --- would ---. 시동=(그 때) 할 것이라고 말했다. (곧 될 것이라고, 즉 좋아 질 것이라고 말이다.)

B.. "The party was terrific. You should have come." [=should come]

시동=너로 하여금 발생했어야 하는 데[했는데], 즉 참석한 것이[참석이] 말이다.

기의미성립이 발생했어야 하는데 하고 **사발생 과거 유감**이다.
뜻하는 의미=했어야 하는 데[했어야 했는데] have=event 소유로서 '즉'

C.. We always went to school with a hat on. We should do that.

시동=(과거에) 우리는 우리들로 하여금 일어나야만 했다/일어나도록 해야만 했다. (하도록, 그렇게 하도록 말이다).

[s: sure hl: happen+let ould: **과음가** or d: did **과생각**]

확실한 사발생으로서 **사발생 의무/필연성/당연성** ⇨ 뜻하는 의미=해야 했다

vs a.. had to do that 시동=(과거에) 가져야만[해야(만)] 했다. 대동 하는 것인데 그것을 말이다.
/가지고 있었다. 대동 해야 하는 것인데 그것을 말이다. ☞ p 176

b.. **We have had to do that.** 시동=가지고 있어요, 했던 것, 즉 해야만 했던 것인데
그것을 말이다 -- **(to 부정사의) 원동사에서 의무를 느낄 경우** : do=본동사의미로서 본동사 must 대용
/가지고 있어요, 해야만 했던 것인데 즉 하기로 그렇게 말이다 -- **과분사에서 의무를 느낄 경우**

c.. **We have to do that.** 시동=가지고 있다. 대동 해야 하는 것인데 그것을 말이다.
//해야 한다[할 필요성이 있다] /가져야 한다[가질 필요성이 있다]. 대동 하는 것인데 -- .

d.. must 시동=반드시 해야 한다 : **의무로서 의무/필연성** tip) have **동사와 원동사 양쪽에서 의무를 느낄 경우**
: You have to see. 여러분들은 꼭[필히] 대동 보아야 한다.

tip) have=의무/필요성 외 문맥에 따라 그냥 소유행위로 뇌를 작동시켜도 좋다 (☞ p 176)

IIIII.. **Guan, who actually had to face away from the hole to play the correct amount of break, considered it carefully and struck a solid putt.**

시동=Guan, 누구냐 하면 이 선수는 실제로 가졌지만[해야만 했지만], 즉 얼굴을 다른 데로 돌리는 것을 가졌지만[해야만 했지만], 기자(基者) 자기홀로부터, 대동 플레이하기 위해 정확한 브레이 크기로 플레이하기 위해 그렇게 가졌지만[해야만 했지만], 고려해서 그런 것을 주의깊게 고려해서 쳤는 데, 확실한 퍼팅이 되었다.

the=외부적 지정뇌로서 one's, 즉 his를 지정 그렇게=문맥 associate 고려해서=**현재형 과거상황** struck 목적어=결과물 it=the correct -- break를 지칭
우리말 '해야만 했다'의 두 가지 뜻=†실제로 한 경우/실제로 안 한 경우 face away=라이(lie)를 읽기 위해 홀을 벗어나서 홀 주변을 보는 것

D.. (Situation: At last she actually got a job)
I shouldn't have thought that it was possible to do that.

시동=나로 하여금 일어나지 안했던 것같다[같았다], 즉 생각[생각한 일]이 말이다 : **사발생 과거추측**
[s: guess hl: happen+let ould: **과음가** or d: did **과생각**]
뜻하는 의미=확실히 하지 못했던 것 같다[certainly wouldn't]

정생각인 경우 : (과거상황에 대한) **사발생 현재추측** : 나로 하여금 일어나지 못한 것같다
뜻하는 의미=확실히 하지 못한 것같다[certainly wouldn't]

vs a.. wouldn't 시동=하지 못했던 것같다 -- **과생각** /하지 못한 것같다 -- **정생각**
b.. I didn't think 시동=하지 못했다. 생각을 말이다 -- **그냥 [단순한] 동사서술 의미**

caution] should는 **사발생 과생각**으로서 사발생 과거의무/과거유감/과거추측 — 등등의 뜻이 나온다.
과거유감은 사발생 과생각의 일부에 불과하다. 그래서 'should+현재완료'를 과거유감으로만 외우지 말라.
: 하여금 일어나야만 했다/하여금 일어났어야 했다/하여금 일어났던 것 같다
↳should meet : — 만나는 것이 말이다
=should have met : — 가진 것인데 만난 사실을 가진 것이 말이다

E.. We knew that we should be leaving the next day.

시동=우리는 알고 있었다. 즉 우리들로 하여금 (그때) 하게[일어나게] 해야한다는 것인데 즉 떠나는 것을 말이다.
[s: sure hl: have or happen + let ould: **과음가** or d: did **과생각**]
※ 하게[일어나게] 해야한다는 것=**현재형 과거상황**

② 사발생 정생각으로 설명해 나가는 뇌

-- 실제과거가 아니라서, 시제형태 대로 뜻이 나오지 않는다. 생각을 정하기 위해 잠시 과거형을 빌려 왔을 뿐이다.

A.. Her son, Pappu, who is half the weight he should be.

시동=(누구냐하면은 이 애는) 절반정도 무게가 나가는 데 그로 하여금 발생돼야 할 무게의 절반이다.
→ 영양실조에 걸린 자식을 두고 한 표현이다. ※ he should be=**관계문장** -- **주기능 소유=보어**

B.. Children should respect the elders.

시동=애들로 하여금 하게 해야한다/일어나게 해야한다/일어나야 한다 -- bnw-BAM
[s: sure hl: have/happen + let ould: **과음가** or d: did + decide]
뜻하는 의미=애들은 해야 한다 -- im-BAM **vs must respect** 시동=반드시/필히 해야 한다 -- **더 강한 생각**

C.. You should put cotton in your ears.

시동=너로 하여금 하게 하는게/일어나는게 좋을 것같다 -- **사발생 충고**
[s: suggest hl: have/happen+let ould: **과음가** or d: did + decide]
뜻하는 의미=너는 해야 할 것 같다[너는 하면 좋을 것같다]
vs had better → **의미과성립 충고 //정생각 충고 :** 시동=했으면[됐으면] //하면[되면] 더 좋을 것같다.
전자=**하생각 의미** 후자=**직설의미**

D.. "You should be able! You should be able!"

시동=여러분들로 하여금 있게 해야 한다. 능력이 말이다 → Democratic Convention의 keynote speech **중에서 발췌**

E.. Do you think I should buy this hat?

시동=그런가 너 생각엔 나로 하여금 하게 하는 게[일어나는 게] 좋을 것같은 가? ---. : **사발생 의견개진**
뜻하는 의미=내가 하는 게 좋을 것 같은 가? ---.

F.. **"It's a good film. You should go and see it."**

시동=너로 하여금 하게 하는 게[일어나는 게] 좋을 것같다 -- **사발생 추천** 뜻하는 의미=너는 해야 할 것 같다.

G.. **"It's 4:30 pm. Tom should be in Seoul by now."**

시동=그래서 탐으로 하여금 확실히 발생시킬 것 같다. (있는 것인데 내소(內所) 서울 내소에 근시 지금쯤은 말이다.)

[s: sure+guess hl: happen+let ould: **과음가** or d: did + decide]

뜻하는 의미=탐은 확실히 할 것같다[certainly would]

사발생 미래가 주체래발생 미래보다 더 강한 미래가 되듯이, **사발생 추측이** 주체성발생 추측보다 더 강한 추측이 된다. 따라서, 사발생 추측이 **will/would보다 더 합리적이거나 더 확실한 추측이 된다.** vs will[would] ---. 시동=할 것이다/할 것 같다.

H.. **'Will it be expensive?' 'I should think so.'**

시동=나로 하여금 확실히 일어나게 하는[일어나는] 것같다. 생각을 그렇게 하도록 말이다.

[s: sure+guess hl: happen+let ould: **과음가** or d: did + decide]

뜻하는 의미=확실히 그런 것같다[certainly would].

vs 'I would think so.' 시동=(나도) 그런 것 같다 (생각해보니 그런 것같다.)

I.. **It should be $20.**

시동=그것으로 하여금 확실히 일어나게 할 것같다[그것에게 확실히 일어 날 것 같다].

⇒ **사발생로서 더 강한 추측** ※ it=situation 'it' 로서 타고 온 distance

vs It would be $20.[=It's gonna be] 시동=할 것같은데 즉 20달러가 될 것같다 -- **주체성발생로서 보통 추측**

vs gonna[going to]=진행 될 것같은 것으로서 할 것같은 것 -- (앞으로) **진행추측**

J.. **I should like a bath.**

시동=나로 하여금 일어나게 하고 싶다. (목욕하는 것을 말이다.) ※like=좋은 것으로서 원하는 것[want]/ok

[hl : happen+let ould: **과음가** or d : did + decide] 뜻하는 의미=틀림없이 하고 싶다.

K.. **I should like to thank you all for coming here tonight.**

시동=나로 하여금 일어나게 하고 싶다. (대동 생큐 올을 말이다) -- **사발생 정생각**

vs I would like ---. 하고(would) 싶어요(like) : **주체성발생 정생각**

IIIII.. **"Should we have seen this coming?"** — Putin 대통령이 Crimea 반도를 침략한 후 서방국 측에서 한 말

① **정생각인 경우** : 해야 하는 가, 우리들로 하여금 즉 봤어야 하는 가, 이런 꼬라지가 오게 된 것을 말이다?

-- 즉 이런 꼬라지를 현재 봤어야하는 지를 묻고 있음

tip) coming=과거에 진행된[즉 실행된] 의미 : **관계현분사** [=this which came]

have=event 소유로서 '즉'

② **과생각인 경우** : 했어야 했는 가, 즉 우리들로 하여금 즉 봤어야 했는가, 이런 꼬라지가 오게 된 것을 말이다?

-- 즉 이런 꼬라지를 과거에[이미] 봤어야하는 지를 묻고 있음

vs Should we see this coming?

정생각 : 해야 하는 가, 즉 우리들로 하여금 봐야 하는가, 이런 꼬라지가 오는 것을 말이다?

-- 앞으로 이런 꼬라지가 생기는 것을 봐야하는 지를 묻고 있음 tip) coming=앞으로 진행되는 의미

L.. He insisted that Tom should go there alone.

시동=주장했다. 탐으로부터[하여금] 발생해야 한다고 말이다/탐으로 하여금 해야 한다고 말이다.

[s: sure hl: happen or have+let ould: **과음가** or d: did + decide] **: 강한 사발생**

-- 정생각 또는 과생각으로서 강한 사발생 ⇒ 뜻하는 의미=탐이 해야 한다고 말이다.

▭ **정생각인 경우**: 앞으로 해야 한다는 것 ▭ **과생각인 경우**: 그때 (이후 앞으로) 해야 한다는 것

vs a.. -- that Tom go --- .

시동=가면 좋을 것 같다고 말이다/가는 것이 이루어지면 하고 말이다 -- **주장 의미원성립**

↘should보다 더 애절함이 느껴진다.

should 생략으로 보지 말고 원동사 그대로 이해하라.
should를 쓰고 안 쓰고에 따라 뉘앙스가 다르기 때문이다.

b.. -- that Tom went ----.

시동=갔으면 하고 말이다/가는 게 이루어 졌으면 하고 말이다 -- **주장 의미과성립**

c.. He insists that Tom shall go there alone.

시동=탐으로 하여금 (틀림없이) 해야 할 것이라고 말이다 -- **현생각으로서 강한 사발생**

[s: sure hl: have+let l: **래來** no 'd' **현생각**] 뜻하는 의미=탐은 해야 할 것이라고 말이다.

M.. I lent him the book so that he should study the subject.

시동=그래서, 그 결과로 그로 하여금 발생돼야 할 것 같다[일어나야 할 것같다]. 공부하는 것인데 그 과목을 말이다.

[s: sure hl: happen+let ould: **과음가** or d: did + decide]

뜻하는 의미=그는 해야 할 것 같다. **vs might** 시동=할는 지도 모른다.

N.. Take care lest you should fail.

시동=하는 데 주의하라. 하지 못하도록 너에게[너로 하여금] 일어나지 못하도록[않도록] 실패가 말이다.

-- **사발생 방지** [hl: happen+let ould: **과음가** or d: did + decide] -- **보통 사발생** ※lest=**하지 못하도록**

O.. If anyone treated me like that, I should complain to the manager.

시동=나로 하여금 발생시켜야 할 것같다. 불평을 전달하는 것인 데 [불평을 대자] manager에게 말이다 /나로 하여금 일으켜야 할 것같다.[s: sure hl: happen+let ould: **과음가** or d: did + decide] -- **강한 사발생**

뜻하는 의미=확실히 해야 할 것같다[해야 겠어]

※ to =방향 이전으로서 전달하는 것/방향대상으로서 대자(對者) -- 에게

※ treated=**현재/미래 속에서의 의미과성립**

P.. I should be surprised if many people voted for him.

시동=나로 하여금 발생할 것같다. 즉 놀라움이 말이다.[hl: happen+let ould: **과음가** or d: did + decide]

뜻하는 의미=확실히 할 것 같다[=Certainly I would] ※ voted=**현재/미래 속에서의 의미과성립**

Q.. It is natural that you should be proud of your son.

시동=당연하다. 즉 너로 하여금 하게[일어나게] 하는 것은 당연하다. 즉 자랑스럽게 여기는 것인데 즉 자네 아들로 말이다. / ---- , 즉 너로 하여금 일어나는 것은 당연하다. 즉 자랑스럽게 여기는 것인데 ---.

[hl: have or happen+let ould: **과음가** or d: did + decide]

tip)고난도 감주 : There's a lot of food you should try all kinds. : you~kinds=**관계문장**

⇒ There'sa lotof foodyoushould tryallkinds. **데**어즈어 **라**ㅅ러 **푸**-**유슈**- **츄라**이**오**ㄹ**카**인(즈)

-- 이런게 있는데 즉 많은 음식이 있는데, 너로 하여금 하면 좋을 것 같은 맛보면 좋을 것 같은 모든 종류를 맛보면 좋을 것 같은 것들이 말이다.

구문법의 blunder

이성적, 감성적 판단의 형용사 뒤에 보통 사발생의미[should]를 쓰는 데, 전자의 경우 구문법에서는 의미를 몰라 해석하지 말라고 한다. 정말로 어처구니 없는 짓이다.

▭ **이성적 판단 형용사:** necessary /natural(당연한) /right(옳은) /wrong /good (타당한) /well /proper /important /rational /logical /reasonable (합리적인)

▭ **감성적 판단 형용사:** surprising /wonderful /strange /curious(신기한) /odd(기이한, 이상한) /a pity (유감스러운 일) /regrettable(후회할 만한/유감스러운)

R.. It is surprising that you should reject my offer.

시동=놀랍다. 즉 너로 하여금 발생시킨다는 것[일어난다는 것]이 놀랍다. reject하는 것인데 my offer를 말이다.

[hl: happen+let ould: 과음가 or d: did + decide]

③ 사발생 의미과성립으로 설명해 나가는 뇌

사발생의 성립적인 생각이다. 즉 사발생을 실제로 일어 나지는 않았으나 과거형태를 빌어서 일어난 것처럼 가정[가상/조건]/바람/소망[소원] -- 등등 하에서 현재/미래/과거 속에서 한번 성립시켜 보는 의미이다. 과동사의 의미과성립처럼 실제 과거는 아니다.

A .. If he should die, what shall[should] we do?

[hl: happen+let ould: 과음가 or d: did + under]

-- 현재/미래 속에서의 가정[가상/조건] 의미과성립

: 사발생을 현재/미래 속에서 가정[가상/조건] 하에서 일어난 것처럼 한번 성립시켜 보는 것

※ 주절 shall[should]=사발생으로서 현생각[정생각]

시동=(만약 그로 하여금 현재에) 일어났다면[발생했다면] 죽음이 말이다. 그랬다면 무엇을 일어나게 해야 할까요 [해야 하나요], 우리들로 하여금 취할 조치로서 말이다?

/ (-- 앞으로) 일어 났을 경우[발생했을 경우] 죽음이 말이다. 그랬을 경우 ---- ?

뜻하는 의미=만약 그럴리는 없겠지만 그래도 혹시 (현재/앞으로) 그로 하여금 일어나면[발생하면]

≒ **If he were to die, -----? : 현재/미래 속에서의 의미과성립**

시동=(만약에 만에 하나 그 사람이) 지금 되었다면/앞으로 되었을 경우 (대동 죽는 것으로 말이다. 그랬다면/그랬을 경우 -- ?)

≒ **If he died, ------? : 현재/미래 속에서의 의미과성립**

시동=(그럴 가능성은 희박하지만) 지금 /앞으로 죽었을 경우(가 발생하면), 그랬다면/그랬을 경우 --?

과조동사의 의미과성립이나 과동사의 의미과성립이나 전달 결과는 모두 같다할지라도 서로 접근하는 뉘앙스도 다르고, IS도 다르다.

B .. I wished I should have lived with her.

[hl: happen+let ould: 과음가 or d: did + under]

-- 과거 속에서의 소망[소원] 의미과성립

: 사발생을 과거 속에서 소망[소원] 하에서 일어난 것처럼 한번 성립시켜 보는 것

시동=(내 과거 소망은) 나로 하여금 일어났으면 했다. 즉 살은 것이 동자 그 여자와 함께 살은 것이 말이다.

의미과성립과 의미원성립의 성립적인 생각의 차이

의미과성립의 미래 속에서의 성립적인 생각과 의미원성립의 미래 속에서의 성립적인 생각은 그 뉘앙스가 다르다. 전자는 실제로 일어나지는 않았으나 마치 일어난 것처럼 한번 성립시켜보는 것이고, 후자는 미래에 대해서 그냥 한번 성립시켜 보는 것이다. **그래서, 하생각 강도가 서로 다르다.**

ⅢⅢ.. **If it rained tomorrow, ----.**

시동=만약에 날씨가 **(그럴 가능성은 희박하지만)** 비가 왔을 경우(가 발생하면) 내일 말이다 : 강한 전제

vs If it rain tomorrow, ----.

시동=만약에 **(혹시)** 날씨가 비가 오는 게 이루어지면[오게 되면] 내일 말이다 : 약한 전제

하생각 강도와 실현 가능성

'했을 경우' 가 '하면' 보다 하생각 강도는 더 강하다. 하생각 강도가 높을 수록 실현 가능성은 떨어진다. 그래서 '했을 경우' 가 하생각 전제도 더 강해진다. 그리고, 의미원성립은 약한 하생각이기 때문에 직설법 현동사와 뜻이 거의 같다. 현동사는 하생각이 아니라 그냥 실제의미이다.

하생각 강도: If it rained 〉 If it rain ≒ If it rains : 실현 강도

④ 묻는 말[정생각/의미과성립]로 먼저 말하는 뇌

A.. a.. How should I solve this difficult problem?

시동=어떻게 (해서 이런 일이) 일어났지, 나로 하여금 말이다. ※이런 일=should, 즉 **조동사** associate

[hl: happen+let ould: **과음가** or d: did + decide] -- **사발생 정생각 놀라움 : 현재상황**

b.. Why should he fail?

시동=왜 그런 일이 발생해야 하나, 그로 하여금 실패하는 일이 말이다. ※그런 일=should associate

c.. "My husband snores I can' t get to sleep at night. What should I do?"

시동=무엇이 일어나록 해야 하나요? 내가 취해야 할 조치로서 말이다 -- **사발생 정생각 실행**

[s: sure hl: happen+let ould: **과음가** or d: did + decide]

B.. Should you be interested in our offer, contact us sooner or later.

시동=일어 나신다면 여러분들로 하여금, 즉 관심이 일어 나신다면, 내자 우리의 offer 분야에 말이다.

그러면----- : **도치 정생각** [=If you should be]

in=내 범위 지정 (대상)으로서 내자 -- 분야에

: I am interested in music. 시동=나는 관심이 있어요. 내자 음악 분야에 말이다.

/나는 있는 데 관심이 있어요. 내자 음악 분야에 말이다.

C.. Should he fail, what shall we do?

시동=발생했다면[발생했을 경우] 그로 하여금 실패하는 것이 말이다. 그랬다면[그랬을 경우] ---- ?

뜻하는 의미=그럴리 없겠지만 일어나게 되면 그로 하여금 실패하는 일이 말이다. 그러면 (무엇이 일어나야 하나요, 우리로 하여금 취할 조치로 말이다?) -- **도치 의미과성립** [=If he should fail]

정생각은 과거형태를 빌어서 생각의미에 한 번더 생각의미를 준 것이고, 의미과성립은 성립적인 생각이기 때문에 **둘 다 if 대용이 가능하다.**

⑤ free 영뇌[infml E]로 먼저 말하는 뇌

A.. Should go there alone. 시동=(하여금) 발생하는 게 좋을 것 같다. ※ should=(주어) **전제** infml E

B.. Should fail? 시동=(하여금) 발생하다니? 실패하는 일이 말이야? ※ should=(주어) **전제** infml E

IIIII.. Back to p93 ☞.. 이해는 (언어에 대한 basics를 알았디면) 최종적으로 단어의 최종적인 뜻인 감주로 이해한다.

영뇌전달[영뇌화법]과 | **단어의 뜻 — 거짓말이 안되게 그냥 단어의 뜻대로 상황에 맞게 전달한다.**

here / there this place / that place
these places / those places
-- 직접전달이든 간접전달이든 here 상황이면 here로, there상황이면 there로, this place 상황이면 this place로 these places 상황이면 these places로, those places 상황이면 those places로 전달하면 된다. 정확하게 전달하기만 하면 된다.
다만, 구문법에서는 전자 장소에서 장소 변화[이동]를 전제로 하기 때문에 간접전달시 후자로 전달하는 것이다.

now / then today / that day 그 날 tonight / that night 그날 밤
-- 때를 의미하는 이들도 장소표현과 같이 상황에 맞게 단어의 뜻대로 표현하면 된다. 그래서 얼마든지 직접말[직접화법]로 후자를 택할 수도 있고, 간접말[간접화법]로 전자를 택할 수도 있다. 다만 전자로 직접 말한 것이 시간 경과가 생겼지만 한참 지나서 정확한 시간이나 날짜가 계산이 되지 않을 경우 후자로 말하는 것이다. 비록 전자로 말했지만 시간이나 날짜가 정확하게 계산될 경우 계산된 시간이나 날짜로 말하면 된다.
다음 날짜 표현도 같다.
tomorrow /the next [following] day (그) 다음 날
yesterday / the previous day/the day before (그) 전날 last night/the night before(그) 전날 밤
two days ago / two days before[earlier]
(어느 시점, 즉 그 시점/그로부터) 이틀 전

the day after tomorrow 모레 /two days later
(어느 시점, 즉 그시점/그로부터) 이틀 후에
or in two days('time) [≠ *not* 'after two days']
(딱) 지나서, (딱) 이틀 지나서
/(딱) 지나서, (딱) 이틀간의 시간이 지나서
(단, in은 기준시점이 현재도 되고, 어느 시점도 된다. after는 딱 이틀후가 아닐 수도 있다.)

the day before yesterday 그저께
/ two days before 이틀 전
next week[year] / the following week[year]
last week[year] / the previous week[year]
a year ago (현재로부터) 일년 전
/a year before [the previous year] (어느 시점, 즉 그 시점/그로부터) 일년전[(그) 전해에]

특히 전자는 기준 시점이 현재로 현재로부터 계산된 날짜이고, 후자는 기준 시점이 어느 시점으로 (대화에서) 어느 시점을 염두에 두고 말하는 날짜이다. 정관사와 previous, before, later, earlier 단어에는 어느 시점을 암시하는 뜻을 보유하고 있기 때문이다.

- Kennedy was elected president in 1960. He was assassinated <u>three years later</u>.
- They married in 1995. They had announced their engagement <u>three years before</u>.
  : <u>그로부터</u> 3년 후/3년 전

그래서, 전자로 직접 말한 것을 날짜가 한참 지난 후 간접말로 전달 할때는 후자로 말하는 것이다. 그러면 같은 말이 된다 -- **구문법은 이것만 말하고 있다.** 하지만 직접말로 후자로 말할 수 도 있고, 물론 간접말로 전자로 말할 수도 있다. 그래서, 직접말로 후자인 경우, 간접전달인 경우에는 그대로 말해야 같아진다. 모두 어느 시점을 염두에 두고 하는 말이기 때문이다.
이렇게 단어의 뜻대로 상황에 맞게 표현하면 된다.

기타 : come[bring] / go[take] this / that[the]
say to / tell : 간접말에 say to, 직접말에 tell 그대로 가능 **주의] 구문법은 무조건 tell로 바꾸라고 함**

'Yes' → in the affirmative (긍정적으로) /agree
'No' → in the negative (부정적으로) /deny
'Damn!' → swear/cuss/curse
'Oh!' →with joy/delight/pleasure/surprise/fear
'Alas!' → with sorrow/regret/a sigh
'Bravo!' → with applause 'Hurrah!' → with joy
'Congratulations!' → congratulate me
-- 직접의견이나 직접감정은 간접전달시 후자, 즉 간접의견 또는 간접감정으로 말해야 한다.
전달동사 선택도 같다.

구체적인 예문과 명령문 전달방법 ☞ 기본영뇌 vol 2
기타 : 기원문 ☞p74

8) may 영뇌[may NB]

명사(대명사)를 허락/추측 현생각으로 그냥 서술적으로 설명해 나가거나 묻는 말/기원으로 먼저 말하는 뇌[말] 또는 free 영뇌[infml E]로 먼저 말하는 뇌

我必 free 감주로 간직하라.

▭ may BNW=허락/추측/기원 ▭ may=허락/추측/기원으로서 현생각 — (영어에 대한 기초지식을 알았다면)

소리=메이=slide F : a=에 : 알파벳음가 '에이'의 '에' 지배음가 y=이 : 알파벳음가 '와이'의 '이' 지배음가

① 허락 현생각으로 설명해 나가는 뇌

A.. **"Thank you. You may go now."**

시동=해도 좋다 [m: permission or a: allow no 'd' **현생각**]

B.. **No one may own more than 10% of the shares.**

시동=어느 누구도 해서는 안된다 -- **금지** /무(無)사람은 해도 좋다 -- **허락** (이상, 차자 10% 이상)

C.. **"May I watch this film[movie]?" "No, you may not."** -- **보통금지**

vs must not -- **강한 금지** 시동=필히 해서는 안된다 vs shall not -- **사발생 금지** 시동=하여금 일어나서는 안된다.

D.. **Study hard while you may.**

시동=(하는 한) 허락하는 한 ※ while=하는 한

이 때 may를 구문법 참고서들은 can이라고 하는 데 그것은 뜻하는 의미이다. 대부분의 한국 사람들은 단어 본래[원래] 의미로 해결하지 않고 뜻하는 의미로 해결하고 있다. 즉 BNW를 느끼지 못하는 것이다. 허락/허용으로서 가능성이니 주의하라. 반면에 can은 가능성으로서 가능이다.

tip) May I ask you a question? : formal Can I watch TV? : informal, use with friends
Could I borrow your umbrella? : more polite than can

E.. **He works hard so that he may succeed.**

시동=그렇게 되도록 즉 그가 그렇게 되도록 성공이 되도록 말이다 -- **허락/허용으로서 성립**
/그래서, 그 결과로 그는 할는 지도 모른다. 성공을 말이다 -- **추측 현생각**
▭ so that=purpose/result ※뒷 그렇게=may associate

F.. **Strange as it may seem, I always felt I belonged here.**

시동=이상하게, 즉 그것이 해도 보인다 해도 -- **허락으로서 양보**

② 추측 현생각으로 설명해 나가는 뇌

A.. **I may be late, so don't wait for me.**

시동=아마도 할는지도 모른다. [m: **아마도로서 추측/생각** or mind y: **기댄모습** no 'd' **현생각**]
-- 기대어 마음으로 생각하는 것으로서 추측 [=Perhaps/Maybe I am late,--]

B.. **The problem may be solved in a number of different ways.**

시동=아마도 될는 지도 모른다.

tip)고난도 감주 : May I get you something to drink? ↗**보통감주**
⇒ MayIgetyou somethingto drink? or MayI getyou -- ?
↘마이게이여 ↘메이아이 게츄 : a의 알파벳음가 ei중 i탈리
↘a철자음가, y의 i음가와 I의 중복으로 y탈리 + t탈리, y의 i음가, u지배음가의 여화 : **소리는 소리본체에서 나온다.**

완전번역과 준번역

▭ a number of different ways=한 수 가지나 되는 다른 방법 : **완전번역**

⇒ a number of의 뜻하는 의미=several, many, some : **준번역/이면번역**

-- 어느 것에 해당하는 지는 상황으로 판단, many일 경우 '한 수 가지가 한 수 많은' 뜻이다.

↳ 어떤 번역으로 시동을 거느냐에 따라 IS영뇌도 달라진다.

⇒ bnw-BAM 시동=Best ∵ 원어민과 같은 느낌

C.. Strange as it may seem, I always felt I belonged here.

시동=이상하게, 즉 그것이 아마도 보일지는 모르겠지만 -- **추측으로서 양보**

D.. However humble it may be, there is no place like home.

시동=아무리 humble하다고 그것이 그렇게 생각된다고 할지라도 ----. ※ 그렇게=may associate

E.. Charlse may be fat, but he can still run fast. 시동=아마도 일지도 모르지만/아마도 인 것 같지만

F.. She may well be surprised at the news.

시동=아마도 당연한 것 같다. -- 직자 그 뉴스를 듣고서 말이다. ※ 듣고서=**문맥** associate

[m: **아마도로서 추측/생각** no 'd' **현생각**]

well=일리[이치]로서 당연한 것

[el: **일리** or l>r : reasonably /good reason]

G.. It may well rain before tonight.

시동=아마도 가능성이 높은 것 같다.

well=very likely로서 가능성이 높은 것

[w : very+very l : likely]

H.. You may as well do the work at once.

시동=아마도 즉 잘 하는 것일지도 모른다/아마도 즉 나을는지도 모른다.

well=좋은 방향[방법]으로서 잘 하는 것[낫게 하는 것]

[w: way l: likable/likeable **호감이 가는 것/마음에 드는 것**]

I.. You may as well not know a thing at all <u>as</u> (you) know it but imperfectly.

시동=아마도 즉 나을 지[좋은 방향인지]도 모른다. (모르는 게 어떤 것에 대해 직자[즉] 전혀 모르는 게말이다.)

(즉 여러분들이 아는 것보다/아는 것과 비교해서 그것을 단지 불완전하게 아는 것보다/아는 것과 비교해서 말이다.)

뒷 as=동급비교 종맥으로서 '즉 -- 보다/즉 -- 와 비교해서' [a: class+comparison s: same]

vs might --. 시동=아마도 즉 나을 것 같다 [좋은 방향인 것 같다] -- **정생각 추측**

↳ tip) 정생각으로 생각이 한번 더 들어가니 실현 가능성은 may보다 더 적어진다. ※ but=adv. only

J.. China may have released dissidents.

시동=아마도 있는지도 모른다. 즉 풀어 준 사실이 말이다. *have=소유로서 '가지다' / '있다'

/아마도 가지고 있는지도 모른다. 즉 풀어 준 사실이 말이다.

/아마도 있을지도 모른다. 즉 풀어 준 사실이 말이다.

/아마도 가지고 있을지도 모른다. 즉 풀어 준 사실이 말이다.

/아마도 <u>가진 것</u> 같다. 즉 풀어 준 사실을 말이다. **(밑줄=과거형 현재의미 -- 현재발생 본동사의미)**

③ **묻는 말/기원으로 먼저 말하는 뇌**

A.. a.. **May I leave right now?** 시동=해도 좋은 가요?

vs **Might I leave right now?**

시동=해도 좋겠오/해도 좋을 것 같은가? -- **정생각 허락**

b.. **"May I come in and wait?" "Yes, of course."**

시동=해도 좋으냐?

B.. **May you have a very happy married life!**

시동=비옵나이다. [m: mind y: 비는 모습 no 'd' 현생각]

-- 마음으로 비는 것으로서 기원의미

→ 이 때 may는 묻는 말이 아니다. 그래서 의문표도 붙이지 않는다.

vs a.. You have a ---! or Have you a ---- !

-- 기원[바람/소망] 의미원성립 ※ have=원동사

b.. I wish you had a --- ! -- 소원[소망] 의미과성립

④ **free 영뇌[infml E]로 먼저 말하는 뇌**

A.. **May well be surprised at the news.** 시동=아마도 당연한 일인지도 모른다.

B.. **May be fat.** 시동=아마도 일지도 모른다. C.. **May come in?** 시동=해도 좋은 가?

D.. **May go now.** 시동=해도 좋다. E.. **May well rain.** 시동=아마도 가능성이 높을 지도 모른다.

※ 모든 May=(주어) **전제** infml E

tip)조동사는 본동사이기 때문에 다음과 같은 어순도 가능하다.

I can /English speak. =기-->설 : 나는 가능한데 영어 말하는 게 말이다.

-- 노래나 옛날 표현에서 많이 볼 수 있는데 기/설로 의율이 되기 때문이다.

생활 속에서의 뜻과 | 사전의 원형적인 뜻 또는 단어장 뜻은 다르다.

생활 속에서의 뜻은 실제생활 속에서 느끼는 뜻으로 사전의 원형적[정의적]인 뜻이나 단어장 뜻보다 더 실제적이고 더 넓다. 외국에 나가면 모두 생활 속에서의 뜻으로 다가오며 생활 속에서의 뜻을 모아 놓은 것이 사전의 뜻이다. 우리말도 일일이 백과사전을 찾아 익힌 것이 아니다. 생활 속에서 저절로 익혀진 것이 많다.

↗ **일종의 si-Helper**

그래서 사전의 뜻에만 의존하지 말라. 생활 속에서의 뜻으로 의미를 잡는 기술이 있어야 한다.

현장 뉴스를 듣는 것도, 영자신문을 읽는 것도, 사전의 예문을 보는 것도, 단어를 BAM으로 이해하는 것도 — 등등, 모두 다 생활 속에서의 뜻이다.

: But President Trump ordered them to pack and leave and not intervene.

— 이것을 생활 속에서의 뜻으로 이해하면 쉽게 이해할 수 있고, IS도 쉽게 작동한다. 특히 오역도 줄일 수 있다.

: 터키가 시리아 북부를 침략했을 때 미군을 철수 시키면서 하는 말 — (대동) 짐싸고 떠나지 (다시) 끼어들지 말라는 것

tip)일반적으로 president가 칭호(title)일 때는 대문자, 그외 직위/신분(position)일 때는 소문자

: President Abraham Lincoln, the President of France vs The President/president gave her approval for the interview. vs Women may run for president. a bank/college president

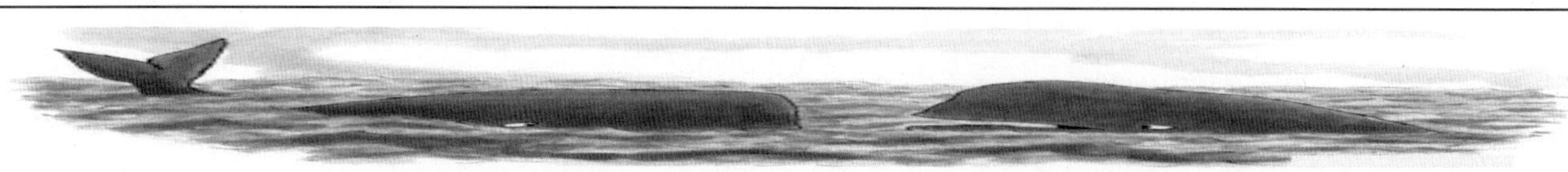

" We should' ve stayed on land, and grown feet and kicked ass. "

(Two whales are seen in water in conversation.)

☜.. 이해는 최종적으로 단어의 최종적인 뜻인 감주로 이해한다.

9) might 영뇌[might NB]

명사(대명사)를 허락/추측/기원 과생각 또는 허락/추측 정생각[의미과성립]으로 그냥 서술적으로 설명해 나가거나 묻는 말[정생각/의미과성립]로 먼저 말하는 뇌
또는 free 영뇌[infml E]로 먼저 말하는 뇌

▭ might=허락/추측/기원으로서 과생각
또는 허락/추측으로서 정생각[의미과성립] **소리**=마이트=slide F : i=아이 : 알파벳 음가 gh=폐쇄
↳ (영어에 대한 기초지식을 알았다면) 생활 속에서의 뜻으로 모두 我必 free 감주로 간직하라.

① **허락/추측/기원 과생각으로 설명해 나가는 뇌** — 과생각은 시제 형태대로 실제 과거의미로 나타난다.

IIIII .. **허락 과생각으로 설명해 나가는 뇌[말]**

A.. **He said that I might borrow his car.**
시동=(말했는데 그 때) 해도 좋다고 말이다. ※ 해도 좋다=**현재형 과거상황 -- 동시점 상황**
[m: permission ight>it 었: 과음가 or t>d: did 과생각] -- **과거허락**

B.. **He asked if he might come in and look around.**
시동=(물었는데 그때) 해도 되는 지 말이다. ※ come/look=**과거 속에서의 그 시점[동시점] 본동사의미**

IIIII .. **추측 과생각으로 설명해 나가는 뇌[말]**

A.. **She said it might be dangerous.** 시동=(말했는데 그 때) 아마도 일지도 모른다고 말이다.
[m: 아마도 ight: 과음가 or t>d: did 과생각] -- **과거추측** ※ be=**과거 속에서의 그 시점[동시점] 본동사의미**

B.. **If you had invited him, he might have come.**
시동=(그 때) 아마도 했을 것 같다. 즉 참석을 말이다 / --- 즉 가졌을 것같다. 참석한 것을 말이다.
※ had=**과거 속에서의 의미과성립** -- 그 때 가졌더라면 (초대한 사실을)
have=**과거 속에서의 (발생) 본동사의미** 단 might=(가능성 대신 반대사실) **의미과성립도 가능** : 아마도 했을 텐데

C.. **"Why didn't he say 'Hi' when he passed us on the street?" "He might have been daydreaming."**
지난 일에 대해 다음과 같이 두 가지로 추측할 수 있다.
▭ 과생각으로서 추측
=(그 때) 아마도 하고 있었는지도 모른다. 즉 있었던 것인 데 쭉 공상을 하고 있었던 것으로 말이다.
/아마도 가진 것 같았다. 있었던 것인데 ---- . [=Perhaps he had been daydreaming.]
▭ 정생각으로서 추측=(지금 생각해보니 그 사람에게) 아마도 있는 것 같다[=might have]. 즉 있었던 것인 데 쭉 공상을 하고 있었던 것이 말이다.
⇒ **전자 have=과거 속에서의 (발생) 본동사의미 후자 have=현재 속에서의 본동사의미**

vs He may have been ---.
▭ 현생각으로서 추측=아마도 인지도 모른다. 즉 있었는지도 쭉 공상을 하고 있었는지도 모른다.
/(그 사람에게) 아마도 있는 지도 모른다. 있었던 것인데 쭉 공상을 하고 있었던 것이 말이다.
※ **have=과분사 안내로서 '즉' /소유로서 '있는 것' ⇒ have=현재 속에서의 본동사의미**

IIIII .. **기원 과생각으로 설명해 나가는 뇌[말] :**

▭ **Mr. Rice prayed that God might bless America.**

시동= (그때) 해주시기를 ---- .

might=마음으로 비는 것으로서 (그때) 해주시기를

[m: mind h: 서거나 앉아서 비는 모습 ight: 과음가 or t〉d: did **과생각**]

may=마음으로 비는 것으로서 기원합니다/비옵니다 : **현생각**

[m: mind y: 서거나 앉아서 비는 것 no 'd' 현재] : **May you long live!**

② **허락/추측 정생각으로 설명해 나가는 뇌**

-- 시제형태 대로 과거의미가 되는 것이 아니라, 정하는 의미가 된다.

IIIII .. **허락 정생각으로 설명해 나가는 뇌**

A.. I wonder if I might speak to your son.

시동=해도 될 것같은지[m : permission ight: **과음가** or t〉d : did + decide]

B.. If you need more information, you might try the Internet.

시동=아마도 하면 될 것같다[해도 좋을 것 같다] -- **허락충고/권고**

C.. You might post this letter for me.

시동=해주시면[해주면] 좋을 것 같다 /아마도 하면 좋을 것 같다 -- **허락제의**

vs should -- **사발생 실행/제의/권고/충고**

하여금 일어나게 하면 좋을 것같다[하여금 일어나면 좋을 것같다]

D.. He works hard so that he might succeed.

시동=(그렇게 되도록 즉 그가) 되도록 성공이 되도록 말이다 -- **정생각 허락으로서 성립**

⇒ **정생각 추측인 경우**=(그래서 그 결과로) 아마도 할 것같다 ⇒ may이면 '아마도 할는지도 모른다'

=He works hard in order that he might[may] succeed.

시동=그는 일을 열심히 한다. 하기 위해서, 목적 달성을 하기 위해서 하는 데, 즉 그가 되도록 성공이 되도록 말이다.

may=**현생각으로서 허락 (성립)** in order=**하기 위해서, 목적 달성을 하기위해서**

order=**목적 달성**[o: objective d: **달성**]

❖ so that=purpose/result 절 ❖ in order that=purpose 절

그래서, 문맥상 that절에 can/could도 가능하다 ⇒ 할 수 있다[가능한 것같다]/할 수 있도록[가능한 것이 되도록]

마침내 영어의	4가지 미스테리가 풀렸다.

1. 원어민 두뇌는 어떻게 움직이는 가 —〉 기/설, 즉 설가뇌
2. 아이들이 언어를 어떻게 습득하는 가 —〉 Free 영뇌
3. 영어를 어떻게 읽을[들을/말할] 것인가 —〉 감주
4. 과연 단어의 고유한 뉘앙스는 무엇이며, 단어의 뜻은 어떻게 만들어지는 가 —〉 BNW와 BAM

IIIII .. 추측 정생각으로 설명해 나가는 뇌

A.. "Take an umbrella with you. It might rain."

시동=아마도 할 것같다. [m: **아마도로서 추측/생각** ight: **과음가** or t>d: did + decide]

vs may 시동=아마도 할는지도 모른다 : **추측 현생각**

vs It was very clouldy yesterday. Then it might rain.

시동=그 때 (날씨가) 아마도 할 것 같았다. 비오는 게 말이다 : **추측 과생각**

B.. **You might as well expect the sun to rise in the west as (you) expect me to change my opinion.**

시동=아마도 즉 (하는 편이) 나을 것같다[좋은 방향인 것같다]. 기대하는 것이 ---. (즉 여러분들이 기대하는 것보다 /것과 비교해서, 내가 대동 바꾸기를, 내 견해를 바꾸기를 기대하는 것보다/것과 비교해서 말이다.)

뜻하는 의미=결국 절대로 내 견해를 바꿀 수 없다는 말이다.

뒷 as=동급비교 종맥으로서 '즉 -- 보다/즉 -- 와 비교해서'

vs may as well 시동=아마도 즉 (하는 편이) 나을는 지도 모른다 : **추측 현생각**

└→ mignt **정생각**보다 실현 가능성은 더 크다. 정생각은 생각이 한번 더 들어가기 때문이다.

C.. **If you invited him, he might come.** 시동=아마도 할 것같다.

□ invited=**현재 또는 미래 속에서의 의미과성립** -- 지금 초대했다면/앞으로 초대했을 경우

⋯› 그래서 him뒤에 today 혹은 tomorrow를 붙여도 좋다.

tip) 현재 속에서의 의미과성립이면 might=(반대사실) 의미과성립도 가능 : 아마도 했을 텐데

D.. **"I' m not sure where to go on my vacation, but I might go to Rome.** [=Perhaps I will go to Rome.]

시동=아마도 할 것같다. □ on=**작동으로서 시작/실시 (되면)** ⋯› 시작/실시 되면, 내 방학[휴가]이 시작/실시 되면

E.. **I don' t know she might be sick today.**

시동=아마도 인지 즉 아픈지 말이다. [=that she might ----. /if she might ----.]

F.. **"Don' t call me at 10 : 00. I might be watching[seeing] the World Cup football match."**

시동=아마도 할 것같다. 즉 보고 있을 것 같다. /아마도 있을 것 같다. 즉 -- .

③ 허락/추측 의미과성립으로 설명해 나가는 뇌

IIIII .. **허락 의미과성립으로 설명해 나가는 뇌**

□ **If you might come here, you [can]could ----. : 현재 속에서의 의미과성립**

시동=(만약에) 마음이 허락했다면 --- 그랬다면 -- [할 수 있다] 할 수 있을 것 같다.

뜻하는 의미=(만약에) 혹시라도 마음이 허락한다면 [m: permission ight: **과음가** or t>d: did + under]

IIIII .. **추측 의미과성립으로 설명해 나가는 뇌**

□ **If you might come here, you [can]could ----. : 현재 속에서의 의미과성립**

시동=(만약에) 아마도 할 것같은 생각이 들었다면 --- 그랬다면 ---- .

뜻하는 의미=(만약에) 혹시라도 아마도 할 것같으면, -- 그러면 --- .

[m: **아마도로서 추측** ight: **과음가** or t>d: did + under]

tip) 모두 미래 속에서의 의미과성립이 아니기 때문에 could는 정생각 대신 반대사실 의미과성립도 가능하다.

: (현재) 할 수 있었을 텐데 만약 might가 가능성 의미과성립이면 could는 정생각이 된다.

④ **묻는 말[정생각/의미과성립]으로 먼저 말하는 뇌**

A.. **Might I borrow your car?** 시동=해도 좋을 것같은가 -- **정생각 묻는 말**

B.. **Might you come here, we would appreciate.**

시동=이마도 해주신다면 --- 할 것 같다. 고맙게 말이다 -- **도치 정생각** [=If you might]

⇒ **'해주신다면'=허락으로서** '해주신다면' : might vs **부탁으로서** '해주신다면' : would

C.. **Might you come here, you [can] could ----.**

시동=(만약에) 마음이 허락했다면 --- 그랬다면 ---- .

/(만약에) 아마도 할 것같은 생각이 들었다면 --- 그랬다면 ---- .

-- **도치 의미과성립**[=If you might]

→ 이렇게 두 문장으로 되어 있으면 접속사 대용으로 판단하라.

⑤ **free 영뇌[infml E]로 먼저 말하는 뇌**

A.. **Might borrow your car?** 시동=해도 좋을 것같은 가? -- **평서문을 이용한 의문문** : I might borrow your car?

B.. **Might borrow my car.** 시동=해도 좋을 것같다. C.. **Might be sick today.** 시동=아마도 인 것 같다.

D.. **Might have been daydreaming.**

시동=아마도 가진 것 같다/같았다. 있었던 것인데 쭉 공상을 하고 있었던 것을 말이다.

※ 모든 Might=(주어) **전제** infml E

Fast Reading] infml E는 infml E로 이해해야 빨리 이해할 수 있다. 그리고 infml E 표현에 용감하라.

IIIII.. U.S. official says ISIS bomb most likely reason for plane crash.

U.S. official/ISIS bomb/plane crash=(보통체의) 단수 단독표현으로 infml E ☞p239

--> A/The U.S.[US] official /An ISIS bomb /the plane crash (단, reason=C/U : 보통체일 경우 infml E -->the most likely reason)

crash=구체적인 하나의 사고로서 보통체 most likely reason=be 동사 전제 infml E --> is

↳ 그야말로 가장 --

시동=미국 관리 말에 의하면 ISIS 폭탄(일 가능성)이 가장 유력한 이유인 것같다. 해자[즉] 비행기 추락 사고에 대해서 말이다. ＊일 가능성=(ISIS bomb의) **문맥** associate

감주로 이해하거나 듣거나 말하는 것과	(감주 느낌없이) 그냥 하는 것은 엄청난 차이가 있다.

▭ CNN Partner Hotel. ⇒ 감주 〃 =CNN • Partner Hotel.=장감주+단주 i.e., 소감주+단주=빅감주

⇒ 그냥 이해/들음/말함=CNN Partner Hotel. (장감주=사이 time + 단주=장장감주 : 사이 time ++)

▭ Monday on CNN. ⇒ 감주 〃 =Mondayon CNN.=단감주+단주 i.e., 소감주+단주=빅감주

⇒ 그냥 이해/들음/말함=Monday on CNN. (단감주=사이 time zero or minus)

전자는 감주와 단주로 뒷말과 말하는 느낌이고, 후자는 그런 느낌이 없다. 즉 장감주/단감주는 한 단어 처럼 뒷말과 말하는 느낌이고(**밀접감주**), 단주는 약간 떨어지면서 뒷말과 말하는 느낌이다(**근접감주**). 실제로 본인이 직접 말해 보아라. (감주 느낌없이) 그냥 말하는 것과 엄청난 차이가 있다.

특히 뒷말과 말하는 느낌 때문에 마음의 소리이든 실제소리이든 말순 대로 (무한글) 이해가 실린다.

" I FEEL I ALREADY KNOW YOU. I'VE HEARD YOUR NAME MENTIONED SO OFTEN IN MY HUSBAND'S SLEEP! "

☞.. 이해는 최종적으로 단어의 최종적인 뜻인 감주로 이해한다.

10) must 영뇌[must NB]

명사(대명사)를 의무/확실한 추측 현생각으로 그냥 서술적으로 설명해 나가거나 묻는 말로 먼저 말하는 뇌 또는 free 영뇌[infml E]로 먼저 말하는 뇌

▭ must BNW=의무 /확실한 추측 **소리**=머스(트)=slide F : u=아/어의 중간 감정음가 t=폐쇄 또는 비폐쇄

▭ must=의무/확실한 추측으로서 현생각 ❈ **must=adj.** : must subjects **noun**: sightseeing must

↳ (영어에 대한 기초지식[basics]을 알았다면) 我必 free 감주로 간직하라.

① 의무 현생각으로 설명해 나가는 뇌

A.. **You must go.** 시동=반드시[필히] 해야한다 -- **확실한 수행** m[mission] + [no 'd' **현생각**]

또다른 Ekbe=반드시[필히] 가야한다 : must=의무/필연성으로서 반드시[필히] go=의무[필연성] 본동사의미

B.. a.. **All passengers must wear seat belts.**

b.. **All human beings must eat food and drink water in order to live.**

c.. **All people must die eventually.** : **의무에서 필요성/불가피성[필연성]--등으로 확장**[m: n+n: necessity/inevitability]

C.. **You mustn't talk to your mother like that.** 시동=필히 해서는 안된다 -- **확실한 금지**

vs may not 시동=해서는 안된다 -- **허락/허용 금지**

vs shall not 시동=하여금 일어나게 해서는 안된다 -- **사발생 금지**

D.. **Men must eat.**

vs a.. have to 시동=가지고 있다. 대동 해야 하는 것을 말이다. /해야 한다. 대동 하는 것을 말이다.

b.. need to :::: have to ☞ p176, 180 : have to=의무[**필요성**]/비생각의미 ☞ esp. **기본영뇌** vol 2 p314

c.. needs must or must needs ❈ needs=adv. **고어로서 필히/반드시** (necessarily)

d.. have got to 시동=가지고 있다, 해야 겠다는 것인 데 (대동 먹는 것으로 말이다.)

/가지고 있다. 할 필요성, (즉 먹을 필요성을 말이다.) ❈ got=**미래의미성립** event

e.. are obliged to 시동=있는 데 의무감이 있는 데 대동 하는 데 말이다

: 의무감으로서 할 수 밖에 없는 것 ❈ obliged=**자동과분사** (로서 자동책임) 또는 **자동형용사**

f.. are forced to 시동=있는 데 강제성이 있는 데 대동 하는 데 말이다

: 강제성으로서 할 수 밖에 없는 것 ❈ forced=**자동과분사** (로서 자동강제성) **또는 자동형용사**

g.. are to 시동=인데 대동 해야 한다는 것이다 : **Formal/Written English**

extreme caution]다음 문장을 불가피성으로 번역하면 뜻하는 의미이지 본래의미[원래의미]는 아님에 주의하라.

: "Do we turn away? Do we shrug our shoulders and move on?" -- 타이거 우즈가 생애 최악의 라운딩을 한 상황

시동=하란 말인가, 우리가 피해서 외면하란 말인가? 하란 말인가, 우리가 으쓱해서 양어깨를 으쓱해서 뿌리치기라도 하란 말인 가? **뜻하는 의미**=해야 하는 가, 우리가 피해서 외면 해야 하는 가?

*turn=다른 데로 돌리는 것으로서 피하는 것 move=이동으로서 뿌리치는 것 on=작동으로서 실시

cf] Do I eat this? 시동=한다↗ 내가 먹는다↗ 이것을 말이다?

↗ have to/has to를 생각의미일 때도 역행동화를 시키지 않고 각각 소리를 내면 infml 소리

attention] have to의 소리 ↗ 무성음 t영향을 받아 v가 f로 변하면서 감주발생

— 의무/필요성/강한추측일 때=hæftə =해프터=slide F : **후음 무성음 매치** cf]has to=같은 현상 : hæstə =해스터

/비생각의미로서 소유의미일때=hævto=해브투 /해브어: t폐쇄와 어화, 비합성감주 /해버: 합성감주 =slide F

: You don't have to be impotent to use Viagra. Syrian people have to die. [=are dying]

시동=여러분들은 없다. 즉 되는 일이 불능이 되는 일이, 사용하면 비아그라를 사용하면 말이다.

/시리아 국민들은 하고 있는데 (대동) 죽어가고 있다. (have=가지고 있는 것으로서 하고 있는 것)

[가지고 있어요, (대동) 죽어가는 것을 말이다.] ↳**(현재상황에 대한) 설명 본동사의미**

② **확실한 추측 현생각으로 설명해 나가는 뇌**

A.. **You must go.**

시동=확실하다/틀림없다. 가는 게 말이다. -- **확실한 추측**

m[mind] + s[sure] + [no 'd' **현생각**] ⇒ **의무 현생각인 경우**=반드시 해야 한다

vs **You shall go.** 시동=하여금 틀림없이 일어 날 것이다 -- **사발생 추측** 뜻하는 의미= 틀림없이 할 것이다.

vs **You have to go.** ⇒ **이때 have도 의무[필요성] 또는 추측 뇌로 작동한다.**

시동=해야 한다[해야할 필요성이 있다] 대동 go하는 것을 말이다 -- **의무/필요성**

/해야 할 것같다[해야 할 필요성이 있는 것 같다] -- **강한 추측** ✠ have to=의무/필요성/강한추측/비생각의미

B.. **Sam must be nearly 90 years old now.** 시동=틀림없다[확실하다/틀림없이 인 것같다].

C.. **You must feel tired after your long walk.** 시동=틀림없다. 느끼는 것인데 피로를 말이다.

vs have to : **강한추측** 시동=틀림없이 가지고 있는 것같다 : infml English

D.. **That must be the stupidest idea I' ve ever heard!**

vs That has to be the stupidest idea I' ve ever heard!

시동=틀림없이 가지고 있는 것같다 [=That has got to be --. 틀림없이 가진 것같다 : infml E

⋯→ has=강한 추측으로서 '틀림없이' got=움직여 취한 것으로서 가진 것]

tip) has to=생각의미일 경우 : 해스어/해서 ⇒ '스' 음가=s의 t의 무성음 역행동화

E.. **You must come and stay with us in London sometime.**

시동=반드시/꼭 하면 좋을 것같다 -- **강한 추측 충고[제의]**

vs should 시동=하여금 발생하면[일어나면] 좋을 것 같다 -- **사발생 충고[제의]**

vs had better[best] 시동=하면/했으면 더[가장] 좋을 것 같다 -- **정생각/의미과성립 충고[제의]**

↳in short, better[best] vs might 시동=아마도 하면[해도] 좋을 것같다 -- **허락 충고[제의]**

③ **묻는 말로 먼저 말하는 뇌**

IIIII .. **Must I pay now?**

시동=필히 해야 하는 가? 지불하는 것인데/계산하는 것인데 지금말이다? -- **의무로서 묻는 말**

/틀림없는 가? 내가 계산하는 것이 말이다? -- **확실한 입증으로서 묻는 말**

④ **free 영뇌[infml E]로 먼저 말하는 뇌**

A.. **Must go there alone.** 시동=반드시 해야 한다 /필히 하는 게 좋겠다.

B.. **Mustn't talk to your mother like that.** 시동=반드시 해서는 안된다.

C.. **Must eat food?** 시동=반드시 해야 하는 가? ※ Must/Mustn' t/Must=(주어) **전제** infml E

.. 이해는 최종적으로 단어의 최종적인 뜻인 감주로 이해한다.

11) 과조동사 must 영뇌

명사(대명사)를 의무/확실한 추측 과생각[정생각/의미과성립]으로 그냥 서술적으로 설명해 나가거나 묻는 말[정생각/의미과성립]로 먼저 말하는 뇌

또는 free 영뇌[infml E]로 먼저 말하는 뇌

↗(영어에 대한 기초지식[basics]을 알았다면) 我必 free 감주로 간직하라.

▭ must=의무/확실한 추측으로서 과생각[정생각/의미과성립] ※ must=현과동형[현조동사 또는 과조동사]

① 과생각 [정생각 /의미과성립]으로 설명해 나가는 뇌

A.. a.. **He said that he must pay the debt. [=had to]**

시동=그 때 해야 한다고 말이다 [그때 해야 한다고, 대동 하는 것을 말이다]

-- 과거 그때 필히 해야 하는 것에 대한 과생각 : **일종의 동시점 과거**

m[mission] + ust 었: **과음가** or t[d variation: did **과생각**]

b.. **He told me he must warn me of the consequences. [=had to]**

시동= 자기가 (필히) 그때 해야 한다고 경고를 말이다. [해야 한다고/가져야 한다고, 대동 하는 것을 말이다.]

⇒ 해야/가져야 한다고=**현재형 과거상황 : 일종의 동시점 과거**

c.. **She must work last Sunday.** 시동=해야만 했다. (일을 지난 일요일에 말이다)

d.. **I must apologize again to him yesterday. [=had to]**

시동=해야만 했다. (사과를 또다시 대자 그에게 어제말이다.) [가지고 있었다. 대동 해야 하는 것을 말이다.]

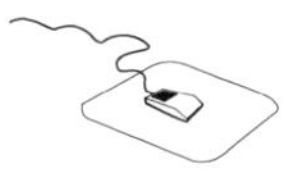

-- 이럴 경우 구문법에서는 had to만 주장하는 사람이 있는 데 잘못된 것이다. 바로 잡아라.
must는 고대영어 moste(해야만 했다)에서 나온 것인데 본래는 과거 뜻이었으나, 나중에 현재 뜻으로 사용하게 된 것이다. 따라서, 현대영어에서는 had to로 바꾸어도 좋고, 그대로 써도 좋다.

e.. **"The phone rang. But I didn't hear it. I must have been asleep."**

▭ **현생각 추측**=틀림없는 것 같다. (즉 이었음에 잠들었음에 말이다.) m[mind] + s[sure] + [no 'd' **현생각**]

▭ **과생각 추측**=(그 때) 틀림없었던 것 같다[같았다].

m[mind] + s[sure] + ust: **과음가** or t[d variation : did **과생각**]

B.. **If you must apologize again, do that.**

시동=(만약에) 꼭 하시겠다면 -- **정생각**: 더 공손한 뜻 cf] **현생각**=꼭 해야 한다면

C.. **If you must apologize again to him yesterday, you should have done that then.**

-- 과거 속에서의 의미과성립 [=If you had to] also, should=**의미과성립**

시동=(만약에) 꼭 해야한다고 마음이 들었다면/꼭 해야 했다면 [가졌더라면 대동 해야 한다는 것을] -- 그랬다면 너로 하여금 일어났어야 하는 데[일어났으면 좋았을 텐데], 즉 했어야 하는 것, 그렇게 했어야 하는 것을 말이다.

m[mission] + ust: **과음가** or t>d[did + under]

② 묻는 말[정생각/의미과성립]로 먼저 말하는 뇌

A.. **Must I apologize again to him yesterday?** 시동=해야만 했던가? -- **과생각으로 묻는 말**

vs Must I apologize again to him? 시동=필히/반드시 해야 하는 가? -- **현생각으로 묻는 말**

vs Ought I to apologize again to him? 시동=당연히 해야 하는 가? (내가 사과하는 것인데-- .)

-- **당연성 현생각으로 묻는 말** ※ ought=현과동형으로 to로 설명해 나가는 조동사

B.. **Must you apologize again, do that.**

시동=꼭 하시겠다면 : **도치 정생각** : m[mission] + ust: **과음가** or t>d[did + decide]

C.. **Must you apologize again to him yesterday, you should have done that then.** [=Had you to]

시동=꼭 해야한다고 마음이 들었다면/꼭 해야 했다면 [가졌더라면 대동 해야한다는 것을] -- 그랬다면 : **도치 하생각**

③ free 영뇌[infml E]로 먼저 말하는 뇌

A.. **Must apologize again to him yesterday?** 시동=해야만 했던가?

B.. **Must apologize again to him yesterday.** 시동=해야만 했다. ※ Must=(주어) **전제 infml E**

.. 이해는 (언어에 대한 basics를 알았디면) 최종적으로 단어의 최종적인 뜻인 감주로 이해한다.

IIIII .. to로 설명해 나가는 조동사 : ought /used

전자= 뜻과 기능이 조동사와 같기 때문에, 생각의미로 묻는 말이 될 수 있고, 바로 not으로 부정할 수 있다.

후자=뜻은 일반동사와 같으나, 기능은 조동사와 같기 때문에, 역시 바로 묻는 말이 가능하고, not으로 부정도 가능

tip)뜻이 일반동사와 같은 조동사는 정생각이 없다.

1. ought 영뇌[ought NB] :

명사(대명사)를 당연성 현생각/과생각[정생각/의미과성립]으로 그냥 서술적으로 설명해 나가거나 묻는 말[정생각/의미과성립]로 먼저 말하는 뇌 또는 free 영뇌[infml E]로 먼저 말하는 뇌

▭ ought BNW=당연성

▭ ought=당연성으로서 현생각/과생각[정생각/의미과성립] —— **현과동형**

↳ (영어에 대한 기초지식을 알았다면) 생활 속에서의 뜻으로 모두 我必 free 감주로 간직하라.

① 당연성 현생각으로 설명해 나가는 뇌

A.. You ought to clean your teeth before you go to bed.

시동=당연히 해야 해요, 대동 깨끗이 하는 것인데/당연히 대동 깨끗이 해야 해요 --- **당연한 실행**

※ ought=당연히 굴러가야 하는 것으로서 당연성 [o: **굴러가는 모습** t>d: **당연** no 'd' **현생각**]

※ ought to=oughtta : infml **표기** ought=오-트=retro-root F oughtta=오-러=retro-root F

B.. You ought not to let his dog run on the road.

시동=당연히 해서는 안된다. 대동 하게 하는 것을 그 사람 개를 뛰어 다니게 하는 것을 상소 차도 상소에서 말이다 --- **당연한 금지** ※ **상소(上所)** road=차도/도로

--- 조동사처럼 부정어를 바로 뒤에 붙일 수 있으나 to를 거쳐 원동사를 표현하는 단어이다.

※ oughtn' t=spoken form of 'ought not'

C.. John ought to arrive here by noon.

시동=당연히 해야 할 것 같다. 대동 도착하는 것인데 여기에 근시 정오쯤에는 말이다 --- **당연한 추측**

② 당연성 과생각[정생각/의미과성립]으로 설명해 나가는 뇌

— 생각의미 조동사이니 정생각도 가능하다.

A.. a.. He said that she ought to come. 시동=(그때) 당연히 대동 와야 한다고 말이다.

[o: **굴러가는 모습** ought **었: 과음가** or t>d: **당연** + d: did **과생각**]

b.. She ought to have completed the work. *to have="연결설명+event 소유„로서 '즉'

시동=당연히 해 놓았어야 했는 데, 즉 완성시켜 놓았어야 했는 데 그 일을 말이다 -- **당연한 과거 유감**

c.. He ought to have reached the house some time ago.

시동= 당연히 대동 가졌어야 하는 데 도착한 사실을 -- . /당연히 했어야 했는 데 즉 도착했어야 했는 데 -- .

⋯› **have=과거 속에서의 발생 본동사의미**

d.. David ought not to have gone out in the rain yesterday.

시동=당연히 있지 말았어야 했는 데, 즉 나간 사실이 있지 말았어야 했는 데 맞으며 비를 맞으며 어제 말이다.

e.. We oughtn't to have agreed without knowing what it would cost.

시동=당연히 하지 말았어야 했는 데, 즉 동의하지 말았어야 했는 데 모르고서 얼마나 그것에 할 것 같은지 즉 비용이 들 것같은지 모르고서 말이다. /당연히 대동 가지지 말았어야 했는 데, 동의한 사실을 ---- .

↳ oughtn' t=오-든트/오-든/오-른=retro-root F

B.. If you ought to complete this work, we'd be pleased.

시동=(만약에) 당연히 (해주신다면, 즉) 대동 완성시켜 주신다면 이 일을 말이다. 그렇다면-- 할 것같다, 즉 기쁠 --.

: 정생각 [o: 굴러가는 모습 ought: 과음가 or t>d: 당연 + d: did + decide]

C.. If you ought to have taught that, you should have taught this.

-- 과거 속에서의 의미과성립 [o: 굴러가는 모습 ought: 과음가 or t>d: 당연 + d: did + under]

시동=(만약에) 당연히 했어야 했다면, 즉 가르쳤어야 했다면 ---, 그랬다면 너로 하여금 발생했어야 했다[했는데].

즉 가르친 사실이 발생했어야 했다[했는데]. 이것부터 말이다.

③ 묻는 말[정생각/의미과성립]로 먼저 말하는 뇌

— 조동사이니 그대로 바로 묻는 말이 될 수 있다.

A.. a.. Ought she to arrive here by noon?

시동=당연히 해야 하나요? 그 여자가 대동 도착하는 것인데 여기에 근시 정오쯤에는 말이다?

b.. What sort of crimes ought the police to concentrate on?

시동=어떤 종류의 죄에 당연히 경찰이 대동 집중하지[하는 것이지]? *on=작동으로서 실시

B.. Ought you to complete this work, we'd be pleased.

시동=당연히 해주신다면, -- 대동 완성시켜 주신다면 ---- : **도치 정생각**

C.. Ought you to have taught that, you should have taught this.

-- 과거 속에서의 의미과성립

시동=당연히 했어야 했다면, 즉 가르쳤어야 했다면 --- : **도치 하생각**

④ free 영뇌[infml E]로 먼저 말하는 뇌

A.. Ought to clean your teeth before you go to bed. B.. Ought to arrive here by noon.

C.. Ought not to have gone out in the rain yesterday.

2. used 영뇌[used NB] :

명사(대명사)를 사용[이용]의 반복적 과행위[과습관] /의미과성립으로 그냥 서술적으로 설명해 나가거나 묻는 말[의미과성립]로 먼저 말하는 뇌 또는 free 영뇌[infml E]로 먼저 말하는 뇌

▭ used BNW=사용/이용의 반복 과거

▭ used=사용/이용으로서 반복적인 과행위[과습관] /의미과성립 — (영어에 대한 기초지식을 알았다면 생활 속에서의 뜻으로) 我必 free 감주로 간직하라.

— 뜻은 일반동사와 같기 때문에 정생각은 나올 수 없다.

① 사용[이용]의 반복적 과행위[과습관] /의미과성립으로 설명해 나가는 뇌

A.. a.. You used not to eat chips when you were younger.

시동=이용하지 않곤 했다[하지 않곤 했다] 대동 먹는 것을 chips 먹는 것을 말이다. tip)usedn't=유-슨(트)

[use + ed: 과음가 or d: did 반복과거] ※ use=이용하는 것으로서 '하는 것'

⇒ You didn't use to eat chips when you were younger. — **일반동사로 취급(유-스터=used to와 소리가 같다)**

didn't도 반복과거 use=과거 속에서의 반복 본동사의미 ※ chips=BrE potatoe chips, AmE French fries

시동=하지 않곤 했다. 즉 이용하지 않곤 했다. 대동 먹는 것인데, chips 먹는 것을 말이다.

b.. Jenny used not to fuss like this. 시동=사용하지 않곤 했다[하지 않곤 했다],
대동 공연히 소동을 벌이는 것인데 동모[동자] 이처럼 소동을 벌이는 것을 말이다.
❈ use=사용하는 것으로서 '하는 것' like=꼴이 같은 것과 그 대상으로서 동모(同模) /동자 -- 처럼[k: 꼴 e: equal]

c.. There used to be a big oak tree in the park.
시동=이런 게 이용되곤 한 것이 즉 있었다. 큰 oak가 내소에서 공원 내소에서 말이다.
/이런 게 있곤 했다. 즉 --- . *used to be=이용되곤 하는 게 대동 있는 것으로서 '있곤 했던 것'

B.. If you used not to eat chips when you were younger, you would be better now.
-- 과거 속에서의 의미과성립 [use + ed: **과음가** or d: did + under]
시동=(만약에) 하지 않곤 했다면 ---- 그랬다면, 너는 할텐데, 즉 더 건강할텐데, 지금은 말이다.

② 묻는 말[의미과성립]로 먼저 말하는 뇌

A.. a.. Used Ann to take a walk in the park? 시동=이용 하곤 했는가[하곤 했는가]?
대동 하는 것인데 즉 산보하는 것인데 내소, 공원 내소에서 하는 것을 말이다?

b.. Used you to go to church regularly?
시동=이용 하곤 했는가? 대동 가는 것, 즉 대자 교회로 가는 것을 정기적으로 이용하곤 했는 가?
/하곤 했는가, 대동 가는 것, 즉 대자 교회로 가는 것을 정기적으로 말이다?
→ Did you use to go to church regularly? **-- 일반동사 취급**
시동=하곤 했는 가, 즉 이용하곤 했는가, 대동 ---? ❈ did=**반복과거**

B.. Used you not to eat chips when you were younger, you would be better now.
시동=하지 않곤 했다면[했더라면] 대동 ---- 그랬다면, ----. : **도치 하생각**

③ free 영뇌[infml E]로 먼저 말하는 뇌

A.. Used to go to church regularly? -- 평서문을 이용한 의문문 : You used to go ----?
B.. Used not to fuss like this. ❈ 모든 used=(주어) **전제** infml E

↱ used to에서 ed폐쇄, s의 t무성음 역행동화와 t폐쇄=ju:s∂
↱ ju:st∂를 또다시 빨리 말하면 t가 d로 단타=ju:sd∂
↱ 무성음 t영향을 받아 d가 t로 변하고 다시 t영향을 받아 z음가가 s로 변함

attention] used to의 소리

ııııı.. used=반복과거로서 습관/익숙함을 의미할 때 : **후음 무성음 매치=ju:st∂=유**-스터=retro-root F
/그냥 이용하거나 사용하다는 의미일 때 : **(과음가와 event 음가의) 선음 유성음 매치**=ju:zd to=
유-즈드어/즈더/즈드투=retro-root F : 비합성/합성 감주 ↳ 유성음 z음가 영향을 받아 d가 d 그대로 소리남

: We used to go out more often. I'm not used to driving this car.[=familiar/accustomed]
vs Milk is used to make butter. (to=어: t폐쇄와 어화 또는 약한 감정음가) ↳ 이때 used=자동 event ↳ 뜻하는 의미
또는 일종의 자동 형용사
not used=없는데 사용/이용한 적이 없다

.. 이해는 최종적으로 단어의 최종적인 뜻인 감주로 이해한다.

ııııı .. **부정문과 의문문[감탄문]에서 일반동사도 가능한 조동사 : need /dare**
기능이 조동사이고, 뜻은 일반동사이다. 뜻이 일반동사와 같기 때문에 정생각은 나올 수 없다.
단, 긍정문=일반동사만 가능

1. need 영뇌[need NB] :

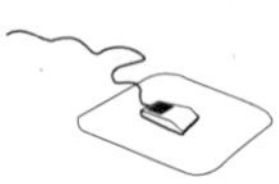

명사(대명사)를 필요성/의미과성립으로 그냥 서술적으로 설명해 나가거나 묻는 말/의미과성립으로 먼저 말하는 뇌 또는 free 영뇌[infml E]로 먼저 말하는 뇌

▭ need BNW=필요성 — (영어에 대한 기초지식을 알았다면) 我必 free 감주로 간직하라.

① 필요성으로 설명해 나가는 뇌

A.. a.. He needn't study. ⇨ He does not need to study. : 일반동사로 취급

b.. You needn't have told him the news: he knew it already.

-- 필요성이 없는데, 즉 기의미 성립이 있었어야 할 필요성이 없다는 것이다.

시동=너는 필요성이 없다. 즉 말을 했어야 할 필요성이 없다. ----. ※ have=event 소유로서 '즉'

※ need=하지 않아서[없어서] 보고 있는 것으로서 필요성이 있는 것 [n: not + ee: eye d: do]

c.. I need hardly tell you. 시동=필요성이 거의 없다. 말할 필요성이 너에게 말이다.

B.. If I needed not study in the past, I would not have done that.

-- 조동사로서 과거 속에서의 의미과성립

시동=(만약에) 필요성이 없었다면[더라면] ----, 그랬다면[그랬더라면] 나는 하지 않았을 텐데,

즉 실행을 그렇게 말이다.

⇨ If I didn't need to study in the past, I would not have done that.

-- 과동사의 과거 속에서의 의미과성립 need=원동사로서 일반동사

시동=(만약에) 없었다면[더라면], 즉 필요성이 없었다면[더라면] 대동 ----,

② 묻는 말[의미과성립]로 먼저 말하는 뇌

A.. Need he study? 시동=필요가 있는가? ⇨ Does he need to study? : 일반동사로 취급

plus] You need to study. Plants need light in order to survive. : 긍정문 -- 일반동사만 가능

B.. Needed I not study in the past, I would not have done that.

시동=필요성이 내가 없었다면[더라면] ---, 그랬다면[그랬더라면] : 도치 하생각 -- 과거 속에서의 의미과성립

③ free 영뇌[infml E]로 먼저 말하는 뇌

A.. Need (to) study? -- 평서문을 이용한 의문문

B.. Needn't study. C.. Needn't have told him the news. ※ Need/Needn't=(주어) 전제 infml E

2. dare 영뇌[dare NB] :

명사(대명사)를 대담성/의미과성립으로 그냥 서술적으로 설명해 나가거나 묻는 말[감탄말]/의미과성립으로 먼저 말하는 뇌 또는 free 영뇌[infml E]로 먼저 말하는 뇌

▭ dare BNW=대담성 ▭ dare=대담성으로서 감히 하는 것 — (영어에 대한 기초지식을 알았다면) 생활 속에서의 뜻으로 我必 free 감주로 간직하라.

① 대담성으로 설명해 나가는 뇌

A.. a.. I daren't go home. 시동=감히 하지 못한다. 가는 것인데 집에 가는 것을 말이다.

▭ dare=위험을 무릅쓰고 하는 것으로서 대담성 [d: do + r: risk]

⇨ • I don't dare to go home. : 일반동사로 취급

• 'I'll tell Dad.' 'You wouldn't dare!' 시동=하려해도 하지 못할 것같다. 감히 말이다!

b.. I daren't think how much it's going to cost. 시동=감히 생각이 안된다.

c.. She was wrong, but none of us dared tell her. 시동=감히 말을 하지 않았다.

⇨ • She was wrong, but none of us dared to tell her. : 일반동사로 취급

• 'So jump, then. I dare you.' • They dared me to spend a night in the graveyard. : 긍정문 일반동사만 가능

시동=(그렇게) 감히 말할 수 있어 /감히 말했다

vs I dare say things will improve. ⋯→ say=(to) 전제 infml E [BrE] ∵ 긍정문

B.. If you dared not tell him the news then, I wouldn't have done that.

-- 조동사의 과거 속에서의 의미과성립

시동=(만약에) 감히 말을 하지 않았다면/말해주지 않았다면 -- 그랬다면 하지 않았을 텐데, 즉 행동을 그렇게 말이다[짓인데 그런 짓을 -----.]

⇨ **If you didn't dare to tell him the news then, I wouldn't have done that.**

-- 과동사의 과거 속에서의 의미과성립 dare=원동사로서 일반동사

시동=(만약에) 하지 않았다면[더라면], 즉 감히 말을 하지 않았다면/말해주지 않았다면[더라면] ---- ,

② 묻는 말[감탄말]/의미과성립으로 먼저 말하는 뇌

A.. Dare you tell him the news? 시동=감히 해야 하는 가? 말을 그에게 그 news를 말이다?

⇨ • Do you dare to tell him the news? : **일반동사로 취급**

B.. Daren't you talk to me like that !

⇨ • You don't dare to talk to me like that! : **일반동사로 취급**

• Don't you dare talk to me like that! : **부정어 도치강조**

⋯› talk=(to) **전제** infml E ∵ dare=**원동사로서 일반동사**

시동=하지말라니까! 감히 말을 대자 나에게 동모[동자] 그처럼 말이다!

How dare you accuse me of lying ! ⇨ • How you dare to accuse me of lying ! : **일반동사로 취급**

시동=어떻게 감히 그렇게 하는 가! 비난을 나에게 즉 거짓말 했다고 말이다!

C.. Dared you not tell him the news then, I wouldn't have done that.

시동=감히 너가 말을 하지 않았다면/말해주지 않았다면 -- 그랬다면 : **도치 하생각**

③ free 영뇌[infml E]로 먼저 말하는 뇌

A.. Dare (to) tell him the news? B.. Daren't go home. ※ Dare/Daren't=(주어) **전제** infml E

do 영뇌 do=조동사/일반동사

▭ 조동사=대동 보통의미/대동 강조의미 **전자=의문문/부정문 후자=긍정문/never 부정문**

Did I love you? I didn't love you. 시동=했는 가/하지 않았다

What do you want[think]? 시동=무엇이지? 네가 원하는 게[생각하는 게] 말이야?

vs I did love you. I do love you. I never did love you. 시동=정말로 했다[해요].

▭ 일반동사: All he does is sit in front of the television all day. -- **현동사로서 일반동사**

You need to do more exercise. -- **원동사로서 일반동사**

※ sit=to sit : optional **관습적** E -- **강조 be부정사**

"조동사+have동사" 감주

▭ could have+pp ⋯› 천천히 리듬을 주면=[kud hæv]=**쿠드해브**

⋯› 빨리 리듬을 주면=[kudəv] : h음 탈락과 ə화=**쿠더브**

⋯› 더 빨리 리듬을 주면=[kurəv] : d음의 단타현상=**쿠러브**

⋯› 아주 빨리 리듬을 주면=[kurə] or [kudə] : v음도 탈락=**쿠러 or 쿠더 (합성감주)** : coulda

: should /would도 **같은 현상**

▭ might have+pp ⋯› 천천히 리듬을 주면=[mait hæv]=**마이트해브**

⋯› 빨리 리듬을 주면=[maitəv] : h음 탈락과 ə화=**마이터브**

⋯› 더 빨리 리듬을 주면=[mairəv] : t음의 단타현상=**마이러브**

···› 아주 빨리 리듬을 주면=[mairə˞] : v음도 탈락=**마**이러 : mighta

시동=했을지도 모른다. 즉 pp한 사실을 말이다 : **should' a seen** 시동=했어야 했다. 본 것을 말이다.

▭ **must have+pp** ···› 천천히 리듬을 주면=[mə˞st hæv]=**머스트해브**

···› 빨리 리듬을 주면=[mə˞stə˞v] : h음 탈락과 ə˞화=**머스터브**

···› 아주 빨리 리듬을 주면=[mə˞stə˞] : v음도 탈락=**머스터**

▭ **may have+pp** ···› 천천히 리듬을 주면 =[mei hæv]=**메이해브**

···› 빨리 리듬을 주면 =[meiə˞v] : h음 탈락과 ə˞화=**메이어브** ···› 아주 빨리 리듬을 주면=[meiə˞] : v음도 탈락=**메이어**

▭ **will have+pp** ···› 천천히 리듬을 주면 =[wil hæv]=**윌해브**

···› 빨리 리듬을 주면=[wilə˞v] : h음 탈락과 ə˞화=**윌어브** ···› 아주 빨리 리듬을 주면=[wilə˞] : v음도 탈락=**윌어**

▭ **couldn't have+pp** ···› 천천히 리듬을 주면=[kudnt hæv]=**쿠든트해브**

···› 빨리 리듬을주면=[kudnə˞v] : t, h음 탈락과 ə˞화=**쿠든어브**

···› 아주 빨리 리듬을 주면=[kudnə˞] : v음도 탈락=**쿠드너** : **shouldn't /wouldn't도 같은 소리현상**

생각의 강도와 실현 가능성

과거형은 한번 더 생각이 들어가기 때문에 생각이 더 많고, 그래서 실현 가능성은 낮아진다.

IIIII.. **You** | **might be right /might have been right.**

〈 **may**

could 〈 **can** **should** 〈 **ought to** **would** 〈 **will**

공손하게 표현하는 법

우리말 존대말에 해당하는 것으로 영어에서는 **정생각, have동사, please**를 쓴다.

a.. **Would you leave your coat in the rack of the hall?**

b.. **Could I have a wake-up call at 8:30?** **(기상전화)**

c.. **May[Can] I have your name?** d.. **Please your name?**

cf]종사=00과 00 실체 : 종맥과 종맥실체

전치사를	원어민들이 알고 있는 의미로 쉽게 이해하기 :

▭ **in=00과 00 대상으로 이해하기 :**

내소와 내소 대상, 내시와 내시 대상, 입작동과 입작동 대상, 내범위와 내범위 대상, 내관과 내관 대상, 내속과 내속 대상, 내분야와 내분야 대상, 내소유와 내소유 대상, — 등 예컨데, 내소로서 내소와 내소 대상으로서 내자, — 등

▭ **on=00과 00 대상으로 이해하기 :**

상소와 상소 대상, 상일과 상일 대상, 상작동과 상작동 대상, 상바탕과 상바탕 대상, 상관과 상관 대상, —— 등 예컨데, 상소로서 상소와 상소 대상으로서 상자, —— 등

↗예컨데, 내소도 내자도, 상소도 상자도 원어민이 알고 있는 의미

▭ **기타 다른 전치사도 동일함** ❖00과 00 대상 → 모두 bnw-BAM=단어 본래의미

big tip) 00과 그 대상의 차이 :

예컨데, 상소와 상자의 차이는 on the desk 했을때, 전자는 IS 영뇌 작동시 상소만 먼저 작동하거나 보이고, 후자는 상소와 그 대상까지 먼저 작동하거나 보인다. 쉽게 말해서 전자는 on했을 때 상소만 먼저 보이고, 후자는 상소도 보이고 desk도 보인다는 것이다. 그래서 후자가 직상으로 먼저 결정되니까 desk, floor, campus, — 등으로 뒷말이 쉽게 나온다. 이것이 바로 (기/설) 영뇌다.

7. 관사 영뇌[AR NB]

해야할 일 -- 원래 언어는 생활 속에서 뜻이 얻어진 것이다. 원어민들처럼 **관사 말**을 배우려면 여러분들의 두뇌를 생활 속에서의 뜻으로 관사 영뇌를 습관화시켜라. 특히 **BEis, IS 영뇌로 습관화 시키되,** (생활 속에서의 뜻이 용해된) free **감주**로 습관화시킨다.

☜.. 생활 속에서의 뜻=외국인과 생활하면서 느껴지는 뜻이자 실제로 적용된 뜻(≠사전의 원형적인 뜻)

> **❖ 관사 영뇌란 :**
> **IS 두뇌로 주로 명사를 지정의미 (즉, 외부적 지정/내부적 지정 또는 어떤 하나)로 설명해 주는 뇌 요컨데, (설주) 비연결설명어**

vs 의미흐름은 한뇌와 같으나,
the/a(an) 의미 쓰임새는 다른 뇌이다.

tip)관사 =정관사 /부정관사

▭ **관사 BNW**=지정의미
▭ **the BNW**=외부적 지정/내부적 지정
▭ **a(an) BNW**=어떤 하나(로 지정)

— 관사의 최상위 BNW는 지정뇌다.
따라서 영뇌 상급자가 되면 외부적이든 내부적이든 어떤 하나이든 자연스럽게 지정뇌로 작동한다. 이들 의미가 체화[뇌화]되었기 때문이다.

▭ **한국인들의 가장 큰 취약점 :**

영어 읽는 법을 모르고 있음 ⇒ 감각적 주파수
\+ 내부적 the 뇌를 작동시키지 못함
\+ a[an]의 정확한 뜻을 모르고 있음
\+ 문법적 예문으로만 취급하고, 말로 활용하는 것에 약함 문법공부, 말공부가 따로 있는 게 아님

\+ 특히, 관사를 전치사처럼 감각적 주파수로 말하거나 이해 하는 것에 약함
한뇌 리딩으로 한글중심으로 생각하지 말라.

▭ **한국사람이 영어가 안되는 주된 이유 :**
영어는 언어이지 학문이 아니다.
뜻으로 접근하지 학문적 접근으로 공부하지 마라.
영어는 일단 표현되었을 때 뜻을 아는 게 중요하다.

BAM과 Associate는 단어의 뜻이고, 기/설은 뜻 관계 뜻이고, 감주는 소리 뜻이다. 원어민은 그냥 표현된 뜻으로 알고있지 이런 학문적 접근으로 알고 있지 않다.

또한 그렇 게 공부하지도 않는다. 우리가 우리말을 배울 때도 같다. 특히 외국인이 한글을 배울 때 생활 속에서 그냥 뜻으로 배우지 학문적 접근으로 공부하지 않는다. 학문적 접근은 영국 사람과 한국 사람이 지어낸 장사 영어다. 아직도 이렇게 가르치는 사람이 있거나 배우려는 사람이 있다면 **"You're fired! Just don't forget."**

학문적 접근 :

1. 기능식 문법 :
명사절/형용사절/부사절과 구,
to 부정사의 명사적/형용사적/부사적 용법, 문장 오형식

2. 전환식 공부 :
부사절을 구로 바꾸는 분사구문, 두 문장을 한 문장으로 고치는 관계대명사절/관계부사절, 능동태를 수동태로, 직접화법을 간접화법으로 기술적으로 고치기

3. 패턴식 공부 : 가정법 패턴, 시제일치, —— 등등

4. 용법식 설명 :
단어 자체의 뜻으로 가르치지 않고 the는 명확할 때 쓰고 특히 알고 있을 때 쓰고, a/an은 불명확할 때 쓰고, 또한 더 큰 문제는 두 단어의 뜻을 가르치지 않고 엎쳐서 완료형는 계속, 경험, 결과, 완료의 뜻이 있다는 가르침 + in과 at의 정확한 뜻을 제시하지 못하고 어떨 때 쓴다는 가르침, 기타 등등

— 그냥 뜻으로 표현하는 것이지 실제로 그럴때를 생각하고 언어를 표현하는 사람은 하나도 없다. 용법이 뜻을 결정하는 것이 아니라,
단어의 뜻이 용법적 상황을 만들기 때문이다.

=영어의 새로운 생태계[패러다임]=

영뇌영어에서는 분사구문, 가정법, 화법, 시제일치, 숙어, 구나 절, 문장오형식, 부정사의 용법, 진주어/가주어, 악센트, — 등의 말을 사용하지 않는다. 모두 영어본래의 모습으로 단어의 뜻과 (vocal) 주파수로 처리하기 때문이다.

☜.. 감주로 자꾸 들으면 뒷말과 말하는게 굳어진다. 한뇌로 거꾸로 이해하는 버릇때문에 "감주습관"이 필요하다.

1) the 영뇌[DA NB]

IS 두뇌로 명사 /동명사 /형용사 /부사를 지정의미, 즉 외부적 지정/내부적 지정으로 설명해 주는 뇌 요컨데, (설주) 비연결설명어

① 명사를 지정 설명해 주는 뇌

A.. The wolf was /all skin and bones. [=The wolf all skin -- . : infml E]

영뇌=기→ 설 : BEis-Os or I + I : I-Os or S + S : S-Os

↘ ☜.. **major 감주=** The wolf -- all skin -- bones.

How to Read[Speak]=Thewolf wasall skinand bones.

: BEis/IS로 이해되는 것을 감각적 주파수로 이해한다.

즉 한 단어처럼 뒷말과 말하면 저절로 이해가 실린다.

시동= vocal 감각적 주파수로

(BEis/IS 영뇌가 될 때까지) F3+E2 강하게 말하기

→ **여기서 정관사=외부적 지정뇌** -- 외부에 놓여 있는 어떤 명사를 지정하는 뇌

보통 * 그 /이 /저로 많이 나타난다.

(더우(ㄹ)-프=trapezoid F : 실제 소리에서는 I폐쇄가 더 많다)

☜..단주가 소감주/빅감주/왕감주로 되기 때문에 major 감주로 skim된다.

☜.. **我必 Free 감주 간직하기=** The wolf all skin and bones. or Wolf was skin and bones.

시동=그 wolf는 되어 있었다. 전체가 가죽과 뼈만으로 말이다. I Free 감주 간직하기

the=사물을 정하는 외내적 '어' 음가로서 외부적 지정 또는 내부적 지정 [th: thing(s) e: 외내적 '어' 음가]

the **소리[본토말]**=더/디/어/합성감주

「더」=자음철자 앞[before consonants], 「디」=모음 철자 앞[before vowels]에 나는 둘다 철자기준 약음

단, 강조로 말할 경우 「**디-/디이**」= 자모에 상관없이 강음 (이=내성음 : 장음 또는 강음에 자연적으로 덧붙여지는 음)

: in the AFN weather center (인디) in the US (인디)/the useful tool (디)

the most powerful America (디-/디이)

주의] 빠른 감주시 자모에 상관없이=어화(化)/합성감주 : 이때 th 비폐쇄= 「더」, th 폐쇄= 「어」로 합성

↳ over the uncertain fate=오우버더 in the AFN=이너

시동 종류=원애시동 /vocal음 /Free 영뇌 /F3+E2 /일상적인 생활 /Ekbe /†SIUM 말하기 /무한글 /BNW or 비한글 BNW /BAM /BEis 영뇌[=IS 설가뇌] /G토씨 /connotation /영뇌 기본자세 /패턴 /associate -- 특히 영맥 파악[이해]=BEis 영뇌, 영어이해=감주 BEis 영뇌=「이해용 + IS 시동용」

↳특히 기본어/연결설명어/s동사

B.. We are /paid /by the hour / [//] on the pay day. [=on the payout date]

영뇌=기→ 설→ 설′→ 설″ or 기→ 설→ 설′ ⇨ 전설 : BEis-Os

⇒ on **영뇌의군**=on을 the 영뇌의군으로 설명해 나가는 두뇌

□ **앞 정관사=내부적 지정뇌** -- 외부에 놓여 있는 것이 아니라, 바로 뒷말을 지정하여 그 의미로 하겠다는 것

그래서, '그 시간' 으로 받는 것이 아니라, hour **자체**를 지정하여 시간자체로 받으니 '시간급' 이 된다.

시동=우리는 한다. 즉 받는 데, 행자(行者) 시간급으로 해서, 상일 봉급날 상일에 말이다.

/우리에게 있다. 지불받는 것인 데 행자 시간급으로 해서 날짜는 봉급날이다.

※ by=행위실체 또는 행위수단으로서 행자(行者) -- 로 해서

[y: 지게를 지는 것으로서 행위실체 또는 행위수단] the pay day=**외내적 지정**: 그 봉급날 /봉급날

☜.. 시동으로 (영어) 글자/말 자체에서 뜻이 보이거나 상황이 (머리 속에서) 보이면 된다 : IS 영뇌

② 동명사를 지정 설명해 주는 뇌

A.. The building /of the bridge /was slow work.

영뇌=기→ 설/설 : BEis-Os or I + I + I : I-Os or S + S + S : S-Os

> **How to Read[Speak]**=Thebuilding ofthe bridge wasslow work.
> : 먼저 감각적 주파수로 이해한다.
> **시동=** vocal 감각적 주파수로 (자동 설가가 될 때까지) F3+E2 강하게 말하기
> → 여기서 정관사=외부적 지정뇌 ↘**그러면 영어말투가 형성되고 영어말투에 익숙해진다.**
> -- the 지정후 of로 다시 설명해 나가는 뇌 : **The history of China**

⇒ bridge와 work는 붙여 말하는 것보다 극히 약간 떨어지면서 말을 하면 감주리듬을 탈수 있다 : **단주 연속음**

☜.. **我必 Free 감주 간직하기**=Building of bridge slow. or Building bridge (was) slow.

시동=그 짓는 공사, 즉 그 다리를 짓는 공사는 이었어요, 느린 작업이었어요. | Free 감주 간직하기

B.. The cooking makes /tough meat /tender.=기→ 설→ 설′ : BEis-Os

시동=그렇게 요리하면[그런 요리는] 만들어 줘요, 질긴 고기도 부드럽게 말이다.

③ 형용사를 지정 설명해 주는 뇌

A.. These seats are /for the disabled.

영뇌=기→ 설 : BEis-Os or I + I : I-Os or S + S : S-Os

> **How to Read[Speak]**=Theseseatsare forthe disabled. : 먼저 감주로 이해한다.
> **시동=** vocal 감각적 주파수로 (자동 설가가 될 때까지) F3+E2 강하게 말하기
> 주의]해석 한글의군[thedisabled]으로 말하면 어색한 말투가 되니 주의하라.

→ 여기서 정관사=내부적 지정뇌 --그 장애자들로 일정 부분의 장애자들로 국한하는 뇌는 아니다.
disabled **자체**를 지정함으로서 장애자 전체를 의미하는 일반적 대표의미이다 : **일반적 지정대표**

☜.. **我必 Free 감주 간직하기**=Seats for the disabled.

시동=이 좌석들은 입니다. 해자 장애자 용입니다. /-- 있어요, 해자 장애자 용으로 말이다. | Free 감주 간직하기

tip) best 영어말투가 되려면 한글의군으로 말하지 말라. 감각적 주파수로 말하라. 즉 뒷말과 말하라.
: Canadian Prime Minister talks trade, relationship with Trump. 한글의군=Canadian PrimeMinister talks
⇒ CanadianPrime Ministertalks trade, relationship withTrump.

> the disabled=**관습적** E the disabled ones[people]=StE /formal E
> vs for disabled : (the) **전제** infml E

B.. The accused was /asked /to give his name.

영뇌=기→ 설→ 설′ : BEis-Os ↘ ☜.. **major 감주=** -- accused --- asked -- give -- name.

□ 여기서 정관사=외부적 지정뇌

☜.. **我必 Free 감주 간직하기**=Accused asked to give the name.

시동=그 피고인[피의자]에게 생겼어요, 요구 받은 일[것]인데, 제시하도록 자기 name을 말이다.

> The accused=**관습적** E The accused one[person]=StE /formal E
> : a.. Of all the people who come in here, you are the best!
> 시동=그야말로 최고이다! ※ the=**내부적 지정뇌**-- **강조**
> b.. Which mattress is the best?

vs Accused was asked to give his name.

: Strong is beautiful. 시동=강한 것은 아름답다. ※ Accused/Strong = (the) **전제** infml E

④ **부사를 지정 설명해 주는 뇌**

IIIII .. They all behaved /badly, I but I Tim behaved /the worst.

영뇌=기→ 설 ⇨ 등전설 ⇨ 기→ 설 : BEis–Os

or I + I + I + I + I : I–Os or S + S + S + S + S : S–Os

↗고난도 감주 ↗고난도 감주

How to Read[Speak]=Theyallbe havedbadly, butTimbe havedthe worst.

: 먼저 감각적 주파수로 이해한다.

시동= vocal 감각적 주파수로 (자동 설가가 될 때까지) F3+E2 강하게 말하기

→ **이때 정관사=내부적 지정뇌** -- the가 worst 자체를 지정함으로서 강조의 the가 된다. (특히 이럴 때 the=**지정부사**)

.. 我必 Free 감주 간직하기=All behaved badly, but Tim behaved worst.

시동=하지만 Tim은 행동했는 데 그야말로 최악의 행동을 했다. I Free 감주 간직하기

※ badly /worse /worst cf] bad /worse /worst : 형용사 (데='데이'의 단모음화 배들리=slide F 배를리=slide F : d단타)

우리말로 나타나지 않는 the 영뇌

▭ The Chinese People's Liberation Army should be deployed in Hong Kong.

⋯→ The [Chinese People's /Liberation Army]=전설 ⇨ 설-->기

: 중국 인민 해방군 ⇒ the= 내부적 지정뇌로 그냥 the 할 때 뒷말 전체를 지칭하는 것으로 느끼면 된다.

the+형용사의 관습적 English

원래 사람들은 명사도 함께 썼으나 자꾸 이렇게 표현하니까 신물이 나서 명사없이 바로 표현하기 시작하다가 지금은 너도 나도 이렇게 쓰니 관습적으로 굳어지게 되었다.

▭ The rich get richer; the poor get poorer.

: the young (people/ones) the unknown (thing/things) the unexpected (thing/things)

요즈음은 아예 the를 안붙이는 사람도 있다. 아직 덜 굳어진 infml E이다.
언어의 맛을 즐겨라. 하나만 계속 쓰니 지겹다.

▭ Rich get richer; poor get poorer. ▭ Tax on wealthy struck down.

시동=세금인데, 붙이는 부자들에게 붙이는 세금[즉 부유세]이 판결봉으로 두들겨 기각되었다.

Plus] 부사를 설명해 주는 지정부사

: The sooner, the better. The earlier, the sooner. ∗better=adj. adv. : good/well의 비교급

live 실전	관사 영뇌 ── 이웃 사촌! **A near neighbor is better than a distant cousin!**

L - IIIII .. An old man and an old woman lived in a hut by a river near a forest. One day the old man left the hut and went into the forest to gather winter wood. And the old woman went to the river to wash clothes. The two were <u>the</u> couple! — **먼저 감각적 주파수로 쭉 보아 나간다. 잘 안되면 부분부분 감주로 이해하고 전체로 이해한다.**

✠ an/a=어떤 하나로서 한 the=외부적 지정뇌로서 그 -- referring back 마지막 <u>the</u>=내부적 지정뇌로서 (바로 뒷말) 강조

시동=한 노인과 한 노파는 살았어요, 내자[내처/내소] 한 오두막집 [내처/내소]에서 말이다. 이 집은 측자[가에] 강가에 있었고, 이 강은 근자[가까이] 어떤 한 숲 가까이에 있었다. 어느 날 그 노인은 나가서 그 오두막집을 나가서 갔는 데 내대자[속으로] 그 숲속으로 들어 갔어요, 대동[즉] 모으려고 겨울철 땔감을 모으려고 말이다. 그리고 그 노파는 갔는데, 대자 그 강으로 갔어요. 대동[즉] 씻기위해 여러 옷가지를 씻기 위해서 말이다. 그들 두 분은 (이었지요,) 그야말로 진짜 커플이었지요!

→ 이 집[강]은=**연결 설명어의 연결** associate by=옆과 옆 대상 near=근지역과 그 대상 to=방향대상으로서 대자 — 으로 into=내방향 이동과 그 대상으로서 속으로/내대자 — 속으로 were=과동질 연결로서 '은' I Free 감주+我必 Free 감주 간직하기

.. 세번째 문장 뼈대=등맥설(and) + 기본어(the old woman) + s동사(went) + 연결설명어(to/to)

2) 외부적 지정과 내부적 지정

외내적 지정이 느껴져야 영어승자감을 탈 수 있다.

▭ the BNW=외내적 지정

▭ the=외내적 지정으로서 그 / — : (영어에 대한 기초지식[basics]을 알았다면) 생활 속에서의 뜻으로 我必 free 감주로 간직한다.

[th : thing(s) + e 〉 '어' : 실음 외내적 지정음가, 그래서 이것/저것할 때 '엇'이 양쪽으로 쓰임]

the에서 e의 '어'와 우리말 '그' 에서 '으'는 의미가 밖으로 향하는 의미이다. 그래서 외부에 놓여 있는 명사를 지정할 때 the를 쓰며, 뜻은 '그'이다.

하지만 영뇌에서의 '어' 음가는 **내적 음가**를 하나 더 지니고 있다. 아래 '으' 음가가 아니기 때문이다. 내적 음가는 의미가 밖으로 향하면서 외부에 놓여 있는 것을 지정하는 것이 아니라, 바로 뒷말 자체, 즉 명사자체를 지정한다. 바로 뒷말 자체를 지정하니 뜻은 '그'로 나타나지 않고, 지정하는 그 자체의미만 하겠다는 것으로서 강조 또는 상대적 강조의 뜻으로 나타나거나, 자체지정 대표의미, 명칭, 2차적 뉘앙스 -- 등으로 나타난다.

그래서, **"The family."** 하면 두 가지 두뇌로 작동해야 한다 ⇨ **그 가족이지 /가족이야**

family =아버지, 어머니, 아이들이 모인 집단으로서 가족
[f : father + a : 애(아이)들 + m : mother +
y : 지게모양--담아 둔 것으로서 집단을 느낌]

big tip) 외부적이든 내부적이든 어떤 하나이든 우리말은 관사의미를 전제로 하여 말하는 경우가 많다.
그래서 우리는 보통 관사의미를 해석하지 않는다.

① **외부적 지정** -- 외부에 놓여 있는 명사를 지정하거나 어떤 상황을 지정하는 것

a.. **The people clapped and cheered.**

[th : thing(s)사물 + e : 외적 '어' 음가] 시동=그 people들은

the가 지정하는 의미대로 뜻을 결정하면 된다. 사전의 여러 가지 뜻을 독립적으로 하나 하나 외울 필요가 없다.
길은 길인데 가던 길을 지정했다면 the는 '가는 도중/가다가' 라는 의미가 된다.
그래서 'Buy the way.' 라고 표현한다.
시동=사되, 가다가 길을 가다가 사라. ⇦ 사라, 그 길에 사라.

: More cool air on the way. It's on the go. ↗계속 진행된다는 일기예보
더 많은 시원한 공기가 상소 가던 길[방향] 상소에 계속 있을 것이다. (계속=문맥/상황 associate)
/그것은 상소 (여러분들이) 가는 길 상소에 있다 -- **스마트 폰 app 광고**

만약 one's를 지정했다면 소유격 의미가 된다.

b.. **To the readers.** 시동=대자 그 독자들, 즉 나의 독자들에게 [=To my readers.]

그래서, 일어나서 박수를 치는 데 뒤에서 '뭐하는 짓이냐' 하고 소리를 지를 때
'The way.' 라고 표현하면 그 방법, 즉 '자신의[내] 방법대로 하는 것이야' 가 된다.
'내 방식으로 하는 데 무슨 소리냐?' 라는 말이다. 만약 책머리에 To the reader로 표현했다면 그 독자로 어느 한 사람 독자를 지정하는 것이 아니라 **내부적 지정대표**가 된다 : To the teacher /To the user /To the student
↘대자 선생/사용자/학생에게

tip)외부적 지정으로서 정관사와 부정관사의 기본적 차이 :

전자=정확한 지정 -- 그/이/저 후자=부정확한 지정 -- 어떤 하나/한

The bar graph shows per pupil spending/spending per pupil. vs A man came hundreds of miles.
↘per=형용사/전치사

caution

the에 소유격 의미가 있기 때문에 the를 쓰는 것이 아니라, the로 지정했기 때문에 소유격 의미가 나타나는 것이다. 마치 the로 지정하기 때문에 '가다가' 라는 의미가 생기는 것과 같다. 그래서, 암기식 대입식 이해방식으로 이해하면 안된다. 즉 사전의 뜻을 외워 그대로 대입시키면 안된다. 한국 사람들이 영어가 안되는 이유 중의 하나이다.

구문법의 blunder

the로 (정확하게/분명히) 지정하기 때문에 어느 창문인지 아는 것이지, 알기 때문에 the를 쓰는 것은 아니다. 구문법은 알고 있기 때문에 the를 쓴다고 한다. 정말로 한심하기 짝이 없다.

: Open the window. 시동=열어라, 그 창문을 말이다.

the로 this를 지정할 수 있다.

this를 지정했다면 '이' 라는 뜻이 된다. 이것도 the가 this라는 의미가 있기 때문에 the를 쓰는 것이 아니라, the가 this를 지정할 수 있기 때문에 this 라는 의미가 생기는 것이다.

c.. The shot of the day.

시동=그 shot, 즉, 이 날의 shot, 즉 이 날의 shot으로서 오늘날의 shot이 된다.[the day= this day=today]

아니면 바로 오늘을 지정하는 것으로 두뇌를 작동시켜도 좋다. 그래서 상황에 따라 과거를 지정할 수도 있다 ⇒ p214

: one over of the day 시동=one over 즉 오늘은 one over (쳤다는 것이다)

Caution] 1. this는 the를 지정할 수 없다. 대개 대명사는 명사를 가리킨다. 하지만 the는 지정사이기 때문에 명사뿐만 이 아니라, 대명사 지정도 가능함 : The real me. 시동=그야말로 진짜인 사람은 나이다. — 내부적 지정

2. the는 this/that/it을 지정할 수 있으니 the는 결국 외부적 지정으로서 '그/이/저'(weak 'that/this/it')가 된다. 하지만 BNW는 '그'(weak 'that')이다. 그래서 '이/저'는 '그'의 확장의미[EM]이다.

tip)**the**=지정음가로서 그/이/저 **일반대명사 that**=비근음가로서 저것/그것 **관계사 that**=관계를 짓는 것으로서 이것/그것

d.. The severity of the situation.

이 때 the는 this day 또는 today를 지정했기 때문에 the situation은 이 날, 즉 오늘날의 상황으로 현실이 된다. 그래서, 현실의 가혹함을 이렇게 표현하는 것이다. **주의] 구문법의 잘못된 설명 바로잡기 : the로 분명히 지정한 것을 of로 다시 설명한 것[분명히 나타낸 것]이지 of로 수식받기 때문에 the를 쓴 것은 아니다.** 시동=그 severity 즉 현실의 severity

↳the history of China

e.. Sales are lagging at the moment.

the는 this를 지정하는 것이므로 이 순간 또는 이 순간으로서 지금 현재[at the present time]라는 뜻이 된다.

시동=sales가 있어요, 느릿 느릿 움직이고 있어요. 직자[즉] 지금 현재에 말이다.

cf] for the moment(해자 이 순간/지금 당장) [=for now] **for=해당대상/해당시간으로서 해자**

tip)BNW가 이 순간이므로 앞에 now를 붙일 수 있다 : now at the moment 지금 직자 이 순간에

moment=굴러가는 한 time으로서 순간 [m: move o: 굴러가는 모양 t: time]
vs instant=들어 가는 time으로서 순식간/찰나 [in: 들어가는 것 t: time]

그래서 'Do you have time?' 하면 time position=period가 되어 '시간이 있느냐?' 가 되어 'Are you free?' 가 되고, 'Do you have the time?' 하면 time position=point(시점)가 되어 '그런가 너는 가지고 있는가 지금 이 시간 정보를 말이다?' 가 되어 **뜻하는 의미**로 몇 시인지 묻는 말이 된다.(=What time is it?) *do=대동의미로서 그런가 정보=the time의 상황 associate

하지만 the 지정 상황에 따라 position이 period가 되어 이 말은 '그런가, 너 있는가, 즉 그럴 시간이 있는가?' 도 된다.

: I don't have the time. 시동= 나는 없어요, 그럴 시간이 말이다.

f.. It's on the house. 이 집, 즉 이 집이 가게이면 주인 앞으로 달아 놓는 다는 뜻이 된다.

시동=그것은 되는데 붙이면 된다. 이 집앞 [이 가게]으로 말이다. /그것은 상자 이 집앞으로 붙이면 된다.

: Have one on me. 시동=하자. 한 잔 하는 데 내는 것은 내가 낸다[상자(上者) 내가 낸다]

※ on=(값 따위를) 상에 두는 것으로서 붙이는 것/내는 것//상자 -- 에 붙이는 것/내는 것

그래서 '이상 끝' 할 때 'The end' 라고 하는 것이다. 이 때도 this를 지정한 것이다. 이것이 끝난 것으로서 '이상 끝' 이다.

만약 that을 지정했다면 '저' 라는 뜻이 된다. 그래서, the를 weak 'that or this' 라 한다.

g.. Get the chair here. 시동=가져와라, 저 chair를 이곳에 말이다 : <u>the로 정확하게/분명히 지정하고 있다.</u>

이렇게 영어의 the는 외부적 지정의미를 갖고 있기 때문에 명사 뿐만아니라, 대명사도, 어떤 상황도 지정할 수 있다. 그야 말로 모든 것을 지정할 수 있다.
그래서 the의 뜻은 '그' 라는 뜻외 무궁 무진하다. 사전의 뜻만 되는 것이 아니다.
그 /이 /저 /가다가 /오늘 /지금 /과거 --- 등등이다. 우리는 이렇게 많은 뜻을 외워서 대입시키는 것이 아니다.
외부적 지정으로 쓰인 것으로 의미를 추측하는 것이다. 그래서 우리는 **외부적 지정**만 알고 있으면 된다.

사전의 뜻만 가지고 단어를 이해하려는 사람은 정신차려야 한다.
사전에 이런 의미가 있기 때문에 그런 의미로 쓰는 것이 아니라, the로 지정하기 때문에 그런 의미가 생긴 것이니 the지정으로서 뜻을 접근해야지 뜻을 외우고 끼워 맞추는 식으로 영어를 해서는 안된다.

h.. His latest work is expected to sell in the thousands.

▭ **the=범위지정 : 1,000부터 10,000 미만 사이 숫자지정, 즉 천자리수 지정 in=내범위 대상으로서 내자**

그래서, 그 범위가 수천 개로 된다 : 내자 수 천개로

따라서 50대 하면 the fifties라고 하는 것이다. 50살에서 59살 까지를 지정한다 : **대(帶)지정**

[=in the fifties /in one's fifties /in fifties : 만약 복수만 표현하면 그 대에 있는 모든 숫자를 뜻한다]

tip) 우리말로 잘 나타나지 않는 내부적 the : **in=내시와 그 대상**

in the morning/afternoon/evening 내자 아참에/오후에/저녁에 vs at <u>night</u> : 그냥 밤 전체의미

3 5 9 . 7 ◀── tenths digit or tenths place tenths=1/10, 2/10, -- 9/10로서 복수 (digit=자리수 place=자리)

ones digit or units digit -- 일자리수 : ones=일자리에 0에서 9까지 〃

tens digit -- 십자리수 : tens=십자리에 0에서 9까지 숫자가 들어갈 수 있는 것으로서 복수

hundreds digit -- 백자리수 : hundreds=백자리에 0에서 9까지 숫자가 들어갈 수 있는 것으로서 복수

⇨ thousands digit /millions digit /billions digit /trillions digit -- 천/백만/억/조 자리수

-- 영어는 일반적으로 이렇게 7개 단위로 되어 있는데 백 단위부터 이런 단위로 끊어서 읽으면 된다.

(단, 단위=단복명사 : one/two million)

: 2,356=two <u>thousand</u> 3 <u>hundred</u> fifty six cf] tens of thousands (수만)/hundreds of thousands (수십만)

cf]Dow closes up triple <u>digits.</u> 세 자리수 -- 일, 십, 백 자리수로서 복수 [=three digits] : 115, 117, 201, 323 -- etc.

i.. The more you eat, the fatter you get.

▭ **앞 the=지금 먹는 상황을 지정 -- 그렇게[=such]** ▭ **뒷 the=앞 표현을 지정 -- 그만큼[=to that extent]**

시동=그렇게 더 많이 네가 먹는 다면[먹을 수록], 그만큼 더 살이 네에게 붙는다. ※ **그만큼=많이 먹는 만큼**

j.. The deceased left a large sum of money to his children. 시동=그 고인은 남겨 두었어요. ----.

k.. As for the why, --- . 시동=즉, 해자 그 이유에 대해서 말할 것 같으면 (why=noun) (the로 지정하여) 바로 뒷말 의미로 하겠다는 것, 즉 뒷말 의미로해서 명칭, 강조, 전체, 유일함, — 등을 나타냄

② 내부적 지정

-- 바로 뒤 명사자체 /형용사 /부사자체를 지정하는 것 : 일종의 referring forward

a.. He is the wolf.

[th : thing(s)사물 + e : 내적 '어' 음가]　　↗이때 소리도 자음, 모음에 상관없이 강한 소리=「디-/디이」

시동=정말로 wolf와 같은 놈이다. ⋯▸ 뒷 명사자체만 지정하겠다니 저절로 강조가 된다. 다른 사람이 아니라, 울프 그 자체라는 것이다. 즉 강조의 the가 된다. cf]외부적 지정 강조=vol 1 〉 p159

만약 외부적 지정일 경우=그는 인데 그 놈의 울프와 같은 놈이다.

b.. We don't like the wolf.

▭ **외부적 지정** =그 wolf -- 그 울프　　↗내부적 지정대표

▭ **내부적 지정** =wolf라는 동물자체 지정으로서 전체대표 의미 --- '울프라는 동물을'

c.. **The Washington Post**

워싱턴 포스트 신문으로서 타이틀이라면 "그 워싱턴 포스트„가 아니라 내부적 지정으로서 워싱턴 포스트 이름 그 자체이다. 이럴 때 the 의미가 한국 말로 나타나지는 않지만 내부적 지정뇌로 작동해야 the의미를 느낄 수 있다. **IS 영뇌 작동시 유의하라.** 모든 단어는 자기 존재 부분이 있다. 그 존재를 생각하는 것이 **IS 영뇌**다.

만약 "그 워싱턴 포스트„로 지정하면 외부적 지정이 되어 우리말로 나타난다 ⇒ according to the Washington Post

따라서 The IMF와 IMF는 다 같이 명칭이지만 전자는 the가 들어가는 명칭이고, 후자는 the 없는 명칭이다. 내부적 지정 뇌로 명칭을 만들 때는 중요한 것이라고 강조하기 위해서 쓰는 것이다. 따라서, 1824년 죠지 스미스 정부는 위스키 공식 면허를 줄 때 Glenlivet 위스키 회사에만 the를 붙이도록 했다. **the의 가치를 알라.**

: The Glenlivet Distillery — 내부적 지정으로서 명칭의 the

영국 하이랜드 지방의 대표적인 증류소로 원액의 품질은 향이 풍부하고 부드러우며, 1824년 죠지 스미스 정부로부터 최초로 위스키 제조 공식면허를 받았다.

↗**외부적 지정** -- the로 지정한 것이 of로 다시 나타났다.

the United States /of /America=기→ 설→ 설' : 그 합중국, 즉 미 합중국[합주국]으로서 미국

cf]Canada and the United States are neighboring states. (그) 합중국으로서 미국

The United States is very rich. -- 묶음 그룹복수로서 단수취급　↳**외부적/내부적 지정**

distillery=증류소 /양조장　Highland=a region of Scotland

내부적 지정은 바로 뒷말을 지정하니, 의미가 밖으로 빠져 나가면서 지정하는 것이 아니다. 내부적 지정을 할 경우 뜻은 우리말로 나타나는 경우도 있고, 나타나지 않고 그냥 강하게 말하는 경우도 있고, 전혀 나타나지 않는 경우도 있다. 우리말로 나타나지 않더라도 the 의미는 **내부적 지정 뇌**로 느껴져야 한다.

d.. The earth receives light and heat from the sun.

▭ **내부적 지정**=유일물 지구, 유일물 태양을 의미 : 이때 the **느낌**은 the할 때 earth로 가면 된다.

시동=지구는 받는다. 빛과 열을 부터 태양으로부터 말이다.

여기에서는 내부적 지정에 맞는 우리말은 없고, 그냥 '지구, 태양' 으로 나타난다.

자연물은 여러 개로 된 것도 있고 오직 하나로 된 것도 있다.

자연 유일물일 때 보통 the로 많이 표현하는 데 the로 내부적 지정을 하여 오직 하나임을 나타낸다. 이럴 경우에는 고유명사로 취급하여 capital letter로 바로 Earth, Sun으로 표현해도 좋다. 하지만, 인공 유일물 고유명사는 capital letter로 표현하여 오직 하나임을 나타낸다 : John, Smith, China, --- etc.

□ **외부적 지정**=이 지구, 저 태양 -- 손으로 땅을 가리키고, 하늘을 가리키면서 외부적 지정으로도 말할 수 있다.

유일물이더라도 어떤 하나의 상황으로 말할 때는 **a/an 두뇌**를 작동시킬 수 있다.
: a calm earth ⇛ 지구의 여러 자연 현상 중, 어떤 하나의 고요한 지구 상황을 표현한 것이다. 형용사 없이 an earth로 표현해도 좋다. 어떤 하나의 지구라는 의미이다. 그래서, CNN은 'Imagine a world.' 라고 표현한다.

우리는 **명절** 때 '재래시장에서 장을 본다' 고 한다. 이 말의 이면에는 현대식 시장이 아니라 재래시장이라고 **상대적으로 (비교) 강조하는 뉘앙스**가 들어 있다. 이럴 때 우리는 재래시장이라고 그냥 강하게 말함으로써 그 뉘앙스를 대신한다. 이럴 경우 영어에서는 the라는 단어를 쓰면 된다. 바로 뒷말 자체로 하겠다는 것이니까.

e.. **"We shop in the traditional market at the Chuseok."** 시동= -- 내자 재래시장에서 직자 추석 때에 말이다.

여기서 the Chuseok도 Chuseok **자체**를 지정하는 의미이니 Chuseok과 함께 명칭이 된다. 이 표현 역시 우리말로는 나타나지 않고, the 뜻은 내부적 지정으로 그냥 마음 속으로 느끼면 된다. 이 문맥에서는 '그 추석' 으로 어느 해의 추석을 가리키는 의미는 아니다. 물론 the를 붙이지 않고, 대문자로 표현해도 좋다.
그래서, 우리는 centimeter가 아니라, meter로 판다고 말하고 싶으면 이제는 the라는 단어를 쉽게 가져 올 수 있을 것이다 : **This cloth is sold by the meter.** → 단위를 나타낼 때 the를 붙인다고 앵무새처럼 외우지 말라. 시동= -- 행자 미터로 해서 말이다.

하지만 우리말로 나타나는 경우도 있다.

f.. **George Washington, he is the man.**

여기서 the man은 그 남자가 아니다. man 자체이다는 것이다. 이런 뉘앙스에 맞게 우리말을 가져 오면 '정말로/그야말로 /바로' 가 된다. 그래서, 사전에서는 the의 의미를 real, typical, true라는 의미로 풀이하고 있다. 내부적 지정에서 자연적으로 이런 **강조 의미**가 나오는 것이지 굳이 외울 필요는 없다.

: Taxpayers bailed us out to the tune of a trillion dollars. Play in the now.

시동=납세자들이 구제금융을 내어 우리들을 구해 내었어요, 대자 그야말로/정말로 무려 (즉) 일조원 달러까지 되요. /플레이에 들어가라[플레이를 시작하라], 바로 지금 말이다. *to=방향대상 크기로서 대자 -- 까지
to the tune of=*infml* used to emphasize how large an amount or number is now=noun

g.. **Alexander the Great.**

내부적 지정으로 Great를 강조하는 것이니 이럴 때는 大로 나타난다. 그래서 대왕으로 시동을 걸면 된다.

내부적 지정은 바로 뒷말만 지정하는 것이 아니다. 바로 앞말만 지정하는 경우도 있다. 이 때는 앞말만 하겠다는 것이다. 마치 대명사가 한 문장 내에서 앞 또는 뒷 부분을 가리키는 경우와 같다. 그러니, 이름 지을 때 뒤에 붙이는 예도 많이 있다 : **Peasants' Revolt, the** 시동=농민 반란인데, 대 농민 반란
그래서, 이제는 우리도 **'Great Alexander, the'** 로 표현하는 능력이 생길 것이다. 뜻은 '위대한 Alexander 대왕' 이다. 하지만, 'the Great Alexander' 일 경우 두 가지 뇌가 작동 할 수도 있다.
⋯→ **내부적 지정**=대왕 알렉산더 **외부적 지정**=그 위대한 알렉산더

h.. **That is the heaviest snow I've ever seen.**

heaviest snow한 것이라고 지정하니 저절로 강조 뉘앙스가 발생한다. 최상급이라고 붙이는 것이 아니다. 내부적 지정으로 최상급으로 표현된 명사 영뇌의군을 강조한 것이다. 이때 the에 해당하는 우리말은 '정말로/그야말로' 이다.
시동=그것은 정말로/그야말로 최고로 많이 내린 눈이다. 내가 지금까지 본 것중에서 말이다.

→ **(설주) 영뇌의군**: the [heaviest /snow]=전설 ⇨ 설→기

: Trade Center in N.Y. is the highest building in the world.

tip) the가 외부적 지정이든 내부적 지정이든 강조일때는 자모에 상관없이 "디-/디이 „로 소리내는 것이 일반적이다 : 청취시 유의

그러니 최상급 표현에 the를 써지 않아도 되고, 상황에 따라 외부적 지정 뇌로도 작동된다.

vs That is a heaviest snow. Look at the heaviest snow.

시동=그것은 인데 어떤 하나의 상황인데 엄청나게 많이 내린 눈으로 말이다. /-- 직자 저렇게 굉장히 많이 쌓인 눈을 -- .

↳ 엄청나게 많이 온 눈을 하나의 상황으로 가져 간 것이다. 앞에 really를 붙여 강조할 수도 있다.

: **That is really a heaviest snow.** tip)최상급=많고 적은 정도의 문제이지 강조가 아니다.

서수도 마찬가지 원리이다. the **또는** a **두뇌**를 작동시킬 수 있다.

i.. This is the last lesson that I teach you. 바로/그야말로

vs A second group are those parents who feel that they were too harsh.

시동=어떤 하나, 즉 두 번째 그룹에 속하는 어떤 한 그룹은 인데 그런 부모들이에요, 즉 누구냐 하면은 느끼는 사람들, 즉 자기들이[그들이] 했다고, 너무 가혹했다고 느끼는 사람들이에요.

※ harsh=가혹한/잔혹한(harsh climate), 거칠은(harsh voice), 거북한/거슬리는(harsh color/light)

구문법에서는 최상급이나 서수에 the를 붙여야 한다고 한다. 영국사람들이 business하기에 좋게 요약해서 표현한 말에 불과한 것이다. 무조건 그렇게 쓸 것이 아니라, 뜻으로 따져 봐야 한다. 해당 단어의 뜻으로 본인의 의도에 따라 표현하면 된다. 관사도 일종의 단어이다. 단어의 뜻대로 쓰라. 관사만 어디에는 붙이고, 못 붙이고 하는 식으로 한국 사람들은 외우고 있는 데 이것은 **잘못된 학습방법**이다.

내부적 the는 이렇게 강조를 나타내니 자연적으로 최상급뿐만이 아니라, only로 강조된 명사와도 의율이 된다.

j.. He is the only son of the family. 그야말로 유일한

vs Liz is the very woman that I want.

: 외부적 the — 그런 바로 그런 (very=강조로서 바로) : 일종의 referring foward로서 referent=that이하

우리는 강, 산맥에는 붙이고, 신문이름, 역에는 못 붙이고 — 하는 식으로 the를 앵무새처럼 외우고 있다. 그렇게 외우는 것이 아니다. the의 뜻대로 쓸 것인가 안 쓸 것인가 그것이 문제이지 언어는 루울을 정해 놓고 쓰고 안 쓰고 하는 것이 아니기 때문이다. 즉 **단어의 뜻이 판단의 기준이지, 루울이 판단의 기준이 되어서는 안된다.** 그래서, 신문이나 역에 붙인 것도 많다. 이름을 지을 때 the를 사용하면 그 이름이 강조되어 빛나기 때문이다. 아직도 많은 참고서들은 이름짓는 자유까지 빼앗아 가고 있다는 데 우리는 한탄하지 않을 수 없다.

k.. The Asian Wall Street Journal The Washington Post The L.A. Times cf] Financial Times

⋯› **두 가지 뇌 작동** = ① 내부적 지정 : 명칭의 일부 -- 시동=그냥 'LA 타임지' : The Noun, The Verb -- etc.

② 외부적 지정 : 외부에 놓인 그 신문사를 지칭 -- 시동= '그 LA 타임지' ↘**책 목차로서 명칭**

tip)the Washington Post도 가능하고 특히 문장 속에서는 소문자로 시작

∵ the=내부적 지정으로서 명칭의 일부이지 완전 고유명사는 아니기 때문

Dalai Lama도 'the Dalai Lama'로 표현하기도 한다. 이 때는 **외부적** the이다.

시동=그 사람 Dalai Lama / 그 Dalai Lama

: **The John came here. According to the Bill, -----.** 시동=그 사람 죤[빌]/그 죤[빌]

You can't be the John F. Kennedy. 시동=그와 같은 사람, 즉 죤 에프 케네디와 같은 사람

l.. The Rocky Mountains.

▭ **내부적 지정일 경우**=로키 산맥에 있는 산 모두만 하겠다는 것으로 그 범위를 한정시키니 자연적으로 산맥으로서 '로키산맥'이 되는 것이다 : (설주) 영뇌의군=The [Rocky /Mountains]=전설 ⇨ 설→ 기

or The /Rocky Mountains=설→ 기: **formal E /StE -- 공식명칭**

↗같은 줄기에 있는 산전체, 섬전체, province 전체, 주전체

그래서, the Alps, the Philippines, the Netherlands, the United States로 표현하는 것이다. 이럴 때 우리말로 나타나지 않고 마음 속으로 실음 내적 지정뇌로 작동되면 된다. 이럴때 the는 명칭의 일부로서 같이 명칭이 된다.

the로 범위 한정을 시키지 않고 바로 복수로서 전체의미를 나타내도 좋다.

: Alps, Philippines, Netherlands, United States, --- etc : infml E -- **비공식명칭**

→ 이때는 단수동사를 쓴다. 복수전체 단일개념, 즉 복수로 뭉쳐진 한 덩어리로서 고유명사이기 때문이다.

: Philippines is a country of islands.

cf] **Twenty years is a long time. Five million dollars is a large sum of money.**

▭ **외부적 지정일 경우**=그 로키 산맥

m.. the Clintons

▭ **내부적 지정일 경우**=Clinton Family의 성으로서 복수이면 그 범위만 하겠다는 것이니까 '클린턴 가족(전체)' 이 된다 -- **지정전체로서 가족** [the: **내부적 지정으로서 성 전체 지정** Clinton: **성** s: **전체복수**]

▭ **외부적 지정일 경우**=그 클린 가족

하지만, 이 반에 있는 성으로서 복수이면 외부적 지정으로서 Clinton 성을 가진 그 사람 모두를 뜻하게 된다.

시동=그 Clinton 씨(氏)들

그러나 지정하지 않고, Clintons로 표현하면 그냥 Clinton이라는 성을 가진 사람들의 복수[즉 개체복수] 또는 그냥 전체 복수로서 가족이 된다 : Clintons=Clinton 씨(氏)들 /Clinton 가족 3 generations of Buffetts

시동=3세대 (가족)인데, 즉 버핏 가족의 3세대 (가족) (first, second, and third generation)

부모들이 나이가 들어서 딸을 결혼 시킨 것을 보고 기자가 한 표현이다.

: A Clinton weds.

시동=한 클린턴이 결혼식을 올렸어요 -- 이제 (딸) 자식 하나 결혼식을 올렸다는 얘기이다. ※ **weds=발생현재**

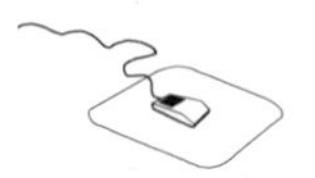

이렇게 복수로서 그냥 실체 모두를 나타낼 수도 있고, 내부적 the로 복수전체를 지정하여 전체의미를 만들 수도 있다. 이럴 경우 시동은 그냥 대표의미[일반적 의미]로 새기면 된다.

n.. The computers revolutionized office work. [=Computers]

시동=그 컴퓨터들로 한정하는 것이 아니라, 전체를 의미하는 '컴퓨터라는 게/컴퓨터가' 로 시동을 건다.

하지만, 외부적 지정일 경우 그[저] 컴퓨터들로 외부에 놓여 있는 컴퓨터를 가리키는 의미로 이해해야 한다. 상황과 문맥에 따라 판단하면 된다. 어느 의미로 두뇌가 작동해야 할지 걱정할 필요가 없다.

만약, 복수전체로 지정하지 않고 computer 자체를 지정하여 전체대표의미/일반적 의미로 나타 낼 수도 있다. 역시 내부적 지정 대표의미로 뇌가 작동한다.

↗☞ p279 〉Live 실전

o.. The computer has revolutionized office work. **cf] 외부적 지정으로서 전체대표의미**

이 때에도 '컴퓨터라는 놈/컴퓨터가' 로 시동을 건다. 하지만 외부적 지정일 경우에는 '저 놈의 컴퓨터' 로 뇌가 작동한다. 시동=컴퓨터라는 놈 /저 놈의 컴퓨터는 가지고 있어요, 세상을 확 바꾼 것인데 사무실 작업을 말이다.

일반성 정도 : ↗**복수일반/부정관사 일반/정관사 일반=gerneral statement/something in general**

Computers 〉 A computer 〉 The computers 〉 The computer ☞ p270

: 전체를 복수로 표현 〉 하나하나로서 전체 〉 복수전체를 지정 〉 명사자체를 지정하여 그 명사전체를 의미하는 뇌

p.. The poor get poorer; the rich get richer.

▭ **내부적 지정일 경우**=가난한 사람(들), 부자(들) --- **일반적 의미** (the poor/rich=**관습적** E)

▭ **외부적 지정일 경우**=그 가난한 사람들, 그 부자(들) -- **한정 의미**

Plus] Rich are/is strong. 시동=부자들은/부는 -- **일반적 의미**

vs Korea's rich came here. 시동=한국의 부자들은 -- **한정의미** ※ rich=(명사) **전제** infml E

내부적 지정 영뇌는

바로 명사자체만 지정하니 그것자체가 갖고 있는 성질이나 성격을 지정하는 뇌로도 작동하기도 한다. 이런 the를 2차적 뉘앙스로서 **2차적** the라 한다.

q.. The pen is mightier than the sword.

▭ **내부적 지정일 경우**=그 펜, 그 검이 아니다. 펜자체, 즉 펜으로 쓰는 힘, 펜의 힘[문의 힘] /검자체, 즉 검으로 쓰는 힘, 검의 힘[무의 힘]을 의미한다. ※ mighty nation 힘이 센 나라/강대국

▭ **외부적 지정일 경우**=그 펜/그 검, 저 펜/저 검

: the patriot 애국심/그 애국자 (**2차적 의미**=추상적 의미 **1차적 의미**=구체적/실제적/실질적 의미 **3차적 의미**=비유적 의미)

r.. The mother is stronger than the father.

▭ **내부적 지정일 경우**=모성/부성 ⇨ **외부적 지정뇌일 경우**=그[저] 엄마 /그[저] 아범

vs 지정하여 추상체 뇌를 작동시키지 않고, 명사자체 표현으로 추상체 뇌를 작동시킬 수도 있다.

: Mother[Man] is stronger than father[woman]. You've cried wolf too many times!

그냥 명사자체 성질로서 모성/남성[인간] /부성/여성 //늑대울음 소리 (콩으로 메주를 쑨다해도 안 믿는 것)

⇨ a television TV 한 대 /television TV 영상 a bus 버스 한대 /bus 버스편 : by bus

보통체를 추상체로 작동시키는 법

= 내부적 지정 /명사자체[비수단독] 표현

비영어권 사람들의 사전의 뜻 추가

우리도 이제 BAM 영뇌를 가지고 있기 때문에 원어민들처럼 사전의 뜻을 추가할 수도 있고, 추가해서 이해할 수도 있다.

→ 추가뜻 또는 추가이해 : **Obama's state of the Union speeches over the years.**

⇨ 뒷 the=**외부적 지정으로서 과거를[지난 것을] 지정함**

: Thank you over the years.

-- 연두가 빠져도 좋다 메시지, 즉 미메시지 가능 ∴ state of the Union ↗연두=(speeches의 **상황**) associate

시동=오바마의 진언[메시지/교언/교서], 즉 연합/미 연두연설, 걸쳐 과거[지난] 여러 해에 걸쳐 있었던 연합/미 연두연설 중에서의 오바마의 진언[메시지/교언/교서] *state of the race 진언[메시지]인데 즉 (대통령 캠페인) 레이스 중에서의 (나온) 진언[메시지]

state of America 진언[메시지/교언/교서]인데 즉 미국의 진언[메시지/교서] Union=미국은 여러 주의 하나의 공동체로서 연합

state 말 또는 글로 쭉 표현하는 것으로서 진언(陳言)/message/교언/교서[s: sending t: talks or writing] ↘the European Union[EU]

cf]One brother fought for the Union and one for the Confederacy.

※the Union
전체연합으로서 미국[the United States]
/북부 주연합로서 북부연합
vs the Confederacy 남부연합

plus] 1. CNN's the Situation Room : 소유격에는 관사를 붙일 수 없으나, 여기서 밑줄부분=고유명사
: my a/the book (×) —› my book (0) cf] the/a book of mine

2. 사전에 the와 함께 보통 쓰인다고 표시되었다고 해서 무조건 the를 붙이면 안된다. 외부적 지정인지 내부적 지정인지 a가 되는지 뜻을 따져봐야 한다 ···› **사전 표시 예: culprit** 명사 (보통 the culprit)
: North Korea is the culprit. ···› the=내부적 지정 : 바로 범인이다. 외부적 지정 : 그 범인이다.
하지만 a의미로도 표현할 수 있으며 (하나의 범인), 심지어는 지정사 없이 infml E로 단수단독 표현도 가능

3) a(an) 영뇌[IA NB]

명사를 어떤 하나로 지정 설명해 주는 뇌. 요컨데, (설주) 비연결설명어
a(an) BNW=어떤 하나

IIIII .. **명사를 설명해 주는 뇌 :**

A.. A man /came /to see you. (or A man came /to see you.)

영뇌=기→ 설→ 설′ : BEis-Os

or I + I + I : I-Os or S + S + S : S-Os

How to Read[Speak]
=Aman cameto seeyou.
: 먼저 감각적 주파수로 이해한다.

시동= vocal 감주로 (자동 설가가 될 때까지)
F3+E2 강하게 말하기

어떤 한 사람으로서 어떤 사람
(씨-여/씨-유=retro-root F
전자=o지배음가의 어화 후자=u지배음가)
⇒ 어떤 하나로 명사를 설명해 주면서,
s동사로 설명해 나가는 뇌 : BEis-Os
시동=어떤 한 사람[남자]/어떤 사람이 왔어요,
대동 보러 당신을 말이다. I Free 감주 간직하기

↳ big tip)글(text)=simple statement(간단말)/sentence(문장)
/paragraph(문단)/passage(절)
//introduction(서론)/body(본론)/conclusion(결론)
shortest simple statement
: The. A. All. No. Ok. Absolutely.
↳ 문장만 말이 되는 것은 아니다.
문자(text)는 모두 말이 된다.
※text=글 또는 문자

.. **我必 Free 감주 간직하기**=Man came to see.

a=어음가와 첫 번째로서 어떤 하나 [어떤 하나의 상황]
[a : '어' 음가로서 어떤 + (알파벳에서) 첫 번째 나오는 것으로서 하나]
소리[본토말]: a=어/에이/합성감주 (어/에이: dot점형/slide 주파수)
어/에이=**약한 감정음가/알파벳음가(강조)** -- used before the sound of consonants

시동 종류=원애시동 /vocal음 /Free 영뇌 /F3+E2 /일상적인 생활 /Ekbe /†SIUM 말하기 /무한글 /BNW or 비한글 BNW /BAM /BEis 영뇌 /G토씨 /connotation /영뇌기본자세 /패턴 /associate

— 실력이 늘면 (감주로 이해되는 것 속에서) 안되는 것만 시동을 건다.

tip)단어하나를 간직해도 free 영뇌로 간직하라. 즉 의미 전달 값으로 간직하라 : "A." 어떤 하나/하나 (이지요)
↳이때 의미=IS값 ⇒ 낱개영뇌 ⇒ 의미전달 최소단위=단어하나

B.. That sounds /like an excuse /to me.

영뇌=기→ 설→ 설′ : BEis-Os

⇒ like **영뇌의군**=like를 an 영뇌의군으로 설명해 나가는 두뇌
I Free 감주 간직하기 ↘ .. **major 감주=** -- sounds --- excuse -- .

시동=그것은 들리는 것 같다. 동모[동자] 어떤 하나의 변명처럼 대자 나에게 말이다.

.. **我必 Free 감주 간직하기**=That is like excuse.

an=어음가와 첫 번째로서 어떤 하나[어떤 하나의 상황]
[a : '어' 음가로서 어떤
+ 첫 번째 나오는 것(first letter)으로서 하나 n: 소리조절 sign]
소리[본토말] : an=애ㄴ /언=post점형 /dot점형 주파수
-- used before the sound of vowels ↱ a의 강조=에이 an의 강조=애ㄴ
주의]a/an 용법=소리기준

동명사와 셈단어, 복수 sign 관계 a/an은 동명사를 설명해 줄 수 없다.

동명사는 동사서술명사로서 uncount 동사명사이기 때문이다. 즉 실체 명사가 아니면 셈 단어 또는 복수 sign으로 셈할 수 없다.

▭ **셈 단어=a/an(어떤 하나) /one, two, a few, many, --etc.**
▭ **복수 sign=plural 's' or 'es' [e: 조율음]**

- A building of the bridge is a hard work. : incorrect
  ⇨ The building of the bridge is a hard work.
  vs He has a building. ⋯› building=noun -- 빌딩 /gerund -- 짓는 공사

.. 이해는 최종적으로 단어의 최종적인 뜻인 감주로 이해한다.

4) a(an) BNW와 그 확장의미[EM]

(영어에 대한 기초지식[basics]을 알았다면 생활 속에서의 뜻으로)

① **a(an) BNW=어떤 하나** — 我必 free 감주로 간직한다.
　　: **어떤 하나의 상황 또는 여러 개 중 어떤 하나 --> EM=어떤 하나로서 '하나' ---, etc.**

a.. a //new /Bagdhad　a //happy /Smith
영뇌=전설 ⇨ 설-->기　시동=어떤 하나인데 new Bagdhad로 말이다 ⇛ 어떤 하나의 신 바그다드
/어떤 한 사람인데 happy한 Smith로 말이다 ⇛ 어떤 한 행복한 스미드씨

b.. an /Edison
영뇌=설-->기　시동=어떤 하나인데 즉 에디슨의 발명품 중의 어떤 하나 ⇛ 어떤 하나의 에디슨 발명품

조율음가 n an의 n은 소리를 조절하기 위해서 붙인 철자이다.

즉 모음+자음은 각각 자기 음가를 보유하나, 모음+모음은
단모음으로 발음이 되어 자기 음가를 보유하지 못하기 때문에 붙인 자음이다. 예컨데, on=모음+자음으로서 '온'으로, a+o=ao ⇛ a or o, 즉 모음+모음의 단모음으로서 '아[애]' 또는 '오'로 소리가 난다.
: **a book vs an only child, an excuse, an hour** ※**모음=a, e, i, o, u**
　vs a useful animal /a onetime soccer player : j/w=자음　tip)정관사의 강조소리=디-/디이
부정관사의 강조소리=에이/애ㄴ
↳전자=There is a report.

부정관사 BNW와 one, some

BNW가 어떤 하나이기 때문에 one에도 사용할 수 있다.
: single=noun　a one dollar bill[note]　시동=어떤 하나의 일달러 짜리 지폐 ※ single=**생활** infml E
　vs Some guy called for you while you were gone.
　시동=어떤 녀석　※ called for=불렀는 데 해자 누구를 부른 것으로서 찾았다는 말

이렇게 영어에서는 '어떤 하나'라는 단어도 있고, '하나'라는 단어도 따로 있고, '어떤'이라는 단어도 따로 있다. 그래서 a[an]의 자기 존재도 분명히 있는 것이다. **이게 바로 BNW이다.**

plus] some=어떤/몇몇의/약간의 //호소적인 뜻으로서 좀　vs any=어떠한/어느/조금도 //어떠한 것으로서 좀
: Would you eat some cake? 케이크를 좀
vs Do you have any hope? Any wrong doing. -- 좀 희망이-- ? /좀 잘못하고 있는 것 같다.

tip)PN 단어, 즉 'positive+negative' 단어는 두 가지 입장에서 단어의 뜻을 생각해야 한다. ☞ vol 1>p85

'some' informal : ① used to express approval :

That was some game! (그래도) 좀 볼만한 게임

② used to express disapproval, disappoint, etc. : **Some navigator!** 내비가 좀 그렇다!

Some friend he is – he left me stranded at the train depot. 좀 그런 친구다

c.. A Mr. Smith came to see you.

시동=어떤 한 사람, 즉 스미드씨라는 어떤 한 사람 ⇒ 어떤 한 미스터 스미드씨라는 사람

d.. No rose without a thorn. 시동=어떤 가시 하나

e.. We were here for an hour. 시동=구시, 어떤 한 시간동안 /구시, 한 시간 동안

전자=하루 24시간 중 어떤 하나로 어떤 한 시간 후자=그냥 어떤 한 시간으로서 한 시간

-- **모두 어떤 하나라는 지정 느낌으로 '한 시간' 을 느끼면 된다.**

a(an)=지정 하나 vs **one=카운팅 하나, 즉 숫자 하나** ※ one=형용사/대명사/명사

vs **We were here for one hour.**

시동=구시, 한 시간 동안 -- **숫자 한 시간 : 그냥 숫자 느낌으로 '한 시간' 을 느끼면 된다.**

a와 one의 또다른 차이 a(an)는 어떤 하나로 one을 지정하면 하나가 되고, one은 대명사로서 어떤 하나(a/an)을 가리키면 어떤 하나가 되어 어느 하나가 된다.

: I will see you again one day. [=in a day] 시동=어느 한 날에/어느 날 : **one morning** [=in a morning] 어느 한 날 아침/어느 날 아침

vs **one day earlier** 시동=하루 전 cf] some day=어떤 날/언젠가

tip)one day/morning=명사부사 (의균) in a day/morning → day/morning=명사

하나로서 일인칭 대명사를 가리키는 one

plus] **I'd like to read more, but one doesn't have the time.** 시동=나는 없는데 그럴 시간이 없다.

→ one=**대명사로서 일인칭 대명사** (a first person pronoun) **'I' 를 가리킴**

f.. He is a doctor.

시동=어떤 한 사람의 닥터 /어떤 한 사람인데 닥터로 말이다[EM : -- 인데 일종의 닥터이다]

여러 명의 닥터가 있다. 그 중에 어떤 한 사람에 해당한다는 말이다. 그래서, 닥터라는 한 부류의 사람이 된다. 이럴 때 우리 말은 보통 **부정관사 뉘앙스**를 전제를 하고 그냥 '닥터' 라고 말한다.

caution]원어민들은 명사를 보다 더 세밀하게 관찰하고 있다. 부정관사 뉘앙스를 분명히 알고 있어야 의도파악이 가능하다.

: He called troops at the airport an 'armed invasion'. -- 병력이, 구처 공항에 있는 것도 일종의 무력 침략이라고 말이다.

g.. We drove under a gloomy sky. 시동=어떤 하나의 상황으로서 어떤 한 날의 어둑침침한 하늘

h.. We all wish you a merry Christmas.

시동=어떤 하나의 상황으로서 어떤 한 즐거운 크리스머스 : **I can not remember a Christmas like it.**

⇒ **IS영뇌 작동시** 모두 '용해된 어떤 하나의 상황' 또는 '어떤 하나의 상황' 으로 스쳐가면 된다.

i.. Tiger Woods finished the first day with a (5 under par) 65.

···› a // 5 under par / 65 =전설 ⇨ 설-->기

: '5 under par 65타' 를 그냥 하나의 상황으로 두뇌를 작동시키면 된다.

여기서는 a의미가 우리말로 나타나지 않는다. 그냥 a할 때 무한글로 하나의 상황을 느끼면 된다. 이렇게 한글 없이 (어떤) 하나의 상황으로 느끼거나 해석 한글로 이해하지 않고 그냥 BNW로 (어떤) 하나의 상황으로 느끼는 것이 무한글 또는 비한글 BNW 시동이다. 시동= -- 끝마쳤다. 첫날을 동자 5 언더 파 65타로 말이다.

↗부정관사도 just-IM(단순히 뜻하는 의미)으로 외우지말고, BAM으로 접근하라.

② a/an EM[extended meaning]

어떤 하나로서 '하나' '어떤 것' '하나의 묶음' '각각하나' '각각모두' '하나의 종류' '대략크기 한' '하나 같은 것'이 된다.

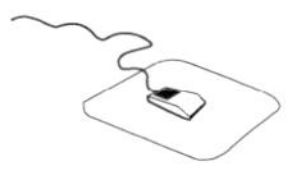

즉 **어떤 하나로서**, 하나[one]가 되거나 어떤 것(a certain)이 되고, 하나(의 상황)로 묶으면 하나의 크기 묶음이 되고, 하나 하나 각각을 지정하면 each one[per]이 되고, 하나 하나 모두를 지정하면 전체 대표의미가 되고, 하나의 종류[부류]가 되면 one kind[class]가 되고, 하나의 크기 정도가 되면 대략 크기로 '한 또는 some'이 되고, 하나 같은 것으로서 same이 된다. —— etc.. tip)생활 속에서의 뜻으로 EM도 我必 free 감주로 간직하라.

A.. 어떤 하나로서 하나이거나 어떤 뇌: one /a certain

a.. **For lunch, I ate a sandwich and an apple.** : 지정하나이니 one이 아니라, a/an 느낌으로 쉽게 표현된다.
이게 바로 영뇌이다. 시동=한 개의 샌드위치와 한 개의 사과

b.. **Such a long queue!** -- 지정하나이니 긴 한줄일 때 저절로 a가 튀어 나온다. 시동=정말로 긴 한줄이구나!

c.. **An hour. A month. A year.** 시동=한 시간 /한 달 /일 년
vs A thousand. 천이라는 복수의 크기를 하나의 크기로 묶은 뇌-- hour/month/year는 복수크기가 아님 시동=일천

d.. **You have a problem.** 시동=어떤 문제[한 가지 문제/약간의 문제]
tip) 우리말 '**한**'=지정하나 /숫자 하나 /대략크기 /불명확한 지정 — 그래서, s영뇌 작동시 상황이 달리 보여야 한다.
vs Dogs have sometimes a problem at home. Lots of dogs are noisy and dirty.
Fierce dogs can even injure or kill people.
▭ a problem 시동=한 가지 문제가 아니라 어떤 문제 또는 약간의 문제이다
: 어떤 하나로서 어떤 것(a certain) 또는 하나의 크기 정도로서 약간의(some)
↳ vs some=**특정지우지 않는 것으로서 어떤 것**
[s: specified o: 아음가로서 아닌 것]
vs certain=확실히 확정짓지 않는 것으로서 어떤 것[c>s: sure n: not]

B.. 하나의 크기로 묶는 뇌:

IIIII .. 명확한 크기를 하나로 묶은 뇌

a.. **a dozen** 한 다스, 즉 12개를 하나로 묶은 개념 : a dozen eggs[=a dozen of eggs] cf] 12 eggs two dozen roses=24 roses

b.. **a score** 한 스코어, 즉 스무개의 한 묶음 : a score ships[=a score of ships] cf] 20 ships three score years=60 years

c.. **a decade** 한 데커, 즉 10년의 한 묶음 : a decade ago[=ten years ago] /two decades ago

d.. **a couple** 한 커플, 둘을 하나로 묶은 것 : a couple thousand tons[=two thousand tons]

e.. **a half** 한 하프 : 절반 크기를 하나로 묶은 것
: one and a half kilos=a kilo and a half=$1\frac{1}{2}$ kilos ※kilo=kilogram
vs half a dozen[=6] eggs : half=adv. a half-holiday[share] : half=adj.

f.. **a hundred a thousand**
시동=일 백 /일 천 : 백/천을 하나로 묶은 것 : a hundred ships /a thousand eggs
a=**어떤 하나의 묶음으로서 지정 하나** vs one hundred/thousand -- **숫자 하나**
cf] Another five inches of snow expected. : **또하나의 사건인 것**
Another two people were killed. : **둘을 또 하나로 묶은 것**
⇒ another=또하나로서 또다른 cf] He ate another piece of cake. 또 한조각

IIIII .. 불명확한 크기를 하나로 묶은 뇌

a.. **I have a few friends.** → 적은 수를 하나로 묶은 것 또는 대략 크기로서 '한'
시동=한 몇몇 정도되는 ···› **여기서 우리말 '한'** = '한'으로서 하나의 묶음 또는 대략크기 **뜻하는 의미**=조금 있다.
also, 어떤 몇몇의↙ -- 적은 수를 하나로 묶은 것인데 a thousand처럼 복수의미이다 : few=noun
vs I have few friends. **시동**=나는 있는데 몇몇의[적은 수의] 친구가 있다 -- 수개념 (few=adj.)
뜻하는 의미=별로 없다[=not -- many 많지 않다]

b.. We ate a little food. → 적은 양을 하나로 묶은 것 또는 대략크기로서 '한' (little=noun) ↗little=adj.

시동=한 조금 정도되는 **뜻하는 의미**=조금 먹었다. vs We ate little food. -- 양개념 **시동**=적은 양의 음식

↘also, 어떤 적은 양의 **뜻하는 의미**=별로 먹지 않았다[=did not -- much 많이 먹지 않았다]

cf]I see a little seed. She has little feet. 어떤 작은 씨앗 하나/작은 발 -- 그래서 크기개념으로 C의미 단어 가능

caution] 구문법은 few와 little을 부정관사 유무에 따라 조금있다/별로 없다는 뜻으로 가져 가는 데 단어 본래의미[원래의미]와 뜻하는 의미는 구별할 줄 알아야 이해의 자유가 생긴다.
New York Times: Sony likely to distribute "The Interview" to few hundred smaller theaters.
-- 여기서는 뜻하는 의미로 이해하면 안된다 ⋯▸ 몇 백개의 : Few years ago we met. 몇년 전

아주 적은 크기이면 very를 함께 쓰면 된다 : very few/little

시동=정말로 아주 적은 수/적은 양 ⋯▸ 뜻하는 의미=almost none: 거의 없다 **tip)수/양=많고 적은 개념**

vs only a few/little 시동=단지 한 조그만한 크기만 있는 것[되는 것] ⋯▸ 이것도 뜻하는 의미=not many/not much

↳ **어떤 뜻으로 시동을 거느냐에 따라 IS영뇌도 달라진다** ⇒ bnw-BAM 시동=Best
∵ **원어민과 같은 느낌**

c.. I have a number of friends.

→ 수명[수~명]을 하나로 묶은 것 또는 대략크기로서 '한' 시동=한 수명[수~명]이나 되는

뜻하는 의미=**한 수명으로서** some(약간의), several(여러 개), many(많은)
--사전의 뜻으로 이해하면 뜻하는 의미가 되고, BNW로 이해하면 단어 본래의미[원래의미]가 된다. 그래서, 사전의 뜻으로 번역하면 **준번역[이면번역]** 밖에 되지 못하고, BNW가 반영된 번역을 하면 **완전번역**이 된다. 각종 신문에 연재되는 오늘의 영어표현이나 각종 학습서는 숙어처럼 준번역만 하고 있다.

a number, 즉 한 수명이 some이 될지, several이 될지, many가 될지는 그때 그때의 상황에 따라 두뇌를 작동시키면 된다. 그래서 많고 적음을 분명히 표현하기 위해 small/large를 쓴다.
: a small number (of), a large number (of)

vs Number of journalists were trapped in Tripoli. 시동=수명의 journalists
Number of balloons ready to be dropped at the end of speech. 시동=수 많은 balloons
Number of people killed in Ebola outbreak rises above 4,000. 시동=(총)수, 즉 사람, 죽은 사람의 수
: a number/the number의 infml E number=(a/the) **전제** infml E ready=(be동사) **전제** infml E

d.. I have an amount of money. → 대략 양을 하나로 묶은 것 또는 대략크기로서 '한'

시동=한 양정도 되는 돈 뜻하는 의미=some(대략 좀되는) /a certain(어느 정도 되는)

cf]Some 80 people showed up for the lecture. [=about 80 people]

caution] amount는 양으로서 U의미/C의미 명사, **number**는 수로서 C의미 명사이다.
amount가 C의미일 때는 하나의 덩어리 크기 양, 여러가지 덩어리 크기 양[즉, amounts]이 된다.
: He could only pay half the amount he owed.
The shopkeeper had a large[enormous] amount of oranges in his storeroom.
Large amounts of money were spent on the bridge. **＊우리말 '양' =U/C 의미**

e.. An estimated 200 people came here.

시동=한 대략 200명 → 대략 크기 200명을 하나로 묶은 것 또는 대략크기로서 '한'

: **(설주) 영뇌의군**=An estimated 200 /people =설-->기

An /estimated 200=설-->기 cf] I felt a little tired. 명사부사

근접부사 close의 기/설 영뇌 A Quick Note

plus] 1.. He saw at least one bus and close to a dozen motorcycles plunge into the Mahakam River. Several cars were mangled, he said.

▭ close to=가까이 되는 데 대자 어떤 숫자까지 가까이 되는 것 [뜻하는 의미=almost; nearly]

▭ to=방향대상으로서 대자 -- 까지

▭ close /to a dozen=설-->기 : 가까이 되는 데 대자 12대까지 가까이 되는 것

→ 부사가 전치사 영뇌의군[family]를 설명해 주는 뇌

▭ close to a dozen /motorcycles=설-->기: 가까이 되는데 대자 12대까지 가까이 되는 모터 사이클

cf] He looks much older when you see him close to.

※ close to=가까이 대자 그 사람을 가까이 (볼 때 말이다)

2.. It happened close on 50 years ago.

▭ close on=대략 즉 [뜻하는 의미= almost (esp. before numbers)]

▭ close=가까운 수치로서 대략 on=상(上) 접근으로서 즉 **영뇌의군**=close on 50 /years

일반적으로 사전의 뜻풀이는 뜻하는 의미이지, 단어 본래[원래] 의미는 아니다. **한국 사람들의 가장 큰 취약점**은 BNW를 못 느끼고, 뜻하는 의미로만 뇌를 작동시키고 있다는 것이다.

f.. A lot of us want to leave now. I have a lot of money. *a lot=다수/다량으로서 복수/비수

→ 다수[다량]를 하나로 묶은 것 또는 대략크기로서 '한' 시동=한 다수나 되는 사람들/한 다량의 돈

g.. There are a great[good] many reasons.

→ 대단히[상당히] 많은 것을 하나로 묶은 것 또는 대략크기로서 '한'

시동=한 대단히[상당히] 많은 이유들 *many=noun

cf] Many a famous pop star has been ruined by drugs.

→ 불명확한 지정으로서 '한/어떤' -- 뜻은 복수이나 단수인 것 ∵ many=(문어적 표현) adv.

시동=많은 한[어떤] 유명한 pop star들

C.. 하나 하나로 각각 지정 : each one[per/each]

a.. We work eight hours a day. 시동=하루 하루, 즉 매일

b.. Carry them three at a time. 시동=직자 한번 한번 해서/한번 한번 마다 (말이다)

D.. 하나 하나로 모두 지정 : 전체 대표의미[일반적 의미] -- IS 영뇌를 느끼려면 하나 하나로서 모두를 지정하는 뇌로 작동시켜야 한다.

a.. A cat is a domestic animal. 시동=고양이라는 동물은 : 한 마리의 고양이가 아니다.

b.. A child needs love. 시동=(하나 하나 모두를 지정하는 뇌로서) 애는

⇒ A child=The Child=Children=The Children -- all in general

시동=애는/애란/애들은 : 하나 하나로서 전체, 명사자체 지정으로서 전체, 복수로서 전체, 복수전체 지정으로서 전체이다.

E.. 어떤 하나로서 하나의 종류 : a kind[a sort/a type/a class]

a.. It's a beetle. 시동=하나의/일종의 -- a kind of beetle : AmE vs a kind of a beetle : BrE

b.. The honesty in a politician is a virtue. c.. This is a water.

(앞 a=하나 하나 모두로서 정치인-- 그 정직성, 즉 내자 정치인이 품고 있는 정직성)

d.. **filling=a material used to fill a cavity in a tooth to preserve it from decay.**

시동=하나의/일종의 물질[재료]인데 -- 썩지 않도록 충치에 채우는 물질, 즉 봉/충전재/충전물

: The dentist gave me a temporary filling /gold filling.

F.. 하나의 크기정도로 대략크기 :

— 하나의 크기정도로서 조그마한 크기(some 좀/어느 정도/약간) /대략 크기로 한

a.. **You need a wash.** 시동=(세수를) 한 번 할 정도로서 좀/한 번

→ 이 때 한 번은 1회로서 한 번만 하라는 의미가 아니다. 한 번 할 정도로서 좀 하라는 대략 크기이다.

b.. **Take a look at me.** 시동=한 번/좀 ※ **우리말 '한 번'** = '한 회 / '대략 크기'

c.. **You're right to a degree.** 시동=(어떤 하나의 크기 정도로서) 대략 어느 정도

d.. **She stood here for a time.** 시동=구시 한[잠시] 동안 : time position=period

e.. **It cooks in a matter of (a few) minutes.** 시동=내에, 한 대략, 즉 수 분내 ···› 내에, 즉 한 대략 수 분내에

The ball was foul by a matter of inches. 시동=차이로, 한 대략, 즉 수 인치의 차이로

···› 차이, 즉 한 대략 수 인치의 차이로

*matter=구성물질, 즉 구성체로서 크기를 의미 -- 여기에 a크기가 가미되면 대략크기가 된다.

G.. 하나 같은 것으로서 동질성 : same

a.. **We are of an age.** 시동=(우리는 인데 즉) 하나 같은 나이(이다). -- **하나 같은 것으로서 같은 것**

vs We are of the same age. 시동=같은 나이 -- **그냥 같은 것으로서 같은 것**

b.. **Birds of a feather flock together.** 시동=새들, 즉 하나 같은 깃털을 가진 새들은

: both of one species 시동=둘다, 즉 한[같은] 종류인 것 -- **한 종류로서 같은 것**

※ species=종(種) /종류(**생활** infml E: type, sort)

: This rare bird has become an endangered species. A strange species of car.

이제 비영어권 사람들도 사전의 뜻을 추가할 수 있다 사전에서 **a의미가** one, per, a kind, same, some,

-- **등등**으로 나와 있는 데 이것은 어디까지나 뜻하는 의미이지 단어 본래의미[원래의미]가 아님에 유의하라.

단어 본래[원래]의 뜻은 BNW가 반영된 뜻이어야 한다. 특히 이런 의미들이 있기 때문에 a/an을 쓰는 것이 아니라, 어떤 하나로 그런 의미가 생긴 것임에 명심하라. 그래서, **사전에 나와 있는 뜻 이상으로 또 다른 뜻이 나올 수도 있고, 우리도 사전의 뜻을 추가할 수도 있다. 뿐만이 아니라, 원어민이 의도하는 의미도 사전에 없어도 추측할 수도 있다.**

BAM 영뇌를 소유했기 때문이다. 실제로 타임지 같은 데서는 사전에 없는 뜻도 많다. BAM**으로 해결하라.**

IIIII .. **Inaugural speeches have inspired a nation and reaffirmed American ideals. Nepal : a nation in ruins.**

추가 : **a=하나의 전체로서 모두 --** a nation=**전 국민/한 국민/한 나라 국민전체** : a public **전 대중/전 민중 [한 대중]**

-- 하나 하나로서 모두를 의미하는 것과 다르다.

※**우리말 '한'** = '하나' /대략크기로서 '한' /하나의 전체로서 '한' / 같은 것으로서 '한' -- etc.

IIIII .. **We could tell from his slurred speech that he'd had a few. [≒ a few too many]**

원어민 infml E 이해 : **a=몇번 크기를 한번씩 한번씩으로 여러번 지정하는 것**으로서 몇 번씩 여러 번 여러 번 [≒ 몇 번씩 아주 많이]

그래서 a few와 a few too many는 의미가 거의 같다.

사전에서도 'a few or a few too many=too many alcoholic drinks' 로 밝히고 있다.

시동=우리는 할 수 있을 것같다. 즉 말할 수 있을 것 같은데 기자 그 사람의 슬러드 말로부터 즉 그가 가졌다고, 마신 사실을 몇 번씩 여러 번 여러 번 가졌다고 말할 수 있을 것 같다.

IIIII .. **Clear with a windchill as low as −3℃. Breezy. Winds from the WNW at 20 to 30 km/h.**

a=어떨 때 하나 생기고 어떨 때 하나 생기는 것으로서 sometimes winds=s(several): **여러 번으로서** sometimes **복수**

시동=맑으면서 동자 가끔 풍한도 있고 그리고 최저 온도가 즉 영하 3도이다. 바람은 제법 강하고, 이따금 바람이 부는 데 기자[기처] 서풍 또는 북서풍이고, 직자[그 크기는] 시속 20에서 30 km이다. as=동질연결로서 그리고

☞.. 이해는 (언어에 대한 basics를 알았디면) 최종적으로 단어의 최종적인 뜻인 감주로 이해한다.

Plus-1 ▭ **관사 전제 infml E** : infml E도 일종의 Free 영뇌

우리말은 지정사를 전제로 하는 경우가 영어보다 훨씬 더 많다.

→ **C의미 명사일 경우**=단수 단독표현 ⇨ (지정사 전제) infml E 복수 단독표현 ⇨ StE

→ **U의미 명사일 경우**=비수 단독표현 ⇨ StE

전자=보통체 /보통집합체 /무리복수집합체 **후자**=물질체 /추상체 /고유체 /물질집합체 /추상집합체

caution] infml English는 일반적으로 SpE(뉴스, 드라마, 쇼, 대화, 중계방송), 리플, 알림, 광고, Headline,

— 등에서 많이 표현한다. tip)단수일 경우 보통명사와 보통 집합명사는 지정사를 표현해야 StE가 된다.

1.. **I have house.** ⇨ StE=a[one] house /the house /my house — etc.

2.. **Family is happy.** ⇨ StE=The family /My family /This family — etc.

vs a.. We want water. b.. Beauty is only skin deep. c.. This is John.

d.. Furniture is made of wood. e.. We love poetry.

cf] We have houses. This is the policy for families. Cattle are cows and bulls.

— 복수 단독표현 ⇨ StE

명사자체 표현과 단수 단독표현은 다르다.

전자=U의미 — 비수 단독표현으로서 명사가 지닌 내부적 성격/성질에 중점을 둔 의미

후자=C의미 — 수에 중점을 둔 의미

a.. Mother[Man] is stronger than father[woman].

▭ 명사자체 표현으로서 비수 단독표현=모성/남성 부성/여성 -- StE

▭ 단수 단독표현=엄마/남자 아버지/여자 -- **전제** infml E

b.. We're going to move house next month.

▭ house=가재도구(BrE /StE) -- 명사자체로 표현된 집합적 물질체로서 비수 단독표현

vs We're going to move to another house next month.

▭ 지정사수반 단수표현=또 다른 집 -- StE

3.. **ranks 27th in world** ⇨ StE=the world **day after earthquake** ⇨ StE=a day/the earthquake

4.. **Ads / Classifieds :**

For Rent : House with nice yard, quiet street, garage

⇨ StE= A house with a nice yard, quiet street, garage.

5.. **Help Wanted : Computer technician, nights, Community College. Good salary and benefits.**

⇨ StE= A computer technician, -------------- .

-- 단수 단독표현이기 때문에 a를 써지 않아도 한 명을 구한다는 말이다.

6.. **Dow is up 1.6% on month[for month].**

⇨ StE= Dow is up 1.6% on a[one] month [for a/one month].

on a[one] month=상에, 한 달 상에 -- 달력 위 한 달이라고 뇌를 작동시키면 됨

for a[one] month=구시 한 달동안에

vs Dow jumps triple[three] digits into black for year. 껑충뛰어 세 자리수가 껑충뛰어 내대자 흑자가 되었는데

구시 금년[일년] 동안 말이다 ⇨ StE=for the/a year cf] a triple murder 세 건의 살인 사건

7.. **Notices : Lift out of order** ▭ 이 스키장을 두고 lift를 표현 것임 -- 그래서, the 전제

⇨ StE= The lift is out of order. ※ out=(be동사) **전제** infml E

8.. **Instructions : Cut along dotted line.**

▭ 가지고 있는 bill이나 envelope에 표시된 것을 두고 한 표현임 ⇨ StE= Cut along the dotted line.

: Romney takes job with son's investment firm. ⇒ son=(지정사) **전제** infml E : the son/his son

시동=잡았다. 일자리를 동자 아들의 투자회사에서 말이다. ※ with=동존대상으로서 동자 -- 에서

9.. **Newspaper Headlines**

: Dispersed Families Worry Submarine Incident Will Spoil Thawing Mood.

⇨ StE= The Dispersed Families Worry The Submarine Incident Will Spoil Thawing Mood.

Dispersed Families=(관사) **전제** StE ∵ 복수 단독표현 The=Our /Korean을 지정하는 뇌

Submarine Incident=(관사) **전제** infml E ∵ 단수 단독표현 Thawing Mood=해빙무드

10.. **1st fl flt in mod blk close West End.** ···› 관사/전치사 **전제** infml E

⇨ StE= A first floor flat in the modern block close to (the) West End.

※ close=**관계형용사 또는 일반형용사** -- 후자=동사전제 infml E

tip) 관사를 쉽게 붙였다 떼었다 하기 :

감주로 말하면 쉽게 붙여지고 free 영뇌로 이해하면 쉽게 전제시킬 수 있다.
우리말은 관사 지정의미를 전제시키는 경우가 많기 때문에 처음에는 관사의미 지정 습관을 감주로 기른 후 infml E를 즐기면 원어민들처럼 관사의미를 마음대로 붙였다 떼었다 즐길 수 있다.

Plus-2 관사와 관습적 English

— 정상을 벗어나도 너도 나도 많이 쓰다보면 관습[관용]으로 굳어진다. 관습으로 굳어진 것도 StE이다.

1.. **She turned/became doctor. : 지위/신분 관습** ▭ **보통표현**=He turned/became a doctor.

2.. **Woman as she is, she can do so heavy a task. : 도치강조 및 동질양보 관습**

▭ **보통표현**=Even though she is a woman, she can do such a heavy task.

3.. a.. **How beautiful a voice she has! : 도치강조 관습** (fml E) **How big a bite will Y2K take?**

⇒ how/too/so/as+형용사로 보통 쓰던 습관 때문이다.

b.. **He is too good a boy to tell a lie.** : 일반형용사 영뇌 [=a boy too good to tell]

▭ **보통표현**=The boy is too good to tell a lie. ↳관계형용사 영뇌

c.. **Why did you wear so formal a suit to go on a picnic?** [=a suit so formal to go]

▭ **보통표현**=Why did you wear such a formal suit to go on a picnic?

d.. **I have as good a watch as he has.** [=a watch as good as]

cf] **Many a small business has recently failed.** : many=(문어적 말로서) adv.

▭ **보통표현**=Many small businesses have recently failed.

※middle-sized businesses 중기업/중견기업 small businesses 소기업

4.. a.. **The two girls stood side by side. : 덩어리 관습**

-- 뭉쳐서 바로 간결하게 표현하는 습관 때문에 지정사를 써지 않는다. **전제 단수 단독표현**이 아니다.

b.. **A lone prehistoric fisherman, spear in hand, stands patiently over a hole in the Arctic ice.**

→ from beginning to end, face to face, arm in arm, day and night, day after day, from door to door, step by step, from hand to mouth, hand in hand, etc..

cf] A knife and fork is very useful in our life. ···› 어떤 하나의 칼인데 달린 포크가 달린 것

: **한 덩어리 개체** → A watch and chain [=A watch with a chain] A needle and thread -- etc..

plus] Every boy and every girl in our class has a camera. ···› and 단일개념 : 추가로서 달리거나 합쳐지는 것

-- 모든 각각의 남학생에 합쳐진 모든 각각의 여학생이 합쳐진 여학생으로서 각각의 모든 남녀학생

caution] 단어자체가 uncount/count 의미가 있는 단어

a.. We go to church on Sundays. -- infml E**가 아니다** : 간다. 대자 교회로 상일 일요일 마다 말이다.

□ church=(U) 예배모임으로서 교회 (또는 교회예배) /(C) 예배장소로서 교회 ※**우리말 '교회'** =U/C의미 모두 포함

b.. He informed me of the news by mail. □ mail=우편/우편물 ⇨ 우편=통신수단으로서 U의미: 행자 우편으로

c.. We traveled all over Europe by train. □ train=열차편/열차 ⇨ 열차편=교통수단으로서 U의미

→ by bus 행자 버스편으로 (=in a bus 타고서/내자 버스를 타고서), by taxi(=in a taxi), by bicycle(=on a bicycle ride), by telegram 행자 전보로, on foot (상자 도보로 해서 : (지면위) 상수단 대상으로서 상자 -- 으로 해서)

: u의미 하지만 수단이 아닌 단수단독인 경우 **infml E** : 옆인데 버스 옆 /상소, 즉 발 상소 ↳ **by=행수단 vs on=상수단**

tip) U의미 비수단독 : a decrease in bus 한 대략 감소가 있었는데 분야, 버스편 분야에서의 감소

at table 식사[U]/테이블[C] ⇨ 직자 식사 중인 것[StE]

/구처 table에서[infml E] ⇨ StE : at a/the/his /that table -- etc.

go to bed in order to sleep 잠자리[U]/침대[C] ⇨ 가는 데 대자/대처(對處) 잠자리로 가는 것[StE]

그래서, "in order to sleep"도 함께 표현 가능 go to bed가 잠자러 간다는 말은 뜻하는 의미이지 단어 본래의미[원래의미]는 아님에 유의하라[=go to sleep]

//가는 데 대자/대처(對處) 침대로 가는 것[infml E] ⇨ StE : go to the bed/a bed/his bed -- etc.

cf] Making a bed. : 깔고 있다. 잠자리 하나를 말이다. ※**우리말 '잠자리'** =U/C 의미

/만들고 있는 데 침대 하나를 만들고 있다.

by=지게를 지는 것으로서 행위실체 /원인행위 /행위수단 [b: behavior y: 지게]

: by bus=B-->E : 행자 버스편으로/행자 버스로 : **행위수단**

I know him by name. : (알고 있는데/인지하고 있는데) 행자 -- 으로 해서 : **행위수단**

Plus-3 **관사와 영뇌의군** — 관사 영뇌의군은 설주 영뇌의군이다. 일종의 free 영뇌이니 free 영뇌로 간직하라.

1.. It's really a nice house. ⇨ really [a (nice /house)]

=대전설 ⇨ 소전설 ⇒ 설-->기 : 부사가 명사(의군) 설명시 관사 앞에 위치

2.. It's a very nice house. ⇨ a [very nice /house]**=전설 ⇨ 설-->기**: **최초 의군**=very nice: 부사가 형용사 설명

: That sounds like a very good idea. : 동모[동자] -- 처럼 말이다

3.. That's a revolution idea. ⇨ a [revolution /idea]**=전설 ⇨ 설-->기**

4.. An animal called an extremely large extinct reptile is a dinosaur.

⇨ an (extremely large /extinct reptile)**=전설 ⇨ 설-->기**

5.. A knife and fork is very useful in our life. ⇨ A knife /and fork**=기-->설** : 어떤 하나의 칼인데 달린 포크가 달린 칼[=A knife with a fork] : A watch and chain A needle and thread ⇨ and=추가로서 달린 것

cf] a /knife | and | a /fork **=설 -->기 ⇨ 등설 ⇨ 설 -->기** : 나이프 하나와 포크 하나

Compare] I have a car, house, and villa. : **분배 관사**

vs I have a car, a house and a villa.

셋 이상일 경우 Standard **영뇌**에서는 분배 관사를 쓰면서 마지막에 and/or를 작동시킨다. 그리고 일일이 관사를 표현하면 오히려 formal E가 된다.

단, 둘 일경우 분배 관사를 써지 않는 것이 (Written) StE : I have a car and a house.

6.. The publisher and editor is reviewing the articles.

···› The publisher /and editor **=기--〉설** : 한 사람=그 사람, 즉 출판업자인데 그리고/동시에 편집자도 되는 사람 **--추가 단일 개념** ※ and=추가로서 그리고/동시에/아울러[a: addition] the=그로서 그 사람

vs The publisher and the editor are reviewing the article.

···› The /publisher and the /editor**=설--〉기** ⇨ **등설** ⇨ **설--〉기** : 두 사람=그 발행자와 그 편집자

vs a.. He is a publisher and an editor.

: 두 사람 역할로서 한 사람 [=a publisher and editor] ∵ He 한 사람을 설명해 나가기 때문

b.. A husband and wife are walking along the street.

: wife=(관사) **전제** infml E ⇨ StE=A husband and a wife are ---- .

-- 두 사람이 한 사람이 될 수 없으니 관사를 전제해도 오해는 발생하지 않는다.

7.. A black and white cow is grazing on the bank.

···› A [black and white /cow]**=전설** ⇨ **설--〉기** : 한 마리인데 검은 점과 흰 점이 있는 소로서 한 마리의 얼룩소

8.. A black and a white cow are grazing on the bank.

···› A black and a white /cow]**=설--〉등설--〉설** ⇨ **기** : 검은 소와 흰 소

A Quick Note

Plus] and 단일 개념 — 추가 (덩어리) 단일개념

a.. Trial /and error /is the source of the developments.

=기--〉설/설 : and 보설은 마치 전치사로 설명해 나가는 뇌와 같다. 그래서, s동사는 단수동사가 된다.

시동=시행에 들어 있는, 착오가 들어 있는 것[=시행 착오]은 인데 -- 이다.

b.. Bread and butter is my usual lunch. 빵인데 발려 있는, 버터가 발려 있는 빵으로서 버터빵

cf] Bread and butter sell well. : 빵과 버터

c.. Each day and each hour brings us something new. 각일에 더해진, 각시가 더 해진 것으로서 시시각각

d.. Every boy /and every girl /in our class /has a camera.**=기--〉설--〉설′/설**

모든 각각의 남학생[젊은이]에 합쳐진, 모든 각각의 여학생[젊은 여자]이 합쳐진 학생[젊은 사람]으로서 각각의 모든 남녀학생 [선남선녀] ※ and=추가로서 들어[발려] 있는 것 /더해지는 것 /합쳐지는 것 /과[와] -- 등등

9.. I do a 9 to 5 job every day.

···› a [(9 to 5) job]**=전설** ⇨ **설--〉기** : 어떤 하나의 8시간 노동 **최초의군**=9 to 5

10.. The Chinese People's Liberation Army should be deployed in Hong Kong.

···› The [Chinese People's /Liberation Army]**=전설** ⇨ **설--〉기** : **(그) 중국 인민 해방군**

11.. What do I have to do to get a driver's license?

···› a [driver's /license]=전설 ⇨ 설-->기 : 일종의 운전자 면허증 -- 운전자 한 사람의 면허증이 아니다.

: a happy mother's day vs driving license 운전 면허증

12.. I studied for two and a half hours. ···› two and a half /hours=설-->기 : 두 시간 반

I have a few friends.

···› a few /friends=설-->기 : 군집명사, 즉 구성원을 뜻하는 집합명사가 설명해 주는 뇌

: 한 몇 명이나 되는 친구들=**완전번역** vs **준번역[이면번역]**=친구가 조금 있다

↳ 어떤 번역으로 시동을 거느냐에 따라 IS영뇌도 달라진다 ⇒ bnw-BAM 시동=Best

∵ 원어민과 같은 느낌

13.. A good many books are on the table.

···› A good many /books=설-->기 : 한 상당히 많은 수의 책들

▭ a good many=군집명사, 그래서 뒷 명사 복수 표현 -- a thousand books에서 a thousand과 같은 표현

전자=불명확한 수로서 복수 후자=명확한 숫자로서 복수

14.. He bought half a dozen apples.

···› half a dozen /apples=설-->기 : 반 타스 사과 (=six apples) ❖ half=adv.

15.. I drank quite a little soju last night, and I had trouble finding the way home.

···› quite a little /soju=설-->기 : a little이 부사 quite 의 설명을 받아 다시 명사를 설명해 주는 뇌

→ 제법/꽤 좀되는 양의 소주 ❖ quite=adv.

16.. I wanted to spend a lot of time with her, but we had only a few hours together.

···› only a few /hours=설-->기 : 단지 한 몇 시간 정도

vs a little /sugar=설-->기 : 한 조금 정도 되는 설탕

cf] She has very few close friends. ···› very few /close friends=설-->기

: 아주 적은 수의 가까운 친구들 ❖ few=adj.

같은 영뇌: a dozen /eggs (=a dozen of eggs) a score /ships (=a score of ships)

a couple /months (=a couple of months) a thousand /eggs a hundred /ships (일백 척의 배)

17.. He walked for a good half hour.

···› a [good half /hour]=전설 ⇨ 설-->기 : 대략/한 상당한 반시간

a=하나의 크기 정도로서 대략 또는 한

▭ a good many 대략[한] 상당한 정도로 많은 것 (many=noun)

≒ quite a large number of 제법[꽤] 대략[한] 큰 수가 되는 것

▭ a great many 대략[한] 아주 큰 정도로 많은 것

≒a very large number of 대략[한] 매우 큰 수가 되는 것

18.. It was advice of a not very good kind, and it was not helpful.

···› a [not very good /kind]=전설 ⇨ 설-->기

: 일종의 매우 좋지 않은 종류 -- not은 very good을 설명해 주는 것이지 명사를 설명해 주는 것은 아니다.

cf] No one means <u>not</u> <u>one person</u>. ···› not //one /person=전설 ⇨ 설-->기

tip) ☞.. infml E[free 영뇌]와 청취 : 극저음[저음]/폐쇄와 비합성 감주 또는 합성 감주시 이해는 StE or infml E로 이해가능

"In need of a kidney. O positive (blood)."

니-드어/니-더 키드니 비합성 또는 합성 감주로 a음가가 안들려도 of a를 다 소리를 낸 것으로 이해해야 한다 : StE (of=f음가를 폐쇄시키면 '어'가 되고 a와 중복되니 a음가를 다시 탈락시킴)

이렇게 a음가가 전혀 안들릴 때는 infml E[free 영뇌]로 이해해도 좋다 : In need of kidney.

Plus-4 **a number와 the number의 차이** : 전자=한 수명으로서 복수의미 후자=그 수로서 단수의미

IIIII .. **A number of people were assembled in the square.**

→ a number=수명[수~명]을 하나로 묶은 것 또는 대략크기로서 '한' 일 경우

-- 보통 집합명사의 구성원 개념으로서 복수 의미 : **구성체 복수[군집명사]**

뜻하는 의미=한 수명[수~명]으로서 some 몇 명, several 여러 명, many 수 많은 사람

vs **The number of people assembled in the square was great.**

→ the number=그 수 [총수] -- 보통 집합명사의 집단개념으로 단수의미

cf] Iraq detainee numbers surge. 숫자들이/수들이

Plus-5

the와 this/that의 차이, 즉 관사 형용사와 지시 형용사의 차이

① the=weak 'that or this' **vs** that/this : 강한 표현 — the hat vs that/this hat

② the + 단수/**복수**/비수 명사 **vs** this/that + 단수/비수 명사

: that hats (x) ⇒ the hats/those hats **cf]** these/those

③ the는 this/that/it을 지정할 수 있으나 대명사는 the를 지정할 수 없다. 그래서 the=그/이/저

Plus-6

a=어떤 하나로 한 종류을 의미할 때

미국인들은 뜻을 반복해서 쓸 필요가 없다고 생각하고, 영국인들은 구분되어 새롭게 시작하니 써야 한다고 생각한다.

1.. This is a kind/sort/type of wagon. (AmE)

=This is a kind/sort/type of a wagon. (BrE)

2.. He had a kind of feeling that she would phone him. (AmE)

=He had a kind of a feeling that she would phone him. (BrE)

Plus-7 **관사 영뇌의군으로 설명해 나가는 뇌** — 관사는 '전설 또는 설'로서 family를 거느리기 때문이다.

IIIII .. **He has /a close friend. =B-->E** a 영뇌의군=a //close /friend=WE ⇒ B-->E

-- has를 a 영뇌의군으로 설명해 나가는 뇌로 작동시킨다. 또한 관사는 전설이기 때문에 맨 앞에 위치한다.

vs 감주리딩=aclose friend theroyal wedding

vs 한뇌리딩=a closefriend the royalwedding

Plus-8 **infml English 종류**

① **전제 infml E** : Keeps on, keep on.

전자=현동사 영뇌 : 설명현재 -- 평서문 후자=원동사 영뇌 : 명령 본동사의미 -- 명령문

-- 주어전제 시동=우리 회사[우리]도 계속해서 밀고 나가니, 여러분들도 계속밀고 나가라.

② **시차 infml E** : He went after she came. 선과거 [StE=had come] Attack said to kill. 선발생 [StE=to have killed]

③ **의율 infml E** : We have seen her last year. Excellent first response. ☞p322 밀접주의 기/설 영뇌

④ **생활 infml E** : I bet he is a liar. Cool bikes! ➾ tip]생활 infml E는 바로 StE가 된다. ∵ 많이 쓰기 때문

(bet=sure that something is true cool= used for emphasis, very stylish/attractive, --)

⑤ **콤머 infml E** : Life is short, art is long.

Plus-9

부사의 명사 설주 때 관사가 있을 경우 그 앞에서 작동한다 : 관사 영뇌의군 설주뇌

1.. **Even a child can do it.** ⋯▸ Even /a child=**설-->기** : 조차도 애들조차도

: It's really a nice house. It's really a very nice house.

⋯▸ really //a [very nice /house]=**대전설 ⇨ 소전절 ⇨ 설-->기** : 관사 영뇌의군 설주뇌

2.. **After lunch, it is usually a quiet time.**

3.. **It's rather a cold day.**

vs It's a rather cold day. ⋯▸ a [rather cold /day]=**전설 ⇨ 설-->기** : 부사가 형용사를 설명해 주는 뇌

cf] of **미사용 관습** : He got[climbed/went] on board the train. : **부사구가 아님** [=aboard]
이동해 가[위로 가/가서] 올랐는데[탔는데] 승판에 올랐다[탔다]. 그 열차 승판에 말이다.
on=상소에 오르는 것으로서 타는 것 board=(비행기, 열차, -- 등의) 보드로서 승판
on board=오르되 승판에 오르는 것으로서 승선하는 것 승판=vehicle 바닥판

1) What /such /half /quite + a/an + (형용사) + 명사 -- 관사 앞말 모두 부사

a.. **What a bride! I walked half a mile.**

b.. **Why did you wear such a formal suit to go on a picnic?**

c.. **He is quite a diligent man. She is quite a girl.**

2) double /half /both /all + the + (형용사) + 명사 -- 관사 앞말 모두 부사

a.. **Her income is double the national average.** ※double=twice

b.. **Half the work is already finished.**

c.. **Both the parents are doctors.** (=Both of the parents)

d.. **He gives all the money he earns to his wife.** (=All of the money)

cf] He gives his/the whole salary to his wife. (=all the salary)

Attention] all/both가 대명사로 쓰일 때 「of 사용」 또는 「대명사 뒤」

Both/All of them speak French. or They both/all speak French.

cf] Both he and she are dead. : both collocation 영뇌 both=부사 : 대명사 설주

I like both paintings. : both=형용사 : 명사 설주

vs **관사+부사+형용사+명사** : 이때 부사는 형용사 설주

|||||.. **She was a very rich widow.**

▭ a //very rich /widow=**전설 ⇨ 설-->기** (opp.=widower 홀아비)

Plus-10 **a 대신에 someone으로 뇌를 작동시킬 수도 있다.**

1.. **A friend came here.** 어떤 한 친구

⇨ My friend, someone came here. 내 친구 중 어떤이

2.. **A fellow American answered the question.** 어떤 한 동료 미국인

⇨ My fellow American, someone answered the question. 내 동료 미국인 중 어떤 사람

8. 명사 영뇌[Noun NB]

해야할 일-- 원래 언어는 생활 속에서 뜻이 얻어진 것이다. 원어민들처럼 **명사 말**을 배우려면 여러분들의 두뇌를 생활 속에서의 뜻으로 명사 영뇌를 습관화시켜라. 특히 BEis, **IS 영뇌로 습관화 시키되,** (생활 속에서의 뜻이 용해된) free **감주**로 습관화시킨다.

☞.. 생활 속에서의 뜻=외국인과 생활하면서 느껴지는 뜻이자 실제로 적용된 뜻(≠사전의 원형적인 뜻)

※ **명사 영뇌란 :**

IS 두뇌로 묻는 말 /감탄말 /종속접속사 /전치사 /동사 /명사[대명사]를 Title로서 C의미/U의미로 그냥 서술적으로 설명해 나가는 뇌

요컨데, 비연결 설명어

또는 기본어[주어]로 먼저 말하는 뇌

---

vs 한뇌

=먼저 작동하는 뇌 : 근본적인 버그단어

□ **명사 BNW**

=(실체와 인지체에 붙인) Title로서 C의미/U의미
[C=count U=uncount]

□ **C의미**=보통체 /보통 집합체 /무리복수 집합체
: 보통 셈단어[복수 sign]나 지정사와 함께 표현하나
단수단독으로 title 그대로 표현하면 → **infml E**

□ **U의미**=물질체/추상체/고유체/물질집합체/추상집합체
: title 그대로 비수단독으로 표현해도 → **StE**

□ **한국 사람들의 가장 큰 취약점 :**

영어 읽는 법을 모르고 있음 ⇒ 감각적 주파수
+ free 영뇌, 특히 free 감주에 약하다.
+ 한뇌로 이해,
즉 있는 그 위치에서 바로 무한글 의미를 못 느낌
+ 말[소리]자체/글자자체가 뜻이자 A상황인데
자꾸 해석하거나 이미지를 연상해서 이해하려고 함
특히 해음/해자 영뇌에 약함

+ 단어의 BNW를 느끼지 못함. 특히 BAM을 잘 몰라,
사전의 여러 가지 뜻을 독립적으로 달달 외우고 있다.
단어의 뜻은 BNW를 바탕으로 종속적으로 되어 있다.
뿐만이 아니라, 한국 사람들은 단어의 본래의미로
이해하지 못하고, 뜻하는 의미로 이해하고 있다.

+ 명사의 infml E는 틀렸다고 생각함
+ 5대 명사 분류로 하나의 뜻으로 결정함
즉 단어자체에 C/U의미가 있다는 것을 잘 모름

+ 문자값으로만 이해하거나 기억하지 청구(聽口) 소리
값으로 더 뇌화 되어 있지 않음
+ 문법적 예문으로만 취급하고, 말로 활용하는 것에 약함
문법공부, 말공부가 따로 있는 게 아니다.

+ 설가뇌로 발달되어 있지 않다.
특히 영어는 감각적 주파수로 문맥이 보여야 한다.
+ 단문보다 story뇌에 약함 + 특히 infml E에 약함
+ 영어주파수, 즉 vocal 감주에 약함
+ 감각적 주파수로 이해하는 데 약하다.
+ 생활 속에서의 뜻[소리]에 약함

※ **10대 명사[즉 10체]**

= ① 보통명사 — 보통체 ② 고유명사 — 고유체
③ 보통 집합명사 — 보통 집합체 ④ 물질명사 — 물질체

⑤ 추상명사 — 추상체 ⑥ 물질 집합명사 — 물질 집합체
⑦ 추상 집합명사 — 추상 집합체

⑧ 무리복수 집합명사 — 무리복수 집합체
⑨ 유일명사 — 유일체 ⑩ 자체명사 — 자체

— 요컨데 모두 C 또는 U 의미이다.

☞.. 영어에 대한 지식이 언어로 나타날때 비로소 그 열매를 맺는다. 그게 바로 "감주"다.

1) 명사 영뇌[Noun NB]

IS 두뇌로 묻는 말 /감탄말 /종속접속사 /전치사 /동사 /명사[대명사]를 Title로서 C의미/U의미로 그냥 서술적으로 설명해 나가는 뇌

요컨데, 비연결 설명어

또는 기본어[주어]로 먼저 말하는 뇌

묻는 말=조동사 /HB동사
동사=원동사 /현동사 /과동사 /과분사 /현분사 /to부정사 /동명사

① 묻는 말을 설명해 나가는 뇌

IIIII .. Must /man /die? (or Must /man die?)

영뇌=기→ 설→ 설′ : BEis-Os

or I + I + I : I-Os or S + S + S : S-Os

How to Read[Speak]=Mustman die?

: BEis/IS, 즉 설가뇌와 자동설가뇌로 이해하는 것을 감각적 주파수로 이해한다.

즉 한 단어처럼 뒷말과 말하면 저절로 이해가 실린다.

시동= vocal 감각적 주파수로 ↗**그러면 영어말투가 형성되고 영어말투에 익숙해진다.**

(BEis/IS 영뇌가 될 때까지) F3+E2 강하게 말하기

⇒ 여기서 명사=인간 — U의미로서 물질체 : 흉상과 몸체로서 물질 덩어리로 관찰

(머스매ㄴ=check mark F: t폐쇄 [=slide F + post 접형 F] 머스트매ㄴ=check mark F: 비폐쇄 다이↗=slide F + tail F)

⇒ 말은 배 힘에 의해서 목으로 만들면서 성대가 울리게 강하게 말한다. 그러면 입 천정에서 공명이 생겨 단음이 발생한다. 대개 음치들은 치음 또는 경구개음으로 소리를 낸다. 말은 내 뿜는 말이어야 한다.

☞.. **我必 Free 감주 간직하기**= Must die?

시동=필히 일어나야 하는 가? 인간에게 죽음이[죽는 게] 말이다. | **Free 감주 간직하기**

↘ ☞.. **major 감주=** -- man die?

↳원동사=조동사 대용의미도 들어 있으므로 이것만으로 이해 가능

man=흉상과 몸체 (덩어리)로 만물의 영장으로서 인간

[m〉M: 흉상과 몸체 a: 최고로서 만물의 영장] cf] man=인간/사람/남자/남성

소리=MAn=매ㄴ=post접형 주파수 애=강한 감정음가

vs Must men die? ↗[m〉M: 흉상과 몸체 n: 서 있는 두 다리모습]

인간들/사람 -- C의미로서 보통체: 서서 다니는 일정한 형태를 갖춘 개체로 관찰함

ex] A man of many talents. 팔방미인

시동 종류 — 실력이 늘면 (감주로 이해되는 것 속에서) 안되는 것만 시동을 건다.

=원애시동 /vocal음 /Free 영뇌 /F3+E2 /일상적인 생활 /Ekbe /†SIUM 말하기 /무한글 /BNW or 비한글 BNW /BAM /BEis 영뇌[=IS 설가뇌] /G토씨 /connotation /영뇌 기본자세 /패턴 /associate

: What does your wife want? How much did your son pay?

Has your wife a car? What has your wife?

Is Tom there? What is Tom? (Tom이 불 쑥 나설 때) 시동=뭐야, 탐?

② 감탄말을 설명해 나가는 뇌

IIIII.. What a bride /Kate Middleton /is! [= Kate Middleton is what a bride!]

영뇌=기→ 설→ 설′ : BEis-Os

or I + I + I : I-Os or S + S + S : S-Os

How to Read[Speak]=Whata·bride KateMiddleton is!

: 먼저 감각적 주파수로 이해한다.

시동= vocal 감각적 주파수로 (자동 설가가 될 때까지) F3+E2 강하게 말하기

여기서 명사=Kate Middleton, Wife of Prince William, the oldest son of Prince Charlse, heir to the British throne -- U의미로서 고유체

※감탄말=일종의 강조주의 영뇌로서 주어 앞말 -- 먼저 말한다.

(워ㅌ러=slide F : t단타와 합성감주 bride=장감주 또는 단주 가능 — 장감주가 더 단음이다)

→ 먼저 감탄으로 감정을 표시하고, Title로 설명해 나가면서, s동사로 설명해 나가는 뇌 : BEis-Os

.. **我必 Free 감주 간직하기**= What a bride!

시동=얼마나 이쁜 신분인가, Kate Middleton이 말이야! | Free 감주 간직하기

: What a shameful act /John has /committed!

영뇌=기→ 설→ 설′ : BEis-Os

감탄말 영맥=What /a shameful act=설-->기 : 설주뇌

시동=얼마나 수치스러운 행위인가, 죤이 한 것, 즉 저질렀던 것이 말이야 ! ※what=일종의 (감탄) 부사

cf] How swiftly //time /flies!

영뇌=전설 ⇨ 기→ 설 -- 오히려 감탄말이 뒷말 전체를 설명해 주는 뇌

감탄말 영맥=How /swiftly =설-->기 : 설주뇌

시동=얼마나 빨리 시간이 날아가는 가!

③ 종속 접속사를 설명해 나가는 뇌 ↗ .. major 감주= --- don't know --- Eric --- home or not.

IIIII.. I don't know /if /Eric /is /at home or not. [=if Eric at home -- . : infml E]

영뇌=기→ 설→ 설′→ 설″→ 설‴ : BEis-Os

or I + I + I + I + I : I-Os or S + S + S + S + S : S-Os

How to Read[Speak]=Idon't knowif Ericis athome ornot 〉 Ericisat homeornot.

: 먼저 감각적 주파수로 이해한다.

문맥 파악은 BEis이지만 문맥은 감주로 보여야 한다.

시동= vocal 감각적 주파수로 (자동 설가가 될 때까지) F3+E2 강하게 말하기

여기서 명사=Eric -- U의미로서 고유체

(애릭이즈앳/엇=slide F : 아주 빠르게 리듬을 주면 slide 주파수가 된다.)

→ 먼저 개략적으로 요지를 말하고, 종맥으로 설명해 나가면서, 다시 Title로 설명해 나가는 뇌 : BEis-Os

if를 연설 뇌 대신 전설 뇌로 작동시켜도 좋다.

.. **我必 Free 감주 간직하기**= I don't know if at home or not.

시동=나는 모르겠다. 인지[인자] Eric이 있는 지, 구처 집에 있는지 아니면 없는지 말이다. | Free 감주 간직하기

vs There are a few Erics in our class. -- C의미로서 고유체

→ 고유체가 여러 개인 것, 즉 Eric이라는 이름 가진 사람이 여러 명인 것

Caution] I don't know Eric at home or not. : StE

④ **전치사를 설명해 나가는 뇌**

ㅍㅍ.. Wife: "It's a loan." Husband: "Of /my money." -- 카지노에서 돈을 잃고 마누라가 하는 말

영뇌=기→ 설 : BEis-Os

or I + I : I-Os or S + S : S-Os

How to Read[Speak]="Ofmy money." : 먼저 감각적 주파수로 이해한다.

special tip)항상 말을 먼저 하라. 말에 의미가 실리는 것이지 의미를 먼저 생각하고 말을 하는 것이 아니기 때문이다 : **말이 자연스럽게 나오지 않은 이유**

시동= vocal 감각적 주파수로 (자동 설가가 될 때까지) F3+E2 강하게 말하기

여기서 명사=돈 -- U의미로서 물질체: 돈 뭉치, 즉 그냥 돈 덩어리로서 물질 덩어리

(어브마이=slide F : 아주 빠른 리듬 머니=slide F : o=아, 어의 중간 감정음가)

→ 전치사로 먼저 개략적으로 말하고, 다시 Title로 구체적으로 설명해 나가는 뇌 : BEis-Os

我必 Free 감주 간직하기= "My money."

시동=즉, 내 돈이야 /그것도 내 돈에 속해 /그것도 내돈 이나 마찬가지야.

*of=동격 연결로서 '그것도' | **Free 감주 간직하기**

money=굴러 다니는 것으로서 돈

[m: move o↘ o↗ : 굴러 다니는 모양]

소리: MOney=slide 주파수 o=아/어의 중간 감정음가

vs banknote /note [BrE] /bill[AmE] 지폐 : **C의미 보통체** -- 구체적으로 일정한 형태를 갖춘 낱장 개념

vs the investment and management of monies[moneys] by pension funds

-- **C의미로서 보통체** -- 여러 구체적인 돈의 종류

시동=투자와 관리, 즉 여러가지 돈, 나누어 놓은, 연금 자금별로 나누어 놓은 여러가지 돈의 투자와 관리 ❖ bill=잉크로 쓴 종이로서 지폐/영수증/법안 [b〉p : paper i: ink]

❖ of=동격(동격소속) : 즉 그것도 -- 속 한다

❖ by=옆에 나누어[분리시켜] 놓아 두는 것으로서 구분, 구분으로서 별/별로 [b: beside]

⑤ **동사를 설명해 나가는 뇌**

A.. He is /a maker /of pots. [= -- is maker -- . : infml E]

영뇌=기→ 설→ 설' : BEis-Os

or I + I + I : I-Os or S + S + S : S-Os

How to Read[Speak]=Heisa makerof pots. : 먼저 감각적 주파수로 이해한다.

시동= vocal 감각적 주파수로 (자동 설가가 될 때까지) F3+E2 강하게 말하기

여기서 명사=제조업자 -- C의미로서 보통체

(히-즈어/히-저=retro-root F: 유성음 매치와 비합성 또는 합성감주 메이커어브/메이커어=slide F : f 비폐쇄 또는 폐쇄 파ㅌ스=slide F : 복수s 무성음 매치)

→ 주동으로 먼저 개략적으로 말하고, 현동사를 Title로 설명해 나가는 뇌 — 현동사 설가 : BEis-Os

我必 Free 감주 간직하기= Maker of pots. | **Free 감주 간직하기**

시동=그는 인데 제조업자인데 즉 항아리 제조업자이다. /그는 있는데 제조업자, 즉 항아리 제조업자로 있다.

maker=만드는 실체로서 제조업자 [m: 만드는 것 r: riser 무언가 일으키는 실체]

소리: MAker=slide 주파수 a=ei: **알파벳 음가**

☞.. 시동으로 (영어) 글자/말 자체에서 뜻이 보이거나 상황이 (머리 속에서) 보이면 된다 : IS 영뇌

B.. She was /the only woman /to survive /the crash.

영뇌=기→ 설→ 설′→ 설″ : BEis-Os

→ 과동사를 명사로, 명사를 to로, to를 원동사로, 원동사를 다시 title로 설명해 나가는 뇌

여기서 명사=woman -- C의미로서 보통체

/crash -- **C의미로서 보통체**, 즉 하나의 충돌사고로서 구체적인 사실

시동=그 여자는 이었는데 그야말로 유일한 여자이었다. (그때) 살아 남은 사람으로 그 vehicle 충돌 사고에서 말이다.

| Free 감주+我必 Free 감주 간직하기 ↘ ☞.. **major 감주=** --- only woman -- survive -- crash.

to survive=was와 같은 과거 동시점 발생 본동사의미 [=She was the only one who survived the crash.]

crash=달리듯이 빠르게 충돌하는 것으로서 충돌[추락] 사고(a violent vehicle accident)

[c: collision r: run] : computers crash -- hacker 공격에 의한 컴퓨터 충돌장애

: There was a serious car/train/plane crash this morning.

소리: cRAsh= cramp 주파수

C.. The mini-bus will /hold /nine passengers.

영뇌=기→ 설→ 설′ : BEis-Os ↘ ☞.. **major 감주=** The mini-bus -- hold nine --- .

→ 주조로 먼저 개략적으로 말하고, 원동사로 설명해 나가면서, 다시 title로 설명해 나가는 뇌 — 원동사 설가

여기서 명사=승객 -- C의미로서 보통체 : 이때 우리말 '승객'은 단복명사로 복수의미로 생각해야 한다.
한뇌는 단복 두뇌가 많다.

시동=그 미니 버스는 할 수 있을 것이다. 수용하는 것인데 9명의 승객을 말이다.

| Free 감주+我必 Free 감주 간직하기

passengers=안에 타고서 통과해 가는 사람이 한 사람이 아닌 것으로서 승객(들)

[pass: 통과하는 것 en: in er: risers s: not 'single']

소리: PAssengers= slide 주파수

will=주체성발생으로서 능력 vs can=수행능력으로서 능력: 할 수 있다.

hold=가지는 것으로서 수용하는 것

D.. He is /given /a Christmas gift. [=He given Christmas gift. : infml E]

영뇌=기→ 설→ 설′ : BEis-Os

→ 과분사, 즉 피동 event를 Title로 설명해 나가는 뇌 — (피동) 과분사 설가

여기서 명사=크리스마스 선물 -- C의미로서 보통체

시동=그에게 있었는데(발생현재) [있는 데] 주어진 일이 (어떤 하나의) 크리스마스 선물로 말이다.

--보통 우리말은 관사의미 전제 표현이 많다. 그래서 한국사람들은 잘 번역하지 않는다.

| Free 감주+我必 Free 감주 간직하기 ↘ ☞.. **major 감주=** He --- given -- Christmas gift.

: Migrant boat refused entry to Indonesia. : **피동 과분사의 명사 설가** (거절되었는 데 입국이 거절되었다)

gift=기쁨을 주는 물건으로서 선물 [g: glad t: thing]

Christmas=예수가 태어난 날로서 크리스마스 -- U의미로서 고유체

[Christ: Jesus Christ ma: made by God]

vs Three Christmases ago there was a power cut.

-- C의미로서 고유체 : 세 번의 크리스머스 전/크리머스 전 세 번씩이나

소리: chRIstMAs=cramp+slide 주파수 GIft=slide 주파수

: It is called 'Birdie or birdie'. --고유체 또는 자체[즉 낱말자체]로서 U의미

vs I birdied two or I had two birdies.-- C의미로서 보통체

E.. I have /emailed /my address /to her. [=e-mailed]

영뇌=기→ 설→ 설′→ 설″ : BEis-Os

→ 과분사, 즉 능동 event를 Title로 설명해 나가는 뇌— (능동) 과분사 설가

여기서 명사=주소 -- C의미로서 보통체: 위치를 나타내는 보통체 위치=보다 구체적인 실제장소

시동=나는 가지고 있어요, 이메일로 보낸 것인데 내 주소를, 대자 그 여자에게 말이다.

| Free 감주+我必 Free 감주 간직하기 ↘ ☺.. **major 감주=** I -- emailed -- address to her.

address=주민거주 위치[지점]를 나타내는 것으로서 주소

[ad 〉 at dr〉rd: resident(s) or s〉z : 주소]

소리: addREss= dot점형+cramp 주파수: **조합주파수**

vs **연설 -- C의미로서 보통체** : 일정한 형태를 갖추고 말하기 때문이다.

: She gave an address to the Royal Academy.

※address=향해서 말하고 말하는 것으로서 연설[a formal speech] [ad 〉 at ss: say + say]

F.. He is /resetting /his watch /to the time.

영뇌=기→ 설→ 설′→ 설″ : BEis-Os

→ 현동사를 현분사로 설명해 나가면서, 현분사를 다시 Title로 설명해 나가는 뇌 — 현분사 설가

여기서 명사=시계 -- C의미로서 보통체

시동=그는 있어요, 맞추고 있어요, 자기 시계를 대자 현재 시간에 맞게 말이다.

| Free 감주+我必 Free 감주 간직하기 ↘ ☺.. **major 감주=** He -- resetting -- watch to -- time.

watch=손에 끼고서 time을 보는 물건으로서 시계/손목시계

[w: v+v 보는 것 t: time h: hand] **소리**: WAtch= slide 주파수

to=방향조정 대상으로서 대자 -- 을 맞추는 것 the=외부적 지정으로서 현재, 즉 현재를 지정하는 말

: He has been resetting his watch to the time.

vs I had the first watch that May evening.

▭ **경비/경계 -- C의미로서 보통체**

∵ 첫번째 경비/경계, 두번째 경비/경계처럼 일정한 성격의 구체적인 사실

vs The soldiers slept at night, except for one who stayed awake on watch.

▭ **경계 -- U의미로서 추상체, 즉 인지체로서 추상적 모습** -- 이리 저리 살피는 모습으로서 경계

이런 모습은 만질 수는 없으나. 실제로 만져 보면 사람이고, 총이다.

G.. I hate /telling /a lie.

영뇌=기→ 설→ 설′ : BEis-Os

→ 주동으로 먼저 개략적으로 말하고, 동명사로 설명해 나가면서 다시 동명사를 명사로 설명해 나가는 뇌
— 동명사 설가

여기서 명사=거짓말 -- C의미로서 보통체 ∵ a 사용, 즉 어떤 하나로서 일정한 구체적인 성격

.. 我必 Free 감주 간직하기= Hate telling lie.

시동=나는 싫어해요, (누구에게) 말하는 것인데 거짓말을 말이다.

※ **누구에게=telling associate** | Free 감주 간직하기

lie=정말[진실]이 아닌 말[길게 말하는 것]로서 거짓말 [l≠r: real or l: long story]
/쭉 누워있는 모습으로서 누워 있는 것 [l > — + legs: 두 다리를 쭉 뻗고 누워 있는 모습]
소리: LIe= slide 주파수 i=ai: 알파벳 음가 e=폐쇄음: ai의 i음가 때문, 즉 같은 음 반복일 때 하나는 폐쇄 tip)deceit=부정직한 행위[속이는 것/뒤로 가져가는 것]로서 거짓[속임/속임수]
↳ **일종의** se-BAM [d: dishonest behavior or t: trick or d: 뒤 c: come]

⑥ 명사[대명사]를 설명해 나가는 뇌

A.. The film made /Jason /a star.

영뇌=기→ 설→ 설′ : BEis-Os
or I + I + I : I-Os or S + S + S : S-Os

How to Read[Speak]=Thefilm madeJasona star.
: 먼저 감각적 주파수로 이해한다.
시동= vocal 감각적 주파수로 (자동 설가가 될 때까지) F3+E2 강하게 말하기
여기서 명사=유명배우 -- C의미로서 보통체
(피음/피ㄹ름=slide F : I 폐쇄와 비폐쇄 ex)walk=워-크=retro-root F : I 폐쇄 제이선어=slide F : 비합성 감주)

→ 먼저 주동으로 요지를 말하고, 명사를 또다른 명사로 설명해 나가는 뇌로 작동시킴 : BEis-Os

.. 我必 Free 감주 간직하기=Film made Jason star. | Free 감주 간직하기

시동=그 영화가 만들어 주었어요, Jason을 star로 말이다.

※ **우리말=부정관사의미 전제 표현이 많다. 그래서, 보다 더 명사를 세밀하게 관찰하는 버릇이 있어야 한다.**
: 전제되더라도 IS영뇌 작동시에는 어떤 하나의 상황이 머리 속을 스쳐가야 한다.

star=튀어 아주 잘 보이는 배우로서 유명배우/인기배우
[s: see t: 튀어나서 튀는 것 a: a급으로서 아주 잘] **소리**: sTAR=root 주파수

: Has /your wife /a car? =기→ 설→ 설′ : BEis-Os

□ 묻는 말을 명사로 설명해 나가고, 그 명사를 또다시 명사로 설명해 나가는 뇌

시동=가지고 있는 가? 너의 wife도 자동차를 말이다. ⋯▸ **이때 우리말 '자동차' =a의미 전제표현**

B.. Give /me /four sugars.

영뇌=기→ 설→ 설′ or 기→ 설/설 : BEis-Os

→ 대명사의 명사 설가 — 연설뇌 [또는 독설뇌 가능]

여기서 명사=설탕 -- C의미로서 보통체-- 봉지에 들어 있는 일정한 형태의 물체/제품/품목

.. 我必 Free 감주 간직하기= Four sugars.

시동=주세요, 나에게 네 봉지[네 가지 종류/네 순가락] 설탕을 말이다.

sugars=단 것으로서 한개가 아닌 것으로서 설탕제품 [s: sweet s: not 'single']

소리: SUgars=retro-root 주파수

❈ four sugars [infml E] =four packets [types /spoons] of sugar [StE]

: **이때 sugar=U의미로서 물질체**-- 물질 덩어리를 용기 또는 분할단어로 그냥 나누어 놓은 개념

⑦ 기본어[주어]로 먼저 말하는 뇌

A.. The film /made /Jason a star.

영뇌=기→ 설→ 설′ : BEis-Os | Free 감주+我必 Free 감주 간직하기

film=영화 -- **C의미로서 보통체** : 여러 moving pictures로 구성된 제품

vs We have seen news film of families to buy a loaf of bread. ⋯→ **영상/장면 -- U의미로서 추상체**

B.. The mini-bus /will /hold /nine passengers.

영뇌=기→ 설→ 설′ → 설″ : BEis-Os | Free 감주+我必 Free 감주 간직하기 ❈ mini-bus=C의미로서 보통체

명사와 형용사, 부사 관계 ▣ 명사가 형용사를 설명해 나가려면 전치사가 필요하고, 부사로부터는 설명을 받는다.

→ **The church is full of worshippers. It is impossible for you.**

→ **Even a child can do it.** : 부사의 설명을 받아 기본어 뇌로 작동된 것. 보통 부사가 설주시 명사를 설명할 경우에는 관사 앞에 위치함. 관계부사와 전치사부사, 동족 끼리를 제외하고 일반적으로 부사는 기본어가 될 수 없다. 오로지 설명만할 뿐이다.

☜.. 종속접속사를 개략적인 실체[즉 종맥실체]로 시동걸기 :

종속접속사는 명대로 설명해 나가기 때문에 전치사 처럼 개략적인 실체로 시동을 걸 수 있다.

• **시자(時者)**=시기 종맥실체로서 시자 ∴ when=시자 -- 할때

• **약자(若者)[혹자(或者)] /인자(認者)**=조건 종맥실체로서 약자[혹자] /확인 종맥실체로서 인자

∴ if=약자[혹자] -- 하게 되면 /인자 -- 인지 (認=확인할 인) • **처자(處者)**=장소 종맥실체로서 처자 ∴ where=처자 --하는 곳에

• **하자(何者)**=부정확인과 부정선택[즉 어떤 것인지/어느 것이든] 종맥실체로서 하자 ∴ whether=하자 -- 인지[이든]

• after=전자(前者) -- 한 후 before=후자(後者) -- 전에 until/till=도자(到者) -- 할 때까지

because=원유자(原由者) -- 때문에 though/although=양자(讓者)/정말로 양자(讓者) -- 이다할지라도

since=계자(繼者) -- 이래로 (쭉) /존유자 -- 때문에(존유종맥 실체) while=간자 -- 하는 사이/하는 동안

as=동시자/동유자/동동자/동행자 -- 하자마자[하면서]/때문에/함에따라/하는 대로

cf] for=(그) 해유(該由)는 -- 때문이다 : **해당이유 등맥**

tip)종맥실체=종맥을 일으키는 실체 : **bnw-BAM=단어 본래의미**

live 실전 | 명사 영뇌 —— 콩으로 메주를 쑨다해도 믿지 않는다! **You've cried wolf too many times!**

L- 1 .. U.S. team that sought Iraqi arms is removed

By Douglas Jehl (NYT) -- Headline **-- 먼저 감각적 주파수로 이해한다. 그러면 저절로 자동 설가로 이해된다.**

team=C의미 -- **단수 단독표현** infml E → StE : The US team (that sought --.)

시동=US 팀, 즉 찾아왔던, 이락 무기를 찾아 왔던 팀으로 이제 되는 데 해체된다. | Free 감주+我必 Free 감주 간직하기

❈ 이제=is associate ❈ is=래발생 현재 또는 설명현재 cf] cry wolf[U의미]=울음 소리를 내는데 늑대울음 소리를 내는 것 ↳ 명사자체로 추상체로 만든 것

❈ seek=구하려고 보고 있는 것으로서 모색하는 것/찾아 보는 것 [see: 보고 있는 것 k: 구하는 것]

vs find=파고 들어가서 발견하는 것으로서 찾는 것 [f: 파는 것 in: 들어가는 것 d: discover]

☜.. 문장 뼈대=기본어(U.S. team) + 연결설명어(that) + s동사(is)

↗사전의 뜻만으로 부족+BAM(Associate)+(특히 설가뇌) 뜻관계 뜻+finally, 감주

.. **영어는 단어의 뜻만 정확히 알면된다.**

L- 2 .. U.S. broadens Pacific focus

Plan to move troops south of Seoul aimed at more mobility

By Don Kirk --- Headline -- **영뇌 상급자는 먼저 감각적 주파수로 이해한다.**

잘 안되면 감주 시동부터 먼저 건다. | Free 감주+我必 Free 감주 간직하기

.. **문장 뼈대**=기본어(Plan) + 연결설명어(to) + s동사(aimed)

plan= 비수 단독표현 U의미: StE ※ plan=C/U 의미 단어 at=바로 대상으로서 즉/직자

to=전치사 영뇌로서 명(대)동형문 가운데 명사에 연결설명 move=설명 또는 미래 본동사의미

시동=미국은 넓히고 있어요, 태평양 지역 촛점을 말이다. 계획, 대동[즉] 이동시키는 것인데 병력을 남쪽, 즉 서울 남쪽으로 이동시키는 계획은 겨냥했어요, 즉[직자] 더 높은 기동성에 말이다. 이것을 쓴 자[보도한 자]는 Don Kirk였다.

※ 이것을=**연결 설명어의 연결 associate** aimed=과동사/일반과분사 -- 후자=겨냥되고 있어요

L- 3 ..

Former Iraq weapons inspector David Kay answers questions from a Senate panel. (AP)

↗그러면 감주 패턴이 눈에 보인다.

-- 어느 부분이든 (생활 속에서의 뜻이 용해된) 감각적 주파수로 이해한다. 그러면 저절로 의음/의자로 이해되고 선인영뇌각인이 된다. 감주는 날개영뇌에 의해 형성되는 일종의 영뇌의군이다.

questions=복수 단독표현 C의미: StE answers=설명현재

시동=전 이락 무기 사찰원 David Kay는 답하고 있어요, 여러 가지 질문에 대해서, 기자 한 상원위원회로부터 말이다. ※ from=출처대상으로서 기자 — 로부터 | Free 감주+我必 Free 감주 간직하기

.. **이해는 (언어에 대한 basics를 알았디면) 최종적으로 단어의 최종적인 뜻인 감주로 이해한다.**

2) C의미와 U의미, 명사 infml E

▭ 명사는 존재하는 모든 실체와 인지체에 붙인 title이다.

▭ **명사** BNW=Title로서 C의미/U의미 我必 free 감주로 간직하라.

구체적으로 말하면 C의미/U의미로서 실체와 인지체 — (영어에 대한 기초지식을 알았다면)

(C=count 셈의미--같은 일정한 형태[성격]로 여러 개가 존재 /어떤 하나의 상황

U=uncount 비셈의미--일정한 형태가 없는 그때 그때의 모습)

실체=보통체, 집합체(3), 물질체, 고유체, 유일체

인지체=추상체/추상집합체--실체에 대해 인지작용으로 생기는 추상적인 모습

— 10체는 C/U의미로서 모두 실체 아니면 인지체에 속한다.

추상체-- 보이기는 하나 만질 수 없고, 일정한 형태를 갖추고 있지 않다[U] -- **보이기 때문에 s영뇌 작동이 가능**

물질체-- 보이기도 하고 만질 수 있다. 하지만, 일정한 형태를 갖추고 있지는 않다[U]

보통체-- 보이기도 하고 만질 수도 있고, **일정한 형태 또는 일정한 구체적 성격**을 갖추고 있다.

그래서 같은 것이 여러 개 존재한다[C]

반드시 일정한 형태만 보통체가 되는 것이 아님에 주의하라.

□ 일정한 구체적 성격
=사건 /현상 /사실 /구분 /종류 -- 등으로 나타나면서 같은 게 여러 개 존재
-- 일반적으로 추상체/물질체가 보통체로 쓰일 때 많이 일어난다.

고유체--이 세상에 하나 밖에 없는 인공물에 붙인 이름/명칭 [U]
고유체는 capital letter [대문자]로 하나임을 나타내고,
유일체는 내부적 the를 사용하여 소문자로 하나임을 나타낸다.

집합체--추상체/물질체/보통체/무리복수의 집합체, 즉 추상집합체, 물질집합체, 보통집합체, 무리복수집합체
⋯→ 보통집합체[즉 보통집단/조직 집합체]/무리복수 집합체[즉 떼복수 집합체]=개체 집합체-- **C의미**
추상집합체/물질집합체=덩어리 집합체 -- **U의미**

유일체--두 개 이상은 절대로 탄생[존재]할 수 없는 유일한 자연물에 붙인 명칭[U]
인간이 만든 것이 아니다. 그래서 대문자로 써지 않으나 the를 붙여 유일물임을 나타낸다 : the sun
고유체로 취급할 수도 있으며 이럴 경우는 capital letter로 쓴다 : Sun
유일체와 고유체는 세상에 하나 밖에 없어 counting 개념이 들어 갈 필요가 없으므로 U의미가 된다.
즉 이들은 같은 것으로서 여러 개로 존재하는 것이 아니다.

기타 : 자체-- **자체**=명사자체[U] /낱말자체[U]
전자=명사자체가 지닌 성격을 나타내고, 후자=낱말자체를 지칭하는 것으로서 모두 U의미

이상은 명사의 일반적 특징으로 본 U/C의미이다. U의미는 수의 개념이 들어 가지 않는 의미이고, C의미는 수의 개념이 들어 가는 의미이다. 그래서, **U의미=추상체 /물질체 /고유체 /유일체 /물질집합체 /추상집합체 /자체**
C의미=보통체 /보통집합체 /무리복수 집합체

명사의 StE와 infml E :

□ **U의미 단어**=유일자연물 모습(유일체) /고유모습(고유체) /물질 덩어리모습(물질체/물질집합체) /인지 덩어리모습(추상체/추상집합체) /자체모습(자체) -- 그 모습 그대로 비수 단독표현이 가능 ⇨ StE

a.. The sun releases light and heat. b.. John is a risk-averse apparatchik.
c.. We want water. The staff at the chemical plant wear protective clothing.
d.. Beauty is only skin deep. We passed through some beautiful scenery on our journey.
e.. Mother[Man] is stronger than father[woman]. ※**명사자체**=모성[motherhood]/남성 부성[fatherhood]/여성
'Woman' is used for a female person. ※**낱말자체**=woman이라는 단어는

↗보통체 /보통집합체 /무리복수 집합체
□ **C의미 단어**=단수 단독표현이 가능하나 그렇게 되면 Infml E가 되고, 복수 단독표현은 StE가 된다.

ⅢⅢ.. Woman, 20, dies from injuries sustained in the explosion, hospital treating her says.
⇨ StE=a[the] woman 어떤 한 여자[그 여자] /the hospital 그 병원

C의미 단어는 보통 셈단어 아니면 지정단어와 함께 표현된다. C의미 단어는 보통 셈상황 아니면 지정상황으로 존재하기 때문이다. 그래서, 눈에 보이는 대로 표현하면 StE가 된다.

caution] 1. infml English는 일반적으로 SpE(뉴스, 드라마, 쇼, 대화), 리플, 알림, 광고, Headline, — 등에서 많이 표현한다. 2. 특히 사전의 소리와 실제 소리는 다른 경우가 많으니 소리본체로 현장청취를 많이 하라. 발음기호가 아니다.

↳ United States에서 United의 세 가지 소리=유나이티드/유나이리드 : t탄타 /유나잇엇=cramp F

□ **일정한 형태와 일정한 구체적 성격이면 보통체 C의미이다 :**

soldier=군에서 근무하는 일정한 형태를 갖추고 있는 사람으로서 군인 또는 사병 -- **C의미 보통체**
vs mission=꼭 해야 할 일정한 구체적 성격과 내용을 지닌 것으로서 target 임무/군사적 임무 -- **C의미 보통체**

vs duty=해야할 구체적인 성격이나 내용이 없는 것으로서 그냥 해야할 일로서 임무 -- **U의미 추상체**
/해야할 일정한 구체적 성격이나 내용을 갖추고 있는 것으로서 임무 -- **C의미 보통체**
vs experience=어떤 것을 그냥 겪어 보는 것으로서 경험 -- **U의미 추상체**
/이 곳에서 경험하고, 저 곳에서 경험하는 일정한 구체적 사실로서 경험-- **C의미 보통체**

scenery=덩어리 경치, 즉 한 폭의 그림같은 것으로서의 경치 -- **U의미 추상집합체**
/그런 경치가 일정한 형태로 갖추는 것으로서 배경 -- **C의미 보통체**
vs landscape=어느 특별한 지역(a particular area - a combination of hills, valleys, fields, -- etc.)의 일정한 모습으로서 풍경/경관 -- **C의미 보통체**

명사를 자유롭게 표현하려면 명사 관찰력이 중요하다. 어느 한 명사로 고정시키는 것보다 표현하고자 하는 것이 (10체 중) C의미인지 U의미인지 눈에 보이는 것이 중요하다.

구문법 삭제하기] 명사전용개념

→ 강의를 듣고 요약하는 것을 그냥 짧은 덩어리 사이즈로 판단하여 표현하면 추상적인 모습이 되어 **brief**로뇌가 작동하지만 여러 가지 구체적인 사실로 인식하여 표현하면 **briefs**로 뇌가 작동한다. 사실로서 여러 가지로 존재하기 때문이다. 이런 것은 다분히 표현자의 판단이나 관찰 태도에 좌우한다. 즉 같은 상황을 두고 표현자에 따라 U/C 의미로 표현할 수 있다 : **Business News Brief or Business News Briefs -- U의미 추상체 vs C의미 보통체**

→ 얼굴이 아름답다할 때 아름다움은 사람들이 얼굴이라는 실체에 대해 인지하는[인지에 의해 결정되는] 추상적인 덩어리 모습으로서 눈에는 보이나 만질 수 없으며, 일정한 형태를 갖추고 있지 않아 U의미 추상체로 beauty로 뇌가 작동하지만, 그 추상적인 아름다운 모습을 실제로 만져보면 얼굴이고, 신체의 일부로서 일정한 형태를 갖추었으니, C의미 보통체로 face로 뇌가 작동한다 : **They admired her elegance and her beauty especially of the face.**

인지체는 사람에 따라 달리 인지될 수 있으나 실체는 속일 수 없다. 그래서 똑같은 물건을 두고 한 사람은 아름답다하고, 다른 한 사람은 우아하다고 하고, 또다른 사람은 깨끗하다고 말할 수 있다.

→ 화덕에 불이 있으면 활활 타오르는 물질 덩어리로서 건드릴 수는 있으나 일정한 형태를 갖추고 있지않아 U의미 물질체로 **fire**으로 뇌가 작동하지만, 이곳 저곳, 여러 곳에서 일어난 불이면 하나, 하나의 화재 사건로서 여러 가지로 존재하기 때문에 C의미 보통체로 **fires**로 뇌가 작동한다. 보통체 **fire**는 불덩이보다 어떤 하나의 구체적인 성격을 지닌 사건에 중점을 둔 의미이다. 하지만 이러한 사건도 만져 보면 불덩이이다. 마치 사람을 만져 보면 덩어리 **flesh**인 것과 같다. 그래서 **person**은 보통체로, **flesh**는 물질체로 뇌가 작동한다.

: **a.. Horses are afraid of fire.** 불
b.. Forest fires ravaged two Florida counties. A fire per month occurs. 불이 한 건씩
□ **우리말 '불'=덩어리/사건 -- U/C의미 두 가지** ※ forest fires=wild fires 산불 화재 (사건) ⇐ 숲/야생 화재

→ 여기 저기 교회가 있으면, 교회는 일정한 형태를 갖춘 건물이므로 C의미 (보통체)로 **churches**로 뇌가 작동하면 되고, 예배보기 위해 교회 안에 모여 있는 모습이면 추상모습으로 인지체이므로 U의미 (추상체)로 그냥 **church**로 뇌가 작

동하면 된다. 이럴 경우 실제로 들어가서 만져 보면 worshippers들이다.

: a.. Our house is opposite the church.

Our house is opposite church. ···› **C의미 보통체로 썼다면** (지정사) **전제** infml E

— **C의미 보통체**=빌딩/조직으로서 교회 -- 일정한 형태로 여러 개로 존재

b.. The separation of church and state. ▭추상적인 모습의 교회/국가 -- U의미

We go to church on Sundays.

— **U의미 추상체**=예배하기 위해 모인 추상적인 모습으로서 교회[gathering] /교회예배

그래서 **우리말 '교회'** =C/U의미 모두 해당, 즉 빌딩[조직]도 되고, 예배모임도 된다.
따라서, 사전에서는

fire=[U] [C], church=[C] [U]로 표기하고 있다. 즉 이들 단어는 U, **C의미**, 다 갖고 있다는 뜻이다.

→ Edison은 사람 이름으로 세상에 하나 밖에 없는 인공실체에 붙인 명칭으로 U의미 (고유체)로 Edison이라고 뇌가 작동하면 되나, 우리반에 그런 이름이 여러 명이면 C의미 (고유체)로 Edisons이라고 뇌가 작동하면 된다.
인공물 고유체이기 때문에 대문자로 쓴다[always capitalized].

: a.. There are four Edisons in our class.

C의미 고유체=여전히 고유체로서 네 명이라는 뜻 E=capital letter

b.. an Edison

어떤 한 에디슨이라는 사람 -- **C의미 고유체** (어떤 한 사람으로 counting 되었으니 C의미)
/어떤 한 발명품인데 에디슨의 한 발명품 -- **C의미 보통체** /일종의 에디슨과 같은 사람 : 비유 -- **C의미 보통체**

→ 태양이 나왔다 할 때 태양은 절대로 두 개 이상 만들 수 없는, 세상에 하나 밖에 없는 자연물이기 때문에 내부적 the로 소문자로 표기하여 유일물로 만들어 주거나, 아니면 대문자로 표기하여 고유체로 만들어 주면 된다.

: The sun/Sun/The Sun came out.

— **U의미로서 유일체/고유체** cf]내부적 the와 함께 인공물 고유명칭 : the IMF)

고유체처럼 세상에 하나 밖에 없는 것은 counting 개념이 들어 갈 필요가 없다. 그래서 U의미가 된다.
자연 유일물일 때는 인간이 만든 것이 아니므로 the와 함께 소문자로 표현하고, 인공 유일물, 즉 고유체일 때는 대문자로 표현한다. 하지만 태양도 여러 개의 태양중 어떤 하나로 생각하여 C의미 (보통체)로도 뇌를 작동시킬 수 있다. 이 때는 여러 개를 전제로 한 표현이다.

: There should be a sun in the sky.

시동= 이런게 일어나야 한다. 있는 것인데 하나의 태양만 내소에 하늘 내소에 말이다.

▭There should be a sun in sky.

유일물에 유일물임을 나태내는 the를 붙이지 않으면 **infml E**가 된다. 즉 sky=(the) **전제 infml E**

: ranks 27th in the world [StE] vs ranks 27th in world [infml E]

→ 백화점에 가면 한 층이 온통 옷으로 가득차 있다. 만약 그냥 옷들이 모여 있는 덩어리로 관찰했다면 U의미 물질(덩어리) 집합체로 clothing(의류/옷)으로 뇌가 작동하면 되고, 그러나 하나 하나 제품으로 관찰했다면 C의미 보통체로 clothes(옷가지/옷들/옷)로 뇌가 작동하면 된다. 그래서 '그 여자는 옷을 잘 입는다'를 두 가지로 말할 수 있다.

: She wears clothing well. Some locals offered food and clothing to the refugees.

vs She wears clothes well. She walked upstairs to change her clothes.

제품은 일정한 형태로 여러 가지로 존재한다. ※ locals=지역인들/지역주민들 vs locale 현장

tip) 일반적으로 '옷' 하면 C/U의미로서 '옷'이다. ∴ 옷=clothes 또는 clothing

→ 옆집에 사는 사람들을 식구들의 모임으로 집단으로 관찰했다면 C의미 보통[보통집단] 집합체로 family로 뇌가 작동하면 되고, 공원에 그런 여러 집단들이 있을 때는 C의미 여러 보통[보통집단] 집합체로 families로 뇌가 작동하면 된다. 그런데 우리말 가족이라는 말도 집단의미도 되고, 식구라는 구성원 의미도 된다. 영어에서도 마찬가지로 family 그대로 표현하여 구성원을 나타내는 뇌가 발생한다.

: a.. Many families have moved in next door.
b.. A new family has/have moved in next door.
vs New family has/have moved in next door. ···› New family=**전제** infml E -- **단수 단독표현**

→ CNN은 고유체로서 방송국 직원들로 구성된 집단[조직] 고유체이다. 만약 집단 고유체 그대로 표현하면 U의미가 되고, 구성원 개념으로 표현하면 C의미가 된다.

: a.. The CNN is sending her to Japan. -- **집단 고유체의 집단개념**
b.. The CNN are planning to use the new satellite next month.
-- **집단 고유체의 구성원 개념**: CNN 요원들/CNN 직원들

⇨ Manchester United beat Chelsea.
-- **집단 고유체의 구성원 뇌** ▭ beat=**복수 현동사**
: Manchester United 선수들 /Chelsea 선수들

.. 관찰에 따른 표현자의 몫 :
The bar graph shows the average cost/costs of housing in rural, urban, and suburban areas.
전자=각각 cost로서 단수의미
: Everyone brought their own lunch.
후자=각각 모두의 cost로서 복수의미
: Everyone has their own ideas.
그래서 둘다 lunches, idea도 가능

→ 손목은 일정한 형태를 갖춘 신체의 일부로서 C의미 (보통체)이다. C의미 단어를 셈단어나 지정사, 복수sign로 표현하지 않고, 단수 단독으로 표현하면 infml E가 된다. 일종의 **전제** infml E이다.

: Mcilroy injures right wrist.
vs Mcilroy injures his/the right wrist. ···› StE

→ 물처럼 그냥 눈물 덩어리(모습)로 관찰되면 U의미 물질체가 되어 tear로 뇌가 작동하지만 방울 방울 흘러내리는 구체적 현상으로 관찰되면 C의미 (보통체)로 뇌가 작동된다. 그 현상도 만져보면 여전히 물질체이나 하나 하나 발생하는 현상에 중점을 두었기 때문에 C의미 보통체가 된다. 눈물은 이렇게 보통 drop, drop으로 나오므로 보통 C의미 복수로 많이 표현한다.

: a.. Tears rained down the cheeks. b.. Tears of remorse/regret. c.. Crocodile tears.
d.. I didn't shed a single tear.

→ 여기서 일하고, 저기서 일하는 것을 그냥 겪어보는 덩어리로서 추상적으로 인지되었다면 U의미 추상체로 그냥 경험이 되어 experience로 뇌가 작동하면 되고, 실제로 경험한 사실들로 구체적 사실로서 관찰 되었다면 그런 사실들은 여러 가지로 존재하기 때문에 C의미 보통체로 뇌가 작동하면 된다.

: a.. He has also had managerial experience on every level.
b.. Medical Center. X-Ray Technician. Two Years minimum experience required.
Good pay[salary]. Good benefits. Good commission. Call Human Resources. 482-3346.
-- U의미=경험
vs It was interesting hearing about his experiences as a policeman. -- C의미=여러가지 경험한 사실

명사는 아무튼 C의미 단수, C의미 복수, U의미 비수로 뇌가 작동한다. 수에는 단수, 복수, 비수가 있다.
▭ 복수=보통낱개 복수 /보통집단 복수 /구성체 복수 /무리복수 /무리집단 복수 /고유체 복수

⇒ 일반적으로 말하는 매력은 아주 좋은 것을 보고 머리 속에서 인지되는 추상적인 모습으로 U의미이다. 하지만 매력적인 실체[something]이면 C의미로 뇌가 작동한다. 그래서 attraction은 U/C의미, 두 가지를 보유하고 있다.

: The idea of travelling to the moon holds little attraction for me. ※ travelling (BrE) or traveling (AmE)

vs These places are our famous tourist attractions. ⋯▸ 관광 명승지/명소

⇒ 경제학은 학문(study)으로서 U의미 추상적인 덩어리 인지체이다. 하지만 여러가지 경제 활동이 될 경우에는 여러가지 구체적 사실이 되기 때문에 C의미 보통체로 뇌가 작동하게 된다.

: She is studying economics at college. [s: study]

vs There is nothing to do economics in North Korea. [s: several]

The economics of the scheme need to be looked at very carefully.

cf] economy 경제 /경제 주체

: Greece GDP is just a little bit bigger than the economies of Kazakhstan, Algeria and Qatar.

/ major economies 주요 경제 주체들 ⇒ 21 member economies hold talks.

⇒ 해야할 일정한 구체적인 성격이나 내용, 목적을 지닌 과업(task)으로서 임무 (그래서 보통 군사적 임무에 사용)이면, C의미 보통체로서 mission을 작동시키면 되고, 또는 이런 일을 수행하는 보통집단[조직]이면 C의미 보통집단 집합체로서 mission을 작동시키면 된다. 그런 구체적인 것이 없이 그냥 해야할 일(work)로서 임무이면 U의미 추상체로서 duty를 작동시키면 된다 : a.. Our mission was to blow up the radio station.

b.. The America trade mission has just reached Leningrad.

c.. His duties include taking letters to the post and making coffee. ※ to=방향 이동으로서 가져가는 것

vs It's the duty of a lawyer to act in the best interests of his clients.

-- 일반적으로 변호사 일은 과업으로서 의무가 아니라, 그냥 고객을 위해 수행하는 것이다.

My duty is to look after the animals. ※ in=들어가는 것으로서 실현시키는 것

그래서 권고나 조언에는 advice로 뇌를 작동시키고, 통지에는 복수로 advices로 뇌를 작동시키는 것이다. 전자는 그냥 하는 도움되는 말이고, 후자는 구체적인 내용이 담긴 말이다.

명사 associate

associate를 알아야 빨리 감을 잡을 수 있고 말도 쉽게 할 수 있다. ☞ p304

① • We all work at the institute. 단어 associate ⇒ research institute 연구소

= an organization formed to do special work or for a special purpose

조직은 조직인데 특수한 일/특별한 목적 속에 '연구'라는 의미가 숨어 있다.

• She is wearing her suit on the beach. ⇒ swimming suit

• You're falling asleep at the wheel. ⇒ steering wheel **plus]**wheel=상황에 따라 '운전대'이 아닌 '바퀴'도 가능

② • Signing up for health care took Patti five minutes – it also saved her $100 a month.

↳ 문맥[상황] associate ⇒ (걸렸는 데) Patti에게 혜택을 주는 데

• What's the state of the nation? Deteriorating, NBC poll says. Only 3% say strong.

↳ 문맥[상황] associate ⇒ 경제/생활 상태, 즉 국민의 경제/생활 상태

• We have a spending problem. ⇒ government spending

cf] His duties include taking letters to the post and making coffee.

post=우편/우편물 /infml E (BrE)로서 우체통[우체국]

-- 우체통, 우체국은 단어본래 뜻이지 associate가 아님 [=post office 우편물 취급소로서 우체국]

☞.. 이해는 (언어에 대한 basics를 알았디면) 최종적으로 단어의 최종적인 뜻인 감주로 이해한다.

3) Counting하는 법

▭ 눈에 보이는 C/U 명사를 **셈 단어 또는 복수 sign**로 counting하거나 눈에 보이는 것이 **셈 단어 또는 복수 sign**로 되어 있기 때문에 이것들로 counting한다.

❖ **셈단어**=숫자, (불명확한) 수, 부정관사, 용기(用器), 분할단어

: one book[two books], two hundred books /a few books, /a book
a tube of toothpaste /an article of clothing

❖ **복수 sign**=

a.. s형 : book /books [fox /foxes] — several/not single로서 **철자복수** e=조율음
b.. e형 : tooth /teeth — each other, 즉 서로 모여 있는 모습으로서 **모양복수**
c.. ice형 : louse /lice — i: 일렬 ce〉s: stand, 즉 일렬로 줄 서 있는 모습으로서 **모양복수**

d.. en형 : child /children — e: 입 n: noise, 즉 여럿이 모여 소리를 지르는 것으로서 **소리복수**
e.. a형 : bacterium /bacteria — a: 많이 있어 '아' 하는 **감정복수**
f.. i형 : alumnus /alumni — i : '이야' 하는 **감정복수**
-- 동창생들이 오래 간만에 모이면 '이야' 너 많이 변했다하고 감탄함

g.. ices형 : appendix /appendices (부록, 찾아보기)
— i: 일렬 c: condensed 압축되어 있는 것 e: 조율음 s: several or not single,
일렬로 압축되어 있는 것이 여러 개 인것으로서 **모양복수 + 철자복수**

눈에 보이는 것이

C의미 ⇒ **숫자, (불명확한) 수, 부정관사와 복수 sign로 카운팅**
-- 일정한 형태/일정한 구체적 성격을 갖고, 여러 개로 존재하거나 어떤 하나의 상황으로 존재하기 때문이다.

U의미 ⇒ **용기, 분할단어를 사용하여 카운팅**
-- 일정한 형태/일정한 구체적인 성격을 갖추고 있지 않기 때문에 용기에 담아 분할시키거나 분할 단어로 분할시켜 일정한 형태를 만들거나 구체화 시켜 카운팅한다. 결국 U의미 그대로 보존하면서 부분으로 만들어 카운팅하는 것이다.

눈에 보이는 것이

보통체 /고유체 /보통[보통집단/조직] 집합체인 경우 ⋯→ 숫자, 수, 부정관사와 복수 sign으로 counting
-- 모두 일정한 형태를 갖춘 실체이기 때문에 counting하는 방법이 같다.

또는 눈에 보이는 이들 명사상황이

숫자, 수, 부정관사와 복수 sign으로 되어있어 이들 단어로 counting

a.. one desk, two desks, two thousand desks /a few[several/many] desks /a desk /desks

two desks
: **복수** sign **소리**=극저음 or 폐쇄 -- 폐쇄시켜도 two가 있어 복수인지 단수인지 판단이 됨
cf] **단수동사** s음=극저음 or 폐쇄 : lives=리브스/리브 : infml 소리 vs desk (infml E) -- 단수 단독표현

: Computer technician wanted. -- a/one이 없어도 단수표현 이기 때문에 한 사람을 구한다는 말

⇨ StE : A computer technician wanted.

b.. one Smith, two Smiths /a few[several/many] Smiths /a Smith /Smiths
vs Smith -- 비수 단독표현 -- Smith came in. [StE]

c.. one family, two families /a few families /a family /families
vs family (infml E) -- 단수 단독표현

⇨ StE : a family /the family /my family, --- etc.
단, 복수 단독표현 : We love families. -- StE

눈에 보이는 것이 (덩어리로)
물질체인 경우 ⋯▸ 용기 또는 분할단어로 counting
또는 눈에 보이는 이 명사상황이 용기 또는 분할단어로 되어있어 이들 단어로 counting

a.. two cups of coffee 시동=두 잔의 커피[두 잔인데 즉 커피 두잔]
vs **infml한 표현** : two coffees A coffee and a large coke, please. Give me four sugars.

b.. a head of lettuce two heads of lettuce
--머리 모양과 같은 묶음으로서 묶음 분할단어 시동=두 뭉치[묶음]의 상치
cf] two head of cattle -- 두 두, 즉 소 두 두 : 가축 수일 경우 단복명사, 즉 단복동형(同形)

c.. a pane of glass
시동=한 창살의 유리, 즉 한 장분의 창유리 또는 하나의 창살인데 유리 창살 하나
: The glazier fitted a new pane of glass in the window.
❖ fitted -- in=맞추어서 --- 끼워 넣었다 ❖ **우리말 '의'** =소유격 또는 크기 의미

눈에 보이는 것이 (덩어리로)
추상체인 경우 ⋯▸ 분할단어(partitives)로 counting
또는 눈에 보이는 이 명사상황이 분할단어로 되어있어 이 단어로 counting

a.. a stroke of luck/fortune 시동=한 바탕의 행운 -- 행운은 갑자기 오는 것이므로 분할단어 stroke를 사용

b.. a piece of music/news/advice/information 시동=한 편의 음악 /하나의 소식 /한 마디의 충고 /하나의 정보
❖ **단**, advice가 **일정한 구체적인 내용**이면 통지로서 보통체: advices

c.. a spell of work/coughing 시동=한 동안의 일 /한 동안 계속되는 기침

vs 1.. period pains /cramps /experiences
▭ 눈에 여러 **일정한 구체적인 성격**으로 관찰[인지] 된 경우,
즉 실제로 월경고통이나 근육경련이 여러 번 일어나는 현상 /이곳 저곳에서 실제로 경험한 사실인 경우
-- **보통체로** counting

하지만 사람에 따라 추상체 덩어리 그대로 인지 되기도 한다 : pain [고통/아픔] cramp [근육경련/쥐] experience [경험]
→ I started to get cramp in my legs.
❖ 일정한 구체적 성격=**사건 /현상 /사실 /구분 /종류 -- 등으로 두뇌가 작동한다.**

2.. Don' t throw away wastes here!   No crops will grow on these stony wastes.

▭ 눈에 **일정한 형태**로 여러 실체로 관찰[인지] 된 경우

즉, 버려지는 일정한 물건으로서 쓰레기/버려진 일정한 형태의 땅으로서 버려진 여기 저기 땅

--- **보통체로 카운팅**

vs Don' t let all the good food go to waste! : **추상체, 즉 그냥 덩어리 추상체**

We must cease dumping waste in the sea. : **물질 집합체, 즉 집합덩어리 물질체**

▭ go to waste =가게 대자/즉 낭비로 가게[=be wasted]   to=방향대상으로 대자(對者) /즉 -- 로

눈에 보이는 것이

무리복수 집합체인 경우 ⋯› 구성체 또는 분할 단어로 counting

단, 단어에 따라 셈 단어와 복수 sign으로 counting 가능 -- 이럴 경우 대개 무리 복수로서 종류를 의미함

무리 복수=여러 명[여러 마리]이 뭉쳐서[떼 지어] 다니는 것으로서 C의미 집합체

또는 눈에 보이는 이 명사상황이

구성체 또는 분할 단어로 되어있어 이들 단어로 counting

a.. **Poultry are cheaper than cows.**

뭉쳐서 다니는 집에서 기르는 날 짐승들로서 가금(家禽) (farmyard birds)

일종의 복수 단어이기 때문에 복수 단독표현이 가능하고, 복수 동사와 의율

⇨ ▭ **구성체로 카운팅**: two hens, five ducks, three chickens --- etc.

▭ **복수** sign**과 셈 단어로** counting : poultries 여러 종류의 가금, two poultries 두 종류의 가금

하지만 cattle은 한 종류의 무리이니 cattles라는 단어가 없다.

caution]

a.. **무리복수 집합체 or 무리복수 종류**

poultry=무리복수 집합체이나 복수로 표현하면 여러가지 종류의 가금을 뜻한다. 모두 C의미이다.

two poultries=가금 두 마리가 아니라 두 종류의 가금이다.

그래서, a people도 한 민족이지, 한 사람이 아니다.

cf] Poultry is cheaper than meat. ※ **가금고기=U의미로서 물질체**

b.. **물질 집합체 or 물질 덩어리 종류**

fruit=(더미, 즉 산더미 덩어리로서) 물질 집합체[U]이나 복수로 표현하면 여러가지 종류의 과일[C]을 뜻한다.

: fruit /fruits /three fruits[=three kinds of fruit]   I like fruit/fruits.

그래서, 여러가지 과일을 놓아 두고서 그 성격에 맞게 사람들은 fruit 또는 fruits로 표현한다.

b.. **Cattle are cows and bulls.**

축사에 기르는 서로 얽혀 있는 여러 마리의 무리 소로서 축우

⇨ ▭ **구성체로 카운팅** -- 20 cows and 5 bulls

▭ **분할단어로 카운팅** -- 20 head of cattle   20 두의 소 -- 머리 수로 카운팅

※ head=머리 수로 가축수 의미일때는 단복명사

: Ten cows are ten head of cattle.
a finest herd of beef cattle for two hundred miles ※ herd=무리/떼 beef cattle=beef용 소, 즉 식용우

⇨ livestock=가축 : sheep, cattle, hens, -- 등등이 있다.
vermin=소해 동물/해충 ↗ 이렇게 무리복수는 영영사전에서는 해당무리들의 복수로서 뜻을 풀이하고 있다.
-- Foxes, weasels, rats, fleas, flies, parasites, insects and lice are (considered) all vermin.
livestock/vermin도 무리복수 집합체로 떼 지어 다니는 동물이다. poultries처럼 종류를 의미할 때는 livestocks/vermins로 두뇌를 작동 시킬 수 있다.

머리 수와 마리 수 카운팅 뇌

보통체의 머리 수 카운팅과 마리 수 카운팅

: 10 head of oxen vs 10 oxen
a head of ox 한 두, 즉 ox 한 두 vs an ox : 전자는 a kind of ox [AmE]와 같은 표현이다.

복수뇌 종류

복수=보통낱개 복수 /보통집단 복수 /무리복수 /무리집단 복수 /구성체복수 /고유체 복수 ⇒ 복수동사와 의율

: children[boys] /families (are/have)
vs cattle[poultry/vermin/livestock] /poultries[livestocks/vermins] (are/have)
vs the family (are/have) vs Toms
※ 수=단수/복수/비수 : friend /friends[children/cattle] /water[clothing]

눈에 보이는 것이
물질 집합체[집합덩어리 물질체]인 경우 ···› 용기 또는 분할단어 사용 — 물질체 counting과 같다.
또는 눈에 보이는 이 명사상황이
용기 또는 분할단어로 되어있어 이들 단어로 counting

▭ 용기사용 :
a basket of laundry[washing] two baskets of laundry[washing]
단, laundry는 세탁물이 아니라 세탁소 의미일 때는 보통체가 된다.

▭ 분할 단어 사용 :
an article of clothing two articles of clothing 한벌/두벌의 의류 [의류 한벌/두벌]
several items of clothing 여러 가지 품목의 의류
an article of furniture two articles of furniture 한 점/ 두 점의 가구 two masses of furniture 두 무더기의 가구

two pieces of machinery 두 대의 기계(=two machines)
※ machinery=집합덩어리로서 기계[류]/장치기계 [y: 지게(에 모두 실어 놓은 것으로서 집합체)]
vs machine=낱개로서 기계

two pieces of jewelry 두 점의 보석(=two jewels)
※ jewelry=집합덩어리로서 보석[류][y: 지게(에 모두 실은 것으로서 집합체)] vs jewel=낱개로서 보석
a set of cutlery two sets of cutlery 한/두 세트의 식탁도구
an item of merchandise two items of merchandise 한/두 품목의 상품/물품

눈에 보이는 것이
추상 집합체[집합덩어리 추상체]인 경우 ···› 분할 단어(partitives)를 사용 — 추상체 counting과 같다.
또는 눈에 보이는 이 명사상황이 분할단어로 되어 있어 이 단어로 counting

a piece of scenery 한 폭의 경치 [=a scene : 한 장면으로 보이는 것으로서 하나의 경치]
단, sceneries=배경의미일 경우 C의미 보통체 -- 배경은 **일정한 구체적인 형태**를 갖추고 있다.

a piece of news 한 편의 뉴스 ···› news=**추상체/추상집합체**
-- information로서 그냥 뉴스 덩어리이면 추상체이고, 여러 가지 보도(reports) 집합 덩어리로서 뉴스이면 추상 집합체가 된다. 그래서, newses라는 말은 없다.

a piece of poetry 한 편인데 시가[시문] 중 한 편, 즉 한 편의 시[=one poem 한 편의 시]
···› poetry=짧게 갖춘 추상덩어리 집합체로서 시가(시의 노래) /시문
vs poem=짧게 **일정한 (개별) 형태**를 갖춘 것으로서 시[C] cf] verse 운문[U/C] prose 산문[U]

a list/group of vocabulary 한 리스트/그룹의 어휘
단, vocabulary=**추상 집합체 : 어휘** -- 모인 추상적인 단어모습의 덩어리, 즉 추상 집합덩어리로서 어휘 -- **U의미**
/보통 집합체 : 어군 -- 일정한 형태를 갖춘 개별글자의 집단으로서 어군(語群) -- **C의미**

: a.. By the age of two, a child will have a vocabulary of about two hundred words.
하나의 어군(語群), 즉 대략 이백 단어로된 어군
vs word=**독립된 완전한 형태**를 갖춘 것으로서 단어 -- **C의미 보통체**
b.. The English is one of the largest vocabularies of language.
하나 즉 가장 큰 어군들 중의 하나, 즉 언어 어군 중의 하나
-- 각 국의 어휘들은 **일정한 자기 형태**를 갖추고 있다. 그래서 C의미가 된다.

Plus-1 ıııı .. **The actors will be reading from contemporary poetry and prose.**
시동=발췌해서 동시대의 시문과 산문으로부터 발췌해서 -- **U의미 추상 집합체**
⇨ This film has a savage poetry. [=a kind of savage poetry] 시동=어떤 하나의[일종의] 원시적인 시문
-- **C의미 추상 집합체** ∵ a kind의미 부정관사 + 추상집합체 : 마치 C의미 고유체와 같다

부정관사의 U의미 단어의 C의미로 전환

부정관사는 일종(a kind)이라는 부류의미와
하나의 대략 크기의미[하나의 묶음의미]가 있기 때문에 U의미 명사를 C의미 명사로 바꿀 수 있다.
즉 부정관사와 함께 전체적으로 C의미가 된다. **주의]**부정관사는 언제나 C의미 단어이다.

: a water 일종의/하나의 물 -- **C의미[=a kind of water]**
(즉 일종의 물로서 한 부류에 속하니 전체적으로 C의미)
It's a waste of time. 일종의/하나의 낭비-- **C의미[=a kind of waste]**
(즉 일종의 낭비로서 한 부류에 속하니 전체적으로 C의미)

a poetry 일종의/하나의 시문 -- **C의미[=a kind of poetry]**
(즉 일종의 시문으로서 한 부류에 속하니 전체적으로 C의미)
⇨ This film has a savage poetry. [=a kind of savage poetry]
시동=어떤 하나의[일종의] 원시적인 시문

a furniture 일종의/하나의 가구 -- C의미[=a kind of furniture]
(즉 일종의 가구로서 한 부류에 속하니 전체적으로 C의미) : Beds, chairs, desks are a furniture.
cf] a piece of furniture -- piece 자체가 **C의미 단어**
-- 한 품목인데 즉 가구의 한 품목, 예컨데 침대, 쇼파, 책상, -- 등등

a little water 한 적은 양의 물/한 조금정도 되는 물 -- C의미
(즉 한 크기로서 전체적으로 C의미) ***우리말 '하나의/한'** = '하나의' 으로서 종류의미/ '한' 으로서 대략크기 의미
a sun 일종의/하나의 태양과 같은 것 -- C의미
a Newton 일종의/하나의 뉴튼과 같은 사람[물리학자(physicist)/수학자(mathematician)] -- C의미
: a Picasso 일종의/하나의 피카소의 작품/피카소와 같은 작품
↳one by/one like

Plus-2 복합명사를 카운팅하는 법

① 중심어에 s를 붙인다.

boy friends -- 친구는 친구인데 남자 친구라는 말로서 중심이 되는 말은 friend이고 boy는 성구별용에 불과하다.
match boxes -- 박스는 박스인데 성냥 박스로서 match는 용도를 나타내는 말이고 중심이 되는 말은 box이다.
→ flower shops /plane tickets /telephone bills /water rates (수도 요금) /tent pegs, -- etc.
그래서, 복합명사의 앞말 명사는 단수 뇌로 작동 : a four-man law firm

forget-me-nots -- 잊는 것은 하지말라는 것으로서 중심이 되는 말은 not이다 : 물망초들
→ have-nots (무산자들) touch-me-nots (봉선화들)
lay-offs -- 두기는 두되 떨어져 있게 하는 것으로서 중심이 되는 말은 off이다 : 여러가지 해고 건수
→ grown-ups (성인들) merry-go-rounds (회전목마들) 1,100 Master of Arts degrees (석사 학위들)
lookers-on -- 사람들이 보되 어떤 곳의 상면 위를 보는 것으로서 보는 사람이 중심이 되는 말이다 : 구경꾼들
→ passers-by (통행인들) mothers-in-law (장모들) thank-yous : He says too many 'thank-yous'.

cf] Our in-laws are staying with us.
※ in-laws=one's relatives by marriage, esp. the father and mother of one's husband/wife
결혼으로 생긴 친척, 즉 혼인친척, 특히 시아버지 /시어머니 /장인 /장모

② man-/woman-으로 된 복합명사는 양쪽 다 복수 : 관습적 E
men-servants women-doctors cf] maid-servants 하녀(=maids)

Plus-3 ⅡⅡ.. 복합명사 앞명사=단수표현 : StE

앞 명사는 복합명사의 성격을 나타내기 때문이다. 이 때 뒷말이 중심이 되는 말이다.
만약 복수로 표현 : infml E 관용복수로 표현 : StE

a.. I have been living with my boyfriend, John, an attorney in a four-man law firm.
Can a six-week program produce a sleeker body? a five-kilo bag of flour
a six-day working week I have a ten-dollar bill.
cf] She has fifty dollars. dollar=크기 뇌로서 C의미
vs won /percent /dozen /score /thousand=단위 뇌로서 단복명사 : C의미

b.. She is a ten-year-old girl. cf] She is ten years old.
This is a ten-story building. cf] The building has ten stories.

He won a ten-mile race. cf] He won a ten miles' race.=전설⇒설-->기

→ a two-day rally cf] a two days' rally : 생물화 (소유격) 표현

c.. a family dinner party / a book shop : (O) cf] a books shop : (×)

the animal/plant kingdom : (O) cf] the animals/plants kingdom : (×)

a family feaster 가족잔치 음식/식품 -- KFC commercial

||||| .. **강조나 관습적인 표현에서는 복수 그대로 표현**

▭ 강조로서 Infml E :

a.. The Electronic Products Show Products=infml E

보통표현 : The Electronic Product Show Product=StE

b.. 24 hours service. **보통표현** : twenty four-hour service

c.. Wanted : Native English Teachers with a 4 Years Degree.

보통표현 : a four-year degree ※ a 4 years degree=4년제 학위

▭ 관습적 E :

a.. a human rights organization animal-rights activists

b.. a sports day ※ rights /sports /singles=관용복수 c.. a singles bar ※ single = an unmarried person

cf] singles=두 사람 경기(특히 tennis) : Do you want to play singles or doubles? a singles match

d.. The Appeals System 미국의 재심(항소,상고) 제도

: 관용복수=rights /sports /singles /Appeals

- Federal Court **연방법원** :

  District Court 지방법원 → Court of Appeals 항소법원/고등법원

  → Supreme Court 대법원

- State Court **주법원** :

  State/County Court 주/군 법원 → Appellate Court 항소[상소]법원

  → State Supreme Court 주대법원

vs a.. The United Nations Headquarters. The United States Air Force.

-- s=원래 고유명사의 일부

b.. They recently completed an aerobics class.

-- 원래 단어의 일부[s: sport] , 만약 s가 없으면 형용사

add] **명사의 관습적 E**

옛날에는 학교, 법정, 병원, 읍내(사람들이 많이 모여 사는 집단), 집, — 등은 일정한 형태가 없는 추상체였다. 비록 지금은 일정한 형태를 갖춘 보통체이나 추상체 그대로 쓰면 관습적 English가 된다. on board도 같다. 지금은 보통체이나 일정한 형태가 없는 물질체 그대로 쓰기 때문에 관습적 E가 된다. 그래서 오늘날 입장에서 보면 모두 단수 단독표현의 관습적 English이다.

: • Schumacher was airlifted to hospital. Castaway lived at home. They left home.

-- in or to school, in court, in town, ---- etc. cf]He arrives home. home=adv.

• Passengers go/get on board the train/ship/aircraft. [=aboard] -- 지금은 보통체이나 초기 vehicle에서는 일정한 형태가 없는 널판지 그대로 바닥판으로 썼다. (board=판자/널빤지 --> vehicle 바닥판/승판)

IIIII .. **복수 S sign이 없으면 뜻이 달라지는 명사도 그대로 사용**
— 복수로 고유한 의미를 갖고 있기 때문이다.

a.. **Classified 소형광고 :**

Datemaker :
Thirties guy
Seeks female, 22-42, for long-term romance
-- Thirties 30대 [s: series numbers] cf] thirty guys

b.. A months-long drought has hit the southern part of the country.
한 달이 아니고 여러 달 지속되기 때문이다=**전설⇒설-->기**

c.. Armed Forces Day 군/군대 cf] armed force 무력/무장한 힘
⇒ Armed Forces : 「air force 공군 /navy 해군 /army 육군 /marine corps 해병대」를 합친 軍

→ airs (태도) advices (통지) arms (무기) manners (예의범절) pains (수고)
goods (상품) customs (관세) savings (저축) belongings (소유물) riches (부)
means (수단/재산) proceeds (매상고 /수입 /수익) clothes (옷가지) cf] cloth (천/옷감)
names (욕) glasses (안경) humanities (인문/인간관계 분야) --- 등
↳ ~ careers 직업(education and the arts)

compare] 「S」가 없어도 뜻이 달라지지 않는 단어 : 단수로 표현
my trouser pocket / pajama trousers / paratroop attacks
→ knickers[knickerbockers], pyjamas (BrE) /pajamas (AmE), spectacles, trousers,
paratroops, scissors, troops, -- etc.

Plus-4

단어, 철자, 약자, 숫자[단철약숫]의 복수 counting
— 보통 's or s로 표현한다.
a.. There are many and's[ands] in your composition.
b.. There are two p's[ps] in the word, 'apple.'
c.. VIPs or VIP's d.. 1920's or 1920s
cf] p (page) -- pp (double p로 표시 : pp 7, 8, 9) Prof -- Profs Dr. -- Drs.

Plus-5

단위수 /couple수 /both수 /자기짝수로 counting
a.. a score ships=a score of ships two score ships=two score of ships[=40 ships]
a dozen eggs=a dozen of eggs two dozen pencils=two dozen of pencils[=24 pencils]
⇒ **단위 단복명사** : won /percent /score /dozen /thousand vs dollar: two dollars
-- 마치 sheep와 같다 : two sheep
: There were at least two dozen people there. two won/percent two thousand people

b.. a couple months=a couple of months c.. both pairs of trousers[=two pairs]

d.. a pair[two pairs] of glasses | scissors /trousers /tongs /chop-sticks /spectacles /compasses /breeches /pants /gloves /stockings /socks --etc.

tip) Tom puts on some[a pair of] pants.

⇒ some=한 뭉치로서 한 벌[a: one m: 뭉치]

vs pair=두 개가 같은 조로서 한 쌍/한 벌[p: two parts a: same]

→ 두 개가 같은 것이 아닌 웃옷과 바지가 한 조가 되는 것도 있다.

→ some pajamas=a pair of pajamas

Plus-6 복수 Sign이 아닌 경우

— 원래 명사단어 철자의 일부이다.

a.. mathematics, physics, economics, politics, athletics, ethics, statistics, phonetics **발음학**, linguistics **언어학**

Physics is the scientific study of forces such as heat, light, sound, pressure, gravity and electricity.

[s: study] -- U의미 **추상체** (깨달아 가는 연구로서 추상체) cf] logic, arithmetic 산수

(단, economics=**경제학**(s: study)/여러가지 **경제활동**(s: several) p242)

b.. measles [s: sickness] 홍역 -- 아픔으로 인지되는 U의미 **추상체**

c.. sullens [s: **증 또는 증세**] 우울증/시무룩한 증세 -- 시무룩한 모습으로 인지되는 U의미 **추상체**

d.. billiards [s: sport] 당구 --- 긴 스틱을 잡고 치는 (덩어리) 모습으로 인지되는 U의미 **추상체**

cf] a billiard ball/table : adj.

↗ 이해는 (언어에 대한 basics를 알았디면) 최종적으로 단어의 최종적인 뜻인 감주로 이해한다.

Plus-7 특수한 명사

① people=무리집단 단수/낱개복수 — 민족[국민]/사람들

▭ poultries처럼 s형 복수일 경우 여러 민족 종류를 나타낸다.

peoples 여러 민족[국민들] : Chinese are a hard-working people.

▭ 낱개복수일 경우 사람들[=persons] 그래서, people=무리단수 집합체/복수 보통체

주동복수에 단수단어가 올 수 있는 것은 이때 innovator는 조직체를 의미하기 때문 : 혁신 업체[기업] they=집단구성원

↗ Samsung, they are really an innovator.[=it is]

② police /foot(보병) /horse(기병)

=무리복수/낱개복수 i.e. 무리복수 집합체 /복수 보통체

a.. The police are also looking for a second car. cf] a second-hand car 중고차

하지만 polices로 복수 sign으로 카운팅하지 않는다. cattle처럼 한 종류로만 되어 있기 때문이다.

vs More than one hundred police have ringed the area.

Several[Two] police were injured. ⇐ two children

→ **구성체 카운팅**=보통낱개 복수로 그냥 카운팅 /다른 단어로 카운팅

: three police, four police /three policemen[-women], five cops --- etc.

단, 한 명일 때는 one policeman/policewoman/cop으로 뇌를 작동시킨다.

police는 children처럼 복수단어이기 때문이다.

cf] The gunman kills police staff. 경찰(서) 직원 : 'police' position=people or organization

↳ 우리말 '경찰' =사람 또는 조직

b.. Foot operate by walking, rather than in vehicles or on horseback. [=foot soldiers /infantry **보병**]

vs Three foot patrol.

foot도 보병일 때는 children처럼 복수단어이다. horse [기병]도 마찬가지이다.

단, 한 명일 때 a[one] foot soldier /an[one] infantryman cf]a staff member/a staffer

plus] 발/말일 때 --보통체

우리말 **'경찰/보병/기병'** =무리 복수의미도 되고, 낱개 복수의미도 된다.

③ personnel=추상체 /낱개복수

▭ 인자부(human resources) -- U의미 추상체 : **관습적 E**

: 인력부, 인사부, 인사행정부) -- 옛날의 인력관리는 일정한 형태를 갖춘 부서가 없이 그때 그때 오너가 관리했다.

▭ 조직원[직원] -- C의미 복수 보통체 cf]staff/staffer ☞ 영뇌영어 vol 1 p61

a.. Her first job was in pesonnel. -- 비수 단독표현

b.. All personnel are asked to participate. --보통낱개 복수 , 즉 children과 같은 표현이다.

c.. The monument was engraved with the names of the 58,000 American military personnel who died in Vietnam. -- 군인을 무장한 사람으로 보지 않고 조직의 구성원으로 파악하여 군사요원으로 표현했음

: police personnel 경찰요원 embassy personnel 대사관 직원

초기에는 일정한 형태가 없는 **관습적 E** :

in school[court /jail[prison] /hospital /town] /go to church /go to bed(잠자리) in order to sleep / -- etc.

: Knox leaves prison.-- 지금은 일정한 형태가 있음에도 불구하고 초기 모습대로 비수 단독표현을 한 것은 **관습적 E**

학교 /법정 /형무소 /감옥소 /병원 /교회 /읍[소도시] -- **초기모습=관습적 E로서 U의미 추상체**

또한 학교수업 /감옥생활 /병원치료[병원신세] /교회예배 의미일 때=**U의미 추상체[EM]**

④ company=보통[조직] 집합체 /추상체 -- 회사[회사직원 — 구성체] /일행[동행/동반]

The company is[are] happy. vs I didn' t realize you had company. She is good company.

For those who live by themselves, television provides good company.

⑤ youth=추상체 /보통체 /보통[보통집단] 집합체 vs age=노인/노인층[노인들]

-- 젊은 시기[시절] 또는 젊음 /젊은 녀석인데, 특히 10 대 머슴아(a male teenager) /젊은이, 젊은층[젊은이들]

a.. In his youth, he had shown great promise. He lost his youth a long time ago.

b.. She brought another spotty youth last week. 젊은 녀석

Gangs of youths were throwing stones and bottles at the police. 여러 무리들의 젊은 녀석들

c.. The youth of the country is/are being ignored by politicians. : **집단뇌/구성체뇌**

cf] guard=(보통/보통집단) 집합체: 경호대/친위대 **보통체**: 보호자/경호원/친위병/보초/위병

⑥ crew=보통[보통집단] 집합체 /낱개복수[즉 복수 보통체] ↗ 영뇌영어 vol 1)p61

-- (일꾼/승무원) 조[조일꾼들/조승무원들] //일꾼[승무원] : staff도 crew와 같은 성격의 명사

a.. The crew is/are waiting for instructions from the captain. : **보통집단 뇌/구성체 뇌**

Road crews are spreading sand and salt. 여러 도로 (일꾼) 조들 : families와 같은 표현

b.. Two pilots and five cabin crew were on board. [=five cabin crew members]

⑦ population=보통[보통집단] 집합체/물질 집합체

-- 주민[주민들]/인구[사람들]/개체[개체수] : 특정지역 사람들로서 보통개체 집단 또는 물질덩어리 집단 두 가지로 관찰 가능

a.. During the Second World War the population was/were issued with gas masks.

b.. India has a population of more than 1 billion. -- **보통집단 집합체**

Cromer is the main center of population in this area. -- **물질 집합체**

c.. the Indian young population 젊은 층 인구[사람들] the elephant population of Kenya 코끼리 개체[개체수]

cf] the elephant populations of Tanzania and Kenya 여러 코끼리 개체들 -- **보통집단체의 복수**

Plus-8

↗ 보통 집합체는 영영사전에서는 보통 a group of, a collection of, -- 등으로 많이 표현된다.

보통[보통집단/조직] 집합체의 의미

=집단의미/구성체의미 : 전자=단수 후자 =복수, 즉 구성체 복수 cf]낱개복수/무리복수

: **group** (그룹 /그룹 멤버) **team** (팀 /팀원) **class** (반 /반원들) **club** (클럽 /클럽 멤버들)
family (가족 /식구[가족]) : **The family is/are [has/have] --- .** ※ **우리말 '가족' =집단/구성체 두 가지 의미**

구성체 복수와 무리 복수는 C의미이더라도
바로 앞에 숫자를 표시하여 구성체 수를 나타낼 수 없다. 하지만 낱개복수는 가능하다.

3 family : not ok ··· 즉 가족 3명의 뜻으로 이렇게 표현할 수 없다. **vs 3 families** (집단 수) **: ok**
3 poultry : not ok vs 3 poultries (종류 수) **: ok**

⇨ **구성체 카운팅: a.. 3 family members**
= 3 members of the family= 3 of the family=the family of 3
b.. two sons, two daughters / two hens, two ducks

gang (일당, 한패, 패거리 /일당들, 놈들) **youth** (젊은이, 젊은층 /젊은이들) **cf] age**=노인, 노인층 /노인들
enemy (적 /적들) : **a.. The enemy was/were pursued for two miles.** 당했는 데 추격당했다
b.. The enemy was/were threatening our communications.
c.. Three of the enemy were killed. : five of the team/group/family/class/audience, --.

committee (위원회 /위원) ···› 구성체 카운팅 : **10 committee members**
community (지역사회, 지역공동사회 /지역주민) **bureaucracy** (집단으로서 관료 /관료) **cf] 보통체: bureaucrat**

populace (서민사회, 서민(층) /서민 **(우리말 '서민' =집단도 되고 구성원도 가능)** : the general populace
public (대중사회, 대중 /(일반) 대중 **(우리말 '대중' =집단도 되고 구성원도 가능)**
: The British public is/are not really interested in this issue.

jury (배심단 /배심원) **audience (우리말 '청중' =집단/구성원)** **leadership** (지도부, 지도층 /지도자들, 지도부 간부들) : **The leadership of the movement is/are in agreement on this issue.** **company** (회사 /회사직원)
faculty (대학의 학부 /교수진, 교직원) **nation** (국가, 국민 /국민들) **crowd (우리말 '군중' =집단/구성원)**

clergy (성직자계급 /성직자들) **/clergies** **nobility** (귀족계급, 귀족층 /귀족들) **/nobilities**
aristocracy (상류사회 /상류인) **/aristocracies** ···› **s형 복수=계급 종류를 나타냄**

gentry (신사층 /신사들) **peasantry** (농민계급, 농민층 /농민) **proletariat** (무산자계급 /무산자)

사전에는 없으나 이들 단어들도 s형 복수로 종류를 나타 낼 수 있다. 사전이 모든 것을 다 대변하는 것은 아니다. 이제는 여러 나라 출신이 모이는 세계 농민자 대회도 열 수 있다. 현실을 update 못시킨 사전도 많다.

: gentries /peasantries /proletariats
top brass (고급장교/고급관리/고위층)**: The (company) top brass has/have decided that no action is necessary.**
infantry (보병-부대로서 보병 /보병-병사로서 보병) **/infantries** **cavalry** (기병대 , 기갑부대 /기병) **/cavalries**

staff (집단으로서 직원, 종업원 /구성체로서 직원, 종업원) **cf]** staffer=직원/종업원 : **보통체** ↗children과 같다.
: The school's staff is/are excellent. I have a staff of 15. [=15 staffers /15 staff (BrE --**복수 보통체도 가능**)]
vs a staffer=a staff member 직원 한 사람
↳**보통집단 집합체**

a.. A new family has/have moved in next door.
b.. The clergy was/were present at the meeting. c.. Our infantry was/were fighting bravely.
d.. The government of Israel is/are expected to announce its/their tax proposals today. -- 정부/정부당국자
vs New families have moved in next door. -- 여러 집단

보통[보통집단/조직] 집합체의 구성체 counting :
보통 낱개복수가 아니기 때문에 다른 단어를 사용
✠ family → a family member /two family members /two sons[daughters] /two of the family
✠ clergy → clergyman[clergymen] or cleric[clerics] : a Muslim cleric
✠ peasantry → peasant /peasants gentry → gentleman /gentlemen

✠ nobility → nobleman /noblemen proletariat → proletarian /proletarians
✠ aristocracy → aristocrat /aristocrats
✠ infantry → infantryman /infantrymen cavalry → cavalryman /cavalrymen

Plus-9
물질체 counting 추가 :

▭ 용기(container 用器) 사용
: a bowl of rice, a handful of soil/sand , a jar of jam, a scoop of ice cream ※scoop=국자/주걱/큰 숟가락
a bowl of soup, a glass of water/milk, a pot of tea, a can/bottle of beer, a tube of toothpaste
a bag of rice /money /flour a spoonful of sugar/milk
vs a box of matches (성냥 개비=보통체) -- **보통체 용기**

▭ 분할단어(partitives) 사용
: eight pieces of cake, a piece of cake, two pieces of cake
vs eight birthday cakes There's not enough stuff for two sandwiches.
-- 제품으로 관찰 -- C의미 **보통체** ※stuff=샌드위치에 들어가는 내용물

a pound of sugar, two pounds of sugar : 단위분할 a slice of pizza/meat/bread a loaf of bread
a piece of string 끈 한줄 a piece of chalk a sheet/piece of paper 종이 한장
a ream of paper 종이 한 연(連) a wisp of hair[smoke] 한 가닥의 머리카락 / 한 줄기의 연기
※ream=480 (in Britain) or 500 (in the US) sheets of paper 480매 /500매

a packet of cigarettes 담배 한 보루 a packet of letters 편지 한 묶음
a package of tobacco 담배 한 봉지
vs a pack of cigarettes 담배 한갑 a carton of cigarettes 담배 한 포[상자] -- **보통체 용기**

a bar of soap/chocolate a shower of rain a cake of soap a drop of water
a lump of sugar 설탕 한 덩어리 a flash of lightning a bolt of thunder a roll of film 필름 한통

Plus-10 보통체의 보통 집합체, 즉 보통집단[또는 조직] 집합체 만들기 :

—— 집단단어 + of + 복수명사

IIIII .. A swarm of people encircled the hotel.

□ of=동격크기/동격구성 ❖ 우리말 '의'=크기 의미/소유격 의미

→ a band of soldiers, two bands of soldiers a board of directors, two boards of directors
a swarm of bees/ants/wasps/locusts, a cluster of grapes 포도 한 송이 a crop of apples
a flock of birds/sheep, a bunch of flowers/grapes 한 다발/한 송이

a bouquet of flowers, a circle of friends, a clump of trees 한 군락, a school of fish,
a collection of coins, a colony of ants, a crew of sailors 한 조, a set of teeth,
a crowd of people, a deck of cards, a fleet of ships,
cf] a drove of cattle -- 무리 복수의 집단화 : 한 몰이 떼의 소

a gang of thieves, a hive of bees, a horde of children,
a group of people, an operatic ensemble group with seven members,
a mob of hooligans, a pack of cards, a panel of experts, a party of visitors,

a plague of locusts, a shelf of books, a string of pears, a school of whales
a book of matches 딱성냥이니 book을 썼음 a stack of cards 카드더미
a carton of cigarettes, a dozen of eggs 계란 한 다스, a bag of potatoes

a pack of cigarettes 담배 한갑, a roll of stamps 우표 한통/우표 한 두루마기
a pair of socks/pants/gloves/glasses, a deck of batteries, a packet of biscuits
a shoal of fish (물고기 떼), a group of islands, a galaxy of stars 은하수

'we' 의 영영사전 :
used to refer to the company, business, organization, — etc.

Plus-11 명사/대명사 associate : 단어 associate로서 해당 단어 속에 숨은 뜻

a.. **상황** : Obama측에서 Romney의 medicare, tax 문제에 대해 신랄하게 공격한 후 하는 말
Mitt Romney says 'no'. Obama says 'yes'
⇒ Mitt Romney --> Mitt Romney 것 Obama --> Obama 것 *say=말하는 것으로서 의미하는 것

b.. Wipe off the table. 테이블 → 테이블위 먼지/떨어진 음식물 -- 테이블을 닦아내라는 것은 문질러라는 뜻은 아님
c.. He is very fond of the bottle. 술병 → 술 -- 실질적으로는 병을 좋아하는 것은 아니다.
d.. He fired a machine gun. 장총 → 총알 -- 장총을 발사한 것은 실질적으로는 총알을 발사한 것이다.

e.. She was heard to lock the door.
그녀 → 그녀 행위 : 그녀의 행위는 들렸다. 대동 잠그는 것, 문 잠그는 것으로 말이다. *was=과동질연결로서 '는'
f.. I was made to move my car. 나 → 나의 행위 : 나의 행위는 이루어 졌다. 대동 옮기는 것으로 내 차를 말이다.
g.. I was misquoted. 나 → my words : 내 말은 (되었는데) 잘못 인용되었다.
h.. We are all sold out. 우리 → 우리의 것 : 우리의 것은 다 팔려 나갔다. *are=현동질연결로서 '은'
i.. That isn't just me. 내 → 내 것[mine] : 그것은 아닌데 바로 내 것이 아니다.
j.. He received his full inheritance when he came of age. 나이 → 성년 나이 *came=왔는 것으로서 된 것
: 언제냐 하면 그가 되었을 때 즉 성년 나이가 되었을 때 말이다

☺.. 이해는 (언어에 대한 basics를 알았디면) 최종적으로 단어의 최종적인 뜻인 감주로 이해한다.

4) 명사 단어를 이해하는 법

명사도 다른 단어와 같이 BAM 영뇌로 C/U의미로 이해하면 된다.
즉 BAM으로
① 명사에 (10체의) C의미와 U의미가 있다는 것으로 바로 뇌를 작동시켜도 좋고,
② 9체의 일반적인 의미와 확장으로 C/U의미로 뇌를 작동시켜도 좋다.

→ 원어민들은 ① 번처럼 C/U의미로 늘 접하기 때문에 C/U의미로 바로 뇌가 작동하지만, 우리는 일반적 의미에 익숙해 있기 때문에 ② 번처럼 뇌가 많이 작동한다. 특히 이런 확장원리로 사전에 없는 뜻도 추측할 수 있어야 한다.

tip)명사성격(복수포함)을 잘 알면 사전을 찾지 않아도 쉽게 의미를 추측할 수 있다.

✣ beauty=U/C의미

a) 잘 빚어져 있는 덩어리 모습으로서 아름다움[미] -- U의미 (추상체)
b) 잘 빚어져 있는 실체로서 아름다움 실체[즉, 미인/아름다운 것] -- C의미 (보통체)
[b: 빚어져 있는 것 > 가꾸어져 있는 것 a: a급으로서 잘 y: 질 명사]
그래서, 사전에서는 바로 [U], [C]로 의미를 구분하고 있다.

vs **추상체의 보통체 E-BAM**
-- 일반적으로 추상체 의미이었던 것이 (보다 구체적인) 실체로 확장되는 의미
beauty BAM=잘 빚어져 있는 인지 덩어리 모습으로서 아름다움/미 -- U의미
beauty E-BAM=아름 다움의 실체, 즉 사람인 경우 미인, 사물인 경우 아름다운 것 -- C의미
(someone or something beautiful) : She was a great beauty. They're beauties.

a.. acquaintance=U/C의미
a) 알고 있는 것으로서 아는 것/면식/아는 사이 -- U의미 (추상체)
b) 알고 있는 사람로서 아는 사람[지인] -- C의미 (보통체)
[acq: acknowledge : ac>accept + knowledge 知하고 있다고 인정하는 것, 즉 알고 있다고 하는 것]
vs acquaintance BAM=알고 있는 것으로서 아는 것/면식/아는 사이 -- U의미 (추상체)
acquaintance E-BAM=아는 사이로서 아는 사람/지인 -- C의미 (보통체)
: He has a lot of business acquaintances, but very few real friends.
vs know=정보를 갖고 있는 것으로서 아는 것/알고 있는 것 vs learn=통해서 아는 것

b.. spirit=U/C의미
a) 정신이 내적으로 움직이거나 다니는 것으로서 정신/혼/신기[혼령/영/영혼/영가/영체] -- U의미 (추상체)
[s : soul i: into t>d: 다니는 것 (it=go: 어원분석)]
b) 동개념 정신력[혼]을 가진 자로서 강한 정신력 소유자 -- C의미 (보통체)
c) 혼을 빼는 것으로서 화주[독주] -- C의미 (보통체) or U의미 (물질체)
vs spirit BAM=정신이 내적으로 움직이거나 다니는 것으로서 정신/혼/신기[혼령/영/영혼/영가/영체] -- U의미 (추상체)
spirit E-BAM=동개념 정신력[혼]을 가진 자로서 강한 정신력 소유자 -- C의미 (보통체)
/혼을 빼는 것으로서 화주[독주] -- C 의미 (보통체) or U의미 (물질체)
: She is a strong and independent spirit.
Spirits are more expensive than beer, but they get you drunk faster.
vs Vodka is a type of spirit. -- U의미 (물질체)

vs **soul**=그냥 육체적인 것[physical]과 반대되는 개념으로서 정신/영혼/넋 [s: 정신 o: opposite u: 육체(모양)]
그래서, 육체를 전제로한 정신일 경우 soul를 표현하면 된다. cf] team spirit 팀 정신, 즉 팀 혼
: The immortality of the soul. 불멸,즉 정신의 불멸 The souls of the dead. 영혼인데, 즉 사자의 영혼
The transmigration of souls. 윤회, 즉 영혼의 윤회 Doctors use hallucinogens as soul tonic.
The abode of the departed souls. 안식처[거처], 즉 떠난 영혼의 안식처[거처] ☞ **기본영뇌 vol 1 p117**

vs **mind**=속에서 움직이는 것으로서의 마음[m: move in: in— **철자** BNW or m: 마음 — **한글** BNW]
: It is impossible to understand the complex nature of the human mind.
Mind and body are closely related.

c.. waste=U/C의미
a) 마구 사용하는 것으로서[좋은 것도 버리는 것으로서] 낭비/허비 -- U의미 (추상체)
b) 낭비/허비로서 버리는 물건[쓰레기] -- C의미 (보통체) /U의미 (물질집합체)
[w: **마구 하는 모습** s: **사용하는 것** or use /w: **마구 버리는 것** a: **좋은 것**]
vs **waste BAM**=마구 사용하는 것으로서[좋은 것도 버리는 것으로서] 낭비/허비 -- U의미 (추상체)
: Don't let all this good food go to waste!
waste E-BAM=낭비/허비로서 버리는 물건[쓰레기] -- C의미 (보통체) /U의미 (물질집합체)
: This can burn up almost all kinds of wastes without pollution.
We must cease dumping waste in the sea.

d.. vacancy=U/C의미
a) 속에 비어 있는 것으로서 공허한 마음/공허(감) -- U의미 (추상체) [v: **비어 있는 것** c>s: **속**]
b) 비어 있는 곳으로 빈자리, 빈방, 빈터 --등등 -- C의미 (보통체) [v: **비어 있는 것** c>s: **속** y: **곳**]
vs **vacancy BAM**=속에 비어 있는 것으로서 공허한 마음/공허(감) -- U의미 (추상체)
: He hates the vacancy of a country life after retirement.
vacancy E-BAM=비어 있는 곳으로 빈자리, 빈방, 빈터 -- 등등 -- C의미 (보통체)
: Do you have any vacancies for your hotels?
We still have vacancies for drivers.

✣ glass=U/C의미
a) 빛이 통과하는 물질로서 유리 -- U의미 (물질체)
b) 유리로 만든 것으로서 유리잔/안경 -- C의미 (보통체)
[g: go l: light s: substance]

vs **물질체의 보통체 E-BAM**
-- **일반적으로 물질체이었던 것이 (보다 구체적인) 개체로 확장되는 의미**
glass BAM=빛이 통과하는 물질로서 유리 -- U의미 (물질체)
glass E-BAM=유리로 만든 것으로서 유리잔/안경 --등의 유리 제품 -- C의미 (보통체)

a.. fire=U/C의미
a) 활활 타오르는 것으로서 불 -- U의미 (물질체)
b) 이곳 저곳에 나는 불[사건]로서 화재 -- C의미 (보통체)
[f: fly r: **타오르는 모습**]

vs fire BAM=활활 타오르는 것으로서 불(덩어리) -- U의미 (물질체) : Horses are afraid of fire.
fire E-BAM=이곳 저곳에 나는 불로서 화재, 즉 화재 사건으로서 구체적 실체 -- C의미 (보통체)
: You can prevent fires.

b.. paper=U/C의미
a) 쓰거나 그리기 위해 조각 조각 낼 수 있는 것으로서 종이(덩어리) -- U의미 (물질체)
b) 종이 위에 써서 만든 것으로서 신문/논문/서류/문서/리포트 -- 등등 -- C의미 (보통체)
[pap〉piece to pieces : 한 피스를 가지고 여러 피스로 만드는 것 r : writing or drawing]
vs paper BAM=쓰거나 그리기 위해 조각 조각 낼 수 있는 것으로서 종이 -- U의미 (물질체)
paper E-BAM=종이 위에 써서 만든 것으로서 신문/논문/서류/문서/리포트 -- 등 -- C의미 보통체

c.. tear=U/C의미
a) 떨어져 줄줄 내리는 것으로서 눈물(덩어리) -- U의미 (물질체)
b) 여러 개의 눈물 방울이 하나씩 하나씩 떨어지는 것으로서 방울눈물 -- C의미 (보통체)
[t: 떨어지는 것 r: run 줄줄 내리는 것]
vs tear BAM=떨어져 줄줄 내리는 것으로서 눈물 -- U의미 (물질체)
tear E-BAM=여러 개의 눈물 방울 중 하나로서 떨어지는 방울눈물 -- C의미 (보통체)
: Tears rained down the cheeks. (s=several 뒷 s=쌍 복수)

✣ **husband =C/U의미**
a) 집안의 boss로서 남편 -- C의미 (보통체) b) 남편 역할로서 남편 노릇 -- U의미 (추상체)
[h: home b: boss]

vs 보통체의 추상체 E-BAM
-- 일반적으로 보통체이었던 것이 추상체로 확장되는 의미
husband BAM=집안의 boss로서 남편 -- C의미 (보통체)
husband E-BAM=남편 역할로서 남편 노릇 -- U의미 (추상체)
: He took to husband.
시동=하게되었는 데, 대자 남편 노릇을 하게 되었다는 것이다. 결혼한 상황을 두고
이것을 표현했다면 **뜻하는 의미**는 married 했다는 것이다. ※to=방향대상으로서 대자

a.. wife =C/U의미
a) 결혼식을 올려 성관계가 풀린 여자로 아내/마누라 -- C의미 (보통체)
b) 아내 역할로서 아내 노릇 -- U의미 (추상체)
[w: wedded f: free sex]

vs wife BAM=결혼식을 올려 성관계가 풀린 여자로 아내/마누라 -- C의미 (보통체)
wife E-BAM=아내 역할로서 아내 노릇 -- U의미 (추상체)
: She took to wife.
I now declare that John and Mary are husband and wife according to the ordinance of God.
→ 부부관계/부부노릇을 하게 되었음을 선포한 것 ※ ordinance =법령/명령

※ **우리말 '아내'** = 집안에 있는 여자로서 아내/사랑으로 안으로 품을 수 여자로서 아내[아: 안 애: 愛]
'마누라' =마주보고 누워 '라라' 할 수 있는 여자로서 마누라 **'여편네'** =옆에 있을 수 있는 여자로서 여편네

b.. man =C/U의미

a) 어른[다 자란] 수컷으로서 남자/사나이 -- C의미 (보통체) b) 남자 다운 것으로서 남성 -- U의미 (추상체)

[m: male 수컷/수컷으로서 남성 a: adult]

vs man BAM=어른[다 자란] 수컷으로서 남자/사나이 -- C의미 (보통체)

man E-BAM=남자 다운 것으로서 남성 -- U의미 (추상체)

c.. woman=C/U의미

a) 결혼식을 올렸거나 남자와 함께 할 수 있는 사람으로서 여자 -- C의미 (보통체)

b) 여자 다운 것으로서 여성 -- U의미 (추상체)

[w: wedded/with man: 남자]

vs woman BAM=결혼식을 올렸거나 남자와 함께 할 수 있는 사람으로서 여자 -- C의미 (보통체)

woman E-BAM=여자 다운 것으로서 여성 -- U의미 (추상체)

: Man is stronger than woman.

add] 1. 애들을 두고 남자, 여자라고 말할 때는 그냥 boy(s), girl(s)로 표현하면 된다.

boy=보여주고자 하거나 자랑하고 다니는 남자로서 아들, 남자, 소년 [b: 보여주는 것/boast]

girl=더 자라야 할 여자로서 딸, 소녀, 젊은 여자, 아가씨[g: grow r: 자라는 모습]

2. Mother is stronger than father. -- U의미 (추상체) : 모성/부성

d.. bus=C/U의미

a) 여러 사람들을 태울 수 있는 큰 차로서 버스 -- C의미 (보통체)

b) 버스를 타고 가는 교통편으로서 버스편 -- U의미 (추상체)

[b: big u: 태울 수 있는 공간 s: several]

vs bus BAM=여러 사람들을 태울 수 있는 큰 차로서 버스

bus E-BAM=버스를 타고 가는 교통편으로서 버스편

: He goes to school by bus. 편으로 하여 버스편으로 하여

add] school=관습적 E — 오늘날 입장에서는 단수 단독표현의 관습적 English

옛날에는 학교나 법정은 일정한 형태없이 나무 그늘 밑에서 배우거나 집안 마당에서 그냥 재판을 했다. 그래서 추상체로 많이 쓰이다가 이제 와서 일정한 형태를 갖추니 보통체로도 쓰이게 되었다. 학교나 법정 뜻으로서 옛날 추상체 그대로 쓰면 관습적 English : in court /in town /at home --- etc.

✣ man=C/U의미

a) 흉상과 몸체로서 일정한 형태를 가진 사람으로서 인간 -- C의미 (보통체) [m>M : 흉상과 몸체]

b) 흉상과 몸체로 만물의 영장 덩어리로서 인간 -- U의미 (물질체)

[m>M : 흉상과 몸체 a : 최고로서 만물의 영장] ❈ 우리말 '인간' =C/U 의미

vs 보통체의 물질체 E-BAM

-- 일반적으로 보통체이었던 것이 물질체로 확장되는 의미

man BAM=흉상과 몸체로서 인간 -- C의미 (보통체)

: All men must die.

'Why waste time? I say the man's guilty.'

시동=나는 말하노니 그런 인간은 되는 데 죄를 짓는 것[인간]이 되느니라.

man E-BAM =흉상과 몸체로 만물의 영장 덩어리로서 인간 -- U의미 (물질체)

: Man must change in a changing world.

-- 비수 단독표현

✣ house =C/U의미

a) 몸을 안전하게 숨기는 곳으로 밖에서 본 것으로서의 집/주택 -- C의미 (보통체)

b) 집에 갖추고 있는 것으로서 가재 도구 -- U의미 [물질 집합체, 즉 집합덩어리 물질체]

[h: hide ou: out s: safe]

vs 보통체의 물질 집합체 E-BAM

-- 일반적으로 보통체이었던 것이 물질 집합체로 확장되는 의미

house BAM=몸을 안전하게 숨기는 곳으로 밖에서 본 것으로서의 집/주택

house E-BAM=집에 갖추고 있는 것으로서 가재 도구

: We are going to move house next month.

→ 이사하는 데 가재도구를 챙겨 이사한다는 말이다. [=move to another house -- C의미 (보통체)]

▭ move house의 사전상의 뜻하는 의미

=(BrE) to take one's furniture and other property to a new home

add] home=마음을 편안하게 숨길 수 있는 곳으로서 안에서 본 집, 즉 가정집 -- C의미 (보통체)

또는 가정집으로서 가정[자택] /가정과 같은 곳으로서 국내 -- U의미 (추상체)

[h: hide o: 안 m: mind]

: new homes

vs He didn't leave home until he was 21. at home and abroad

✣ Edison=U/C의미

a) Edi+son으로서 사람 명칭 -- U/C의미 (고유체) b) Edison이 만든 것(one by)/같은 것(one like) -- C의미 (보통체)

[Edi+son] ↳일종의 명사 associate

vs 고유체의 보통체 E-BAM

-- 일반적으로 고유체이었던 것이 보통체로 되는 경우

Edison BAM=Edi+son으로서 사람 명칭 [Edi+son]

Edison E-BAM=어떤 하나인데 Edison이 만든 어떤 하나/것과 같은 어떤 하나 : This is an Edison.

단, 이 사람은 일종의 에디슨과 같은 사람이라는 (고유체) 비유의미로 쓰였다면 C의미 고유체

add] Edisons은 에디슨이 발명한 여러 제품을 의미할 수도 있고, 발명한 것과 같은 여러 제품일 수도 있고, 같은 이름으로서 여러 명일 수도 있다 → 전자=C의미 보통체 말자=C의미 고유체

: There are a number of Edisons in our class. -- 고유체가 여러 개인 경우

✣ **community =C/U의미**

a) 일정한 곳에 많이 모여 살면서 공동의 관심사를 갖고 있는 곳으로서 지역사회/지역 공동체 -- **C의미 (보통집단 집합체)**
b) 그 곳을 구성하는 members로서 지역주민들/지역공동민들 -- **C의미 (구성체)**
c) 이런 사람들이 가지는 공동체 의식 -- **U의미 (추상체)**
[c: **일정한 지역을 둘러싼** fence**로서 곳** m: many people or com: all together unity: **단일성/통일성**]

vs 보통집단 집합체의 구성체/추상체 E-BAM
-- 일반적으로 집단이었던 것이 구성체 또는 추상체로 확장되는 의미
community BAM
=일정한 곳에 많이 모여 살면서 공동의 관심사를 갖고 있는 곳으로서 지역사회/지역 공동체 -- **C의미 (보통집단 집합체)**
community E-BAM=그 곳을 구성하는 members로서 지역주민들/지역공동민들 -- **C의미 (구성체)**
: The community center.
community E-BAM=이런 사람들이 가지는 공동체 의식[friendship between different people] -- **U의미 (추상체)**
: A supportive house for eight to ten older people, each with his or her own room, provides privacy and a sense of community.

✣ **CNN=U/C의미**

-- 방송국이라는 소식[회사]으로서의 고유명칭 -- **U의미 (고유체)**
/CNN 직원들[요원들] -- **C의미 (구성체)** [CNN : Cable News Network]

vs 집단[조직] 고유체의 구성체 E-BAM
-- 일반적으로 집단[조직] 고유체이었던 것이 구성체로 확장되는 의미
CNN=방송국이라는 조직[회사]으로서의 고유명칭 -- **U의미 (고유체) : The CNN is sending him to Japan.**
CNN E-BAM=CNN 직원들/요원들 -- **C의미 (구성체)**
: The CNN are vacationing.

✣ **government=C의미**

a) 모든 것이 활발하게 움직이도록 다스리는 곳으로서 정부/조정 -- **C의미 (보통집단 집합체)**
b) 그런 조직에서 다스리는 자로서 정부당국자 /통치자들[국가통치자/주통치자/지방통치자들] -- **C의미 (구성체)**
[go: make go **가게하는 것, 즉 움직이게 하는 것** v: **활발한 것/모습** or g : **정부/조정**]

vs 보통집단 집합체의 구성체 E-BAM :
government BAM =모든 것이 활발하게 움직이도록 다스리는 곳으로서 정부/조정
그 다스 리는 곳이 country이면 중앙정부, state이면 주정부, district이면 지방정부가 된다.
government E-BAM=그런 조직에서 다스리는자로서 정부당국자/통치자들[국가통치자/주통치자/지방통치자]
: The govenrment are calling for a general election soon, and they expect to be re-elected.

⇨ **family** 가족/가족들[가족멤버들] **group** 그룹/그룹멤버들 **team** 팀/팀원들 **class** 반/반원들
jury 배심단/배심원들 **National Convention** 전국대회 /전국대회 당원[참가자]
: a rousing keynote speech to the National Convention

✣ **personnel=C/U의미**

a) 어떤 조직에서 일하는 사람들로서 조직원들 -- C의미 (보통체) : **보통낱개 복수**

b) 조직원들의 애로사항을 처리하는 추상적인 조직으로서 인사처리부서[인사행정부/인사부/인사과/인자부] -- U의미 (추상체)

[personn : person + person + --,   el : 일하는 것]

vs 보통낱개복수 보통체의 추상조직 E-BAM :

-- 일반적으로 보통낱개 복수 보통체이었던 것이 오히려 추상조직으로 확장되는 의미이다.

personnel BAM =어떤 조직에서 일하는 사람들로서 조직원들/직원들 -- C의미 (보통체로서 보통낱개 복수)

: All skilled personnel [100 skilled personnel] were asked to participate.

그 조직이 회사이면 회사직원, 군대이면 군요원, 경찰이면 경찰요원이 된다.

personnel E-BAM=조직원들의 애로사항을 처리하는 추상적인 조직으로서 인사처리부서[인사행정부/인사부/인사과] -- U의미 (추상체)

과거에는 그때 그때 일이 생기면 인력을 뽑거나 애로 사항을 처리했으므로 지금과 같은 일정한 형태를 갖춘 조직은 아니었다 : **관습적 E**

: She works in personnel which keeps the records of employees.

✣ **mission=C의미**

a) 꼭 확실히 해야하는 것으로서 일정한 구체적 임무/목적 -- C의미 (보통체)

b) 그런 임무[목적]를 수행하는 집단으로서 단 또는 체 -- C의미 (보통집단 집합체)

[m: must ss: sure+sure]

vs 보통체의 보통집단[조직] 집합체 E-BAM

-- 일반적으로 일정한 구체적인 성격으로서 보통체이었던 것이 집단/조직으로 확장되는 의미

mission BAM=꼭 확실히 해야하는 것으로서 일정한 구체적 임무/목적 -- C의미 (보통체) : **일정이 구체적으로 적혀 있음**

: Their mission is to blow up the radio station.

mission E-BAM=그런 임무/목적을 수행하는 집단으로서 단 또는 체 -- C의미 (보통집단 집합체)

: The American trade mission has just reached Leningrad.

✣ **TV/television=C/U의미**

a) 전파를 멀리 보내 볼 수 있게 한 기구로서 TV 수상기[television set] -- C의미 (보통체)

b) TV가 받는 것으로서 TV 영상[프로] -- U의미 (추상체)

[tele: far (t〉d : distance) v: 볼 수 있는 것 or s: see]

vs 보통체[개체]의 추상체 E-BAM

-- 일반적으로 개체 보통체이었던 것이 추상적 개념으로 확장되는 의미

TV/television BAM=전파를 멀리 보내 볼 수 있게 한 기구로서 TV[television] set] 수상기

: We are getting a color television/a color TV.

TV/television E-BAM=TV가 받는 것으로서 TV 영상[프로]

: "He is a couch potato. He spends all his time watching TV."

기타 E-BAM : 열매 ->나무 : **persimmon** 감/감나무   동물 ->고기 : **chicken** 닭/닭고기

일 ->작품 : **work** 일/작품   일터 ->일물 : **laundry** 세탁소/세탁물

↗ 이해는 (언어에 대한 basics를 알았디면) 최종적으로 단어의 최종적인 뜻인 감주로 이해한다.
↘그러면 영어말투가 형성되고 영어말투에 익숙해진다.

☐ 복수 E-BAM

— 복수 확장의미, 즉 확장 BAM이다. 한 개가 아닌 것 또는 여러 개로서 확장되는 의미이다.
그래서, 특히 복수 s의미를 막연히 복수가 아니라, 하나의 단어의미처럼 구체적으로 IS를 느낄 수 있어야 한다.
복수도 free 영뇌로 간직하라. IS 영뇌가 쉽게 발생한다. 모든 단어는 free 영뇌로 간직할 때 그 가치가 있다.

1 복수 (sign s) BAM

=한 개가 아닌 것/여러 개로서 복수 — C의미 [s: not single /several -- BNW]

: A.. **We bought two horses.** → 한 개가 아닌 것으로서 두 마리인 것, 즉 **둘 복수** (셋 복수, 넷 복수 -- 등등)
[horse: 말 s: not 'single']

B.. **We bought horses.** → 여러 개로서 여러 마리 [horse: 말 s: several]

C.. **The temperature is 0 degrees. Trump otherwise had zero signature legislative accomplishments.**
A rise of 1.3 degrees over 100 years. 0.2 degrees Fahrenheit. Minus 20 degrees.
→ 한 개가 아닌 것으로서 복수, 그래서 소수/zero/minus에도 복수 sign이 붙는다[degree: 도 s: not 'single']
단 1 degree, −1 degree : plus, minus로서 한 개이므로 단수 cf]온개복수 : 2=1+1 분개복수 : 0.2=0.1+0.1
↳ −1= − (+1) 영개복수 : 0=0+0+0+0+0+

2 일반복수[전체복수] E-BAM

=한 개가 아닌 것[여러 개]으로서 모두에게 해당하는 시키는 것으로 **전체[전체대표] 의미/일반적 의미**
즉, 전체복수는 보통체나 보통 집합체를 가장 일반적 의미로 만드는 방법이다.

A.. **Horses are afraid of fire. Boys must play.** [horse/boy: 말/애 s: (전체로서) 일반복수/전체복수]
이럴 때엔 '말이란' '말들은' / '애들은' 이라고 전체의미가 들어 가게 두뇌가 작동해야 한다. 여러 마리[여러 애들]로 두뇌가 작동하면 안된다
vs Financials (are) leading. [s: 전체복수/several] (전체로서) 금융주가/여러 금융주들이

B.. **Gene Kelly succeeded as tap dancers. He found friends from her. He is often used as scapegoats.**
비록 Gene Kelly, her, he가 한 사람이더라도 보통체의 일반적 의미로 표현했기 때문에 복수로 표현했고, 그래서 그냥 일반적 의미로 '탭 댄서', '친구(라는 것)' '희생양' 이라고 두뇌를 작동시킨다.
여기서는 '친구들', '탭댄서들', '희생양들' 로 두뇌로 작동시키면 안된다.
↗(상황) associate
: Try our frogs' legs. : **장남감 개구리 한 마리에게 하는 말** -- 한번 해보렴[뛰어 보렴], 우리 개구리 양반[씨]의 다리로 해서 말이다. 일반[전체] 대표의미로서 '양반/씨' 가 된다. (목적어=수단물 ☞ p 100)

C.. **Date Maker : Attractive, active male, 70, seeking young-hearted female friend. No smokers.**
여러 금연자는 안 된다는 말은 아니다. 일반적 의미로 금연자는 안 된다는 뜻이다.

3 개체/구체 복수 E-BAM=여러 개로서 보다 구체적인 의미[실체/개체]

IIIII.. **Tears rained down her cheeks.** 주룩주룩 자꾸 내리는 눈물 [tear : **눈물** s : **개체복수**]
vs Tear rained down her cheeks.
그냥 덩어리로 쏟아지는 눈물 --- 관찰 또는 표현의도에 따라 표현을 선택할 수 있다.
: atrraction 매력 /attractions 여러 명승지 sight 시력[보는 것] /sights 여러 관광지 [s : **구체복수**]
direction 지시 /directions 지시사항/당부의 말씀

4 둘[교대/교환] 복수 E-BAM= 한 개가 아닌 것으로 둘을 가리키는 복수의미

A.. **She shook hands with me. I am friends with him.** [s: two복수]

B.. **Two players take turns placing black and white stones on a square grid.** : 'Go Play' [s: 교대복수]

C.. **I exchanged seats with her. You don't have to change cars.** [s: 교환복수]
cf] **You don't have to change your car[a car].** ☞ **exchange/change BAM 〉p444**
-- 이럴 때는 헌 차와 새 차의 바꿈 개념이 아니라, 당신 차 하나/자동차 하나로 국한된 것이다.

5 **묶음복수 E-BAM** =한 개가 아닌 것으로 한 개 이상 또는 여러 개를 하나로 묶은 의미 -- **단수동사와 의율**

A.. **Twenty years is a long time.** 20년이라는 하나의 크기의미 [s : **묶음복수**]

vs **Twenty years have passed since we met.** 일년 일년해서 20년이라는 의미 [s : not single]

→ 이런 묶음 현상은 보통 시간/금액/거리/중량 — 등에서 많이 나타남

cf] 'African Voices' is next. (CNN 프로그램 이름)

B.. **Riches is a large amount of money or valuable possessions.**

이것 저것 모든 재산을 하나로 묶은 것로서 거부(巨富) [s : **묶음복수**]

vs **Riches are valuable possessions or large amounts of money.**

이것 저것 여러 가지 재산으로서 거부(巨富) [s: several] ※ is/are= '이다' 로서 '의미하는 것' [=means/mean]

C.. **She comes to my home every two days.** 이틀을 하나로 묶은 것 -- 매이틀마다 [s : **묶음복수**]

D.. **The Friends of Syria says Geneva talks only option for peace.**

여러 명을 하나로 묶은 것으로서 단체 -- 형제단 [s : **묶음복수**] ↗장례식장측/민주당 (장악, 즉 하원장악)

tip)전체대표 복수로서 group : The funeral homes claim the storm caused many deaths. Democrats take the House.

His family says the Russians have the wrong man. 러시아측은 잡았는데 사람을 잘못 잡았요.

: **스파이 혐의로 Paul를 감금한 상황**

6 **반복복수 E-BAM** =한 번이 아닌 것으로 한 번 이상 또는 여러 번으로서 반복 의미

A.. **Congratulations and all wishes.** B.. **Thanks.** 감사하고 감사합니다.

※**그룹복수**=묶음 그룹복수 — 단수취급 /전체대표 그룹복수 — 복수취급

C.. **Many happy returns (of the day)!** 돌아오고 돌아오고 하는 것으로서 장수

[s : **반복복수**] ※ the=외부적 지정뇌로서 this 지정 ⇒ this day

7 **취급복수 E-BAM** =복수 취급소 [s : **취급 복수**]

IIIII.. **Hollywood stars speak out at Oscars.** 오스카상 시상식

customs : 통관할 때 마다 통관세를 붙이는 곳으로서 세관 **movies** : 여러 영화를 취급하는 곳으로서 영화관

8 **대(帶)/층 복수 E-BAM** = 일정범위 내 것 전체로서 대/층 복수 [s: **대(帶)/층 복수**]

A.. **He is in the fifties. [=in his fifties /in fifties]**

B.. **The marketing campaign is aimed squarely at adolescents. [=exactly]**

시동=그는 있는 데, 내소, 50십 대 내소에 있다. / -- 정확히 직자 청년 층에 말이다.

9 **횟수복수 E-BAM** = 참가, 경기 — 등의 횟수를 의미하는 횟수복수 [s: **횟수복수**]

IIIII.. **Wins : 3 Appearances : 15 Events : 20** **시동=**승리는 3번 했고, 참가는 15번, 경기는 20번 열렸다.

10 **각각복수 E-BAM** = 각각 모두에게 해당시키는 것으로서 각각복수[s: **각각복수**]

A.. **Keep your shots up to the date.** B.. **Buy tickets to Ellen's Birthday Show!**

-- 각자가 맞는 주사 또는 각자 들어가는 입장권으로서 복수 : 주사/입장권 ◀ **우리말=단복명사(인 경우가 많다)**

11 **수복수 E-BAM** = 건수를 의미하는 수복수 [s: **수복수**] **기타 : sometimes 복수 p221**

A.. **Stocks pare gains.** B.. **Job openings : 4 million in January**

시동=주식 수가 점차 줄고 있다. 상승 종목 수가 말이다. /일자리 오픈 건수(로서 직원채용 건수)

tip)복수 associate : Most people hate doing taxes. 활동하는 것인데 여러가지 세금 자료[정보] 수집을 말이다.

s형 복수도 하나의 단어로 생각하라. 명사에 붙이는 것으로 문법적으로 생각하지 말고, 단어모양 그대로 하나의 단어로 생각하라. 마치 비교급, 최상급 단어처럼 말이다. 그러면 IS영뇌를 과정으로 작동시키지 않고, 바로 작동시킬 수 있다. 원어민들은 그냥 하나의 단어로 뇌를 작동시키지 문법으로, 즉 단수의 복수로 이해하지 않는다.

복수종류 **=보통낱개 복수 /무리 복수 /무리집단 복수 /구성체 복수 /보통집단 복수 /고유체 복수**

: Children /Poultry /Poultries /The family have[are] /Families /Toms

☞.. 이해는 (언어에 대한 basics를 알았디면) 최종적으로 단어의 최종적인 뜻인 감주로 이해한다.

Plus-1 ||||| .. **소유격 /속격 표현과 그 의미** — 이것도 free 영뇌로 간직하라. IS 영뇌가 쉽게 발생한다.

1. 소유격/속격을 만드는 법

▭ **생물 소유격**= 's (apostrophe s: possessive) 또는 of사용 — 이때 of=동격소유로서 소유격

▭ **무생물 속격**=of사용 — 이때 of=동격소속로서 속격

① **생물 소유격** — 생물은 소유격으로 표현한다. 생물의 소유이기[생물은 소유하기] 때문이다.

a.. the horse 's tail   a woman 's hat   women 's hats   cf] the horses' tails

b.. a tail of the horse   a hat of a woman   hats of women   a portrait of Edward Gibbon

c.. He showed me the photo of his mother. [=his mother' s photo]   the plays of William Shakespeare

compare] He showed me the photo to his mother. private secretary to the queen

시동=보여 주었어요, 나에게 그 사진을, 대자 자기 엄마의 사진을 말이다.

/개인 비서인데 대자, 그 여왕의 개인비서 ※ **to=방향소속으로서 대자 -- 의**

much attention] his mother' s photo[=the photo of his mother] vs the photo of his mother' s

↳**전자**=소유뿐만이 아니라 엄마 본인 사진도 되고 엄마가 찍은 다른 사진도 가능

후자=엄마 소유의 사진만 가능

d.. Tom' s voice [=the voice of Tom]

e.. unconfirmed photo of him[his] --- Gaddafi' s body [=his unconfirmed photo]

compare] This isn't my book/mine. The book is my brother' s.

: ' s =his/mine처럼 **소유 대명사**

vs It's my brother's book. : ' s= 소유격으로서 **소유 형용사**

그래서, 's = 소유격/소유대명사/단어, 철자, 약자, 숫자의 복수 : --의 /것 /들

[s: possessive or **복수** sign] cf]**축약동사** : It' s ⇒ It is /was /has

f.. each other's happiness   sister-in-law's book   someone else's shoes

: 복합단어는 's를 마지막 단어에 붙임

g.. your husband's brother's wife. : 「's」로 된 이중 소유격

→ 당신 남편 동생의 마누라 ⇐ 당신 남편의 동생의 wife

: Brian' s parents' house   Why are Sue' s neighbor' s chickens a problem?

h.. Jack and Jill's wedding   Mr. Rhee and Mr. Kim's office : 공동 소유격

i.. Jack's and Jill's weddings   Mr. Rhee's and Mr. Kim's offices : 개별 소유격

add] 단, S형 복수명사인 경우 apostrophe만 붙인다. (어미 s발음 일때도 같다 : for peace' sake)

그러나 고유명사 「s」인 경우에는 「 's or apostrophe 」를 붙일 수 있다.

: He won a ten miles' race. vs Las Vegas's neon lights or Las Vegas' neon lights

John Keats's poems   Jesus' disciple 예수의 제자   Moses' Ten Commandments

단, s' s로 반복될 때는 뒷 것은 폐쇄시키고, 앞 s만 소리낸다. two months /the month' s income

/must [머스/머스트] /pentagon [페너건/페ㄴ터건] 처럼 뒷 철자를 폐쇄시키는 것과 같다.

plus] 소유격과 HB동사 줄임말의 apostrophe s소리 ↗ ☞유성음/무성음 기본영뇌 vol 2 p184

— 복수 s나 단수동사 s처럼 유성음 매치, 무성음 매치로 소리가 난다. 단, 소리본체 대로 s그대로 내면[스] infml 소리가 된다 : the owl' s eye : 아울즈/아우얼즈 the rabbit' s ear : 래빗스/래벗스

St. James' s Palace : 제임스=앞 s는 영향만 주고 소유격만 소리낸다.   He' s=히-즈 That' s=대ㅌ스

그래서, 복수 s /단수동사 s /apostrophe s /과음가와 event 음가 ed=일반적으로 **유성음 매치 무성음 매치**

② **무생물 속격** — 무생물은 속격으로 표현한다. 속하기 때문이다.

the door of the garage.

: *not* 'the garage's door 무생물에 딸린 것이지 무생물은 소유하지 못한다. 하지만 관습적 E로 **'장시거금무조'** 는 생물화 표현 가능

compare] 단어에 따라 속격/소유격 대신 소속관계 복합명사로도 표현 가능

: the garage door Daegu Subway Construction Headquarters [=Daegu' s ----]

무생물의 생물화 표현

— 일반적으로 장시거금무조, 즉 장소 /시간 /거리 /금액 /무게 /조직에 「 's 」으로 많이 표현 : **관습적 E**

□ 생물화 표현('s) vs 무생물 표현 (of)

a.. the city's new department store vs the new department store of the city

b.. the world's population vs the population of the world (=in the world)

c.. Korea's largest city vs the largest city of Korea (=in Korea)

d.. today's newspaper vs newspaper of today (=newspaper today) ❖ today=noun /adj.

e.. death' s door (죽음이라는 시간의 소유격) vs the door of death

f.. thirty miles' journey vs a journey of thirty miles thirty miles journey : infml **복합명사**

a five minutes' walk away. vs The station is only a five minute walk away. : StE **복합명사 부사**

g.. five dollar's worth vs the worth of five dollars cf] He did ten years porridge. : infml **복합명사**

h.. a pound's weight vs the weight of a pound

i.. the government's decision vs the decision of the government

j.. the company's success vs the success of the company

기타 생물화 표현 : for remembrance' sake, mind' s eye, fortune' s smile, life' s journey,
within a stone' s throw, by a hair' s breadth, at one' s wits' end, at one' s fingers' ends

이중 소유격 표현

Your wife's sister's husband. -- **'s로서 이중 소유격** : 당신 아내 여동생의 남편 ⇐ 당신 아내의 여동생의 남편

vs 동격 소유와 소유 대명사로서 이중소유격

→ This racket of my father's

시동=이 라켓은 즉 나의 아버지 것이다 /이 라켓, 즉 나의 아버지 것의 이 라켓

결국 '이 라켓은 나의 아버지의 라켓' 이라는 의미이다. [=This is my father' s racket.]

: This racket of mine/his/hers/yours/theirs. She' s a friend of my mother' s. 친구인데 즉 내 엄마의 친구

a hat of my father' s =my father' s hat = a hat of my father

cf] **소유 대명사**=것/~의 것으로서 사는 곳[일터]

→ a friend of mine. 한 친구 즉 나의 프랜드로서 한 친구, 결국 나의 한 친구라는 의미

He's staying at his uncle's. 것으로서 댁

She went to fix to the shoe-maker's. 것으로서 수리공장

plus] apostrophe=잠시 간격을 두는 구두점으로서 ' [a: 잠시 : It takes a while p: pause p: punctuation mark]

tip)apostrophe **용법**: a. possessive form**에 사용** b. contracted form**에 사용** : 1956=' 56 not=n' t It is=It' s

c. plural form(**단어, 철자, 약자, 숫자**)**에 사용** : p250

2. 소유격[속격] 의미

① 소유격, 동격소유, 동격소속 -- BNW

Tom's Bible -- 소유격 the love of God for mankind[= God's love for mankind] -- of=동격소유(possessive)

the legs of a table the roof of the house -- of=동격소속(belonging to)

→ 다리, 즉 탁자에 속해[딸려] 있는 것으로 탁자 다리이지, 탁자가 소유하는 것은 아니다.
지붕, 즉 그 집에 속해 있는 것으로서 그 집 지붕이지, 집이 지붕을 소유하는 개념은 아니다.

② 용도의미[EM]

a girls' school 여학생들의 학교 --> 여학생용 학교

This shop deals in men's clothing. 분야, 남자들의 의류 분야 --> 분야, 남성용 의류 분야

This is an advanced learners' dictionary. 수준 높은 배움자들의 사전 --> 수준 높은 배움자[상급자]용 사전

Men's Rest Room / Women's Rest Room 남자들[여자들]의 화장실 --> 남성용[여성용] 화장실

※deal=다루는 것으로서 취급하는 것 [d: 다루는 것]
뜻하는 의미=사고 파는 것(to buy and sell) in=내 범위로서 분야

미국의 화장실에는 Men's (Rest) Room (남자용 화장실), Women's (Rest) Room (여자용 화장실), Family Rest Room (가족용 화장실)이 따로 따로 되어 있다.

③ 대상/목적 의미[EM]

Kennedy's murder. 케네디의 살인사건 --> 케네디를 살해한 살인사건

Here comes my train. 나의 열차 --> 내가 탈 열차

the fear of God (ie. It is felt by men towards God)
두려움, 즉 신의 두려움 --> 두려움, 즉 신이라는 두려움
⇒ 두려움 , 즉 신을 두려워 하는 것

his love of (ie for) his mother ※ of=동격 목적(objective)
그 사람의 사랑인데, 즉 자기 엄마를 사랑하는 것 (그이의 사랑, 해자 엄마에 대한 그이의 사랑

④ 주체관계[EM]

cadets' graduation 사관생도들의 졸업식 --> 사관생도들이 졸업하는 것, 즉 사관생도 졸업(식)

Oswald's murder 오스왈드의 살인 --> 오스왈드가 살해한 살인 사건

⑤ 내용관계[EM]

Today's weather. 오늘의 날씨 --> 오늘에 관한 날씨

This is one woman's story. 어느 한 여자의 이야기 --> 어느 한 여자에 대한 이야기

⑥ 소유관계[EM]

Europe' s crisis will be very troublesome for Asia' s economies. 유럽의 위기 --> 유럽이 가진 위기
[=Eropean crisis/Asian economies]

tip)소유격 대명사에는 관사를 붙일 수 없으나 명사 소유격은 가능 : Dubai is a foodies' delight.
↳ a my desk : incorrect ↳어떤 하나의 식도락가들의 기쁨

Plus-2

복수 sign의 종류
=철자복수, 모양복수, 소리복수, 감정복수, 한글복수

▭ **철자복수**: s(es)**형** -- several/not single로서 철자 복수 -- e=조율음
⇒ dog/dog**s** house/house**s** roof/roof**s** book/book**s**, etc.
parent/parents twin/twins triplet/triplets quadruplet/quadruplets quintuplet/quintuplets
family/families class/classes team/teams John /Johns Adam/Adams -- etc.

▭ **철자/한글 복수**: e**형** -- e: each other 또는 e: 이웃, 즉 서로 이웃하고 있는 것들
⇒ foot/feet, tooth/teeth, goose/geese, woman/women, crisis/crises, oasis/oases,
basis/bases, parenthesis/parentheses, --- etc.

▭ **소리복수**: en**형** -- e: 입 n: noise, 즉 여럿이 모여 소리를 지르는 것으로서 소리복수
⇒ child/children, ox/oxen, --- etc.

▭ **감정복수**: a**형** -- 많이 있어 '아' 하는 감정복수
⇒ datum/data bacterium/bacteria, --- etc.

i**형** -- '이야' 하는 감정복수
동창생들이 오래 간만에 모이면 '이야' 너 많이 변했다하고 감탄함
⇒ alumnus /alumni (동창생), --- etc.

▭ **모양 + 철자 복수**
: ices**형** -- i〉• • • + l : **여러 일렬모습** c: condensed **압축되어 있는 것** e: **조율음** s: several or not single,
즉 일렬로 압축되어 있는 것이 여러 개 인것으로서 **모양복수 + 철자복수**
⇒ index/indices [indexes] (지표, 지수, 색인), appendix/appendices (부록, 찾아보기), --- etc.

ice**형** -- i〉• • • + l : **여러 일렬모습** ce〉s: stand
⇒ louse/lice, mouse/mice, --- etc.

add] **단복 명사 :**
보통 여러 마리로 있거나 여러 개, 여러 명으로 있기 때문에 단복이다.
: sheep/sheep, swine/swine, species/species (종種), series/series (연속),
offspring/offspring (자식, 자손), counsel/counsel (**변호사/고문, 조언**),
Chinese/Chinese, Japanese/Japanese, Swiss,/Swiss etc.
단, fish/fish(fishes), trout/trout(trouts), salmon/salmon(salmons),
deer/deer(deers), duck/duck(ducks), quail/quail(quails)
: 단복형/s형 양쪽으로 가능 -- 하지만 단복형이 일반적이다(more commonly)

주의] parent=a father or a mother 부모가 아니라 부 또는 모=단수의미

···› parents=부모 ex] I have my parent. 부모중 한 사람만 있다는 것[=a single parent]

twin= either of two children born of the same mother at the same time

···› 복수 : twins= 쌍둥이 ex] Jean and John are twins.

triplet=any of three -- quadruplet=quad=any of four --

quintuplet=quint=any of five children -- : 다섯 쌍둥이 중 어느 한 사람 : 단수

Plus-3

명사부사와 명사 관계

— 품사 관계로 표현의 자유, 이해의 자유를 누려라. 특히 명사부사가 의군일 때는 복합명사 부사라 한다.

a.. last week[month] =in the last week[month] the way=in the way
Ma Sher talks T.V.. [=in T.V..] Gold gains a second day. [=on a second day.]
Something can happen any time[=at any time]

b.. Davis Cup 100 years. [=100 years' Davis Cup] We walked ten miles. [=for ten miles]
Think about it a while. [=for a while] They walked south-east until they met her. [=to the south-east]
Turn right. [=to the right]

c.. We will go home. [=to the home]
Do it this way. [=in this way] Come this way. [=to this way]

d.. You've been travelling all day. He'll arrive Saturday. [=on Saturday]
I'm getting mad about noisy neighbors who play the radio day and night.
What time do you close your shop?

e.. We met New York. [=in New York] He was born 1956. [=in 1956]
cf] Mike planted the garden. 간상 or 명사부사 [=in the garden]
vs We've planted some potatoes in the garden.

f.. Early morning lows will be 10° to 14° Celsius, while midday highs will be 26°C to 20°C.
10 o'clock eastern time/western time/central time ※ Celsius=Centigrade

g.. (flight ticket)
"What class would you like --- coach, business or first? The coach fare is $700 round trip." "Charge it. Here's my VISA."
※ round-trip[one-way] ticket 왕복권[편도권] coach fare=economy fare

h.. He lived ten years as a monk. [=for ten years] (The) Nazi airplane (was) buried 60 years. [=for 60 years]
I felt a little tired. The CNN is four stops away.

i.. I'm about 1,000 grand short. The baby is four months old. Three meters wide.
She is seven months pregnant.

※ grand=단복명사로서 a thousand dollars
1 dollar=a buck 50 cents=a half dollar, half a dollar, or half a buck
25 cents=a quarter 10 cents=a dime 5 cents=a nickel 1 cent=a penny

Plus-4 무생물 주체 시동

— **문맥/상황 associate로서 부사적 접속의미로 시동을 걸 수도 있다.**

⇒ **부사적 접속의미**=이유/시간/조건 -- 등으로서 **문맥** associate

a.. Security Exits Journalists' Hotel. → 안정[보안]이 빠져 나오게 하고 있다 --> 안정[보안] 때문에 빠져 나오고 있다
David Letterman's retirement in 2015 will end an era of daft, deft comedy. → 은퇴가 --> 은퇴를 하게 되면

b.. A bad cold pegged her to her bed for a whole week.
→ 독감이 묶고 말았다 ---> 독감 때문에 꼼짝 못했다
※**peg**=v. to fasten with a peg
n. a short piece of wood, metal etc., used for fastening or hanging things on

c.. This sudden realization of his worst fears left him in a blank melancholy.
→ 이런 갑작스런 실현이 되게 해버렸다 ---> 이렇게 갑자기 나타나자 되어버렸다 ※**melancholy**=fml. sadness

d.. The right June weather put me in the mind for rambling.
→ 바로 그 6월의 날씨가 몰아 넣고 말았다 -->바로 그 6월의 날씨 때문에[에 이끌려] 들어가고 말았다
※**ramble**=v. to go on a ramble n. a (long) walk for enjoyment

e.. The United Nations Command warned the North Korea yesterday that any retaliation against South Korea would violate the Armistice Agreement.
→ 어떠한 보복도, 대한 남한에 대한 어떠한 보복도 ---> 어떠한 보복이 가해 진다면

f.. The beautiful weather enticed me into the garden.
→ 그 좋은 날씨가 꾀어서 하게 했어요 ---> 그 좋은 날씨 때문에 유혹을 받게 되었어요
※**entice**=to persuade (someone) to do something (esp. something bad), by offering something pleasant
꼬셔서/꼬드겨서/꾀어서/부추겨서 -- 하도록/하게끔 하는 것; 유혹하여 -- 하도록 시키는 것

g.. The enticements of the big city lured her away from her home and family.
→ 그 유혹들이 부추겼다 ---> 그 유혹들 때문에 끌려 들어가고 말았다.

h.. Adjectives with one syllable add er or est.
→ 형용사, 가지는 -- 가지는 형용사는 첨가 시킨다 ---> 형용사가 이면/가지면 --- 이면/가지면 첨가된다.
(우리말 '되다' =자동의미/피동의미)

Plus-5

↱ cf] 부정관사/정관사의 일반적 표현 : ☞ 관사 영뇌 참고

명사의 가장 일반적 표현 — 10체의 일반적 특징대로 표현하면 된다.

⇒ I like apples /families /poultry /water /beauty /John /the sun[Sun] /furniture /vocabulary/OK.

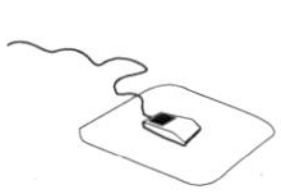

보통체는 낱개복수로, 보통집단 집합체는 보통집단 복수로,
무리복수 집합체는 무리복수 그대로, 물질체와 추상체, 고유체는 비수 단독표현 그대로,
유일체는 내부적 the로 또는 고유체로,
물질집합체와 추상집합체는 물질 집합덩어리, 추상 집합덩어리 그대로, 자체는 명사자체 또는 낱말자체(ok라는 단어) 그대로
표현하면 가장 일반적 대표의미가 된다. 일반적 의미는 어떤 것으로 국한시키는 한정의미가 아니다.

Plus-6

복합명사의 뜻 관계

a.. Minnesota 4 point lead

Minnesota와 4 point lead **관계=주체관계** : 미네소타팀이 4점 리드/앞섬/우세

→ Chicago time out [foul] (in Basketball Game) -- 타임을 걸어 선수들을 코트 밖으로 끌어 내는 것으로서 작전타임

compare] 4 point lead, Minnesota

4 point lead**와** Minnesota **관계=comma에 의한 소유관계** : 4점 앞선 것이 미네소타팀의 것이다.

b.. 4 point lead Minnesota

4 point lead**와** Minnesota **관계=내용관계** : 4점이 앞선 미네소타팀 → a family dinner party

c.. Daegu Subway Construction Headquarters

Daegu**와** Subway Construction Headquarters **관계=소속관계** : 대구의 지하철 건설 본부

[=Daegu' s Subway Construction Headquarters]

Plus-7

복합명사의 영뇌의군 — 설주 또는 설가 영뇌의군 : 이것도 일종의 free 영뇌이니 (vocal) 감각적 주파수로 간직한다.

a.. an electric can opener **영뇌의군**=an (electric / can opener)=**전설** ⇨ **설-->기**

→ the (people' s / liberation Army) He won a (ten-mile /race). He won a (ten miles' /race).

a (two-day /rally) a (two days' /rally)

b.. electric shock treatment **영뇌의군**=electric shock /treatment=**설-->기**

c.. National / Basketball Association (NBA)=**설-->기** long /car journey=**설-->기**

d.. the international chemical weapons convention

영뇌의군=the [international (chemical weapons /convention)]=**대전설** ⇨ **소전설** ⇨ **설-->기**

→ their [present (per capita / fuel consumption)] the [average (per capita / income)]

e.. House of Representatives Speaker Newt Gingrich

영뇌의군=(House of Representatives / Speaker) //Newt Gingrich=**설-->소기** ⇨ **대기**(大基) ⇒ **대기=대기본어**

→ University of West Virginia / Research=설-->기

f.. One day an out of work mime visited the zoo and attempted to earn some money as a street performer.

영뇌의군=an (out of work /mime) =**전설** ⇨ **설-->기** ※ out /of /work=기-->설-->설' =**설가 영뇌의군** : 실직

g.. The sources told the AP news agency the deal came after a week of intensive behind the scenes negotiations.

영뇌의군= intensive (behind the scenes /negotiations)=**전설** ⇨ **설-->기** ※ behind the scenes=비밀

→ Happy (Mother' s /Day) **영뇌의군**=**전설** ⇨ **설-->기** : 축하합니다, 어머니 날을 축하합니다.

h.. UN //weapons of mass destruction /inspection team **영뇌의군**=**전설** ⇨ **설-->기** : UN 대량 살상 무기 검열 팀

※ weapons /of /mass destruction=기-->설-->설' =**설가 영뇌의군** : 무기 즉 대량살상 무기

Plus-8 복합명사 구성

정관사 /형용사 /명사 /연결설명어(전치사, 분사 —등)와 함께 구성될 수 있다. 반드시 명사들로만 구성되는 것은 아니다. 우리말과 다르다. 복합명사도 일종의 free 영뇌 : 간직시 (vocal) 감각적 주파수로 간직

a. 전치사 연결설명어로 많이 만든다.

the Department /of /State =기-->설-->설′ : 성은 성인데 즉 국무를 관장하는 성으로서 국무성

⇨ 제한적 영뇌 : the //State /Department =전설 ⇨ 설-->기 ↳감각적 주파수 : theDepartmentof State

→ the Agency for National Security and Planning (국가 안전기획부)

We're afraid that the fighting on the border may develop into a full-blown war.

(국경싸움) ※ full-blown=1. fully-expanded 전면적인 2. fully developed 만발한/만개한

vs boxes /containing /books =기-->설-->설′ : 박스, 담는 박스인데 서적을 담는 박스로서 서적 박스 : 분사 연결설명어

⇨ 제한적 영뇌 : book /boxes=설-->기 tip)제한적 연결 영뇌 또는 제한적 영뇌로 만든다 ⇒ 각종 시험영어 writing시 활용

b. 형용사도 복합명사가 된다.

sweet potato 고구마 long jump 넓이뛰기 vs 긴 jump

the National Basketball Association (the NBA=NBA) Mt. Sorak National Park

downtown Seoul (서울상가 중심지역 /서울시내) compare] 복합명사가 아닌 형용사 : old John (나이든 존)

감각적 주파수 : theNational BasketballAssociation ↗이게 가능한 것은 IS 설주뇌 때문이다. 한글느낌으로는 불가능하다. 붙여 말해도 여전히 설주뇌다.

주의]제한적 영뇌도 감각적 주파수로 읽어라. 즉 뒷말과 말하라. 그러면 해석한 한글 느낌이 아니라, 영어느낌으로 이해할 수 있다 vs the NationalBasketballAssociation : 해석한 한글느낌 리딩 ↳한뇌리딩

c. 정관사도 복합명사가 된다: 내부적 the로서 명칭

the Ten Commandments the Beatles the Rolling Stones the San Francisco 49ers (미식축구팀명)

the Alps the USA the UN World Food Program

d. 전치사도 복합명사가 된다.

Many families have two working parents and kids turn to televisions, video games and computers for most of their after-school entertainment. 방과후 오락

cf] This was a rip-off. : 전부로 된 복합명사=완전히 벗겨버리는 것으로서 바가지 씌우기 [=They nicked me for this.]

e. 소유격도 복합명사가 된다.

Your driver's license, please. driver's license classes the People's Liberation Army

the North Korea People's Army Happy Mother's Day a girls' high school : 여자 고등학교

f. 기타 복합명사

3-year bank-guaranteed corporate bond 3년 만기 은행보증 회사채

Six of the heat-related deaths have been reported. (더위 관련 사망 건수)

Could I have a wake-up call at 8:30? (기상 전화)

Last Week, the short-term money market had been unstable. 단기금융시장

We bring you breaking news and the most talked about-stories. (그야말로 가장 많이 이야기 되고 있는) 주변 이야기

Plus-9 명사의 동사의미 만들기

take, get, have, make, give — 등의 동사와 함께 표현

: Give me a try.[=Just try.] S & P 500 had the biggest gain.[=gained (the) biggest] Take a seat. [=Be seated.]

9. 일반대명사 영뇌[GP NB]

해야할 -- 원래 언어는 생활 속에서 뜻이 얻어진 것이다. 원어민들처럼 **일반대명사 말**을 배우려면 여러분들의 두뇌를 생활 속에서의 뜻으로 일반대명사 영뇌를 습관화시켜라. 특히 BEis, IS **영뇌로 습관화시키되,** (생활 속에서의 뜻이 용해된) free **감주**로 습관화시킨다.

.. 생활 속에서의 뜻=외국인과 생활하면서 느껴지는 뜻이자 실제로 적용된 뜻(≠사전의 원형적인 뜻)

❖ 일반대명사 영뇌란 :
IS영뇌로 묻는 말 /감탄말 /종속접속사 /전치사 /동사 /대명사[명사]를 referring back 또는 referring forward로 그냥 서술적으로 설명해 나가는 뇌
요컨데, 비연결 설명어

또는 기본어[주어]로 먼저 말하는 뇌

---

vs **한뇌**=먼저 말하는 뇌 : 부수적 버그단어

영뇌의 또다른 특징]
한 문장 내에서 대명사와 referent를 함께 표현함
: 선 it, 관계대명사, — 등 cf]관계부사

우리말은 앞에서 설명해 주는 뇌이니까 그럴 필요가 없다. 사람/비사람, 명(대)/동/형/문의 연결설명어도 알고보면 한 문장 내에서 대명사를 써서 가리키는 것과 같다 : **영어가 전개되는 원리[일종의 NB 원리]**
*referent=언급물/언급대상

□ 일반대명사 BNW
=그냥 referring back /referring forward
: 비연결설명어

vs 관계대명사 BNW
=referring back으로 제한적/비제한적 연결
: 연결설명어 (단, as/than=referring forward도 가능)

□ 한국 사람들의 가장 큰 취약점 :

영어 읽는 법을 모르고 있음 ⇒ 감각적 주파수
+ free 영뇌, 특히 free 감주에 약하다.
+ 한뇌로 이해,
즉 있는 그 위치에서 바로 무한글 의미를 못 느낌
+ 말[소리]자체/글자자체가 뜻이자 A상황인데
자꾸 해석하거나 이미지를 그려서 이해하려고 함
특히 해음/해자 영뇌에 약함

+ BNW를 느끼지 못함, 즉 BAM으로 이해하는 기술이 없음
+ 문자값으로만 이해하거나 기억하지 청구(聽口) 소리 값으로 더 뇌화 되어 있지 않음

+ 한 피어리어드 내에 대명사와 referent를 함께 표현하는 것으로 잘 모르고 있음
⇒ 관계대명사와 중음가 대명사 cf]관계부사

+ 대명사의 본래의미대로 순서대로 이해하지 못하고
한뇌로 가주어/진주어로 이해하고 있음
영어에서는 진주어/가주어라는 말이 없음

+ 예문을 문법적 예문으로만 취급하고, 말로 활용하는 것에 약함
문법공부, 말공부가 따로 있는 게 아님
+ IS 영뇌로 영어가 머리 속에 남아 있지 않고, 한뇌로 한글 어순으로 해석한 후 암기하고 있음

+ 설가뇌가 발달되어 있지않음
특히 **영어는 감각적 주파수로 문맥이 보여야 함**
+ 단문보다 story 뇌에 약함
+ 영어주파수, 즉 vocal 감주에 약함
+ 감각적 주파수로 이해하는 데 약하다.
+ 생활 속에서의 뜻[소리]에 약함

tip) 관계대명사=관계를 짓는 대명사 일반대명사=그냥 대명사

☜.. 영뇌 상급자에게는 읽거나 듣거나 말할 시 감주 패턴이 눈에 보인다. 뒷말과 말하는 것이 눈에 보인다.

1) 일반대명사 영뇌[GP NB]

IS 두뇌로 묻는 말 /감탄말 /종속접속사 /전치사 /동사 /대명사[명사]를 referring back 또는 referring forward로 그냥 서술적으로 설명해 나가는 뇌

요컨데, 비연결 설명어 또는 기본어[주어]로 먼저 말하는 뇌

> **묻는 말**=조동사 /HB동사
> **동사**=원동사 /현동사 /과동사 /과분사 /현분사 /to부정사 /동명사

① 묻는 말을 설명해 나가는 뇌

IIIII.. Must /they /die? (or Must /they die?)

영뇌=기→ 설→ 설′ : BEis-Os

or I + I + I : I-Os or S + S + S : S-Os

How to Read[Speak]= Mustthey die?

: BEis/IS로 되어 있는 것을 감각적 주파수로 이해한다.

즉 한 단어처럼 뒷말과 말하면 저절로 이해가 발생한다.

시동= vocal 감각적 주파수로 **↗그러면 영어말투가 형성되고 영어말투에 익숙해진다.**

(BEis/IS 영뇌가 될 때까지) F3+E2 강하게 말하기

▭ 이때 대명사=referring back — 뒤에서 언급

: referents=대화에서 전제되어 있음

☜.. **我必 Free 감주 간직하기**= Must die?

시동=필히 일어나야 하는 가? 그들[그것들]에게 죽음이[죽는 게] 말이다. | Free 감주 간직하기

↘ ☜.. **major 감주=** -- they die?

they=사람/사물을 복수로 가리키는 것으로서 그들/그것들

[t: thing h: human e: en **소리복수**(children/oxen) + the: 지정

<--en: e: 입 n: noise 여럿이 모여 소리를 지르는 것으로서 소리복수]

소리: THEy=slide 주파수

시동 종류=원애시동 /vocal음 /Free 영뇌 /F3+E2 /일상적인 생활 /Ekbe /†SIUM 말하기 /무한글 /BNW or 비한글 BNW /BAM /BEis 영뇌[=IS 설가뇌] /G토씨 /connotation /영뇌 기본자세 /패턴 /associate

— <u>유사어/동의어를 생활 속에서의 뜻으로 달리</u>

IS를 확실히 작동시키려면 BAM[BNW]을 알아야 한다.

: Have they a car? What have they? Are they there? What is this?

What <u>do</u> they want? How much <u>did</u> you pay? : do 조동사

② 감탄말을 설명해 나가는 뇌

IIIII.. What a bride /she /is!

영뇌=기→ 설→ 설′ : BEis-Os

or I + I + I : I-Os or S + S + S : S-Os | Free 감주 간직하기

How to Read[Speak]=Whata bride sheis! : 먼저 감각적 주파수로 이해한다.

그러면 저절로 선인영뇌각인/선강후약 영뇌각인이 유지된다=What〉a she〉is

시동= vocal 감각적 주파수로 (자동 설가가 될 때까지) F3+E2 강하게 말하기

▭ 여기서 대명사=referring back —— referent=대화에서 전제 (쉬–이즈=retro–root F : s=유성음 매치)

.. 我必 Free 감주 간직하기= What a bride!

시동=얼마나 이쁜 신분인가! 저 여자가 말이야! ❖ what=adv. 감탄부사

she=수줍어 하는 사람으로서 그 녀/그[저] 여자 [s: shy h: human]
소리: SHEe=내성음 slide 주파수 e=내성음가 or SHE–/SHE=line/post점형 주파수

③ 종속접속사를 설명해 나가는 뇌

IIIII .. I don't know /if /he /is /at home or not.

or I /don't know //if /he /is /at home or not.

영뇌=기→ 설→ 설′→ 설″→ 설‴ /기→ 설 ⇨ 전설→ 설′→ 설″→ 설‴ : BEis–Os

or I + I + I + I + I /I + I + I + I + I + I : I–Os

or S + S + S + S + S /S + S + S + S + S + S : S–Os

How to Read[Speak]=Idon't knowif heis athome ornot.
: 먼저 감각적 주파수로 이해한다.

시동= vocal 감각적 주파수로 (자동 설가가 될 때까지) F3+E2 강하게 말하기

▭ 대명사 he=referring back —— referent=대화에서 전제

(아이도운=double slide F : t/k 폐쇄 아이도운트=double slide F : t 비폐쇄 히–즈=retro–root F)

.. 我必 Free 감주 간직하기=Don't know if at home or not.

시동=나는 모르겠다. 인지[인자] 그 사람이 있는 지, 구처 집이라는 곳에 있는 지 아니면 없는지/다른 곳에 있는지 말이다. | Free 감주 간직하기

he=수줍어 하지않고 똑 바른 자세를 취하는 사람으로서 그 (남자) /그 남자로서 그 사람
[h: 똑바로 서 있는 모습 (straight) + h: human] ↘영뇌영어 vol 1 p58
소리: HEe=내성음 slide 주파수 e=내성음가 or HE–/HE=line/post점형 주파수

④ 전치사를 설명해 나가는 뇌

IIIII .. Wife: "It's a loan." -- 카지노에서 돈을 잃은 마누라가 하는 말

Husband: "Of /mine."

영뇌=기→ 설 : BEis–Os or I + I : I–Os or S + S : S–Os

How to Read[Speak]=It'sa loan. Ofmine.
: 먼저 감각적 주파수로 이해한다. 그러면 저절로 의음/의자가 된다.

시동= vocal 감각적 주파수로 (의음/의자가 될 때까지) F3+E2 강하게 말하기

▭ 여기서 대명사=referring back — referent=a loan

(이트스어/이트서=slide F 어브마인=small slide F + slide F)

.. 我必 Free 감주 간직하기= It's mine. or Mine.

시동=즉, 내 것이야/그것도 내 것에 속해/그것도 내 것이나 마찬가지야. | Free 감주 간직하기

mine=내 것에 속하는 것으로서 내 것 [m: me in: 속하는 것] 소리: MIne=slide 주파수
i=아이: 알파벳 음가 of=동격 연결[소속]로서 즉/그것도 -- 이다[속해]

⑤ **동사를 설명해 나가는 뇌**

A.. "It's /me, /Tom."

영뇌=기→ 설→ 설′ : BEis–Os

or I + I + I : I–Os or S + S + S : S–Os

How to Read[Speak]="It'sme, Tom." : 먼저 감각적 주파수로 이해한다. 그러면 저절로 이해가 된다.

시동= vocal 감각적 주파수로 (자동 설가가 될 때까지) F3+E2 강하게 말하기

▭ 대명사 me=referring forward — 먼저 언급하고 referent는 바로 뒤에 나오는 것=Tom

(이ㅌ스미=check mark F [=slide F + post 점형 F] : s=무성음 매치)

▭ 현동사로 설명해 나가면서, 대명사로 설명해 나가는 뇌 — 현동사 설가 : BEis–Os

.. 我必 Free 감주 간직하기= "Me, me, me, Tom."

시동=바로 (그 사람이) 나야, 탐말이야. ✠me=Tom | Free 감주 간직하기

me=내 흉상과 몸체로서 나인 것 [m: n + n 나 m: M 흉상과 몸체]

소리: MEe=내성음 slide 주파수 e=내성음가 or ME–/ME=line/post점형 주파수

this의 상대적 개념이 아니라 중음가 대명사로서 그때 그때의 해당 상황를 가리킴

it=situation 'it' -- 그때 그때 상황를 가리키는 것으로서 referring back

여기서는 '바로 그 사람' 으로서 상대방이 원하는 것을 가리키는 것

: time, date, temperature, weather, distance, place -- 등등

It's very quiet here. → it=그때 상황의 '분위기' 를 가리킴 -- 분위기가 매우 조용하군 -- .

연설뇌로 작동시키지 않고, 전설뇌로 작동시키면

A- E.. "It's /me, //Tom."

영뇌=기→ 설 ⇨ 전설 : BEis–Os 시동=바로 (그 사람이) 나야, 탐아. ✠ me≠Tom

B.. A Christmas gift is /given /you. [=Christmas gift given you. : infml E]

영뇌=기→ 설→ 설′ : BEis–Os

How to Read[Speak]=AChristmas giftis givenyou. : 먼저 감각적 주파수로 이해한다.

시동= vocal 감각적 주파수로 (자동 설가가 될 때까지) F3+E2 강하게 말하기

▭ 여기서 대명사=referring back —— referent=대화에서 전제

▭ 주동으로 먼저 개략적으로 말하고, 피동과분사로 설명해 나가면서 대명사로 설명해 나가는 뇌 : BEis–Os

시동=크리스머스 선물이 있는 데 즉 주어져 있는 데 당신에게 말이다. / -- 되었어요, 즉 주어졌어요, ---.

※ 되었어요=**발생현재** | Free 감주+我必 Free 감주 간직하기

you=실음 외적 음가로서 당신 [you〉유– : 실음 외적 음가로서 상대방을 가리키는 것]

소리: YOU= line점형 주파수 ou=u– : 지배음가 or you=여: dot점형 주파수=o지배음가/어화

C.. I have /emailed /her. [=e-mailed] [=Have emailed her. /Emailed her. : infml E]

영뇌=기→ 설→ 설′ : BEis–Os

How to Read[Speak]=Ihave emailedher. : 먼저 감각적 주파수로 이해한다.

시동= vocal 감각적 주파수로 (자동 설가가 될 때까지) F3+E2 강하게 말하기

▭ 대명사 her=referring back —— referent=대화에서 전제

▭ 주동으로 먼저 개략적으로 말하고, 능동과분사[능동 event]로 설명해 나가면서, 대명사로 설명해 나가는 뇌 : BEis–Os

시동=나는 가지고 있어요, 이메일을 보낸 것인데 그 여자에게 말이다.

소리: HEr=dot or post 점형 주파수 : 강하게 소리내면 post 점형 주파수가 된다.

vs I /emailed /her.

영뇌=기→ 설→ 설′ : BEis-Os

▭ 과동사, 즉 단순한 동사서술의미로 설명해 나가면서, 대명사로 설명해 나가는 뇌 — 과동사 설가

시동=나는 이메일을 보냈어요, 그 여자에게 말이다.

D.. He is /resetting /it.

영뇌=기→ 설→ 설′ : BEis-Os

How to Read[Speak]=Heis resettingit.

: 먼저 감각적 주파수로 이해한다.

시동= vocal 감각적 주파수로 (자동 설가가 될 때까지) F3+E2 강하게 말하기

▭ 대명사 it=referring back —— referent=대화에서 전제

▭ 주동으로 먼저 개략적으로 말하고, 현분사[동일치 /계속 진행]로 설명해 나가면서 대명사로 설명해 나가는 뇌 — 현분사[동일치/계속 진행] 설가 : BEis-Os

시동= 그는 있어요, 맞추고 있어요, 그것을 말이다. | Free 감주+我必 Free 감주 간직하기

it= '이' 하고 가다가 탁 멈추는 음으로서 실음 중음가, 실음 중음가 지정으로서 그것/그 사람

[i : '이' 음가 t : 탁 멈추는 것] **소리**: It=이ㅌ/이ㅌ = post점형/slide 주파수 : 영어의 받침은 초성과 중성을 강하게 하므로 받침이 하나의 음가로 작용할 수도 있다. 한글받침과 다르다.

: He has /been /resetting /it, the time.

영뇌=기→ 설→ 설′ : BEis-Os

▭ 주동으로 먼저 말하고, 기간계속 event로 설명해 나가면서, 현분사[쭉 진행]로 설명해 나가고, 다시 대명사로 설명해 나가는 뇌 — 현분사[쭉 진행] 설가

시동=그는 가지고 있어요, 있어오고 있는 것, 쭉 맞춰오고 있는 것인데 그것 즉 시간을 말이다.

※it=referring forward으로서 콤머 동격 표현 referent of it=the time

E.. They will /hold /this.

영뇌=기→ 설→ 설′ : BEis-Os

How to Read[Speak]=Theywill holdthis. : 먼저 감각적 주파수로 이해한다.

시동= vocal 감각적 주파수로 (자동 설가가 될 때까지) F3+E2 강하게 말하기

▭ 대명사 this=referring back —— referent=대화에서 전제

▭ 주조로 먼저 개략적으로 말하고, 조동 원동사[본동사의미]로 설명해 나가면서, 다시 대명사로 설명해 나가는 뇌

시동=그들은 할 것이다. 개최하는 것[소지하는 것]인데, 이것을 말이다. | Free 감주+我必 Free 감주 간직하기

this=실음 근음가 사물[사람] 지정으로서 이 것/이 사람/저는 : **근음가 대명사**

[t: thing h: human i: '이' 는 자기 주변쪽 또는 근처쪽으로 향하는 음으로서 실음 근음가]

소리: THIs= slide 주파수

This is Patrick, Adam and Mary. : **분배법칙** -- 이 분은

Trump robocall : "Hi, this is US president Donald Trump. We need Alabama to go and vote for Roy Moore." 저는 vs I am Jones. 나는

☜.. 시동으로 (영어) 글자/말 자체에서 뜻이 보이거나 상황이 (머리 속에서) 보이면 된다 : IS 영뇌

vs that=실음 비근음가 사물[사람] 지정으로서 저 것[그 것] /저 사람[그 사람]

[t: thing h: human a: '애' 는 더 멀리 향하는 음 or th: this a: 아닌 것]

: That's John. 그/저 분이 tip)그래서 here를 '헤어' 라 하지않고 '히어' 라 하고

there를 '디어' 라 하지않고 '데어' 라고 한다.

비근음가 대명사와 중음가 대명사의 차이

that=실음 비근음가 지정(not here)으로서 그 것/그 사람 : this 상대적 개념

: That's right. That'll be $20. Thank you for that.

vs it=실음 중음가 지정으로서 그 것/그 사람 : 그냥 해당 상황[사실/사물/중성] 지정

∴ 상황 it, 강조 it, 중성 it, 보통 대명사 it, 선 it으로 사용

F.. How nice /to see /you!

more)고난도 감주 : That will be perfect. 라[나]을비 :**두음(頭音) t단타**

That is five ninety. 다지스 : **t의 g단타** ※t단타음=r/d/g

↳5달러 90센트 cf]family=**패**멀리/**빠**밀리/**훼**밀리

영뇌=기→ 설→ 설′ : BEis-Os

How to Read[Speak]=Howniceto seeyou!

: 먼저 감주로 이해한다. **시동=** vocal 감각적 주파수로 (자동 설가가 될 때까지) F3+E2 강하게 말하기

▭ 대명사 you=referring back ── referent=대화에서 전제

▭ to 원동사[본동사의미]를 설명해 나가는 뇌 ─ 원동사 설가 : BEis-Os

시동=얼마나 좋은지, 대동 보니까, 너를 말이다. | Free 감주+我必 Free 감주 간직하기

G.. The farmer /tried /growing /this.

영뇌=기→ 설→ 설′ → 설″ : BEis-Os

How to Read[Speak]=Thefarmertried growingthis. : 먼저 감각적 주파수로 이해한다.

시동= vocal 감각적 주파수로 (자동 설가가 될 때까지) F3+E2 강하게 말하기

▭ this=referring back ── referent=대화에서 전제

▭ 동명사[동사사실]를 설명해 나가는 뇌 ─ 동명사 설가 : BEis-Os

시동=그 농부는 해보았어요, 재배하는 것[키우는 것]인데, 이것을 말이다. /---재배하는 것을 하는 것인데 --.

/ -- 키우는 것을 하는 것인데 -- . | Free 감주+我必 Free 감주 간직하기

⑥ 대명사/명사를 설명해 나가는 뇌

IIIII.. They gave /me /that. They gave /John /that.

영뇌=기→ 설→ 설′ or 기→ 설/설 : BEis-Os

How to Read[Speak]=Theygave methat. Theygave Johnthat.

: 먼저 감각적 주파수로 이해한다.

시동= vocal 감각적 주파수로 (자동 설가가 될 때까지) F3+E2 강하게 말하기

▭ that=referring back ── referent=대화에서 전제

▭ 연설 뇌로 작동시키면 대명사/명사의 대명사 설가 : BEis-Os

☜.. **我必 Free 감주 간직하기**= Gave me that. Gave John that.

시동=그들은 주었어요, 나에게 그것을 말이다. /---- , 존에게 ---- . | Free 감주 간직하기

⑦ 기본어[주어]로 먼저 말하는 뇌

A.. They /made /Jason a star.

영뇌=기→ 설→ 설′ : BEis-Os

How to Read[Speak]=Theymade Jasona star. : 먼저 감각적 주파수로 이해한다.

시동= vocal 감각적 주파수로 (자동 설가가 될 때까지) F3+E2 강하게 말하기 | Free 감주+我必 Free 감주 간직하기

B.. This /will /hold /nine passengers.=기→ 설→ 설′ → 설″ : BEis–Os

C.. " God bless you all. We, God, /bless /United States!" =기→ 설→ 설′ : BEis–Os

시동=우리들(의) 신이여, 축복하옵소서, ---- .

✠They/This/We=referring back referent=대화에서 전제 We, God=콤머 영뇌 : 소속관계

D.. It /costs /so much /to get there. [=Costs so much to --- . : infml E]

영뇌=기→ 설→ 설′/설 : BEis–Os

□ it으로 referring forward로 강하게 인식해놓고, 다시 to로 설명해 나가는 뇌로 작동시키면 된다. 그래서, /설이다. | Free 감주+我必 Free 감주 간직하기

시동=그렇게 하는 것에는 비용이 정말로 많이 들어가요, 대동 하는 데 거기에 도착하는 데는 말이다.

It=referring forward -- 이런 it을 특히 preparatory 'it' [선 'it']이라 한다.
먼저 언급하고 referent[언급내용]가 한 문장 내에서 바로 뒤에 나오는 것이다 ⇒ referent=to 이하

영어는 한 문장 내에서 대명사를 쓰고 그 referent도 뒤에 쓸 수 있다.
한글에는 이런 것이 없다. 한글에서는 두 문장 (또는 그 이상) 으로 하여 문장 밖에서 가르킨다.
영뇌는 설명해 나가는 뇌이고, 한뇌는 설명해 주는 뇌이기 때문이다.

live 실전 일반대명사 영뇌 —— 잠자는 뜻으로 뒹굴 수 있다! **Tom, you can crash my home tonight!**

L- 1 .. Antonius Wisnu Sutirta, an East Kalimantan police spokesman, said it wasn' t immediately clear <u>why the 10-year-old bridge had collapsed</u>.

-- 먼저 (생활 속에서의 뜻이 용해된) 감각적 주파수로 이해한다. 그러면 저절로 의음/의자가 된다.

it=referring forward, 즉 선 it → referent=why부터 collapsed까지 was=said와 같은 과거동시점 상황

시동=Antonius Wisnu Sutirta는 동 Kalimantan 경찰 대변인으로서 발표했어요, 그것은 되지 않았다고, 즉시 명백하게 드러나지[밝혀지지] 않았다고 말이다. 즉 왜 10년이나 된 그 다리가 가졌는 지 붕괴한 것을 가졌는 지에 대해서 말이다.

→ vocal 감주로 F3+E2 강하게 말하기 ❈ 대해서 말이다=**문맥** associate | Free 감주+我必 Free 감주 간직하기

L- 2 .. The Central Park police officer often meets dangerous people. Some people are there to sell energy drugs and health food. Other people go to the park to steal a thing. And some serious gun fights[shots] occur in the park sometimes. So, the park police officer may meet any of <u>these</u> there.

-- 먼저 감각적 주파수로 이해한다. 그러면 저절로 해음/해자, 상음/상자가 된다. 영뇌 상급자는 free 감주로 감을 잡는다.

the=**내외적 지정으로서 전체대표** ⇒ (그) Central Park **경관[경찰관리]** -- 그 공원 경찰 한 사람을 지정하는 것은 아니다.
meets/are/go/occur=**설명현재 또는 일반적 현재**
these=referring back ⇒ in short, referents=to sell /to steal /gun fights

시동=(그) Central Park 경관은 종종 부닥친다. 위험한 사람들과 말이다. 일부 사람들은 있는 데 그 곳에 있다. 대동 팔기 위해서 정력제와 건강식품을 말이다. 또다른 일부 사람들은 간다. 대자[대처] 그 공원으로 대동[즉] 훔치기 위해서 어떤 물건을 훔치기 위해서 말이다. 그리고, 약간의 심각한 총격전도 발생한다. 내자[내소], 그 공원 [내소]에서 이따금 말이다. 그래서, 그 공원 경관[경찰관리]은 아마도 만날는지도 모른다. 어떤 하나 즉 이러한 것들 중 어떤 하나를 거기에서 만날는지도 모른다.

❈ to=방향대상으로서 대자[대처(對處)] — 으로 /본동사의미 연결로서 대동(代動) | Free 감주+我必 Free 감주 간직하기

☜.. **L–2 세번째 문장 뼈대**=기본어(Other people) + s동사(go) + 연결설명어(to/to)

..이해는 최종적으로 단어의 최종적인 뜻인 감주로 이해한다.

2) referring back과 referring forward

.. **대명사 BNW**= referring back /referring forward — (영어에 대한 기초지식을 알았다면) 我必 free 감주로 간직하라.

□ **일반 대명사**=그냥 referring back or forward
vs **관계 대명사**=chiefly, 관계 referring back
— 주로 referring back으로서 제한적 또는 비제한적 연결영뇌

A.. "I know Marie Curie. She is the only person to win two Nobel prizes."
→ She=referring back referent=Marie Curie
(is=(과거 상황에 대한) 설명현재 win=(과거 상황에 대한) 설명 본동사의미 -- 수상한 사람으로서)

B.. Perhaps I shouldn't confess this : "I did not on one occasion break the law."
→ this=referring forward referent=I did not .... the law.
✠ on one occasion 상자 딱 한번의 경우 상에서도 on=상작동 대상으로서 '상자 --'

C.. These were the facts : on a warm February afternoon, Keiko and Helmut were cruising down Washington Boulevard in a Mustang. ....
→ These=referring forward referents= on a warm ......, ... Mustang. ....
cf] on the Monday afternoon 상일 그 날 월요일 오후 상일에 on=달력 위 날짜로서 '상일'
vs in the afternoon 내시 그 날 오후 내시에

D.. On the blackboard these were written : Topic, Topic Sentence, Main Idea.
→ these=referring forward referents=Topic , ..., Main Idea. ✠ blackboard=chalkboard

E.. David was a good boxer, wasn't he? → he=referring back referent=David

F.. It is pleasant to lie in the sun.
→ it=referring forward referent=to부터
시동=그런 것[그것]은 즐거운 일이다, 대동 누워 받으면서 태양 햇빛을 받으면서 있는 일은 말이다.
/대동 누워서 내자 -- 속에 -- 것은 말이다. in=속에 있는 것으로서 받는 것 /내속 대상으로서 내자 -- 속에

햇빛=sun associate
-- 실제로 태양 속에 있는 것은 아니다.
: We must not cut defense further. ⋯▸ defense associate=defense budget : 국방 ⋯▸ 국방예산/국방비

tip) 관계 대명사도 일종의 대명사로서 제한적/비제한적 연결영뇌로 주로 referring back이다.

a.. This is my fiancée whom I'm going to marry. → whom=referring back referent=my fiancée
하지만 as 관계대명사는 referring forward도 가능하다. 동급관계로 연결시켜 설명하기 때문이다.

b.. As is often the case with her, she is a little late. → as=referring forward referent=뒷문장
시동=그와 같은 것은 흔히 있는 케이스이다. 동자 그 여자에게는 말이다. 즉, 그 여자가 조금 늦게 온다는 사실말이야. ❖ is=동질로서 '은'
or She is a little late, as is often the case with her.
as=referring back referent=앞문장
시동=그 여자는 조금 늦는다. 이와 같은 것은 흔히 있는 현상이다. 동자 그 여자에게는 말이다.

G.. Which came first, the chicken or the egg? → which=referring forward referents=the부터

H.. Then try redistributing the items under headings such as I've suggested.

→ such=referring forward 그렇게 referent=as부터 ✽ headings=표제 items=품목

I.. Well, you might not believe this but she doesn't smoke very much now.

→ this=referring forward referent=she부터

J.. I wish that for you. 'Stay hungry, stay foolish.'

→ that=referring forward referent=뒷문장 (wish=want의 강조 : 간절히[정말로] 바란다)

K.. "The price of the car is higher than that of this one."

→ that=referring back referent=대화 속에 있는[매장에 표시되어 있는] the price

즉 다 같이 가격이지만 this one의 the price이지, the car의 the price가 아니다. 그래서, that대신에 the price 그대로 써도 좋다.

: The worker of today is different from the worker of yesterday – a world without yesterdays or tomorrows.

this=referring back referent=대화중 전제

one=referring back referent=대화중 전제 -- 다 같이 자동차이지만 앞 표현의 car가 아니다.

L.. The ears of a rabbit are longer than those of a cat.

→ those=referring back referent=대화 속에 있는 a cat의 the ears

addition 기타 referring forward/back 표현 :

a.. He is called the Newton of Korea. 그런 뉴튼. 즉 한국의 뉴튼

Tokyo is the capital of Japan. 그 수도, 즉 일본의 수도

Bring/Get the book on the desk. 그 책, 즉 책상 위에 있는 것

→ the=referring forward referents=of/on 부터

b.. He received the following letter :

'Dear Sir, I regret I am unable to reconsider your case.'

→ the following=referring forward referent=Dear부터

tip) • 'they're'의 세 가지 소리[감주]

=데이어 : slide F 데어 : slide F -- 단모음화

더어 : slide F -- 어화(the)와 단모음화

: And they're ---. 고난도 감주

• 'Is that a'의 세 가지 소리[감주]

=이즈대터 : small slide F + slide F 이즈대러 : 단타

이재러 : cramp F--감주시 복자음(th) 탈리와 단타

: Is that a good thing? 고난도 감주

c.. In the next chapter, we will examine this theory in detail. -----.

This can be seen in the table below. -----.

→ the next /below=referring forward referents=점선부분

d.. The winners are as follows – Woods, Smith and Cassidy.

→ as=referring forward (전치사) referent=follows (명사)

→ follows=referring forward referent=대쉬이하 are as follows 시동=인데, 같은 데 다음과 같다.

e.. This can be done if you proceed as follows. ----.

→ follows=referring forward referent=점선부분

f.. There are two men in the room. There is a knock at his door.

→ there=referring forward : 이런 게 (있다) referent=동사 뒷말

g.. I saw a girl on my way home. The girl wore a red rose on her suit lapel.

→ the=referring back referent=a girl

h.. I have a dog. The dog rarely barks. → the=referring back referent=a dog

Attention] 선음 무성음[유성음] 매치와 후음 무성음 매치 — 유무성음의 순행 및 역행 동화

a.. 선음 무성음 매치 : This is CNN. is--> is(이스) What's=워트스 That's=대트스 liked=라이크트

b.. 선음 유성음 매치 : lived=리브드 has=해즈 as=애즈 v/a에 의한 d/s-->d/z

c.. 후음 무성음 매치 : have to=해프터 : 의무/필요성/강한 추측일때 t에 의한 v-->f

used to=유-스터: 반복과거로서 습관/익숙함을 의미할 때 t에 의한 즈드-->스터

↗이것의 세부적인 의미도 referring back or referring forward 하나로 다 통한다. 어렵게 생각하지 마라.

plus-1 ✠ 중음가 대명사 it : referring back/forward로서 ↘특히 중음가대명사는 명사뿐만이 아니라 표현도 지칭

situation 'it' emphasis 'it' neuter(중성) 'it' 보통 대명사 'it' preparatory 'it'

① referring back으로서 **situation 'it'**: referent 상황에 맞게 IS영뇌를 작동시키면 된다.

a.. **It is very quiet here.** : it=mood (분위기) **You, it's good for a lady.** : it=now

b.. **It's noisy/smoky in here.** : it=environment ↘(자네, 지금은 잘하고 있구먼)

c.. **It is half past five. It is December 25.** : it=time/date ↘now만 지금이라는 뜻이 아니다.

d.. **It is rainy and cold. It snowed steadily** : it=weather

e.. **It is 27° Centigrade/Celsius.** : it=temperature f.. **It's 50 miles to/from Paris.** : it=distance

g.. **Take it easy.** : it=your heart/mind

h.. **It is here, blindfolded and held down on a plastic sheet by as many as five women, that girls as young as eight are brought to be mutilated, in the name of female circumcision.**

: it=situation ⇒ 중음가 지정이기 때문에 여러가지 의미를 탄생시킬 수 있다 : 심지어 선 it[가주어] 의미로도 사용가능

tip]that이 가리키는 부분은 here에서 five women까지이며 이 부분을 다시 설명해 나감

-- 선 it이 아님 : 기/설 영뇌는 여러분들의 머리를 가주어, 진주어로 고정시키지 않는다.

시동=(그) 상황은 이러 했다. 즉 이곳에서 눈이 가리지고 붙잡혀서 내려 놓아졌는데, 상소[상면]/상자 비닐 자리 상소[상면]에 행자 즉 많을 때는 5명 가까이 되는 여자들에 의해서 내려 놓아졌는데, 즉 (다시말하면) 애들 즉 어리기가 8살 정도 되는 애들이 데려와 졌는데 대동 즉 (음핵을) 자르기 위해 데려와 졌어요. 내자 명목으로 해서 즉 여성 할례라는 것을 명목을 해서 말이다. *is=동질연결로서 '은 이러 한 것'
plastic=형용사/명사로서 플라스틱 또는 비닐 mutilated=피동의미를 능동입장에서 시동을 걸었음

tip]it이 중음가 지정이기 때문에 활용범위가 넓고, this/that이 근음가/비근음가 지정이므로서 분명하기 때문에 제한적이다.

② referring (back and) forward로서 **emphasis 'it'** : 바로 그것/그때/그 사람 ——

a.. **It's money that they want.** ⇠ 보통표현 : They want money.

시동=바로 그것은 돈인데 즉 그들이 원하는 것은 말이다.

⇢ referents of it=that or 대화상황+that : 진주어/가주어 개념으로 이해하면 전자[RF]만 되니 주의하라

⇒ 영뇌영어 vol 1 p153 : referring back 강조도 필히 참조

cf] All they want is money. referent of all=money

▭ they want=관계문장 만약 all that으로 표현하면 that=관계대명사

▭ 보통 표현 : **We need a bigger garden.** ⇢ all 분열강조[cleft]: **All we need is a bigger garden.**

⇢ it 분열 강조[cleft]: **It is a bigger garden that we need.**

시동=바로 그것은 더 큰 정원인데, 즉 우리가 필요로 하는 것은 말이다.

b.. **It was last night that Marie phoned.** [*not* last Sunday]

c.. **It was Marie who phoned Jack.** [*not* Mary] d.. **It was Jack that Marie phoned.** [*not* Sam]

e.. **It was 11 o'clock at night when 16 armed men came to the house.**

f.. **It was me who opened the letter.** ⇒ referents=(대화상황 +) that/who/that/when/who (단, when=관계부사)

tip)"분열 강조말"은 복수가 되어도 좋다 : It is just the things I had at home.

-- 그냥 그런 것들

③ referring back으로서

neuter (중성) 'it' : 그 동물/ 그 애 /그 사람 — 분명한 gender인 he/she로 표현하지 않는 것

a.. The bear came at the park ; it had thick fur.

How Susan loved the baby! And how Mike hated it! → referents=The bear /the baby

b.. There's a knock at the door. Who is it? --- It's the mailman.

→ referents=대화 속에 전제 ※ (AmE) mailman, (BrE) postman

④ referring back으로서 **보통 대명사 'it'**: 사물을 가리킴

a.. Paris is special, isn't it? → referent=Paris

b.. We went to the new restaurant. It's very good. → referent=the new restaurant

⑤ referring forward로서 **preparatory 'it'** : 先 it

a.. It costs so much to get there. 그런 것에는

It was amazing that audiences came to the theater at all. 그것은 (즉)

I found it very easy to read this English book. 그것이

I thought it unwise to make her angry. 그것은

→ referents=밑줄부분 to the theater at all=대자 극장으로 직자 모두(가 왔다는 것은)

cf] It's time to leave now. 시동=상황이 되었어요, 즉 때가 되었는 데 떠날 때가 되었는 데 지금말이다.

→ it=referring back으로서 situation 'it' : 현재 상황을 지칭 to 부정사=time을 설명해 나가는 뇌

b.. It is pleasant to lie in the sun. (free 영뇌=To lie in the sun is pleasant.)

It's pleasant lying in the sun. (free 영뇌=Lying in the sun is pleasant.)

It's a shame that Marie isn't here. (free 영뇌=That Marie isn't here is a shame.)

It doesn't matter when they arrive. (free 영뇌=When they arrive doesn't matter.)

→ referents=밑줄부분

cf] Terrorism, it can happen anywhere and anytime. -- referring back으로서 후(後) it : infml E

He has been resetting it, the time. -- referring forward으로서 선(先) it : infml E

When Jesus comes back, I bet it'll be on a Monday. -- referring back으로서 후(後) it

시동=언제냐 하면 -- 오는데 다시 올때는 나는 단언컨데 그 날은 일 것같은데 상일 어느 월요일 상일 일 것같다.

→ referents=Terrorism /the time /When -- back

it와 that의 infml E ||||| .. Can you see it you're right? Can't you see it I'm busy? : infml E

it=referring forward referents=you're right /I'm busy

→ Can you see you're right? 알 수 있지 Can't you see I'm busy? 보이지 않니 : WrE (that 전제)

||||| .. North Korea has to understand that, what they're doing. 그것, 즉 : infml E

that=referring forward referent=what they're doing WrE ··· that 미사용

plus-2 ✠ **that** : **비근음가 대명사**로서 저것 /저분 /그것 /그분 /그렇게 하는 것 — **일반대명사** vs **관계대명사**로서 이/그 사람은 [이/그 것은] — 인 사람[인 것] //인데 — **보통 뉘앙스**

//바로 이 사람[이것]/이 사람[이것]이야 말로 — 인 사람[인 것] //인데 — **강조뉘앙스**
vs **종속접속사**[즉 대명접속사/부사접속사]

a.. I don't like this. I prefer that. 저것 Who's that? 저 사람/ 저분
b.. Thank you for that. Is that true? 그것 Why is that? 그렇게 하는 것
c.. "The price of the car is higher than that of this one." 그 가격
d.. The ears of a rabbit are longer than those of a cat. 그것들
e.. Those who like borrowing dislike paying. 그런 사람들 (=the people who)
f.. To consider Mike's schedule, he watches 'Today on NBC' at 6 am,
'Good Morning America' at 7:30 am, After breakfast, 'The Oprah Winfrey' at 9 am.
That is for his morning. 그것 add]Those are headlines. 그것들 That easy. 그렇게(지시부사)
g.. 'The guy on the phone had an Australian accent. That would be Tom, I expect.'
그 사람은 추측에 인것 같다. vs it=실음 중음가로서 그것
h.. That[It] would be $20. ▭ that=실음 비근음가로서 그것

[s: say t: a thing]

I didn't like her early books, but her recent stuff is very good.
They're giving away free stuff.
She wears cool stuff.

↗ vs stuff=어떤 것을 말하는 것으로서 — 것/물건 : That stuff is expensive. [o: 어(약음) 어떤 n: noun]

plus-3

✠ **one : 지주어(支柱語 prop word)**로서 어떤 명사를 대신하는 것으로서 — 것 : 복수=ones
//**한 사람씩 모두에 해당시키는 것**으로서 어떤 사람도(any person) /(일반적으로) 사람(people in general) /자기
//한 쪽[어떤 것] //**크기**로서 하나[한 사람/한 가지] : 복수=ones //**하나로서** 'I'를 가리키는 말(⇒ p217)

A.. a.. I don't like this dress. She prefers that one. The price of the car is higher than that of this one.
Which house? "Last one" "This pen doesn't write well. The one on the table is better."
" Which woman do you mean? " " The one in the green dress." a white sheep and a black one
→ -- 것 : one의 referents=대화 속에 전제
b.. " Which shirt(s) do you want? " "The one(s) in the window." → 지주어 복수=ones
c.. I have a dog and a cat : I like the one better than the other.

→ the one=그 것으로서 먼 것, 즉 전자 /이 것으로서 가까운 것, 즉 후자
the other=그 외 것으로서 후자 /이 외 것으로서 전자
: 문맥에 따라 the의미가 결정됨 ⇦ the=외부적 지정으로서 '그/이/저'

vs Reading is to the mind what exercise is to the body. As by the one health is preserved and strengthened, so by the other virtue is kept alive and cherished.
: as=마치 -- 처럼 so=그렇게/이와 같이 is=동질연결로서 '가/이/은'

시동=독서가 대자 마음쪽에 관계하는 것은 뭐냐하면 운동이 대자 육체쪽에 관계하는 것과 같다.
마치 행자 이것 즉 후자에 의해서 건강이 보존되고 강화되는 것처럼 그렇게
행자 전자에 의해서 덕[미덕/덕행/덕목]은 계속해서 소멸되지 않고 자상히 돌보게 된다.
cf]the one and only Elvis Presley 그야말로 한 사람이자 유일한 --

d.. I like red wine better than white one. (×)
I like red wine better than white[white wine]. (O)
I like red apples better than green ones. (O) -- green apples도 가능
-- one은 C의미이기 때문에 U의미 지주어가 될 수가 없다.
※ 支柱語=받쳐서 대신하는 말, 즉 어떤 하나를 대신하는 말 (instead of a single thing or person)

B.. a.. **One should do one's duty.** → 어떤 사람도 (any person) /자기의

b.. **One never knows what the weather will be.** → 사람은 (people in general)

c.. **"stepmother," a woman one' s father has married who is not one' s natural mother.**

→ 자기 아버지/자기 본엄마

C.. a.. **They didn't dare to look at one another.** → 한 쪽과 또다른 쪽, 즉 이 쪽과 그 쪽으로서 '이쪽 그쪽 서로'
그들은 하지 않았는데 감히 대동 쳐다보기를 하지 않았다. 직자 --- 를 말이다.

vs 1.. **You and I understand each other.** → 각각 다른 방향[반대 편]에서 보는 것으로서 '각각 서로'

2.. **They looked at each other.** : 보통 표현 ↳ **$500 to each other.** 대자 각각 다른 사람에게 : 노예몸값

=Each looked at the other. : Formal WrE → 각자가 -- 직자 서로를/반대 편에서 말이다

: **Each loves the other.** 시동=각자가 사랑하는 데, (서로) 반대편의 사람을/서로를 말이다.

the other= 그와[즉 각자의] 다른 편으로서 서로

cf] each one=각각의 것으로서 각각/각자 : We respect each one.

Each one of them costs 50 cents.[=They each cost 50 cents.]

vs respectively=각각 분리로서 각각[e: each s: separately]

: They' re 12 and 13 respectively.

3.. **Each is inextricably in the debt of the other.** → 각자가 -- 즉 서로에게 말이다.

b.. **Monkeys spend a great deal of time grooming one another's fur.**

※ Note that there is very little difference between "each other" and "one another". They can both be used to refer to two or more people or things, although some people prefer the use of each other when there are only two people or things, and one another when there are more than two.

☺.. 일부가 사람 수로 구분하나 일반적으로 구분하지 않는다는 말이다. 단어의 뜻 그대로 접근하라.

c.. **Six of one and half a dozen of the other.** **오십보백보**

: 여섯 개 인데 즉 한 쪽[어떤 것]의 여섯 개와 반 다스 인데 즉 그외 다른 쪽의 반 다스 -- 결국 같다는 말

tip)고난도 감주 : This one right here is a rake.

⇒ **보통 감주 : Thisone righthere isa rake.**

⇒ **고난도 감주 : Thisoneright hereis arake.** ※rake=갈퀴형 개(dog) 빗

D.. a.. **I have two sons : one resembles Father and the other Mother.** → 한 사람은 (그 외) 다른 사람은

: Ones to watch in the Sochi Olympics. → 사람들, 즉 주목해야 할 사람들

b.. **You shouldn't get Marilyn Monroe and Charlie Chaplin mixed up.**

: **One is a film star and the other is a comedian.**

The one[The first /The former /That] is a film star and the other[the second /the latter/this] is a comedian.

⋯› 그 사람은 /(그외) 다른 사람, 첫번 째 사람 /두번 째 사람, 전자/후자,
그 사람/이 사람으로서 전자/후자

c.. I have three brothers : one is in Pusan, another in Taegu and the third in Seoul.
→ 한 사람 /또 한 사람은 /세 번째 사람은

cf] The first in Pusan, the second in Taegu and the third in Seoul.
One brother fought for the Union and one for the Confederacy.

d.. In Three, two, one, lift off!

e.. To know is one thing and to teach is another. → 한 가지 사실 /또 (다른) 한 가지 사실

f.. "Have you any books on farming? I'd like to borrow one." → 하고 싶어요. 대동 -- 한 권을 말이다

cf] She bought ten books : two of them are on economics and the others on physics.
두 권은 /그 외 모두는 : 그 외 다른 것들로서 그 외 모두
vs Some of them are on economics and others on physics.
몇 권은 / 다른 것들은 : the의미가 없을 뿐이다 뜻하는 의미=일부는 -- 다른 일부는

plus] I'd like coffee. vs I'd love coffee.
like=좋은 것으로서 ok/want love=like 강조로서 정말로 ok/want //정말로 좋아해요//사랑해요
···› 나는 하겠어요, ok하겠어요, 커피에 말이다/나는 하고(would) 싶어요(like). -- .
vs 나는 하겠어요, 정말로 ok하겠어요, -- . /나는 정말로 하고 싶어요. --- .

plus-4

✠ **대명사의 U/C 의미** — 일반적으로 명사를 대신하기 때문에 U/C의미가 나온다.

a.. To consider Mike's schedule, he watches 'Today on NBC' at 6 am, 'Good Morning America' at 7:30 am, After breakfast, 'The Oprah Winfrey' at 9 am.
That /This was for the morning. (관찰하여) 두뇌를 작동시킨 것 ↗상황이 인데 다수의 신규 (코로나)
→ 그것은 /이상은 -- **U의미** : 하나의 (추상적인) 덩어리로 **plus]It is a lot of new cases.** 발생환자가 생긴 상황이다.
(it=상황을 의미하는 U의미
lot=다수를 의미하는 C의미)
or Those /These were for the morning.
→ 그것들은/ 이것들은 -- **C의미** : 여러가지 구체적인 사실로 (관찰하여) 두뇌를 작동시킨 것

b.. All is well that ends well. All were quiet in the room.
→ all=U/C 의미 : 사물=단수 사람=복수 cf]All a man is ARAMIS after shave balm. all=adv.
↳모든 어떠한 남자도 ---, ARAMIS=화장품 이름

관계대명사의 U/C의미

add] 관계대명사=U/C의미로서 단복대명사

a.. The 10:15 train, which is usually very punctual, was late today.
A crocodile is a large reptile that lives on land and in lakes and rivers in the hot wet parts of the world. **: C의미 단수**

b.. -- the residents who live in the cottage.
-- the lions which live in Africa **: C의미 복수**

c.. I went to Cheju-do, which is one of the most beautiful views in Korea.
Temperatures were relatively mild throughout the country yesterday, which was 'Sohan' by the traditional seasonal division. **: U의미 비수**

cf] The worker of today is different from the worker of yesterday - a world without yesterdays or tomorrows. ❈ yesterdays/tomorrows=**C의미 복수**
❈ the worker=**지정대표[전체] 단수** -- 한 사람 지정이 아님 : '그 노동자' 가 아니라 그냥 '노동자'

☞.. 이해는 (언어에 대한 basics를 알았디면) 최종적으로 단어의 최종적인 뜻인 감주로 이해한다.
↘그러면 영어말투가 형성되고 영어말투에 익숙해진다.

plus-5

✠ 사람 부정대명사와 인칭대명사(they, he, she) 관계

▭ 사람 부정대명사 —— 집단대명사/지정대명사
전자=everyone[everybody]
후자=anyone[anybody], someone[somebody], no one[nobody]

① everyone /everybody

=모든 사람 (all the people in a particular group) — **집단대명사**

a.. Everyone has their/his own ideas about the best way to bring up children.
Everyone in favor of this proposal please raise their/his hand.

▭ 구성체로 관찰=their 집단으로 관찰=his
시동=제발 들어 주면 해요[주면 좋을 텐데], 자기 손을 말이다. Tip)손은 각자 한 손을 드니 단수의미

raise=바람 의미원성립 Tip)their/his own idea도 가능
he=그 남자/그 동물(male gender) /그 사람(the person)
: The modern traveller can go where he likes. ※where=명사[대명] 접속사
He who likes travel is broad-minded. ※opp. narrow-minded

b.. Has everyone finished their drinks /his or her drink?
모든 사람이 집단의 사람이거나 남성이면 he, 여성이면 she로 받는다 : StE /Formal E
구성체이면 they로 받는다 : infml E Tip)their drink도 가능 : drink=각각으로서 단수의미
vs drinks=각각 모두로서 복수의미

② anyone /anybody

=어떤 사람도 /어느 누구라도 (any person) — **지정대명사로서 강조 부정지정**

Anyone can do it if they try /if he or she tries.
▭ anyone이 여러 사람을 두고 한 표현이면=they(자기네 들이) : infml E
▭ 그냥 사람 또는 남성을 두고 한 표현이면=he (자기가) ▭ 여성을 두고 한 표현이면=she (자기가)
cf] She is not here for any body-shaming. 해자 어떤 몸의 수치심을 느끼게 하기 위해서
'ab', any one of the muscles that cover a person's stomach. 어떤 하나/어떤 것
↳ An athlete doing exercises to tone his abs. 복근 (abdominal muscle)

③ someone /somebody

=어떤 사람 /누군가가 (some person /a person) — **지정대명사로서 그냥 부정지정**

a.. Someone has parked their/his/her car right in front of mine.
주어로 쓰일 때는 단수동사와 의율이 되지만, 어떤 사람으로 여러 사람을 두고 한 표현이면 they로, 그냥 사람 또는 남성을 두고 한 표현이면 he로, 여성을 두고 한 표현이면 she로 표현하면 된다.

b.. Someone's left the door open, haven't they?

c.. She fell in love with someone and ran off with him.

d.. He fell in love with someone and ran off with her.

cf] My fellow American, someone, asked me.
⇒ 어떤 사람 대신으로 부정관사 뇌로 작동시키면 : A fellow American of mine asked me.

④ no one /nobody

=어떤 사람도[어느 누구도] 하지 않는다 (no person) — **지정대명사로서 강조 부정지정**

: **Nobody has parked their/his/her car right in front of mine.**

nobody가 여러 사람을 두고 한 표현이면 **they**로
그냥 사람 또는 남성을 두고 한 표현이면 **he**로
여성을 두고 한 표현이면 **she**로 받으면 된다.

아무튼 부정대명사는 단수 단어이기 때문에 단수동사[singular verb]와 의율이 되고, 사람일 때 단수(singular)로 받으면 **StE/formal E**가 되지만, 복수(plural)로 받으면 **infml E**이 된다.

vs None of my children has/have blonde hair. None of the houses has/have a large garden.

단, none=사람/비사람 부정대명사로서 단수 또는 복수

-- 어떠한 사람[것]도 아니다 (not one/not any)

: • "Have you any money?" "No, none at all [none whatever]."

• There' s none left.

vs Certain of these questions have never been answered.

Certain of his classmates walk to school every day. certain **부정대명사**=어떤 부분들[사람들]

cf] We have demonstrated that nobody. -- 한 일이 없는 것인데 그런 누구에게도 말이다.

vs No one from the White House. That was a D.O.J decision.

-- 비사람으로서 어떠한 것도 없다. (D.O.J=Department of Justice **법무부**)

plus-6 ✠ **부정대명사 (indefinite pronouns)와 형용사 관계**

— 관계형용사 영뇌로 설가뇌

→ everybody/everyone anybody/anyone somebody/someone nobody/no one
/everything /something /anything /nothing

a.. **What was needed was someone practical.** b.. **someone important/poor**

c.. **They are doing everything possible to take care of you.**

vs a.. **He's got to repay the money. Poor him!** b.. **She's been promoted. Lucky her!**

— 일반대명사=일반형용사 영뇌로 설주뇌 : 명사와 같고, 부정대명사가 아니다.

plus-7 ✠ **대명사 associate** — 단어 associate

a.. **Do you know who is us?** 우리 --> 우리편

b.. **She was heard to lock the door.**

그녀 → 그녀 행위 : 그녀의 행위는 였는데 즉 들렸다. 대동 잠그는 것, 문 잠그는 것으로 말이다.

c.. **I was made to move my car.**

나 → 나의 행위 : 나의 행위는 졌는데 이루어 졌다. 대동 옮기는 것으로 차를 말이다.

d.. **I was misquoted.** 나 → my words : 내 말은 되었는데 잘못 인용되었다.

e.. **We are all sold out.** 우리 → 우리의 것 : 우리의 것은 다 팔려 나갔다. *are=은

f.. **That isn' t just me.** 내 → 내 것[mine] : 그것은 아닌데 바로 내 것이 아니다.

plus-8 ✠ **us가 me인 경우 : British infml E**

IIIII.. Give us a kiss. us=me : 우리말과 같다. 우리 마누라할 때 우리가 내 마누라는 뜻이다.

plus-9

✠ 복수 표현이 가능한 부정대명사형 명사 : nobody /somebody /something

1 nobody=① noun plural –bodies. a person of no importance, influence, or power.

: "Your posse are nobodies." "Nobodies are somebodies, too!"

시동=별볼일 없는 사람도 쓸모가 있다 /쓸모가 있는 사람이다.

② pronoun=no person; not anyone; no one : **Nobody answered, so I hung up.**

2 somebody=① noun, plural –bodies. a person of some note or importance

② pronoun some person.

※posse n. slang a group of friends or associates 끌어 모은 대원들[친구들/측근들]

vs slang underling 졸개/쫄병

3 Most American twenty–somethings do not read about politics.

시동=대부분의 20대의 미국 사람들

ııııı .. **나이숫자–something**=대략의 대수(帶數) 나이 또는 그런 대수에 속하는 사람

: **He's 30–something.** (그는 30대쯤 된다.)

↳ between thirty and thiry–nine [thirty to thirty–nine years old]

ııııı .. **숫자–something**=대략크기(approximate amount)

: **30–something volunteers**=30명 남짓되는[쯤되는] 자원봉사자들

ııııı .. **or something (like that)** 시동=「(또는) 뭐 그쯤 되는 것/대략 그쯤되는 것」

(infml) used when you are not sure/certain, but you refer to something similar to what you have just mentioned : **The train gets in at 5 : 17 or something (like that).**

The air fare is about a hundred and fifty–five dollars or something like that.

plus-10 ✠ 소유격을 주격 존칭으로 쓰는 관습적 E와 infml E

a.. **Yes, Your Honor! Please, welcome His Honor, the mayor.**

We request a recess, Your Honor.

시동=맞습니다. 그대 자랑스런 재판장님! / –– 그대 자랑스런 시장님

/ –– 그대 자랑스런 시장님/재판장님[a title for a judge or mayor : **관습적** E]

your=상대방 존칭으로서 '그대'

b.. **Always love your mother, 'cause you never get another.**

–– 애기가 엄마에게 하는 말 [infml E]

시동=늘 사랑해요, 당신 mother를 말이다. 왜냐하면 당신은 결코 되지 않기 때문이다.

또다른 사람으로 말이다 –– **엄마자체를 your 존칭으로 가리킴**

your=상대방 존칭으로서 '당신' ∴ **your=일반적 표현 또는 존칭**

cf] Mr 존칭 –– 일반적 표현 또는 존칭 ⟿ Mr[BrE] Mr.[AmE]

[일반적 표현=m: man 존칭=m: man r: respect]

: Mr Chairman, Mr President (각하), Mr Speaker : **an honorific title for a man**

vs Mr Smith, Mr John Smith, Mr Hong, Mr Kildong Hong : a usual title for a man

vs Madam President 대통령 (영) 부인/여자 대통령 Madam Chairman 여 의장[회장]

: **an honorific title for a woman**

⋯› **소문자로 쓰면** derogatory language : She is a little madam.

plus-11 ✠ 재귀대명사 (reflexive pronouns)

□ 주어/목적어 의미 : a.. John killed himself. compare] John killed him.

b.. I'm sure history repeats itself. c.. She and yourself went there.

□ 강조 의미 : 특히 강조의미일 때는 대명부사로서 부사로 취급해도 좋다. 주기능이 아니기 때문이다. 그러면 표현과 이해의 자유도 생긴다. 뜻하는 의미는 of oneself, by oneself, for oneself와 같다.

a.. Ann poured a drink herself. The house itself is ugly.

b.. Here's the money, you can go and buy yourself a watch.

caution] 재귀대명사는 단독으로는 주어가 될 수 없다. tip)applied/absented/presented=자동과분사 or 자동형용사

a.. She and yourself went there. She herself went there. You yourself went there.

b.. He applied himself to reading. ···› He was applied to reading.

c.. I absented myself from school. ···› I was absented from school. or I was absent from school.

d.. She presented herself at the party. ···› She was presented at the party. or She was present at the party.

✠ absent=시야에서 벗어나 있는 것[보이지 않는 것]으로서 결석하는 것[불참하는 것]

: from과의 의율은 BNW에서 찾아야 한다. [a: away from or b: 벗어나는 것 s: see]

tip)of oneself=즉 자기 스스로서 저절로 : The door closed of itself.

by oneself=행자 자신만으로서 홀로 : He sat all by himself. I carried it all by myself. (all=완전히/모두)

for oneself=해자 자신만의 힘으로서 독력으로 : They had to fend for themselves while their mother was away.

-- 시동=즉 저절로/행자 홀로[혼자서]/해자 독력으로 cf] a bedroom to myself (-- 인데 대자 내 자신만 쓰는 방)

extreme caution]뜻하는 의미로 'without help'가 될 수 있는 것은 by oneself도 for oneself도 가능하다.

plus-12

✠ This is Patrick, Adam and Mary. This is Mr and Mrs Baker. (when you are introducing people)

That's my story, your story, and so many other Americans' story. : Michelle Obama

-- This(이분) /That(그것)로 각각 해당시킴 : 언어의 분배법칙

vs These are Patrick, Adam and Mary. -- 바로 모두를 해당시키는 것 : 이분들은

Those are my story, your story, and so many other Americans' story. : 그것들은

plus-13

✠ Few believed the story. **본래의미**=적은 수의 사람 **뜻하는 의미**=(믿었던) 사람이 별로 없다

vs A few believed the story. **본래의미**=한 몇명 정도 되는 사람 **뜻하는 의미**=(믿었던) 사람이 조금 있다

vs A number believed the story. **본래의미**=한 수명[수~명]이나 되는 사람

뜻하는 의미=some(몇 명) /several(여러 명) /many(다명 多名/수 많은 사람)

plus-14 ✠ 소유격 대신 목적격 또는 주격을 쓰면 infml E가 된다.

a.. Fix us economy or fail like Europe. b.. Join us Dubai company.

c.. We, people urged that the restrictions be lifted.

→ us/us/We=infml E ···› our/our/Our=formal E / StE ＊fail=(주어) 전제 infml E : we fail

시동=고쳐라. 우리들 경제를 말이다. 그렇지 않으면 실패한다. /우리 국민들은 촉구했어요, ---.

: investor confidence 투자가 신뢰(지수) vs investor's confidence : formal E / StE

cf] It's me. You and me made a baby. Are us working 8 hours?

→ me/us=infml E ···› I/we=formal E / StE

10. 동명사 영뇌[GE NB]

해야할 일-- 원래 언어는 생활 속에서 뜻이 얻어진 것이다. 원어민들처럼 **동명사 말**을 배우려면 여러분들의 두뇌를 생활 속에서의 뜻으로 동명사 영뇌를 습관화시켜라. 특히 BEis, IS **영뇌로 습관화 시키되**, (생활 속에서의 뜻이 용해된) free **감주**로 습관화시킨다.

☜.. 생활 속에서의 뜻=외국인과 생활하면서 느껴지는 뜻이자 실제로 적용된 뜻(≠사전의 원형적인 뜻)

❈ 동명사 영뇌란 :
IS 두뇌로 묻는 말 /감탄말 /종속접속사 /전치사 /동사 /대명사를 동사사실 의미 또는 그 확장의미로 그냥 서술적으로 설명해 나가는 뇌
요컨데, 비연결 설명어

또는 기본어[주어]로 먼저 말하는 뇌

---

vs 한뇌
=먼저 말하는 뇌 : 근본적인 버그단어

▭ 동명사
=동사명사[verbal noun]로서 동사서술 명사
⇛ U의미 동사 추상체
동사서술 명사는 title 명사가 아니다.
그래서 셈 단어와 복수 sign으로 셈할 수 없다.

▭ **명사**=존재하는 모든 것에 title를 붙인 것으로
사실의미 보유,

그래서 **동명사 BNW**=동사사실 의미
: (하는 것을 하는 사실로서) 하는 것을 하는 것
/((하고) 하는 사실로서) (하고) 하는 것
/(하고 있는 사실로서) 하고 있는 것

-〉 (하고) 하는 것을 하는 것/한 것/할 것[EM]
//하고 있는 것을 하는 것[EM]

주의] EM은 bnw-BAM이고,
IM은 im-BAM이다.

vs to 부정사 BNW=(to 원동사로서) to 본동사의미

▭ **동명사**=동사명사이기 때문에 동사기능과 명사기능
동사기능=자기주어/목적어/보어/보조어를 가질 수 있다.
명사기능=(비셈) 형용사로부터 설명을 받을 수 있고,
주어/목적어/보어, 즉 주기능이 될 수도 있다.
❈ 자기주어=동명사 주어

▭ 한국 사람들의 가장 큰 취약점 :
영어 읽는 법을 모르고 있음 ⇛ 감각적 주파수
+ free 영뇌, 특히 free 감주에 약하다.
+ 한뇌로 이해,
즉 있는 그 위치에서 바로 무한글로 이해하지 못함

+ 말[소리]자체/글자자체가 뜻이자 A상황인데
자꾸 해석하거나 이미지를 그려서 이해하려고 함
특히 해음/해자 영뇌에 약함
+ BNW를 느끼지 못함, 즉 BAM으로 이해하는 기술이 없음

+ 문자값으로만 이해하거나 기억하지 청구(聽口) 소리
값으로 더 뇌화 되어 있지 않음
+ 동명사/부정사 수반 동사를 무조건 외우고 있음
즉, 뜻으로 바로 이해하지 못함

+ forget/remember/deny/regret 뒤에만 동명사를
과거사실(finished action)로 고정시키고 있음

+ 감각적 주파수로 영어가 머리 속에 남아 있지 않고,
한뇌로 한글로 이해한 후 암기하고 있다.
+ 설가뇌로 발달되어 있지 않음
특히 영어는 감각적 주파수로 문맥이 보여야 함
+ 단문보다 story뇌에 약함
+ 영어주파수, 즉 vocal 감주에 약함
+ 감각적 주파수로 이해하는 데 약하다.
+ 생활 속에서의 뜻[소리]에 약함

☜.. 영어는 언어로서 그 기능을 다해야 한다. 그게 바로 "감주"이고, 그러려면 많이 듣고 독서도 많이 해야한다.

1) 동명사 영뇌[GE NB]

IS 두뇌로 묻는 말 /감탄말 /종속접속사 /전치사 /동사 /대명사를 동사사실 의미 또는 그 확장의미로 그냥 서술적으로 설명해 나가는 뇌 요컨데, 비연결 설명어 또는 기본어[주어]로 먼저 말하는 뇌

묻는 말=조동사 /HB동사 **동사**=원동사[조동원동사/to원동사] /현동사 /과동사 /과분사 /현분사

① 묻는 말을 설명해 나가는 뇌

IIIII.. Does /slow cooking /make /tough meat tender? (or Does /-- cooking make /tough --?)

영뇌=가→ 설→ 설′ → 설″ : BEis-Os

or I + I + I + I : I-Os or S + S + S + S : S-Os

How to Read[Speak]=Doesslow cookingmake toughmeat tender?

: BEis/IS로 되어 있는 것을 감각적 주파수로 이해한다.

즉 한 단어처럼 뒷말과 말하면 저절로 이해가 발생한다.

시동= vocal 감각적 주파수로 ↗**그러면 영어말투가 형성되고 영어말투에 익숙해진다.**

(BEis/IS 영뇌가 될 때까지) F3+E2 강하게 말하기

▭ 여기서 동명사=(하는 것을 하는 사실로서) 요리하는 것을 하는 것

(더즈슬로우=slide F + ER or cramp F : oe=o지배음가 : 아, 어의 중간 감정음가)

▭ 조동사로 먼저 개략적으로 묻고, 형용사 설명을 받아 동명사로 설명해 나가면서, 다시 원동사로 설명해 나가는 뇌 : BEis-Os

☜.. **我必 Free 감주 간직하기**=Does cooking make meat tender? | Free 감주 간직하기

↗ 대동의미로서 '그런가/하는가'

시동=그런 가[하는 가]? 천천히 요리하는 것을 하면 되는 가[만드는 가], 질긴 고기도 부드러운 상태로[부드럽게] 말이다?

cooking=kitchen 공간에서 일하는 것을 하는 것으로서 요리하는 것을 하는 사실

[c: 공간 oo: 움직이는 것으로서 일하는 것 k: kitchen ing: 동사사실 음가로서 하는 것을 하는 사실] **소리**: COOking=slide 주파수 oo=u: 감정음가

↘ ☜.. **major 감주**= --- slow cooking -- tough meat tender?

: Is painting your hobby?

Has the cooking tough meat?

시동==그림 그리는 것을 하는 것[또는 하는 사실로서 그림 그리는 것] //가지게 되는 가, 그렇게 요리하는 것을 하면 질긴 고기로 말이다? /생기는 가, ----, 질긴 고기가 말이다?

☜.. 5W1H Short Talk Drill ⇒ Teacher : What does the tough meat turn into/to, if you cook slow? Student : Tender meat. or The tough meat turns into/to tender meat. [=It turns]

— 전자는 말[대화]이 끊어지지 않게 (short하게) 말한 것이고, 후자는 상대방 말을 (재)활용해서 (좀 길게) 말한 것이다. 그러면 말을 쉽게 할 수 있다.

Remember] 매일 매일 (생활 속에서의 뜻이 용해된) **감주 Free 영뇌, 즉 free 감주**를 증가시켜라. 이것이 바로 실력이다. 그리고 감주는 선인 영뇌각인으로 낱개영뇌에 의해 형성된다 : 일종의 영뇌의군

② **감탄말을 설명해 나가는 뇌**

IIIII.. How hard /being a teacher /is!

영뇌=기→ 설→ 설′ : BEis-Os

or I + I + I + I : I-Os or S + S + S + S : S-Os

How to Read[Speak]=Howhard beinga teacheris!

: 먼저 감각적 주파수로 이해한다. 그러면 저절로 이해된다. 이때 이해는 소리본체에서 느껴진다.

시동= vocal 감각적 주파수로 (자동 설가가 될 때까지) F3+E2 강하게 말하기

▭ 여기서 동명사=((되고) 되는 사실로서) 된다는 것 (hard=형용사)

(비ㅇ어/비ㄴ어=slide F : 후자소리=g폐쇄 infml 소리)

▭ 먼저 감탄으로 감정을 표시하고, 동명사로 설명해 나가면서, 현동사로 설명해 나가는 뇌 : BEis-Os

.. 我必 Free 감주 간직하기=How hard!

시동=얼마나 어려운가, 된다는[되는] 것인데 선생이 된다는[되는] 것이 말이야!

*is=동질연결로서 '이 말이야' | **Free 감주 간직하기**

being=되는 사실[즉 되고 하는 사실]로서 된다는 것

[be: 동질변화로서 되는 것 ing: 동사사실 음가로서 되는 사실]

소리: BEin(g)=post 점형 주파수 /내성음 slide 주파수(잉/인으로 극저음)

vs --- to be a teacher ---!

IS영뇌 작동시 to 부정사와 다르게 작동해야 한다. 일반적 본동사 의미로서 일반적으로 대동 되는 것이고, 동명사는 동사사실 의미로서 되고 하는 사실로서 되는 것이다.

③ **종속접속사를 설명해 나가는 뇌**

IIIII.. When /closing the shop /is done, //call /me.

영뇌=전설→ 설′→ 설′′ ⇨ 기→ 설 : BEis-Os

or I + I + I + I + I : I-Os or S + S + S + S + S : S-Os

How to Read[Speak]=When closingthe shopis done, callme.

: 먼저 감각적 주파수로 이해한다.

시동= vocal 감각적 주파수로 (BEis/IS 영뇌가 될 때까지) F3+E2 강하게 말하기

▭ 여기서 동명사=(하는 것을 하는 사실로서) 닫는 것을 하는 것 /((하고) 하는 사실로서) 닫는 것

(클로징더/클로진더=ER F : 후자=g 폐쇄 infml 소리 done=단주 또는 장감주 가능 — 장감주가 더 단음이다)

▭ 먼저 개략적으로 시기를 말하고, 동명사로 설명해 나가는 뇌 : BEis-Os

.. 我必 Free 감주 간직하기=When the shop closed, call[phone] me.

시동=언제냐 하면 닫는 것을 하는 것, 즉 가게 닫는 것을 하는 것이 이루어 졌을 경우 그럴 때 전화해, 나에게 말이다.

/닫는 것, 즉 가게를 닫는 것이 이루어 졌을 경우 ※ is= '이' '그럴때' =**문맥** associate | **Free 감주 간직하기**

✠ **우리말 '하는 것'** =원동사의 자체의미 또는 본동사 의미로서 하는 것

/동명사의 동사사실 의미로서 하는 것

closing=하는 것을 하는 사실로서 문 닫는 것을 하는 것/(하고) 하는 사실로서 문 닫는 것

[close + ing: 동사사실 음가로서 (하는 것을) 하는 사실 ◀ in=들어가는 것으로서 하는 것 + g: gerund or n: noun으로서 사실]

소리: CLOsing=ER 주파수 o=ou: 철자음가[알파벳음가]+감정음가

close=보이지 않게 막는 것으로서 닫는 것, 즉 (문 따위를) 닫는 것 /영업마감

/완전히 울을 쳐서 보이지 않게 하는 것으로 완전히 닫는 것, 즉 영업폐쇄

[c: 울(타리)를 친 모양 l: 막는 모양 se: see no 's' 원형 자체의미: ending letter가 no 's' 인 것]

☞.. 시동으로 (영어) 글자/말 자체에서 뜻이 보이거나 상황이 (머리 속에서) 보이면 된다 : IS 영뇌

④ 전치사를 설명해 나가는 뇌

A.. Sarkozy /against /wearing of Burqa. [=Wearing Burqa]

영뇌=기→ 설→ 설′ : BEis-Os

or I + I + I : I-Os or S + S + S : S-Os

How to Read[Speak]=Sarkozya/gainst wearingof Burqa. : 먼저 감각적 주파수로 이해한다.

영뇌 상급자에게는 감각적 주파수는 주로 I영뇌로 작동한다.

시동= vocal 감각적 주파수로 ↘ ☞.. **major 감주**= Sarkozy against --- Burqa.

(BEis/IS 영뇌가 될 때까지) F3+E2 강하게 말하기

▭ 여기서 동명사=(하는 것을 하는 사실로서) 입고 다니는 것을 하는 것

(사-코지어게인스/사-코지어게인스트=retro-root F + slide F : t 폐쇄와 비폐쇄 : 분리 감주)

▭ 전치사로 먼저 개략적으로 말하고, 다시 동명사로 구체적으로 설명해 나가는 뇌 : BEis-Os

☞.. **我必 Free 감주 간직하기**=Sarkozy against Burqa. ✠ Burqa=무슬림 여성들이 앞을 가리는 dress

시동=사르코지 불란서 대통령은 반대했어요, 입고 다니는 것을 하는 것인데, 즉 부르카를 말이다. | Free 감주 간직하기

wearing=하는 것을 하는 사실로서 입고 다니는 것을 하는 것

[wear + ing: 동사사실 음가로서 하는 것을 하는 사실]

소리: WEaring=slide 주파수 a=어: 약한 감정음가

wear=다닐 수 있게 걸치는 것으로서 입는 것 wear of=**함께동사 : 타동사의 발전 English** [=wear]

[w>v+v : 피부에 무언가 걸치거나 입은 모양 r > run : 이리 저리 다니는 것 no 's' 원형 자체의미]

B.. I am sure /of /his having been honest. [=him having]

영뇌=기→ 설→ 설′ : BEis-Os | Free 감주+我必 Free 감주 간직하기

시동=나는 확신해요, 즉 그가 가졌다는 것인데, 했던 것, 정직했던 것을 말이다. ❈ am= '는' his/him=동명사 주어

여기서 동명사=동사 사실의미가 발생한 것 (finished action)

-- 하는 사실을 한 것으로서 가지는 것을 한 것[EM]--> 가졌다는 것[IM]

[have + ing: 동사사실 음가로서 하는 사실을 한 것]

been=발생으로서 했던 것 ⇦ **be동사**=존재 /상태 /발생 /동질 /동질연결 /동질변화 -- 등등

⑤ 동사를 설명해 나가는 뇌

A.. Scientists report /finding /a steamy 'Waterworld' planet.

영뇌=기→ 설→ 설′ : BEis-Os

or I + I + I : I-Os or S + S + S : S-Os

How to Read[Speak] ↗파인딩어스티-미=강약강 감주 어=극저음

=Scientistsreport findingasteamy 'Waterworld' planet. : 먼저 감각적 주파수로 이해한다.

시동= vocal 감각적 주파수로 (자동 설가가 될 때까지) F3+E2 강하게 말하기

▭ 여기서 동명사=동사사실 의미가 발생한 것 — (하는 사실을 한 것으로서) 발견하는 것을 했다는 것

(사이언티스리포-트=slide F + trapezoid F : ts 폐쇄=청취시 폐쇄되도 복수동사에서 복수의미를 느끼면 된다.)

▭ 주동으로 먼저 개략적으로 말하고, 동명사로 설명해 나가는 뇌 : BEis-Os

☞.. **我必 Free 감주 간직하기**=Report finding a steamy planet. | Free 감주 간직하기

시동=과학자들은 발표했어요, 찾아내는 것을 했다고, 증기로 된 '수 세계' 행성을 말이다. IM=찾아냈다고

finding=하는 사실을 한 것으로서 찾는[발견하는] 것을 했다는 것(finished action : EM) ❈ report=발생현재

[find + ing: 동사사실 음가로서 하는 사실을 한 것] **소리**: FInding=slide 주파수 i=ai: 알파벳음가

find=파서 들어가 발견해 내는 것으로 찾아내는 것
[f+in : 파서 들어가는 것 d : discovery no 's' 원형 자체의미]

명사로서 finished action

cf] Susan could barely remember the ride to the hospital.
타고 갔다는 것 : 명사로서 한 사실[finished action]

: a.. -- reported /finding ---. **영뇌=기→ 설** : BEis-Os
→ 과동사 설가 시동=보도했어요, 찾아 내는 것을 했다고 말이다.
: Woods says he was not drinking that night. -- **DUI로 체포된 후 다음날 나온 말**
시동=아니었는데 술을 먹은 것은 아니었다고 말이다 <-- 술 먹는 것을 한 것으로서 술을 먹은 것

있지는 않았다고, 그날밤에 말이다.
하고있지 않았는데 술을 먹고
↗**일반현분사 영뇌일 경우**

b.. -- are /reporting /finding ---. **영뇌=기→ 설→ 설′** : BEis-Os
→ 현분사 설가 시동=있는 데 보도를 하고 있는 데, 찾아 내는 것을 했다고 말이다.

caution] 부정사는 s동사 이전 상황으로 갈 수 없으므로 s동사 이전 상황으로 가려면 시실 의미를 보유한 동명사 또는 event 소유 부정사로 표현한다.

B.. Your dress has /needed /mending.
영뇌=기→ 설→ 설′ : BEis-Os

- ▭ 동명사=(하는 것을 하는 사실로서) 고치는[수선하는] 것을 하는 것 : 과분사 설가
- ▭ 주동으로 먼저 개략적으로 말하고, 능동 event로 설명해 나가면서, 동명사로 설명해 나가는 뇌

| Free 감주+我必 Free 감주 간직하기

시동=자네 dress는 가지고 있어요, 필요로 했던 것인데 고치는 것을 하는 것으로 말이다.

mending=하는 것을 하는 사실로서 고치는[수선하는] 것을 하는 것
[mend + ing: 동사사실 음가로서 하는 것을 하는 사실] **소리**: MEnding=slide 주파수 e=에: 철자음가
mend=손상부분을 만져서 고치는 것으로서 고치는 것/수선하는 것
[m: 만져서 고치는 것 d: damaged no 's' 원형 자체의미]

C.. He will not /dislike /your[you] denying everything.
영뇌=기→ 설→ 설′ : BEis-Os

- ▭ 동명사=(하는 것을 하는 사실로서) 부인하는 것을 하는 것/(하는 사실을 한 것으로서) 하는 것을 한 것
- ▭ 주조로 먼저 개략적으로 말하고, 조동원동사를 설명해 나가는 뇌 : 조동원동사 설가

시동= a) 그는 하지 않을 것 같다. 즉 싫어하지 않을 것같다. 네가 부인 하는 것을 해도 모든 것에(을) 말이다.
뜻하는 의미= -- 네가 부인을 해도 ------ .
b) -- 네가 부인 하는 것을 한 것도 모든 것에(을) 말이다. | Free 감주+我必 Free 감주 간직하기
뜻하는 의미= -- 네가 부인한 것도 모든 것에 말이다. c) --- 너의 부인, 만사 부인을 말이다.

denying=하는 것을 하는 사실로서 부인하는 것을 하는 것/하는 사실을 한 것으로서 부인하는 것을 한 것
[deny + ing: 동사사실 음가로서 하는 것을 하는 사실/하는 사실을 한 것] **소리**: deNYing=cramp 주파수
deny=하지 않는 것으로서 인정하지 않는 것/부인하는 것 [d: do n: not no 's' 원형 자체의미]

D.. The plan /to try growing potatoes /is not right.

영뇌=기→ 설/설 : BEis-Os

▭ 동명사=((하고) 하는 사실로서) (재배하고) 재배하는 것 : to원동사 설가

▭ 명사를 먼저 to로 설명해 가면서, 이 to를 원동사로 설명해 나가고, 이 원동사를 동명사로 설명해 나가는 뇌

시동=그런 계획, 대동 해보고자 하는, 재배하는 것을 해보고자 하는 계획인데, 감자를 말이다. 그런 계획은 아닌데 옳은 것이 아니다. ※ is= '동질/동질연결' 로서 '그런 계획' | Free 감주+我必 Free 감주 간직하기

⑥ 대명사를 설명해 나가는 뇌

ıııı.. It's /difficult /finding my way in a strange city. [=Difficult finding --- . : infml E]

영뇌=기→ 설/설 : BEis-Os (단, 뒷설의 기본어= 's 제외 'it' referent=finding부터)

or I + I + I : I-Os or S + S + S : S-Os

How to Read[Speak]=It'sdifficult finding mywayina strangecity.

↘ 약강약 감주 ↘ 비약음 감주

: 먼저 감각적 주파수로 이해한다.

시동= vocal 감각적 주파수로 (BEis/IS 영뇌가 될 때까지) F3+E2 강하게 말하기

▭ 동명사=(하는 것을 하는 사실로서) 찾는 것을 하는 것/(하는 사실로서) 찾는다는 것

(이ㅌㅅ 디피컬/디피컬트=slide F + slide F : t폐쇄와 비폐쇄)

▭ 먼저 주동으로 요지를 말하고, 형용사로 설명해 나가면서, 동명사로 다시 대명사 주어를 설명해 나가는 뇌 : BEis-Os

我必 Free 감주 간직하기= Difficult finding my way in strange city. | Free 감주 간직하기

시동=그것은 어려워요, 즉 찾는 것을 한다는 것[찾는다는 것]인데 내 길을 내소 어떤 낯선 도시 내소에서 말이다.

finding=하는 것을 하는 사실로서 찾는 것을 하는 것/하는 사실로서 찾는다는 것

[find + ing: 동사사실 음가로서 하는 사실] **소리**: FInding=slide 주파수 i=ai: 알파벳음가

cf] it의 referent 동명사와 to부정사의 BEis 영뇌 작동 :

ıııı.. **It's difficult finding my way in a strange city. =It's difficult to find my way in a strange city.**

전자=it의 referent=동명사 부터 -- 즉 찾는 것을 한다는 것인데

→ it으로 먼저 referring forward로 느끼고 finding으로 it을 그냥 설명해 나가는 뇌

후자= it의 referent=to부정사 부터 -- 대동 찾는 것은

→ it으로 먼저 referring forward로 느끼고 to로 it을 설명해 나가는 뇌로 작동시키면 된다.

⑦ 기본어[주어]로 먼저 말하는 뇌

A.. Jenny's not having /been trained /as a dancer /is her one regret.

영뇌=기→ 설→ 설'/설 : BEis-Os

or I + I + I + I : I-Os or S + S + S + S : S-Os

How to Read[Speak]=Jenny'snot havingbeentrained asadancer isher oneregret.

: 먼저 감각적 주파수로 이해한다.

시동= vocal 감각적 주파수로 (BEis/IS 영뇌가 될 때까지) F3+E2 강하게 말하기

▭ 여기서 동명사=(하는 사실을 하지못한 것으로서) 갖는 것을 갖지 못했다는 것

(해비-인=stair F : ving 폐쇄[탈리] 애즈어/애저=slide F : 비합성 감주와 합성 감주 이즈히=slide F) | Free 감주 간직하기

시동=Jenny가 갖는 것을 갖지 못했다는 것, 즉 있었던 것, 훈련 받은 사실이 있었던 것을, 즉 댄서로서 갖지 못했다는 것은 (인데) //것, 그것은[이것은] 그녀가 후회하는 한 가지 사실이다. ✠ as=is동질로서 즉 is= '동질연결' 로서 은/인데 // 그것[이것]은

我必 Free 감주 간직하기= Jenny's not being trained as dancer is regret. ↳ '은/인데 // 그것[이것]은' 동질

/Jenny's one regret is her not having been trained as dancer.

B.. Farming /in a vegetable plot /is hard work.=가→ 설/설 : BEis-Os (보설 : 뒤로 이동 가능)
시동=농사짓는 일을 한다는 것은 내소라하더도 (비록) 난수밭[채소밭] 내소라 하더라도 그런 농사는 어려운 일이다.

▣ 동명사의 주어와 비주어를 표현하는 법 — 소유격/목적격/주격으로 표현 ↗ 소유격일때 on my desk 표현과 같다.
=주어 기능 — 소유격으로 표현 [단, 목적격=infml E] 목적어 기능 — 소유격 /목적격으로 표현
주어/목적어 상관없이 own 수반시 — 소유격으로 표현 복합명사시 — 주격으로 표현 [단, 주격≠주어]

a.. **Your denying everything will get you nowhere.** **cf]** Him not[never/seldom] preparing dinner is good.
시동=네가 부인하는 것을 하게 되면 모든 것에 말이다. 그러면, 앞으로 하게 할 것이다.
너를 무곳으로 가게 할 것이다. 결국 너는 아무 곳도 가지 못할 것이다는 말 ✠ nowhere=무(無)곳

b.. **I do not remember my mother' s/my mother complaining about it.**
시동=불평하는 것을 했는지

c.. **He insisted on my/me reading.** ⋯→ 주장했다[계속했다]: on=작동으로서 수행/작동시키고 시키는 것으로서 계속
시동=내가 읽는 것을 하기를/했다고 -- 현재/미래 상황인지 과거상황인지 상황에 따라 판단

d.. **China speaks on US meeting Dalai Lama.** 시동=(상자/상동) 미국이 만나는 것을 하는 것에 (대해서)

e.. **This is a picture of his own drawing.** cf] picking apples : **복합명사가 아님**(따기인데, 즉 사과따기)
시동=그 사람 자신이 직접 그리기를 한 것 뜻하는 의미=그린 것 ✠ own=강한 소유의미

f.. **the Supreme Court ruling** : 대법원이 내린 판결 -- **주어 주격** **women beating** : 여자 때리기 -- **비주어 주격**

live 실전	동명사 영뇌 —— 숨 좀 돌리자! **I catch my breath!**

L- 1 .. I am very much in love with Nat, but he says he will never marry again. I try dating other men, but they don't measure up to Nat. It seems Nat could get along fine without me in his life. I don't feel the same. Tell me, Abby, "What's his problem?" -- **먼저 감각적 주파수로 이해한다. 영뇌 상급자는 free 감주로 감을 잡는다.**

with=동존방향 대상으로서 동자 -- 에게 try=설명현재 dating=동명사 영뇌로서 하는 것을 하는 것
it=referring forward → referent=Nat 이하 in=속에 있는 것으로서 빠져있는 것과 그 대상 /내범위 대상으로서 내자 -- 동안

시동=나는 있어요, 아주 내자[빠져 있는데] 사랑에 빠져 있는데 동자 Nat에게 말이다. 하지만 그는 말하고 있어요, 자기는 앞으로 결코 결혼을 다시는 하지 않을 것이라고 말이다. 나는 해보고 있어요, 데이트 하는 것을 해보고 있는 데 다른 남자들과 말이다. 하지만 그들은 나오지 않아요, 측정치가 충분히, 대자 Nat만큼은 말이다. 그런 것 같아요, 즉 Nat은 할 수 있을 것 같아요, 지내 나가기를 잘 할 수 있을 것 같아요, 없어도[무자] 내가 없어도, 내자 자기 인생 동안 말이다. (하지만) 나는 안돼요, 느끼는 것인데 그것[Nat]과 똑같이는 말이다. 말해주세요, 나에게, Abby 선생님, 무엇인지, 그 사람의 문제가 무엇인지 말이다? → **vocal 감주로 F3+E2 강하게 말하기** | Free 감주+我必 Free 감주 간직하기

L- 2 .. The Supreme Court ruling follows a recent Canadian decision making same-sex marriage legal that also buoyed the U.S. gay community. -- **먼저 감각적 주파수로 이해한다. 그러면 저절로 의음/의자가 된다.**

ruling=동명사 영뇌로서 하는 것을 한 것: The Supreme Court ruling -- (주어 주격) 복합명사 앞 '또한' =**문맥** associate
vs women beating -- **비주어 주격 복합명사** -- 여자 때리기로서 여자에게 때리는 것을 하는 것
: apple picking, Mandela remembering (만델라 추모하기: 만델라를 추모하는 것이지, 만델라가 추모하는 것은 아니다.)
that=**분설 뇌** → referent=a recent Canadian decision making=**관계현분사 영뇌** → '이 판결' =**연결설명어** associate

시동=대법원이 내린 판결[판결하는 것을 내린 판결]은 따르고 있어요, 최근 케나다에서 내린 판결을 말이다. 이 판결은 만들어주는 것, 즉 동성결혼을 합법화 시키는 것을 만들어 주는 것이고, 또한 이 판결은 또한 가슴 설레게 했던 것이었다. 미국 게이계를 말이다.

.. L-2 문장 뼈대=기본어(The Supreme Court ruling) + s동사(follows) + 연결설명어(making/that)

☞.. 이해는 (언어에 대한 basics를 알았디면) 최종적으로 단어의 최종적인 뜻인 감주로 이해한다.

2) 동사사실 의미와 그 확장의미

▭ **동명사** BNW=동사사실 의미 : 하는 것을 하는 것 ⇐ ing="in+ noun" 즉 하는 것에 명사 사실의미가 첨가 된 것으로서 하는 것을 하는 것 tip)gerund=er: verb n: noun

참고]in=입작동 명사=사실의미를 보유하고 있음

동명사 본래의미가 느껴져야 영어승차감을 탈 수 있다.

동사사실 의미=(하는 것을 하는 사실로서) 하는 것을 하는 것 /(하고 하는 사실로서) 하고 하는 것 /(하는 사실로서) 하는 것 /(하고 있는 사실로서) 하고 있는 것 /(동사사실로서) 하기 : BNW -- **비시제의미**

⇨ 하는 것을 하는 것/한 것/할 것[EM--**현재/과거/미래로 확장**]

⇨ 하고 있는 것을 하는 것[EM--**현재로 확장**] — (영어에 대한 기초지식을 알았다면) **모두 free 감주로 간직하라.**

: 이런 것들을 알아야 IS 영뇌를 to부정사와 구별되게 작동시킬 수 있다.

(단, '하는 것을 하는 것' =동사사실로서 비시제의미 또는 확장으로서 시제의미)

↱ 즉 일설 동사사실의미 또는 동사사실의미의 현과미 ∵ 본동사의미에 일설의미와 현과미가 있기 때문이다.

∴ **동명사**=원동사 + ing -- 본동사의미에 동사사실 음가가 첨가된 것으로서 동사사실 의미와 그 확장의미

tip)동명사도 현재/과거/미래 속에 들어 갈 수 있다. 동사사실의미이기 때문에 또는 본동사의미가 들어있기 때문이다.

따라서, 동명사는 to부정사와 다르다.

'Stealing is not right.' : 특허 소송에 대한 미법원의 verdict가 나온 후 Apple사가 한 말

To 원동사, 즉 to 부정사로 표현하지 않고 동명사로 표현한 것은 그 뉘앙스가 다르기 때문이다.

시동=훔치는 것[짓]을 하는 것은 아닌데 옳은 행위가 아니다 : **비시제의미** ❈ is= '은'

vs **'To steal is not right.'** 시동=대동 훔치는 것 -- **일반적 또는 설명 본동사의미**

⇒ 비가 오기를 시작한다고 할 때 두 가지 입장에서 표현할 수 있다.

말하는 그때, 즉 현재에 일어나는[비가 오는] 실제의미에 중점을 두고 표현할 수도 있고, 그리고 또, 인간은 그간 비가 오는 것을 여러 번 보아 왔다. 그래서 비가 오는 사실이 인간의 머리 속에 늘 존재하고 있는 것이다. 그런 사실이 발생하는[실현되는] 것에 중점을 두고 또한 표현할 수도 있다.

전자=**It starts to rain.** 시동=날씨가 시작했어요, 대동 비가 오기를 말이다. ❈ starts=발생현재

후자=**It starts raining.** 시동=날씨가 시작했어요, 비가 오는 것을 하기를 말이다 : **시제의미**

즉, 여기서 to 부정사=원동사의 본동사의미로서 그때 그때 일어나는 실제의미이고,

동명사=동사사실 의미로서, 즉 비가 오고 오고 하는 사실이 실현되는 의미이다.

그래서, IS영뇌 작동시 분명히 다르게 느껴져야 하고, 특히 S영뇌 작동시 서로 다르게 상황이 분명히 보여야 한다.

✠ (하는 것을 하는 사실로서) 하는 것을 하는 것 /(하고 하는 사실로서) 하고 하는 것 /(하는 사실로서) 하는 것 /(하고 있는 사실로서) 하고 있는 것 /(동사 사실로서) 하기 [BNW ⇨ bnw-BAM] :

a.. **sewing machine** **동명사**=바느질 하는 것을 하는 기계[바느질을 하고 하는 기계]로서 재봉틀 /바느질 하는 기계로서 재봉틀 vs **현분사**=바늘질 하고 있는 기계 : 진행의미

b.. **Cut along the cutting line.** → 자르는 행위를 하는 곳[자르는 행위를 하고 하는 곳]으로서 절단선

cf] dotted line : 점이 찍혀 있는 것으로서 점선 -- **과분사**

↱ 진행이 아니라 동사사실로서 하고 있는 것

c.. **I quit smoking a cigarette.** → 담배피우는 것을 하는 것[담배피우고 있는 것]인데 (까치 담배로 말이다)

Guns are for killing. → 하기 위한 것[해동], 죽이는 것을 하기 위한 것[=Guns are killing. 죽이는 것을 하는 것]

d.. **Her hobby is painting in the open air.** → 인데 그림 그리는 것을 하는 것이다. ↳ **만약 현분사**=죽이고 있다.

e.. **I object to drinking too much.** → 반대한다, 대동[즉] 술마시는 것을 하는 것에 너무 많히 하는 것을 말이다.

'Oh, That's great news, honey! What's the new position?.' 'Sitting at my desk with both feet on the floor!' ···› 앉아있는 것을 하라는 거야, 구처 내 책상 구처에서 가지고[동자] 두 발을 가지고 딱 붙이고서 바닥에 딱 붙이고서 말이다! on=상면접촉로서 (딱) 붙이는 것 ※ give out=주어 배분하는 것 out=자기구역 밖으로 주는 것으로서 배분

f.. He gave out playing cards to players [each player /each]. cf] postcard
(=He dealt (out) playing cards --.) → 놀이하는 것을 하는 것으로서 놀이카드

g.. "It's very cold today. The temperature has dropped to freezing point."
→ 어는 것이 일어나는 것[어는 것이 일어나고 일어나는 것]으로서 빙점 ···› 대자 빙점까지

h.. Boston Blasts: No more hurting people. → 더 이상 있어서는 안된다. 다치는 것을 하는 것[다치게 하는 것]인데 사람들에게 말이다. /더 이상 다치는 사람이 나오면 안된다.

i.. picking apple doing homework early beating women → 따기 즉 사과 따기/하기, 숙제 조기에 하기 때리기 즉 여자 때리기[=**women beating : 복합명사** → 여자 때리기]
↳**현분사일 경우** : 때리고 있는 (여자들)/(여자들이) 때리고 있다
↳more ☞ **기본영뇌** vol 2 p437

✠ 하고 있는 사실[것]을 하는 것[EM ⇒ bnw-BAM] :

a.. 'Say, hello, K-9.' 'Keep going.' ···› 훈련을 진행하고 있는 사실을 하는 것 ⇒ 계속하라. 진행하고 있는 것을 하기를 말이다. [=Get going. 하라, 진행하고 있는 것을 하기를 말이다.] *say=말하건데로서 응[응 그래]

b.. We went on talking till after midnight. ···› talking 하고 있는 사실을 하는 것
⇒ 진행을 계속했다. 말해 오고 있는 것을 하기를 까지 후까지, midnight 후까지 말이다.

c.. I prefer waiting here. ···› 기다리고 있는 사실을 하는 것 ⇒ 선호하는 데 기다리고 있는 것을 하기를 말이다.
동명사 뉘앙스가 이렇기 때문에 원어민들은 뜻풀이로 다음과 같이 말하는 것이다. [=I'm waiting here and I prefer doing that.]
***동명사=동사사실로서 사실진행 vs 현분사=진행중 진행의미로서 동일치[계속] 진행**

✠ 하는 사실[것]을 한 것[EM ⇒ bnw-BAM] : 부정사는 자기 이전상황 (특히 s동사 이전 상황)으로 갈 수 없기 때문에 자기 이전상황을 표현하려면 사실의미를 보유한 동명사 또는 event 소유 부정사를 쓰면 된다.

a.. Mcilroy hurting. →다치는 것을 한 것 → 다침/다쳤음[IM] Sam caught speeding. → 과속하는 것을 했기 때문에

b.. Developing story. → 진전[발전]되어 가는 것이 이루어 진 것 → 진전[발전]된 이야기[기사]
Flooding water. → 홍수나는 것이 발생한 것으로서 홍수 **※우리말 '되다'** =자동의미/피동의미
All stabbing suspects killed. → 칼로 찌르는 것을 한 것으로 칼로 찌른 모든 혐의자들, 즉 모든 칼부림 혐의자들
↳ attention] *not* 'stabbed' : **능동과분사 (설주뇌) 불가**

c.. Stick beating other people.
→ 우리 국회처럼 초창기 미상원도 몽둥이(로) 때리는 것을 했다는 것인데 타인에게 했다는 것 : 몽둥이 때리기를 한 것인데 남에게 한 것

d.. This is a picture of his own painting. → 그림, 즉 자기가 직접 그림 그리는 것을 한 것

e.. Thanks for watching. → 즉[해자] 보는 것을 해주었어[해주었기 때문에] 말이다.

f.. Scientists report finding a steamy 'Waterworld' planet. → 찾아내는 것을 했다고
The doctor describes checking the body. → 검진하는 것을 했다고[EM], 즉 검진했다고[IM] -- **재판장에서 한 말**

> warning] 우리나라 사람들은 remember/forget/regret/admit/deny 뒤에서만 한 사실 [finished action]로 알고 있다. 완료형 동명사, 그 외 동사도 얼마든지 나올 수 있다.

g.. I remembered posting the packages. → 부치는 것을 한 것 ⋙ **뜻하는 의미**=부친 것 : im-BAM

h.. I regret spending so much money. → 쓰는 것을 했던 것/쓰기를 했던 것 ⋙ **뜻하는 의미**=썼던 것 : im-BAM
(=I'm sorry that I spent so much money.)

i.. She admitted (to) stealing the money. → 훔치는 것을 했던 것 : bnw-BAM ⋙ **뜻하는 의미**=훔쳤던 것 : im-BAM

j.. Japan's Prime Minister <u>denies receiving</u> donations from a prominent oil broker.
→ 받는 것을 했던 것 ⋙ **뜻하는 의미**=받았던 것 ※ deny=don't admit
tip)동명사=동사사실의미와 EM/IM 과분사=event와 EM

k.. After using the toilet and flushing it, he washes his hands.

→한 후, 사용하는 것을 한 후/쭉 내리는 것을 한 후 ⋙ **뜻하는 의미**=한 후, 사용한 후에/쭉 내린 후에

l.. Al Baker contributed reporting. →기고했는데 보도하는 것을 한 것에 대해서 말이다. **뜻하는 의미**=보도한 것/보도기사

m.. I am sure of his having been honest.

→가지는 것을 한 것/했던 것 ⋙가졌다는 것 시동= -- 즉 그가 가졌다는 것인데, 했던 것, 정직했던 것을 말이다.

n.. I remember having met her. →가진 것인데 만난 사실을 가진 것을 말이다.

[=I remember meeting her. 만나는 것을 한 것[EM], 즉 만났다는 것[IM]]

: a.. I remember having posted the packages.[=posting] b.. She admitted having stolen the money. [=stealing] c.. I regret having spent so much money.[=spending] → event 소유가 더 구체적이고 분명한 message

d.. Japan's Prime Minister denies having received donations from a prominent oil broker.[=receiving]

o.. A machete wielding man.

→짐승칼로 휘두르는 것을 한[EM] /휘두른[IM] 남자 vs **현분사**=짐승칼로 휘두르고 있는 남자

p.. Fraying gray ropes are set into the rough dirt floor. →닳아서 해지는 것을 한 것으로서 닳아서 해진/닳은 (회색 밧줄들이 붙어 있는데 속으로[내대자] 울퉁 불퉁한 흙바닥 속으로 붙어 있다.) *dirt=먼지/흙/때

✠ 하는 사실[것]을 할 것[EM ⇨ bnw-BAM] : As taxes dry up, Greece warns of going broke by July.

시동=동유[다음과 같은 이유 때문에 즉] 세금이 고갈 되어버리기 때문에, 그리스는 경고하고 있어요, 즉 되어버리는 것이 일어날 것이라고 빈털털이가 근시 7월 쯤에는 말이다. ※go=가는 것으로서 되어버리는 것 동유=同由

✠ 하는 사실[것]을 한 것이나 하는 것[EM ⇨ bnw-BAM] : ↗우리말 **'만나니까'** =동사사실 의미의 현재의미 또는 현재 속에서의 본동사의미

a.. I'm glad meeting you. ↗여기서 '만나는 것을 하니까'는 하는 것을 하는 것으로서 **동명사의 현재의미[EM] -- 시제의미**

시동=만나는 것을 했으니까/하니까 [IM : 만났으니까/만나니까] -- **그래서, 떠날 때[goodbye]와 만날 때[hello]에 사용**

전자일 경우= "Goodbye, nice meeting you." ⇨ Nice talking. (after talking)

후자일 경우= "Hello, nice meeting you." ⇨ Busy packing. **tip)형용사 설가시 in을 쓰지 않는 것 : 관습적 E**

cf] to 부정사로 말할 경우 : "Hello/Goodbye, nice to meet you." **현재/과거 속에서의 본동사 의미**

⇨ 시동=대동 만나니까/대동 만났어

b.. So happy seeing here.

시동=만나 보는 것을 했으니까[IM : 만나 보았으니까] /만나 보는 것을 하니까 [IM : 만나 보니까].

✠ 하는 사실[것]을 한 것이나 할 것[EM ⇨ bnw-BAM] :

tip)동명사의 EM=동명사의 현과미, 즉 동사사실 의미의 현과미 -- 단순한 동사서술의미가 아니다. ∵ 동사사실 의미를 보유하고 있기 때문 -- BNW로 판단

a.. He insists on seeing the lawyer.

시동= (그는 주장을 (계속) 했어요) 만나 보는 것을 했다고 /만나 보는 것을 할 것을 [하기를] (그 변호사를 말이다) ※ on=작동으로서 수행 /작동시키고 시키고 하는 것으로서 계속

b.. I remember meeting her.

시동= 기억해요, 만나는 것을 한 것을 말이다/만나는 것을 할 것을 말이다.

뜻하는 의미=만난 것을 /만날 것을 주의]구문법에서는 전자만 말하고 있지만, 현실 영어에서는 그렇지 않다.

ing 의미

✠ 동사원형 + ing에서 ing의미

→ in=입작동으로서 하는 것 go=실시로서 하는 것

▭ **현분사의 ing**= a) ing="하는 것(in) + 하는 중(going)" 즉 하는데 하고있는 중으로서 진행의미 → **진행음가**

b) in=하는 것(in)으로서 본동사 의미 → **본동사음가**

▭ **동명사의 ing**="in+noun" 즉 하는 것(in)에 명사사실의미가 첨가된 것, 즉 하는 것을 하는 것으로서 동사사실 의미→ **동사사실음가**

tip)동명사의 EM은 (BNW가 많이 반영된) bnw-BAM이지 e-BAM과 그 성격이 약간 다르다. e-BAM은 BAM이 다시 BNW가 되는 BAM이다.

3) 동명사와 to부정사의 차이

IIIII .. 동명사와 to 부정사의 차이는 동명사와 to 원동사의 차이이다. 결국 동명사와 원동사의 차이나 다름없다. 만약 같다면 태초에 두 단어를 만들 필요가 없었을 것이다.

1) 일설 동사사실 의미[BNW] vs 본동사 의미

① **He stopped[quit AmE also quitted] chain-smoking.**

→ 끊었는 데 (일반적으로) 줄담배 피우는 것을 하는 것[줄 담배를 피우고 있는 것] 말이다. 즉 하고 있는 습관적 사실을 끊었다는 말 : **일반적 동사사실의미** 하지만, 줄담배를 피우고 있는 것을 '방금 껐다' 는 의미도 가능 : **동사사실의미의 현재**

vs He stopped to chain-smoke. : **현재/미래 속에서의 본동사의미** ↘해오던 것을 그만 둘 때는 동명사 사용

→ 멈추었는데 대동 줄 담배를 피우려고 말이다. 즉, 본동사의미를 실현시키려고 멈추었다는 얘기이다.

↘ 하지만, 줄담배 피우기를 막 시작하려다가 멈춘 경우도 가능

② **There is no telling what will happen tomorrow.**

→ 말을 할 수는 없다. 무엇이 앞으로 일어날지 내일 말이다 -- 말한다는 것[사실]을 할 수는 없는 것으로서 말을 할 수 없다는 것, 즉 동사사실 의미로서 할 수 없다고 설명 : **설명 동사사실의미**

vs It is impossible to tell ----. → 대동 말한다는 것 : **설명 본동사의미**

③ a.. **My toaster wants repairing.**

→ 필요로 하는 데 고치는 것을 하는 것을 말이다 --> 고치는 것을 말이다 : **일반적 동사사실의미**

vs My toaster wants to be repaired.

→ 필요로 하는 데, 대동 되기를 즉 고쳐지기를 말이다/대동 생기기를 즉 고쳐지는 일이 생기기를 말이다.

: **미래 속에서의 본동사의미** ※ want=원하는 것으로서 필요로 하는 것

뜻하는 의미로 서로 같은 것이지 본래[원래] 의미로 서로 같은 것은 아니다. 특히 동명사 자체에 수동의미가 있는 것은 아니다. 구문법에서 동명사에 수동의미가 있다고 웃기고 있다. 한심하다.

b.. **The baby wants washing.** → (필요로 하는 데) 몸씻기를 하는 것을 말이다 --> 몸씻는 것

뜻하는 의미 =The baby wants to be washed.

cf] The boy wants to wash. (하고싶어 해요/원해요 --**능동의미**)

c.. **This room needs tidying.** → 필요로 한다. 정돈하는 것을 하는 것을 말이다 --> 정돈하는 것

-- **일반적 동사사실 의미**로서 정돈하는 것을 하는 것/정돈하는 것

✠ 우리말 '하는 것' =동사사실 의미/본동사[자체] 의미

vs We need to tidy this room up. → 할 필요가 있다. 대동 정돈하는 것인데 이 방을 깨끗이 말이다.

: **미래/현재 속에서의 본동사의미** ※up=바르게 (정리) 하는 것으로서 깨끗이

vs This room needs to be tidied. → 필요로 한다. 대동 되는 것으로 정돈이 되는 것으로 말이다.

/대동 생기는 것으로 정돈되는 일이 생기는 것으로 말이다. / -- 즉 정돈이 되는 것으로 말이다.

↘ to be=**연결설명+동질연결로서 '즉'**

④ **The farmer tried growing potatoes.**

→ 시도해 보았다. 재배하는 것을 (하는 것을) 해보았는데 potatoes를 말이다 : **일반적 동사사실의미**

vs The farmer tried to grow tomatoes.

→ 하려고 했다/시도했다. 대동 재배하려고/재배하는 것인데 tomatoes를 말이다 : **현재 속에서의/일반적 본동사의미**

try=시도 모습[취해 보는 것]으로서 시도하는 것/애쓰는 모습[노력을 취해 보는 것]으로서 하려고 하는 것[애쓰는 것] /시험삼아 취해보는 것으로서 해보는 것 /옳은 지 결정하는 것으로서 재판하는 것 : China tries 'baby theft' doctors.
[tr: **시도 모습/애쓰는 모습** or t: take r: **로력>노력**(effort) t: test or t>d: decide r: right]

tip) r**음가**="우ㄹ„도 가능 : 츄**라**이드
vs l**음가**="을ㄹ/을„도 가능 : lady=을**레**이디(을=극저음) Springvale 스프링**베**이을

vs attempt=어떤 것을 취해 보거나 만들어 보는 것으로서 시도하는 것 [a: **어떤 것** t: take m: make]
vs bid=행위를 내리는 것으로서 지시/명령/시도/입찰/말하는 것 [b: behavior d: down]
vs strive=분투하는 것으로서 애쓰는 것 [str: struggle or str: **분투하는 모습**] ↘He bade welcome.

⑤ **I am used to driving on the right because I've lived in Britain for a long time.** : 일설 동사사실의미
→ 익숙하다. 즉[대동] 운전하는 것을 하는데, 상소(上所) 오른쪽 상소에서 하는 것에 말이다 --> 대동 운전하는 것에
vs I used to drive to work every day, but these days I usually go by bike.
→ 하곤했다. 대동 운전해서 가곤 했는 데 대자 일하러 말이다 : **일설 본동사의미**
tip)works=일터[공장] 의미일 때 단복명사 [singular/plural]
: He got a job at <u>a</u> cement/lead/steel works. The local steel works <u>have</u> shut down.

⑥ **I enjoy playing tennis. I like watching TV.**
→ 놀이하는 것을 하는 것 /<u>좋아해요</u>, 보는 것을 하는 것을 --- : **일설 동사사실의미**
vs I like to watch TV now. [*not* 'watching']
→ <u>좋아요</u>, 대동 보는 것인데 TV를 지금 말이다 : **현재 속에서의 본동사의미** ❖ like=**좋은 것으로서** ok/want
=I would like to watch TV now. [*not* 'watching']
→ 하겠어요, 오케이 하겠어요, 대동 보는 것인데 TV를 지금말이다.

to 부정사는 본동사 의미로서 그때 그때 일어나는 실제의미이기 때문에 지금 하고 싶을 때는 to부정사를 쓴다.
만약 동명사로 지금 하고 싶은 마음을 표현하려면 다른 단어로 표현하면 된다.
=I feel like watching TV now. (like=**전치사**)
→ 느껴지는데 동모 보는 것을 하고 싶은 것처럼 느껴진다. TV를 지금말이다. **뜻하는 의미**=하고 싶다

⑦ **I hate telling a lie.** → 말을 하는 것 /전하는 것을 하는 것 /말하는 것을 하는 것 : **일설 동사사실의미**
vs I hate to tell a lie now. → 대동 말하는 것 /대동 전하는 것 : **지금하는 것** ❖ hate=don't want

2) 동사사실 의미의 현과미[EM] vs 현과미 속에서의 본동사 의미

(전자=하는 것을 하는 것/한 것/할 것 후자=대동 하는 것/한 것/할 것)

즉, 동명사는 동사사실 의미이기 때문에 자기 이전, 특히 s동사 이전 또는 미래로 갈 수 있으나,
to부정사는 본동사 의미[즉 s동사=본동사]기 때문에 자기 이전, 특히 s동사 이전으로 갈 수 없다. 단, 미래로는 갈 수 있다.
그래서, to부정사 시제를 본동사와 같거나 나중시제라 한다. **tip] EM은 단어의 원래 뜻이고 IM은 원래 뜻이 아니다.**

① **a.. Mcilroy hurting.**
→ 매킬로이는 다치는 것을 한 것, 즉 매킬로이는 다쳤음 : 동사 사실의미가 이미 발생한 것 -- **동사사실의미의 과거**
vs Mcilroy to hurt. [=hurts]
→ 매킬로이는 대동 다쳤다 -- (발생현재 대용으로서) **현재 속에서의 (발생) 본동사의미**

b.. I remembered posting the packages. → 부치는 것을 한 것[EM] --> 부친 것[IM]
I remembered having posted the packages. → 가지는 것을 한 것[EM] --> 가진 것[IM]
vs I remembered to post the packages. → 대동 부치는 것 --> 대동 부칠 것
cf] 명사사실로서 한 것 : In Nepal, one daughter's <u>search</u> for her mother. 이리저리 뒤적거려 찾은 것

② **Your denying everything will get you nowhere.**
→ 네가 <u>부인하는 것을 하게 되면</u> 모든 것에 말이다. 그러면, 앞으로 하게 할 것이다. 너를 **무(無)**곳으로 가게 할 것이다
-- **동사사실의미의 현재 또는 미래** or <u>부인하는 것을 했다면</u> -- **동사사실의미의 과거**
vs I awoke to find myself famous.
→ (깨어 났는데) 그때 대동 발견하게 되었지요 -- **과거 속에서의 (s동사와 동시점 발생) 본동사의미**

We saw him lock the door. → 그때 잠그는 것 -- **과거 속에서의 (s동사와 동시점 발생) 본동사의미**

He beats Tom 3 : O to win the title. → (그는 물리쳤는 데 Tom을 3 대 0으로 물리쳐서) 대동 따냈어요.

-- **현재 속에서의 (발생현재와 동시점 발생) 본동사 의미**

③ We went on talking till after midnight.

→ 진행을 계속했다. 말해 오고 있는 것을 하는 것인데 까지 후까지, midnight후까지 말이다 -- **과과 동사사실의미**

vs After approving the agenda, we went on to discuss finance. ↗전부터 하던 것을 계속하는 것

→ 우리는 진행을 계속했다. 대동 논의하는 것인데 재정문제에 대해서 말이다. tip)keep + **동명사** : Keep talking.

to **부정사**는 새로운 의제[new start]로 계속하는 것이다. 하지만 **동명사**는 해오고 있는 것을 다시 계속하는 것이다[keeping start]. 일반적으로 to 부정사는 새롭게 시작하는 것이고, 동명사는 해오던 것을 하는 것이다.

④ I remember meeting her. → 기억해요, 만나는 것을 하는 것을 말이다 /만나는 것을 한 것을 말이다.

vs I remember to meet her. → 기억하고 있어요, 대동 만나는 것/만날 것을 말이다.

vs I remember having met her. → 기억해요, 가진[있었던] 것인데 만난 사실을[이] 말이다.

vs I remember to have met her. → 기억해요, 대동 있는 것, 만난 사실이 있는 것을 말이다.

⇒ 만난 사실을 기억할 경우에는 단순형 동명사를 쓰나, 완료형 동명사를 쓰나, 완료형 부정사를 쓰나 전달결과는 같다.

↳동명사이든 부정사이든 완료형 표현=더욱 분명한 메시지

⑤ She is sure of succeeding.

→ 그 여자는 확신한다. 즉 성공하는 것을 할 것을 말이다[즉 성공하는 것을 말이다] -- **동사사실의미의 미래**

뜻하는 의미=She is sure that she will succeed.

vs She is sure to succeed.

→ 그 여자는 확실하다. 대동 성공하는 것이 말이다. 즉 틀림없이 성공할 것이다는 말 -- **미래 속에서의 본동사의미**

뜻하는 의미=I[We] am sure that she will succeed.

⑥ The path was icy, so we walked very carefully. We were afraid of falling.

→ 했는데 두려워 했다/몹시 걱정했다. 즉 (과거 그때) 넘어지는 것을 할 까봐 --> **뜻하는 의미**=넘어질까봐

-- 동사사실의미의 (동시점) 과거

vs A lot of people are afraid to go out at night.

→ 하는데 두려워 한다. 대동 나가는 것을 밖으로 즉[직자] 밤에 말이다 -- **일설 본동사의미**

⑦ I'm very glad meeting you. -- **동사사실의미의 현재/과거**

→ 만나는 것을 하니까/만나는 것을 했으니까 **vs How nice to meet you!** → 대동 만나니까

⑧ I prefer waiting here. [=I'm waiting here and I prefer doing that.]

→ 선호해요[더 좋아해요], 기다리고 있는 것을 하는 것을 말이다 : **해오던 것을 더 선호한다는 말 -- 과현 동사사실의미**

vs I prefer to wait here now. → 더 좋아요, 대동 기다리는 것인데 여기서 지금 하는 것을 말이다.

big tip) **모든 동사의 뿌리는 원동사이다.** 원동사의 본동사 의미가 들어있기 때문이다.

(원동사+ed/ing/ing ⇒ 과분사=본동사의미+event 현분사=본동사의미+진행의미 동명사=본동사의미+동사사실의미)

본동사=현동사/과동사/조동사,

이들 본동사에 현재/과거/미래 의미와 일반적 의미/설명 의미가 들어 있고, 이런 본동사 의미를 대변하는 것이 원동사이다. 그래서 원동사의 본동사 의미는 현재/과거/미래 실제의미, 일반적 실제의미, 설명 실제의미가 된다. 그리고 본동사의 본동사 의미에 event 의미, 진행의미, 동사사실의미가 첨가 된 것이 과분사, 현분사, 동명사다. 그래서 과분사는 현과미 속에서의 event와 일설 event가 되고, 현분사는 현과미 속에서의 진행의미와 일설 진행의미가 되고, 동명사도 동사사실의미의 현과미와 일설 동사사실의미가 된다. (to부정사=원동사의 본동사의미 단, 현분사=진행의미외 본동사의미도 가능)

more tip) **event/진행의미/동사사실의미이기 때문에 또는 본동사의미가 들어있기 때문에 과분사/현분사/동명사도 현재/과거/미래 속에 들어 갈 수 있다. 원동사와 하생각, 성립과거만 들어가는 것은 아니다.**

3) 일반적 의미의 차이 :

▭ **동명사**=동사사실 의미로서 일반성을 가지는 일반적 사실
▭ **to 부정사**=일반적 본동사 의미로서 일반적 의미 : **원동사의 일반적 의미**
▭ **현동사**= 현재 실제사실로서 일반성을 가지는 현재 일반적 사실
▭ **현분사**= 진행 실제사실로서 일반성을 가지는 진행 일반적 사실

a.. She likes watching TV. → 보는 것을 하는 것[보고 보고 하는 것] ⇨ **일반적으로 해오던 사실 입장에서 본 것**
vs She likes to watch TV. → 대동 보는 것 ⇨ **일반적으로 일어나는 사실 입장에서 본 것**
vs He drives a bus. → 운전을 해요/운전하는 사람이에요
vs He is always complaining of his salary. → 늘 불평하고 있어요

b.. Her hobby is painting in the open air. → 인데 그림 그리는 것을 하는 것이다.
c.. I object to drinking too much. → 반대한다, 즉[대동] 술마시는 것을 하는 것인데 너무 많이 하는 것은 말이다.
d.. His duties include taking letters to the post and making coffee.
→ 취합해서 가지고 가는 것을 하는 것, -- 타는 것을 하는 것도

post=우편/우편물 /infml E (BrE)로서 우체통/우체국 -- 우체통, 우체국은 단어본래 뜻이지 associate가 아님

cf] 단어 associate : She is wearing her suit on the beach. ⇨ swimming suit
We have a spending problem. ⇨ government spending
We all work at the institute. ⇨ research institute
You' re falling asleep at the wheel. ⇨ steering wheel

postbox=우체통, AmE mailbox, mail drop post office=우체국 stamped letters=소인이 찍힌 편지
stamp =우표 /도장 /검인 /증지 /인지 revenue stamp =수입인지 postage =우편요금 [post+charge]

4) 본동사와 의율의 차이 :

a.. Would you mind closing the door?
시동=하십니까, 마음 쓰이십니까, 닫는 것을 하는 것에 말입니다? : **하는 사실에 마음 쓰이는 지 묻는 것**
↳사실이 아닌 자체의미에 신경이 쓰이는 것은 아니다. 환자가 아닌 이상 남은 아무 짓도 하지 않는데 신경 쓰인다고 말할 수 없다.

IIIII .. **동사사실 의미와 의율이 되는 동사 :**
→ enjoy finish mind/fancy/consider/ avoid/help/escape deny/admit delay/postpone
give up /put off /carry on /keep (on)
: 사실을 즐기는 것[(해오던) 사실을 끝내는 것 / ----, ----, 등등]

b.. I enjoy drinking. -- **마시고 마시고 하는 사실[마시는 것을 하는 사실]을 즐기는 것**
시동=즐기는 데 마시고 하는 것[마시는 것을 하는 것]을 말이다.

But I enjoy to drink. : not ok
--- **자체의미, 즉 만들어 놓은 의미, 즉 뜻풀이식[정의적] 의미는 사실이 아니기 때문에 즐 길 수 없다.**
모든 단어의 의율의 판단 기준은 BNW이다. 원동사의 BNW는 자체의미이다.

하지만 like는 행위동사가 아니고, 상감정이기 때문에 양쪽으로 의율이 가능하다 ☞ **to부정사편 참조**
I like drinking water. or I like to drink water.
전자=마시고 하는 것/마시는 것을 하는 것 후자=to하는 것, 즉 마시는 것 전후자=좋아해요

IIIII .. **본동사 의미[또는 자체의미]와 의율이 되는 동사 : hope, intend, expect, promise, -- etc.**

동명사의 BNW는 하는 것을 하는 사실 또는 하고 하는 사실로서 기존 사실로서 하는 것이다. 그래서 앞으로 바라는 hope와 의율이 될 수 없다. hope는 앞으로 할 것을 바라는 것이지, 기존사실로 지금 (하고) 있는 데 이것을 바란다는 말은 말이 되지 않는다. 특히 확장의미로 판단하지 말고, **BNW로 판단하라.**

만약, to 부정사로 해서 원동사의 BNW로 판단해도 말이 된다. 만들어 놓은 의미가 담겨져 있는 그것 자체, 즉 자체의미 자체를 바란다는 것은 말이 된다. 이렇게 hope는 본동사 의미뿐만이 아니라 자체의미도 의율이 가능하다. **to 부정사의 BNW는 to 본동사 의미**이지만 to부정사는 to를 원동사로 설명해 나가기 때문에 최상위 BNW는 원동사의 BNW 자체의미이다. 그래서 to 부정사는 두 가지 BNW로 판단한다.

: **I hope to leave here.** 시동=나는 바래요, 대동 떠나는 것을 이곳에서 말이다.

-- 현재/미래 속에서의 본동사의미 (현재 또는 앞으로 떠나는 실제의미)

IIIII .. **동사사실 의미/본동사 의미와 의율이 되는 동사 :**

→ **begin, start, like, love, hate, continue, cease, prefer, intend, attempt, -- etc.**

a.. It began raining. =It began to rain.

전자=비가 오는 것을 하기를 -- (오고 하는) 사실이 began으로 실현되는 의미

후자=대동 비가 오는 것[비가 오기를] -- (그때 그때) 실제로 일어나는 의미, 즉 실제의미

b.. We must cease dumping /to dump waste in the sea.

시동=덤핑하는 것을 하는 것[덤핑해오고 있는 것 /덤핑하고 하는 것] /대동 덤핑하는 것을

cease=(그냥) 그만두는 것, 즉 (그냥) 그치다[멎다] -- **양쪽 의율**

⇒ **to 부정사 예 추가** : He never ceases to amaze me. It ceased to be new.

시동=그치고 말았다. 대동 되는 것인데 새롭게 되는 것이 말이다.

vs finish=해오고 있는 것[사실]을 끝내는 것 -- **동명사와 의율**

: We must finish dumping waste in the sea. **시동**=덤핑하는 것을 하는 것/덤핑해오고 있는 것/덤핑하고 하는 것

↗ **활용] 현장감과 생동감을 살리기 위해 앵커들은 발생현재 일반현분사를, 신문기자들은 발생현재를 많이 사용한다.**

↗현재범위에서 진행되었음을 알리려고 할때 많이 쓰기 때문에 저녁뉴스 첫머리에 많이 등장함[infml E] **cf]발생현재**=현재 발생했음을 알리기 때문에 신문 Headline으로 많이 표현

plus] 발생현재 일반현분사 Free 영뇌 ⇒ 발생현재 진행의미

1. NBC Nightly News : The tipping point on impeachment. Nancy Pelosi announcing a formal impeachment inquiry. : 낮에 일어난 것에 대한 저녁뉴스 보도 ⇒ (드디어) 칼끝이 향했다. 상자 탄핵에 말이다.

Nancy Pelosi는 "발표하고 있었다" ⇦ is=발생현재 전제 — 하고 있었다 ⇦ be동사=동질/상/동 동사

vs CNN : North Korea purging top officials after Trump-Kim summit.

: 숙청한 후 상당히 지난 후에 나온 보도 ⇒ "숙청하고 있었다" ⇦ was=과동사 전제

vs Killing 8, wounded 4. : gunfires후 보도

죽였는데 8명을 죽였고 부상은 4명이었다 : **분리 관계현분사** : 연결의미=나열

↙ **일반현분사 free 영뇌** : 앞으로 진행의미

cf]Starting next year. 시작예정이다

vs "Gunfires exchanged, killing 8 people." : **분리 관계현분사** : 연결의미=계속 [=, and killed]

cf]미분리 관계현분사

Students graduating came here. 학생들인데 졸업한 학생들

2. Firing back. — 전날 트럼프에 대해서 클린턴이 다음날 낮에 반격한 저녁뉴스

쏘고 있었는데 다시 쏘고 있었다 —⟩ 치고 있었는데 되받아 치고 있었다 {=Fired} — 단순과거보다 더 현장감이 있다.

뉴스를 끝맺음 하면서 하는 말 : Sam reporting now. 보도하고 있었는데 이제 막 말이다.

3. A major tornado outbreak slamming several states. — 쑥대밭으로 만든 것에 대한 저녁뉴스

쾅하고 날려 보내고 있었다[=is slamming : StE] ↗퍼붓고 있었다

: The massive storm system dumping more than 16 inches of snow in New Mexico. Flash flooding forcing the governor to declare a state of emergency. 강요하고 있었다

vs Trump tweeting, Mike Pompeo, Director of the CIA, will be our new Secretary of State.

↘트윗터를 했는데 : **(분리) 관계현분사 -- 비제한적 본동사 의미 ⇒ 비제한적 부사적 연결의미=전환** [=tweets/tweeted]

Breaking news, Taliban seizing six cities.— 속보인데 장악했어요 : **(분리) 관계현분사 ⇒ 연결의미=구체적 설명**

↘만약 콤머없이 단독일 경우 **현분사 or 동명사 free 영뇌**= 둘다 '본동사 의미' : **Packaging by SIG.**

↘장악했어요 ↘장악했음 (단, 진행의미일 경우=장악하고 있어요)

plus-1 ✠ 동명사 영뇌와 일반현분사 영뇌

전자=동사사실 의미 **후자**=진행의미 cf]**관계현분사 영뇌**=진행의미/본동사의미

a.. **a private swimming pool** → 수영하는 것을 하는 곳으로서 수영장 [=a private pool for swimming]
 vs **a swimming boy** → 수영하고 있는 소년

b.. **a dancing hall** → 춤추는 것을 하는 곳으로 무도장 [=a hall for dancing=a dance hall]
 vs **a dancing girl** [=a girl who is dancing]

c.. **a smoking room** → 담배 피우는 것을 하는 곳으로서 흡연실 [=a room (used) for smoking]
 vs **a smoking room** 연기가 나고 있는 [=a room which is smoking]

d.. **a walking cane** → 걷는 것을 할 수 있게 하는 것으로서 워킹 지팡이
 vs **a walking grandpa**

e.. **drinking water** → 물마시는 것이 가능한 것으로서 식수 [=water for drinking]
 : **Drinking unclean water can cause diarrhea and sickness.**
 → 마시는 것을 하면[마시기를 하면], 더러운 물을 말이다. 그러면 ---. 뜻하는 의미=마시면
 vs **a drinking horse** [=a horse which is drinking]

f.. **a sleeping car** → 잠자는 것을 하는 차로서 침대차 [=a car for sleeping]
 vs **a sleeping baby** [=a baby who is sleeping] : **teaching experience** 교사경험 vs **a teaching lecturer**

plus-2 ✠ 동명사와 ing형 명사의 차이

전자=uncount 동사 명사[verbal noun] — 셈 단어/복수 sign으로 셈할 수 없다.
후자=noun : title로서 U/C의미

① **A building of the bridge was slow work.** : not ok
 --> **The building of the bridge was slow work.**
 : 그 짓는 것을 하는 공사, 즉 그 다리 짓기를 하는 공사 -- 지정사는 셈 단어가 아니기 때문에 가능
 the를 쓸 때 보통 of를 수반 : the의 지정 내용을 다시 of로 구체적으로 설명해 나가기 때문이다.
 : **the history of China**

 vs **The bank was a tall building. The world's tallest buildings are in North America.**
 : **ing형 명사** → meeting 회담/회의 drawing 드로잉 hearing 청취
 painting 그림 warning 경고 saying 속담 /격언

② **No fishings. No swimmings. No touchings. No stoppings anytime.** : not ok
 --> **No fishing. No swimming. No touching. No stopping anytime.**
 → 고기잡는[수영하는/만지는/정차하는] 것을 하는 것을 금지함

plus-3 ✠ 동명사 기능

— **동사명사**(verbal noun)=동사기능 + 명사기능
▭ **동사기능**=목적어/보어/보조어/전치사/자기주어 수반 가능
 (목적어=명사/대명사 보어=형용사/명사/대명사 보조어=부사) ❖ 자기주어=동명사 주어
▭ **명사기능**=바로 주어/목적어/보어 뇌 작동 가능, 비셈 형용사와 함께 사용가능, 복합명사 구성 가능

① **동사기능 :**

= 목적어 수반 : Would you mind closing the door?

→ 하십니까, 마음 쓰이십니까, 닫는 것을 하는 것에 말입니다?

= 보어 수반

a.. Being a hero is up to you.

b.. Being someone, a true friend, is up to you. c.. Getting happy is up to you.

= 보조어 수반

a.. Working very hard is my top priority. : 일반부사 수반

b.. I like getting up at dawn. → 하는 데 일어나기를 하는 것을 직자 새벽에 말이다 : **전치사부사 수반**

= 전치사 수반

a.. I never see this picture, without thinking of my mother. : 일반전치사 수반

b.. It is no use trying to persuade her. : 부정전치사 수반

= 자기주어 수반 : He insisted on me/my reading.

tip)동명사는 동사명사이기 때문에 동사형 명사가 된다 : Doing Homework Early

하기 즉 숙제 일찍 하기 /함 즉 숙제 일찍함

② **명사기능 :**

= 주어 /목적어 /보어 뇌 작동 :

a.. Being a hero is up to you.

b.. I couldn't help coming to hear the news. ❈ help=avoid

c.. On receiving a telegram, she went out of her home.

d.. I object to drinking too much.

→ 대동 술마시기를 하는 것인데 ❈ **일반 전치사** to : be(get) used to+gerund

e.. Her hobby is painting in the open air. → 탁 트인 공기/대기 **뜻하는 의미**=탁 트인 야외

= 비셈 형용사 함께 사용 :

a.. The civic groups called for a national campaign against underage drinking.

❈ civic=of a city or its citizens 도시의 /시민의

= 복합명사 구성 :

a.. He gave out playing cards to players /each player /each.

→ 놀이하는 것을 하는 카드로서 놀이카드 =He dealt (out) --.

b.. It's very cold today. The temperature has dropped to freezing point. → 얼기를 하는 점으로서 빙점

c.. Cut along the cutting line. → 자르는 것을 하도록 되어 있는 선 즉 절단선 cf] dotted line

d.. a private swimming pool → 수영하는 것을 하는 곳으로서 수영장

plus-4

✠ 단순형 동명사와 완료형 동명사

둘다 동명사, 즉 having까지는 동명사로서 둘다 같은 영뇌이다. 즉 완료형은 동명사를 과분사로 설명해 나가는 것으로 pp의미가 더 붙어 있을 뿐이다. 그래서, 전자는 동사사실 의미 또는 동사사실 의미가 발생하는 것, 발생한 것, 발생 할 것으로 많이 쓰이고, 후자는 발생한 것[finished action]으로 많이 쓰인다.

a.. It is difficult finding my way. → 찾는 것을 한다는 것은

b.. I remember meeting her.

→ 기억해요, 만나는 것을 하는 것[즉, 할 것]을 말이다/만나는 것을 한 것을 말이다.

vs Jenny's not having been trained as a dancer is her one regret.

→ 갖는 것을 하지 못했다는 것, 즉 훈련 받았던 것을 갖는 것을 하지 못했다는 것은

--> 가지지 못했다는 것은 ❖ been=동질[동질연결] event로서 즉

동사 사실의미가 발생한 경우에는

단순형 동명사로 쓰나 완료형 동명사로 쓰나 전달결과는 같지만 표현의 맛은 다르다.

c.. I remembered posting the packages. → 부치는 것을 한 것

=I remembered having posted the packages. → 가지는 것을 한 것 --> 가졌다/있었다는 것인데

d.. She admitted stealing the money.

=She admitted having stolen the money. 뜻하는 의미=She admitted that she had stolen the money.

이렇게 완료형 동명사 having은 일반적으로 하는 사실을 한 것으로 finished action을 뜻한다.

cf] I love having shaved legs you feel me. → 갖는 것을 하는 것인데[즉 갖는 것인데] 면도한 다리를

└ 종속문장=네가 느끼도록 나를 말이다.[=so that you can]

: 여기서 pp=명사 legs 설주 -- having 설가가 아니다

plus-5

☜.. 이해는 (언어에 대한 basics를 알았다면) 최종적으로 단어의 최종적인 뜻인 감주로 이해한다.

✠ 이해하기 어려운 동명사 표현의 Ekbe 값 tip)free 영뇌로 (간직하면) 쉽게 이해할 수 있다.

a.. I feel like crying. → 느껴진다. 동모 우는 것을 하고 싶은 것처럼 말이다.

뜻하는 의미=I feel inclined to cry. or I would like to cry.

b.. I make a point of playing tennis every other day.

→ 삼고 있는 데 포인트로 삼고 있다. 즉 놀이하는 것을 하는 것인데 테니스를 격일제로 (하는 것을) 말이다.

뜻하는 의미=I make it a rule to play tennis every other day.

c.. He is good at telling lies.

→ 능하다. 직자[즉] 말을 전달하는 것을 하는 것에 거짓말로 말이다. ❖ at=바로 대상으로서 직자/즉

vs Joe is very good on the attack.

❖ on=작동으로서 하는 것: -- 아주 능한데, 하는 데 공격하는 데 말이다.

d.. There is no telling what will happen tomorrow.

→ 말한다는 것을 할 수 없다 --> 말할 수 없다

뜻하는 의미 =It is impossible to tell -----. or We can't tell ---.

e.. He was near being killed. → 그는 거의 (되는 것이) 될뻔했다. 살해 되는 것으로 말이다.

❖ was=과거 동질로서 '는' ❖ near=전치사 뜻하는 의미=He narrowly escaped being killed.

f.. He came near being killed.

→ 이르렀다. 거의 (되는 것이) 될 뻔한 사실, 즉 살해될 뻔한 사실에 말이다. ❖ near=전치사

cf] He came near to be killed.

→ 거의 대동 되는 것인데 살해 당하는 것으로 말이다. ❖ near=부사, to=부정 전치사

He came near to being killed. → 거의 대동 (되는 것이) 될 뻔한 사실, 살해 될 뻔한 사실에 말이다.

❖ near=부사, to=일반 전치사

g.. It is no use trying to persuade her.

→ 소용없어요, (시도) 하려고 해도, 대동 설득시키는 것을 (시도) 하려고 해도 소용없어요, 그 여자에게는 말이다.

뜻하는 의미 =It is of no use to try ---. or There is no use (in) trying ---.

h.. The front gate requires mending. 뜻하는 의미=The front gate is required to be mended.

i.. His remarks are worth remembering.

→ 있는 데 가치가 있다. 기억하는 것을 할만한[즉, 기억할만한] 가치가 있다.

j.. I never see this picture, without thinking of my mother.

→ 없이는, 생각하는 것을 하는 것없이는, 즉 내 엄마에 대해서 말이다.

뜻하는 의미=Whenever I see this picture, I think of my mother.

or When I see this picture, I always think of my mother.

k.. I couldn't help coming to hear the news. ※ help=avoid

→ 할 수 없었어요, 즉 피할 수 없었어요, 가는 것을 하는 것을 대동 듣고서 ---- .

뜻하는 의미= I couldn't but come to hear the news. or I had no choice but to come to hear the news.

l.. On receiving a telegram, she went out of her home. → 하자 (마자) [상동] 받는 것을 하자 (마자)

뜻하는 의미=As soon as she received ※ on=바로 작동으로서 하자 (마자)/상작동 대상이 동사인 것으로서 상동

m.. I am sure of his being honest.

→ 하는 데 확신한다. 즉, 그가 이다는 사실, 정직하다는 사실 뜻하는 의미=I am sure that he is honest.

n.. I was sure of his being honest.

→ 했는 데 확신했다. 즉 그가 했다는 사실, ---- . 뜻하는 의미=I was sure that he was honest.

o.. I am sure of his succeeding.

→ 즉 그가 성공하는 것을 할 것을 말이다. 뜻하는 의미=I am sure that he will succeed.

p.. He is afraid of being scolded by his teacher.

→ 즉 (생기는 것이) 생길까봐, 즉 꾸지람 받는 일이 생길까봐

뜻하는 의미=He is afraid that he will be scolded by his teacher.

q.. I am sure of his having been honest.

→ 즉 그가 가졌다는 것, 했던 사실, 정직했던 사실을 가졌다는 것을 말이다.

뜻하는 의미=I am sure that he was honest. or I am sure that he has been honest.

r.. I was sure of his having been honest.

뜻하는 의미=I was sure that he had been honest.

s.. They are busy packing. → 싸는 것을 하느라고 말이다.

t.. She is far from telling a lie.

→ 거리가 멀다. 기자 전하는[말하는] 것을 하는 것, 즉 거짓말을 전하는[말하는] 것을 하는 것으로부터 말이다.

뜻하는 의미=She is above telling a lie. or She never tells a lie.

u.. The behind-the-scenes negotiation is on the point of being revealed.

→ 상자 시점상에 있는데, 즉 (되는 것이) 될 시점상에 있어요. 밝혀 지는 일로 말이다.

뜻하는 의미=The behind-the-scenes negotiation is about to be revealed.

이제 막 대동 되려고 해요, 즉 밝혀지려고 해요.

v.. Instead of waiting, she went away.

→ 대신에, 즉 기다리는 것을 하는 것 대신에 뜻하는 의미=She didn't wait, but she went away.

plus] Will you go to the meeting instead of me?

On[In] behalf of everyone here, I'd like to thank our special guest.

In place of our advertised program we will be showing a film. I attended the conference in her place.

instead=(대신해서) 들어가 서는 것으로서 대신[in: 들어가는 것 st: stand d: 대신]
behalf=서로 절반씩 차지하는 것으로서 대신[be: is half: 절반]
place=자리/위치로서 대신[place: 자리/위치]
in=들어가는 것으로서 실시 on=작동으로서 실시 on/in half of=해서, 대신해서, 즉 -- 을 대신해서

w.. It goes without saying that health is above wealth.

→ 그것은 통한다. 없이[무동] 말하는 것을 할 필요[말할 필요]도 없이 통한다.

뜻하는 의미=It is needless to say that health is above wealth.

x.. This book is worth reading.

→ 할만한 가치, 읽는 것을 할만한 가치 뜻하는 의미=This book is worthy of reading.

y.. "The WTO bill should be approved democratically during the regular Assembly session," the president was quoted as saying/writing. → 인용되었는데 즉 말[말하는 것]로서 /글[쓰는 것]로서

❖ WTO=World Trade Organization ❖ **대통령 --> 대통령 말**=president associate

z.. What do you say to having a drink tonight?

→ 무엇이라고 말하겠니, 대동 갖는 것에/갖는 것을 하는 것에 ---- ? cf]How do you see[think] it?

뜻하는 의미=What do you think about having a drink tonight? or How about having a drink tonight?

w.. You may have it for (mere) the asking. -- 결국 공짜로(for nothing/for free) 거저 가진다는 말

→ 즉 그렇게 (단지) 부탁하는 것을 하면 뜻하는 의미=즉 그렇게 (단지) 부탁을 하면 [=It is yours ---.]

일반 전치사 to : • look forward to • object to • with a view to • what do you say to • be devoted to
• take to/fall to • be opposed to • be equal to • be or get used to + **동명사** etc.
: The backlash to going global → 대동 진행되고 있는 것에 세계적으로 진행되고 있는 것에 말이다.

caution] look=쳐다보는 것으로서 찾는 것[살펴보는 것] /(머리 속으로) 쳐다보는 것으로서 기대[고대]하는 것 -- 등

The company looks for $500 million in sales by 2020. 쳐다보고[기대하고] 있다.

The company looks to become the largest in the world. 쳐다보고[기대하고] 있다. 즉 되는 것인데 --.

⇨ **영뇌에서는 숙어가 없다** ☞ vol 1, p304 and vol 2, p98

look for=쳐다보고[기대하고/찾고] 있다 . 해자/해대(該對) /즉 --- 을 말이다.

look forward to=(속으로) 쳐다보고[기대/고대하고] 있다. 앞으로 즉/대동 -- 하는 것을 말이다

look at=쳐다[살펴]보다. 즉/직자(直者)/직체((直體) -- 을 말이다. at=바로 대상으로서 즉/직자/직체

look to=쳐다보다/기대하다/살펴보다. 대자/즉 -- 을 말이다 : Look to the report.

look up=쳐다보고 있는데/찾고 있는데 보이도록 쳐다보고 있다/찾고 있다 : Look it up.

↗쳐다보는 것으로서 찾고있는 것/살펴보고 있는 것/기대하고 있는 것

llll.. We are looking. : 네 가지 뜻 — 여기에 전치사 뜻이 가미될 뿐이다. **[l: 어느 쪽을 보는 방향모습 oo : 쳐다보는 두 눈동자 모습]**

a. 어떤 것을 실제로 쳐다보고 있다. b. 어떤 것을 실제로 찾고 있다.

c. 어떤 것을 실제로 살펴보고 있다. d. 어떤 것을 (즐겁게) 기대/고대하고 있다.

IIIII.. 부정전치사[to] /제외전치사[but(do/can), except] /조동사 + 원동사

but=하지만 제외하고 : 이때 제외=단어 associate except=제외하고

— 전치사 뒤에는 동명사를 써야 하나 원동사를 쓰는 경우

a.. He does nothing but read all day. My dog does everything but speak.

b.. I couldn't choose but obey him. There's nothing to do but wait.

c.. I can do nothing but obey him. Can't you do anything but ask silly questions?

d.. I cannot but agree to his terms.

-- to처럼 제외 전치사 but이 do/can과 함께 쓰이면 관습적 English로 원동사로 설명해 나간다.

단, except=optional : e.. She does everything, except (to) wash the car.

vs I have no choice but to agree to his terms.

There was nothing for it but to obey the patriarch/monarch.

아무 것도 없었다. 즉 그것, 하지만 제외하고, 대동 복종하는 것을 제외하고는 말이다.(it=referring forward)

He is still reluctant to touch me, except to hug me goodbye when I leave.

···› but/except=제외부사 -- do/can과 함께 쓰이지 않을 때

: to가 부사의 설명을 받아 명사/대명사/앞문장 전체를 설명해 나가는 뇌

cf] He is about to leave. ···› about=부사

but=하지만으로서 제외[b: 반대] except=밖으로 두는 것으로서 제외[ex+p: put]

save=(고어 old use/문어체/formal) 떼어두는 것으로서 제외[s: separate]

: She answered all the questions save one. → prep.

The window is never opened except/save in summer. → adv.

I agree with you, save that you have got one or two facts wrong. → prep.

I would go, except it's too far. → conj. except[infml]=but

plus-6

↗동명사일 때 바로 보어로 보지않고 관습적 in생략도 가능

✠ go/come + ing 동명사/현분사 (보어 역할)

▭ 동사사실 의미를 실현시키려는 의미 : — 하는 것을 하러

▭ 동사사실 의미/진행의미로서 동시상황 : —— 하는 것을 하면서/그냥 하면서

하는 것을 하러 :

a.. Did she go shopping? → 그랬느냐, 즉 그 여자가 갔느냐, 쇼핑하는 것을 하러 말이다?

b.. Bob hasn't gone fishing in years.

c.. Last Sunday we went sight-seeing.

d.. Come dancing tonight.

e.. I am going riding/skiing/water-skiing/jogging -- etc..

→ boating/ hiking/ bowling/ jogging/ skating/climbing/water-skiing/sailing, walking/shopping/riding/fishing/wind-surfing/sight-seeing /dancing/ skiing → outdoor activities

하는 것을 하면서 :

Going begging at their own risk

→ 다니고 있다. 구걸하는 것을 하면서//하면서 (처해 있어도/직자 -- 처해 있어도)

-- **구걸하려고 자동차 사이를 누비는 상황** going=(주동) **전제** infml E

※ at=어떤 것이 차지하는 구역으로서 상황에 처해 있는것/바로 그 대상으로서 직자 -- 처해 있는 것

go=어떤 곳으로 움직이는 것으로서 다니는 것 vs attend=어떤 곳에 들어가는 것으로서 다니는 것/참석하는 것

caution] 동명사도 현분사도

being을 제외한 모든 현분사를 설명해 나갈 수 있다.

: He is being reading. : incorrect ⇒ He is reading. : correct

plus-7 ✠ **spend /waste + 동명사/현분사 : 보는 관점에 따라 두 가지 뇌 작동 가능**

→ 동사사실의미/진행의미로서 동시상황 : —— 하는 것을 하면서/그냥 하면서

caution]동명사일 때 동사 설가시 보어/관습적 in 생략 //형용사 설가시 in 관습적 생략 : **관습적** E

cf] 명사의 형용사 설가시 전치사 사용

a.. I spent window-shopping with Grandma.

→ 시간을 썼다[보냈다]. 윈도 쇼핑하는 것을 하면서 /윈도쇼핑을 하면서 말이다.

b.. Tom spent three years working overseas. c.. We spent a lot of money modernizing the house.

d.. Patrick wasted a whole afternoon trying to repair the car.

e.. They are busy packing. → 포장하는 것을 하느라/포장하느라 cf]They are very careful of their money.

The father might not be happy staying home. → 아마도 하지 않을 수도 있다. -- 있는다는 게 집에 말이다.

spend=적절하게 쓰는 것으로서 (돈, 시간을) 쓰는 것/소비하는 것 /보내는 것 [s: use p: proper]

(to pay money or to use/pass time)

vs waste=마구 쓰는 것으로서 낭비하는 것 [w: 마구하는 모습 s: use]

(to use something wrongly or use too much of something)

plus-8 ✠ **동명사의 부정은 not 또는 no 사용** ⇒ not=부사 no=[†]**형용사/부사**

a.. Jenny's not having been trained as a dancer is her one regret.

b.. no swimming no touching cf] This is no different. [infml E] ※ no=adv.

vs **jump bail**, not to come back for trial after bail has been paid : 부정전치사 부정

or to not come back for trial after being released on bail : 원동사 부정

: They jumped bail and fled to Spain.

cf]원래 원동사 부정 그대로 not을 사용하면 old E

"Ask not what your country can do for you. Ask what you can do for your country."

-- 원동사 부정은 원래 not이다. 그래서 John F. Kennedy는 뒤에 붙였다. 이럴 경우 동사를 부사로 설명해 나가는 뇌이다.

--> Modern StE : "Do not ask what your ---- . ---- ."

: **대동조동사로 부정**=not은 대동조동사 do 부정이지 원동사 ask부정이 아니다

11. 일반형용사 영뇌[GADJ NB]

해야할 일-- 원래 언어는 생활 속에서 뜻이 얻어진 것이다. 원어민들처럼 **일반형용사 말**을 배우려면 여러분들의 두뇌를 생활 속에서의 뜻으로 일반형용사 영뇌를 습관화시켜라. 특히 BEis, IS **영뇌로 습관화시키되**, (생활 속에서의 뜻이 용해된) free **감주**로 습관화시킨다.

☞.. 생활 속에서의 뜻=외국인과 생활하면서 느껴지는 뜻이자 실제로 적용된 뜻(≠사전의 원형적인 뜻)

> **※ 일반형용사 영뇌란 :**
> **IS 영뇌로 동사/명사(대명사)를 형용사 의미로 그냥 서술적으로 설명해 나가는 뇌**
> **또는 free 영뇌[infml E]로 명사/대명사 주어를 바로 그냥 서술적으로 설명해 나가는 뇌**
> **또는 관습적인 E로 전치사를 그냥 서술적으로 설명해 나가는 뇌**
>
> **요컨데, 비연결설명어**
> **또는 명사/대명사/동명사를 앞에서 설명해 주는 뇌**

---

vs 한뇌=먼저 작용하는 뇌 : 부수적인 버그단어
— 근본적인 버그단어 뒷따라 일어나는 버그단어

▭ **일반형용사 BNW**=그냥 형용사 position
즉, 질 /상태 /수량 /지시 /배분 /의문 /소유 /지정
— 등으로서 그냥 형용사 position
(**관계형용사 BNW**
=주로 질/상태 position로서 제한적/비제한적 연결의미)

※등급단어=일반적으로 질/상태/수량 단어
— 질/상태 정도, 수량크기 정도로 등급화가 가능

▭ **형용사**=관계형용사/일반형용사
— 연결설명어/비연결설명어
전자=연결지어 설명해 나가는 뇌
후자=그냥 설명해 나가거나 설명해 주는 뇌

▭ **한국 사람들의 가장 큰 취약점 :**

영어 읽는 법을 모르고 있음 ⇒ 감각적 주파수
+ free 영뇌, 특히 free 감주에 약하다.

+ 한뇌로 이해,
즉 있는 그 위치에서 바로 무한글로 이해하지 못함

+ 말[소리]자체/글자자체가 뜻이자 A상황인데
자꾸 해석하거나 이미지를 그려서 이해하려고 함
특히, 해음/해자 영뇌에 약하다.

+ BNW를 느끼지 못함, 즉 BAM으로 이해하는 기술이 없음
+ 문자값으로만 이해하거나 기억하지 청구(聽口) 소리값으로 더 뇌화 되어 있지 않음

+ 질/상태로 부사의미(정도/양태)와 일치할 때 표현 방법을 잘 모르고 있음
: He did good. or He did well.
Speak loud. or Speak loudly.

+ 무한글로 저절로 또는 바로 이해작용이 발생하지 않고 한글을 먼저 생각하거나 문법적 지식을 먼저 생각한다.
+ 감각적 주파수로 영어가 머리 속에 남아 있지 않고, 한뇌로 한글로 이해한 후 암기하고 있다.

+ 설가뇌가 발달되어 있지 않음
특히 영어는 감각적 주파수로 문맥이 보여야 함
+ 단문보다 story 뇌에 약함
+ 특히 infml E에 약함
+ 영어주파수, 즉 vocal 감주에 약함
+ 감각적 주파수로 이해하는 데 약하다.
+ 생활 속에서의 뜻[소리]에 약함

tip) 관계형용사=관계를 짓는 형용사 일반형용사=그냥 형용사

☞.. 영어실력은 언어로서 기능을 다하는데 있다. 그게 바로 "감주"다.

1) 일반형용사 영뇌[GADJ NB]

IS 두뇌로 동사/명사(대명사)를 형용사 의미로 그냥 서술적으로 설명해 나가는 뇌
또는 free 영뇌[infml E]로 명사/대명사 주어를 바로 그냥 서술적으로 설명해 나가는 뇌
또는 관습적인 E로 전치사를 그냥 서술적으로 설명해 나가는 뇌

요컨데, 비연결설명어
또는 명사/대명사/동명사를 앞에서 설명해 주는 뇌
▭ **동사**=원동사 /현동사 /과동사 /과분사 /현분사 /동명사

① 동사를 설명해 나가는 뇌

IIIII.. She fell /ill. [=Fell ill. : infml E]

영뇌=기→ 설 : BEis–Os

or I + I : I–Os or S + S : S–Os

How to Read[Speak]=Shefell ill.

: BEis/IS로 이해되는 것을 감각적 주파수로 이해한다.

시동= vocal 감각적 주파수로 (BEis/IS 영뇌가 될 때까지) F3+E2 강하게 말하기

▭ 과동사 설가 ∗fell=past of 'fall' ↘**그러면 영어말투가 형성되고 영어말투에 익숙해진다.**

(쉬–페ㄹ[페을] 이ㄹ[이을]=line/spiral /spiral 점형 [내성음 slide] F)

☞.. **我必 Free 감주 간직하기**= Fell ill.

시동=그녀에게 갑자기 생겼어요, 병이 말이다 〈-- 떨어졌어요, 병이 든 것으로 말이다. | Free 감주 간직하기

ill=나쁜 것이 일어난 것으로서 병이 든 것[상태]

[i : 일자(一字) 위에 점이 붙은 것으로 서 나쁜 것 : Ill news] **소리**: Ill=spiral[post] 점형/내성음 slide 주파수

cf]fell=떨어지게 넘어뜨리는 것으로서 (잘라서) 넘어뜨리는 것 [f: fall l〉 — : 넘어진 모습]

: He used an ax to fell a tree. He's strong enough to fell an ox[his opponent].

시동 종류=원애시동 /vocal음 /Free 영뇌 /F3+E2 /일상적인 생활 /Ekbe /†SIUM 말하기 /무한글 /BNW or 비한글 BNW /BAM /BEis 영뇌 /G토씨 /connotation /영뇌기본자세 /패턴 /associate -- 특히 영맥 파악[이해]=BEis 영뇌, 영어이해=감주

↳특히 기본어/연결설명어/s동사

: a.. Saddam Hussein is /captured /alive. =기→ 설→ 설′ -- 과분사 설가

시동=Saddam Hussein은 있는 데 잡혀져[붙잡혀] 있다. 생포로 말이다.

b.. Mr Cook's sight /is /poor. =기→ 설→ 설′ -- 현동사 설가

c.. Can /the rumor be /true? We heard /him /lock tight. =기→ 설→ 설′ -- 원동사 설가

d.. It is right /for the rumor /to be true. =기→ 설→ 설′ -- to 원동사 설가

e.. It might /be /dangerous. =기→ 설→ 설′ -- 조동 원동사 설가

f.. Alex is /getting /married /this spring. =기→ 설→ 설′→ 설″ -- 자동형용사의 현분사 설가

g.. She is /being /pregnant. =기→ 설→ 설′ -- 현분사 설가 시동=있다. 하고 있는 데 임신으로 말이다.

h.. I am sure /of /his[him] being honest. =기→ 설→ 설′ -- 동명사 설가

시동=즉 그가 이다는 사실, 정직하다는 사실을 말이다.

☞.. **我必 Free 감주 간직하기**=Sure of his honesty.

② **명사(대명사)를 설명해 나가는 뇌**

IIIII.. Are /motels /different from /hotels?

영뇌=기→ 설→ 설′→ 설″ : BEis-Os

or I + I + I + I : I-Os or S + S + S + S : S-Os

> **How to Read[Speak]**=Aremotels differentfrom hotels?
> : BEis/IS로 되어 있는 것을 감각적 주파수로 이해한다.
> **시동=** vocal 감각적 주파수로
> (BEis/IS 영뇌가 될 때까지) F3+E2 강하게 말하기
> (모**테**ㄹ스(즈)=cramp F 디퍼런(트)프(퍼)**로**ㅁ=slide F + up-slide F 호**테**ㄹ스[즈]=cramp F 주의]스=복수 infml 소리)

⇒ 먼저 묻는 말로 개략적으로 묻고, 명사를 형용사로 구체적으로 설명해 나가는 뇌 : BEis-Os

.. **我必 Free 감주 간직하기**= Motel(s) different from hotel(s)?

시동=있는 가, 모텔에게 다른 점이 나오고 있는 가? 호텔과 비교할 때 말이다. | Free 감주 간직하기

> different=다른 점이 존재하는 것으로서 다른 것[질] [d : 다른 것 i : is]
> 소리: DIfferent=slide 주파수 from=흘러 나오는 것으로서 출처/시작 [f: flow]

: a.. **Is /it /now safe /to switch off your computer?**

영뇌=기→ 설→ 설′/설′ : BEis-Os

⇒ 부사의 설명을 받아 대명사를 설명해 나가는 뇌 ※ now=adv.

시동=인가[그런 가]? 즉, 그렇게 하는 것이 지금 안전한 가? 대동[즉] 스위치를 끄는 것인 데 당신 컴퓨터에 말이다.

b.. **The family makes /me /happy.** =기→ 설→ 설′ : BEis-Os

③ **free 영뇌[infml E]로 명사(대명사) 주어를 바로 설명해 나가는 뇌**

A.. Motels /different from /hotels.

영뇌=기→ 설→ 설′ : BEis-Os or I + I + I : I-Os or S + S + S : S-Os

> **How to Read[Speak]**=Motels differentfrom hotels. : 먼저 감각적 주파수로 이해한다.
> **시동=** vocal 감각적 주파수로 (자동 설가가 될 때까지) F3+E2 강하게 말하기
> -- 한글 해석느낌으로 영어를 말하면 안된다. 단어자체 뜻이 IS이기 때문이다.
> 특히 전치사나 종속접속사도 토씨 뜻이 아니라 일반단어로서 IS다 : **한뇌리딩≠영뇌리딩**

⇒ S동사를 거치지 않고 바로 명사를 형용사로 설명해 나가는 뇌 : BEis-Os

.. **我必 Free 감주 간직하기**= Motel(s) different from hotel(s).

시동= 모텔은 있는 데 다른 점이 나오고 있다. 호텔과 비교할 때 말이다. | Free 감주 간직하기

: different=(동사) **전제** infml E --> StE : Motels are different from hotels.

B.. It /safe /to switch off /your computer.

영뇌=기→ 설/설→ 설′ : BEis-Os

시동=그렇게 하는 것이 안전해요. 즉, 스위치를 끄는 것인데 당신 컴퓨터를 말이다.

: safe= (동사) **전제** infml E --> StE : It is safe -----. | Free 감주+我必 Free 감주 간직하기

cf]Many people said good. : **동사설가** good=(주동) **전제** infml E --> StE : Many people said it is/was good.

↘ .. **major 감주=** -- safe -- switch off -- computer.

> vs There are someone poor and something cold.
> : 부정 대명사를 **관계형용사 영뇌**로 설명해 나가는 뇌

④ 관습적인 E로 전치사를 설명해 나가는 뇌

— 일반적으로 전치사는 명사 /대명사 /동명사 /wh절로 설명해 나간다.

A.. Police searched in /vain /for the missing gunman.

영뇌=기→ 설→ 설′ : BEis-Os or I + I + I : I-Os or S + S + S : S-Os

How to Read[Speak]=Policesearched invain forthe missinggunman. 〈 Policesearchedin vainforthe

: 먼저 감주로 이해한다. **시동=** vocal 감각적 주파수로 (자동 설가가 될 때까지) F3+E2 강하게 말하기

• 주동전으로 먼저 개략적으로 말하고 다시 형용사로 설명해 나가는 뇌 : BEis-Os

(펄리-서-치트=root F + retro-root F : 앞 s음 폐쇄 : gas station=갸스테이션=post 점형 F+cramp F 펄리-스서-치트=trapezoid F + retro-root F : 비폐쇄 치트=무성음 매치 : ed의 e는 폐쇄되기 때문에 tʃ로 무성음 매치: d—〉t ex] liked=라익트/라이크트)

我必 Free 감주 간직하기=Police searched for the missing gunman. | Free 감주 간직하기

시동=경찰이 수색을 했으나 되었다[내자], 허사가 되었는데 [되었다], 즉/해자 그 실종된 gunman에 대해서 말이다.

↳ **영어는 항상 어느 부분을 보더라도 free 영뇌, 특히 free 감주로 이해되어야 한다.**

in=어느 쪽으로 들어 가는 것으로서 변화/변화로서 되는 것/변화대상으로서 내자 -- 로

: We tried in vain[=vainly] to persuade her not to go.

vain=adj. 안이 비어 있는 것으로서 허사인 것/공허한 것[상태]

[v : 빈 것 in : 안] **소리:** VAin=slide 주파수

B.. I thought /it was /just a fire practice |but| apparently it was /for real. [=for reality]

영뇌=기→ 설→ 설′ ⇨ 등전설 ⇨ 설→ 설′ : BEis-Os

시동=나는 생각했지요, 그것이 그때 그냥 화재훈련이라고 말이다. 하지만 외관상으로는 그것은 이었지요, 즉[해자] 실제와 같은 것이었어요 : Is the recovery (for) real? (즉/해자) 정말인가?

: for lost (즉/해자 잃어버린/실종된 것으로/행방불명 된 것으로), for dead (즉/해자 죽은 것으로), like crazy (듯이 즉 미친듯이), for free (즉/해자 공짜로=without charge/at no cost), still far from certain (여전히 거리가 멀다. 기처/기자 확실성으로부터 말이다), for sure (즉/해자 확실히) : I don't know for sure. -- **관습적 형용사**

vs This group is not /representative /of the population //at large.

영뇌=기→ 설→ 설′ ⇨ 전설 : BEis-Os

: large=형용사 또는 명사가 되니 명사 설가로 이해해도 좋다. 형용사 설가이면 **관습적 E이다.**

: of late 즉 최근에[=lately/recently], in short, for wrong, save for later 저장하라. 즉/해자 나중을 위해서 말이다 ···› late/short/wrong=**형용사/명사** later=**형용사**

시동=이 그룹은 아닙니다, 대표하는 것인데 즉 그 주민을 말이다, 상황을 크게 볼때 그렇습니다.

at large=규모를 크게 보는 것으로서 상황을 크게 보는 것/전체적으로/일반적으로

at=area로서 규모 large=쭉 길고 크게 뻗은 것으로서 큰 것/광대한 것

[l: 쭉 길게 늘어진 모양 r: reach 뻗어 있는 것 g〉k: 큰 것]

tip) in short 할 것같으면/내자, 짧게 말할 것 같으면 : 입작동/입작동 대상

↳**말=(문맥)** associate

vs Get out from dangerous.

: infml 영뇌 — 관습적[습관적]인 영어가 되기엔 아직 덜 굳어진 English

원어민들은 대화에서 전치사를 형용사로 설명해 나가는 뇌를 즐긴다. 질/상태로 명사의미와 일치시켜 새로운 언어의 맛을 즐기고 있다 = from danger ⇨ 형용사의 상태와 명사의 상태가 상태로서 서로 같다. 또는 dangerous를 관사와 명사 **전제 infml E 두뇌**로 작동시켜도 좋다.

= from the dangerous place

⑤ **명사 /대명사 /동명사를 설명해 주는 뇌**

— 한뇌와 같아 두뇌 이식수술 대상은 아니다.

A.. We met a girl in a dark grey dress.

⇛ a //dark grey /dress **영뇌=전설** ⇨ **설-->기** : EBis-Os | Free 감주+我必 Free 감주 간직하기

B.. "Poor mom, slaving away all day in the kitchen."

⇛ Poor mom **영뇌=설-->기** : EBis-Os

: **호격 관습적[습관적]** E (지정사를 써지 않는 관습/습관) ※ slaving=(주동) **전제** infml E

☞.. **我必 Free 감주 간직하기**= Slaving all day in kitchen. | Free 감주 간직하기

C.. " He's got to repay the money. Poor him!"

" She's been promoted. Lucky her!"

Silly me! Poor us! Good old you! | Free 감주+我必 Free 감주 간직하기

-- 부정 대명사가 아니다. 일반대명사로서 인칭대명사이다. 그래서 설주뇌로 작동한다.

D.. Slow cooking makes tough meat tender.

⇛ Slow cooking **영뇌=설-->기** : EBis-Os | Free 감주+我必 Free 감주 간직하기

부정대명사와 관계형용사

cf] **부정 대명사**=관계형용사 설가뇌

a.. I have nothing particular to do now.

nothing particular **영뇌=기-->설** : BEis-Os

시동=아무것도 없는 데 특별한 게 말이다.

b.. handout=something given free, such as food, clothes, etc. esp. to someone poor.

someone poor **영뇌=기-->설** : BEis-Os

시동=어떤 사람, 즉 가난한 어떤 사람[=who is poor]

c.. Let's find somewhere quiet.

somewhere quiet **영뇌=기-->설** : BEis-Os

시동=어떤 곳, 즉 조용한 어떤 곳

d.. You mustn't do anything silly.

anything silly **영뇌=기-->설** : BEis-Os

시동=어떠한 것도, 즉 어리석은 어떠한 것도[=anything that is silly]

vs 관계 형용사의 관습적 English :

the Director General 이사인데 총괄이사[=Director General]

Secretary General 사무장인데 총괄사무장으로서 사무총장 a Sergeant Major 상사인데 주임상사

the Princess Royal 공주인데 왕공주로서 제1공주

=a title given to the first daughter of a British king or queen

the sum total 합계인데 총합계　　Prosecutor General 검사인데 총괄하는 검사로서 검찰총장
from time immemorial 부터/기자 때, 즉 아득한 때로부터
Asia Minor 아시아인데 소아시아　　God Almighty 하느님인데 전능하신 하나님
Court Martial 법정인데 군법정으로서 군법회의

Alexander /the Great 알렉산더인데 대왕인 알렉산더　　the=내부적 the로서 대(大)
Napoleon /the Third 나폴레온(인데 그 집안의) 3세　　the=외부적 the로 그 집안을 가리킴

도치로 이해하지 말고 관계형용사로 바로 이해하면 the는 지정부사가 되어 이 지정 부사의 의미를 받아 관계 형용사로 설명해 나가는 뇌로 작동시키면 된다.
영뇌=기-->설 : BEis-Os
cf]관습적 English는 유명한 사람이 한 번 쓰면 사람들이 따라하기 때문에 생기는 현상이다.

live 실전	일반형용사 영뇌 —— 아주 잘 입었다는 뜻으로 옷 입은 것 죽여 주네! **Dressed to kill!**

L- IIIII .. Ten campers covered in mud were treated for minor injuries at St. Bernardino Medical Center in San Bernardino, hospital spokeswoman Kimberly VandenBosch said. The group was "pretty shaken up," she said. "One man was there with his 3-year-old child and said he grabbed the child and watched his wife and his other child wash away," VandenBosch said.

-- 먼저 감각적 주파수로 이해한다. 잘 안되면 부분부분 감주로 이해하고 전체로 이해한다.

shaken=자동 형용사[분사 형용사] 또는 자동과분사　　up=솟아 나오는 것으로서 모습을 나타 내는 것
was=과동질 (연결)로서 '은'　　3-year=명사부사 -- 형용사 설주뇌　　old=일반형용사 영뇌 -- 명사 설주뇌

시동=10명의 야영객들, 덮여 있었던 사람들인데, 내자 진흙 속에 덮여 있었던 사람들인데, 있었다고, 치료를 받고 있었다고, 해자 가볍게 입은 상처에 구자 성 Bernardino Medical Center, 즉 내자 San Bernardino [내소]에 있는 성 Bernardino Medical Center에서, 치료를 받고 있었다고. 병원 대변인 Kimberly VandenBosch는 말했어요. 그 캠퍼 그룹은 '꽤 불안한 모습을 나타 냈어요' 라고 그 여자는 또한 말했어요. 한 남자가 있었는데, 거기에서 안고서[동자] 3살 된 자기 자식을 안고서 있었고, 그리고 말을 이어 갔어요, 자기는 움켜 보듬고 있으면서, 이 자식을 보듬고 있으면서, 지켜봤다고 자기 아내와 다른 자식이 씻겨 가버리는 것[갑자기 사라지는 것]을 지켜봤다고 VandenBosch 대변인은 덧 붙였어요.

※ 또한=**문맥** associate　with=동존보유와 그 대상로서 안고서/동자 — 안고서　보듬고 있으면서=**현재형 과거상황**

I Free 감주+我必 Free 감주 간직하기

첫문장 뼈대=속문장 기본어(Ten campers) + 연결설명어(covered) + 속문장 s동사(were) + 연결설명어(for/at/in) + 전설 기본어(Kimberly) + 전설 s동사(said)

Plus **✠ 일반 형용사의 전제 관습적 English**

— 형용사 또는 「the+형용사」로 표현하여 명사/대명사를 전제시키는 관습적[습관적] 뇌이다.

A.. 형용사만 표현하는 전제 관습적 English

a.. Both young and old enjoyed themselves at the party. ⇒ **대조 (덩어리) 전제 관습**
둘다 젊든 나이가 들었든 즐겼다. 스스로 장에서/구처 파티장에서 말이다. ※장(場)/구처(區處)
→ young people and old people

⇨ rich and poor, high and low, from poor to rich

b.. Slow and steady wins the race.

→ and로 된 하나의 의미 덩어리: 첨가 덩어리 전제 관습 시동=천천히, 그리고 꾸준히 하면 --- .

→ slow and steady effort[=steady continuous effort]

c.. I like red wine better than white.

→ 반복회피 전제 관습[습관] → white wine 하지만 white one : incorrect ∵ one=C의미 대명사[지주어]

B.. the+형용사의 전제 관습적 English

: '실음 내외적 지정+형용사' 의 명사[대명사] 전제 관습

— 이때 the=내부적 또는 외부적 the : 어느 것에 해당하는 지는 상황에 따라 판단한다.

a.. The poor get poorer ; the rich get richer.

→ 가난한 자들 -- 내부적 the /그 가난한 사람들 -- 외부적 the

→ the poor people /the rich people

vs Poor get poorer; rich get richer. Korea's rich came here. Old are more.

-- Poor /rich /Old=아직 덜 굳어진 것으로서 **전제** infml E

→ Old people/ones → 나이가 든 사람 /전의 것들[오래 된 것들] (이 더 많다)

⇨ the+blind, deaf, disabled, healthy, sick, living, dead, unemployed, old, young, homeless, injured, etc.

⇨ the extremely poor, the idly rich, the super-rich, the severely disabled, the mentally ill, the young at heart (젊은이들인데, 즉 마음이 젊은 사람들), ----- etc.

cf] The blacks are stronger than the whites.

There are both blacks and whites at the meeting.

※ black /white = noun (흑인/백인)

: (slang) buckra (경멸적) 백인놈(주인) /niggra [nigra /nigger] (경멸적) 깜둥이

tip) Homeless roundup call makes for royal wedding controversy. [=Homeless people]

Homeless roundup call=집없는 거지들을 한 곳에 몰아 넣자는 주장

makes for=함께동사 : 불러 일으키고 있는데[켰는데] 해자 -- 을 말이다[=makes]

↳ 설명현재 또는 발생현재

b.. The Japanese admire the traditions of the Chinese.

→ '실음 내적 지정+국민 형용사' 의 명사 전제관습

→ the Japanese=Japanese people (in general) the Chinese=Chinese people (in genera)

⇨ the English, the Spanish, the British, the Irish, the French, the Dutch, -- etc.

↳ Japanese, Chinese, -- etc.=**형용사** or **명사** -- 사람과 언어 모두 가능

c.. The accused was asked to give his name.

→ '실음 외적 지정+분사 형용사' 의 명사 전제관습 → the deceased =the deceased person[one] 그 고인

-- 전제되는 명사 (또는 대명사)가 복수인지 단수인지는 상황 또는 문맥에 따라 판단한다.

d.. The unknown is always something to be feared.

→ '실음 내적 지정+분사 형용사' 의 명사 전제 관습

: the unknown=the unknown thing 미지의 것/미지의 세계

→ the unexpected=the unexpected thing ※ thing=C/U 의미 단어

the supernatural=the supernatural happening[thing] the true=the true thing=truth

the good=the good thing=goodness the beautiful=the beautiful thing=beauty, -- etc.

e.. Which train did you catch? ~ I caught the first.

⇒ '실음 내적 지정+서수 형용사' 의 대명사 전제관습 → the first=the first one

f.. Which of these two is the stronger?

⇒ '실음 내적 지정+비교급(comparative) 형용사' 의 대명사 전제관습 → the stronger=the stronger one

Don't buy the expensive apples ; get the cheaper. → the cheaper=the cheaper ones

g.. Tom is the tallest. The eldest was only ten. (10살)

Have you heard the latest? Fear the worst, hope for the best.

⇒ '실음 내적 지정+최상급(superlative) 형용사' 의 명사/대명사 전제관습

→ the tallest=the tallest person[one], the eldest=the eldest person[one]

the latest=the latest thing[one], the worst/best=the worst/best thing[one]

h.. Asia's safest, Singapore's best

⇒ '소유격 지정+최상급 형용사' 의 명사 전제관습 → safest=safest place, best=best place

시동=아시아에서 가장 안전한 곳이고, 싱가폴에서 가장 좋은 곳이다.

i.. Of the two men, I prefer the latter to the former.

⇒ '실음 외적 지정+전후 형용사' 의 명사/대명사 전제관습

→ the latter person[one] the former person[one] ＊former/latter=† **형용사/명사**

j.. Seventeen governors had become presidents, the last being George W. Bush.

⇒ '실음 외적 지정+전후 형용사' 의 명사/대명사 전제관습

시동= --- , 그리고, 그 마지막 주지사는 즉 -- 였다.

being=관계현분사의 비제한적 연결영뇌 : 본동사의미-- 동질연결로서 '는 즉 -- 이었다'

→ the last governor[one] (그 중) 마지막 governor cf] Bank of Korea governor 한국은행 총재

vs.. DHL : We know great is in the details. -- **국제 운송 회사 DHL의 광고 문구**

⇒ **전제** infml E=the great one

시동=우리는 알고 있다. 훌륭함이란 있는데 즉 하는데 그야말로 꼼꼼히 정성들여 취급하는 데 있다는 것을 말이다. (the=내부적 지정강조뇌 정성들여=details associate)

vs.. I know you of old. ⇒ **그냥 관습적** E : of late, --- etc.

시동=나는 알고 있는데 너를 즉 옛날부터[에] 말이다.[=knew -- long ago]

"TOM DROPPED IN TO LOOK OVER THE NEW LEASE."

"THIS IS RIGHT UP HIS ALLEY ······ HE DOES IT ALL DAY AT HIS OFFICE."

※**right up one's alley** 바로 자기 골목으로서 바로 자기 구역/자기 활동지역 (=in one's area of interest or activity 속하는 것인데, 자기 구역, 즉 자기 관심 구역 또는 활동 구역에 속하는 것)

look over= 살펴보는 데 눈을 굴려서 살펴보는 것으로서 빨리 살펴보는 것/훑어 보는 것(=examine, esp. quickly)

-- 여기서는 '잠깐 들어와서 살펴봤는 데 빨리 살펴봤다' 는 **원동사의 발생 본동사 의미**

2) 일반형용사 의미와 그 성격

일반형용사 BNW=질 /상태 /수량 /지시 /배분 /의문 /소유 /지정 — 등으로서 형용사 position이며,
주로 질/상태, 즉 성상이다 — (영어에 대한 기초지식을 알았다면) 모두 我必 free 감주로 간직하라.

IIIII .. **Steve Jobs' Standford Commencement Speech**
: I wish that for you, 'Stay hungry. Stay foolish.'

이 때 굶주림은 지식/발전/발명/성공 -- 등에 대한 갈망이고 바보스러움은 외부 영향에 대한 우직함이다. 그런 갈망과 우직함으로서 질 또는 상태이다. (계속해서 머물고 있거라. --으로 말이다.)

= 질: beautiful, clever, good, happy, --- etc.
generous, kind, selfish, mean(비열한), cruel, foolish, rude --- etc.
: **성격도 일종의 질에 속한다** : Clinton (is) handling criminal. → 다루고 있는데 범죄적인 성격으로 -- .
= 상태: cold, hot, --- etc. : She married poor. → 결혼했을 때 가난했다, 즉 가난한 상태였다.
= 질/상태: new, fat, --- etc. **= 수량**: many, few, much, little, --- etc.

일반적으로 질/상태/수량은 등급화가 가능하다 : **등급형용사**
-- 질/상태 정도, 수량크기 정도를 나타 낼 수 있기 때문이다.

= 지시: this, that, --- etc.
= 배분: each, every, either, neither, --- etc. **= 의문**: which, what, whose, ----- etc.
= 소유: my, your, its, her, his, our, ---- etc. **= 지정**: a/an, the
-- 지시 /배분 /의문 /소유 /지정 형용사는 등급화가 안되는 형용사다.

① 질[상태] 형용사와 양태[정도] 부사 관계

질, 상태일 때는 양태, 정도 부사와 뜻이 비슷하거나 같기 때문에 **SpE** 에서는 부사 쓸 자리에 형용사를 쓰는 경향이 있다. 늘 부사로만 표현하니 재미가 없어 형용사로 두뇌를 작동시킨다. 이게 바로 **언어의 맛이자 언어의 발전**이다.

A.. She walks happy /happily.
→ 걷는 게 행복한 상태나 행복하게 걷는 양태나 같다. 즉 상태모습이나 양태모습이나 같다.

B.. He did good. or He did well.
→ 잘한 것으로 두고 잘한 질로 표현하나 잘한 정도로 표현하나 같다

C.. Speak loud. or Speak loudly.
→ 같은 상황을 두고 큰 질[상태]로 말하나 큰 정도로 말하나 같다.

: a.. Think[Talk] big. 큰 것을[큰 상태로] or Think[Talk] big. 크게 ※big=adj. or adv.
b.. Lock up tight/tightly. c.. Think positive. (적극적인 자세로) /positively (적극적으로)

② 질[상태] 형용사와 질[상태] 명사 관계

-- 형용사의 질/상태로 state, quality 명사와 일치하는 경우 형용사만 표현하는 경우도 있다

: infml E or 관습적 E

▭ 명사 position

=the act of --, the quality of --, the state of --, a group of, someone /something --, a building --, a substance--, a person --, an animal --, a period --, an instrument --, a music --, 등

A.. Get out from (the) dangerous.

▭ adjective=상태 : infml E   noun= state: Get out from (the) danger.

▭ 또는 명사 전제로 이해할 경우 : Get out from the dangerous thing/place.

⇨ 질로 같은 경우(또는 전제로 같은 경우)

: the true=truth (or the true thing)   the good=goodness (or the good thing)

the beautiful=beauty (or the beautiful thing)

B.. Bring out (the) best. 시동=가져 나와라, 가장 좋은 것으로 해서 말이다.

✠ best=형용사(infml E)/명사 -- 전자 ⇨ 질일치 또는 전제로 이해   cf]get=bring or take 가지고 오는 것/가지고 가는 것

C.. Slow and steady wins the race.

⇨ slow and steady : 관습적 E

= slowness and steadiness -- 질 일치로 바로 이해

또는 the slow and steady effort -- 명사 전제로 이해 [=steady continuous effort]

cf] and 단일 개념 : Trial /and error /is the source of the developments.=기-->설/설

-- and로 설명해 나가면서 s동사로 설명해 나가는 뇌로 작동시킨다 ⇨ 단수동사

시동=시행에 들어 있는, 착오가 들어 있는 것은 인데/되는 데 --- 이다/된다.

※ and=추가로서 들어 있는 것 ⇨ 시행에 들어 있는, 착오가 들어 있는 것으로서 시행 착오

D.. I thought it was just a fire practice but apparently it was for real.

▭ for real=관습적 E ⇨ real=reality (질 일치) or the real thing (전제)

vs Strong is beautiful. : strong=infml E ⇨ strong=strength or the strong thing

③ 형용사의 밀접주의 기/설 영뇌

— 명사에 더 밀접한 것을 명사 더 가까이 두는 뇌, 즉 덜 밀접한 것을 먼저 표현하는 뇌

A.. the //first /two pages

═ 관사는 전설 뇌이기 때문에 제일 먼저 작동하고, 순서가 수량보다 덜 밀접하니 먼저 두뇌가 작동한다.

영뇌=전설 ⇨ 설-->기 : EBis-Os   cf] President First Lady : 고유명사[=Madam President]

B.. the[these] //some /tall Koreans

═ 지정/지시는 전설 뇌이기 때문에 제일 먼저 작동하고, 수량이 성상보다 덜 밀접하니 먼저 두뇌가 작동한다.

영뇌=전설 ⇨ 설-->기 : EBis-Os

C.. a //nice /new apartment

= 다 같이 성상일 때는 개념(opinion)이 사실(fact)보다 덜 밀접하니 먼저 두뇌를 작동시킨다.

영뇌=전설 ⇨ 설-->기 : EBis-Os

: It is delicious salty soup. This is an intelligent[interesting] young schoolboy.

This is a beautiful wooden table. Mary lives in a nice new apartment.

-- 개념은 상대적 판단이고 사실은 절대적 판단이다.

D.. a //beautiful /large round /wooden table

= 개념이 사실보다,

사실 중 크기가 모양보다, 모양이 재료보다 덜 밀접하니 먼저 두뇌를 작동시킨다.

영뇌=전설 ⇨ 설/설-->기 : EBis-Os

E.. the ///five //small round /new black /Korean wooden tea tables

= 수량이 사실보다,

사실 중 크기가 모양보다, 모양이 신구색깔보다

신구색깔이 출처재료보다, 출처재료가, 용도명사(복합명사구성)보다 덜 밀접하니 먼저 두뇌를 작동시킨다.

영뇌=대전설 ⇨ 소전설⇨ 설/설-->기 : EBis-Os

하지만 신구색깔과 출처재료는 표현자가 더 밀접시키고자하는 마음에 달려 있다.

: The hard-and-fast rule(절대원칙) cannot be given.

그런데, 복합명사일 경우 명사가 가장 밀접하다.

This is a tea wooden table. : not ok ⇨ This is a wooden tea table. : ok

vegetable hot soup. : not ok ⇨ hot vegetable soup. : ok

이렇게 밀접도가 다르면 comma/and를 사용하지 않는다.

하지만, 밀접도가 같은 것은 and 또는 comma를 사용

: a wooden and metal product a black and white dress

vs a black, white dress : infml E

셋 이상일 때는 Standard WrE에서는 마지막에 and/or를 붙인다. 좋은 글이 되기 때문이다.

: a red, white and green flag

vs a red and white and green flag : infml E /a red, white, green flag : infml E

cf] Did you order coffee, tea or milk? : WrE

vs Did you order coffee or tea or milk? : infml E

뜻 관계로 밀접도를 판단하라.

① Wounded men, 3 at the corner.[=3 Wounded men at the corner.]

② We sold anemic 5 pizzas. [anemic=형용부사 : He is different shy. 남달리]

— 빈혈을 일으키는 피자가 아니다. 그래서, 수량을 나중에 표현[≠5 anemic pizzas]

시동=팔았는 데 머리가 빙돌겠다. 다섯판을 팔았으니까/머리가 빙돌정도로 —— . : Midnight five day curfew.

↳명사부사 : 밤 12시 5일간 야간 통해 금지

anemic=adj. 잘 보이지 않은 것으로서 빈혈인 것/무기력한 것

[an: 아닌 것 (or a: '애~ 아닌데' 로서 not) e: eyes vs 어원분석=an: not]

Caution — A Quick Note

관사가 전설 뇌로 작동하지 않는 관습적 E
: 'how/too/so/as + 형용사' 로 보통 쓰던 습관 때문이다.

a.. How beautiful a voice she has!

b.. He is too good a boy to tell a lie. → 관습적 뇌는 Formal E가 된다.
=The boy is too good to tell a lie. -- **보통표현**

c.. Why did you wear so formal a suit to go on a picnic?
=Why did you wear such a formal suit to go on a picnic? -- **보통표현**

d.. I have as good a watch as he has.

④ 등급 형용사 (gradable adj.)

질/상태/수량 의미로서 정도의미가 가능한 형용사 — positive /comparative /superlative로 등급정도를 나타낸다.
vs 비등급 형용사[non-gradable adj.] → nuclear, daily, medical, unique, main — etc.
그외 지시 /배분 /의문 /소유 /지정 형용사 — 등등 **주의]** 최상급 단어는 크고 작은 정도의 문제이지 강조말은 아니다.
'the tallest' 에서 강조말은 정관사이다.
정관사=보통/강조 의미

I'm tall,
but my mother is taller, ↗ **이때 강조소리=디-/디이**
my father is, however, (the) tallest. ※**the=내부적 지정 강조** : 그야 말로
(**vs 외부적 지정 보통** : 그/이/저
vs **외부적 지정 강조** : **그/이/저**)

I'm very tall, but my father is much taller.

✠ very=매우로서 그냥 강조 (giving force) 그래서 원급강조 -- **StE**

✠ much=훨씬로서 강조, 그래서 비교급 강조 -- **StE** ⟫ 이때 very/much=강조부사

caution] much=많이로서 정도, 정도부사로서 긍정문 원급에 사용시 -- **infml E**
I am much tall. : **infml E** vs I was not so much angry as sad.
"Is British culture much different from ours?" : **관습적 E (부정문/의문문)**

☆ 규칙 비교 (Regular comparisons) :

우등비교 ···› 우등단어 er/est, more/most 열등비교 ···› 열등단어 less/least
비교선택 ···› 선택단어 more/rather를 사용한다. 여기서 우등비교 외는 음절을 따지지 않는다.

[I] 우등비교 :

A.. Adjectives with one syllable add er or est. (er/est=접미단어)
er=[er: 어]더 더한 것으로서 더 — 한 것] est=[st: superlative 최상의 것으로서 가장/최고로 — 한 것]
darker/darkest, taller/tallest, shorter/shortest, greater/greatest, deader/deadest -- etc.

▭ One-Syllable Adjectives that end with e just add r or st. — 소리 조율 때문이다.
wide → wider/widest, brave → braver/bravest, -- etc.

▭ If a one-syllable word ends in one vowel + one consonant, double the consonant.
thin → thinner/thinnest, hot → hotter/hottest, big → bigger/biggest, -- etc.

▭ If the word ends in two vowels and one consonant, do not double the consonant.
poor → poorer/poorest, great → greater/greatest, -- etc.

✠ Exceptions : 일음절 단어이더라도 more/most를 취하는 형용사

The film made the story seem more real. → real, right, wrong, etc.

단, stricter/more strict strictest/most strict

B.. Adjectives with two syllables or more add more or most before the positive.

more=[m: much or: er 더 많은 것으로서 더 — 한 것 ←··· or = 라틴어 비교급 철자]

most=[m: much st: superlative or ost: est 가장 많은 것으로서 가장/최고로 — 한 것]

→ more/most careful, more/most stupid, more/most doubtful,
more/most cautious, more/most obscure, -- etc.

more beautiful /most beautiful, more interested /most interested,
more frightening /most frightening, -- etc.
cf] inmost (가장 안쪽/내부의) /utmost (최고의 /최대의 /극도의 ut>up) /foremost (맨 앞의/맨 먼저의)

But if adjectives with two syllables end in er, ow, y (or ly), or – some, add er/est.

⇒ **clever** → cleverer/cleverest[also, more/most clever] **narrow** → narrower/narrowest

⇒ **pretty** → prettier/prettiest **friendly** → friendlier/friendliest **deadly** → deadlier /deadliest

⇒ **sorry** → sorrier /sorriest **(Note y changes to i. or Note that y becomes i. : y=반모음)**

⇒ **handsome** → handsomer/handsomest

tip)음절수=실제발음 모음 수로 결정 : 미발음 모음 철자는 미포함 — e=조율음으로서 미발음

: **noble** → nobler/noblest **humble** → humbler/humblest **wide** → wider/widest

2 열등비교 :

열등비교는 음절수 관계없이 원급에 less/least 열등단어를 사용한다.

less=[s: smaller 더 적은 것으로서 보다 덜 — 한 것]

least=[st: smallest 가장 적은 것으로서 가장/최고로 덜 — 한 것]

a.. It was cold in the house, but it was less cold than outside.

b.. Motels are usually less expensive than hotels.

c.. The subway is the least expensive way to get to New York.

d.. Tom is less tall than Mary. 뜻하는 의미=Tom is not so/as tall as Mary.

e.. It's less expensive. → 덜 비싸다 -- 뜻하는 의미=It's cheaper.

vs It's less cheap. → 덜 싸다 -- 뜻하는 의미=It's more expensive.

싼 것과 비교해서 덜 싸니, 결국은 싼 물건보다 좀 더 비싸다는 말이다.

: less dark (어두운 것보다) 덜 어둡다=brighter vs darker 더 어둡다

cf] You could get one cheaper[more cheaply] secondhand.

Now that our system's computerized, we hope there will be less problems than before.

더 적은 문제들 뜻하는 의미=not so many /fewer 더 적은 수의

We eat less meat. 더 적은 양의 고기: 형용사 (a smaller amount)

뜻하는 의미=그렇게 많은 양의 고기를 먹지 않는다(not so much)

vs **전치사 :** a year less two days 일년인데 모자라는[덜 되는] 이틀 모자라는[덜 되는] 일년

the regular price less[=minus] a discount *less=**부사/형용사/전치사**

caution] colder/coldest : 추운 쪽으로 더 해지나 우등이 된다. 즉 추운 것이 더 우세[강세]가 된다는 의미이니 열등의미는 아니다.

3 **(비교) 선택** : (비교) 선택도 음절수에 관계없이 more/rather 선택단어와 함께 사용한다.
우등비교가 아니라 단어자체의 (비교) 선택이기 때문이다.

more=[mo: move로서 방향 re: er 더 — 한 쪽으로서 오히려 더 — 한 쪽]
rather=[th: this er: er 더 이쪽인 것으로서 오히려 더 — 한 쪽]

a.. Tom is more clever than wise. **시동**=인데 오히려 더 clever한 쪽이다. 하다기 보다 wise하다기 보다 말이다.
: The Federal Reserve is more likely to ease than tighten interest rate again.
시동=오히려 더 가능성이 높은데 즉 안정되게 운용할 가능성이 더 높다. 보다[하지않고],
타이트하게 운용 하기보다[하지않고] (이자율을 또다시) 말이다.

b.. I was more sad than angry. 이었는데 오히려 더 슬픈 쪽이었다.
=I was sad rather than angry. 나는 슬펐는데 오히려 더 슬픈 쪽이었다. 보다 화가 났다기보다 말이다.
/나는 슬펐다. 오히려 보다 화가 났다기보다 말이다. 뜻하는 의미=I was not so much angry as sad.

not so much A as B
=하지 않는데 그(런) 정도로[그렇게 많이] A하지는 않다. 즉 B만큼이나 말이다.
뜻하는 의미= A라기보다 차라리 B이다/하다.

rather=오히려 더 -- 한 것(to a greater degree)
/좀[다소/어느 정도] -- 하는 편 : It is rather cold today. (to some degree)
[a: a little th: this/than er: er 더 이쪽인 것으로서 오히려 더 -- 한 쪽인 것
/적은 것보다 좀 더 한 것으로서 비교적 좀되는 것[다소/어느 정도]
∴ rather=**선택의미/크기의미**]

more=비교의미(더 -- 한 것) /선택의미(오히려 더 -- 한 쪽인 것) /정도의미(더 많은 것) : more cars
/추가의미(더) : two more letters

plus-1] 통일비교는 2음절 이상 단어와 섞여 있을 시 일음절 단어도 more/most로 통일하는 것
: **WrE** — 문맥이 좋기 때문이다.
a.. Women are more charitable, more kind, more sensitive than men (are). (***not kinder***)
b.. Keiko is the most innocent, kind and beautiful person I've ever seen. (***not kindest***)
c.. The most serious and grave threat ever! (***not gravest***)
-- 이렇게 써야 좋은 글로 인정받는다. 일관성이 있기 때문이다.
하지만 **infml E**로 각각 등급 정도를 표현해도 좋다.
: Women are more charitable, kinder, more sensitive than men (are). Keiko is the most innocent, kindest and most beautiful person I've ever seen. The most serious and gravest threat ever!

plus-2] more/most/less/least가 명사에 쓰이면 비교의미가 되는 것이 아니라, 정도의미가 된다. 즉 많고 적음의 정도를 나타낸다.
a.. 'More bad news on your poll, dad.' 'Yes, Calvin. That's certainly food for thought.'
b.. Now that our system's computerized, we hope there will be less problems than before.

More /bad news=설-->기 : 더 많은 나쁜 소식[≠worse news] **최초 의군=bad news**
food for thought=거리인데 즉 생각거리 <-- 음식인데 즉 생각해봐야 할 음식

✤ 불규칙 비교(Irregular comparisons) tip)문법으로만 간직하지 말고 (생활 속에서의 뜻으로) free 감주로 간직하라.

little → less/least: least food/feet : 양/크기 개념 ☞ p481 cf] few → fewer/fewest: fewest jobs : 수 개념

little=[tt>t: tit 젖꼭지처럼 작은 것으로서 적은 것] few=[f: fly 조각조각 나는 것처럼 적은 수인 것]

↳리틀/리들=slide F : 비단타와 d단타 tip) less=양/크기/추감 개념 vs little=양/크기

bad/ill → worse/worst : Grexit is the worst bad option. ➾ 밑줄부분=최초의군

worse=[w: 꼬이는 모습 or>er:더 더 꼬이는 것으로서 더 나쁜 것]

worst=[w: 꼬이는 모습 orst>est: 최고로 꼬이는 것으로서 가장/아주 나쁜 것]

good (well: 부사) → better/best : 베터/베더/베러=slide F : 비단타와 d, r단타 베스트/베스=slide F : 비폐쇄와 폐쇄

better=[be>bene: good/well er: 더 더 좋은 것[잘하는 것]으로서 더 좋은/나은 것[더 잘]]

best=[be>bene: good/well st: superlative be=bene의 준말(b: 보이는 것 n: no+not)

가장 좋은 것[잘하는 것]으로서 가장 좋은/최고인 것[가장 잘]]

bene=no로 안보이는 것으로서 좋은 것(good) /못하는 것으로 안 보이는 것으로서 잘 하는 것(well)

many/much → more/most : 모우스트/모우스=slide F : 비폐쇄와 폐쇄와 u감정음가 첨가

more=[m: many/much or /re:er 더 많은 것으로서 더 -- 한 것]

most=[m: many/much st: superlative 가장 많은 것으로서 가장/최고로 -- 한 것]

many=[m: 많은 것 n: number 수의 크기로서 많은 것] ↳the most Republican state 가장 많은 공화 당원주

much=[m: 많은 것 u: amount/그릇모양 양의 크기로서 많은 것]

far (거리/정도) → farther/farthest : distance → 거리 ☞ p364

further/furthest : distance, degree or addition[extra]. → 거리/정도/추가

old → older/oldest : age 나이개념 (of people and things) ∗old=나이가 든/늙은/낡은/오래된

elder/eldest : seniority 손위개념 (of people only) ↳ a 9-week-old baby

late → later(더 늦은) /latest (가장 늦은, 최근의) : 시간개념 ↳오울드/오울=slide F: 비폐쇄와 폐쇄, u감정음가 첨가

ex] Please be here by 9 o'clock at the latest. (≒at the earliest)

the latest news 최근의 뉴스 (=newest, most recent)

late → latter/last : 순서개념 : 라-스트/라-스=retro-root F : 비폐쇄와 폐쇄

ex] a late bus 늦게 다니는 차로서 막차 (toward the end of a certain time)

the latter half of the program 후반부 the latter 후자

→ 순서상 끝무렵[끝부분]인 것으로서 늦는 것/후반 [t: toward/part e: end]

the last news 마지막 뉴스 (=final) → 줄 끝으로서 마지막인 것[l: line t: tip]

vs I had my hair cut last week. → 시간상 가장 최근의 것으로서 바로 지난 /지난 [l: latest t: time]

: 바로 지난 주[지난 주][=this past week/in the past week/in the last week] : 시간개념

vs the events of the past year for[during/in] the past few days

→ 시간이 통과한 것으로서 지난/과거 [p: passed t: time]

: 최근 것도 되고 더 지난 것도 되니 지난 뜻일 때 last와 같다 : over the past week[=last]

/구시 과거 며칠 동안[중에 지난 며칠 중에/사이 지난 며칠 사이]

cf] 숫자=기수/서수[infml E] 의미 서수 BAM=기수+th → t: turn 순서 or h: 서 있는 모습으로서 순서

↳ HK celebrates 50 million person. → 5천만 번 사람으로서 5천만 번째 사람

➾ person=단수 단독표현이니 서수의미 → 기수라면 복수명사가 돼야 한다.

: (a) 3 person : 3번 사람으로서 세 번째 사람 → 3 wood(3번 우드)=wood 3 vs 3 woods

vs 3 persons : 세 사람 vs (a) 3rd person : 세 번째 사람

tip) 4 July=July 4 July fourth=July the fourth=the fourth of July

cf]in early/middle[mid-]/late July vs early/late in July (early/late=형용사/부사)

⑤ 설명해 나가는 뇌와 설명해 주는 뇌에 따라
뜻이 달라지는 형용사 : certain=확실한 vs 어떤[어느 정도] right=옳은 vs 오른쪽의[옳은] ── 등등

a.. She suddenly fell ill.
→ ill=나쁜 것이 발생한 것으로서 병이 난 것[not in good health, not well]
[i: 나쁜 것이 발생한 것]

vs There's a lot of ill feeling about her being promoted.
ill=나쁜 sign으로서 나쁜 것 [bad]
[i: 일자 위에 점이 붙은 것으로서 나쁜 sign]

b.. The amount of money involved is quite small. Get involved.
→ involved=안으로 서로 얽혀 있는 것으로서 연루되어 있는 것 (=relevant, connected)
/발을 안으로 들여 놓는 것으로서 참여하는 것
[in: 안 vv: 서로 얽혀 있는 모습 v: 발 ed: 분사[자동] 형용사로서 **관계형용사/일반형용사 영뇌**]

vs It's a rather involved story.
involved=안으로 복잡하게 뒤얽혀 있는 것으로서 복잡한 것(=complicated)
[in: 안 vv: 복잡하게 얽혀 있는 모습 ed: 분사[자동] 형용사로서 **일반형용사 영뇌**]

c.. The doctor concerned is on holiday.
→ concerned=연관이 있는 것으로서 관계하고 있는 것(=relevant, responsible)
[con: connected ed: 분사형용사(즉 자동형용사)]
: the authorities concerned 관계당국 the parties concerned 관계 당사자
이런 뜻일 때는 설명해 나가는 뇌로만 작동한다: **설가뇌**

vs The concerned doctor rang for an ambulance.
or His mother was very concerned for/about his safety.
concerned=걱정하고 있는 것으로서 우려하고 있는 것(=worried, anxious)
[c>k: 걱정 ed: 분사형용사/자동형용사]
이런 뜻일 때는 설명해 주거나 설명해 나가는 뇌로 작동한다: **설주뇌/설가뇌**

d.. This elect body meets once a year. (=specially chosen 특별 선임된)
vs The president elect takes over in May. (=who has been elected 선출된/당선된)

e.. The person responsible will be punished.
→ responsible=무언가에 대해 응답의 부담을 지는 것으로서 책임이 있는 것 /책임져야 하는 것
[responsi : response 응답 b : 부담]

vs Judy seems a responsible person.
responsible=무언가에 대해 응답의 부담을 지는 것으로서 책임감이 있는 것
[responsi : response 응답 b : 부담] /책임감을 가지는 것으로서 분별력이 있는 것[EM]
(=having a sense of duty /sensible)

f.. The people present were all moved to tear.

시동=사람들, 참석한 사람들은 되었다. 모두 감동을 받아 (되었는 데) 눈물을 흘리게 되었다.

present=앞에 눈에 보이는 것으로서 출석한/참석한 것

[pre: before se: see]

vs Our present situations are much worse.

→ 우리의 현재 상황들은

present=앞에 눈에 보이는 time으로서 현재인 것

[pre: before se: see t: time]

vs now=시간이 움직이지 않았던 것으로서 지금 [no: not moved]

g.. The question proper has not been answered.

→ 그 질문에 정확한 것으로서 질문 그 것 자체(itself)는

(갖지 못했다. 받은 것인데 답을 받은 것으로 말이다.)

proper=적절한 것으로서 정확한 것 [r: right p/p: 적절하게 서 있는 모습]

: China proper ⇒ China 실체에 정확한 것으로서 중국본토

literature proper ⇒ 문학이라는 실체에 정확하게 맞는 것으로서 순수문학

vs It was a proper question.

proper=알맞은 것으로서 적절한 것/적당한 것/절묘한 것 뜻하는 의미=옳은 것(correct)

[r: right p/p: 알맞게 서 있는 모습]

*proper=알맞은 것으로서 절묘한 것 vs exquisite=날카로운 것으로서 절묘한 것

설명해 나가는 형용사 vs 설명해 주는 형용사

— 어느 한 쪽으로만 쓰이는 단어

설가뇌 형용사= He gave her a bird alive. ⇒ alive=**관계형용사 영뇌**[=a live bird : **주파수=라**이브]

: awake, content, well, wont, liable, bound, else, -- etc.

vs 설주뇌 형용사=woolen sweater: wooden, silken, leaden, -- etc.

elder brother /thorough investigation /utter denial /only daughter

/mere child /outer surface /chief problem /the very person /the /a /my --- ect.

cf]Some are dead, some are living.

tip)live=삶도 되고 생명도 된다 ← life=생활/생명

살고 있다 → He lives well/simple.

살아 있다 → He lived to the age of 92.

☜.. 이해는 (언어에 대한 basics를 알았디면) 최종적으로 단어의 최종적인 뜻인 감주로 이해한다.

3) 일반형용사 영뇌와 일반부사 영뇌

IIIII .. 품사 관계는 토익 문제에서 많이 출제되는 문제이다. 표현이 확실히 눈에 들어 오려면 품사 관계를 알아야 한다.
(품사=word position/word class/parts of speech/types of word)

① 부사는 일반적으로 형용사를 설명해 주는 뇌

IIIII .. It is now safe to switch off your computer. → now /safe=설→ 기 : 지금이 안전한 것
vs Your son is old enough.
→ 단, enough는 설명해 나가는 뇌: old /enough=기→ 설 : 나이가 찼는데 충분히 찬 것
: Romney seems like a nice enough guy. : 좋은 데 충분히 좋은 녀석

cf] Better by far or By far better.
더 좋은 데 정도가 훨씬[확실히/단연코] 더 좋은 것 /정도가 훨씬[확실히/단연코] 더 좋은 것
by far=부사의군으로서 부사의미다 할지라도 **전치사로 문맥을 연결시키기** 때문에
문맥에 따라 설가뇌 또는 설주뇌 가능
*far=먼 정도로서 훨씬 큰 것, 훨씬 큰 것으로서 확실히[단연코]

② 강조부사 very, 정도부사 much와 원급형용사 관계

✠ very=매우로서 그냥 강조=BNW -- 그래서 원급 형용사(원급 부사) 강조 : StE/WrE
단, 원급 형용사와 의율이 되어 긍정문에서 much[a lot]로 쓸 경우 : infml E/SpE
이때 much=많이로서 정도 부사 -- 원급 형용사에 동사처럼 많은 정도를 나타낸다.

IIIII .. very happy (very fast) : ok in the WrE 시동=매우 행복하다.
vs much happy : not ok in the WrE but ok in the Infml E 시동=많이 행복하다. cf] so much happy
[=a lot happy] → infml E/SpE

→ a.. He is much[very] good at English. 시동=많이 좋아졌다 : 설명현재 /매우 잘 한다.

b.. I'm not much good at knitting. : 관습적 E 시동=많이 좋아지지 않았다. (뜻하는 의미=do not do it very well)

c.. This is much[a lot/very/so] different from[than/to] yours. 시동=많이 다르다[매우/정말로] 다르다. 기자[차자/대자] 너의 것과 비교해서 말이다.
(from=출처비교 대상 : 基者 than=차등비교 대상 : 差者 to=방향비교 대상 : 對者)

vs "Is British culture much different from ours?" "No, it isn't much different."
I am not much tall. 시동=많이 크지 않다.
She was not so much nervous as impatient for the journey to be over.
시동=그렇게 많이 신경질을 부리지 않았다, 즉 조바심을 내는 만큼이나 말이다.

Longman에서는 **오히려** questions (**의문문**)**과** negative sentences (**부정문**)에서는 의율이 될 경우 **관습적[습관적] English**로 much 사용을 더 권장하고 있다.

d.. We were very afraid that we would miss the flight. : ok 시동=매우 두려워 했다.
vs We were much afraid that we would miss the flight. 시동=많이 두려워 했다.
: not ok as WrE but ok as infml E

e.. I' m very aware of the problems. -- StE /WrE

vs I' m very much aware of the problems. -- Infml E/SpE

시동=매우 vs 매우 많이

afraid형 형용사에도 very가 StE이다

그래서, Longman Common Errors라는 책에서는 **afraid형 형용사**에 much를 쓰면 틀린 영어로 간주하고 있다. 하지만 우리나라 참고서들은 거꾸로 설명하고 있다. afraid형 형용사에 much를 써야 한다고 주장하고 있다: 구문법의 blunder

afraid형 : alike, ashamed, -- etc. **※StE=WrE=관습적** E

f.. This is a very[too] exciting book. This book is very[too] interesting.

I am very tired. They are absorbed in a very exciting game.

He is a very celebrated scholar. He is a very learned man.

"Are you tired?" "No, not very."

분사 형용사의 StE[WrE]와 infml E[SpE]

분사 형용사[자동 형용사]=일종의 원급형용사로서 very를 쓸 경우 : **StE /WrE**

단, 자동과분사로서 동사성격으로 생각하여 much를 쓸 경우 : **infml E /SpE**

He is much interested in the project. : **Webster Dictionary**

g.. They were very/much**(infml)** excited at the game. 시동=매우/많이 흥분했다

vs They were much excited by the game. 시동=많이 흥분을 받았다

✠ excited=피동과분사로서 동사

-- 동사의 크기는 정도 크기의 문제이므로 정도부사 much와 의율이 되지, **very**와 의율이 되지 않는다.

: **StE /WrE**

(at=바로 대상으로서 즉/직자 -- 보고서 by=원인행위 실체로서 행자(行者) -- 에 의해서)

: 1.. They were much pleased by the compliment. 시동=많은 기쁨을 받았다

2.. This is a much discussed issue. 시동=많이 논의되는 뜻하는 의미= often

3.. Brian's become a much changed person since his car accident.

시동=많이 변화된 뜻하는 의미= greatly

cf] The traffic jams are very terrible.

: not ok ∵ terrible=very bad

원급이더라도 원급 형용사에 very라는 의미가 들어 있으면 다른 **강조부사**로 표현해야 좋은 글이 된다.

: absolutely, completely, totally, utterly, or quite

→ 1.. The traffic jams are absolutey terrible. **: ok**

2.. I' m absolutely convinced that he is telling the truth. **(*not* very absolutely)**

3.. Meno Park in Central Tokyo is (absolutely) huge.

: boiling=very hot convinced =very sure exhausted=very tired

huge=very big terrible=very bad

vs His selfish behaviour makes me very, very cross. -- **very를 두 번 써서 강조 한 것**

✠ very(매우)와 extremely(대단히)는 용법이 같다.

☞.. 시동으로 (영어) 글자/말 자체에서 뜻이 보이거나 상황이 (머리 속에서) 보이면 된다 : IS 영뇌

③ 강조부사 too와 원급형용사 관계

✠ too=over over로서 너무나(BNW) /very very[tallest]로서 아주(EM) : **원급 강조**

a.. too happy 시동=너무나 행복하다 cf]too fast : **원급부사**

b.. Thanks for all your help – you're too kind! 시동=아주 친절했어!

④ 강조 또는 정도 부사 much 용법

✠ **much**=정말로[훨씬]으로서 강조부사 /많이로서 정도부사 (정말로=최상급/too 강조 훨씬=비교급 강조)

cf] **very**=그냥 '매우' 로서 순수[보통] 강조 -- BNW

즉, too 강조 /(비수) 비교급 강조

또는 (의율이 될 경우) 원급 정도(**infml E : 긍정문**) /동사 정도 /전치사 정도를 나타냄

동사/전치사는 강조보다 많음의 다소 문제이므로 정도 의미로 의율이 된다.

⇒ 동사=원동사 /과동사 /현동사 /과분사 /현분사 /to부정사 /동명사

BNW=그릇에 많이 담은 것으로 양으로서 많은 것 [m: 많은 것 u: 그릇(모양)]

many=(수) 비교급 강조 : 지게에 많이 실은 것으로 수로서 많은 것 [m: 많은 것 y: 지게(모양)]

단, far, a lot=비수/수 비교급 모두 강조

a.. much too happy 시동=정말로 너무나 ---> **infml E/SpE** : too much happy 시동=너무나 많이

much too fast : **ok** ↳ 정도부사

시동=정말로 너무나 : The English course was much[far] too difficult for me. ※ course=과정으로서 과목

b.. Gold is much softer than copper. 시동=훨씬 더 부드럽다

There's much more traffic on weekdays. -- 비수 비교급 강조

-- 여기서 more=much의 비교급으로서 비수 형용사

vs Many more Americans than ever before are finishing high school and college.

There have been many fewer burglaries this year. 시동=훨씬 더 적은 수의

-- 수 비교급 강조

※ more=many의 비교급으로서 수 형용사 high school and college 고학과 대학

vs far more traffic /far more Americans -- 비수/수 비교급 강조

c.. I very much hope you'll be able to come. He so much read the book. 시동=정말로 많이

Nowadays he is so much reading books. [= --- books so much.]

과동사의 so much한 정도나 현분사의 so much한 정도나 다 같이 동사의 정도크기이다.
그래서 현분사에도 much를 쓰는 것이지 very가 아니다. **very로 쓴 책들은 잘못된 참고서들이다.**

Their services are very much[greatly] appreciated by the hospital management.

His word is much admired. You haven't said much. (adv./pronoun)

cf] She was very nearly killed! 시동=정말로 거의 (죽을 뻔 했다!)

-- 최종적으로는 very가 아니라, 정도의미 nearly가 과분사를 설명해 주는 뇌 ※very=매우/정말로(EM)

→ very의 nearly 설가뇌

d.. Although he was very much in love with Marianne, he wanted to marry a rich heiress.

▭ in=속에 있는 것으로서 빠져 있는 것

Much to my surprise, he was found dead. [=I was very surprised that he ---.]

시동=많이 대자 내가 놀랍게도 그는 발견되었다. 죽은 채로 말이다. ▭ was=과거 동질연결로서 '는'

These proposals are very much in keeping with the President' s own ideas.

시동=매우 많은 역할을 하고 있다. 지켜주는 데[간직하는 데], 동자[동체] -- 를 말이다.

/매우 많이 내동 지키는 역할을 하고 있다.

▭ in=들어가는 것으로서 하는 것, 즉 입작동으로서 역할하는 것 /입작동 대상이 동사인 것으로서 내동 -- 하는 역할

with=동존대상으로서 동자[동체(同體)] -- 를

✠ much=많은 정도외 그냥 정도의미[EM] ··· 따라서, much=강조로서 훨씬[정말로] /정도로서 많이[정도]

: • I was not in the least surprised ; I had expected as much.

시동=나는 하지 않았는 데, 내에서도 그야말로 가장 최소량의 범위 내에서도 놀라지 않았다.

왜냐하면 나는 이미 가지고 있었기 때문이다. 기대한 사실인데 그와 같은 정도로 말이다.

뜻하는 의미=전혀 조금도 놀라지 않았다. ❈ was=발생으로서 '했다' 는 것

• I was not so much angry as sad.

시동=나는 하지 않았어요, 즉 그런 정도로[그렇게 많이] 화내지 않았어요, 즉 sad만큼이나 말이다.

richer=더 부자라는 말은 누구보다 더 많다는 말

IIIII .. **기타 비교급 강조부사** tip)비교급 단어는 많고 적음의 문제이므로 much와 의율 : 매우(very)와 no 의율

: **a lot / still /(by) far /even /a good[great] deal] /way /plenty** ❈ a lot, a good[great] deal=명부

It was better by far to be clear-headed. (=far better) The tickets were way more expensive.

Buckle up! This economic doomsayer sees plenty more volatility.

시동=그것은 더 좋아 졌는데 정도가 훨씬 더 좋아졌다. 대동 하니까 즉 머리를 깨끗이 하니까.

clear-headed=adj. showing clear understanding ; not confused

way=방향강조로서 뒷말 의미 방향대로 강조 ☞ p 368

IIIII .. **최상급으로 표현된 명사 영뇌의군을 강조하는 강조부사**

— 부사가 명사 설명시 관사 앞에 위치, 그래서 최상급만 강조하는 것이 아니다.

: **much, by far, far, far[out] and away, quite** 단, much, by far, far는 비교급도 강조함

⇒ much //the /same =전설 ⇨ 설—〉기

-- 이런 표현과 같다 시동=많이 그것과 같다 뜻하는 의미=거의 그것과 같다

a.. This is much the worst stretch of freeway in the country.

⇒ much //the /worst stretch=전설 ⇨ 설—〉기 : EBis-Os

시동=정말로 그야말로 최악으로 쭉 뻗은 (freeway이다)

❈ freeway(AmE)=toll-free highway 무료 대로 /motorway(BrE)=자동차대로

expressway/highway=고속도로

b.. This is by far the best method.

⇒ by far //the /best method =전설 ⇨ 설—〉기 : EBis-Os

시동=정도가 정말로 그야말로 최상의 방법이다.

c.. This is quite/far the most expensive bicycle in the shop.

시동=정말로 그야말로 가장 값 비싼 자전거 ※ quite=완전히[아주] 강조로서 정말로

d.. They are far[out] and away the best[stupidest] students in the class.

→ far[out] and away //the /best[stupidest] students=전설 ⇨ 설—›기 : EBis-Os

시동=정말로 정말로 그야말로 최고의[가장 어리석은/우둔한] 학생들

cf] I want to give my children the very best education I can afford.

✠ very=형용사로서 최상급으로 표현된 명사 영뇌의군을 강조로 설명해 주는 뇌이지, **일반부사 영뇌**가 아니다. the //very /best education =전설 ⇨ 설—›기 : EBis-Os

시동=그야말로 정말로 최상의 교육[=much the best education]

: the very book=바로 그 책/그야말로 정말로 좋은 책 ※ very=adj.

IIIII .. **기타 정도부사로서 비교급 앞에 올 수 있는 말 :**

a bit /a little /slightly(=a little) /any (좀 되는 정도) /no (조금도/하나도 없는[아닌] 정도 : 정도 강조부정)

(any, no=부사 a bit, a little=명사부사)

a.. This bag is slightly heavier than the other one. (=a little)

b.. I've waited long enough. I'm not waiting any longer. (=not even a little longer= -- I'm waiting no longer.)

c.. We expected their house to be very big but it's no bigger than ours.

(= -- it isn't any bigger than ours.) 시동=전혀/조금도 더 크지 않다 [하나도 더 크지 않다]

d.. Yesterday you said you felt sick. Do you feel any better today?

e.. This hotel is better than the other one and it's no more expensive.

f.. She is no less beautiful than her mother. 뜻하는 의미=She is as beautiful as her mother.

• **수 개념(numbers)과 양 개념(amounts) 단어**

수 개념 : a few[many /a great many] friends

양 개념 : a bit of [a little /much /a great deal] money cf] a bit + **형용사/부사** : a bit tired/slowly

수/양의 개념 : far /some /any /no /lots of /a lot of /plenty of

ex] far [many/a lot] more eggs far [much/a lot] more butter

no와 not의 차이 **no=[n: not o: ok/one or o›a: any(=even the smallest amount or number)]**

=ok/one/any가 아닌 것으로서 (정도) **강조부정**[=not ok /not one /not any]

-- 노우 : not ok //하나도[전혀] 없는 것: 무 //조금도 없는 것[아닌 것] : 무[불/비] (no=노우/노=slide F/post 점형 F : 단모음화=더 빠른 리듬) (↱ 즉 ou의 o단모음화 즉 '오' 지배음가)

vs not=[n: negative]=negative로서 (정도) **그냥부정** : 없는 것[아닌 것] (나ㅌ/나ㅌ//노ㅌ/노ㅌ=post 점형/slide F: 감정/철자 음가)

그래서, unrefundable (환불불가) 보다 nonrefundable (환불불가능)이 더 강하고, 대답할 때 분명히 yes, no로 쓰는 것이다.

IIIII .. **I'm no happy.** 전혀/조금도 행복하지 않다. [=not -- at all]

No time to buy with both fists. 결코 때가 아니다 : 불(不)/비(非) //전혀 시간이 없다 : 무(無)

He has no book. 가지고 있는 데 무(無)책을 가지고 있다 /가지고 있는 데 책이 단 한 권도 없는 것[전혀 없는 것]을 말이다

⇐ ∵ book=**단수** **He has no books.** 가지고 있는 데 책이 조금도 없는 것을 --- . ⇐ ∵ books=**복수**

vs I'm not happy. 않은데 행복하지 않다. **He has not a book.** 없는 데 (보통 의미로) 책이 한 권도 없다는 것

➾ 그래서, '책이 **한 권도** 없다' 고 강조하려면 (단수를 써서) no를 써야 한다. **주의하라.**

*any (조금도/어떠한) /no /some (약간의/어떤) + **단수/복수 명사**

☞.. 이해는 (언어에 대한 basics를 알았디면) 최종적으로 단어의 최종적인 뜻인 감주로 이해한다.

4) 기타 보충

plus-1

✠ 자동과분사 vs 자동현분사

전자=영향을 받아 스스로 일어나는[발생하는] 것 **후자**=(영향을 받지 않고) 스스로 발생시키는 것

→ 사람에 따라 둘다 동사 또는 형용사로 취급 → much(**SpE/infml**)/very(**WrE/StE**)와 의율

※**자동과분사**=자동사/타동사의 자동과분사[gone/done] **형용사일 경우**=동사[분사] 형용사로서 자동형용사

a.. I'm **finished.**

시동=나는 끝났어요.

→이 때 '끝났어'라는 의미는 자기가 일을 다했기 때문에 스스로 일어나는 결과이다.

--- 이 때는 일종의 원급형용사라 할지라도 **very와 비의율 : completely/much와 의율**

루울이 용법을 결정하는 것이 아니라, 뜻이 용법이 되니 항상 뜻 관계로 표현하면 된다.

: 판단기준=언제나 기/설 ※ 우리말 '끝났어'=자동형용사의미/자동[능동]의미

: I'm **done.** I'm **surprised.** I'm **disappointed.** Which is the most **liked** brand?

Sighted people should look out when they meet a person with a guide dog.

시동=나는 다했어요[놀랐어요/실망했어요] /정말로 가장 좋아하는 /보이는 사람들

vs I have **finished** the work.

The work is **finished** by him. This brand is **liked** by people.

시동=(생겼는데) 끝내지는 일이 생겼다/(졌는데/은) 끝내 졌다 /인데 선호받는다

b.. Roz is **disappointed** because the film is **disappointing.** 시동=실망(감)을 주는 것으로서 실망스럽거나 실망적인 것

"Patrick always talks about the same things. He's really **boring.**"

사람에게는 자동현분사[현분사형 형용사]를 못 쓴다고 하는 구문법은 잘못이다.

boring=지루함을 주는 것으로서 지겨운 것 **interesting**=무언가 흥미를 발생시키는 것으로서 흥미로운 것

The **students** in my English class are very **interesting.** Henry is Chinese. He's from Shanghai. Natasha is Russian. She's from Leningrad. George is Greek. He's from Athens. Nicole is French. She's from Paris. Mr. and Mrs. Sato are Japanese. They're from Tokyo.

tip) interesting=**일반현분사** → 흥미[관심]를 끌고 있다 : 진행의미 **자동현분사**=**much interesting** : infml E/SpE

plus-2

✠ worth=전치사 worthy=형용사

전자는 전치사로 보는 게 좋다. Longman Dictionary에서는 전치사로 취급하고 있다.

형용사이면 일반적으로 명사로 설명해 나갈 때 전치사가 필요하기 때문이다 : Be careful of him.

a.. The order is worth 2 million dollars.

b.. The board of directors had approved a merger worth more than $8.6 billion.

c.. The storm did damage worth thousands of dollars.

d.. This book is much[well] worth consulting. 시동=많이/적절히 가치있는 것

vs This book is very worth consulting. : **infml E** 시동=매우 가치있는 것

WrE에서는 동사처럼 전치사 설명은 much이다.

: I was much at a loss what to say. They are much of a size.

시동=이었는 데 정말로 상태가 거의 잃을 정도이었다 /그것들은 거의[많이] 즉 같은 크기이다.

※ a=하나 같은 것으로서 같은 것 much=강조로서 정말로/많이로서 거의

much at a loss **뜻하는 의미**=정말로 어찌할 바를 모르는 것

vs This book is very worthy of consulting. : **형용사**

vs The storm did thousands of dollars' worth of damage. : **명사**

worth=가치[값어치]가 있는 것으로서 가치가 있는 것/가치로서 금액 : **전치사 또는 명사**

[w: v+v: value+value h: having]

worthy= worth+y: 질 형용사 ※ did=했다로서 발생, 발생으로서 냈다는 것

plus-3

✠ 단어의 본래의미로 뜻 잡기, 즉 IS영뇌를 정확하게 작동시키기 tip)free 영뇌로 이해하면 IS가 쉽게 작동함

1.. **There's more traffic on weekdays. There were more people in town than usual.**

시동=더 많은 교통량/사람들 : much/many 형용사 비교급로서 명사 설명

vs Going out alone is more difficult for women than for men.

시동=더 어려워 졌다 : much 부사 비교급으로서 형용사 설명

※ **more**=[m: much/many or: er 더 많은 것으로서 더 --한 것]

2.. **The storm did the most damage to the houses on the cliff. The President himself won the most votes.**

시동=그야말로 가장 많은 피해/투표수 : 최상급 형용사

vs Venice is by far the most romantic city. 시동=정도가 단연코 그야말로 가장 낭만적인 : 최상급 부사

vs It's a most exclusive store. This detective story is most exciting.

The book you lent me was most interesting.

Thank you for the money. It is most generous of you.

vs Most universities provide a wide range of courses. I like most food.

The President himself won most votes. Most of the students here are Swiss or German.

most=가장 많은 것으로서 가장/최고로 -- 한 것 [m: much/many st: superlative or ost: est]

/가장 많은 정도로서 아주[매우] (too/very)

/가장 많이 차지하는 것으로서 대부분[거의 모든] (almost all)

cf] The students here are mostly Swiss or German. ※ mostly 대개 mainly 주로

3.. a.. **The house is always nice and tidy. The soup is nice and hot.**

✠ **nice and**=nice할 정도로서 충분히, 더할 나위없이 [nicely/satisfactorily] 뜻하는 의미=꽤(quite)

: and=연속적 추가의미로서 부사적 의미 : 할 정도로

밀접도가 다르면 and를 쓸 필요가 없기 때문에 연속적 추가로서 부사적 의미가 된다.

nice and /tidy=설 -->기

b.. **There is a nice and quiet room where I do my work.**

✠ **nice and /quiet /room**=설 -->설' -->기 : nice할 정도로 quiet한 room

vs There is a nice quiet room where I do my work.

✠ nice /quiet /room=설/설 -->기

-- 개념과 사실, 서로 밀접도가 다르다 : nice하고 quiet한 room

4.. **George was the last person to arrive.** cf] George arrived last.

vs I arrived in France last week. last 3 victories **cf]** past 3 victories 과거 세번 승리(한 것)

vs He's the last person I'd have expected to see here. 시동=했던 즉 기대를 했던[=I expected]

He is the last man to betray you. (=He is far from betraying you.)

✠ **last**= a) 줄끝으로서 마지막인 것 : **순서개념** (형용사 /부사: final/finally) [l: line t: tip 끝]

b) 시간상 가장 최근의 것으로서 바로 지난 /지난 : **시간개념** [l: latest t: time]

: last week=this past week=in the last week=in the past week

vs past=시간이 통과한 것으로서 지난/과거 [p: passed t: time]

: 최근 것도 되고 더 지난 것도 되니 전자 뜻일 때 last와 같다 : over the past week[=last]

c) 마지막 가능성으로서 결코 일어날 가능성이 없는 것/결코 -- 하지 않는 것/가장 적은 가능성

: 가능성 개념 [l: last ⇒ least likely]

❈ 'd=would: 과생각으로서 '했던 (것 같다)' : They would meet yesterday.

have=과분사 소유로서 '즉'

5.. **You'll be much more comfortable if you sit here.** 훨씬 더 ❈ more=**부사**

Demand still more money. 훨씬 더 많은 ❈ more=**형용사** ✠ **much/still**=비교급 강조로서 훨씬

cf] He can speak French, much more English. (=Still more)

vs He cannot speak English, much less French. (=Still less)

I can hardly walk, much less run.

: more/less=부사

much more=훨씬 더 잘 한다는 것으로서 물론 -- 말할 것도 없다 (and certainly)

much less =훨씬 더 못한다는 것으로서 물론 -- 말할 것도 없다(and certainly not)

: less=할 수 없는 방향으로 더 못한다는 것

6.. **The job's more or less finished. The repairs will cost $100, more or less.**

✠ **more or less** =기준으로부터 조금 더 하거나 조금 덜하는 것으로서 거의, 대략(almost, nearly, about)

/딱 맞아 떨어지지 않은 것(not exactly)

7.. a.. No more than five people applied for the job.

시동=더 추가가 전혀 없는데 보다[차자] 다섯명보다 더 추가가 전혀 없는 인원이 신청했어요.

There were not more than a hundred people at the rally.

시동=있었는 데 더 많지 않은, 보다[차자] 백명보다 더 많지 않은 사람들이 있었다.

✠ no more than=더 추가가 전혀 없는 데, 보다 더 추가가 전혀 없는 것 ⇐ **여기서** no=not one

뜻하는 의미[IM]=오로지 그것뿐인=only

more=더 extra시키는 것으로서 **추가개념** (an additional number or amount)

[or: er e: extra] -- no more=전혀 없는 데 더 추가할 게 전혀 없는 것

: No more (of) accomplices. **시동**=더 이상 공모자/공범자는 전혀 없다.

I have to write two more letters this morning. **시동**=두장 더

(=besides those already written) cf]차등[비교] 의미로서 더 : more beautiful

✠ not more than =더 많지 않는데 보다 더 많지 않는 것

뜻하는 의미[IM]=많아야/조금 적을지도 모르는 것 (=at most /probably fewer than a hundred people)

more=더 많다는 것으로서 **크기개념**(a larger number or amount)

[m: many or: er] -- not more=아닌 데 더 많지 않는 것

: There are more cars on the roads in summer than in winter.

↱ than 자체에는 fewer도 가능하나 부등호를 읽는데는 fewer를 쓸 수 없다. ∵ < =크고 작은 크기개념

b.. No less than a thousand people came. **시동**=더 추감이 전혀 없는데 보다[차자] 천명보다 더 추감이 전혀 없는 인원이 왔어요. [=No fewer than : 전혀 더 적은 수가 아닌 것=**수개념**]

There were not less than a thousand people there. **시동**=있었는데 더 적지 않은, 보다[차자] 천명보다 -- .

✠ no less than=더 추감이 전혀 없는데 보다 더 추감이 전혀 없는 것 ⇐ **여기서** no=not one

뜻하는 의미[IM]=만큼되는 것 (as many/much as ⋯▸ many/much=그냥 '정도' 의미

⋯▸ as many/much=같은 정도로서 만큼되는 것/동수인 것/동량인 것)

less=더 감소시키는 것으로서 **추감개념** : the regular price less[=minus] a discount

[es: er s: subtraction] -- no less=전혀 없는 데 더 추감할 게 전혀 없는 것

✠ not less than=않은데 더 작지 않은데 보다 더 작지 않은 것[더 작을 수 없는 것]

뜻하는 의미[IM]=적어도/최소한 (=at least)

less=더 작다는 것으로서 **크기개념**[s: smaller] -- not less=아닌 데 더 작지 않은 것

tip) less를 C의미 명사에 쓸 수 있는 것은 추감 또는 크기 개념이 있기 때문이다. 이때는 양개념이 아니다.

8.. a.. She's 25 years old, at most/at the most. **시동**=규모가 많아봤자 /규모가 그야말로 (가장) 많아 봤자

b.. She's 25 years old, at the very most. **시동**=규모가 그야말로 정말로 많아 봤자

c.. At least [At the very least/at the least], it's going to cost $200.

시동=규모가 적어도 [규모가 그야말로 정말로 적어도 /규모가 그야말로 적어도]

d.. This is, at best, only a temporary solution. **시동**=상황이 가장 좋아 봤자 뜻하는 의미=고작/기껏해야

very=adj. most /least /best=noun the=내부적 강조 the로서 그야말로

at=규모로서 크기 /차지하고 있는 규모로서 처한 상황[a: area]

cf] at the earliest 시간이 그야말로 가장 빨라야(≒at the latest 시간이 그야말로 가장 늦어도)
at=time으로서 시간 [t: time] : She will arrive Monday at the earliest.

9.. a.. She made ten mistakes in as many lines. 시동=내에서, 같은 수 줄내에서
They visited five countries in as many days. (=in five days/for five days) 시동=사이에, 동일수 사이에
He ate three and said he could eat as many again. 시동=같은 수[정도]로 더[다시](=three more 세 개 더)

b.. I was not in the least surprised ; I had expected as much.
시동=하지 않았는 데 범위 내, 그야말로 가장 조그만한 크기 범위 내로도 놀라지 않았다. 왜냐하면 나는 가졌기 때문인데, 기대했던 것을 같은 정도로 말이다.
뜻하는 의미=not at all (하지 않은 데 즉 전혀 하지 않는 것)
in=내로서 범위 내 semicolon 영뇌=이유

It cost me nearly $20 to have the TV aerial put up, and as much again to have it moved to the right place. 시동=같은 금액 더[다시] (=$20 more) ※ aerial 공중선, 안테나(=antenna)

✠ many=많은 것(BNW)/그냥 수로서 그냥 정도/강조로서 훨씬[m: 많은 것 a: a급으로서 강조 n: number]
as many=같은 정도로서 같은 수(the same number/degree 同數/동정도) ※ as=equally
as many again=동수 더/동수로 다시(the same number more)

✠ much=많은 것(BNW) /그냥 양으로서 그냥 정도 /강조로서 훨씬[정말로]
[m: 많은 것 u: amount 양크기로서 정도 h: high로서 강조]
as much=같은 정도로서 같은 양(the same amount/degree 同量/동정도) ※ as=equally
as much again=동량 더/동량으로 다시(the same amount more)

: a.. Seoul (is) down by <u>as much.</u>
시동=정도가 <u>같은 정도로</u> /즉 그 정도로[그 만큼] -- 서울 시장도 뉴욕처럼 내렸다는 표현
※ by=차이로서 정도
b.. We left the house much as we found it.
시동=떠났는 데 정도가 같은 정도로 찾은 것과 같은 정도로 말이다.
-- 떠난 정도와 찾은 정도가 같다는 말 much=그냥 양으로서 정도

c.. How much sexy? 시동=어느 정도 /얼마나 많이 -- ?
'How much?' 시동=얼마 정도냐? /얼마나 많으냐?
'As much as you.' 시동=즉 만큼, 즉 너 만큼[즉 정도, 즉 너와 같은 정도] /즉 많이, 즉 너처럼 많이
d.. I don't so much dislike him as I feel sorry for him!
not so much -- as
=하지 않는 데 그런 정도로[그렇게 많이] 하지 않는다. ----, 즉 내가 느끼는 만큼, 연민을 해자 그에게 말이다.
뜻하는 의미= -- 라기보다 차라리[오히려] -- 하다(not --- but rather)
: 나는 싫어하기보다 그 사람에게 차라리 연민을 느낀다!
※ for=해당대상으로서 해자(該者) -- 에게

10.. He as good as refused. She's as good as dead.

시동=같은 정도로 맞게, 즉 거절한 것과 같은 정도로 맞게 했다.

/있는 데, 즉 같은 정도로 맞게, 즉 죽은 것과 같은 정도로 맞게 되어 있다.

✠ good=좋은 것으로서 적합한 것[맞는 것] (suitable)

as good=같은 정도로 맞게하는 것으로서 거의 같은 것 뜻하는 의미=almost the same as /almost

cf] He's as good as his word.

시동=있는 데[인데], 즉 같은 정도로 잘하고 있는 데[충실하다], 즉 자기 말처럼 말이다.

as good=같은 정도로 잘 하는 것으로서 같은 정도로 충실하는 것 뜻하는 의미=He keeps his promise.

cf] What good is money? 시동=뭐가 좋지? 뜻하는 의미=무슨 소용이냐?

good=ⓝ '좋지' 가 뜻하는 의미로 '소용' 이지, 원래 뜻은 '소용' 이 아니다

11.. You can go out, as long as you promise to be back before 11 o'clock.

Our profits will be good so long as the dollar remains strong.

✠ long=위에 길게 누워 있는 것으로서 측정치로서 길거나 또는 상황 지속[계속]로서 긴 것 [l: 긴 모습 on: 위]

▭ as long=즉 지속으로서 즉 하는 한 ▭ so long=그렇게 (정말로) 지속으로서 그렇게 하는 한

as/so long as의 뜻하는 의미=if /on condition that /provided

12.. A whale is no more a fish than a horse is. A whale is no less a mammal than a horse is.

✠ A is no more B than C is : (C에게) 아닌 상황 전제 -- 말이 고기가 아니라는 사실은 모두 알고 있음

= A가 조금도 더 B인 것은 아니다. 보다 C가 그런 것[B아닌 것]보다 말이다. more=차등비유로서 더

⇨ 아닌 상황 전제, 즉 C에 대해 아닌 것으로 누구나 다 알고 있는 상황이지, not이 생략된 것은 아니다.

그래서, C is 뒤에 not을 붙이면 오히려 틀린 표현이 된다.[=A whale is not a fish any more than a horse is.]

: He can no more fly than he can swim. They are not of the world any more than I am (of the world).

시동=그는[그에게] 가능성이 조금도 더 있는 것은 아니다. 나는 것이, 보다[차자] 그이의 가능성, 즉 그이의 수영 가능성보다 말이다.

/그대 들도 없는데, 즉 세상에 속하는 게 조금도 더 없다. 보다[차자] 내가 그러한 것 (내가 즉 세상에 속하는 것)보다 말이다.

뜻하는 의미=조금도 더 관계하는 것이 아닌 것으로서 결국 같다는 의미, 즉 서로 조금도 아닌 것으로 같다는 의미

: A가 B아닌 것은 C가 B아닌 것과 같다. * I=Jesus Christ am=동질연결로서 '그러한 것/가'

그가 수영못한다는 사실과 예수가 이 세상에 속하지 않는다는 사실은 이미 알고 있는 사실이다.

✠ A is no less B than C is : (C에게) 인 상황 전제 -- 말이 포유동물이라는 사실은 모두 알고 있음

= A가 조금이라도 덜/더 덜 B인 것은 아니다. 보다 C가 그런 것[B인 것]보다 말이다.

뜻하는 의미=조금이라도 덜한 것이 아닌 것으로서 결국 같다는 의미 less=차등비유로서 (더) 덜한 것

: A가 B인 것은 C가 B인 것과 같다. ⇨ 단어는 단어 본래의미[원래의미]를 알고 있어야지, 뜻하는 의미로 알고 있으면 단어 하나 하나 IS영뇌를 작동시킬 수 없다. 주의하라.

tip] no more/no less가 추가/추감 일때 no=not one, 비유 일때 no=not any

plus-4 ✠ **기타 비교 단어**

① - or =라틴어 비교 to=방향비교 with=동존비교 over=상결비교

a.. Women is superior/inferior to men in some respects. ※ in some respects=내에서 몇 가지 점 내에서

b.. He is four years senior to me.

시동=대자(對者) -- 나와 비교해서/보다 [to=t: to + t: than]

c.. Nothing is more important to our national security. 시동=대자 -- 보다[와 비교해서]

d.. In 1800, Ireland's population was nine million, compared to/with Britain's 16 million.
시동=비컨데 대자/동자 -- 과 비교해서 말이다.

e.. So far, it' s about 49% denied to 51% approved. to=방향비교로서 대컨데[비컨데]

f.. London is large, compared to/with Paris.

g.. He prefers Rudd over Gillard. Alibaba picks U.S. over China for IPO. (IPO=Initial Public Offering)

over=걸친[상걸] 비교로서 걸친 것보다/걸쳐 있는 것보다/비해서
respect=보는 관점으로서 점/대목/사항/모 [s: see p: point]
/우러러 보는 것으로서 존경[r: 우러러 보는 모습 s: see]

② against=대조비교: 대컨데/대비해서
from=출처[시발] 비교 : 기자/기점(基点) — 부터 /나오고 있는 데 — 와 비교해서 말이다 /부터

a.. The volume totaled 230 million shares as of 4 p.m., against 253 million in the previous session.
시동=대컨데, 2억 5천 3백만 주는 내소 거래량, 전날장 내소 거래량이었다.

b.. The US dollar is down against most foreign currencies today.

c.. The number of new employees averaged 120,000 per month against 129,000 people laid off or retired.
시동=대컨데, 십이만 구천명은 해고되었거나 은퇴한 사람들이었다.
※ laid/retired =**관계과분사 영뇌**[=who were laid off or retired]

d.. Volume expanded to 59 million shares yesterday from 53 million shares Wednesday.
시동=기자[기점/부터] 5천 3백만 주 수요일 거래량으로부터 말이다.
/기점으로 해서, -- 주, 수요일 거래량을 기점으로 해서 말이다.

e.. He is different from his brother in character. 시동=다른 점이 나오고 있다. 자기 동생[형님]과 비교해서 말이다.

f.. The stock exchange volume was about 45 million shares down moderately from the previous day's volume. 시동=기점으로 해서 (전날 거래량을 기점으로 해서 말이다) /기자[부터] -- 부터 말이다.
※ down=**관계형용사 영뇌** [=which were down]

g.. ----, down 14.5 percent from the corresponding/same period of last year.

h.. -----, an increase of 51.3 percent from a year earlier. 시동=기자[기점] 일년 전으로부터 말이다.
cf] live coverage from the Republican National Convention
시동=생방송 집중보도인데 기자[기점] 공화당 전국대회로부터 말이다.

③ same, like, alike, similar, as, different, exceed, favorite, senior 비교단어

a.. Motels are the same as hotels. Those two boys are exactly the same.

b.. The export of 'Kimchi' reached $19 million, almost the same amount seen in January-June of last year.

c.. Motels are like hotels. Motels are similar to hotels. Susan is just like her mother. The twins look alike.

same=다르지 않은 것으로서 같은 것[a: not m: n+n]
like=꼴이 같은 것과 그 대상으로서 인 것처럼[동모(同模)] /동자 -- 처럼 [k: 꼴 e: equal]
alike=하나 같이 꼴이 같은 것으로서 똑 같은 것/한결 같은 것 [a: 부정관사 k: 꼴 e: equal]
as=동급 (비교)과 그 대상으로서 같이[처럼/동비(同比)] /동자 -- 같이[처럼] 또는 is 동질과 그 대상으로서 즉/동자 -- 로서
[a: class[comparison]/quality s: same or is in short, same class or same quality]

tip)like=adv. used in speech to fill a pause while you are thinking what to say next 음/어~ ↗올림픽 참가 북한의 진정성에 관한 표현
: He got, like, two shots. The water was, like, really cold. ↗It really was kind/sort of a dose of reality.
like=어떤 꼴과 같은지 잘 모르는 것으로서 음/어~ kind of/sort of=무슨 종류의 것인지 잘 모르는 것으로서 음/어~

Note the difference between these uses of like and as :

▭ He has been playing tennis as a professional for two years.

⇨ He is a professional. ↳동질자격 → is 동질과 그 대상으로서 즉/동자 -- 로서

vs He plays tennis like a professional. 시동=인 것처럼/동모/동자 -- 처럼

⇨ He is not a professional but he plays as well as a professional.

시동=(같은 정도로 잘 하는 데) 동비/동자 --처럼

: 여기서 뒷 as=동급비교이지 is 동질로서 동값이 아니다.

d.. Motels are not very different from hotels.

e.. Paris is my favorite city. (=most loved)

f.. The car's speed exceeded ninety miles an hour. (=was greater than/was more than)

g.. He is my senior by ten years.[=ten years my senior/ten years senior to me]

senior=나이가 더 든 사람으로서 연장자/손위사람/선배(someone who is older) : **명사**

[ni: 나이 or>er: 어>더]

by=옆만큼 사이가 있는 것으로서 차이/정도차이 [b: between]

compare] I am senior to her by ten years. (senior 손위인 것=older 나이가 더 든 것) : **형용사**

시동=대자, 그 여자보다 정도[차이]가 열살 차이로써 말이다.

plus-5

✠ 혼동하기 쉬운 형용사와 BAM :

a.. historic battle. a historic meeting between two great leaders.

vs a historical novel. historical research.

historic=역사적으로 유명한[중요한] 것으로서 역사적인(important or famous in history)

[histor: historically c: celebrated]

historical= 역사와 관계가 있는 것으로서 역사의(of history/ connected with history)

[histor: history c: connected or l: related]

b.. the government's economic policies. The country is in a bad economic state.

vs It's not a very economical method of heating.

economic=경제와 관련된 것으로서 경제의/경제학의 [econom: economy c: connected]

(connected with trade, industry and the management of money ; of economics 여러 경제활동/경제학)

economical=경제적으로 살아가는 것으로서 경제적인, 검소한 [econom: economically l: live along]

(using money, time, goods, etc., carefully and without waste)

c.. Her excuse was frankly unbelievable. (=incredible)

vs She eats an unbelievable amount of food and yet she's really thin.(=incredible)

unbelievable=1. (실제로) 믿을 수 없는 것 -- 철자의미 (too improbable to be believed) : **negative**

2. 믿을 수 없을 정도로 아주 놀라운 상황 -- 반의적 의미 (very surprising) : **positve**

d.. This is an incredible excuse. vs She has an incredible house!

incredible=1. (실제로) 믿을 수 없는 것 -- **철자의미** (very hard to believe)

2. 믿을 수 없을 정도로 대단히[아주] 좋은 것 -- **반의적 의미** (wonderful ; unbelievably good)

e.. Good health is priceless. This ancient gold coin isn't just valuable; it's priceless.

vs His advice has been invaluable to the success of the project.

vs The metal looked like gold, but in fact it was worthless/valueless.

한계가 없는 것

[l = limit + ㅡ : minus]

priceless=값으로 따질 수 없는 것으로서 아주 가치 있는, 아주 귀중한 : **반의적 의미만 뜻함**

(of such a high value that it can not be calculated) ※ **not just=단지 -- 만은 아니다.**

invaluable=가치로 따질 수 없는 것으로서 아주 가치 있는 ; 아주 유용한 (price/money에 대해 사용하지 않음)

: **반의적 의미만 뜻함** (too valuable ; extremely useful /very useful indeed)

worthless/valueless=가치가 없거나 별로 없는 것[l 〉ㅡ : minus] (no value ; little value) : **철자의미만 뜻함**

cf]**beaut**=멋진 것[사람] : **반의적 의미**가 오히려 negative한 쪽, 즉 비꼬는 의미로 멋지다는 표현가능

-- 철자 의미=a very good or attracive thing or person : **positive**

: He just bought a new car-it's a real beaut.[IM=beauty]

/반의적 의미=often used in an ironic way to describe a bad thing or person : **negative**

: You've told lies before, but this one's a beaut.[IM=a very bad lie]

My boss is a real beaut-he complains about everything and never does any work himself. **tip)철자의미/반의적 의미 → 일종의 PN 단어**

→ **industrial**(공업의 l: related) **industrious**(근면한 str: struggle)

healthy(건강한) **healthful**(건강에 좋은 f: beneficial 유익한) **imaginable**(상상할 수 있는)

imaginary(상상의, 가상의) **imaginative**(상상력이 풍부한 t: till 경작하는 것)

sensible(분별있는 b: 변별력이 있는 것) **sensitive**(민감한 t: 틱틱 바로 반응하는 것)

sensual(관능적인 a: arise 이는 것/일어나는 것)

weakness (철자의미=약점/허약/심약, 반의적 의미=약점이 될 정도로 지나치게 좋아하는 것 /사족을 못쓰는 것)

plus-6 ✠ 보통[보통집단] 집합체와 형용사 의율

— 집단은 수의 크기가 아니라, 규모나 정도 크기이므로 규모나 정도 크기 형용사와 의율

a.. The population of the country is/are <u>small</u>. (not '*few*')

cf] During the Second World War the population <u>was/were</u> issued with gas masks.

시동=지급되었다 〈--- 발행으로서 지급

b.. The number of the cars parked there was <u>large</u>. (not '*many*')

c.. A <u>large</u> number of cars was/were parked outside the school. (not '*many number*')

시동=한[대략] 아주 많은 수의 차(들)

d.. A <u>small</u> number are/is of this opinion. (not '*few number*')

시동=한 소수의 사람들(은 즉 이런 견해이다/이런 견해를 가지고 있다.)

e.. There have/has been an <u>increasing</u> number of cases of the disease.

시동=이런 것을 (현재) 가지고 있다. 있다는 것, 점점 늘어 나고 있는 수, 즉 발병, 질병 발병 건수가 늘어나고 있다는 것을 말이다.

f.. A <u>small</u> number of children are/is educated at home. → **집단 개념 단수동사=sligthly fml E**

A <u>large</u> number of invitations have/has been sent.

여기서 number는 수 집단 집합체로서 small, large가 붙으면 **작고 큰 수집단**으로서 집단 또는 구성체를 의미하고, a만 붙어 **어떤 하나의 대략 크기 수 집단**이 되면 구성체만 뜻하게 되고, the만 붙으면 **지정 수 집단**이 되어 집단의미만 된다. 그래서, 전자의 경우에는 복수동사가 오고, 후자의 경우에는 단수동사가 온다.

: A number of viewers have complained about the excessive violence in the film.

시동=한/대략 수명이나 되는 시청자들은

한 수명이 뜻하는 의미=some, several, many

즉 몇 명이 될 수도 있고, 여러 명이 될 수도 있고, 수 많은 수가 될 수도 있다.

vs The number of people assembled in the square was great. 시동=그 수

vs a total=일총/일계로서 보통[보통집단] 집합체

이때 a는 어떤 하나의 대략크기가 아니다. 어떤 하나로서 하나이다.

그래서, 하나의 합계로서 **일정한 수 집단**이다. 따라서 두 가지 뇌로 작동한다.

a.. A total of 1,000 books is/are in my study. : 집단 뇌/구성체 뇌

b.. A total of 21 horses was /were entered for the race. 시동=되었는데 입장되었다.

g.. The audience delighted with the performance was/were large. (not '*many*')

h.. My family is very large. (not '*many*') There are a small family over there who are all tall.

vs The cars parked there were many.

i.. I've been there a good few times. 대략 상당히 몇 번

j.. There are a great many reasons why you shouldn't do it. 대략 아주 많은 이유들

▭ a (good) few /a great many **보통집단 집합체**=few/many 의미 때문에 구성체만 뜻함. 그래서 뒷 명사 복수

: a thousand reasons과 같은 표현방식, 즉 같은 패턴

보통[보통집단] 집합체

: population 인구 number 수(숫자가 아님) 로서 총수(전체수) total 총수/총계 (round totals: 68, 70, 71, 69)

audience 청중 family 가족 few 약간의 수(소수) many 많은 수(다수)

▭ **정도 크기 형용사** : small, large, great(=very large), good(=fairly large), -- etc.

▭ **수의 크기 형용사** : many, few, etc.

addition 1]

many a는 있어도 a many는 없다. 다수를 하나로 묶을 때는 number 또는 lot을 사용한다.

: a number, a lot **단, 형용사와 함께 표현시 가능** : a good/great many

⇒ Many a small business has recently failed. : many=(**문어적 표현으로서**) adv.

vs Many small businesses have ---. : **보통표현**

addition 2]

: number =수로서 총수[전체수]

⇒ The whole school went on a trip to France, but only three of our number could speak French.

시동=전 학교[즉 전교 학생]는 갔다/진행되었다. 여행 즉 프랑스로 가는 여행을[이] 말이다. 하지만 오로지 세 명만이 즉 우리의 수 중/우리들 총수 중에서 세 명만이 --. ※ school=학교 ⇒ 학생, 즉 조직 ⇒ 구성체

on=작동으로서 실시 trip=밟아가면서 보는 것으로서 방문/짧은 여행[tr: treading] 그래서, on과 의율

vs Choose any number between one and nine.

: number=counting[measuring/written] number →숫자로서 보통체

※ (number → (pl) numbers)

기타 형용사와 의율 :

heavy rain -- 무게있는 것으로서 많은 양 **deep respect** **severe/terrible pain**

Those two boys are **completely different.** "Dianna died with **heavy bleeding.**

plus-7

✠ 수/양 단어와 명사 관계

▭ 수의미 단어(numbers) : **a few /many /a great many /many a ··· C의미 단어와 의율**

▭ 양의미 단어(amounts) : **a bit of /a little /much /a great deal /bits of ··· U의미 단어와 의율**

▭ 수/양 의미 단어: **far(비교급 강조어) /some /any /no /lots of /a lot of ··· C/U의미 단어와 의율**

a.. a few /a great many /many friends /many a friend
vs a bit of /a little /much /a great deal money
vs far [a lot] more eggs [=many more eggs] far [a lot] more butter[=much more butter]

b.. I have few friends. 시동=적은 수의 (뜻하는 의미=I don't have many friends.)
vs I have a few friends. 시동=한/대략 몇명 정도 되는 cf] some friends 시동=몇몇의 친구들
vs I have a number of friends. 시동=한/대략 수명이나 되는

c.. I have little money. 시동=적은 돈 (뜻하는 의미=I don't have much money.)
vs I have a little money. 시동=한 적은 양의 돈 vs I have some money. 시동=약간의 돈

d.. There were bits of glass/paper all over the floor. She does a bit of exercise every day.
vs That was a bit silly, wasn' t it? ※ a bit=**명사부사 (+형용사)**
↘**즉 복합명사 부사**

e.. I have some good idea. 시동=어떤 My mother has inherited some land. 시동=약간의/약간으로서 좀
vs We need some experienced person. 시동=어떤 (뜻하는 의미=an / a certain)
Some days you wins, and some days you lose. 시동=어떤 몇 날은 cf] some day 어떤 날/언젠가
I need some apples for this recipe. 시동=몇 개 /몇 개로서 좀
I have some friends. 시동=약간의/몇몇의 친구 cf] some two meters wide 대략
※ some=어떤 /약간 /좀 /몇몇의 /대략

f.. Have you got any money? 시동=좀
vs Any book will do. 시동=어떠한 --도 (will do=앞으로 되요 : do= '되요' 로서 '좋다' 는 의미)
Can you see any cars in the street? 시동=어떠한/좀
Are there any other questions? 시동=어떠한 다른 /좀 다른

g.. There's no food left in the fridge. 시동=어떠한 것도/조금도 -- 없는 것 [n: not o>a: any]
vs No trains will be affected by this incident.
Larry's no friend of mine. 시동=조금도 친구가 없는 데, 즉 내 친구들 중에서 말이다.

h.. He earns lots of money. She eats lots of fruit. There's lots of food. ※ lots=**많은 것(이 여러 개인 것)**
vs I did three lots of exams last summer. 시동=세 번이나 많이 ⇒ three lots /of exams= E --> B

i.. He does a lot of travelling in his job.
vs The last lot of people offered £70,000. There were a lot of people there. ※ lot=**다수/다량**
시동=그야말로 마지막에 많은 사람들이 ※ a lot=**한[대략] 다량/한[대략] 다수** many=adj. **많은 수**

j.. There are a great many people on the street.
시동=대략 아주 많은 것 > a good many people 시동=대략/한 상당히 많은 것

k.. I've been there a good few times. 시동=대략 상당히 여러번
▭ many/few=a가 붙으면 보통집단 집합체의 구성체를 의미하는 군집명사 --- **구성체 복수**

l.. Many people study music in college, and quite a few of them want to become music teachers.
m.. Few of them want to become professional musicians, and very few want to become famous performers.

addition]

very=(강조) 형용사: 정말로 -- 한/바로 그 /극히: He used the very pen. Very little.
few=소수: 보통 복수명사 -- a 붙어야 집합명사가 된다. 어떤 하나의 크기로 묶기 때문이다.

very few/little (극히 소수/극히 소량) ⇒ **뜻하는 의미** = almost none ; 그야말로 거의 없다
⇒ few/little의 **뜻하는 의미** = not -- many/not -- much ; 별로 없다

a great many 대략 굉장히 많은 수 = a very large number of 대략 매우 많은 수의
※ great=very large ※ a=어떤 하나의 크기로서 대략크기를 나타내는 '한/대략'

a good many 대략 상당히 많은 수 = quite a large number of 제법[꽤] 대략 많은 수의
※ good=fairly large 어느 정도 많은[다소 많은] 것으로서 상당한 것
/considerable 어지간한 것으로서 상당한 크기개념

a good few 대략 상당히 좀되는 수 = quite a few 꽤 대략 좀되는 수 = rather large 비교적 많은
※ many 많은 = a large number of 대략 많은 수의

plus-8

✠ **복합형용사** : state-of-the-art *adjective*=상태, 즉 (정말로) 최고의 솜씨 상태로서 최첨단인 것
[state: 상태 art: 최고의 솜씨 the: 내부적 지정강조]
: state-of-the-art surgical procedures His stereo system is state-of-the-art.

plus-9

↗ 이해는 (언어에 대한 basics를 알았다면) 최종적으로 단어의 최종적인 뜻인 감주로 이해한다.
↘그러면 영어말투가 형성되고 영어말투에 익숙해진다.

✠ 동급비교, 차등[우등]비교와 배수비교

1 동급비교:

a.. This motel is as tall as that hotel (is).

→ 앞 as=동급정도로서 같은 정도로 (equally) : 부사

→ 뒷 as=동급비교(same comparison)와 그 대상으로서 동비/동자 — 만큼/처럼 : 전치사/(종속) 접속사

b.. He's not such a hard worker as his brother.

She is clever, but her younger brother is as clever.

She is clever, but her younger brother is just as clever. (just=강조어(intensifier) -- just as=꼭 같은 정도로/똑같이)

c.. Two is to four as four is to eight. 시동=똑같이/즉 -- 와 같다 : (등위) 접속사

She is as clever as her younger brother. -- 전치사

I can't run as fast as he can. =I can't run as fast as him.

d.. He is not as clever as she is.

=He is not as clever as her. But, he is not as clever as she. : **not ok**

cf] She is not so[as] clever as her younger sister.

시동=않은 데, 그렇게[같은 정도로] 똑똑하지 않다. 동비[즉] -- 처럼 말이다.

뜻하는 의미 =Her younger sister is cleverer than she is /than her.

→ 전치사 표현을 보통 더 많이 쓴다.

cf] Korea is hotter, but Japan is cooler. : than없이 비교급 단독 표현가능

2 차등[우등]비교:

a.. You are taller than I am. =You are taller than me. But, you are taller than I. : **not ok**

b.. They have more money than we have.=They have more money than us. ↗also, 차등종맥 실체로서 차자

✠ than=t>d: difference a: comparison : 차등비교와 그 대상으로서 보다[차자]/초과대상으로서 차자(差者)

more than 24 hours 이상 차자 24시간 이상 [a: surpass]↩

3 배수비교:

a.. Their house is three times as big as ours.

시동=세 배나 같은 정도로 큰 데, 동자[즉] 우리의 것과 비교해서 말이다.

앞 as=equally 뒷 as=동질비교: 동자[즉] -- 것과 비교해서 말이다.(in comparison with)

주의] 동급비교로 가면 우리의 것도 세 배의 크기가 되니 세 배 차이가 나오지 않는다.

그래서, 이 표현은 동급비교로 이해하면 오역이 된다. 오역=동비[즉] 우리의 것처럼 말이다.

동질비교이기 때문에 뜻하는 의미=Their house is three times bigger than ours.

as 의미

=동급정도 /동급비교 /동질비교 /is동질 [a: class/comparison/quality s: same/is]

: He plays tennis as a professional. 시동=동자[즉] -- 로서 : is동질(즉 동질자격)

b.. She is clever, but her younger brother is twice as clever. 시동=두 배나 같은 정도로

c.. I want a box twice as big as this. 뜻하는 의미=twice bigger than this

d.. This new computer is nearly twice as expensive as the old one.

e.. Disney World was a hundred times more fun than I'd expected.[=more than a hundred times fun]
↳일백배나 더 많은 ↳최초의군=이상, 즉 차자 일백배 이상/더 많은 -- 보다
※more=이음절 이상 비교급 의미/much, many 단어자체 비교급 의미 cf]twice more=두번 더 /두배나 더 많은

fun=noun or adj. 배꼽을 잡고 좋아하게 해주는 것으로서 즐겁게 해주는 것 (enjoyable and amusing)
[f: fond 좋아하는 것 or f: 좋아하는 모습 n: navel]
vs funny=adj. 배꼽을 잡고, 또 잡도록 좋아하게 해주는 것으로서 웃게 주는 것 (making you laugh)
[f: fond 좋아하는 것 or f: 좋아하는 모습 nn: navel+navel]

f.. I'm twice as old as you. : 동질비교 =동자[즉] 너와 비교해서 말이다
=I'm twice older than you.=I'm double your age. vs I'm as old as you. : 동급비교 ❖ double=adv.

g.. The bird is three times as big as that owl.
=The bird is three times bigger than that owl.
=The bird is three times the size of that owl. ❖ three times=명사부사
vs The bird is as big as that owl. ↳즉 복합명사 부사
cf] He is older than I am. vs He is my elder/older brother. ❖ old (age 개념), elder (seniority 개념)

plus-10 ✠ **라틴어 비교급에는 방향비교와 의율**

a.. I am senior to her by ten years. 시동=대자 -- 보다 ❖ to=방향비교[t: to+than]

b.. This assignment is prior to all others.
→ superior 더 우수한, inferior 더 열등한, junior 더 젊은(=younger), senior 나이가 더 들은 (=older)
prior 더 중요한(p: primary+or), anterior 먼저 일어난, posterior 후에 일어난

vs 라틴어가 아닌 경우의 방향비교

Nothing is more important to our security. Work is preferable to idleness.
Of the two men, I prefer the latter to the former. ❖ prefer=f: fond er: 차등비교

plus-11 ✠ **the+비교급과 the+비교급 끼리 의율 (Parallel Increase)**

—— When one change is made, another follows.

a.. House Agent : Do you want a big house? Marie : Yes, the bigger, the better.
Mike : But the smaller it is, the less it will cost us to heat.
→ 앞 the=지정부사로서 그렇게 뒷 the=지정부사로서 그만큼 ⋯ 모두 외부적 the

b.. The longer the journey, the more expensive the ticket. vs The more detection, we get the better. : infml E

c.. The older you get, the more difficult it becomes to find a job.
vs The further you travel, the more you pay. -- 부사 Parallel Increase

plus-12 ✠ **형용사 associate**

IIIII.. Sorry? I couldn't hear what you said. [=Pardon? /Please say it again.]
sorry=미안하지만 다시 말해 주세요 '다시말해 주세요' =문맥/상황 associate

12. 일반부사 영뇌[GAD NB]

해야할 일-- 원래 언어는 생활 속에서 뜻이 얻어진 것이다. 원어민들처럼 **일반부사 말**을 배우려면 여러분들의 두뇌를 생활 속에서의 뜻으로 일반부사 영뇌를 습관화시켜라. 특히 BEis, IS **영뇌로 습관화 시키되**, (생활 속에서의 뜻이 용해된) free **감주**로 습관화시킨다.

.. 생활 속에서의 뜻=외국인과 생활하면서 느껴지는 뜻이자 실제로 적용된 뜻(≠사전의 원형적인 뜻)

❈ 일반부사 영뇌란 :

IS 두뇌로 명사(대명사). 동사, 형용사, 문장전체, 다른 부사, 전치사, 종속접속사를 부사 의미로 그냥 서술적으로 설명해 나가거나 그냥 제한적으로 설명해 주는 뇌

요컨데, 비연결설명어

또는 부사만 표현하는 뇌

---

vs **한뇌**=앞에서 설명해 주는 뇌만 발달되어 있음.
: 부수적인 버그단어

□ **일반부사 BNW**=양태 /방법 /시간 /장소 /이유 — 등으로서 그냥 부사 position

tip)**관계부사 BNW**=referring back 제한적/비제한적 연결의미

□ **부사**=관계부사/일반부사
— 연결설명어/비연결설명어
일반부사는 형용사처럼 단어에 따라 등급화 가능함

□ **한국 사람들의 가장 큰 취약점 :**

영어 읽는 법을 모르고 있음 ⇒ 감각적 주파수
+ free 영뇌, 특히 free 감주에 약하다.
+ 한뇌로 이해, 즉 있는 그 위치에서 바로 무한글로 이해하지 못함
+ 말[소리]자체/글자자체가 뜻이자 A상황인데 자꾸 해석하거나 이미지를 그려서 이해하려고 함 특히, 해음/해자 영뇌에 약함
+ BNW를 느끼지 못함, 즉 BAM으로 이해하는 기술이 없음 특히 단어의 뜻은 원어민들은 생활에서 체득해서 얻은 것이고, 비영어권 사람들은 사전을 찾아서 얻은 것이라 BNW를 느끼지 못함
+ 문자값으로만 이해하거나 기억하지 청구(聽□) 소리값으로 더 뇌화 되어 있지 않음
+ 감각적 주파수로 바로 이해가 되지 않고, 한글을 먼저 생각하거나 문법적 지식을 먼저 생각한다.
+ 감각적 주파수로 영어가 머리 속에 남아 있지 않고, 한뇌로 한글로 이해한 후 암기하고 있다.
+ 부사의 위치를 뜻 관계로 이해하지 않고 무조건 외워서 쓰고 있음
+ 설가뇌로 발달되어 있지 않음
특히 영어는 감각적 주파수로 문맥이 보여야 함
  + 단문보다 story 뇌에 약함
  + 영어주파수, 즉 vocal 감주에 약함
  + 감각적 주파수로 이해하는 데 약하다.
  + 생활 속에서의 뜻[소리]에 약함

tip) 관계부사=관계를 짓는 부사　일반부사=그냥 부사

□ **최소한 품사관계는 알라.**

일반적 관계 :

동사는 명/대를 설명해 나가고,
형용사는 명/대를 설명해 주거나, 동사를 설명해 나가고, 부사는 모든 품사(자신도 포함)를 설명해 주거나 설명해 나가고, 종속접속사는 주로 문장을 설명해 나가거나 설명해 주고, 전치사는 부사를 제외한 모든 품사(자신도 포함)를 설명해 나간다.

tip)free 영뇌, 특히 free 영뇌의군을 많이 간직하면 품사관계 결정도 저절로 결정된다. 자연스런 품사관계 결정의 비밀이 바로 여기에 있다.

❈ 기본품사(basic word position)
=명동형부접대전 — 명동에 있는 형부가 접대전이다.

☞.. 영어에 대한 지식보다 언어 실력[소통]이 더 중요하다. 그래서 "감주"로 이해하거나 듣고 주거니 받는다.

1) 일반부사 영뇌[GAD NB]

IS 두뇌로 명사(대명사). 동사, 형용사, 문장전체, 다른 부사, 전치사, 종속접속사를 부사 의미로 그냥 서술적으로 설명해 나가거나 그냥 제한적으로 설명해 주는 뇌

요컨데, 비연결설명어 또는 부사만 표현하는 뇌

> 부사는 뜻 관계에 따라 설명해 나가거나 설명해 주는 뇌로 작동한다.
> 따라서, 부사의 위치는 **영뇌 뜻 관계**로 해결하는 것이지, 암기하는 것이 아니다.
> **동사**=원동사(조동원동사/to원동사) /현동사 /과동사 /과분사 /현분사 /동명사 /조동사

① 명사(대명사)를 설명해 주거나 설명해 나가는 뇌

A.. Even a child /can /do it. (or Even a child can /do it.) [=Even child -- . : infml E]

영뇌=기→ 설→ 설′ : BEis-Os

or I + I + I : I-Os or S + S + S : S-Os

How to Read[Speak]=Evenachild candoit.

: BEis/IS, 즉 설가뇌와 자동설가뇌로 되어 있는 것을 감각적 주파수로 이해한다.

시동= vocal 감각적 주파수로 ↗**그러면 영어말투가 형성되고 영어말투에 익숙해진다.**

(BEis/IS 영뇌가 될 때까지) F3+E2 강하게 말하기 | Free 감주 간직하기

▭ 촛점부사는 촛점부터 먼저 맞춰야 하기 때문에 설주뇌로 작동시킨다 : BEis-Os

Even /a child=설→ 기 : (부사의) 관사 영뇌의군 설주뇌 (이번어/이버너=slide F : 비합성 감주과 합성 감주)

⇨ even, only, just (그냥), now (화제전환 촛점: 자), really, simply, merely, especially, chiefly, -- etc.

단, only는 초점결과가 똑 같을 때는 infml E로 **설가뇌**도 가능 :

: only temporary parking (StE) /temporary parking only (infml E) at only 100 km/100 km only

only you/you only [**전자**=오로지 당신만/유일한 당신(형용사) **후자**=당신만] *km=kilometer(s)

I have only nine pictures. = I have nine pictures only. (**전자/후자 모두** = nine pictures 초점)

vs I only have nine pictures. ≠ Only I have nine pictures. (**전자**=have 초점 **후자**=I 촛점)

시동=내가 유일하게 가지고 있다 /오로지 나만이 : **설주뇌=StE**

☞.. **我必 Free 감주 간직하기**= Even a child can. or Even child can.

시동=조차도[심지어] 애들 조차도 할 수 있어요, 하는 것인데 그것을 말이다.

even=지정강조[양보강조] 또는 눈을 부릅 뜬 강조로서 (심지어) 조차도/이라도/까지도/정말로[훨씬]

[eve: ever 지정/양보 강조 or e/e: eye/eye v: (눈을) 부릅 뜬 모습] **소리**: Even=slide 주파수

B.. "You again." =기→ 설 : BEis-Os

▭ again은 추가의미로 작용하기 때문에 설가뇌로 작동시킨다. 시동=당신 또 한번 더[다시] 해봐라.

again=한번 더 진행시키는 것으로서 또/한번 더/다시[a: another g: go] : **추가부사 소리**: aGAin=cramp 주파수

시동 종류

=원애시동 /vocal음 /Free 영뇌 /F3+E2 /일상적인 생활 /Ekbe /†SIUM 말하기 /무한글 /BNW or 비한글 BNW /BAM /BEis 영뇌 /G토씨 /connotation /영뇌 기본자세 /패턴 /associate -- 특히 영맥 파악[이해]=BEis, 영어이해=감주

☜.. 시동으로 (영어) 글자/말 자체에서 뜻이 보이거나 상황이 (머리 속에서) 보이면 된다 : IS 영뇌

C.. Together everyone /achieves /more.

영뇌=기→ 설→ 설′ : BEis-Os

▭ 촛점부사로 먼저 촛점을 맞추는 뇌 | Free 감주+我必 Free 감주 간직하기

시동=함께하면[함께 어울리면] 모든 사람들이 함께하면[함께 어울리면] 얻는 것도 더 많아 진다.

D.. That ladder is /just the thing /for picking apples.

영뇌=기→ 설→ 설′ : BEis-Os | Free 감주 간직하기

▭ just로 먼저 촛점을 맞추고 the thing으로 설명해 나가는 뇌 : 부사가 명사설명시 관사 앞에서 설명해 주는 뇌

☜.. **我必 Free 감주 간직하기**= That is for picking apples.
or That is picking apples.

전자=해동 따는 것을 하기 위한 것
후자=따는 것을 하는 것

vs 관계형용사 영뇌

a.. Teachers today /are /less strict /than they used to be.

영뇌=기→ 설→ 설′→ 설′′ : BEis-Os | Free 감주+我必 Free 감주 간직하기

시동=선생들, 즉 오늘날의 선생들은 덜 엄격하다, 차자(差者) 그들이 과거에 했던 것보다 그런 것으로 말이다.

: World news today is next. I worry about children today.

vs Teachers of today ---- . (today=noun)
=Today' s teachers ---- .

vs Today teachers are less strict than they used to be.

▭ Today=전설로서 뒷말[문장] 전체를 설명해 주는 뇌 (today=adverb)

시동= '오늘날, 선생들은 덜 엄격하다. 차자[보다] 자기들이 과거에 했던 것보다 그런 것으로 말이다.'

※ are=동질연결로서 '은' to be=방향 동질연결로서 그런 것으로

b.. The woman there /is /my relative.

영뇌=기→ 설→ 설′ : BEis-Os | Free 감주+我必 Free 감주 간직하기

✠ there=관계형용사 영뇌

시동=저 여자, 즉 저쪽에 있는 여자는 나의 친척이다 : Those men there can tell you.

vs She is there to answer any questions you might have.

✠ there=일반형용사 영뇌

▭ 형용사로서 to부정사의 기본어, 즉 형용사를 to부정사로 설명해 나가는 뇌
일반부사는 전치사부사와 동족끼리가 아니면 기본어가 되지 못한다. 설명어만 된다.

그래서, Webster사전에서 Teachers today /The woman there에서 today/there를 형용사로 밝히고 있다. 그래서 관계 형용사가 된다.

② 동사를 설명해 나가거나 설명해 주는 뇌

A.. She danced /beautifully.

영뇌=기→ 설 : BEis-Os
or I + I : I-Os or S + S : S-Os

How to Read[Speak]=Shedanced beautifully. : 먼저 감각적 주파수로 이해한다.

(대ㄴ스트=slide F : 무성음 매치 비유-디플리=trapezoid F + small slide F) | Free 감주 간직하기
↳ t의 d단타, 비단타로 t그대로 '티' 가능

danced /beautifully=기→ 설

춤을 추었는데 그 모습이 아름다왔다고, 행위를 양태로 설명해 나가는 뇌이다.

⇨ quietly, badly, happily, bravely, warmly, accurately, well, clearly, --- etc.

단, well=양태부사/정도부사

일반적으로 양태부사는 동사의 양태를 설명해 나가는 뇌로 작동시킨다.
왜냐하면 동사행위를 보고 그것이 좋은 양태인지 나쁜 양태인지 결정되기 때문이다. 하지만 문두에 위치하거나 동사 앞에 위치하면 영뇌 뜻 관계가 달라진다. 양태를 먼저 인식하고 표현하는 뇌가 되기 때문에 설주 뇌가 된다 : Beautifully //she /danced.=전설 ⇨ 기→ 설 She /beautifully danced.=기→ 설

시동=그 여자는 춤을 추었는데 아름답게 했다. **.. 我必 Free 감주 간직하기**=Danced beautifully.

beautifully=이쁘게 하는 모양으로서 아름답게 하는 것

[be 〉 eb : 이쁜 것/예쁜 것 ly : 양태]

소리: BEAUtifully=(빠르게 리듬을 주면) retro-root 주파수

: She read /quietly /in the library /all afternoon.

영뇌=기→ 설/설/설 : BEis-Os | Free 감주+我必 Free 감주 간직하기

장소부사=시간부사보다 먼저 작동: **WrE** 뒤에 작동=**Infml E**

장소를 시간보다 앞에 쓰면 좋은 글[문맥]이 되기 때문이다. 그래서 summarizing 할때도 장소를 남겨둔다.

cf] CNN money, Tuesday to Saturday on CNN.

: 이때 on=장소 뜻보다 올라가는 것으로 방영된다는 의미이다 : **IM으로 판단하지 말고 BNW로 판단**

vs He clearly explained what he had observed.

-- clause 설명으로 오해 방지위해 설주 뇌로 동사와 관계를 지었다. 즉 분명히 설명했다는 것이다.

vs He explained clearly what he had observed.

-- clause를 설명해 주는 뇌, 즉 clause와 뜻 관계를 짓기위해 그 앞에 위치시켰다.

양태부사라 할지라도 영뇌 뜻 관계에 따라 위치가 달라 진다.

분명히 무언가를 그는 가졌다고, 즉 관찰[관측]한 사실을 가졌다고 설명했다니 설명을 분명히 한 것은 아니다. clearly도 분명한 태도를 의미하니 position은 양태이다.

cf] 절 설주뇌 : I hope in the next 10 years that India will become clearer.

[=I hope that India will become clearer in the next 10 years.] *clearer=더 투명한 것

B.. She /sometimes eats /meat.

▭ 기본어를 먼저 말하고, 부사의 설명을 받아 동사로 설명해 나가면서, 고정체로 설명해 나가는 뇌 → 현동사 설주뇌

영뇌=기→ 설→ 설′ : BEis-Os 시동=그 여자는 때때로 먹는다, 고기를 말이다.

| Free 감주+我必 Free 감주 간직하기

✠ 동사 빈도

=빈도는 숫자크기를 명사 앞에 쓰듯이 횟수를 의미하므로 동사 앞에 위치한다. 그래서 일반적으로 빈도부사는 어떤 단어이든 설주 뇌로 작동한다 : sometimes =부정의 횟수 vs two times=정확한 횟수

단, **문장 빈도**= 문두 또는 문미

전자= 전설로 설명해 주는 뇌 **후자**= 전설로 설명해 나가는 뇌

⇨ Sometimes //she eats /meat. =전설 ⇨ 기→ 설 -- 때때로 하는 데 그것이 뒷말 전체라는 것이다.

She eats /meat //sometimes. =기→ 설 ⇨ 전설 -- 어떤 것을 하는 데 이것이 때때로 일어 난다는 얘기이다.

빈도부사를 일반동사일 경우 앞에, be동사일 경우 뒤에 위치한다고 무조건 외운 사람은 큰 코 다친다. 즉 표현의 자유, 이해의 자유가 빼앗긴다. be동사, 일반동사 따질 필요없이 **동사 빈도**는 앞에서 설명해 주는 뇌로 작동시켜라. 횟수를 의미하기 때문이다.

① 동사 빈도

a.. She /always is /on time /for class.
=기→ 설→ 설′ — 부사가 동사를 설명해 주는 뇌

always is=설→ 기 : 언제나 있다 on=바로 위에 있는 것으로서 정확한 것
시동=그 여자는 언제나 있는데 정확한 시간[정각]에 있다. 해자[즉] 수업을 위해서 말이다.

b.. Brown's pain is genuine, but then it always is. 시동=하지만 그 때에도 그것은 늘 그랬다.

c.. Where there always is fine weather. 시동=어디냐 하면 거기는 늘 있다. 좋은 날씨로 말이다.
where=대명사 there=관계형용사
: The woman there is my relative. [=The woman who is there]

d.. Very seldom are there clouds even in winter. -- 도치강조 시동=아주 좀처럼 있지 않다.

② 전치사 빈도 /형용사 빈도 /명사 빈도 /과분사 빈도 /현분사 빈도 /원동사 빈도

a.. She is /always on time /for class.
=기→ 설→ 설′ — 부사가 전치사를 설명해 주는 뇌 Caution]동사빈도가 아니다.

전치사 빈도 : always on=설→ 기 : 언제나 정확하다
시동=그 여자는 있는데 언제나 정확한 시간[정각]에 있다. --- .
※ on =바로 상에 있는 것으로서 정확성
→ on time=정확한 시간/정각(on: 정 time: 각)

b.. There the weather is almost always fine, especially during summer.
→ 형용사 빈도=거의 언제나 좋다.
The job is interesting, but not always easy. → 형용사 빈도=언제나 쉬운 것은 아니다.

c.. Home is not always a haven. → 명사 빈도=아닌데, 언제나 피난처[안식처]가 되는 것은 아니다.

d.. We've always lived here. → 과분사 빈도=가지고 있는데 언제나 살아온 사실을 말이다.
vs He almost[nearly] always has breakfast in bed on a Saturday.
→ 동사 빈도=거의 늘 먹는다. ※ per=a : 어떤 하나로서 하나 하나를 의미함

e.. He's always asking silly questions. → 현분사 빈도=있는 데 언제나 묻고 있다.

f.. Will you always love me? → 원동사 빈도=할 것인가? -- 언제나 사랑하는 것인데 나를 말이다.

✠ 빈도부사 : always, usually, often, sometimes, seldom, rarely, never, continually, periodically, customarily, -- etc. 단, generally=견해부사/빈도부사

never=눈에 확실히 꽂히지 않는 것으로서 빈도 부정강조/그냥 부정강조 : 빈도부사/강조부사
[n: not ever=eye+v+eye] : never seen 결코 본적이 없다 /never again 결코 다시는 하지말라

C.. US killed on /Osama bin Laden.

=기→ 설 → 과동사 설가뇌

killed /on=기→ 설: 죽이는 일을 수행했다 ❖ on=작동으로서 수행 : 전치사 부사

: 타동사만 쓰도 전달 결과는 같다 -- 함께동사

D.. If only //you would /drive /more slowly. =전설 ⇨ 기→ 설→ 설′

→ more slowly=원동사 설가뇌 : You must work hard.

only=문장전체 설주뇌, 즉 뒷 문장전체에 촛점을 두는 뇌 ❖ would=원함[바람] 의미과성립

시동=만약에 단지 네가 (현재) 해주었으면[해주기만 하면] 좋으련 drive하는 것인데 more slowly하게 말이다.

E.. Susan has nearly finished work. The driver was seriously injured in the accident.

→ 과분사 (정도관계) 설주뇌

F.. I want you to come back by noon. I decided to eat out.

→ 원동사 설가뇌 ❖ out=adv.

vs Maria tried again only to fail. → only의 (부정) 전치사 to 설주뇌

-- 시도를 또다시 했으나 오로지 대동 실패만 하게 되었다 : **촛점부사**

G.. I make a point of playing every other day. I like getting <u>up</u> at dwan.

→ 동명사 설가뇌 every other day=격일제로 : 부사의군 up=전치사 부사

시동=하는 것인데, 즉 일어나는 것인데 직자 새벽에 말이다.

H.. You can absolutely. → 조동사 설가뇌 시동=가능한데 확실히 말이다/할 수 있는 데 확실히 할 수 있다.

③ 형용사를 설명해 주는 뇌

IIIII.. It's /absolutely incredible.

영뇌=기→ 설 : BEis-Os or I + I : I-Os or S + S : S-Os | Free 감주 간직하기

> **How to Read[Speak]**=It'sabsolutely incredible. : 먼저 감각적 주파수로 이해한다.
> **시동=** vocal 감각적 주파수로 (자동 설가가 될 때까지) F3+E2 강하게 말하기

(**애**ㅂ설루~~틀리~~=slide F + retro-root F : 전음고음=제1고음 후음고음=제2고음) cf]appreciation=어프리쉬**에**이션=dot 점형 F + cramp F + slide F

↳전음고음=제2고음 후음고음=제1고음

.. 我必 Free 감주 간직하기=Absolutely incredible.

▭ 먼저 주동으로 개략적으로 말하고, 부사가 형용사를 설명해 주면서 설명해 나가는 뇌 : BEis-Os

absolutely incredible=설→ 기 : enough를 제외한 모든 부사는 형용사 설주 뇌이다.

: Your son is old enough to go to school. 시동=나이가 들었는데 충분히 들었다.

cf] Better by far or By far better

▭ 전치사 설가 또는 설주 뇌 가능

시동=좋아졌는데 정도가 훨씬 더 좋아졌다. /정도가 훨씬 더 좋아졌다.

시동=그것은 정말로 믿을수 없을 정도로 좋다.

incredible=반의적 의미(positive) /철자의미(negative) : 후자=실제로 믿을 수 없다는 뜻

absolutely=절대적인 정도로서 강조: 정말로/확실히 그렇다 – 생활 infml E : It's cool/fantastic!

[sol 〉 zol : 절대적인 것 ly: 정도] **소리:** AbsoLUtely=double slide 주파수

④ **문장전체를 설명해 나가거나 설명해 주는 뇌**

A.. It seems /rather cold //maybe.

영뇌=기→ 설 ⇨ 전설 : BEis-Os

or I + I + I : I-Os or S + S + S : S-Os

How to Read[Speak]=Itseems rathercold maybe. : 먼저 감각적 주파수로 이해한다.

시동= vocal 감각적 주파수로 (자동 설가가 될 때까지) F3+E2 강하게 말하기

▭ 문장 설가뇌 (씨-임즈[스]=retro-root F : 유성음 매치와 infml 소리)

▭ 먼저 주동으로 개략적으로 말하고, 부사로 형용사를 설명해 주면서, 다시 앞말전체에 대해 부사로 설명해 나가는 뇌 : BEis-Os

.. 我必 Free 감주 간직하기=Rather cold maybe. or Maybe rather cold.

시동=날씨가 인것 같은데, 즉 (다소) 좀 추운 것같아요. 아마도 그런 것 같네요. | **Free 감주 간직하기**

maybe=아마도 인 것으로서 추측

[ma〉am : 아마도 or m: mind be: 인 것] **소리**: MAybe=slide 주파수

B.. Usually //he smokes /pot.

영뇌=전설 ⇨ 기→ 설 : BEis-Os

▭ 문장 설주뇌 -- 보통 늘 하는 것이 뒷 문장이라는 것이다.

시동=보통 그 사람은 피워요, 대마초를 말이다. | **Free 감주+我必 Free 감주 간직하기**

⑤ **다른 부사를 설명해 주거나 설명해 나가는 뇌**

A.. She goes /to the discotheque // (/) very often.

영뇌=기→ 설 ⇨ 전설 or 기→ 설→ 설′ : BEis-Os

or I + I + I : I-Os or S + S + S : S-Os

How to Read[Speak]=Shegoes tothe discotheque veryoften.

: 먼저 감각적 주파수로 이해한다.

시동= vocal 감각적 주파수로 (자동 설가가 될 때까지) F3+E2 강하게 말하기

(디스커**테**크=후음 고음 double slide F)

▭ 부사가 또다른 부사를 설명해 주면서 앞 문장 또는 바로 앞말을 설명해 나가는 뇌, 즉 전설 또는 연설 뇌로 작동시켜도 좋다.

.. 我必 Free 감주 간직하기=She goes there very often.

시동=그 여자는 간다[다닌다], 가는[다니는] 곳은 디스코텍인데 아주 종종 그렇게 한다.

/그 여자는 다니는 데 대자[대처] 디스코텍으로 아주 종종 말이다.

※ to=방향대상으로서 가는 곳은 -- 이다 //對者/對處 -- 으로 | **Free 감주 간직하기**

often=time이 자주 일어나는 것으로서 종종

[o: occur f: frequently 자주 t: time] **소리**: Often=slide 주파수 : t폐쇄

B.. Come /here /anytime now.

영뇌=기→ 설/설 or 기→ 설→ 설′ : BEis-Os

▭ 부사를 다른 부사로 설명해 나가면서 동사 또는 바로 앞말을 설명해 나가는 뇌

anytime /now=기→ 설 : 부사를 다른 부사로 설명해 나가는 뇌

vs very /often=설→ 기 : 부사가 다른 부사를 설명해 주는 뇌 | **Free 감주+我必 Free 감주 간직하기**

시동=와라, 이 곳으로 어느 때고[언제 든지] 지금으로부터 어느 때고[언제든지]말이다.
/와라, 이 곳에는 어느 때고[언제 든지] 좋다, 지금으로부터 말이다.

tip] 부사들 끼리 설명 관계에 놓일 때는 하나는 기본어가 될 수 있으나
다른 품사와의 관계에서는 일반부사는 언제나 설명어이다. 단, 관계부사와 전부도 기본어가 가능하다.
☞ 영뇌영어 vol 1 p322, 323 vol 2 p366

⑥ 전치사를 설명해 주는 뇌

IIIII .. She is /heavily in debt.

영뇌=기→ 설 : BEis–Os or I + I : I–Os or S + S : S–Os

How to Read[Speak]=Sheis heavilyin debt. : 먼저 감각적 주파수로 이해한다.
시동= vocal 감각적 주파수로 (자동 설가가 될 때까지) F3+E2 강하게 말하기
(헤벌리인=slide F : i =약한 감정음가/어화)

▭ 먼저 주동으로 개략적으로 말하고, 부사로 전치사를 설명해 주는 뇌 : BEis–Os

.. 我必 Free 감주 간직하기=Heavily in debt.

시동=그 여자는 있는데 과도하게 빠져 있다. 빚에 말이다/내자[속에 즉] 빚더미 속에 있다. | Free 감주 간직하기
: She is heavily in debt due to his excessive use of credit cards.

heavily /in=설→ 기 : 심하게 빠져 있다
heavily= a) 높은 곳에서 누르는 상태와 같은 것으로서 무거운 것 /아주 심한 것
[h: high v: 아랫쪽으로 누르는 모습 ly: 상태(부사)]
b) 또는 무게가 많이 나가는 정도로서 무거운 것 /아주 심한 것
[av 〉 va 〉 wa : weighing a lot ly: 정도(부사)] **소리:** HEAvily=slide 주파수

⑦ 종속접속사를 설명해 주거나 설명해 나가는 뇌

A.. Even though /he left /school at 16, //he still managed /to become prime minister.

영뇌=전설→ 설′→ 설″ ⇨ 기→ 설 : BEis–Os
or I + I + I + I + I : I–Os or S + S + S + S + S : S–Os

How to Read[Speak] ↘ **.. major 감주=** --- he left school at 16, ---- become prime minister.
=Eventhough heleft schoolat 16, hestill managedtobecome primeminister.
: 먼저 감각적 주파수로 이해한다.
시동= vocal 감각적 주파수로 (자동 설가가 될 때까지) F3+E2 강하게 말하기
(매니쥐드에[더]비컴=slide F + up–slide F : t폐쇄와 비합성 감주과 합성 감주, 유성음 매치, t비폐쇄도 가능)
↘청취시 이렇게 말해도 to음가를 소리낸 것으로 알아 들어야 한다.
마치 '실라' 에서 '신라' 로 '가치' 에서 '같이' 로 듣는 원리와 같다.

▭ 부사의 설명을 받아, 주절 전체를 설명해 주는 뇌 : BEis–Os
even /though=설→ 기 : 정말로 비록 — 라 할지라도/정말로 비록 이렇다할지라도 즉 | Free 감주 간직하기

.. 我必 Free 감주 간직하기=Although he left at 16, he became Chancellor.

시동=정말로 비록[정말로 비록 이렇다할지라도 즉] 그가 떠났다 할지라도 학교를 직자[즉] 16세때 떠났다 할지라도,
그는 계속해서[그래도] 잘 관리해서 대동 되었어요. 국무총리[수상]로 말이다.
/계속해서 잘 관리했어요, 대동 되는 데 총리가 되는데 말이다. school/prime minister=단수 단독표현의 관습적 E

even=눈을 부릅 뜬 강조로서 정말로/(심지어) 까지도/조차도
[e/e: eye/eye v: (눈을) 부릅 뜬 모습] **소리:** Even=slide 주파수

: a.. Even if you take a taxi, you'll still miss your train.

시동=정말로 만약에 -- 한다할지라도[정말로 만약에 이렇게 한다할지라도 즉 --]

b.. I tried to reason with him, but even as I started to explain what had happened, he stood up to leave.

시동=정말로 즉[정말로 다음과 같이 했을 때는 즉] 내가 시작했을 때는 -- , (-- 일어나서 대동 떠나 버렸다)

B.. If only //you would /drive /more slowly. [=If you only would : 조동사 초점]

=전설 ⇨ 기→ 설→ 설' *would=바람 의미과성립

if /only : 설가뇌=기—>설 ···› 만약에 단지 (만약에 이렇게 단지) : 결국 초점=뒷말전체, 즉 문장

[=only /if : 설주뇌=설—>기 ···› 단지 만약에 (이렇게) : 결국 초점=if절]

시동=만약에 (이렇게) 단지 네가 (현재) 해주었으면 좋으련, drive하는 것인데 좀더 천천히 말이다

: Only if your troops have abstained from sexual activity. [1 Samuel 21 : 4]

She thought, if I only touch his robe I' ll be healed. : **묘출표현[I=she]과 동사초점**[Matthew 9 : 21]

[=She thought (that) if she only touched she would be -- .]

⑧ 부사만 표현하는 뇌

IIIII.. 'How about you?' 'Absolutely[Certainly]. /So fine.'

영뇌=(기)→ 설 : BEis–Os or (I) + I : I–Os or (S) + S : S–Os

▭ 부사는 단독으로도 의사전달이 충분히 되며 단어 하나라도 기/설 관계는 존재한다. 전제 기/설이 있기 때문이다 ☞ 영뇌영어 vol 1 p38

*about=주변관련 대상으로서 '변자' : What about dinner? (어때/어떡하라고 변자 dinner와 관련해서는?)

시동=어때 변자 당신과 관련해서 말이다? -- 의견개진 /확실히 그래요. tip) yes, no도 it' s가 전제되었다 : It' s yes/no.

/어때 변자 당신과 관련해서 말이다? -- 근황인사 /아주 잘 지내고 있어요.

vs Abosolutely /not.=설→ 기 -- 동족이 아닌 경우 기본어 시동=반드시 그렇지는 않다.

live 실전	일반부사 영뇌 — 배에서 쪼르륵 소리가 난다. **My stomach is growling.**

L- IIIII .. Confronting a scene of congealed blood, scattered body parts, shelled buildings, bullet holes and the smell of burned flesh, United Nations monitors in Syria quietly collected evidence **(on) Friday** of a mass atrocity in a desolate hamlet, more than 24 hours after Syrian forces and government supporters blocked their first attempt to visit the site.

— 먼저 감각적 주파수로 이해한다. 그러면 저절로 의음/의자가 된다. 잘 안되면 부분부분 감주로 이해하고 전체로 이해한다. 감주는 선인영뇌각인으로 낱개 영뇌에 의해 형성되는 일종의 영뇌의군이다. 영뇌 상급자는 free 감주로 빨리 감을 잡는다.

> confronting=(비제한적) **관계현분사 영뇌 ⇒ 전설 설주뇌**
> Friday=**명사부사** ⇒ 장소/시간 부사라고 해서 반드시 문미나 문두에 표현하는 것은 아니다.
> and=추가등맥으로서 뿐만이 아니라 than=초과대상 or 차등비교 대상으로서 차자 mass=a large number[amount]
> hamlet=숨어 있듯이 있는 작은 마을로서 부락/촌락 [h: hide m: 마을 t: tit/teat 젖꼭지처럼 작은 것]

시동=직접 마주치면서 장면, 즉 응고된 혈액, 여기 저기 흩어진 신체 일부들, 포탄에 맞은 빌딩들, 총탄에 맞은 구멍들의 장면뿐만이 아니라, 냄새, 즉 터버린 인간의 살 냄새와 마주치면서, UN 감시단원들은 내재[내소] 시리아 [내소]에서 조용히 수집했어요, 증거를, (상자/상일) 금요일에, 즉 한 대(大) 잔학상[흉포성], 내재[내소에서] 적막한 한 부락[촌락][의 내소]에서 있었던 한 대(大) 잔학상[흉포성]의 증거를 수집했어요, 이상 차자 24시간 이상이 지난 후에 시리아 군과 정부 지지자들이 차단 시킨지 24시간 이상이 지난후에, 그들의 첫번째 시도, 대동[즉] 방문 하고자 그 사이트를 방문하고자 하는 첫번째 시도을 차단시킨지 24시간 이상이 지난 후에 말이다.

→ vocal **감주 F3+E2 강하게 말하기** ❈ 인간의=**단어 associate** | Free 감주+我必 Free 감주 간직하기

☞.. **문장 뼈대**=전설 연결설명어(confronting) + 기본어(UN monitors) + s동사(collected) + 연결설명어(after)

☞.. 이해는 최종적으로 단어의 최종적인 뜻인 감주로 이해한다.

2) 설주뇌와 설가뇌

IIIII .. **부사가 부사를 설명해 주는 뇌 :**

— 기본어=뒷말

probably /yes=설—>기 : 아마도 그런 것 같다

a.. Keiko learns English incredibly quickly. How late are you open?

She very often smokes pot. or Very often she smokes pot.

✠ pot (also grass)=sl. for marijuana(also marihuana) 마리화나, 대마초

b.. Computer systems became even more sophisticated.

We can remember the Korean War very well.

Disease runs rampantly and death occurs almost routinely by accident or violence.

c.. I'm pretty busy just now. I'll help you later, but I can't do it just now. 시동=바로 지금

We are having dinner just now—can you come back later?

시동=막 지금 (직후진행 : 있는데 막 지금 먹을려고 하고 있다)

IIIII .. **부사를 부사로 설명해 나가는 뇌 :**

— 기본어=앞말

just /now=기—>설 : 바로 전인데 지금으로부터 바로 전으로서 방금전

a.. Bill telephoned just now. Who was that at the door just now?

b.. They will be here any time now.

Strangely enough, I won first prize. Coming in across.

시동=이상하게도 즉 아주 이상하게도 / 오고 있는 데 안으로 가로질러서 오고 있다.

▭ enough=부사[또는 형용사]를 설명해 나가는 말 in across=전부를 전부로 설명해 나가는 것

rampant=adj. run away로서 마구 퍼지는 것

[ra: run away m: 마구 p: 퍼지는 것] ❖ rampantly=adv.

(of crime, disease, wrong beliefs, etc) widespread and impossible to control)

pretty=infml adv.

a) 아름다움보다 이쁠 정도의 크기로서 제법 [p: pleasant 즐겁게 해주는 것으로서 이쁜 것]

b) 또는 조금+조금으로서 제법 (quite 꽤, though not complete)

[tt: bit+bit 조금+조금] : It's pretty cold today.

--- very보다 약하고, quite보다는 아주 조금 약한 것

Plus] 형용사의 (설주) 제한적 영뇌: Happy /man.=E-->B : 행복한 남자

부사의 (설주) 제한적 영뇌: Often /comes.=E-->B : 종종 온다 Only /you.=E-->B : 오로지 당신만이

3) 특수 부사

IIIII .. **특수부사**

: 일반부사와는 달리 겉으로는 다른 품사인 것 같으나 실질적으로는 부사(기능)로서 뜻 관계를 가진다.

A.. **분사부사** -- I' m steaming mad. 시동=열받아 미치는 것

burning/seething hot 시동=타는 듯이 몹시 더운 /찌는 듯이 몹시 더운

a loving kind person/so freezing cold **cf]** my loved son : **자동과분사 or 자동형용사**

시동=사랑스러울 정도로 친절한/얼정도로 **cf]** 나의 사랑하는 아들

Enclosed you will find a copy of lease agreement.

The appeals court reduced sentenced for Mubarak and two sons.

시동=동봉되었어[되었기에] -- 앞으로 발견하게 될 것이다. 한 통의 임대차 계약서 --- .

//상소[항소] 법원[=court of appeals]은 축소되게[줄여서] 선고했다. --- .

vs Enclosed, you will ---. 동봉되었기 때문에

↳ **관계분사 영뇌 : 일종의 현수 분사구문**[=It being enclosed, --.]

↳ vol 1, p249

B.. **접속부사** -- while at work 시동=(이렇게) 하고 있는 중인 데, 즉 일하고 있는 중인 데

Video and stills show a Jordanian military pilot being burned alive while confined in a cage.

시동=채로, 즉 갇힌[감금된] 채로 ＊while=하고 있는 중으로서 채로 at=처한 상황으로서 중인 것

＊still=(영화나 비데오의 특히 홍보용) 장면 사진(a photograph of a scene from a film or video)

Do not drive while drunk. 시동=채로, 술 취한 채로

It was an amazing computer, albeit expensive.

He accepted the job, albeit with some hesitation.

시동=정말로 비록 동자 좀 주저함이 있었어도 (**albeit**=even though: although)

C.. **지정부사** -- The more you read, the more you know. 시동=그렇게 -- 그만큼

D.. **지시부사** -- That[This] easy. 시동=그 정도로/그처럼/그렇게[이 정도로/이처럼/이렇게] 쉽다.

The funeral homes claim the storm caused nine times that many deaths.

cf] She' s not that all. 시동=그 여자에게는 아닌데 그게 전부가 아니다. (that=**대명사**)

E.. **전치사부사** -- Bring in your photos to class. Bring out best.

전치사의 목적어로 말이 되면 전치사가 되고, 말이 안되면 전치사 부사가 된다.

가져오되 사진 속으로 가져 오라는 것은 말이 안된다. ※ in=안쪽으로 들이는 것으로서 오는 것

시동=가지고 오너라. ---- . /가져 나와라. 가장 좋은 것으로 해서 말이다.

vs Read about it. 시동=읽되 관한 것을 읽어라. /읽되 변자 그것에 관한 것을 읽어라.

말이 된다. 그래서 read가 타동사라 할지라도 about는 전치사가 된다 : **함께동사**

F.. **형용부사** -- Joeng Il Kim is different shy. 시동=남달리 부끄러워 한다.

A Golfer : "I know the rule' s pretty good. My routine is pretty good, too."

vs a.. Things are going great. 시동=만사가 가고 있는 데 아주 순조롭게 되어 가고 있다.

b.. She sings great. 시동=그녀는 노래를 굉장히 잘 한다.

c.. The company goes global. 시동=세계로[=globally]

: speaker' s desire — 형용사의 질/상태와 부사의 양태/정도가 같은 경우 표현자의 몫

G.. **명사부사** -- 특히 명사부사가 의군일 때는 복합명사 부사라 한다.

a.. The compressor is top heavy. 시동=위가 무거운 것 The baby is two months old.
시동=두 달정도의 나이가 든 것 Go apartment hunting. 시동=아파트 잡으려

b.. Davis Cup 100 years. [=100 years' Davis Cup]
We walked ten miles. : **복합명사 부사** [=for ten miles]

c.. "What class would you like -- coach, business or first? The coach fare is $700 round trip."
"Charge it. Here's my VISA." 시동=700불인데 round trip으로 해서 말이다.
※ round-trip [one-way] ticket 왕복권/편도권 coach fare=economy fare

d.. He lived ten years as a monk. [=for ten years] I felt a little tired.
The CNN is four stops away. What day of a week did you do that? 무슨 요일에

e.. I'm about **1,000 grand** short. ※ grand=**단복명사로서** a thousand dollars
She is seven months pregnant.

f.. Astronomers announced Tuesday that the Milky Way's brightest star releases nearly 10 million times the power of the sun.

g.. I want a box **three times** as large as this. He left **five years ago**. : 설주뇌 ※ ago=부사
He rides a lot [a great deal /a good deal].
He was released from prison early today. 시동=일찍감치 오늘 cf]earlier today 더 일찍감치 오늘

h.. Come this way. I'll see you next Friday. They got married last March/last year.[=in the last year]
This summer, think safety. I'm home sick. 시동=집에 있는데 아파서 말이다.
Disney World was a hundred times more fun than I'd expected.

i.. My village is about 10 minutes (away) from here.
She brought home another spotty youth last week. My watch is five minutes slow/fast.

j.. He is every inch a gentleman. "Where is the CNN?" "It's four stops away/down."

k.. A : If you could have three wishes granted, what would they be?
B : Just three wishes, huh? I guess I'd have to think about it a while. vs --- for a while.

l.. The baby was born Friday morning. vs The baby was born in the Friday morning.
We walked ten miles. vs We walked for ten miles.
I awaited her a long time. vs I awaited her for a long time.
We cannot do it that way. vs We cannot do it in that way. this time vs at this time
— 전치사를 표현하면 명사가 된다.

cf] **전치사 + 명사로 된 전치사 영뇌의군의 비제한적 연결영뇌**
⇒ 문맥에 따라 뜻하는 의미로 일반부사 영뇌로 대체 가능
||||| .. She had finished the homework with ease. (=easily)
시동=동자 쉬운 처리로[갖고서 쉬운 처리를 갖고서] ※ with=**동존처리 대상 /동존처리**

→ with patience (동자/갖고서 인내를 갖고서) =patiently
on Monday (상일, 월요일에) =Monday
on purpose (해서 고의적으로 해서/상자 고의로 해서 : 상작동) =purposely
in haste (해서/내자 급히해서 : 내작동) =hastily
without hesitation (없이 주저함이 없이) =unhesitatingly, --- etc.

☞.. 이해는 (언어에 대한 basics를 알았디면) 최종적으로 단어의 최종적인 뜻인 감주로 이해한다.

Plus-1 ✠ 부사종류[kinds/types of Adverbs]와 뜻

── 뜻에 따라 분류한 부사의 종류이다. 그래서, 종류는 부사의 최상위 BNW이자 부사의 position이다.
↳(영어에 대한 기초지식을 알았다면) 모두 我必 free 감주로 간직하라.

A.. 시간부사 (When? /Time)

† **already** -- 모든 게 결정된 것으로서 지금 이전(before now) /이미 /벌써 /아니벌써
[al: all d: decided/done]
: '아니 벌써' 라는 놀라움 의미는 주로 의문문과 의율(even before the time expected)

† **yet** -- 지금까지로서 지금까지도[아직도] /이미[벌써]
[e: 이제로서 now t: till] (up until now, so far) : The brightest, most colorful iPhone display yet.

† **still** -- 지금까지 계속되는 것으로서 여전히, 지금도
[s>z: 계속/지속 till: till now] (continuing until this time/now, even now)

† **ever** -- 경험의 때(時)로서 하는 적/한 적/할 적 (at any time in the present[past/future]
/사례의 때로서 지금까지-- 한 것/있었던 것 중에서] (at any time until now) : Now better than ever.
[e: experience r: occur /사례]
전자=보통 동사와 함께 의율 후자=보통 최상급/비교급과 함께 의율

/고르게 일어나는 것으로서 늘[꾸준히 계속되는 것] (at all times /always) [e: even r: occur]
/강조로서 도대체 -- 보통 의문사 뒤에 써서 강조함 : 강조부사
[e: enforec 강경하게 주장하는 것]

† **others** : just, now, just now, ago, before, soon, today, -- etc.
단, just (방금/ 바로[그냥]) : 시간/초점 부사 / now (지금 /자~) : 시간/초점 부사

B.. 빈도부사 (How often? /Frequency) -- from 100% to 0% of the Frequency

always — 항상, 늘 (=at all times, on all occasions)
usually — 보통, 통상적으로 (=customarily, generally)
often — 종종, 자주 (=frequently)
sometimes — 어떤 때, 어떤 때로서 때때로/이따금
vs now and then 지금[요즘]도 하고 다음에도 하는 것으로서 때때로/가끔
vs from time to time 생기면 때가 생기면 하고, 되면 때가 되면 하는 것으로서 때때로
vs on occasion 일어나는 데 일어나고 일어나고 하는 것으로서 때때로 [on: 작동 occ: occur+occur]
vs occasionally 일어나고 일어나고 하는 것으로서 때때로
-- 다같이 '때때로' 이지만 접근하는 뉘앙스가 달라 IS영뇌 작동시 각각 다르게 작동시켜야 한다.
vs 어떤 때로서 때로는 (시간부사) : Sometimes, we' re friends. Sometimes, we' re more than friends.
Other times, I' m just a stranger to you.
seldom — 좀처럼 -- 않다 (=not often)
rarely — 아주 드물게, 아주 좀처럼 -- 않다 (=not at all often)
never — 전혀 한 적이 없다 /전혀 -- 않다 (=not at all) : 빈도 또는 부정강조 — 빈도부사 /강조부사
others : twice, once, continually, periodically, etc. 단, generally는 견해부사도 됨

C.. **정도부사 (To what extent? /Degree)**

hardly=scarcely=almost not 거의 --- 하지 않다

barely=only just 겨우, 간신히 much, little, a little, well

others : fairly, rather, moderately, quite, too, etc.

단, much=많이[그냥 정도]/훨씬[정말로] -- 정도부사/강조부사

very=강조어(intensifier)으로서 강조부사/강조형용사 -- 부사=매우 형용사=바로/정말

quite 제법, 상당히, 꽤 -- 정도부사 /완전히 -- 강조부사

fairly 알맞을 정도로서 어느 정도/다소(호감형)[=moderately 중간 정도로서 적당[적절]한 것]

rather 적은 것보다 좀 더한 것으로서 어느 정도 /다소(비호감형) -- 정도부사

/어떤 것보다 더 한 것으로서 오히려[차라리] -- 비교부사/선택부사

too=너무나/아주 -- 강조부사 /또한[역시] -- 추가부사

D.. **연결부사 (linking/connecting adverbs)**

as a result, furthermore, consequently, therefore, so, thus -- etc.

E.. **초점부사 (focusing adverbs)**

even /only /just(=exactly, only)

now=to introduce when you are saying (화제전환/화제도입으로서 촛점)

: Now, hurry, or you'll miss the early train. ❈ early train=첫차

others: really, simply, merely, especially, chiefly, --- etc.

F.. **양태부사 (How? /manner /what way)**

quietly, badly, happily, bravely, warmly, accurately, well, --- etc.

단, well : 양태부사/정도부사 accurately : 정확한 태도를 취하는 것으로서 양태

❈ 성격부사 (character/intelligence adverbs)도 일종의 양태부사

bravely, foolishly, generously, kindly, stupidly, --- etc.

-- 어리석은 짓, 친절한 짓으로서 짓이기 때문에 성격부사도 position은 양태이다.

position=단어의 자기 위치를 말해주거나 단어의 줄기를 말해주는 최상위 의미/최초의 의미

G.. **관계부사 (relative adverbs)**

: when, how, where, why, that

H.. **의문부사 (interrogative adverbs)**

: when, how, where, why

I.. **장소부사 (Where? place)**

: home, downstairs, underneath, here, there, --- etc.

J.. **견해부사 (Viewpoint adverbs)**

: (un)fortunately, frankly, honestly, (un)luckily, generally, naturally, officially --- etc.

K.. **분사부사** : boiling hot (끓는 듯이 더운/뜨거운) hopping mad (홀짝 홀짝 뛰듯이 미치는)

freezing/biting/piercing cold (얼어 붙는 듯이/입이 덜덜 떨리듯이/살을 에이는 듯이 추운

soaking/dripping/wringing wet (흠뻑 젖은 /뚝뚝 떨어질 정도로 /짜면 나올 정도로 젖은)

☞.. 이해는 (언어에 대한 basics를 알았디면) 최종적으로 단어의 최종적인 뜻인 감주로 이해한다.

Plus-2 ✠ **부사의 등급** — 부사도 단어에 따라 등급 정도를 나타 낼 수 있다.

a.. Keiko tries hard.
Keiko tries harder than anyone in her class.
Keiko tries hardest in her class.

b.. Sam canoed fast /faster /(the) fastest across the lake.
❈ 「Canoe」 is also BrE for KAYAK. (the=**지정부사**)

c.. The seagull who flies highest sees farthest.
vs My mother is the happiest woman in our city. (the=**지정형용사** -- 최상급으로 강조된 명사 설주)

d.. The leader/chief of an Antarctic/Arctic expedition went (the) furthest of all the explorers.
시동=(그야말로) 가장 멀리

e.. Tom tries the hardest of all the boy students/boyfriends in his class.
시동=노력하는 데 그야말로 가장 열심히 노력한다.
❈ try=이리 저리 취하는 것으로서 노력하는 것 /시도하는 것 [t: take r: 이리 저리하는 모습]

f.. They all behaved badly, but Tim behaved the worst.
Sarah concentrated the hardest.
— 내부적 the로서 강조 : 특히 부사를 설명해 줄 때는 지정부사라 함

☆ 규칙 비교 — 일반적으로 형용사와 같다.

우등비교 ···› 우등단어 er/est, more/most 열등비교 ···› 열등단어 less/least
비교선택 ···› 선택단어 more/rather를 사용한다. 여기서 우등비교 외는 음절을 따지지 않는다.

1 우등비교 :

a. One/single-syllable adverbs add er or est (er/est=접미단어)
→ fast /faster /fastest hard /harder /hardest loud /louder /loudest : **부사일 경우 동사앞 미사용**
↳ Say it loud.
vs Loudly say it. or Say it loudly.

b. Adverbs of two or more syllables are used with more and most
→ easily /more easily /most easily quickly /more quickly /most quickly
briefly /more briefly /most briefly clearly /more clearly /most clearly
fortunately /more fortunately /most fortunately

exception] **early /earlier /earliest** : 2음절이지만 er/est를 첨가

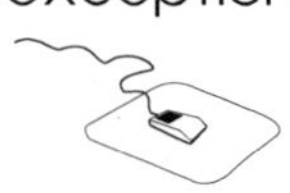

: The earlier you start, the sooner you'll be back.
왜냐하면, early는 형용사도 되므로 형용사 등급 규칙을 적용받기 때문이다 : **일종의 관습적** E
2음절 단어이더라도 ly로 끝나는 형용사는 er/est를 사용한다. ❈ early=adj. adv.

2 열등비교 : 열등비교는 음절수 관계없이 원급에 less/least 열등단어를 사용한다. less/least와 more/most는 단어 자체가 비교급/최상급 의미를 갖고 있기 때문에 이들 단어 뒤에는 자연적으로 원급단어가 와야 한다.

a.. Keiko drives less fast than anyone I know. (not *less faster*)
시동=운전하는 데 덜 빠르게 운전한다 ···› 덜 빠른 것으로서 더디게/느리게

b.. She works least fast when she is under pressure. (not *least fastest*)

시동=일처리를 하는 데 가장 덜 빠르게 한다 ⋯→ 가장 덜 빠른 것으로서 아주 더디게[느리게]

cf] I eat less chocolate and fewer biscuits than I used to.

시동=더 적은 양의 / 더 적은 수의 : 형용사

-- 차자 내가 했던 것보다, 즉 대동 그렇게 했던 것 보다말이다

used=과거에 이용했거나 사용했던 것으로서 했던 것/하곤 했던 것

3 **(비교) 선택 :** (비교) 선택도 음절수에 관계없이 more/rather 선택단어를 사용한다.

우등비교가 아니라 단어자체의 (비교) 선택이기 때문이다 : 오히려 더 — 한 쪽이다

ıııı.. Keiko drives more fast than slow.[=Keiko drives fast rather than slow.]

시동=운전하는 데 오히려 더 빨리하는 쪽이다. 한다기보다 천천히 한다하기보다 말이다.

/-- 차자 천천히 한다하기보다 말이다.

[운전하는 데 빨리 운전한다. 오히려 한다기보다 천천히 한다기보다 말이다.]

than=차등비교 또는 차등선택으로서 차자 — 보다

☘ 불규칙 비교(irregular adverbs) tip)문법으로만 간직하지 말고 free 영뇌로 간직하라.

† badly/worse/worst cf] bad/worse/worst : 형용사 † well/better/best cf] good/better/best : 형용사

† little/less/least -- 부사 or 형용사

† much/more/most -- 부사 or 형용사 vs few/many=형용사: fewer/fewest, more/most

A motel will cost you less. We walked less than three kilometers. (부사)

vs We must try to spend less money. (형용사)

† far → farther, farthest ; 거리(distance)

further, furthest ; 거리 또는 정도, †추가 (distance, degree, or addition)

far=(원급) 부사/형용사 : 「거리나 정도」의미

a.. She is far away from the house. 멀리 떨어져 있다는 의미

b.. The fire station/post office is not far from here.

vs a.. She is far in years. -- 실제 거리가 아니라 시간 정도이다.

시동=있는 데 멀리 속으로 들어가 있다. 여러 해 속으로 말이다. 뜻하는 의미=나이가 많다는 의미이다.

b.. Sean Connery is a man of far vision. 시동=멀리 내다 보는 사람

c.. So far, so good. 시동=지금까지 **cf]** so far=정말로 멀리/이[그] 정도로 so=이렇게/그렇게//이/그//정말로

↱도자 지금까지/대자 이 시점까지

※ so=이 시간 지정으로서 지금 far=정도로서 까지 so far=thus far=until now=to this point

away=길/방향을 벗어나는 것으로서 떨어져 나가는 것/떠나는 것/사라지는 것 [a 〉 ei 〉 i: 이탈 + way]

//사이만큼 거리를 두는 것으로서 (좀) 떨어져 있는 것 [a + w + a ⇨ a + between + a]

† late → later /latest or last : 늦게[최근] /더 늦게[더 최근] /가장 늦게[가장 최근(most recently)] -- 시간개념

또는 마지막으로 (finally) -- 순서개념 ∗late=형부동형

late=정시를 초과한 것으로서 늦은 것[a: after] : The bus is late.

/시간상 끝[정점]의 것으로서 최근인 것[t: tip+time] : He has all the late details. 최근 상세한 내용 the late government

/순서상 끝무렵인 것[끝부분]으로서 후반/말/늦는 것[t: toward/part e: end]

: a late bus 막차 (towards the end of the day) late forties 40대 후반 late September 9월 말 late afternoon 늦은 오후

☞.. 이해는 최종적으로 단어의 최종적인 뜻인 감주로 이해한다.

↘그러면 영어말투가 형성되고 영어말투에 익숙해진다.

Plus-3

✠ 도치부사 영뇌, 전치사부사 영뇌, 유도부사 영뇌

IIIII .. **도치부사 영뇌** : 일반적으로 도치영뇌는 강조주의 기/설 영뇌 때문에 발생한다 : **도치강조 영뇌**
자기가 강조하고자 하는 부분을 앞에 쓰면 된다. 그래서 성경책에서는 도치표현이 많다.

a.. Long live /the king! 〉 Live long /the king! (전자=부사가 동사보다 더 강조)
영뇌=기--〉설 일반어순 : The king live long!

cf] **전치사 도치강조 영뇌** : Along that path /is /the quickest way. =기--〉설--〉설′ : BEis-Os
⇨ 전치사를 뒷말로 설명해 나가면서 s동사로 설명해 나가는 뇌로 작동시킨다.
일반어순 : The quickest way is along that path.

b.. Here comes /the bus. 〉 Comes here /the bus. There goes /the bus. 〉 Goes there /the bus.
영뇌=기--〉설 : BEis-Os
Here, There가 동사를 설명해 주면서 기본어가 되고, 다시 관사 영뇌의군으로 설명해 나가는 뇌로 작동시킨다. 일반어순 : The bus comes here. The bus goes there.

c.. Down fell /the acorn. =기--〉설 : BEis-Os
부사가 동사를 설명해 주면서 기본어가 되고, 다시 관사 영뇌의군으로 설명해 나가는 뇌로 작동시킨다.

자동사 단독일 경우 일반적으로 **자동사와 함께 도치시켜 강조**
일반어순 : The acorn fell down.

plus] 도치강조 영뇌: Leading the ETF higher /were /Amazon, Microsoft and Apple. =기--〉설--〉설′
⇨ 기본어라고 해서 반드시 주어가 되는 것은 아니다 : 묻는 말/도치표현/there구문/주동 기본어 -- 등등
시동=이끌고 있었는데 ETF 상승을 이끌고 있었는데 (그것들은) -- 이었다. (were=있었는데/그것들은)

d.. Scarcely had we started when it began to rain. cf] Prosperous will your future be.
시동=거의 갖지 못했다. 출발한 상황을 갖지 못했는 데, (언제냐 하면) 그때, 즉 날씨가 시작했을 때 말이다.
cf] 번창[번성]이 앞으로 일어날 것이다. 당신의 미래에 말이다. *be=동질연결로서 '에'
: 복합동사일 경우 앞동사와 함께 도치강조 cf] '조동사+원동사' 도 복합동사이다 : 형용사와 함께 도치강조
일반 어순 : We had scarcely started when it began to rain. cf] Your future will be prosperous.

e.. Little did he dream that he would succeed. cf]Little dreamed he!
타동사 단독일 경우 강조 대동조동사를 사용하여 도치시켜 강조한다. 뒤에 목적어가 있기 때문이다.
일반어순 : He little dreamed that he would succeed. ☞ 강조 대동조동사 : 영뇌영어 vol 1 p59
'전치사+조동사' 의 도치강조 : Under no circumstances may any part of this book be copied for resale.

f.. I like another drink, and so would John / so does John. 시동=그런 것같아요/그래요
"Ann can't play the piano." "Nor/Neither can I."
"He can't swim." "Neither can I." (=Me neither=I can't, either)

so/neither/nor와 함께 도치시 조동사와 함께 도치 : **관습적 강조도치, 즉 관습적 English**
관습적 표현은 습관적으로 그렇게 쓰이기 때문에 그대로가 오히려 일반적 표현이 된다.

||||| .. 전치사부사 영뇌

=동사 또는 목적어, 또다른 전부를 설명해 나가는 뇌

a.. Take off your coat. or Take your coat off.

시동=취해서 벗어라. 너의 코트를 말이다. or 취해서 너의 코트를 벗어라 /취하라. 너의 코트를 벗는 것을 말이다.

b.. I turned /on /the light.=B-->E(B′)-->E or I turned the light on.

시동=틀어서 on시켰다 or 틀어서 the light를 on시켰다. ※ '틀어서' =현재형 과거상황

c.. Hawkins fouled out in the fourth quarter.

시동=파울을 범해 나갔다[out되었다]. ※ out=부사 in=전치사

d.. He was standing with a hat on. 시동=동자 모자를 쓰고서 ※ on=위에 놓고 있는 것으로서 쓰고서

e.. Please turn on the radio. or Please turn the radio on.

— 목적어가 명사일 경우 동사 또는 명사 설명 가능 : 돌려서[틀어서] 켜는 것/돌려서[틀어서] 그 라디오를 켜는 것

tip)과학이 발달해서 오늘날은 굳이 돌리지 않아도 그냥 작동의미 가능 : 작동시켜 켜라/작동시켜 그 라디오를 켜라.

↳turn=트는 것으로서 작동시키는 것 : Turn the TV to channel 4. Turn the water off.

vs Please turn on it. (×) → Standard WrE는 좋은 글 입장에서 판단하기 때문이다.

but Please turn it on. (○) →관습적 E로서 Standard WrE

— 목적어가 대명사일 경우 대명사를 설명해 나가는 뇌로 작동시킨다. 하지만 infml E로 동사설명도 가능

: Please turn on it. compare] Get in the car. (○) Get in it. (○) ※ in=전치사

↳몸을 움직여서 타라

f.. Come in across. — 전부를 또다른 전부로 설명해 나가는 뇌 시동=와서, 들어와서 가로질러라.

||||| .. 유도부사 영뇌 : there — 동사상황을 유도하기 때문에 먼저 작동 → 동사상황 유도의미

— 동사상황(existing or happening)을 유도하면서 referring forward하는 말 ···› 실질적 referent=동사 뒷말

시동=이런 게 or 유도느낌만 유지하고 동사만 해석(비한글 BNW 시동) ···› 유도상황 또는 선언급상황

(When I am mentioning something for the first time, to say that it exists. 언제 쓰이느냐 하면은 내가 언급하고자 할때, 어떤 것을 즉 처음으로 언급하고자 할 때 쓰이는 데, 대동 말하기 위해서 즉 그것이 존재한다고 말하기 위해서 말이다.) ☞.. 고난도 감주 : From there down is a more traditional thinner style, dryer jerky.

↳레어 : 두음(頭音) t단타 — 기처 거기서부터 쭉

a.. There's a man at the door. [=A man is at the door.] ⇒ A man at the door. : (free 영뇌로서) infml E

시동=이런 게 있다 or (유도느낌 유지) 있다. 어떤 남자가 구처 문간에 말이다 : 존재로서 상개념

vs There is 'opening bell'. : 발생존재로서 동개념

시동=하고 있어요, opening bell 행사를 말이다. ※ opening bell=미증권시장 opening 행사

b.. There is a knock at his door. There is a man waiting to see you.

시동=(유도느낌 유지) 있어요, 어떤 노크가 직자 자기 문에 말이다. ※ at=구역대상으로서 구처/바로 대상으로서 직자

c.. There comes a time when you have to make a choice. [=Comes a time -- . : infml E]

시동=이런 게 왔어요 /(유도 느낌 유지 하면서) 왔어요. ※ comes=발생현재

: Was against the same-sex marriage in 2008. : infml E -- 있었는 데 반대가 있었다.[=There was : StE]

'I thought there was going to be a party.' : 하고 있었던 것 같은데 즉 가고 있었던 것 같은데 대동 참석하기 위해서 -- .

d.. There appears to be a vast amount of confusion. There is fairly smooth sailing so far.

시동=이런 게 나타 나 있는 것 같다 /(유도느낌 유지) 나타 나 있는 것 같다. (즉, ---- .)

/있는 데 알맞게 순항하고 있다. 지금 까지 정도로는 말이다.

e.. There were six of us to begin with, then two people left.

of=소속일 경우 : (이런 게) 있었다, 6사람 즉 우리들 중 6사람이 있었지요, 대동 시작할때, 함께 시작할 때말이다.
/동격일 경우 : -- 6사람, 즉 우리들 6사람이 있었지요. ---- .

f.. There is a man (over) there/here. ↳ 실질적인 referent는 동사 뒷말이니 동사 수 쉽게 일치

시동=이런 게 있다, 어떤 한 남자가 (상걸해서) 저쪽에 (상걸해서) 있다 : There' s money here.

: 앞 there=유도부사로서 referring forward 뒷 there/here=실질부사 or (전치사 표현시) 장소대명사

add] 유도부사 — 동사유도 때문에 주어도치 : 도치주어에 따라 단복수 동사 ※lot=다수(C의미)/다량(U의미)

IIIII.. There was an argument. There are a lot of problems. cf]A lot of problems are.

vs There was three pages of Donald Trump' s tax returns there. : 묶음복수 → 단수취급

↘Ten years is a long time.

compare] a.. "There is that man I just told you about."

— there=실질부사[= " That man I just told you about is there."]

b.. "Here is a man. There is a woman. : 일종의 도치표현

: here=(언제나) 실질부사로서 여기에, 그래서 there=실질부사

Here' s the money you lent me. Here' s your chance to change your life.

Here are some pictures of John when he was little. Here' s a look at the weather.

이쪽으로[자] 해보자. 한 번 살펴보는 것인데 직자[직체] 날씨를[쪽으로] 말이다. ＊' s=발생동질연결로서 해보자

tip)실질부사의 비도치 표현

: "A man is here. A woman is there."

IIIII .. 장소/시간 부사의 Standard WrE와 infml E

— 장소를 먼저 쓰는 것이 WrE이다. 좋은 문장[문맥]이 되기 때문이다.

a.. He was born in Seoul in 1956. He read quietly in the library all afternoon.

b.. You' re here much too late. (o) You' re much too late here. (x)

-- 하지만 infml E로서 장소를 뒤에 작동시켜도 좋다.

장소/시간 부사의 영뇌(1)

• 장소/시간 부사라고 해서 반드시 문미에 표현하는 것은 아니다.

부사의 위치는 영뇌 뜻 관계로 결정되는 것이지 암기해서 쓰는 것이 아니다.

a.. The president will issue a special statement here on economic crisis.

b.. The president will issue a special statement today on economic crisis.

장소/시간 부사의 영뇌(2)

• 장소/시간 부사는 독설 뇌 or 연설 뇌로 작동시킨다

: Come /here /tomorrow. =기→ 설/설 or 기→ 설→ 설'

HERE YOU GO. ALL OF OUR SCALPELS HAVE BEEN SENT OUT TO BE SHARPENED.

※scalpel
=a small knife used by doctors in operations

※here=이쪽으로 관심[attention]을 끄는 것/상황을 이쪽으로 바꾸는 것으로서 '자' : Here you go. 자, 너희들 시작이다.
vs there=그 정도 만족[satisfaction]으로서 '자' /상황을 그쪽으로 바꾸는 것으로서 '자' 또다른 뜻)이쪽으로 너희들은 가라.

: There you go. 그 정도로/자, 네가 갈 만큼 같다[(갈만큼 간 것으로서) 잘 했다]. There, there. Stop crying. 그 정도로 하고/자 또다른 뜻)저쪽으로 너는 가라. tip) now=상황을 지금으로 바꾸는 것으로서 '자'

☞.. 이해는 최종적으로 단어의 최종적인 뜻인 감주로 이해한다.

↘그러면 영어말투가 형성되고 영어말투에 익숙해진다.

Plus-4

✠ 까다로운 부사 단어의 BAM, 즉 단어의 본래의미[원래의미]와 뜻하는 의미

tip)이렇게 공부해서 생활 속에서의 뜻으로 free 영뇌로 간직하라. 그러면 쉽게 저장되고 IS 영뇌도 쉽게 발생한다.

IIIII .. 방향 강조 way :

뒷말 의미 방향대로 강조하는 것 (very far or by a large amount)

of course도 일종의 방향 강조이다(즉, 물론이죠 ← 즉 코스 대로죠) : It's of course. 시동=그것은 즉, 물론이죠.

a.. Sometimes love letters get stuck way in the back. I have no worries.
시동=(하고 있는 데, 즉) 붙어 있는데, 멀리 안쪽, 즉 뒷쪽 안쪽에 있다

b.. The other cyclists were way behind. 시동=있었는데 아주 멀리 뒤쳐져 있었다.

c.. She lives way out of town. 시동=아주 멀리 벗어나서 : way ahead/behind/out -- etc.

d.. Her IQ is way above average. : way above/below/past --etc

e.. Your guess was way out (=completely incorrect), he's actually thirty-eight. 시동=완전히 벗어났다.

f.. We first met way back in the 70s. 시동=아주 거슬러 올라가서 (뜻하는 의미=a long time ago)

g.. The tickets were way more expensive than I thought.
: way heavier/smarter/bigger -- etc (=much heavier --etc) -- 비교급 방향대로 강조하는 것

h.. I think she's way cool, man. 시동=정말로 멋진 여자 -- .

cool=생활 infml E
시~원한 것으로서 칭찬하거나 인정하는 말로 아주 매력적이거나 정말로 좋은 것
(very attractive, fashionable, interesting etc in a way that people admire – used in order to show approval) : She's pretty cool. 시동=제법 매력이 있다. You look cool in denim. 시동=아주 좋게
Cool bike! 'I'm thinking of studying abroad.' 'Really? Cool.'

IIIII .. 외부적 지정 강조로서 out

=바로/정말로 : My real father is out there[here], and I plan to find him. Out about that.
Jop report due out on Friday. 발표될 예정인데 바로 상일, 금요일 상일에 말이다[=is due]
He's out and away the stupidest man I know. 정말로 정말로 [=much]
Still a lot of dangers out here.

cf] He went out the window. out=prep. (생활) infml E 밖으로
vs He is the stupidest man out.
out=adj. 나와 있는 (사람 중에서)[=existing/ever] : **전형뇌**

IIIII .. (every) now and then /now and again

=(매번) 지금[요즘]도 하고, 다음에도 하는 것으로서 때때로/이따금
//지금[요즘]도 하고, 또다시 하는 것으로서 때때로/이따금 (at times; sometimes)

: a.. She meets her old boyfriend for a drink now and then.
시동=만나는데 -- 지금[요즘]도 만나고 다음에도 만나요.

b.. I like to visit art galleries now and again. 시동=좋아하는데 -- 지금[요즘]도 방문하고 또다시 방문하는 것을 말이다.

IIIII .. **very**

=확실히 보이는 것으로서 매우(부사) /정말로[바로](형용사)

[v: 확실히 꽂히는 모습 e: eye]

a.. There aren' t very many weekends between now and Christmas.

b.. Thank you very much. The family is very large.

very/too/so=intensifiers (강조어)로서 원급과 의율 : **강조부사**

very=매우 : 그냥 강조

too=너무나 : 지나친 강조 아주 : very보다 높은 강조, very very로서 아주

so=그렇게/저렇게/이렇게[정말로 (매우)] : 지정강조[진정한 강조] ∴ that과 **의율** : so -- that

vs a.. I would like to buy that dress, but it's too expensive. You speak too fast.

b.. You look so beautiful today. The soloist is playing so perfectly! ※ soloist=**독주자/독창자**

cf] My daughter isn't very tall. 시동=매우

vs My daughter isn't so tall. 시동=정말로 (정말로 매우)

vs My daughter isn't too tall. 시동=너무나/아주 (very very)

IIIII .. **just = adv. adj.**

① 시간이 지금 막 스쳐간 것으로서 막/방금 — 직전 상황 [j: 지금 s: skimmed t: time]

a.. "You are too late. The train has just left." b.. It just turned 9 o'clock. 시동=(이제) 막/방금 변했다

② 시간이 지금 스쳐가고 있는 것으로서 막 [j: 지금 s: skimming t: time]

a.. "Where are you, Jim? I'm just coming."

시동=막 가까이 가려는 참이다 vs soon=곧 ＊come=가까이 가는 것으로서 오는 것

b.. We're just about to leave. 시동=막 하려는 참이다 뜻하는 의미=We'll leave very soon. 바로 곧

c.. I'll just finish this, then we can go. 시동=막 끝낼 것이다 뜻하는 의미=very soon

③ 하나외 다른 것에 관심이 없는 것으로서 그냥 [s: sole]

또는 다른 생각없이 그냥 스치기만 하는 것으로서 그냥 [s: skim]

a.. Just sign here. Sign just here. "Would you like another drink?" "OK, just one more"

b.. I'll buy just one. Just a minute. 시동=그냥 뜻하는 의미=딱

c.. I' m just looking around. 시동=그냥 d.. I just. 시동=나는 그냥 그랬다/하겠다 -- 등등

more)고난도 감주 : Would you like to just swipe it again, please?

└→ 우-유↗라이크어/커 져스와이피러게인 : 자음 사이 t탈리와 한번더 복자음 앞 s음 탈리 : **이중 탈리현상**

④ 정확하게 같은 것으로서 꼭/바로/제대로 [ju: 정확한 것 s: same]

a.. The twins look just like each other. b.. Your card just didn' t go through. 시동=바로/제대로

c.. The trip cost us just $1,000. She's just 17. Rio Olympics, just five days away.

시동=꼭 **뜻하는 의미**=정확히 (exactly) d.. This is just what I mean. 시동=바로

⑤ justice로서 정당한/공정한 [just: justice]

a.. a just man[decision]

vs only=다른 것은 안되고 오로지[유일하게] 그것뿐인 것으로서 단지--만/뿐
[o: 오로지/유일한 것 n: nothing]
vs alone=홀로로서 하나만 [a: one]
100 were killed Thursday morning alone. 목요일 아침 하루만
You alone can go there . 너 혼자만

IIIII .. **now=adv. conjunction, noun**

= ① 시간이 움직이지[흘러가지] 않았던 것으로서 지금(은) /바로 그때 [n/o: not + moved]

a.. She used to be a teacher, but now she works in publishing.
시동=지금은 뜻하는 의미=요즈음(nowadays) Cf] Now is the time. (noun)

b.. She is now 25 years old. (=She is 25 years old now.)

c.. "You are too late. The train has now left."
시동=가지고 있는 데 지금 떠 난 사실을 말이다. 뜻하는 의미=지금 막/이제 막

▭ 지금의 시간범위=직전에서 직후까지 : 막연한 time
-- 그래서 현재상황뿐만이 아니라 과거 사황, 미래 상황과도 의율이 가능하다.
: The train now left. The train will leave now. vs The train now leaves.
▭ 오늘의 시간범위=24시 : 막연한 time
-- 그래서 현재뿐만이 아니라, 24시 범위에서 말하는 시점 이전, 이후에도 쓸 수 있다.
: She said today. She will say today. vs Today it is fine.

d.. " The bell has rung – stop writing now." 시동=지금 뜻하는 의미=지금 당장 (right now[away/off])
vs a.. "He opened the door. Now the noise was very loud."
시동=바로 그때=과거 그 당시 현재로서 그 때 : 그 당시 그 때로서 시간이 흐르지 않았던 일치 개념

b.. Having met the rest of the family, she now saw where he got his temper from.
시동=바로 그때 보았어요[알았어요] (어디로부터 -- 받았는지 -- 물려 받았는지)
❖ from=출처로서 물려 받는 것 ❖ saw=본 것으로서 알은 것

② 상황을 지금으로 바꾸는 것으로서 자~ : 화제전환
[n: now o: move 움직이는 것으로서 바꾸는 것 or w>v → v :바꾸는 것]
Now, hurry, or you'll miss the early train. : 비시간으로서 초점 부사
❖ early train=일찍 다니는 열차로서 첫열차 vs late train 늦게 다니는 열차로서 막열차

③ 이제 — 하니까 [n/o: not moved로서 이제 o: 이유]
Now John' s arrived, we can begin. : 접속사, 즉 부사접속사(+서술문장) 시동=이제-- 가졌으니, 도착한 것을 -- .
=Now that John' s --- , ---- . 시동=이제 즉 -- 가진 time이니까 도착한 것을 가진 time이니까 -- .
: now=**명사접속사** -- 명사로서 관계부사의 선행사가 되면서 최종적으로 자기문장을 주절에 접속시키는 접속사
that=**관계부사**

IIIII .. **just now**

① now로 설명해 나갈 경우[설가뇌]

just /now =기—>설 : 바로 조금 전인데 지금으로부터 바로 조금전, 즉 방금전(a moment ago)
: 과동사와 의율 ∵ 지금으로부터 계산된 분명한 바로 조금전 time

a.. Who was that at the door just now? b.. Bill telephoned just now.

c.. I finished my homework just now. 시동=바로 조금전인데 지금으로부터 말이다.

→ any time/day/moment/minute/second now
어느 때고, 어느 날이고, 어느 순간이고 지금으로부터 그렇다는 말이다
「at the time just following the present」
: Our guests will be arriving any moment now but the house is still a mess.

② just로 설명해 줄 경우[설주뇌]

just /now =설—>기 : 바로 지금 /막 이제 : 현동사와 의율 ∵ 바로로 지금을 지정하니 분명한 지금 time

a.. I'm pretty busy just now. 바로 지금은 말이다.

b.. "We're having dinner just now. Can you call back later?" 우리는 먹으려는 참이다. -- 막 이제 말이다.

c.. "I am finishing my homework just now. Can you call back later?"

now/just의 관습적 E

caution] IIIII.. I have just now finished my homework. : **not ok**

just now는 분명한 time으로서 어느 한시제 상황을 나타내기 때문에 현재완료와 함께 써지 않고, 각각으로 과분사와 의율시키는 것은 **관습적 English**이다. now, just 각각일 경우는 지금, 막으로서 막연한 time이기 때문에 어느 한시제에 국한되지 않아 걸친시제[즉 현재완료] 속에서도 의율이 된다.

vs I have <u>now finished</u> my homework. : ok 시동=가지고 있는데 지금 끝낸 것을 말이다.

vs I have <u>just finished</u> my homework. : ok
시동=가지고 있는 막 끝낸 것을 말이다. **주의]**지금/막 범위가 막연하다.

now=시간이 흘러가지 않았던 것으로서 지금 [n/o: not+moved -- BNW] : **막연한** time
-- **지금의 범위=직전에서 직후까지** -- 그래서 현재상황, 과거사황, 미래상황과 의율이 가능
: The train now left. The train will leave now. The train now leaves.

vs just=시간이 지금 막 스쳐갔거나 스쳐가는 것으로서 막(직전/직후) : **막연한** time
[j: 지금 s: skimmed/skimming t: time -- BNW] -- 그래서 직전과거와 직후미래와 의율
: It just turned 9 o'clock. "Where are you, Jim? I'm just coming."
시동=막 (가까이) 가려는 참이다 cf]방금=직전(a moment ago) -- 그래서 just=막(BNW)/방금

cf] right now[away/off]=바로 지금/바로 떨어지는 것으로서 당장[=immediately 즉시 /straight 곧장]

"My goodness, Honey.
I never realized
that you could hold
your breath
for such a long time."

과분사와 과거단어 의율

addition] 보통 과동사와 많이 쓰이는 분명한 과거 time도 과분사에 쓰이면 infml E가 된다.

a.. We have seen him yesterday /last year. : infml E

시동= 우리는 가지고 있어요, 본 것인데 그를 어제 /지난해에 말이다.

vs We have seen him before. I've seen it already.

just나 before, already는 막연한 time을 나타내는 말이니 과거의미가 되도 보통 현재완료 과분사와 함께 많이 쓰는 것으로 굳어져 있다 : **관습적 English**

※ 막연한 time=just, now, before, already, — etc.

b.. We have seen in 2007. — CNN broadcasting, 2011

"I haven' t lost a bag in the last year. I haven' t had any luggage issues."

구문법에서는 분명한 과거부사는 현재완료에 못 쓴다고 하는 데 이것도 의율이 가능하기 때문에 **SpE /infml E**에서는 쓰기도 한다.

vs We had seen him last month. : ok as the WrE

과동사도 과분사도 모두 과거상황이기 때문에 관습적 English와 상관없이 과거완료에서는 Standard WrE가 된다. ✠ **여기서 '과분사' =이전 event로서 과거상황**

IIIII .. **almost**

= 모든 것의 대부분으로서 모든 것에 접근하는 것으로서 거의 [all + most] (very nearly but not quite)

— 즉, 모두를 나타내는 일정 기준에 대한 접근치 개념

모두로서 일정 기준치=전체 /zero 크기로서 전체 /일정의미으로서 전체, — etc.

a.. Almost all Koreans eat rice for breakfast. (○)

A Quick Note

vs Almost Koreans eat rice for breakfast. (×)

∵ 복수는 막연한 크기로서 분명한 수가 아니어서 일정 기준치가 될 수 없기 때문이다.

vs Most Koreans eat rice for breakfast. (○)

: most는 그냥 대부분의 크기로서 차지하는 크기 개념이지 일정 기준에 접근하는 크기가 아니다.

vs Mostly human. : 대부분 같은 것으로서 '거의 모두/거의 완전히' ⇒ 거의 모두[완전히] 인간과 같다. (almost all[completely])

b.. Almost every Korean eats rice for breakfast. ❖ every=각각 모두 개념

Almost the entire Korean population eats rice for breakfast. 시동=거의 그야말로 전 한국 주민들은

Children almost without exception enjoy visiting the zoo.

c.. Almost no South Koreans visited North Korea. Almost nobody in Korea eats cheese for breakfast.

거의 무 남한인들이/거의 무사람들은 — zero 크기로서 모두를 나타내며, 기준치가 분명하다.

d.. Koreans almost always eat rice for breakfast. 거의 늘

It almost never rains in the Sahara Desert. 거의 전혀

— 100% /0% 빈도로서 전체

e.. She's been to almost a dozen /ten countries. Almost a hundred Koreans visited North Korea.
— 접근 기준치=일정수, 즉 일정수로서 전체

f.. That monkey looks almost like a human being.
The Korean 'Kayagum' sounds almost the same as the Japanese 'Koto'.
— 접근 기준치=동모 또는 동비로서 전체

g.. He drinks 'soju' too much ; he's almost an alcoholic.
Our gas tank was always full, but now it's almost empty.
I cannot remember my childhood almost perfectly.
She was so shocked by the news that she almost fainted.
— 접근 기준치=일정의미, 즉 일정의미로서 전체

cf] **most 오용구문 (problem sentences)**

: 기준 접근치 개념이 아니라 일정부분 차지 개념
그래서 그냥 '자기몫 차지'로서 대부분 /of '지정몫 차지'로서 대부분
— C/U의미 ∵ many, much의 most (the majority, but not quite all)

a.. Most of Koreans eat rice for breakfast. (×) ∵ 그냥 자기 몫도 지정 몫도 아니다.
---> Most Koreans /Most of the Koreans

b.. I spent most of week on the assignment. (×)
---> most weeks / most of a week
⇒ 그냥 자기 몫과 of 부정관사 지정분량의 자기 몫이다
⇒ 대부분의 여러 주 /대부분, 즉 일주일 중 대부분
vs A teacher handed out a homework assignment on Islam.
집에서 하는 과제(물)
assignment[Am E]=할당되어 주어지는 일로서 과제(물) [a: allocated g: given]
homework=집에서 하는 일로서 가정학습/숙제/가정부업

c.. Most of friends are older than she is. (×)
---> Most friends /Most of her friends

d.. Most us are from Taegu, but he is from Pusan. (×)
---> Most of us ⇒ 대명사는 자체가 지정(의미)이기 때문에 of **지정 몫**으로 표현해야 한다.

e.. Most of merchandise is left unsold. (×)
--> Most merchandise/Most of the merchandisec cf] much of the job growth (많은 부분)
: I like most food. I like most French wine.

f.. Most their people would rather be rich than poor. (×)
---> Most people /Most of their people

g.. That book can be understood by intelligent most students. (×)
---> most intelligent students ⇒ 크기보다 성상이 더 밀접하다 : **밀접주의 기/설 영뇌**

almost=일정 기준치에 가장 접근 한 크기로서 거의
nearly=가까운 크기으로서 거의
about=근처 크기로서 대략
most=많이 차지한 몫으로서 대부분[m: many/much s: share]

IIIII .. quite

= ① 전반적으로 그런 것으로서 완전히/아주 [t: totally(completely, perfectly)] : 강조부사

a.. The bottle was quite empty. You're quite wrong.

b.. It's quite extraordinary ; I can't understand it at all.

c.. I quite agree with you. (=I completely agree with you.) I don't quite understand what you mean.

② 꽤 되는 것으로서 제법 [q: 꽤] : 정도부사[즉 크기부사]
(less than 'very' but more than 'a little)

a.. I was doing quite well, but I wasn't earning a lot of money.

b.. She's not black-haired like her brother but she's quite dark. 시동=제법 검은 편

cf] fairly=neither large nor small 개념
많지도 적지도 않은 정도, 즉 알맞을 정도로서 어느 정도, 다소

IIIII .. too

= ① 지나친 강조로서 너무나 (— 한 것) [oo: over and over]

a.. I am too poor to buy a new car.
뜻하는 의미=I cannot buy a new car, because I am too poor.

b.. "That suitcase is too heavy for me. I can't carry it."
I'm afraid this couch is too large to fit through the door.
❈ fit through=맞아 통과하는 것 ❈ couch=소파보다 낮은 침대겸용 긴의자

c.. "You've been doing too much. You should take a holiday."
I drank too much beer, so now I can't drive.
We already have too many laws and too many police.

② 큰 강조로서 아주 [t: tallest]
Thanks for all your help – you' re too kind! (too=very very)

③ 긍정 첨가인정으로서 역시 [t: attach o : ok]
'I can sing. I can dance, too.'
vs "I can't dance. I can't sing, either." "I haven't read this book, and my brother hasn't, either."
❈ either=부정 첨가인정으로서 역시 그렇다는 것
[e〉i: is or e: yes th: this side 이 쪽도 그런 것으로서 부정 첨가인정]

vs again=한번 더 진행시키는 것으로서 한번 더/다시/또 [a: another g: go]

: Let's start again from the beginning.

vs also=한번 더 인정하는 것으로서 또한 [a: another so: 그렇게로서 인정] : I also noticed the red car.

vs back=다시 되돌리는 것, 즉 반복으로서 다시/도로 [b: 반복 or behind로서 뒤 : back seat]

: Phone me back when you know the answer.

IIIII .. **so**

=저렇게나/이렇게나[이토록]로서 지정강조 [s>z:저렇게 o: 이렇게]

//지정강조로서 진정한 강조, 진정한 강조로서 정말로/진짜로 (polite 'very)

— 지정강조이니 지정 결과를 의미하는 접속사 that과 의율 가능

A.. 상황 : 나의 가난한 사실을 보여준 후

"I am so poor that I cannot buy a new car."

→ 내가 이렇게나 가난하니 그 결과로[그래서] 나는 --- /정말로 가난하니 --

: I was that hungry I could have eaten a horse! : **지정강조 (부사)** -- 이렇게(나)

↳ **정과거: 정생각** -- 가능할 것같다. 즉 먹어 치워버리는 것인데 말을 말이다!

God so loved the world that he gave his one and only Son that whoever believes in him shall not perish but have eternal life.

B.. 상황 : 백화점에 여종업원이 친절하게 서비스하는 걸 보고

"She is so kind." → (저 여자봐라,) 저렇게나 친절하다.

C.. 상황 : 키큰 남자가 버스에 들어 왔을 때

"He is so tall that his head touches the roof when he stands." → 저 남자 저렇게나 키가 크니 --.

D.. My neighbors are arguing so loudly I can't concentrate on my own thoughts.

→ 내 이웃 사람들이 다투고 있는데 저렇게나 큰 소리로 싸우니 --. : **결과 종속문장**

E.. It's not so difficult as I expected. → 그렇게 어려운 게 아니다.

F.. "Oh! I'm so tired!" → 정말로/진짜로 아주 피로하다! (=polite 'very')

We're so glad you could come! I so wanted you to win. 정말로/진짜로 원했다

→ 우리는 정말로 아주 기쁩니다. 당신이 하실 수 있어서, 오는 것을 말이다! ※ **could=공손한 표현**

G.. "Oh, Mary! You look so beautiful today. I love you so much!"

→ 보이는 데, 이렇게나/정말로 이뻐/예뻐보이는 구나 /사랑하는 데 진정으로[정말로/진짜로] 많이 말이다.

tip)그냥 그렇게/저렇게/이렇게로서 보통지정 : I think so.

very=확실히 보이는 것으로서 매우: 보통[그냥] 강조 [v: 확실히 꽂히는 모습 e: eye]

I am very poor not to buy a new car.

Teachers have to be very patient with beginning students because they speak very slowly.

보통 강조나 지나친 강조(too)는 지정강조가 아니기 때문에 지정결과를 의미하는 that과 의율이 되지 않는다. 단, that이 원인/이유일 경우 가능 : "I'm very happy that I was able to hold back on the indiscretions with respect to Bill Clinton," said Trump. -- **1차 TV 토론 후 한 말**

I'm very happy that you're rich.

IIIII .. **such**

=저렇게/그렇게[그토록]로서 지정강조 [s>z : 저렇게 c>k: 그렇게]

//so처럼 지정강조로서 진정한 강조, 진정한 강조로서 정말로 (polite 'very) — 지정강조이니 that와 의율 가능

It was such a cold weather that I wore two sweaters under my coat.

vs It was so cold that I wore two sweaters under my coat.

> such a nice man : **일반적 표현** vs so nice a man : **formal 관습적** English
> 다 같이 지정강조로서 일반적으로 so 뒤에는 형용사, such 뒤에는 명사를 쓴다.
> → so long ⇔ such a long time /so far ⇔ such a long way

그래서, 출제자는 다음과 같이 문제를 내기도 한다. 문제풀이는 **일반적 관점에서의** 출제자 의도 파악이 중요하다.

a.. This textbook is written in so easy English. : not ok

b.. This textbook is written in such easy English. : ok vs Such father, such son. : adj.

하지만 다음과 같은 **연어 관습적인 English**에서는 명사가 와도 좋다.

a.. I have so much money that I don't know how to spend it all.

b.. I have so many friends that I never feel lonely.

> so much/so many=**일종의 연어**[collocation]
> vs very much/very many도 있으나 that와 의율이 되지 않는다. very가 지정강조가 아니기 때문이다.

cf] **fml 관습적** E로 too나 so에 명사를 붙이는 경우도 있다.

a.. That's too heavy a suitcase for me to lift.

b.. Why did you wear so formal a suit to go on a picnic?

IIIII .. **good and**

=good 첨가로서 good할 정도, good할 정도로서 잘 : **infml** E — 기본어=뒷말

뜻하는 의미 =very, completely or thoroughly (**아주, 철저히**)

nice and

=nice 첨가로서 nice할 정도, nice할 정도로서 잘(nicely) : **infml** E — 기본어=뒷말

뜻하는 의미 =satisfactorily (**충분히, 더할 나위없이**)

a.. "Don't rush me. I'll do it when I'm good and ready." ※ rush=hurry 재촉하는 것

b.. The house is always nice and tidy. The soup is nice and hot.

> 만약 밀접도가 다를 경우 and를 써지 않는다.
> 각각 비중이 다르기 때문에 그냥 밀접도 대로 나열하는 것이다 : **밀접주의 기/설 영뇌**
> vs nice tidy house nice hot soup
> vs a black, white dog (**infml E**)
> =a black and white dog : 밀접도가 같은 경우 **Standard WrE**에서는 and사용

cf] and=첨가로서 할 정도/그리고/과/달린 [a: addition] 보통은 and 뒷말이 첨가의미이다
: a watch and chain, a needle and thread : 앞말=기본어 — 시계인데 달린 줄이 달린 시계
vs Quickly and silently she darted out of the cell. : 각각 독립적 연속적 첨가
※ dart=to move suddenly and quickly

IIIII .. **kind of /sort of**

= a) ' 종류인데 즉 ~ ' 으로서 즉 무슨 종류는 종류인데 잘 모르는 것으로서 어 ~ : 뜻없는 첨가어
— unclear expression (very informal speech)
cf] well=무언가 (이야기를) 엮어가려고 음 ~ : Well, then, she said ——. [w: 관련 짓거나 엮는 모습]
like=무언가 같기는 한데로서 음 ~ : He went up to her all innocent, like, as if he' d done nothing.
b) 어 ~ 정도로서 좀[다소] (somewhat) (informal speech) : 일종의 명사부사

a.. I'm sorry we kind of bust in on you like that.
'He sort of came up to me and pushed me. So I kind of hit him in the face.'

> bust in on=부수고 들어 가 덮치 듯이 쳐들어 가는 것 on=위에 있는 것으로서 덮치는 것
> 그래서, bust의미를 사전에서는 다음과 같이 설명하고 있다.
> bust=to enter someone' s house without warning

b.. "Do you like red wine?" "Yes, kind of/sort of." "Did he help you?" "Well, kind of."
Kind of public service.[=some] Some kind of hope. (약간의 다소 희망이 있다. 있다=**문맥** associate)
It was kind of strange to see him again. It kind of gives us an idea of what's happening.

> vs That kind[sort] of question is very difficult.
> ※ kind=등급으로서 종류 [k>c: class] ※ sort=분류로서 종류 [sort: 분류하는 것]
> /같은 종류로서 같은 방법[식][k: like] : Counter-terrorist forces could retaliate in kind.

IIIII .. **dead**

=adv. 죽는 듯이 일어나는 현상으로서 갑자기 완전하게(suddenly and completely)
/완전히[몹시/전혀], 절대적으로[전적으로](completely, absolutely) /정확히(precisely, exactly)
본래의미[원래의미]=죽는 듯이 일어나는 현상 **영문 풀이**=뜻하는 의미

a.. The train stopped dead. 시동=죽는 듯이 (쏵 들어오면서)
b.. "Remember, if he bolts, aim for the knees. He's not worth a penny dead." 시동=죽어도
c.. His poems sounds dead boring. 시동=죽을 지경으로
d.. I am dead against the legalization of drugs. 시동=죽어도 (반대한다) : I don' t know dead.
e.. Their arrows are dead on target. 시동=(되었는 데/있는 데) 죽은 듯이 (꽂히게 되었다/꽂혀 있다)
→ **뜻하는 의미**=정확히 ※ are=발생현재/상태현재 on=위에 있게 되는 것으로서 꽂히는 것

f.. A fishing boat came out of nowhere, dead ahead. ※ nowhere=장소로서 명사
시동=(나와 있었는 데, 벗어 나지 못하고, 즉 그 곳에서 벗어나지 못하고) 죽은 듯이 정면으로 향하고 있다.

> bolt=볼트를 조이듯이 갑자기 없어지는 것(to run away suddenly)
> BrE legalisation=AmE legalization

※ drug=1. a substance used as a medicine (약)
2. a habit-forming substance for pleasure or excitement
(습관성 물질, 즉 즐거움 또는 흥분을 시키기 위한 물질, 특히 마약을 말함)
hard drugs=heroin, cocaine soft drugs=marijuana (for 'pot' of slang), -- etc.
tobacco/alcohol도 drug에 속한다. drug가 습관성 물질이기 때문이다.
ex] Tobacco and alcohol can be dangerous drugs.

IIIII .. **so far as /as far as** — far 의미에 따라 결정 — 정도/거리

→ far=정도로서 멀리 미치는 것으로서 하는 한(to the extent/degree that) /실제 거리로서 먼 것

a.. I will help you as far as I can. 시동=즉 하는 한, 즉 내가 할 수 있는 한

b.. So far as I know, they're coming by car. 시동=그렇게 하는 한, 즉 내가 아는 한

vs Tokyo is not so far as New York. New York is as far as Paris.

시동=그렇게 멀지 않다 /같은 정도로 멀다 -- 실제 거리로 먼 것

※ far=거리로서 정도 vs extent=범위로서 정도 vs degree=등급으로서 정도

IIIII .. **so long as /as long as** — long 의미에 따라 결정 — 지속/측정치

→ long=상황 지속[계속]로서 긴 것 /측정치(시간이나 거리, 길이— 등)로서 길이가 긴 것

as long=즉 지속으로서 즉 하는 한 so long=그렇게 지속으로서 그렇게 하는 한
as/so long as의 **뜻하는 의미**=if /on condition that /provided

a.. You can go out, as long as you promise to be back before 11 o'clock.

시동=즉 하는 한, 즉 네가 약속하는 한

b.. Our profits will be good so long as the dollar remains strong.

시동= 그렇게 하는 한, 즉 달러가 계속 강세로 있는 한

cf] as long as 9 months ago 시동=즉 길기가 9개월이나 되는 데 그 전에

A Quick Note

caution] hour, minute, second의 차이 — 모두 position이 두 개로 a point or a period, 즉 시점시간 또는 크기시간으로서 크기시간 표현은 같으나 시점시간 표현은 다르다.

(In short, **time position**=point or period 시점 또는 기간 also, 우리말 '시간' =point or period)

• We've been waiting for 10 hours/minutes/seconds. : **크기시간**(period)

vs War was declared at four[4 o' clock] in the afternoon.

[=at sixteen hundred hours/1600 hours /16:00 /4:00 p.m./4 pm].

: hour의 **시점시간**(point) = 숫자 /o' clock (또는 생략가능) /hundred hours로 표현

vs The train waited for eight hours four minutes 10 seconds.

The train arrived at four minutes 10 seconds past[to] eight (o' clock).

: minute/second의 시점시간(point) = 크기시간(period) 처럼 같이 표현

*past=지난 것으로서 즉 to=아직 더 가야 하는 것으로서 전 (즉) /전 -- 대자 -- 전

IIIII .. **barely** = 듬성 듬성 옆에 있을 정도로서 겨우/간신히 : 정도부사

[b: by r: rare >run + run 달리 듯이 나 있는 것으로서 듬성 듬성 있는 것 ly: 정도]

a.. She was barely sixteen when she won the first championship.

뜻하는 의미 =only just sixteen (단지 그냥/단지 겨우)

b.. Susan could barely remember the ride to the hospital.

c.. The scar on her cheek is now barely noticeable.

d.. We have barely enough money to last the weekend.　　시동=겨우 충분한

e.. Her handwriting is barely legible.　　뜻하는 의미=You can only just read it.

f.. She had barely arrived when she had to leave again.

시동=간신히 도착한 것 (그때 즉 해야만 했을 때 말이다) ⇒ when=**명사접속사 (+관계문장)**

뜻하는 의미=간신히로서 동시상황: 하자 마자 -- 했다(=hardly)

ⅡⅡ **.. rarely**

= 띄엄 띄엄하는 것으로서 아주 드물게 하는 것 /아주 좀처럼 — 하지 않는 것[very seldom /not all often]

: 빈도부사 [rare 〉 run+run 달리 듯이 나 있는 것처럼 띄엄 띄엄하는 것 + ly 빈도]

a.. Rarely have I seen such a beautiful sunset.

시동=띄엄띄엄 가진 적이 있다 /아주 드물게 가진 적이 있다 /아주 좀처럼 가진 적이 없다

b.. I very rarely wear a raincoat because I spend most of my time in a car.　시동=아주 띄엄 띄엄 입는다

Although my wife is a member of the club, she rarely goes there.　시동=띄엄 띄엄 간다

compare] She seldom, if ever, reads a book.　　시동=만약에 하는 사례는 있어도

She very seldom eats breakfast.　　(=hardly ever 거의 전혀 하지 않는 것)

※ seldom=안하는 것이 많은 것으로서 좀처럼 하지 않는 것[not often]

[do: 하는 것　m: n+n : not /not]

rare=adj. 어떤 곳에 듬성 듬성 있는 것으로서 드문 것 /희귀한 것

[a: at　r/r: run+run 달리 듯이 나 있는 것으로서 듬성 듬성 있는 것

-- 식물이 여기 하나 있고, 저기 하나 있고 마치 달리듯이 듬성 듬성나 있는 모습　e〉i: is]

: the preservation of rare species　　It' s very rare for him to be late.　시동=매우 드물다

ⅡⅡ **.. hardly**

= 아주 어려울 정도로서 거의 —— 하지 않는 것 /겨우/간신히 : 정도부사

[hard: 하기에 아주 어려운 것　ly: 정도]

a.. I could hardly speak for tears.

시동=가능할 것 같다. 아주 어려울 정도로 말하는 게 가능할 것 같다. 때문에[해자] 눈물 때문에 말이다.

뜻하는 의미= almost not

b.. I hardly ever go out these days.　시동=아주 어려울 정도인데 정말로 아주 어려울 정도이다.

뜻하는 의미 =almost never

ⅡⅡ **.. scarcely**

= 듬성 듬성 스쳐 갈[뿌려 놓을] 정도로서 듬성 듬성하는 것 : 정도부사

뜻하는 의미=거의 — 하지 않는다 /겨우 /간신히

[s: 스쳐가는 것/skim or sc: scattered **뿌려 놓은 것**　r: run 달리듯이 나 있는 것으로서 듬성듬성 있는 것　ly: 정도]

a.. She spoke scarcely a word of English.　　시동=듬성 듬성 한 마디씩

b.. I scarcely know him.　　시동=듬성 듬성 스쳐갈 정도로 알고 있다.

barely/hardly/scarcely=정도부사 뜻하는 의미=almost not
barely=겨우/간신히 할 정도로서 almost not
hardly=아주 어려울 정도로서 almost not scarcely=듬성듬성 할 정도로서 almost not
vs rarely=빈도부사 : 띄엄띄엄 하는 것으로서 very seldom 뜻하는 의미=very seldom

⇒ Hardly /Scarcely /Barely had the game begun when it started raining. : **강조어순**
시동=거의 갖지 못했다. 그 게임이 먼저 시작한 것을 거의 갖지 못했다. 때에 날씨가 시작했을 때에 -- .
/겨우[간신히] 가졌다. 그 게임이 시작한 것을 말이다. --. : 이렇게 정도로 같은 것이지 빈도로 같은 것은 아니다.
▭ 결국 뜻하는 의미=거의 먼저 하지 않은 시기
또는 겨우 한 시기와 같은 시기로서 동시상황 : 하자마자 -- (그때) 했다 (As soon as S + **과동사**, -- .)

=No sooner had the game begun than it started raining. : **강조어순**
시동=조금도 더 빨리 갖지 못했다. 먼저 시작한 것을 조금도 더 빨리 갖지 못했다. 보다 시작한 것보다 말이다.
▭ 결국 뜻하는 의미=조금도 더 빠르지 않는 것으로서 동시상황: 하자마자 -- (그때) 했다 (As soon as S + **과동사**, -- .)

vs The game had hardly/scarcely/barely begun when it started raining.
=The game had no sooner begun than it started raining. : **보통어순**
⇒ hardly/scarcely/barely begun 시동=어려울 정도로 (겨우) /겨우 시작한 것
no sooner begun 시동=조금도 더 빨리 시작하지 못한 것

그래서, 과분사 영뇌로 작동시키지 않고 과동사 영뇌를 작동시켜도 결과는 같다.
The game hardly/scarcely/barely began when it started raining.
=The game no sooner began than it started raining.
〈 Hardly /Scarcely /Barely /No sooner did the game begin ----- .

과동사 영뇌 대신 현동사 영뇌를 작동시켜도 결과는 같다. 이때 현동사는 (과거상황에 대한) 설명현재이다.
The game hardly/scarcely/barely begins when it starts raining.
=The game no sooner begins than it starts raining.
〈 Hardly /Scarcely /Barely /No sooner does the game begin ----- .

그리고, when 대신에 before를 쓰도 결과는 같다. 강조표현도 마찬가지이다.
The game had hardly/scarcely/barely begun before it started raining.
시동=가졌다. 어려울 정도로 (겨우) /겨우 시작한 것을 가졌다. 전에 날씨가 시작하기 전에 말이다.
›› 역시 과동사 영뇌 또는 현동사 영뇌로 말해도 좋다.
이렇게 단어의 본래[원래] 의미를 알아야 표현의 자유뿐만이 아니라, IS영뇌를 정확히 작동시킬 수 있다.

IIIII .. **fairly**
= 공평한 정도로서 알맞을 정도인 것 [fair: 공평한 것 ly: 정도] (neither large nor small)
/알맞을 정도로서 어느 정도[다소] : 정도부사
• A fairly good pupil is neither bad nor very good.
vs moderately 중간 정도로서 적당[적절]한 것 [m: middle d: degree ly: 정도] cf] a moderate 온건파
: a.. a moderately successful film
b.. Share prices on the Tokyo Stock Exchange declined moderately.

vs Stocks modestly lower.

시동=적당히 ※ lower=더 낮아진 것으로서 떨어 진 것 =(동사) **전제 infml E**

modestly=가장 좋은 것도, 가장 나쁜 것도 아닌 중간정도로서 적당한 것

[m: middle d: degree est: 최상급 ly: 정도]

IIIII .. rather

= ① 적은 것보다 좀 더한 것으로서 비교적 좀 되는 것[다소/어느 정도] /어~ 좀(놀라움)

[a : a little th: than er: 더한 것] (some more than a little, somewhat, to some extent)

a.. Frank is clever, but rather lazy. b.. That cat is rather larger than he wants.

c.. I rather like Tom. I rather like raw fish.

d.. These oranges are rather nice. Where did you get them?

e.. Your results are rather good — better than I expected.

시동=어 좀 좋은 데 — rather가 favorable words에 쓰이면 unusually or surprisingly 의미가 들어간다.

② (어떤 것보다) 더 이쪽인 것으로서 오히려[차라리] 더 : 비교 선택

[a: a certain th: this er: 더한 것] (to a greater degree)

a.. He likes starting early rather than staying late. ※ like=좋다고 하는 것으로서 원하는 것[want]

b.. I had rather have never been born than I have seen this day of shame.

had rather=했으면[됐으면] //하면[되면] 차리리 더 낫겠다 cf] had better + **원동사**

vs would rather=했으면 해요, 차라리 -- 을 말이다//하고 싶은 데 오히려[차라리] -- (을 하고 싶다)

➜ had/would : **전자=의미과성립 후자=정생각(으로서 정과거)**

다 같이 뜻하는 의미로 어느 정도/다소의 크기이지만

⇒ fairly=favorable[positive], 즉 호감형 형용사[부사]에 주로 사용 ⇒ BNW로 판단

⇒ rather=unfavorable[negative], 즉 비호감형 형용사[부사]에 주로 사용 ⇒ BNW로 판단

a.. Tom is fairly clever, but Mike is rather stupid.

b.. I walk fairly fast, but Joe walks rather slowly.

c.. He was fairly relaxed ; she was rather tense.

d.. a fairly interesting film, but a rather boring book

fairly=알맞을 정도로서 어느 정도[다소] vs moderately=적당[적절]한 정도로서 어느 정도[다소]

vs rather=비교적 좀되는 것으로서 어느 정도[다소]

Usage] a fairly light box : 관사 뒤 위치, 즉 형용사 설주만 가능

vs a rather heavy box or rather a heavy box : 관사 앞뒤 위치, 즉 형용사/관사의군 설주가능

vs quite a nice day quite an old house : 관사 앞 위치(제법/꽤), 즉 관사의군 설주만 가능

IIIII .. ever

= ① 경험의 때로서 하는 적/한 적/할 적 (at any time in the present[past/future]

② 사례의 때로서 지금까지 — 한 것중에서 /경우가 있을 시 (at any time until now)

[e: experience r: occur/사례]

③ 고르게 일어나는 것으로서 늘[꾸준히 계속되는 것] [e: even r: occur] (at all times/always)

④ 강조로서 도대체[전혀/정말로] [e: enforce 강경하게 주장하는 것] — 보통 의문사 뒤에 써서 많이 강조함

a.. Nothing ever happens. 시동=결코 일어나는 적이 없다. Is she ever at home? 시동=있는 적[있는 경우]
"Do you ever go to concerts?" "No, never." / "Yes, sometimes." 시동=가는 적도 있느냐?
Have you ever been to Paris?
Did you ever hear anyone sound so peculiar? (=Have you ever heard --?) ❈ peculiar=special, unusual

b.. If you are ever in Spain, do come and see. (do=intensifier 강조어)
I'm not sure I'll ever trust people again. 시동=앞으로 경우가 있을 지, 즉 믿는 경우가 있을 지 : 사례의 때 개념

c.. It's going to be the most exciting pop festival ever. 시동=지금까지 (있었던 것 중에서)
That's the biggest fish I've ever seen.
New day, new team, – new ever. 시동=새로운 것인데 지금까지 있었던 것 중에서 정말로 새로운 것이다.

d.. He came here for a holiday several years ago and he's lived here ever since. 쭉 그 이래로
The world's ever-increasing population will cause great problems in the future.
I will love you for ever. (also forever) He is ever the same.

❈ great=아주 큰 (IM=important : 사전에 이렇게 나와 있는 것은 뜻하는 의미이지 단어 본래의미는 아니다)
ever=늘 끊임없이 일어나는 것으로서 영원한 시간
good=계속 굴러가는 시간으로서 영원한 시간[g: go oo: 구르고 구르는 모습]
: for good (동안, 즉 시간이 굴러가는 동안으로서 '즉 영원히')
permanently=계속 뚫고 가는 것으로서 영원히[per: through m: move ly: 정도(부사)]

e.. What ever are you doing? (force 의미)
How ever shall we get there? 시동=어떻게 도대체 일어나게 하겠는가? 우리들로 하여금 ---.
I hardly ever go out these days.
시동=거의 정말로 나가지 않는다 : **강조** /거의 전혀 나가는 경우가 없다 : **빈도** -- ever 의미 때문에 빈도가 나온다.

IIIII .. already

= 모든 게 결정된[이루어진] 것으로서 지금이전 [al: all d: decided/done] (before now)
지금이전으로서 이미/벌써[아니 벌써](even before the time expected)

a.. It's too late to give her any advice – she's already made up her mind.
b.. "You'd better get to the theater. You're an hour late already."
c.. I've seen it already. He knows it already.
d.. Are you leaving already? (surprise **의미가 포함되어 '아니 벌써'**)
e.. I have already had lunch.
vs Have you had lunch yet? 시동=벌써 /지금까지 ↞ yet=지금까지로서 이미/벌써
vs Have you had lunch already? 시동=「아니 벌써」라는 놀라움

IIIII .. yet

= 지금까지로서 이미[벌써] /아직도 /여태까지 [y/e: 여태 /이제로서 now t: till]

a.. 'Has David arrived yet?' 시동=이미/지금까지 'Not yet.' 시동=아직도/지금까지
b.. 'Have you got your exam results yet?' 'No, I'm still waiting.'

c.. Have you seen Betty yet? I've already seen her. — 완료형 표현 : BrE
vs Did you see Betty yet? I already saw her. — 과동사 표현 : AmE

d.. The work is not yet done. 시동=되지 않았는데 아직도 완성이 말이다.
e.. There is yet a chance for success. She is sick yet.
f.. I have yet/still to hear the truth.
시동=가지고 있는 데 아직도/여전히 들어야 할 것으로 말이다.
뜻하는 의미=I have not yet been told the truth.

g.. Who'll be appointed? It has yet/still to be decided.
시동=가지고 있는 데 아직도/여전히 돼야 할게 결정돼야 할 게 있다.
주의] yet을 부정문에 쓴다고 하는 구문법은 잘못된 가르침이다. 그냥 뜻으로 해결하라.

||||| .. **still**
= 지금까지 계속되는 것으로서 여전히/지금도 (continuing until this time[now])
[s>z: 계속/지속 till: till now]
We are late eaters, so we usually ask when we enter a restaurant around the closing time if they're still serving. 시동=되는 지 여전히/지금도 서빙이 되는지

||||| .. **so**
= 같다고 인정하는 말로서 그렇다는 것 [s: same o: 인정]
a.. I like another drink, and so would John / so does John. 시동=그런 것같아요 /그래요
(=John would like/likes another drink, too.) would like 시동=하는 것 같은데, 좋아하는 것 같다. --- .

b.. "Ann can play the piano." "So can I." 시동=그렇게 할 수 있어요, 나도 말이다.
: so의 조동사와 함께 관습적 도치 -- **관습적** English ※ so=그래서 /저렇게 /정말로 /그렇다는 것

||||| .. **neither**
= 이 쪽도 또한 아닌 것 [n: not either: 이 쪽도] (=Nor : BrE)
a.. I wasn't there, and neither was Mary. 시동=이 쪽도 있지 않았어요 메리 쪽도 말이야
b.. "Ann can't play the piano." "Nor/Neither can I." (=I, also, can't play the piano.)
c.. "He can't swim." "Neither can I." (=Me neither=I can't, either)

— so /neither /nor는 조동사 또는 HB동사와 함께 관습적 강조도치: **관습적** English

neither/either=한 쪽/어느 한 쪽을 의미
— 이 쪽도 아니다 /이 쪽도 그렇다 : **둘다 부정내용에 대한 추가부정 또는 추가지정**
"I don't like horror movies."
"Me neither" 시동=나 쪽도 좋아 하지 않는다 : 추가부정
=Neither do I 시동=이 쪽도 하지 않는다. 나 쪽도 말이다.
= Me either 시동=나 쪽도 (또한) 그렇다 : 부정내용에 대해 추가지정 (단, either는 관습적 도치로 미사용)
cf] "I can't swim." "I can't, either." 시동=이 쪽도 말이야 vs too=(긍정내용에 대해) 추가긍정

vs "There' s tea or coffee – you can have either."

"Tea or coffee?" "Neither, thanks." The Korean War ended in 1953, with neither side having won.

vs It' s just pleasantly warm, neither too cold nor too hot. It' s either a boy or a girl.

▭ neither A nor B =이 쪽 A 쪽도 아니고, 또한 B 쪽도 아니다
/어느 쪽도 아니다, A 쪽도 아니고, 또한 B 쪽도 아니다

여기서 neither=adv. 어느 쪽도 아닌 것/이 쪽도 또한 아닌 것 [n: not either: **어느 쪽도/이 쪽도**]
nor=conj. 아닌데 또한 아닌 것 [n: not or: **'혹은' 으로서 또한**]
vs either=어느 한 쪽을 가리키는 것으로서 어느 쪽도/이 쪽도[e: **어느** th: this side]
/이 쪽도 (또한) 그런 것으로서 부정내용에 대한 추가지정
[e: yes th: this side er>어: again] *with=동존추가로서 그런데

.. ago

= 지금시점을 지나 간 것으로서 지금이전, 지금이전으로서 전 (back in time from now)
[a: at (바로 대상으로서) 지금시점 go: gone] : 지금으로부터 계산된 분명한 time

a.. "You're late. He left ten minutes ago." He left five years ago.
→ 부사로서 과동사와 의율 ∵ 분명한 지금 이전

b.. How long ago did he leave? He died long ago. (=a long time ago) long=adv.

.. before

= 기준시점[어느시점] 보다 미리[먼저] 일어나는 것으로서 전인 것/앞인 것
[b: 보다로서 기준시점[어느시점] 보다 또는 or>er: than f: forward or: 일어나는 것 또는 r: rise]
(at an earlier time than the thing mentioned)

a.. Go before me. ▭ 기준시점=내가 가는 시점 시동=가되 먼저 가라. 나보다 말이다.

b.. They married in 1995. They had announced their engagement two years before.
▭ 기준시점=1995 시동=그로부터 2년전 (before=**부사** two years=**명사부사**)

c.. I've been here before. Haven't I seen you before?
I had met Professor Lown before. We had met on the Saturday before.
▭ 기준시점=불분명한 어느 시점
시동=어느 시점 전으로서 전에 /일전에 (=at an earlier time ; formerly)
/날짜는 그 날 토요일인데 일전에 그랬지. *그랬지=**문맥** associate

d.. House approves a day before.
▭ 기준시점=deadline (day) 시동=(하원은 승인했는 데 마감) 하루전에 (승인했다.) ※ **현동사=발생현재**

f.. She gets up before six. She died before 1967.
The new road was completed on the day before yesterday. ⇒ 날짜는 그 날, 즉 어제 전인 그날에(로서 그저께)
The new road will be completed before the end of the year. (**뜻하는 의미**=earlier than)
He got there before me.
— 기준시점= 모두 뒷말

IIIII .. **a treat=British infml E로서 명사부사**

= 매우 잘 다루는 것으로서 매우 잘 또는 매우 좋게 취급된 것으로서 매우 좋은 것

[a: a급으로서 매우 잘 또는 매우 좋은 것 treat: t〉d 취급하는 것〉다루는 것]

a.. The plan worked a treat. The food went down a treat.[IM=tasted very good] : **very well**

b.. He looks a treat in his new suit.[IM=handsome, attractive, etc.] : **very good**

기준시점이	어느 시점인 부사 -- 서로 두 분이 벌써 인사 했는 가요? **Did you meet each other yet?**

▭ before/later/earlier=어느 기준시점 전후를 나타내는 말

▭ later/earlier=er(비교급)로서 기준시점 암시

✽ later=(어느) 기준시점보다 늦는 것으로서 그로부터 — 후에/뒤에 **cf]비교급의미** : 더 늦는 것
[l: 느린 모습 a: arrive er: 비교로서 기준시점]

✽ earlier=(어느) 기준시점보다 이른 것으로서 그로부터 — 전에/빨리 **cf]비교급의미** : 더 빠른 것
[ear: 만물의 소리가 들리면 일어나는 것으로서 이른 것 er: 비교로서 기준시점]

a.. 'John F. Kennedy was elected president in 1960. He was assassinated three years later.'

→ 기준시점=당선된 시기 시동=그로부터 3년 후에/뒤에 vs 3 years after : 그냥 3년 후=63년, 64년, --도 해당

b.. 'Next Monday you will take your examination. You will receive your grades two days later.'

→ 기준시점=시험치르는 시기 시동=그로부터 이틀후/이틀 뒤에 **주의]그냥 "이틀 뒤"가 아니다.**

※ grade=등급을 매긴 것으로서 점수 grades=여러 과목의 점수

c.. IBM announced the first quarter results one day earlier.

→ 기준시점=발표예정 시기 시동=예상날짜[예정일]보다 하루 일찍/빨리

※ first quarter results 1/4분기 실적 ※ meet=만난 것으로서 인사한 것[=greet] : **발생 본동사 의미**

주의] 과동사에 ago만 쓰는 것이 아니다. 기준시점이 오늘일 경우 before도 가능하다.

a day before=**예정** 하루전 a day ago=**(그냥)** 하루전 : House <u>approved</u> a day before[ago].

-- 그래서 birthday를 미리알림으로 캘린더에 나타내고자 할 때 before를 쓰지 ago를 쓰지 않는다.

: <u>on (the) day</u> of event (당일), 1 day before (예정 하루전), 2 days before (예정 이틀전), 1 week before (예정 일주일전), <u>at (the) time</u> of event (바로 해당 시점), 5 minutes before (예정 5분전), 1 hour before (예정 1시간전) -- 등

화법과 분명한 지금이전과 어느 시점이전

직접화법에서는 현재 말하는 시점, 즉 지금 이전으로 명백하므로 ago로 두뇌가 작동하나, 간접화법에서는 시간이 경과한 후에 표현하는 것이므로 지금이 아닌 어느 시점으로부터 날짜 계산이 되기 때문에 어느 시점 이전을 뜻하는 before나 earlier로 두뇌가 작동해야 한다.

직접화법 -------〉 간접화법

two days ago ----〉 two days before/earlier (어느 시점으로부터 이틀전)

a year ago -----〉 a year before/earlier (어느 시점으로부터 일년 전/일찍)

vs previous=언급된 타임보다 먼저 일어난 것으로서 전인 것 [pre: before re: referred time]

→ 기준시점=언급 time, 그래서 어느 시점이 기준이 된다.

(adj. happening or existing before the one mentioned)

: On Sunday he denied all knowledge of it, but <u>on the previous day</u> he'd admitted to me that he knew all about it. (=Saturday) 시동=날에, 그 전날에 : **정관사도 어느 시점을 가리킴**

→ the day before 시동=(그로부터) 그 날전 (=on/during the previous day 날에 그 전날에 /중에 그 전날 중에)
the weekend before 시동=(그로부터) 그 주전 (=during the previous weekend 중에 그 전주 중에)
vs on a previous occasion 시동=상에서 어떤 전례 상에서

결국 어느 시점을 기준시점으로 하는 시제 단어
: later, earlier, before, previous. the

||||| .. how come

= 어째서 그런 상황이 왔느냐로서 놀라움으로서 이유를 묻는 말(used to express surprise)
: **전제 관습적** E(=how so/why is it that?) — '의문사+원동사' 표현의 전제 관습적 E
이때 원동사는 대개 과거 속에서의 본동사 의미로서 발생 본동사 의미이다.

How come you got an invitation and not me? (뜻하는 의미=Why is it that --- ?)
시동=어째서 그런 게 발생했지/그런 상황이 왔지? (=How did it come (that) you got ---?)
: Why not say so? -- **전제 관습적** E (=Why didn't you say so?)

||||| .. even

= 지정강조/양보강조로서 (심지어) 까지도[조차도] //눈을 부릅 뜬 강조로서 정말로[훨씬]/(심지어) 까지도[조차도]
[eve: ever 지정강조/양보강조 or e/e: eye/eye v: (눈을) 부릅 뜬 모습]
(which is more than might be expected to indicate it's surprising)

a.. Overcast, Wednesday, Thursday, and even Friday.
※ overcast=희미한 구름이 나즈막하게 걸쳐[깔려] 있는 날씨로서 시무룩한 날씨 (dark with clouds)
b.. Even the younger children enjoyed the concert.
c.. He's a strict vegetarian – he doesn't even eat cheese.
시동=하지 않는데 먹기 조차도 하지 않는다. 뜻하는 의미=전혀
d.. Even if[though] you take a taxi, you'll still miss your train. 시동=정말로 만약에[비록] 잡아 탄다할지라도
e.. This book makes English even easier. 시동=정말로/훨씬 더 쉽게

||||| .. only

= 다른 것은 안되고 오로지 그것뿐인 것으로서 오로지/단지 — 만 /뿐
[o: 오로지 n: nothing] (no/nothing more than, nothing else added, something is limited)

a.. Maria tried again only to fail.
b.. I only wish she were here now.
시동=단지 바랄뿐이다. 있었으면 하고 말이다.
c.. "Ladies only! Come in." Only I can do it. 시동=오로지 나만이
d.. Tom and Susan are both very musical, but only Susan plays the guitar.

||||| .. by far

= 정도가 훨씬 큰 것으로서 정도가 확실히/단연코(definitely) : 비교급/최상급 강조말
[by: 차이나 정도 : Dow is down by 3%. far: 먼 정도로서 훨씬 큰 것]

a.. Mike is by far the best teacher. = Mike is the best teacher by far.
---- the landscape of Madison Valley, by far the most beautiful I've ever seen.
b.. Swallows can fly by far faster than sparrows.

IIIII .. **so far**
= 이 시간까지/지금까지(up to the present) ⇦ so=이 시간 지정으로서 지금 far=정도로서 까지
/이런[그런] 정도로서 이[그] 정도까지, 이[그] 정도까지로서 어느 정도(to a certain point, degree, distance)
[so: 이/그//이렇게/저렇게//정말로 far: 정도로서 시간정도/크기정도 cf]far=거리/정도를 의미함]

a.. David has had three wives so far. 시동=(있는데 가진 적이 있는데) 이 시간까지/지금까지
Fun so far. So far so good. 시동=지금까지 (정도로) [=thus far] It has been quiet so far.
Three under Friday so far. 시동=3언더인데 금요일 이 날까지는 말이다 : **골프** score
cf] They worked far into the night. He can see far into the future. — 시간의 먼 정도를 나타내는 말
시동=멀리 속까지[내대자] 밤 속까지 /멀리 속으로[내대자] 미래 속으로 말이다.

b.. I can only trust him so far. 시동=이[그] 정도까지/어느 정도
When the level reaches so far, stop the flow. We can extend your loan so far and no further.
Your voice seems to be so far. 시동=어느 정도 먼 것
cf] so far as /so far that /not so far from here
— 그렇게 하는 한/정말로[그렇게] 멀기 때문에/정말로[그렇게] 멀지않다

IIIII .. **in time**
= 내, 시간 내로서 늦지 않은 것 /제때인 것 (not late)
//지나면 시간이 지나면 (after a certain amount of time has passed)
[in: 내 또는 들어 가는 것으로서 지나는 것]

a.. He is barely in time. 시동=그는 있었다. 겨우 내에 시간 내에 있었다. ※ **is=발생현재**
b.. In time you'll forget him. Yemeni president will leave power in coming days.
시동=지나면 앞으로 며칠 지나면 : in a moment 시동=지나서 바로 조금 지나서

IIIII .. **on time**
= 정확한[정해진] 시간에 /정각에
[on=바로 상에 있는 것으로서 정확성 or on=정 time=각] (punctually, at the appointed time)
: Today the subway train actually left on time.
cf]on board=on 승(=위에 있거나 오르는 것으로서 승) + board 선 : 70 on board. **승선(乘船)**

IIIII .. **sooner or later**
= 곧 일어나거나 조금 늦는 것으로서 조만간에(certainly, although one cannot be sure when)
: If you cheat, you' ll be found out sooner or later.

IIIII .. **as of 4 p.m.**
인데, 즉 4시 오후 (현재) 인 것
[s: is — is 동질으로서 인 것 of: 동격으로서 즉 현재=4 pm associate] : as of now=인데, 즉 지금 현재

IIIII .. as it stands

즉, 점수를 순서대로 세워 놓는 것[점수가 순서대로 세워져 있는 것]으로서 즉, 현재점수 집계 상황 (golf score board) /인데 선수들 집계성적인 것 ❖ as=동질로서 즉[인 것] ❖ it=선수들이 획득한 score

addition] BNW가 다르기 때문에 함께 쓸 수 있다.
단어의 뜻을 뜻하는 의미로 기억하고 있으면 함께 쓸 수 없다.
: Firemen face dangerous situations each and every day. 시동=각일과 매일 매일말이다.
I want to thank each and every person. 시동=각각의 사람들과 각각 모두에게 말이다.

IIIII .. nothing but /anything but /all but

전자=어떠한 것도 안되지만 (하지만) — 만 되는 것으로서 오로지/단지 : Those kids are nothing but trouble.[=only]
중자=어떠한 것도 되지만 (하지만) — 만 안되는 것으로서 결코 — 아닌 것 : She is anything but stupid![=never]
말자=모두/전부이나 모두/전부는 아닌 것으로서 거의 /거의 완전히 : The war all but ended. [=almost (completely)]

↗ 이해는 (언어에 대한 basics를 알았디면) 최종적으로 단어의 최종적인 뜻인 감주로 이해한다.

✠ 양태[질]와 크기를 의미하는 단어

= greatly 훌륭하게[위대하게] /아주 크게 modestly 얌전하게[겸손하게] /알맞게[적당히](moderately)
fairly 공평하게[공정하게] /알맞게[어느 정도/다소] (neither large nor small) materially 물질적으로 /상당히[꽤]
good 좋은 /상당한 크기 : a good many 대략 상당히 많이 significant 중대한 /상당히 많은

considerable 고려해야 할, 무시 못할 /상당히 많은 것 considerably 상당히 많이
tolerably 참을 수 있을 만큼[견딜수 있을 만큼] /어지간히 liberal 자유로운 /자유롭게 주어지는 것으로서 많은(large)
generous 관대한 /보통 때보다 더 많은[더 큰](larger or more than the usual size or amount)
well 잘 /많이(a lot), 매우(very : BrE infml) mildly 온화하게 /다소, 약간

a.. He lived a life greatly. 시동=위대하게; 숭고[고결]하게 The weather here is great. 시동=아주 좋다
great historical events 시동=아주 훌륭한 역사 행사 This site has great prices. 시동=아주 좋은[괜찮은] 가격
vs b.. That will be greatly missed. I greatly regret not having told the truth.
The quality of health care varies greatly. a great big fish 시동=굉장히 큰 고기
The cost of repairs has greatly increased in recent years.
There are a great many people on the street. 시동=대략 아주 많은 것
The movie was a great success. the Great Depression 시동=대공항

a.. He lived modestly, economically without pretension. 시동=겸손하게[얌전하게] //검소하게
vs b.. Stocks are modestly lower. 시동=적당히/알맞게
vs c.. Share prices on the Tokyo Stock Exchange declined moderately.
a moderately successful film a moderately hot day 시동=알맞게[적당히/그저 그렇게] 더운 날

a.. I fight fairly. 시동=공정[공평]하게 /공명정대하게
vs b.. A fairly good pupil is neither bad nor very good. 시동=알맞게
I walk fairly fast, but Joe walks rather slowly. 시동=알맞게 /비교적 좀
a fairly heavy rain 시동=다소 큰 비

a.. Materially, we are better off than ever before. [≠spiritually]
vs b.. A strong 'No' wing would materially increase Grexit risks.
시동=상당히/꽤 Grexit=그리스의 유로존 탈퇴

a.. He became a considerable personage.

vs b.. a considerable income/distance/labor

vs c.. It's considerably colder today. Conditions have improved considerably over the past few years.

vs d.. We were tolerably happy at first. 시동=어지간히 (fairly, but not very much)

vs e.. good hard work 시동=상당히[제법] 힘드는 일 a good many reasons 시동=대략 상당히 많은 이유

vs f.. a liberal supply of drinks[cream] 시동=많은 공급의 음료수[크림](given freely; large]

vs g.. a generous glass of wine 시동=보통 크기보다 더 큰 잔 [≠measly 쬐끔 : All I got was a measly $5.]

vs h.. Stand well back from the bonfire. That was well funny! Well after midnight.

시동=많이[훨씬] 뒤로 /매우 재미있었다[infml E] /훨씬 전자[후에] 자정이 지난 후에

vs i.. I felt mildly depressed. 시동=느꼈는데 약간/다소 우울함을 느꼈다.

✠ 행위와 크기를 의미하는 단어 :

deal= (다루는 것으로서) 취급[거래/합의안] /(분량으로서) 다량, 대량 [d: 다루는 것 a: amounts l: large]

a.. No big deal. 시동=크게 취급할 사항은 아니다.

You can get some good deals on the internet. 시동=좀 상당한 거래들

They made a deal to sell the land to a property developer.

시동=합의안 (=an agreement or arrangement)

vs b.. He rides a good deal 시동=대략[한] 상당히 많이

He rides a great deal. 시동=대략[한] 아주 많이 ※ **우리말 '한'** =대략크기로서 한 /어떤 하나 /하나

✠ 부분 부정을 의미하는 단어 :

부분부정 개념 : not가 전부를 나타내는 말과 함께 쓰이면 부분부정이 된다. 즉 「전부는 아니다」는 뜻이 된다. 이 말의 이면에는 「일부는 아니다/이다」는 의미가 들어 있다.

▭ **표현형태** : 부정어 + all, both, every, always, necessarily, quite, fully, altogether, absolutely
뜻=모두 다, 둘 다, 모든 것마다, 언제나, 반드시, 아주, 완전히, 모두 함께, 절대로[반드시] 그런 것은 아니다.

▭ 부분부정 : Not all the girl students left early.

▭ 완전부정 : None of the girl students left early.

a.. Not every house on the island has electricity. Everyone is not rich.

b.. He doesn't know all of them. All knowledge is not good. All that glitters is not gold.
↳**완전부정**=None that glitters is gold.
tip)None of the birds was/were singing.

c.. He doesn't take a walk every morning.

d.. Not both of them are guilty. Both his parents are not living.

e.. The rich are not always happy. ↳**완전부정**=Neither of his parents is living.
or Either of his parents is not living.

f.. I do not believe him fully.

g.. I do not quite agree. 시동=나는 하지 않는다. 완전히/아주 동의하는 것은 말이다.

vs I never believe him. I never agree. : **완전부정**

✠ **부사 형태와 뜻 :**

1. 형부 동형으로서 뜻이 같은 경우

a.. News travels fast. vs Tom likes fast cars.

b.. Long live the king! vs She has long hair.

→ fast, hard, late, high, little, near, downtown, uptown, alike, far, overseas, outside, inside, next, daily, monthly, yearly, hourly, quarterly (3개월마다/계절마다)
fortnightly (격주로 /격주의 : once in every two weeks) ---- etc.
cf] fortnight=noun two weeks i.e., fourteen nights

2. 형부동형과 「ly」부사로서 뜻이 다른 경우

He works hard. He is a hard worker. vs He hardly works.

→ hard (adj. : 어려운, 열심히 하는, 단단한 /adv. : 어렵게, 열심히, 단단히)
vs hardly=하기에 어려울 정도로서 almost not

→ high(높은/높게) vs highly=very 매우
late(늦은/늦게) vs lately=recently=of late 최근에
near(가까운/가까이) vs nearly=about, roughly, some, around 대략/거의

3. 「비ly」형과 「ly」형 부사로서 뜻이 같은 경우

a.. The torrential rain cleared quicker than I expected.
The torrential rain cleared more quickly than I expected.

b.. She closed her eyes tight /tightly.

→ deep/deeply first/firstly last/lastly tight/tightly loud/loudly quick/quickly slow/slowly

cf] 「ly 형」 형용사:
friendly, lively, cowardly, ugly, silly, ---, etc. ly=어미(ending/suffix)

4. 형부 동형으로서 뜻이 다른 경우

a.. Things are going well. vs I'm not feeling very well today.

b.. I kissed only Mary on the cheek. vs Mary was an only child. (외동딸)

c.. " Have you got your exam results yet?" "No, I'm still waiting."
vs It was so still you could have heard a pin drop.

→ well : adv.=잘 adj.=건강한
only : adv.= 오로지 -- 만 adj.=단 하나의
still : adv.=continuing until now 여전히 adj.=silent, quiet, calm 조용한

tip)badly=철자의미: 나쁘게 : The child behaved badly.
/반의적 의미: 미워할정도로 대단하게 : Trump likes Flynn so badly.

Unit Ⅳ

.. 감주청취 보충 :
감주는 일반적으로 한국 사람들의 예상읽기를 벗어난다.

그 이유 : 영어는 IS로 말하고 소리는 고저장단 주파수로 소리본체에서 나오기 때문이다.
그래서 원어민들은 기본감주로 말하고 기본감주에서 탈리/극저음/동화/단타/삼음가 현상이 발생한다.
주의]특히 해석한 한글느낌으로 듣거나 사전의 발음기호에만 의존하는 사람들은
감주를 절대로 들을 수 없다.

다음 것들은 CNN anchor가 말한 그대로 이다.

1. Forbes releases top 100 highest paid athlete list.
⇒ Forbesreleases top100 highestpaid athletelist.
— 감주 중에는 비약음 감주가 가장 많지만 "단감주+장감주" 로 된 감주도 많다.
감주는 (한 단어처럼) 뒷말과 말하기 때문에 단어중심 2•2조 리듬 감주도 많다.

tip)1. **free 감주 간직**=free 영뇌로 해서 소리값으로 간직하는 것
2. 현장방송은 현장말투이고, 시험영어는 글을 읽는 말투이나 감주는 같다.

2. Baked potato, mashed potato.
⇒ Bakedpotato, mashedpotato.
: 베이크포테이로우 매쉬트포테이로우 : ed의 트음가 폐쇄와 t단타, po의 o음가=철자음가/알파벳음가 — 사전=어로 약한 감정음가
— 사람에 따라 과음가가 복자음이 되면 폐쇄 또는 비폐쇄 시키도 하고, t를 단타 또는 비단타로 말을 한다. 만약 폐쇄시키지 않으면 극저음으로 말한다. 그래서 극저음이 세음으로 들리는 경우가 많다.

3. Not born on clay.
↗강=강강으로서 비약음
⇒ Notbornon clay. : 강약 감주 + 단주　Notborn onclay. : 비약음 감주 + 약강 감주
— 감주 선택은 speaker's desire이지만 best 리듬으로 하라.　tip)ofthecity's or ofthe city's
↘사람에 따라 감주 또는 단주느낌 가능
감주일 경우 : ofthe=단감주　city's=장감주

4. EU calls an emergency meeting.　Outbreaks of parasites and lice.
⇒ EUcalls anemergency meeting.　Outbreaksof parasites andlice.
↗패러싸잇스언/선
: 이-유코ㄹ 애너머-젼시 미-딩 : s음가 폐쇄와 어화, d로 t단타,　↘ 만약 s음가를 내면 감주=parasitesand lice.
패러싸잇 : tes=ts로 복자음으로 소리남　∴ 폐쇄가능　하지만 아웃브레이크스어/서 : 뒤에 모음으로 감주가 되니 s음 비폐쇄
— 사람에 따라 단수동사 s, 복수 s가 복자음이 되면 폐쇄 또는 비폐쇄 시키도 한다.
특히 폐쇄 될때 문맥 또는 상황으로 복수의미를 판단하면 된다.
vs Rolex : "It doesn't just tell time. It tells history." — 여기서는 비폐쇄

5. Clare Sebastian shows us the magic behind the magical creatures in the fantasy world of "Game of Thrones". ⇒ ClareSebastian show/susthe magicbehindthe magicalcreatures inthefanta/syworldof "Gameof Thrones". : 쑈우저스더 : 분리 감주　인더패ㄴ터/씨워얼더 : 분리 감주,
↘**고난도 감주**
그런데 분리감주　sy에서 see로 오청가능

tip)소리 에너지의 효율성[배분] : • 저음과 극저음은 고음을 내기 위한 것 : again=aGAin → **저음기준 고음소리**
• 고음은 저음과 극저음을 내기 위한 것 : city's=CIty's → **고음기준 저음소리**
∴ **고음에 가려서 저음 감주가 안들릴 수 있다 : 고음 그늘음**

저음소리로 내기도 한다
문장전체 리듬에 따라
iKEEPGETTING CONFUSED. → i　　저음으로 내면 약음감주가 됨
↗비약음 감주를
비약음/강약/약강 감주를 ← THESEDAYS ihave SOMANYMEETINGS. → ihave

등맥설명어 영뇌[CEW NB]

6. Well, some women like to shop till they drop as the saying goes.

⇒ Wellsome womenliketo shoptill theydrop asthe sayinggoes.

— 완전히 예상을 벗어난 것이다. 한뇌리딩으로는 도무지 들을 수 없다.

: 애즈어/저 : sth 복자음으로 th 페쇄 — 즉/동자 속담이 실천되듯이 goes=가는 것—〉진행되는 것—〉실천되는 것

— 즈어/저와 단수동사 즈는 극저음으로 들리기 때문에 청취력이 약한 사람들은 세음으로 들릴 수 있다.

: Well, from time to time, we can all be forgetful.

⇒ Wellfrom timetotime, wecan allbe forgetful. : 오-(ㄹ) : l의 약받침

↳약받침으로 소리날 경우 청취력이 약한 사람들은 그냥 '오-' 로 들릴 수 있다.

: Your thoughts on that? ⇒ Yourthoughts onthat?

: 도-스/쏘-스 오(ㄴ)앳 : 약받침 양쪽 첨가현상으로 뒷음은 약한 '냇' 으로 들릴 가능성이 있다.

: And it resonates well with everyone, I think.

⇒ Andit resonates wellwith everyoneIthink. : and의 d음가 폐쇄[탈리]

— 한국 사람들의 예상읽기를 완전히 빗나가기 때문에 Andit, wellwith, everyoneIthink로 감주간직시 이들만으로도 (무한글로) 충분히 의미[이해]가 실려야 한다 : **일종의 free 영뇌이자 고난도 감주**

: Has made a show like "Game of Thrones" possible.

⇒ Hasmade ashowlike Gameof Thronespossible. : 에이쇼우라이크 : a의 강조말 =에이

— 이런 감주로 말할 때 우리는 듣기가 가장 어렵다.

특히 이런 감주가 가능한 것은 원어민들은 (한글구조의 느낌이 전혀 개입되지 않고) IS로 말하기 때문이고, 그렇게 붙여 말해도 여전히 IS 설가뇌가 유지되기 때문이다.

7. The place to be the 70 mile swath of full eclipse or totality.

⇒ Theplacetobe the70mile swathof fulleclipse ortotality. : 더플**레**이서비 : t탈리와 어화, 합성감주

— to 부정사=본동사의미로서 여기서는 현동사/과동사 대용, 즉 s동사 대용으로 말하는 경우도 있으니 이런 패턴도 알아야 쉽게 알아 들을 수 있다.

8. Qatar says it will restore full diplomatic relation with Iran.

⇒ Qatar saysit willrestore fulldiplomatic relationwithIran. — 반드시 주동으로 감주가 형성되지 않음

: So far, men seem to love the idea. ⇒ Sofarmen seemto lovethe idea. : 러ㅂ디 or 러브디

9. In spite of its worsening relation with its Arab neighbors.

He said, "In our view, we have to exercise."

⇒ Inspiteofits worseningrelation withits Arabneighbors. HesaidIn ourview, wehaveto exercise.

— 숙어로 듣지말라. 그러면 들리지 않을 것이다. 그냥 감주로 들어라. 영뇌에는 숙어가 없다.

1. 등위접속사 영뇌[CC NB]

해야할 일-- 원래 언어는 생활 속에서 뜻이 얻어진 것이다. 원어민들처럼 **등위접속사 말**을 배우려면 여러분들의 두뇌를 생활 속에서의 뜻으로 등위접속사 영뇌를 습관화시켜라. 특히 BEis, IS **영뇌로 습관화시키되**, (생활 속에서의 뜻이 용해된) free **감주**로 습관화시킨다.

☞.. **생활 속에서의 뜻=외국인과 생활하면서 느껴지는 뜻이자 실제로 적용된 뜻(≠사전의 원형적인 뜻)**

❖ **등위접속사 영뇌란 :**
IS 두뇌로 앞말을 등맥으로 설명해 나가는 뇌
요컨데, 등맥 설명어

---

vs **한뇌**=영뇌와 같다.

□ **등위접속사 BNW**=등맥 — 我必 free 영뇌로 간직함
: and, but, or, for, while, though, as, whereas, after, before, — etc..

□ **등맥**=비중이 같게 순서대로 일어나는 것
vs **종맥**=주절을 종속시키거나 주절에 종속되어 구체적인 내용이 되는 것

특히 주절을 종속시킬 경우 종속 시키는 위치는 변경 가능. 단, 구체적인 내용이 되는 that절 내용은 that을 빼고 앞으로 이동 가능

□ **등맥**=등위접속사 : 등맥설명어
□ **종맥**=종속접속사 : 연결설명어

□ **한국 사람들의 가장 큰 취약점 :**

영어 읽는 법을 모르고 있음 ⇒ 감각적 주파수
+ free 영뇌, 특히 free 감주에 약하다.

+ 말[소리]자체/글자자체가 뜻이자 A상황인데 자꾸 해석[즉, 무한글 이해에 약함]하거나 이미지를 연상해서 이해하려고 함 특히, 해음/해자 영뇌에 약함

+ BNW를 느끼지 못함
특히 단어의 뜻은 원어민들은 생활에서 체득해서 얻은 것이고, 비영어권 사람들은 사전을 찾아서 얻은 것이라 BNW를 느끼지 못함

+ 그래서, as/after/before도 등맥의미가 있다는 것을 잘 모르고 있음 특히 등위와 종속, 즉 등맥과 종맥 차이를 정확하게 모르고 있음

+ 문자값으로만 이해하거나 기억하지 청구(聽口) 소리값으로 더 뇌화 되어 있지 않음
+ 영어를 볼때 마다 감각적 주파수로 저절로 또는 바로 해작용이 발생하지 않고, 한글을 먼저 생각하거나 문법적 지식을 먼저 생각한다.

+ 감각적 주파수로 영어가 머리 속에 남아 있지 않고, 한뇌로 한글로 해석한 후 암기하고 있다.
+ 영어를 한글로 이해했으면 이것을 IS 감각적 주파수로 바꾸지 않고, 그냥 영어와 한글만 기억하고 있음

IS는 한글 형태로 존재하는 것이 아니다.
글자자체/말[소리]자체로 되어 있고, 상황으로 되어 있다.
그래서, IS는 한글형태로 이해하는 것이 아니다.

글자자체/말[소리]자체, 상황으로 이해하는 것이다.
즉 무한글 형태의 뜻을 보는 것이다.
마치 우리 말을 또다른 언어로 이해하지 않는 것과 같다.
글자자체/말[소리]자체가 이해[뜻]로 작용하고,
상황이 보이기만 하면 된다.

+ 영어주파수, 즉 vocal 감주에 약함
+ 감각적 주파수로 이해하는 데 약하다.
+ 생활 속에서의 뜻[소리]에 약함

tip]Most people will be peasants.
→ Mostpeople willbe peasants.
-- sink hole **감주** : 특히 willbe 감주를 약음감주, 즉 저음감주로 Mostpeople하면서 툭 떨어지면서 말하는 것 : **청취시 유의**
↳**고난도 감주**

☜.. 어느 부분을 보더라도 영뇌[무한글 뜻]로 이해되는 게 free 영뇌/free 감주다.

1) and 영뇌[and NB]

IS 두뇌로 앞말을 추가등맥 /계속 추가등맥 /논리적 추가등맥 /양보적 추가등맥 /전환 추가등맥으로 설명해 나가는 뇌, 요컨데 등맥 설명어

> 일반적으로 등위 접속사도 전치사처럼 뒷말을 작동시킨다.
> **앞뒤말**=모든 단어(즉 모든 품사단어) /모든 구 /모든 절 /모든 문장

① 추가 등맥으로 설명해 나가는 뇌

↗and할때 추가 등맥상황이 보이면 된다 : S영뇌

A.. A telephone |and| a cell phone.

영뇌=(기)→ 설 ⇒ 등설 ⇒ 설 : BEis-Os (**기본어 전제**=They' re /Those[These] are)

or I + I + I : I-Os or S + S + S : S-Os | Free 감주+我必 Free 감주 간직하기

B.. We /kissed |and| hugged //(/)each other.

영뇌=기→ 설 ⇒ 등설 ⇒ 설 ⇨ 전설 or 기→ 설→ 설′ : BEis-Os

or I + I + I + I + I : I-Os or S + S + S + S + S : S-Os | Free 감주+我必 Free 감주 간직하기

C.. Tidy up /your room. And| don't /forget to /make /your bed!

영뇌=기→ 설. 등전설→ 기→ 설→ 설′→ 설″ : BEis-Os

or I + I. I + I + I + I + I : I-Os

or S + S. S + S + S + S + S : S-Os | Free 감주+我必 Free 감주 간직하기

시동=일반 전화 한 대와 (더불어) 휴대폰 한 대

/우리는 kiss를 했고, 그리고 끌어 안기도 했다. 서로 서로 말이다.

/정리를 말끔히 하라. 자네 방을 말이다. 그리고 해서는 안된다. 즉 잊어서는 안된다. 대동 까는 것도 자네 잠자리를 말이다. ✠ up= '바로' 로서 말끔히/깨끗이

and=추가 등맥으로서 그리고/와/및 [a: addition] cf] infml writing= ' n

음파: And=애ㄴ : d폐쇄 /애ㄴ드 [애ㄴ : d폐쇄와 n음가 부활]=post점형 /slide [slide] 주파수

=어ㄴ=dot점형 주파수 a=애: 강한 감정음가 어: 약한 감정음가

❈ **'와' 라는 의미**=A와 B라는 말은 A와 더불어 B라는 의미로 추가의미

cf] 'and' infml E

: Soldiers in Korea are learning the ropes, quite literally, <u>and from</u> a dizzying height of 90 plus feet.

-- redundant로서 추가됨 시동= -- 밧줄 타기 훈련을 완전히 실제로 -- 그리고 기처 -- 로부터 말이다.

[=, from] ❈ literally=문자 그대로, 즉 액면 그대로서 실제로 : **강조어** Soldiers=미군 군인을 두고 한 말

tip)등위접속사 두개 동시 사용 가능 : 서로 뜻이 다르기 때문이다.

: <u>And while</u> Sonia scoffed. 그리고 한편

시동 종류=원애시동 /vocal음 /Free 영뇌 /F3+E2 /일상적인 생활 /Ekbe값 /†SIUM 말하기 /무한글 /BNW or 비한글 BNW /BAM /BEis 영뇌[=IS 설가뇌] /G토씨 /connotation /영뇌 기본자세 /패턴 /associate

— 실력이 늘면 문장 또는 글 내에서 안되는 것만 시동을 건다.

☞.. 시동으로 (영어) 글자/말 자체에서 뜻이 보이거나 상황이 (머리 속에서) 보이면 된다 : IS 영뇌

② 계속추가 등맥으로 설명해 나가는 뇌 ↗and할때 계속 추가 등맥상황이 보이면 된다 : S영뇌

A.. I /got /dressed |and| had /my breakfast.

영뇌=기→ 설→ 설′ → 등전설→ 설→ 설′ : BEis–Os or I + I + I + I + I + I : I–Os

or S + S + S + S + S + S : S–Os | Free 감주+我必 Free 감주 간직하기

B.. I asked /him /to go |and| find /my glasses. cf] over–sized glasses

영뇌=기→ 설→ 설′ → 등설→ 설′ → 설″ : BEis–Os or I + I + I + I + I + I : I–Os

or S + S + S + S + S + S : S–Os | Free 감주+我必 Free 감주 간직하기

시동=나는 했어요[움직여 취했어요], 즉 옷을 입었어요, 그리고 나서 먹었지요, 조반을 말이다.
/나는 부탁했어요, 그에게 가서 찾으라고 내 안경을 말이다.

and=뒤이어 하는 것으로서 계속추가 등맥: 그리고나서 /해서 [a: after+addition]

cf] then=지정 계속추가 등맥으로서 그런 다음 [the: **지정으로서 그런** n: next]

: There were six of us to begin with, then two people left.

③ 논리적 추가등맥으로 설명해 나가는 뇌 ↗and할때 논리적 추가 등맥상황이 보이면 된다 : S영뇌

A.. Bring /the flowers /into /a warm room |and| they'll /soon open. (non–to**형 명령**)

영뇌=기→ 설→ 설′→ 설″ → 등전설→ 기→ 설 : BEis–Os | Free 감주+我必 Free 감주 간직하기

or I + I + I + I + I + I + I : I–Os or S + S + S + S + S + S + S : S–Os

B.. I missed /supper |and| I'm /starving!

영뇌=기→ 설 → 등전설→ 기→ 설 : BEis–Os | Free 감주+我必 Free 감주 간직하기

시동=가지고 와서 그 꽃을 안으로 들여 둬라, 따뜻한 방에 말이다. 그러면 그것들은 할 것이다. 곧 피기를 말이다.
[-- 내대자 따뜻한 방에 둬라. -- .] /나는 놓쳤어요, 저녁 식사를 말이다. 그래서 나는 지금 배고파 죽겠다.

and=논리적 추가등맥으로서 그러면/그래서 또한 [a: addition n: **논리**]

--하나의 사실이 발생하면 또 하나의 사실이 발생하는 것으로서 **같은 비중으로 순서대로 발생하는 것**

if/that은 종맥으로서 논리적인 추가등맥이 뜻하는 의미이지, 단어 본래 뉘앙스는 아니다.

뜻하는 의미: If you bring --, they' ll --- . Bring the -- room so that they'll soon open.

C.. You give /blood, |and| you' ll /save a life. (you**형 명령**)

영뇌=기→ 설 → 등전설→ 기→ 설 : BEis–Os | Free 감주+我必 Free 감주 간직하기

: 등맥은 같은 비중으로 순서대로 일어나기 때문에 순서를 바꿀 수 없다.

뜻하는 의미= **You' ll /save a life //if /you give /blood.=기→ 설 ⇨ 종전설→ 설′ → 설″**

시동=만약에 이렇게 할 경우, 즉 -- 줄 경우 피를 줄 경우 그렇다.

cf] Make a birdie, 10 under par.

⇒ Make=원동사 영뇌로서 설명 또는 명령 본동사 의미 + comma 영뇌

시동=하게되면 -- , --- 된다 /하라 --, 그러면 -- 된다.

⇒ 되면 -- 된다/그러면 -- 된다=associate, 즉 문맥 associate, 특히 콤머 associate

주의]또는 현동사 영뇌도 가능 : Make(s) -- s일 경우 삼인칭 단수 주어 전제(infml) : he/she

└→ 설명현재

: 종맥은 종속시키는 것이기 때문에 종속시키고자 하는 위치에 두면 된다: 명(대), 동, 형, 문

⇒ If You give blood you' ll save a life. or You' ll save, if you give blood, a life.

명령문 다음에 반드시 and/or만 쓰는 것은 아니다

vs In the proportion 2/3=n/9, cross-multiply $\frac{2}{3}\times\frac{n}{9}$,

obtaining 18=3n ; dividing both sides by 3, n=6.

⇒ obtaining /dividing=관계현분사 영뇌 : 본동사 의미(계속(그러면) /조건) ;=세미콜른 영뇌: 추가 (그리고 또한) 뜻하는 의미=, and you obtain 18=3n ; if you divide both sides by 3, n=6.

tip)고난도 감주: You get 8 and then you have 1 for free. : 살 때마다 punch card에 구멍을 뚫어 주는 상황

⇒ Youget 8and thenyouhave 1forfree. 에이젼 : t의 g단타 데ㄴ유해브 : 'andthen' 이라고 말하지 않을 때 고난도 감주

시동=네가 갖게 되면 8개 구멍을 갖게 되면 그런 후에 너 또한 가지게 되는데 하나는 즉 공짜로 갖게 된다.

④ 양보적 추가등맥으로 설명해 나가는 뇌 ↗and할때 양보적 추가 등맥상황이 보이면 된다 : S영뇌

IIIII .. **You're /a vegetarian |and| you eat /fish?**

영뇌=기→ 설 → 등전설→ 기→ 설 : BEis-Os or I + I + I + I + I : I-Os

or S + S + S + S + S : S-Os | Free 감주+我必 Free 감주 간직하기

시동=너는 채식주의자이지요, 그래도 넌 먹겠오, fish를 말이다?

and=양보적 추가등맥으로서 그래도/그럼에도(불구하고) [a: addition n: 냥보>양보]

▭ 등맥양보 vs as=동급[동질]양보 though=반대양보 if=조건 (인정)양보

⑤ 전환 추가등맥으로 설명해 나가는 뇌 ↗and할때 전환 추가 등맥상황이 보이면 된다 : S영뇌

IIIII .. **He's /overweight |and| yet, //he's /incredibly attractive.**

영뇌=기→ 설 → 등전설→ 전설 ⇒ 기→ 설 : BEis-Os or I + I + I + I + I + I : I-Os

or S + S + S + S + S + S : S-Os | Free 감주+我必 Free 감주 간직하기

시동= 그는 살이 너무찌다/쪘다. 그런데 아직도 그는 믿을 수 없을 정도로 매력적이다.

and=전환 추가등맥으로서 그런데 [a: addition d: 전환 -- 구개음화 BNW]

여기서는 양보적 추가 등맥으로 뇌가 작동해도 좋다.

tip)명령문 뒤 and가 반드시 논리적 추가 등맥이 되는 것은 아니다 : Add them up, and the math does not computer for saving. 더해서 그것들을 합계내라. 그런데 그런 수처리는 하지 못하기 때문에 즉 컴퓨터로 계산하지 못하기 때문에 해자 (세금) 절약용으로는 말이다. *때문에=문맥 associate 세금=문맥/단어 associate

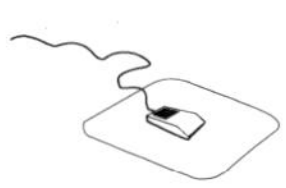

and의 최상위 BNW는 추가이다. 추가로서 문맥에 따라 여러 가지로 쓰면 된다.

추가이기 때문에 'A, B, C and D' 라고 먼저 나열하고 마지막에 추가로 and를 붙인다: **WrE**

하지만 한뇌에서는 앞에 붙인다. 즉 A와 B, C, D라고 한다. ↳ ∵ best 감주가 되기 때문 : men, women and children ↳ womenand

토익/토플 문제는 Standard WrE 입장에서 풀어야 한다. 좋은 문장[글]의 좋은 소리[리듬]도 판단의 잣대가 되기 때문이다.

▭ 셋 이상일 때

: a red, white and green flag : **WrE** → only once

vs a red and white and green flag : **infml E** a red, white, green flag : **infml E**

▭ 둘일 때 : a black and white dress : **WrE** -- 밀접도가 동등하기 때문에 등맥 설명어 뇌로 작동시킨다.

vs a black, white dress : **infml E**

2) or 영뇌[or NB]

IS 두뇌로 앞말을 선택등맥[선택적 지정등맥] /이언등맥 /논리적 선택등맥 /이유 선택등맥으로 설명해 나가는 뇌 요컨데, 등맥 설명어

① 선택등맥[선택적 지정등맥]으로 설명해 나가는 뇌 ↗or할때 선택 등맥상황이 보이면 된다 : S영뇌

A.. You can /take /a subway train |or| a bus.

영뇌=기→ 설→ 설′ → 등설→ 설′ : BEis-Os

or I + I + I + I + I : I-Os

or S + S + S + S + S : S-Os | Free 감주+我必 Free 감주 간직하기

B.. a.. Was /she /blonde |or| brunette?

영뇌=기→ 설→ 설′ → 등설→ 설′ : BEis-Os

or I + I + I + I + I : I-Os

or S + S + S + S + S : S-Os | Free 감주+我必 Free 감주 간직하기

b.. She doesn' t /smoke |or| drink.

영뇌=기→ 설 → 등설→ 설 : BEis-Os

or I + I + I + I : I-Os

or S + S + S + S : S-Os | Free 감주+我必 Free 감주 간직하기

시동=너는 할 수 있어요, 잡아 타는 것인데 지하철 열차 혹은 버스로 말이다.

/였던가, 그 녀의 머리가 blonde였던가, 아니면 brunette였던가?

/그 여자는 하지 않는다. smoke도 또는 drink도 말이다.

✠ brunette=also, brunet, dark-colored

or=선택[선택적 지정] 등맥으로서 혹은 /아니면[않으면/또는] [o: choice]

음파: Or=오어 /오-어 /어=slide /retro-root /dot점형 주파수 어: o의 약한 감정음가

② 이언등맥으로 설명해 나가는 뇌 ↗or할때 이언 등맥상황이 보이면 된다 : S영뇌

IIIII.. Rosalind, |or| /Roz to her friends, /took the initiative.

영뇌=기 → 등설→ 기→ 설 : BEis-Os

or I + I + I + I : I-Os

or S + S + S + S : S-Os | Free 감주+我必 Free 감주 간직하기

시동=Rosalind, 달리 말하면 Roz로 대자 친구들에게 알려져 있는데 이 사람이, 쥐게 되었어요, 주도권을 말이다.

/ -- 행사했어요, 주도권을 말이다. ※ to=방향대상으로서 대자(對者) -- 에게

or=달리 말하는 것으로서 이언(異言) 등맥 [o: other] 알려져 있는 데=**문맥/상황** associate

③ **논리적 선택등맥으로 설명해 나가는 뇌** ↗or할때 논리적 선택 등맥상황이 보이면 된다 : S영뇌

IIIII .. **You should /eat /more, |or| you'll /make /yourself ill.**

영뇌=가→ 설→ 설′ → 등전설→ 가→ 설→ 설′ : BEis-Os

or I + I + I + I + I + I + I : I-Os

or S + S + S + S + S + S + S : S-Os | Free 감주+我必 Free 감주 간직하기

시동=너로 하여금 일어나게 해야 해요, 먹는 것인데 더 많이 말이다. 그렇지 않으면 너에게 발생할 것이다. 나는 것인데 너 자신에게 병이 나는 것이 말이다: Do your job, or get out!

or= '않으면' 으로서 그렇지 않으면,
그렇지 않으면 선택되는 게 이런 것이라고 하는 논리적 선택등맥 [o: **아니면/않으면**]

등맥과 종맥 정확한 개념 잡기

caution] 해야 하는 사실과 그렇지 않으면 이런 사실도 선택된다는 것으로서 비중이 같은 등맥이다. 그래서, if/that로 종맥으로 표현하면 **뜻하는 의미**가 된다. 종맥은 순서대로 일어나는 문맥이 아니기 때문에 종속시키는 위치는 표현자의 의도에 따라 두면 된다 : **명(대), 동, 형, 문**

▭ **뜻하는 의미 :**

If you don't eat more, you'll make yourself ill. : 문두 전설뇌로서 뒷문장 종속

or You'll make, if you don't eat more, yourself ill. : 동설뇌로서 동사 종속

or You'll make yourself ill, if you don't eat more. : 문미 전설뇌로서 앞문장 종속

or You should eat more so that you won't make ---.

시동=그렇게 되도록 즉 앞으로 발생 하지 않도록 /그러면 그 결과로 하지 않을 것 같다

: So that you won't make yourself ill, you should eat more. : 목적종맥 이동가능

that의 목적 종맥은 이동이 가능하지만 결과 종맥은 이동시킬 수 없다. 후자는 논리적 또는 인과관계 문맥이기 때문이다.

tip) 그냥 주절의 구체적인 내용=that**없이 이동 가능**

∵ 논리적 또는 인과관계 문맥이 아니기 때문에 실질적인 내용만 먼저 밝힐 수 있기 때문이다.

People said (that) he had a car. 시동=즉 그것은/즉

⇒ He had a car, people said. : correct That he had a car, people said. : incorrect

④ **이유 선택등맥으로 설명해 나가는 뇌** ↗or할때 이유 선택 등맥상황이 보이면 된다 : S영뇌

IIIII .. **He must be /at home, |or| his car wouldn't be /here.**

영뇌=가→ 설 → 등전설→ 가→ 설 : BEis-Os or I + I + I + I + I : I-Os

or S + S + S + S + S : S-Os | Free 감주+我必 Free 감주 간직하기

시동=그는 틀림없이 있는 것같다. 구처 집에 말이다. 뭐~ 자기 차[그 사람 차]가 있지 않는 것 같으니까[없는 걸 보니까], 즉 여기에 말이다.

or=이유 선택 등맥으로서 뭐 -- 하니까 [o: **이유** + choice]
즉 이유로 선택된 것이 or 이하라고 머뭇거리며 말하는 것이다.

3) but 영뇌[but NB]

IS 두뇌로 앞말을 반대[차이] 등맥으로 설명해 나가는 뇌

요컨데, 등맥 설명어 ↗but할때 반대[차이] 등맥상황이 보이면 된다 : S영뇌

① **Simple |but | effective. Beautiful |but | not good.**

영뇌=(기)→ 설 → 등설→ 설 : BEis-Os

(기)→ 설 → 등설→ 설 : BEis-Os (전제 기본어=It's /This is)

or I + I + I : I-Os I + I + I : I-Os

or S + S + S : S-Os S + S + S : S-Os | Free 감주+我必 Free 감주 간직하기

② **I'm going /on foot |but| you can /go //(/) however (/) you like.**

영뇌=기→설 → 등전설→ 기→설 ⇒ 전설 : BEis-Os

or 기→설→ 등전설→ 기→ 설→ 설′→ 설″ : BEis-Os

or I + I + I + I + I + I (+ I) : I-Os

or S + S + S + S + S + S (+ S) : S-Os | Free 감주+我必 Free 감주 간직하기

③ **He would /have won easily, |but| he fell and broke / his leg.**

영뇌=기→설 → 등전설→ 기→설 : BEis-Os

or I + I + I + I + I : I-Os

or S + S + S + S + S : S-Os | Free 감주+我必 Free 감주 간직하기

시동=simple 하지만 effective 하다. ✠ simple but effective=**전제** infml E ✠ effective=효과적인/유효한
/beautiful 하지만 좋지 않다. ✠ beautiful but not good=**전제** infml E
/나는 가겠어요, 지탱해서 발로 지탱해서[상자 발로 해서] 말이다. 그러나 너는 가능해요, 가는 것인데 어떤 방법으로 하든 네가 좋하는 것으로 해서 말이다. ✠ however=**명사접속사 (+관계문장)**

/그는 했을 것이다[텐데] 즉 승리를 쉽게 말이다/즉 가졌을 것이다. 승리한 사실을 쉽게 말이다. 그러나 그는 넘어져서 부러뜨렸지 뭐람, 다리를 말이다. ※ would=과생각/의미과성립
뜻하는 의미=He ----, if he hadn't fallen and broken his leg.

but=반대[차이] 등맥으로서 그러나/하지만
만약 시동을 '그러나'로 걸지 않고 '반대/차이'로 시동을 걸면 **비한글** BNW **시동**이 된다.
[b: 반대 t⟩d: difference or u⟨∩ : 뒤집은 모습]
음파: BUt=버ㅌ/버트=post점형/slide 주파수 U: 아/어의 중간 감정음가

: **He had /no qualifications. |But| he got /the job. [= --, but --.]** 끊어 말하지 않는다. ↗원어민들은 접속사라고 해서 반드시

영뇌=기→ 설 등전설 ⇒ 기→ 설 : BEis-Os ☞.. **고난도 감주** — Buthe gotthe job.

cf] He feels things deeply, but is always temperate in speech. [(주어전제) infml E]

Addition] infml E로 등맥과 종맥 함께 사용 :

a.. I love you but when we are together.

b.. When your parents piss you off but you know you can't say anything.

✠ 반대 등위접속사 영뇌:

but=반대[차이] 등맥으로서 그러나

vs though[although]=지정반대[차이] 양보등맥으로서 그렇지만[설사/설령 그렇지만] [th: the+h: however]

cf]though[although]=**반대 양보종맥:** 비록[설사/설령] 이렇다할지라도 즉 /비록[설사/설령] 이다할지라도

vs however=그냥 양보등맥으로서 하지만

vs still=지속 양보등맥으로서 그래도/그럼에도 불구하고 여전히 -- 여전히로서 양보적 반대

vs yet=아직 양보등맥으로서 그럼에도 불구하고 아직도 -- 아직으로서 양보적 반대

vs even so=강조지정 양보등맥로서 정말 그렇다 하더라도 [even=양보강조 부사]

다 같이 반대사실을 뜻하는 등맥이지만 접근하는 뉘앙스와 문체, IS가 다름에 유의하라.

ex] a.. They hadn' t trained hard, however they won.

⇒ however=반대[차이] 양보등맥으로서 하지만 [h: **하지만** ever: **양보강조**]

b.. The hotel was terrible. Still, we were lucky with the weather.

⇒ still=지속 양보등맥으로서 그래도/그럼에도 불구하고 여전히

[s: **지속** or st: continuning until now] ✠ with=동존으로서 있는 것/동존 (방향) 대상으로서 동자 -- 에게

c.. He 's overweight and bald, yet somehow, he 's incredibly attractive.

⇒ yet=아직 양보등맥으로서 그럼에도 불구하고 아직도

[y>**와이>아직** or t: until now] ✠ somehow=아무튼

✠ but의 종속접속사 영뇌=반대부정 종맥

— 종맥은 이동이 가능 : 명(대), 동, 형, 문에 연결설명

a.. The car broke down. But for that we would have been in time.

or We, but for that, would ---- .

시동=하지만 없었더라면, 해자 그런 것이 없었더라면 우리는 했을 것을 것이다[했을텐데]. 즉 가졌을 것이다. [가졌을텐데]. 도착한 사실을 제 때에 말이다. ✠ would=과생각/의미과성립 been=있었던 것으로서 도착한 것

b.. He would have won easily, but he fell and broke his leg.

반대부정 종맥으로 볼 경우 : 시동=하지만 않았더라면, 그가 (그때) 떨어져서[넘어져서] 부려뜨리지 않았더라면

or He, but he fell and broke his leg, would have won easily.

✠ fell/broke=(과거 속에서의) 의미과성립

c.. But he <u>were</u> dead, yet shall he live. (New Testament)

시동=하지만 그가 되었다고 할지라도, 즉 죽었다고 할지라도, 하지만 아직도 틀림없이 발생할 것이다. 그에게 살아 있다는 게 말이다. [=although] ✠ were=(과거 속에서의) 의미과성립

cf] But for my father' s pension, we would starve. or We, but for my father' s pension, would starve.

✠ but= '하지만' 으로서 부정말이 들어가는 말 -- 이때 부정말=but associate

시동=하지만 없다면[없었다면] 해자 아버지의 연금이 없다면[없었다면] --- . ※ for=해당대상으로서 해자(該者)

4) for 영뇌[for NB]

IS 두뇌로 앞말을 해당이유 등맥으로 설명해 나가는 뇌
요컨데, 등맥 설명어

IIIII .. **The old couple do not /go out /in the midwinter, |for| they feel /the cold /a great deal.**

영뇌=가→ 설→ 설′→ 등전설→ 가→ 설→ 설′ : BEis–Os
or I + I + I + I + I + I + I : I–Os
or S + S + S + S + S + S + S : S–Os | Free 감주+我必 Free 감주 간직하기

시동=그 나이가 많이 든 couple은 하지 않해요, 나가지 않은 데 내자 한겨울에는 말이다. 그 이유 /해유는 그들은 느끼고 있기 때문이다. 추위를 아주 많이 말이다.

↗for할때 해당이유 등맥상황이 보이면 된다 : S영뇌

for=해당이유 등맥으로서 그 이유 /해유(該由)는 -- 때문이다
[f: **해당 사항** r: reason]
: battle for Libya (전투, 즉 리비아 전투) vs battle of Libya (of=동격소유)
음파: FOr=포-/퍼/포어=line점형/dot점형/내성음 slide 주파수 어: 내성음

for는 앞으로 이동시킬 수 없다 ∵ 순서대로 일어나는 등맥이기 때문이다
하지만 because는 이동이 자유롭다. 그냥 종속시키는 종맥이기 때문이다.
because=원인을 밝히는 이유로서 종속접속사 : 왜냐하면 -- 때문이다 /왜냐하면 이렇기 때문에 즉 -- 때문이다. [b: **밝히는 것** cause: **원인**]

cf] The old couple do not go out in the midwinter. For they feel the cold a great deal.
→ and/or/but/for -- 등등, 등맥은 period 밖으로 뒤로는 빠질 수 있다.
여전히 순서대로 일어나는 등맥이다 : [= --, for --.]

plus] 1. **등맥 for 유의** -- (앞에 어떤 말을 전제로 해서) 등맥으로 먼저 쓰고 다시 결과를 도출하는 예 :
For he is not a man, that he should repent. -- that**절이 주절이 아니다.** that=**종맥으로서** result
시동=그 이유는/해유(該由)는 그대는 사람이 아니어서 [그대는 사람 같은 짓을 안해서], 그래서 그로 하여금 일어나야 한다. 뉘우침이 말이다. *같은 짓=a man associate

2. for **전치사 영뇌** :
-------------.
For now Dan Rather, for the CBS evening news reporting tonight from Washington, see you in the morning. Good night.
✠ for=해당대상으로서 해자 -- (위해서) from=출처대상으로서 기자 -- 로부터 in=내시 대상으로서 내자
시동=해자 지금 Dan Rather가 해자 --- 뉴스 보도를 위해 오늘밤 기자 워싱턴으로부터 보도를 위해, 보자, 여러분들 내자 (내일) 아침에 말이다. 안녕. | Free 감주+我必 Free 감주 간직하기

☜.. 이해는 최종적으로 단어의 최종적인 뜻인 감주로 이해한다.

5) so 영뇌[so NB]

IS 두뇌로 앞말을 논리적 지정등맥으로 설명해 나가는 뇌
요컨데, 등맥 설명어

① **I didn' t /study very hard, |so | I failed /my driving test.**
영뇌=기→설 → 등전설→ 기→설 : BEis-Os or I + I + I + I + I : I-Os
or S + S + S + S + S : S-Os | Free 감주+我必 Free 감주 간직하기

② **He lowered /his voice, |so | Doris couldn't /hear.**
영뇌=기→설 → 등전설→ 기→설 : BEis-Os or I + I + I + I + I : I-Os
or S + S + S + S + S : S-Os | Free 감주+我必 Free 감주 간직하기

시동=나는 하지 안했어요, 공부를 열실히 말이다. 그래서, 나는 실패했죠, 운전시험에 말이다.
/그는 낮추었어요, 자기 목소리를 말이다. 그래서 Doris는 할수 없었다. 청(廳)을 말이다.

/so할때 논리적 지정 등맥상황이 보이면 된다 : S영뇌

so=논리적 지정등맥으로서 그래서
[s: reasoning + s>z: 정(定) o: **굴러 가는 것으로서 전개]**
음파 : SOu=소우/서=slide/dot점형 주파수 O: ou=알파벳 음가[철자음가] + '우' 감정음가

✠ **논리적인 등위접속사**
= and, or, so, therefore, — etc.. cf] then

and=논리적 추가로서 그러면
vs or=논리적 선택으로서 그렇지 않으면 vs so=지정적 논리전개로서 그래서
vs therefore=(앞의 것에 대해) 지정적 이유논리 (전개)로서 그렇기 때문에
[th: the r: reason+reasoning f: forward o: **전개]**
: I think, therefore I exist.

cf] First, the clowns come out, and <u>then</u>, the elephants and lions come out.
=First, the clowns come out, <u>then</u>, the elephants and lions come out.
-- then=연속적 지정 추가로서 그런 다음= adv. or conj. [th>the: **지정** ne: next]

plus] then=adv, 지정적 조건논리로서 그렇다면 [th>the: **지정** e>i: if n: **논리]**
: If x=5 and y=3, <u>then</u> xy=15. If you want to go home, <u>then</u> go.

✠ therefore=conj. adv. then=conj. adv. adj. or noun
접속사 표시가 없는 사전은 update되어야 한다.
then=그런다음/그렇다면 /그때[그 당시]: then president /by then (then=adj. or noun)

6) until 영뇌[until NB]

IS 두뇌로 앞말을 귀착 등맥으로 설명해 나가는 뇌

요컨데, 등맥 설명어

A.. **The traffic got /slower and slower |until | it was /stationary.**

영뇌=기→설 → 등전설→ 기→설 : BEis-Os

or I + I + I + I + I : I-Os

or S + S + S + S + S : S-Os | Free 감주+我必 Free 감주 간직하기

B.. **They walked /south-east |until | they met /her.**

영뇌=기→설 → 등전설→ 기→설 : BEis-Os

or I + I + I + I + I : I-Os

or S + S + S + S + S : S-Os | Free 감주+我必 Free 감주 간직하기

시동=교통이 되더니 더 천천히 더 천천히 되더니 비로소 그것은 되고 말았다. 정체로 말이다.
/그들은 걸어 갔는데 남동쪽으로 갔다. 그리하여 비로소 만나게 되었다. 그녀를 말이다.

※ 되더니=**현재형 과거상황**

↗until[till]**할때 귀착 등맥상황이 보이면 된다** : S영뇌

until[till]
=귀착 등맥으로서 비로소 -- 하게 되는 것 [t: to **착(방향종점)** il: **이르는 것**]
귀착 등맥=이르고서 바로 나타나는 것
음파 : unTIl=언티ㄹ=up-slide 주파수 u=어 : 약한 감정음가
✠ until=WrE till=SpE up until=강조

vs **They walked /south-east //until /they met /her.**

영뇌=기→설 ⇨ 전설→ 설′→설″ ↗도자[until/till]**할때 귀착상황을 일으키는 실체가 보이면 된다** : S영뇌

시동=그들은 걸어 갔는데 남동쪽으로 걸어 갔다. 도자[이런 게 있을 때까지 즉/귀착될 때까지 즉], 그들이 만날 때 까지[만나는 것이 이루어 질 때까지] 그녀를 말이다. met=**성립과거**

until[till]=어떤 것[시간/거리]에 이르는 것으로서
/까지[이런 게 있을 때 까지 즉/귀착될 때까지 즉] or 귀착 종맥 실체로서 도자(到者) -- 될때 까지
-- 귀착종맥 (종속접속사) [un: **어떤 것** t>d: time, distance il: **이르는 것**]

: He didn't pay attention to printing until he was 40.
=It was not until he was 40 that he paid attention to printing.
⇒ it — that로 강조
: 그것은 되지 않았다. 도자 그가 40이 될 때까지는 되지 않았다.
즉 그가 기울이는 것인데, 관심을 대자 인쇄사업 (쪽)에 기울이는 것은 말이다.
※ 기울이는 것=**현재형 과거상황**

tip)There was a spectacular opening celebration, but it wasn't held until December first.
-- was=**성립과거** : 하려고 했다 ⇦ 성립시키려고 했다 ⇨ 12월 1일에 비로소 개최되었다는 말

☜.. 이해는 최종적으로 단어의 최종적인 뜻인 감주로 이해한다.

7) before 영뇌[before NB]

IS 두뇌로 앞말을 전후 등맥으로 설명해 나가는 뇌

요컨데, 등맥 설명어

IIIII .. **His birth mother /died | before | he /married.**

영뇌=기→ 설 ⇨ 등전설 ⇨ 기→ 설 : BEis–Os or I + I + I + I + I : I–Os

or S + S + S + S + S : S–Os | Free 감주+我必 Free 감주 간직하기

▭ 그냥 비중이 같게 시기전후 일로 순서대로 두뇌를 작동시킨다 : **등맥 뇌**

시동=본 엄마가 죽었는데 먼저 죽고, 나중에 그가 결혼했어요.

↘before할때 시기전후 등맥상황이 보이면 된다 : S영뇌

before=먼저 움직이는 것으로서 먼저하고 나중에 하는 것 : **등맥**

[f: forward 미리/전 o: 움직이는 것] 음파: beFORE==비[버]포–[포어]=root/내성음 cramp F

↳ e=어: 약한 감정음가

vs His birth mother /died //before /he married.

영뇌=기→ 설 ⇨ 전설→ 설′ : BEis–Os ✠ birth mother=natural mother=real mother

▭ 주절을 종속시키는 뇌로 작동, 즉 주절은 전에 일어난 일이라고 종속[구속]시키고 있다 : **종맥 뇌**

시동=자기 본엄마는 죽었어요, 전에/후자 자기가 결혼하기 전에 말이다.

↘후자[before]할때 나중상황을 일으키는 실체가 보이면 된다 : S영뇌

⇨ Before he married, his birth mother died.

or His birth mother, before he married, died.

⇒ 종속 접속사는 자기가 종속시키고자 하는 곳에 놓으면 된다.

즉, 명(대), 동, 형, 문에 연결시켜 설명해 나가거나 설명해 주는 뇌

↗ 또는 후(後) 종맥실체로서 후자

before=먼저 움직이는 것으로서 먼저하는 것[전에 하는 것/미리하는 것] : **종맥**

[f: forward 미리/전 o: 움직이는 것 or b: a다음 글자, 즉 뒤에 일어나는 것으로서 후자]

: You /go //before /he comes.=기→ 설 ⇨ 전설→ 설′ : BEis–Os

시동=너는 가면 된다, 전에/후자 그가 오기전에 말이다/너는 가되 먼저 가라. 그가 오기 전에 말이다.

Tip) 관찰이 서로 다른 영뇌[두뇌]

• A : You' re nervous, aren' t you. B : Nervous? What makes you think I' m nervous?

A : Well, you haven' t stopped pacing back and forth since early this morning.

B : Now that you mention it, I guess I HAEN' T stopped pacing back and forth, have I.

back and forth /backwards and forwards =우리는 「앞뒤로」라고 말하지만, 영어는 back부터 먼저 인식한다. 왜냐하면, 먼저 앞으로 간 것은 정상이고, 뒤로 도는 것부터가 비정상이니까.

day and night =낮부터 시작하니 day부터 인식 vs 밤낮으로 : He works day and night.

bride and groom=신부부터 배려 vs 신랑신부

ladies and gentlemen=여자[약자]부터 배려 vs 신사숙녀 여러분

3 days and 2 nights=낮에 도착하여 낮을 먼저 보냄 vs 2박 3일 science fiction=과학공상 vs 공상과학

surface water=수면물 vs 수면 : Conducting surface water in the Indian Ocean. 수행하고 있는데 수면물에서 -- .

8) after 영뇌[after NB]

IS 두뇌로 앞말을 후전 등맥으로 설명해 나가는 뇌
요컨데, 등맥 설명어

IIIII .. **His birth mother /died | after | he /married.**

영뇌=기→ 설 ⇨ 등전설 ⇨ 기→ 설 : BEis–Os
or I + I + I + I + I : I–Os
or S + S + S + S + S : S–Os | Free 감주+我必 Free 감주 간직하기

▭ 그냥 비중이 같게 순서대로 시기후전 일로 작동시키는 뇌 : **등맥 뇌**
시동=그의 본 엄마는 죽었는데 나중에 죽었고, 그 전에 그가 결혼했어요
↘**after할때 시기후전 등맥상황이 보이면 된다** : S영뇌

after=뒤에 일어나는 것으로서 나중에[뒤에] 하고, 먼저[그 전에] 하는 것 : **등맥**
[f: following **뒤 따라 일어나는 것으로서 뒤에 일어나는 것**]
음파: After=애프터/아-프터=slide/retro–root 주파수 **애=강한 감정음가 아=철자음가**

vs His birth mother /died //after /he married.

영뇌=기→ 설 ⇨ 전설→ 설′ : BEis–Os | Free 감주+我必 Free 감주 간직하기

▭ 주절을 종속시키는 뇌로 작동, 즉 주절은 후에 일어 난 일이라고 종속[구속]시키고 있다 : **종맥 뇌**
시동=자기 본엄마는 죽었어요, 후에/전자 자기가 결혼한 후에 말이다
↘**전자[after]할때 먼저상황을 일으키는 실체가 보이면 된다** : S영뇌

⇨ After he married, his birth mother died. : 뒷문장 종속
or His birth mother, after he married, died. : 명사 종속
⇒ 종맥은 자기가 종속시키고자 하는 곳에 놓으면 된다.

↗ 또는 선(先) 종맥실체로서 전자
after=뒤에 일어나는 것으로서 후[뒤]에 하는 것 : **종맥**
[f: following **뒤 따라 일어 나는 것으로서 뒤에 일어 나는 것**
or a: **먼저 글자, 즉 먼저 일어나는 것으로서 전자**]
: a.. You /go //after /he comes.
영뇌=기→ 설 ⇨ 전설→ 설′ : BEis–Os
시동=네가 가되, 후에/전자 그가 온 후에 말이다.

b.. Her teenage daughter was /suspended //after she had /smoked pot.
영뇌=기→ 설 ⇨ 전설→ 설′ : BEis–Os
시동=그 여자의 십대 딸은 되었는데 정학되었다. 후에/전자 그 십대가 가진 후 피운 사실을 가진 후 pot를 말이다.

✠ pot(also grass) 마리화나, 대마초
=slang for marijuana (also marihuana)

☞.. 이해는 최종적으로 단어의 최종적인 뜻인 감주로 이해한다.

9) as 영뇌[as NB]

IS 두뇌로 앞말을 동급동시상황 등맥으로 설명해 나가는 뇌
요컨데, 등맥 설명어

IIIII .. Japan's economy /stagnates | as | production /slows.

영뇌=가→ 설 ⇒ 등전설 ⇒ 가→ 설 : BEis-Os or I + I + I + I + I : I-Os

or S + S + S + S + S : S-Os | Free 감주+我必 Free 감주 간직하기

▭ 비중이 같게 순서대로 동시비교 상황으로 작동시키는 뇌

시동=일본 경제는 침체 되어 있고, 아울러 생산도 느릿느릿 해지고 있다.

＼as할때 동시상황 등맥상황이 보이면 된다 : S영뇌

as=동급동시상황 등맥으로서 -- 동시에/아울러/뿐만이 아니라

[a: class s: same] 음파: As=slide F (a=강한 감정음가 : 애ㅈ 약한 감정음가 : 어ㅈ)

: Left, Pearl Street Triangle in Dumbo, Brooklyn, as it previously existed as a parking site and, right, as the city's Department of Transportation remade it in a renovation plan.

뿐만이 아니라 --- 그리고 또한 뿐만이 아니라 cf] traffic triangle /traffic island /elbow room

vs She /slipped //as /she was getting off the bus.

영뇌=가→ 설 ⇒ 전설→ 설' : BEis-Os | Free 감주+我必 Free 감주 간직하기

▭ 주절을 종속시키는 뇌로 작동, 즉 주절은 동시에 일어난 일이라고 종속[구속]시키고 있다.

시동=그 여자는 미끄려 졌어요, 동시자[하면서] 자기가 움직여 내리면서 버스를 말이다. ※ was=가

＼동시자[as]할때 동시상황을 일으키는 실체가 보이면 된다 : S영뇌

⇨ As she was getting off the bus, she slipped.
or She, as she was getting off the bus, slipped.

→ 종속 접속사는 명(대), 동, 형, 문 가운데 자기가 종속시키고자 하는 곳에 놓으면 된다.

as=동급으로서 동시상황, 동시상황 종맥과 그 실체로서 하면서/동시자 -- 하면서
[a: class s: same]

get=움직여 취하는 것으로서 자기 몸을 움직이는 것
[g: go: move t: take] : Let's get home.
off=붙어 있는 것이 떨어지는 것으로서 내리는 것
[o: on f: fall]

cf] like=infml conj. (꼴이 같은 것으로서) 동모종맥과 그 실체로서 같은 것[동모] /동자 -- 와 같은 것 [k: 꼴 e: equal]
: It was like a nuclear bomb went off.

10) whereas 영뇌[whereas NB]

IS 두뇌로 앞말을 위치[방향] 화제전환 등맥으로 설명해 나가는 뇌

요컨데, 등맥 설명어 ↗whereas할때 위치[방향] 전환 등맥상황이 보이면 된다 : S영뇌

IIIII .. **He must be /about sixty, |whereas| his wife looks /about thirty.**

영뇌=가→설 → 등전설→ 가→설 : BEis–Os or I + I + I + I + I : I–Os

or S + S + S + S + S : S–Os

시동=그는 틀림없이 인 것 같다, 대략 sixty로 말이다. 그런데 한편 집사람은 보이는 데 about thirty로 보인다.

whereas=위치[방향] 화제전환 등맥으로서 한편/그런데 한편 [where: **위치/장소** as: **같은 것으로서 등맥**]

음파: WHEreAs=웨어애즈=후음고음 double slide F vs ExPAtriAte=중음고음 triple slide F

vs while=사이 시간으로서 잠시, ↗vs 종맥, 즉 종속접속사일 경우=한편 -- 이지만

/잠시 화제를 돌리는 것으로서 한편 /다른 한편 /그런데 : **사이 화제전환 등맥**

vs meanwhile=중간 시간으로서 화제전환

: 중간에 화제를 돌리는 것으로서 한편/그런데 한편 : **중간 화제전환 등맥**

vs and=전환추가로서 그런데: **전환추가 등맥**

cf] here=이쪽 관심을 끄는 것으로서 '자' : Here, you go.

vs whereas가 종속 접속사 영뇌일 경우

=어떤 곳에 동급 이유가 있는 것으로서 이런 게 있어서/그런 까닭에[where: **위치** as: **동급이유**]

: Whereas /the city spent /over $1 billion on /its museums and stadium, //it failed to /look after /its schools.

영뇌=전설(→ 설′ → 설″→ 설‴) ⇒ 가→ 설→ 설′ : BEis–Os | Free 감주+我必 Free 감주 간직하기

or I + I + I + I ⇒ I + I + I : I–Os or S + S + S + S ⇒ S + S + S : S–Os

↘whereas할때 해당이유가 되는 실체가 보이면 된다 : S영뇌

시동=그런 까닭에, 즉 그 도시가 쓴 까닭에[이런 게 있어서, 즉 그 도시가 쓴 게 있어서]

look after=보는 데, 뒤를 돌보는 것으로서 보살피는 것

plus] when의 등맥과 종맥, 즉 등위접속사 영뇌와 종속접속사 영뇌 :

- I had not gone far when I met her. | Free 감주+我必 Free 감주 간직하기

등맥=나는 갖지 못했어요, 간 것인데 멀리 간 것을 갖지 못했고, (언제냐 하면) 그 때 나는 만났지요. ----.

vs 종맥= --- 갖지 못했다. 언제냐하면[때에] 내가 만났을 때, 즉 그 여자를 만났을 때 말이다.

- I had not gone far before I met her. | Free 감주+我必 Free 감주 간직하기

등맥=나는 하지 못했다. 즉 가지 못했는 데 멀리 먼저 가지 못하고, 바로 곧 나는 만났지요, ----.

vs 종맥= 나는 갖지 못했다. 간 것인데 멀리 간 것을 갖지 못했는데 전에 내가 만나기 전에 말이다.

둘다 뜻하는 의미=얼마 안가서 곧 만났다는 것 /멀리 못가서 바로 만났다는 것

- A cruise around New York's Lower Manhattan fizzled Saturday when the tour company's sailboat ran around near the Statue of Liberty.

: 등맥=언제냐하면 그때 급히 돌고 있었다 -- 양쪽시기 종맥=언제냐하면 급히 돌고 있었을 때 말이다 -- 한쪽시기

11) 등위 접속사와 의율이 되는 부사(collocation)

A.. He's /overweight and bald, |and | yet somehow, //he's /incredibly attractive.
영뇌=기→설 → 등전설→ 전설 ⇒ 기→설 : BEis-Os | Free 감주+我必 Free 감주 간직하기

and yet somehow=그런데 [그럼에도 불구하고] 아직도 아무튼
and=전환 추가등맥[양보적 추가등맥] ···› 여기서 yet/somehow=adv.
: but 사용 가능 /yet만으로도 가능하다. 접속사도 되기 때문이다 : yet=adv. conj.

B.. On the one hand //I'd like /a job /which pays more, | but [while] | on the other hand //I enjoy /the work /I'm doing at the moment. | Free 감주+我必 Free 감주 간직하기
영뇌=전설 ⇒ 기→설→설′ → 등전설→ 전설 ⇒ 기→설→설′ : BEis-Os

on the one hand -- but[while] on the other hand
=상[상자], 한편 상으로는 -- 이고, 하지만[그런데] 상[상자], 다른 한편 상으로는
-- on 의율은 hand에서 찾아야 한다. 즉 원래 뜻[BNW]으로 해결해야 한다.

시동=즉 상에서 한편 상에서 볼때 (나는 할 것같은데, 즉 좋을 것같다. --) -- 하지만[그런데] 상에서 다른 한편 상에서 볼때 (나는 즐긴다). **cf]** I would like coffee. (하고 싶은 데 ok하고 싶어요)

이 문장의 뼈대는 관계대명사 /등위접속사 /관계문장으로 파악하면 된다.
만약 접속사를 써지 않고, comma로 대신 표현하면 infml E 영뇌가 된다.

C.. He is /dull, |but| still //he tries /hard.
영뇌=기→설 → 등전설→ 전설⇒기→설 : BEis-Os | Free 감주+我必 Free 감주 간직하기

but still=하지만 그래도 (여전히) ※ still=adv. conj.
⇒ still만 써도 좋다. 접속사도 되기 때문이다 : **일반부사 영뇌와 등위접속사 영뇌 가능**

D.. The job /of the library /is /to get books to people |and | /also to get information.
영뇌=기→설/설→설′ → 등설→ 설′ : BEis-Os | Free 감주+我必 Free 감주 간직하기

and also=그리고 또한
to get -- to get=대부 해주고[갖다 주고] -- 얻게 하는 것[갖다 주는 것]

E.. The sick child /moaned a little, | and | /then fell asleep.
영뇌=기→설 → 등설→ 설 : BEis-Os | Free 감주+我必 Free 감주 간직하기 (then=부사로서 동사를 설명해 줌)

and then=그리고, 그런 다음 ※ then=adv. conj.
연속추가와 지정 연속추가로 의율, 하지만 then은 접속사도 되므로 then만 써도 좋다.
[the+n: next] cf] then=그때 [the+t: time] cf] at the time/at that time

F.. These birds /are /very rare |and| //therefore /protected /by law.

영뇌=가→ 설→ 설′ → 등설→ 전설 ⇨ 설′→ 설″ : BEis-Os | Free 감주+我必 Free 감주 간직하기

and therefore=그래서 그렇기 때문에 ❖ therefore=adv. conj. [th: that + for 이유]
: We were unable to get funding and therefore had to abandon the project.
to get funding=대동 받는 것인데 자금 제공을 받는 것

G.. I agree /she types accurately, |but| /then (again) //she' s /very slow.

영뇌=가→ 설 → 등전설→ 전설 ⇨ 가→ 설 : BEis-Os | Free 감주+我必 Free 감주 간직하기

then=뒤에서 지정하여 다음으로 연속시키는 것으로서 그런 다음 /그런게 있는 것 [the + n: next]
but then (again) ···› then/again=adv. ❖ then=adv. conj.
=하지만, 그런게 있어도[그렇더라도] (또한)

H.. The car broke /down | and | /so //we had to /find /a telephone.

영뇌=가→ 설 → 등전설→ 전설 ⇨ 가→ 설→ 설′ : BEis-Os | Free 감주+我必 Free 감주 간직하기

and so=그리하여 그래서 ❖ so=adv. conj.
so는 접속사도 되므로 so만 써도 좋다.

I.. I /spent /most of my money /in the first week |and| /consequently had /very little /to eat //by the end of the holiday.

영뇌=가→ 설→ 설′→ 설″→ 등설→ 설→ 설′→ 설″ ⇨ 전설 : BEis-Os | Free 감주+我必 Free 감주 간직하기

and consequently=그래서, 그 결과로[결과적으로]

J.. By that time //both Robin and Drew were /overseas.

영뇌=전설 ⇨ 가→ 설 : BEis-Os | Free 감주+我必 Free 감주 간직하기

both A and B=둘다, A와 B 둘다 ❖ both=adverb
By that time=쯤, 그때 쯤 되는 데 /쯤, 그때 쯤에

K.. I felt /not jubilation but sadness.

영뇌=가→ 설 : BEis-Os | Free 감주+我必 Free 감주 간직하기

not A but B=아니라, A가 아니라 (하지만) B ❖ not=adv. : **명사부정--동사부정이 아니다.**
jubilation=기뻐서 벌쩍 벌쩍 뛰는 것으로서 환희/환호 [j: jump b: **벌쩍 벌쩍 뛰는 것**]

joy=마음이 움직여 뛰는 것[지게를 지고 등실 등실 대는 것]으로서 기쁨 [j: jump o: move y: 지게]
pleasure=감각이 잘 움직이는 것으로서 기쁨/즐거움
[p: perform a: a급으로서 잘 s: sense] : sex pleasure
enjoyment=기쁨이 일어나는 것으로서 즐거움/즐기는 것
[en>in: 들어 가는 것으로서 일어나는 것+ joy + ment 명사 suffix/ending letters]

L.. Not only men but also women were /chosen.

영뇌=기→ 설 : BEis-Os | Free 감주+我必 Free 감주 간직하기

not only A but also B
=아니라, 단지 A뿐만이 아니라, (하지만) 또한 B도 ※ not /only /also=부사

M.. He suggests /that law enforcement activities should /be directed /not just at drug importers and main suppliers, |but| /also at local dealers.

영뇌=기→ 설→ 설′ → 설″ → 등설→ 설″ : BEis-Os | Free 감주+我必 Free 감주 간직하기

not just A but also B
=아니라, 그냥 A뿐만이 아니라, (하지만) 또한 B도 ※ at=바로 대상으로서 즉

just=그냥 스치기만 하는 것, 즉 그냥 그것만 하는 것으로서
(다른 생각없이) 그냥 -- 만 하는 것 -- 초점강조 [s: skim 그냥 스치는 것]
vs only=다른 것은 안되고 오로지 그것뿐인 것으로서 오로지[단지] -- 뿐인 것 -- 초점강조
[o: 오로지 n: nothing]

N.. Sentences can /be either true or false.

영뇌=기→ 설 : BEis-Os | Free 감주+我必 Free 감주 간직하기

either=어느 한 쪽을 지정하는 것으로서 어느 쪽도/이 쪽도 [e: 어느 the: 지정하는 것 or th: this]
either A or B=어느 쪽도 즉 A 아니면 B 쪽도 /이 쪽 A도 아니면 B 쪽도
[이 쪽도 즉 A 쪽도 아니면 B 쪽도]

시동=문장은 가능한 데, 즉 이 쪽, true한 쪽도 아니면 false한 쪽도 말이다[가능하다].
: 'I don't have any money right now.' 'Me either.'
'나 이 쪽도 (또한) 그렇다니까'
[e>i: is or e: yes th: this side] -- 이 쪽도 그런 것으로서 부정내용에 대한 추가지정

vs 나 쪽도 없다니까: 'Me neither.'
[n: not/no th: this side] -- 이 쪽도 아닌 것으로서 추가부정
--- 둘 다 전달 결과는 같으나, 접근하는 뉘앙스와 IS가 다르다.

O.. If /you can't /iron /them /at once, //either roll up /the sheets //while they are damp |or| /else damp /them //before /you iron /them. | Free 감주+我必 Free 감주 간직하기

영뇌=전설(→설′→설″→설′″→설″″) ⇒ 기→ 설 ⇒ 전설 → 등전설→ 기→ 설 ⇒ 전설(→설′→설″) : BEis-Os

시동=어느 쪽이든지, 즉 감아 놓든지[두든지], --- 않으면 그렇게 하지 않으면 축축하게 해두든지 하라.

either A or (else) B : else를 쓰는 만큼 더 강조가 된다.
=어느 쪽이든지 즉 A쪽이든지, 않으면 (그렇게 하지 않으면) B 쪽으로

either/else=부사로서 동사를 설명해 주는 뇌이다.

else=제외하고 말하는 것으로서 그 밖의 것/그렇지 않으면 [e: ex **제외** s: say]

: Ask someone else. You must pay $2,000, or else go to prison. (=otherwise)

어떤 사람인데 그 밖에 어떤 사람에게 /않으면, 그렇지 않으면

P.. It's /just pleasantly warm, /neither too cold |nor| /too hot.

영뇌=기→ 설/설 → 등설→ 설 : BEis-Os | Free 감주+我必 Free 감주 간직하기

시동=이 쪽 too cold하는 쪽도 아니고, 또한 too hot하는 쪽도 아니다
/어느 쪽도 아니다, too cold하는 쪽도 (아니면) too hot하는 쪽도 아니다.

neither A nor B
=이 쪽 A쪽도 아니고, 또한 B쪽도 아니다
/어느 쪽도 아니다, A쪽도 아니고, 또한 B쪽도 아니다[A쪽도 또한 B쪽도 말이다]

neither=adv. 어느 쪽도 아닌 것 [n: not either: **어느 쪽도**]

nor=conj. 아닌데 또한 아닌 것 [n: not or: **'혹은' 으로서 또한**] *nor=conj. adv.

: a.. Strangely, neither Betty nor Bob nor Juan saw what had happened.

시동=-- 이 쪽 Betty 쪽도 하지 못했고, 또한 이 쪽 Bob 쪽도 하지 못했고, 그리고 또한 이 쪽 Juan 쪽도 하지 못했다, 보았던 것인데 -- 을 말이다. /어느 쪽도 -- 쪽도, 또한 -- 쪽도, -- 또한 -- 쪽도 보지 못했다.
/어느 쪽도 하지 못했다. -- 쪽도, 또한 -- 쪽도, 또한 -- 쪽도 보지 못했다. --- .

| Free 감주+我必 Free 감주 간직하기

b.. It was not /my fault, |nor| /his.

영뇌=기→ 설 → 등설→ 설 : BEis-Os | Free 감주+我必 Free 감주 간직하기

시동=그것은 아니었다, 내 잘못도 아니었고, (그리고) 또한 그의 잘못도 아니었다.

nor=and also not (usually after 'neither' or 'not')

c.. He can<u>not</u> buy <u>nor</u> rent a house here.

시동=할 수 없는데 사는 것도 할 수 없으며, 또한 rent하는 것도 할 수 없다 ---.

※ **비축약형** : cannot(BrE), can not(AmE) ⇒ **강조 또는** formal E **축약형** : can't ⇒ general E

| Free 감주+我必 Free 감주 간직하기

vs She doesn' t smoke or drink.

시동=하지 않는다, smoke도 또한 drink도 말이다.

✠ not A or B=아니다, A도 또한 B도 말이다

= She doesn' t smoke nor drink.
= She neither smokes nor drinks.
= She doesn' t smoke and doesn' t drink.

vs Don' t drink and drive.

시동=하지마라, drink해서 drive하는 것을 말이다.

=Don' t drive after drinking alcohol.

d.. My sister doesn' t like him, nor do I.
vs My sister doesn' t like him, and neither do I.
or My sister doesn' t like him. Neither[Nor] do I.

nor (BrE) 부사/접속사=also not/and also not vs neither (AmE) 부사=also not
: I' m not going to work today, and nor is Susie. ···› nor 부사=also not

Q.. Madonna has /both knowledge and experience.

영뇌=기→ 설 : BEis-Os | Free 감주+我必 Free 감주 간직하기

시동=둘다, 즉 지식과 경험 둘다 말이다

≒ Madonna has at once knowledge and experience. 시동= -- 에게 있어요, 바로[직자] 한꺼번에 지식과 경험이 말이다/즉[직자] 동시에 지식과 경험이 말이다. ※ at=바로 대상으로서 즉/직자 once=한번으로서 한꺼번에/동시에

≒ Madonna has not only[merely/simply] knowledge but also experience.

시동=아니라, 단지 지식[아는 것]뿐만이 아니라, (하지만) 또한 --- 도 말이다.

/단지 지식 정도만이 아니라 /단순히 지식만 있는 게 아니라 ---. ···› and로 추가하나 but also로 추가하나 같다.

merely=만 정도로서 단지 -- 정도 /그저 -- 정도인 것
[m:--만 ly: 정도] : We' re merely good friends.

≒ Madonna has experience as well as knowledge. ···› as well이 추가이니 and/but 뒷말이 앞에 와야 한다.

시동=가지고 있는 데, 경험도 같이 또한 있는 데, 즉 더불어 지식과 더불어 말이다.

/ -- 에게 있는 데, 경험도 즉 덧붙여 있는 데[경험도 있는데], 즉 지식에 말이다.

앞 as=동급으로서 같이/즉 뒷 as=동시상황으로서 더불어/즉 더불어[에]
and/also 뒤가 추가 사항이니 경험이 as well 앞에 온다. ∵ well=덧 붙이는 것으로서 추가

≒ Madonna has knowledge and experience alike.

시동=경험과 지식을 똑 같이 말이다.

≒ Madonna has knowledge and experience as well /in addition /besides.

시동=그리고 경험도 같이 덧붙여서 말이다. **cf]** teaching experience 교사경험
/그리고 경험도 내자 추가된다[들어가는데 추가된다] /그리고 경험도 또한 있다

in=입작동 대상, 즉 들어가는 대상으로서 내자/입작동으로서 들어가는 것
besides=옆에 옆에 있는 것으로서 추가 [be: **있는 것** sides: side+side]
well=덧 붙이는 것으로서 더불어/추가/또한 [w: v + v **하나 더 붙이는 것**]
as well=같이 덧붙여서 [같이 추가해서/즉 덧붙여서]

as well as의 본래[원래] 의미 　A as well as B

=A도 더불어 즉 B에 말이다 /A도 같이 덧붙이는 데[추가하는 데] 즉 B에 말이다 (앞 as=부사 : 동질 추가로서 — 도/역시/같이)

: a.. Invite Emlyn – and Simon as well. 그리고 시몬도 더불어[같이 추가해서] 말이다
China is a massive consumer of commodities as well. 역시 또한 말이다 ↗[AmE/infml E]

b.. I want to visit Andrew as well as Martin/you as well as her[she]. (앞 as=부사 뒷 as=전치사 /등위접속사)

c.. Each week he wrote her three letters, as well as telephoning[telephoned] her. ↘[BrE/StE]
시동=(각주마다) -- 같이 덧붙여서 즉 전화하는 것에 (같이) 덧붙여서

d.. Did you realize that, as well as being(↗전치사) a dress designer, she manages a chain of health food shops?
As well as politics. North Korean women perform music and dances as well as serving[serve] food.
시동=같이 덧붙여서 즉 되어 있는 것, dress designer로 되어 있는 것에 덧붙여서
그 여자는 또한 -- ? /역시 덧붙여서, 즉 정치에 덧붙여서 /도 하고 즉 -- 뿐만이 아니다
⇛ '그래서 — 도 마찬가지이다' 할 때 딱 맞는 표현이 as well이다 : 'You as well.'
cf]He did as well as Martin.
했는 데 같은 정도로 잘 했다. 동비 Martin처럼 말이다 ➧ 뒷 as : 동비 -- 처럼=**동급비교**

Plus-1

✠ **양보 반대사실 등위접속사** : 문미 표현 가능

일반적으로 등위 접속사는 등맥이기 때문에 문중 또는 period 뒤에 표현하나 양보 반대사실 등위 접속사는 문미 표현도 가능하다. 그래도 여전히 비중이 같게 순서대로 일어나는 등맥이다.

a.. They hadn't trained hard, all the same [however /nevertheless], they won.

b.. I'll offer it to you. However, he may not want it.

⇨ They hadn't trained hard, they won, all the same [however /nevertheless].
시동= -- 그런데 그들은 승리했다. 완전히 그렇다할지라도[그래도] 말이다[하지만 말이다 /그럼에도 불구하고 말이다] → **그런데=문맥** associate

▭ associate =문맥/상황/단어/연결 associate
▭ all the same
=모두 같은 것으로 인정하는 양보: 완전히 그렇다 하더라도[그래도] : **접속사(의군접속사)**
▭ nevertheless (nonetheless: formal) =**접속사 또는 부사**
=부정적인 요소의 반대지정으로서 지정 양보적 반대사실 [never/none + the + less]
: 그럼에도 불구하고 ⇛ I can't go. Nevertheless, I appreciate the invitation.
Her date was a bit of a slob, but she had fun nevertheless.

☺.. 이해는 (언어에 대한 basics를 알았디면) 최종적으로 단어의 최종적인 뜻인 감주로 이해한다.

Plus-2 ✠ 전치사[부사/명사] 양보단어 — 접속사가 아닌 양보단어

= 반대입장 양보 :

notwithstanding=전치사/부사 tip)분사전치사=notwithstanding/involving(관련해서) /regarding(관련해서) ↗ 〃 new products /concerning(관해서) /following(뒤따라서)

→ 같은 입장이 아닌 것으로서 반대입장 양보 = 있음에도 불구하고

[not: 아닌 것 with: 동존으로서 같은 것 standing: 입장]

a.. Notwithstanding some members' objections, I think we must go ahead with the plan.

b.. Injuries notwithstanding, he won the semi-final match. [=With injuries : 동존양보]

= 저지[영향] 통과 양보 :

spite=noun [s: pass p: prevented i: influenced t: though]

어떤 것이 있어도 저지되지 않거나 영향을 받지 않고 통과하는 것으로서 양보 → 있음에도 불구하고

in spite of=내자 있음에도 불구하고, 즉 -- (in=입작동 대상으로서 내자)

IIIII.. We went out in spite of the rain. [=with the rain : **동존양보**로서 '있었음에도 불구하고']

시동=-- 내자 있었음에도 불구하고, 즉 그런 비가 있었음에도 불구하고 말이다.

※ spite=noun 침을 뱉는 것으로서 심술 [spit: **침을 뱉는 것으로서 심술**]

: He broke it just out of spite. 시동=그냥 나서, 즉 심술이 나서

cf]He dit it out of compassion. 생겨서 즉 동정심이 생겨서 /해서 즉 측은 해서 : **외작동**

tip)우리말 '있음에도 불구하고' =**반대입장 양보 /저지[영향] 통과 양보 /동존양보** -- 하지만 접근하는 뉘앙스와 IS가 다르다.

= 불저지[비영향] 양보 :

despite=preposition [d: denial>not p: prevented i: influenced t: though]

어떤 것이 있어도 저지되지 않거나 영향을 받지 않는 것으로서 양보 → 불저지[비영향] 양보와 그 대상으로서 불구하고/불양자(不讓者) -- (저지도 되지않고/영향을 받지 않고) //불저지[비영향] 양보 대상이 동사인 것으로서 불양동(不讓動) -- (저지도 되지않고/영향을 받지 않고)

a.. I still enjoyed the week despite the weather.

시동=불구하고[불양자] 그런 날씨임에도 불구하고[불양자 그런 날씨에도 영향을 받지않고] 말이다.

[=with the weather : **동존양보**로서 '있었음에도 불구하고']

※ despite=명사 -- 침을 뱉어 못 쓰도록 버리게 하는 것으로서 무례/결례/모욕

[spit: **침을 뱉는 것** de: away ← d: **다한 것** e↗: **밖으로 버리는 모습**] : He did despite to her.

Despite our best efforts to save him, the patient died during the night.

tip)영어는 기/설, 즉 설가이기 때문에 대명사를 먼저 쓰고 다시 명사로 구체적으로 밝힘 : him --> the patient

b.. He laughed despite himself. 시동= -- 모르게 자신도 모르게[불양자 그 자신도 저지가 되지 않고] 말이다.

despite oneself=안되는데 자신이 저지가 안되는 것으로서 엉겁결에[모르게], 자신도 엉겁결에[모르게]

Despite myself, I cared about Edward.

시동=모르게 자신도 모르게, 나는 관심을 두었다. 변자[변관] Edward에 대해서 말이다.

about=변관대상과 변관으로서 변자[邊關]/변관 -- 대해서

c.. Despite pouring with rain, he went out. 시동= 불구하고[불양동] 퍼붓고 있었음에도 불구하고 --- .
/불양동 퍼붓고 있는 것에도 영향을 받지않고 --- .

plus] 접속사없이 반대양보 관계 표현 : Sales double down on casual craze. : 상양보

상에서도[상자] 일시적 열풍이 상에서도 말이다.

Plus-3

✠ **and/but 동시 가능한 문맥**

a.. He works quickly and/but accurately. b.. Quickly and/but silently she darted out of the cell.

시동=빨리 그리고 정확하게 =빨리 하지만 정확하게 시동=빠르게 그리고 조용히=빨리 하지만 조용하게

Plus-4

✠ **and의 단일개념**

— 앞말을 and 보설로 설명해 나가면서 s동사로 설명해 나가는 뇌로 작동시킨다. 마치 전치사 보설이나 관계대명사 보설로 설명해 나가는 것과 같다. 그래서 and 첨가 단일의미[뭉쳐진 의미]가 된다.

a.. Honesty /and diligence /is the best policy. **=기→ 설/설** 시동=정직성에 더하면 부지런함을 더하면 (되는 데)

b.. Slow /and steady /wins the race. **=기→ 설/설** 시동=천천히 하는 데 거기에다 꾸준히 하면

⇒ and=추가로서 더하면/거기에다

c.. Trial /and error /is the source of the developments. **=기→ 설/설**

시동=시행에 들어 있는 착오가 들어 있는 시행은 ※ and=첨가로서 들어 있는 것

→ all work and no play 온종일 일만하고 거기에다 전혀 놀지 않으면

plain living and high thinking 평범하게 살고 거기에다 높게[고고하게] 생각하면[생각하는 것을 하면]

curry and rice 카레에 들어 있는, 밥이 들어 있는 카레[=curry with rice]

-- curry가 rice 위에 있으니 먼저 인식되었다 : **상황발생주의 기/설 영뇌**

a [writer |and | actor]=**설-->기** ⇒ **등설** ⇒ **기** : 어떤 한 작가인데 동시에 배우인 사람

d.. Every day /and each hour /brings us something new. **=기→ 설/설**

시동=매일뿐만이 아니라 시시각각으로 ※ and=추가로서 뿐만이 아니라

e.. Every boy and every girl in our class has a camera.

시동=모든 각각의 남학생[소년/젊은이]에, 더한 모든 각각의 여학생[소녀/젊은여자]을 더한 것으로서

모든 남녀학생[선남선녀] → early to bed and early to rise

f.. The publisher /and editor /is reviewing the articles. **=기→ 설/설** : **한 사람**=발행자인데 동시에 편집자인 사람

The hammer and sickle was flying from the flagpole. 해머에 그려진[더해진], 낫이 그려진[더해진] 국기[즉 소련 국기]

vs The publisher and the editor /are /reviewing the article.**=기→ 설→ 설′** : **두사람**=그 발행자와 그 편집자

cf] The boy and girl <u>are</u> 12 and 13 respectively. (관사) **전제** infml : **두사람**=두 성(gender) 보유는 불가능함

g.. A horse /and cart /is coming here.**=기→ 설/설** 시동=말인데 끄는, 마차를 끄는 말 ※and=추가로서 끄는 것

-- horse가 먼저 보이고, cart가 나중에 보인다 : **상황발생주의 기/설영뇌**

cf] The soup is nice[good] and hot. → nice and sunny rare and honest good and hungry

⇒ and=앞말 첨가 의미로서 -- 할 정도인 것 : 알맞을/상당한 정도로 뜨거운 것

h.. A knife and fork is very useful in our life. 시동=칼인데 달린, 포크가 달린 칼 vs a knife and a fork

→ a watch and chain a needle and thread 시동=바늘인데 달린, 실이 달린 바늘

a cup and saucer 시동=컵인데 딸린[받치고 있는], 받침접시가 딸린[받치고 있는] 컵

⇒ and=첨가로서 달린 것/딸린 것[받치고 있는 것] cf] flying saucer 비행접시 : alien flying saucer i.. a pen and ink 시동=펜인데 묻은, 잉크가 묻은 펜 → and=첨가로서 묻은 것

vs A husband and wife are walking along the street. : 복수 -- 한 사람이 될 수 없음 wife=(관사) **전제** infml E

=A husband and a wife are --- .

vs I have a car, house, and villa. : 공동배분 관사 — infml E가 아니다.

cf] Many a famous pop star has been ruined by drugs. : 뜻은 복수이나 단수인 것 ∵ many=부사

More than one person is involved in this case.

: 이상, 즉 하나 이상의 사람 -- 숫자가 아니고 불분명한 크기로 하나 이상일 때는 **단수의미**

vs A rise of 1.3 degrees over 100 years. one and a half kilos=1½ kilos 30 kilos

∵ s=not single, 즉 한 개가 아닌 것으로서 복수 vs 숫자자체는 단수 : 30 is a small number.

cf] one more person 한 사람 더(로서 한 사람인 것)

Plus–5 ✠ or/nor/but 주어와 동사의율[동사수일치]

a.. The teacher or the students are to blame.

Either you or she is wrong. Neither you nor I am involved in this case.

— '아니면' 로서 선택이기 때문에 뒷말이 기준이 된다.

b.. Not only she but also I am invited to the baby shower.

Not I, but she is invited to the wedding shower.

— '하지만' 으로서 반대사실이 되므로 뒷말이 기준이 된다. ※ shower=a party

caution

I /as well as you /am invited to the bridal shower. **=기→ 설/설**

— 앞말을 보설로 설명해 나가면서 s동사로 설명해 나가기 때문에 앞말이 기준이 된다.

시동=나도 같이 덧붙여서, 즉 너에 덧붙여서 되었어요, 초대되었어요.

<-- An officer /(together) with two soldiers /is coming here. **=기→ 설/설**

시동=장교가 (함께) 동자 두명의 사병과 함께

c.. Honesty /and diligence /is the best policy. A knife /and fork /is very useful in our life. **=기→ 설/설**

— 앞말기준 보설 단일개념은 단수동사와 의율 vs Wheat, oats, and the like are cereals. : 각각 기준

부분주어와 동사의율[동사수일치]

↗U/C 명사의 부분크기 → 부분크기도 U/C이므로 동사 수도 이에 따른다.

부분주어 + of + U/C의미 단어 — 지정한 것의 부분크기 ∴ 지정사 사용 : **of 보설**

a.. Three-fourths /of the earth's surface /is water. **=기→ 설/설**

Three-fourths /of the houses /were burnt down. **=기→ 설/설** **cf]** one-fourth or a quarter /a-third

b.. All /Half /Most /Part of us were surprised at the news.

All /Half /Most /Part of the city was destroyed by the air-raids. tip) all=부분크기가 아닌 경우: **사람 → 복수취급**
사물 → 단수취급

IIIII **부분주어**=분수 /all /most /half /the rest /part /some — etc. ex]All are/is quiet. 모두가/모든 것이

vs Neither of the knives is mine. Either of the knives is mine.

→ neither/either=어느 한 쪽을 의미하니 단수

vs of=그냥 크기의미인 경우 -- 지정한 크기의 부분이 아니다.

: A lot of money was spent on English books. 많은 크기의 돈으로서 많은 돈

A lot of English books were sent to the country. A number of books were sent to it.

cf]lots=강조 (lots more interesting 훨씬 더 흥미로운 것)

/많은 것이 여러 개인 것(three lots of exams 세번이나 많은 시험 /lots of food)

Less than 6% of people contract virus. : **부등호 개념[=Fewer : 수개념]** ☞영뇌영어 vol 2 p481

↳or A little less ↳미만, 차자 6% 미만 사람들

Unit V

to be continued from p392

.. 감주청취 보충 :

다음 것들은 CNN anchor가 말한 그대로 이다.

10. Meet the new Guinnes World Records holder for the world's largest samosa.

That's a big fryer!
Volunteers of the Muslim Aid UK charity in London made this king-sized version of the popular Asian snack Tuesday. Look at him cut into that crispy crust.
It weighed a whopping 153 kilograms and took 15 hours to create.
The team used a custom container big enough to fry it.
The Salvation Army later served it to hundreds of the city's homeless.

⇒ Meetthe newGuinnesWorldRecords holderforthe world's largestsamosa. That'sa bigfryer!
Volunteersofthe MuslimAid UKcharityin London madethis king-sized versionofthe popularAsian snackTuesday. Lookathim cutintothat crispycrust.
Itweigheda whopping(of) 153kilograms andtook 15hoursto create.
Theteam useda customcontainer bigenoughto fryit.
TheSalvation Armylater serveditto hundreds ofthe city'shomeless.

— 원애가 되도 비영어권 사람들은 감주로 귀에 익은 소리[familiar sound]가 많지 않기 때문에 한 문장씩 백번 듣고 다시 두 문장씩하여 100번 듣고 그리고 전체로 하여 100번 들어 완전히 감주로 귀에 익은 소리로 박힐 때까지 들어라. 진짜 영어 실력은 문자값이 아니라 소리값이다. 요즘은 device가 좋기 때문에 얼마든지 동영상을 캡쳐하여 반복횟수를 자유롭게 녹화할 수 있다. **Wow, 300 times!**

↳현장영어 뿐만이 아니라, 각종 시험영어 청취도 같다.

※samosa=인도 튀김 food : 써모새 a=약한 감정음가와 강한 감정음가
— 약청자는 강한 감정음가에서 say로 오청할 수 있다.

newGuinnesWorldRecords=네 단어를 빠르게 하나의 감주로 말하는 사람이 있다 : d/d 폐쇄
bige/noughto=비기너퍼 : 분리 감주 ou=u지배음가 : 아/어의 중간감정음가 gh=f : 자음감정음가 to=t폐쇄

↗우리말도 나이가 들면 이런 현상이 나타난다.

whoppingof에서 of=speaker의 **습관적 오음** — 원어민들도 습관적으로 잘못 말할 수도 있다.
∵ of 크기 습관 : a cup of coffee, 40 years of age, eight hours of sleep, — , etc.
the+형용사=명사전제 관습 : the city's homeless=the city's homeless people

난이도가 높은 감주 : Volunteersofthe versionofthe snackTuesday cutintothat 15hoursto TheSalvation Armylater
hundreds ofthe : hundredsofthe 이런 감주로도 말할 수 있다 : 헌드**레**저더=뒷 d와 f 폐쇄[탈리]
— 이런 감주들로 말할 때 우리는 듣기가 가장 어렵다. 난이도가 높을수록 세음이 나올 가능성이 많다. 특히 이런 감주들이 가능한 것은 원어민들은 (한글구조의 느낌이 전혀 개입되지 않고) IS로 말하기 때문이고, 그렇게 붙여 말해도 여전히 IS 설가뇌가 유지되기 때문이다.

sign설명어 영뇌 [SEW NB]

문맥 파악이 잘 안되면 BEis 영뇌를 활용하라.

Volunteers /of the Muslim Aid UK charity in London /made this king-sized version of the popular Asian snack Tuesday. = 기—〉설/설

11. Qatar says it will restore full diplomatic relations with Iran.
⇒ Qatar saysit willrestore fulldiplomatic relationswithIran.
— free 감주로 많이 간직하고 자꾸 반복해서 말하라. 그래야 감주말투에 익숙해진다.
↳**청취에서의 free 감주**=sp에 의해서 만들어지는 것 주의)free 감주 간직시 감주 이해감도 같이 유지

12. The great American eclipse has given an economic boost to many small towns and cities.
⇒ Thegreat Americaneclipse hasgivenan economicboost tomany smalltownsand cities.
— 여기서 약청자는 to many를 too many로 오청할 가능성이 있다.
: 스모-ㄹ타운즈언/전 : d탈리와 비합성 또는 합성 감주
: Several Middle Eastern countries began a boycott against Qatar back in June this year.
— 여기서도 약청자는 several —〉 seven으로 오청할 가능성이 있다 : **지음오청**
↳비영어권 사람들은 청취력이 약해서 자기가 알고 있는 소리로 먼저 가버리는 현상

13. Accusing it of supporting terrorism.
⇒ Accusing itof supportingterrorism. : 이ㅌ어브
— it of 감주가 청자에 따라 세음이 될 가능성이 있다. 특히 세음은 script[caption]를 보더라도 들리지 않을 경우가 있다. 이때는 소리를 들을려고 하면 안된다. ″FD=+„로 해서 의음 감주로 들리게 하라. 즉 뇌화된 D두뇌 의음 감주로 들리면 가볍게/깔끔하게 들린다 : **세음을 쉽게 듣는 법**
↳synapse도 함께 작동하기 때문에

14. There is no military option that can be taken in North Korea.
⇒ Thereis nomilitary option thatcanbe takenin NorthKorea.
or Thereis nomilitary optionthat canbe takenin NorthKorea.
※taken=자동 event or 피동 event : 전자=취하는 것 후자=취해지는 것
↗무받침과 단타, 받침과 비단타
비지러-즈 or 비짓터-즈↖

15. Not sure what happening. ⇒ Notsure whathappening. More than seven million visitors.
⇒ Morethan sevenmillion visitors. — 보도 도중에 free 영뇌[infml E]로 말하는 경우도 많다.

16. And saying, "Dialogue is necessary."
⇒ Andsaying, "Dia/logueis necessary." : **다**이얼로기즈 : l의 복자음 발생=받침과 초성 그리고 분리 감주
: and a few hours ago=anda fewhoursa/go shop at all=shopa/tall : 쇼/샤퍼로올 : 분리 및 단타 기타] totheseongoing exercisedrills=쥬얼스/쥬럴스/드릴스 : try=츄라이/쳐라이/트라이

17. We've been looking for. ⇒ Webeen lookingfor. — 조음점이 같지 않아도 유사음 탈리[폐쇄]

☞.. 이해는 최종적으로 단어의 최종적인 뜻인 감주로 이해한다. 심지어 comma나 period까지 무시하고 best 감주로 이해한다 : Just like a sandwich, right? → Justlikea sandwichright?　Nice. You look nice.

1. 연결부호 영뇌[LS NB]

→ NiceYou looknice.

해야할 일-- 원래 언어는 생활 속에서 뜻이 얻어진 것이다. 원어민들처럼 **연결부호 말**을 배우려면 여러분들의 두뇌를 생활 속에서의 뜻으로 연결부호 영뇌를 습관화시켜라. 특히 BEis, IS **영뇌로 습관화 시키되**, (생활 속에서의 뜻이 용해된) free **감주**로 습관화시킨다.

☞.. **생활 속에서의 뜻=외국인과 생활하면서 느껴지는 뜻이자 실제로 적용된 뜻(≠사전의 원형적인 뜻)**

> ※ **연결부호 영뇌란 :**
> **IS 두뇌로 문맥을 글자[단어] 대신에 sign[기호], 즉 연결부호로 연결해 설명해 나가는 뇌 요컨데, sign 설명어**

---

vs 한뇌
=글자로 많이 표현한다.

□ **연결부호 BNW**
= , (comma)=분리해서 잇는 것 : 점+꼬리
; (semicolon)=끊으면서 잇는 것
: period + comma
: (colon)=점을 한번 더 찍어 구체적으로 설명해 나가거나 말한내용을 밝혀 나가는 것
: o/o 또는 〃(따옴표)의 변형= : 점점
– (dash)=줄을 그어 다시 발전시켜 나가는 것
: d: developing　a: again

단, period는 full stop이니 연결부호가 아니다. 문장종결 표시이다.

□ **한국 사람들의 가장 큰 취약점 :**

BNW를 느끼지 못함.
+ comma 말하기에 아주 약하다.

문장만 말인 줄 알고 있다.
뿐만아니라, 글 어순과 대화 어순이 다를 때도 많다는 것을 잘 모르고 있다. 영어는 기/설이다. 아무튼 기/설 영뇌로 표현하기만 하면 된다.

특히, infml E[free 영뇌]로 말하는 것에 아주 약하다.
SpE에는 infml E[free 영뇌]를 많이 사용한다.

+ 생활 속에서의 뜻에 약함

Recapping]

□ **영뇌**=BEis–Os,　I–Os,　S–Os
BEis–Os=ΣBis → Eis　i.e.　ΣB → E

□ **설명어**= 연결설명어 /비연결설명어 /등맥설명어 /sign설명어

※ **B**=basic word 기본어
E=explanatory words 설명어

I=itself 말[소리]자체/글자자체
S=actual situation i.e., A상황 [실제상황]

Bis=기본어로서 IS값　in short, B
Eis=설명어로서 IS값　in short, E

□ **twenty four 영뇌**
하루가 24시간으로 작동하듯이 영어도 24개 영뇌로 작동한다. 즉 영어도 알고보면 무슨 표현이든 결국 연결설명어 영뇌 10개. 비연결설명어 영뇌 12개, 등맥설명어 영뇌, sign설명어 영뇌로 표현되거나 이해된다. 연결설명어 영뇌는 관계문장 영뇌와 종속문장 영뇌가 포함되어 10개이다.

tip)1. twenty four 영뇌를 공부하여 그것 자체뿐만이 아니라 그것을 통하여 우리는 (BAM으로) 생활 속에서의 뜻으로 **free 영뇌**를 가지면 된다. 간직시 (vocal) 감주로 간직한다. 그러면 저절로 BEis/IS로 엮어진다.

2. sign 설명어에서 sign도 뜻이 있다.
즉 sign 속에 associate가 있다 : **일종의 associate**

1) comma 영뇌[comma NB]

IS 두뇌로 앞말을 comma로 분리해서 이어 가면서 뒷말로 설명해 나가는 뇌
요컨데, sign 설명어　주의]comma 영뇌는 (글자보다) 언어로서 표현이 더 많다 — **대화체**
대화를 쉽게 하려면 콤머영뇌를 알아야 한다.

▭ comma sign
=분리해서 잇는 것으로서 대상, 동격, 나열, 전개, 첨가, 관련, 이유 — 등등을 의미 : 문맥에 따라 결정
[, = 점 + 꼬리 : 분리해서 잇는 sign]　vs　완전분리=full stop

✠ comma=분리관련

A.. "How do /you feel, //this village?"　**.. 고난도 감주** — Howdoyou feelthis village?
— 원어민들은 콤머도 붙여 말할 때도 있다. 리듬때문이다.

영뇌=기→ 설, ⇒ 전설　: BEis-Os
or I + I + I　: I-Os　or S + S + S　: S-Os　| Free 감주+我必 Free 감주 간직하기

시동=어떻게 하고 있지, 즉 너는 느끼고 있지, 즉 이 마을에 대해서 말이다?
콤머대신 표현 : How do you feel about this village?

B.. "Any comments, Liberman?"　**.. 고난도 감주** — On the back, you' ve got the open time.
⇒ Onthe backyou' ve gotthe opentime.
↳배큐브 (' ve=설명현재　got=설명 event)
- 상면 즉 그 뒷쪽 면을 보면 너는 가질 수 있는데 즉 획득할[얻을] 수 있다. 개점시간을 말이다.

시동-1=기자가 Al Gore에게 묻는 말
어떤 comments라도 있오, Liberman에 대해서[에게] 말이다?
Tip) 콤머 영뇌는 associate로 말하면 훨씬 쉽다.

콤머대신 표현 :
a.. Any comments about[on] Liberman?
b.. Do you have any comments about[on] Liberman?

시동-2=기자가 interview하는 Liberman자신에게 묻는 말
어떤 comments라도 있오, Liberman씨?
--호격 그대로 이해하면 된다.

.. 한국 사람들의 취약점 :
접속사, 콤머라고 해서 무조건 띄워 말하거나 (숙어는 없는데) 숙어로 외워 무조건 붙여 말한다. 이런 머리로 굳어 있으면 절대로 들을 수 없으며 말을 할때 리듬을 줄 수도 없다. **명심하라.**
∴ **일반적 고난도 감주**
❶ 분리감주 ❷ 접속사, 콤머 무시 best 감주
❸ 숙어 무시 best 감주 → 모두 best 리듬

✠ comma=분리대상

A.. "On /the attacks, //Gadhafi."

영뇌=기→ 설, ⇒ 전설　: BEis-Os
or I + I + I　: I-Os　or S + S + S　: S-Os　| Free 감주+我必 Free 감주 간직하기

시동=하고 있어요, 공격을 (하고 있는데) Gadhafi에게[를] 말이다: **전치사의 직상뇌**
※ on=작동으로서 하는 것
콤머대신 표현: a.. The attacks on[against] Gadhafi.
b.. The attacks are on[against] Gadhafi.

: A – a.. Most farms and factories were gripped by the catastrophic floods, a resident said.

콤머대신 표현 : A resident said (that) most farms and factories were gripped -- floods.

※ farm=a farm house | Free 감주+我必 Free 감주 간직하기

Vending machines are ubiquitous here in Japan, tucked away, it seems, in every nook and cranny of the country.

콤머대신 표현 : It seems (that) vending machines are ----. | Free 감주+我必 Free 감주 간직하기

※ tucked=**관계과분사 영뇌** --한적한 곳에 위치하고 있는 것 it seems=그런 것 같아요

tucked away=한적한 곳으로 떨어져 있는 것 : The Vietnamese restaurant is tucked away on a quiet street.

b.. Nike is sticking its neck out, Tonya Harding.

시동=Nike는 하고 있어요, 막대기 처럼 자기 목을 빼어 놓고 있어요, Tonya Hardingd에게 말이다.

콤머대신 표현 : Nike is sticking its neck out for Tonya Harding.

stick one's neck out**의 뜻하는 의미**=to take risk

즉, 목을 빼놓고 있는 것으로서 위험을 무릅쓰는 것/자초하는 것

c.. Bobby Shanny, CNBC business news.

시동=바비 샤니는 맡고 있어요, CNBC business news를 말이다.

d.. Get water, a glass. Higher, gas prices.

시동=가져와라, 물인데, 한 잔이야. /올랐어요, 기름값[가스값]이 말이다.

콤머대신 표현 : Get a glass of water.

e.. Listen, what I'm saying.

시동=귀담아 듣게, 무엇이냐 하면 내가 지금 말하고 있는 것말이야.

콤머대신 표현 : Listen to what I'm saying.

f.. Go back, Mississippi! Go back, California! Go back, New York!

— Martin Luther King's 「I–have– a– dream address」

시동=가라, 다시 (말이다), 미시시피로! --- .

콤머대신 표현 : a.. Go back to Mississippi!

b.. Go back to California! Go back to New York!

말은 글과 다를 때가 많다. 글 어순보다 대화 어순에 우리 한국 사람들은 너무 약하다. sign 영뇌를 확실히 심어라. 그러면, 청취도 잘 될 것이다.

✠ comma=분리주격

A.. "Coming, /Boss. Stop smoking."

영뇌=기 → 설 : BEis–Os or I + I : I–Os or S + S : S–Os | Free 감주+我必 Free 감주 간직하기

시동=오고 있어요, Boss [부장/상사/수장]가 말이야. ---.

콤머대신 표현 : The boss is coming. Stop smoking.

: A – a.. Good job, Miami.
시동=잘 했다, 마이애미팀. **콤머대신 표현** : Miami did a good job.

b.. Hell out, you!
시동=빨랑 빨랑 나와, 너도 말이다. **콤머대신 표현** : You come[get] out! ※ hell=강조말(emphasis)

c.. Comes, the bus!
시동=와요, 버스다! **콤머대신 표현** : The bus comes!

d.. Also on the rise, home prices.
시동=또한 타고 있어요, 상승을 (타고 있는데) home prices가 말이다.
콤머대신 표현 : a.. Home prices also on the rise.
b.. Home prices are also on the rise.

✠ **comma=분리동격**
— 이런 동격을 특히 comma 동격이라 한다.

A.. "Did /you see /show, /that?"
영뇌=기→ 설→ 설′ → 설″ : BEis–Os
or I + I + I + I : I–Os or S + S + S + S : S–Os | Free 감주+我必 Free 감주 간직하기

시동=했지[그랬지], 즉 너 보았지, 쇼인데, 그 쇼말이야?
콤머대신 표현 : Did you see that show?

: A – a.. What is it, barbecue?
시동=무엇이지 그것말이야, 바베큐인가?
콤머대신 표현 : What is it? Is that a barbecue?

b.. We catch you, Saddam.
시동=우리는 잡았어요, 당신, 사담을 말이다.
콤머대신 표현 : We catch Saddam.
※ catch/capture/get -- etc.. → get=가장 infml한 표현

c.. Don't do it, child abuse[sexual abuse].
시동=하지말라, 그것인데, 아동학대[성학대]를 말이다.
콤머대신 표현 : Don't do that child abuse[sexual abuse].

d.. I love you, Whitney.
시동=사랑해요, 당신, Whitney씨를 말이다.
콤머대신 표현 : I love Whitney.

☞.. 시동으로 (영어) 글자/말 자체에서 뜻이 보이거나 상황이 (머리 속에서) 보이면 된다 : IS 영뇌

e.. Regular price, $10.

시동=정상가격인데 즉 10달러입니다. **콤머대신 표현** : Regular price is $10.

↗특히 이런 동격을 `후동격` 이라 한다.

f.. I, your landlord, demand your apology.

시동=나는 너의 집주인으로서 요구한다, 너의 사과를 말이다. ❈ **주어=I**

콤머대신 표현 : I demand your apology as your landlord.

↗특히 이런 동격을 `선동격` 이라 한다.

g.. The Bachelor, that continues today.

시동=The Bachelor프로, 그것은 계속됩니다. 오늘말입니다. ❈ **주어=that**

콤머대신 표현 : The Bachelor continues today.

h.. A student of science, he was not interested in politics.

시동=**선동격** : 학생, 즉 과학도인 그는 없었다. 관심이 없었는데 내자 정치학 분야에 말이다. ❈ **주어=he**

vs **분리이유** : 학생, 즉 과학도이기 때문에, --- .

or A student of science=(being) 전제 infml E : 학생, 즉 과학도 이기 때문에 --.

콤머대신 표현 : The student of science was not interested in politics.

StE : Being the student of science, he was not interested in politics.

i.. The Empire State Building, it was built in 1933.

시동=엠파이어 스테이트 빌딩, 그 빌딩은 졌는 데, 지어졌어요, 내시 1933년 내시에 말이다. **주어=it**

콤머대신 표현 : The Empire State Building was built in 1933.

caution] Standard WrE 에서는 이런 infml E 표현을 좋아하지 않는다. 토익/토플 문법 문제는 좋은 글 입장에서 판단하기 때문이다. 한 문장에서 같은 주어를 두 번 쓰는 것은 좋은 글이 아니다.

Standard WrE :

The Empire State Building was built in 1933.

or The Empire State Building, which was built in 1933.

j.. Afghan refugees come home, 1.8 million.

→ 분설 분리동격

시동=아프칸 피난민들이 돌아 왔어요, 고향으로 돌아 왔는데, 인원수는 일백 팔십만명이나 된다.

콤머대신 표현 : 1.8 million Afghan refugees come home.

❈ come=**발생현재**

k.. Breaking news/Bad news/Good news, he is guilty/innocent.

→ **근설 분리동격** 시동=속보/ -- 뉴스인데, 즉 그에게 있다는 것이다. 즉 죄가 있다는 것이다/없다는 것이다.

콤머대신 표현 : Breaking news/Bad news/Good news is (that) he is guilty/innocent.

: My point, he is rich.

시동=my point는 he가 is인데 rich하다는 것이다: Bad news, a boy was born. Good news, a girl was born.

콤머대신 표현 : My point is that he is rich.

✠ comma=분리전개

A.. "Stay, say, Bagdhad."

영뇌=기 → 설 → 설′ : BEis–Os

or I + I + I : I–Os or S + S + S : S–Os | Free 감주+我必 Free 감주 간직하기

시동=지금 주재 근무[주둔]하면서 말하는 거예요, 바그다드에서 말입니다.

콤머대신 표현 : a.. Stay to say, Bagdhad. b.. Stay and say in Bagdhad.

: A – a.. See, sorry, back.

⇒ 분리삽입 전개

시동=보게나, 미안해요, 다시 말이다. **콤머대신 표현** : See back. I' m sorry.

caution]What does that mean? 시동=무엇이지, 그것이 의미하는 바는?

'What does' 의 세 가지 소리[감주]

=워ㅌ다ㅈ : post 점형 F + small slide F

워ㅌ이ㅈ : slide F -- d=감주시 복자음이 되어 폐쇄 oe=e지배음가 s=유성음 매치 : **고난도 감주**

워ㅌ이ㅅ : slide F -- d=감주시 복자음이 되어 폐쇄 oe=e지배음가 s=철자음가 : **고난도 감주**

: What does Bannon know? ↳buoy ⇒ uo=u 또는 o 지배음가 : 부–이/보이

c.. Thank you, Bob, so much.

⇒ 분리삽입 전개

시동=감사해요, Bob, 정말로 대단히 말이다.

콤머대신 표현 : Thank you so much, Bob.

d.. Maybe long, not easy.

⇒ 분리전개

시동=아마도 오래 걸릴 것 같고, 쉽지 않을 것 같다.

콤머대신 표현 : Maybe it is long and not easy.

more) 'Why does' 의 세 가지 소리[감주]

=와이다ㅈ : slide F + small slide F

와ㄷ이ㅅ : slide F -- y=단모음화 oe=e지배음가 s=철자음가 ↗**고난도 감주**

와ㄷ이ㅈ : slide F -- d=받침역할 oe=e지배음가 s=유성음 매치

: Why does Google do this? ↳**고난도 감주**

-- 1. 중자/말자일 경우 what으로 오청가능

2. 이래서 청취는 발음기호로 들으면 안된다. 소리본체로 들어야 한다.

e.. I came, I saw, I conquered.

시동=왔노라, 보았노라, 정복했노라.

콤머대신 표현 : I came, I saw, and I conquered.

WrE : full stop 사용 : I came. I saw. I conquered.

하지만 SpE에서는 infml한 표현을 더 좋아한다

: Art is long, life is short. That' s the sun, that' s not the moon.

⇒ **infml E**는 comma로 한 피어리어드 속에 넣는 것을 더 즐긴다.

g.. Navy 12 percent, Marines 4.7, Air Force 15.7, Coast Guard 8.7.

시동=해군이 12%이고, 해병대가 --, 공군이 --, 해안 경비대가 --이다.

콤머대신 표현 :

Navy 12 percent, Marines 4.7, Air Force 15.7, and Coast Guard 8.7.

Women include Navy 12 percent, Marines 4.7, Air Force 15.7, and Coast Guard 8.7.

h.. 'All right, come in, get.'

시동= '모두 다 잘 되었어요, 들어와서 가져가세요'

콤머대신 표현 : All right, come in and get it.

i.. The funeral for Dr. Massoud Yama, pictured above, his wife, Hamida Barmaki, a lawyer and human rights advocate, and all four of their children.

By ROD NORDLAND

Published: February 9, 2011 | Free 감주+我必 Free 감주 간직하기

남편과 아내를 comma로 분리해서 이어가고 있다.

그리고 아내는 어떤 사람인지 comma 동격으로 부연 설명해 나가고 있다.

콤머대신 표현 :

The funeral for Dr. Massoud Yama, pictured above, <u>and</u> his wife, Hamida Barmaki --- .

✠ comma=분리이유

A.. "Caspian Sea with us, //we should /keep alive."

영뇌=전설 ⇨ 기→ 설 : BEis-Os

or I + I + I : I-Os or S + S + S : S-Os | Free 감주+我必 Free 감주 간직하기

시동=Caspian해는 동자 우리와 함께 있다. 그래서 우리들로 하여금 일어나게 해야 한다.

계속해서[지키는 것인데] 살아 있게[있도록] 말이다.

콤머대신 표현 :

As Caspian Sea is with us, we should keep alive. or Caspian Sea being with us, we should --- .

plus]

comma=움직이고 움직이다가 잠시 쉬게 하는 것으로서 punctuation mark

[c: (울을 쳐서) 가두는 것으로서 쉬게 하는 것 m: move m: move a: a while]

vs coma=움직임이 잠시 갇히는 것으로서 혼수상태

[c: (울에) 갇히는 것 - 울모양 m: move a: a while]

2) semicolon 영뇌[semicolon NB]

IS 두뇌로 앞말을 semicolon으로 (독립되게) 끊어서 이어 가면서, 다시 뒷말로 서로의 관계를 설명해 나가는 뇌 요컨데, sign 설명어

▭ semicolon sign
=period + comma로서 끊으면서 잇는 것으로서 추가 또는 반대, 이유, 결과 관계
[; ⇨ . =끊는 역할 , =잇는 역할]

— 그래서, 표현에 따라 comma /period로 대체 가능 tip)두 문장 이상을 한 문장으로 만들 때 사용
period=완전 분리의미이고, comma는 준분리이다.

A.. "The haircut cost /about $4 ; a shave was /a little more."
영뇌=가→ 설 ; 가→ 설 : BEis–Os
or I + I ; I + I : I–Os or S + S ; S + S : S–Os ㅣ Free 감주+我必 Free 감주 간직하기

▭ semicolon=두 가지 사실을 끊어서 잇고 있는 데, 이때 의미 = and/but
시동=Haircut값은 -- 이었고[지만], 면도는 이었는데 좀 더 많은 것이었다.
세미콜른 대신표현 :
a.. The haircut cost about $4. And[But] a shave was a little more.
b.. The haircut cost about $4. A shave was a little more.
c.. The haircut cost about $4, a shave was a little more. : infml E
한 period 내에서 독립된 문장을 semicolon으로 전개 시키지 않고, comma로 전개시키면 infml 한 표현이 된다.

: A – a.. **To some life is pleasure; to others suffering.** → ; 의미=but
b.. **The singular form is child; the plural form is children.** → ; 의미=and

c.. **I started at once; otherwise, I should have missed the train.** → ; 의미=or
시동=않았다면, 그렇지 않았다면 나로 하여금 일어났을 것이다[일어났을 텐데]. 즉 놓친 사실이 말이다.

d.. **The poor puss had to give up the meat; she was too weak to fight the dog.**
→ ; = for (해당이유)
tip] period[?/!] 전체 표현의 첫글자만 대문자[capital letter]로 표현한다.

e.. **She was very ill; therefore, we had no choice but to put off our departure.**
시동=그래서, 그렇기 때문에 → ; =and (논리적 추가 : 그래서) therefore=adv.
f.. **He is dull; still he tries hard.**
→ ; =but 시동=그는 둔해요, 하지만 (그래도) 여전히 그는 애쓰고 있어요, 열심히 말이다.
still=adv.

세미콜른 대신표현 :

He is dull. Still he tries hard. He is dull. But still he tries hard.

He is dull, but still he tries hard. He is dull, still he tries hard. ※ still=adv. conj.

g.. I came; I saw; I conquered. : StE

∵ **세미콜른 속에** 완전한 period가 있어 독립성 보유. 즉 완전히 끊어서 잇는 것, 그래서 한 period내에 있더라도 StE가 된다. vs comma=분리해서 잇는 것

I came. I saw. I conquered. : StE

vs I came, I saw, I conquered. : infml E ⇨ 독립된 문장은 일반적으로 full stop을 찍는 뇌이기 때문이다.

h.. To err is human; to forgive, divine. : StE

i.. He never married; he lived alone; he never went to church; he never voted; he refused to pay a tax to the state; he ate no flesh; he drank no wine; he never knew the use of tobacco.

— semicolon으로 7가지 사실을 전개하고 있다. 그래서 7개의 period 문장을 만들 수도 있지만 <u>잇는 맛은 없다.</u>

| Free 감주+我必 Free 감주 간직하기

j.. I know that a fairly good income is very important; but it is still more important that a man should follow the vocation for which he is best fitted, whether it happens to be well paid or not.

→ 세미콜른=그런데(while/whereas) : 그런데 (하지만) ⇨ 세미콜른으로 문맥을 잇기 때문에 세미콜른 문맥에 맞는 다른 등위 접속사[but]도 쓸 수 있다. ▭ for which = 이유, 그 이유는 --- 때문에

▭ whether it happens to be well paid or not = 어떤 것이든, 즉 그것에 생기는 것이 좋은 보수이든 아니든

| Free 감주+我必 Free 감주 간직하기

k.. Riches Into Nigeria Are Lost After Arrival

The oil money has coursed through this swampy, sprawling settlement in the Niger Delta, a paper gusher that has yielded ambitious unfinished skeletons: a ghostly high-rise hotel; a luxury shopping center-in-waiting; a giant hospital that is mostly empty; housing and other projects, some completed but many not. | Free 감주+我必 Free 감주 간직하기

오일머니가 정상적으로 들어 왔지만 다 완성시키지 못한 채 뼈대만 앙상하게 되어 있다는 표현이다. 그 앙상한 건물들을 colon를 찍어 구체적 사실[예]을 암시하고, semicolon으로 그 사실들을 전개시키고 있다.

▭ swampy, sprawling settlement=질퍽 질퍽하고 난잡하게 쭉 펼쳐져 있는 정착촌/정착지

▭ paper gusher=펑펑 돈을 쏟아버리는 곳으로서 돈을 펑펑 쏟아 부은 지역

▭ paper=paper money cf] gas guzzler=*AmE infml* 기름을 많이 먹는 차

세미콜른 대신표현: 콜른의 예로서 문장이 아니기 때문에 콤머로 대체 가능

-- skeletons: a ghostly high-rise hotel, a luxury shopping center-in-waiting, a giant hospital that is mostly empty, housing and other projects, some completed but many not.

→ 결과는 같더라도 <u>접근하는 뉘앙스가 다르고, IS도 다르다.</u> 다 같이 분리이더라도 콤머는 분리해서 이어주는 것으로서 분리이고, 세미콜른은 끊으면서 이어주는 것으로서 분리이다.

주의] 다음 comma는 semicolon으로 대체할 수 없다. 분리해서 이어야지, 끊으면서 이으면 안되기 때문이다.

Then we moved to Richmond, a wealthy suburb of London. — 콤머분리 부연설명, 즉 분리동격

I.. They said that all the folks who lived in London were fine gentlemen and ladies; that there were singing and music there all day long; that nobody was ever hungry there, and noboday had to work; and that the streets were all paved with gold.

▭ ; = 그 여러가지 사실을 실제로 나열[전개] | Free 감주+我必 Free 감주 간직하기
▭ there, and ···› comma=앞말과 논리적 연속관계이니 콤머 사용함 and=논리적 추가 등맥
▭ ; and that ···› semicolon=새로운 사실이 또 추가되니 세미콜른을 사용했음
그러면 전체적으로 세미콜른으로 여러가지 사실을 나열하는 글이 된다.

3) colon 영뇌[colon NB]

IS 두뇌로 앞말을 colon으로 땅땅쳐서, 더 구체적으로 설명해 나가는 뇌
요컨데, sign 설명어

▭ colon sign
=점점으로 땅땅쳐서 여러가지 예로 구체적으로 설명해 나가거나
점을 한번 더 밑에 탁 찍어서 구체적으로 말해 나가는 것
/따옴표 변형으로서 출처 내용을 구체적으로 밝혀 나가는 것
[o/o 또는 〃(따옴표)의 변형 = : 점점]

tip)점을 하나 더 찍는 것은 구체적으로 설명하겠다는 의도

A.. Churchill promised the British people three things : blood, sweat, and tears.
B.. There are three causes: poverty, injustice, and indolence.
C.. What I intend to do are as follows: to work hard, to make much money, and to work for the public good. --- 콤머 대신 세미 콜른 대체 가능 ❖ public good=공익 | Free 감주+我必 Free 감주 간직하기

D.. Dear Sir [Dear Abby] :
She is a girl in the fourth grade. -----. -----. (여러 가지 이야기 전개)

E.. To teach: He taught her to fish. (teach의 예문을 구체적으로 밝히는 뇌)
F.. at 10 : 15 (10시인데 다시 분으로 구체적으로 밝히는 뇌)
G.. Washington Post: "The NATO coalition forces attack."
A Fox : "He is going to eat you. " → : = 출처내용을 구체적으로 밝히는 뇌(=says/said/has said)

H.. Your Query of
: sicks found no matching entries.
→ : =조회 결과에 대해 구체적으로 설명해 나가는 뇌
I.. The world is like a looking-glass: if you smile, it smiles; if you frown, it frowns back.
시동=쳐다보는 거울
→ : = 이미 취한 사실에 대해 다시 구체적으로 설명해 나가는 뇌 | Free 감주+我必 Free 감주 간직하기
tip]콜른은 period 속에 있으므로, 즉 문장이 끝난 것이 아니므로 소문자로 시작해야 한다.
단, 서신 내용 전개나 단어의 예문, 출처내용을 밝힐 경우 대문자로 시작 : D.. /E.. /G..

4) dash 영뇌[dash NB]

IS 두뇌로 앞말을 dash로 그어서, (뒷말로) 다시 발전시켜 설명해 나가는 뇌
요컨데, sign 설명어

▭ dash sign
= 줄을 그어 다시 발전시키는 것으로서 다시 발전시켜 나가는 것
[d: developing a: again] — 대개 접속사 의미가 된다.

tip)줄을 길게 긋는 것은 내용을 더 발전시키겠다는 의도

A.. I'm not surprised they look alike — they're cousins. 시동=왜냐하면

B.. Wait a minute – I'm thinking.

C.. It's too late to give her any advice – she's already made up her mind.

ㅣ Free 감주+我必 Free 감주 간직하기

D.. Thanks for all your help – you' re too kind! 시동=그런데

E.. You think too much – that's your problem. 시동=그래서

ㅣ Free 감주+我必 Free 감주 간직하기

F.. Reactor Leaks Water Into Ocean, Official in Japan Says
By HIROKO TABUCHI and KEN BELSON

TOKYO – Japan' s nuclear regulator said Saturday there was a crack in a damaged pit that lies between the No. 2 Reactor of the Fukushima Daichi nuclear plant and the sea.

— Tokyo에서 일어나는 것을 Headline 내용보다 더 발전된 내용으로서 전개하니 dash 영뇌를 작동시켰다.
이럴 때에는 더 구체적으로 설명해 나가는 colon영뇌를 작동시켜도 좋다. ㅣ Free 감주+我必 Free 감주 간직하기

G.. In recent months this conundrum – a flood of oil wealth yet continued unrest – has emerged again amid signs that the rebellion is not over.

→ 양 대쉬일 경우 하나로 묶이기 때문에 분리추가 설명을 나타내는 콤머나 괄호(brackets)로 대체할 수 있다.
In recent months this conundrum, a flood of oil wealth yet continued unrest, has emerged again amid signs that the rebellion is not over. : **infml E**
or --- this conundrum (a flood of oil wealth yet continued unrest) has emerged ----.

ㅣ Free 감주+我必 Free 감주 간직하기

⇨ The government – which promises to cut taxes – will be popular.
or The government (which promises to cut taxes) will be popular.
or The government, which promises to cut taxes, will be popular.

— 관계대명사는 연결설명어이다.
그래서, 관계대명사 문장은 완전한 독립된 문장이 아니기 때문에 콤머를 찍어도 infml E가 되지 않고, StE가 된다.

H.. You think too much – that's your problem. — 발전시키는 뉘앙스 : StE 시동=그래서, 그것이
vs You think too much, that's your problem. : **ok as infml E** — 분리해서 잇는 뉘앙스
vs You think too much. That's your problem. : **StE** — 완전 분리 뉘앙스
vs You think too much ; that's your problem. : **StE** — 끊으면서 잇는 뉘앙스

| Free 감주+我必 Free 감주 간직하기

I.. In the streets, at home, in the playground – everywhere you must try to utilize all your spare time. — everywhere가 발전적 내용이다. 시동=그런 곳 뿐만이 아니라[=**대쉬**], 모든 곳에서

| Free 감주+我必 Free 감주 간직하기

J.. Oh, yes, he was hungry – hungry as a church mouse.

K.. Health, friends, position – all are gone. ❖ position=지위

| Free 감주+我必 Free 감주 간직하기

IIIII.. hyphen과 dash는 다르다
The dash is longer than the hyphen.
hyphen=문맥 연결부호가 아니다. 단어나 음절을 연결하는 기호이다.
: co-operate / grief-stricken

IIIII.. quotation marks와 comma 관계
콤머는 출처가 뒤에 있을 때 따옴표 안에, 앞에 있을 때 따옴표 밖에 위치한다. 글을 써 내려 가는 순서대로 쉼표를 찍기 때문이다.

a.. "We have eight animals. We have a horse, a cow, two pigs, and four chickens," says Vladimir.
b.. "My answer is No. 3," replied student Sarah.
c.. "I'll go to him in a minute," she thought.

vs a.. George said, 'I don't smoke.'
vs b.. "You see," he said, "my father was a clergyman."
'That man,' I said, 'never opened a window in his life.'

A busy restaurant serves the following : **Meat, Fish, Vegetable Curry, Sauce, Bread, Fruit, Wine, and Coffee.**

If you heard these complaints from diners, what would they be talking about?

1. It's awfully stale.
2. It's extremely tough.
3. It's horribly bony.
4. It's rather lumpy.
5. It's much too spicy.
6. It's too dry.
7. It's not ripe enough.
8. It's very bitter.

Complaints from Diners
1. bread 2. meat 3. fish 4. sauce 5. vegetable curry 6. wine 7. fruit 8. coffee

7 영뇌리딩 skills

7 영뇌리딩 skills

IIIII **소리 또는 글자에 의해** (무한글로) 이해가 되어버리거나 해가 우러나오든지 앞방으로 A상황이 보이거나 표현한 것으로 보이는 것이 영뇌다. 다시말하면 이런 것들을 바탕으로 해서 감주로 이해하는 것이 영뇌다.

IIIII 감주 영뇌로 이해하면서 major 감주로 이해하거나 아필 감주로 이해한다.

IIIII 감주 영뇌로 topic, topic sentence, main idea를 찾는다. ↗ 또는 실제로 뒷말과 말해도 저절로 이해된다.

1. 먼저 감각적 주파수로 이해한다. 그러면 저절로 이해가 된다. tip)뒷말과 말하는 느낌이 머리 속으로 보이면 저절로 이해된다.

> nb – ☞.. We have /a family /of four, one /in high school |and | the other /in college.
> They study /very hard. But /we are /heavily in debt /due to /his excessive use /of credit cards.

☞.. **영뇌**= I + I + I, I + I + I + I + I. I + I. I + I + I + I + I + I : I–Os

or S + S + S, S + S + S + S + S. S + S. S + S + S + S + S + S : S–Os

or 기→ 설→ 설′, 기→ 설 ⇒ 등전설 ⇒ 기→ 설. 기→ 설. 등전설 ⇒ 기→ 설→ 설′→ 설″→ 설‴ : BEis–Os

(영뇌, 즉 BEis/IS 영뇌=(한글없이) 영어자체로 충분히 이해되는 것)

How to Read=Wehavea familyof four, onein highschool andthe otherin college.
Theystudy veryhard. But weare heavilyin debt dueto hisexcessive useof creditcards.
: 먼저 감각적 주파수로 이해한다. big tip)문장내 연속적인 감주로만 이해하는 것이 아니다. 비연속적인 것과 문장간 감주로도 이해하라.
시동= vocal 감각적 주파수로
(자동 설가뇌가 될 때까지) F3+E2 강하게 말하기

☞.. **我必 Free 감주 간직하기**

= Our family of four[Ourfamily offour], one in high school[onein highschool, the other in college[theotherin college]. But heavily in debt[Butheavily indebt or But heavilyin debt].

주의]원어민들은 접속사라고 해서 반드시 끊어 말하지 않는다 : **고난도 감주**

Free 감주 간직하기

⇒ Family of four[Familyof four]. One in high school[Onein highschool]. Other in[Otherin] college. Heavily in debt[Heavilyin debt]. Excessive use of[useof] credit cards[creditcards].
–– etc..

시동=우리에게는 있어요, 가족, 즉 네 명으로 구성된 가족이 있어요, 하나는 들어가 있고, 고학에 들어가 있고, 그리고, 그외 다른 하나는 들어가 있는 데, 대학에 들어가 있어요. 그들은 공부는 아주 열심히 해요. 하지만 우리는 있어요, 심하게 빠져 있는 데 빚더미 속에 빠져 있어요. 했기 때문에 즉[대자] 그이가 지나치게 사용했기 때문인데, 즉 여러 장의 신용카드를 지나치게 사용했기 때문이다.

caution] 1. 기/설로 끊어 놓은 것은 영뇌로 뜻 관계를 단지 알리기 위함이니 이해하거나 말할 때는 감각적 주파수로 하면 된다.
2. 감각적 주파수는 한 단어처럼 뒷말과 말하는 것이다. 그런 느낌 때문에 저절로 이해가 발생한다.
3. 감각적 주파수로 이해하면 저절로 선인영뇌각인과 선강후약 영뇌각인이 유지된다. 그래서 영어도 한글처럼 쭉 읽어내려 갈 수 있다.
4. 영뇌 중급자는 부분부분 감각적 주파수로 먼저 이해하고 전체를 이해한다.
5. **감각적 주파수**=강약/약강/음수조절/분리/비약음/약음 감주 : **일종의 free 영뇌**
6. **무슨 글을 읽든 감각적 주파수로 free 영뇌를 간직하되, 我必 free 영뇌는 반드시 가진다.** 이때 감주는 vocal 감주다.
7. (하나의 단어이든) 어느 부분을 보더라도 free 영뇌, 특히 free 감주로 이해되면 된다.
↳그러면 감주 패턴이 눈에 보인다.

✠ 시동 종류=원애시동 /vocal음 /Free 영뇌 /F3+E2 /일상적인 생활 /Ekbe /†SIUM 말하기 **/무한글**
/BNW or 비한글 BNW /BAM /BEis영뇌 /G토씨 /connotation /영뇌기본자세 /패턴 /associate

↗ major 감주=쭉 보아가면서(look over) 중요한 말만 각인시키는 skimming과 같다.

2. 감주 영뇌로 이해하면서[즉 쭉 훑어 보면서] major 감주로 이해한다. 나머지들은 흡수식 이해다. 잘 안되면 감주시동

을 걸고, 그래도 잘 안되면 Ekbe로 시동을 걸고, BE 문맥/associate를 활용하여 문맥흐름을 잡는다. major 감주는 중요한 것만 감주로 이해하거나 각인시키는 것으로서 글전체 요지이며 전문을 치거나 마치 요약하는 것과 같다.

tip)free 감주=어느 부분을 보더라도 영뇌로 이해가능 ※속독[speed reading]=major 감주 또는 아필 감주로 이해

↳어느 부분을 보더라도 free 감주로 이해하는 기술이 있어야 가능

nb – 1.. Police clashed several times on March 19 with about 2,500 rock–throwing black demonstrators who tried to march on a high school beset by racial violence. Demonstrators were marching in support of black students who say they no longer feel safe at Vryburg High School, which has been the scene of repeated racial clashes over the past month.

① 그 어떠한 부분이든 free 영뇌, 특히 감주로 이해되면 된다. 잘 안되면 감주 시동을 걸거나 Ekbe 시동을 건다.
예컨데 — which has been the scene 부분이 감주로 잘 이해되지 않으면 먼저 감주 시동을 건다.

감주 시동=whichhas beenthe scene

⇒ **이렇게 vocal 감각적 주파수로 (자동 설가뇌가 될 때까지) F3+E2 강하게 말하기**

Ekbe 시동=어떤 곳이냐 하면 이곳은 가지고 있는 곳, 되었던 것인데 현장이 되었던 것을 가지고 있는 곳으로 시동을 걸어 다시 이 글자에 의해서 IS로 (이해가 스쳐가거나) 각인[암기]이 되면 된다.

high school beset 시동=고등학교인데 괴롭힘을 당하고 있는 고등학교 ✠ beset=관계과분사 영뇌
beset=둘러 싸여 있는 것으로서 애워 싸여 있는 것 [be: **있는 것** s: surrounded t>d: done **피동의미**]
/둘러 싸여 당하는 것으로서 괴롭힘을 당하는 것 참고] free 영뇌/free 감주의 조합=문장 내에서 연속적/비연속적으로 발생 또는 문장 간에도 발생, 그래서 이해가 자유롭다.

..단주가 소감주/빅감주/왕감주로 되기 때문에 major 감주로 skim된다.

major 감주로 skimming 하기 :

Police clashed … with … black demonstrators … in support of black students … no longer feel safe.
시동=경찰은 충돌이 있었는 데 흑인 시위대와 충돌이 있었고, 이들은 하고 있었는 데 지지를, 즉 흑인 학생들을 지지하고 있었으며, 이들 학생들은 더 이상 느끼지 못하는 사람들이었다. 안전성을 말이다.

.. 아필 감주로 이해하기=Police clashed … … … … at Vryburg High School … … … .

✠ with=동존으로서 있는 것 이들은=in 연결설명어의 **연결** associate
이들 학생들은=**문맥** associate

nb – 2.. A Greek paratrooper is landing during the annual reservist exercise in the city of Larnaca Tuesday.

→ is landing 시동=있는 데 착륙하고 있다.
→ reservist도 감각적 주파수로 이해되지 않으면 사전을 찾아서 BAM 시동을 걸라.
reservist=퇴역한 군인으로서 예비병/재향군인 [re: retired s: soldiers]
(a soldier who can be called at any time of difficulty to serve in a country's army)

major 감주로 skimming 하기 :

Greek paratrooper …… landing …… annual reservist exercise
시동=그리스 패러슈트 낙하병이 착륙하고 있다. 연례 예비병[군] 훈련에서 말이다.

nb - 3 .. "Do you know the three real reasons why the Pope is coming to Havana?" the jester asks. "The Pope is coming to shake hands with the devil, to witness the miracle of how Cuba survives on nothing and to experience what hell is like."

why 시동=관계부사 영뇌로서 어떤 이유냐 하면 -- 하는 이유
why 뒤 is coming 시동=제한적 연결영뇌 : 있는 오기로 되어 있는 /되는, 오게 되는
is 시동=비연결 설명어로서 서술적 영뇌: 래발생 현재로서 '있다/되다'
coming 시동=앞으로 진행의미로서 오기로 되어 있는 것/올 예정인 것 [come + ing 앞으로 진행]

on nothing 시동=지탱 할 곳이 아무 것도 없는 곳에서: **직상뇌** /지탱해서 아무 것도 없는 것에 지탱해서: **간상뇌**
on 시동=위에 두는 것으로서 의지하는 것/의지하는 것으로서 지탱하는 것
jester 시동=joke해서 기쁨을 주는 사람으로서 익살꾼/어릿광대[j: joke+joy er: riser 일으키는 실체]
(a man kept by a ruler in former times to amuse him, tell jokes, etc.)

major 감주로 skimming 하기 :
...... three real reasons ...... Pope ... coming to Havana? ...... to shake hands with ... devil, to witness ... miracle of ...... Cuba ...... to experience ... hell ... .

시동=세 가지 이유는? 즉 교황이 오게 되는, 곳으로 Havana(아바나)라는 곳으로 오게 되는 세 가지 이유는?
첫째가 악수하기 위한 것, 함께 악마(Fidel Castro를 두고 한 죠크)와 함께 악수하기 위한 것이고 ,
둘째가 목격하기 위한 것, 기적 즉 쿠바의 기적을 목격하기 위한 것이며,
셋째가 경험하기 위한 것, 지옥(Havana를 두고 한 죠크)을 경험하기 위한 것이다.
※ 즉 /첫째가 /둘째가 /셋째가=문맥 associate | **Free 감주+我必 Free 감주 간직하기**

.. 아필 감주로 이해하기= ... ... why ... Pope ... coming to Havana ... ... to experience ... hell ... .

nb - 4 .. All the children got library cards as soon as they could write their names. I showed them how to use the card catalog and introduced them to the librarian. (Sometimes you get grumpy, but most of them like to help.) We've spent many a Saturday or Sunday afternoon in our library enjoying the books, programs and other materials they offer.

Today, my children – ages 6 through 12 – are avid readers who love books. They even save their allowance to spend on some popular books that are hard to find in the library. I'm certain this love will take them far in life.

got 시동=움직여 취한 것으로서 받은 것[g: go t: take+d: did]
We've spent 시동=우리는 가지고 있어요, 보낸 것인 데
card catalog 시동=색인목록 카드 : call log=전화온 내역 as soon as 시동=즉 이내 곧, 즉 하자마자

get 시동=움직여 취하는 것으로서 하는 것 [g: go t: take + d : do]
grumpy 시동=adj. infml 군소리를 하는 것[걸걸 거리는 것 /징징대는 것]으로서 투덜투덜 대는 것
[g: 군소리/걸걸 거리는 것/징징대는 것 m: make y: adj. suffix]
(bad-tempered and tending to complain 성격이 안 좋아 불평만 하는 성향이 있는 것)
: She's very grumpy when her tooth aches. | **Free 감주+我必 Free 감주 간직하기**

today 시동=이 날로서 오늘/오늘 날 /요즈음(nowadays) [t: this day: 날]

: He was released from prison early today.
Today's computers are more powerful than those of five years ago.
We export more cars today than we' ve ever done before.

vs We export more cars now than we' ve ever done before.

✠ today= '오늘날' 로서 요즈음 ✠ now= '지금은' 으로서 요즈음

avid 시동=adj. 활발하게 탐하는 것으로서 열망하는 것/열렬한 것 [v: 활발한 모습 d)t: 탐하는 것]
even 시동=지정강조/양보강조로서 (심지어) 까지도/조차도 [eve: ever 지정/양보 강조]
allowance 시동=특별히 허락하는 금액[액수]으로서 수당/용돈
[allow: 허락하는 것 a: amount : damage amount 피해금액]
(something esp. money, provided regularly or for a special purpose /AmE for pocket money)

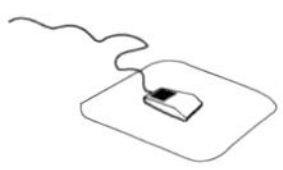

on 시동=위에 두는 것으로서 사는 것/사용하는 것
spend on 시동=써서 사는 것/사용하는 것
material 시동=만들 때 들어가는 것으로서 재료/소재/자료/자재 -- 등등 [m: make t: things]
materials 시동=여러 가지 재료/소재/자료/자재 -- 등등 [material + s: several]

❈ many a Saturday or Sunday afternoon=many Saturdays or Sunday afternoons

major 감주로 skimming 하기] :

... All... children got library cards ... as ...... could write ... names.
I showed ... to use ... card catalog ...... introduced ... to ... librarian.

...... spent ...... in ... library enjoying books, programs, ... other materials ....
... . even save ...... allowance to spend on ..... popular books ....
...... this love .... far in life. (❈ spent=일반과분사 영뇌로서 능동 event)

시동=모든 애들은 받았는데 도서관 카드를 받았어요. 하자마자[이런 게 되자마자 즉], 가능해지자 마자, 쓰는 것인데 이름을 쓰는 것이 가능해지자 마자 말이다. 나는 가르쳐 주었지요, 사용법, 도서목록 카드를 사용하는 법도 가르쳐 주었고. 소개도 시켜주었어요, 대자 도서 관원에게 말이다.

그래서, 보낸 것이 있는 데, 내소 도서관 내소에서 보낸 것이 있는 데, 즐기면서 책, 여러가지 프로그램, 기타 여러가지 자료들을 즐기면서 말이다. 그러면서 심지어 저축까지 해요. 받은 용돈을 (저축까지 해요), 써서 사용하기 위해서 유명한 책에 말이다. 이런 애정은 멀리 속으로 인생의 속으로 이어질 것같아요.

— BE 문맥으로 이해하면서 적절한 문맥 associate를 가미하면 영뇌로 major 감주로 이해하기가 훨씬 쉬워진다.

☞.. 아필 감주로 scanning 하기= ... ... children ... avid readers ... ... even save allowance ... .

부지(不知) 영뇌리딩 'Sometimes you get grumpy.' 에서 모르는 부분이 있어도 감각적 주파수로 영뇌는 작동돼야 한다. 이런 것은 한글도 같다. 특히 장문 리딩시 절대로 사전을 먼저 들추지 말라. 모르는 게 있어도 **아는 것 속에서 모르는 것이 묻어가도록** 머리를 습관화 시켜야 한다. 그러면 최소한 글감은 잡힌다. 감주 리딩도 무부스텝으로 완성시킨다.

시동=이따금 여러분들은 하는 데 grumpy한다. tip)**모르는 게 있으면 그대로 또는 빼고 이해**
특히 전문용어 → 사람 이름처럼 그대로 이해

nb - 5 .. **As of January 31**

Usable FX Tallied at $12.36 Bil.

Korea's usable foreign-exchange reserves amounted to $12.36 billion at the end of January, up $3.49 billion from at the end of 1997.

① 영어는 모르는 것이 있어도 바로 감주 영뇌를 작동시키는 버릇을 길러라. 모르는 단어가 하나라도 나오면 그만 이해를 포기하는 것도 한국 사람들의 가장 큰 취약점이다. 처음에는 하기 싫어도 몇 번만 하면 쉽게 습관화 된다.

② 모르는 단어나 표현이 있을 경우 (예컨데, tallied at/reserves /as of /amounted to) 감주 무부스텝으로 그냥 넘어가라. 즉 모르거나 알듯 모를 듯한 것이 있어도 감주 영뇌로 쭉 보아나가면 된다. 현장영어이든 시험영어이든 같다. (현장영어=영자신문/CNN, NBC — 등 현장방송 시험영어=수능/내신/토익/토플/공시 — 등)

아무튼 모르는 것이 있어도 포기하지 말고, 감주 영뇌 속[아는 범위 내]에서 해결하라. 바로 사전을 들추는 버릇도 삭제하라. tip)1. 영뇌읽기도 영뇌청취처럼 무부스텝으로 완성된다.
2. 영뇌리딩이 되는 사람들은 모르는 단어가 있어도 이해가능, 즉 분위기 파악이 된다.
3. 보통사람=모르는 단어중심으로 이해하려고 하고 천재들=아는 단어 범위 내에서 특히 전문용어는 그대로 이해한다.

아는 범위에서 감주영뇌로 이해하기 :

...... January 31

Usable FX ...... at $12.36 Bil.

Korea's usable foreign-exchange .... $12.36 billion at the end of January, up $3.49 billion from at the end of 1997.

major 감주로 skimming 하기 :

...... January 31

Usable FX ...... $12.36 Bil. ...... up $3.49 billion ...... from 1997

시동=1월 31일 가용 외환액은 $12.36 bil.이고, 증가는 $3.49 billion이고, 기점 1997년으로부터 말이다.

아필 감주로 이해하기= ... usable foreign-exchange ...... $12.36 billion ... ... up $3.49 billion ... .

as of **시동**=인데 즉 -- 현재인 것 [as: is대용[동질]으로서 인 것 of: 동격으로서 즉]
tallied **시동**=주판 알을 튀겨서 올려 진 것으로서 계산이 된 것 [tally + d: done 피동의미]
tally **시동**=주판 알을 튀겨서 올리는 것으로서 계산하는 것 : im-BAM
(사전의 뜻=to calculate ; count ⇨ BNW로 접근하지 않은 그냥 뜻하는 의미)
[t: 튀기는 것 a: 주판 알맹이 ll 〉 = : 주판 알맹이 걸이대]

at **시동**=차지하는 구역으로서 규모, 규모로서 크기/time으로서 시기(가) [a: area t: time]
tallied at **시동**=계산되었는 데 그 규모가 --이었다
reserves **시동**=나중에 쓰기위해 뒤로 비축해 놓은 덩어리로서 보유고
[re: back s: save 저축해/저장해 두는 것 s: 덩어리 복수]
amounted to **시동**=액수가 되었는 데 to **시동**=방향 변화로서 되는 것

nb - 6 .. Pioneer 11 and Voyagers 1 and 2 – the only spacecraft to fly by Saturn – provided tantalizing glimpses of the planet in the late 1970s and early 1980s. The Hubble Space Telescope has provided stunning views of Saturn, too but cannot penetrate the clouds of Titan.

감각적 주파수로 이해되는 부분 :

Pioneer 11 and Voyagers 1 and 2 – the only spacecraft to fly by Saturn – provided .... of the planet in the late 1970s and early 1980s. The Hubble Space Telescope has provided .... views of Saturn, too but cannot .... the clouds of Titan.

major 감주로 skimming 하기 :

Pioneer 11 ... Voyagers 1 ... 2 – only spacecraft ... to fly by Saturn – provided .... of ...... late 1970s ...... early 1980s. ...... Hubble Space Telescope has provided ...... views of Saturn ... , but cannot ...... clouds of Titan.

시동=파이어니어 11호와 보이저 1, 2호는 유일한 우주비행기인데 날아 근처까지 간, 새턴 근처까지 간 유일한 우주 비행기인데 제공했어요, 관련 정보를 1970년대 말과 1980년대 초기에 말이다.
허블 우주 망원경도 가진 적이 있는 데, 제공한 사실, 전경, 즉 새턴의 전경(全景)을 제공한 사실을 가진 적은 있지만 , 아직 성능이 되지 못해요, 구름 층, 즉 타이탄의 구름 층까지 가는 데는 말이다.
※ 아직/가는 데=**문맥** associate 는 말이다=BE **문맥** | **Free 감주+我必 Free 감주 간직하기**

.. 아필 감주로 scanning 하기= Pioneer 11 ... Voyagers 1 ... 2 ...... to fly by Saturn ...
... Hubble Space Telescope has provided ...... views of Saturn ... .

fly 시동=과거 속에서의 (발생) 본동사 의미 : 날아 간
of 시동=동격 관련, 즉 동관으로서 관련정보 **1970s/1980s의 복수 sign 시동**=복수로서 대수의미
cannot 시동=능력이 안되는 것으로서 성능이 되지 못하는 것 **clouds의 복수sign 시동**=복수로서 층
Pioneer 11 /Voyagers 1/2 /Saturn /Titan 시동=(몰라도) 고유명사는 그대로 인식

Pioneer 11 /Voyagers 1/2는 dash **영뇌**로 발전적으로 다시 설명해 나가기 때문에 우주 비행기라는 것을 쉽게 유추할 수 있고, Saturn은 뒤에 planet가 나오므로 어느 행성 중의 하나라는 것을 쉽게 인지할 수 있다. Titan도 새턴의 전경이 나오고, 다시 표현된 것이므로 이 역시 새턴의 위성이라는 것을 쉽게 감을 잡을 수 있다. 그리고, 양 dash대신에 양 comma 또는 양 bracket사용해서 추가 설명을 해도 좋다.

tantalizing 시동=감질날 정도인 것 [tantalize + ing 분사형용사]
tantalize 시동=모든 것을 보여주지 않고 애먹이는 것[보여 주기만 하고(in sight), 닿지 않게하면서 (out of reach) 애먹이는 것]으로서 감질나게 하는 것/애태우는 것

[t: tease 애먹이는 것 tal: not all or nt: not touch]
(to make someone want something even more strongly by keeping it just out of reach)
: While we were shut up in the classroom, the tantalizing smell of cooking wafted up from downstairs.

glimpses 시동=여러 군데 어렴풋이 보이는 것 [glimpse + s: several]

glimpse 시동=미끄러 지듯이 보는 것으로서 힐끗 보는 것/어렴풋이 보는 것 [gl: glide se: see]
(a quick look at or incomplete view of)
: I only caught a glimpse of the thief, so I can't describe him.

provided tantalizing glimpses of 시동=제공했는데 감질나는 여러 군데의 어렴풋한 모습, 즉 --의 어렴풋한 모습
뜻하는 의미=보였주었는데 맛만, 즉 대해서, -- 대해서 맛만 보여 주었다.

spacecraft 시동=우주 공간에 떠 다니는 것으로서 우주 비행기(단、복명사)
[space + craft=c: carry +a: air + ft: float] vs spaceship 우주선 space shuttle 우주 왕복선
planet 시동=우주 공간에 심어져 있는 큰 물체로서 행성 [plan: planted t: tall thing]
vs star=빛이 튀기는 물체로서 별 [s: splash + t: thing]

Saturn 시동=여러 개 층을 두르고 있는 큰 물체로서 토성 [s: strata/stratums t: tall thing]
vs Earth=만물이 일어나는 곳으로서 지구 [ear: 어랏차하고 일어나는 것(r; rise) + t: all things]
Titan 시동=(also titan) 가장 큰 것으로서 거인/장사/거물/거장 /거대한 것 [t: tallest t: thing]
//토성의 위성 중 가장 큰 것으로서 타이탄 -- 모든 달 중에서 가장 크다
//그리이스 신화에 나오는 거인 족의 하나
cf] Miranda=천왕성의 제5위성 Miranda rights=피의자 권리로서 접견권/묵비권

nb - 7 .. You can go rafting on the Colorado River. Because of the danger, if you want to go alone, you will need permission from the park superintendent. But you can also go with a group <u>on</u> a week-long rafting and camping trip.

영어자체, 즉 소리/글자에 의해서 바로 해가 우러나오거나 앞방으로 A상황이 보이면 된다. 이게 바로 IS영뇌다. 잘 안될 때 시동을 거는 것이다. 특히 선강후약 영뇌각인이 되거나 선인영뇌각인이 되면 쭉 읽어나갈 수 있다.

| Free 감주+我必 Free 감주 간직하기

rafting on the Colorado River 시동=래프팅하는 것을 하러, 위에서 콜로라도 강 위에서 말이다
permission 시동=통과시키는 것으로서 허가(증) [p: pass /per: through]

superintendent 시동=위에서 내려다 보면서 돌보는 사람으로서 감독자/관리자 [super: over t: take care]
vs supervisor 시동=위에서 지켜보는 사람으로 현장 감독자 [super: over v: 보는 것]

with 시동=동존시키는 것으로서 짓는 것/만드는 것
on 시동=작동으로서 하는 것 --- rafting은 어떤 곳 위에서 이루어지므로 on을 썼음.

시동=여러분들은 가능하다. 가는 것, 래프팅하는 것을 하러 가는 것이 위에서 콜로라도 강 위에서 말이다. 왜냐하면 (이런 게 있기 때문에), 즉 위험이 있기 때문에 만약에 원한다면 가기를 혼자 가기를 원한다면, 할 필요가 있어요, 허가를 받을 필요가 있는 데, 부터 공원 관리자로부터 말이다. 하지만, 여러분들은 가능한데, 또한 가능해요, 간다면 지어 그룹을 지어 간다면 가능해요. 하는 것, 일주일 내내 래프팅 하는 것과 캠핑 여행을 하는 것은 말이야.

| **문장간[내용간] Free 감주 간직하기 :** You can go alone, but you need permission. --- etc.
| **문장내 Free 감주 간직하기 :** Because of danger, if you go alone, you need permission. --- etc.
| big tip)**문장내 연속적인 감주로만 이해하는 것이 아니다. 비연속적인 것과 문장간 감주로도 이해하라.**

major 감주로 skimming 하기 :

...... can ... rafting ......Colorado River . ... danger, ... if ...... go alone, ... need permission ....
But, ... can ... with a group .... ☺.. **아필 감주로 이해하기=** ...... can ... rafting ...... Colorado River ....

시동=가능한데 래프팅을 콜로라도 강에서 하는 게 말이다. 위험하기 때문에 만약에 간다면 혼자 간다면 필요해요,허가증이 필요해요. 하지만, 또한 가능한 데[상관없어요], 만들면 하나의 그룹을 만들면 (허가증 없이) 가능해요[상관없어요]

문맥 흐름에 맞게 문맥 associate는 적절하게 만들면 된다.

뒷 can 시동=가능한 것으로서 상관없는 것

rafting 시동=강을 따라 둥둥 떠 내려오는 스포츠로서 래프팅하는 것을 하는 것
[r: river a: along ft: float ing: 동사사실로서 하는 것을 하는 것=동명사]
(the sport of travelling down a river on a raft)
✠ spelled traveling, traveled in American English cf] -ll (BrE)
: Winter Park offers innumerable opportunities for water sports such as boating, fishing, and rafting.

raft 시동=강을 따라 둥둥 떠 내려 오는 것으로서 뗏목 /고무보트 또는 플라스틱 보트
[r: river a: along ft: floater]
(사전의 뜻 =1. a floating platform made from large pieces of wood
2. a small inflatable rubber or plastic boat)

nb - 8 .. The diamonds are very expensive for several reasons. First, they are very beautiful. A lot of people like them very much. They use them as wedding rings. Second, diamonds don't change for ever. They stay the same for millions of years. Third, they are useful. People use diamonds to cut other stones. And finally, they are so difficult to find. They are only found in quite a few places on the Earth.

구체적인 말 또는 설명 부분은 major 감주에 넣을 필요가 없다. 요지만 하면 된다.

major 감주로 skimming 하기 :

...... diamonds ... very expensive ....
... very beautiful. ... don't change ... . useful .... so difficult (to) find ....

☺..**단주가 소감주/빅감주/왕감주로 되기 때문에 major 감주로 skim되거나 아필감주로 scan된다.**

시동=다이아몬드는 아주 값비싸다. 아주 곱고, 불변이고, 유용하고, 정말로 어렵기 때문인데 찾기가 말이다.

☺.. **아필 감주로 scanning 하기=** ...... diamonds ...... don't change ....

notes] ⅡⅡ 전체 topic sentence cf]topic=diamonds
=The diamonds are very expensive for several reasons : 글전체 요지문장/중심문장
ⅡⅡ 개별/부분 topic sentences
=First, they are very beautiful /Second, diamonds don't change for ever
/Third, they are useful /And finally, they are so difficult to find : 부분 요지문장/중심문장
✠ on the Earth=on Earth for ever=forever=for good=permanently
| Free 감주+我必 Free 감주 간직하기

nb - 9 .. Dogs have sometimes a problem at home. Lots of dogs are noisy and dirty. Fierce dogs can even injure or kill people.

major 감주로 이해할 때는 signal words[신호말/암시말]가 있으면 적극 활용하라. signal words로 topic sentence를 만들어 문맥을 전개시키기 때문이다. ✠ a=signal word

: a problem=여기서 a는 어떤 하나로서 어떤 것(a certain) 또는 어떤 하나의 크기정도로서 조그마한 크기(some)

: Wait a mimute. 주의)한 가지 문제가 아니다.

✠ a=약간으로서 잠시 또는 하나로서 일분 cf]topic=dogs T/S=첫 문장

major 감주로 skimming 하기 :

Dogs ...... a problem ....

...... noisy and dirty. ...... injure or kill .... ☞.. **아필 감주로 이해하기=** Dogs ...... noisy and dirty ....

시동=개에게는 어떤/약간의 문제가 있다. noisy하고 dirty하고, injure하거나 kill하기 때문이다.

| **Free 감주+我必 Free 감주 간직하기**

dogs 시동=개라는 일반적 의미 [dog + s: 일반복수]

vs dog=도망가지 못하게 묶어 함께 다니는 동물로서 개 [d>t: tied o: 움직이는 것 /move g: go 다니는 것]

problem 시동=앞으로 불거져 나온 것으로서의 문제 [p>pre: before b: 불거진 것]

vs issue=여러 사람들의 입에 오르 내리는 것으로서의 쟁점/문제점/논쟁/논점 [s: several s: say]

vs matter=중대한 것으로 취급되는것으로서 문제 [mat: material 재료로서 중대성 t: take]

: a matter of life and death 시동=문제인데, 즉 생사가 걸린 문제

fierce 시동=adj. 싸우듯이 격렬하게 움직이는 것으로서 맹렬한 것/사나운 것 [f: fighting r: 격렬한 모습]

injure 시동=안으로, 즉 안쪽 방향으로 절단하는 것으로서 상처를 입히는 것 [in: 안 j: 절단하는 것]

vs wound=움푹 들어가게 하는 것으로서 상처를 입히는 것/상하게 하는 것 [w/u: 움푹들어 간 모습]

: a mortal[or fatal] wound 시동=치명상 a wound to one's pride

vs hurt=고통을 주는 것으로서 아프게 하는 것/아프게 상처를 주는 것으로서 다치게 하는 것 [hur: 아파서 헉헉하는 소리 t: torture]

nb - 10 .. Helmut and Rosalind(also named Roz) plan to travel in Europe this fall. In September, they will visit Sicily. Then in October, they will bicycle in northern Italy. In the early November, they will travel through France. By the late November, they hope to be in Paris.

signal words : this fall → September, October, early November, late November

major 감주로 skimming 하기 :

Helmut and Rosalind plan to travel ....

September ...... Sicily. October ...... northern Italy. early November ...... France. late November ...... Paris. ☞.. **아필 감주로 이해하기=** Helmut and Roz plan to travel ...... Italy ...... France ... .

시동=헬뮤트와 로잘린은 계획을 하고 있어요. to하는 것, 즉 여행하는 것을 말이다. 9월에는 시칠리로, 10월에는 북부 이태리로, 11월 초순에는 프랑스에 들어가고, 11월말에는 파리로 갈 계획이다. | **Free 감주+我必 Free 감주 간직하기**

through 시동=통해서 뚫고 나오거나 뚫고 들어가는 것 [th: 뚫고 들어 가거나 나오는 것 — 된소리 BNW : 쓰 ⇒ 뚫]
(①in at one side and out at the other, *②within the limits of)
vs thief=뚫고 빨리 들어 갔다가 나오는 사람으로서 도둑
[th: 뚫고 들어가거나 나오는 것 f: fly 날으듯이 빨리 움직이는 것]
travel through 시동=밟아 뚫고 들어가는 것 /여행하면서 쭉 들어가는 것 /밟아 통대(通對) -- 으로 들어가는 것
vs travel=밟아 가는 것으로서 여행하는 것 [t: tread 밟아 가는 것]

nb - 11 .. In Korea, city children are often ill because of their poor diet. Some children don't get enough food. And also, sometimes they do not get healthy food. Poor health can be caused by bad housing facilities. The bad houses may not have fresh air in the summer or have no heat in the winter. Poor health may also be the result of contaminated water. Or it may be caused by crowded condominiums. They feel dizzy in the disordered condominiums sometimes.

어떤 표현이든 소리/글자에 의해서 한글 개입없이 그 자리에서 바로 영뇌가 작동돼야 한다. 그래야 major 감주를 쉽게 작동시킬 수 있다. 소리/글자에 의해서 한글 개입없이 바로 그 자리에서 무한글로 이해가 되는 것이 BEis, IS 영뇌이다. 요지에 대한 설명 부분은 major 감주에 넣을 필요가 없다. 즉 보아 나가면서 강하게 인식할 필요가 없다.

major 감주로 skimming 하기 :

... Korea, city children ...... often ill because of ... poor diet. .... (구체적 설명부분)
.... by bad housing facilities. .... (구체적 설명부분)
... result of contaminated water. ...... by crowded condominiums. .... (구체적 설명부분)

.. 아필 감주로 scan하기= ... city children ...... often ill ....

시동=한국에서는 도시 어린이들은 종종 병이 난다. 때문에 즉 부실한 음식 때문에 병이 나기도 하고,
의해서, 나쁜 주거 시설에 의해서 생기기도 하고, 결과, 즉 오염된 물의 결과로 생기기도 하고,
의해서, 과밀하게 지어진 콘도(우리말로는 과밀한 아파트)의해서 발생하기도 한다.

| **문장간[내용간] Free 감주 간직하기 :** City children often ill because of poor diet, bad housing facilities, contaminated water, and crowded condominiums. --- etc.

| **문장내 Free 감주 간직하기 :** City children often ill because of poor diet. No heat in winter. They feel dizzy in disordered condominiums. --- etc.

✠ poor diet≠balanced/healthy/calorie-controlled diet | **Free 감주+我必 Free 감주 간직하기**

diet 시동=보통 먹는 음식으로서 상용 음식[과 음료] /건강에 맞추어 진 음식으로서 규정음식(과 음료)
[d: dish 음식 + drink 음료 et: eat or t: tailored 맞추어진 것]
(the usual food and drink for a person or animal or a limited food and drink for medical or personal reasons) cf] (the) Diet 일본, 덴마크, 스웨덴 의회

condominium (also condo)=미국에서는 우리나라에서 말하는 아파트에 해당한다.
미국에서 아파트는 임대/사글세 주택을 뜻한다. 따라서 미국에 가서 아파트에 산다고 하면 한국에서 사글세 주택에 사는 것으로 생각하니 주의하기 바란다.
아파트도 apart가 아니라 apartment로 써야지 줄여쓰는 것은 Konglish이다.

✠ condominium(also condo) = a flat in a block of flats or a block of flats which people own.
개인 소유 flat (우리 명칭 – 아파트) 또는 그 단지

get 시동=움직여 취하는 것으로서 섭취하는 것 [g: go t: take]
crowded 시동=가득 차 있는 군중이나 어질러져 있는 많은 물건처럼 과밀한/조밀한 것
[crowd: 군중 ed: 자동형용사/분사형용사]
(filled with/completely full of a crowd : **a very crowded bus/street**
uncomfortably close together : **We are a bit crowded in that tiny room.**)

crowd=구름과 같이 모여 얽혀 있는 사람으로서 군중
[c: cloud w: 얽혀 있는 모습] (a large number of people gathered together)
/어지럽게 얽혀 있는 많은 물건으로서 어질러져 있는 많은 물건
[w: 얽혀 있는 모습 d: disorder] (a large number of things in disorder)
: a crowd of books and papers on the desk.

IIIII topic=the reasons why city children are often ill.
IIIII topic sentence=In Korea, city children are often ill

nb - 12 .. American and English breakfasts are very similar or a little different. But American breakfasts are quite different from Italian ones. American and English people both usually have large breakfasts. American and English breakfasts both include several dishes. They may include some fruit juice, cereal, and then eggs and toast. In both places, there may be also some meat with the breakfast. However, there are some differences between American and English breakfasts. Americans usually drink coffee in the morning, however, most English people prefer tea. Lots of Americans like sweet bread or coffee cake, but the English usually do not eat sweet things for breakfast.

By the way, American breakfasts are even larger than Italian ones. Most Americans eat cereal and eggs and toast for breakfast. But Italians usually just have bread and coffee. Many Americans also like some meat. Italians almost never eat meat early in the morning. Finally Americans do not drink strong coffee in the morning, but Italians always like strong and dark coffee.

topic sentence도 major 감주로 이해할 수 있다.

topic sentences=American and English breakfasts are very similar or a little different.
But American breakfasts are quite different from Italian ones.

topic sentences를 다시 major 감주로 이해하면 :
American and English breakfasts ...... similar or a little different.
...... American breakfasts ...... quite different from Italian ones.

TS를 major 감주로 이해하면서 전체를 major 감주로 이해하면 된다. 그러면 전체 글감을 영어로 머리 속에 쉽게 담아 둘 수 있다. | **Free 감주+我必 Free 감주 간직하기**

major 감주로 skimming 하기 :

American and English breakfasts ...... similar or a little different.
..... American breakfasts ...... quite different from Italian ones.

...... both ... large ... ... several dishes. .... some meat ... .
However, ... some differences ..., Americans ... coffee ..., English people ... tea.
Americans ... sweet bread or coffee cake, ... the English ... do not eat sweet things ... .

......, American breakfasts ... even larger than Italian ones.
Americans ... cereal ... eggs ... toast ... . Italians ...... bread and coffee.
Americans ... some meat. Italians almost never eat ....
Americans ... not ... strong coffee ... . Italians ... strong and dark coffee.

.. 아필 감주로 이해하기= ... Americans ... coffee ... , English ... tea. ...... Italians ... strong and dark coffee.

시동=미국과 영국 조반은 비슷하거나 약간 다르다(likenesses and differences).
그런데 미국조반은 아주 다른 점이 나오고 있다. 이탈리아 조반과 비교해 볼때 말이다.
둘다 양이 많고, 음식이 여러 가지이고 약간의 고기도 있다. 하지만 약간의 차이점이 있는데, 미국인들은 커피를 영국인들은 차를 또한 미국인들은 단 빵이나 커피 케익을 먹지만, 영국인들은 하지 않는다. 먹는 것인데 단 것은 말이다.
한편, 미국인 조반은 훨씬 양이 더 많다. 보다 이태리인 조반보다 말이다.
미국인은 시리얼, 계란, 토스트를, 이태리인은 빵과 커피를 먹거나 마신다. 미국인은 약간의 고기를 먹지만, 이태리인들은 거의 전혀 먹지 않는다. 미국인은 하지 않는데 강한 커피는 하지 않는데 이태리인은 강하고 진한 커피를 한다. ✠ cereal and eggs and toast : infml E ⇨ StE : cereal, eggs and toast
✠ a little=a little bit 여기서는 부사, 즉 명사부사임 quite different=very different=completely different

dish 시동=어느 정도 깊이가 있는 container로서 큰 접시 /움푹한 접시 [d: deep s: 접시]
(a large flat round or oval container)
/큰 접시에 담은 것으로서 요리된[준비된] 음식(food cooked or prepared)
✠ main dish 주음식 ✠ side dish 부음식 --우리 식사 기준으로는 반찬에 해당하나 미국의 부음식이 콩나물무침이나 김치같은 것은 아님

vs plate=평평한 container로서 납작한 접시 [pla: plain t>d: 담는 것]
vs bowl=밥그릇 모양처럼 아주 움푹하게 들어간 container로서 사발
[b: 밥그릇 ow: 아주 움푹하게 들어간 모양]

breakfast 시동=(잠자리를) 부수고 빨리 일어나 먹는 것으로서 조반 [break + fast]
vs lunch=움푹한 자리에서 대화도 하며 느긋하게 먹는 것으로서 점심
[l : relaxed u: 자리가 될만한 움푹한 외진 곳 n: noisy]

vs supper=해가 저물어 모두 모여 먹는 것으로 저녁식사 [s : sunset pp: person + person]
vs dinner=여러 접시에 푸짐하게 담아 놓고 많은 대화를 하면서 먹는 것으로서 정찬
//정찬으로서 점심/저녁식사 [d: dishes nn: noisy + noisy]

↗ 아필 감주=빨리 보면서(quickly look over) 내가 원하거나 나에게[지문에] 필요한 것만 감주로 이해하거나 각인시키는 것

3. 아필 감주로 이해한다. : 일종의 scanning

빨리 쭉 훑어 보면서(quickly look over) 아필 감주로 이해하거나 각인시키는 것이다. 그래서 본문과 지문은 major 감주[즉 skim]로 이해하고 문제풀이는 아필 감주[즉 scan]로 푼다. 아필은 나에게 필요하거나 내가 원하는 것이다. 특히 IELTS, TOEIC, 수능, — 등 시험문제를 풀때 활용하라. ↘그래서 아필=같거나 비슷하거나 지문내용에 맞는 것
문맥흐름은 major 감주처럼 BE 문맥/associate로 처리한다.

IIIII .. Example 1

Solve the following questions in the intuitional frequency I need/want.
Work as quickly as you can.

⇒ major 감주= Solve ...... questions ...... intuitional frequency ...... need/want . Work ...... quickly ....

1) On what top number can you read about the drought damage?
⇒ major 감주로 skimming= ...... what ... number ... drought damage?
시동= 몇 번이지 가뭄피해에 해당하는 것이 말이야? tip)drought과 같은 단어를 찾으면 된다.

2) What is the accident in the morning? 이게 바로 아필 감주이자 scan이다.
⇒ major 감주로 skimming= ...... what ...... accident ...... morning?
시동= 무슨 사고 이지, 아침에 일어 난 게 말이야? tip)accident -- morning을 찾으면 된다.

3) Who died of a heart attack? ⇒ major 감주로 skimming= Who died...... ?

4) Do you think there was an agreement between US and NK?
If they had an agreement, what was it?
⇒ major 감주로 skimming= ......think ...... agreement between US and NK ...... what ......?

5) How many people did the gas blast kill?
⇒ major 감주로 skimming= How many ...... gas blast kill? tip)gas blast를 찾으면 된다.

| Free 감주+我必 Free 감주 간직하기

.. Top 9 News Events of the Year -Domestic-

1.. Kim Il-sung Dies

North Korean leader Kim Il-sung, who ruled the Communist country for almost half a century, died of a heart attack at the age of 82.

2.. N.K.-U.S. nuke agreement

Both sides changed a nuclear agreement, ending 18 months of deadlock after Pyongyang withdrew from the Nuclear Nonproliferation Treaty March 1993.

3.. Songsu Bridge Collapses

Collapsed during the morning rush hour, killing 32 people and injuring 17 others.

4.. Tax Embezzlement

A big tax embezzlement case at 7,993 million won in Inchon City, implicating a total of 80 people including 34 former and incumbent city officials.

5.. Major Gov't Reorganization

The National Assembly passed the government reorganization bill, which includes a merger of the Economic Planning Board and the Ministry of Finance into the Ministry of Finance and Economy.

6.. Longest Drought in 52 Years

A long spell of hot and dry weather hit the country, sending the mercury up to a record high of 39.4℃. The drought destroyed crops covering about 144,000 ha.

7.. Seoul Gas Blast Kills 12

A gas explosion lasted for over an hour, left 12 dead, more than 70 injured, made 470 homeless, and destroyed about 100 houses and buildings.

8.. Desertion, Shootings in Army

The desertion of two officers and one noncommissioned officer from their camp, and an enlisted man's shooting to death his company commander and two platoon leaders at a firing range.

9.. Hwang wins at Asiad

He enhanced the pride of the nation by winning the men's marathon at the Hiroshima Asian Games.

✠ at the age of 82=at age 82 ✠ Nuclear Nonproliferation Treaty 핵확산 금지조약

✠ nuke=infml a nuclear weapon ✠ camp 주둔부대

| Free 감주+我必 Free 감주 간직하기

change 시동=또 다른 것으로 오는 것으로서 변하거나 (to make or become different, a different form)
또 다른 것으로 오게하는 것으로서 바꾸는 것 (to exchange one thing for another thing)
[c: come an: another]
: In autumn the leaves change from green to brown.
Don't start moving until the traffic lights change (to green).
Her new dress didn't fit so she took it back to the shop and changed (for another).

vs exchange=주고 받는 것으로서 교환하는 것 /거래하는 것 [ex: out 주는 것 c: come 받는 것]
: There was an exchange of political prisoners.

embezzlement 시동= 슬쩍 하는 행위로서 횡령/착복하는 것
[em>en>in: 들어가는 것으로서 하는 것 b: behaviour zz: 슬쩍]
implicating 시동=관계현분사 영뇌의 비제한적 연결영뇌 (=and implicated)
[implicate + ing 관계현분사로서 본동사 의미]

implicate=복잡하게 내관시키는 것으로서 얽히게 하는 것/연루시키는 것
[im: in plicate: complicate] (to show that (someone) is involved in esp. a criminal activity 범죄활동)
: A lot of people were implicated in the scandal.
=The scandal implicated a lot of people. 시동=그 사건이 얽히게 했다. 많은 사람들을 말이다.
무생물 주어의 뜻하는 의미=그 사건에 얽혀 있었다. 많은 사람들이 말이다.

incumbent 시동=adj. 현재 맡아 하고 있는 것으로서 현직인 것 [cum: commit be: being]
spell 시동=계속되는 한 동안 기간으로서 한 동안 기간 [s: 계속 pe: period]
(an unbroken period of time)
: a spell of work/coughing 시동=한 동안의 일/한 동안 계속되는 기침
a long spell of hot and dry weather 시동=한 동안 길게 계속된 더위와 가뭄 (날씨)

cover 시동=덮고 있는 것으로서 심어져 있는 것
: -- destroyed crops covering about 144,000 ha.
시동=농작물인데, 심어져 있는, 약 144,000 핵타르나 심어져 있는 농작물
✠ **관계현분사 영뇌--제한적 연결영뇌** ✠ 'ha' is an abbreviation for 'hectare'

deservation 시동=저버리고 가버리는 것으로서 탈주/탈영/버리는 것

desertion 시동=저버리고 가버리는 것으로서 탈주/탈영/버리는 것
[de: away ser>zer: 저버리는 것 tion: 명사 suffix]
desert=verb 저버리고 가버리는 것으로서 탈주/탈영하는 것 /버리는 것
(leave military service without permission ; run away from duty /to leave ; abandon)
: An officer deserted to the enemy. The streets were deserted.

//noun 마른 모래 지역으로서 사막/황야 [d: dry s: sandy r: region]
(a dry and sandy region)

to 시동=방향 변화로서 되게 하는 것 : shooting to death 쏘아 되게 한 사건, 즉 죽게한 사건
✠ at a firing range=at an area of shooting 시동=곳에서 사격장이라는 곳에서
✠ noncommissioned officer (장교로 임관되지 않은) 육군 하사관 [**약어**: N. C. O]

✠ enlisted man/woman=a person in the armed forces whose rank is below that of an officer
사병(soldier -- 하사관 포함) /여군 사병 [**약어**: EM/EW] vs buck private 신병, 이등병

☞ The Right Answers :
1) On top number 6 2) Songsu Bridge Collapses.
3) North Korean leader Kim Il-sung
4) Yes, I do. It was an N.K. -U.S. nuke agreement. 5) 12 people

Plus

아필 감주[즉 scanning]로 푸는 것은 같은 것만 찾는 것과 같다.
Find out the same word.
① **all** : axle, aloe, ally, alley, ale, **all**, ail, awl, alms
※alms=money, food, clothes, etc. given to poor people
② **after** : ate, ante, aft, fate, afoot, alter, afar, altar, **after**, otter
③ **which** : whiz, whit, whir, whip, witch, winch, **which**

IIIII .. Example 2

Solve the next questions in the intuitional frequency I need/want. Work quickly.

1) How old is the TV for sale? ⇨ major 감주= How old ...... TV ... for sale?

2) Where was a dog found? ⇨ major 감주= Where ...... dog found? tip)found에서 dog을 찾으면 된다.

3) Where does the piano teacher come from? ⇨ major 감주= ...... piano teacher ... from?

4) How much is the reward for lost car keys? ⇨ major 감주= ...... reward for lost car keys?

5) What is the price of English lessons in your home? ⇨ major 감주=price of English lessons?

6) What is the telephone number for learning to sing?

⇨ major 감주= ...... telephone number for learning to sing? tip)tutoring에서 sing을 찾으면 된다. 이게 바로 아필 감주이자 scan이다.

7) How many bicycles are for sale? ⇨ major 감주= How many bicycles ...... for sale?

8) Where was the piano made? And is it old or like new?

⇨ major 감주= Where ..... piano made? ..... old or ..... new? tip)sale에서 piano를 찾으면 된다.

9) When does the new class for singing begin? ⇨ major 감주= When .. new class for singing?

10) What is the price of the piano? ⇨ major 감주= ...... price of ... piano?

11) How many cats were found? ⇨ major 감주= How many cats ...... found?

| Free 감주+我必 Free 감주 간직하기

Classified Ads

☎ Classes and Tutoring	☎ Lost and Found	☎ For Sale
English lessons in your home. Very good college student. $ 30 /hour. Call today. 627-8925	Lost. Sunglasses in blue case. Near junior high school St. 23-1010. Reward	Bicycle. 2 years old. 21 speeds. $ 90. 341-1113
Piano lessons. Teacher from Paris. Call now. 564-6677 Pager : 012-456-1234	Found. Big white dog. Little ears. Short hair. Near Rose St. 771-5555	21″ TV. 3 years old. Must sell now. $150. Call 661-3031.
Learn to sing. New class begins in May. Two students in a class. Ten weeks. $ 95. Call 513-2323	Lost. Auto keys on ring. Near School St. $ 50 reward. Call 232-5423.	Bed. $ 130. Like new. Call now 89-4455. Fax: 89-2233
Math lessons. Tutor can help out you! $ 20 /hour. 623-2534.	Lost. Near University Rd. Camera in grey case. Need for my job. Reward. Call now 786-8989.	Bicycle. Men' s. Very good for hills. $100. 677-7865.
Learn to speak English. Esp. classes for beginners. Five students in a class. Native English teachers. Call 767-5634.	Found. At Central Park. Black and white cat. Call 332-6767.	Piano. Made in Germany. Like new. 1 year old. $2,000. 45-2211.

work **시동**=일하는 것으로서 처리하는 것/푸는 것 : **타동사**

: How the problem works. 시동=방법, 그 문제가 풀어지는[처리되는] 법, 즉 그 문제를 푸는 법: **자동사**

vs question=질문 : 45 questions=45 problems

from **시동**=흘러 나오는 것으로서 출처/출신/시작 /발신 /기점 /기처 /시일 -- 등등 [f: flow o: out]

sale **시동**=싸게 파는 것으로서 세일/염가판매 [s: smaller + selling] : Regular price $50, sale price $40.

/그냥 파는 것으로서 판매[매각/매상/매출] [s: selling] : Today's sales were larger than usual.

class **시동**=일정한 곳에서 배우는 것으로서 수업[강습] /일정한 곳에서 배우는 팀으로서 반[학급]

[c: 울타리를 친 모양으로서 일정한 곳 l: learn]

tutoring **시동**= 개인지도를 하는 것/받는 것 [tutor + ing: 동명사의미]

tutor=1 대 1로 가르치는 것으로서 가정교사/개인교사/개인지도교수 [t: teacher + ut/tu: student]

-- 단, 학생은 몇 명이 되어도 좋다. 그 학생에게 개인적 지도만 따르면 된다. 일종의 언어의 발전이다.

vs tuition=가르치는 댓가로 내는 것으로서 수업료/가르침을 받는 것으로서 교수 [t: teaching or taught]

: When I started college, tuition was $350 a quarter.

I had to have extra tuition in maths. 추가 수업/교수

vs AmE=tuition fees 교수+료/수업+료로서 수업료

on **시동**=위에 있는 것으로서 달려 있는 것

: keys on ring 시동=키인데 달린, 링에 달린 키(로써 키뭉치)

in **시동**=안에 있는 것으로 들어 있는 것

: camera in grey case 시동=카메라가 들어 있는 데 grey case에 들어 있는 것

speed **시동**=단계별 속도를 나타내는 것으로서 단

vs gear=속도를 조절하는 장치로서 기어 : gear box /high[low] gear

: three/four/five-speed 3/4/5단 21 speeds 21단 (자전거)

✠ Rd.=road Esp.=especially St.=street auto=car

(AmE) pager/beeper (BrE) bleeper 삐삐 | **Free 감주 간직하기**

The Right Answers :

1) 3 years old 2) Near Rose St. 3) from Paris

4) $50 5) $30 per hour 6) 513-2323

7) two bicycles 8) in Germany /It is like new.

9) in May 10) $ 2,000 11) one cat

IIIII .. Example 3 -- 다음 두 문제를 푸는 데 10초 이상 걸리면 문제있다.

Find the answer to a separate question in the intuitional frequency I need/want.

Q-1: When did they separate? Q-2: Where did Princess Diana die?

tip)1. separate와 같은 단어를 찾아 지문 내용에 맞는 것을 고르면 된다.

2. die와 같은 표현을 찾으면 된다. 1, 2 이런 것들이 바로 아필이다.

※ Key Dates in the Marriage of the Prince and Princess of Wales :

- July 1981 : Prince Charles marries Lady Diana Spencer after short engagement.
- June 1982 : Birth of Prince William. ● September 1984 : Birth of Prince Harry.
- Late 1985 : They begin to lead separate lives: first signs of public concern about the marriage.
- 1987 : More time spent apart ; media speculation of a possible split.
- 1991 : They send separate Christmas cards.
- December 1992 : The Wales's reveal they are separating after 11 years together.
- December 1993 : Princess Diana announces her withdrawal from public life.
- June 1994 : In a television documentary, Charles admits adultery.
- 1997 : She died in the car crash in Paris. | Free 감주+我必 Free 감주 간직하기

dates 시동=구체 복수로서 날짜별 사항 [date + s: 구체복수]
date= a) 정해진[지정된] 날(주로 숫자 날)로서 날짜/日字 [d: day a: appointed 정해진]
그래서,날짜에는 일 날짜, 월 날짜, 연 날짜가 있다 (the number of the day, the month, and the year)
: Today' s date is Friday/Christmas Day.[=Today is --.]
Payout Date : June/July, 2015. The date on the coin is 1921.

vs day=일년 중 어떤 하루의 길이로서 날/日[a: 어떤 하나 year: 일년](a period of 24 hours): two days ago
/하루 중 활동 time으로서 낮[d: doing a: 어떤 하나 year: 일년] (a period of sunrise and sunset)
: Call me in the evening as I' m usually out during the day.[=during/in the daytime]
/하루 활동으로서 일과[d: doing a: 어떤 하나 year: 일년]
(a period of work within a 24 hour period) : What time do you start your day?

b) 약속해서 무언가 하는 것으로서 데이트 : **생활** infml E
[d: doing a: appointment 일정약속] : Does your mother let you go out on dates?
⇒ on= 달력 위로서 dates와 의율이 되기 때문에 작동일 때에도 in을 써지 않고 on을 쓰는 것이다.
: **의율의 잣대=BNW** ✠ on=작동으로서 하는 것 on dates=할 때, 데이트를 할 때

c) 약속해서 무언가 하는[보내는] 사람으로서 데이트 상대자 : **생활** infml E
[d: doing a: appointment 일정약속] : You can bring your date to the party.

cf] 요일=a day of the week ⇒ What day? 무슨 요일이지?

engagement 시동=결혼하기로 한 것으로서 약혼 [en: in g: to go m: marriage]
lead 시동=앞에서 이끄는 것으로서 끌고 나가는 것/앞서는 것 [l: 이끄는 모습 a: 앞 no 's' 원형]
speculation 시동=잘라내지 않은 말로서 소문 /욕심을 잘라내지 못하는 것으로서 투기
[s: say cu: not cut a: avarice 탐욕/욕심]
cf] rumor=떠 돌아 다니는 것으로서 뜬 소문 [r: running m: moving]
adultery 시동=어른이 된 사람이 지게에 싣고 가 성관계를 하는 것으로서 간통 /부정
[adult: married person y: 지게] : commit adultery ✠ public life 公的生活

> **The Right Answers :**
> Q-1 : Late 1985 Q-2 : in Paris

IIIII .. Example 4 -- 영뇌가 형성된 사람은 다음 4문제를 푸는 데 20초 이상 걸리지 않는다.

Find the answers to these questions in the intuitional frequency I need/want.

Work fast.

Q-1 : How old was the dad when he died? tip) how old이니까 숫자를 찾으면 된다. 이것이 바로 아필이다. 즉 scan이다.

nb - 1 .. My dad was 46 when I was born. He was the most patient, loving father in the world. He would show up at school when I was younger. We hiked the Grand Canyon, fished, played softball together all my life. He was always there for me, as well as for my daughter. I sent him a dozen roses for his 81st birthday last April and told him how much I loved him. He passed away 2 and 1/2 weeks later.

Q-2 : How many people were missing? tip) 숫자와 missing만 찾으면 된다.

Q-3 : How many people lost their homes? tip) 숫자와 lost -- homes와 비슷한 표현을 찾으면 된다.

Q-4 : On what day did the typhoon begin? tip) 요일과 typhoon을 찾으면 된다.

nb - 2 .. The Philippine Air Force ferried medical teams and relief supplies today to provinces ravaged by Typhoon Agnes. The authorities said 620 people had died in the typhoon, more than 500 were missing, and about 545,000 people were homeless.

The typhoon hit the region Monday. More than 170 tons of food, medicine and clothing had been sent to the Visayan region, 300 miles south of Manila, and more aid was on the way. Helicopters were rescuing people stranded by floods.

The Philippine National Red Cross reported that many of the dead were children who drowned as 30-foot waves smashed into coastal villages. | Free 감주+我必 Free 감주 간직하기

would 시동=주체성발생으로서 발생하고 발생하고 한 것으로서 (종종) 하곤 했다는 것 : **often 과거습관**

[w: we 주체 + v 발생 + v 발생 d: often did 반복과거]

vs used to=**always 과거습관** vs will=**often 현재습관** : 종종 하곤한다

show 시동=모습을 보여주는 것 **up 시동**=위로 나타나는 것으로서 드러내는 것

: would show up 시동=(종종) 하곤 했어요, 모습을 드러내곤 했어요 [=often showed up]

as well as 시동=즉 더불어 즉 -- 에게 한 것과 같이

: He was always there for me, as well as for my daughter.

시동=그는 있었다. 언제나 거기에, 즉 내가 필요로 할 때 언제나 거기에 있었어요,

즉 더불어, 즉 내 딸에게 한 것과 같이 더불어 말이다. 즉 언제나 우리들 곁에 있었다는 말이다.

well=덧붙이는 것으로서 추가, 추가로서 더불어 [w: v + v 하나 더 붙이는 것]

as well=같이 덧붙여서[추가해서] /즉 더불어 for=누구를 위하는것으로서 필요로 하는 것

passed away 시동=(이 세상을) 통과해서 (저 세상으로) 가버린 것으로서 돌아가신 것 (=died; came to an end)

later 시동=어느 시점보다 늦게 일어나는 것으로서 그로부터 -- 한 후에 [late + er: 어느 시점보다]
ferried 시동=해상/공중/육상으로 나른 것으로서 수송한 것 [ferry + e: 조율음 + d: did 실제과거로서 단순과거]

ferry=나루터에서 실어내는 것으로서 나룻배로 나르는 것[해상 수송하는것]
/비행해서 나르는 것으로서 공수하는 것 [f: flight err: carry out no 's' 원형]
/지게에 지고 나르는 것으로서 육상 수송하는 것[ferr >fly+rr 나르는 것 y: 지게 no 's' 원형]
: The boatman ferried them across the river.
Everyday I ferry the children to and from school in my car.

cf] ferry=실어내기 위해서 접안하는 곳으로서 나루터/도선장/선착장
/즐겁게 실어나르는 배로서 나룻배/연락선/여객선
[f: 정박창/정박닻(anchor)을 꽂은 모습/fun e: ex: out rr: carry y: place/지게로서 수단]

ravaged 시동=망쳐 버리게 된 것으로서 완전히 파괴된 것 [ravage + d: done 피동의미]
: **관계과분사 영뇌**[=which were ravaged]
ravage=망쳐 버리게 하는 것으로서 완전히 파괴시키는 것/황폐화시키는 것
[r: ruin v: 버리게 하는 것 no 's' 원형] (to ruin and destroy ; devastate)
: The whole area was ravaged by forest fires.

stranded 시동=노끈으로 꽁꽁 묶였던 것처럼 꼼짝 못하게 된 것 [strand + e: 조율음 + d: done 피동의미]
: **관계과분사 영뇌**[=who were stranded]
vs **일반과분사 영뇌**: The tide had gone out, leaving the boat stranded on the rocks.
strand=끈[노끈]으로 꽁꽁 묶은 것처럼 오도가도 못하게 하는 것/꼼짝 못하게 하는 것
[str: string no 's' 원형]

the dead 시동=**관습적** English로서 명사 전제: the dead people
drowned 시동=물밑에 내려가 기력이 다한 것으로서 익사한 것 [drown + e: 조율음 + d : did 단순과거]
drown=물밑에 내려가 기력이 다하는 것으로서 익사하는 것
/물밑에 내려가는 것으로서 물에 빠지는 것
[d: down w: water no 's' 원형] : A drowning man will catch at a straw.

smashed 시동=강하게 충돌해서 산산히 부셔진 것으로서 산산이 깨어진 것[smash + e: 조율음 + d: did 단순과거]
smash=강하게 충돌해서 산산히 부셔지는 것으로서 산산이 깨어지는 것
[s: 산산 조각나는 것 mash: much + crash no 's' 원형]
into 시동=속으로서 들어가는 것과 그 대상으로서 덮치는 것/내대자 -- 덮치는 것

✠ medical teams 의료팀 relief supplies 구호품 cf] school supplies 학용품
missing adj. 실종된 것 coastal villages 연안 마을들

The Right Answers : Q-1 : 81 years old Q-2 : more than 500
Q-3 : about 545,000 people Q-4 : Monday

4. 감주영뇌로 Topic /Topic Sentence /Main Idea 찾기 — 국어문제도 각종 시험영어도 이렇게 풀면 쉽게 풀린다.

paragraph는 하나의 topic로 되어 있고, passage는 두 개 이상의 topic으로 되어 있다. 즉 paragraph는 중심소재가 하나이고, passage는 중심소재가 두 개 이상이 들어 있는 글이다. 그래서 paragraph가 모이면 passage가 된다.

topic=글을 엮어 나가는 중심소재

topic sentence=글의 요지가 되는 중심문장

main idea=작자의 주장, 보통 transition word 사용 (↗글의 변화를 주는 말; ↘but, therefore, so — etc.)

1] 감주 영뇌로 topic 찾기(Find the topic.)

pants, underpants, clothes, socks, coats, dresses, shirts

The topic is 'clothes'.

topic=중심소재 /대표소재 /공통소재 /압축[농축]소재 -- TS는 없어도 Topic은 있다.

↘What is this about? What is this talking about?

[t〉d: 다루는 것(deal) c: center/focus]=중점적으로 다루고 있는 것으로서 중심소재]

✠ pants (AmE)=사람의 다리를 덮는 옷으로서 바지 [p: person t〉d: 다리 s: 쌍복수]
underpants=panties (사각/삼각) 팬티
전자=다리 속의 것을 덮는 옷으로서 팬티 후자=penis를 덮는 옷으로서 팬티
vs underwear=안에 입는 옷으로서 내의
vs trousers (BrE)=나무 줄기처럼 쭉 뻗은 다리를 덮는 옷으로서 바지 [tr: trunk s: 쌍복수]

> nb - 1.. Las Vegas is a center of gambling in America. Every year thousands of people go to Las Vegas. They visit brilliant hotels and gambling casinos in this city. And at night they enjoy Las Vegas's neon lights. Las Vegas is a fantasy oasis in the Nevada desert – not of grass, but of neon lights. ✠ of=동격 구성

Q.. What is the topic of the paragraph?

① America ② Las Vegas's neon lights ③ Las Vegas | **Free 감주+我必 Free 감주 간직하기**

Topic 성격 :

a. 적절한 일반성을 가지고 있어야 하고

b. 하나의 단락 글(Paragraph)에 하나의 Topic이 들어 있어야 한다.

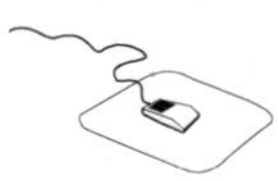

적절한 일반성이란 전체를 대변할 수 있는 개괄적인 의미를 말한다.
즉, 전체내용을 잘 담을 수 있는 단어이어야 한다.
그래서, 너무 상세(너무 부분적인 내용)하거나 너무 일반적인(너무 광범위한) 말은 안된다.
다시 말해, 전자인 경우는 전체내용을 커버하기에는 부족하고, 후자인 경우에는
전체를 대표하는 초점을 벗어나기 때문이다.

① America : too general ② Las Vegas's neon lights : too specific

③ Las Vegas : the right topic ∴ *topic = Las Vegas*

banker, stock broker, accountant, gambler, economist, cashier

⇒ *Topic = persons who work with money.*

nb - 2 .. Computers can do many things these days. First of all, they can make several documents. They can also calculate numbers fast and exactly. You can print things very fast. You can use them to send letters to people at the same time. You can find lots of information for school or work. You can play games on the computer. You can also listen to the music or sing songs. Furthermore, you can shop for things on the computer. ✠ furthermore 더군다나

Q.. What is the best topic?

① Computers : too general ⇒ 전체 대표 초점을 벗어난다.

② making documents on the computer : too specific ⇒ 전체를 대변할 수 없다.

③ things you can do with a computer or things computers can do.

⇒ 이 글의 전체 내용을 모두 담고 있는 표현이다. 즉 전체내용을 잘 함축하고 있는 적절한 개괄적인 표현이다.

∴ ***topic = things you can do with a computer or things computers can do.***

✠ Topic 형태=명사형 /서술형(Statement) | **Free 감주+我必 Free 감주 간직하기**

전자=Las Vegas 후자=things you can do with a computer or things computers can do.

nb - 3 .. A : Was it a girl or a boy?

B : It's a girl. She's about eight pound and looks very healthy.

A : When will they come home from the hospital?

B : I'm going to bring them home in 15 days.

⇒ ***Topic = a new baby girl/a newborn baby/a newborn*** ✠ boy[brother]//girl[sister]=아들//딸

| **Free 감주+我必 Free 감주 간직하기**

topic이 말로 표현되지 않고 문맥[대화] 속에 있다. 대화의 중심이 되는 말은 신생아이다.
(they/them = a baby and a mother 아기와 산모를 말함) when will=언제 될 것같은 가
from=시일[시자] --으로부터 : from Monday to Friday 시일[시자] 월요일부터 종일(終日/대자) 금요일까지

nb - 4 .. Why is Seoul City growing so fast? Where are all these people coming from? They are coming to the city from the country. It is very hard to farm in Korea. Most people on farms have to live a very simple life. Country persons think life in the city must be much better. So they leave their farms and move to Seoul City.

⇒ ***Topic=why country people are moving to Seoul City.*** | **Free 감주+我必 Free 감주 간직하기**

(main idea=Hard[Difficult] country persons move to good [better] Seoul City.)

영뇌리딩 skills

farm=땅을 갈아서 기르는 곳으로서 농장[농원 /농토] (a piece of land used to raise crops or animals)
/땅을 갈아서 기르며 사는 곳으로서 농가[농촌] (a farm house)
[f: 쟁기(plow/plough)로 땅을 갈때 흙이 넘어가는 모습 r: raise]
: leave their farms 시동=떠나는 데 자기네들의 농촌[농토]을 (두고) 떠나는 것
most people on farms
시동=대부분의 사람인데 사는, 농촌에서 사는 대부분의 사람 ✠ on=위에 있는 것으로서 사는 것

/땅을 갈아서 기르는 것으로서 농사짓는 것 (to use (land) for growing crops, raising animals, etc.)
: We farm a hundred acres of arable land.
✠ country persons=촌사람 /시골사람(=rural dwellers) arable land=경작지

IIIII .. topic과 paragraph 관계

➣ A paragraph has one topic. And all the sentences are related to that topic. ➣
일반적으로 좋은 글이 되려면 하나의 paragraph에 하나의 topic이 있어야 한다.
✠ paragraph=topic이 하나인 한 묶음의 짧은 글 → 단락[문단]

nb - 1 .. The Beatles was a British popular music group who made their first record in 1962 and became probably the most famous and successful group ever. The Beatles had four stars: John Lennon, George Harrison, Paul McCartney, Ringo Starr, that is, John, George, Paul and Ringo. They separated in 1970. Each member of the group continued to work in popular music.

Is this a paragraph ? ‘Yes’ If yes, what is the topic?
This is a paragraph, because all the sentences are about the same thing.
That is, they all have the same topic and are about one topic. ✠ that is=즉(in other words)

The topic is the Beatles. | Free 감주+我必 Free 감주 간직하기

Korea, fishing, dancing, reading, verbs, guests, trees

⋯› Is this a good group? No, it's a bad group.
If no, Why? Because all the words are not about one topic.
∴ *Topic=None*

nb - 2 .. The Beatles had four stars : John, George, Paul and Ringo.
Madonna sometimes appears with sexual behavior. The family of Elvis Presley was poor. Rock music is business. Some rock stars live in New York. Michael Jackson has his face greatly changed by plastic surgery.

Is this a paragraph? ‘No’ If no, why?
This is not a paragraph, because all the sentences are about several things.

Together, the sentences make no sense. They all don't have the same topic. The sentences are about several different topics.

The topic is 'none'. (없음) | Free 감주+我必 Free 감주 간직하기

✠ (Together), --- make no sense
= (모두 합해서, 즉 전체적으로) 만들지 못하는 데 어떠한 일관된 의미도 만들지 못한다.
plastic (의학) 성형의 plastic surgery=plastic operation 성형수술

IIIII .. topic과 passage 관계

➣ A passage has several topics. Because a passage has several paragraphs. ➣

일반적으로 좋은 글이 되려면 하나의 paragraph에 하나의 topic이 있어야 하고, 하나의 passage에는 여러 개의 topic이 있어야 한다. ※passage= topic이 여러 개인 한 묶음의 긴 글 → 절(節)

cf] text=가장 일반적인 말로 단어(word) 또는 글자(letter)를 묶어 놓은 것으로서 글 또는 문자[t: tied]

∴ text[글]=simple statement(간단말) /sentence /paragraph(단락) /passage(절) /introduction(서론)+body(본론)+conclusion(결론)
or text[문자] : Text message.
I'm texting.

ears, eyes, hair, cheeks, mouth, nose /steering wheel, license plate, taillight, bumper, turn signal

···› Is this a good group? 'Yes'
If yes, Why? Because all the words are about two topics[two same topics].

∴ ***Topic 1=head Topic 2=car*** 주의] 전체 topic=head and car 개별 topic=head/car

✠ (steering) wheel 운전대 taillight 미등 turn signal 방향표시기 a=a kind of

nb - .. Elvis Presley was born in 1935 in East Tupelo, Mississippi. His family was poor. They moved to Memphis, Tennessee in search of better opportunities. At his eleventh birthday, Elvis wanted a rifle. His mother Gladys convinced him to get a guitar. Elvis became a truck driver. One day in 1954, he stopped in at the Memphis Recording Studio and, just for fun, recorded a song. Sam Phillips, the studio head, heard the song and immediately recognized Elvis's potential. He called Elvis back for a real recording session. John Wayne was an American film actor. John Wayne played especially in Westerns. He showed film fans the characters such as honest, strong, independent, patriotic. Because he played these characters, John Wayne was thought to be an example of a good American.

Are these a paragraph? 'Yes' If yes, what are the topics?
This passage has two paragraphs. And so, this passage has two topics.
That is, each paragraph has each separate topic.

The topics are Elvis Presley and John Wayne. | Free 감주+我必 Free 감주 간직하기

두 개의 단락글로 되어 있고, Topic도 두 개나 된다 → 전체 topic=Elvis and John 개별 topic=Elvis/John

주의]전체 topic이 하나 + 여러개 부분 topic → 하나의 paragraph or 여러 개의 paragraph 가능

session=연속적인 모임 일을 잘라 놓은 것으로서 (거래소에서 문을 여는) 장[입회] /(의회/법정의 한번) 개회[회기] /(연속적인 여러번 행사 중의 한번의) 일정[모임] [se: series s: severed]

: morning session /next session of Parliament /a drinking[jazz/golf/alumni] session cf]the alumni association **동창회** ✠western=n. BrE/AmE cowboy film/movie 서부영화 that is=in other words

IIIII .. topic과 extra sentence

글 속에는 topic과 관계 없는 부분이 있다. 보통 문제로 많이 출제되는 부분이다.

condominium, apartment, hut, palace, mansion, kitchen, teepee, cottage

→*Topic=kinds of homes* ✠ 여기서 home 가정집=house 집

extra word=no related word : kitchen (word to cross out) ✠ teepee also tepee or tipi=인디언 천막집

Q.. Find the topic first. And then, find out no related sentence and cross it out.
(no related sentence=an extra sentence)

> nb - .. Helmut loves to cook. He can cook all kinds of dishes, but his favorite food is desserts. He always thinks that cooking is very relaxing. Sundays, Helmut has lots of time for cooking. When he is working in the kitchen, he thinks only about cooking. He can bake big, beautiful cakes with fruit or chocolate. Children must not eat a lot of chocolate every day. Furthermore, he can make some lobster or even a clambake — a traditional meal that New Englanders adopted from the Indians.

→*Topic=how Helmut loves to cook.*

: Helmut가 먹는 것 만들기를 아주 좋아하는데, 그 정도가 어느 정도인지 구체적으로 설명되고 있다.
시동=얼마나 되는지[어느 정도인지] 헬뮤트가 아주 좋아하는 정도가 먹는 것을 만드는 데 말이다.

✠ how=at what degree/price : How do you sell these apples? (얼마에 /얼마이지)
How have mobile devices changed your life? (얼마나) vs how much (얼마나 많이/얼마 정도로)

Sentence to cross out (문장, 즉 두줄을 그어 없애야 할 문장)
=Children must not eat a lot of chocolate every day.
: 만들기를 좋아하는 정도와 관계없는 표현이다. 즉 Topic과 관계없다.

(Topic Sentence=Helmut loves to cook.
Main Idea=Helmut loves to cook. 아주 좋아하는 데 먹는 것 만들기를 아주 좋아함)

| Free **감주+我必** Free **감주 간직하기**

cook 시동=부엌에서 자르거나 굽거나 익히는 것으로서 먹는 것을 만드는 것/요리하는 것
[c: cut o: 익히는 것 k: kitchen + 굽는 것] (to prepare or make food for eating)

caution] 요리하는 것으로만 알고 있으면 '케이크를 만드는 문장'은 요리하는 것으로 생각하지 않을 가능성이 있다. 그래서, 'He can bake big, beautiful cakes with fruit or chocolate.' 라는 문장을 cross out할 가능성이 있다. BAM 영뇌가 없는 영한 사전의 한계점을 알라. 한국 사람들은 특히 이런 것에 약하다.

food 시동= 먹을 수 있게 cook했거나 먹을 수 있는 것으로서 먹는 것 /음식 /식품 [oo: cooked d: edible]
그래서, cookie or ice cream도 먹는 것으로서 food이지, 음식으로서 food라 하는 것은 아니다.
: Give him food and drink. ⇒ 먹을 것과 마실 것 또는 음식과 음료

✠ dish 음식/요리 : a made dish 모듬요리 a side dish 곁들여 나오는 요리로서 반찬
clam 조개, abalone 전복, lobster 새우류에 속하며 왕새우 또는 가재라 함
shrimp 새우 중에서 작은 새우 그냥 새우라함
→ 미국에서 날로 먹는 것은 oyster와 clam밖에 없다. 생선을 날로 먹는 민족은 일본과 한국뿐이다.
clambake 1. 대합조개, 가재 등의 요리/식사 : position=**요리/식사**
2. an informal party by the sea, esp. one where clams, etc. are cooked and eaten.
보통 대합조개 등을 요리해 먹는 바닷가 요리파티 : position=**파티**

adopted 시동=취해서 이용한 것으로서 물려 받아 활용한 것 [adopt + e: 조율음 + d : did 단순과거]
adopt=취해서 이용하는 것으로서 채택하는 것/물려받아 활용하는 것 [o: 이용하는 것 t: take]
(to take and use as one's own) : We adopted his production methods.

.. T/S로 글을 쓰면 저절로 논문식(IBC) 글이 된다.
— 모든 글 쓰기의 근간은 T/S이다. Topic을 가지고 문장으로 만들면 Topic Sentence가 된다.

nb - .. These days, most people are suffering from a sharp increase of the prices of real estate. The average cost of housing in rural, urban, and suburban areas rose significantly between 2010 and 2019.

There was a dramatic increase in all the three areas. In 2010, the average cost in rural areas was $100,000, in urban areas, $400,000, in suburban areas, $200,000. But in 2019, the average cost in rural areas was $130,000, in urban areas, $860,000, in suburban areas, $350,000.

Overall, average costs in urban and suburban areas remained a great deal higher than in rural areas. Especially, the cost in urban areas rose twice over, compared to the costs in the other two areas. So nowadays people in urban areas are suffering really a great deal.

Comprehensive Explanation]
The average cost of housing in rural, urban, and suburban areas : cost **단수의미로 각각 지역 배분**
=The average costs of housing in rural, urban, and suburban areas : costs **세곳 지역의 cost로 생각**

첫문장=도입표현 **둘째문장**=T/S — 전체 T/S **두번째 paragraph 첫문장**=부분 T/S
Topic=The average cost of housing : 전체 topic ↳부분 topic=a dramatic increase of housing cost
Topic Sentence≠Main Idea (so=transition word)
Main Idea=People in urban areas are suffering really a great deal. | **Free 감주+我必 Free 감주 간직하기**

first paragraph=Introduction(서론) **second paragraph**=Body(본론) **third paragraph**=Conclusion(결론)

주의] 하나의 topic일 경우 하나의 paragraph로 글을 써나 부분 T/S와 conclusion이 나올 경우 세 개의 paragraph로 글을 쓰면 독자가 파악하기에 좋아 더 좋은 글이 된다. 그러나 두 개의 topic일 경우 두 개의 paragraph로 글을 쓴다. 이게 바로 passage이다. 그래서 passage가 될 경우 이 글은 하나의 paragraph로 묶을 수 있다.

2] 감주 영뇌로 topic senctence 찾기

topic은 무엇에 대해서 쓴 글인가에 해당하는 것이고, topic sentence는 글의 요지이다. 즉 topic sentence는 글 전체의 요지이자, 글 전체 내용이 함축되어 있는 중심문장이다. vs topic=What is this about? or What is this talking about?

① 연역식 글에서는 감주 영뇌로 문두에서 찾는다.

> nb - .. Oysters like warm waters and they're useful for human beings. They grow best between 66 degrees and 70 degrees Fahrenheit. In the southern waters, they grow to full size in two or three years. In the north, it takes about four years to grow up. By the way, they are eaten cooked or raw, and they can produce a jewel called a pearl. Some people think that eating oysters makes one better at sex.

→ *Topic Sentence= Oysters like warm waters and they're useful for human beings.*

= *Main Idea* | Free 감주+我必 Free 감주 간직하기

A) 문두에 위치하나 도입표현(Introductory Expression),
즉 도입문장이나 도입어귀가 앞에 있을 경우 이들을 제외한 것이 Topic Sentence이다.

a. 도입문장이 앞에 있다. tip)IELTS Writing task 2 Essay를 쓸때 도입어귀를 표현하면서 T/S를 써도 좋다.

> nb - .. When summer brings very hot weather, many people suffer more than they need to. There are a number of ways to make life more comfortable in the heat. First of all, keep your home as cool as you can. It is the best way to close all the windows and curtains during the hottest part of the day. Then, when it is cooler in the evening, open them up again. Second, Keep yourself cool by wearing loose, light clothes. Cotton is the best material for clothes in hot weather. And finally, Try to stay calm and relaxed. For example, you should try a nap after lunch.

▭ Introductory Sentence
=When summer brings very hot weather, many people suffer more than they need to.
— 이 글 전체의 요지가 들어 있지 않다. 단지 글을 전개하기 위해서 도입한 것에 불과하다.

∴ *Topic Sentence=There are a number of ways to make life more comfortable in the heat. = Main Idea* | Free 감주+我必 Free 감주 간직하기

b. 도입어귀가 앞에 있다.

> nb - .. People think that a day of apple picking is, in fact, a popular way to spend a fall day in New England. From Connecticut to Maine, it is generally possible to find an orchard within an hour's drive and the trip is well worth the time. Not only will it provide you with plenty of the freshest apples to be found, but it also will give you a chance to take in some sunshine and autumn scenery and get some exercise. And the picking is usually best done by adults. Children should not climb up into trees and risk hurting themselves and damaging the trees — younger members of the family can have fun just romping around the orchard.

Introductory Expression = People think that unimportant words = in fact

∴ *Topic Sentence* | Free 감주+我必 Free 감주 간직하기

= (a day of) apple picking is a popular way to spend a fall day (in New England).

=Best Topic Sentence=Main Idea ※from--to=기처--에서 종처--까지

B) 문두에 위치하나 부수적 설명이 뒤에 붙어 있다. 부수적인 설명은 Topic Sentence에서 뺀다.

> nb - .. The Beatles was a British popular music group who made their first record in 1962 and became probably the most famous and successful group ever. The Beatles had four stars : John Lennon, George Harrison, Paul McCartney, Ringo Starr, that is, John, George, Paul and Ringo. They separated in 1970. Each member of the group continued to work in popular music.

▭ **부수적인 설명**

=who made their first record in 1962 and became probably the most famous and successful group ever : 구체적인 내용은 글 전체 요지가 될 수 없다.

∴ ***Topic Sentence=The Beatles was a British popular music group.***

= Best Topic Sentence = Main Idea

— 도입표현이나 부수적 설명표현이 있을 때는 BTS를 찾아내야 한다.

첫 문장을 분리하여 표현하면

: The Beatles was a British popular music group. It(or The group) made their first record in 1962 and became probably the most famous and successful group ever.

| **Free 감주+我必 Free 감주 간직하기**

✠ human beings=humans 인간 By the way 그런데

cf] meanwhile=adv. conj. 중간시간으로서 그러는 사이에 (in the time between two events)

/중간시간 화제전환으로서 그런데[한편] : They'll be here soon. Meanwhile, let's have coffee.

one= n. 첫번째 숫자로서 하나 (the first number)

pron. 어떤 한 사람으로서 모두를 해당시키는 것으로서

어떤 사람도(any person) / (일반적인) 사람(people in general) /자기

✠ "The world is your oyster." It says you can go anywhere or do anything that you like.

Ex] I've got my degree now, so the world is my oyster! ✠ degree=학위

need to 시동=필요한 것로서 적정한 것 to 시동=방향 연결로서 것

: suffer more than they need to (suffer)

=고통을 더 많이 받는데, 보다 그들에게 필요한 것[적정한 것]보다 말이다.

a number of 시동=한 수 가지나 되는 것 뜻하는 의미=some, several, many

⇒ 어느 것에 해당하는 지는 그때 그때 상황에 따라 결정한다.

② **귀납식 글에서는 감주 영뇌로 문미에서 찾는다.**

— 특히 S영뇌로 글을 파악시 (A상황이 보이는 방법은 여러가지가 있으나) 앞방으로 A상황이 보이게 한다.

nb – .. The yak is a long–haired animal with long horns about the size of a small ox. It lives mainly in Tibet, Central Asia. The inhabitants use the yak for transportation. They also drink its milk, eat its meat for food and weave its fur into cloth. The yak is the most useful animal in Tibet.

→ ***Topic Sentence***

=The yak is the most useful animal in Tibet. = Main Idea

✠ yak=티벳산 들소 long=부사/형용사 : 형부 동형 | **Free 감주+我必 Free 감주 간직하기**

about **시동**=prep. adj. adv. 대략 옆까지 갈 정도로서 대략[거의] -- 쯤 되는

[a: 부정관사 크기로서 대략크기 b: by] (approximating ; near)

✠ long horns <u>about</u> the size of a small ox : **전치사 또는 관계형용사 영뇌 — 연결설명어** [=which are about]

시동=긴 뿔인데 대략 크기가 작은 황소크기 정도 되는 뿔

vs He is <u>about</u> my size [age].

: **전치사 영뇌 또는 전부, 즉 일반부사 영뇌**[=almost my size/age]

③ **나열식 글에서는 감주 영뇌로 글에서 추측하여 만든다.**

— Topic Sentence가 없는 글에서는 부분이 아니라, 글 전체 요지가 되도록 추측하여 만들어야 한다.

nb – .. The Warricks brought their daughter, aged eight, to New York to do some shopping. They bought the little girl a pair of red shoes which she insisted on wearing. On their way out of the department store, going down in the elevator, a rather large woman in front of them suddenly slapped the face of a man standing next to her. There was quite an uproar. The Warricks hurried away to catch their train. 'I didn't like that fat woman,' said the little girl. 'Why not?' asked the mother. 'She stepped on my shoes,' answered the child, 'so I gave her bottom a good pinch.'

→ ***Topic Sentence = None***

⇒ ***A man was slapped by a rather large woman without knowing any reason in the elevator. = Main Idea*** **주의]**글에 TS는 없어도 Topic은 있다 → topic=an uproar in the elevator

꼬마가 아줌마 엉덩이를 꼬집었는데 아줌마는 옆 남자가 그랬는 줄 알고 따귀를 때렸다는 얘기다. 즉 남자는 영문도 모르고 맞았다는 유머러스한 필자의 주장이 글 속에 있다. 무슨 글이든 항상 필자의 주장은 글 속에 있다.

without=하지 못하고서/무동 -- 모르고서 | **Free 감주+我必 Free 감주 간직하기**

The Warricks **시동**=Warrick성 모두를 지정하는 것으로서 워릭스 가족

[the: 내부적 지정으로서 성 모두를 지정 Warrick : 성 s: 전체복수]

in **시동**=안에 있는 것으로서 타고서

: going down in the elevator 시동=가면서, 즉 내려가면서. 타고서 엘러베이터를 타고서 내려가면서

uproar **시동**=a noisy disturbance 대소동 a good pinch **시동**=대략 상당히 크게 꼬집는 것

3] 감주 영뇌로 main idea 찾기

Topic Sentence가 글 전체의 요지이니, 즉 글 전체 내용이 함축되어 있으니 Topic Sentence 속에 Main Idea가 대개 들어 있다. 이런 경우 Topic Sentence를 특히 주제문장이라 한다.
하지만, Topic Sentence가 반드시 Main Idea가 되는 것은 아니다(generally but always not).

▭ Topic Sentence=Main Idea — TS 그대로 사용
▭ Topic Sentence≒Main Idea — 보충하여 Best Main Idea를 찾아야 함
▭ Topic Sentence≠Main Idea — Main Idea를 찾아야 함
— 중심문장에 필자의 주장이 충분히 들어갈 수도 있고, 조금 부족할 수도 있고, 아닐 수도 있다.

IELTS Writing Task 1=사실 T/S로 Task 2=주장 T/S로 글을 쓴다. 즉 T/S에 자기 주장도 포함시킨다.

① Topic Sentence=Main Idea인 경우 — TS 그대로 사용 : 이런 TS를 특히 '주장 TS'라 한다.

nb - 1.. Abraham Lincoln had ambitions. He educated himself, studied law, and became a lawyer in Springfield, Illinois. In 1834, at the age of 25, he was elected to the Illinois House of Representatives. In 1860, he became the Republican candidate for president. Lincoln won in the presidential election.

→ ***Topic Sentence=Abraham Lincoln had ambitions.*** | Free 감주+我必 Free 감주 간직하기

⇒ ***Main Idea*** ✠ Illinois House of Representatives=일리노이 주의회/주하원 to=내방향 진출과 그 대상

nb - 2.. Don't doubt everything. It is not good for the mental health. To a certain extent, if you doubt about something, doubt is good for the mind. When you think it over, you will get positive beliefs. So, our mental attitudes should be critical but not negative.

→ ***Topic Sentence***
=Our mental attitudes should be critical but not negative. | Free 감주+我必 Free 감주 간직하기

⇒ ***Main Idea*** (비평적이어야 하며 부정적이어서는 안된다) doubt=의문점을 갖는 것/의심하는 것

② Topic Sentence≒Main Idea인 경우 — Best Main Idea를 찾아야 함

nb - 1.. In the traditional family, the wife stayed home with the children while the husband earned money. Now 60 percent of all married women work outside the home. So a majority of couples have two wage-earners. One reason for this change is that women want and expect to have careers. Another reason is economics. With rising prices, many families cannot survive on one person's salary.

→ ***Topic Sentence=A majority of couples have two wage-earners.*** (two wage-earners=두가지 소득원)

≒ ***main idea*** : 이중 돈벌이를 한다는 것만으로는 필자의 주장이 되기에는 조금 부족하다. 이유가 첨가되어야 한다.

⇒ ***Best Main Idea=(Now) A majority of couples have two wage-earners due to the careers and economics.*** — msp =이유 | Free 감주+我必 Free 감주 간직하기

✠ major supporting points (msp) = main idea를 지원해주는 주요내용
: 장소, 방법, 이유 — 등 부사적 요소와 좀더 구체적인 내용은 글의 내용에 따라 필자의 주장이 되면 BMI에 포함시켜야 한다. 그러나, 요약에 자수제한을 요구시 이런 msp부터 줄이면 된다.

✠ Dual-Earning Family 맞벌이 가족

career=허리를 굽혀 경험하는 것으로서 삶/직업 또는 경험한 인생으로서 생애[경력] cf]occupation 직업
[c: 허리를 굽힌 모습 ee: experience + experience] (the general course of a person's (working) life)
: She spent most of her career working in IBM.
vs life=서서 살아가는 것으로서 인생[생활] [l: live along+서 있는 모습] : career and life 삶과 인생
/허리를 굽혀 일하는 것으로서 직업 [c: 허리를 굽힌 모습 er: 일] (a job or profession) : a career in banking

economics=study로서 경제학[U] /several로서 여러가지 경제활동/경제적인 일[C]
: She is studying economics at college. [s: study]
There is nothing to do economics in North Korea. [s: several]
vs economy 경제 /major economies 여러 경제 주체들

nb - 2 .. Before the 20th century, most people thought that the guitar was suitable only for popular music or folk music. And the guitar was not taken very seriously as a classical instrument. Furthermore, Very few classical composers wrote music for the guitar. But Andres Segovia, who was born in 1893 in Spain, changed all this. He believed in the guitar as a classical instrument. At last, his genius produced beautiful classical music for the guitar. And, He became the first great guitarist and very good musician.

→ *Topic Sentence*

=His genius produced beautiful classical music for the guitar. ≒ main idea

이 글에서는 기타 고전 음악을 만든 사람이 그가 최초였다는 사실을 전달하려고 한다.
그래서, Best Main Idea에는 이러한 것도 포함되는 것이 좋다.

∴ Best Main Idea=Andres Segovia produced the first classical music for the guitar. — 여기서 msp=좀 더 구체적인 내용 | **Free 감주+我必 Free 감주 간직하기**

✠ furthermore=정도 추가로서 게다가/심지어/더군다나 (in addition to what has been said)
very few=극히 적은 것으로서 거의 없는 것을 말함 (almost none)

nb - 3 .. Most shopping malls have almost the same features, but are not all exactly alike. In a suburb of a city, where many wealthy people live, malls are quite large and beautiful. These malls are two stories tall and range from small specialty shops to large luxury department stores. The roofs of the malls are made of glass, and so most malls are very beautiful. Musicians play for the customers in the evenings, and trees and fountains are found in the central seating areas. But, in a poor, rural town, most malls are plain and rather small. The interior of them is very plain and undecorated. They have all shops which are placed on one level, such as a supermarket, a pizza parlor, a book shop, a gift shop, and a laundromat etc.. Instead of musicians' playing, recorded music is piped in through speakers.

→*Topic Sentence*

=Most shopping malls have almost the same features, but are not all exactly alike.

≒ *main idea*

이 중심문장은 필자의 주장이 되기엔 좀 일반적이다.
즉, 글 전체 흐름에 맞는 요지가 되기엔 좀 부족하다. 중심문장은 글 전체 내용을 잘 반영하고 있어야 한다.

∴ *Best Main Idea*

=Shopping malls in a wealthy suburb of a city are large and beautiful, but ones in a poor, rural town are plain and small.

Also, you can make this shorter : 자수제한 요구시.

Shortened Best Main Idea

=Malls in wealthy neighborhoods are much nicer than ones in poor neighborhoods.

✠ parlor=손님을 공손하게 모실 수 있는 room으로서 **응접실/휴게실/면회실** [p: politely r: room]
//손님을 공손하게 모실 수 있도록 room처럼 꾸민 shop (in US a decorated room for business)
: a beauty parlor an ice cream parlor also spelled parlour (BrE)

neighborhood=이웃사람이 거주하는 곳으로서 이웃/근처 [neighbor + d: dwell]
//서로 이웃해서 있는 곳으로서 이웃[근] 지역 /근 구역
: Is North Street a good neighborhood?

| **Free 감주+我必 Free 감주 간직하기**

neighbor=옆에 거주는 사람으로서 이웃사람 [neigh: dwell or n: 정착모습 b: by or: 사람]

laundromat=여러 대의 세탁기가 배치되어 있는 세탁소로서 셀프 서비스식 세탁소
[laundr: laundry 세탁소/세탁물 d: deployed ma: (washing) machine m: many]
(AmE) a shop where the public can wash their clothes in machines that work when coins are put in them

level=어느 한쪽으로 치우침이 없는 것으로서 평면
[le + v + el : v를 중심으로 각각 le/el을 가지는 것으로 균형] (a surface parallel to the ground)
/하나의 평면과 같은 것으로서 단계적 수준

mall=큰 시장으로서 커다란 쇼핑센터 [ma: market ll: large+large] (AmE a large shopping center)

✠ department stores 백화점과 같은 가게 such as=for example playing 연주
piped music, also canned music 관/통 뮤직
=music which has been recorded and is then played quietly and continuously in public places, esp. to make people feel relaxed.

✠ roof --- **복수** roofs cf] knife-- (pl) knives (단, knifes는 삼인칭 단수 동사)

③ Topic Sentence≠Main Idea인 경우
: Main Idea를 찾아야 함

> nb - ☞ .. In some industrialized countries, people had retired from work at an early age. This was especially true in Europe, where many workers retired at age 55. In 1970, about half the men aged 55 continued to work. Before long, only about 10−30% of that age group continued to work. The reason for this trend was economic. Some European governments wanted people to retire early so that their jobs could go to younger people. But early retirement created new economic problems.
> The governments had trouble paying the pensions and health costs for all the additional retired people.

Topic=Early Retirement : 이 글에서 주로 얘기되고 있는 것

Topic Sentence

=In some industrialized countries, people had retired from work at an early age.

: 글 전체의 요지가 되는 문장이나, 작자의 주장은 아니다 ≠*Main Idea*

∴ *Main Idea (but=*transition word*)*

= The trend to early retirement created economic problems in Europe.

: 필자의 주장은 글전체 요지가 안 되어도 좋다. 그래서, 이것은 필자의 주장은 되나, Topic Sentence는 안 된다. 글전체 내용의 요지가 담긴 문장이 아니기 때문이다. 이 글 전체가 주로 다루고 있는 것은 조기퇴직이지 조기퇴직의 경제적 문제는 아니다. 조기퇴직의 경제적 문제는 사람들의 조기퇴직에 관한 얘기의 일부에 불과하다. 그래서, main idea는 되나 TS는 될수 없다.

| **Free 감주+我必 Free 감주 간직하기**

✠ msp=장소(in Europe): 장소 msp도 글의 내용에 따라 필자의 주장이 될 수가 있다.

notes] at an early age=시기가 이른 나이에/보다 젊은 나이에 before long=안가서 얼마 안가서
early retirement=조기퇴직 the pensions=연금 health costs=건강보험료 /건강비용

④ Topic Sentence=None인 경우
— Main Idea를 추측해야 함

> nb - ☞ .. The Alaska sale was arranged by then US secretary of state William Henry Seward. In 1868, the Russians got rid of this large piece of land, Alaska so far from Moscow. The price for Alaska was $7,200,000 or about two cents per acre. This was really a bargain.

Topic Sentence가 없다. | **Free 감주+我必 Free 감주 간직하기**

즉 글 전체의 요지가 될만한 문장이 없다. 그냥 사실만 나열했기 때문이다. 따라서, Main Idea는 추측해야 한다.

Main Idea : The United States bought Alaska from Russia at a bargain.

주의]TS는 없어도 Topic은 항상 있다 → topic=selling of Alaska ❈ from=기처 — 로부터

sale
=파는 것으로서 판매/매출/매도/매상/매각 [s: selling] (act of selling)
//팔아서 교환하는 것으로서 †매매 (賣買) [s; sell e: exchange] (an exchange of goods or property for money)
//싸게 파는 것으로서 세일/염가판매 [s: smaller + selling]

get[be] rid of
=하되 제거하는[벗어나는] 것인데 즉 -- 을 말이다 : rid=분사형용사 [자동형용사]
: How can I get rid of all these flies in the kitchen?
I've tried all sorts of medicines to get rid of this cold.
He' s gone, and I am glad to be rid of him.

rid=r로서 벗어나게 하거나 제거하는 것 [r: free or remove]
rid ridded ridded or rid rid rid -- the present tense /the past tense /the past participle
: You must rid yourself of these old-fashioned ideas.

---, Alaska so far from Moscow. [= --, as Alaska is so far from Moscow.]
전자 far=관계형용사 영뇌 — 비제한적 연결영뇌

When the USA bought Alaska, people called it 'Seward's Folly' or 'Seward's Icebox'. Many Americans thought it was money thrown away.
→ 당시 국무장관을 바보라고 또는 국무장관의 아이스 박스를 샀다고 비난했던 것이 지금은 어떤가?

✠ money thrown away
=명사를 관계과분사 영뇌로 설명해 나가는 뇌, 즉 돈은 돈인데 날린 돈 ---- 제한적 연결영뇌
| Free 감주+我必 Free 감주 간직하기

get/make/take/have BAM

get/make/take/have — 등등 많은
단어들을 그냥 '하다' 로 한국 사람들은 번역한다. 접근하는 그 뉘앙스도 다르고, IS도 다름에 유의하라.

get=움직여 취하는 것으로서 하다이고 [g: go t: take],
make=만드는 것으로서 하다이고 [m: 만드는 것],
take=(어떤 행위를) 취하는 것으로서 하다이고 [t: 취라고 소리가 남],
have=가지는 것으로서 하다이다 [h: hand].

: a.. I' m getting married next month. → 자기가 해서 취하겠는 것-->하겠다는 것
b.. I would not like to make conversation with you. → 만드는 것인데-->하는 것인데

c.. Nick rolled out of bed and took a shower. → 취했는 데[취했어요]--> 했는 데[했어요]
d.. Mary loves having a hot shower.
→ 갖는 것인데-->하는 것인데 (아주 좋아해요, 하는 것인데 a hot shower를 말이다)

4] 감주 영뇌로

topic /topic sentence /main idea 찾기

topic이나 main idea는 topic sentence에서 찾을 수도 있고, 글 전체에서도 찾을 수 있다.

main idea=the author's idea about the topic

topic=What is this talking about?=중심소재=글을 쓰는 데 중심이 되는 소재

topic sentence=중심문장=부분 요지가 아니라, 글전체 요지가 들어 있는 문장

nb - 1.. In most industrialized countries today, many elderly people often suffer from depression. The main cause of this is loneliness. In the past, when older people usually lived with members of their families, they had some responsibilities around the home. For example, older men could help their sons at work or around the house. Older women could help look after the children or prepare meals. But these days, married children usually live on their own, sometimes far away from their parents. Therefore, older people are cut off from family ties and the world around them. At last, they sometimes feel that they do not belong any more. The world has already changed too quickly for them.

⇒*Topic=cause of depression in elderly people* : 원인, 즉 우울증, 노인 우울증의 원인

Topic Sentence

=In most industrialized countries today, many elderly people often suffer from depression. — 글 전체의 요지는 되지만, 글 전체 내용으로 보아 작자의 주장이 되기엔 조금 부족하다. msp가 필요하다.≒*Main Idea* ※ from=기인(基因) /출인(出因) — 로부터

∴ *Best Main Idea*

=In most industrialized countries, the elderly people often suffer from depression because of loneliness. — 여기서 msp=지역, 이유

| **Free 감주+我必 Free 감주 간직하기**

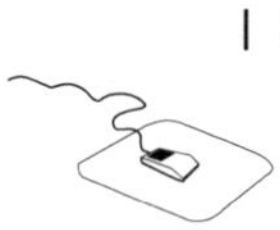

a. today=unimportant word

시기보다 지역이 더 중요하다.

저개발국가에서는 노인 불안 /우울(증) 현상이 안 나타나니까.

b. 마지막 문장은 부분 내용이지 문장 전체 내용에 대한 요지는 아니다.

즉 일부분에 해당하는 상황이지 전체를 대변하는 상황은 아니다.

그래서, topic sentence가 될 수 없다. 뿐만이 아니라 필자의 주장도 아니다.

⇒ The world has already changed too quickly for them.

≠ topic sentence ≠ main idea

nb - 2 .. Today, jogging is also a very popular activity in Korea. Most people like to go jogging before work early in the morning or after work late in the afternoon or in the evening. However, in the winter, night comes quickly and it gets very soon dark. To help these joggers, a sports shoe manufacturer has invented a new kind of jogging shoe. These shoes have little red lights on the back of the heels. The lights are very small and lightweight and they are run by tiny batteries. With these new shoes, the jogger can feel safer while running along the road in the dark. The small lights make the jogger much more visible to the drivers of motor vehicles. So, this can reduce the risk of accidents.

→ *Topic=a new kind of jogging shoe or new jogging shoes.*

— 주로 신제품 조깅화에 대해서 얘기하고 있다. | Free 감주+我必 Free 감주 간직하기

Topic Sentence

=To help these joggers, a sports shoe manufacturer has invented a new kind of jogging shoe. ≒ Main Idea

However 앞부분 글은 이야기를 전개하기 위한 도입표현이다. 따라서 중심문장은 뒤에서 찾아야 한다.
그런데 topic sentence를 main idea로 그대로 사용하기에는 조금 부족하다.
새 신발, 즉 신제품의 특징을 보통 신발과 다르게 필자는 주장하고 있다. 따라서 좀더 구체적으로 표현하는 게 좋다. msp를 활용하라. 여기서 msp는 부사적 요소가 아니라 좀더 구체적인 내용으로서 전구이다.
즉 신발에 작은 붉은 전구가 꽂혀 있는 것이 이 신발의 특징이다.

∴ Best Main Idea=A new kind of jogging shoe has lights for night safety.
or New jogging shoes for the night safety have lights on the heels.

main idea를 묻는 영문 지문 :

Toefl questions concerning the main idea may be phrased in different ways.

1. What is the main idea of the passage(글)?
   - the main topic of
   - the subject of → subject=MI로서 주제 theme=테마로서 주제 topic=중심소재로서 주제 /논제거리
   - the primary topic of
   - the main purpose of
   - the primary purpose of
   - the main theme in
   - the main idea expressed in
2. The passage deals mainly with -------------. → TS=Main Idea인 경우
   is mainly about -------------. → TS=Main Idea인 경우
3. With what topic is the passage primarily concerned? → TS=Main Idea인 경우

8 영뇌 Summarizing과 Writing

8 영뇌 summarizing skills

영뇌로 작자의 주장이 들어가는 topic sentence를 만들면 된다. 토익 말하기나 일반 말하기에 적극 활용하라.

➤ A good summary includes the main idea with the major supporting points. ◄

➤ Make a topic sentence with general words. ◄

➤ A good summary does not contain minor details, repeated details or the reader's opinions. ◄

➤ Use as few words as possible. ◄

IIIII .. major supporting points (MSP)

: m/i (main idea)를 지원하는 주요사항, 즉 주요 지원내용

자수제한을 요구시, 즉 늘리거나 줄일 때 이것을 적극 활용한다.

m/i 주요지원 내용은 장소, 방법, 시기, 이유,— 등의 부사적 요소와 좀더 구체적 내용으로 되어 있다.

IIIII .. 작자의 주장이 들어가는 Topic Sentence 만들기

: Possible topic sentences with main idea about the topic, dogs.

1. Dogs are useful animals.
2. Dogs are very popular in US.
3. Dogs are man's best friends. .... and suchlike.

1. Major 감주로 sentence 요약하기

① major 감주로 이해하면서 main idea가 들어가는 topic sentence를 만든다. 자기 의견은 반영시키지 말라.

② topic sentence를 만드는 단어는 상위 개념의 단어로 한다. 즉, 주장 요지가 될 수 있는 함축성 있는 단어로서 일반적인 단어 /개괄적인 단어 /농축단어로 한다.

③ topic sentence는 전달의 오해가 없도록 하기위해 complete sentence로 한다. 즉 대화가 아니고 글 전달이기 때문이다. 대화에서는 전제상황이 많기 때문에 simple statement[infml E]로 표현해도 충분히 의사전달이 될 수 있으나, 글에서는 상황을 잘 모르므로 complete sentence로 한다. ④ 글자 수를 줄이는 방법은 상위개념의 단어를 선택하든지 msp로 줄이면 된다. ⑤ 단수 단독[infml]으로 표현하지 않는다. 지정사를 붙여 StE로 표현한다.

> nb - 1 .. The tall, strong cowboy wore his stetson and long boots and then put the saddle on the horseback, untied his horse from the fence, waved good-bye and rode off into the sunset.

요약 skill :

▭ less important words은 뺀다: tall, strong | **Free 감주+我必 Free 감주 간직하기**

▭ 상위개념 단어로 표현한다. tip)각종시험, 특히 IELTS의 자수제한(word limits) 요구시 이런 것들을 적극 활용하라.

: All things he did (wore his stetson and long boots and then put the saddle on the horseback, untied his horse from the fence, waved good-bye and rode off into the sunset) can be summarized in one word, left. So, to summarize with the main idea: The cowboy left.

✠ left' is a summary word, general word, and enriched word.
stetson 카우보이 모자   all things he did 여러 가지인데 카우보이가 한 여러 가지 행위   he did=관계문장 영뇌

nb - 2 .. **During the summer along the Han River in Seoul, you can go jogging, running, biking, windsurfing, or you can have a picnic or listen to a concert.**

요약 skill :

msp=During the summer along the Han River in Seoul

▭ 상위개념 단어로 표현

jogging, running, biking, windsurfing, a picnic, a concert = leisure activities

그래서,

Many things you can do

(jogging, running, biking, windsurfing, or having a picnic, listening to a concert)

can be summarized in "leisure activities". | **Free 감주+我必 Free 감주 간직하기**

to summarize with the main idea

: During the summer along the Han River, you can do leisure activities.

— BMI가 되는 요약을 하려면 msp가 들어가면 된다.

자수제한 요구시 msp로 먼저 조절하라.

You can make this shorter : You can do leisure activities along the Han River.

일반적으로 시기보다 장소가 더 중요하다. 그래서, 장소부사와 시간부사를 함께 쓸 때는 Standard WrE에서는 장소부사를 먼저 쓰는 것이다: You are here too late. He was in the library all afternoon.

You can make this even shorter : You can do leisure activities.

✠ during the summer /in the summertime   leisure activities 여가 활동

nb - 3 .. **With her visa credit card, Michiko bought groceries at the supermarket, clothes at the traditional market, and a new set of tires for her car at the auto supply store.** ✠ traditional market 재래시장

요약 skill :

msp=With her visa credit card (수단) /at several (shopping) places (장소)

▭ 상위개념 단어로 표현

groceries, clothes, tires=**many things** | **Free 감주+我必 Free 감주 간직하기**

at the supermarket, traditional market, auto supply store=**several (shopping) places**

to summarize with the main idea

: With her visa credit card, Michiko bought many things at several (shopping) places.

→ **If you want to make this shorter** : With her visa credit card, Michiko bought many things.

— 장소가 방법[수단]보다 덜 중요하다.

→ **If you would like to make this far shorter** : Michiko bought many things.

2. Major 감주로 paragraph 요약하기

일반적으로 하나의 paragraph에는 하나의 topic과 하나의 topic sentence가 들어 있다.

Step 1. Skim the paragraph in the major intuitional frequency and catch the text sense of it.
Step 2. Check to see if the paragraph has a topic sentence.

❶ If the paragraph has a topic sentence and the topic sentence contains the main idea, use it as a summary.

❷ If the topic sentence is not a good statement of main idea, make a new topic sentence with main idea.

❸ If the paragraph does not have a topic sentence, guess it and make a topic sentence with main idea.

Step 3. Take out less important words [unnecessary words].

✠ the text sense=글감 check to see = 체크하라. 보이는 지

nb - 1.. Department stores have produced a great change in Korean shopping and living habits in just 25 years. About 25 years ago, there were few department stores, but now almost every city has at least one. In fact, department stores have become a part of daily life. Many people even think of them as social centers. Shops and services which were once spread over the traditional markets are now in one place in the main center of a city. Busy people can save time by doing their shopping at the department store located in a convenient place. And people young or old, with time on their hands, often say, "Let's go to the department store!"

Topic Sentence

= Department stores have produced a great change in Korean shopping and living habits in just 25 years.

— main idea와 일치하여 그대로 summarizing용으로 사용 가능 | Free 감주+我必 Free 감주 간직하기

∴ Summarizing

: Department stores have produced a great change in Korean shopping and living habits in just 25 years.

But, you can make this topic sentence a little shorter because an expression, 'in just 25 years' is a msp of time.

∴ Shortened Summary

: Department stores have produced a great change in Korean shopping and living habits.

Also, you can make this even shorter.

또한, 상위개념 단어와 명사를 동사로 더욱 요약이 가능

⇒ shopping and living habits ···› **life culture**

⇒ have produced a great change ···› **have changed greatly**

∴ Much Shortened Summary
: Department stores have changed Korean life culture greatly.

Also, you can make this by far shorter.
다시 msp로 줄이면 된다. 여기서 **msp**=좀더 구체적 내용 : greatly

∴ So Much Shortened Summary
: Department stores have changed Korean life culture.

✠ department store
=여러개 part별로 분리된 shop이 있는 큰 가게로서 백화점[de: away part: part shop m: many]
people young or old=관계형용사 영뇌로서 비제한적 연결영뇌 시동=사람이 나이가 많든 어리든 간에
with time on their hands, often say =있으면 시간이 아귀에 자기 손 아귀에 있기만 하면 종종 떼를 쓴다.

nb - 2 .. **Even if every department store is a bit different in design, most shoppers often quickly feel comfortable in a new department store. That is because department stores usually share certain features. You can find most of the following: a supermarket in the basement, shoes shops, cosmetic shops, an accessory shop, clothing shops for all ages or for men or women, a book shop, toy shops, electric home appliance shops, places to eat, and even a pharmacy or bank---etc. And so, shoppers never have to go outdoors, once they get to the department store. Every department store has a large parking area.**

첫 문장은 글을 이끌어 가기 위한 도입표현이다.
글 전체 내용으로 보아 글 전체의 요지가 되는 것은 다음 문장이다. | **Free 감주+我必 Free 감주 간직하기**

Topic Sentence
=That is because department stores usually share certain features.
But 'that is because'=unnecessary words

∴ **Best Topic Sentence**=Department stores usually share certain features.
— 이 BTS 속에 main idea가 들어 있다. 그래서 이것을 그대로 요약하면 된다.

∴ Summary
: Department stores usually share certain features.
or Department stores usually have common features/characteristics.

✠ quickly feel=즉시 (즉석에서) 느낄 수 있다.
comfortable=마음이 편한 것 [m: mind f: 편한 것] : a ~ house/night : **질/상태 형용사**
/마음을 편안하게 해주는 것으로서 위안이 되는 것 : comfortable words : **질 형용사**
/마음 편할 정도의 크기로서 충분하거나 넉넉한 것 [**생활** infml E] : ~ income/salary (enough for one's needs) : **크기 형용사**

nb - 3 .. While the department stores have changed Korean life, not all of their effects are positive. Most department stores have taken away customers from neighboring small stores in the area and forced them to close. In addition, department stores are harmful to the environment in the area. Many people must use their cars to get there. This results in increased air pollution and heavy traffic on the roads near the department stores.

introductory expression=While the department stores have changed Korean life
topic sentence= Not all of their effects are positive.≒ **main idea**

∴ **Summary**=Not all of department stores' effects are positive.
or Department stores have negative effects.

하지만 이것은 Best Summary가 아니다. Best Main Idea가 아니기 때문이다.
즉, topic sentence≒main idea일 경우 BMI를 찾아야 한다. | **Free 감주+我必 Free 감주 간직하기**

∴ **Best Summary**
= Department stores have negative effects on the small stores and on the environment.
중심문장에 필자의 주장이 조금 부족하면 msp를 첨가하여 best main idea가 되게 가장 적절한 요지를 만든다. 여기서 **msp**=좀더 구체적 내용이다.
자수 제한시에는 msp를 줄이면 되나, BTS나 BMI에서는 오히려 첨가해야 한다.

nb - 4 .. The idea of a small electric car is not new. A number of car manufacturers in some industrialized countries already produce such cars these days. There are electric cars designed for making them fold up by pushing a button. These cars are designed mainly for use in cities. Their small size makes them much easier to drive around busy, narrow streets and also much easier to park in city parking space. These days many cities have serious pollution problems. These autos do not pollute the air over regular cars.

첫 문장=introductory sentence **Topic**=Electric Car or Electric cars' advantages
Topic Sentence : None (없음) — 따라서, main idea가 들어 가는 Topic Sentence를 만들어 요약한다.

→ main idea가 들어 가는 topic sentence 만들기 :
① Electric cars do not pollute the air. — **not ok** : 부분만 다룬 문장은 전체요지가 될 수 없다.
② Small electric cars are very convenient in busy, narrow streets. — **not ok**
: 장점의 일부에 지나지 않는다.
③ Small electric cars have many advantages over regular cars. — **ok**
: 전체 내용이 잘 압축되어 있고, main idea로도 사용하기엔 충분하다.
∴ **Summarizing** : Small electric cars have many advantages over regular cars.

notes] fold up 접되 완전히 접는 것 a number of= 한 수~개의 (**뜻하는 의미**=several)
over =걸친 비교로서 상비해서/비해서 | **Free 감주+我必 Free 감주 간직하기**

3. Major 감주로 passage 요약하기

➤ A passage has several paragraphs. ◄
➤ Tie each topic sentence with main idea together. ◄
➤ Use connecting words or signal words when you tie together. ◄

nb - 1.. Department stores have produced a great change in Korean shopping and living habits in just 25 years. About 25 years ago, there were few department stores, but now almost every city has at least one. In fact, department stores have become a part of daily life. Many people even think of them as social centers. Shops and services which were once spread over the traditional markets are now in one place in the main center of a city. Busy people can save time by doing their shopping at the department store located in a convenient place. And people young or old, with time on their hands, often say, "Let' s go to the department store!"

While the department stores have changed Korean life, not all of their effects are positive. Most department stores have taken away customers from neighboring small stores in the area and forced them to close. In addition, department stores are harmful to the environment in the area. Many people must use their cars to get there. This results in increased air pollution and heavy traffic on the roads near the department stores.

→ 각각의 paragraph를 요약한 후 접속 연결어 — 등으로 연결하여 하나로 묶는다.

IIIII .. Summary of Paragraph 1

❶ Department stores have produced a great change in Korean shopping and living habits in just 25 years.

❷ Department stores have produced a great change in Korean shopping and living habits.
—— shortened main idea msp=in just 25 years

❸ Department stores have changed Korean life culture.
or Department stores have changed Korean life culture greatly.
—— much shortened main idea

IIIII .. Summary of Paragraph 2

❶ Not all of their effects are positive. or Department stores have negative effects.
You can make this longer :

❷ Department stores have negative effects on the small stores and on the environment.
— msp로 더 추가

∴ summarizing for the passage

paragraph 1 (❶, ❷, ❸) + paragraph 2 (❶, ❷)
=❶ of paragraph 1 + ❶ of paragraph 2 = ❷ of paragraph 1 + ❷ of paragraph 2
=❸ of paragraph 1 + ❷ of paragraph 2 ——— etc : 총 6가지 요약이 나올 수 있다.

Such as, summary of ❸ of paragraph 1+ ❷ of paragraph 2
=Department stores have changed Korean life culture, but they have negative effects on the small stores and on the environment. | Free 감주+我必 Free 감주 간직하기

9 영뇌 Writing[영뇌 쓰기]

pattern - 1 .. Dogs have sometimes a problem. A dog has some problems inside home. And also outside home a dog has some problems.

First, inside home lots of dogs make dirty walking over here and there. Furthermore, a dog barks loud when the sound of footsteps is heard. Second, outside home a dog rarely bites other people, even fierce dogs can injure or kill strangers. Sometimes also a dog pees and defecate nowhere.

Therefore, dog-owners should train their dogs in consideration of all these issues. Especially when they are walking their dog, they should be very careful. Outside home, dogs should be put on a leash.

pattern - 2 .. Dogs have sometimes a problem inside and outside home. First, inside home lots of dogs make dirty walking over here and there. Furthermore, a dog barks loud when the sound of footsteps is heard. Second, outside home a dog rarely bites other people, even fierce dogs can injure or kill strangers. Sometimes also a dog pees and defecate nowhere. Therefore, dog-owners should train their dogs in consideration of all these issues. ※nowhere=not in any place or †to any place (아무데나)

explanation] pattern-1 : topic=a dog's problems topic sentence=Dogs have sometimes a problem.

definition=A dog has some problems inside home. And also outside home a dog has some problems.

-- topic 또는 TS를 더욱 구체화[명확화] 시키는 것

: TS와 definition 분리하여 여러 개의 paragraph로 글을 쓰고 있다.

주로 IELTS의 Task 1과 Task 2의 글쓰기에 해당

↘준비 : 평소에 topic이 될만한 뉴스를 TS와 definition으로 정리요

pattern-2 : topic=a dog's problems

topic sentence=Dogs have sometimes a problem inside and outside home.

-- definition을 TS 속에 결합시켜 전체적으로 하나의 paragraph로 글을 쓰고 있다.

주로 TOEFL 글쓰기에 해당 : definition=일종의 MSP

▭ IELTS Writing Module Strategy :

Task 1 : Graphic 문제
1. 사실 TS + definition
2. comparisons(비교)
3. 일반적 conclusion

Task 2 : Thesis 문제
1. 주장 TS + definition
2. supporting details(뒷받침이 되는 구체적 내용)
3. 주장 conclusion — 보통 transition word와 조동사, I think 사용

↘ 1 Introduction(서론/도입) 2 Body(본론) 3 Conclusion(결론) tip)조동사 BNW=생각의미

단, 글은 definition(일종의 MSP)를 분리해서 쓸 수도 있고 결합시켜 글을 쓸 수도 있다.

결합시켰을 경우 하나의 문장을 하나의 paragraph로 글을 쓰는 것은 좋은 글이 아니다.

Task 2 TS 만들기 skill : 논제 제시와 방향 제시를 합쳐서 만든다.

Write about the following topic : Smoking tobacco is becoming increasing popular among young people, with serious effect on their health.

Explain some reasons for this problem and suggest some possible solutions.

첫 문장=논제 제시 둘째 문장=방향 제시

→ **TS=Somking is winning/gaining widespread popularity among youth for several reasons despite bad health; however there are some solutions.** → 이유와 해결책에 대해서 글이 전개 될 것으로 예상

↘ ☜.. **국어 논술 요령/좋은 글 쓰는 요령** : TS 중심 IBC로 글을 쓰면서 Main Idea를 넣어주면 된다.

☜.. 이해는 (언어에 대한 basics를 알았다면) 최종적으로 단어의 최종적인 뜻인 감주로 이해한다.

9 Math 영뇌리딩

9 Math 영뇌리딩

미국 유학을 위해서 반드시 필요하며 앞으로 대학 수능시험에 출제가 예상되는 부분인데 한번 접해 보지 않으면 쉬운 표현도 어렵게 느껴지는 것이 수학 독해다. ✠ Math=Maths

1. Arithmetic 영뇌리딩 ✠ Arithmetic=산수/산술

① Integers /정수

— 소수를 제외한 모든 실수로서 정수 [n: number r: real s: 전체복수]

An integer is any number in the set {..., −3, −2, −1, 0, 1, 2, 3, ...}
In other words, integers are all real numbers other than decimals or fractions.

If N and P are integers and if N is the product of P and another integer, then P is a divisor of N, and N is said to be a multiple of P. For example, 35=7 x 5, if 7 is a divisor of 35, 5 is another integer and 35 is the product of 7 and another integer 5, and also 35 is said to be a multiple of 7.
And so, if P is a divisor of N, then N is also divisible by P.

7 times 5 is 35. = The product of 7 times 5 is 35.

7	←	factor
×5	←	factor
35	←	product

31÷4= 7 r3 ← remainder : Generally, 7 remainder 3 is written as 7 r3. (7=quotient)
↑ divisor

Any integer that is divisible by 2 is an even integer. But integers that are not divisible by 2 are odd integers.

A prime number is an integer that has exactly two different positive divisors, i.e. 1 and itself. For example, 2, 3, 5, and 11 are prime numbers, but 8 is not, since 8 has four different positive divisors, 1, 2, 4, and 8.

Properties of the integer zero : The integer zero is non−positive and non−negative. If N is any number, then N+0=N and N×0=0. But, division by zero is not defined.

| Free 감주+我必 Free 감주 간직하기

notes] set=집합 divisor=나누는 수로서 제수 dividend=피제수 factor=요인이 되는 것으로서 인수(因數)
product=생산품으로서 적(積) /곱한 것 multiple=배수 even integer=짝수
odd integer=홀수 prime number=소수 times=배로 만드는 것으로서 곱하기 / ×
two different positive divisors=두 개의 다른 양의 제수 property=특성/성격 remainder=나머지
quotient=몫 addition=더하기 subtraction=빼기 multiplication=곱하기 division=나누기

cf] whole numbers=all the positive integers and 0=0과 양의 정수
real numbers=실수 + sign=positive sign=+기호 ÷ sign=÷기호

② Fractions /분수

— line 윗아랫수를 가지는 수로서 분수

[a: above, i.e., a number above and a number below a line n: numbers s: 전체복수]

In a fraction N/D, N is the numerator and D is the denominator. (But, D≠0 : The denominator of a fraction can never be zero.)

To divide by a fraction, invert the divisor (i.e., find its reciprocal) and multiply. For example, 2/3÷5/7=2/3×7/5=14/15. In general, the reciprocal of a fraction n/d is d/n, where n and d are all not zero.

A mixed number consists of a whole number and a fraction, for example, $5\frac{1}{2}$ is a mixed number. $5\frac{1}{2}$ means $5+\frac{1}{2}$.

When the numerator of a fraction is greater than or equal to its denominator, the fraction is called an improper fraction. 12/7 is an improper fraction. | Free 감주+我必 Free 감주 간직하기

notes] numerator=분자 denominator=분모 improper fraction=가분수 mixed number=대분수(帶分數)
proper fraction=진분수 vulgar fraction(BrE)=common fraction(BrE) 일반분수
C over A plus B=C/A+B
5/3=five over three or five thirds 1/3=one over three or one [a] third
$4\frac{1}{2}$=four and a half(one half) or four and one over two
1/100=one over one hundred or a[one] hundredth
$33.\dot{3}$=thirty-three point three recurring

decimal fraction=소수 common divisor=공약수 common multiple=공배수
common denominator= 공통분모 /공분모 common factor=공통인수
reciprocal=역수 ∞= infinity=무한대 reciprocal ratio[proportion]=역비례 /반비례
9÷3=nine divided by three 9X÷3X=nine X divided by three X
1 x 3=one three (is three) 2 x 3= two threes (are 6.) also, 2 times three (is 6.)

③ Decimals [decimal fraction] /소수

— 10으로 계속 나누어 놓은 수로서 소수

[d: divided c: 십 ma: many s: 전체복수]

The position of the period or decimal point determines the place value of the digits. For example, the digits in the number 6,734.234 have the following place values.

6,734.234

digit places :

6=thousands (digit) 7=hundreds (digit) 3=tens (digit) 십자리수
4=ones or units (digit) .=decimal point
2=tenths (digit) 10분의 자리수 also, 2=tenths (place) 10분의 자리
3=hundredths (digit) 4=thousandths (digit)

Digits are the integers 0 through 9. For instance, 557 is a three-digit number. In the number 557, 7 is what you call the units digit. | **Free 감주+我必 Free 감주 간직하기**

notes] period[decimal] point=소숫점 decimal place=소수 자리 /소숫점 이하 자리
place value=자리값 digits=자리숫자 /자리수 /낱개 숫자

cf] number=수 /숫자 digit places=자리숫자자리
repeating decimal=무한소수 nonrepeating decimal=유한소수

④ Real Numbers /실수
— line위 모든 점에 해당하는 수로서 실수
[a: all points l: line number + s: 전체복수]
✠ Positive and Negative Numbers /양수와 음수

Real numbers correspond to points on the number line and all points on the number line correspond to real numbers. All real numbers except zero are either positive or negative.

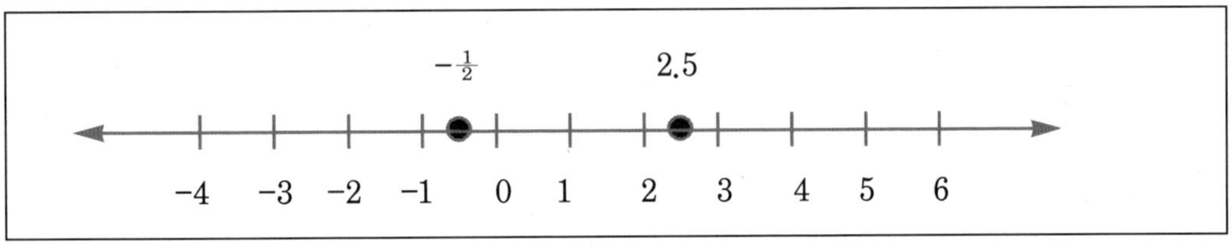

+ and − mean a positive sign and a negative sign respectively, that is, different signs.

The absolute value of X is |X|.
The absolute value of 3 is |3|=3. The absolute value of −3 is |−3|=3.
Thus 3 and −3 have the same absolute value. | **Free 감주+我必 Free 감주 간직하기**

notes] number line=수직선(數直線) absolute value=절대값 positive numbers=양수
negative numbers=음수 positive=양수 /+기호 negative=음수 /마이너스 기호
same sign=같은 부호/기호 different sign=서로 다른 부호/기호

※sitting=동명사 영뇌
: 앉아 있는 것을 하는 것으로서
앉아 있는 것을 하라는 거야!

⑤ Ratio 비 /비율,
Proportion /비례식,
Percentage /백분율,   percent /%값

The ratio of the number a to the number b ($b \neq 0$) can be written as a to b, a : b, or a/b.
A **proportion** is a statement that two ratios are equal, for example, 2/3=6/9 is a proportion.
A proportion is a way of comparing ratios with equal values. One way to solve a proportion involving an unknown is to cross-multiply.

For example, in the proportion 2/3=n/9, cross-multiply $\frac{2}{3} \times \frac{n}{9}$,
obtaining 18=3n ; dividing both sides by 3, n=6.

In 3 : 4 :: 6 : 8, the four dots in the middle are the proportion sign. In this case, the outer numbers, 3 and 8 are called the extremes, and the inner numbers, 4 and 6 are called the means.

A **percentage** is a fraction over 100. Percentages are an even smaller part of fractions. And so, a percentage means a rate of each hundred.

Percent, when you break it down, becomes per and cent. And so, percent means per hundred, that is, means % amount for each 100.

For example, 35/100 is a percentage, and 35% is % amount for 100% expressed by the % sign.
Therefore, 35 percent : ok, but 35 percentage : not ok. But, the meanings of them are the same, i.e. 35/100=35%.

To convert a number to a percent, multiply by 100.
For example, 0.25=0.25 x 100%=25%.
To convert a percent to a decimal, divide by 100, e.g. 27%=27/100=0.27.

| **Free 감주+我必 Free 감주 간직하기**

notes] obtaining=관계현분사 영뇌— 비제한적 연결영뇌=그리하여/그러면 얻게된다: 본동사의미
dividing=관계현분사 영뇌 — 비제한적 연결영뇌=나누게 되면: 본동사의미
ratio=비 /비율 — 비로서 비율 : a relationship between two quantities
proportion= 비례식/비례산(算)/비례관계로서 비율 : a relationship between two ratios
cross-multiply=크로스로 곱하라.   convert=전환하다.
an even smaller part of fractions=극히 일부분인데 분수의 극히 일부분이다.

percentage=백분율 : percentage position=fraction 분수
percent (also per cent)=% : % 크기단위 ···› 단위표시로서 단복명사
···› won/percent/dozen/score/thousand — etc.=단위일 경우 단복명사: C의미
n% : %의 크기이다. 즉 % 값이다. (n=숫자) 단, %자체는 단위개념이다.
그러므로 n percentage는 틀린 표현이 된다. 그러나 n percent는 맞는 표현이다.
tip)n%=n percentage points, in short n points : The margin of error is plus or minus 4% [4 percentage points/4 points].

ex] What percentage of babies die of scarlet fever every year? (어느 정도의 백분율)
vs What per cent of babies die of scarlet fever every year? (몇 %)
vs This company can only supply 30 percent /per cent(=30%) of what we need.

compare] dollar : 크기 개념으로서 단복명사가 아니다.
won : 단위개념으로서 단복명사
10 dollars : ok 10 wons : not ok 10 won : ok

notes] extremes=외항 : the outer terms in a proportion
means=내항 : the inner terms in a proportion cf] mean=평균값
direct ratio/proportion=정비례 inverse ratio/proportion=반비례
unknown=미지수 both sides=양변 e.g.=for example

⑥ Powers and Roots of Numbers /제곱과 제곱근

K^n means the nth power of k. $2^3 = 2 \times 2 \times 2 = 8$ is the third power of 2.
Every positive number n has two square roots, one positive and the other negative. For example, the two square roots of 9 are $\sqrt{9} = 3$ and $-\sqrt{9} = -3$.

notes] power=제곱 nth power=n제곱 $\sqrt{}$=radical sign=root 기호
square [second] root=제곱근 cube[third] root=세제곱근
| Free 감주+我必 Free 감주 간직하기

⑦ Mean /Median /Mode 평균값, 중앙값, 최빈값

— average/middle/most으로서 평균값, 중앙값, 최빈값
[a: average m: middle m: most]

The mean of a set of n numbers is equal to the sum of the n numbers divided by n. For example, the mean of 7, 9, and 14 is 10.

When numbers are ordered from least to greatest or from greatest to least, the number in the middle is the median, i.e. the median of 4, 7, 3, 10, and 9 is 7, since, when ordered from least to greatest (3, 4, 7, 9, 10), 7 is the middle number. When there is an even number of values, the median is the average of the two middle values. For example, the median of 5, 3, 2, 11, 7, and 8 is (5+7)/2=6.

The mode of a list of numbers is the number that occurs most frequently. The mode of 1, 2, 5, 4, 2, and 7 is 2. The list of numbers 7, 8, 5, 10, and 4 does not have a mode. A list of numbers may have more than one mode. For example, the list of numbers 1, 2, 3, 3, 3, 5, 6, 9, 9, 9, 11 has two modes, 3 and 9.

notes] since=(그) 이유는 —— 때문이다. | Free 감주+我必 Free 감주 간직하기
mean=arithmetic mean=average 평균값 i.e.=id est ; that is
sum=모은 수로서 더한 값 /합계 [s: 수 m: 모은 것] (the result of addition) value=값 /수치

Quiz 1.

Your neighbor has 10 meowing cats, 5 rock bands with 4 musicians each, and 7 dogs living with him. After you complain for a year, he gets 5 of the cats and 10 of the musicians to move out. If, because you are so nice, you decide to distribute equally among this insane household 66 long-stemmed roses on Valentine's Day, how many roses would each person or animal receive? (Don't worry, you don't have to count the neighbor himself.)

How it works /방법, 그것을 푸는 방법 :
total of household members=10 (cats) + 5 X 4(musicians) + 7(dogs)=37
remaining members=37 — (5 cats+10 musicians)=22

∴ 66 roses ÷ 22=3
: Each household member gets 3 roses.
or Three roses for each household member.

note] 이웃사람이 동물과 록 밴드 그룹과 함께 살고 있으니 불평이 안나올리 없다.
하지만 자네는 마음이 아주 좋아서 발렌타인 데이에 장미를 그들과 동물들에게 나누어 주려고 한다.
몇 송이씩 주면 되겠는가? 가 요지이다. (단, 이웃집 주인은 계산에 넣지 않는다)

| Free 감주+我必 Free 감주 간직하기

✠ meow=miaow=mew=고양이가 야옹하고 우는 것 move out=보내는 데 내보내는 것
this insane household=이런 정신나간 집 /이런 미친 가정[가계]
insane=mad long-stemmed=긴 줄기가 달린

Quiz=퍼즐이라는 뜻이 있으나 미국에서는 학교에서 치르는 간단한 시험을 퀴즈라 한다.
보통 학기말 시험은 exam(ination)이라 하고, 짧게 구두시험이나 필기시험을 보는 것은 quiz이며, 보통 복습하기 위해서 수업 들어가기 전에 보는 경우가 많다.

예고없이 갑자기 보는 test를 pop quiz라 한다.
quiz가 알아 맞추는 puzzle만이 되는 것이 아니라 이렇게 간단한 test나 문제도 된다.

complain=설명현재: 비시제의미이니 for와 의율
이때 동사도 for도 덩어리 기간이다. 덩어리 기간으로서 서로 의율이 되는 것이다.
✠ for=덩어리 기간 또는 기간계속 기간

"I NEED TIME OFF TO GO BACK TO COLLEGE AND PARTY. FRATERNITY LEAVE"

2. Algebra 영뇌리딩 ✠ Algebra=대수

In algebra, a letter such as X is used to represent an unknown quantity. In the expression 8X－6, 8X and 6 are terms of the expression ; 8 is called the coefficient of X ; 8X－6 is called an algebraic expression.

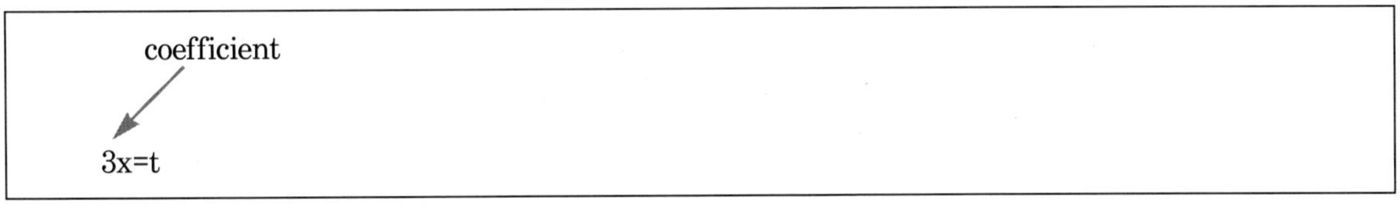

notes] expression=식(式) algebraic expression=대수식 binomial expression=2항식 term=항(項) coefficient=계수 unknown=미지수 unknown quantity=미지수 크기/양 | **Free 감주+我必 Free 감주 간직하기**

① Simplifying Algebraic Expression /대수식 간단히 하기

You can simplify by factoring terms. In the expression 9X−3Y, 3 is a factor common to both terms : 9X−3Y=3(3X−Y). An algebraic expression can be evaluated by substituting values of the unknowns in the expression. If X=2 and Y=1, 9X−3Y can be evaluated as $9\times2-3\times1=15$.

Officially, the distributive law says that a(b+c)=ab+ac.
Factorization of ab+ac is a(b+c).
The commutative law of multiplication is this : a × b is equal to b × a, i.e. a × b=b × a.

notes] factor=factorize 인수분해하다. factor=인수 | **Free 감주+我必 Free 감주 간직하기**
common factor=공통인수 evaluate=수치를 구하다. 계산하다.
substitute=치환하다. 대입하다. distributive law=분배법칙
factorization=인수분해 commutative law=교환법칙 officially=공식(公式)으로
factor common : common=관계형용사 영뇌— 제한적 연결영뇌
: 인수인데 공통인수인 것[=which is common]

② Equations /방정식

A statement that two algebraic expressions are equal is an equation.
Some examples of equations are z=7, 5X－6=10, and 6X－3=Y－5.
The linear equation with one unknown is 5X－4=12+8. The two linear equation with two unknowns is 3X+5Y=16, X－Y=4.

An equation that can be put in the standard form $ax^2+bx+c=0$, where a, b, and c are real numbers and $a\neq0$, is a quadratic equation. The $X^2-2X-6=0$ is a quadratic equation.

notes] statement=식/표현 equation=방정식 | **Free 감주+我必 Free 감주 간직하기**
linear equation=일차 방정식 two linear equation=이원 일차 연립방정식
quadratic equation=2차 방정식 standard form=기본공식 cubic equation=3차 방정식
a simple equation=1원 1차방정식 simultaneous equations=연립방정식
identical equation=항등식

③ Exponents 지수 /Inequalities 부등 /부등식

A positive integer exponent on a number indicates the number of times. X^5 means X · X · X · X · X. For instance, 4^3 is 4 times itself three times. 4×4×4=64. In this case, 4 is called the base.

A statement that indicates that two expressions are not equal is an inequality.
The symbols of inequality are :
≠ : not equal to > : greater[bigger] than ≧ : greater[bigger] than or equal to
< : less[smaller] than ≦ : less[smaller] than or equal to

↳부등호를 읽는데 fewer를 써지 못하는 것은 fewer는 많고 적은 수개념이기 때문이다. 부등호는 크고 작은 (정도) 크기개념이다.

notes] 4 times itself three times=4를 곱하는데(times) 그것자체로 세번 곱한다.
앞 times=곱하기 뒷 times=회수 base=기수(基數) /밑수 /밑변 /밑면

| Free 감주+我必 Free 감주 간직하기

3. Geometry 영뇌리딩 ✠ Geometry=기하(학)

① line=straight line /직선

The word, 'line', refers to a straight line.

The part of the line from P to Q is called a line segment. The notation PQ is used to denote both the segment and the length of the segment. | Free 감주+我必 Free 감주 간직하기

② Intersecting lines and angles /교(차)선과 각

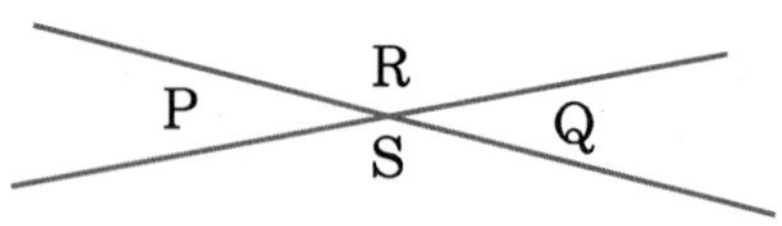

If two lines intersect, the opposite angles are vertical angles and have the same measure. ∠P=∠Q and ∠R=∠S are vertical angles.
| Free 감주+我必 Free 감주 간직하기

③ perpendicular lines /수직선

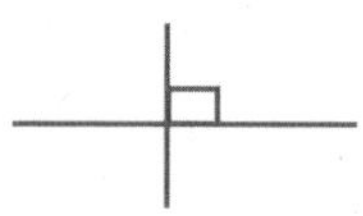

An angle that has a measure of 90^0 is a right angle. If two lines intersect at right angles, the lines are perpendicular. | Free 감주+我必 Free 감주 간직하기

④ Parallel lines /평행선

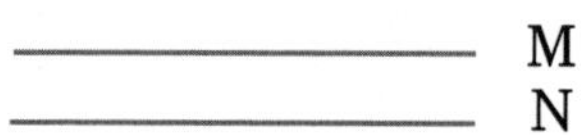

If two lines that are in the same plane do not intersect, the two lines are parallel.
In the figure, lines m and n are parallel, or m//n.

| Free 감주+我必 Free 감주 간직하기

notes] segment /line segment=선분 notation=기호/표시 vertical angle=꼭지각
apex=vertex=angular point=꼭지점 denote=mean measure=값 /수치
opposite angles=맞각 /마주보는 각 right angle=직각 perpendicular=수직의
perpendicular line=수직선 intersecting lines=교(차)선
intersecting planes=교차면 plane=평면 figure=그림

⑤ Polygons /Convex polygons 다각형 /볼록 다각형

A closed plane figure formed by three or more line segments is a polygon. Each of the segments of a polygon is called a side.
A polygon with three sides is a triangle ; with four sides, a quadrilateral ; with five sides, a pentagon ; and with six sides, a hexagon. | **Free 감주+我必 Free 감주 간직하기**

notes] polygon=poly(many)+gon(corner)　　cf] convex mirror=볼록 거울
side=변 /면　　the six sides of a cube=정육면체의 6개의 면　　triangle=삼각형
quadrilateral=사각형　　pentagon=오각형　　hexagon=육각형
A closed plane figure=닫힌 평면 그림

⑥ Triangles /삼각형

An equilateral triangle has all sides of equal length. All angles of an equilateral triangle have equal measure.
An isosceles triangle has at least two sides of the same length. If two sides of a triangle have the same length, then the two angles opposite those sides have the same measure.

A triangle that has a right angle is **a right triangle.** In a right triangle, the side opposite the right angle is the hypotenuse, and the other two sides are the legs.
The Pythagorean theorem means : In a right triangle, the square of the length of the hypotenuse is equal to the sum of the squares of the lengths of the legs.

The area of a triangle is equal to : (the length of the altitude) X (the length of the base) /2.
The altitude of a triangle is the segment drawn from a vertex perpendicular to its opposite side, the base. | **Free 감주+我必 Free 감주 간직하기**

notes] equilateral triangle=정삼각형
equilateral=adj. 세 라인이 같은 것으로서 정변인 것 [equi: equal l: lines]
isosceles triangle=이등변삼각형
isosceles=adj. 두변이 같은 것으로서 이등변인 것 [s/s: side/side e: equal]

the two angles opposite those sides=두 각, 즉 마주보는 두 각, 그 두 변과 마주보는 두 각
opposite=관계형용사 영뇌의 제한적 연결영뇌　　right triangle=직각 삼각형
hypotenuse=직각 삼각형의 빗변
legs=직각 삼각형의 경우 빗변이외의 변 /삼각형의 경우 밑변이외의 변
Pythagorean theorem=피타고라스 정리　　area=면적　　cf] perimeter=둘레(길이) /변의 길이
altitude /height=높이　　base=밑변　　vertex=정점(頂點) /꼭지점

▭ the segment drawn from a vertex perpendicular to its opposite side
=선분, 즉 그려진 선분, 꼭지점 [정점]으로부터 , 수직이 되게 마주보는 변[즉, 밑변] 쪽으로 수직이 되게 그려진 선분　✠ drawn=관계과분사 영뇌의 제한적 연결영뇌

⑦ Quadrilaterals /사각형

A polygon with four sides is **a quadrilateral.**

A quadrilateral in which both pairs of opposite sides are parallel is **a parallelogram.** The opposite sides of a parallelogram also have equal length.

A parallelogram with right angles is **a rectangle**, and a rectangle with all sides of equal length is a **square.** The diagonals of a rectangle or a square are equal.

notes] parallelogram=평행사변형
rectangle=네 각이 모두 직각인 사각형으로서 직사각형 [r: right angle: four angles]
square=정사각형[s: sides qua: equal] diagonal=대각선 | **Free 감주+我必 Free 감주 간직하기**

⑧ Circles /원

A circle is a set of points in a plane that are all located the same distance from a fixed point (the center of the circle).

A chord that passes through the center of the circle is a diameter of the circle. A radius of a circle is a segment from the center of the circle to a point on the circle. The circumference of a circle is the distance around the circle.

notes] circumference=원주 chord=현 diameter=직경 /지름
radius=반경 /반지름 cf] tangent or tangent line=접선
the point of tangency=접점 arc=호(弧) | **Free 감주+我必 Free 감주 간직하기**

⑨ Solids /입체

Three-dimensional figures are called solids.

A rectangular solid has six faces, twelve edges, and eight vertices.

The surface area of a rectangular solid is equal to the sum of the areas of all the faces. The volume is equal to (length) X (width) X (height) or (area of base) X (height).

A rectangular solid in which all edges are of equal length is a cube.

notes] base=밑면 rectangular solid=직사각기둥 | **Free 감주+我必 Free 감주 간직하기**
cylinder=원기둥 pyramid=다각추 /각추(角錐) /각뿔 (삼각추, 사각추 —— 등이 있음)
cone=원추 sphere=구 edge=모서리 vertex=정점 /꼭지점 (pl) vertices
cube=정사각기둥 volume=부피 surface area=표면적 area of base=밑면적
are of=be동사의 발전 English — 타동사의 발전 English와 같다.
: of=동격으로서 즉 — be동사 동질과 의율 which=관계대명사 영뇌

⑩ Coordinate Geometry /좌표기하

The figure below shows the rectangular coordinate plane. The horizontal line is called the X-axis and the perpendicular/vertical line is called the Y-axis.

O is called the origin. The axes divide the plane into four quadrants. Each point in the plane has an X-coordinate, and a Y-coordinate.

A point is identified by an ordered pair (X, Y) of numbers in which the X-coordinate is the first number and the Y-coordinate is the second number.

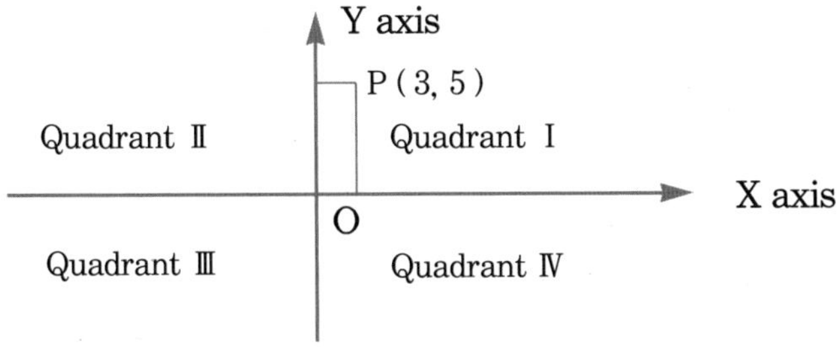

In the graph above, the (X, Y) coordinates of point P are (3, 5) since P is 3 units to the right on the X-axis and 5 units above on the Y-axis. The origin O has coordinates (0, 0).

notes] rectangular coordinate plane=사분면 coordinate=좌표 horizontal line=수평선
perpendicular/vertical line=수직선 perpendicular /vertical=수직의 Quadrant Ⅰ=일사분면
origin=원점 axes=axis의 복수 | Free 감주+我必 Free 감주 간직하기

4. General Calculating 영뇌리딩 ✠ General Calculating =일반계산

기초 수학 개념만 알고 있으면 충분히 풀 수 있는 문제다. 그러나 한번 다루어 보지 않으면 쉽게 풀 수 없다.

① Rate Reading /비, 비율 리딩

Quiz 1. On a 800-mile trip, car Y traveled half the distance at 50 miles per hour and the other half at 40 miles per hour. What was the average speed of car Y?

Solution :
Hours to travel the first 400 miles=400/50=8 hours
Hours to travel the second 400 miles=400/40=10 hours
the total hours=18 hours ∴ the average speed of car Y=800/18=44 4/9 mph.

notes] travel=밟아 가는 것으로서 달려가는 것 [tr: tread] 1 mile=1.6 km
average speed=평균속도 total=ⓐ, ⓝ 형용사 /명사
| Free 감주+我必 Free 감주 간직하기

Quiz 2.
If there are 30 hats in Keiko's closet, and 20 of them are cowboy hats, and the other 10 are bowler hats, what is the ratio of cowboy hats to bowler hats (derby hats) in Keiko's closet?

How it works :
cowboy hats=20, bowler hats=10
∴ cowboy hats : bowler hats=20 : 10=2 : 1 (20 : 10 reduces to 2 : 1)

notes] derby hats=미국에서의 중산모자, bowler/pot hats=영국의 중산모자
→ 모두 문민생활을 상징 reduce=축소로서 간단히 되는 것 | Free 감주+我必 Free 감주 간직하기

cowboy hat derby hat

Quiz 3. If 10 shirts cost $100, then what is the cost of 5 shirts? | Free 감주+我必 Free 감주 간직하기
Solution : cost per shirt=100/10=$10 ∴ the cost of 5 shirts=$10 x 5=$50

② Work Reading /일, 생산리딩

If machine X can produce 2,000 bolts in 4 hours and machine Y can produce 3,000 bolts in 5 hours, in how many hours can machines X and Y, working together at these constant rates, produce 2,200 bolts?

How it works :

production bolts per hour by machine X=2,000/4=500 bolts/h
production bolts per hour by machine Y=3,000/5=600 bolts/h

If n is the hours to produce 2,200 bolts working together, then 500n+600n= 2,200 may be used.
∴ 1,100n=2,200 or n=2 hours
(Working together, machine X and machine Y can produce 2,200 bolts in 2 hours.)
| **Free 감주+我必 Free 감주 간직하기**

notes] at these constant rates=이런 일정한 비율로 (즉 각 기계당 시간당 생산량을 말함)
may be used=될 수 있는데 즉 이용/활용될 수 있다.
working together=작동을 함께시키면
working=관계현분사 영뇌 — 비제한적 연결영뇌 : 본동사의미
How it works=방법, 즉 그것이 처리되는 방법로서 문제를 푸는 법 it referent=해당문제

③ Mixture Reading /혼합물 리딩

If 10 pounds of nuts that cost \$2 per pound are mixed with 10 pounds of nuts that cost \$3 per pound, what is the cost per pound of the mixture?

Solution :

The total value of the 20 pounds of nuts is 10 x \$2 +1 0 x \$3=\$50.
The mixture price per pound is \$50/20=\$2.50. | **Free 감주+我必 Free 감주 간직하기**

④ Interest Reading /이자(돈) 리딩

Interest can be computed in two basic ways. With simple annual interest, the interest is computed on the principal only. If interest is compounded, then interest is computed on the principal as well as on any interest already earned. | **Free 감주+我必 Free 감주 간직하기**

Quiz 1.

If \$9,000 is invested at 10 percent simple annual interest, how much interest is earned after 5 months?

Solution 1 :

If the annual interest rate is 10%, then the interest for 1 year is \$9,000 x 0.10=\$900.
The interest earned in 5 months is 5/12 x 900=\$375.

Quiz 2.

If \$20,000 is invested at 10 percent annual interest, compounded semiannually, what is the balance after 1 year?

Solution :

The balance after the first 6 months would be 20,000+20,000 x 0.05=\$21,000. (0.05=0.1 x 6/12)
The balance after one year would be 21,000+21,000 x 0.05=\$22,050.

notes] compute=to calculate (a result, answer, sum, etc.)
principal=원금 principal sum=원금
compounded=복리로 계산되면 : 관계과분사 영뇌 — 연결설명어로서 비제한적 연결영뇌
복리계산은 이자와 원금을 동시에 계산하는 것 즉 불어난 이자가 다시 원금에 가산되어
가산된 원금을 바탕으로 이자를 또다시 계산하는 것

compounded semiannually=복리로 계산하는 데 반년단위로 해서 계산하면
interest=이자금액 cf] interest rate=이자율
compound interest=복리 simple interest=단리 balance=잔고

what=무엇/얼마 ✠ 우리말 '얼마'=대상으로서 얼마 /정도로서 얼마
vs how much=정도로서 얼마

⑤ Discount Reading /할인 리딩

If a price is discounted by S percent, then the price becomes (100−S) percent of the original price.

Quiz 1.

A certain customer paid $120 for a bookcase.
If this represented a 25 percent discount on the original price of the bookcase, what was the original price of the bookcase?

Solution :

If p is the original price of the bookcase, the discounted price is 0.75p.
Therefore, 0.75p=120 or p=$160. | **Free 감주+我必 Free 감주 간직하기**

Quiz 2.

The price of an item is discounted by 10 percent and then this reduced price is discounted by an additional 20 percent. These two discounts are equal to an overall discount of what percent?

Solution :

If p is the original price of the item, then 0.9p is the price after the first discount.
The price after the second discount is 0.9p x 0.8=0.72p.
This represents an overall discount of 28% (100 − 72).
| **Free 감주+我必 Free 감주 간직하기**

notes] or=다시말해 original price=최초가격 /원가격 /처음가격 bookcase=책장 item=물건
overall discount=전체 할인 represent=나타내는 것 /의미하는 것 of=동격설명
an overall discount of what percent=전체 할인이 즉 몇 %

⑥ Profit Reading /이윤 리딩

Profit is equal to revenues minus expenses or selling price minus cost.

notes] profit=이익 /이윤 revenues=총수입 /총소득 /수입 | **Free 감주+我必 Free 감주 간직하기**
expenses=총비용 /비용 selling price=판매가격 /매도가격 cost=비용 /원가

Quiz 1.

A certain medical appliance costs a merchant $2,000. At what price should the merchant sell the medical appliance in order to make a gross profit of 50 percent of the cost of the medical appliance?

Solution : The gross profit of the cost is $2,000 x 0.5=$1,000.

∴ The selling price is $2,000+$1,000=$3,000.

: The merchant should sell the medical appliance for $3,000.

notes] medical appliance=의료기구 merchant=상인, 장사꾼

costs=파는 원가/파는 값은 — 이다. | **Free 감주+我必 Free 감주 간직하기**

a gross profit of 50% of the cost=총이익 50%, 즉 원가에서 총이익 50%

Quiz 2.

A television set costs $525, if the buyer pays cash.

On an installment plan, the buyer pays 10 per cent down and $45 a month for 12 months.

How much greater is the installment cost than the cash cost?

Solution : the earnest=$525 x 0.1=$52.5

The installment cost is $52.5+$45 x 12=$592.5 .

∴ installment cost−cash cost= 592.5−525=$67.5

notes] cash=in cash | **Free 감주+我必 Free 감주 간직하기**

pay — down= 지불하되 — 계약금을 지불하는 것/내는 데 — 계약금을 내는 것

down=원금 축소 지불로서 계약금/선금을 내는 것

— down이 있다고 해서 깍아주는 금액이 아니다.

On an installment plan=바탕으로 하여 할부 계획을 바탕으로 하여

installment cost=할부금액

: Buy a car on monthly installments. (바탕으로 하여 월부를 바탕으로)

earnest=1. adj. 아주 열렬하게 하는 것으로서 진지한 것/열심인 것

[ear: eager est: 정도가 아주 큰 것] (zealous)

2. noun. 먼저 벌게하는 돈으로서 계약금, 착수금, 선수금

[earn: 벌어 들이는 것 est: first] (money partly paid in advance)

cf] How many pieces[sheets] have to be copied? They should be copied in duplicate.

in duplicate=해서 두통으로 해서 triplicate=세통 quadruplicate=네통

⑦ Sets Reading /집합리딩

If S is the set of numbers 0, 1, 2, and 3, you can write S={0, 1, 2, 3}. Sets can also be represented by Venn diagrams.

Each of 50 students is enrolled in English, mathematics, or both.

If 30 are enrolled in English and 37 are enrolled in mathematics, how many students are enrolled in both English and mathematics?

Solution :
If n is the number of students enrolled in both, then 30−n is the number enrolled in English only and 37−n is the number enrolled in mathematics only.

∴ (30 − n)+n+(37 − n)=50 or n=17 students.
: Seventeen students are enrolled in both English and mathematics.
notes] enrolled=등록된 것 [enroll + e: 조율음 + d: done 피동의미]
: 일반과분사 영뇌 — 비연결설명어 | **Free 감주+我必 Free 감주 간직하기**

Plus] ① Exponent Reading /지수 리딩

K^n means [is called] 'K to the nth power or the nth power of K'.
For example [instance], 4^2 is called 'four to the second power' and also called 'four squared'.
4^3 is called 'four to the third power' and also called 'four cubed'. **cf]** 4^3 is 4 times itself three times. (4 x 4 x 4)

여기서 n은 exponent (지수)라 하고, nth power (제곱/승)라고 읽는다. 그래서 4^3 는 4의 세제곱 또는 삼승이라 한다. 시동=4의 3승은 인데 4를 배[곱하기]로 하는 것인데 그것 자체로 세배한다[세번 곱한다].
cf] 3.3 m^2=three point three square meter ∵ 1 m^2=one square meter AA⁻ =double A negative or minus

② Addition Reading /덧셈 리딩

3+2=5 is called 'three plus two equals five' and also called 'three and two is five'.
and=추가로서 더하기 : 단일개념 three /plus two /equals five=B-->E/E ∴ **s동사=단수동사**

③ Subtraction Reading /뺄셈 리딩

3−2=1 is called 'three minus two equals one' and also called 'three take away two is one'.
three /minus two /equals one=B-->E/E ∴ **s동사=단수동사** -- three는 3이라는 숫자 자체의미

④ Multiplication Reading /곱셈 리딩

3 x 2=6 is called 'three multiplied by two equals six' and also called 'three times two is six' and also called, in short, 'three two is six'.
cf] the size of photos : 2 x 3 is called 'two by three'. Four fives are twenty. (4 x 5=20)

multiplied=**관계과분사 영뇌** 시동=4를 5배하면 되는 데 20이 된다.
three /multiplied by two /equals six=B-->E/E three /times two /is six=B-->E/E
∴ 먼저 보설로 보충하고 s동사로 설명해 나가기 때문에 단수동사 : **보설 독설뇌**

⑤ Division Reading /나눗셈 리딩

9 ÷ 3=3 is called 'nine divided by three equals[is] three'.
32x ÷ 4x=8x is called 'thirty-two x divided by four x equals eight x'. divided =**관계과분사 영뇌**

⑥ Fraction Reading /분수 리딩

5/2=2.5 is called 'five over two equals two point five' and also called 'five-seconds is two point five'.
100/3= '33.333 --' is called 'a hundred over three equals thirty three point three recurring'.
five /over two /equals two point five=B-->E/E ∴ **s동사=단수동사** cf]$7\frac{3}{4}$ is called 'seven and three quarters'.

twenty four 영뇌와 free 영뇌를 알았다면 언제 어디에서나 듣고 말하고, 보고 말한다 : 감주 체화[뇌화] 시키기
All we do is hear and speak, see and speak, speak, speak — . Don't close your mouth.

Unit Ⅵ

✓ 감주로 들리지 않고는 영어정복 불가 ⇨ 감주적응 ⇨ 감주습관화

영뇌청취의 핵심 6요소 : ← 이 모든 것이 머리로[속에서] 다 이루어진다 : **두뇌세포 (선)인지**

D두뇌 + 감주청취 + 원애 청취[무부스텝 음완성 청취] + 의음두뇌 + 영어 본래의미 + 합치머리

— 원어민들은 감주로 말하고 있다. 그래서 우리는 감주로 듣는다.

tip) 1. **감주청취 전제조건**=vocal 감주 + IS 설가뇌/설주뇌 　 **감주청취의 최대의 장점**=소리에만 집중시킬 수 있다.

2. D두뇌 하에서 들어야 감주/vocal음/의음/두뇌세포 (선)인지를 쉽게 느낄 수 있다.
소리가 자동으로 들어오고
" FD=always + " 로 유지하기 때문 → FD Plus음[즉 D두뇌음]≠비FD음[즉 S두뇌음]

3. 그냥 소리≠그냥 실음≠감주 (전자/중자=감주로 느끼지 못하는 음 : 구슬이 서말이라도 꿰어야 보배)

4. **원애청취**=D두뇌 무부스텝으로 듣는 청취, 그러면 무부감주가 지감주로 변한다.
이게 바로 애들[베이비들]이 귀가 뚫리고 말문이 터지는 과정이다.
특히 D두뇌 무부스텝으로 들으면 음이 자동으로 들어오고 저절로 의음이 된다.

5. **(D두뇌) 무부감주도 청취대상이다.** 지감주만 듣는 게 아니다. 무부감주도 그대로 듣는다.

※어학연수 성공조건 4가지
듣는 기술
+ 말하는 기술
+ 이해 기술
+ 쓰는 기술

6. FD(Forward Distance)란=머리를 앞쪽으로 향하는 나와 감주로 인지되는 두뇌세포의 거리
→ D두뇌 현상으로서 합치로 일어남
→ FD가 클수록 synapse 작동이 더 강해지고 머리가 더 여유가 생김

7. 두뇌세포는 인지하는 쪽으로 더 발달한다. (뇌화된 D두뇌 하에서) 지감주를 인지하도록 내가 앞으로 (뚫어지게) 최대한 향하면서 synapse를 작동시킨다. 그러면 **FD Plus 음**도 발생한다.
청취는 나만 노력한다고 해서 되는 것은 아니다. 두뇌세포가 인식을 잘 해야 한다 : **일종의 두뇌세포 인지발달법**

big tip)두뇌발달 : 천재=두뇌세포 인지 〉 자기의식 　 보통사람=자기의식 〉 두뇌세포 인지
(D두뇌 synapse와 무부스텝 작동 → 두뇌세포 인지를 도와줌)
※잡념, 특히 해석뇌=자기의식이자 자기 잘못

8. 청취=SP + 두뇌세포 + 나 : 세 사람 관계 → 엄밀히 말하면 두뇌세포 인지를 통해서 내가 아는 것이지
내가 먼저 **인지**하려고 하면 안된다.

9. **영뇌청취의 전제조건** : TF 영뇌 + free 감주 많이 간직 + D두뇌 + 無不스텝 두뇌 + 의음두뇌 — etc.
↘머리 속에 감주를 많이 기억시키면 **두뇌세포 인지는 발달한다.**

10. **영뇌청취와 원어민 관계=pre-원애단계 ⇒ 원애단계 ⇒ 원어민단계**
pre-원애단계=무부감주과 지감주가 혼재되어 들린다. 　 **↗소감주/빅감주/왕감주**
원애단계=무부감주와 지감주가 혼재[분간]되어 들리다가 결국 지감주 지배
→ 지감주가 60% 이상이 되면 지감주 지배를 확실히 느낄 수 있고, 두뇌세포도
지감주 인지쪽으로 발달하면서, free 감주도 급속히 늘어난다. 특히 말을 지감주로 감을 잡는다.
원어민단계=완전히 모두 감주 일상적인 말로 들리는 경지 　 **원애=(D두뇌) 감주지배 머리가 형성된 사람**

Directions(당부의 말씀)] a. 청취를 하지 않을 때에도 D두뇌로 (anytime anyplace) **synapse 훈련**을 하라.
그러면 D두뇌는 자동설정이 된다.
b. 경지로 앞으로 뚫어지게 향할수록[볼수록] synapse 작동은 더 강해지고 소리와 감주 인식[인지]은 더 분명해진다.

영뇌 청취[일명 감주청취]

원어민들처럼 쉽게 들을려면 free 영뇌로 듣되, 특히 free 감주로 많이 듣고 많이 간직하라.
이것이 바로 현장영어와 각종 시험영어 정복의 최고의 전략이다.
특히 들으면서 我必 free 감주는 반드시 간직한다.
머리 속에 free 감주가 많아지면 저절로 BEis로 IS로 엮어지고 감주 일상적인 말이 된다.
영어는 free 영뇌의 조합에 불과하다. 듣기의 비밀이 바로 여기에 있다.

전체는 저절로 엮어짐

tip) 1. 청취시 free 감주=구속받지 않고 자유롭게 (감주로) 말하는 대로 듣거나 들리는 대로 마음대로 조합하여 듣는 것
리딩시 free 감주=구속받지 않고 자유롭게 (감주로) 보이는 대로 이해하거나 마음대로 조합하여 이해하는 것

2. 영뇌청취 초기에는 처음부터 (특히 해석버릇처럼) 모두 다 알려고 하지 말라.
(D두뇌 하에서) 몰라도/알듯 모를듯 해도 감주로 쭉 들어나가라. 이것이 바로 **무부스텝 청취**이다.
모두 다 확실히 알려고 하면 SP에 의해 감주로 잘 각인이 되지 않는다.
특히 D두뇌 무부음으로 쭉 들어나가야 두뇌세포는 무부감주이든 지감주이든 계속 인지(**consecutive cognition**)한다.

그러면 결국에는 지감주 속에서[지배 속에서] 무부감주가 들려나간다. 이런 경지가 바로 **성공진입 단계, 즉 원애단계**이다.
이 수준이 되면 잘 모르거나 잘 안들리는 것은 지감주로 들리는 가운데 해결하면 된다.
(무=모르는 것 부=알듯 모를 듯하는 것 지=아는 것) ※아무튼 D두뇌음으로 들려야 감주로 쉽게 들린다.

caution) a. (sp에 의해) 무부감주가 저절로 지감주로 될 때까지 쭉 들어 나간다.
b. 완성을 시키는 방법에는 처음부터 하나하나 완성시키는 것과 쭉 해가면서 완성시키는 것, 두 가지가 있다.
프로들은 후자를 택한다. 원애처럼 감주 감지력이 생기면 해외유학시 대학강의 수강이 가능하다. 입에서 실제소리로 다가오기 때문이다. ※머리를 여유있게 들을려면 D두뇌음으로 들어라.

c. **감주 부지언인(不知言認) 현상** cf]**부지언인**=그냥 말로 들리고 말로 느껴지는 것
: 애가 엄마 말을 듣는 것처럼 (안들려도 알듯 모를 듯해도) D두뇌 무부스텝으로 들으면
감주말로 들리고 감주말로 느껴지는 경지로서 원애단계에서 나타난다. 관성으로 그 느낌을 유지하라.
이쯤되면 (마치 노래처럼) 감주로 쭉 들어나가면서 소리인지를 할 수 있는 능력이 생기고, 무부스텝으로 감주리듬을 즐길 수 있다. 처음부터 모두 알려고[들을려고] 하면 해석뇌다. (해석뇌처럼) 일일이 엮을려고 하면 소리는 또다시 안들리고
자신감도 없어지니 주의하라 : **해석뇌≠무부스텝두뇌=의음두뇌** 주의]역순 해석뇌=이해흐름을 바꾸는 뇌
아무튼 감주로 쭉 들어나가는 머리가 되어야 한다 : **감주적응** — 일어가 잘 들리는 것은 이해흐름이 같기 때문이다.

영어 이해흐름 유지 :
↘단어 본래의미(+설가뇌 의미)
↘BAM ↘Ekbe

3. 영뇌청취는 원애로 감주 감지력이 생긴 후에 Script[Caption] 청취로 보충한다.
Non-Script[Caption]로 무부스텝으로 쭉 들어나가면서 SP에 의해 감주로
각인되는 것을 안들리는 것[즉 무부음/무부감주]만 살짝살짝 소리본체를 보아나간다.
이렇게 자꾸 반복해서 free하게 듣다 보면 결국에는 (전체로) 완성된다.
절대로 처음부터 욕심을 내지 말라. 하나씩 하나씩 쳐들어가면 된다.

주의] script/caption 청취의 최대 약점
=두뇌세포 vocal 감주 인지력 감퇴 + D두뇌음 형성방해
그래서 그것들에 너무 의존하지 말라. 처음부터 script를 보면서 음이 완성되는 것보다 무부감주로 음이 완성되는게 훨씬 낫다. 무부스텝으로 들어야 (감주) 리듬을 놓치지 않는다. 아는 것보다 리듬으로 듣는 게 우선이다.

청취는 리듬이다.

Unit VI. 영뇌청취[일명 감주청취]

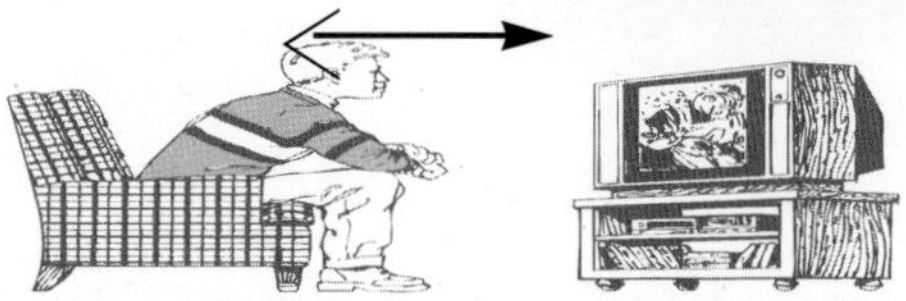

영뇌청취는 Native Brain 청취로서
(non-script/caption 현장방송과 시험영어를 뇌화된 D두뇌 하에서
sp로부터/sp에 의해) 감각적 주파수로 듣는 것/들리는 것,
그러면 이미 IS로 체화[뇌화]된 사람들은 저절로 이해된다. tip)청취는 머리로 하는 것이지 귀로 하는 것이 아니다.

↙보통사람의 두뇌전환 필요 :
자기 의식[이해]보다 (D두뇌) 의양두뇌 인지로 두뇌세포 선인지 ↓ 영어자체로 (무한글 이해) 느낌이 오는 것

영어말투, 즉 본토말

현장방송/시험영어 : CNN, NBC, ABC, CBS, BBC, CGTN, Ipad, 스마트폰, 토익/토플/수능, -- etc.
보충 : 원애가 된후 script[caption] 청취로 보충 → 각종 앱 CC기능 활용 ↗ 즉 감주로 (무한글) 이해 느낌이 와 닿아야 한다.
특히 세음(細音)은 script[caption]를 봐야 한다. ↗ 이런 게 소감주/빅감주/왕감주로 움직이고 있다.

감각적 주파수는 (한 단어처럼) 뒷말과 말하는 영뇌의군 주파수로서 강약/약강/음수조절/분리/비약음/약음 감주가 있다. 그래서 뒷말과 말하는 것, 즉 감주로 들리거나 느껴지면 된다. 먼저 감주 종류와 단주로 들으면 감주를 쉽게 느낄 수 있다. 한 번 감주로 들리기 시작하면 관성에 의해 계속해서 그렇게 들려 나간다. 이렇게 speaker의 소리[=소리본체]에서 감각적으로 (가볍게) 감주로 느껴지는 것이 영뇌청취이다. 영뇌 상급자가 되면 감각적 주파수로 듣는다. BEis/IS를 보다 효율적으로 작동시키는 것이 감주이고, 원어민들도 감주로 이해하고 감주로 말하기 때문이다.
↳ 아무튼 감주인식 머리[세포]가 되어야 한다.

감주로 척척 들리면 저절로 전체가 들리고, 특히 (각각 다른) free 감주가 (머리 속에) 많아지면 저절로 BEis/IS로 엮어지고 결국에는 지감주가 지배하게 되고 감주 일상적인 말이 된다. 이게 바로 원애이자 원어민 경지이다. 한국 사람들로부터 같은 한글말투를 느끼듯이 원애단계[성공진입 단계]부터 (음색만 다를뿐) 같은 음질의 vocal 감주로 들리기 시작한다.

이렇게 감각적 주파수로 들으면 저절로 이해되는데 이때 이해는 (생활 속에서의 뜻이 용해된) 자동 의음/의자[해음/해자, 상음/상자]이다. 감주로 들렸는데 이해가 되지 않으면 (들으가면서 살짝살짝) Ekbe 시동을 걸고, 특히 소리가 잘 들리지 않으면 본인에 맞는 처방들을 활용해서 소리를 들리게 한다. tip)감주=생활 속에서의 뜻
↳**p505/506** ※특별시동=원애시동/음색시동

↳무부스텝으로 소리가 완성되는 것이 원어민 청취이다. 한글도 같다. 감주청취는 애들이 언어를 습득하는 과정과 같다. 특히 들리는 지감주만으로 감을 잡는다.

감각적 주파수 : very honest exchange=veryhonest exchange=감주+단주
cash for summit scandal=cashfor summitscandal=감주+감주
↳ for를 앞으로 붙여 말해도 여전히 for 설가뇌 유지

must end now=must∨end∨now=단주+단주+단주 : 보통 강조할 때 이렇게 말함
— 약간 떨어지면서 뒷말과 말하는 것=근접 감주 : 단주/단주/단주로 된 빅감주
vs 한 단어처럼 뒷말과 말하는 것=밀접 감주 : 단/장 감주
∴ 감주+단주="소감주와 단주" 끼리 근접감주 → **소감주와 단주로 된 빅감주**
감주+감주="소감주와 소감주" 끼리 근접감주 — etc. ↗ **소감주와 소감주로 된 빅감주**

그래서 감주청취에서는 sp로부터 뒷말과 말해나가는 것이 느껴져야 한다.
한 단어처럼 뒷말과 말하느냐 약간 떨어지면서 뒷말과 말하느냐 그 차이 밖에 없다.

We are going to stand up for America.=Weare goingto standup forA/merica.
— 감주는 뒷말과 말하기 때문에 단어기준 2•2조 리듬이 많다. cf]시조리듬=음수기준 for=함께동사 전치사
↳즉 뒷말과 말하는 것이 두 단어가 가장 많으며 그 이상도 가능 + 축약형은 보통 한 단어로 취급↓
in association with Zenith Bank=inassociationwith ZenithBank=감주+감주 You'rewatching TalkAsia righthere onCNN.
in association with Rolex=inassociation withRolex or inassociationwith Rolex
=감주+감주[단주] — 뒷말 음수 길이에 따라 감각적 주파수도 달라진다. 선택은 좋은 리듬이다.

big tip) in short, (들리는) **소리[실음]가 감주로 인식되는 것이 감주청취다.**
— (D두뇌 무부스텝/무부음으로) 쭉 들어가면서 감주[무부감주/지감주]가 발생하는 것이 Best이다 ⇒ (그냥) **무음/부음/지음≠감주**

☞.. 영뇌청취 상급자가 되면 자동으로 감주로 들린다.

North Korean Dictator Kim Jeong-un
=NorthKorean DictatorKimJeongun=(비약음) 감주+(비약음) 감주 주의] on both sides=on bothsides
(↗전치사라고 해서 반드시 소감주가 되는 것은 아니다 ⇒ 단주+감주)
빅감주 소감주 ↘p160

Stay at the hotel that has the new source and new trust.
= Stayatthe hotel thathasthe newsourceand newtrust. tip)Stay atthe hotel=단주+감주+단주도 가능
=(강약) 감주+단주+(강약) 감주+(강약) 감주(특히 ceand=극저음 감주 : 스언) + (비약음) 감주
↘약=약약 ↘강=강강 ↘강=강강 → 비약음
tip)1. 감주 가운데 비약음 감주가 가장 많다. 어떤 종류의 감주인지는 반드시 현장의 소리로 확인하라.
2. 기본감주 속에서 탈리/극저음/동화/단타/speech/구개음화/감정음가 — 등이 발생

in 2017=in twothousand seveteen or intwo thousand seventeen
tip)청취에서 감주는 sp에 의해서 느껴지고[의음감주], 리딩에서 감주는 자기에 의해서 이루어진다.
그래서 뇌화된 D두뇌하에서 sp의 감주에 가볍게 빨려 들어가야 감주를 쉽게 느낄 수 있다.

의음감주=sp의 감주에 의해 이해되는 것 vs **의음 vocal음**=sp의 vocal음에 의해 이해되는 것
∴ vocal 감주는 내가 먼저 건드리면 안된다. 내가 너무 의식적으로 vocal 감주를 들을려고 하면
vocal 감주를 쉽게 느낄 수 없다. 주의하라. (의음=sp에 의해 형성되는/이해되는 것)
↘특히 감주는 (D두뇌) 의음으로 되는[느껴지는] 것 ↘sp의 소리에
Talk Asia tonight on CNN=TalkAsia tonightonCNN=(비약음) 감주+(강약강) 감주
or TalkAsia tonighton CNN=(비약음) 감주+(강약) 감주+단주
↗ThisisCNN breakingnews.
↘(비약음) 감주
↘Wolf, TuesdaytoSaturday onCNN

Oh, my God!=Ohmy God or Oh∨my∨God=(강약) 감주+단주 or 단주+단주+단주
Hanoi, the heart of Vietnam=Hanoi, theheartof Vietnam : (약강약) 감주

Is that true?=Isthattrue? : 모두 뒷말과 말하면서 한 단어처럼 말하고 있다. 이런 느낌없이는 들을 수 없다.
Thinking of banking of Africa. Zenith Bank, in your best interest.
=Thinkingof bankingof Africa. ZenithBank, inyour bestinterest. (best=bes : t폐쇄)

Just the penny! =Justhe penny! : 앞 t폐쇄와 (강약) 감주+단주
What a profit per hour!= Whata profit perhour! : 워ㅌㅌ어 : 비합성 감주, 즉 (강약) 감주+단주+(비약음) 감주
That's a failure!= That'sa failure! : 대ㅌ스어/서 : 비합성/합성 감주, 즉 (강약) 감주+단주
a lot of people say =alotof peoplesay : (약강약) 감주+(비약음) 감주
new sanction on Russia =newsanctionon Russia : (강약) 감주+단주
↘강=강강
tip)state-of-the-art light and sound system (빅감주 빅감주 소감주)
스테트어/터 디아-트 라이트언 사운시스텀

Twins you're about to see.=Twinsyou're aboutto see. : (강약) 감주+(강약) 감주+단주
투윈즈어/저 어바ㅌ더/러 씨- : 비합성감주와 d/r 단타 + 관계문장
only a week out of the womb=onlya weekoutof thewomb. : (강약) 감주+(강약) 감주+(약강) 감주
오운리어 위-카우러 더우-ㅁ ↘약=약약
feel right at home=feel rightat home : 단주+(강약) 감주+단주 : 라이덧
I tried to reproduce the memories.= Itriedto reproducethe memories. : (강약) 감주+(약강) 감주+단주
↗강=강강
츄/쳐라이더/드어 리프러듀-스더
Is that a good thing?=Isthata goodthing? : (약강약) 감주+(비약음) 감주 ⇒ 이재러 : 복자음 연속시 th 탈리와 단타
↗난이도가 높은 감주
↘이래서 청취는 소리본체로 들어야지 발음기호로 들으면 안된다.

tip)(합치로) 주파수 안테나를 설치하는 것은 소리머리를 자극하여 소리세포가 자동으로 감주를 받아들이기 위함이다.
그래서 (뇌화된 D두뇌 하에서 몰라도/다 안들려도) 감주로 쭉 들어나가야 감주를 쉽게 느낄 수 있다.

big tip)감주로 많이 들리면 감주 패턴이 두뇌 속에서 보인다.

☜.. **D두뇌음[D두뇌] 하(下)에서 (의음/감주, 즉 무부감주/지감주이든) 모든 것을 처리하는 머리가 되어야 한다.**

IIIII – a .. I want /this check in /singles.
=Iwant thischeckin singles.=비약음 감주+강약(강강약) 감주+단주

b .. I want /this check /in singles.=Iwant thischeck insingles.=비약음 감주+비약음 감주+약강 감주

☜.. 좀더 구체적으로 말하면 (합치로) 머리가 앞쪽방향으로 선 상태에서 speaker의 감주에 의해서 저절로 이해가 되어버리거거나 해가 우러나오든지 A상황이 보이거나 표현한 것으로 보이면 된다. 즉 생활 속에서의 뜻으로 보이면 된디.

감주청취가 처음부터 되는 것은 아니다.

대부분의 한국사람들은 그냥 소리 또는 그냥 실음으로 듣기 때문이다. 단어와 단어 사이, 즉 소리본체와 소리본체 사이에도 (단어에 장단음이 있는 것처럼) 장단이 있다는 것을 모르기 때문이다. 강약/약강/약음/비약음/분리/음수조절 감주로 단어와 단어 사이에도 (고저/저고) 장단이 있다. 원어민들은 이렇게 감주로 말하고 감주로 듣는다.

영어를 순서대로 이해케하는 원동력은 IS 설가뇌와 설주뇌이지만 이런 것들을 바탕으로 해서 자연스럽게 순서대로 굴러가게 하는 순동력은 감주다. 구슬이 서말이라도 꿰어야 보배다. 뒷말과 말하는 것으로 꿰매고 있다. 그냥 소리 또는 그냥 실음으로 듣지마라. 영어는 감주 중심으로 말을 하고 한글은 토씨 중심으로 말한다. 겉으로 보기엔 하나 하나 말을 하는 것 같지만 감주로 말하고 감주로 이해하고 있다는 것을 명심하라. **그래서 우리는 감주로 듣는다.**

감주로 쉽게 느껴지는 것이 있고 그렇지 못한 것도 있는데, 특히 감주로 들렸는데 이해가 따라가지 못하는 경우가 있어도 **그냥 감주로 쭉 들어 나가라.** 음은 D두뇌 무부스텝으로 완성된다. 이때 주의할 것은 감주로 쭉 들려나갈 때 FD는 항상 plus가 되어야 한다. 즉 뇌화된 D두뇌 하에서 듣기 때문이다. 절대로 단일두뇌로 들으면 안된다. 그러면 감주를 쉽게 느낄 수 없고 감주관성도 유지할 수 없다.

《 D두뇌음[D두뇌]= FD plus 음이로서 synapse나 함께 작동하는 것 》

tip)**청취에서의 감주 Free 영뇌, 즉 free 감주**=sp가 말하는 대로 (낱개영뇌에 의해) 감주의군 형성 ↗sp가 말하는 대로 감주리듬 형성 ↘**소감주/빅감주/왕감주**

D두뇌 → Synapse 자극 → 소리인식 두뇌세포 활성화 — 마치 하나 하나 말하는 것 같지만 감주로 말하고 있다.
즉 뒷말과 말하고 있다. ↘그래서 sp가 말하는 대로 감주로 들려야 한다.

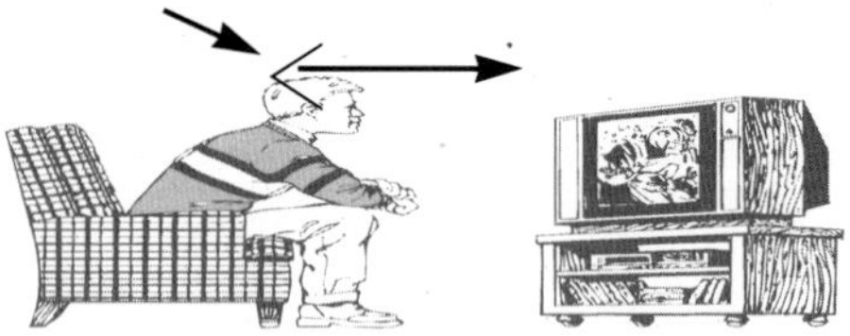

감주로 느껴지려면 먼저 소리가 (자동/무부로) 들려야 한다. 그래서 초기에는 (주파수안테나가 뇌화/뇌미덩이 되기 전까지는) 주파수 안테나를 설치해 놓고, **감주청취**를 많이 한다.

즉 (말하는 자에 의해) 감주로 들리고, 그 감주에 의해 각인이 되면 된다. 처음에는 이렇게 (다몰라도 부담없이/다들을려고 하지 말고/다안들려도/들리는 대로) free하게 주파수 안테나 상태에서 (speaker에 의해) 무부감주이든 지감주이든 감주로 들리면 된다. 특히 지감주는 생활 속에서의 뜻으로 들리면 된다.

감주청취시 유의사항 : ↗**듣다가 자기 이해[의식]로 두뇌세포 자연인지를 끊으면[바꾸면] 안된다.**

청취는 speaker의 소리에 의해 바로 minus[equal] 해(解) 또는 A상황이 발생해야 영뇌이지, 즉 바로 **의음[선인 영뇌각인]**이 발생하지 않고 순간 circuit breaker가 걸리거나 들어서 또는 내가 이해하려고 하거나 엮어려고 하면 영뇌가 아니다. 이것은 **한뇌, 즉 해석뇌다.** 해석뇌가 발동하면, 즉시 무부로 그냥 넘어가야 한다. (무부감주도 청취의 대상이다. 그렇게 듣다보면 **무부감주 —〉 완성**)

그야말로 비영어권 사람들은 원애가 되기는 쉽지 않지만, (뇌화된 D두뇌 하에서) 다 안들려도 vocal 감주로 계속 각인이 되고 각인 되는 것이 많으면 원애가 된다, 원애는 아무런 사심이 없이 엄마로부터 그냥 듣는 것이다. 특히 같은 음이라도 목으로 만드는 음과 입으로 만드는 음이 다르다. 이것을 느끼지 못하면 들을 수 없다.

《 두뇌세포에게 (충분한) 인지 time이 필요하다. 》

tip) 1. 감주로 바로 영뇌, 즉 무한글 이해가 이미 발생했는데 다시 무언가 하려고 하면 안된다 : **일종의 해석버릇**
2. (뇌화된 D두뇌 하에서) 감주로 듣거나 무부스텝으로 쭉 들어나가면 circuit breaker가 작동하지 않는다 : **천재 두뇌**
3. 모르면 모르는 대로 그냥 넘어가야 영어자체로 체화되어야 원애가 된다 : **두뇌 길들이기 → 청취는 리듬이다 → 아는 것보다 (감주) 리듬으로 듣는 게 우선**
4. 청취=해석뇌 —〉 완성 (x) 무부감주 —〉 완성 (o) : **두뇌 길들이기 → 애기들 언어 습득과정**
5. D두뇌 무부로 들으면 감주 부지언인, 즉 감주로 말해 나가는 것이 느껴지고 감주로 들리게 된다 : **D두뇌 무부효과**
6. 목으로 만드는 음색감주= vocal 감주

☜.. **광의의 의음**=speaker(의 소리)에 의해 이해되거나 들리는 것 ∴ 지감주 뿐만이 아니라 무부감주도 의음으로 들려야 한다.

↗영뇌청취의 주된 목적은 원애가 되는 것 → 원애가 되지 않는 청취는 의미가 없다.

☺.. 완전한 원애가 되기위한 전제조건 : 뇌화된 D두뇌하에서 무부스텝으로 음완성 ↗애들이 말을 배우는 과정과 같다.

애들은 언제나 순수한 오매일여(悟昧一如) 머리상태 : 의양 두뇌력이 강하다

1. D두뇌 하에서 (초기에는 다 몰라도 부담없이 들리는 대로) vocal 감주로 (쭉) 들어나간다.
   ※vocal음[실음] : 소리의 생성 주체에 의해 만들어지는/음이 밖으로 향하는/음을 밖으로 밀어내는 음
   사람들은 그냥소리[입소리] 청취를 하기때문에 소리가 들렸다가 안들렸다가 하는 것이다.
2. **SP로부터** 감주 지배머리를 만든다 : **감주 두뇌세포 만들기=top priority**
   ↘ **무부로 들으면 의음력에 내가 진다 : 의음감주**
   ↗듣다가 이해흐름이 바뀌면 안된다 → "IS + 영어 본래의미"로 처리
   ↗원애는 IS 속에서 모든 것을 처리한다.
   ※ 영어 본래의미 =단어 본래의미(+ 설가뇌 의미) ↘ BNW/bnw-BAM/im-BAM
3. 듣는 중 잡념, 특히 해석뇌가 발동하면 무부로 그냥 넘어가라.
4. 두뇌세포는 관성인지가 돼야 한다. 한번 감주로 인지하면[붙으면(stick)] 계속해서 그렇게 두뇌 세포가 되어야 한다. D두뇌 하에서 감주에 빨려 들어가거나 감주를 간직하면 쉽게 관성이 발생한다.
5. (원애가 되면, 즉 D두뇌 감주로 쭉 들려나가면) 잘 안들리는 소리는 D두뇌 지감주[음색감주/감주리듬]로 들려가는 가운데 또는 D두뇌음, 특히 FD +0.01음으로 해결되어야 한다. 특히 원애로 감주 감지력이 생긴 후에 script[caption] 청취로 보충한다 : **각종 앱 CC 기능활용** ↗**두뇌세포 선인지** ↘**소감주/빅감주/왕감주**
   script[caption]보다 원애가 되는 게 우선이다. ↗**원애경지=**언제나 D두뇌[FD=plus] 의음 감주로 들리는 경지
6. 한번 성공진입 단계, 즉 원애 경지에 들어서면 계속해서 지감주 속에서 무부감주가 들려나가게 해야 한다.
7. 감주로 듣고 감주로 반복해서 말해야 한다. 감주는 항상 vocal 감주다. ↗**그냥소리와는 미묘한 차이가 있다.**
8. (모든 사람들의 감주를 쉽게 들을려면) vocal 음색 감주로 들어야 한다 : **감주만의 특유한 소리**
9. D두뇌 무부스텝[무부감주]으로 들어가면서 (감주로) 음을 완성시킨다. ↗**무부감주/지감주이든** 모두 D두뇌 의음으로 들려야 함
   애들은 근본적으로 이렇게 엄마로부터 완성시킨다 : **D두뇌 무부두뇌 길들이기**

※완전한 원애 안테나=고성능 안테나=완전히 뇌화된 안테나=무신경 D두뇌 안테나=자동 D두뇌 → 언제나 FD=+상태

주파수안테나 설치란 머리가 앞쪽방향으로 선 상태, 즉 머리를 앞쪽방향으로 박아[앞쪽으로 향해] 두는 것으로 감주각인과 합치로 일어난다 : **합치두뇌** ✽**합치(合致)**=합쳐서 일치로 일어나는 현상
마치 **명상상태**[meditation]에서 처리되는[느껴지는] 것과 같다.

합치로 자꾸 설치해서 듣다보면 적응이 되어 결국에는 가볍게 또는 뇌화[뇌미덩]되고, 원애가 되면 뇌화[뇌미덩]된 안테나 상태에서 vocal 감주로 각인이 된다. 이때 이해는 감주에 의해 이해되는데 생활 속에서의 뜻으로 IS다. 한글로 이동하지 않고 바로 영어자체로 이해된다. ✽**뇌화/뇌미덩**=FBH/뒷쪽머리에서 형성 **tip)후순위 감주** : 그냥 소리로 들어 안들렸는데 (직후에 그것이) 감주라고 생각하면 들리는 것

↗ **귀에 익은 말=familiar sound**

D두뇌로 감주청취로 자꾸 듣다보면 감주와도 친해지고 느낌의 변화도 생기면서 원애가 되고, 결국에는 어느 날 갑자기 원어민들처럼 모든 말들이 감주로 뚜렷하게 자동 각인이 되면서 감주 일상적인 말이 된다. 이게 바로 원어민 경지이다.
tip)감주리듬이 지배하게 되면 잘 안들리는 음도 감주리듬으로 들린다.

caution] ☺ .. vocal음[실음] 생성 위치 :
vocal음[실음]은 음에 따라 목 또는 목 앞쪽에서 난다. 즉 음에 따라 목, 입 뒷쪽 또는 입 앞쪽에서 난다.
하지만 입 앞쪽에 나더라도 목이 만드는 음, 즉 목이 주도하는[headline] 음이다. ↗의음/의자 감주를 늘리는 게 영어공부다.
거의 많은 사람들은 입 앞쪽에 나는 음을 입소리로 착각하고 있다. (D두뇌) 의음으로 듣지않았기 때문이다.
⇨ 대표적인 vocal 음[실음] 예 : PGA Golfer Jason Day -- 세계 랭킹 1위자 ↗**주의]**감주로 '들렸다' '안들렸다' 하는 것은
↗의음/의자로 이해되는 것과 다르다.
≠순수한 자기이해 ↳(영뇌상급자는) 소리에 의해 이해가 될때까지 기다린다.
tip)영뇌청취는 speaker의 감주에 의해 영뇌로 각인되는 것이지 내가 (먼저) 이해하는 것은 아니다.
∵ IS 체화 주파수 사전조절 (이때 IS=생활 속에서의 뜻) ※특히 (D두뇌) 무부스텝으로 쭉 들어나가야 의음이 쉽게 된다.

tip)1. 원어민들은 글자보다 소리부터 먼저 듣는다. 우리도 소리머리부터 먼저 형성되어야지, 문자머리부터 먼저 형성되면 안된다.
2. 처음부터 엮을려고[다 들을려고] 하지말라 : **해석뇌** ↳그러려면 특히 감주청취를 하면 된다.

↗이게 바로 vocal 감주다.
↗청취는 머리로 하는 것이지 귀로 하는 것이 아니다. ↗모두가 vocal로 뒷말과 말하고 있다.
머리[머리 속에서]로 ↗특히 고난도 감주는 (script를 보더라도) 들은 대로 자기도 실제로 말을 해봐야 한다.

vocal 감주를 쉽게 느끼는 법 : ↗특히 synapse를 작동시켜 모든 두뇌세포를 똑바로 세움

《원애가 되면 무부음도 감주로 느껴진다》

1. **D두뇌가 되지 않으면 vocal 감주를 쉽게 느낄 수 없다.** 그래서 항상 (들을 때마다) D두뇌부터 체크하라.
   보통 사람들이 vocal 감주를 못 느끼는 것은 D두뇌가 되지 않았기 때문이다. ↳**D두뇌 자동설정**
   D두뇌로 들으면 synapse 작동와 FBH/소리머리를 통해 자동으로 vocal 감주가 들어오고 vocal 감주를 늘 FD plus로 여유있게 들을 수 있다. 특히 D두뇌는 정면 집중된 머리로 명상상태 처리 머리로 만들어 준다.
   ↘경지로 앞으로 (뒷머리 또는 FBH가 작동하게) 뚫어지게 향하는 머리
2. 한글 주파수로 들으면 vocal 감주를 쉽게 느낄 수 없다. ↳그래서 D두뇌음=(FD plus로 해서) FBH/소리머리로 자동으로 들어오는 음
   즉 `같이 갑시다 ˎ로 들으면 안된다. ↘ **특히 D두뇌로 들어야 의음도 쉽게 느낄 수 있다.**
   vocal로 `같이 갑시다 ˎ로 들려야 한다 : **double slide F**
3. 해석버릇을 고치는 만큼 vocal음[실음]을 느끼기가 어렵다. 그 동안 우리는 그냥소리[입소리]에 너무나 익숙해 있기때문이다. vocal음[실음]은 그냥 목이 만드는[주도하는/내뿜는] 음이다. tip)한글 vocal음[실음]도 아나운서에서 이런 것을 느끼면 된다.
   이런게 (D두뇌 하에서) 소리에서 (특히 고음/강음에 의해서) 느껴지면 된다.
   그래도 잘 안되면 저 소리가 그냥 vocal음[실음]이라고 생각하라. 그러면 vocal음[실음]으로 느껴진다 : **생각의 법칙**
   ↘생각대로 되는 것
   tip)**소리 에너지**=목으로 밖으로 내뿜는 것, 그래서 vocal음[실음]의 소리방향은 안쪽에서 바깥쪽이다.
   D두뇌=오매일여 상태=명상상태=원애상태=(소리 에너지에 의해) I-Beaten 상태 ↗D두뇌 하에서는 안테나 밑, 즉 소리머리 속으로 잡힘
   ⇒ 소리를 자동으로 받아들이기에 또는 무부로 쭉 들어나가기에 가장 좋은 상태
4. 청취는 같은 음으로 들린다. 즉 자기말 vocal 감주와 같다. ↗특히 **들은 vocal 감주 상기**로도 vocal 감주를 쉽게 느낄 수 있다.
   자기말 vocal 감주 느낌 상기로 자기말 vocal 감주를 쉽게 느낄 수 있다 → 훈련시 자기말 느낌 간직요
5. vocal 감주는 너무 의식적으로 느낄려고 하면 쉽게 느낄 수 없다. 우리말도 마찬가지이다. 소리가 자연스럽게 들어오거나 무부로 쭉 들어나가면서 그것이 느껴져야 한다. **천재들은 그냥 그렇게 가볍게 빨리 작동한다.**
6. (뇌화된 D두뇌 하에서) 자동으로 들어오는 소리에서 또는 무부로 쭉 들어나가면서 vocal 감주 느낌을 잡아내야 한다. 그리고 그것을 관성으로 유지한다. 합치 속에서 이런 미세한 느낌을 알아야 청취를 정복할 수 있다.
7. 소리는 FD(= +)로 들려야 vocal 감주를 쉽게 느낄 수 있다. 8. 특히 (D두뇌) 무부스텝으로 쭉 들어나가야 음이 훨씬 잘 들리고 **sp가 말하는 대**로 vocal 감주를 쉽게 느낄 수 있다.

cf] D두뇌 무부스텝으로 쭉 들어나가면 FD= + 로 해서 sp가 말하는 소리속도, 즉 감주속도에 맞출 수 있다. 특히 (Synapse 작동) FD=+0.01이 되면 감주는 더 분명해지고, 안들리는 소리도 웬만하면 다시 살아난다. 즉 D두뇌음으로 사람마다 말해 나가는 것이 (가볍게) 감주로 들리면[느껴지면] 된다 : **청취의 최종한계 벗어나기**

A Quick Note

연속 감주머리/감주리듬 형성하기] 처음에는 (D두뇌로) 알듯 모를듯 해도[분명하지 않아도] CNN, NBC, ABC, 토익/수능 LC, — 등을 (sp가 말하는 대로) 감주로 쭉 들어나가면된다. 그러면 감주리듬이 형성되고, 무부감주가 지감주로 변화하면서 완성된다. 이때 주의할 것은 쭉 감주로 들어나가면서 감주가 쭉 이어져야지 (중간에) 끊어지면 안된다. 잘 안되는 사람은 그냥 영뇌의군으로 듣다가 감주의군으로 느껴지면 된다. tip)무부감주도 청취의 대상이다. 아기들도 무부감주로 들리는 가운데 자꾸 듣다보면 음이 완성된다.

(speaker의) vocal 감주에 의해 바로 이해가 안되면 영뇌가 아니다.
대부분의 한국 사람들은 IS 영뇌, 즉 IS 설가뇌/설주뇌가 형성되어 있지 않아 그냥 소리로만 들리고 일단 멈추는 현상이 발생한다. 이런 것들은 역순해석으로 영어를 이해 해왔던 해석 버릇 때문에 생기는 현상이다. 역순 해석뇌로는 영어를 감주로 이해할 수도 없고, 감주로 들을 수도 없고, 감주로 말할 수도 없다. 순서대로 대로 (무한글로) 이해하는 머리가 아니기 때문이다. **tip)모두가 목으로 뒷말과 말하고 있다. 이게 바로 vocal 감주다.**

들으면서 자주 일어나는 해석버릇 현상들 [즉 일종의 I-Beat 현상] :
= 그냥 멈추는 것 /해석하기 위해 멈추는 것 /해석하기 위해 뒤로 돌아가는 것
/무언가 하려고 하는 것 /이해하려고 하는 것 — 모두 자기가 이기려는 현상

이런 해석 버릇 현상들도 우리는 double 두뇌 청취, 특히 D두뇌 무부스텝으로 극복할 수 있다.
단일 두뇌로 들으면 해석버릇이 자주 발생한다. 비영어권 사람들은 특히 해석버릇을 고치지 않고는 영어, 특히 청취를

.. 의음/의자는 모든 이해의 근저(根低)[밑바탕]를 이루고 있다.

정복할 수 없다. 해석은 영어 정복의 최대의 적이자 방해물이다.

caution] 1. speaker에 의해 vocal 감주영뇌가 되려면, double 두뇌로 들으면 된다. 소리머리로 소리가 자동으로 들어오기 때문이다. 2. 영뇌청취는 이런 것이니 이렇게 하라는 것조차도 적용시키려는 의식[일종의 하려는 의식]이 발생해도 안된다. 배움지침[skills]은 두뇌의 자연적 현상을 인지하여 만든 사후적인 결과물이다. 즉, 그냥 그렇게 되는 것을 정리한 것에 불과하다. 그래서 그냥 그렇게 되면 된다. 3. ,, (D두뇌 무부스텝으로) 쭉 들어나가면 (의음) 감주가 쉽게 형성/발생하고[Best], 그것이 FD=+0.01로 해서 들려나가면서 원애가 된다 : **원애 쉽게 만들기**

↳이때 가끔 지감주 관성 이용 ↳무부스텝, 특히 무부감주로 자꾸 들어나가면 결국에는 지감주로 완성 된다.

A.. :

I can /see /their death toll, //passing /a thousand, /men and women.

=B--〉E--〉E′ ⇒ WE--〉E′--〉E″ : BEis-Os

or I + I + I : I-Os or S + S + S : S-Os

.. **major 감주=** — see — death toll, — thousand, — men and women.

↗감주청취는 듣기위한 것이고 major 감주 청취는 전체를 쉽게 파악하기 위한 것

감각적 주파수 : Ican seetheir deathtoll, passinga thousand, menand women.

BEis/IS로 이해되는[이해하는] 것을 먼저 감주로 이해하거나 듣거나 말하는 것이다.

(D두뇌 하에서) 감주는 자동으로 들어와야하고, 무부스텝으로 쭉 들어나가야 감주를 쉽게 느낄 수 있다. 감주로 들리는 사람들은 (각각의 다른) free 감주를 많이 가져라. 그러면 저절로 BEis로 IS로 이해되고 저절로 엮어진다. free 감주로 저절로 엮어지는 것이지 내가 엮는 것은 아니다. 특히 **아필(我必) free 감주는** 반드시 가져라 : Iseea thousandpassing.

tip)1. 영뇌청취의 일련의 현상들은 합치로 일어나는 현상이지 떨어져 분리되어 일어나는 현상은 아니다.

2. free 감주가 많이 쌓이면 귀에 익숙한 감주도 생기고 다른 감주도 이해할 여유도 생기면서 결국에는 모든 말이 감주로 쭉 이어진다. 특히 각각의 (소리본체가) 다른 감주로 들리면[이해하고 있으면] 저절로 많은 감주가 간직된다.

3. 특히 말 전개와 글 전개가 다른 경우가 많다. 그래서 소리를 많이 들어라. ☞ 콤머 영뇌 ↳**뉴스 하나만 들어도 서로 다른 감주는 엄청나다.**

4. (뇌화된 D두뇌 하에서) vocal 감주에 빨려 들어가면 혼음이든 준청음이든 극저음이든 모든 음을 다 잡아낼 수 있다.

5. 엄밀히 말하면, SP의 소리를 두뇌세포가 인지한 것을 내가 아는 것, 즉 상대방의 소리에 의해 두뇌세포 인지를 통해 감주가 느껴지는 것, 그래서 감주로 들리면 저절로 의음/의자가 된다.

↳이때 의자는 소리본체이다.

이렇게 감주청취가 되려면 기본영뇌 vol 1, 2에 나와 있는 **twenty four 영뇌와 free 감주 간직하기,** **How to read[speak]의 감주리딩**을 통해서 많은 영어표현들이 감주로 이미 체화[뇌화] 되어 있어야 한다.

: **일종의 주파수 사전조절** tip)말은 감주로 들어야 저음과 극저음이 들린다.

major 감주 or 들리는 감주만으로 감을 잡는다. 특히 문제를 풀때는 본문이든 지문이든

.. 영뇌청취 상급자는 major 감주 청취를 한다. 나머지는 흡수식 이해다 : 전체를 쉽게 감을 잡는 법

passing=관계현분사 영뇌의 본동사 의미 , men and women=comma 영뇌로 추가의미

시동= —, 즉 죽어 갔는 데 일천 명이나 되었고, 그것도 남자와 여자라는 사실이다. can=설명현재처럼 과거상황에 대한 설명 현조동사 : 할 수 있었다

✠ their=미군을 두고 한 말 a thousand, men and women=타동사의 목적어로서 결과물

B.. —— in downtown Tokyo, luxurious rooms at affordable prices.

Healthy life-style activities, lavish accommodations, and outstanding service available to U.S. military members and government civilians. New sign-up customers can enjoy delectable meals and their choice of cuisine and relax in a friendly English-speaking environment. The new Sano Hotel, an oasis in the heart of Tokyo. tip)5W1H로 끊임없이 자문(ask oneself)하면서 듣는다. 그러면 내용이 쉽게 파악이 된다.

↳ who/what/where/when/why/how assumption

⇒ **먼저 감각적 주파수로 듣는다.** 그러면 저절로 이해가 되고 많이 들린다. 처음에는 (다 몰라도/다 안들려도) (뇌화된 D두뇌 하에서) free 감주로 쭉 들어 나간다. 자꾸 그렇게 듣다보면 전체가 감주로 들린다.

tip)감주 청취와 BEis 청취가 되려면 일단 소리가 들려야 한다. 감주느낌과 설가느낌이 필요하기 때문이다.

↗특히, F3+E2 감주 말하기 + 무부스텝 감주 시동(better)

감주로 들렸는데 이해가 안되면 감주 또는 Ekbe 시동을 건다.

감주시동은 1차 시동이고, Ekbe 시동은 2차 시동이다. tip)현장영어와 각종 시험영어 정복의 최고의 전략 =들으면서 free 감주 많이 간직

⇒ **그리고 실력이 늘면 뉴스이든 각종 시험영어 본문은**
(D두뇌 무부스텝으로) 쭉 들어나가면서

1. 들리는 (free) 감주만으로 topic을 빨리 찾아 전체 감을 잡는다.
2. 또는 major 감주로 topic을 빨리 찾아 전체 감을 잡는**다.**

: topic=Sano Hotel (Services) — 중심소재로서 무엇에 관해 말하고 있는가가 topic이다.

비영어권 사람, 특히 한국인과 일본인들은 처음부터 바로 **감주청취**가 되는 것은 아니다.
영어소리는 한글소리, 일어소리와 근본적으로 다르고 말하는 법도 다르기 때문이다. 후자는 한글주파수이고 토씨 중심으로 말하지만, 전자는 영어주파수이고 감주중심으로 말한다.

그래서, **청취력이 약한 한국인과 일본인들은** 머리가 앞쪽방향으로 선 상태에서
vocal 감주 **자동적응 훈련부터 먼저 시켜야 한다.**

✠ **D두뇌 무부청취[즉 원애] 음완성 과정**

A Quick Note

D두뇌 vocal 감주[즉 영어말투] 자동적응 훈련 :

초기에는 머리가 앞쪽방향으로 선 상태에서
FBH 또는 뒷쪽머리 속에서 **vocal 감주 자동적응**이 일어나게 한다. 이런 것은 합치(合致)로 일어난다.
이렇게 청취력이 약한 사람들은 두뇌세포 vocal 감주 자동적응 훈련부터 먼저하라. 그러면 감주청취시 소리머리가 자동으로 감주를 받아들인다. S두뇌 한글주파수 습성뇌로는 (특히 D두뇌 vocal 감주로 듣지 않으면) 100년을 들어도 청취를 정복할 수 없다.

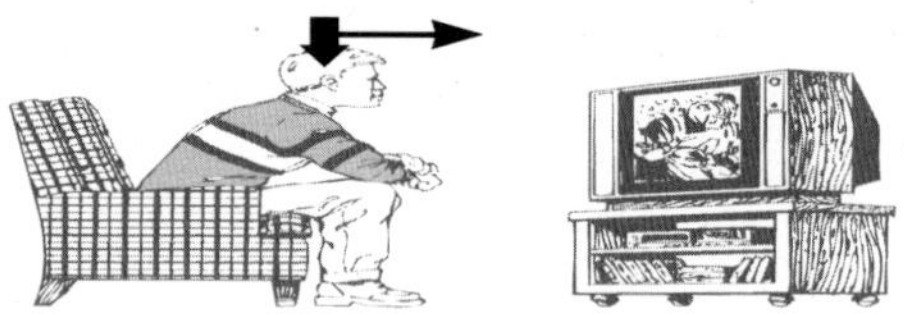

✠ D두뇌 대표적 역할
=FBH/뒷머리 자극 + FD plus음 발생
+ Synapse 작동

> ✠ **주파수 블랙홀 위치[FBH]와 안테나 설치**
> : 주파수 완전일치가 쉽게 되는 곳으로서 머리 중앙 약간 뒤쪽 속
> 즉, 소리머리와 이해머리가 만나는 약간 뒤쪽 속
>
> /FBH 또는 뒷머리 위에서 머리가 앞쪽방향으로 서 있는 것[머리를 앞쪽으로 박아두거나 향해 두는 것], 그러면 소리가 그 아랫쪽으로 박힌다. tip)S두뇌 보유자는 D두뇌 전환 훈련부터 먼저 하라.

초기의 두뇌세포 vocal 감주 자동적응 위치는 주파수 블랙홀이 가장 좋으나 뒷쪽머리까지 확대되어도 좋다. 뒷쪽머리는 소리머리이기 때문이다. 왕초기에는 앞쪽머리로 들으면 절대로 들리지 않는다. 앞쪽머리는 이해머리이기 때문이다.

↗ 또한 그냥 소리/그냥 실음으로 듣는 것과 감주로 듣는 것은 다르다.
↗ 그냥 소리로 들으면 안된다. vocal 감주만의 특유한 소리로 들어 나간다.

tip)두뇌발전 단계 : S두뇌 그냥소리론 ⇒ D두뇌 그냥소리론 ⇒ D두뇌 그냥 실음론 ⇒ D두뇌 vocal 감주론

감주 전환 훈련 :

그냥소리[입소리]로 들리는 자는 D두뇌 하에서 vocal 감주로 듣는다.
그냥소리는 어떤 때는 들렸다가 어떤 때는 안들렸다가 한다. vocal 감주가 발견되기 전에는 지금까지 청취는 S두뇌로 몰입청취를 하여 그냥소리로 들어왔다. 거의 모든 사람들이 10년, 20년, 30년을 들어도 청취를 정복하지 못한 이유가 바로 여기에 있다. 그냥소리가 vocal 감주로 돌아갈 때까지 들어라.

tip)1. 소리를 듣게하는 끄나풀이 vocal 감주다. 2. D두뇌 Synapse가 작동하면 의음 vocal 감주를 쉽게 느낄 수 있다.

☜.. 사람마다, 특히 남녀간 청취력의 차이는 의음/의자 두뇌력의 차이이다 : **의양(依樣)두뇌**

↘어떤 모양에 의해 이해되거나 각인[인식]되는 두뇌

↘일반적으로 감주로 들리거나 읽으면 저절로 IS영뇌, 의음, 의자가 된다.

tip)vocal 감주 자동적응 훈련에는 진동과 공명도 포함된다. 목에 의해 저절로 일어나기 때문이다. 그냥 소리로 들리는 자는 소리에서 D두뇌 하에서 감주전환 훈련도 하라. 아무튼 감주머리가 지배하는 머리로 바꾸라. (그냥 소리/실음=감주로 느껴지지 않은 소리)

□ **소리머리=뒷머리** vs **이해머리=앞머리** -- 소리머리=sound brain 이해머리=understanding brain

• FBH와 뒷머리가 소리부위가 되는 것은 소리가 귀로 통해서 들어오기 때문이다. FBH는 귓구멍과 소리생성 주체의 수직선 상에 있고, 뒷쪽머리는 귀(날개) 전체의 수직선상에 있다. 이렇게 **뒷머리**는 영뇌청취시 자동으로 작동하며 자동으로 소리가 들어온다. 그럴려면 소리머리 세포가 이해머리 세포보다 더 발달해야 한다.

tip) 1. **D두뇌 감주 자동적응 훈련**은 소리세포가 인지하도록 자극하는 것이다.

2. 앞머리 작동을 쉽게 죽이는 법 : 이마에 손을 얹는다.

주파수 안테나 영역은 「**안테나 방향 + FBH + 뒷쪽머리**」이다. 그래서 실제로 소리를 잡는[소리가 잡히는] 영역은 주파수 블랙홀 또는 뒷쪽머리 속이다. 따라서 초기에는 머리가 앞쪽방향으로 선 상태에서 vocal 감주 자동적응 훈련은 주파수 BH 또는 뒷쪽머리 속에서 이루어져야 한다. tip)1. 결국 주파수 안테나는 synapse 작동외 소리세포를 자극하여 소리머리를 발달시키기 위한 것이다. 즉 (나보다) 두뇌세포가 더 잘 인지하도록 만드는 것이다. 2. 눈으로 보기 때문에 보통 사람들은 앞머리가 발달되어 있다. 선천적으로 뒷머리가 발달된 사람은 천재다. 3. **D두뇌는 synapse 작동과 FD plus음 발생, FBH/뒷머리 자극, 소리의 자동 입력외** leave-behind없이 언제나 앞으로 전진할 수 있게 하고, 명상처리와 소리속도 조절도 가능케 한다.

이렇게 초기에는 머리 성능대로 들어 소리머리를 발달시킨다. 그렇게 자꾸 듣다보면 주파수 안테나는 해당 부위에서 뇌화[뇌미덩이] 되기 때문에 나중에는 머리부위에 신경을 쓰지 않아도 된다. 그야말로 머리는 어느덧 고성능 안테나가 되어 소리만 나오면 소리머리로 자동으로 들어오고, 이해가 되어 버린다. 청취는 소리머리가 발달한 사람의 몫이다. 소리머리가 잘 작동해야 한다.

고성능 안테나=완전히 뇌화된 안테나=무신경 double 두뇌 안테나=자동 D두뇌

cf]뇌화/뇌미덩=FBH 또는 뒷 머리에서 형성 ↘고성능 안테나가 되면 감주가 SUB에서 인지된다.

tip)화면/script를 보더라도 소리머리가 지배되어 있어야 들린다. script[caption]는 감주 확인용으로 활용하라.

caution] 1. 머리를 앞쪽방향으로 향하는 것과 감주 자동적응은 합치로 일어난다. 각각 따로 일어나는 것이 아니다. 이런 게 자꾸 일어나면 뇌화[뇌미덩] 된다 : **뇌화된 합치**

2. **뇌화된 합치=뇌화된 double 두뇌=명상두뇌**

⇒ **forward distance 자율조정** ↗점점 짧아질 수록 (뇌화된 안테나보다) 감주가 더욱더 뚜렷해진다.

↘점점 짧아진다. 결국에는 감주로 주파수 완전일치음(+0.01)이 된다 : **Best**

FD는 double 두뇌 때문에 나타나는 현상 ↘즉 +0.01만큼 앞으로 향하는 힘이 더 작용한다.

⇒ 감주, 즉 무부감주이든 지감주이든 FD=언제나 +

3. 감주 자동적응 훈련을 하는 것은 (소리세포가 활성화 되어 있지 않기 때문에) 소리머리를 발달시켜 영뇌청취시 소리가 자동으로 들어오게 하기 위함이다. 4. 감주 자동적응 훈련은 소리세포가 인지하도록 하는 것이다.

5. 청취는 같은 음으로 들어야 들린다. 자기도 (vocal) 감주로 말할 수 있어야 한다. 그 느낌 그대로 들으면 된다.

뇌화된 double 두뇌 경지에서는 앞쪽으로 박아두는 두뇌는 뇌미덩 또는 뇌화가 되고, 상대적으로 (vocal) 감주가 뇌화된 안테나 느낌보다 더 강하게 느껴지는 경지이다. 그래서, **이런 경지로 들어 나가고 이런 경지가 완전히 정착될 때까지 들어라.** 그러면 어느 날 여러분의 두뇌는 고성능 안테나 감주청취로 바뀐다.

✠뇌미덩=머리 속에 생긴 얇고, 작은 뇌화된 덩어리

✠그냥소리 청취≠그냥 실음청취≠감주청취, 즉 그냥소리≠그냥실음≠감주

tip)1. D두뇌 하에서 감주각인 은 가볍게 또는 분명하게 되어야지 너무 의식적으로 느낄려고 하면 안된다.

2. 합치머리로 소리가 더 강하게 느껴져야 자동으로 감주각인이 된다. 3. 소리라는 느낌없이 청취를 절대로 정복할 수 없다.

영뇌청취

☞.. **천재들은 의양두뇌를 바탕으로 하고 있다. 엄밀히 말하면 두뇌세포 인지도, 두뇌세포 기억도, 청취도, 리딩도 -- 의양을 바탕으로 하고 있다.**

double 두뇌는 합치(合致)로 일어나므로 **명상상태**[meditation]와 같다.
즉 명상상태에서 처리되듯이 명상상태에서 감주 자동적응 또는 감주각인이 일어난다.

✠합치(合致)=합쳐서 일치로 일어나는 현상, 즉 박아두는 것과 감주각인 또는 감주 자동적응이 합쳐서 일치되어 인식 되는 현상, 이런 것은 무애(無碍), 즉 그침없이[거리낌없이] 일어나야 한다.

구체적으로 말하면 소리머리를 vocal 감주 자동적응 두뇌세포로 만들려면,
머리가 앞쪽방향으로 선 상태에서 (말하는 자가) vocal 감주를 말하는 대로 주파수 BH 또는 뒷쪽머리 속에서 vocal 감주 자동적응이 일어나면 된다. 처음에는 주파수 BH로 vocal 감주 자동적응 훈련을 먼저 하라. 소리가 쉽게 잡히기 때문이다.

좀더 구체적으로 말하면,

☞.. **주파수 안테나 설치와 vocal 감주[즉 영어말투] 자동적응 훈련 :**

주파수 안테나 설치[turn on]는 주파수 블랙홀 위[근처] 또는 뒷머리 위[뒷쪽근처]에서 머리를 앞쪽방향으로 안테나를 펴어[펼쳐] 주는 것이다[just ahead]. 가상으로 그렇게 해두면 된다. 그러면 안테나 영역까지 소리를 잡는 세포가 된다 : **안테나 세포** (참고: 인간에게는 눈이 세 개 있다. 실제 눈과 마음의 눈, 즉 머리 눈이 그것들이다.)

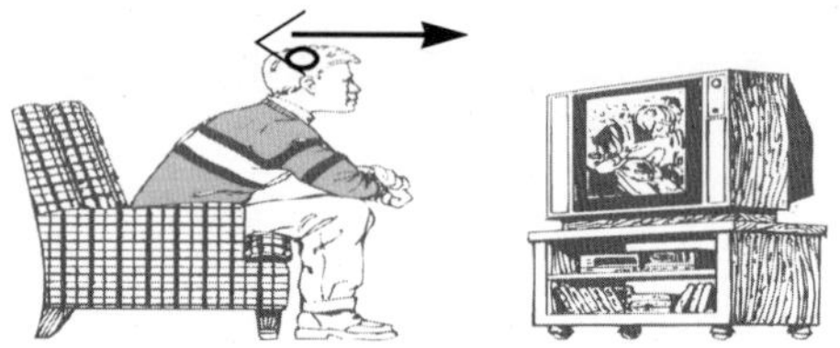

(**○** : 감주 자동적응이 되는 곳//감주가 잡히는 곳)

☞.. **D두뇌 쉽게 설치하기(초기)** :

1. TV화면을 보지않고 좌이든 우이든 정면이든 TV 높이보다 윗쪽 하늘 방향으로 쳐다보면서 안테나를 설치한다.
2. IPad[스마트폰]를 책상 위에 놓고 컴퓨터 모니터 상단을 쳐다보면서 안테나를 설치한다.

뒷머리 또는 FBH가 작동하게
↗경지로 앞을 향해 뚫어지게 본다.

☞.. **D두뇌 자동설정(setting)** : **Screw your optics.**
↳그러면 FD와 synapse도 함께 작동

그래서, 앞쪽 방향으로 박아둔 상태에서 주파수 블랙홀 또는 뒷쪽머리 속에서 감주 자동적응이 계속 일어나게 하는 것이 주파수 안테나 감주 자동적응 훈련이다. 처음에는 이렇게 말해 나가는 감주에만 자꾸 자동적응시켜 소리머리를 발달시킨다. **주의)** D두뇌 synapse 작동없이 그냥 머리가 소리 앞에 있다고 해서 두뇌 (세포)가 인식하는 것은 아니다.
↘ D두뇌로 소리 앞에 있어야 함 ↘ synapse가 작동하게 안테나를 앞으로 향하라.
↘ 두뇌세포와 두뇌세포를 연결시키는 연결고리

이렇게 주파수 안테나로 들으면 감주는 온음[압음]으로 들린다. 그러나 단일두뇌로 들으면 산탄음으로 들리니 주의하라.
↳ D두뇌로 소리를 박히게 해야지, S두뇌로 소리를 (뒷) 따라가면 안된다
↳ **D두뇌음**=FD plus음 — 박히는 음 vs **S두뇌음**=FD가 없는 음 — 따라가는 음

감주 온음으로 들리기 위해서는 forward distance를 일정하게 유지하는 게 중요하며, 그러면 온음[압음]으로 쉽게 꽂히게 되고, 빨라지는 소리도 늦출 수 있다. 머리의 앞쪽방향 끝과 온음이 박히는 음과의 거리를 **forward distance** 라 하는데, FD는 double 두뇌 때문에 나타나는 현상으로 감주 자동각인도 주파수 완전일치음도 FD가 있다. 그래서 주파수 안테나 청취를 일명 Forward Listening이라 한다. FD는 머리 속에서 느껴지는 것이다.
↳ 아무튼 소리는 FD=Plus 속에서 들리고 이해가 되어야 한다. tip)FD로 속도조절이 안되면 F3+E2로 말한 후 듣는다.

cf]천재들은 모든 사물도 FD= + 0.01로 보인다. 그래서 모든 소리도 머리 속에 가두어진다.

tip)소리는 FD로 들려야 두뇌를 무능력 인지세포를 인지세포로 쉽게 바꿀 수 있고, 감주를 쉽게 느낄 수 있다.

turn on되어 앞쪽으로 박아둔 상태에서 vocal 감주 자동적응이 시작되면 그대로 최소한 5분 이상 끌고 나가라. 그래야 여러분들의 소리머리는 vocal 감주 자동적응 세포로 굳어진다 : **완전한 뇌화훈련**

인간의 두뇌는 오른쪽 뇌와 왼쪽 뇌가 있듯이 두 가지 두뇌로 작동하는 것이 가장 좋다. 기도하는 것도 하나님 또는 부처님을 생각하면서 잘 되라고 비는 것이다. 이럴 때에는(at this point) 생각하는 것과 비는 것으로서 double 두뇌이다. 그래서, 기도하거나 참선할 때 가장 편하고, 기도 또는 참선 경지일 때 가장 잘 들린다. 교회나 절에 가면 마음이 편

tip) 1. FD로 들으면 속도를 늦출 수 있고, 특히 감주 또는 vocal음[실음]으로 들으면 빠르다는 느낌없이 그냥 말하는 사람 속도감으로 들을 수 있다.
2. 영뇌청취는 소리머리를 먼저 발달시키고 감주청취를 한다. 3. D두뇌 하에서 소리가 소리머리 (속)에서 잡히는 것을 느낄 수 있어야 한다.

big tip) ☞.. **D두뇌 훈련은 평소에 청취를 하지않을 때에도 운동처럼 늘 한다.**

FD가 클 수록 머리에 더 여유가 생기고 속도도 그만큼 더 늦어진다 : 속도 조절법 ※FD가 클 수록=앞으로 향할 수록

한 이유도 여기에 있다. 눈이 두 개이고, 귀가 두 개이기 때문에 두 가지 뇌가 발달하는 것이고,
D두뇌가 가장 좋은 것이다. 기도를 많이하는 종교인은 double 두뇌가 발달하고, 대개 공부도 잘 하고, 성공도 한다.

tip) double 두뇌 청취=주파수 안테나 청취=forward listening=영뇌청취

↘D두뇌=앞으로 향하는 것+원래 자기, 즉 안테나 두뇌+자기두뇌 → 그러면 두뇌세포 인지와 자기 이해[의식] 두 사람이 생긴다.
↘그러면 synapse가 작동하고 FD도 생긴다.

attention]

1. 뇌화[뇌미덩]된 고성능 안테나가 돼야 통역[대화]이 가능하다.
뇌화[뇌미덩]된 안테나 상태에서 감주 자동각인을 통해서 통역[대화]하는 것이다.
2. 만약 TV가 뒤에 있거나 옆쪽에 있어도 안테나 방향은 자기얼굴 앞쪽방향 그대로 해도좋고 소리가 들어오는 방향으로 해도 좋다. 전자의 경우 안테나를 앞쪽으로 펼쳐도 소리는 뒤에서 옆에서 막 들어온다.
후자의 경우 안테나 방향을 틀은 것에 불과하다. 하지만 전자가 언제나 Best이다.

↗감주로 인식하는 두뇌가 돼야 영어정복이 가능하다.

D두뇌 (vocal) 감주[즉 영어말투] 자동적응 훈련 :

말하는 원리를 알아야 들린다. 원어민들은 감주로 말하고 있다. 그래서 우리도 감주로 듣고 감주로 말하는 머리가 되어야 들린다. 또한 감주로 들어야 속도적응이 되고, 감주로 말해야 영어 빠르기가 나온다.

↗사이 time : 합성감주=minus
비합성감주=zero

※**장단 길이에 따른 감주종류** — 단어에 장단이 있듯이 단어와 단어 사이에도 장단이 있다.

❶ 단감주로 된 감주 : inyour atthe ofa niceto they're workof ama — etc.: **비합성감주/합성감주**
❷ 장감주로 된 감주 : testbook=test · book NBCNews=NBC · News nextpage=next · page — etc.
❸ 단장/장단 감주로 된 감주 : atthehotel=atthe · hotel stayatthe=stay · atthe — etc

↗비합성/합성 감주

① **Work of art. → Workofart=Workof · art (워-크어/커 · 아-트) or Workof art (워-크어/커 아-트)**

— 단감주와 장감주로 된 감주 또는 (단)감주와 단주, 즉 소감주와 단주로 된 빅감주
↘강약감주

② **In your test book. → Inyour testbook. On your answer sheet. → Onyour answersheet.**

— 약음감주와 비약음 감주로 된 빅감주, 즉 소감주와 소감주로 된 빅감주

↗분리감주 — **고난도 감주** ↗ t탈리/폐쇄 감주

③ **Answers in your test book. → Answer/sinyour testbook. (애ㄴ서지누어 테스부ㅋ)**

— 강약감주와 비약음 감주로 된 빅감주, 즉 소감주와 소감주로 된 빅감주

↗t단타=d/r cf]d의 r 단타 → whatdo(워ㅌ러)

④ **Sitting at a table. → Sittingata table.(씨딩애러 테이블) Opening a window. → Openinga window.**

— 강약감주와 단주로 된 빅감주, 즉 소감주와 단주로 된 빅감주
↘장단감주로 된 감주

⑤ **Hanging a picture on a wall. → Hanginga pictureona wall.**

— 강약감주와 '강약감주+단주'로 된 빅감주, 즉 감주 그리고 소감주와 단주로 된 빅감주
best 감주는 best 리듬뿐만이 아니라 순서대로 무한글 이해[IS 설가뇌]도 함께 따라가야 한다.

↗Ekbe 시동=한 사람 즉 그 남자들 중 한 사람은 있는데 살펴보고 있는데

⑥ **One of the men is looking in a drawer. → Oneofthe menis lookingina drawer.** 내소 어떤 서랍내소를 살펴보고 있다.
/내자 어떤 서랍을 살펴보고 있다.
↘**고난도 감주=key 감주**

— 강약감주/강약감주와 '강약감주+단주'로 된 빅감주, 즉 감주/감주 그리고 소감주와 단주로 된 빅감주

⑦ Where will the conference be held this year? → Wherewillthe conferencebeheld thisyear?

— 강약 감주 /강약강 감주 /비약음 감주, 즉 감주+감주+감주

Ekbe 시동=어디가 될 것같은가/어디서 할 것같은가, 그 대회가 개최되는 것인데 금년에 말이야? ※be='가' 동질

Special Attention]감주로 이해하거나 듣거나 말하려면 IS 설가뇌[설주뇌]가 되어야 하며 역순 해석식 뇌로는 감주의 효과를 누릴 수 없다.

※구두점/접속사 무시 고난도 감주 적응 ← 영어말투에 익숙해지는 것이 영어공부다.

❶ Look at the picture. Mark No. 7 in your test book. → Lookatthe picture.Mark No.7 inyour testbook.

— 강약 감주 /비약음 감주 /비약음 감주 /약음 감주 /비약음 감주, 즉 감주+감주+감주+감주+감주

Ekbe 시동=살펴봐라, 즉/바로/직자 그 사진을 살펴보고 마크하되 7번 정답을 마크하시오. 이것은 내소 너의 시험지 내소에 있어요/내자 너의 시험지에 있어요/— 있는 것이에요.

※정답='No. 7' (문맥/상황) associate 이것은=연결설명어 (연결) associate

in=연설로 이해해야지 독설로 이해하면 시험지에 마크하는 셈이 되니 오역이 된다 : 연설 기본어=No. 7

: Do not write your answers in your test book. vs 독설 기본어=Mark

❷ Just like a sandwich, right? → Justlikea sandwich,right?

— 소감주와 소감주로 된 빅감주.

Ekbe 시동=틀림없이/꼭 같은 것, 샌드위치 같은 것 맞죠?

tip) 삼음가 적응훈련도 훈련도 필요
⇒ 알파벳음가/철자음가/감정음가
☞ vol 1 F 영뇌)p131
⇒ 소리=(사전소리보다) 현장소리,
즉 감주가 더 중요하다.

❸ He said that we must disarm Iraq. → Hesaidthat wemust disarmIraq.

— 감주 그리고 소감주와 소감주로 된 빅감주

Ekbe 시동=그 사람이 말했어요, 그것 즉 우리는 반드시 무장해제 시켜야 한다고 이락을 말이다.

↗(바더바웃더) : d단타와 분리 합성감주 → allo fus(오ㄹ러 버스),

But about the basics, they learned. → Buta/boutthe basics, theylearned.

— 소감주와 단주로 된 빅감주, 그리고 감주

Ekbe 시동=하지만 관련해서/변자 그 기초사항과 관련해서 그들은 배웠지요.

인간은 원래 천재로 태어났다.

청취실패 원인] (S두뇌로) script를 역순으로 해석하고 듣거나 받아쓰기로 청취를 했기 때문이다. 이렇게 하면 뉴스를 1,000개를 들어도 안된다.
D두뇌 무부스텝으로 쭉 들어나가면서 감주리듬을 즐겨라.
그렇게 자꾸 계속해서 듣다보면 원애가 되고 완성된다.

↘D두뇌+무부스텝 두뇌+의음두뇌+두뇌세포 선인지+감주머리+원애=top priority

※신동머리/천재머리=D두뇌인지/의양두뇌인지/두뇌세포선인지/무부스텝인지 ⇐ 초기 유아상태 머리

↘보통사람은 시간이 갈 수록 초기상태 머리가 자기의식[자기인지]/단일 머리로 발달하고, 신동과 천재는 초기상태 머리가 더욱 더 발달한다.

Supplement 1]

▭ 혼음[무음]=소리본체로 연결되지 못하는 음 : 소리시동

▭ 준청음[부음]=소리에서 소리본체로 완전히 연결되지 못하는 혼음도 청음도 아닌 음. 즉 소리로서 알듯 모를 듯한 음이지만 말해 나가는 것은 느낄 수 있는 음 : 소리시동 cf]세음(細音)=듣다가 듣다가 결국에는 script를 봐야 들리는 음, 즉 아주 가는/미세한 음

▭ 청음[부음]=소리본체로 연결되나 이해가 되지 않는 음 : 이해시동

▭ 준해음[부음]=들리기는 하나 이해로서 알듯 모를 듯한 음 : 이해시동

▭ 해음[지음]=소리가 바로 해가 되는 음 ▭ 상음[지음]=소리가 바로 A상황인 음

⇒ 이 모든 음이 non-script로 (D두뇌) 무부감주와 지감주로 들려야 한다.

☞.. 영뇌청취로서 청취에 대한 Basics, 소리에 대한 Basics를 갖추라.

Supplement 2] vocal 음과 실음 :

vocal 음은 목으로 만드는 음이고, 실음은 목으로 실제로 만들어지는 음이다. 그래서 vocal 음은 단음도 포함하지만 실음은 단음을 제외한 음이다.

소리 구성= 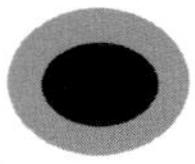 ⇒ 회색부분=단음(sweet sound) → (성대) 진동음과 (입천정) 공명음 기름지게 느끼게 하는 음 좋은 맛을 느끼게 하는 음

검정부분=실음(일명 속음)

↘배힘을 이용해 목으로 실제로 만들어지는 음/목으로 내뿜으면서 만들지는 음

↘목으로 음의 생성 위치를 바꿀 수 있다. 목쪽에서 내면 진동이 잘 일어나고, 목 앞쪽으로 내면 공명이 잘 일어난다.

음 또는 사람에 띠리 목 또는 목 앞쪽에 만들어지며 소리는 목이 주도하는[headline] 음이다. ☞ vol 1〉p123

입소리로는 절대로 청취를 정복할 수 없다. 감주가 잘 들리지 않으면 D두뇌로 vocal 음[실음]을 더 강하게 느낀다.

tip)1. 같은 음이더라도 목으로 만드는 음과 입으로 만드는 음이 다르다. 그 느낌을 알아야 vocal 음[실음] 청취가 가능하다.

2. 특히 진동이 클수록 더 기름지나 그 크기는 본인이 조절할 수 있다 : **speaker's desire**

그래서 사람에 따라 vocal 음[실음] 강도도 다르고 진동과 공명 정도도 다르다.

특히 두뇌 세포가 실음과 단음 정도는 느낄 줄 알아야 한다. 실음으로 들으면 영어도 한글처럼 뚜렷하게 들을 수 있다. 대개 동양인의 소리는 입 앞쪽에서 입소리로 나고, 서양인의 소리는 입 뒷쪽에서 목소리로 난다. 그런데 우리의 머리는 단음에 먼저 반응하기 때문에 소리가 잘 들리지 않으며, 단음이 크면 듣기가 더 어렵다. 반기문 UN 사무총장은 실음으로 들으나 동양인처럼 주로 입소리로 말한다. 그래서, 말투가 한국말과 비슷하다.

tip)1. vocal 음[실음]으로 말하면 기름지고, 감주로 말하면 유창(fluent)해진다. IELTS 말하기는 fluent도 테스트 한다.

2. 감주로 잘 들리지 않으면 free 단주 또는 낱개실음으로 들어 소리를 살려낼 수 있다. 일종의 소리시동이다.

3. **소리[주파수] 생성주체는 목이다.** 저 사람 목소리가 "좋다 안좋다" 하지 입소리가 그렇다고 말하지 않는다.

4 물질을 쪼개고 쪼개면 12개의 기본입자와 이들 사이의 상호작용이 되는 4개의 매개 입자, 그리고 각각의 질량크기를 부여하는 힉스입자로 되어 있듯이 청취과정도 세밀히 분석해 보면 그냥 vocal 감주로 먼저 들리는 것이지, 이해가 먼저가 아니다.
즉 소리가 먼저 (자동으로) 도달하고[잡히고], 이해[인지/반응]가 따르는 것이다 : **선입직인/선입직반**
선입직인/선입직반, 즉 소리를 먼저 들을려면 D두뇌, 특히 무부스텝으로 들어라.
⇒ **"FD=+0.01"로 들리는 음=Best =주파수 완전일치음** **↘두뇌세포에게 (인지하도록) 인지 time이 필요하고, 먼저 이해 time이 작동하면 안된다.**

5. 소리의 생성주체 크기가 다르고 구강구조가 다르기 때문에 음색이 발생한다.
음색(timbre)은 사람을 구별시키는 고유한 목소리 색깔이다. 음색으로 vocal 감주를 인지하는 머리가 되면 더 잘 들린다..

6. 영어 음도 자음+모음 또는 모음+자음, 모음 단독으로 형성되고, 특히 모음 중심으로 말하기 때문에 vocal 음[실음]이 생기고, 울림도도 높다. 즉 모음 중심으로 고음[장음]을 내기 때문에 단음이 더 크게 발생한다. 반면에 한글은 자음 중심으로 말하기 때문에 입소리가 많다. (고저장단음 ⇒ 고음=고단음/고장음 저음=저단음/저장음)

Supplement 3]

non-script 두뇌세포 인지음≠script 두뇌세포 인지음 → 전자=두뇌가 스스로 인지 후자=script에 의한 인지
그래서 우리는 non-script로 먼저 듣는다. 두뇌세포 인지력을 키운 다음 (안들리는 것만) script로 free 감주를 더 늘이는 것이 바로 영뇌영어이자 영뇌청취이다. (D두뇌 무부스텝) 의음 두뇌세포 인지가 되면 두뇌세포 인지를 쉽게 느낄 수 있고, 특히 두뇌세포가 (나보다) 먼저 인지하면 어떠한 잡념도 생기지 않는다. 무부음/무부감주/지음/지감주/의음/vocal음이든 두뇌세포가 (나보다) 먼저 인지해야 한다. 엄밀히 말하면 두뇌세포 인지를 통해 내가 아는 것이다.

두뇌세포 인지[선인지]=나보다 두뇌세포가 (먼저) 인지[인식]하는 것으로서
특히, D두뇌 /무부스텝 두뇌 /감주두뇌 /의양두뇌 /IS영뇌 /Ekbe 일때 많이 일어나는 현상이다.
내가 일을 잘한다고 해서 되는 것은 아니다. 두뇌가 일을 잘해야 한다.

tip)특히 감주영뇌가 되면 저절로 두뇌세포 선인지[자연인지] 발생

☞.. 의음 두뇌세포 인지가 되면 영뇌[즉 무한글 이해]가 '발생했다 안했다' 하는 현상은 없어진다.

Supplement 4]

단일 두뇌로 들으면 잡념이 발생하니 double 두뇌로 들어라. 즉 초기에는 머리를 앞쪽방향으로 박아두지 않고 듣기만 하면 잡념이 생긴다. 특히 "하려고 하면" 단일두뇌가 되거나 이해머리가 더 작동되어 두뇌세포가 굳어지니 주의하라.

↘하려고 하면 의음이 되지 않는다.
하려고 하지 않으면서 소리인식이 되어야 한다.
↘**무부로 들어 의음력에 내가 져야한다.**

↗새벽에 깨어날때 머리상태처럼 순수한 머리상태

||||| 잡념 : 단일두뇌로 들어 잡념세포로 만들지 말라. 오매일여(悟昧一如) 머리상태가 되라

A Quick Note

=두뇌세포 (vocal) 감주 자동적응[자동인지/자연인지]을 자기가 방해하는 것들 → **D두뇌 무부스텝으로 해결**

1. 하려고 하는 의식, 특히 청취 skill을 적용[이해/해석] 하려고 하는 것/소리를 들을려고 하는 것
2. 해석버릇으로 인한 (instant) stop 또는 turn back 현상, 즉 먼저 뒤로 돌아가는 현상
3. 긴장하는 것

이상은 **단일두뇌 현상들 — 특히 소리가 자동으로 들어오는 것을 방해하는 것들**

— 이런 잡념들도 일종의 I-Beat **현상**이다. 즉 자기가 소리에게 이기려는 현상이다.

그래서 소리는 잡념으로 자꾸 들을려고 하면 안된다. 무엇이든지 하려고 하면 소리를 있는 그대로 받아 들이지 못한다. 청취는 speaker가 하는 역할과 hearer가 하는 역할이 각각 따로 있다. 서로 적절한 조화가 필요하다.

tip)1. 잡념이 생기는 근본 원인은 바로 IS 영뇌가 작동하지 않거나 안들리기 때문이다. 특히 (vocal) 감주청취가 되는 사람들은 잡념이 없다.

2. 단일두뇌로 듣는 사람은 소리 에너지에 내가 져야[I-Beaten] 들린다. 즉 I-Beaten 되어야 감주/vocal 음[실음]을 느낄 수 있다.

3. **두뇌세포 일정 방향 유지 필요** : 특히 (한순/역순) 해석뇌가 발동하면 방향이 헝클어 진다 → Twists and Turns

4. **두뇌세포 자연[자동] 인지시** : 자기 의식[이해] 개입보다 차라리 (관련없이) 다른 것을 생각하는 것이 낫다.
이때는 두뇌세포 인지가 끊어지지 않는다.

인간은 두 가지 두뇌까지만 작동이 가능하다. 그래서, 하나의 두뇌만 작동시키면 잡념이 들어 갈 틈이 생기고, 세 가지 두뇌를 작동시킬 수 없으므로 double 두뇌에는 잡념이 들어갈 틈이 없다. 이렇게 double 두뇌는 잡념발생을 막아주니 청취는 double 두뇌로 정복해야 한다. 인간은 눈과 귀가 각각 두개이니 double 두뇌로 발달하였다.

우리의 두뇌는 물렁 물렁한 물질로 되어 있다. 잡념이 들어가면 그 물질은 **헝클어 지면서 오그라 들거나 굳어진다.** 이렇게 되면 두뇌세포[소리머리]는 소리를 인식[인지]하지 못하고 갑자기 끊어진다[circuit breaker 작동]. 자동차 피스톤처럼 <u>소리[즉, 주파수]의 힘[energy]에 의해 일정하게 물렁 물렁해야 감주 또는 vocal음[실음]으로 잘 들리게 된다.</u> 잡념이 없으면 그렇게 되기도 하고, 주파수 안테나를 설치하고 들으면 잡념이 들어갈 틈이 없고 forward로 머리를 일정한 방향으로 잡아주니 늘 일정한 방향으로 물렁 물렁하게 유지할 수 있다. 그래서 우리는 D두뇌로 듣는 것이다 : **천재들의 두뇌** 돈오돈수(頓悟頓修), 깨달음은 단박에 오고 단박에 얻어진다. 사람마다 두뇌세포 인지에 한계가 있다.

이것은 순서대로 무한글로 이해하는 머리가 아니다.

Supplement 5] ↙ ↗**의음/의자/선인영뇌 각인/생활 속에서의 뜻/IS — 등등**

한뇌영어, 즉 역순 해석뇌로는 감주의 magic[감주효과]을 느낄 수 없다.

IS 설가놔[설주뇌], Ekbe 시동이 돼야 감주로 들리면 저절로 들리는 대로 이해가 되고, 말을 해도 말하는 대로 이해도 같이 실린다. 그러나 역순 해석뇌는 듣는 것[말] 따로 이해 따로, 따로 국밥이다. 그러니까 한뇌영어로는 원어민과 같은 감주리딩, 감주청취와 감주말하기가 될 수 없다. Ekbe는 영어 본래의미, 즉 원어민이 알고 있는 의미대로 시동을 건 것이다. <u>들을 때 감주로 이해되지 않으면 Ekbe로 살짝 살짝 시동을 걸어준다.</u>

NB .. ☞ What do you see?=Whatdoyou see? : (워트러유)

Ekbe 시동=무엇이지, 네가 보고 있는 것이 말이야? : 일기예보를 묻는 상황

tip)(sp에 의해) 그냥 실음 영뇌의군으로 들리는 것과 감주로 들리는 것은 다르다. 전자는 (한 단어처럼) 뒷말과 말하는 느낌이 없다.
감주로 느껴지면 저절로 이해된다. 즉 저절로 선인영뇌 각인으로 생활 속에서의 뜻[즉 IS]으로 이해된다.

↗ 이것이 바로 애기들이 말문이 터지는 원리이다.

☞.. 영뇌 상급자는 매일 매일 듣거나 읽으면서 의음/의자 감주 두뇌세포로 이해하여 말문을 틔운다.

NB .. ☞ Be the first to know only on CNN!=Bethe firstto knowonlyon CNN!

Ekbe 시동=되라, 그야말로 최초의 사람이 되라, 대동 아는데 오로지 상자 CNN에서[방영처 CNN에서] 말이다.

※the 영뇌=내부적 지정 강조영뇌로서 그야말로 only on 영뇌=부사의 전치사 설주뇌

NB .. ☞ "You built the middle class! The middle class cannot be rebuilt /without a growth in labor. You are —— you are the /backbone of this country!"

="Youbuiltthe middleclass! Themiddle class cannotbe rebuilt withouta growthin labor. Youare —— youarethe backboneof thiscountry!"

tip)major 감주 청취 : You built .... middle class! ..... cannot ..... without ... growth in labor. you ..... backbone of this country!

NB .. ☞ There were outrageous protests outside the US embassy, breaching the embassy and killing the ambassador. =Therewere outrageousprotests outsidethe USembassy, breachingthe embassyand killingthe ambassador. — 킬링더 : 어화 — 뒷단어 자모와 관계없다.

breach=부수고 들어 가는 것/부수어 깨어버리는 것 [brea: break c: come/crack]

NB .. ☞ "I'm a Vice President who will not let you down on all the matters we said we are going to do."

="I'ma VicePresident whowillnot letyou down onallthe matters wesaid weare goingtodo."

— 관계문장 영뇌를 알아야 감주로 들을 수 있다. 그래서 twenty four 영뇌를 알고 있어야 한다.

관계문장=we said /we are going to do tip)대개 미국사람 accent(억양)는 활력이 넘치고 영국사람 accent(억양)는 점잖다.

NB .. ☞ —— damages artery walls, fatty deposits build up, and passage ways narrow. Blood clots can form, cutting off vital blood flow. If the blockage is in the brain, a stroke is triggered; if it's around the heart, it results in a heart attack. Once you know the inside story, you have good reason to keep your blood pressure in check. ✠ the inside story 그런 내용

— 다 몰라도/다 안들려도 free 하게 감주로 쭉 들어나가라. 그래야 전체감이 잡히고 지감주 지배머리가 된다.

free 감주 간직하기 : Blood clots can form=Bloodclots canform ↗콤머영뇌의 문맥 associate=조건

blockage is in the brain, stroke is triggered=blockage isinthe brain, strokeis triggered — etc.

아필(我必) free 감주 간직하기

: To prevent a stroke and a heart attack, keep your blood pressure in check.

=Topreventa strokeanda hearta/ttack, keepyour bloodpressure incheck.

✠ **cutting**=콤머 관계현분사 영뇌 — 비제한적 연결영뇌

cutting off=그리하여 결국에는 절단하여 분리시켜 버린다. [=and (they) cut off]

NB .. ☞ Thousands of children and families are dead, millions are left homeless. But UNICEF is there, the lead children's organization in the world. UNICEF provides life-saving medicine, nutrition, clean water, shelter, and blankets in emergencies. Right now, millions of survivors need our help. Please, visit www.unicef.org.

— 들리는 감주만으로 또는 major 감주로 topic을 빨리 잡아라. 나머지는 이 topic 속에서 그냥 묻어가게 하라. 이것이 바로 흡수식 이해다. 특히 topic을 알면 말감을 빨리 잡을 수 있다. 모두 topic과 관련되어 있기 때문이다 ⇒ **topic = UNICEF**

tip)원고대로 말하지 않고 missing으로 말하는 사람들이 있다. 빠진 단어를 굳이 들으려고 하면 안된다 : It had failed. ⇒ It failed. 결국 전달결과는 같기 때문이다.↙

✠ the lead children's organization in the world=콤머 분설뇌 — UNICEF와 일종의 분리동격
lead=adj. 선도적인 / 제1의 the //lead /children's organization=전설 ⇨ 설 → 기 : 밑줄=최초 의군
tip) 특히 말 전개와 글 전개가 다른 경우가 많다. 그래서 현장영어를 많이 들어라. ☞ 콤머 영뇌

Supplement 6]

↗ **의음 시동과 무부스텝 시동**

1.. **처음 시작시 또는 듣다가 자기가 무언가 하려고 하면 빨리 원애로 돌아간다 : 원애 시동(특별시동-1)**
특히, 듣다가 순수한 자기 이해[의식]로 돌아가면 빨리 sp(의 소리)에 의한 이해[느낌]로 돌린다.
(D두뇌) 무부스텝으로 그냥 맡겨라.

2.. **처음 시작시 또는 듣다가 단일두뇌로 돌아가면 빨리 double 두뇌로 바꾸라 : 감주 시동(1)**
double 두뇌로 박히는 음과 단일두뇌로 들리는 음은 그 느낌이 확실히 다르다. 후자는 음의 forward distance가 없다.

double 두뇌 현상들 :
speaker에 의해서 (vocal) 감주 각인 /원어민 애가 되는 것 /감주 온음으로 박히는 것
— 모두 I-Beaten 현상으로 단일두뇌로 들을 때는 자기가 욕심을 버리고 소리(의 힘)에 의해 져야 일어나는 현상이다. 하지만 이런 것들도 D두뇌로 들으면 저절로 해결된다.

애들은 이기려고[하려고] 하지 않는다. 애들은 그냥 하고, 소리를 그냥 받아 들인다 : **무애(無碍)**
script[caption]를 보는 것보다 감주청취로 원어민 애가 되는 것이 더 중요하다.

tip] 1. (무언가) 하려고 하는 것도 S두뇌의 일종의 해석버릇 2. 소리/글자이든 (자기가) 이기려고 하면 안된다. 일종의 해석버릇이다.
3. 영뇌청취에서 소리머리는 자동작동이다. D두뇌 vocal 감주 자동적응 훈련으로 극복하라.
4. 일반적으로 I-Beaten → 의음발생 I-Beat → 비의음발생

special tip] 단어와 단어 사이에도 (고저/저고) **장단음이 있다.** **more)**Africanvoices or African•voices
↳단어처럼 사람에 따라 장단음으로 낸다.
단감주[=전자]일 경우 아주 빠르다.
arriving atthe or arriving•atthe
↳사람에 따라 단주를 장감주로 낸다.

dump truck=dumptruck=dump•truck : 장감주
many parents=manyparents=many•parents : 장감주
at the=atthe : 단감주 reading a=readinga : 단감주 (리-딩어)
Dog's tail : wags to riches=wagsto riches : 단감주+단주 (왜그스어/서) ↘장장감주=사이 time ++
Tom Costello, NBC News=TomCostello, NBCNews=Tom•Costello, NBC•News : 장감주+장감주
↳ 장감주로 한단어처럼 소리냄
— 하나 하나 말하는 것처럼 보이지만 실제로는 감주, 즉 장감주, 단감주로 말하고 있다.
청취시 실제로 sp가 말하는 대로 말해봐라. 그러면 장단감주와 단주를 쉽게 느낄 수 있다.

주의)특히 단감주와 장감주로 된 감주 인지능력과 speak 능력을 키워라.
• One of the rescuers said about 70 to 80 strangers got involved.
⇒ Oneofthe•rescuers saidabout seventyto(세번디더) 80strangers gotinvolved. ↗p160
↳ 단감주+장감주=감주 — 이때 `rescuers`를 단주로 인식할 수 있다 ⇒ **영어=감주아니면 단주 → 단주일때 빅감주가 된다.**

3.. **듣다가 안들리면 명상상태에서 처리하듯이[느껴지듯이] double 두뇌[즉, FD= +]로 (vocal) 감주에 빨려 들어간다.**
몰입을 하더라도 D두뇌로 몰입(immersion)한다 : 감주 시동(2) 단일두뇌는 온음으로 잘 들리지 않으니 몰입청취를 주장하는 것이다. double 두뇌는 그 자체가 몰입청취이니 double 두뇌로 들으면 저절로 몰입이 된다. double 두뇌 청취는 일종의 명상 청취이다. 주파수 안테나가 그 역할을 한다. 뿐만이 아니라 단일두뇌 청취는 소리에 딸려가거나 밀려가거나 빨려 들어가거나 맡겨져도 그것을 쉽게 지속할 수 없다. 하지만 double 두뇌 속에서는 그런 현상들을 쉽게 지속시킬 수 있다.
특히 D두뇌 온음으로 뚜렷하게 들리지 않으면 목으로 만드는 음색감주로 듣는다. ※특별시동=원애시동/음색시동
↳**음색시동(특별시동-2)**

4.. **듣다가 그냥소리[입소리]로 돌아가면 (double 두뇌 하에서) vocal 감주로 듣는다 : 감주 시동(3)**
거의 대부분의 사람들은 모든 것을 포기하면 소리가 들려오니 그냥 소리만 듣는다. 그래도 안들리는 경우가 더 많다.

5.. **머리가 소리 뒤에 가면 빨리 D두뇌로 머리를 소리 앞에 둔다 : 감주 시동(4)**

6.. **자기말 (vocal) 감주 상기 또는 들은 (vocal) 감주 상기 : 감주 시동(5)**

7.. **double 두뇌로 들어야** 요약 /말감 /통역 /대화 — 등이 가능해진다.
D두뇌 무부스텝과 synapse 작동으로 두뇌세포의 감주 자동인지를 통해서 그것들이 이루어 지기때문이다.

(두뇌세포) 자동각인이 되면 자기는 더 많은 일을 할 수 있다. 내 머리는 남들보다 더 많은 일을 해야 한다.

8.. **흡수식 청취 :** major 감주로 들어나거나 또는 topic으로 들어나간다. 나머지들은 이것들에 흡수되면서 이해가 되는 식으로 들어나간다 : **흡수식 이해** ↘특히 토익/토플/수능/아이엘스 청취시 활용

9.. 화면을 보지 않거나 시선을 다른 데로 돌리면 보이는 현상에 현혹되지 않기 때문에 주파수 안테나을 쉽게 설치할 수 있다. 화면을 보거나 script를 보면 단일 두뇌가 되기 쉽다. ↗이해도 소리머리 지배 하에서 들리고 이해되어야 한다.
tip)화면/script를 보면 이해머리 세포가 작동하여 소리세포를 방해한다. 우리의 머리는 보더라도 소리머리가 지배해야 한다.

10.. **speaker에 의해** 감주로 이해되는 것은 이미 자기가 twenty four 영뇌를 BEis/IS로 알고 있었기 때문이다.
: IS 체화 주파수 사전조절

↗뇌화된[뇌미덩이 된] D두뇌 하에서

11.. **매일매일 들어서 SP를 통해서 free 감주를 70%이상 증가시켜라.**
머리 지배값[head-dominant]이 최소한 이 정도는 되게 하라. 이게 바로 영어공부이다. 가끔 모르는 소리본체나 모르는 표현이 나오면 안되는 것만 BAM 영뇌와 Ekbe값으로 시동을 걸어 (의음) free 감주로 간직한다. 영어는 해석이 종점이 아니다.

12.. **그냥 실음영뇌 의군으로 들리는 사람들은 빨리 감주로 전환 시켜라. 그러면 저절로 이해된다 : 감주 시동(6)**

13.. **뇌화된 고성능 안테나가 안된 사람**은 처음 듣거나 듣다가 보면 주파수 안테나가 아랫쪽, 즉 이해머리로 내려간다. 그러면 또다시 잘 안들리니 이럴 때에는 기본으로 돌아가 빨리 주파수 안테나를 소리머리에 설치하고 듣는다 : **감주 시동(7)**
↘잘 안되면 FBH에서 머리를 앞쪽 하늘로 향해라=**선[기도] 머리**

↗**뉴스 하나를 들어도 들리는 서로 다른 (free) 감주는 엄청나다. 감주로 말을 많이하면 영뇌청취도 쉽게 된다.**

14.. **들리는 free 감주가 많아지면** 문장간[내용간] free 감주도 간직하되, 특히 아필(我必) free 감주는 반드시 간직한다.

↗잡념이 들어가 흐트리면 안된다. **cf)뇌화된 D두뇌=D두뇌 자동설정**
뚫어지게 보면서 머리는 하늘을 향한다. ↓
↗이렇게 취하면 두뇌세포는 소리를 잡는 안테나 세포가 된다. ↗특히 이렇게 하면 (두뇌세포) 인식이 잘 끊어지지 않는다.
↗이렇게 취하면 (모든) 두뇌세포는 앞으로 향하여 똑바로 선다. ↗전체적으로 앞으로 향하는 것을 좀더 강하게 한다 → **Screw your optics.**

15.. **뇌화된** D두뇌 청취는 마치 명상상태 /뒷머리 또는 FBH가 작동하게 압도적으로 뚫어지게 보고있는 상태와 같다.
그래서 얼굴은 늘 뇌화된 D두뇌 상태이어야 한다. 그러면 언제 어디서 TV를 보더라도 소리가 자동으로 들어오고 바로 D두뇌 감주청취가 된다. **more)뇌화된 D두뇌 → FD와 synapse 작동 → 모든 두뇌세포가 똑바로 선다 → vocal 감주를 쉽게 느끼게 함 + 들린 말 기억 유지**

tip)1. 실음으로 들으면 음이 세밀하게 그리고 정확하게 들린다. 2. 보통 사람들은 일상으로 돌아가면 S두뇌가 되므로 D두뇌 전환훈련이 필요하다. 특히 계속해서 현장방송을 들어야 두뇌세포는 계속해서 의음으로 인식하지, 듣다가 한국방송으로 들으면 한글로 인식하여, 즉 이중언어로 인식하는 세포로 바뀌어 다시 해석뇌처럼 인식하니 주의하라. 3. 들을려고 하면 들을려는 뇌로 발달하고, 소리를 자동으로 들어오게 하면 자동뇌로 바뀐다. 4. vocal 감주로 자꾸 느껴지면 vocal 감주뇌로 바뀐다.
5. (목으로) 내 뿜는 말로 들어야지 음치처럼 안으로 들어가는 말로 들으면 안된다. 우리의 머리는 내 뿜는 말[=vocal음/실음]에 익숙해 있지 않다.

16.. **감주로 들어야 쉽게 기억되고 쭉 쉽게 이어진다. tip)D두뇌/vocal 감주/vocal음[실음/의음=듣기의 일급비밀**

17.. **사람 이름이든 지리명이든 고유명사[proper nouns]의 소리본체도 많이 기억해둬라.**

18.. **감주로 들으면,** 먼저 sp의 소리에 의해 저절로 이해가 된다. 이게 바로 의음 감주이다.

19.. **부처님은 깨달음은 형상으로 말할 수 없고,** 나의 가르침을 그냥 따르고 수행함으로써 그 깨달음은 얻어진다고 하였다. 따라서 깨달은 영뇌경지는 느낌으로 그냥 이루어 지는 것이지 말로 표현하여 하려고 하지말라. 적용시키려는 구속 때문에 깨달음의 경지를 누릴 수 없다. 영어를 감각적 주파수로 이해하거나 듣거나 말하는 사람이 영어를 가장 잘 하는 사람이다. 나머지는 이 경지로 가기위한 과정에 불과하다. tip) 그래서 마지막 (경지의) 느낌은 느낌으로 간직하는 것이지 표현으로 간직하는 것이 아니다.

IIIII.. **single 두뇌 청취의 단점 :**
1. circuit breaker가 수시 작동 2. 자기 주도 의식, 즉 자기가 하려는 의식 쉽게 발동 3. stop/turn back 현상 자주 발생 : 해석버릇
4. 긴장이 쉽게 발생 5. 순음/선음, 즉 주파수 완전 일치음은 이따끔 발생 6. 혼음과 준청음으로 들리면 갑갑한 느낌 발생
7. 이따끔 leave-behind 현상 발생 : 아는 소리가 나오면 앞으로 전진하지 못하고 갑자기 멈추는 현상 8. 산탄음이 많이 발생 9. 말감이 쉽게 잡히지 않는다. 10. 고성능 안테나를 만드는데, 시간이 오래 걸림 11. 영어 주파수를 쉽게 느낄 수 없음 12. 이따금 머리에 공간이 생겨 잡념이 자주 발생 13. 말해 나가는 것을 '느꼈다, 못 느꼈다' 함 14. 소리가 '끊어졌다 지속되었다' 자주 발생 15. 언제나 소리의 힘에 의해 져야[beaten] 들림 16. 어떤 날은 청취감을 잡았어도 다음날 적용시키려고 하면 잘 안되는 것이 대부분임

↘D두뇌에서는 무부음도 무부감주도 FD=Plus로 인식되기 때문에 원애처럼 그냥 들어나갈 수 있다. 특히 sp에 의해 음이 느껴지니[의음] 갑갑하지 않다. 구체적으로 말하면 (나보다) 두뇌세포가 먼저 인식[느끼니] 하니 갑갑하지 않다

※**사람은 하지말라는 쪽으로 자꾸하려는 경향이 있다. 그렇게 하면 더 잘 되는 것도 아닌데 ....**

원작 뉘앙스[말한자 의도]에 맞게 통역하려면 완전통역 또는 대체통역을 하라.

⑩ 영뇌청취와 한글통역 : 모든 것을 다 일일이 통역할 필요가 없다, 중요한 말만 가지고 통역한다.

➤ 뇌화된 double 두뇌 下에서 major 감주로 통역하라 ◄ ➤ 통역시 BAM 영뇌[필요시 Associate]도 적극 활용하라 ◄

↘ vs 영어통역시 주의 p523

영뇌 청취자에게는 통역은 이해하는 방법이 아니라, 이해의 부산물이다.

이미 감주로 이해가 되었기 때문이다. 이해가 된 후, 영순으로 할 것인가, 한순으로 할 것인가는 통역자의 몫이다.
통역의 질은 BNW 반영 정도로 결정하라. 가장 잘 반영된 것이 **완전통역**이고, 이것과 대체시켜 반영시키는 것이 **대체통역**이고, 뜻하는 의미로 가장 덜 반영된 것이 **이면[준] 통역**이다. 그래서 숙어처럼 통역하거나 뜻하는 의미로 통역하지 말라.

❶ a.. **(뇌화된 double 두뇌 하에서) 감주청취로 다음과 같이 들렸다면**

"Sadly, William Jr. sold his bakery a number of years ago." or "– – Jr. sold his bakery a – – ."

중요한 말만 각인= — William Jr. sold — bakery — number of years ago.

그리고 이것을 BAM으로 BNW를 살려서 통역 =윌리암 쥬니어는 팔았는데 빵집을 수년 전에 팔았다.

여기서 a number of를 한글로 통역시 한국 사람들은 100%가 several 또는 many로 통역한다.
사전에 이런 뜻으로 나와 있기 때문이다. 사전의 뜻은 어디까지나 뜻하는 의미로 뜻풀이이지 단어 본래의 뜻은 아니다.
그래서 a number of years ago를 **BAM으로 통역하면** '한 수년 전'이 되고, number of years ago는 그냥 '수년 전'이 된다. several은 여러 개이고, many는 많은 것이다. '한 수~년'과 '수~년'이 뜻하는 의미가 바로 이런 뜻이라는 것이다.
그래서 뜻하는 의미로 some (몇 개의)으로도 표현하는 사전도 있다. 이렇게 여러 개 또는 (수) 많은 것. 몇 개와 한 수의 크기는 그 뉘앙스가 각각 다르고 IS도 다르다.

완전통역=윌리암 쥬니어는 팔았는 데 빵집을 수년 전에 팔았다.

— 수년이 some인지, several[many]인지는 상황에 따라 판단한다. 특히 계약서를 쓸 때 유의하라.

이면통역[준통역]=윌리암 쥬니어는 팔았는데 빵집을 몇 년 /여러 해 전에 팔았다.

일류 통역사가 대개 오역을 하는 데 단어 본래의미[원래의미] 대신 뜻하는 의미로 번역하기 때문이다. 그래서 한글 통역시 BAM으로 BNW를 살리지 못하는 통역자를 매국노라 한다. **통역의 질은 BNW 반영 정도로 결정하라.**
가장 잘 반영된 것이 **완전통역[bnw-BAM]**이고, 이것과 대체시켜 반영시키는 것이 **대체통역[bnw-BAM]**이고, 뜻하는 의미로 가장 덜 반영된 것이 **이면[준] 통역[im-BAM]**이다.

b.. **(뇌화된 double 두뇌 하에서) 감주청취로 다음과 같이 들렸다면** "The concert takes place next Thursday."

중요한 말만 각인= "— concert takes place next Thursday."

그리고 이것을 BAM으로 BNW를 살려서 통역,

완전통역=콘서트는 펴는 데 자리를 펴는데 다음 주 목요일에 편다

대체통역= — 펴는 데 전을 펴는 데 —— /하는 데 펼친다. **이면통역**= — 일어나는 데/개최하는데[=happen] — .

옛날 오일장에서는 전을 펴서 장사를 시작했다. 약 장사가 장사를 할 때도 광대를 데리고 와서 전을 펴서 한바탕 벌인다. 그래서 우리는 어떤 일을 할 때 '전을 펴라'고 한다. 따라서 어떤 event를 개최할 때도 '전을 편다'고 말할 수 있다. 단어 본래 뜻이 이런 것인데 take place를 마치 숙어로 '일어나다/개최하다'로 통역하면 준통역 밖에 되지 못한다. '오늘의 영어'하면서 각종 신문에 게재되는 영어가 이 수준 밖에 되지 못한다는 것을 여러분들은 분명히 깨달아야 할 것이다. (place=자리를 정하는 것으로서 전(展), 전으로서 펼치는 것 : Plans are in place for the upcoming hurricane season. The new system should be in place.)

c.. **(뇌화된 double 두뇌 하에서) 감주청취로**

다음과 같이 들렸다면 On roll on English due to the 'BAM'.

중요한 말만 각인=On roll — English — to — 'BAM'.

그리고 이것을 BAM으로 BNW를 살려서 통역,

완전통역=가고 있는 데 잘 굴러가고 있어요. 영어가, 때문에/방유 BAM영뇌 때문에 말이다. ❖ 잘=문맥 associate
대체통역=닳았는데 발통 닳았다. 영어에 —. **이면통역**=잘 해가고 있다. 영어를, 때문에 —.
❖ to=방향 이유로서 때문에/방유(方由) ❖ on=작동으로서 가고있는 것 /위에 있는 것으로서 다는 것

d.. **(뇌화된 double 두뇌 하에서) 감주청취로 다음과 같이 들렸다면** "She is a real goer."
중요한 말만 각인= "She — real goer."
그리고 이것을 BAM으로 BNW를 살려서 통역, 완전통역=그 여자는 정말로 막가는 여자다.
대체통역=그 여자는 정말로 헤픈 여자다. **이면[준] 통역**=그 여자는 정말로 음란한 여자다.

e.. **(뇌화된 double 두뇌 하에서) 감주청취로 다음과 같이 들렸다면** "China exploiting trade **loopholes.**"
major 감주로 각인시킬 게 없으면 그대로 BAM으로 BNW를 살려서 통역,
완전통역=챠이나는 개발하고 있어요, 무역상 빠져 나갈 구멍들을 말이다. **이면통역**= — 무역상 허점들을 말이다.
그래서 'It is raining cats and dogs.' 도 major 감주로 하여 BAM 영뇌로 번역하면 : '— raining cats and dogs.'
완전번역=비가 오고 있는데 고양이와 개가 날 뛸 정도이다. ※ bnw-BAM 시동=Best ∵ 원어민과 같은 느낌
이면[준] 번역=비가 오고 있는 데 억수 같이 오고 있다.
사전에 'cats and dogs=very heavily' 라고 뜻풀이를 하고 있는 데 이것은 cats and dogs가 뜻하는 의미이지 단어 본래의미[원래의미]는 아니다. 이런 현상은 우리말도 마찬가지이다.

'Fall in!' 도 마찬가지이다. 애들이나 군인들에게 '줄서라' 고 할때 이렇게 말한다. fall=떨어지는 것으로서 분리 [f: off] fall in은 땅에 붙어 있든 —, 어딘 가로부터 떨어져서 속으로 들어가는 의미로 줄을 서라는 뜻이다. 사실상 줄서라는 의미는 in에서 찾아야 한다. 그래서, fall in의 보다 정확한 번역은 '나와서 줄서라' 는 뜻이다.

❷ 영뇌 소유자에게는 영순통역이든 한순통역이든 그것은 **통역자의 몫**이다.
즉 통역은 이해하는 근본방법이 아니라, 이미 감주로 이해한 것의 부수물이기 때문이다. 해석도 BEis 또는 IS 영뇌의 부산물이다.

IIIII .. **(뇌화된 double 두뇌 하에서) 감주청취로 다음과 같이 들렸다면 중요한 말만 통역을 하라.**
China rejects bid for parole

Hu Jia, Chinese dissident serving a three-and-a-half- year term who is said to be seriously ill with a liver disease, has been denied early release.

▭ 영순[영뇌] 통역 :
China는 거절했대요, 자꾸하라는 것인데 즉 가석방을 자꾸 하라는 것을 말이다.
Hu Jia 중국 반체제 운동가는 중병 간질환을 앓고 있는데 거부당하고 말았대요, 조기석방을 말이다.
—— 감주청취로 중요한 말만 통역 ※밑줄부분=**일종의 associate**

▭ 한순[한뇌] 통역 :
China는 가석방을 자꾸 하라는 것을 거절했대요, Hu Jia 중국 반체제 운동가는 간질환을 심하게 앓고 있는데 조기석방을 거부당하고 말았대요.

한글통역

Unit Ⅶ

영어공부의 본격적인 시작은 원애단계 이후부터이다.

즉 twenty four 영뇌와 free 감주를 알고 원애가 되었다면 (특히 스마트 폰/Ipad를 통해서) 매일매일 뉴스를 감주로 읽거나 TV를 봐라. 그리고 감주로 말하라. 그러면 읽기도 듣기도 모두 감주 일상적인 말이 된다.
↳이런 것들은 본인의 몫이다. 학교나 학원, 선생들의 몫은 아니다.

twenty four 영뇌와 free 감주, 원애 청취는 영어공부의 서막에 불과하다. 진짜 영어의 맛은 원애단계 이후터이다. tip) 독서[즉 원서독서]와 모든 문제풀이, 유학, 해외여행은 원애단계 이후부터 한다.

---

script 청취는 원애가 된 후[즉 감주 감지력이 생긴 후에] 영뇌청취 보충으로 한다. script 청취시 특히 감각적 주파수 인지력과 speak 능력을 키워라. script 청취를 할때에도 non-script로 들어나가면서 안들리는 부분만 살짝살짝 소리본체를 보아나간다. 처음부터 완전히 script에 의존하지 말라. 해석뇌나 단일두뇌, 이해머리가 먼저 작동할 가능성이 있기 때문이다. ex]CNN, NBC, ABC, — 등의 앱 CC기능 활용요

☞.. **감각적 주파수** : (감각적으로) 한 단어처럼 뒷말과 말하면 쉽게 IS가 작동한다.
소리본체에서 소리가 나오고, IS 설가뇌 또는 설주뇌이기 때문에 감주가 발생한다.
↗이런 게 소감주/빅감주/왕감주로 움직이고 있다.

1. 기본감주 : 분리/강약/약강/음수조절/비약음/약음 감주 ↗감주/주파수에 의해 저절로 음이 떨어져 나가는 것≒폐쇄음
— 좋은 리듬을 만들기 위해 감주로 말하면 탈리/극저음/동화/단타/합성/비합성 — 등이 저절로 발생함

- **분리감주[고난도 감주]** : in the immediate authorities=인디어**미**–디어트 : i의 앞으로 분리
  Be considerate=비컨**씨**더러트 : con의 앞으로 분리 USA=유–에세이 : s음가의 앞뒤 분리
- **강약감주** : Police evacuated the immediate area=이**배**큐에이티더 : (d 탈리) 강약감주, 일명 탈리감주
  I struggle to find words=스트**라**글더 that the babies=대ㅌ더 : (that=종속접속사)
  Twins you're about to see=튜인져 : (s와 you의 합성) 강약감주, 일명 합성 감주

  And the devastation is staggering=앤더 : d/th 비슷한 드음가 사이에서 d음가 탈리
  cf]summer=써머 : 같은 복자음시 앞자음 폐쇄되어 탈리 — 단자음화 vs (장음의) 단음화

  Sonia warns that=워–ㄴ즈엇 : 복자음 속 t음가 폐쇄와 성문음가 h폐쇄
  What has the internet?=해즈어 : 하지만 "해즈어" 로 둘다 저음으로 내면 **약음감주[일명 저음감주]**가 된다.
  against the sanctions=어게인서/스어 : 하지만 이것도 "어게인서/스어" 로 둘다 저음으로 내면 **약음감주**가 된다.
  good reflexes to avoid drowing=리플**레**ㄱ시스어 : 스어=(극저음) 강약감주, 일명 극저음 감주
  — a음가= "to" 어음가와 중복으로 탈리
  This is CNN=디스이스 : this의 is음의 영향으로 is(이즈)가 "이스"로 소리난다=**순행동화, 일명 동화감주**
  down the line=downthe line 자운더 ⇒ 일명 (d의) 구개음화 감주

- **음수조절감주/약음감주** : ☞ vol 1 p24
- **약강감주** : I struggle to find words=투파인더 Feel right at home=라이뎟 : t단타
  of course=어ㅍ**코**–스 : f는 v유성음가인데 뒷 무성음 c음가의 영향을 받아 무성음으로 되는 것=**역행동화**
  What has the internet?=이너네ㅅ : n/t 음가는 조음점이 같아 t가 n음가로 닮는 것=**순행동화**

☞.. **고난도 감주** : To relieve the trauma of birth=투럴리**이**브더 트[쳐/츄]로–머
: 분리감주, 즉 약강약 감주 + 강약감주 : of탈리 감주(a의 어음가 때문에 of탈리 — 중복음 탈리)
So far, rather well.=Sofar, ratherwell : 우라더**웨**ㄹ — 지금까지 그런대로 잘 되어가는 편이다.
⇒ 비약음감주, 일명 (r) 감정음가 감주 cf]try=츄라이/쳐라이/트라이 : 전자 2개= t감정음가
The book he waxed passionately about is called 'Sapiens'.
=Thebook(h)e : 더부키(h) ⇒ 약강약 감주, 일명 약성문음 감주

영뇌 말하기[일명 감주말하기]

> 원어민들처럼 쉽게 말하려면 듣거나 읽거나 공부하면서 확실히 생활 속에서의 뜻으로 free 영뇌로 간직하되, 특히 free (vocal) 감주를 많이 간직하라. 간직시 我必 free (vocal) 감주는 반드시 간직한다.
> 머리 속에 free 감주가 많으면 저절로 BEis로 IS로 엮어지고 감주 일상적인 말이 된다.
> 영어는 free 영뇌의 조합에 불과하다. 말하기의 비밀이 바로 여기에 있다.
> 외워서 말하는 것이 아니다. ※free 감주=free 영뇌의 소리값 free 영뇌 ⇄ free 감주, 둘다 의자/의음

tip)1. 영뇌가 완성되면 결국 최종적으로 간직하게 되는 것은 일상적인 말이다. 귀에 익은 소리 또는 눈에 익은 글자, 즉 감주 일상적인 말[감주 IS 영뇌]이다.

2. 귀에 익은 일상적인 말이되면 (새로운 단어의) 새로운 말과 구분되어 다가온다. 적어도 원애경지는 돼야 이런 느낌을 느낄 수 있다. 귀에 익은 일상적인 말과 새말은 구분되어야 한다.

3. (생활 속에서의 뜻인 IS가 용해된) vocal 감주로 말해야 늘 영어를 자연스럽게 말할 수 있다. 그냥 입소리로 말하면 부자연스럽지만, 목소리 감주로 말하면 자유롭게 주파수 음정 조절이 가능하고 기름지기 때문이다.
4. 말을 할 때 뱃속의 기(氣)가 목을 통해 빠져나가는 것이 느껴져야 음정 불안이 없어진다.

5. 말에 의미가 실리는 것이지 의미를 먼저 생각하고 말하는 것은 아니다. 이때 의미=IS값이다. 감각적 주파수로 무조건 먼저 말하라. 영뇌 상급자가 되면 저절로 그 속에 의미가 실린다.
6. BAM을 알아야 단어 선택권이 생긴다. 즉 마음대로 말을 조합하려면 BAM으로 단어의 뜻을 알고 있어야 한다. BAM에는 단어의 고유한 뉘앙스가 들어있기 때문이다.

☞ to be continued from page 509

- **비약음감주** : I struggle to find words[findwords]=파인워-즈 : (d/d 탈리) 비약음 감주, 일명 탈리감주

surface temperatures=**템**퍼쳐스 : ra음가 탈리(a음=e음과 동일) with this robot=위**디**스 : 같은 음가중 앞 th음가 탈리
and it's so versatile=앤잇소(우) : 같은 음가중 앞 s음가 탈리 ↗ vs (이중모음의) 단모음화=도ㄴ츄
Don't you like?=도운츄 : t/you 음가가 서로 작용하여 새로운 감정음가로 합성감주가 되는 것=**상호동화**
dramatic change=쥬[져]러**매**틱 ⇒ 일명 (d의) 구개음화/감정음가 감주

Stop water-boarding=워러 : r로 단타 thirty nine degrees=써-리/디 : r/d로 단타, 일명 단타감주
Sonia started streaming water=스**타**-리드 value added tax=애리드 : d단타
Sonia likes sharing=**라**이크 **섀**어링 : s/s 같은 자음 반복으로 앞 s음 탈리 : (탈리) 비약음 감주
But now you seem to be implying.
=Butnowyou seemtobe implying : 버ㅌ**나**~우유 ⇒ 일명 speech 감주
※speech 감주=말을 하면서 중간에 갑자기 올려주거나 강하게 말하는 것

2. 감주 결정=speaker's desire로서 Best 감주 cf]일형태 다소리의 삼음가 결정=同一

- I struggle to find words. 〉 I struggle to find words. How to read. 하우데[러]〉투
- Change your brain. 체인쥬어〉져〉유어 Plant your brain. 플**랜**투어〉터〉유어 See you. 씨-여〉유

Unit Ⅶ. 영뇌 말하기[일명 감주말하기]

Native Brain 말하기로
들은 감주로 A상황에 맞게 말하는 것

보충 : twenty four 영뇌의 감주리딩
+ 영자신문/원서/영문만화 감주리딩

감각적 주파수로 말하면 저절로 전달의미(IS)가 실린다. 감주 속에 생활 속에서의 뜻인 IS가 용해되어 있기 때문이다. 특히 원어민 말투 그대로 말할 수 있다. 한글중심이 아니라 순수한 영어 중심으로 (vocal) 감주로 말을 하기 때문이다.

: 1. 감각적 주파수 ☞ 기본영뇌 Vol 1, p24 2. (vocal) 감주=말하기의 일급비밀 — (vocal로) 감각적으로 한 단어처럼 뒷말과 말하는 것
3. OPic/IELTS 말하기도 감주말하기로 극복하라.

마치 우리가 우리말을 할 때 또다른 언어로 가지않고 바로 A상황에 맞게, **들어서 뇌화된** free 한글을 던지는 것과 같다. 엄밀히 말하면 원어민이든 한국인이든 애들은 들어서 말을 하지, 읽어서 말을 먼저 배우지 않는다. 더구나 말은 간직된 free 감주로 말하는 것이지 외워서 말하는 것은 아니다. **말하기의 비밀이 바로 여기에 있다.** 간직된 free 감주가 많으면 저절로 BEis로 IS로 엮어진다. 이렇게 진짜 자기말과 외워서 말하는 것은 구별되어야 한다.

예컨데, NBA 중계방송에서 한 선수가 코너에서 공을 넣으려고 한다. 이때 어나운서가 감주로 'Cornerfor 3points.' 라고 말한다. 이렇게 들은 감주로 우리도 같이 나중에 코너에서 3점 슈팅을 하려고 할때[A상황] 말을 하면 된다.

시동=코너에서 넣는 것인데, 즉 3점짜리이다 /코너인데 즉 3점 짜리이다 /코너인데 해자 3점 짜리이다.

'목적지에 거의 다 왔다' 를 'Almostthere.' (오-ㄹ[오올]모우스데어=baskek F+slide F : t폐쇄와 비합성감주)로 생활 속에서의 뜻이 용해된 감주로 들었다면 우선 이런 free 감주를 간직하고 있어야 하며, 그리고 이런 실제상황이 되었을 때 **무한글 상태에서** 그대로 감주로 말하면 된다. 이렇게 말은 근본적으로 들어서 간직한 free 감주로 말하는 것이지, 외워서 말하는 것은 아니다. 외국에 나가도 말문이 쉽게 터지지 않는 사람들은 free 감주 개념이 없기 때문이다. 거의 대부분의 한국 사람들은 영어로 말을 할 때, 문장으로 외워서 말하거나 한글을 먼저 생각하고 거기에 끼(워) 맞추는 식으로 말을 하고 있다. 이것은 한뇌 말하기이지 말문을 틔우는 근본원리가 아니다. **↗소감주/빅감주/왕감주**

tip)1. 감주로 말해야 쉽게 영뇌로 말을 이어 나갈 수 있다. 특히 동양인들은 vocal 감주로 말해야 영어말투가 된다.
2. 말을 쉽게 하려면 상황 말하기를 하라.

그래서, 우리는 평소에 현장 방송 또는 실제생활에서 들어서 free 감주를 많이 간직해야 하고, 영자신문, 영문만화, 원서를 많이 읽어서 free 감주를 많이 보충해야 한다. 우리말도 마찬가지이다. 듣거나 읽어서 저장된 free 한글로 말이 저절로 만들어진다. 한글을 외워서 말하는 사람들은 거의 없다. 개그맨들이 말을 잘 하는 것은 간직한 free 한글이 많기 때문이다. **간직시 (vocal) 감주로 자동 설가가 될 때까지 F3+E2 강하게 말한다.**

Konglish를 방지하고, 실제상황을 보다 정확하게 전달하려면 BAM 영뇌를 적극 활용하라. BAM은 BNW가 내포되어 있기 때문이다. 그리고 associate를 활용하면 특히 to 부정사와 콤머 말하기를 쉽게 할 수 있다. associate는 단어 또는 문맥/상황, 연결설명어 속에 숨은 뜻이다.

주의] 일반적으로 associate는 말하지 말라.
자칫 잘못하면 Konglish가 되기 쉽다.
그러면 음이 더욱 기름진다.
↗ 목으로 성대가 크게 진동하고 공명이 많이 되도록 말한다.

vocal 감주[즉 목소리 감주]로 말하면 영어말투[음질]가 된다. 그럴려면 목소리로 기본주파수가 늘 뇌화되어 있어야 한다. 처음부터 말이 잘 나오지 않은 사람들은 **배 힘으로** 목으로 음을 만들지 못하고 윗치 또는 경구개 쪽에서 그냥 음을 만들기 때문이다. 음치들은 대개 후자에 속한다. 말은 밖으로 (내) 뿜어야 한다. 즉 흑인목사의 설교처럼 항상 강하게 말하면 된다.

: **SIUM 말하기** tip)감주로 영어리듬을 빨리 잡아라.

tip)1. **처음부터 말이 나오지 않은 또다른 이유** : 감주로 먼저 말하지 않고 의미를 먼저 생각하고 말을 하기 때문이다. 말에 저절로 의미가 실리는 것이지 대부분의 사람들은 의미를 먼저 생각하고 말을 한다.
2. 감주로 말하면 쉽게 리듬을 탈 수 있다.

초기에는 영어 말투가 입에 굳어질 때까지는 영어를 듣거나 볼 때마다 (vocal) 감주로 말하라. 단순한 문법적 영어 지식만으로 영어가 정복되는 것은 아니다. 그것은 단지 영뇌 말하기로 가기위한 도우미 역할만 할 뿐이다. 그런데, 거의 대부분의 한국 사람들은 문법적 지식만 가르치거나 소유하려고 한다. 가장 큰 단점이다. 영뇌는 소리값과 문자값 모두를 포함하고 있다.

tip)특히 감주로 말하면 전제없이 쉽게 full로 말할 수 있다.

IIIII.. ☜ **영뇌 말하기 훈련 :**

듣거나 읽거나 공부해서 free 감주를 많이 간직하라.
그러면 저절로 BEis로 IS 엮어진다. 예컨데, 매일매일 현장방송을 듣거나 원어민 영자신문을 읽으면서 특히 free 감주를 많이 간직하라. 그리고 또한 기본영뇌 vol 1, 2에서 연결설명어 영뇌, 비연결설명어 영뇌, 등맥설명어 영뇌, sign설명어 영뇌, 즉 twenty four 영뇌를 공부하면서도 free 감주도 많이 간직하라.

주의]free 영뇌[특히 free 감주]로 이해하는 기술이 있어야 저절로[스스로] 말의 조합력이 생긴다. 하루에 몇 문장씩 외운다고 해서 말의 조합력이 생기는 것은 아니다. 말은 free 감주로부터 저절로 만들어지는 것이다.

말하기의 비밀이 free 감주에 있기 때문이다.

caution] 1. 이렇게 기본적으로 영뇌를 갖추게 하는 것이 영뇌책이 하는 역할이고, 이것을 바탕으로 해서 수많은 표현을 듣고, 보고, 문제를 푸는 것은 여러분들 (스스로의) 몫이다. 우리가 한글을 깨우친 후에 TV를 보거나 신문을 읽거나 국어문제, 수학문제, — 등을 푸는 것과 같다. 2. 영뇌말하기는 상황말하기이지 1 : 1 대응식[대입식] 한글말하기가 아니다.

1. 감주청취로
free 감주 간직하기와
감주로 자기말하기

tip)청취 수준이 최소한 원애가 돼야 들어서 말을 할 수 있다.

IIIII .. **speaker의 말 :**

No evidence for claims that fans were drunk.

⇨ **감주청취로**
free 감주 간직하기 :

a.. No evidence. b.. No evidence for claims.
c.. Claims that fans were drunk.
vocal 감주 : Claimsthat fanswere drunk.
d.. That fans were drunk. Fans were drunk.
vocal 감주 : Thatfanswere drunk.
⇦ That she should betray me!
e..Claims fans were drunk.
f.. Evidence for claims that fans were drunk.

⇨ **(들어서) 간직한 free 감주로부터**
감주로 A상황에 맞게 자기말 말하기 :

a.. No evidence fans were drunk.
b.. Claims fans drunk. c.. No evidence for them.
d.. There is no evidence for them.
e.. Claims that college students were drunk.
f.. No evidence that college students were drunk. That true?
g.. No evidence that college students living in Seoul were drunk. —— etc.

⇨ 밑줄=이미 간직하고 있던 free 감주를 활용하여 말한 것

말은 항상 자기말이 있어야 하고, 감주로 말하면 전달의미로 IS가 저절로 실린다. 그래서 과감하게 말부터 먼저 하면 된다.

big tip) 1. 목 앞쪽으로 말하는 실음≠목 쪽에서 만들어지는 실음
— 전자=공명이 더 커지고, 후자=진동이 더 커진다.
2. free 감주로 말하는 것과 단순히 외워서 말하는 것은 다르다.
— 전자=마음대로 조합/자기감정조절/톤조절이 가능
↳특히 자기 음색 감주로 말하라.
3. 감주로 뒷말과 말하는 것이 가능한 것은 단어의 뜻은 한글이 아니라 IS이기 때문이다. 즉 단어자체가 뜻이자 A상황이기 때문이다.

※**vocal음 시동** : 아음~ (Ium~)/에~ 하면서 성대를 먼저 떨리게 한 후 vocal음으로 소리내기 /SIUM 말하기 — 소리를 낼 때 뱃속의 기(氣)가 목을 통해 통과해 나가는 것이 느껴져야 한다.

IIIII .. **speaker의 말 :**

For now Dan Rather, for the CBS evening news reporting tonight from Washington.
See you in the morning. Good night.

▭ for=해당 대상으로서 해자 — 있는데/위해서
▭ from=출처대상으로서 기자 — 로부터

⇨ **감주청취로**
free 감주 간직하기 :

a.. For Dan Rather, see you in the morning. Good night.
b.. For the CBS evening news reporting, see you in the morning. Good night. — etc.
— 이렇게 간직하여 대화하거나 말을 할때 활용

⇨ **(들어서) 간직한 free 감주로부터**
감주로 A상황에 맞게 자기말 말하기 :

a.. Dan Rather, for the CBS evening news reporting. See you. Good night.
b.. Presidential inaugural begins. For now Dan Rather.
c.. For CBS coverage, see you in the morning. Good night. —— etc..

IIIII .. **speaker의 말 :**

I can see their death toll, passing a thousand, men and women. They're injured and wounded, over 7,000 and they say, "Why should Americans fight and die for Iraqi people, if they are passive and they're a silent majority?"
If you yourself don't want democracy, and aren't willing to fight and die for it and put down the insurgency and not in any way enable it, why should Americans stay there and die for you?

❈ their /앞 they=미군을 두고 한 말 you /뒷 they=Iraqi people

⇨ **감주청취로 free 감주 간직하기 :**

a.. Their death toll, a thousand, injured and wounded, over 7,000. : **comma 영뇌말**

주의]감주로 말하면 특히 본인의 말도 이중음성으로 느껴진다. 청취 때도 한 사람이 말하는데 두 사람이 말하는 것처럼 느껴진다. 예컨데, 감주+감주일 경우, 감주로 말하다가 다시 (새롭게) 감주로 말하기 때문이다.

☞.. 영뇌말하기를 통해서 말하기에 대한 Basics를 갖추라.

vocal 감주 :
Theirdeath toll athousand, injuredand woundedover 7,000.
or Theirdeathtoll athousand, injuredand woundedover 7,000.
Theirdeath • toll=단장 감주
또는 단주로 toll을 극히 약간 떨어지게 내도 좋다.

b.. "Why should Americans fight and die, if Iraqi people are passive and a silent majority?"
c.. They are passive and they're a silent majority. And so "Why should Americans fight and die for Iraqi people?"

d.. You don't want democracy, and aren't willing to fight and die for it and put down the insurgency and (do) not in any way enable it.
— 이렇게 간직하여 대화하거나 말을 할때 활용

⇒ (들어서) 간직한 free 감주로부터
감주로 A상황에 맞게 자기말 말하기 :

a.. Passing a thousand, why Americans fight and die? They're a silent majority!
b.. Death toll, a thousand. They are passive and silent!

c.. Their death toll in Iraq, a thousand including men and wemen, injured and wounded, over 7,000.
d.. Their casualties, over 8,000, men and women. or Their heavy casualties, over 8,000, men and women.

e.. "Why should Americans fight and die, if the majority of Iraqi people are passive and silent?" or " — if a large majority of Iraqi people are — ?"
f.. You don't want democracy, and aren't willing to fight and die for it and put down the insurgency and by no means enable it.
g.. You don't want democracy in Iraq and you are by no means able to put down the insurgency. —— etc..

tip)1. 특히 강약/약강/약음/분리 감주 인지력과 speak 능력을 키워라.
2. 원어민 말투를 내게하거나 영어를 말하게하는 끄나풀[연결고리]이 감주다.

2. 감주읽기로부터
free 감주 간직하기와
감주로 자기말하기

IIIII .. 읽는 것 :

A protester's sign hangs outside Terri Schiavo's hospice in Pinellas Park, Florida, on Saturday.

⇒ 감주읽기로부터
free 감주 간직하기 :

a.. A protester's sign hangs outside Terri Schiavo's hospice. b..Terri Schiavo's hospice in Pinellas Park, Florida.
c.. A protester's sign hangs outside Terri Schiavo's hospice on Saturday. — etc.
— 이렇게 간직하여 대화하거나 말을 할때 활용.

⇒ (읽어서) 간직한 free 감주로부터
감주로 A상황에 맞게 자기말 말하기 :

a.. Terri Schiavo's sign hangs. Need your help.
b.. I see Terri Schiavo's sign. Need to save Terry.

c.. Your help is needed.
Your help is needed to save Terri.
⇒ 밑줄=이미 간직하고 있던 free 감주 활용
vocal 감주 : Yourhelpis neededto saveTerri.

d.. A protester's sign hung outside Terri Schiavo's hospice.
*hung=관계과분사/일반과분사/과동사 영뇌 가능
e.. A protester's sign is hanging outside Terri Schiavo's hospice.

f.. A protester hung[hangs/is hanging] a sign for help outside Terri Schiavo's hospice.
*hung/hangs=타동사로서 과동사/현동사 영뇌
g.. A sign saving Terri hung/hangs[is hanging] outside Terri Schiavo's hospice.
*saving=관계현분사 영뇌
hung/hangs=자동사로서 과동사/현동사 영뇌
tip)twenty four 영뇌를 알아야 말을 마음대로 만들 수 있다.

IIIII .. 읽는 것 : synagogue noun [C]

a building in which Jewish people worship and study their religion

⇒ 감주읽기로부터

free 감주 간직하기 :

a.. 'synagogue,' a building in which Jewish people worship.

b.. 'synagogue,' a building in which Jewish people worship and study.

c.. Jewish people worship and study in the synagogue. — etc.

⇒ (읽어서) 간직한 free 감주로부터

감주로 A상황에 맞게 자기말 말하기 :

a.. **'synagogue'** Jewish people worship in.

b.. 'synagogue,' a building where Jewish people worship.

c.. 'synagogue,' a building where Jewish people worship and study.

d.. 'synagogue,' a building for Jews to worship and study.

e.. 'synagogue,' a building of Jews for religious instruction and worship.

f.. 'synagogue,' a building where Jews meet for religious worship.

g.. Jews worship in the synagogue, Christians worship in the church or chapel, Muslims worship in the mosque, Catholics worship in the Cathedral or Catholic Church, and monks worship in the temple. — etc.

IIIII .. 읽는 것 :

He began writing it as he saw it.
He's now published two books on climate change. His latest, Boiling Point, documents coal and oil companies bankrolling some scientists he calls 'greenhouse skeptics.'
For the longest time the fossil fuel lobby spent huge amounts of money on a very pervasive campaign of deception and disinformation which was designed to persuade the public and policy makers that this issue was stuck in uncertainty.

⇒ 감주읽기로부터

(문장내 또는 문장간/내용간) free 감주 간직하기 :

a.. He wrote[published] two books on climate change and documented coal and oil companies bankrolling some scientists.

b.. The fossil fuel lobby spent huge amounts of money on a campaign to persuade the public and policy makers.

c.. His latest, Boiling Point, documents coal and oil companies bankrolling some scientists.

d.. The fossil fuel lobby spent huge amounts of money on a very pervasive campaign to persuade the public and policy makers in uncertainty. —— etc.

영뇌리딩 skills 또는 영뇌 summarizing skills를 이용하여 말을 만들 수도 있다. ☞ **p431/467**

⇒ (읽어서) 간직한 free 감주로부터

감주로 A상황에 맞게 자기말 말하기 :

a.. Published two books on climate change.
His latest, Boiling Point.
Including bankrolling some scientists.

b.. His latest, Boiling Point, documents coal and oil companies' bankrolling some scientists.
*동명사의 주어=목적격 /소유격 /(복합명사시) 주어/비주어 주격
bankrolling=bankroll+ing 하는 것을 한 것(finished action)

c.. Greenhouse scientists have deception and disinformation on climate change.

d.. Greenhouse scientists were bankrolled from coal and oil companies.

e.. For the longest time the fossil fuel lobby has/have spent huge amounts of money on their campaign to persuade the public and policy makers in uncertainty.

3. 간직한 free 감주로 (무한글 상태에서) 말하기

듣거나 읽거나 공부해서 간직한 free 감주로 A상황에 맞게 말하면 된다.
이때 전개는 저절로 BEis 또는 IS로 전개 된다. 감주로 말하기 때문이다.

※영뇌말하기, 즉 감주말하기는 애들이 말을 배우는 과정과 같다.

컴퓨터가 책상 위에 있는 것을 설가로 전달해보자.
기본영뇌에서 전설 또는 설이 자꾸 붙을 뿐이다.
: BEis 영뇌 말하기 → 연설뇌/독설뇌/전설뇌

(독설뇌=독설 독설뇌/보설 독설뇌/독설 보설뇌 전설뇌=기설 전설뇌/전설 기설뇌)

=vocal 감각적 주파수 — vocal로 한 단어처럼 뒷말과 말하는 것

→ 무한글 상태에서 컴퓨터를 기본어로 해서 말해 나가면,
"A computer /on /the desk." = 기—>설—>설'

→ 무한글 상태에서 책상을 기본어로 해서 말해 나가면,
"A desk /under[beneath] /the computer."
= 기—>설—>설'

or "A desk /under [beneath] /the computer."

→ 무한글 상태에서 윗표면을 기본어로 해서 말해 나가면,
"On /the desk, //a computer."=기—>설 ⇨ 전설

→ 무한글 상태에서 아래[밑] 또는 아랫표면을 기본어로 해서 말해 나가면,
단주[≠감주]
"Under[Beneath] /the computer, //a desk."
=기—>설 ⇨ 전설 : Underthe=약한 주파수 : small slide F

→ 그리고, 무한글 상태에서 컴퓨터를 기본어로 한 것에 관계대명사 영뇌를 하나 더 붙이면,
"A computer /that I like best /on the desk."
= 기—>설/설 : 독설 독설뇌

or "A computer /on the desk /that I like best."
= 기—>설/설 : 독설 독설뇌

tip)어떤 감각적 주파수로 말하느냐에 따라 리듬이 달라진다.

s동사 말을 추가시 :
"A computer /that I like best /is on the desk."
= 기—>설/설 : 보설 독설뇌

→ 아니면 무한글 상태에서 computer를 관계대명사 분설뇌로 말하면,
"A computer /on the desk /which is made in China."
= 기—>설/설 : (위치와 제조처로) 독설 독설뇌
— 하지만 상황을 모를 경우 (근거리 주의 영뇌에 의해) 연설뇌로 desk가 중국에서 만들어진 것으로 이해할 수도 있다. 계약서를 작성하거나 비즈네스를 할 때 유의하라.
:"A computer on /the desk /which is made in China." = 기—>설—>설'

S동사로 설명해 나갈 경우 = "A computer /which is made in China /is on the desk."
=보설 독설뇌 — 먼저 보충 + s동사로 설명

cf] "A computer /is on the desk /which is made in China."=독설 보설뇌
"A computer is on /the desk /which is made in China."=연설뇌

→ 아니면 무한글 상태에서 컴퓨터를 기본어로 해서 전치사 영뇌를 하나 더 붙이면,
"A computer /for $100 /on the desk." : 독설 독설뇌
or "A computer /on the desk /for $100."
감각적 주파수 : forone hundreddollars

여기서 that/for=컴퓨터를 두고 근설 뇌 또는 분설 뇌로 작동했다. 그런데 이렇게 상황이 컴퓨터를 전제로 했으면 분설 뇌가 되지만, 일반적으로 영뇌는 근설이 분설보다 우선하니 책상을 가장 좋아하는 것이 되고, 책상 값이 100불이라는 뜻이 되니, business를 할 때나 계약서를 쓸 때 특히 주의해서 말하라. **근거리 우선주의 기/설 영뇌**이다.

이렇게 기본어를 중심으로 해서 설명해 나가는 것을 **기본어 중심주의 기/설 영뇌**라 한다. 관계대명사 영뇌와 전치사 영뇌는 연결설명어로서 **연결주의 기/설 영뇌**이다.

→ 또는 무한글 상태에서 there is로 먼저 개략적인 위치를 말하고 이것을 중심으로해서 말 해나가면,
"There is /a computer /on the desk." 가 된다.
감각적 주파수 : Thereis/a computer /onthe desk.

이런 영뇌를 **개략주의 기/설 영뇌**라 한다. 원어민 두뇌는 설가뇌이기 때문에 전치사 영뇌는 연결주의 기/설 영뇌뿐만이 아니라, 개략주의 기/설 영뇌로도 작동한다.

→ 아니면 무한글 상태로 주동으로 먼저 요지를 밝히고 설명해 나가는 식으로 말하면,
"I like /the computer /on the desk /for $100."
가 된다. **주동주의 기/설 영뇌**로 말했다.
감각적 주파수 :
Ilike/the computer/onthe desk /for$100.

→ 아니면 무한글 상태에서
묻는 말로 먼저 기준으로 잡고, 묻는 내용으로 구체적으로 설명해 나가는 식으로 말하면,
"Would /you buy /the computer /on the desk /for $100?" 가 되는데 이것을 감주로 말하면 된다.

물음 주의 기/설 영뇌 또는 개략주의 기/설 영뇌이다.
감각적 주파수 :
Would/you buy/the computer /onthe desk /for$100?

→ 아니면 무한글 상태에서 감탄말로 먼저 기준으로 잡고, 감탄내용을 밝히는 식으로 말하면,
" What a computer /(this is) /for $10! "
가 된다.
감정주의 기/설 영뇌로 말했다. 무엇을 보았을 때 감정부터 먼저 발생하는 것이 인간의 본능이다.

A상황이 발생하거나 발생 되어 있는 순서대로 설명해 나가는 뇌를 **상황발생 주의 기/설 영뇌**라 한다. 영뇌 말하기를 가장 쉽게 만들어 주는 것이 상황발생 주의 기/설 영뇌이다. 적극 활용하라.

컴퓨터 한 대가 책상 위에 놓여 있을 때 A상황이 발생되어 있는 순서는 기준에 따라 달라진다.

→ 무한글 상태에서 컴퓨터를 기준으로 하면
실제상황이 발생되어 있는 순서는
컴퓨터 → 책상 윗표면 → 책상.
그래서, "A computer on /the desk."
or "A computer /on the desk." 가 되고,

→ 무한글 상태에서 책상 윗표면을 기준으로 하면
실제상황이 발생되어 있는 순서는
책상 윗표면 → 책상 → 컴퓨터.
그래서, "On the desk, /a computer."가 되고,

→ 무한글 상태에서 책상을 기준으로 하면
실제상황이 발생되어 있는 순서는
책상 → 컴퓨터 아랫표면/아래 → 컴퓨터.
그래서, "A desk beneath[under] /the computer."
or "A desk /beneath[under] the computer."가 된다.

여기에서는 **기본어 중심주의 기/설 영뇌와 상황발생주의 기/설 영뇌**가 함께 작동했다.

"Boiled potatoes /peel easily."
삶은 감자 껍질을 벗겨 보니까 잘 떨어지는지 잘 안떨어 지는 지 판단은 나중에 나온다. 벗겨 보지도 않고, 처음부터 쉽다는 판단이 먼저 나올 수 없다. 그래서, easily를 뒤에 말하는 것이다. 역시 상황발생 주의 기/설 영뇌로 말했다.
시동=삶은 감자는 벗겨지는 데 쉽게 벗겨진다.

하지만, 강조로서 먼저 말할 수도 있다.
"Easily //boiled potatoes /peel."
강조주의 기/설 영뇌이다.
: 전설 ⇨ 기 → 설

"Broken, the computer."
상황발생 주의에 의하면 컴퓨터가 부서졌거나 고장났으므로 컴퓨터를 먼저 말하는 것이 일반적인 말순이나 broken되었다고 강조하기 위해 먼저 말하고, 그것이 무엇인지 설명해 나가는 말이다.
일종의 **강조주의 기/설 영뇌**이다.

: "Eat, you?" : **동사 강조**
or "Eat rice, you!" : **동사와 목적어 강조**
or Rice we usually eat. : **목적어 강조**

이렇게 반드시 목적어만 강조하는 것이 아니다. 본인이 강조하고 싶은 말을 먼저 표현하면 된다.

"We get a lump sum."
적금을 탈 때 한목으로 받는다. 일시불로 받을 때 받는 입장에서 생각해 볼 때는 받을려고 손을 내미는 것이 먼저이다. 그래서 get으로 먼저 말하면 된다.
이게 바로 **상황 발생주의 기/설 영뇌**이다.

주는 입장에서 생각하면 주는 모습에서 주는 것이 먼저 들어 왔다면 give를 먼저 표현하면 된다.
: " They give a lump sum."

하지만 방법으로 먼저 관찰되었다면
"In the lump sum, they give." 로 말하면 된다.

하지만 이것도 주는 것이 먼저 보였다면
"They give in the lump sum."로 말하면 된다.
시동=그들은 준다. 해서 한목으로 해서 말이다.

"Slow cooking makes /tough meat tender." 천천히 요리하니까 만들어지는 게 질긴 고기가 부드럽게 되는 것이다. 먼저 부드럽게 되는 것은 아니다. 그래서 makes로 먼저 말하면 **상황발생 주의 기/설 영뇌**로 말한 것이 된다.

하지만 한뇌는 설명해 주는 뇌이기 때문에 비논리적으로 움직인다. 상황 발생 주의 기/설 영뇌는 **아주 논리적이고 과학적이다**.

"He is /laying bricks." or "— /bricks." 그 사람이 일하는 모습을 보았을 때 무언가 하고 있는 개략적인 발생 존재모습이 먼저 들어오고, 상세히 들여다 보니까, 쌓고 있는 모습이 들어오고, 그 쌓고 있는 것이 벽돌로 확인 되는 것이다. 그래서, 현동사를 먼저 말하고, 현분사를 나중에 말하면서, 고정체를 맨 나중에 말하는 것이다.

하지만 고정체를 먼저 말해서 강조하고 싶으면,
"Bricks /he is laying."
으로 말하면 된다.
강조주의 기/설 영뇌이다.

만약 벽돌을 가져와서 쌓고 있는 모습으로 보였다면
"To get bricks, //he is /laying (them)."
이라고 말하면 된다.

하지만 쌓고 있는 행위를 하면서 벽돌을 가져오는 것으로 보였다면 to get bricks를 나중에 말하면 된다.
"He is /laying bricks, //to get[bring] them."

아니면 상황발생 주의 기/설 영뇌로 보지 않고,
주동주의 또는 개략주의 기/설 영뇌로 'He is' 를 먼저 말해도 좋다.

만약 일하는 사람이 나이가 대충 예순 살로 보였다면 먼저 보충하고 상황발생 주의로 말해도 된다. 보설을 먼저 말하는 것을 **보설주의 기/설 영뇌**라 한다.

"He, /who looks about 60, /is laying bricks."

하지만,
상황발생 주의로 먼저 말하고, 보충을 나중에 해도 좋다.
"He is laying bricks, who looks about 60."
이 때 who는 분설 보설 뇌가 된다.

"Unionists used force." 노조원들이 집기를 부수고 하는 상황을 보았을 때 일반적으로 주체로부터 움직이는 모습이 먼저 들어오고, 상세히 들여다 보니까 그것이 무력이라는 것을 알게 된다. 그래서, used로 먼저 말하는 것이다.

하지만 무력으로 해서 부수는 행위로 관찰했다면
"In force, unionists breached." 로 말하면 되고,

행위를 하면서 무력을 쓰는 것으로 보였다면
"Unionists breached in force." 로 말하면 된다.

상황발생 주의 영뇌는 눈에 먼저 들어오는 대로 말하되, 그것이 논리적이어야 한다. 비논리적으로 말하면 한뇌가 되니 주의하라.

밥을 먹고 있을 때
주체로부터 씹고 있는 모습이 먼저 들어오면
"He eats rice."로 말하면 되고[설명현재],

주체로부터 동존재[동발생존재]가 먼저 보이고 씹고 있는 행위가 보이면 "He is eating rice."로 말하면 된다.

물체가 움직일 때는 동존재[동발생존재]가 먼저 눈 에 들어오고, 다음 구체적인 동이 들어오는 것이다. **그래서 영뇌는 존재부터 먼저 인식한다.**

하지만, 밥을 먼저 기준으로 잡아서 설명해 나가면 강조주의 영뇌로 말하는 셈이 된다. 일반적 논리를 벗어났기 때문이다.
"Rice he eats." or "Rice he is eating."

먹고 있는 행위를 하면서 숟가락으로 떠서 가져 오는 것으로 보였다면 가져오는 상황을 뒤에 표현하면 된다.
"He eats rice to get[bring] it."

or “He is eating rice to get[bring] it.”
하지만, 가져 오는 것이 먼저 보였다면 To get[bring] rice로 먼저 말하면 된다.

그 사람이 간호사에서 의사로 변신했다면 변신해야 의사가 되니 turned을 먼저 말하면 된다. “He turned (a) doctor.”

하지만 한뇌는 의사라는 고정체를 먼저 건드린다. 남은 가만히 있는 데 남부터 먼저 말하는 게 한국 사람들의 속성이다. 즉 남의 말 하기를 좋아 하는 국민이 한국인이다.

주체로부터 감정이 먼저 발생한다. 그래서, 영어에서는 감정 결정부터 먼저 말하는 것이다: “I love you.”
상황발생주의 기/설 영뇌 또는 **감정주의 기/설 영뇌**이다.
동서양을 막론하고 주체를 먼저 표현하는 것은 표현의 주체가 인간이기 때문이다.

“I want /this check /in singles.”
감정처럼 주체로부터 마음이 먼저 발생한다. 그래서 want로 먼저 설명해 나가는 것이다. **마음주의 기/설 영뇌**로 말하였다.

“I decided to buy this.”
먼저 결정하고, 무엇을 할지 설명해 나가는 뇌이다. 그래서 영뇌에서는 마음이 먼저 정해져야 행위가 나올 수 있다고 생각한다.

이렇게 동사가 둘 겹칠 때는 마음[생각]부터 먼저 말하는 것을 특히 **마음[생각]주의 기/설 영뇌**라 한다. 그래서, 조동사를 원동사보다 먼저 말하는 것이다. 조동사의 BNW는 생각의미이기 때문이다.

하지만 **강조주의 기/설 영뇌**로서 결정하는 구매행위로 먼저 말할 수 있다. 그런데 이렇게 표현하면 상황이 전제되지 않으면 to buy this 구매행위는 목적이 되고, 결정한 것은 구매 행위가 아니라, 다른 것, 즉 목적어 전제로서 돈 인출 따위가 될 수도 있다. 같은 표현이더라도 상황에 따라 이렇게 뜻이 달라질 수 있다는 것이다.

“To buy this, I decided.”
— s동사의 목적어=to buy or 대화에서 전제

“It will rain.”
날씨를 보니까 한 바탕 할 것 같은 것이 먼저 눈에 들어 온다. 그래서 will을 먼저 표현한다. 좀더 상세히 들여다 보니 그것이 비인 것으로 판단하는 것도 **상황발생 주의 기/설 영뇌**이다.

하지만 **생각[마음] 주의 기/설 영뇌**로 생각을 먼저 표현하고, 원동사로 표현하는 것으로 두뇌를 작동시켜도 좋다. 아니면 먼저 조동사로 개략적으로 밝히고, 원동사로 구체적으로 설명해 나가는 뇌, 즉 **개략주의 기/설 영뇌**로 작동시켜도 좋다.

아무튼 이것은 상황발생주의 기/설 영뇌로 말하는 것이 말하기가 훨씬 쉬운 것 같다.

“This report is about the book.”
이 보고서를 보니 이 보고서에 존재하는 것이 먼저 들어 온다.

그래서 is로 먼저 말하고, 이것이 무엇인지는 모르나 관련되어 있는 것이 눈에 보여 about로 말하고, 좀더 상세히 들여다 보니 관련된 것이 그 책이라는 사실을 알게 된다. 그래서 the book을 맨 나중에 말하는 것이다.
시동=이 보고서는 있다, 관련되어 있는데 그 책과 말이다.

원어민들의 눈에는 존재가 먼저 들어오고, 관련이나 구체적인 존재 또는 존재대상은 나중에 들어오고, 또는 개략적인 동작이나 행위가 구체적인 동작이나 행위보다 먼저 눈에 들어 오고, 동작이나 행위가 고정체보다 먼저 들어 온다. **원어민 두뇌, 즉 영뇌는 설가뇌이기 때문이다.**

그래서 be동사를 전치사 /명사(대명사) /현분사보다 먼저 표현하고, 동사를 대상체보다 먼저 말하는 것이다. 진행형의 be동사는 동발생[동발생 존재]으로서 개략적인 (진행) 동작 또는 행위이다. ☞ **p 139/140**

“What is /your age[my crew cut]?”
묻는 것도 먼저 개략적으로 묻고, 묻는 구체적인 내용은 나중에 말하는 것이 일반적인 말 전개방식이다. 수사도 처음에는 서서히 하다가 갈 수록 심도 있게 한다.

묻는 표현은 묻는 말을 항상 먼저 표현해 놓고 설명해 나가는 것이므로 **물음주의 기/설 영뇌**로 작동시켜도 좋고, 아니면 이렇게 **개략주의 기/설 영뇌**로 작동시켜도 좋다.

묻는 표현은 아무래도 물음주의 기/설 영뇌로 말하는 것이 더 쉽게 말할 수 있을 것 같다.

what=바로 대상 지정으로서 얼마/몇 살
즉 나이일 경우 바로 나이를 지정하고, 비용이면 바로 값을 지정하는 것으로서 몇 살/얼마이다.
vs how old=정도로서 몇 살
vs how much=정도로서 얼마
crew cut=a very closely cut style of hair
바싹 빡빡 깎는 머리

"Find him now."
명령은 바로 전달되어 바로 시행돼야 하므로 원동사로 먼저 표현한다. **명령주의 기/설 영뇌**다.

"Look at the weather."
let's /let us [formal] 명령이 아니더라도 우리 모두에게 할 수도 있다. 원동사 명령이 반드시 상대방에게만 적용되는 것은 아니다.
시동=살펴보자, 즉 날씨를 말이다 or 살펴봐라, ──.
*let's=제안/실시 : 해보자/합시다
let us=사허/사허의향/제안/실시

"I live at 55, Laguna Street, San Francisco, California 94102, USA, Earth."

주동으로 먼저 말하고, 개략주의 기/설 영뇌에 의해 at으로 개략적인 위치를 말하고, 계속 실질적으로 접촉해 있는 순서대로 알기 쉽게 설명해 나가는 뇌로 말해 나가면 된다.

즉 위치는 실질적으로 가장 근접한 것이 번지이므로 번지를 먼저 말하고, 이것을 모를 것 같아, 그 다음 근접한 것으로 거리로 설명해 나가고, 그래도 또 모를 것 같아, 시, 주로 실질적으로 근접한 순서대로 말해 주면 된다. 그래서, 만약 외계인에게 말한다면 마지막에 지구라는 것을 밝혀 주면 쉽게 알아 들을 것이다.

이게 바로 **실질주의 기/설 영뇌**이다.
작은 장소, 큰 장소로 단순히 뇌를 작동시키지 말라. 경우에 따라서는 작은 장소가 뒤에 올 수도 있다.
영어는 기/설 영뇌, 즉 설명해 나가는 뇌이기 때문이다.
: Big crowds and demonstrations are expected this afternoon <u>in Seoul near Hannam Village</u>.

아니면 상황발생 주의 영뇌로 설명해 나가도 좋다.
A상황이 자기로부터 가까이 발생되어 있는 순서는
번지→ 거리 → 도시 → 주 → 나라 → 행성이다.
상황발생 주의 기/설 영뇌는 그야말로 눈에 보이는 대로 말하는 것이다.
자기와 가까이 있는 것이 눈에 먼저 보이는 것이다.
소대 시간 말하기도 소대 장소 말하기와 똑 같다.

공부하여 간직하는 free 영뇌는 이런 기/설 영뇌 뿐만이 아니라, BAM 영뇌도 있다.

영어를 정확하게 그리고 고유한 뉘앙스를 살리려면 BAM 영뇌로 말하라. 무턱대고 외워서 하는 말은 원어민 심금을 울릴 수 없다. 그리고, BAM은 말[단어]을 쉽게 고르게 한다.

예컨데,
우리는 공공요금을 (public) utility rates/fees/charges로 말한다. rate도, fee도, charge도 모두 요금이다.

지금까지 우리는 영문도 모르고 무조건 외워 말해 왔다. 그러나 원어민들은 어떤 단어를 쓸지 알고 있다. 왜냐하면 BAM으로 BNW를 알고 있기 때문이다.

✠ fee BAM
= 내면 자유롭게 이용이 가능한 피로서 요금/회비/요(료) [f : 피(料) + free]

→ 피는 경상도 전라도 사투리로서 돈을 의미하는데, 고스톱 구경꾼이 받는 돈을 경피라 한다. 지금은 서울 말을 표준말로 정했으니까 경상도 말이 사투리이지만 통일신라 시대에는 오히려 표준말이다.

: The health club charges an annual membership fee. Cable TV subscribers pay monthly fees.
Park entrance fees have gone up to $15.
A big transfer fee. 큰 이적료 School fees.

✠ rate BAM
= (쓰는) 비율에 따라 차등 계산하는 것으로서 요금
[rate : 료율〈요율]
: Water rate.
Some hotels offer special rates for children.

✠ charge BAM
= 붙이는 것으로서 요금 /부과요금 /붙여주는 돈
[c : make cling]
: There's an admission charge of $5.
Is there a charge for children or do they go free?
For a small charge we will also make your hotel reservations.

charge가 수수료로 쓰일 때는 붙여 주는 돈으로서 수수료이고, commission은 일을 맡아 수행한 댓가로 받는 수수료이다. 그러니까, 해주신다면 조금만 붙여주면 예약을 잡아주겠다는 뜻이다 : **완전통역/완전번역**

그래서, 내면 자유롭게 사용이 가능하고, 사용한 비율에 따라 계산하고, 사용한 것에 붙이는 것이니까 공공요금에 fee, rate, charge를 쓰는 것이다.

기타 요금 뜻으로 fare, toll, cost, price를 쓰고 있다. 이것도 BAM으로 해결하면 응용력과 자생력, 단어 선택력이 생긴다.

✠ fare BAM
= 날아 간 만큼 계산하는 것으로서 요금
[f: fly r: 료금] : I need some money for my bus[taxi /train /air] fare.

✠ toll BAM
= 통과 댓가로 받는 요금으로서 통행료/전화요금
[t: 통과 o: 요금]
과거에는 전화도 반드시 교환원을 통해서 연결되었다: toll gate /toll-free /tunnel tolls

✠ cost BAM
= 들어 가는[치러야 할] 돈으로서 값/비용
[c: come 관심 쪽으로 가는 것으로서 들어 가는 것 o: 요금 or t: 치러야 하는 것]
: I offered to pay the cost of the taxi.
The cost of accommodation.
The cost of a funeral.
The total cost of the trip was under $500.
I worked out the cost of the repairs.

✠ price BAM
= 비용을 커버하고 이익[이윤]을 붙인 것으로서 가격/값 /비 [p: profit c: cost+cover]
: We are cutting all our prices (NOT costs) by 50% for one day only!
What is the price of English lesson in your home?

우리는 '미끼'라는 말로 decoy, bait, prey라는 단어를 쓴다. 하지만 접근하는 뉘앙스도 다르고, IS도 다르다. 어떤 뉘앙스를 바탕으로 하느냐에 따라 말의 전달력도 달라진다.

<u>어떤 단어라도 뜻이 이꼴로[=]로 되는 것은 절대로 없다.</u> 뜻하는 의미로 같을 지언정 단어 자체로 같은 것은 결코 없고, IS도 다르다. 따라서 각 단어의 BAM에 따라 정확하게 말해야 한다.

✠ decoy BAM
= 속이거나 혼란을 주기 위한 것으로서 미끼
[d: deceive or d>t: trick c: confuse]
: They used a girl hitch-hiker as the decoy to get him to stop.

✠ bait BAM
= 물도록 어떤 곳에 장착하는 것으로서 미끼
[b: bite a: at]
: Bait a hook with worm.
They were digging up worms to use for bait.
We put down some poisoned bait to kill the rats.

✠ prey BAM
= 밥/먹이감으로서 미끼(로 하는 것)
[p>b 변형 - 밥 e: eaten(먹히는 것)로서 먹이감]
: Al Qaeda preyed on innocent people.
❈ on=위에 두는 것으로서 삼는 것/걸어두는 것

☞.. (free) 4감주, 즉 들은 감주, 말한 감주, 읽은 감주, 쓴 감주가 많아야 영어가 저절로 된다.

거의 대부분의 한국 사람들은 BNW를 모르고 모두 '하다'로 취급해 버리는 단어가 있다. 그래서 이들 단어들을 정확하게 말 할 수 없을 뿐더러 무조건 외워서 말하게 되니 전달력과 응용력이 생길 수 없다.

- use BAM=사용/이용/활용으로서 하는 것
- take BAM=취하는 것으로서 하는 것
- get BAM=움직여 취하는 것으로서 하는 것
- have BAM=가지는 것으로서 하는 것
- make BAM=만드는 것으로서 하는 것

── 등등 '하다'로 이해하는 단어는 무수히 많다. 이것뿐만이 아니다. 다 같이 '하다'지만 접근하는 뉘앙스가 어떻게 다른 지 알아야 정확하게 말을 할 수 있고 자유자재로 쓸 수 있다.

PGA Tour에서 갤러리들이 프로가 shot을 했을 때 "Get the hole."로 외친다.
BAM영뇌 보유자는 쉽게 이 말을 알아 들을 수 있다. 공이 움직여서 홀을 취하는 것이니 가서 홀로 들어가라는 말이다.

하지만, BAM을 모르는 한국인들은 이렇게 말하면 틀릴 것같아, "Get in the hole."이라고 외친다.
틀린 말은 아니지만 원어민들이 외치는 말과 한국인들이 외치는 말은 무언가 느낌이 다르다. 전자가 더 박진감이 있다.

우리는 in을 "― 만에/ 지나서 /후에" 로 막연히 알고 있다. BAM으로 뜻이 무엇인지 알아야 우리는 그 뉘앙스를 느낄 수 있고, 마음대로 쓸 수 있고, 마음대로 해석도 가능하다.
이 때 in의 BAM은 들어 가는 시간으로서 걸리는 시간이다. 그래서, "The movie starts in 10 minutes."
이라고 말하면 시작하는 데 걸리는 시간이 10분이라는 말이니 뜻하는 의미는 딱 10분 지나면 한다는 말이다.
단순히 10분 지나서[후에] 한다고 하면 10분만에 할 수도 있고, 15분에도 할 수 있다. 그래서 after 10 minutes와 다른 것이다.

"He learned English in 3 weeks."
이것도 배웠는 데 걸렸던 시간이 3주이니 뜻하는 의미는 딱 3주만에 배웠다는 것이다.

"I'll come in two days." [=in two days' time]
오는 데 걸리는 시간이 이틀 이니 뜻하는 의미는 딱 이틀 지나서 온다는 뜻이다.

"Lose 30 pounds in 7 days."
빼는데 걸리는 시간이 7일이니 뜻하는 의미는 딱 7일만에 그만큼 빠진다는 말이다. add] first visit in 5 months.

vs It has been stolen four times in the last[past] 30 years. add] 10 visits in five months.
이 때 in은 범주 내로서 범위이다.

그래서, '털렸는 데 네 번씩이나 사이[내에], 지난[과거] 30년 사이에[내에] 그랬다'는 말이다. 만약 for로 말하면 해당사항으로서 해당기간이 되므로 '동안/구시, 지난 [과거] 30년 동안 그랬다'는 말이 된다.

만약 또 during으로 말하면 '중에 지난[과거] 30년이라는 시간중에 그랬다'는 의미가 된다. last[past]에는 숫자 기간이 오더라도 during을 쓸 수 있다.

> **tip)묻는 말에 쉽게 말하기 :**
> "What is his phone number?"
> a. 말[대화]이 끊어지지 않게 (short하게) 말한다 : 721-1127
> b. 상대말을 활용[재활용]한다 ― 보통 full하게 표현
> : His phone number is 721-1127.[=It's]

↗ (BAM을 살려) 말의 종류별로 잘 말하라.

2 영뇌로 말하는 요령 : ↗ ∵ (직상) 일반단어

① 간직한 free 감주[특히 전치사]로 가급적 simple하게 그리고 substantial한 것만 말하라 : comma 영뇌 활용

tip]1. 공식적인 경우를 제외하고는 infml한 말을 즐겨라.
☞ 영뇌영어 vol 1, 2 〉 infml E 2. 평소 F3+E2 감주훈련
3. associate=말을 쉽게 하게 한다.

대화에서는 가급적 간결하고 실질적인 것만 말하라.
그래야 대화가 끊어지지 않으며, 다음 말도 쉽게 이어 갈 수 있다. 미국의 유명한 서부 영화 배우, 찰스 브론슨은 영화 한편이 끝날 때까지 그야 말로 몇 마디 밖에 안한다. 그래서, 문장말보다 간단말로, 복문보다 단문으로, 문장체

보다 대화체로 말하라.

a.. "Still ahead, Obama." 여전히 앞서고 있는 데 Obama가 그렇다는 말이다. 〉"Obama is still ahead."

b.. "Tired, bus time, long time." 피로한데 버스가 올 시간이에요, 오랬동안 기다렸다는 말이다.
〉"I am Tired, It's bus time, I waited long time."

c.. "Lexie called, for you." Lexie가 전화했는데 즉 당신 전화라는 말이다. 〉"Lexie called. It's for you."

d.. "Stay, say, Bagdhad" 지금 주재근무[주둔]하면서 말하는 것인데 바그다드에서 말하는 것이다. 미군이 고국에 있는 가족에게 TV로 인사하는 말이다.
〉"Stay to say, Bagdhad."
" Stay and say in Bagdhad."

대화말은 WrE와 다르다.
우리말도 마찬가지인데 **글로 써 보면 문장 표현이 많고, 대화말은 간결하다.**

Tiger Woods가 얼마 전에 lesson하면서 한 말이다.
" Doesn't stop." '하면 안되는데 가다가 멈추면 안된다'는 말이다. 즉 임팩트 한후 스윙을 멈추면 안된다는 말이다.
우리는 주어 /목적어를 표현하지 않으면 죽는 줄로 알고 있다. 과감하게 전제할 때는 전제하라.
=" It doesn't stop." (It=Your swing)

대화상황에서 충분히 앞뒤말은 알 수 있기 때문에 **전제표현**을 즐겨 쓰면 간단체가 절로 나온다.
이것은 서술체 대신에 명령체로
" Don't stop." 로 간단히 말할 수도 있다.

e.. "It was 65 feet, downhill, with a double break.
In the hole for one under."

'거리는 되었지요, 65 피트나 되었고, 내리막경사이고요, 그리고 거기에다가 갖추고 있었지요, 이중 브렉까지 말이다. 결국 들어 갔는 데 홀 안으로 빨려 들어 갔지요, 그리하여 원 언더가 되었어요'라는 말로
아주 간단히 실질적인 것만 잘 말하고 있다.
〉"———. The ball got in the hole. And I finished with one under."

f.. "Pregnant with a second child [twins]."
임신해 있는 데 둘째 아기[쌍둥이]이다.
/임신해 있는 데 동자 둘째 아기[쌍둥이]를 말이다.
❈ with=동존으로서 있다는 것
/동존대상으로서 동재[동체] — 를 말이다
〉"I am pregnant with a second child [twins]."

g.. "Nowhere to go," 〉"I had nowhere to go."

h.. "What do you mean, coming home so late?"
〉What do you mean by coming home so late?" ❈ by=행위대상이 동사인 것으로서 행동

i.. "Work part-time /for free."
〉"I work part-time /for free."
❈ part-time=on a part-time basis

j.. "Looking at Japan, Nikkei rose."

k.. "Turning left, you'll see our shop."
〉"If you turn left, you'll see our shop."

→ 관계분사 영뇌가 종속접속사 영뇌보다 더 간단체이다.

이상에서 본 바와 같이 Spoken English는 (특히 infml English로서) 많은 단어를 필요로 하지 않는다. 그래서, **무한글 상태에서 대화시 자기가 알고 있는 범위 내에서 영어를 표현하는 버릇을 기르는 게 더욱 중요하다.** 바로 말이 나와야 하기 때문이다. 일일이 사전 또는 대화 책을 들추는 버릇은 안 좋다.

② topic을 염두에 두고 말을 전개시켜라.
+ topic sentence로 조리 있게 말하라.
+ 영뇌 summarizing skills로 말하라.

topic을 염두에 두고 말하면 말을 쉽게 전개 시킬 수 있다. 또는, 먼저 TS를 말해놓고 전개 시키든지, 전개해 놓고 TS로 결론을 내든지 하라. 그러면 말을 조리있게 말할 수 있다. 구질하게 나열만 시키지 말라.
특히, 글을 읽고 말을 할 때는 영뇌 summarizing skills로 말하라. **처음부터 너무 상세하게 말하는 것보다 상위 개념 단어[압축 단어]로 말하는 게 좋다.** ☞ p467

③ 간직한 free 감주와 BAM 영뇌로 말을 재미있게 하라. 유머말, pun말, 은유말, 비유말도 즐겨 쓰라.

IIIII – "Don' t pee on my leg and tell it' s raining."

아기가 쌌을 때 다리[무릎]위에 싼다고 하지말고 그냥 비가 오고 있다고 말해라는 Judge Judy의 유머러스한 표현이다. 그러면 싸울 일도 없고 일도 쉽게 풀린다.

IIIII – "I' m all in color."

당신은 흑인이다고 Bill Cozby에게 말하자 나는 이래 뵈도 전체가 칼라라고 여유있게 말하고 있다.

IIIII – Blind Man and Lantern :

Someone saw a blind man walking with a lighted lantern and said to him.
"How foolish you are to walk with a lighted lantern?"
The blind man replied quite indifferently,
"I have this so that you may not knock against me."

장님이 등을 가지고 다니는 이유가 눈 뜬 사람을 위해서 그렇다는 유머러스러한 말이다.

❈ knock against=탁 부딪친다는 것

pun은 의미의 이중성을 이용해서 재미 있게 말하는 것이다. pun말을 즐기면 분위기는 좋아 진다. **의미의 이중성 pun은 일종의 BAM 유머이다.**

IIIII – Mike : "Patrick is my right-hand man."
Keiko : "No, he's originally left-handed."

한 사람은 right-hand를 믿을 만한 사람[most helpful or reliable]으로 말했는데 다른 사람은 그냥 왼손잡이, 오른손 잡이[done by the right hand]의 상대적인 뜻으로 말하고 있어 말에 재미가 있다.

IIIII – Sarah : "Men are all alike."
Lily : "Men are all ah like, too."

비슷한 소리나 같은 소리로서 뜻을 달리하여 말의 희롱 [play on words]을 부리면 말이 재미있게 된다. 한 사람은 남정네들은 다 똑같은 놈이라고 말하고 있고, 다른 한 사람은 모두 다 끝내 주는 사람이다고 말하고 있다. 이것은 **소리의 이중성 pun**이다. 이 때 like=명사로서 좋은 실체
: We all have likes and dislikes.

IIIII – " Better call the commander.
It's government property! "

임신한 여자가 사령부 정문 초소에서 사령관에게 전화하라는 말 [또는사령관을 불러 달라는 말]이다. 자기가 뭐, 정부 재산을 보유하고 있다고 한다.
비유말/은유말은 직접말보다 더 재미있고, 전달력도 강하다.

④ 한국말, 또는 한글을 영어를 옮길 때는 A상황값으로 바꾸어 A상황에 맞게 간직된 free 감주로 던진다.
즉 상황말하기[상황영작]로 말하면 된다.
1대 1 대응식으로 한국말 또는 한글에 끼맞추지 말라.
☞ **⑪ 한국말과 영어 통역 참고**

⑤ 일반적으로 associate는 말하지 말라. 말을 쉽게 해 주지만 자칫 잘못하면 Konglish가 되기 쉽다.

• Where will Lebron go?
— NBA 농구 선수가 나날이 자기 최고 기록을 세우고 있는 상황인데 '어디까지' 라고 해서 굳이 until을 표현할 필요가 없다.

3 영어 말투 훈련 :

평소에 영어를 듣거나 볼 때마다 vocal 감주로 말하라. 즉 낱개말보다 영뇌의군으로 말하는 버릇을 길러야 한다. 특히 영뇌영어 vol 1, 2의 각각 Unit 편에 있는 How to Speak[Read]를 vocal 감각적 주파수로 말하라.

그러면 영어도 한글과 같이 어떻게 말을 해야 할지, 특히 글을 어떻게 읽어야 할지 쉽게 감을 잡을 수 있다. 주의할 것은 약음이든, 극저음이든, 감주이든 말은 자기 값을 가지고 있기 때문에 약하지만 분명해야 한다.

tip)소리를 vocal 감주로 만드는 기술없이는 (특히 동양인들은) 원어민 말투를 낼 수 없다. 목소리와 입소리는 다르고, 읽는 법이 다르기 때문이다. 자꾸 연습하라.

말의 강도는 배 힘에 의해 목으로 음을 만들면서 성대가 진동이 되고 입천정에서 공명이 되도록 강하게 말하면 된다. 이게 바로 **vocal SIUM 말하기**이다.
안으로 들어가는 말을 하면 음치말이 되니 주의하라.

주의] 1. 음은 입으로 입 앞쪽에서 만들지면 우리말 말투가 되기 쉽다. 음은 배 힘에 의해 목[입뒷쪽 목]으로 만들어져야 한다. 즉 밖으로 내뿜는 말을 해야한다.
2. vocal로 말해야 성대가 울리고[진동하고] 입천정에서 공명이 생겨 음이 기름지게 된다. 3. 감주로 말하면 리듬이 생긴다.

II 한국말과 영어통역

11 한국말과 영어통역 :

한국말 그대로 옮기는 것보다, 옮기고자 하는 한국말의 A상황에 맞게 간직한 free 감주로부터 감각적 주파수로 말을 하면 된다. 말을 고를 때는 **BAM 영뇌**를 적극적으로 활용하라. 그러면 Konglish를 방지할 수 있을 뿐더러 영어를 쉽게 그리고, 정확하게 자유자재로 **자신있게** 구사할 수 있다.

caution]전달의미(IS)가 저절로 실리게 감각적 주파수로 말한다.
특히 감각적 주파수로 말해야 말이 쭉 이어진다.

일류 통역사들이 자주 오역하는 경우가 있는 데, BAM 영뇌를 보유하지 못하고, 무조건 단어를 외워서 1 대 1 대응식으로 한글에 끼(워) 맞추기 때문이다.
이들은 영어를 모르는 사람들이 보기엔 영어를 잘하는 것처럼 보이나, 겉으로 드러내지 못하는 한계점을 늘 가지고 있다. **BAM 영뇌를 보유하고 있지 않기 때문이다.**

아주 간단하게 실례를 들면,
'나는 저 레스토랑에 자주간다'는 말을 영어로 옮길 때 그냥 1대 1 대응식으로 끼맞추어 말하면
"I frequent that[the] restaurant."로 되지만,
자주가는 그때 상황이 종종 가는 것으로서 자주 가면 often으로 말하면 되고, 패턴 식으로 단골처럼 자주 가는 상황이면 patronize으로 말하면 된다.

이처럼 그냥 끼맞추는 것보다 그때 말한 상황부터 정확하게 파악하는 게 중요하다. 이때 BAM을 활용하면 상황에 맞게 정확하게 언어를 구사할 수 있다.

IIIII.. I go to that[the] restaurant often.
or I patronize that[the] restaurant.
감각적 주파수: Igotothat[the] restaurantoften.
Ipatronize that[the]restaurant.

often=시간이 날때마다 가는 것으로서 종종 가는 것, 종종 가는 것으로서 자주 가는 것
[o: move f: free t: times]

frequent=시간이 날때마다 자유롭게 달려가는 것으로서 자주 가는 것 [f: free r: run t: times] : Police visited all the bars that the suspect frequented.

patronize=시간이 날 때마다 패턴 식으로 가는 것으로서 단골로서 자주 가는 것 [p: pattern t: times]

지금 TV에서 'Steve Jobs의 사임에 대해서 말하고 있다.' 이것을 통역할 경우 :

IIIII.. **1대1 대응식 통역일 경우 :**
"They are talking about Steve Jobs' resignation."

IIIII.. **(뇌화된 D두뇌로) 간직한 free 감주로 상황통역을 할 경우 :** "On Steve Jobs' resignation."으로 쉽게 처리

아무튼 1대1 대응말에 집착하는 것보다 그 말 상황에 맞게 표현하면 얼마든지 다르게 다양하게 표현할 수 있다. 즉 한국말의 구속에서 벗어날 수 있다. 이 때에도 BAM 영뇌를 적극 활용한다.
on BAM=위에 올려 놓는 것으로서 관해서 말하는 것
시동=올려놓고 있는 데[관해서 말하고 있는 데], Steve Jobs의 사임에 관해서 말이다[말하고 있다].

⇒ 만약 이런 것을 Bill Gates가 말하고 있다면
" Bill Gates on Steve Jobs' resignation."을 감각적 주파수로 말하면 된다.

'그런 이름을 가진 사람이 없다'는 것을 통역시
IIIII.. **1 대 1 대응식으로 통역할 경우 :**
"There is /not a person[no person] /who has /that name." 무언가 답답하게 한 가지 유형으로 말하겠지만 간직한 free 감주로 **상황통역을 할 경우** 우리말 구속을 받지않고 다양하게 빨리 통역할 수 있다.

a.. No one (here) by that[the] name.
b.. No one (here) with that[the] name.
c.. There is no one (here) by that[the] name.
d.. There is no one (here) with that[the] name.

by=지게를 지는 행위로서 판단과 그 대상으로서 판단이 되는 /판자(判者) — 로 해서[b: behavior y: 지게]
with=동존과 그 대상으로서 가진/동자 — 을 가진
시동=아무도 없는데 판단되는 그런 이름으로 판단되는 사람이[판자 그런 이름으로 해서] 말이다.
/ — 가진[동자] 그런 이름을 가진 사람은 말이다.

plus] 영뇌쓰기 **BAM 영뇌를 살려 상황에 맞게 간직한 free 감주로 글을 쓰면 된다.** 간직한 free 감주가 많으면 저절로 BEis로 IS로 엮어진다. 글을 마음대로 쓸 수 있는 비밀이 바로 여기에 있다. 이런 free 감주를 가지고 TS(topic sentence)로 글을 쓰면 저절로 연역식, 귀납식, 논문식(서론+본론+결론, 즉 IBC식 전개) 글이 된다. 요약글은 영뇌 summarizing skills를 참고하라. ☞ p451, 467
주의]영작도 상황영작이지 1 : 1 대응식[대입식] 한글영작이 아니다.

Vol. 2 Index

Many students actually look forward to Mr. Atwadder's math tests.

Note

게리오웬의 영뇌 영어 Vol. 2

지은이 Garryowen J. Rhee 표지 류지웅
발행처 NB English (앤비 잉글리쉬) 인쇄 BookTory

초판 발행 2013년 1월 26일
개정1판 발행 2013년 11월 27일 개정2판 발행 2018년 6월 11일
개정3판 발행 2019년 10월 11일 개정4판 발행 2023년 4월 25일

등 록 1999. 1. 28 No 4-120
전 화 031-285-3908
팩 스 031-285-3909
도메인 www.nbenglish.co.kr or www.genglish.com

정가 39,000원
종이책 ISBN 978-89-98825-45-4
전자책 ISBN 978-89-98825-49-2

Native Brain Books

게리오웬의 영뇌서적 출간 순서

영뇌종합서
리딩, 청취, 영작,
특히 신문법과
구문법 병기

영뇌
리딩
기본서

영뇌
리스닝 스피킹
기본서

단어영뇌
기본서

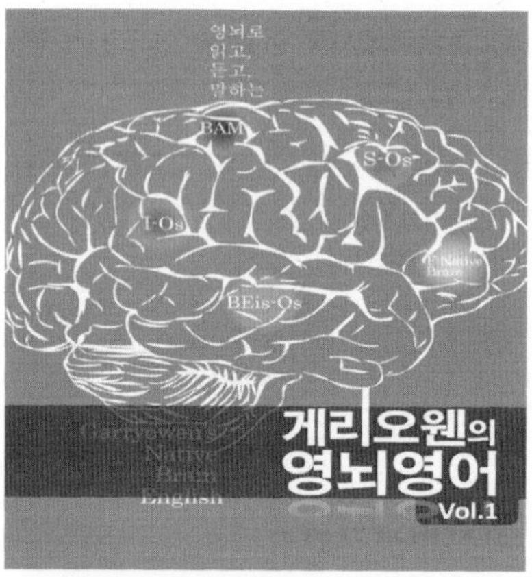

영뇌영어-종합완결편-
BEis영뇌 + IS영뇌
+ BAM영뇌 + F영뇌
+ Twenty Four 영뇌
+ *영뇌실전/영뇌리딩
(+수학리딩/영뇌요약)
+ 영뇌청취(+한글통역)
+ 영뇌말하기(+영어통역)
+ *영뇌쓰기

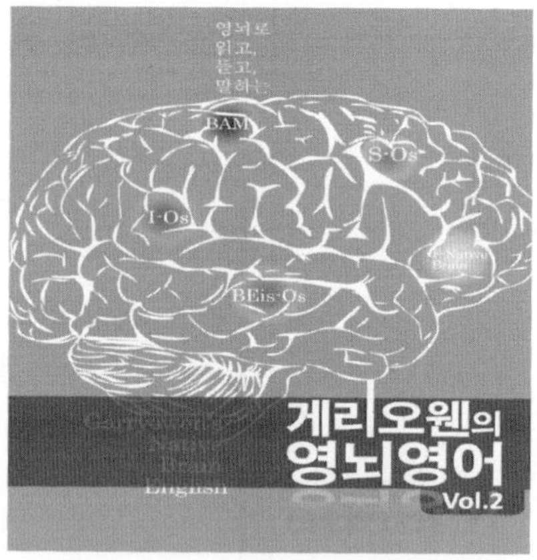

기본영뇌-기초편-
BEis영뇌 + IS영뇌
+ BAM영뇌 + F영뇌
+ Twenty Four 영뇌
+ *Free 영뇌
+ 영뇌청취/영뇌말하기